时代教育·国外高校优秀教材精选

国际商务：环境与运作

（原书第 15 版）

International Business: Environments & Operations

（15th Edition）

［美］ 约翰 D. 丹尼尔斯（迈阿密大学）
（John D. Daniels, University of Miami）

［美］ 李 H. 拉德巴赫（杨百翰大学）　　　　　著
（Lee H. Radebaugh, Brigham Young University）

［美］ 丹尼尔 P. 沙利文（特拉华大学）
（Daniel P. Sullivan, University of Delaware）

赵银德　张 华　乔桂强　主译

沈 辉　钱明霞　李靠队　谢玲玉　周晓谦　包 楚　参译

机械工业出版社

本书主要阐述国际商务方面的内容，包括：全球化及对国际商务的冲击，环境（宏观经济环境、社会文化环境）对国际商务的影响，国际贸易理论，政府与国际组织在国际贸易中的作用，汇率、资本市场与跨国经营财务，国际商务战略与组织，全球营销、加工、供应与人力资源等。

本书可作为高校国际经济与贸易、国际商务专业教材，也可供一般读者选用。

图书在版编目（CIP）数据

国际商务：环境与运作：原书第15版/（美）约翰·D. 丹尼尔斯（John D. Daniels），（美）李·H. 拉德巴赫（Lee H. Radebaugh），（美）丹尼尔·P. 沙利文（Daniel P. Sullivan）著．赵银德，张华，乔桂强主译．—北京：机械工业出版社，2017.1（2025.7 重印）
（时代教育·国外高校优秀教材精选）
书名原文：International Business：Environments & Operations（15th Edition）
ISBN 978-7-111-55870-5

Ⅰ.①国…　Ⅱ.①约…②李…③丹…④赵…⑤张…⑥乔…　Ⅲ.①国际商务—教材　Ⅳ.①F740

中国版本图书馆 CIP 数据核字（2016）第 324781 号

机械工业出版社（北京市百万庄大街22号　邮政编码100037）
策划编辑：常爱艳　　　　责任编辑：常爱艳　何　洋
责任校对：杜雨霏　刘秀芝　封面设计：鞠　杨
责任印制：张　博
北京建宏印刷有限公司印刷
2025 年 7 月第 1 版第 5 次印刷
214mm×274mm ·34 印张 ·1129 千字
标准书号：ISBN 978-7-111-55870-5
定价：128.00 元

凡购本书，如有缺页、倒页、脱页，由本社发行部调换
电话服务　　　　　　　　网络服务
服务咨询热线:010-88379833　机 工 官 网:www.cmpbook.com
读者购书热线:010-88379649　机 工 官 博:weibo.com/cmp1952
　　　　　　　　　　　　　教育服务网:www.cmpedu.com
封面无防伪标均为盗版　　金 书 网:www.golden-book.com

译 者 序

伴随着经济全球化的发展和中国经济实力的不断增强，中国与国际市场的联系越来越紧密，参与国际分工的程度也在不断深化。然而，一个不容忽视的现实是中国在国际分工格局中整体上处于不利地位。从全球价值链的角度来看，中国处于价值链的中低端，所能获得的附加值甚少。造成这种不利局面的因素很多，其中一个重要因素就是中国缺乏真正意义上的跨国企业。虽然有许多中国企业在开展国际经营，但因习惯于国内市场竞争，对国际化经营陌生而无从下手，常常陷入经营歧路。归纳起来，真正意义上的跨国企业应当深谙国际化经营的套路：具备国际化的经营理念与思维；强调战略先行；注重将核心竞争力融入国际经营；打造执行力和企业文化。当然，这种不利局面的彻底改观有赖于中国企业国际经营直接经验的积累和总结，但汲取间接经验也可以加快改观局面的进程。从这个意义上讲，研读《国际商务：环境与运作》（原书第 15 版）这样的卓越作品自然很有价值。

《国际商务：环境与运作》（原书第 15 版）由三位长期从事国际商务领域研究与咨询服务的专家倾力撰写。自2010 年以来，他们每个人都到访了 45 个以上国家和地区，而且到访的国家和地区之间基本不重叠。另外，主要由著作者精心撰写的 19 个开篇案例和 19 个章末案例更是《国际商务：环境与运作》（原书第 15 版）一书将理论与实践进行结合的精华。在分析层面上，这些案例观点多样，包括环境的、制度的、国家的、行业的、公司的和个人的观点，足以有效代表当今的国际商务世界；在地理覆盖层面上，这些案例的主题以全球经营为背景，充分顾及了各个地区、各个主要市场；在公司覆盖层面上，案例中的问题反映了各种企业的各种观点，尤其是总部位于世界各地的不同企业的观点，从大型跨国企业到小出口商，从历史悠久的企业到新兴的互联网企业，从生产产品的企业到提供服务的企业。可以说，《国际商务：环境与运作》（原书第 15 版）当是同类书籍中的翘楚。

《国际商务：环境与运作》（原书第 15 版）分为 6 篇 19 章，所涉及内容涵盖国际商务背景、国际商务环境、国际商务理论与制度（包括贸易与投资）、国际金融环境、全球战略及其结构与实施、国际商务运作及其管理等。相比其他同类著作，该书具有两大特色：一是通过前沿的国际商务环境分析，对权威而严密的理论与意义重大的实践进行了充分结合；二是作为符合读者用户需要的实用材料，对学习和实践都大有裨益。

《国际商务：环境与运作》（原书第 15 版）的翻译工作由赵银德、张华、乔桂强主译，沈辉、钱明霞、李靠队、谢玲玉、周晓谦、包楚等参与了部分章节的翻译。翻译是一项非常艰辛的工作，再创造的甘苦是局外人难以体会的。我们力求以"知之、好之、乐之"的标准，外加百分百的"眼力、精力、能力"来完成这样一部精品的翻译，力求译出佳作。但是，鉴于水平有限，翻译不当之处在所难免。在译稿付梓之际，特别感谢机械工业出版社高教分社给予的合作机会，感谢本书责任编辑为本书出版所付出的辛勤工作。

译 者

前　　言

本书是美国以及世界其他国家和地区最为畅销的国际商务教材之一。本书被广泛用作本科生和 MBA 课程的教材，并且已被授权翻译成多国文字出版，包括西班牙语、汉语、泰语和俄语，而且即将出版阿尔巴尼亚语、韩语和马其顿语版本。本书为读者学习国际商务的环境与运作确立了全球标准。正是这些成功激励我们努力将《国际商务：环境与运作》（原书第 15 版）做到最佳。我们相信这些努力将有助于读者更好地通过本书把握商业世界正在发生的以及未来将要发生的一切。

1. 权威、实用、前沿

本书通过前沿的国际商务环境分析，对权威而严密的理论与意义重大的实践进行了充分结合。对此，众多学生、教师和管理者用户可谓赞赏有加。的确，本书不仅介绍了国际商务的理念，而且运用最新的例子、情景和案例来诠释哪些是管理者要做的而且是必须要做的。书中给出了众多观点和真实案例，而这些都来自我们的研究、与管理者及其他利益相关者的讨论、学生与教授的建议以及环球旅行的所见所闻。自 2010 年以来，本书的每位作者都前后到访了 45 个以上国家和地区，而且相互之间基本不存在重叠。我们去了每个地区、每个大陆，获得了用于本书的众多有用见解。我们相信，其他教科书几乎不可能做到像本书这样，将对国际商务理论的全面回顾与对全球市场上许多领域所发生事情的关注充分结合起来。我们坚信，通过更加强调国际商务理念和实践的作用，这本最新版的《国际商务：环境与运作》（原书第 15 版）能让读者对 21 世纪的国际商务有一个全面的、最新的理解。

2. 契合学生的实用材料

（1）作者撰写的案例。本书得以持续的优势在于书中的国际商务案例对一些前沿性问题进行了深入分析。本版不仅增加了新的案例，而且对保留下来的案例进行了更新。这样，本书的所有案例都是独立的，而且基本上都由作者撰写。因此，我们相信，这些案例为国际商务教材如何将理论与实践相结合在以下三个层面确立了标准：

- 分析层面。案例的观点应该多样化，包括环境的、制度的、国家的、行业的、公司的和个人的观点。而且各种观点都要体现，不可让一种观点独大。因此，这些案例应该有效代表国际商务世界。
- 地理覆盖层面。这些案例的主题应该以全球经营为背景，而且应该顾及各个地区、各个主要市场。
- 公司覆盖层面。对于案例中的问题，应该反映企业的各种观点，尤其是总部位于世界各地的不同企业的观点，从大型跨国企业到小出口商，从历史悠久的企业到新兴的互联网企业，从生产产品的企业到提供服务的企业。

1）开篇案例。每章开头都提供了一个具有挑战性的案例，其中的话题覆盖了本章所要讨论的主题。为了引起学生的注意，这些案例所涉问题新颖、有趣，而且所提出的观点能促使学生去探究国际商务的思想和观点。这些案例通过给出众多个人、企业和组织的观点，极大地丰富了所在章的学习内容。当然，来自开篇案例的内容也会体现在所在章的重要讨论中。

2）章末案例。每章末尾都给出了一个精心设计、内容丰富的案例，而且其中充分体现了章中介绍过的概念和工具。章末案例的目的是通过提供某种情景，让学生讨论在这样的情景下该做什么。通过分析案例最后所给出的问题和决策，学生就能学会如何把握并处理国际商务中的机会和挑战。

（2）未来展望。每章都提供了一种有关未来的假设情境，而且这些情景对管理者、企业或全世界都会有十分重要的影响。每个"未来展望"故事的主题不仅间接反映了所在章讨论的概念，而且能促使学生去想象未来世界的情况。

（3）观点交锋。为了强化本书大力追求的应用导向理念，每章都编入了一个有关当代国际商务和全球化的争议性话题。"观点交锋"栏目向学生展示了两种完全对立的不同观点，重现了现实世界中的管理者和政策制定者是如何从不同视角思考这些重要问题的。双方之间的这种观点交锋不仅强化了理论与实践的结合，而且会大大活跃学生课堂讨论的气氛。

（4）地理与国际商务。本书的有关章节设置了"地理的重要性"栏目。为了帮助解释这些章节的内容，该栏目所涉及的地理影响因素包括国家（地区）的区位、一国（地区）人口以及人口细分市场的分布、自然资源与障碍、气候环境、自然灾害和国家（地区）的规模。

3. 致谢

评论、批评和审阅总能让任何作者都受益匪浅。事实上，我们也获得了这样的支持。因此，我们要感谢那些对《国际商务：环境与运作》（原书第 14 版）提出中肯意见和有用建议的人士，而这些意见和建议为我们编写《国际商务：环境与运作》（原书第 15 版）指明了方向。他们是：

特拉华大学的马克·贝勒（Mark Baylor）

宾夕法尼亚州立大学的阿里·卡拉（Ali Kara）

佛罗里达国际大学的路易斯·墨尔本（Louis Melbourne）

俄亥俄州立大学的沙德·莫里斯（Shad Morris）

丹佛大学的约翰·奥伯里恩（John O'Brien）

中佛罗里达大学的阿贾伊·理查德（Ajayi Richard）

印第安纳大学的雪瑞·特格森（Shiri Terjesen）

科罗拉多大学波尔得分校的安东尼·巴普萨（Anthony Papuzza）

此外，我们有幸自第 1 版以来一直得到同事们的帮助。他们不仅乐意为我们的初稿给出评述，就完善内容覆盖面提出看法，还提供修改建议，而且帮助指出需要纠正之处。鉴于第 15 版是之前各版的结晶，我们要深深感谢他们的付出。不过，因为要感谢的人太多，这里不再一一列出。对于他们这些幕后的贡献，我们再次致以真诚的谢意。

我们也要感谢我们在撰写案例时那些接受采访的朋友，他们是：Brenda Yester（第 1 章案例"嘉年华邮轮旅游公司"）；Omar Aljindi、Noraal Jundi 和 Talah Tamimi（第 2 章案例"沙特阿拉伯的动感文化"）；Mauricio Calero（第 4 章案例"厄瓜多尔：一个美好的出口前景"）；Raul Arguelles Diaz Gonzales 和 Francisco Suarez Mogollon（第 6 章案例"沃尔玛挺进南美"）；Jonathan Fitzpatrick、Julio A. Ramirez、Arianne Cento 和 Ana Miranda（第 12 章案例"汉堡王"）；美航和寰宇一家几位希望匿名的管理人员（第 14 章案例"寰宇一家航空联盟"）；Ali R. Manbien（第 9 章案例"GPS 资本市场公司：需要制定有效的套期保值策略吗？"）。此外，我们要感谢下面几位，他们为本书独立或与我们合作撰写了案例：维多利亚大学的玛丽·洋子·布兰嫩（Mary Yoko Brannen）和特伦斯·梅根（Terence Mughan）撰写了第 2 章的案例"乐购公司：巧用全球知识"；巴伦西亚大学（Universitat de València）的菲德尔·乐奥-达克（Fidel Leon-Darder）和克里斯提娜·维娜（Christina Villar）撰写了第 14 章的案例"美利亚酒店集团"；韩国大学的约翰·荣格·莫恩（Jon Jungbien Moon）撰写了第 16 章的案例"孟加拉国的格莱珉达能食品公司"；科罗拉多大学丹佛分校的曼努埃尔·塞拉皮（Manuel Serapio）和 Nokero 公司的创始人及 CEO 史蒂夫·卡察罗斯（Steve Katsaros）撰写了第 17 章的案例"Nokero 公司：照亮世界的黑暗地带"。我们还要感谢协助我们完成行政事务和调研的米拉妮·亨特（Melanie Hunter）、麦迪逊·丹尼斯（Maddison Daines）、丽莎·柯利（Lisa Curlee）、艾莉森·约翰逊（Allison Johnson）和凯蒂·库珀·雷丁（Katie Cooper Redding）。

本书从第 1 版到第 15 版的出版凝聚了许多人的付出。我们要感谢 Pearson Prentice Hall 出版社的合作伙伴为《国际商务：环境与运作》（原书第 15 版）的成功出版所付出的孜孜不倦的努力。他们是：主编斯蒂芬妮·华尔（Stephanie Wall）、高级策划编辑克丽丝·埃利斯-利维（Kris Ellis-Levy）、策划经理团队领导艾希莉·桑托拉（Ashley Santora）、高级营销经理艾琳·加德纳（Erin Gardner）、项目经理团队领导朱迪·利尔（Judy Leale）、策划经理莎拉·霍利（Sarah Holle）、项目经理安·普利多（Ann Pulido）。

作 者 简 介

约翰 D. 丹尼尔斯（John D. Daniels）

现为迈阿密大学行政管理学名誉塞缪尔 N. 弗里德兰（Samuel N. Friedland）教授。丹尼尔斯拥有密歇根大学的博士学位，他的博士学位论文在国际商务学会的竞赛中获得一等奖。自那以来，丹尼尔斯一直积极参与学术研究，并获得《国际商务学报》（*Journal of International Business Studies*）的 10 年成就奖。他的文章经常出现在《管理学会学报》《国际营销前沿》《加利福尼亚管理评论》《哥伦比亚世界商务》《国际营销评论》《国际贸易》《商业研究》《高科技管理研究》《国际商务研究》《国际管理评论》《跨国商务评论》《战略管理》《跨国公司》《世界经济评论》（*Weltwirtschaftliches Archiv*）等主要学术期刊上。丹尼尔斯教授先后出版了 15 部著作，其中最近出版的有：《跨国企业与变化中的世界经济》（与 Ray Loveridge、Tsai-Mei Lin 和 Alan M. Rugman 合著），以及《跨国企业理论》（共 3 册）和《国际商务与全球化》（共 3 册）（全部与 Jeffrey Krug 合著）。在《国际管理评论》杂志 30 周年的纪念会上，他被誉为"美国著述最多的国际商务研究领域的学者之一"。他还担任国际商务学会的主席和研究院院长。此外，他还兼任管理学会国际分会主席，该学会曾提名他为 2010 年度的杰出教育家。丹尼尔斯教授曾在 7 个不同国家分别生活和工作过一年以上，在 6 大洲大约 30 个国家和地区短期工作过，而且旅行到访过很多国家和地区。他在国外的工作多是受私人部门、政府机构、学校单位和研究机构的指派。丹尼尔斯教授曾经任教于乔治亚州立大学和宾夕法尼亚州立大学，曾经担任过印第安纳大学国际商务教育和研究中心（CIBER）的主任并获得过里奇蒙德大学克莱伯恩·罗宾斯（E. Claiborne Robins）杰出教授的称号。

李 H. 拉德巴赫（Lee H. Radebaugh）

现为杨百翰大学国际商务学名誉凯-惠特莫尔（Kay and Yvonne Whitmore）教授，是杨百翰大学惠特莫尔全球管理中心/国际商务教育和研究中心的前主任。拉德巴赫教授拥有印第安纳大学的 MBA 和博士学位。1972—1980 年，拉德巴赫教授在宾夕法尼亚州立大学任教。他还曾经是位于秘鲁利马的商务管理学院（Escuela de Administracion de Negocios）研究生项目的客座教授。1985 年，拉德巴赫教授曾是苏格兰格拉斯哥大学的詹姆斯·卡斯特·沃兹（James Cusator Wards）客座教授。拉德巴赫教授的著作包括：与 S. J. 格雷（S. J. Gray）和埃文·布莱克（Erv

Black）合著的《国际会计与跨国企业》（由 John Wiley & Sons 出版，第 6 版）；与约翰·丹尼尔斯合著的《国际商务导论》（由 South-Western Publishing Company 出版）；与埃尔·弗莱（Earl Fry）合作编写的有关美国—加拿大贸易与投资关系的七部作品。此外，拉德巴赫教授还出版了其他几部专著，并发表了众多国际商务和国际会计方面的学术论文，这些论文主要发表在《会计研究》《国际财务管理与会计》《国际商务研究》《国际会计》等学术期刊上。拉德巴赫教授是《国际会计研究》杂志的前任编辑，目前担任《国际商务研究》杂志专业领域的编辑。他的主要教学方向是国际商务和国际会计。他是美国会计协会、欧洲会计协会、国际会计教育与研究协会以及国际商务学会的活跃成员。拉德巴赫教授曾担任数家专业协会的委员会成员。例如，他曾是美国会计学会国际分会会长和国际商务学会的秘书长，目前是国际商务学会的研究员。拉德巴赫教授还活跃在当地的各类商业团体中。例如，他曾担任犹他州世界贸易协会主席和地区出口委员会委员。2007 年，拉德巴赫教授获得美国会计学会国际会计分会颁发的"杰出国际会计服务奖"。1998 年，拉德巴赫被提名为犹他州年度国际人物并被美国会计学会国际分会评为"杰出国际教育家"。2012 年，拉德巴赫教授获得了至高的荣誉：《国际会计研究》杂志将过去十年最佳论文奖命名为《国际会计研究》李 H. 拉德巴赫杰出作者奖。

丹尼尔 P. 沙利文（Daniel P. Sullivan）

现任特拉华大学阿尔弗雷德·勒纳商学院国际商务学教授。沙利文教授拥有南卡罗来纳大学的博士学位。他的研究领域广泛，主要包括全球化与商务、国际管理、全球战略、竞争力分析和公司治理。沙利文教授在这些领域的学术论文主要发表在《国际商务研究》《国际管理评论》《法律与社会评论》《管理学会学报》等主要学术期刊上。此外，沙利文教授一直是《国际商务研究》杂志和《国际管理评论》杂志编委会的成员。在特拉华大学以及在之前工作过的杜兰大学弗里曼商学院期间，沙利文教授在研究和教学方面都获得过多项奖励和资助。在本科生、MBA和 EMBA 的教学中，沙利文教授多次获得教学奖励。值得一提的是，沙利文教授被来自特拉华大学和杜兰大学的17 个不同的 MBA 教学班评为杰出教师。沙利文教授围绕全球化与商务、国际商务运作、国际管理、战略观察、领导力、企业战略等主题进行研究生、本科生和非学位课程的教授、设计和管理。在美国，沙利文教授已为多所大学和公司开设讲座和课程。此外，沙利文教授还在中国大陆、中国香港、中国台湾、保加利亚、捷克、法国、韩国、瑞士和英国开设了多门课程。最后，沙利文教授与众多管理者合作，并为多家跨国企业提供国际商务方面的咨询服务。

简 要 目 录

目　　录

第 4 篇　国际金融环境

第5篇　全球战略、结构与实施

第 6 篇　国际运作管理

第1章

全球化与国际商务

世界就是一个大舞台，人人都有角色要演，也有一份利益可享。

——荷兰谚语

本章目标

通过本章学习，应能：

1. 给出全球化与国际商务的定义并解释两者的相互影响。
2. 掌握公司开展国际商务以及借此实现快速发展的原因。
3. 讨论全球化的未来趋势以及人们对全球化的主要批评。
4. 描述公司为实现全球运营目标而所采用的各种路径。
5. 明确必须借助社会科学来辨清国际商务与国内商务的差异。

案例 1-1

全球化的体育事业

世界上全球化程度最高的合法行业大概莫过于体育了[1]。从历史上看，就大多数体育运动而言，绝大多数的运动员和运动队只在自己的领域里竞争；然而如今，"粉丝"们想要看到的是"最好"，而"最好"已成了全球性标准。卫星电视可将世界上任何地方进行的现场赛事带到其他任何地方的"粉丝"面前。这对于那些处于体育项目推广业务中的核心成员而言，如运动队老板、联盟代表和体育协会，增加了曝光率，扩大了"粉丝"面，当然也赚得了更多的收入，尤其是当通过跨国广告推广时。

不过，由国际体育联盟赞助的运动队间的竞争可以追溯到一个多世纪之前，其中最引人注目的就是足球世界杯和奥运会比赛了。参与这些赛事的国家和地区比联

合国成员还要多。也许，比起联合国所发生的事，更多的人更愿意关注这些比赛。事实上，至少就2010年南非世界杯和2012年伦敦夏季奥运会而言，你已是全球电视观众中的一员。（成千上万的伦敦奥运会的吉祥物文洛克填充玩具在中国制造出来并通过海运抵达奥运会现场。）

这些国际性比赛是如何与商业相关联的呢？城市和国家争相举办大型赛事的目的就是吸引游客并向全世界（尤其是潜在的投资者）推广可能的商机。一旦取得举办权，跨国公司作为赞助商就会支付大笔款项以取得推广权。例如，伦敦奥运会上有11家公司为此支付了9.57亿美元。又如，来自全球数十个国家和地区的数百万名访客通过可口可乐公司的 Facebook 上传了有关这些比赛的视频。结果是，运动员个人不仅为取得奖牌

而比赛，也为赚取利润丰厚的代言合约而竞争。迈克尔·菲尔普斯（Michael Phelps）在游泳比赛中取得的成功为他带来了代言维萨（VISA）卡、欧米茄、希尔顿、宝洁、安德玛、赛百味、惠普等品牌的合约。

虽然奥运会和世界杯的参赛者历来来自全球各地，但赛事的举办地并非如此，很大程度上取决于筹办赛事的成本。不过，这一现象如今正在改变。2010 年，世界杯首次在非洲大陆举行。2016 年的巴西奥运会是该赛事首次在南美举办，而 2022 年的卡塔尔世界杯也将由中东地区首次承办。

1. 国际就业市场

因为更多的"粉丝"希望能看到世界上最好的运动队和运动员，所以对人才的寻找也扩大到全球范围。如今，不难发现来自美国和欧洲的职业篮球球探在尼日利亚的偏远地区寻找具有潜力的高个子年轻人；棒球代理人甚至已在多米尼加共和国开设了面向青少年的、带食宿的训练营，交换条件是参加者将未来职业生涯所赚的签约奖金的 1% 支付给他们。不过，要记住的是，一项体育事业要取得成功，组织人才是必要的环节，但仅此仍然是不够的，还必须有精明的营销策划和财务管理。例如，巴塞罗那足球俱乐部完全称得上近年来的最佳职业足球队，不过，该俱乐部是靠年轻的商科毕业生而摆脱财务困境的。

如今，大多数顶尖运动员都愿意为了金钱而去任何地方。例如，很多一流的巴西足球运动员就效力于欧洲球队，原因就是欧洲球队支付的报酬远高于巴西的球队。英格兰足球超级联赛（英超）就有来自大约 70 个国家的运动员，这不仅提升了球队的水准，而且扩大了英格兰之外的电视观众数。

（1）职业网球联合会（ATP）如何取得全世界的支持

如果你是某项体育项目的"粉丝"，那么也许你早已发现这些运动员常常奔波于世界各地。以网球为例，因为任何单个国家的球迷数量都不足以让网球运动员全年待在国内参加比赛，所以如今顶级网球赛事的参赛球员来自除南极洲之外的各大洲。2013 年，职业网球联合会（ATP）在 31 个国家举办了 64 场锦标赛。此外，职业网球联合会还要求其职业球员必须参加一定数量的赛事。换言之，为了保持国际排名，他们必须参加许多国家和地区的赛事。

鉴于任何网球运动员都不可能参加每场锦标赛，所以组织者必须吸引足够多的顶级球员以确保场馆的满座

率，进而落实利润丰厚的电视转播合约。因此，这些锦标赛不仅相互之间会展开对那些高人气球星的竞争，而且也会与诸如奥运会和戴维斯杯（Davis Cup）之类常规国际赛事的竞争。为此，对那些比赛的获胜者，锦标赛会提供丰厚的奖励（2013 年澳大利亚网球公开赛单打冠军的奖励就达 255 万美元）。

当然，这些锦标赛可通过球票出售、企业赞助合同、电视转播合约以及出租场上广告位而赚得收入。到场观众和电视观众越多，赞助商和广告商的投入就越多。此外，国际广播电视也能从跨国公司那里获得赞助。2013 年度澳大利亚网球公开锦标赛的合作商和赞助商名单中就包括一家韩国汽车制造商（起亚）、一家荷兰啤酒制造商（喜力）、一家瑞士手表制造商（劳力士）、一家法国服装公司（法国鳄鱼）和一家美国运动产品企业（威尔逊）。对于赞助这类吸引了全球目光的体育赛事的商家而言，回报就在于其品牌通常能取得更高的市场增长率。

（2）从民族走向国际的体育运动

一些国家会从法律上将某项民族体育运动规定为一种保持民族传统的手段；还有一些国家则事实上就有这样的体育运动。例如，加拿大夏季的长曲棍球和冬季的冰球、哥伦比亚的火药与石、多米尼加共和国的棒球、圭亚那的板球、挪威的越野滑雪、苏格兰的高尔夫、巴基斯坦的草地曲棍球、斯里兰卡的排球、孟加拉国的卡巴迪、俄罗斯的冰上曲棍球、日本的相扑和新西兰的橄榄球。不过，其他有些体育运动的受欢迎程度超过民族体育运动，如板球取代曲棍球成为印度最受欢迎的运动。

尽管棒球在其历史上的大部分时间里只在其发源地的北美洲备受欢迎，但今天的国际棒球联合会已拥有 100 多个成员。鉴于北美电视转播收入增长趋缓，美国职业棒球大联盟（MLB）开始向全球观众转播其比赛节目。转播面的扩大不仅增加了其全球观众的数量，而且让全世界的年轻人了解了比赛的规则。1986 年，非美国本土出生的美国职业棒球大联盟的球员仅占 14%，而 2013 年，该数字已上升到超过 28%。如今，美国职业棒球大联盟的俱乐部已成为一个使用多种语言的组织，其球员和教练不仅有讲英语的，也有讲西班牙语、日语、汉语和朝鲜语等语言的。

2. 电视转播体育的广阔世界

并非令人惊讶的是，其他职业体育运动的电视转播

（及其营销节目）都已覆盖到全球各地。斯坦利杯冰球比赛的大多数观众来自北美之外的国家和地区，观看全美纳斯卡（NASCAR）车赛的赛车迷来自全球120多个国家和地区，而美国NBA比赛的观众则遍布全球大约200个国家和地区。如果你生活在突尼斯并能同步观看多个电视频道，那么你所能观看到NBA赛事节目小时数要多于全年比赛小时数。

电视并非体育组织寻求国外观众和运动员的唯一方式。美国国家橄榄球联盟（NFL）承担了中国学校的夺旗橄榄球（Flag Football Program）运动的经费，并且在欧洲举办美国国家橄榄球联盟的一些常规赛。全美篮球协会向印度派去了一名篮球指导，以便帮助当地组建青年联赛。随着宽带网络的普及，多频道电视即将成为现实。到时，世界各地的观众就可以收看目前仅仅面向本地观众的体育赛事了，当然也包括泰拳和日本的相扑比赛。

（1）作为高端品牌的顶级运动员

实际上，许多顶级运动员因在体育上的成功以及拥有出众的外表和迷人的性格而成为"全球品牌"。菲律宾拳手曼尼·帕奎奥（Manny Pacquiao）、俄罗斯职业网球运动员玛利亚·莎拉波娃（Maria Sharapova）、葡萄牙足球前锋克里斯蒂亚诺·罗纳尔多（Cristiano Ronaldo）（他在Facebook上拥有超过5000万名"粉丝"）和美国篮球明星勒布朗·詹姆斯（LeBron James）等人在世界各地都深受欢迎，因此运动领域内外的公司都与之签约，花大笔钱请他们来代言公司的服装、设备等产品。

（2）作为品牌团队的推广

一些团队，如纽约洋基棒球队、新西兰全黑橄榄球队和英国曼联足球队，同样也因拥有足够的声望而成为全球品牌，并可借此向全球"粉丝"推销服装等产品。除了几乎每个团队都拥有的其标志的使用权之外，其中的大牌运动队因其高知名度而成为全球零售连锁企业的支柱。同样，企业自然会向知名球队提供赞助并寻求代言。例如，作为美国运动鞋与服装业巨头的耐克公司通过努力已成为欧洲足球队的运动服与装备的供应商。这一行动的成功使得耐克公司的国际销售额超过了其在美国本土的销售额。

许多非体育领域的公司，如佳能（相机与办公设备）、夏普（电子消费品）、嘉士伯（啤酒）等，它们赞助体育团队的主要目的是能在团队制服上印上公司标志。还有一些公司，如芝加哥的美国联合航空公司，赞助的目的是取得体育场馆的冠名权。当然，团队自身也

能够成为颇具吸引力的国际性投资品。例如，波士顿红袜棒球队（美国）的老板就买下了英国的利物浦足球俱乐部。

（3）体育与你

所有这一切对于作为体育迷的你意味着什么呢？或许你曾梦想过有朝一日自己能成为某项体育运动的运动员，但你可能已经放弃了那个梦想并适应了当观众的角色。既然职业体育已成为全球性现象（得益于通信条件的提高），相比于以前任何时代的人，你都享有了更多的选择，当然也包括更高水平的比赛。

当然，这只是有利的一面。不过，必须指出的是，要让一国观众喜欢上他国的体育运动并不总是很容易的。虽经大量努力，几个世纪以来在英国殖民地国家一直很受欢迎的板球运动，在其他国家一直难受欢迎（在后殖民时期的美国，板球一度大受欢迎，但后来逐渐被棒球所取代）。同样，在美国之外，美式橄榄球（也称美式足球）也没有获得很多关注和欢迎。一位前美国国家橄榄球联盟的内锋球员指出了其中的一个原因：板球和美式橄榄球的规则太过复杂，以至于人们必须从小学习方可掌握。相反，篮球和英式足球更快地普及到了新的市场，原因就在于它们易于被理解，也不需要特殊的装备。

此外，对于成功获得诸如世界杯和奥运会之类大型国际体育赛事的举办权所带来的经济影响，人们的意见并不一致。一方面，这的确会对旅游、境外投资、基础设施建设和贫民区改进产生激励，转而促进未来的经济增长（2012年伦敦奥运会的设施建造成本大约为150亿美元）。另一方面，考虑到全球恐怖主义的威胁，安全保障的成本也在不断飙升，而且举办方必须投入的一些场馆和设施在赛后可能毫无用途，结果，许多赛事带来当地政府与和国家债务的大幅上升。

当然，并非人人都对快速全球化的体育运动感到满意，或者至少是对其中的一些影响并不满意。巴西足球迷对那些最为优秀球员的离去深感悲痛，而法国球迷对卡塔尔投资局购买巴黎圣日耳曼（PSG）足球俱乐部也表达了抗议。

思考题

1. 职业运动员A是一名体育明星，而职业运动员B是一名普通运动员。从正反两方面分别说明职业体育运动的全球化对职业运动员A和B的影响？

2. 阅读本章时，请举例说明职业体育运动全球化的各种运作模式。

1.1 引言

全球化（**Globalization**）是指世界各地不同国家的人们之间相互依存关系的不断扩大。有时，全球化也是指那些对世界经济一体化有着重要作用的商品、服务、资本、技术和人员的国际流动的壁垒的消除[2]。纵观历史，人们之间联系变广也拓展了人们取得更多种资源、产品、服务与市场的途径。如今，人类不仅改变了想要与期望的生活方式，而且也变得越来越受那些与自身非直接相关的环境的影响，而不论这些影响是有利的还是不利的。

开篇案例 1-1 表明，正是这种联系使得那些世界级体育明星可以在世界任何地方参加比赛，并让他们的"粉丝"一睹其风采。同样，几乎各个行业的管理者都将遥远的地区视作其供给的来源地和产品的目标市场。作为消费者，我们通过产地标签便可知道，我们购买的商品通常来自世界各地。不过，这些标签隐含的信息要多得多。其实，考虑到产品中所包含的种种成分、原料以及来自各国的专业性商业活动，要准确说明其产地常常颇为困难。比利时以出产巧克力而闻名，但比利时产的纽豪斯棒棒糖包含了来自科特迪瓦、菲律宾、厄瓜多尔、圣多美和委内瑞拉的原料[3]。由于苹果公司的 iPhone 运自中国，这让人误以为它是中国产品，但实际在中国创造的价值只占不到 4%[4]。

● 国际商务的目的

全球化让人们的消费有更多选择，而且质量更高、价格更低廉。我们的日常餐饮中就包含非本国产的调料，所用的鲜果、蔬菜等农产品也不是当地应季的。如果汽车的零部件生产都由同一个地方的劳动力来完成，而没有国际合作，那么汽车的成本就会高得多。所有这些供求之间的联系都是**国际商务**（**International Business**）活动作用的结果。这里，国际商务被定义为全部商业交易，包括两国以及两国以上之间发生的销售、投资和运输。私人企业开展此类交易的目的是获利；而政府间开展此类交易的目的或是获利，或是出于其他原因。

1. 学习国际商务的目的

为什么必须学习国际商务？简单而言，国际商务构成世界全部商务活动的主体，而且处于不断增长之中。不论哪个行业，不论规模如何，所有企业都受全球事件与竞争的影响，不仅要在国外销售产品，要从国外取得供给和资源，而且要与国外的企业、产品与服务相竞争。因此，绝大多数的管理者在制定运作战略以及开展实际业务时，必须考虑国际商务。在开篇案例中，NBA 球队必须在全球范围搜寻人才并争取更大市场。同样，几乎所有行业的管理者必须考虑以下问题：一是从何地以尽可能低的价格获取最佳投入必需品；二是在何地将用这些投入品生产出来的产品或服务以最佳方式销售出去。

2. 理解运作环境与业务间关系的目的

在国外做生意的最好方式在国内未必也是最好的。原因何在？首先，当公司开展国际业务时，会涉及不同于国内商务的商业模式，如进出口等；其次，各国的自然、社会和竞争环境并不相同，最优运作模式自然也不相同。因此，与单纯从事国内业务的企业相比，跨国运作企业面临的运作环境更为复杂，而且更具多样性。图 1-1 描述了运作环境与国际商务运作之间的各种关系。

即使你没有直接从事国际商务的职责，了解其复杂性仍然十分有用。企业的国际业务以及面临的政府规制会影响整个国家的方方面面，包括经济增长、就业、消费价格、国家安全，也会影响具体行业和企业运作的成功。因此，对国际商务的更深了解有助于你做出更为明智的决策，如去何地工作，以及该支持哪项政府政策。

1.2 驱动全球化的因素

全球化程度的衡量是一个颇为麻烦的问题，尤其是进行历史比较时。首先，国家间的相互依存情况只能进行间接衡量[5]。其次，一旦国界出现变化，如苏联的解体或德国的统一，那么原来属于国内的商业活动就转变为国际商业活动，反之亦然。不过，有众多可靠指标让我们确信，至少自 20 世纪中叶以来，各国经济上的外贸依存度一直在不断增加。与 1950 年大约 7% 的数据相比，目前大约 25% 的全球产出被销往原产地之外。对进口的限制总体上一直在减少。此外，外资产出占全球产出的比例一直在上升。在经济高速增长时期，如在第二次世界大战以来的大多数年份里，全球贸易的增长速度远高于全球产出的增长速度。不过，在经济衰退时期，如自 2008 年以来的这段时期，全球贸易和投资的萎缩程度就要比全球经济萎缩程度厉害得多。事实上，2012 年各国的经济联系程度就不如 2007 年的情况[6]。

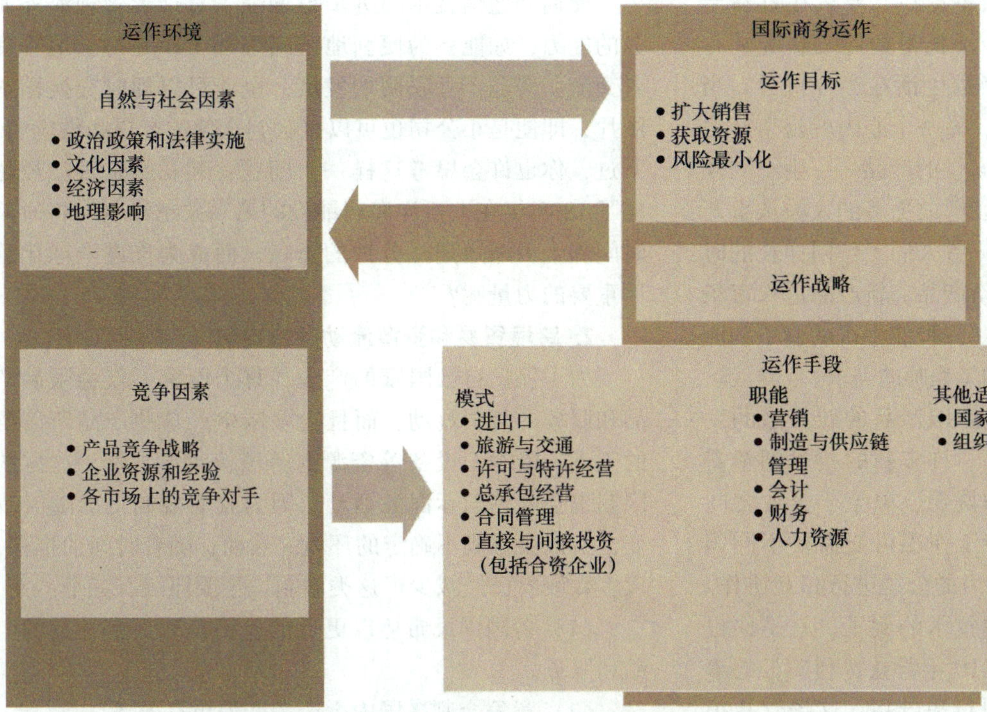

图 1-1　国际商务运作的影响因素

（图旁注释）企业的国际商务运作行为取决于两个因素：运作目标与实现目标的手段。同样，其运作业务与两类因素互相影响：自然与社会因素和竞争因素。

然而，与此同时，全球化的推进速度并没有人们所想象的那么快。事实上，令许多美国人难以相信的是，在美国购买的商品和服务中，只有大约 15% 的价值来自其他国家和地区。在世界许多地区（尤其是在贫困的农村地区），人们因缺乏与外界保持联系的资源而依然处于孤立状况。不过，这种孤立状况正在快速转变。以非洲为例，自手机出现以来，那里的电话联系开始明显增加[7]。仅有少数国家——主要是那些很小的国家——要么是将其一半以上的产品销到海外，要么是依赖进口国外产品来满足一半以上的消费。这一切意味着世界上绝大多数的产品和服务仍然依赖于在产地的销售。此外，大多数国家的资本主要来源于国内而非国际市场。

当然，这些方法只是从经济上衡量了全球的相互依存关系。许多研究进行了更为全面的比较，而且考虑到其他各种因素，如基于旅行和通信的人员间的联系、技术交流、政府间联系、对诸如来自其他语言的文字的国外文化属性的接受和适应等[8]。虽然这些研究在分类方面具有差异性，但研究结果有以下几点共性：

（1）国家规模。与大国相比，小国的全球化程度更高，主要是因为其较小的陆地面积和人口只能承载较少种类的生产。

（2）国民收入。与国民收入较低的国家相比，国民收入较高的国家全球化程度更高，主要是因为高收入的国民更有能力购买国外的产品、赴国外旅行和与外国居民交流。

（3）全球化领域间的差异。虽然一国在某个领域的全球化程度较高，但在另一领域的全球化程度也可能较低。例如，美国在技术规模领域的全球化程度较高，但在经济规模领域的全球化程度就较低。

● 全球化得以推进的影响因素

是什么因素促使全球化在最近几十年里得到不断推进？大多数分析人士都提到以下七个方面的因素：

（1）技术应用的增长。

（2）跨境贸易和资源流动的自由化。

（3）国际商务支撑服务的发展。

（4）消费者压力的增加。

（5）全球竞争的加剧。

（6）政治环境和政府政策的变化。

（7）跨国合作的扩大。

当然，这些因素都是相互关联的，每一项都值得深入研究。

1. 技术应用的增长

众所周知，许多"现代奇迹"以及有效生产方式的取得都依赖于新近发生的技术进步，包括手持移动技术设备之类的新产品以及旧产品的新应用，如印度产的瓜尔豆被用于石油和天然气的开采[9]。因此，如今我们用于贸易的商品在一二十年之前要么不存在，要么在贸易当中根本不重要。为什么技术进步增长得如此之快呢？有史以来的全部科学家中，超过半数生活在当今世界。当然，人口增长是其中的一个原因，另一个原因就是生产力的发展——用较少的时间生产出同样的产品——生产同样产品所需的人减少了，从而就可以解放更多的人去从事开发新产品了。生产力的提高也意味着人们工作同样长的时间就能购买到更多的产品，包括新产品。新产品进入市场也创造了对其他互补产品的需求（如智能手机的盒子和应用软件），从而加快了对科学家和工程师的需求。

许多新产品的生产，包括生产旧产品的新方法的发现，要在单一国家完成并不容易。许多新的技术创新需要利用如此多的经济资源和人力资源，以至于企业之间必须开展研发方面的合作。这些工作很可能需要不同国家的那些拥有经济资源和专业能力的公司进行相互协作。一个值得注意的有关相互依赖的技术的例子，就是你也许在全球电视转播中看到过的 2010 年营救智利矿工的事件。如果没有来自各个国家的创新和产品，这场营救很难取得成功。这里的创新和产品包括产自美国的岩石钻头、产自德国的高强度电缆、产自日本的超柔光纤通信电缆以及产自韩国的特制手机[10]。

新产品一旦被开发出来，在单一国家的市场需求很难达到最优生产规模的要求。因此，企业需要在国内和国际市场上销售产品，以便按更大的产出来分摊固定的研发和生产成本。

如今，得益于通信与交通方面的巨大发展，我们可以购买到产自遥远地区的产品和服务。与此同时，与一般性成本增加相比，这些进步的成本增加要小得多。例如，1970 年从纽约打 3 分钟电话到伦敦的花费为 10.80 美元，仅仅比现在少 0.20 美元，而今天使用互联网语音电话几乎是免费的。

运输方面的革新意味着会有更多的国家参与一个市场的销售竞争。过去，在美国销售产自国外的花卉是很难做到的。不过到了今天，产自遥远的厄瓜多尔、以色列、荷兰和新西兰的花卉同在美国市场上竞争，这是因为花农们能以既快又经济的手段将花卉海运到美国。

再来回顾一下开篇案例。创新使得运动员个人和团队可以去全球各地的体育场馆参加比赛，也使得体育媒体能向世界各地的体育迷播报赛事。若没有现代化的交通和通信工具，一名网球选手就不可能在参加完在迈阿密举办的锦标赛之后马上参加摩洛哥的比赛，而且也不可能赚到足够的广告收入来为其提供足够的旅途费用。

交通和通信技术的进步也增强了管理者管理海外业务的能力，如能更为便利地访问国外工厂并与当地管理者交流。得益于互联网的发展，企业可以即时交换样本图片，即便是小公司也可以接触到全球的客户和供应商。不过，你也许会思考这样一个问题：互联网是否已经超越了 1858 年在大西洋海底铺设的第一条越洋电缆将通信时间从十天缩短到几分钟的贡献，而成为推进全球化的更重要的力量呢？

2. 跨境贸易和资源流动的自由化

为了保护自己国家的产业，每个国家不仅会限制产品和服务的跨国流动，而且会限制生产这些产品所需要的工人、资本、设备等资源的跨国流动。当然，这样的限制也会限制国际商务活动。因为政府规制可能随时改变，所以会形成不确定的环境。然而，随着时间的推移，大多数政府已经减少了这类限制，主要原因有三个：

（1）各国国民希望以更低的价格获取更多种类的产品和服务。

（2）竞争会刺激国内生产者变得更有效率。

（3）希望引导他国降低壁垒。

3. 国际商务支撑服务的发展

企业和政府开发了一系列便利化全球商务的服务。这里以在国外按外币进行销售为例。今天，有了银行信用协议——将货币兑换成另一种货币的清算安排以及对诸如拒付和途中损坏风险安排的保险——大多数生产者在国外销售商品和服务的收入可以较为容易地得到支付。在耐克公司向法国一支足球队销售了运动服后，法国的一家银行在货物到达法国海关（也许来自亚洲某个地方）时就可从足球队处收到用欧元支付的款项，然后通过美国的银行以美元向耐克公司支付货款。

4. 消费者压力的增加

今天，有更多的消费者更多地了解从他国获取产品和服务的信息，而且能够负担得起，并且他们希望对所能购买的产品和服务的质量、价格和性能有更多的选择。不过，由于国内外财富分配的极其不均衡，而且年度之间也存在差异性，所以消费者实现这一切的能力差异很大。结果，许多公司仅仅关注那些收入和消费增长最为迅速的市场，如中国市场。

更多的财富也促使企业在研发方面投入更多，并在全球范围内通过网络、行业日志、贸易展览会和海外出差等途径来搜寻创新和产品，以便满足顾客的需求。出于同样的原因，现在的消费者也更加精通于在世界各地搜寻更好的产品，如通过网络在国外低价购买。

5. 全球竞争的加剧

鉴于现在的和将来的国内外竞争加剧，企业需要赴国外进行采购或销售。例如，企业会在竞争对手已经有一定销量的市场上设法推入产品，或者需要在竞争对手取得廉价或富有吸引力产品的市场上寻求供应商或生产方法。

近年来，许多公司通过并购而实现了更高效率以更好地竞争，例如，出版界德国贝塔斯曼公司的兰登书屋与英国培生公司的企鹅部门合并；或使自己变得足够大而能与全球领导者相竞争，或成为全球领导者，例如，巴西的冷冻食物公司波底高与萨蒂亚的合并[11]。

所谓的"天生全球化企业"（**Born-global Company**），自创业起就因创建者的国际经验而吸引了全球的关注[12]，而且通信技术的进步也有助于他们把握全球的市场和供应。以瑞典的音频共享网络服务商 SoundCloud 公司为例，公司的两位创立者，一位出生于英国，另一位出生于瑞典。公司创办后几个月内，他们就进入了德国，且很快打入了美国市场，并获得了 5000 万美元的融资[13]。许多新公司设在具有很多竞争对和供应商的地区，这就是所谓的"**集群**"（**Clustering**）或"**集聚**"（**Agglomeration**）。他们很快发现竞争对手是如何利用国外商机而获利的。随着供应商和人才在这些地区的集聚，企业就更容易获取进入国际市场所需的资源了[14]。

不论处于什么行业，大多数企业和个人都必须进一步适应全球化。面对如今竞争激烈的商业环境，企业如果不这样做，后果也许是灾难性的。一旦有一些企业对国外的机会做出响应，其他企业必然就会跟随，并相互学习在国外的经验。正如开篇案例所提到的，早期国外棒球运动员在美国棒球联赛中取得的成功无疑会促使美国的篮球和橄榄球组织去国外寻求并培养人才[15]。

6. 政治环境和政府政策的变化

第二次世界大战后的大约半个世纪里，东西方国家之间的商务活动非常少。不过，如今只有少数国家仅在自己的政治集团内开展商业交往。事实上，政治环境变化有时也为国际商务打开新市场。例如，随着缅甸军事管制的停止，跨国公司开始了在缅甸的拓展。然而，政府仍然有与特定国家开展国际商务活动的倾向，甚至会因政治原因而拒绝与某些国家进行商务往来。例如，许多国家限制与伊朗进行商务交往，原因就是后者一直致力于发展核能。

政府似乎更愿意支持这样的项目，如改善机场和海港设施，目的是提高国际商品运输的速度，同时降低运输成本。如今，政府也会提供一系列服务以帮助国内企业开展国外销售，如帮助收集国外市场信息，帮助联系潜在买家，为本国货币遭拒付提供保险等。

7. 跨国合作的扩大

政府已经意识到自身的利益诉求可以通过诸如签订国际合作方面的条约、协议和咨询合同来实现。政府的这种政策意愿主要来自其以下三个方面的需要：

- 获得互惠优势。
- 联合解决单独一国无法解决的问题。
- 处理所关注的境外地区问题。

（1）**获得互惠优势**。企业从事国际运作时，基本上都不希望处于劣势，所以它们会请求政府代为采取行动。因此，政府会参加各种国际组织，并签订有关各种商务活动的条约和协议。

有些条约和协议允许商船和飞机相互使用对方的港口和机场；有些条约和协议还涉及商用飞机的安全标准和飞行过境的权利；有些涉及财产保护，如外国投资、专利、商标和版权。国家之间也会签订进行相互减少进口限制的互惠条约（当然，保留了当对方提高贸易壁垒或断绝外交关系时进行报复的权利）。

（2）**联合解决单独一国无法解决问题**。政府之间经常在双方边界采取协调行动，如修建高速公路、铁路和水电站，从而服务于共同的利益。（不过，仍然存在效率低下的问题。例如，意大利和瑞典之间的火车由于双方有关体制的不同而必须改换机车，次数多达 4 次。）[16]此外，各国也会通过合作来解决单独一方无法解决或不愿解决的问题。

第一，解决问题所需的资源对于一国来说太过庞大而难以管理。有时一国不愿为他国受益的项目付款，如众所周知的日本和美国共同负担了弹道导弹防御技术的成本。不管怎样，许多问题本质上是全球性的，如全球气候变化、核扩散等，单独一个国家根本无法解决。这也是为什么需要通过共同努力来对付疟疾等疾病的蔓延，建立应对海啸等自然灾害的预警系统，以及对全球变暖之类的环境问题采取行动。

第二，一国制定的政策也许会影响到其他国家的政策。例如，一国较高的实际利率很快会吸引走低利率国家个人或公司的资金，从而使后者出现投资资金的短缺。同样，一国也许会通过操纵其货币的价值，从而使其企业抛弃一国的供应商而转向他国。因此，本国货币低估会给被抛弃供应商的所在国家造成失业。为了协调好有关领域的经济政策，经济大国的领导人会经常会见以交换信息和意见。最为著名的当属被称为二十国集团或 G20 国家的合作了，该集团包括全球最重要的 19 个国家和不属于这 19

个国家的欧盟代表。二十国集团的生产和贸易占全球生产的比例超过80%，其人口占全球人口的2/3。

（3）**处理所关注的境外地区问题**。全球有三大区域不属于世界上任何一国：海洋的非沿海地区、外太空和南极洲。随着这些地区的商业可利用价值的体现，各国进行开发和跨国合作的兴趣日益增强。然而，海洋不仅拥有食物和矿物资源，而且有重要的国际贸易运输通道。如今，全球有必要通过协议来规定捕鱼的数量和方法，以及处理海洋矿产权利（如北冰洋的石油资源）和海盗等问题[17]。

同样，各国在利用外太空的商业利益方面也存在分歧。例如，因没有获得直接利益，那些商业卫星经过的国家坚持自己的利益诉求。虽然这一切听起来有些牵强，但请清楚，它们的确向飞经其领空的外国航空公司收取了费用。

南极洲沿其海岸线拥有丰富的矿产和海洋生物，每年吸引了成千上万的游客，建有通往南极的公路。因此，限制商业开发一直是有关南极洲协议的主题。不过，各国对南极洲的开发问题仍然存在分歧，如由谁来开发，以及开发到什么程度等。

这里讨论的很多合作已由国际组织负责，我们将在第6章做更为详细的讨论。

1.3 全球化的代价

虽然我们已经讨论了影响国际商务和全球化发展的原因，而且这些原因相互关联，但要知道的是，人们对这种发展仍存有争议。为了阻挠全球化的进程，反全球化组织经常对国际会议和政府政策提出抗议，有时采取的是暴力手段，有时采用的却是全球化手段。这里集中讨论三大问题：对国家主权的威胁、环境压力、收入不平等与个人压力加剧。当然，后文会对这些方面的问题做更深入的讨论。多个"观点交锋"栏目也涉及了这些问题。

1.3.1 对国家主权的威胁

你大概听到过"放眼全球，立足本土"之类的口号。实质上，这一口号意指本国利益应该置于全球利益之前。有些观察家担心，随着国际协议的增加，尤其是那些要求减少或取消生产和销售中的本土限制的协议，将会削弱一国的**主权**（Sovereignty），即"立足本土"且没有外部强加的限制的自由。

1. 本土目标和政策方面的问题

为了实现针对本国公民的经济、政治和社会目标，一国政府会制定强调本国优先的规则，如强调工人就业

和环境保护。不过，一些评论家指出，随着贸易的对外开放，一国的这种优先权被削弱了。例如，如果一国对劳动条件有着严格的法律规定并要求采用清洁生产，那么低成本生产也许会转移到法律规定不严的国家。结果，随着贸易的开放，法律规定严格的国家要么就得放弃劳动和环境方面的优先要求以增强竞争力，要么就得接受就业率和经济的下滑。

2. 小型经济体的过度依赖性问题

此外，这些评论家指出，小型经济体太过依赖大型经济体的供应和销售，致使其对外国的要求难以拒绝，包括对于要求在联合国支持大国的对外出兵或经济行为上都无法表达自己的立场。曾获诺贝尔经济学奖的经济学家乔治·阿克洛夫（George Akerlof）指出，这种依赖性的影响会由于贫穷国家处理全球化问题的管理能力的不足而加剧[18]。这些国家同样关注的是，大型国际企业因为实力强大，所以完全有能力来单方面规定运营条件（如通过施加离开某国的威胁），利用法律漏洞来避开政治监管和税收，以及为了本国的政治经济利益而牺牲小型经济体的利益。

3. 文化同质问题

最后，这些评论家也指责说，全球化导致了产品、公司工作方法、社会结构和语言的同质化，从而削弱了文化自主的根基。实质上，他们认为国家会变得难以保持传统生活方式，而这却是它们的文化具有共性和个性所必需的。在本章的开篇案例中，虽然一些国家试图通过国家指定民族体育来维持一些传统体育，但仍然无法战胜外来的运动项目。事实上，对于如何阻止借助卫星电视、平面媒体和网络入侵的外来影响，评论家们的确感到绝望[19]。

1.3.2 环境压力

对全球化的批判大多与其所带来的经济增长有关。有一种观点指出，经济增长意味着更多不可再生自然资源的消耗，同时也加剧了环境的破坏，如向河流和海洋排放有毒物质、工厂和车辆排放引起的空气污染以及影响天气和气候的森林采伐。此外，反全球化人士认为，从远方购买产品，增加的运输导致了碳排放量的增加，即加大了温室气体的排放。他们还进一步指出，以重油作为燃料的1000多艘集装箱运输船所带来的污染相当于5000万辆汽车带来的污染[20]。

当然，并非每个人都同意这种结论。有人认为全球化的影响是积极的，不仅保护了自然资源，而且维持了

地球良好的环境。在他们看来，全球合作确保全世界以良好且一致的标准应对环境问题，同时全球竞争可以激励企业去寻求资源节约和生态友好的技术，如开发省油而且污染排放较少的汽车。

不过，追求全球化利益的积极影响也许会与一国公民寻求最好的个人目标相冲突。以全球给巴西带来的压力为例，为了保护全球气候，巴西只得减少在亚马孙地区的伐木作业。在那些失业的巴西工人看来，伐木行业创造的就业机会比保护巴西之外的气候更为重要。

1.3.3　收入不平等与个人压力加剧

在衡量经济福利时，不仅要衡量绝对指标，而且要将自己的情况与他人做比较。通常，如果没有好于对方或赶不上对方，我们就会对自己的经济状况表示不满。

1. 收入不平等

借助多种计量指标，除了少数例外情况，不难发现一些国家之间或一国内部的收入不平等程度一直在加剧。按照批判者的观点，全球化通过帮助形成全球超级明星体系、为大企业利用低成本劳动力创造渠道，以及加剧企业之间的竞争而成为收入不平等的影响因素。

超级明星体系在体育领域特别明显。在该领域，全球明星所赚的钱财远超那些没有多少全球"粉丝"的普通运动员或职业选手。这一现象也体现在其他行业，如商界那些具有魅力的顶尖人士往往比他人有更多的机会。

虽然全球化带给企业前所未有的盈利机会，可以实现更多的销售并获得价格更低的原料等供给，不过，批评者指出，这些利润大多流向了高管而非普通员工。曾获诺贝尔奖的经济学家罗伯特·索罗（Robert Solow）也支持这一观点，认为因为更容易从贫穷国家获得低成本的劳动力，从而使得富裕国家的实际工资增长变低了[21]。即便整体上全球化带来的是正收益，但无论是从绝对意义上还是相对意义上看，总有人因全球化而受损（这些人也许就会成为全球化的反对者）。技术和竞争全球扩张的速度不仅影响到受损或受益人数的多少，而且也会影响到个人、企业和国家的相对状况。例如，美国制造业就业岗位转移至中国和印度，这帮助后者的经济增速超过了美国，但也因此削弱了美国相对于他国的经济领先地位[22]。同样，与岗位没有被转移的人员相比，那些岗位被替代工人的经济和社会地位受到了损失。因此，全球化面临的挑战就是不仅要实现从全球化中获取的收益最大化，而且要使受损者承担的成本最小化。

2. 个人压力

全球化带来的某些影响是无法用严格意义上的经济指标来衡量的。对于那些经济和社会地位相对受损或担心失业的人而言，全球化会带来怎样的压力呢[23]？有证据表明，伴随全球化发展而来的不仅是日益增强的对工作和社会地位的不安全感以及高成本的社会动荡[24]。进一步而言，虽然这些并非都是全新的问题，但我们现在似乎更为担心，因为毕竟全球化的联系可以将异域传说中的不幸传播到世界各处人们的生活中[25]。

◆ 观点交锋

离岸经营是好战略吗？

➡ 正方观点：

离岸经营是好战略。离岸经营依赖的是在国外开展生产，通常需要转移国内的资源来实现。如果离岸经营能有效降低成本，那就是好的。的确，许多企业开展了离岸经营。大多数品牌服装企业将其工厂设在海外，以便雇用劳动成本更低廉的缝纫机操作工人。许多投资公司，如印度的富达公司，就是通过在贫穷国家雇用后勤人员来降低行业调查支出的。成本节省有什么好处呢？这是必需的。如果能降低成本，那么就有可能降低产品的价格或提高产品的质量。因此，美国的一家小型医疗保险结算公司 Claimpower，通过在印度的离岸经营，节约了成本，降低了对医生的收费价格，业务收入在两年内翻了两番。由于收入的增长，该公司雇用的美国员工人数也有所增加[26]。

那么，人们对离岸经营的主要抱怨是什么呢？许多就业岗位被转移到国外。正如之前所讨论的，必须知道的是，离岸经营产生的就业是很难与其他就业的变化相分离的。当然，自 2008 年以来，大多数高收入国家的失业率出现了大幅增加，但主要可能在于生产技术的发展和全球经济的衰退。这里，我们要讨论的是离岸经营产生的直接结果。

IBM 公司就是一个很好的例子。在其大约 40 万名员工中，70% 的员工来自美国之外的国家和地区。通过将一些程序方面的工作转移至海外，IBM 公司的人均每小时支出降低了40美元，全年大约1.68亿美元[27]。如果IBM公司未能取得这样的成本节约，按照分析师的观点，来自低工资国家的竞争对手，如印度的印孚瑟斯（Infosys）公司，就可以通过低价而与IBM进行产品和服务竞争[28]。此外，公司一旦有了价格上的竞争优势，就可以在国内外市场上销售更多的产品与服务。如果公司的经营地离外国客户近，当然也可以使海外销量增加。如果在这个过程中能增加工作岗位，公司的生存机会就可以进一步提高[29]。例如，IBM公司实际上就是通过离岸经营来创造岗位的。这是商业的基础：节约成本带来增长，增长可以创造更多的岗位[30]。

当然，创造的岗位可不是随便什么岗位：这一过程让企业为国内创造出更多高价值的岗位，即管理者和调查者之类的高薪职位，并增加了对优秀人才的需求。在美国，这一过程已使劳动者中白领和专业人士的占比出现了上升。这些高收入岗位大多就是因为美国的低收入岗位被转移至劳动力成本低廉的国家而产生的[31]。

进一步讲，离岸经营就是外包的自然延伸，即公司将业务包给其他公司以便致力于做其最擅长的工作[32]。如此一来，公司经营就更富效率了。那么，外包给国内和国外的公司有什么差异呢？

不可否认的是，工人的确会因外包而失去工作岗位。不过，总的就业率数据表明，这些工人实际上找到了其他工作，就像因其他原因而失业的工人那样。在动态经济中，人们总是在不断变换工作，部分原因在于技术变化。电话接线员一度是美国女性最普遍的职业，但直接拨号技术的出现改变了这一现象。客机过去需要五名机组人员，但技术因素导致对领航员、飞行工程师和无线运营商的需求不再存在。基于未来的视角，无人驾驶客机和无人驾驶直升机的出现将使机组人员数减少到一名甚至根本不需要[33]，而无人驾驶汽车的出现则会减少对交通警察、汽车保险公司、急诊室人员以及诸如道路信号灯和防护轨之类产品生产者的需求[34]。

所有这一切意味着岗位转移乃寻常之事，因外包而出现的岗位转移也与其他原因一样，并没有什么不同。无论怎样，因为一国总会对其所能接受的外包有一个上限，所以对岗位流失的直接预测总有夸张之嫌：毕竟国外不可能有足够数量的具有所需技能且愿意接受低工资的失业者。进一步讲，随着国外外包工厂的生产增长，报酬率也会随之上升。

当然，离岸经营并不适用于所有企业或者所有类型的经营业务。有些企业正在将许多业务从海外撤回，即所谓的回岸经营（Reshoring），原因包括质量低下、消费者压力、竞争安全性的考虑、将工厂设在研发地附近的好处等。事实上，离岸经营公司中大约有1/5的公司称，离岸经营带来的成本低于其预期[35]。这又回到了我们一开头所明确说过的：仅当能有效降低经营成本时，离岸经营才会管用。

反方观点：

离岸经营不是好战略。有些事情在有些时候对有些人确有好处，离岸经营的情况几乎就是如此。不幸的是，离岸经营只对少部分而不是对大多数人有好处。虽然常常听人提到所谓的成本节约，但在我购买商品或服务时，很少碰到东西比以前便宜的情况。无论是购买一件拉尔夫·劳伦牌T恤，还是从一名通过Claimpower公司省钱的医生那里寻求医疗服务，或是请富达公司来打理资产，我从未碰到过更低的价格。相反，更低的生产成本产生的是对高薪员工和股东的更高补偿。进一步讲，Claimpower公司的增长必然是以行业中其他公司的损失为代价的，毕竟这不是由于获得医疗服务的人群增长，也不是因为其价格降低。

有一项研究对16个高收入国家做了深入调查，结果发现，总体上，劳动者所占的国民收入百分比出现了下降，而同期利润占国民收入的百分比出现了增长[36]。

这里的关键问题是：如果你因离岸经营而换了工作，那么相当于你失去了好工作。为了获得合理的工作时间和一些基本的福利，如健康保障和退休计划，大多数工人与外包带来的弊端坚持斗争了几十年。更重要的是，他们的收入允许他们送他们的孩子去上大学，从而形成向上发展，后代就有更高的生产率。

现在，这些雇员中的很多人已经工作了很长时间，对他们的雇主很忠诚，比离岸经营时期还要忠诚。是的，我知道政府的确给了他们失业福利，但这些与他们以前所拥有的并不相等，并且也已经用光了[37]。最为重要的是，他们没有什么其他可用的技能，而且按照年龄，谁愿意花费金钱来再培训他们呢？所谓"高薪职业"的增长，对他们而言毫无意义。更进一步讲，即便出现了回岸经营（经常是因为管理者认为离岸经营决策并非最为必要的），完全可以判断再次雇用他们的工资会低于离岸经营发生之前的水平。

离岸经营也许会带来短期的成本节约，但许多研究表明，离岸经营仅仅是将公司的关注点从努力创新更为高效的生产方式，如更好的生产工艺和设备，转移到了离岸经营上[38]。当然，致力于离岸经营也许会带来成本节约、产量增加以及保留住那些正在转移至国外的工作岗位。

就就业岗位的"价值"而言，离岸经营带给贫穷国家怎样的工作岗位呢？因为这些国家是靠低廉的劳动成本来竞争的，它们会努力阻止工资的增长。显然，这是一种底端的竞争。然而，跨国公司（Multinational Enterprises，MNE）支付给廉价劳动力国家工人的工资无疑要比他们从事其他工作的工资要高得多，而且其中一些工作，如白领和技术工，的确很不错。不过，对绝大多数人来说，工作时间很长，工作环境很原始，所得的报酬也仅够维持生计。如果采用这类供应商，那么公司的声誉就可能受损。近期在孟加拉国，就有一些工人因车间门被锁而葬身火海，还有一些工人因工作场所在的破旧建筑物倒塌而被压死。此外，工作岗位也毫无安全性可言。随着离岸经营所在地薪资的缓慢上升，企业又会搬迁至劳动力更低的其他地区，毕竟企业关心的只是完成生产而已。例如，毛里求斯岛国的工人遇到的就是如此。一旦毛里求斯人开始考虑寻求更好的生活方式，跨国公司就立马在其他地方雇用缝纫工了[39]。

应当承认的是，在动态经济中，与处于停滞不前的经济相比，人们不得不更为频繁地变换工作。不过，这并非离岸经营引起的。关于离岸经营对一国就业率的影响，人们尚有分歧。研究人员目前正在调研这一现象。不过，他们已经发现，如今越来越多的所谓好工作也正在外包至海外。根据对4700家欧美组织的调研，在2012—2016年，多达75万个金融、信息技术等高端工作岗位遭到了外包[40]。因此，能说离岸经营为国内创造了高端工作岗位吗？这里的底线就是：在像美国这样的国家，工人尚未做好准备以应对这些变化。毕竟工作岗位被转移至海外的速度太快，而他们通过再培训从事其他工作的速度太慢。

1.4 企业开展国际商务的目标

现在集中介绍的是企业通过全球化经营创造价值的具体途径。如图1-1所示，企业开展国际商务的主要目标有三个：扩大销售、获取资源和降低风险。

通常，这三大目标左右企业的决策，包括是否开展国际商务，在何地开展国际商务，以及如何开展国际商务。下面就这三大目标做具体分析。

1.4.1 扩大销售

企业产品的销量多少取决于消费者对商品或服务的欲望以及购买能力。显然，全球范围的潜在消费者人数要远多于单一国家的潜在消费者人数。现在，更高的销量通常能创造额外的价值，但前提是为实现销售增加而发生的成本增加在比例上应当更小。例如，在开篇案例中，向多个国家转播体育赛事而增加的广告收入应当大于增加的转播成本。事实上，通过大量销售而增加的海外销售收入也许因为可以抵补前期调研成本之类的固定费用而使单位总成本下降；反过来，更低的单位成本又可以带来更多的销量。

因此，销量增加是企业扩张进入国际市场的主要动机。世界上许多大型企业，如德国的大众汽车、瑞典的爱立信、美国的IBM、法国的米其林、瑞士的雀巢、日本的索尼等，这些企业一半以上的销售来自其母国之外。

不过，需要牢记的是，国际商务并非只有大企业可做。在美国，97%的出口商为中小企业，其直接出口值占美国的1/3。进一步讲，许多中小企业将产品销售给大企业，作为后者最终品的组件而销售到海外[41]。

1.4.2 获取资源

生产商和分销商会从国外寻找产品、服务、资源和零部件。有时，这样做的原因在于国内供应不足（如运送到美国的原油产品）。此外，它们也会寻找任何能创造竞争优势的东西。这也许意味着要获取可实现成本降低的资源。例如，罗林斯公司（Rawlings'）就十分依赖哥斯达黎加的劳动力以生产棒球，而该国实际上根本不打棒球。

有时，企业可以通过提高产品质量或通过增加其产品与竞争对手产品的差异性来取得竞争优势。无论哪种情形，潜在结果都是市场份额和利润增加。例如，绝大多数的汽车制造商都会雇请位于意大利北部的设计公司来帮助进行产品设计。为了获取更多的科技资源，许多企业会在海外设立研发机构[42]。在海外经营中，企业还采取"干中学"手段，并学习进入国内新市场需要的产品知识。例如，百事可乐公司目前正在做的就是为了进入快速增长的美国酸奶市场[43]。更进一步讲，雇员与经营业务的多元化拓宽企业的视野。

1.4.3 降低风险

通过在具有不同商业周期的国家开展经营，企业可以实现销售和利润波动的最小化。其中的关键在于：在经济衰退国家，企业的销售往往增长缓慢或出现下降；在经济扩张的国家，企业的销售往往出现增长或快速发展。例如，在 2011 年间，盖璞公司（Gap）在北美的销量下降了 5%，而这完全可以被其在其他地区实现的 11% 的销量增长所抵消[44]。此外，通过在国内外市场采购投入品或组件，企业也许可以降低因任何一个国家出现价格波动或短缺所产生的影响。

1.4.4 其他目标

企业常常会出于防御目的而开展国际经营。其目的或许是抵消竞争对手在国外市场的优势，且这种优势可能会损害企业在其他市场的利益。例如，通过在日本开展经营，即通过消耗日本公司进入宝洁公司所占有的其他市场所需要积聚的资源，宝洁公司延缓了潜在的日本竞争对手进入外国市场的行为。

同样，总部位于英国的自然方式食品公司（Natures Way Foods）就是跟随其客户——特易购连锁店（Tesco）——而进入美国市场的。这样做不仅扩大了公司的销售，而且巩固了其与特易购之间的关系；此外，这样做也降低了特易购可能在英国另寻供应商而带来的风险。

1.5 国际商务的经营模式

如图 1-1 所示，企业在开展国际商务时，必须就恰当的经营模式做出决策。下面对各种经营模式做一讨论。

1.5.1 货物出口与进口

出口与进口是国际商务中最为普遍的经营模式，尤其是在小型企业中。**货物出口**（Merchandise Export）是将有形产品——货物——输出到国外；而**货物进口**（Merchandise Import）是将商品带入国家内。因为能够真实地看到这些货物的输出与输入，所以有时也称它们为有形出口与进口。将运动鞋从印度尼西亚的工厂的输送到美国，对印度尼西亚而言就是出口，对美国而言就是进口。就大多数国家来说，货物的出口与进口构成了国际收入和支出的主要内容。

1.5.2 服务出口与进口

出口与进口这两个术语通常只适用于货物。对于非货物类国际收益，我们用**服务出口**（Service Export）和

服务进口（Service Import）这两个术语表示无形商品的出口与进口。服务提供方与款项收取方所做的是服务出口，而服务接受方与款项支付方所做的是服务进口。服务贸易在国际贸易中是增长最快的构成部分，其形式多种多样。这里主要讨论最为重要几种形式：旅游与运输、管理服务和资产运用。

1. 旅游与运输

以威廉姆斯姐妹——维纳斯（Venus）和塞丽娜（Serena）——为例，为观看法国网球公开赛，她们的美国网球球迷会搭乘法国航空公司的航班从美国飞到巴黎。这些球迷搭乘法国航空公司的机票以及旅途花费就是法国的服务出口和美国的服务进口。显然，旅游和运输是航空公司、航运公司、旅行社和宾馆的重要收入来源。

有些国家的经济极端依赖于这方面的收入。例如，希腊和挪威的大部分就业与外汇收入就来自其航空公司运送外国货物所取得的收入。旅游收入对巴哈马经济的重要性要大于该国的货物出口。（正如章末案例中所提到的，凭借一年四季的良好气候，加勒比地区的国家从游轮乘客那里赚得大笔收入。）

2. 管理服务

有些服务，如银行、保险、租赁、工程、管理等，以费用形式获取净收益，即购买这些服务所提供的性能产品。例如，企业按照国际标准为工程服务付费。这里的工程服务就是所谓的**交钥匙工程**（Turnkey Operation），即将可运行的建设项目按照合同规定移交给项目所有者。美国贝克特尔公司（Bechtel）目前在许多国家都有交钥匙合同，如智利的铜加工扩建项目、英国的通勤铁路建造项目以及加蓬的公共住房建设项目。企业同样也要为**管理合同**（Management Contract）付款，即一家企业为另一家企业安排人员来履行一般性或特殊管理职能，如迪士尼负责管理日本和法国的主题公园。

3. 资产运用

如果一家企业允许另一家企业按合同使用其诸如商标、专利、版权或专业技术之类的资产，那么这种合同就是**许可协议**（Licensing Agreement），企业所获得的收入被称为**特许使用费**（Royalty）。例如，阿迪达斯为在其销售的夹克上使用了皇家马德里足球队的标志而支付的费用就是特许使用费。特许使用费也来自特许经营合同。作为一种商业模式，**特许经营**（Franchising）中的特许方允许被特许方将其商标作为被特许方经营中的重要资产。按照规则，特许方（如麦当劳）会通过作为供应方、服务管理方或技术拥有方来持续参与被特许方的

经营。

1.5.3 投资

对外国投资支付的股息和利息也按服务出口与进口统计，毕竟它们代表的是资产（资本）的运用。然而，在国民统计中，投资本身单独按服务出口与进口进行处理。需要注意的是，对外国投资表示通过拥有外国财产的所有权来取得经济回报，如利息和股息。投资的形式可分为两种：直接投资和证券投资。

1. 直接投资

有时，**国外直接投资**（Foreign Direct Investment，**FDI**）被简称为直接投资，是指投资者在外国企业中拥有控制权益。例如，若美国投资者买下了利物浦足球俱乐部，那么它就是美国在英国的外国直接投资。控股并不需要拥有 100% 甚至 50% 的股权。如果一个外国投资者拥有少数股权，而剩余的股权非常分散，那么任何其他所有者都无法有效反对该外国投资者的决策。如果两家或两家以上的企业共同出资，那么该外国直接投资就是**合资企业**（Joint Venture）。（实际中也存在非股权式的合资企业。）

2. 证券投资

证券投资（Portfolio Investment）是指对另一实体拥有非控制的金融权益。有两种常见形式：公司股票或对公司（或国家）的借款，这里的借款包括债券、账单或票据。对于拥有广泛的国际业务的企业而言，它们都十分重要。出于短期利益考虑，这类投资资金通常在不同国家之间流动。

1.5.4 国际组织的类型

"跨国公司"主要是指在一个以上的国家开展经营的企业。不过，我们可以用多个术语来表示其各种经营业务。国际化程度高的跨国公司通常开展多种类型的经营业务。企业共同经营的**合作安排**（Collaborative Arrangement）有合资企业、许可协议、合同管理、少数股权和长期合同安排等形式。**战略联盟**（Strategic Alliance）有时也表示这些，但它经常指的是对各方合作伙伴至关重要的协议，或是指不涉及联合所有权的协议。

跨国公司通常是指拥有外国直接投资的任何企业。本书就采用了这一定义。不过，也有一些作者认为，作为跨国公司的企业必须在一定数量的国家拥有直接投资。表示跨国公司的术语有 MNC（**Multinational Corpora-**

tion）和 MNE（**Multinaitonal Enterprise**），两者互为同义词。不过，联合国使用的术语为 TNC（**Transnational Company**）。

那么，跨国公司的规模重要吗？有些定义规定跨国公司必须达到一定的规模，通常为大型公司。不过，虽然员工人数不足 500 人的企业在美国通常被归类为小企业，但它可能拥有外国直接投资，并采用了前面讨论过的任何经营模式。虽然大多数小企业的规模仍然较小，但其中一些成功的企业已经发展成为大中型企业[45]。维斯达印刷公司就是一个很好的例子。该公司创建于 1995 年，其销售额在 2000 年已增长到 610 万美元，到 2012 年则超过了 10 亿美元，而且其主要业务在北美和欧洲地区。

1.6 国际商务不同于国内商务的原因

下面我们转入讨论可能会影响公司开展国际经营的外部环境因素。如前所述，开展海外经营的最好方式可能不同于开展国内经营的最好方式。虽然有很多事例表明，企业因没有考虑到国外环境的差异性而导致海外经营出了问题，但这些差异性其实并非令人生畏到会影响企业海外经营的成败。首先，其中一些事例完全就是多次出现的欺骗宣传，只是人们从未对其真实性提出过挑战而已。其次，虽然在国内取得创业成功不容易，但这个问题几乎在世界其他任何地方同样存在。因此，如果企业能客观看待国内面临的机遇和风险，那么海外经营似乎并不那么可怕。最后，充分了解未来可能遇到的情况往往有助于降低经营风险，而且明智的企业不会在没有分析国外环境因素的情况下就贸然制定实施国际经营战略的手段。这里的国外环境因素参见图 1-1 左侧。其分类如下：自然因素（如一国的地理或人口情况）、社会因素（如政治、法律、文化和经济因素）和竞争因素（如供应商、顾客和竞争对手的数量与实力）。

在考察这些因素时，需要深入研究社会科学方面的内容，毕竟社会科学有助于解释外部环境是如何影响世界各地人们的行为模式的。

1.6.1 自然与社会因素

上面提到的自然与社会因素会影响到企业生产与销售产品的方式、企业的员工雇用以及客户维护方法。为了提高效率，这些因素可能会要求企业改变其海外运作模式（相对于国内模式而言）。

1. 地理影响

地理知识丰富的管理者往往有能力确定世界上资源的所在地、数量、质量以及可利用情况，当然也清楚开发这些资源的方法。全世界的资源分布并不均匀，而这也解释了为什么不同的商品和服务会产自不同的地方。更进一步讲，各国的国土面积和人口规模是有区别的。

这里再以体育为例。由于气候方面的原因，挪威在冬季奥运会上的成绩往往好于它在夏季奥运会上的成绩。除了众所周知的牙买加雪橇队（其成员实际上生活在加拿大）外，很少听到有哪个热带地区的国家会参加冬季奥运会的比赛。在长跑比赛方面，东非地区国家的运动员往往占据统治地位，部分原因在于相对于其他大多数运动员，他们常年在高海拔地区训练。

山峦、沙漠、丛林等地理屏障常常会影响沟通与分销渠道等。某些地区时常出现的自然灾害及恶劣气候（如飓风、洪水、干旱、地震、火山喷发、海啸），不仅会影响到偏远国家商品的供应、价格和经营环境，而且带给企业的经营风险往往比在其他地区要大。再以章末案例为例，当遭遇飓风威胁时，游轮的操作人员必须调整沿途停靠的港口。此外，也要清楚气候环境有长短周期之分。例如，近年来北极冰川的融化以及新的航海技术的产生，使得更多的船只选择了西北航道。这样带来的运输成本节省相当于航海 15 天的费用[46]。

最后，人口分布和人类活动对环境的影响未来也会对国际商务产生强烈的影响，尤其是如果生态变化或监管致使企业进行迁移或业务转型。

2. 政治政策

不足为奇的是，一国的政治政策总会影响到其境内的国际商务（不论是否发生）。例如，古巴曾有一个小型棒球联盟。早在 20 世纪 60 年代，该联盟就重蹈了古巴和美国外交关系的覆辙。有几位古巴棒球运动员现在是美国职业球队的球员，但他们中的大多数为了在美国打球而不得不叛逃古巴。（事实上，叛逃古巴的拳击手比棒球运动员要更多。）

显然，政治争端——尤其是军事对抗——会使贸易和投资出现中断。即便是那些仅仅直接影响有限地区的冲突也会产生深远的影响。例如，2002 年和 2009 年发生在印度尼西亚的旅店恐怖爆炸事件导致该国的国际旅游收入和投资出现下降，原因就是国外的个人和企业认为该国的风险太大。

3. 法律政策

国内法律和国际法律在决定企业应该如何开展国外经营方面起着重要作用，包括母国和东道国的有关税收、就业和外汇兑换的法规。例如，英国的法律决定了为美国投资者所有的利物浦足球俱乐部该如何纳税以及在英国该雇用哪个国籍的人员；与此同时，美国的法律决定了其经营所得在美国该如何纳税。

国际法律——以国与国之间的法律协议形式出现——决定了应该如何在所有具有管辖权的国家纳税。此外，国际法律也规定了企业在具体地区该如何或是否开展经营。正如章末案例中所提到的，国际协议允许船只上的船员可以无干扰地到访任何地方。如果两国之间的交易出现了争端，如当法国的某支足球队因怀疑进口制服的质量而不知道是否应该向耐克公司付款时，那么合同中通常会规定此时适用哪国的法律进行判决。

最后，法律的执行方式也会影响到企业的国外经营。在商标、专利知识和版权领域，大多数国家已加入了有关国际条约并按国内法律来处理违规行为。不过，很多人并不按协议或本国的法律来执行。这也就是为什么企业不仅必须清楚协议和法律，而且必须清楚各国是如何具体执行这些协议和法律的。

4. 文化因素

人类学、心理学和社会学等相关学科的知识可以帮助管理者更好地理解不同文化的价值观、态度和信仰，转而帮助管理者制定有关海外经营的决策。下面再次以本章的开篇案例为例。虽然职业体育运动开始在全世界普及，但具体的体育运动在不同国家的普及程度并不相同，有时甚至同一体育运动的规则和比赛惯例各国也不一样。受传统因素的影响，澳大利亚和美国的网球大满贯锦标赛是在硬地网球场比赛的，法国的网球大满贯锦标赛是在红土网球场比赛的，而英国则是在草地球场比赛的。美国的棒球比赛要一直进行到有球队胜出，而日本的棒球比赛若 12 局后没有球队领先则以平局结束。产生这一差异的原因很可能在于日本文化更重视和谐，而美国文化更强调竞争。

5. 经济因素

经济学解释了为什么国家之间会发生商品和服务的交换，为什么经营过程中会出现国家之间的资本和人员的流动，以及为什么一国的货币与另一国的货币相比有一定的价值。正如开篇案例所述，美国棒球大联盟中非美国本土出生球员所占的百分比一直在上升。虽然来自多米尼加的棒球运动员占非美国本土出生球员的比例很高，但要在多米尼加组建一支大联盟棒球队显然不可行，毕竟多米尼加无法负担养活一支球队所需要取得的门票收入。显然，美国和加拿大的高收入使得美国棒球大联盟球队能支付足以吸引多米尼加运动员的高薪酬。

经济学也帮助解释了为什么一些国家能够以较少的投入生产产品或服务。作为分析工具，经济学可以帮助决定跨国公司业务对母国和东道国产生的影响以及东道国经济环境对外国企业的影响。

1.6.2　竞争环境

除了自然与社会环境，任何开展全球经营的企业都是在某个竞争环境里经营的。如图 1-1 所示，国际商务外部环境的主要竞争因素包括产品竞争战略、资源与经验以及竞争对手的能力。

1. 产品竞争战略

产品竞争通常借助成本或差异化战略来实施。其中，差异化战略通常有两种手段：一是通过广告或长期的客户品牌体验来打造良好的品牌形象；二是通过研发投入或各种分销手段来打造与众不同的产品特性。

不管采用哪种手段，企业的产品面向的既可能是大众市场，也可能是某个目标市场（被称作集中化战略）。虽然不同战略适用于不同的产品或不同的国家，但企业的战略选择的确会对企业决定该如何并在何地开展业务有着重大影响。以意大利汽车公司菲亚特（FIAT）为例，该公司运用成本战略在大众市场上销售其畅销车型。受这一战略的影响，菲亚特将部分汽车发动机生产工厂转移至生产成本较低的中国，然后将产品销往成本相对敏感的印度和阿根廷。与此同时，菲亚特在意大利集中生产阿尔法·罗密欧、法拉利和玛莎拉蒂等品牌，因为这些品牌所采用的高价集中化竞争战略不仅要求公司拥有专业技能，而且要求建立工艺水平高的专业形象。虽然竞争激烈的美国市场一直不利于菲亚特的大众市场品牌战略，但菲亚特在美国市场销售出了 1/4 以上的法拉利汽车，而且目前正在运用集中化战略在美国销售菲亚特 500（精品车型）。如果该公司与克莱斯勒公司成功合并，那么其美国战略将会扩大。

2. 企业资源和经验

其他竞争因素还包括相对于竞争对手的企业规模和资源状况。例如，相比于萝亚克朗公司（Royal Crown）这样的小型竞争对手，作为市场领先者的可口可乐公司往往拥有更多的资源来扩大国际业务。萝亚克朗公司在大约 60 个国家进行销售，而可口可乐公司则在 200 多个国家和地区进行销售。

相比于在爱尔兰之类的小型市场，企业在美国之类的大型市场通常需要投入更多资源来建立全国性分销体系。进一步而言，相比于在小型市场，企业在大型市场可能要面对更多的竞争对手。反之，全国性的市场份额和品牌认知也会对企业在该国的业务构成支持。对于在全国市场上长期占据主导地位的企业而言，其经营战略往往不同于新进入企业的战略。这样的企业对供应商和分销商往往有更大的影响力。需要记住的是，在一国成为领先者并不能确保在其他地区也能成为领先者。例如，就全球市场份额而言，丰田公司和通用公司一直处于第一或第二的位置，但在许多国家它们并非能排到第一或第二。

3. 各个市场上的竞争对手

最后，在市场上的成功（无论是在国内还是国外）通常取决于企业所面临的竞争是来自国际的还是来自本土的。例如，大型商用飞机制造商波音公司和空中客车公司，在其提供服务的每个市场上几乎都是它们双方在竞争。它们在一国内对彼此的了解，对于预计对方在其他地区的策略往往很有用。与此相反，英国杂货连锁店特易购在它所进入的每个国外市场几乎总在面对不同对手的竞争。

未来展望

关于全球化的三大观点

当下，人们关于国际商务和全球化前景的看法存在很大差异。总的说来，这些观点可分为三大类：全球化必然继续向前推进；国际商务发展主要表现为区域增长而非全球增长；反全球化和反国际商务的力量会使两者的发展进程放缓。

1. 全球化必然继续向前推进

全球化必然继续向前推进这一观点表明了这样一个前提，即人类的联系已经进步到如此广泛的程度，以至于世界各地的消费者不仅了解来自任何地方的产品，而且要求按最优惠的价格获得最好的产品。赞成这一观点的人士也认为，跨国公司由于已建立了大量的国际生产和分销网络，所以会要求政府减少对商品流动与商品生产行为的限制。

即便接受了这一观点，在未来的全球化浪潮中，我们仍然要面对至少一项挑战：因为未来是我们所创造的，所以我们必须清楚应该如何公平地分配全球化利益，同时要使因国际竞争加剧而给人与企业所带来的痛苦最小化。

《华尔街日报》对所有在世的诺贝尔经济学奖获得者提过这样一个问题："未来面临的最大经济挑战是什么？"有好几位的回答均提到了全球化和国际商务。罗伯特·佛格尔（Robert Fogel）认为，最大的挑战就是找到为那些不该死亡的人们提供食物的技术；弗农·史密斯（Vernon Smith）和哈里·马科维茨（Harry Markowitz）都提到有必要降低全球贸易壁垒；劳伦斯·克莱因（Lawrence Klein）则呼吁"在和平的政治环境下减少贫困和疾病"；约翰·纳什（John Nash）认为最大的挑战是如何在人均地球面积缩水的情况下提升全球生活水准[47]。显然，这些回答都提出了管理面临的挑战和机遇。

2. 国际商务发展主要表现为区域增长而非全球增长

第二种观点——国际商务发展主要表现为区域增长而非全球增长——是基于这样的研究发现，即被称作"全球"企业的所有公司几乎都在国内以及邻国开展经营[48]。大部分世界贸易属于区域贸易，而且许多消除贸易壁垒的条约也是区域性的。运输成本对区域贸易增长的作用更大。例如，主要是因为原油价格上涨且具有不确定性，转而导致运输成本的上升，使得墨西哥逐渐取代了中国而成为对美的最大出口商[49]。区域销售规模可能足以让企业获得足以抵补固定成本的规模经济利益。不过，商业的区域化也许仅仅是一个过渡性阶段。换言之，企业也许会先在邻国推进国际商务，然后一旦某些区域性目标得到实现，企业就会扩大经营活动的范围。

3. 全球化和国际商务的发展进程将放缓

第三种观点认为全球化的发展速度将放缓，甚至可能已经开始倒退了[50]。根据前述的反全球化情绪，显然有些人对全球化持坚决反对的观点。反全球化运动的核心在于受益于全球化而得到发展的一方（包括跨国公司）与未受益一方之间感受差异的不断扩大。例如，在2010—2012年，全球有8.7亿人，约占世界人口的12%，长期处于营养不良状态[51]。

反全球化人士不断向政府施压，要求政府通过提高贸易壁垒和拒绝参加国际组织和条约来促进民族主义。根据过去的情况来看，他们经常成功（至少是暂时）阻止了那些会威胁其福利的技术或商业领域的进步。最近，反全球化的情绪宣泄在许多国家强化。例如，美国一些州调整那些阻止非法移民活动的法律，罗马吉普赛人被法国驱逐出境，意大利通过疏散移民来保护他们免受当地居民的侵害，反移民的瑞典民主党在选举中获胜[52]。在巴西和南非，政府批准国内企业生产受全球专利保护的药物。玻利维亚和委内瑞拉已将一些外国投资国有化。加拿大政府则阻止马来西亚国家石油公司收购加拿大天然气生产商进步能源公司。全球化支持者与反对者之间的对抗是全球化进程时断时续的一个原因。

其他不确定因素也会阻碍全球化的进程。首先是影响国际运输业的石油价格，毕竟油价支出占大型航运船只经营成本的75%以上[53]。早在2008年年初，全球石油价格上升了44%，到年末则下跌了74%，到2010年年末则翻了一番，2011年又上升了7.9%。许多美国企业，如家具制造商，只好以回岸经营的办法来应对运输成本的不确定[54]。其次，从2008年开始爆发的经济衰退和持续性失业迫使国家采取措施来保护劳动力[55]。最后，安全问题——财产没收、恐怖主义、海盗以及彻底的无法无天——也阻碍了企业开展海外经营。

最后，有一种观点认为，全球化要成功，必须建立明确而高效的机构。不过，有人担心，无论是机构还是这些机构的工作人员，都无法有效处理世界的复杂性[56]。

4. 展望未来

虽然只有时间才能说明一切，但有一点似乎是明确的：如果企业想要利用好国际机会，那么应当及早了解政治和经济方面的发展趋势。调研、设备、工厂以及人员培训方面的投资往往需要数年后才会有产出。此外，预测海外经营的机遇和风险也是充满挑战的。不过，通过分析未来各种可能的发展趋势，企业的管理层就更有可能避开那些令人不快的结果。这就是为什么本书每一章都要包含被称为"未来展望"的话题讨论以展望国际商务的未来。

🏢 **案例 1-2**

嘉年华邮轮旅游公司

我要再到大海去，为了怒潮的呼唤。

——约翰·梅斯菲尔德《海恋》

那是热切的呼唤，嘹亮的召唤，我无法抗拒。

大海的召唤促进了邮轮旅游业的发展[57]。多个世纪以来，海上航行一直笼罩着神秘的光环。不过，只是到了最近几十年，普通大众才得以游历远洋，到访异国港口。

从历史上看，海上休闲旅行基本上属于社会精英的活动。当然，社会底层成员偶尔也会进行海上旅行，但通常是以船工的身份或是为了寻找工作而移民他国。不过，近年来邮轮旅游行业也出现了众多变化，其目标顾客群体既有来自富裕阶层的，也有来自中产阶层的。

1. 何为邮轮旅游？邮轮旅游业现状如何？

"邮轮旅游"是指出于休闲目的的海上航行（与之相反的是捕鲸船的航行、海军的出海任务或者渡船将人从 A 处送到 B 处）。通常，乘客在既定的旅行时间内待在船舱内休闲，最后被送回开始时的登船点。

当初，轮船（班轮）是人们出差或旅行而跨越大洋大海的主要交通工具。不过，自第二次世界大战后出现跨洋空中服务以来，作为更为快捷而廉价的出行手段，航空公司开始与班轮抢客户了。20 世纪 60 年代，双方竞争的平衡被打破了。当时，喷气式飞机的出现使得航空旅行成为关注成本的大众的出行选择。随后，船运公司的豪华班轮逐渐退出了它们曾经经营了数十年的市场。

2. 当代邮轮旅游业

今天，邮轮旅游行业主要被两家企业主导：嘉年华邮轮旅游公司（Carnival）和皇家加勒比邮轮旅游公司（Royal Caribbean），它们占了全部市场份额的 72%。到目前为止，规模最大的是嘉年华邮轮旅游公司，它为全球包括南极洲在内的各大洲提供邮轮旅游服务，经营着十条品牌航线。

嘉年华邮轮旅游公司的诞生与其前合作伙伴挪威邮轮旅游公司有关。当时，挪威邮轮旅游公司在促销"欢乐之船"假期游项目——豪华和正式程度较传统海运航班低些的旅行——的过程中发现了扩大大众市场海上游的商机。这个时机显然看得很准：海上旅行仍然笼罩着一定的光环，而且已经有更多的人能够负担得起价格。更进一步讲，许多度假者就是受假期游项目的吸引，包括团队游、主题公园游以及拉斯维加斯观光游。这些安排完全契合"欢乐之船"的概念。嘉年华邮轮旅游公司开办时以一个不错的价格买了一艘班轮，对它进行了翻新，涂了明亮的颜色，安装了明亮的灯具，而且还开了迪斯科舞厅和娱乐场。在 1972 年从迈阿密出发的首航中，"狂欢节"号的记者多达 300 名，结果搁浅了。幸运的是，公司的船及其商业理念都没有受到严重影响，从迈阿密出发成功抵达牙买加、波多黎各和美属维尔京群岛等目的地。很快，"狂欢节"号就出了名。

随着时间的推移，嘉年华邮轮旅游公司的船只数量不断增加，而且航线也增多了。今天，公司的每个品牌都有指定的经营区域，而且与其他嘉年华品牌按地理相关主题与成本具有差异性。例如，意大利的科斯塔航线强调的是地中海风情。

3. 经商于国际水域

鉴于其业务性质，整个邮轮旅游产业具有全球经营特点。以竞争对手的国籍为例，公司可从大约 30 个国家和地区取得所谓的方便旗。例如，通过在利比里亚注册一家法律实体，企业就可享受低税政策以及宽松的就业规定。从法律上讲，嘉年华邮轮旅游公司是一家巴拿马公司，虽然公司在美国证券交易所上市，而且在伦敦和迈阿密都设有业务总部。其实，这一切主要是为了满足从美国出航乘客的需要。虽然公司的收入不用在巴拿马和美国缴纳所得税，但嘉年华邮轮旅游公司确实必须支付大量的"港口费"。事实上，考虑到收费和游客的支出，港口之间也在为成为邮轮停靠港而竞争。

只有少数邮轮航线产品，如沿密西西比河或在加拉帕戈斯群岛间的短途旅行，才完全是国内航线。显然，从美国西海岸到阿拉斯加的旅行是国际性的，因为会在加拿大停靠。到目前为止，最受乘客欢迎的目的地为加勒比/巴哈马地区，大多是因为这些地区全年的气候温暖适宜。在夏季的几个月里，嘉年华邮轮旅游公司会把一些加勒比/巴哈马地区的航线转为到阿拉斯加和地中海地区的航线。

显然，邮轮只能到达有海港的地区。不过，嘉年华邮轮旅游公司与能提供大约 2000 个不同岸上短途旅行的旅行社（或是自己拥有的旅行社）进行了合作（需付额外费用），而这已成为公司近年的收入增长点。按照嘉年华邮轮旅游公司的估计，去往加勒比地区的乘客中有一半会进行岸上短途旅行，以便观光景点，如伯利兹的玛雅遗址。嘉年华去往阿拉斯加的公主航线上的乘客甚至可以乘直升机去冰川地区乘坐狗拉的雪橇。当然，有批评者认为，乘客在到访地国家游览的时间太短，了解得也太少，只是去了公司指定的景点和商店。

4. 邮轮旅游的运作过程

（1）**邮轮采购**。不足为奇的是，轮船是邮轮公司的最大投资。嘉年华邮轮旅游公司每年引入 2～3 艘新船。一些国家的船厂有能力建造符合邮轮旅游行业需要的船只。此外，嘉年华邮轮旅游公司面向全球采购所需船只。因为船厂需要雇用很多人，而且需要大量使用本地产的钢铁，所以当地政府常常会给予补贴。这一做法也使邮轮旅游行业受益，因为船厂会因此而降低报价。例如，意大利政府为芬坎蒂尼船厂提供了 5000 万美元的补贴，鼓励该公司为嘉年华邮轮旅游公司建造五艘总价为 25 亿美元的船。

（2）**船员招募**。包含货物运输和邮轮旅游在内的运输公司都会在全球招募船员，这些船员不仅要能承担专业工作，而且要进行有关注册（根据国际协议，完成注册的船员可以进入几乎全球所有的港口）。当然，邮轮旅游公司也有专门的人员配备需求，尤其是能与乘客交流的船员。全球有大约 1/3 的船员来自菲律宾，这不仅是因为劳动力价格合理，也是因为菲律宾人英语流利。在普通的嘉年华邮轮旅游公司的航船上，船员往往来自全球 100 多个国家和地区。此外，嘉年华邮轮旅游公司常年为员工开设培训项目，包括英语培训。

（3）**配备娱乐场及其他便利设施**。虽然嘉年华邮轮旅游公司是凭借面向大众市场推出非正式的旅游概念项目而发展起来的，但每周每条航线都会提供一到两晚的正式节目。主题晚餐以民族美食为主，还有各种音乐娱乐活动、游戏和比赛；当然，也有水疗和体育设施。

乘客也可以购买来自世界各地的货物。事实上，艺术品经销商偶尔会在船上举办拍卖会和研讨会，一年可卖出大约 30 万件作品。

（4）**海外环境**。因为嘉年华邮轮旅游公司在全球各地开展业务，所以其优势就是整个世界都是公司的顾客和供应来源。此外，由于其主要资产都具有海洋性特点，所以嘉年华邮轮旅游公司可以将资本及其他资产运输到最符合公司需要的地区。不过，它也容易受到环境的干扰。

（5）**安全问题**。1985 年恐怖分子在地中海劫持邮轮之后，嘉年华邮轮旅游公司的主要航线开始对登船乘客实施严格的安检制度。因此，在"9·11"事件之前，嘉年华邮轮旅游公司就有了安全协议规定。显然，该公司的做法先于航空行业。

"9·11"事件发生后，因为取消的订单数超过了预订数，嘉年华邮轮旅游公司增加了船只在美国停靠的港口数量。这样，担心乘飞机的旅客就可以通过陆路抵达出发港了。此外，嘉年华邮轮旅游公司重新设计了航

线，避开那些政治动乱或犯罪猖獗的危险地区。例如，鉴于美属维尔京群岛的圣克罗伊地区的高犯罪率，嘉年华邮轮旅游公司取消了去该地的航线。此外，公司也停止了在古巴这个广受欢迎的旅游目的地的停靠，毕竟美国政府限制美国公民去当地旅游。

幸运的是，发生在船上的紧急事件并不多。不过，一旦真的出现紧急情况，事情就会比较麻烦。2012—2013 年，科斯塔·康科迪亚号（Costa Concordia）因触礁而在意大利沉没，造成 32 人死亡。科斯塔·爱兰歌娜号（Costa Allegra）发动机起火，导致 1000 名乘客在印度洋上四天不能使用空调和厕所。嘉年华凯旋号上的另一次发动机火灾事故将 4000 名乘客困了四天，而船只最后被拖到阿拉巴马州的莫比尔。由于嘉年华梦想号的维护系统出了问题，乘客们不得不从圣马丁回家。另一次影响航船速度的维护问题致使嘉年华传奇号错过了一个停靠港。虽然这些事故给嘉年华邮轮旅游公司造成了重大的资产损失和法律赔偿，但是乘客安全仍然得到保障。简单而言，邮轮旅游产业每运送 100 万名乘客发生的乘客死亡仅为 0.1 人，比航空业要好 3 倍。偶尔，邮轮旅游的乘客会因遭遇病毒而出现腹泻和呕吐的情况。这些突发事件的确很难控制，毕竟船上的人员接触会更多。很多次，嘉年华邮轮旅游公司不得不停止受感染船只的服务，以便全面清除病毒。当然，这一过程涉及对船上的几乎每个对象都进行消毒。2009 年，当 H1N1 流感（猪流感）在墨西哥爆发时，嘉年华邮轮旅游公司临时调整了行程以避开墨西哥的港口。

（6）**经济问题**。人们参加邮轮旅游的费用一般来自可自由支配的收入。经济衰退期间，人们更愿意参加短途旅行，会选择就近港口登船而不是飞到遥远的出发地。不过有趣的是，与旅游行业的其他细分市场相比，邮轮旅游行业在经济不景气期间的收入仍然不错。为什么呢？部分原因在于，相比大城市和著名度假村的旅行成本，邮轮旅游的日均总成本显得很划算。此外，固定的邮轮旅游价格使乘客不用担心因无法预见汇率出现不利波动而遭遇的风险。自 2009 年以来，由于全球经济出现衰退，嘉年华邮轮旅游公司通过提供折扣来吸引更多的乘客。不过，这也降低了公司的乘客利润率。

（7）**气候问题**。一旦出现极端气候，嘉年华邮轮旅游公司也许只好取消旅行，或是改变登船点，或是改变目的地。例如，当 2012 年出现热带风暴艾萨克和飓风桑迪时，该公司就采取了这类做法。通常，若取消了或缩短了行程，

乘客就会收到全额退款或缩短航程后的部分退款。

（8）**行业前景**。总体而言，嘉年华邮轮旅游公司以及邮轮旅游行业的前景并不明朗。一方面，鉴于诸如中国等许多国家收入的不断增长，更多人会有更多的可支配收入用在旅游上。另外，仍有许多相关的旅游目的地市场，或是刚开始开发，或是有待嘉年华公司去开发。例如，越南、印度尼西亚和巴布亚新几内亚的港口于 2012 年才被列为该公司的旅游目的港。因为 80% 的美国人尚未参加过邮轮旅游，因此增长潜力很大。另一方面，参加过邮轮旅游的顾客也有可能成为回头客。的确，游客中的首次游顾客占比在下降。为此，行业观察者担心，那些有过体验的顾客将来可能厌倦于所到访目的港的雷同，而首次游顾客则仍然对到访所有的停靠港乐此不疲。此外，有人仍然担心在欧洲经济疲软背景下，油价、税率和贷款利率的不确定性，毕竟这会使更多家庭的自由可支配收入减少而付不起邮轮旅游的开销。事实上，嘉年华邮轮旅游公司 2012 年的收入和利润已较 2011 年有所下降。

思考题

1. 哪些全球因素促进了邮轮旅游产业的发展？是如何促进的？

2. 嘉年华邮轮旅游公司通过采取哪些具体措施来从全球社会变化中获益？

3. 哪些经济因素会影响国际邮轮旅游产业的成功？请逐一说明。

4. 虽然大多数参加邮轮旅游的顾客来自美国，但美国居民每年平均度假天数低于其他大多数高收入国家（例如，美国为 13 天，而法国与德国都是五周）。邮轮旅游公司该如何增加对美国之外国家的销售？

5. 哪些因素对邮轮旅游产业——特别是嘉年华邮轮旅游公司——的未来业绩构成不利影响？如果你是嘉年华邮轮旅游公司的负责人，你会如何防止这些因素对公司的影响？如果的确产生了影响，你又会如何解决？

6. 就邮轮旅游公司既避税又购买享受了政府补贴船只的事实，讨论邮轮公司的伦理问题。

本章小结

1. 全球化是持续深化并拓宽国家间相互依赖的过程。国际商务是一种引发全球化的机制。

2. 近几十年来，国际商务增长迅速，原因在于技术扩张、政府对（商品、服务及生产资源）跨境流动施行的自由化政策、使国际交易便利化的服务业的发展、消费者购买国外产品和服务的需求、全球竞争的加剧、政治环境的变化在处理跨国问题方面的合作。受这些因素的影响，企业越来越将外国作为生产地和销售地。

3. 许多评判家认为，全球化削弱了国家主权，助长了对地球环境的破坏，同时扭曲了收入分配。

4. 就谁从成本降低中受益以及好工作是否会转移到海外这两点而言，人们对于将生产转移到海外的离岸经营存有争议。

5. 企业从事国际商务的目的是扩大销售、获取资源以及降低经营风险。

6. 企业可以通过各种经营模式来开展国际商务，这些模式包括货物和服务的进出口、直接投资、证券投资以及与其他企业开展合作安排。

7. 跨国公司是指在国外经济直接投资的企业。有时，跨国公司也称多国公司或跨国企业。

8. 在开展海外经营时，企业可能不得不调整其通常的运作方法。原因有二：一是针对国外不同的环境需要采用更为适合的方法；二是国际经营模式往往不同于国内经营模式。

9. 因为各国环境互有差异，所以国际经营的管理者必须掌握那些会影响经营业务的自然和社会科学知识，包括地理、政治、法律、人类学、社会学、心理学和经济学等。

10. 企业的竞争战略与资源会影响经营方式以及经营地点的选择。同样，从一国到另一国，企业面临的竞争环境以及相对于竞争对手的竞争力也会变化。

11. 人们对国际商务的前景有不同的看法，具体包括：全球化必然继续向前推进；国际商务发展主要表现为区域增长；国际商务的发展进程将放缓。

关键术语

集聚	合作安排	全球化	许可协议
天生全球化企业	国外直接投资	国际商务	管理合同
集群	特许经营	合资企业	货物出口

货物进口 证券投资 服务出口 战略联盟

跨国公司（MNC） 回岸经营 服务进口 多国公司（TNC）

跨国企业（MNE） 特许使用费 主权 交钥匙工程

离岸经营

参考文献

1 ***Sources include the following:*** "The Swedish Model," *The Economist* (October 27, 2012): 56; Kim Daekwan, "The Global Impacts of World Event Sponsorships on Firm Market Performance: A Hierarchical Linear Modeling Approach," *Proceedings of the 54th Annual Meeting of the Academy of International Business* (Washington: June 30 – July 3, 2012); "Percentage of Foreign Players Rises," (April 5, 2012) http://espen.go.com/mlb/story (accessed December 7, 2012); Mike Esterl, "Olympics Sponsors Go for the Young," *Wall street Journal* (July 3, 2012): B8; Andrew Zimbalist, "Is It Worth It?" *Finance & Development* 47:1 (March 2010): 6–11; Harald Dolles and Sten Söderman (eds.), *Sport as a Business: International Professional and Commercial Aspects* (Houndsmills, UK: Palgrave Macmillan, 2011); Mark Mulligan, "Football, Funding and MBAs," *Financial Times* (December 13, 2010): 11; Roger Blitz, "Sports Organisers Play High Stakes Games," *Financial Times* (September 29, 2010): 7; Jeremy Kahn, "N.B.A. in India, In Search of Fans and Players," *New York Times* (December 28, 2010): B13; George Vecsey, "When the Game Absorbs the Globe," *New York Times* (April 1, 2007): A+; Simon Kuper, "Lost in Translation," *Financial Times* (February 2–3, 2008): p. life & arts 2; Matthew Graham, "Nike Overtakes Adidas in Football Field," *Financial Times* (August 19, 2004): 19; L. Jon Wertheim, "The Whole World Is Watching," *Sports Illustrated* (June 14, 2004): 73–86; Wertheim Jon, "Hot Prospects in Cold Places," *Sports Illustrated* (June 21, 2004): 63–66; Grant Wahl, "Football vs. Fútbol," *Sports Illustrated* (July 5, 2004): 69–72; Wahl, "On Safari for 7-Footers," *Sports Illustrated* (June 28, 2004): 70–73; André Richelieu, "Building the Brand Equity of Professional Sports Teams," Paper presented at the annual meeting of the Academy of International Business, Stockholm, Sweden (July 10–13, 2004).

2 For a good discussion of the versatility of the term *globalization*, see Joyce S. Osland, "Broadening the Debate: The Pros and Cons of Globalization," *Journal of Management Inquiry* 10:2 (June 2003): 137–54.

3 Amy M. Thomas, "Brussels: The Chocolate Trail," *New York Times* (December 25, 2011): tr7.

4 Andrew Batson, "Not Really 'Made in China,'" *Wall Street Journal* (December 16, 2010): B1–B2.

5 Günther G. Schulze and Heinrich W. Ursprung, "Globalisation of the Economy and the Nation State," *The World Economy* 22:3 (May 1999): 295–352.

6 "Globalisation Going Backwards," *The Economist* (December 22, 2012): 105 referring to conclusions by the DHL Global Connectiveness Index.

7 "Africa's Economy: Bulging in the Middle," *The Economist* (October 20, 2012): 43.

8 For example, see OECD, *Measuring Globalisation: OECD Economic Globalisation Indicators* (Paris: OECD, 2005); Pim Martens and Daniel Zywietz, "Rethinking Globalization: A Modified Globalization Index," *Journal of International Development* 18:3 (2006): 331–50; "The Globalization Index," *Foreign Policy* (November–December 2007): 68–76; Raab, M., Ruland, M., Schonberger, B., Blossfeld, H.-P., Hofacker, D., Buchholz, S., et al. (2008). "GlobalIndex: A Sociological Approach to Globalization Measurement," *International Sociology* 23(4): pp. 596-631; "KOF Globalization Index, 2011," http://globalization.kof.ethz.ch/ (accessed November 5, 2012).

9 Gardiner Harris, "Tiny Bean, Crucial to Halliburton, Lifts India Farmers from Mud," *New York Times* (July 17, 2012): A1+.

10 Daniel Henninger, "Capitalism saved the Miners," *Wall Street Journal* (October 14, 2010): A19.

11 Jeffrey A. Trachtenberg, "Book Deal a Tale of Reunions," *Wall Street Journal* (November 5, 2012): B4; and Antonio Regalado and Lauren Etter, "Brazil Food Merger Creates Export Giant," *Wall Street Journal* (May 20, 2009): B2.

12 See Rodney C. Shrader, Benjamin M. Oviatt, and Patricia Phillips McDougall, "How New Ventures Exploit Trade-Offs among International Risk Factors: Lessons for the Accelerated Internationalization of the 21st Century," *Academy of Management Journal* 43:6 (2000): 1227–47.

13 Mark Scott, "Companies Born in Europe, but Based on the Planet," *New York Times* (June 12, 2012): B7.

14 Stephanie A. Fernhaber, Brett Anitra Gilbert, and Patricia P. McDougall, "International Entrepreneurship and Geographic Location: An Empirical Examination of New Venture Internationalization," *Journal of International Business Studies* 39:2 (2008): 267–90.

15 Dan McGraw, "The Foreign Invasion of the American Game," *The Village Voice* (May 28–June 3, 2003) (accessed June 4, 2007).

16 "Charlemagne: Coming off the Rails," *The Economist* (October 20, 2012): 51.

17 Susan Carey, "Calculating Costs in the Clouds," *Wall Street Journal* (March 6, 2007): B1+.

18 His views are discussed in Joellen Perry, "Nobel Laureates Say Globalization's Winners Should Aid Poor," *Wall Street Journal* (August 25, 2008): 2.

19 Lorraine Eden and Stefanie Lenway, "Introduction to the Symposium Multinationals: The Janus Face of Globalization," *Journal of International Business Studies* 32:3 (2001): 383–400.

20 Christopher DeMorro, "One Container Ship Pollutes As Much As 50 Million Cars," (June 3, 2009), accessed September 14, 2012.

21 His views are discussed in Joellen Perry, "Nobel Laureates Say Globalization's Winners Should Aid Poor," *Wall Street Journal* (August 25, 2008): 2.

22 Steve Lohr, "An Elder Challenges Outsourcing's Orthodoxy," *New York Times* (September 9, 2004): C1+; Paul A. Samuelson, "Where Ricardo and Mill Rebut and Confirm Arguments of Mainstream Economists Supporting Globalization," *Journal of Economic Perspectives* 18:3 (Summer 2004): 135–47.

23 An examination of this subject may be found in Arne Kalleberg, "Precarious Work, Insecure Workers: Employment Relations in Transition," *American Sociological Review* 74:1 (2009): 1–22.

24 Bernhard G. Gunter and Rolph van der Hoeven, "The Social Dimension of Globalization: A Review of the Literature," *International Labour Review* 143:1/2 (2004): 7–43.

25 Jagdish Bhagwati, "Anti-Globalization: Why?" *Journal of Policy Modeling* 26:4 (2004): 439–64.

26 Craig Karmin, "Offshoring Can Generate Jobs in the U.S.," *Wall Street Journal* (March 16, 2004): B1.

27 William M. Bulkeley, "IBM Documents Give Rare Look at 'Offshoring,'" *Wall Street Journal* (January 19, 2004): A1+; William M. Bulkeley, "IBM to Cut U.S. Jobs, Expand in India," *Wall Street Journal* (March 26, 2009): B1.

28 Richard Waters, "Big Blueprint for IBM," *Financial Times* (March 3, 2009): 14.

29 N. Gregory Mankiw and Phillip Swagel, "The Politics and Economics of Offshore Outsourcing," *NBR Working Paper No. 12398* (July 2006);

Kristien Coucke and Leo Sleuwaegen, "Offshoring as a Survival Strategy: Evidence from Manufacturing Firms in Belgium," *Journal of International Business Studies* 39:8 (2008): 1261–77.

30 Matthew J. Slaughter, "Globalization and Employment by U.S. Multinationals: A Framework and Facts," *Daily Tax Report* (March 26, 2004): 1–12; Olivier Bertrand, "What Goes Around, Comes Around: Effects of Offshore Outsourcing on the Export Performance of Firms," *Journal of International Business Studies* 42:2 (February/ March 2008): 334–44.

31 Robert C. Feenstra and Gordon H. Hanson, "The Impact of Outsourcing and High-Technology Capital on Wages: Estimates for the United States, 1979–1990," *Quarterly Journal of Economics* 114:3 (1999): 907–40.

32 Alan S. Brown, "A Shift in Engineering Offshore," *Mechanical Engineering* 131:3 (2009): 24–29.

33 "An Internet of Airborne Things," *The Economist* (December 1, 2012): Monitor 3.

34 Paul Markille, "Cars on Autopilot," *The Economist* (The World in 2013 special issue): 152.

35 Timothy Aeppel, "Coming Home: Appliance Maker Drops China to Produce in Texas," *Wall Street Journal* (August 24, 2009): B1+; Linda Tucci, "Offshoring Has Long Way to Go," *CIO News Headlines* (June 2, 2005): n.p.; Paulo Prada and Niraj Sheth, "Delta Air Ends Use of India Call Centers," *Wall Street Journal* (April 18–19, 2009): B1+; Adrianna Gardella, "A Company Grows, and Builds a Plant Back in the U.S.A." *New York Times* (October 12, 2011): B9.

36 Tali Kristal, "Good Times, Bad Times: Postwar Labor's Share of National Income in Capitalist Democracies," *American Sociological Review* 75.5 (Oct 2010): 729–63.

37 Deborah Solomon, "Federal Aid Does Little for Free Trade's Losers," *Wall Street Journal* (March 1, 2007): A1+.

38 Paul Windrum, Andreas Reinstaller, and Christopher Bull, "The Outsourcing Productivity Paradox: Total Outsourcing, Organisational Innovation, and Long Run Productivity Growth," *Journal of Evolutionary Economics* 19:2 (2009): 197–232.

39 Carlos Tejada, "Paradise Lost," *Wall Street Journal* (August 14, 2003): A1+.

40 "The Hackett Group; New Hackett Research Forecasts Offshoring of 750,000 More Jobs In Finance, IT, Other Key Business Services Areas by 2016," *Investment Weekly News* (April 14, 2012): 612.

41 Small Business Export Association, "New Report: SME Exports Support 4 Million Jobs," (December 6, 2010) www.nsba.biz/content/3647.shtml (accessed December 21, 2011); and "Rep. Sam Graves Holds a Hearing on U.S. Trade strategy and Small Business Exporters," *Political Transcript Wire [Lanham]* 17 (May 2012): n.p.

42 Heather Berry, "Leaders, Laggards, and the Pursuit of Foreign Knowledge," *Strategic Management Journal* 27 (2006): 151–68; and Jaeyong Song and Jongtae Shin, "The Paradox of Technological Capabilities: A Knowledge Sourcing from Host Countries of Overseas R&D Operations," *Journal of International Business Studies* 39:2 (2008): 291–303.

43 Diana Cimilluca and Mike Esterl, "PepsiCo Nears U.S. Yogurt Deal," *Wall Street Journal* (October 14, 2011): B3.

44 Devon Maylie, "Gap Sells Style in South Africa," *Wall Street Journal* (March 20, 2012):B1+.

45 Aaron Chatterji, ""Why Washington Has It Wrong," *Wall Street Journal* (November 12, 2012): R1+.

46 "Ships Take to Arctic Ocean as Sea Ice Melts," www.msnbc.com/id/39394645/ns/world_news-worldenvironment (accessed September 28, 2010).

47 David Wessel and Marcus Walker, "Good News for the Globe," *Wall Street Journal* (September 3, 2004): A7+.

48 Alan M. Rugman and Cecelia Brain, "Multinational Enterprises Are Regional, Not Global," *Multinational Business Review* 11:1 (2004): 3; and Alain Verbeke and Liena Kano, "An Internalization Theory Rationale for MNE Regional Strategy," *Multinational Business Review* 20. 2 (2012): 135–52.

49 "The Rise of Mexico," *The Economist* (November 24, 2012): 14.

50 John Ralston Saul, "The Collapse of Globalism," *Harpers* (March 2004): 33–43; James Harding, "Globalisation's Children Strike Back," *Financial Times* (September 11, 2001): 4; Bob Davis, "Wealth of Nations," *Wall Street Journal* (March 29, 2004): A1; Harold James, *The End of Globalisation: Lessons from the Great Depression* (Cambridge, MA: Harvard University Press, 2001).

51 Food and Agricultural Organization of the United Nations (FAO), *The State of Food Insecurity in the World, 2012* (Rome: FAO, 2012).

52 Peter Mayer, "Yearender: Europe Toughens Attitudes on Immigrants," *McClatchy – Tribune Business News* (December 15, 2010): n.p.

53 D. Ronen, "The Effect of Oil Price on Containership Speed and Fleet Size," *The Journal of the Operational Research Society* 62:1 (January 2011): 211–16.

54 Larry Rohter, "Shipping Costs Start to Crimp Globalization," *New York Times* (August 3, 2009): 1+.

55 Annie Lowrey, "An Increase in Barriers to Trade Is Reported," *New York Times* (June 23, 2012): B1+.

56 On the schism between those who thrive in a globalized environment and those who don't, see Jagdish Bhagwati, "Anti-Globalization: Why?" *Journal of Policy Modeling* 26:4 (2004): 439–64; Roger Sugden and James R. Wilson, "Economic Globalisation: Dialectics, Conceptualisation and Choice," *Contributions to Political Economy* 24:1 (2005): 13–32; J. Ørstrøm Møller, "Wanted: A New Strategy for Globalization," *The Futurist* (January–February 2004): 20–22.

57 ***Sources include the following:*** We'd like to acknowledge the invaluable assistance of Brenda Yester, vice president of Carnival Cruise Lines. Other sources include Hannah Sampson, "From Ships to Finance, Carnival's Woes Grow," *Miami Herald* (March 16, 2013): A1+; David McFadden, "World's Biggest Cruise Ships Drop Anchor in Caribbean, but Ship-to-Shore Feud Brews Over Cash," *Associated Press* (October 10, 2012): n.p.; Hannah Sampson, "Cruise Industry," *Miami Herald* (December 21, 2012): 10B+; Hester Plumridge, "Cruise Tragedy Takes Its Toll on Carnival," *Wall Street Journal* (January 17, 2012): C10; "Update: Japanese ECAs Credit Carnival's Cruise Ships", *Trade Finance* (Feb 2012): n.p.; Elliot Spagat, "Passengers Disembark 'Nightmare' Cruise Amid Cheers," www.msnbc.msn.com/id/40126918/ns/travel-cruise_travel?GT1=43001 (accessed November 11, 2010); "Cruise Market Watch," www.cruisemarketwatch.com/market-share/ (accessesd December 16, 2012); "Cruise Ship Industry Statistics," www.statisticbrain.com/cruise-ship-industry-statistics/ (accessed December 16, 2012); "Holland America Line Adds Three New Segments To 2012 Grand Asia And Australia Voyage," *Marketing Weekly News* (July 14, 2012): 52; Pan Kwan Yuk, "Carnival Outlook Down on Discounts," *Financial Times* (March 25, 2009): 16; Tom Stieghorst, *McClatchy-Tribune Business News* (March 21, 2008): n.p.; "Carnival Cruise Lines; Carnival Experiencing Dramatic Increase on On-Line Shore Excursion Sales," *Entertainment & Travel* (March 26, 2008): 168; "The Wave Rolls On; Carnival Cruise Lines Reports Record Booking Week," *PR Newswire* (March 3, 2009): n.p.; Martha Brannigan, "Cruise Lines Aim for Wider Appeal," *Knight Ridder Tribune Business News* (March 14, 2007): 1; Cruise Lines International Association, "Cruise Industry Overview," Marketing Edition 2006, www.cruising.org/press/overview%202006.cfm (accessed May 9, 2007); Donald Urquhart, "Greed and Corruption Rooted in Flag of Convenience System," *The Business Times Singapore* (March 9, 2001): n.p.; Daniel Grant, "Onboard Art," *American Artist* (March 2003): 18.

第2章

国际商务面对的文化环境

如果看到别人捋胡子，你也捋一捋自己的。

——阿拉伯谚语

本章目标

通过本章学习，应能：

1. 了解研究文化环境的方法。
2. 掌握文化差异与变化的原因。
3. 讨论影响国家商务操作的行为因素。
4. 认识跨文化信息沟通差异的复杂性。
5. 分析文化调适的原则。
6. 掌握国家文化演变的多样性。

📖 案例 2-1

沙特阿拉伯的动感文化

沙特阿拉伯简称沙特，是一个神秘的国度，这令那些试图调适个人和商务行为的外国经理人们倍感困惑[1]。沙特文化是虔诚的宗教信仰、古老的社会传统与政府经济政策的综合体，从而导致法律和风俗有时会在没有预兆的情况下发生变化，或者在不同行业和地区随着主导力量的更迭而改变。很多法律和风俗都与在此经商人士故土的惯例大相径庭，故而，外国公司和派驻沙特的员工必须认识到有哪些文化差异，以及如何据此调适。关于沙特传统的根源探讨以及文化标准和外商运营调适案例的介绍，有助于读者充分理解国际商务中文化的重要性。

1. 历史与背景概述

历史上沙特阿拉伯王国一直占据着这片土地，但是

直到现在，大部分居民的归属感仍然倾向于部族而不是国家。这是因为在过去的大多数时间里，入侵者们各自控制着沙特的不同区域。然而，沙特居民却共享一种语言——阿拉伯语，一种宗教——伊斯兰教。实际上，沙特阿拉伯是伊斯兰教的发祥地，也是两大圣地——麦加和麦地那的所属国。瓦哈比教派主张根据古兰经教义来净化伊斯兰教，并于 1745 年发起瓦哈比教派运动，几乎席卷并统一了半岛的全部区域。1901 年，瓦哈比领导者的后裔——伊本·沙特国王（1882—1953）掌权，兼并了其他独立区域，创立了政教合一的政权，并宣称自己是伊斯兰圣地、信仰和价值观的捍卫者，从而使自己的君主地位和继承权合法化。

对沙特而言，石油的重要性与日俱增，特别是在

20 世纪 70 年代以后更是如此。这使得沙特城镇化水平急速提升，并让政府有能力提供免费教育之类的社会服务。这些变化进一步强化了公民的国家身份，同时也逐渐弱化了人们的传统生活方式。自 1950 年起，沙特农村人口（一半属于游牧民）从最初的 80% 多减少到低于 20%。城市在物质层面实现了现代化的蜕变。但是，现代化的表象之下，沙特人却秉承着不同于任何其他地域而又难以界定的态度和价值。

在沙特，现代化曾经颇受争议。自由派是一批周游列国的精英分子，他们希望看到经济发展的结果，从而可以获得商品和生活方式的更多选择。同时，保守派由宗教领袖和担心现代化会冲击传统价值的人士组成，他们主张严格遵守《古兰经》教义。政府（皇室）必须平衡这些观点，所以政府是不会僭越保守派的边界线的。例如，伊朗的伊斯兰革命就是以反对派为先锋，他们认为沙阿（伊朗国王）的现代化运动是腐化和世俗的象征。1979 年，一群现代化边缘人士占领了麦加大清真寺，这让保守派一度怀疑皇室保卫伊斯兰教圣地的能力。同时，通过从事高薪的政府工作和缓慢生活方式的转换，自由派也得到了安抚。有时候，政府也会通过交换条件来安抚对立双方，比如保守派要求女人穿长袍，那作为交换条件就要提升女性的受教育水平。

2. 宗教因素

如果你所在国家是政教分离的，那么你可能会发现沙特阿拉伯的宗教文化影响力是如此之巨大。伊斯兰教禁止销售或使用猪肉及酒类产品。在神圣的斋戒月期间，人们白天禁食，餐厅只能在晚上营业。穆斯林男性每天要被召唤做五次礼拜，这期间像麦当劳之类的餐厅都要调暗灯光、关闭店门。很多公司都将一些盈利空间转变为祷告区。例如，沙特阿拉伯航空在飞机后半部设立祷告区，而英国零售商哈维·尼克斯（Harvey Nichols）则在其商店内设立祷告区。

然而，不同地区的情况也会有所差异。在首都利雅得（Riyadh），女性通常以面纱遮住面目。但是，港口城市吉达（Jeddah）外国人较多，开放程度较高，所以女性的着装规定就没有那么严格，很少有女性戴面纱。不过，商家通常会去掉店铺中展示用模特的头和手，而且保持模特着装比较得体，以免招致公众反对。为了不展示女性的面容，星巴克连锁店甚至更换了公司标识，并对现场销售展示进行美化。

由于宗教和法律规定根据社会发展做了调适，这些行为准则变得更加难以理解。例如，伊斯兰法律禁止收取利息和售卖意外保险。在抵押贷款时，沙特政府绕开这一规定，提供免息贷款。沙特的商业与其他地方一样需要保险，于是政府取消了这项反对售卖意外险的规定。

人们对当地人和外国人的行为预期并不一样。非穆斯林的外国女性并不需要佩戴头巾，尽管宗教巡逻队会因她们不戴头巾而进行劝诫。沙特航空公司不会雇用沙特女性作为空姐（与男性直接接触可能会产生不当行为），但是会聘用其他阿拉伯国家的女性。另外，一些混居区居住着大量的美国人和欧洲人，他们总是处于一些特殊职位以及为外国公司工作。为了吸引一些急需的专家和投资者，沙特允许混居区居民的着装和行为在区域内依照自己国家惯例行事（酗酒、淫秽、毒品仍在禁止范围）。然而，在一个着装反向要求的例子中，一些混居区禁止区内居民和来访者在公共场合穿黑色长袍。

3. 传统因素

沙特的当代传统应该是过去部落和游牧风俗演变发展的结果。正如一句被广为引用的谚语所说："我提防我的兄弟，我的兄弟和我提防我的叔表兄弟，我的叔表兄弟和我提防外人。"在这个家庭中心的社会中，对他人的信任取决于家庭成员关系的亲疏。

除信任因素外，一直以来沙特绝大多数生意都是家庭所有并运营的，因此更倾向于雇用家人或者他们熟识的人，即便其他人更优秀也无济于事。尽管这些公司已经意识到与外国公司合作、获取专业技能的必要性，但是由于沙特阿拉伯人需要很长时间来了解外国人，而且不愿意向家庭成员之外的人完全公开财务状况，因此这个合作过程通常十分漫长。通常，他们希望先了解你，或许会邀请你到家里做客，继而再把友情发展到某种程度才可能转入生意的细节问题。

在不了解这一准则的情况下，一家英国出版商派遣两名销售人员到沙特阿拉伯，并根据二人的销量支付佣金。这两名销售人员推进业务强势有力，而且发现他们能像在英国一样每天打同样数量的电话，销售同样的产品。对英国人来说，时间就是金钱。他们每天按日程安排工作，对待潜在客户都是全神贯注，双方的谈话内容也都集中在商业业务上。然而，在沙特，他们很快发现约会很少能如期开始，而且约会经常在当地的咖啡馆，谈生意时顺便喝上几杯咖啡。他们还发现沙特阿拉伯人花了太多时间在闲侃上，甚至会将注意力转到交友上而不是继续谈生意。最后，这两个人开始表现得烦躁不安，而沙特阿拉伯合作伙伴也觉得他们粗鲁且没有耐心。于是出版商将两名销售人员召回了。

沙特阿拉伯人倾向与熟人做生意的偏好形成了一套体系"wasta"，翻译过来就是"关系"。这样一来，几乎每件事，只要你认识对的人，就将大有裨益。例如，把简历放到第一位，分区申请获得批准，获取护照、签证或者让总部的人来参观等。

4. 性别角色

对很多外来者而言，或许沙特文化最令人困惑的是人们根据性别对自己的角色进行预期。按照《古兰经》的教义，女儿只能接受半数于儿子的继承权，女性被安排在独立的区域而且通常地位低于男性。如果能早结婚、早生子，人们便认为她们贤惠有加；而男性则承担保护家庭和养家糊口的责任。对女性，德行有要求，外貌也有要求。鉴于家庭的重要性，一人蒙羞则全家受损。这些理念引出许多针对女性的禁令，如没有男性亲属的同意不能出国旅行，没有男性亲属的陪伴不能出国读书。基本上，没有亲属关系的男性和女性只允许在公共场合交往，或者在女性有男性亲属的陪伴下在封闭区域交往。但是，对外来者来说，实施这种禁令着实令人费解。例如，餐厅被视为封闭场所，店主必须为那些没有男性陪伴的女性安排独立的用餐空间和入口。但是，购物中心的食品市场被视为开放区域，男性和女性可以有交往。

尽管如此，2011 年以来发生的几件事预示着未来性别差异将会减少：女性获得未来选举权和从政权；一群女士开车反对禁止女性开车，几乎没有反对声音，而且一位沙特王子公开声援她们，认为这是限制外国员工数量的途径之一；沙特第一次派出两名女子队员参加奥运会；女生在学校接受体育教育课程的限制有所放松。

2008 年，皇家颁布命令取消对男女同场所工作的禁令，但是情况复杂。在国有企业，男性和女性雇员要在不同办公楼工作；当男女必须见面时，可以在主管办公楼的会议室里，且要通过不同的入口进入会议室。在私有企业，男性和女性有可能会在一起工作，但是这种情况下会有其他限制。

虽然目前沙特阿拉伯的女性大学毕业生人数超过了男性，但是女性在劳动力市场占比却只有 15%。为什么会这样？其中部分原因就是文化因素。有些女性更喜欢承担家庭角色；有些认为驾车限制太麻烦；为了家庭

荣誉，有些家庭禁止女性工作。经济因素也是一个原因。例如，企业招收女性，要提供独立的入口，建设女性卫生间等设备。不过，不同性别在工作中确实有交叉，尤其是在跨国公司。例如，联合利华的女性品牌经理，只要她们着装得体，可以与男同事交流，也可以与其他公司的男性会面。但是，她们不能出国出差，因为这必须经过男性亲属的同意。有些跨国公司通过支付其男性亲属陪伴旅行的费用来解决这一问题。

曾几何时，单身女性要获得进入沙特的签证几乎不可能。但是，沙特投资总局（SAGIA）却成功地吸引了跨国公司的投资，这些企业也确实需要向沙特派出长期或者短期的女性管理者。当然，这些签证并不会被主动签出，不过对于超过 40 岁的女性就容易多了；对于年轻女性，通过"wasta"也可以搞定。美国摩立特咨询公司（Monitor Group）曾把 20 多岁的女性带入沙特，欧莱雅也曾将其女性人力资源经理派往沙特。

性别方面的限制还引出了其他一些调适。例如，四个曾经在国外生活和学习的沙特年轻人想测试一下在吉达开设高端餐厅的市场潜力。通常在沙特开展此类调研非常困难，因为限制男女交流意味着对家庭访问的限制。但是，在这个例子中，调查者们通过判断其行为、穿定制还是成品长袍、长袖下面佩戴手表的质量、男人的胡须打理情况等这些外人容易忽略的细节来判断其富裕程度，继而在餐厅内访问了看起来富裕的家庭。

在美国和英国的高端商场，如萨克斯第五大道精品商场（Saks Fifth Avenue）或者哈维·尼克斯，只允许混合购物区设立在低楼层。在这些楼层，销售人员全为男性（即便是销售化妆品和女式内衣等商品），也没有试衣间和试用化妆品的地方。同时，上面的楼层仅向女性开放，她们可以在此选购长袍、牛仔服装或者任何物品。（此时，开车送女性购物的男性可以在商店开辟的休息区放松。）这样做的问题是，男性经理只能在商店关门以后上到高楼层，这就限制了他们的运营能力。

5. 文化活力

文化的每个层面都会演进，沙特文化也不例外。看一下劳动力市场的女性便知分晓。作为开端，直到 1960 年沙特才为女孩设立第一所公立学校，而且政府不得不在开办城市派驻军队，因为反对者们认为上学会给女孩的宗教和社会价值观带来负面影响。自此以后，女孩受教育的年限和课程都不断增加。经济需求也引发了对教育和教育在劳动力中的使用的观念变化。同时，

评论界必须证实这些变化与女性的角色是相辅相成的。最初接受女性工作者之一的是医疗领域，这是因为医生的缺乏，隔离男女专家的高昂代价，以及女性作为养育者与医者的契合度。

另外，沙特的观点和政策已经降低了对外国员工的依赖度，并减少引进成本。政府意识到了对众多女性人才的忽视，转而为女性海外留学支付费用。

沙特的商业环境已经大有改观。试想一下，女性拥有20%的沙特商业份额，或者该国最大企业奥莱研融资公司的CEO是女性。以下三个因素可能促进沙特女性更多地参与到劳动力市场中：①国内外资投资的增加；②更多女性到海外留学；③女性想要证明自己的心理驱动。但是请记住，这些变化并不是均衡的，而是集中在一些特定地域以及具有特定的收入和一定受教育水平的人群。

思考题

1. 假设你是某跨国公司的经理，需要派遣一个3~5人的团队到沙特阿拉伯去调查公司产品进驻该国的可行性。为了确保文化问题不影响他们成功完成工作，你会给他们什么建议？

2. 假设你的公司属于北美或者欧洲，考虑在沙特阿拉伯设立办事处。鉴于沙特的文化差异，你认为会产生哪些额外的运营成本？

2.1　引言

开篇案例说明企业需要理解不断变化的运营环境并对其保持敏感性。如图 2-1 所示，**文化**（**Culture**）作为某个群体基于共享价值、态度和信仰的习得性规范，是该国运营环境不可分割的一部分。文化有时是一个令人难以捉摸的话题。这是因为种族、民族、宗教、性别、工作组织、职业、年龄、政党归属、收入水平等把人们划分成不同群体，而每个不同群体构成一种文化。虽然本章强调国家文化，但是也会讨论不同国家之间主要文化群体的区别。

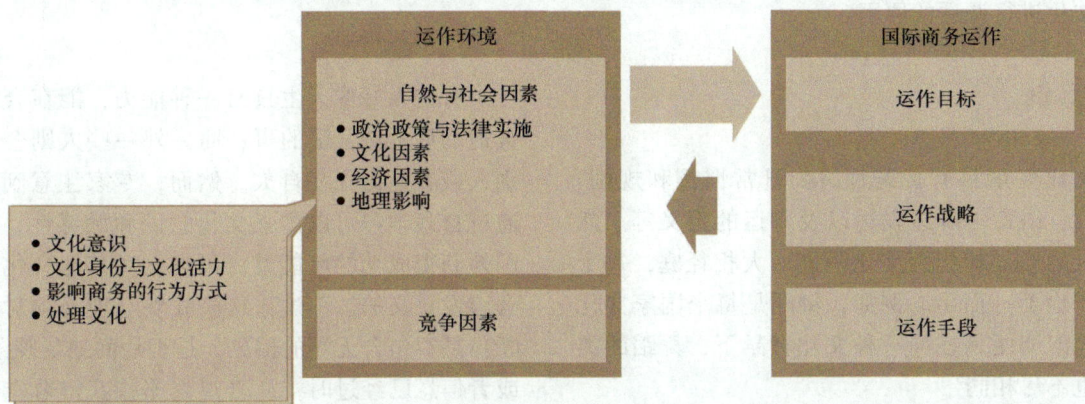

图 2-1　影响国际商务运作的文化因素

● 人的因素

商务离不开人。任何商务活动的雇用者、买卖对象、所有者和运营者都是人。当然，国际商务活动会涉及来自不同文化的人，而文化影响着商务的方方面面——业务团队管理、营销和货品运输、原料采购、与官方交涉、保障资金安全等。

1. 文化多样性

第 1 章介绍了国际商务如何创造价值以及如何为企业赢取竞争优势，例如在海外获取知识性资源。但是，企业也可以通过培养文化多样性而获得竞争优势。不同民族的人因为项目或者团队走到一起，他们背景、视角、经验的多样性通常会使商务活动对产品和服务有更深的理解，也会促使不断创新并传递这些多样性。为防止团队成员，特别是少数民族成员在表达不同观点时感到不安，团队领导应该力争营造一种开放、和谐的氛围[2]。

要成功创建这种多元文化并不容易，因为个体会按照原有文化氛围的行为模式与他人互动。一项关于多元文化企业工作团队的调查发现，一些国家的团队会与其他团队竞争，而另一些选择合作；一些团队等待具体安排，而另一些会自行决定；一些团队期望分解任务，而另一些则愿意通过团队来完成每项任务。另外一项调查发现，语言差异影响了人们对团队角色、优先等级以及各方观点的正常理解[3]。一个更加成功的团队在处理工作前，一定是先增进彼此的文化理解[4]。第三项调查显示，高度多元化的团队成员不仅为处理文化差异奠定了基础，而且思路更加开阔[5]。

2. 文化碰撞

当不同文化相互接触，就会发生**文化碰撞**（Culture Collision）。在国际商务中，最主要的文化碰撞发生在以下两种情况下：

（1）当一家企业所采取的措施没有达到预期时。

（2）当一家企业的员工因为无法接受不同行为或者难以调适而遭遇挫折时。

3. 文化敏感性和调适

一家在外国做生意的企业必须判断该国商业行为是否与本国有差异；如果有差异，还要决定进行哪些调适才能实现有效运营。本章首先审视了文化意识，特别是建立文化意识的必要性，讨论了文化差异、文化刻板和文化变迁的原因；其次，阐述了影响国际商务操作的主要行为因素；最后，探讨了一些企业和个人能够或者不能根据不同文化进行调适的原因。

2.2 文化意识

大多数文化变量具有普遍性，如日常惯例和规则、社会关系准则、语言、情绪表达以及幸运的定义等。然而，这些变量的形式却会因文化不同而大相径庭，每个人对此的反应也不一而足。例如，舞蹈是每个国家文化的表征之一，但即便是在同一种文化背景下，舞蹈的类型和参与度也不尽相同[6]。

然而，并没有绝对正确的方法来建立文化意识[7]。旅行者们评论文化差异，专家们论述文化差异，国际商业人士也意识到文化差异对商业运营的影响力。即便如此，人们对于什么是文化差异，文化差异是广为扩散的还是影响有限的，是深植于人心的还是表层现象，持有不同观点。而且，要把文化从经济和政治等因素里剥离出来也非易事。例如，一项测量显示，人们的创业态度不仅会受到其冒险精神的影响，而且也受制于其经济状况[8]。中国人对女性子嗣和男性子嗣偏爱的转变便是文化与经济的共同作用的例子。过去在中国，很多家庭通过多种非法渠道鉴定胎儿性别，面对女胎选择堕胎；待领养女婴的数量也远远高于男婴。究其原因，包括男性可以延续家族血脉（文化），在农村可以做农活（经济），可以

照料年迈的父母（文化和经济）。可是，近年来中国家庭又开始偏爱女性子嗣。其原因是城镇化对在土地里劳作的男性需求逐渐减少（经济）；同时，因为男孩婚前要购买房产，而不断攀升的财产价值（经济）也对偏爱男孩这种家庭传统（文化）产生了巨大影响[9]。

有些文化差异是显而易见的，如可以接受的着装；但是，有些并不那么明显。人们往往期望在既定文化环境中得到与自己文化环境中相一致的反馈。在开篇案例中，英国出版商的两名销售人员期望沙特阿拉伯的潜在客户能够守时，交流时能够专注；而实际上，两名销售代表的报酬体系不利于他们花费更多时间去处理每一笔交易。他们的反应是典型的**交易导向型文化**（Deal-focus Culture），在他们的国家人们是以任务为导向的。然而，沙特阿拉伯人并没有多大兴趣将事情整理一番后再去处理；他们把咖啡店小叙当作甄别客户的手段。他们通常会把生意优先交给朋友，这是典型的**关系导向型文化**（Relation-focus Culture）[10]。交易导向型的人会认为关系导向型的人简直是在浪费时间，而关系导向型的人又会认为交易导向型的人直白得令人不快。

● 小知识大用途

有些人好像天生具有一种能力，能在合适的时候说合适的话、做合适的事；而另外一些人则会无意间冒犯别人或者显得狂妄自大。然而，专家注意到，商务人士通过自我学习可以增强文化意识和敏感性，从而增加在国外获得成功的可能性。可见，对其他文化的研究是具有启发意义的。不过，这些驻外经理必须对信息进行判断：是否包含无端的偏见，是否片面地反映了这个国家，或者信息已经过时？认真观察那些获得尊重与信心之人的行为，有助于他们获得自己所需要的尊重与信心。

当然，文化差异之多是无法穷尽的。例如，跟别人打招呼：你是用姓来称呼对方还是用名？把姓放在名字前还是名字后？人们是否会将父母的名字作为姓氏？如果是的话，是用父母的姓还是名作为自己的姓氏？姓氏源自父母一方还是双方？妻子会采用丈夫的姓氏吗？不同职业用什么头衔称呼合适？另外，很多语言的代词和动词的不同形式也能反映对话双方的地位和熟悉程度。就这一点而言，即便在使用同一语言的不同国家之间也会有所差异。尽管这些错误不一定代表无知和粗鲁，但是不利于交易顺利进行。所幸的是，大家可以找到各种基于交流经验的国家指南，其中也包括那些国际商务经理人的作品。当然，大家还可以求教于国内外知识渊博

之人。

从文化的另外一面来看，通常有一些差异无法解释，例如为什么爱尔兰人比西班牙人消费更多的速食麦片。这时我们不是去深入探究，而是将其归因于文化差异。（或许差异的原因仅仅是麦片公司在爱尔兰做了更多营销。）可喜的是，目前我们可以获取一些有关跨文化态度与行为的最新研究，这也正是商务人士所关注的[11]。然而，还有很多态度、行为和文化仍然不在研究范围之内。

在总结主要的研究成果之前，我们应该强调几点不足：

（1）通过人们所言来对国家进行比较是具有风险的。首先，你所想要了解的文化会影响你对一些反馈的看法。其次，有些团体虽然抱怨，但可能是最幸福的；有些人会根据你的喜好做出反馈。最后，在1~5的范围中选择赞成程度时，有些文化更倾向于选择中间值，而另外一些又喜欢选择极值[12]。

（2）关注总体国家差异的研究者往往会忽略这些国家的具体文化差异，也会执信一些不实的刻板形象。例如，斯堪的纳维亚人总体上不喜欢讨价还价，但是如果认为购买宜家产品的瑞典人不会还价那就大错特错了[13]。当然，因为个性差异也会使一些人成为自己文化的例外者，最终他们并不一定会融入或遵守其文化规范[14]。尝试一下，根据民族中心主义、个人主义/集体主义、权力距离等通用文化比较标准，来衡量自己的个性是否与国家文化规范相符[15]。

（3）因为文化是不断演变的，研究可能会过时。例如，开篇案例中就提到了沙特阿拉伯对女性态度的一些改变的细节。

2.3　国家：文化的反映

我们先来分析一下为什么国家文化虽然有用，但并不是从事国际商务的完美参数。然后，看一下文化演变的原因，再讨论一下语言和宗教对文化的影响。

这里需要以国家为参照点。国家为文化提供了一个切实可行的定义，因为国界既是人们文化相似的原因，也是文化相似的结果。法律对商业行为的规制主要以国家为界。在国界之内，人们共享价值观、语言等基础特征。这种文化上的"我们"之感将外国人划归为"他们"。国家身份通过国旗、游行、集会等仪式和符号得以存续，而对国家遗址、文件、纪念物、博物馆等事物

的保存促进了人们对"我们"的共同理解。

国家是文化的协调者。显然，共同特征的存在并不意味着该国的每个人都持有相同的价值观和态度，或者可以表示为每个国家的具体层面各不相同。一个国家包括多种亚文化、民族群体、种族和阶级；一种国家文化必须有足够的弹性来包容这些亚文化。实际上，一个国家在赋予自己法律地位的同时，充分考虑了其文化多样性[16]；如果不这么做，通常这个国家就会分崩离析。

不过，一国共享的以及调和的特征构成了该国的民族特征，并会影响到在该国开展经营的企业的行为。同时，有些人（也许越来越多）具有双文化或多文化背景，而这意味着他们已经将一种以上的文化内在化。这里的原因在于他们具有双重或多重国籍，或是他们的父母来自异国他乡，或是他们在易受影响的年龄阶段生活在国外。

某些文化属性在一些国家比在其他国家更能把来自不同国家的族群联系在一起。城市的人们在某些观念方面往往不同于农村的人们；经理人员的工作态度也不同于生产工人的态度。这样，与甲国经理者的工作态度更为接近的可能是乙国的经理者而不是甲国的生产工人。因此，当国际经营人员在进行国家间的比较时，他们必须认真观察相关群体，要把握诸如城市居民与农村居民或年轻人与老年人之间典型的观念差异。

2.4　文化的形成与变化

文化的传播途径多种多样，从父母到孩子，从老师到学生，从社会领导者到追随者，或者同事之间。发展心理学家认为，大多数人在孩童时期便形成了基本价值体系，其中包括善恶、清浊、美丑、自然与非自然、正常与不正常、矛盾与逻辑、理性与非理性等概念。这些价值观一旦形成，后期便难以改变[17]。

然而，个人和集体的价值观与习惯会随时间推进而演变。通过研究这种演变过程，可以解释为什么一种文化接受或者拒绝某种商业习惯，而这些知识对那些试图在这些地区引入变化的公司大有助益。此处重点是变化，不管是主动选择变化还是被动接受变化。

1. 选择性改变
当社会和经济变化为人们提供新的选项时，作为反应，选择性改变就可能发生。例如，当农村劳动力选择在工厂工作时，他们就改变了自己的习惯。最明显的就是，干农活时可以一边干活一边聊天，而固定时段的工厂工作则不再允许他们这么做。

2. 强制性改变

强制性改变有时也称作**文化帝国主义**（**Cultural Imperialism**）。这种改变形式将外国文化元素强行引入，例如侵略者可以强行改变殖民地的法律，并最终将这些元素变为殖民地文化的一部分。

国家之间的交往会带来一些变化，这是一个基本规律，称为文化传播。当这种变化促使不同的文化元素混合时，称之为文化混合化（克里奥尔化）。在很多亚洲国家，当地华人便是中国文化与当地文化混合的载体[18]。在美国，墨西哥玉米圆饼十分受欢迎，这促使美国人创造性地享用这种食品，如烤玉米圆饼片和玉米煎饼。图 2-2 戏剧性地说明了文化混合化现象。

"我跟他们说，如果想在这个国家生活，应该遵循我们的文化……顺便问问，你晚饭吃什么，墨西哥餐、中餐还是意大利餐?"

图 2-2 外来文化的有些方面容易被接受而其他方面却不行

资料来源：Roy Delgado/CartoonStock.

有些团体和国家尝试过保护自己的国家文化不受外来影响，但是并没有取得卓越的成效，因为人们会旅行，也会通过各种渠道获取国外信息。而且，保护文化可能会不利于跨国合同的签订，也会限制国外先进科技的引进。因此，大多数国家一方面保护传统以保持国家文化得以延续，另一方面也保持对变化的开放态度以促进经济的发展。例如，近年来韩国的现代化程度提升和经济的迅速发展就得益于其具有国际竞争力的工厂，而这些工厂需要外国员工的加入，继而使得韩国民族更加多元化。为了保持传统，政府已经开始资助一些项目和语言中心进行外国人的"韩国化"行动[19]。

2.5 语言：文化的扩散器与稳定剂

正如国家疆域和地理障碍一样，语言也是限制人们与其他文化交往的因素。毫无疑问，当不同地区的人们使用同一种语言时，文化传播就比较容易。这就解释了为什么英语国家之间或西班牙语国家之间的文化共性多于英语国家和西班牙语国家之间的文化共性。

占世界绝大部分的 6000 多种语言的使用人口比例非常小，而且，在这些语言中，有 50% ~ 90% 将会在 21 世纪末消失[20]。当人们意识到自己的语言使用人数较少，与其他文化并没有多少实质性交流，而且又集中在一个较小的地理区域时，他们会坚守自己的文化。

英语、法语和西班牙语等语言被广泛接受（它们分别流行于 52 个、21 个和 21 个国家和地区），以这些语言为母语的人认为没有必要学习像亚美尼亚语、保加利亚语等小语种语言。使用同种语言的国家之间进行商业往来比较容易，因为不需要任何翻译。因此，在学习第二语言时，人们通常会选择那些在其他国家应用最为广泛的语言，对于商业语言来说更是如此。

那么，为什么英语会得到广泛传播?

如图 2-3 所示，右侧的饼图显示了全球不同语言区域的产出占比情况。由图可见，母语为英语的国家占到世界总产出的 1/3，远超过其他任何语言群体。这一事实对为什么英语是世界上最重要的第二语言做了注解。同时，多数跨国公司的总部设在英语国家，这也决定了总部与不同国家的员工进行交流时所使用的语言。毫无争议，这种语言应为英语，因为多数经理人要么只讲英语，要么所掌握的第二语言是英语。除此之外，很多非英语国家的跨国公司也把"商务国际语言"——英语作为其工作语言。然而，这种情况的不利之处是雇用决策过度强调英语语言能力而牺牲了工作能力；公司开会时，英语水平较好的员工容易主导会议，即便他们的想法并不怎么高明[21]。而且，章末案例说明了有时将英语作为工作语言的缺陷所在。

一位著名的语言学家曾经预言，在与世界其他区域交往时，只会讲英语的人最终将困难重重。为什么会这样呢？原因就是英语国家的人数比例将下降，而像中国、印度等国家人口的比例会随着经济的增长而逐步提升[22]。在历史上，拉丁语曾经是学术语言，法语曾经是外交语言。亚拉姆语（Aramaic）曾经是中东地区的主导语言，即便是入侵者也会主动接受这种语言，而不会把自己的语言强加给殖民地[23]。但是，很久之前这些语言的使用就已经被取代了。

以个别语言（英语最为明显）为母语的群体所占世界产出的比例远超其所占世界人口的比例。以英语为母语的人口只占世界人口的 8%，但是，英语国家和地区的经济产出占世界总产出的比例却高达 33%，这就解释了英语能成为国际商务中具有主导地位的第二语言的原因。

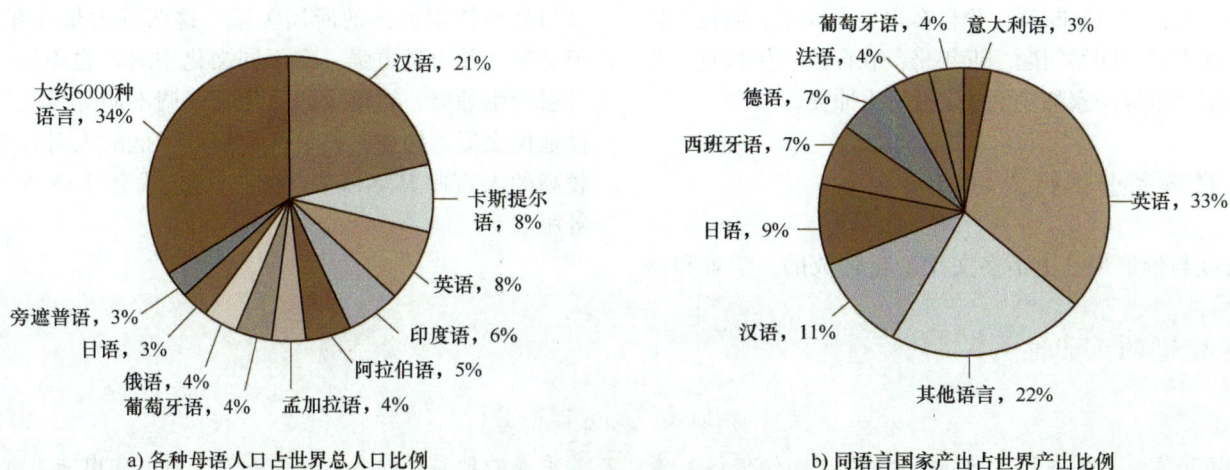

a) 各种母语人口占世界总人口比例 b) 同语言国家产出占世界产出比例

图 2-3 主要语言群体：人口与产出

资料来源：The data for constructing the pie chart on the left came from by "List of Languages by Number of Native Speakers", http://en. wikipedia. org/wiki/list_of_Languages_by_number_of_native_speakers（accessed February 26, 2011）; For constructing the pie chart on the right, the primary language by country came from "Languages Spoken in Each Country of the World," http://www. infoplease. com/ipa/A085561. html（accessed February 26, 2011）. The output per country and territory came from Central Intelligence Agency, The World Factbooks, at www. cia. gov.

尽管如此，在近来一段时期，英语单词，特别是美式英语，已经进入其他语言体系。预计日语中有 20000 个英语单词。英语如此高效传播的一部分原因是美国媒体的强大影响力以及源于美国且占有相当比例的新产品和新技术。例如，当美国的一项新产品进入国外市场时，该产品的词汇也同时进入外国语言体系，尽管有时进入的方式有些怪异。例如，在西班牙语国家你可能会发现这样的标识"Vendemos blue jeans de varios colores（我们出售不同颜色的牛仔裤）"。另外一些情况是当地语言可以将这些外来词当地化，如法国人把自助餐馆称作"le self"。最后，英语植入其他语言的现象可能会导致混合型语言的发展，像"西式英语"（西班牙语＋英语）或者"中式英语"（汉语＋英语），这些语言可能最终会成为一种具有独立风格的语言[24]。

但是一些国家，如芬兰，则倾向于用本国语言创造新词，而不把英语版本的单词纳入语言体系。因为很多国家把语言看作本国文化不可分割的一部分，会对语言的变化进行规范，例如要求所有公共区域标识都必须使用本国语言。

2.6 宗教：文化的稳定剂

在许多国家，宗教活动已经大幅下降；事实也是如此，有时北欧几个国家被称为"后基督教社会"。同时，由于几个世纪以来宗教对文化的影响，即便在上述区域，宗教依然作为文化的稳定剂继续塑造着文化价值[25]。对于那些具有坚定宗教信仰的人来说，宗教对行为养成的影响就更大了。

佛教、基督教、印度教、伊斯兰教以及犹太教等宗教会影响人们的具体信仰，从而可能影响商务活动，如禁止出售某种产品或禁止在某时间段工作。在印度，为了不冒犯印度教教徒和穆斯林，麦当劳既不供应牛肉也不供应猪肉；以色列国家航空公司（El Al）在犹太教中的安息日——每周的星期六取消一切航班。实际上，宗教对几乎每项商业功能都会产生影响。要合理开展业务，公司必须考虑宗教信仰问题[26]。

当然，并非信奉同一宗教的所有国家都会对商业行为进行相同的限制。例如，在伊斯兰国家，星期五是主麻日，然而在土耳其却是工作日。虽然长期以来土耳其一直是伊斯兰国家，但是为了与欧洲的商务活动保持一致，而采用了基督教工作日历。有些地区敌对宗教为获取政治控制权，导致宗教冲突并造成社会动荡，从而使商务活动遭受财产损失，供应链断裂，并与客户失去联系。而且，目前还存在大量的同类问题。近年来，在印度、伊拉克、苏丹和斯里兰卡等国家都发生过宗教暴力冲突。

2.7 影响商业的行为习惯

态度与价值观是由诸多文化变量构成的。学者和商务人士对文化变量的定义不尽相同，他们赋予略微不同甚至完全相同的概念不同的名字。正是由于这种在术语和概念上的细微差别，使得把商业与文化联系在一起的途径多达成千上万种，在一章之内无论如何都无法完全涵盖。因此，我们会在本章关注一些重点内容。

2.7.1 社会分层

任何一种文化都会把人分等级。这种社会分层规定了一个人在某种文化中的阶级、地位以及收入水平。在商业中，这可能意味着管理群体比生产群体的社会层级更高。社会分层的决定因素包括：①个人的成就和资质；②与某种特定群体的所属关系。这两种力量互相作用，但是哪一种力量更强，在不同文化中表现也不同。社会分层产生等级，越正式的文化越强调不同等级之间的显性地位交流。例如，如果社会地位较低的人对社会地位较高的人直呼其名或者不加头衔，就会让后者十分不舒服。

地理的重要性

物以类聚，人以群分

由于受到自然屏障（如地形崎岖、地处偏远）或者其他因素（如特有语言、过时的交通和通信方式、仇外情绪）的影响，有些群体要比其他人更加与世隔绝。历史上，自然屏障是人们选择在一个地方居住与否的重要决定因素。看一下地图就能发现，许多大城市坐落在河道沿线，是因为这些河道有助于人员往来和货物贸易。

尽管随着飞机和通信系统的发展，那些自然屏障已经不再那么令人生畏，但是哪些人更难以被外界所知仍然是由自然屏障来决定的。在巴布亚新几内亚，部落之间互不往来，导致那里产生了大约800种不同的语言，而且几乎没有文化传播现象。自然条件也同样对人们的物质文化有着持续影响，例如，北极当地的因纽特人的穿着与在巴西海滩上的穿着大相径庭。资料显示，这些自然条件，特别是温度，也会对工作价值观产生影响[27]。再就是某些地方有着与外界交往的传统。正如开篇案例中所述，沙特港口吉达历来就比沙特内陆地区有着更多的外界交往，在对待着装方面也比内陆更加开放一些。

考虑到临近效应的影响，就不难理解人们通常与邻近的群体交往甚多，而与远处的群体交往较少的现象了。大多数说同一种语言的国家相互毗邻，如德语国家、阿拉伯语国家和西班牙语国家。同样，世界上的所有主要宗教也都集聚在一个地理区域。通过殖民和移民途径传播文化显然是一个例外。例如，在欧洲殖民时期，英语和西班牙语被传播到遥远的地区。

最后，文化或者亚文化的集聚现象印证了"物以类聚，人以群分"这一古老的格言。例如，移民类型反映出人们倾向于移居到与自己的亚文化相似的区域。这就是在美国洛杉矶居住着大量中美洲人的原因，即便当地没有亲友，他们也能在语言、饮食习惯和风俗等方面找到似曾相识的感觉。世界上这种移民现象并不少见，如中国香港移民集中在加拿大温哥华，阿尔及利亚移民集中在法国马赛等。

1. 个人资质及其局限性

在大多数社会中，个人成就十分重要，如邀请成功的运动员担任运动服装的广告代言人。同样，在有些国家，如美国，一个人是否适合某项工作以及是否应该提升，主要凭借个人成就和资质。但是，我们应该注意到标准并不总是如此，即便是在美国。

就像为广告找代言人，也需要把代言人与目标观众（群体成员）有效匹配，如选用老年模特来代言面向老年消费者的产品。社会对群体所属关系有不同的认知，这就要求有区别地进行某些商业操作。因为日本比美国更加重视合作而不是竞争，所以日本企业在员工晋升时更看重辈分，即更青睐年长的员工[28]。同样，一项有关银行在招聘、升职、薪酬以及裁员方面的对比显示，不同银行表现各异。例如，当银行需要裁员时，英国银行为节省成本，解雇的标准是业绩薪水比（例如，一个享受高薪却业绩平平的中年管理者），而德国银行解雇的标准是员工困难最小化（例如，无论业绩如何都解雇年轻人，因为他们找工作比较容易）[29]。

以上例子主要依据年龄来划分群体，但是还有很多其他方式。由出生决定的社会属性，称作**先天性群体成员资格**（Ascribed Group Memberships），包括性别、家庭、年龄、世袭、民族、种族和国家等；与之对应的是**后天性群体成员资格**（Acquired Group Memberships），包括宗教、所属政党、教育背景及职业等。

一个社会越开放，越不容易受社会群体所属关系的影响。然而，法律有时候会强化或者支持群体多元化。例如，想要迁到欧洲的大型公司需要使自己董事会成员的女性比例达到40%[30]。另外的情况是，有些群体剥夺了其他群体为从事工作做准备的权利。例如，在撒哈拉以南的非洲地区，女性由于缺少受教育的机会而导致其识字率远低于男性。这种把一部分人从劳动力中剥离出来的现象，诺贝尔经济学奖获得者阿玛蒂亚·森（Amartya Sen）称之为"非自由"，并指出这种现象对经济发展的负面影响[31]。

即使个人条件符合某个职位，也没有法律障碍，但是来自其他工人、客户、股东或者官员的反对也会限制其获得聘任的公平性。

接下来将重点介绍一些群体属性，以及这些属性对不同国家怎样看待一个人的影响。一个额外因素也很重要，即个人的社会关系[32]，它印证了"你认识谁比你知道什么更重要"。

2. 民族与种族群体

法律或许会强化并支持僵化的社会分层体系。例如，根据三个不同民族，马来西亚界定了三个政党。而且，长期以来马来西亚对三大民族（马来人、印度人、华人）实行就业岗位配额，以保护马来人的就业机会。因为，在马来西亚独立时，华人和印度人分别掌控着商业和职业发展两个板块[33]。在马来西亚的这种系统体制下，要

求企业对人员雇用保持成本高昂的备案制度，这在马来西亚国内也饱受诟病[34]。与此类似，根据人口统计和肤色，巴西把人口分成五等或者更多，在大学录取比例上实施配额制，并已经向就业领域推行配额制施加压力[35]。（但是还没有向国家足球队推行种族配额制，主要还是凭借实力入选的。）

3. 基于性别的群体

不同国家对性别平等的态度颇具差异。回到开篇案例，在沙特，男女雇用率之比为7：1，而且女性还不能在某些专业领域工作[36]。与挪威的数据比相较，其男女雇用率之比为1.1：1。在立陶宛，超过50%的男性和女性都赞同以下观点："当缺乏工作机会时，男性比女性更有权利选择一份工作"；而在瑞典和冰岛，同意这种观点的人在10%以下[37]。

然而，由于对待性别平等的态度和工作要求都发生了变化，在世界许多地区，基于性别的用人障碍已基本消除。在美国，一个明显变化是曾经被某一性别主导的行业内开始出现大量另一性别的工作人员。例如，更多男性进入护理行业，而更多女性成为医生。虽然有些变化是因为经济利益使然，就像男性转向工作机会较多的行业一样，但是也有一些男孩子表示长大后想当一名护士[38]。其他经济因素也很重要。社会对需求体力的生产性工作减少，而对接受过专业教育人员的需求有所增加，如 X 射线读片师和精神病患者个案管理师。这些转变已经引发了某些职业人员需求的性别转换。

4. 基于年龄的群体

不同国家对不同年龄群体的态度各异，而且通过不同的方式来表达对年龄的态度。所有国家都实施了与年龄相关的法律，如就业申请、驾驶特权、获取产品和服务的权利（如酒、香烟、特殊药品及银行账户）及公民权利（选举、服兵役或陪审团）。有时，这些法律从逻辑上看很矛盾。例如，美国公民在达到合法买酒的21岁之前，已经有了选举、结婚、驾驶甚至参军的权利。但是，在瑞典某些地区，公民满14岁就可以合法购买酒类产品了[39]。美国公司可以针对儿童播放大量广告，而瑞典则禁止播放以儿童为目标的广告。

每个国家针对就业年龄分歧巨大。除极个别工种（如飞行员）外，芬兰和荷兰都颁布了法定退休年龄。美国法律则明文禁止这种做法。在英国，年龄歧视适用于任何人，不论年龄大小；而美国法律则针对40岁以上者才生效[40]。不同国家面对"当工作稀缺时，人们应该早点退休"这种观点，反应截然不同。3/4 的保加利亚

人同意这种观点，但仅有 10% 的日本人同意[41]。为什么会有如此差异？因为日本人坚信年龄与智慧紧密相关。

5. 基于家庭的群体

在一些社会，如拉丁美洲，家庭是一个人最重要的群体属性。个人能否得到社会认可，很大程度上取决于家庭的社会地位或名望而不是个人成绩。因为家庭关系如此坚实，当选择合作者时，人们更倾向于家族内的人而非其他关系的人。这也难怪在这些文化背景下，小型家族企业也可以获得成功；但是，在企业发展时却遇到了困难，因为即使从外面聘请的经理人能够更有效地运营企业，企业所有者也不愿与这些职业经理人共同分享责任。当一个国家或地区的商业文化受到这种羁绊时，会导致该国家或地区难以形成足够数量的本土大规模企业，而大规模企业的数量对经济的长期发展至关重要[42]。

2.7.2 工作激励

毫无疑问，受到激励的员工往往比没有受到激励的员工更有效率。总体来看，工作激励将影响企业的效率和国家经济的发展。接下来的讨论将总结各国在如何以及为什么激励员工工作方面存在的重大差异。

1. 物质主义与激励

在研究其"新教伦理"（Protestant Ethic）理论时，马克斯·韦伯（Max Weber）发现主要信奉新教的国家经济最发达。他认为形成这种"伦理"的原因是 16 世纪欧洲新教改革的发展，这种伦理主张工作就是自我拯救，而物质的成功也不影响最终的救赎。尽管我们已经不再认为新教与非新教伦理对工作和物质财富的态度之间有什么差异，但还是应该遵循韦伯最基础的理论，即自我约束、努力工作、诚实、公平世界激励工作的信仰以及经济增长[43]。证据显示，一方面，宗教教义自身的强度与人们对某些品质的笃信程度正相关（不管哪一种信仰），而这些品质能促进经济增长（如守法和节约理念）[44]。而且，对物质财富的渴望激励着个人承担起社区经济发展的工作[45]。另一方面，虔诚信徒的价值观，如维持现状和先判，抑制了个人为经济发展而自我激励的动机[46]。更有甚者，如在缅甸和不丹，一大部分人会在寺庙或者尼姑庵内清苦地接受着他人的布施，他们将暂时或者永久地从劳动力人口中消失。

生产力与闲暇时间的权衡。 有些文化把闲暇时间看得比什么都重。他们力争工作更短的时间，获得更多的节假日，并最终在休闲活动上花费更多的时间和金钱。一项对世界经济合作与发展组织（OECD）成员国（高收入）的研究发现，法国和美国是截然不同的两个例子。法国人有 30 天法定假期；美国没有。法国人每天花在吃饭和睡觉上的时间也比美国人多[47]。在美国，不怎么工作的人还是会被人鄙视：一部分是为社会贡献太少的特权人士；还有一些满足于依赖社会福利生存的底层人士。放弃工作的美国人，通常是退休人士，经常抱怨自己对社会没什么用了——这也是美国法律没有规定法定退休年龄的原因之一。

2. 对成功与奖励的期望

工作激励受到两个因素的影响：对成功可能性的感知和成功所能带来的回报。通常人们对太过简单或困难的事情缺乏热情。例如，没有人要与蜗牛或赛马去赛跑，因为结果是不言而喻的。当成功的不确定性增加时，人们的热情就会高涨起来，如与自己能力非常接近的人赛跑。同样，成功完成一项任务，如赢得一场公平的赛跑，其回报可大可小；但是，我们对成功能够带来的高回报期望越高，就会越努力。

成功与回报的跨国比较。 在不同国家完成同样的工作，其成功的概率不同、成功的回报不同，而且不能完成任务的后果也不同。在经济失败几乎必然和成功所得微乎其微的文化中，人们倾向于把工作当成必须做的事情，却并不满意，因为他们看不到任何个人利益。在天气恶劣的环境中、非常贫穷的地区或者在被歧视的亚文化中容易产生这种悲观情绪。同理，如果努力工作与不努力工作的回报差异不大，那么人们就没有动力去努力工作了。例如，在古巴，当公共政策允许政府把劳动成果在高效率和低效率工人之间平均分配时，人们的工作热情也就所剩无几了。当结果高度不确定，成功就可能获得高回报，失败就可能没有回报时，人们的工作热情才能被有效激发出来[48]。

3. 绩效和成果

男性化—女性化指数。 有一项研究利用**男性化—女性化指数**（Masculinity-femininity Index）发现来自 50 个不同国家的员工对成果持截然不同的态度。男性化分值高的员工，钦佩成功人士，很少同情不幸的人，希望成为最优秀的人而不愿做平庸之辈。他们以物为本而非以人为本，赞成"为了工作而生活"，反对"为了生活而工作"，与生活品质和环境相比，他们更加偏爱成绩和进步[49]。

国际企业发现自己聘用的外国经理人的工作表现与企业的期望和想象有差距，上述对工作绩效的态度对此做了解读。例如，男性化分值高的国家，如奥地利，在男性化分值低的国家，如瑞典，从事商业活动。瑞典的采购管理者高度重视融洽的社会关系，关心的是与供应商友好和长期的关系，而不是节约成本和迅速交货。瑞典管理者还可能把员工和社会福利之类的组织目标放在奥地利公司目标优先考虑的最小化员工报酬之前。

4. 需求层次

根据**需求层次理论**（Hierarchy-of-needs Theory），人们在较低层次的需求充分实现之后，才转向较高层次的需求[50]。如图 2-4 所示，人们最基本的需求是生理需求，包括对食物、水和性的需求；在追求安全需求（即安全的物质和精神环境）之前，必须满足或者几近满足生理需求。同样，在启动社交或社会属性需求（如同伴的接纳）之前，必须满足安全需求；继而，人们产生尊重需求，这种需求是通过认可、关注和欣赏来维护个人形象；最高层次的需求是自我实现，这意味着达成自己的愿望，或者"成为我们能够成为的人"。最后，该理论也说明人们会努力去满足一种需求，可是这种需求一旦得到满足，就失去了激励作用。

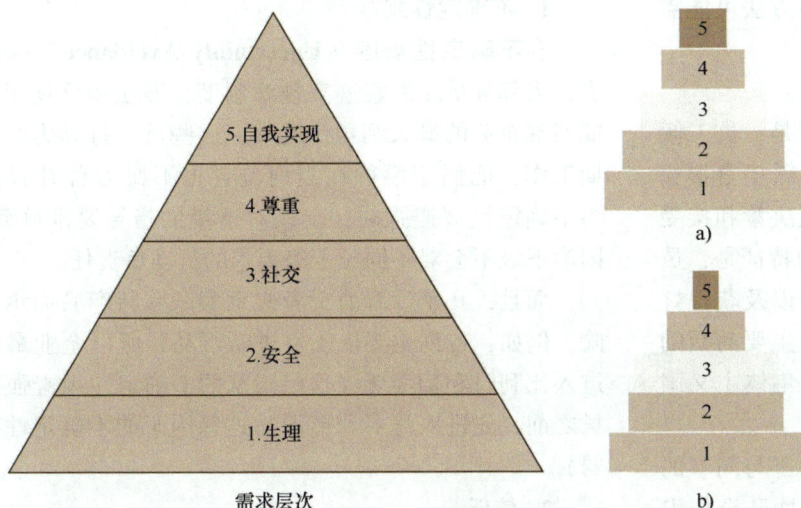

左侧的金字塔展示了马斯洛提出的需求层次理论；右侧由方块组成的两个金字塔则显示了两个不同群体，如两个国家公民的需求层次。我们可以发现，图 2-4b 中的社交部分 3 比图 2-4a 中的宽，而自我实现部分 5 比图 2-4a 中的窄。换句话说，即便可以按照同样等级排列各种需求，但是一个国家的人可能比另一个国家的人更加看中某一高层次的需求。

图 2-4　需求层次和需求层次的比较

需求层次理论对企业在国外经商有什么指导意义呢？研究发现，不同国家的人们不仅对各种需求层次的认识不一，而且对高层次需求的排序也不完全相同。那么，应用这一理论就可以帮助企业在世界各地分辨出那些偏爱激励的员工。由于劳动力的构成千差万别，所以这一点尤其重要[51]。例如，在非常贫穷的国家，很大一部分劳动力从事体力劳动，那么企业便可以简单地通过满足这部分工人的吃住需求来实现激励效果；而在其他地方，大部分劳动力则需要满足其他一些需求才能达到激励效果。

薪酬（甚至低水平收入）不能完全解释工作激励的差异性。例如，一项针对一家美国航空公司在三个国家的后勤部门员工的长期种族学研究发现，在美国和多米尼加的员工把这份工作当成升职的垫脚石。然而，巴巴多斯的员工并不想升职，因为这将改变他们和朋友之间的关系。美国员工通常穿着非常休闲，因为他们不担心部门外面的人会看到他们的衣着。但是，巴巴多斯员工却通常穿得非常正式，从而让人感到他们是在做一份非常体面的工作。事实上，公司为巴巴多斯员工提供免费的通勤车，但是员工却愿意付钱去乘坐缓慢的公共交通工具，因为这样他们才能为他人所关注。巴巴多斯的员工大部分是女性，缺勤率和离职率都非常低，因为巴巴多斯女性有着长期工作的传统。而在多米尼加，大部分女性在婚后就不工作了[52]。

2.7.3　关系偏好

我们已经讨论了两类影响商业的行为惯例——社会分层体系和工作激励。下面讨论一下作为人体行为差异基础的价值观。

1. 权力距离

在处理如何与老板、下属和同事交往的问题上，各国员工的偏好各不相同。众多事实证明，在交往方式符合其偏好时，他们表现得更为出色。因此，企业应该使其管理风格与企业上下级交往偏好相符合，这通常被称为**权力距离**（Power Distance）。

当权力距离大时，上下级之间基本不交流，通常采取专制式（拥有无限权力）或家长式（通过提供所需来调节行为）管理手段；当权力距离小时，人们通常选择商议型管理方式[53]。当荷兰一家企业偏爱较小权力距离的国内管理者调至摩洛哥，而当地员工偏爱较大权力距离，会发生什么事呢？荷兰管理者为改进生产力可能会与下属商量，但是这种做法会让下属对上级失去信心（"为什么他们不知道要做什么？"），因而企业业绩不仅没有上升，反而下滑了。

有趣的是，那些偏爱专制型上下级关系的领导也能接受由大部分下属做出的决定。他们不能接受的是决策过程中上下级互动的做法，因为这暗示了两个层级之间更加平等的关系。很明显，员工参与管理的方法可能需要进行调适，以适用于不同国家。

2. 个人主义和集体主义

高度**个人主义**（Individualism）的特征是，员工倾向于在组织外部获得休闲满足和技能提升，希望直接获得金钱薪酬而不是额外福利，以及制定个人决策和接受工作挑战。高度**集体主义**（Collectivism）的特征是，员工高度依赖组织来进行培训、改善工作环境以及获得好的福利。在高度个人主义国家，自我实现是主要的激励措施，因为员工想挑战自己。但是，在高度集体主义国家，满足安全需求则是主要的激励手段[54]。

个人主义和集体主义的程度也影响到员工与同事的合作。李维·斯特劳斯（Levi Strauss）曾把团队合作引入美国工厂，因为管理者在亚洲工厂看到团队合作能带来高效率。美国员工，尤其是工作效率高、技术较为熟练的员工，厌恶团队合作，因此生产效率下降，斯特劳斯不得不恢复更加符合美国劳动力文化的个人主义系统。

情景差异：家庭。应用个人主义或集体主义的任何措施都可能非常复杂，因为偏好会随着情景发生变化[55]。尽管日本和墨西哥的文化都表现出集体主义特色，但是墨西哥的集体主义以血缘关系为基础，无法在工作场所发挥作用[56]。此外，在墨西哥的家庭观念中，家庭不仅包括核心成员（丈夫、妻子和未成年子女），还包括直系大家庭（几代人），或许还包括旁系大家庭（姨妈、姑妈、舅舅、叔叔、堂表兄弟姊妹等）。

这些差异会从几个方面影响商业：

（1）在家庭导向的集体主义国家，通过物质激励个人主义者可能不太有效，因为劳动报酬要分配给众多家庭成员。

（2）员工的地域流动性有限，因为搬迁意味着其他家庭成员也要重新寻找工作。即使大家庭的成员没有住在一起，流动性仍然不强，因为他们不愿远离亲人。

（3）因为家庭成员相互影响，导致购买决策变得更加复杂。

（4）与工作场所相比，家庭能更好地满足员工的安全和社会需求。

2.7.4 冒险行为

不同文化中的人们对接受现状和掌控命运的态度是不同的。以下讨论反映冒险态度的四种冒险行为——不确定性规避、信任、未来导向和宿命论在各国之间的差异。

1. 不确定性规避

在**不确定性规避**（Uncertainty Avoidance）强的国家，大部分员工愿意遵守规章制度，即使违反规章制度能实现企业的最大利益。此外，这些员工打算为企业长期工作，他们宁愿待在当前位置也不愿为晋升冒险[57]。当不确定性规避强时，上级对下级的指导要准确到位，因为下级不会对不同于上级要求的行动负责任。

而且，几乎没有消费者愿意为试验新产品而承担风险。例如，吉列主要依赖引进新产品，所以企业最好在进入比利时和葡萄牙（这些国家的不确定性规避强）市场之前，先进入丹麦和英国（这些国家的不确定性规避弱）。

2. 信任

调查发现，不同国家的人们对"大多数人是可以信任的"和"与人交往时你再小心都不为过"这两句话的评论差异很大。例如，认为"大多数人是可以信任的"的挪威人的数量远多于巴西人[58]。在相互信任的国家，商业成本较低，因为管理者不必花费时间预想各种可能发生的事件和监控商业交往中的履约行为以及生产、销售和研发环节[59]。同时，信任度会依据人们对内部集团和外部集团的划分而不尽相同[60]。例如，在一些家庭导向的社会中，人们高度信任自己的家人而不信任不认识的人。

3. 未来导向

不同文化对未来收益的感知各不相同。**未来导向**（Future Orientation）（为未来而活）在瑞士、荷兰和加拿大的接受程度要远高于俄罗斯、波兰和意大利[61]。在未来导向比较明确的国家，企业可以通过未来收益，如退休计划方案来激励员工。

4. 宿命论

如果人们非常崇尚自我决定，他们就会为实现目标而努力工作，并且愿意对自己的行为负责。如果人们相信命运，认为一切都是不可避免的，则他们不太可能接受工作与回报之间的基本因果关系。在笃信宿命论的国家，人们很少对意外事件做准备，例如会拒绝购买保险。于是，经理们与其通过因果逻辑，倒不如利用个人魅力或者"按要求做事就给钱"的方式来激励这类员工[62]。

2.7.5　信息与任务处理

我们常常听到"情人眼里出西施"这句话，很明显，感知和判断都是基于人们对准确信息的理解。因为不同的文化处理信息的方式不同，所以下面讨论一下人们如何感知、获取和处理信息。

1. 感知线索

线索有助于人们认识事物的本质，而人们也会有选择地感知这些线索。人们可以通过任何一种感官来认识事物，而且每一种感官都能以不同方式为人们提供信息。例如，通过视觉，人们可以感知颜色、深度和形状。人们所依赖的线索一部分取决于生理机能，而且越来越多的证据表明，进化和基因是不同群体产生不同感知的重要原因[63]。例如，眼睛中色素的先天性差异使一些人比其他人能更精确地辨识颜色。

文化差异，特别是语言上的差异，也反映了人们对线索感知的不同。形容词汇丰富的语言有利于使用者注意到并表达出其他语言使用者不能辨识的细微差别，或者比其他语言使用者感知得更精确。与其他语言相比，阿拉伯语言有更多描述骆驼、骆驼身体以及有关骆驼装备的词汇[64]，所以阿拉伯语使用者能描述有关骆驼的细微之处，而其他语言却容易忽略。

2. 获取信息：低语境与高语境文化

学者把包括美国和大部分北欧国家等一些国家归类为**低语境文化**（Low-context Cultures），在这些国家，人们通常只需关注第一手信息，因为这些信息就是主题的直接表达。在此背景下，商务人士说话直截了当，不会在闲聊上浪费时间，并且倾向于抓住重点。但是，在**高语境文化**（High-context Cultures）中，人们相信外围信息也十分重要，通过间接或闲散的信息可以推出真正的语义。他们在书面沟通中，甚至写邮件，都会遵循这种模式，在国际诉讼中也不例外[65]。这种模式也会引发误解。例如，在日本这样一个高语境文化国家，下级可以理解上级发出的模糊指令；可是，日本经理在向其低语境文化的英国员工解释工作时却遇到了麻烦，因为英国员工希望获得更为明确的解释[66]。即便看似微小的语境差异，也会引发误解。例如，在由德国人和奥地利人构成的团队中，低语境文化的德国人会说"这是完全错误的"，而高语境文化的奥地利人则会说"这是一件非常有趣而重要的事情，但是我们也应该关注一下这个事实"。奥地利人可能会认为德国人武断而高傲；德国人则认为奥地利人思维混乱且不值得信赖[67]。

3. 信息处理

所有文化都需要进行分类、计划和量化，所以信息处理是一项普遍的活动。然而，每种文化都有自己的排序和分类系统。在美国的电话簿上，姓名以姓氏字母排序；而在爱尔兰，姓名以名字字母排序。爱尔兰人的姓氏来自父亲的名而不是姓，如托尔（Thor）的儿子乔恩叫作乔恩·托尔森（Jon Thorsson），乔恩妹妹的姓氏是托尔多提（Thorsdottir），即"托尔的女儿"。为了能在国外环境中有效开展活动，人们必须懂得信息处理系统中的差异。更重要的也许是不同的信息处理系统为全球数据分享提出了挑战，甚至连使用全球通讯录都存在困难，因为各国字母不同，而且排序系统也不同。

4. 共时性文化与历时性文化

人们进行不同程度的多任务处理时是否感到舒适，也会受到文化差异的影响。在**共时性**（Monochronic）文化中，人们倾向于按顺序做事，如在与下一个客户进行交易前，先要完成与当前客户的交易。与之相对，在**历时性**（Polychronic）文化中，人们对同时处理多件事情感觉良好，如同时接待所有需要服务的客户。设想一下，在此情形下可能发生误会：共时性商人会认为历时性商人对当前的商业合作不感兴趣，因为他们甚至不能专心面对自己。而且，当团队中有不同类型的员工时，共时性员工会认为历时性员工拖延工期、浪费时间[68]。

5. 理想主义与实用主义

有些文化倾向于先关注整体再转向个体，有些则恰好相反。例如，当要求人们对一个水下场景——一条大鱼在小鱼和其他水生生物之间游来游去——进行描述时，大多数日本人会首先描述整体画面，而大多数美国人则首先描述那条大鱼[69]。同理，一些文化在解决琐碎问题之前先要确定原则，称之为**理想主义**（Idealism）；而另一些文化更加注重细节而不是抽象的原则，称之为**实用主义**（Pragmatic）。

商业会在很多方面受到这些不同的文化模式的影响。例如，在实用主义文化国家（如美国），劳资谈判集中在具体问题上，如时薪增加多少。在理想主义文化国家（如阿根廷），劳资纠纷的具体要求会比较模糊，因为工人首先会依靠如罢工、政治运动等大型运动来宣扬其基本立场。

2.8 沟通

我们现在讨论交流中存在的问题，特别是口语与书面语的翻译。不仅不同语言之间存在这些问题，而且使用同一官方语言的不同国家之间也存在这些问题。最后，我们还将讨论口语与书面语之外的交流方式，即所谓的"无声语言"。

2.8.1 口语与书面语

把一种语言直接译为另一种语言并不像看起来那么简单，有些单词不能简单地直译。例如，在英语中"children"可以指"年轻人"或者"子女"。在西班牙语中，"niños"和"hijos"分别对应"年轻人"和"子女"，但没有一个词能兼有两个意思。因此，尽管机器翻译进展喜人，但是仍然会有许多错误。而且，很多翻译，如从加利西亚语到威尔士语，还需要借助中间语种过渡，通常是英语[70]。

语言，包括普通词语的语义在不断演变。例如，微软为西班牙语版 Word 购买词语编码后，许多同义词的含义随着时间的变迁已经发生了改变；实际上，有些词义甚至逆转为对人的直接侮辱，这无疑会让一些潜在客户生厌[71]。当然，在任何一种语言中，词语的含义因情景而异。例如，英语"old"既有"从前的"也有"长期的"的意思。

最后请记住，语法复杂，词语或语句稍有错位，就会使语义发生重大改变。以下英语标语是世界各地的旅馆中为帮助讲英语的顾客而设的：

法国："Please leave your values at the desk."（本意是提醒客人把贵重物品留在前台保管。）

墨西哥："The manager has personally passed all the water served here."（本意是让客人对饮用水的安全性放心。）

日本："You are invited to take advantage of the chambermaid."（本意是在需要时可以请女服务员来打扫客房。）

挪威："Ladies are requested not to have children in the bar."（本意是提醒女士不可带孩子进酒吧。）

瑞士："Because of the impropriety of entertaining guests of the opposite sex in the bedroom, it is suggested that the lobby be used for this purpose."（本意是提醒客人可在大

厅接待异性来客。）

希腊："We will execute customers in strict rotation."（本意是告知将严格按先后顺序办理住店手续。）

上述例子以诙谐幽默的方式道出了语言障碍，这也让人觉得有点尴尬。但是，质量低劣的翻译可能引发贸易纠纷。例如，2011年，上海海事法庭处理了中外企业间近2000例此类纠纷[72]。所以，请慎重选择你的用词。尽管不存在确保翻译质量的简单方法，但是优秀的国际商务人士一般会遵守如下规则：

（1）向翻译人员提供参考资料。

（2）确保翻译人员熟悉你所在行业的专业术语。

（3）对翻译后的书面作品进行逆向翻译。例如，一个人把英语译为法语，另一个人再把法语译回英语，如果最终信息与起初的英语表达一致，则表明翻译得比较令人满意。

（4）确保你的用词和语气契合自己的初衷和对方的期望。

（5）尽可能使用简单词汇，比如用"ban"（禁止）而不用"interdiction"（禁止）。

（6）避开俚语。美国俚语大多源于体育运动，像 off base（大错特错的，冷不防地），out in left field（弄错，驴唇不对马嘴），throw me a curve（给别人造成错觉，欺骗），ballpark figure（大概的数字）等。而对大多数外国商人来说，这些词可能毫无意义[73]。

（7）当你和对方都使用第二语言时，运用多种表达方式（如提问和用不同的话重复相同的意思）以确保双方意思一致。

（8）一开始应该觉察到翻译和说明需要额外时间，并做好预算等相应安排。

因为有些幽默不是老少咸宜的，所以要慎用幽默。一个微软主管在对微软印度公司的主管做演讲时风趣地表示，他其实没有资格做演讲，因为他没有完成 MBA 学业。但是，印度人很不理解，因为他们高度重视教育，而且善始善终，绝不轻言放弃[74]。

最后，不要认为官方语言相同的国家交往时就没有交流问题。表2-1列举了几个美式英语与英式英语中含义不同的英语单词，而这类单词大约有4000个。会出什么错呢？例如，赫尔希通过昂贵的宣传活动把 Elegancita 糖果店推向拉丁美洲市场。广告自夸糖果是"cajeta"，该词在墨西哥是"山羊奶焦糖"的意思，但在拉丁美洲大部分地区，该词是表示女性某个部位的粗俗用语[75]。

表 2-1　商务语言差异

这里给出了从英式英语和美式英语中节选的一些语义不同的商务词汇，这也正是著名剧作家萧伯纳关于英国和美国是"被同一种语言分开的两个国家"的极好印证。大约有 4000 个单词会让理论上使用同一语言的人们在交流时发生误解

美式英语	英式英语
turnover（流动率）	redundancy（裁员）
sales（销售额）	turnover（营业额）
inventory（库存，存货）	stock（库存，存货）
stock（股票）	shares（股票）
president（总裁）	managing director（董事，总经理）

2.8.2　无声语言

当然，口语和书面语并非人们唯一的交流方式。人们持续不断地通过非语言线索，即**无声语言**（Silent Language）进行着信息交换[76]。回忆一下开篇案例，为在吉达开设高端餐厅而进行市场调研的过程中，研究人员就是通过几组非语言线索来推断哪些是富人的。

1. 颜色

颜色是一种文化的"无声语言"中一个有趣的部分。一个产品要想获得成功，其颜色必须与消费者的观念保持一致。在不同的国家，颜色的含义也各不相同。例如，颜色可以代表幸运与否，也可以与某一项商业活动相关联（例如，美国出租车是黄色的，英国出租车是黑色的）。在大部分西方国家，黑色表示哀悼死者；在非洲部分地区是白色；而在泰国则是紫色。在美国，粉色用来指代女性，而在日本却表示男性。另一个例子是，美国航空公司在中国香港为乘客推出一项新的服务，即向优质乘客赠送白色康乃馨。结果适得其反，因为香港人只把白色康乃馨送给刚刚失去亲人的人以表同情。

2. 距离

无声语言的另一面是人们在说话时或者在商务活动中的习惯距离。与墨西哥和拉丁美洲其他地方相比，在美国，人们通常会保持较远的距离。除了握手以外，在美国少有或者没有其他接触；可是在墨西哥，身体接触却是司空见惯[77]。因此，美国经理人在墨西哥进行商务洽谈时，可能会不断后退以避免距离过近，而墨西哥人则会积极保持这种距离。结果谈话结束后，双方都感到很不自在，但又说不出是什么原因。

3. 时间与守时

对时间和守时观念的不同认知也可能会造成误解。美国商务人士参加商业会晤时通常提前到场，而到别人家吃饭时往往晚到几分钟，以及参加大型社交聚会时也会稍迟一些。在其他国家，人们对这些情形的准时概念有着不同的认识。在拉丁美洲国家，如果客人仅比预定时间迟到了几分钟而不是稍长一段时间，宴会主人会很惊讶甚至觉得不礼貌。

在文化方面，人们看待时间的方式不同。在英语国家、德语国家和斯堪的纳维亚半岛国家，人们把时间当成稀缺物品，认为时间一去不复返[78]。人们严格按照计划行事，即便花费更多时间会取得更好结果，他们也不为所动。相反，如果把时间等同于事件，人们就会投入有必要的长时间来完成一项任务，从而得到满足。在一个案例中，一家美国公司在墨西哥推介产品，与之竞争的是一家法国公司。美国公司的管理者相信他们必定能赢得合同，因为他们的技术比较好。美国人在墨西哥城安排了为期一天的会议，时间非常紧凑，但是他们认为有足够的时间来介绍产品和回答提问。可是事与愿违，会议开始一个小时后墨西哥团队才到场，而且，会议中间一名墨西哥团队成员还被叫出去接一个紧急电话，当美国团队不等离场者返回就要求继续开会时，墨西哥团队显得很不高兴。然而，其竞争对手法国团队则安排了两个星期进行讨论，尽管他们的技术不够尖端，但是最终却赢得了合同[79]。

4. 肢体语言

在不同的文化中，肢体语言或身势学，即人们行走、触碰和移动身体的方式，也会有所不同。的确，世界上几乎没有含义完全相同的手势。例如，摇头在希腊、土耳其和保加利亚表示"肯定"，而在美国和欧洲大部分地区则表示"否定"。如图 2-5 所示，一种手势可能有多种含义，甚至相反含义。

5. 声望

无声语言的另一个因素与一个人的地位有关，特别是在组织环境中。例如，一个视物质占有为声望象征的美国经理，可能会看轻没有宽敞、豪华私人办公室的外国生意伙伴；而当一个美国经理亲自开门、倒咖啡、接电话时，也可能会被外国生意伙伴看轻。

2.9　应对文化差异

管理者识别出国外的主要文化差异后，要想取得成功，必须改变自己的习惯吗？人们在国外工作时，能解决好与文化相关的调适问题吗？回答这些问题并不容易，下面将重点讨论影响调适尺度的四种因素：

（1）该文化在多大程度上愿意接受外来事物。

很少有肢体语言具有通用含义，如同意和反对的分界线。在美国，你可以通过将食指和拇指组成一个圆圈（即示意）来表示同意某人的表述。但是，这个手势在德国、希腊和法国却表示不同的意思。

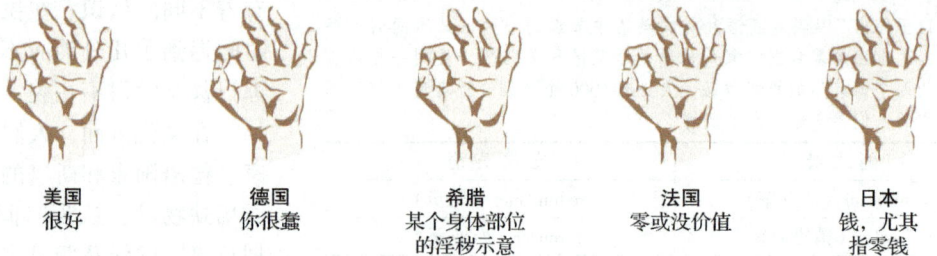

美国	德国	希腊	法国	日本
很好	你很蠢	某个身体部位的淫秽示意	零或没价值	钱，尤其指零钱

图 2-5　肢体语言并不是通用语言

资料来源：The meanings are based on descriptions in Roger E. Axtell, Gestures (New York: John Wiley, 1998).

（2）主要文化差异程度。

（3）个人适应外国文化的能力。

（4）有关公司的一般管理取向。

下面将对每一点进行深入说明。

2.9.1　主体文化认同

尽管在开篇案例中说明了适应东道国文化的益处，但是有时企业不做调适也能成功地把新产品、技术和运营程序推向外国。之所以能成功，是因为有些事物的引进并没有与根深蒂固的观念相冲突，或者东道国愿意以接受外国的产品、习俗为条件，换取其他好处。例如，巴林需要非穆斯林工人，所以允许在本国销售猪肉产品（通常被宗教法禁止），但前提是销售范围要控制在穆斯林不去工作或购物的场所。

有时当地社会对外国人和本国人的看法不同。例如，在吉达过夜时，西方空姐可以在公共场合穿着当地女性禁止穿着的服装[80]。当外国人努力做出调适时，如用当地传统服饰装扮自己，东道国的当地居民可能感到自己的文化遭到了嘲弄[81]。

2.9.2　文化差异程度

很明显，一些国家与另一些国家比较相似，大抵是因为它们共享许多特征，如语言、宗教、地理位置、民族和经济发展水平。

1. 文化距离

一项关于人类价值观的研究从 405 个维度研究比较了 43 个社会[82]，通过对各个区分维度的数值求平均，得出该社会的文化接近性。例如，英、美两国的文化距离很近，而英国与中国的文化距离就比较远。与搬到文化距离较远的国家相比，如果一家公司搬到文化距离近的国家，那么应该会经历比较少的文化调适。例如，一家

厄瓜多尔公司在哥伦比亚开展业务，应该比在泰国需要更少的调适。

但是，在相似国家之间仍然可能存在影响国际商务的重大差异。管理者可能认为表面上相似的国家实际上会有更相似之处，以致忽略重要细节。例如，尽管阿拉伯国家之间文化相近，但是女性的角色与行为在不同国家就大不相同。

2. 隐性文化态度

即便东道国和本国文化看似接近，但是东道国的人们也可能拒绝外国惯例的进入，因为他们认为这是对自己文化身份的威胁[83]。如果用数千个微小的文化维度来跟对象国明显且详细的宽泛维度进行比较，很难识别出其运营阻碍因素。例如，虽然法国文化更接近美国文化，但是迪士尼在日本的主题公园比在法国的主题公园成功。为什么？首先，法国非常关注自己的文化身份，面对势均力敌的美国更是如此——美式英语单词会不会进入法语词汇，快餐店是否会威胁法国传统的长时午餐，以及美国公司是否会并购象征法国独特性的企业。其次，一些微妙的不同将日本和法国区分开来。日本人更容易接受迪士尼，因为：①小孩和成人都认为米老鼠的形象是健康的和安全的；②日本家庭在旅游时有购买纪念品的传统；③迪士尼所要求的超级清洁和笑脸正好与日本文化习惯中的有序、和谐一致。然而，法国人只知道米老鼠是为适应法国市场需要而修改的漫画书中的一个动物形象。他们认为迪士尼的纪念品有些俗气，而且迪士尼所要求的职业微笑和统一着装是对个人尊严的践踏[84]。

2.9.3　调适能力：文化冲突

国际企业派往国外短期或长期工作的人员或许会对外国的一些习惯感到不快。实际上，世界上许多惯例在局外人眼中显然都是错误的，如一夫多妻制、童婚、对

那些其行为在本国显然不属于犯罪的人施以严厉惩罚以及在公共场合展示处决的尸体等。个人和企业都必须确定他们是否准备好到遵循上述惯例的地区去开展工作。

此外，人们迁至另一个国家后，即使文化差异不会给他们带来不快，也常遭遇**文化冲突**（Culture Shock）——被迫学习大量的文化所遭受的挫折。起初，即便像使用不同类型的厕所或电话、考取驾照以及购买具体商品这样简单的事情也颇费周折。结尾案例显示，如果你的同胞熟知不同文化，那么他的帮助将有助于加速你对这些文化的了解。

有些人工作所在地的文化与自己的文化差异很大，那么他们要经历几个调适阶段。首先，他们像旅游者一样，对离奇有趣的文化差异欢欣鼓舞；接着，他们感到沮丧和困惑（文化冲突期），在国外工作的效率大大降低。对大多数人来说幸运的是，随着他们对情况越来越熟悉，文化震荡一两个月后开始消退。实际上，一些人回国后还会体验到**反向文化冲突**（Reverse Culture Shock），因为国外生活的一些经验到国内又不适用了。

2.9.4 企业及其管理取向

企业及其管理者能否适应及如何适应外国文化，不仅取决于外国文化环境，还取决于企业及其管理者的态度。下面讨论三种此类态度或取向——多中心主义、民族中心主义和全球中心主义。

1. 多中心主义

多中心组织认为，在运营上，企业设立在国外的业务单位应该与当地企业保持一致。考虑到外资企业固有的独特性及其曝光度，也难怪许多企业会以多中心为取向。但是，多中心主义也许是对文化多样性过度谨慎的反应。这会导致企业可能避开某些国家，或避免本国管理习惯和资源的转移，即便这些管理习惯和资源在国外可以得到良好应用。

可以这样理解这个问题：国际企业及其国外业务单位要想在与当地企业的竞争中胜出，通常需要以不同的方式来满足消费者需求。例如，它们可以销售新产品，或者以不同方式生产旧产品。因此，过度多中心的企业可能过于强调模仿东道国行为惯例的重要性，从而导致企业失去创新优势。

2. 民族中心主义

民族中心主义认为，自己的文化要比其他文化优越。在国际商务中，表现为企业或个人完全相信"国内行得通的事，国外也可以行得通"的说法，而对文化和市场差异置若罔闻。同时，这些企业低估了推行新的管理方式、新产品和新的营销手段的复杂性，从而会导致公司的业绩不佳。

需要指出的是，民族中心主义并非一无是处，显然许多东西在国外还是可行的。而且，在普遍意义上过度关注国家之间的差异会忽视一个国家之内的多样化。尽管某个国家的人们普遍对某外国企业的产品持有较强的文化偏见，但是企业还是可以同那些特殊人群做生意。例如，虽然印度人普遍不吃肉，但是企业还是可以向少数经常吃肉或者偶尔吃肉的印度人出售肉制品。同样，一家企业可以在少数不认同大众文化的人群中识别出合作伙伴、供应商及员工（即使在集体主义盛行的社会也一定存在个人主义者）。

3. 全球中心主义

在多中心主义和民族中心主义两个极端之间，有一种被称为全球中心主义的国际商业操作模式。这种模式把企业习惯、东道国惯例以及一些全新的方式融为一体[85]。开篇案例中，萨克斯第五大道精品商场和哈维·尼克斯就针对沙特的传统进行了商务操作调适（例如设置女性专用楼层）。同时，它们不仅引进本国的商品销售做法，而且创造出全新的方法（例如为女性顾客的司机提供休息区）。

全球中心主义要求企业能在自身组织文化、本国和东道国需求、自身能力以及自身不足之间取得平衡。因为这种模式鼓励创新，增加了成功的可能性，是企业在国外文化和市场获取成功的首选方法。

2.9.5 应对变化的战略

如上所述，如果企业想在国外市场获得竞争优势，就需要采用与当地其他企业不同的运营方式，即给国外市场带来某种程度的变化。但是，企业要记住，不管是本国还是东道国市场，人们并不总是很乐意接受新事物。选择用什么方法来管理这些变化是获得成功的关键。

所幸我们可以通过检视商业组织和非营利组织的国际经验获取一些深刻的见解。不仅如此，潜在的应对方法和变化媒介（引起或加速社会、文化及行为变化的人或过程）也为我们提供了大量的资料。接下来我们讨论应对变化的成功经验和方法，集中在以下九个不同的战略领域：

（1）价值体系。
（2）分析变化的成本与收益。
（3）抵制过度变化。

（4）参与。

（5）利益共享。

（6）意见领袖。

（7）文化沟通。

（8）时机选择。

（9）学习国外经验。

我们以讨论双向学习方法的重要性来作为本段内容的收尾：在双向学习的过程中，企业不仅把知识从本国转移到国外，同时也把知识从国外带回本国。

1. 价值体系

越是不同于自身价值体系的事物，人们越难接受。

例如，虽然厄立特里亚拥有盛产海鲜的漫长海岸线，但是除去饥荒年代，人们食用海鲜产品的数量却低于许多国家。一个原因是经济。长期以来，大多数人买不起防止海鲜变质的冰块和冰箱，于是很多成年人因为担心安全问题并认为海鲜有腐臭味而没有培养出吃海鲜的口味。另一个原因是文化。厄立特里亚的库希特语族信仰的宗教禁止人们食用无鳞鱼和昆虫样子的海洋生物（如草虾和小龙虾）。因此，厄立特里亚政府和联合国世界粮食计划署在劝说厄立特里亚成年人食用更多海洋食物时遭到了强烈反对。但是，厄立特里亚儿童很少反对，因为他们的价值体系和习惯尚未形成[86]。

◆ 观点交锋

国际商务会导致文化帝国主义吗？

➤ 正方观点：

会的。人们已经普遍接受"国际商务影响全球化，全球化影响文化"这一观点。当然，我一点儿也不反对国际商务或者全球化，除了其中的一小部分，即现代文化帝国主义。当西方国家，特别是美国，把技术、政治、军事和经济优势强加给发展中国家时，就产生了现代文化帝国主义[87]。

多年来，美国企业一直从事出口美国文化的生意——大部分是通过各种手段获取经济主导地位而不顾及东道国的文化。这些企业几乎控制着国际娱乐媒体，世界各地的人们都被美国电影、CNN、MTV 和迪士尼频道所包围，更别提那些在电视节目和电影中插播的商业广告了。

而且，众多美国游客在发展中国家住宿一晚的花费，比宾馆服务员一年的工资还多，这又说明什么？他们会辩解说只是想看看世界其他地区的人是怎样生活的，但实际上他们是在向当地贩卖美国的生活方式。而当地人根本无力承担这样的生活，对他们来说，没有这种生活方式会更好。美国凭借罐装娱乐产品、无休止的广告以及游客的"现场销售"，使发展中国家的"文化购买者"有机会尽情体验美国的财富和文化。但是，至少从电视和电影中，我们可以窥见美国人生活在一个富豪云集、警察与精神病患者遍布的地方。他们的生活充斥着血肉横飞的尸体、昼夜不休的性爱还有变态的家庭关系，不过，很多人对此却视而不见。这种生活方式极富诱惑，同时也实现了推销"美国制造"产品的目的。这也正是世界各地的人们开始效仿美国人行为和语言的原因，例如从马尼拉到马那瓜，每一种语言都夹杂着美国俚语。与此同时，效仿者们自己的文化身份却悄悄地被侵蚀。

一旦西方企业闯进来，就会继续利用业已形成的需求，进一步扰乱当地文化。例如，沃尔玛在墨西哥古遗址旁边开了一家超市，这不仅挤垮了附近街道的市场，而且通过贿赂官员来篡改分区法，规避必要的考古调查，最终用推土机和挖掘机破坏了该遗迹[88]。另外，跨国公司趋向于集聚在城市市场，从而吸引乡下工人前来为那些只会讲英文的经理们工作；可是，员工中午连回家用餐的时间都没有，这使核心家庭成员相互分开，破坏了原有的家庭关系。

我承认，如果一个国家足够富裕，可以采取措施抵制文化入侵。例如，加拿大禁止外国投资文化敏感性行业，并要求地方娱乐媒体必须保证有加拿大本土内容。芬兰禁止建设与传统风格背道而驰的建筑。法国限制使用法语以外的语言，并资助本国电影行业。但是，即便是富裕的国家，也会被影响。例如，为迎合国际市场，一些法国电视节目和电影也使用英语拍摄，法国大学开设更多的用英语授课的课程。还有加拿大魁北克省，一些跨国公司正在破坏着该法语区的法语[89]。而在发展中国家，人们受到外国文化经纪人的掌控，而且没有设立用来预防文化灭绝的基金。

➤ 反方观点：

不会的。你的言外之意是，贫困国家的人们只能被动接受在电视节目或电影中看到的一切事物。但是，他们已经抵制了跨国公司引入的许多产品。像我们中的大多数人一样，他们也会挑挑拣拣[90]。同时，你的观点还有一层意思，即发展中国家的文化是相同的。事实上并非如此。他们会对自己的所见所闻，甚至所买的东西做出不同的解释。

与无处不在的文化纯粹主义者一样，你没有看到文化是如何传播的。通过相互碰撞，文化同时向两个方向传播和演变。例如，公元前 100 年到公元 400 年，即在人们使用拉丁语和希腊语期间，大约有 50 种地中海语言消失[91]。当然，现在很少有人用拉丁语交流了，但是它并没有消失，而是演变为各种"浪漫"的语言。

我同样认为，许多语言现在正面临着各种问题，而在这些语言还没有消失之前对其进行研究非常重要。但是应该记住，在此类语言的使用国，它们最终都让位于主流语言，如西班牙语、汉语和阿拉伯语。当然，美式英语正在影响其他语言，但是美国人最近也吸收了很多外国词汇。如果你负责"墨西哥馅饼"（enchilada，西班牙语）业务，而且是一个具有男性魅力（macho，西班牙语）的人，那么你可能被称作这项业务的"最高主管"（head honcho，日语）。

同样，虽然美式快餐几乎遍及世界各地，但是并没有完全取代当地事物。说到食物，人人都能享用世界各地的美食也是国际商务带来的一大好处。因此，我们看到的不是文化帝国主义，而是文化融合。在很多国家，美国的汉堡、日本的寿司、意大利的比萨饼、墨西哥的玉米卷、中东的皮塔饼与当地美食并存。墨西哥宾堡集团（Grupo Bimbo）也是美国莎莉集团（Sara Lee）的所有者，这家公司不仅在美国销售墨西哥玉米饼，同时也在墨西哥销售美国风味的百吉面包圈[92]。

另外，不能因为发展中国家的人们喜欢喝软饮料、吃快餐就说明他们背弃了自己的传统价值观。有证据表明，尽管年轻人最倾向于接受外国文化元素，但随着成长，他们又倾向于回归传统价值观和生活习惯。假设情况如此，那就不能说年轻人是地方文化永久变迁的先锋[93]。

因为人们想要满足自己的需求，那就不得不进行取舍。例如，为了赚钱购买全家人都需要的消费品而放弃回家用餐的机会，是否就会导致人们和社会境况更加糟糕呢？全球化只是给人们提供更多选择机会而已。同样，旅游也是一把双刃剑，尽管你已经指出它对文化的负面影响，但它也有利于维持传统文化的一些特性。例如，因为游客想欣赏巴厘舞蹈，巴厘舞蹈又重获新生。

一家成功的企业，不管是当地的还是国外的，都需要有效调适自身以适应所在地的文化。这可能需要企业修改计划来满足当地需求。例如，在确定建设计划之前，沃尔玛的管理层曾经咨询过人类学家，并同意把超市建得矮一点，用浅色石头作立面。而今，只有站在金字塔顶上才能看到这家超市。就这家沃尔玛挤占传统市场而言，你却没有提及所谓的传统市场根本没有墨西哥传统手工艺品，商贩们都在叫卖进口塑料制品。而且，传统市场缺少停车位、商店不明码标价、缺斤少两等问题历来为当地居民所诟病。

2. 对变化的成本—收益分析

向国外推销产品或者推行管理方式，有时候成本高，有时候成本不高。这种变化或许可以大幅提高企业业绩，或许收效甚微。因此，在国外运营时，企业必须考虑预期的成本与收益。例如，美国康明斯发动机公司（Cummins Engine）为了提高墨西哥分厂的工人对企业的认同感，决定每年停工一天让工人们庆祝其宗教节日。公司在当天为员工及其亲属举办庆祝大会，其成本要远低于员工业绩提升带来的收益。

3. 抵制过度变化

德国古纳亚尔出版公司（Gruner + Jahr，G + J）收购美国《麦柯》（McCall's）杂志后，立即开始全面革新：撤换主编，取消长故事板块和其他一些特征，增加名人报道，使排版更加稳定，为文章添加花边新闻，以及取消广告大户的折扣。不久，公司士气低沉，员工离职率大大上升。更重要的是，因为广告商觉得杂志改革太过激进，放弃了该杂志的广告业务，从而导致公司收入下降[94]。大多数观察人士认为，如果古纳亚尔出版公司分阶段逐步推行变革，员工和广告商就会更容易接受。

4. 参与

要避免像古纳亚尔出版公司遇到的问题，可以采用提前与利益相关者（员工、供应商、顾客及其他相关者）讨论变革方案的方法。如此一来，有助于企业管理者评估实施变革方案的阻力，刺激利益相关者认识到变革的必要性，减轻利益相关者对转型所带来负面结果的忧虑。不管最终决策是什么，这种讨论能使员工感到满意，因为管理层至少倾听过他们的意见[95]。

企业有时误认为，只有当参加决策的利益相关者具有良好的教育背景并愿意做出重大贡献时，才能做出有效决策。但是，任何参与过国外援助项目的人都可以证明，即使在教育水平较低、权力距离高且不确定性规避强的国家，参与对企业同样极其重要。

5. 利益共享

有时提出的变革方案需要得到某些人群的支持，而他们却可能看不到任何利益。例如，如果生产工人看不到自身利益，就没有动力支持新的工作实践。企业该如何做呢？解决之道或许是采用与企业内外利益相关者分享收益的方法。例如，某石油企业就面临着这样的问题。居住在钻井作业平台周围的伊拉克农民受到企业影响但得不到任何利益，愤怒的农民便开始毁坏钻井设施[96]。与之相对，一家美国与秘鲁合资的金矿企业通过向安第斯村民捐献绵羊，获得了这些村民的支持[97]。

6. 意见领袖

通过利用当地的影响渠道，或称意见领袖，企业实施的变革可能会比较容易被接受。意见领袖可能在意想不到的地方出现。当福特公司想把美国的生产方式移植到墨西哥工厂时，管理层不是选用墨西哥或者美国的主管，而是从墨西哥工厂选派工人前来美国工厂观察操作方法。这样做的优势就在于生产工人在墨西哥劳动力中比较有公信力，而且他们将是新方法的落实者[98]。

7. 文化沟通

与意见领袖密切相关的是在国外做出决定、实施变革的人。要说服东道国的人们，不仅要靠提案的详尽内容，而且有赖于他们对汇报者技术资格的信任、对当地文化的理解以及对达成解决方案的灵活态度。二元文化和多元文化个体或许可以架起沟通的桥梁，当他们所具有的文化正是本国和东道国的文化时，更是如此。即使其文化不属于前述两国，这些个体对新文化的领悟力也远胜于单一文化个体。这与双语儿童学习外语比较容易而单一语种儿童比较难是一样的道理。由于能够感同身受地理解不同意见，并且当地人也认为他们不会推行民族中心主义政策，所以他们更容易为东道国所接受[99]。

8. 时机选择

许多精心策划的变革因为时机不对而惨遭失败。例如，无论管理层如何安抚员工，节约劳动力的生产方式依然会使员工担心失去工作。但是，如果在缺乏劳动力的时候引进这种生产方式，那么企业就会遇到比较少的阻力。

然而，在某些情况下，危机可以促进人们接受改变。例如，在土耳其，传统上家庭成员一直在掌控商业组织，但是，微薄的利润促使企业迅速改变了这一传统做法：家庭成员不再负责企业运营，而是作为董事会成员行使一些建议权。

9. 学习国外经验

企业既可以在国外运营中学习国外知识，同时也将国内宝贵的经验和知识传播到国外。虽然这种学习可以惠及企业的各个部门，但是如果研发人员获得这种学习机会，将使企业的国外运营更加有效。不过，倘若有人秉持着自己已经无所不知的态度去国外，那么其学习的效果将很差；相反，有很多以虚怀若谷的态度去国外并取得不错结果的例子。例如，雷诺公司和尼桑公司的合并就有效整合了双方的优势。雷诺公司给尼桑公司带来了优秀的财务管理（法国公司的传统优势），而雷诺公司也从尼桑公司那里学到了很多关于利用不同功能部门的合作来实现企业目标的能力[100]。

最后，为了确定国外的哪些做法值得效仿，企业应该认真研究那些表现优秀的外国经济和商业体。例如，印度的一些大型企业近期表现十分抢眼，原因是这些企业没有推脱而是积极承担社会责任并舍得为员工大量投资[101]。

⬤ 未来展望

民族文化的未来发展趋势

情形一：混合文化逐渐兴起，个人眼界不断开阔

在过去的几十年间，国际交流以前所未有的速度增长，这一过程必然导致不同民族文化的混合与趋同。一眼望去，可以看到这就是正在进行的事情。文化混合比较明显，例如你可以看到一群日本游客正在印度尼西亚的英资酒店聆听菲律宾乐队演奏的一首美国歌曲。同样，混合语言也已经出现，比如"西班牙英语"（Spanglish）。当你发现世界各地的一些人穿同样的衣服，听同一个歌星的音乐，而紧接着的另一些人却身着传统服装，听着传统乐手的音乐时，你就能意识到这种混合正在日益增长。尽管竞争者们的总部相隔万里，但却越来越多地仿效彼此的企业运营方法，于是创设了一种国际化的竞争环境。当企业习惯了国际化运营时，它们就更有信心利用文化多样性和全球适用的运营方式在生产力和消费行为等方面继续开拓。

我们也看到越来越多的人充分利用这种高度流动的优势，不断丰富他们关于享受全球化的或灵活的公民身份这一概念的内涵[102]。过去，大多数移民到国外的人也许一生只有一次回国的机会。因此，这就迫使他们适应所在国的文化，与此同时，他们也失去了本土文化的身份。但是，现在很多人到高收入国家就业可以获得双重国籍，于是他们便可以通过旅行、国际电话、网络沟通等方式与祖国保持密切联系。一方面，这些移民会双向传播文化，从而增加了本国和东道国的文化多样性；而且，随着人们出国旅游的增加，跨国婚姻的数量也在攀升。1960—2010 年，美国人与外国人结婚的数量翻了一番[103]。有证据显示，在这种环境下成长的孩子与某一特定文化的传统联系比其他人要松散得多，这使得他们具有二元文化或者多元文化特征，并形成国际经理人这样一个特殊阶层（法国雷诺和日本日产的 CEO 卡洛斯·戈恩就是例证，他具有黎巴嫩血统、生于巴西、在法国接受教育）[104]。另一方面，因为移民不再需要同化到新居住地的文化中，所以跨国文化主义似乎正在退化，从而导致一国境内更容易发生文化碰撞[105]。

情形二：民族文化外在表现趋同，内在价值保持不变

在文化的视觉表征之下，人们继续坚守着自己独特的文化特征。换言之，尽管文化的某些物质和行为表现越来越趋同，但是基础的价值观和态度仍保持各自的特色。宗教差异和以前一样，语言差异依然是民族身份的基础。真正重要的是，这些差异依然具有强大的力量把世界划分成不同的文化区域，并阻碍在全球实现产品和运作方式的标准化。

情形三：民族主义将继续强化文化身份

如果感觉不到自己与其他民族文化的差异，人们就不容易把自己看成是截然不同的存在。这也正是文化身份诉求能够有效动员人们保卫民族文化的原因。通常，这种努力通过强化语言和宗教、资助民族项目和活动、宣扬外国对民族文化文化的负面影响等方式来发扬民族文化。而且，尽管人们的国际流动性增强了，但是来自同胞的压力会迫使他们继续保持自己的民族文化。

情形四：国家边界将因民族差异而变

几个国家的例子展示了亚文化的力量和影响力。其主要原因是外来移民和原教旨主义的兴起。另一个同等重要的原因是民族群体要求从其居住地的统治群体中独立出来的意愿不断增强。南斯拉夫和捷克斯洛伐克都因为这个原因而分崩离析，而英国和西班牙的民族群体（如苏格兰、巴斯克等）也在谋求独立。同时，那些超越国家界限的亚文化，如在北极的因纽特人和在中东的库尔德人，反对将自己归为某个国家。因为他们与"本国人"的相似点要少于不同国家的同族兄弟，也很难根据他们的地理环境为其分派一种身份。

不管未来出现何种情形，只要企业希望在国外文化环境中有效运营，国际商务人士就必须调查研究文化差异。将来这种调查研究不能仅以国家为基础，还要考虑其他种种造成价值观、态度和行为差异的因素。

🏢 **案例 2-2**

乐购公司：巧用全球知识

（玛丽·洋子·布兰嫩（Mary Yoko Brannen）和特伦斯·梅根（Terence Mughan））

波音 747 客机慢慢滑入跑道，正要准备起飞，坐在飞机里的大卫·波茨（David Potts）正在注视着窗外[106]。这是他首次以乐购（TESCO）亚洲 CEO 的身份访问中国，此行无比激动，但是也面临着很多问题。英国零售巨头进入亚洲市场已经十年有余，在该地区的销售和利润也已经超过了英国及包括中东和美国在内的其他地区。但是，亚洲的每个市场都很独特，这也是不争的事实。乐购在泰国、马来西亚、韩国的生意已经取得了巨大的成功，在日本和中国台湾的生意稍逊一筹；鉴于中国大陆和印度的庞大市场规模，则自成一个独立市场。那么，企业该如何在这么巨大的地域发展业务呢？他又该如何驾驭并指引乐购亚洲公司的巨大市场能量和增长态势，以强化公司在英国的核心业务呢？或许乐购能找到一种创新的方式应对这一挑战。20 世纪 80 年代中期，乐购实现了伟大转型，此后在其他环境中都做得顺风顺水。

1. 公司背景

杰克·科恩（Jack Cohen）是乐购公司的创始人，

卒于1979年。第一次世界大战结束后，杰克·科恩通过把剩余的军用物资倒卖给工薪阶层的方式创建了乐购公司。1973年后，公司总部一直位于伦敦郊外，已经成为英国零售喜闻乐见的标志景观。乐购以"大量进货，低价出售"的运营理念闻名，而且其零售店遍及每个城镇。但是，在英国市场上，塞恩斯伯里超市（Sainsbury's）和玛莎百货（Marks and Spencer）等连锁商场拥有可支配收入高、品位好的客户群，乐购明显不占优势。

在20世纪80年代中期的经济衰退期间，伊恩·麦克劳林（Ian McLaurin）由运营总监升任董事会主席，聘用新的管理团队对乐购及其市场地位进行大幅改革。凭借乐购公司一群年轻、有才干的管理人员对英国消费市场的精准理解，麦克劳林把乐购打造成了满足不同消费者需求的商店。实际上，乐购在英国市场上打垮了竞争对手，其中包括沃尔玛控制的阿斯达公司。

乐购成为市场领导者的方案是全方位提升自己的运营水平，包括配送、营销、土地购置以及产品创新。乐购企业文化强调重视员工这一变化是以上方案得以实施的主要推动力量。新的管理层褒奖忠诚、勇于承担责任的员工，力图把乐购塑造成为零售业的最佳雇主。公司通过简单明了的语言说明了这种态度：对待顾客"己所欲，施于人"，要求员工"仔细听、努力做、说谢谢"。

通过编写《行业用语说明》的小册子，大卫·波茨把这种语言上的信条向前推进了一步。这本小册子就是企业词典，没有使用那些晦涩的专业术语和首字母缩略词，而是主张使用简单的词汇来实现有效沟通。因为移民和多元文化背景人士在英国劳动力和消费者群体中的比重逐渐增加，这种简单、明晰的语言显得越来越重要。20世纪90年代，由于乐购公司将商店类别扩展为大型商店、市中心的小型便捷商店以及商品类别最为齐全的大型超市，促使人们对清晰高效沟通的需求扩展到顾客服务领域。乐购力挺自有品牌食品，一方面在低端产品群中添加"超值"产品，另一方面在高端产品中设置"精选"产品。另外，乐购采取了积极的以"乐购之道"为主题的市场营销策略，加上"积少成多"的口号和会员卡奖励计划，企业获得了非常宝贵的客户数据并超越了当地的竞争对手。泰瑞·莱西（Terry Leahy）掌舵乐购的6年间，公司的销售额和利润增长了300%，成为最大的网上零售商和英国最大的私营雇主。

于是，下一个阶段，乐购开始积极地拓展国际市场。

2. 乐购的国际化

1995年，乐购通过并购 S-Market 连锁超市进入匈牙利市场；1998年，继续扩张投资，在泰国寻找当地合作方并创立乐购-莲花（Tesco-Lotus）品牌；1999年，与韩国三星集团建立合作关系，共同组建"家+"超市（HomePlus）。至此，乐购已经为自己在亚洲的发展打下了坚实基础。唯一的失败是为了换取家乐福（法国竞争对手）在捷克和斯洛伐克的商场，乐购选择出售自己在中国台湾的门店，最终导致损失达到110亿英镑。

起初，乐购带着民族中心主义的态度进入国外市场，企图在国外复制自己的文化和成功做法。在中欧的一些距离较近、规模较小的国家，这种方法获得了成功。但是，尽管法国是英国的近邻，情况却大相径庭。乐购在海峡对面遭遇第一次国际挫败不足为奇，因为乐购在英国的竞争对手玛莎百货也意识到了英法之间的文化鸿沟难以逾越。实际上，在法国使用乐购的英语工作语言比在其他任何一个地方都要难。

另一个问题出现在中国台湾，当时为了庆祝项目启动，乐购在店前组织了游行活动以凸显自己的英式特色，其中出现了英国国旗和英国卫兵的形象。在外国市场进驻战略上，这次活动给了乐购一个大教训。为了在以后的企业中杜绝文化帝国主义的形象，重塑勤劳、谦虚的精神和顾客忠诚，乐购决心在国外市场推行更具地方特色的做法。

这种自上而下的、在本土化基础上寻求国际化的欲望，反映了乐购公司的特征。20世纪90年代，几乎所有一路上来的年轻管理者都是"乐购的忠实员工"，即那些从公司底层做起、忠于公司并最终走上领导岗位的人。在这些人中，没有一个人比大卫·波茨更典型。自从16岁离开学校，他便开始在当地的乐购超市工作。从在商场搭建货架到逐渐走上管理岗位给了大卫很多经验，因此他能深刻地理解商场、顾客以及满足他们需求所面临的挑战。乐购甚至把这种理念付诸"乐购门店工作周"（Tesco Week In Stores）实践活动，要求所有管理层每年都必须在门店工作一周时间，以便了解顾客和门店的基础运营工作。公司的其他活动，不管是供应商管理、管理层会议，还是政府关系，都是围绕这一过程展开的。基于该理念，在国外子公司推行从基层培养本土管理者的做法就顺理成章了。现在，作为乐购亚洲的 CEO，大卫·波茨面临着在亚洲、欧洲、北美洲的 10 多个国家和地区运营管理的挑战。

乐购面临的主要挑战来自两个方面：一是识别国外子公司的全球优势；二是通过学习这些优势强化母公司的竞争优势。在成为董事会成员的几年中，乐购快速成长为全球第三大零售商，期间波茨积累了大量的国际业务知识。怎样才能既管理好亚洲市场的快速增长，又维持甚至增强乐购在英国本土市场的竞争力？有没有一种方法既能把乐购的前沿数据、采购及物流资源嫁接到全球业务，又能有效吸收国外子公司的优秀运营方式？践行这一切的同时，还能保持乐购全球协调的企业文化吗？这个工作是不是应该交给咨询公司来做呢？局外人能不能解开这个谜团呢？

思考这个问题时，波茨的思绪又回到了 2010 年乐购业绩滑坡的事件上，即 20 多年来乐购第一次在英国市场上失去了自己的竞争优势——当年乐购在英国的销售额下降了 0.5%。然而，由于亚洲市场的抢眼表现，其全球利润实现了 12.9% 的增长。很明显，乐购需要向亚洲子公司学习很多东西。但是，问题是怎么学习呢？

3. 乐购项目的精华

波茨最终想出了新的解决方案，而且方案与乐购依赖内部资源的理念保持了高度一致。他意识到增长下滑通常是骄傲自满的体现，而局内人不太容易发现问题。于是，他决定组建一支由亚洲经理人组成的队伍前往英国检视运营情况。作为乐购内部员工，他们熟悉公司的使命、价值观、运营过程和程序，在门店环境应该比较放松；同时，在英国他们又是局外人，应该能看到英方经理看不到的事情，进而能从他们自己的角度提出有价值的见解并分享自己市场的运营方式。波茨把这个项目命名为"乐购精华"并赋予它两个战略任务：一是对英国公司现状进行"体检"，以确定哪些环节运转良好或者不好；二是将英国的企业现状与亚洲子公司的运营情况比对，从而彼此学习并在乐购全球市场中应用。

波茨从亚洲的六个子公司中选了九名经理：泰国、韩国和中国子公司各两名；马来西亚、日本和印度子公司各一名。通过对观察能力、理解组织行为、价值观、假定能力等实用技能的培训，亚洲项目团队被派往英国和爱尔兰的 52 家门店进行为期 3 个月的观察。重振英国乐购的运营业务并非易事，但是，找到能离开岗位 3 个月的九名经理也非易事。最终，筛选的标准定为：在

乐购工作 3 年以上，能将英语作为工作语言，必须是门店经理而不能是区域经理。这个团队的另外评价标准是其在国外环境中的文化调适能力，如灵活性和开放性、情绪弹性以及个人自主能力。

项目团队的三个成员有多年的英语国家生活经验，可以完全实现双语沟通；而且，其中一个还在英国读过书，对英国文化有更深层的理解。事实证明，这三个人对团队非常重要，特别是在日常生活中的银行开户、乘坐公共交通、设定手机联络方式以及购物之类的事务上更是如此。而其他人的跨文化沟通经验和英语沟通能力各不相同。但是，团队成员都来自群体意识较强的高语境文化，这就促使成员之间自然地进行合作，也能确保他们关注那些未被发现的细节问题——那些低语境文化的人不能发现却被证明是至关重要的因素。团队成员自然的感知能力有效地保证了他们在子公司和英国乐购总部之间所起的纽带作用。

九名亚洲经理走访英国时，正好赶上英国很多城市发生骚乱，很多商店惨遭洗劫。尽管如此，团队还是形成了较长篇幅的观察报告，以备后续分析乐购运营业务之需。不管从哪个方面来说，他们对英国文化的体验都十分深刻。两个团队成员甚至在骚乱期间被锁在利物浦的一家门店里，虽然十分害怕，但是当地门店经理处理此事时的冷静态度给他们留下了深刻的印象。或许这种日复一日的体验并没有那么精彩刺激，但是信息量非常大，而且有助于他们就如何实施公司核心价值观，如关注顾客方面进行比较。

每天工作结束后，团队成员会交流一下各自遇到的奇闻轶事，这也有助于他们审视各自的发现。例如，当泰国经理看到英国乐购门店需要专门人员把香蕉放到展示架上时，他们认为英国的效率标准远低于他们。当一个日本经理得知一个英国商贩在承担鲜鱼斩切和备料前只需要几天的培训时，他震惊了。因为，在日本，此项工作几乎是一门艺术，从事之前必须经过数月的高强度培训方能胜任。乐购公司还是人人都能获得发展的地方吗？当团队分享一些故事，关于一线工人从没有参加职业发展计划，或者另一个员工在同一个职级上连续工作了好几年时，它当然已经不是了。这是什么原因造成的呢？通过与门店员工的交流，团队发现尽管公司有明确的"进步机会"项目，但是，如果想获得此项目的青睐，必须愿意在不同区域间工作或者承担新的工作角色。在英国，团队还揭露了公司倡导的企业文化与日常

实践之间存在的各种差异。通过对这些差异认知以及具体原因的追问，团队成员给企业文化带来了新观点，也为自己国家的业务实践提供了解决方案。

当发现英国乐购公司并没有利用所有机会提升顾客体验时，亚洲团队便在商品促销、家庭和社区参与以及顾客服务等增加门店竞争力的方面提出了建议。这些中肯建议的提出得益于他们储备的市场知识以及亚洲推行的多元伙伴关系所带来的创新。例如，通过利用韩国"家+"超市的三星技术优势，英国乐购便可以设计出智能手机App，消费者只要扫一下地铁站购物屏幕上的二维码，便可以在等地铁的时候实现手机购物了。上述以及更多的观察结果将以项目报告和接下来的亚洲团队见面会的形式传达给乐购高层管理人员。

大约两年后，英国乐购在本土显示出明显的复兴迹象：增聘8000名新的门店员工，为25000名员工提供培训，英国整体销售额上涨1.8%，升级300多家英国门店，在850多家门店增加烘焙业务，网上销售额增加12.8%，开发了会员卡和电视频道，而且乐购银行也有了660万名用户。

乐购在亚洲的增势迅猛，利用只占总数33%的门店取得了超过欧洲大陆所得利润的2倍以上。其国际战略早已超越了民族中心主义模式，现在不仅能够做到本土化，而且已经达到全球业务互通有无的境界。乐购网站上的这句话便是证明：

我们能获得当地的胜利得益于我们技能的全球化应用。在这里关键词是"当地"，因为零售是针对当地的。但是，我们利用技能和规模效应可以进一步提升乐购全球业务的业绩和竞争力。

思考题

1. 与泰国和韩国相比，美国和法国与英国的文化更为相似，然而乐购在美国和法国一败涂地，却在泰国和韩国取得了成功。请解释一下原因。

2. 在全球零售的语境中，你认为"利用技能和规模效应"具体指什么意思？

3. 在全球乐购门店分享最佳运营方式的过程中，其全球经营团队扮演了什么角色？你能给出什么建议使团队更有效？

4. 如果多元文化个体想与全球群体分享最佳模式，他/她需要具备什么文化技能？

5. 如果一家跨国公司要在全球业务中促进知识分享和全球合作，应该做哪些工作？

6. 浏览乐购的网站。其运作业务具体是什么？你对这个案例中所讲的全球化趋势有什么看法？

7. 这种商业模式应该怎样在全集团的招聘政策、培训与发展以及职业管理中落实？

本章小结

1. 文化是包括以习得态度、价值观和信仰为基础的各种规范。几乎每个人都同意民族文化存在差异，但是，多数专家对于具体文化差异是什么存在分歧。

2. 国际企业或个人必须评价其商业或个人行为，以确保自己的行为符合国家惯例。

3. 除了是民族文化的一部分外，人们通常也是其他文化，如职业文化和组织文化的一部分。进一步说，他们不仅仅属于一种民族文化。

4. 虽然研究其他文化非常有用，但是也存在以下问题：仅靠自己的报告来描述对方的态度和价值观；假设文化中的每个人都或多或少地等同于普遍意义上的人；在不断变化的情况下依赖过时信息。

5. 特定国家内可能包含差异极大的各种群体。人们与国外同类群体的共性可能比与国内其他群体的共性还多。

6. 选择或强制可能是文化变化的原因。与其他群体隔绝，尤其是语言不同，会使文化比较稳定。

7. 人们因不同的先天性群体成员资格和后天性群体成员资格而处于不同的社会阶层。这些成员资格决定个人获得经济资源、威望、社会关系和权力的能力。个人属性可能决定其是否有资格和能否获得某项工作。

8. 人们工作不仅为了满足吃饭、穿衣和住房这些基本需要。人们的工作动机各种各样，包括更喜欢物质成功而不是闲暇时间，相信工作能带来成功和回报，以及对成就的渴望。

9. 国家惯例的差异会影响人们的员工偏好，例如喜欢专制还是协商的工作关系，是否喜欢因循守旧，以及喜欢与同事竞争还是合作等。

10. 国家惯例的差异决定人们的一些行为，例如是否信任别人，是否相信命运，以及对未来规划是否有信心等。

11. 如果没有理解文化差异引起行为举止的细微差别，会导致国际商务中的误会。

12. 人们通过口语、书面语以及无声语言进行交流，而这些都会受到文化线索的影响。文化背景在影响人们如何处理信息方面也扮演着重要角色。

13. 东道国文化并不总是希望外国企业和个人的行为完全符合他们的习俗。东道国有时会为了交易需求会做出改变，有时会对外国人的行为采用不同的标准。

14. 当进入与本国文化相近的国家时，企业不需要做太多调适；但不可忽视这些细微的差别，如东道国人们的行为及他们如何感知外国人的行为。

15. 人们在国外环境中生活和工作时，需要避免过度多中心主义和民族主义引发的危险。通常，全球中心主义是更为保险的相处模式。

16. 在决定是否改变本国或东道国的运作方式时，企业应该考虑以下几个因素：提出的变化对各方的重要性；每种变化的成本与收益；意见领袖在实施这些变化中的作用；人员是否可以成为沟通途径；转变时机的选择。

17. 民族文化的未来趋势可能包括：新混合文化的出现；价值观不变而表面特征趋同；民族主义继续维护民族文化差异；优势文化身份促成新国家。

关键术语

后天性群体成员资格　文化　个人主义　权力距离
先天性群体成员资格　文化冲突　低语境文化　实用主义
二元文化　交易导向型文化　男性化—女性化指数　关系导向型文化
集体主义　未来导向　共时性　反向文化冲突
文化碰撞　需求层次理论　多元文化　无声语言
文化距离　高语境文化　历时性　不确定性规避
文化帝国主义　理想主义

参考文献

1 We are particularly appreciative of personal insights given us by the following people in Saudi Arabia: Nora al Jundi, lecturer at Effat University; Omar Aljindi, consultant at Saudi Diyar Consultants; and Talah Tamimi, former executive at Saudi Investment General Authority. Additional Sources include the following: Sue Tibballa, *"Saudi Women Make History," New Statesman* 141:5118 (August 13, 2012): 17; "Saudi Prince Backs Letting Women Drive," *Miami Herald* (April 15, 2013): 11A; "Saudi Arabia: The Western Compound," americanbedu.com/2011/03/07/saudi-arabia-the-western-compound/ (Accessed March 15, 2011); Summer Said, "Saudi Activism Accelerates As Women Dare to Drive," *Wall Street Journal* (June 18-19, 2011): A9; Abeer Allam, "Saudi Women Bridle at Business Rules," *Financial Times* (May 22, 2009): 4; Karen Elliott House, "Pressure Points," *Wall Street Journal* (April 10, 2007): A1+; Karen Elliot House, "For Saudi Women, a Whiff of Change," *Wall Street Journal* (April 7, 2007): A1+; Roula Khalaf, "Saudi Women Carve a Place in the Future of Their Country," *Financial Times* (January 25, 2002): 3; Steve Jarvis, "Western-Style Research in the Middle East," *Marketing News* (April 29, 2002): International section, 37; Barbara Slavin, "U.S. Firms' Saudi Offices Face Manpower Issues," *USA Today* (May 13, 2002): 5A; Colbert I. King, "When in Saudi Arabia…Do as Americans Do," *Washington Post* (February 2, 2002): A25; Donna Abu-Nasr, "Saudis Begin to Show Wear and Tear of Life under Feared Religious Police," *AP Worldstream* (April 28, 2002): n.p.; Cecile Rohwedder, "The Chic of Arabia," *Wall Street Journal* (January 23, 2004): A11+.

2 Christian Tröster and Daan van Knippenberg, "Leader Openness, Nationality Dissimilarity, and Voice in Multinational Management Teams," *Journal of International Business Studies* 43:6 (2012): 591–613.

3 Helene Tenzer and Markus Pudelko, "Language Differences as Impediments to Shared Mental Model Formation in Multinational Teams," paper presented at the 54th Annual Meeting of the Academy of International Business (Washington: June 30-July 3, 2012).

4 Jeanne Brett, Kristin Behfar, and Mary C. Kern, "Managing Multicultural Teams," *Harvard Business Review* 84 (November 2006): 84–91; Yaping Gong, "The Impact of Subsidiary Top Management Team National Diversity on Subsidiary Performance: Knowledge and Legitimacy Perspectives," *Management International Review* 46:6 (2006): 771–98; and Aida Hajro, Markus Pudelko, and Christina Gibson, "Multinational Teams: Cultural Differences, Interactions, Organizational Context, and Performance," paper presented at the 54th Annual Meeting of the Academy of International Business (Washington: June 30–July 3, 2012).

5 Vas Taras, Pawel Bryla, Dan V. Caprar, Alfredo Jimenez, Peter Magnusson, and Riikka Sarala, "A Comparative Analysis of the Effects of Different Forms of Team Diversity on Global Virtual Team Performance," paper presented at the 54th Annual Meeting of the Academy of International Business (Washington: June 30–July 3, 2012).

6 David E. Brown, "Human Universals, Human Nature and Human Culture," *Daedalus* 133:4 (Fall 2004): 47–54.

7 Tomasz Lenartowicz and Kendall Roth, "The Selection of Key Informants in IB Cross-Cultural Studies," *Management International Review* 44:1 (2004): 23–51.

8 Ben Casselman, "Risk-Averse Culture Infects U.S. Workers, Entrpreneurs," *Wall Street Journal* (June 3, 2013): A1+ shows how a variety of entrepreneurial indicators changed with the economy.

9 Patti Waldmeir, "Property Bubble Erodes China's Traditional Preference for Sons," *Financial Times* (November 2, 2010): 1.

10 Richard Gesteland, *Cross-Cultural Business Behavior* (Copenhagen: Copenhagen Business School Press, 2012).

11 Four of the most significant are Geert Hofstede, *Cultures and Organizations: Software of the Mind* (New York: McGraw-Hill, 1997), which explores attitudes in 50 countries, primarily those concerning workplace relationships; Ronald Inglehart, Miguel Basañez, and Alejandro Moreno, *Human Values and Beliefs: A Cross-Cultural*

Sourcebook (Ann Arbor: University of Michigan Press, 1998) analyzes political, religious, sexual, and economic norms in 43 countries; Robert J. House, Paul J. Hanges, Mansour Javidan, Peter W. Dorfman, and Vipin Gupta, eds., *Culture, Leadership, and Organizations* (Thousand Oaks, CA: Sage, 2004) examines leadership preferences in 59 countries. S, Schwartz," A Theory of Cultural Value Orientations: Explication and Applications," *Comparative Sociology* 5:2–3:(2006): 137–82.

12 Anne-Wil Harzing, Michelle Brown, Katherin Köster, and Shuming Zhao, "Response Style Differences in Cross-National Research," *Management International Review* 52:3 (2012): 341–63.

13 Mary Lou Egan and Marc Bendick, Jr., "Combining Multicultural Management and Diversity into One Course on Cultural Competence," *Academy of Management Learning & Education* 7:3 (2008): 387–93; and Paul Brewer and Sunil Venaik, "National Culture versus Individual Culture: The Importance of the Ecological Fallacy," paper presented at the 54th annual meeting of the Academy of International Business (Washington, DC, June 30–July 3, 2012).

14 Geert Hofstede and Robert R. McCrae, "Personality and Culture Revisited: Linking Traits and Dimensions of Culture," *Cross-Cultural Research* 38:1 (February 2004): 52–88.

15 James W. Neuliep, *International Communication: A Contextual Approach*, 4th edition (Thousand Oaks, CA: Sage Publishing, 2009).

16 Robert J. Foster, "Making National Cultures in the National Acumen," *Annual Review of Anthropology* 20 (1991): 235–60, discusses the concept and ingredients of a national culture.

17 Harry C. Triandis, "Dimensions of Cultural Variation as Parameters of Organizational Theories," *International Studies of Management and Organization* 12:4 (Winter 1982–1983): 143–44.

18 See Aihwa Ong, *Flexible Citizenship: The Cultural Logics of the Transnationality* (Durham, NC: Duke University Press, 1999); Leo Paul Dana, *Entrepreneurship in Pacific Asia* (Singapore: World Scientific, 1999).

19 Choe Sang-Hun, "In Changing South Korea, Who Counts as 'Korean'?" *New York Times* (December 7, 2012): A10.

20 Ariel Sabar, "Last Words," *Smithsonian* (February 2013): 31–34.

21 Yadong Luo and Oded Shenkar, "The Multinational Corporation as a Multilingual Community: Language and Organization in a Global Context," *Journal of International Business Studies* 37 (2006): 321–39; and Vesa Peltokorpi and Eero Vaara, "Language Policies and Practices in Wholly Owned Foreign Subsidiaries: A Recontextualization Perspective," *Journal of International Business Studies* 43 (2012): 808–33.

22 David Crystal, *English as a Global Language* (Cambridge: Cambridge University Press, 1997): 1–23; Jon Boone, "Native English Speakers Face Being Crowded Out of Market," *Financial Times* (February 15, 2006): 8.

23 Sabar, loc. cit.

24 Evelyn Nien-Ming Ch'ien, *Weird English* (Boston: Harvard University, 2004).

25 Inglehart et al., *Human Values and Beliefs*, 21.

26 Matthew Coy Mitchell, "Corporate Legitimacy across Cultural Contexts: Mapping the Cultural Schemata of Religio-Institutional Actors," (Columbia, SC: unpublished PhD dissertation, Moore School of Business Administration, 2010).

27 Jong-Wook Kwon and Chuanxuan Shan, "Climate and Work Values: A Comparison of Cold, Warm, and Hot Regions in China," *Management International Review* 52 (2012): 541–64.

28 "When Culture Masks Communication: Japanese Corporate Practice," *Financial Times* (October 23, 2000): 10; Robert House et al., "Understanding Cultures and Implicit Leadership Theories across the Globe: An Introduction to Project GLOBE," *Journal of World Business* 37 (2002): 3–10.

29 Michael Segalla, "National Cultures, International Business," *Financial Times* (March 6, 1998): mastering global business section, 8–10.

30 James Kanter, "Renewed Push in Europe to Seat Women on Boards," *New York Times* (November 14, 2012): B3.

31 Amartya Sen, *Development As Freedom*, (Oxford: Oxford University Press, 1999): 192.

32 Fons Trompenaars, *Riding the Waves of Culture* (Burr Ridge, IL: Richard D. Irwin, 1994): 100–16.

33 "Putting the Malaise into Malaysia," *Asia Times Readers Forum*, at forum.atimes.com/topic.asp?topic_ID=9002& whichpage=10 (accessed May 27, 2007); Thomas Fuller, "Malaysia Vote May Rule on Racial Divide," *New York Times* (April 4, 2013): A10.

34 Clara Chooi, "Poor English Skills, Race Quotas in Way of Malaysian Prosperity, says ST," *The Malaysian Insider* (December 11, 2011): n.p.

35 "Black Women of Brazil," (November 20, 2011) www.blackwomen ofbrazil.com/2011/11 /(accessed November 23, 2012); "Affirming a Divide," *The Economist* (January 28, 2012).

36 Information on a number of gender-related indices can be found in UN Human Development Report (2011). *Gender Inequality Index*, pp. 139–42. Available at hdr.undp.org/en/statistics/gii/ (accessed 19 November 2012). For a discussion of the relationship between gender gaps and a number of cultural values, see Andy Bertsch and Gillian Warner-Soderholm, "Updating Cross Cultural Management: Exploring the Relationships between Cultural Values and Gender Inequality Practices," paper presented at the 54th annual meeting of the Academy of International Business (Washington, DC, June 30–July 3, 2012).

37 Inglehart et al., *Human Values and Beliefs*, question V128.

38 Shaila Dewan and Robert Gebeloff, "More Men Enter Fields Dominated by Women." *New York Times* (May 21, 2012): A1+; Josh Mitchell, "Women Notch Progress," *Wall Street Journal* (December 5, 2012): A3 citing Census Bureau data that showed women comprised about 10 percent of U.S. doctors in 1970, but 32 percent in 2010.

39 "Minimum Legal Ages for Alcohol Purchase or Consumption around the World," at www.geocities.jp/m_kato_clinic/mini-age-alcohol-eng-l. html (accessed May 28, 2007).

40 "The Employers Forum on Age," *Legal: Europe*, at www.efa.org. uk/legal/europe.asp (accessed May 27, 2007); Cindy Wu, John J. Lawler, and Xiang Xi, "Overt Employment Discrimination in MNC Affiliates: Home-Country Cultural and Institutional Effects," *Journal of International Business Studies* 39:5 (2008): 772–94.

41 Inglehart et al., *Human Values and Beliefs*, questions V129.

42 Francis Fukuyama, *Trust: The Social Virtues and the Creation of Prosperity* (New York: Free Press, 1995); Ana Paula Matias Gama, Jorge Manuel Mendes Galvão, "Performance, Valuation and Capital Structure: Survey of Family Firms, *Corporate Governance* 12. 2 (2012): 199–214.

43 For a good overview of the literature on the Protestant ethic, see Harold B. Jones Jr., "The Protestant Ethic: Weber's Model and the Empirical Literature," *Human Relations* 50:7 (1997): 757–86. For evidence that other religions have equal or higher work ethics, see Yavuz Fahir Zulfikar, "Do Muslims Believe More in Protestant Work Ethic than Christians? Comparison of People with Different Religious Background Living in the US," *Journal of Business Ethics* 105.4 (Feb 2012): 489–502.

44 Luigi Guiso, Paola Sapienza, and Luigi Zingales, "People's Opium? Religion and Economic Attitudes," *Journal of Monetary Economics* 50:1 (2003): 225–38.

45 See, for example, David S. Landes, *The Wealth and Poverty of Nations* (New York: Norton, 1998).

46 Hamid Yeganeh, "An Investigation into the Cultural and Religious Determination of National Competitiveness," paper presented at the 54th annual meeting of the Academy of International Business (Washington, DC, June 30–July 3, 2012).

47 David Gauthier-Villars, "France Wrests Title of Sleeping Giant," *Wall Street Journal* (May 5, 2009): A8.

48　Triandis,"Dimensions of Cultural Variation as Parameters of Organizational Theories," 159–60.

49　Hofstede, *Cultures and Organizations*.

50　Abraham Maslow, *Motivation and Personality* (New York: Harper & Row, 1954).

51　F. Pichler and C. Wallace, "What Are the Reasons for Differences in Job Satisfaction Across Europe?" *European Sociological Review* 25: (2009): 535–49.

52　Richard Metters, "A Case Study of National Culture and Offshoring Services," *International Journal of Operations & Production Management* 28:8 (2008): 727–47.

53　Hofstede, *Cultures and Organizations* 49–78; House et al., *Culture, Leadership, and Organizations*.

54　Hofstede, *Cultures and Organizations*.

55　Maxim Voronov and Jefferson A. Singer, "The Myth of Individualism-Collectivism: A Critical Review," *The Journal of Social Psychology* 142:4 (August 2002): 461–81.

56　See John J. Lawrence and Reh-song Yeh, "The Influence of Mexican Culture on the Use of Japanese Manufacturing Techniques in Mexico," *Management International Review* 34:1 (1994): 49–66; P. Christopher Earley, "East Meets West Meets Mideast: Further Explorations of Collectivistic and Individualistic Work Groups," *Academy of Management Journal* 36:2 (1993): 319–46.

57　Hofstede, *Cultures and Organizations*.

58　Inglehart et al., *Human Values and Beliefs*, question V94.

59　Srilata Zaheer and Akbar Zaheer, "Trust across Borders," *Journal of International Business Studies, 37:1* (2006): 21–29.

60　Miriam Muethal and Michael Harris Bond, "National Contextt and Individual Employees' Trust of the Out-Group: The Role of Societal Trust," *Journal of International Business Studies* 44:4 (2013): 312–33.

61　Examples in this section come from the GLOBE (Global Leadership and Organizational Behavior Effectiveness) project. See Bakacsi et al., "The Germanic Europe Cluster: Where Employees Have a Voice," *Journal of World Business* 37 (2002): 55–68; Jorge Correia Jesino, "Latin Europe Cluster: From South to North," *Journal of World Business* 37 (2002): 81–89.

62　Ping Ping Fu, Jeff Kennedy, Jasmine Tata, Gary Yuki, Michael Harris Bond, Tai-Kuang Peng, Ekkirala S. Srinivas, Jon P. Howell, Leonel Prieto, Paul Koopman, Jaap J. Boonstra, Selda Pasa, Marie-François Lacassagne, Hiro Higashide, and Adith Cheosakul, "The Impact of Societal Cultural Values and Individual Social Beliefs on the Perceived Effectiveness of Managerial Influence Strategies: A Meso Approach," *Journal of International Business Studies* 35:4 (2004): 284–304.

63　Shirley Wang, "The Science Behind Why We Love Ice Cream," *Wall Street Journal* (November 9, 2010): D1+; and Nicholas Wade, "Human Culture, an Evolutionary Force," *New York Times* (March 2, 2010): D1+.

64　Benjamin Lee Whorf, *Language, Thought and Reality* (New York: Wiley, 1956): 13 claimed there are more than 6,000 words. "How Many Words Are There for 'Camel' in Arabic?" *Arabglot* (November 11, 2011) www.arabglot.com/2011/02/how-many-words-are-there-for-camel-in.html (accessed November 23, 2012) found many fewer, but nevertheless, many more than one would find in any other language.

65　"Legal Language," *The Economist* (November 10, 2012): 66.

66　Hyun-Jung Lee, Katsuhiko Yoshikawa, and Carol Reade, "Culture Under strain? Leadership Challenges of Japanese Managers in the UK and China," paper presented at the 54th annual meeting of the Academy of International Business (Washington, DC, June 30-July 3, 2012).

67　Hajro, Pudelko, and Gibson, loc cit.

68　Viviane A. Winkler and Ricarda B. Bouncken, "How Does Cultural Diversity in Global Innovation Teams Affect the Innovation Process?" *Engineering Management Journal* 23.4 (December 2011): 24–35.

69　Richard E. Nisbett et al., "Culture and Systems of Thought: Holistic versus Analytic Cognition," *Psychological Review* 108:2 (April 2001): 291–310.

70　"Babel or Babble?: Machine Translation," *The Economist (Online)* (Jun 11, 2012).

71　Don Clark, "Hey, #@*% Amigo, Can You Translate the Word 'Gaffe'?" *Wall Street Journal* (July 8, 1996): B6.

72　Wenting Zhou, "Translation Errors Cause Disputes over Contract Terms," *McClatchy - Tribune Business News* [Washington] (March 23, 2012) accessed November 24, 2012.

73　Terry Mughan, "Culture and Management Crossing the Linguistic Rubicon," *Language and Intercultural Training* 13:1 (Spring 1993).

74　Manjeet Kripalani and Jay Greene, "Culture Clash," *Business Week* (February 14, 2005): 9.

75　Christina Hoag, "Slogan Could Offend Spanish Speakers," *Miami Herald* (March 8, 2005): C1+.

76　Much of the discussion on silent language is based on Edward T. Hall, "The Silent Language in Overseas Business," *Harvard Business Review* (May–June 1960). Hall identified five variables—time, space, things, friendships, and agreements—and was the first to use the term *silent language*.

77　Alberto Rubio Sanchez, Alejandro Pico, Lucette B. Comer, Purdue University, "Salespeople's Communication Competence: A Study of the Mexican Market," *Journal of Business & Economic Studies*, Vol. 16, No. 1, (Spring 2010): 1–18.

78　For an excellent explanation of four ways to view time, see Carol Saunders, Craig Van Slyke, and Douglas Vogel, "My Time or Yours? Managing Time Visions in Global Virtual Teams," *Academy of Management Executive* 18:1 (2004): 19–31. See also Lawrence A. Beer, "The Gas Pedal and the Brake: Toward a Global Balance of Diverging Cultural Determinants in Managerial Mindsets," *Thunderbird International Business Review* 45:3 (May–June 2003): 255–70.

79　Trompenaars, *Riding the Waves of Culture*, 130–31.

80　Daniel Pearl, "Tour Saudi Arabia: Enjoy Sand, Surf, His-and-Her Pools," *Wall Street Journal* (January 22, 1998): A1.

81　June N. P. Francis, "When in Rome? The Effects of Cultural Adaptation on Intercultural Business Negotiations," *Journal of International Business Studies* 22:3 (1991): 321–22.

82　Inglehart, *Human Values and Beliefs*, 16.

83　Amin Maalouf, *In the Name of Identity* (New York: Penguin Group, 2000): 26, asserts that people pinpoint the aspect of their identity that is most under threat.

84　Mary Yoko Brannen, "When Mickey Loses Face: Recontextualization, Semantic Fit, and the Semiotics of Foreignness," *Academy of Management Review* 29:4 (2004): 593–616.

85　Mary Yoko Brannen and Yoko Salk, "Partnering across Borders: Negotiating Organizational Culture in a German-Japanese Joint Venture," *Human Relations* 53:4 (June 2000): 451–87; Baruch Shimoni and Harriet Bergman, "Managing in a Changing World: From Multiculturalism to Hybridization—The Production of Hybrid Management Culture in Israel, Thailand, and Mexico," *Academy of Management Perspectives* (August 2006): 76–89.

86　Geraldine Brooks, "Eritrea's Leaders Angle for Sea Change in Nation's Diet to Prove Fish Isn't Foul," *Wall Street Journal* (June 2, 1994): A10; M. Y. Teweldemedhin, "The Fish Industry in Eritrea: from Comparative to Competitive Advantage," *African Journal of Agricultural Research*, Vol. 3 (5), (May 2008): 327–33; "Taboo Food and Drink," *Wikipedia*, en.wikipedia.org/wiki/Taboo_food_and_drink (accessed November 26, 2012).

87　John Tomlinson, *Globalization and Culture* (Chicago: University of Chicago Press, 1999).

88　David Barstow and Alejandra Xanic von Bertrab, "The Bribery Aisle," *New York Times* (December 18, 2012): A1+.

89　Sam Schechner, "C'est What? French TV in English," *Wall Street Journal* (November 21, 2012): B8; Ian Austen, "Crackdown in Quebec: 'Le Gap' Won't Do," *New York Times* (November 23, 2012): B1+; Maïa de la Baume,"Bid in France to Add Course in English Raises Fear for Language, *New York Times* (May 24, 2013): A10.

90 Nader Asgary and Alf H. Walle,"The Cultural Impact of Globalisation: Economic Activity and Social Change," *Cross Cultural Management* 9:3 (2000): 58–76; Tyler Cowen, *Creative Destruction: How Globalization Is Changing the World's Cultures* (Princeton, NJ: Princeton University Press, 2002): 128–52.

91 Clive Cookson,"Linguists Speak Out for the Dying Languages," *Financial Times* (March 26, 2004): 9.

92 "Schumpeter: The Global Mexican," *The Economist* (October 27, 2012): 70.

93 Adrian Furnham and Stephen Bochner, *Culture Shock* (London: Methuen, 1986): 234.

94 Patrick M. Reilly,"Pitfalls of Exporting Magazine Formulas," *Wall Street Journal* (July 24, 1995): B1; James Bandler and Matthew Karnitschnig, "Lost in Translation," *Wall Street Journal* (August 19, 2004): A1+.

95 Mzamo P. Mangaliso,"Building Competitive Advantage from Ubuntu: Management Lessons from South Africa," *Academy of Management Executive* 15:3 (August 2001): 23–34.

96 Gina Chon,"China Faces Unexpected Problem Drilling for Oil in Iraq—Farmers," *Wall Street Journal* (May 22, 2009): A6.

97 Sally Bowen,"People Power Keeps Peru's Investors in Check," *Financial Times* (February 6, 1998): 6.

98 Roberto P. Garcia,"Learning and Competitiveness in Mexico's Automotive Industry: The Relationship between Traditional and World-Class Plants in Multination Firm Subsidiaries," unpublished Ph.D. dissertation (Ann Arbor, MI: University of Michigan, 1996).

99 Mary Yoko Brannen and David C. Thomas,"Bicultural Individuals in Organizations: Implications and Opportunity," *International Journal of Cross Cultural Management* 10:1 (2010): 5-16; and David C. Thomas, Mary Yoko Brannen, and Dominie Garcia,"Bicultural Individuals and Intercultural Effectiveness," *European Journal of Cross-Cultural Competence and Management* 1:4 (2010): 315–33.

100 Mary Yoko Brannen,"Building Cross-Cultural Leadership Competence: An Interview With Carlos Ghosn," *Academy of Management Learning & Education* (Special Issue on Cross-Cultural Management) (forthcoming 2013).

101 Peter Capelli, Harber Singh, Jitendra Singh, and Michael Useem, "The Indian Way, Lessons for the U.S.," *The Academy of Management Perspectives* 24:2 (May 2010): 6–24.

102 Aihwa Ong, *Flexible Citizenship: The Cultural Logics of Transnationality* (Durham, NC: Duke University Press, 1999).

103 Neil Parmar,"A Global Love Affair," *WSJ.Money* (Summer 2013): 12–13.

104 James Mackintosh,"A Superstar Leader in an Industry of Icons," *Financial Times* (December 16, 2004): 10.

105 James Wilson and Quentin Peel,"Multicultural attempts 'Failed,' Claims Merkel," *Financial Times* (October 18, 2010): 3.

106 Mary Yoko Brannen is Professor of International Business/Jarislowsky CAPI East Asia (Japan) Chair, and Terrence Mughan is Associate Professor of International Business. Both are at the Gustavson School of Business, University of Victoria, British Columbia, Canada.

第3章

国际商务面对的经济环境

无债即富有。

——法国谚语

本章目标

通过本章学习，应能：

1. 清楚经济分析的重要性。
2. 讨论经济自由的概念。
3. 描述各类经济体制的特征。
4. 解释国家资本主义的概念。
5. 描述有关经济发展、经济绩效和经济潜能的领先指标。
6. 描述经济增长的利弊。
7. 描述有关经济绩效的主要全球指数。

案例 3-1

王者归来[1]

在当今这个全球化的世界里，人们常常得努力分清幻想与现实。乐天派视全球化为一种将转变世事万物的不可停止的潮流；现实主义者视全球化为市场改革的最新阶段，不仅提高了交易效率，而且扩大了市场的边界；愤世嫉俗者视全球化为去全球化力量重回当地企业之前的最后阶段。虽然观点各不相同，但无人怀疑当下发生的各国经济的一体化必将重置全球市场的规模和范围。

过去几年里，有关全球化的评论一直非常夸张。有些评论家看到的是世界的扁平化趋势，借此制度、通信和技术方面的进步将根本上改变全球化的经济。这些人指出："创新和联系工具的普及使得来自世界各地的人们有了联系、合作与竞争的能力[2]。"得益于硬件和软件方面的创新，任何人在任何时间、任何地点都可以从事商业活动。

有些评论家强调数十亿人口进入全球市场所带来的影响。市场规模的质变带来了两方面的变革。按照主流分析，"30亿新的人口，包括15亿华人、10亿印度人和5亿前苏联地区人，突然间参与到全球市场中。在这30亿人口中，许多人具有熟练技能，能完成美国、日本等发达国家技术人员所能做的一切，而且工资要求很低。这些人口的规模赶得上美国的总人口，而且超过了欧洲或日本任一经济体的人口[3]。"也许千年中才会出现一两次这种革命性的变化。其结果必然是，数亿名低工资的熟练工人的出现完全改变了产品和服务生产所依靠的资本和劳动力。不难预测，全球化的最后情形就是来自任何地方的任何人都将参与任何市场的竞争[4]。

最后，当下发生的全球金融危机余波引起了市场的恐慌，从而带来了去全球化的阴霾。不断增长的债务负担、去通货膨胀的措施、企业的规避风险行为以及消费中的民族主义倾向阻碍了信息、人员、产品、资本和工作岗位的跨国流动。政府对资本主义的动物精神实施了限制，对处于危险境地的自由市场采取了管制。正如第 3 章政治自由中所描述的，经济自由正面临着日益增加的政府干预。

1. 未来会怎样？

这些本身带有挑衅性的解释表明，在 21 世纪的头十年里，全球化不仅取得了持续的发展，而且开始呈现强劲的势头。两者的结合不仅会影响每个人的生活方式和工作状态，而且会影响企业、国家以及它们的未来。全球化可能到了其转折点。换言之，旧的战略模式开始让位于新的战略模式，而这预示着管理者必须重新思考经济理论和实践。

要明白未来会如何，首先要清楚我们的过去。这里，先来回顾一下世界经济在 1950—2000 年的变化。在这一段时间里，民主和自由市场理论的普及推进了发达国家间贸易的持续增长，而这同时对许多较穷的发展中国家产生了外溢作用。如 IMF、WTO 和世界银行之类的制度安排对全球市场起到了稳定作用。来自美国、西欧和日本——所谓"三极"——的企业不仅统治了国际商务，而且想实现世界的全球化。

然而，这一时期出现的先例对于管理者解释当下难题的帮助作用显然越来越小了。的确，关注过去的可靠指标会扭曲人们对当代全球经济的解释。毫无疑问，有关发达国家业绩和潜力的指标很重要，但不再是决定性的了。如今，人们关注的是全球经济重心转移的未来趋势。

2. 新经济重心的出现

到 2050 年，全球六大经济体中的四强——日本、中国、印度和俄罗斯——都来自大亚洲。它们的增长转而会在其亚洲的邻国形成第二梯队的经济强国或地区，包括新加坡、菲律宾、韩国、印度尼西亚、吉尔吉斯斯坦、越南、泰国和澳大利亚等。其他地区的国家，如南

美的巴西、非洲的南非以及中东的以色列和沙特阿拉伯，过去一度经济萧条，但到时也将随它们那些亚洲兄弟国的发展而发展。虽然发展速度快慢不一，但它们都在以不可阻挡的速度围绕着全球经济的中心而发展。

显然，要在 2013 年就推断 2050 年的情况，投机因素无疑多于估计因素，而且这些国家目前仍然在实施强有力的后增长政策。截至目前，这些国家的成功已经得到了确凿数据的证实。1980 年，新兴经济体的总产出占全球 GDP 的 36%，2009 年这一数据达到了里程碑式的 50% 以上[5]。同样，新兴经济体的出口占世界出口的接近 50%（较 1970 年上升了 20 个百分点），其外汇储备占世界外汇储备的 70%（20 世纪 90 年代尚处于净赤字状态）。中国占了世界总外汇储备的 28% 以上。此外，据 IMF 报道，在未来这一时期，世界上 10 个经济发展最快的国家和地区将来自新兴市场。也有报道指出，未来 15 年里，西方世界并不熟悉的来自新兴市场的 400 个中等规模城市（如萨那、瓦加杜古、吉大港和金沙萨）的产出增长将占全球产出增长的 40%[6]。从制度安排来看，G7 集团长期以来是发达国家的堡垒，但如今已经扩大为 G20 集团，从而使中国、印度、巴西、墨西哥和韩国等新兴市场成员有了更多关于全球治理的话语权。这些新的利益相关者倡导不同的贸易和投资规则。总体而言，新兴经济体的加速成长标志着 20 世纪的富有国家将无法支配 21 世纪的全球经济了[7]。

新兴市场的崭露头角表明改革大幕才刚刚拉开。改善基础设施、提高产出、创造就业机会以及消除贫困的决心已经上升为行动，出现了有史以来最大的经济刺激举措。工业革命是上一轮力度相仿的转型，所涉及的国家与人口要少得多，但仍然带来了长达一个半世纪的经济增长，并改变了世界各地人们的生活。然而，当下的革命覆盖全球各地，涉及更多的国家和人口，可谓资本主义历史上的最大机会。目前，与工业革命相比，我们正在经历的是有着 10 倍加速度的经济增长、百倍以上的规模增长，带来的是有着 1300 倍变革力量的经济转型。不论好坏，领袖的"接力棒"已经从富裕国家转至新兴经济体，而这将彻底转变人们对经济环境的看法。

3. 先例与预测

要清楚了解环境，必须清楚过去很长时间的历史。人们常说，了解过去方能懂得当下。蒸汽发动机和动力织布机的发明使得经济重心由亚洲转移到了西方国家。在此之前，今天的新兴经济体主宰了全球的产出。从公

元 1000 年到 19 世纪 80 年代中叶，这些经济体的产出平均占世界产出的 70% ~ 80%（见图 3-1）。在这期间，中国和印度是当时全球最大的两个经济体。1820 年，中国的产出占全世界 GDP 的 1/3。1850 年，中国生产的消费品占全世界所有消费品的比例最高。借工业革命的东风，英国很快宣布已经超过了中国。不过，大约在

20 世纪初，英国就将第一的宝座让给了美国。到 1950 年，全球新兴经济体占全球经济的份额跌到了 40%，因而丧失了领先地位（就趋势而言属于暂时性的）。原因在于这些经济体国内政策的失败、殖民统治和不公平贸易剥削的加重、闭关锁国以及仇外的加剧等。因此，工业革命给西方带来了利益，但绕开了今天的新兴经济体。

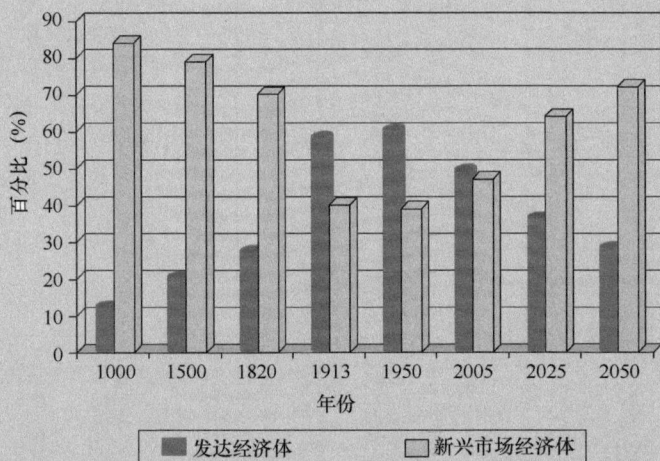

图 3-1　新兴市场的卷土重来

在过去的千年里，今天的新兴市场经济体——主要为中国和印度——的产出占全球经济产出的 70%；到 20 世纪，今天的发达经济体——美国、德国和日本等——的产出占全球经济产出的 50%。发展趋势表明，最晚到 2050 年，新兴市场经济体的产出将重新占到全球经济产出的 70%，实现它们的卷土重来。

资料来源：Based on Development Center Studies, *The World Economy*: A Millennial Perspective, OECD Publishing, 2006. Looking to 2060: *A Global Vision of Long-Term Growth*, OECD Economic Policy Papers, November 2012.

今天，这些经济体的抱负十分清楚：重塑作为全球经济引擎的历史辉煌。自 2001 年以来，新兴市场经济体的年均增长率达 6.4%。全球金融危机使许多发达经济体的经济发展速度下降甚至出现萎缩，年均增长速度仅为 1.6%，而新兴市场经济体的经济出现快速增长。在未来 10 年里，新兴经济体将实现年均 6.8% 的增长。此外，接下来几年里，全球经济增长的近 70% 将来自新兴经济体，其中的 40% 来自中国和印度，15% 来自巴西、印度尼西亚、俄罗斯和韩国[8]。与此相反，大多数发达经济体也许只要能维持增长就万幸了。按此发展趋势，不出几十年，今天的新兴经济体将实现逆转，其产出将重新占到全球产出的 70% 以上[9]。对中国而言，这意味着将像 1850 年那样重新登上第一的宝座——中国 2009 年生产了全球全部消费品的 19.8%。这样，过去 110 年里生产全球全部消费品 19.4% 的领先者美国将跌落到第二的位置[10]。同样，IMF 报告称，中国在 2012 年已成为全球最"核心"的贸易大国，成为全球 78 个国家和地区中最大或第二大的贸易伙伴[11]。

当下富裕经济体的日渐衰弱和新兴经济体的加速发展使投资、贸易、消费、财富、贫困、财政和货币政策等模式出现了变化。对不同地区而言，这些变化或是带来了威胁，或是创造了机会。图 3-2 给出了这些经济体对自己国家经济前景的看法。正如一位观察家所称："任何到访新兴经济体的人，尤其是当他来自面临经济衰退的西方世界时，都会感受那种对当下经济形势的乐观气氛……在新兴经济体，人们看到的是困难带来的机遇，而不是机遇面临的困难[12]。"换言之，伴随战略转折点出现而来的并非一定是灾难，就像计算机给打印机或互联网给平面媒体带来的也并非灾难那样。无论新老，如能做好新经济下的经营，变化所带来的自然就是美好的未来。

4. 此时此地

"逆转"这样的大趋势当是千年一遇之大事。显然，趋势也会出偏差。不过，此时此刻，政策制定者、经理者、工人以及投资者都在与"逆转"做较量。基于这一背景，本章描述了可用于解释这个华丽新世界的各种框架。经济变革似乎不可预测，尤其是那些在经济危机期间遇到的变革。然而，正如本章所介绍的，这一切总有规律和因缘可寻，可以帮助管理者解释经济环境其发展，评估其作用，判断其潜力。

本国的经济形势是好还是不好？
（认为好的人数所占百分比）

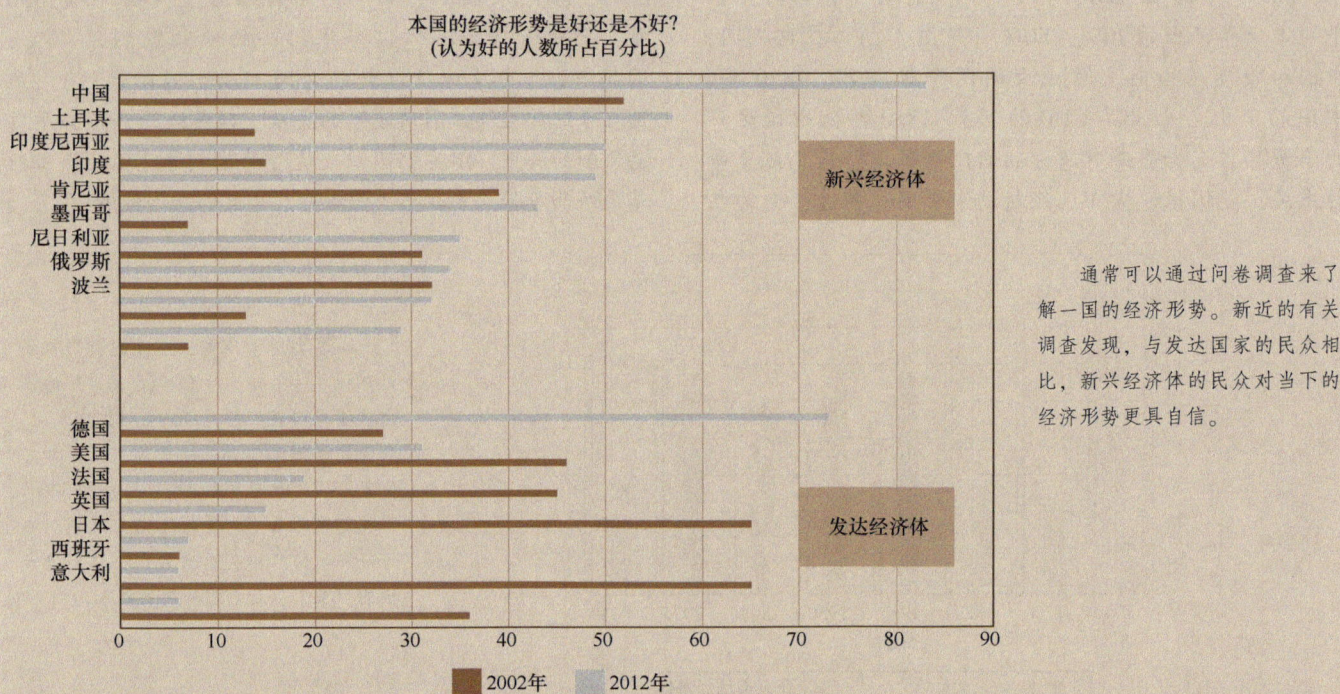

通常可以通过问卷调查来了解一国的经济形势。新近的有关调查发现，与发达国家的民众相比，新兴经济体的民众对当下的经济形势更具自信。

图3-2 经济形势盘点

资料来源：Based on Pew Global Attitudes Project：Country's Economic Situation，2012，Retrieved April 15, 2013 from http：//www. pewglobal. org/database/？ indicator = 5.

思考题

1. 诸如"逆转"之类的变革实际上难得发生。不过，正是这种罕见性使得它们会给人们的生活带来革命性影响。假设案例中的新兴经济体实现了"逆转"，请描述人们的生活会有哪些变化或出现哪些可能的变化。为便于比较，请思考从农业革命向工业革命的转变给人们的生活方式所带来的变化。

2. 从本案例中找出三个你认为促进新兴经济体逆转的最重要的因素。为什么它们对德国、日本、美国等发达国家的经济环境的变化、作用和潜力产生的影响最大？

3.1 引言

正如前三章所介绍的，文化、政治和法律环境对企业有关何时、何地以及采用何种经营模式的选择有着深刻影响。在完成对宏观商业环境主要因素的分析后，本章重点介绍经营者分析经济体制的总体视角和具体工具。自始至终，本章通过框架分析来进行整体解释，以避免混淆和复杂化[13]。此外，本着案例3-1的观点，整章对发达国家市场与新兴经济体市场进行了对比分析。

虽然很容易被过分夸大，但考虑到当下个人、企业与国家所面临的机遇与挑战，这样做的确比过往任何时候都更具决定作用。考虑一下下面这样的情况，就不难明白这一切。2007年，作为太阳电池板主要原料的多晶硅出现供应短缺，从而威胁到中国新生的太阳能工业的发展。多晶硅的价格一年间上涨了10倍，至2008年价格已高达每公斤450美元。当时，外国企业控制了多晶硅的生产，并把高昂的成本转移给中国厂商。对此，中国政府迅速做出反应，公布了优先发展国内多晶硅产业的政策。为此，国有银行与中国的主权基金向当地生产商投入了大量资金。此外，地方政府也加快了新工厂的审批，而西方多晶硅厂的开办往往需要长达数年的评估。例如，中国企业家朱共山就筹集10亿美元创办了一家工厂，在15个月内就完成建厂并投产。从此，朱共山创办起了全球最大的多晶硅生产厂之一，即保利协鑫能源控股有限公司（GCL-Poly Energy），其大股东就是中国的主权基金。到2013年，中国前十大太阳能制造商为扩大产能而举债达180亿美元。当然，这些借款几乎全部来自国内控股银行，而且扩大了的产能也超过了全球的需求。今天，中国生产的多晶硅占全球1/4，提供的太阳能发电设备成品大约占全球市场的一半[14]。此外，自2008年中国企业大量进入市场以来，市场批发价下跌了大约75%。

保利协鑫能源控股有限公司的故事绝非个例，而是一个范例。新兴经济体不仅正在重塑生产与分销体系，而且也正在打造全新的商业模式。从肯尼亚的移动支付到印度的节俭创新，创新改变了商业环境。为此，西方跨国公司开始越来越多地反思其经营战略和定位。例如，IBM 印度公司的职员总数已从 1999 年的数百人增加到了如今的不下 15 万人。同样，思科公司（Cisco）将其在新兴经济体的业务合并到一个事业部，即班加罗尔的思科东方公司（Cisco East）。为了更好地引领变革，公司最高层的一位主管被调到思科东方公司，担任全球运行总裁。一直以来，全球各地的政策制定者都会根据经营环境的变化进行政策调整，以提升经营业绩。

● 新市场、新视角

为了利用机会并预先应对困难，管理者必须追踪变化，随时对事件和趋势进行评估。鉴于新兴市场规模巨大以及范围广泛，相关分析常常奏效。为此，管理者只好进行相应的压力测试，从新的视角来证明其分析。他们的核心观点包括以下这些：

1. 不同国家的差异性存在于多个方面

不同国家的经济发展水平、效果和潜能往往处于不同水平。例如，就绝对变化而言，全球总产出从 1970 年到 2012 年增长了 4 倍多，从 12 万亿美元增长到 69 万亿美元。因此，从表面看来，全球化带来经济规模的扩大。不过，就相对变化而言，许多国家实现了发展，一些国家较其他国家发展得更好，但也有国家一点也没有得到发展。原因何在？各国的发展效果不同，原因也因国而异。因此，不同的经济发展过程要求预测新的形势。例如，在预测中国应对多晶硅短缺的策略时，会出现因支持一些策略而排斥另一些的情况，造成厚此薄彼。在评估一国环境是否适宜经商以及随后决定是否进行投资时，相关决策往往取决于管理者对该国特定经济环境的了解、预期以及适应程度。

2. 经济政治变化会改变市场环境

虽然变化速度因国而异，但经济环境的确总在变化中。自 20 世纪 80 年代以来，随着一些国家开始接受市场经济理论与做法，企业开始享有更多的机会。随着多晶硅工厂的快速发展，到 2013 年，中国的太阳能产业已从产业的外围进入到产业的中心[15]。要是在 1980 年，这一切显然毫无可能。事实上，中国企业快速进入的产业还有风力涡轮机、太阳能发电、机器等。

无论是在西方国家还是在新兴经济体，经济政策的变化反映了政府的某种目标，对经济自由具有重要含义。全球各地的经营者必须判断这些事件是偶发的，还是标志着新趋势的开始[16]。因此，经营者必须研究经济环境的变化，不论这些变化的大小，也不论出现在何地。此外，经营者必须时刻意识到，爱尔兰、泰国、澳大利亚或者墨西哥出现的变化会不同于在中国、巴西、爱沙尼亚或者韩国出现的变化。经营效果的提高有赖于从个别事件中找出共同的趋势。

3. 联系、改变与结果

全球化将各国联系在了一起，一国的选择必然会影响另一国。因此，企业必须加强监控，特别是那些宏观趋势改善或政治政策调整的国家，因为这些变化或调整意味着市场的开放或竞争的加剧。例如，按照联合国的估计，全球大约有 22000 家跨国公司的总部在新兴经济体，而且几乎都是在最近 10 年出现的。当然，未来 10 年将会有更多的跨国公司出现[17]。《财富》500 强中来自巴西、印度、中国和俄罗斯的企业数已经从 2006 年的 15 家增加到了 2012 年的 55 家。展望未来，新兴市场的 400 个中型城市的产出在今后的 15 年里将占到全球产出的大约 40%[18]。图 3-3 描述了世界经济重心不断转移的过程。不难发现，在过去的千年里，世界经济重心发生了转移，但自 20 世纪 80 年代中期以来，世界经济重心由西方向东方转移的速度明显加快。鉴于这一趋势呈现强有力的持续性，经营者和政策制定者必须认真回应。

以这一转移对 Evergreen Solar 太阳能公司的影响为例，依靠公众投资的 4300 万美元的支持，该公司在 2009 年成为全美最大的太阳能电池板制造商。2011 年，该公司关闭了在马萨诸塞州的工厂，同时解雇了 800 名工人，并将工厂搬到了中国武汉的一家合资企业，其目的就是利用经济学上的区位优势以及地方政府的有力支持[19]。不过，其他企业的情况要糟得多。自 2012 年以来，美国及欧洲有十多家太阳能电池板制造商关闭工厂或破产[20]。

4. 经济重心转移所带来的挑战

新兴经济体的崛起使传统的经济指标出现了偏差。对稀缺资源竞争的加剧抬高了商品的价格，但降低了制成品的成本。如今，虽然有更多的人在世界各地工作，但贫困程度也加剧了。一些东方国家通过加强对经济发展的国家干预实现了效率的提升。巨额外汇储备流动意味着世界各地资金成本的不同[21]。未来几年里，超过全球 70% 的增长将来自新兴市场。因此，管理者那些在西方经受了数十年考验的宏观经济本能必须适应那些有时甚至存在相互冲突的新兴市场环境。

过去 1000 多年里，世界经济重心发生了变化。19 世纪初，世界经济重心因工业革命兴起而快速地从亚洲转移到欧洲，并在 19 世纪又转移至美国。不过，自 20 世纪 80 年代中期以来，转移的方向和速度出现了变化。目前而言，出于多方面原因，世界经济重心正在加速转移到亚洲。

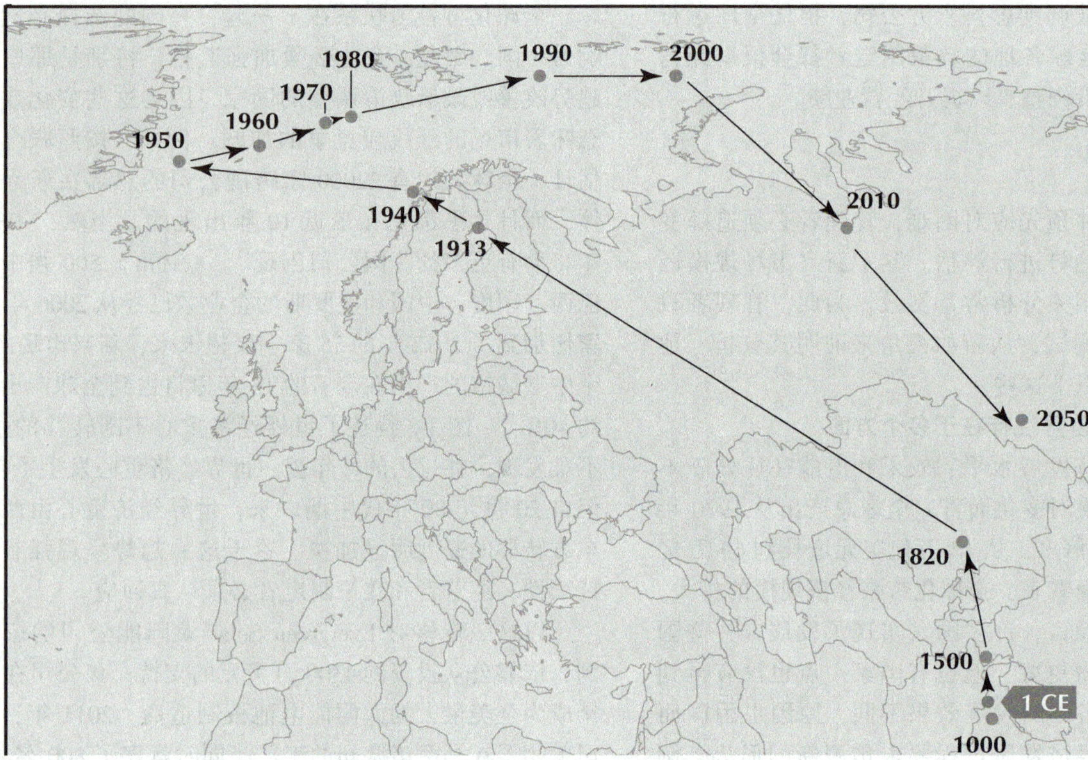

图 3-3　世界经济重心的变迁：公元 1000—2025 年

5. 公民、政策制定者和机构的选择

经济学对公民、政策制定者和机构都很重要。到 2000 年，自由市场经济较国有经济的明显优势促使许多国家走上了市场化的道路。"亲市场"（Pro-market）改革带来了投资、消费、就业和财富的增加。然而，全球金融危机对市场化改革的合法性和可持续性提出了挑战。危机表明，自由市场体制也会使资本配置失效并引发机会主义。越来越多的政府，尤其是西方国家的政府，开始通过更为严格的规制来限制失控的资本的动物精神。新的市场标准不仅重置了资产估值和资源配置规则，重塑了贸易和投资，而且对产业进行了重构。正如全球太阳能产业所发生的变化，这场完美风暴正在改变市场的效率边界、定价模式、竞争关系和政府规制。因此，更全面地了解经济转型和市场变化将有助于公民、政策制定者和机构做出更好的决策。

3.2　国际经济分析

目前，世界银行确定的全球独立经济环境有 214 个，其中 188 个为国家，26 个为人口超过 3 万人的经济体[22]。几乎没有一家跨国公司会在所有这 214 个市场中都开展投资和经营。资源约束意味着管理者必须优先在那些能获得最大回报且风险最小的市场开展经营。提高成功的概率取决于对经济体的发展状况、发展水平和经济潜力的评估。

经济学研究确定了许多有助于系统评估的众多目标衡量指标。然而，虽然经济学为很多科学理论提供了支持，但仍然依赖各种行为假设来解释经济活动[23]。因此，经济环境的评估通常附有更多的条件。原因包括：

（1）经济体制的复杂性。即便是最简单的经济体制，其分类也总是很难。此外，要规定能明确代表一国经济水平和潜力的指标也是相当困难的。当然，管理者可参考的指标很多，而且还在不断增加，但当下的问题是先找出真正重要的指标，再将指标与市场相联系，并判断指标的效果。

（2）市场的活力。通常，市场的变化会使得今天有效的指标第二天就变得无效了。随着全球金融危机的爆发，2007 年有效的指标到 2009 年都出现了偏差，直到 2013 年仍然缺乏可信度。就更大的范围来看，适合西方市场原教旨主义的分析指标几乎不适用于国有资本主导的东方国家的经济。因此，要面对的挑战就是决定该如何通过调整现有的市场分析指标，使其适应新的环境。

（3）市场的依赖性。正如没有一个人是孤岛一样，也没有一个国家是孤立的。随着联系的日益广泛，其结果自然就是市场的一体化，即一个市场的行为会影响到其他市场的结果。显然，相互之间的依赖性使得解释变得复杂化了。因此，很难根据整个市场的行为和反应来调整分析指标。

（4）数据过载。相比于过去的任何时候，管理者可以得到更多的信息、原始资料以及各种分析观点。除了能完善市场分析以外，来自工作场所的聊天、邮件、电子邮件、网站、语音邮件、即时通信、电话和手机通话、备忘录等渠道的信息也使解释变得复杂化。如果不加以鉴别和控制，决策就会失控。

图 3-4 描述了管理者是如何处理这些问题的。显然，这里首先需要确定影响一国发展状况、发展水平和发展潜力的宏观经济条件。此外，需要强调那些指导评估的因素，即经济自由以及经济体制的类型，并找出它们之间的联系，即某个因素的变化会使其他因素发生怎样的变化。弄清楚经济各环境因素之间的相互关系，有助于估计其发展的路径、水平和潜力。因此，管理者在判断企业的总体情况以及估计相关影响时，通常会综合运用有关企业经营活动的意见、分析师提供的报告以及新闻报道的资料。

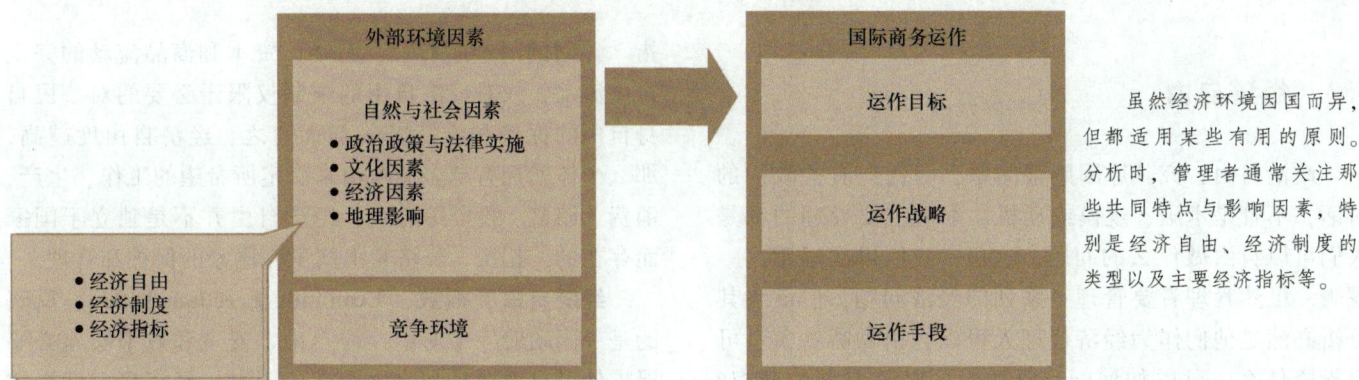

图 3-4　影响国际商务运作的经济因素

如图 3-4 所示，运用系统视角的确很有用[24]，有助于管理者按三个方面的标准对经济环境做出正确解释：①在合适的时机开展投资并展开经营时可享有怎样的经济自由；②经济体制的类型以及有哪些现行的宏观政策会影响发展及发展水平；③经济变革的驱动因素，特别是那些会影响经济自由和一国经济体制变革的微观环境因素。总体而言，这些观点为精准定位投资方向，特别是对不该投资的领域，指明了方向。

🌐 地理的重要性

北极海冰变化的影响

出于了解经济环境的需要，管理者往往会关注自然的及非自然的世界环境因素的变化。例如，经济地理学研究的是地球上经济活动的位置、分布以及空间组织。鉴于国际贸易与投资的不断发展，有人认为，在过去的千年里，人类对地球地形的勘查可谓十分全面。然而，无论原因是好是坏，总能找到全球化发展体现在地理方面的一些重要而有趣之事。

1. 物流选择：运河和通道

在巴拿马和苏伊士运河建成之前，各大陆已遍布大量航道。今天，美国东部、北欧和亚洲之间的大部分货物运输都要穿过巴拿马运河；而其他在亚洲和南欧之间的货物运输则要经过中国的南海，穿过新加坡，绕过印度的最南端，再经苏伊士运河抵达地中海。正如这些运河改变了贸易流动一样，全球变暖也会如此。卫星地图发现，极地冰川正在减少，从而为穿越曾经无法逾越的世界极地之"水"开辟了航道。

同样，企业和国家也对这些连接大西洋和太平洋的沿俄罗斯北极海岸（北海航线）或通过加拿大北极群岛（西北航道）的新兴航线进行了评估[25]。穿过这些传说般的通道而不是通过巴拿马和苏伊士运河，那么航运物流将被重置。与通过巴拿马运河需要6~8周相比，从俄罗斯远东符拉迪沃斯托克航行经北海航线到鹿特丹和德国只要不到一个月。通过西北航道将货物从上海运输到汉堡需的航程约为6400海里（4000英里）⊖，比通过苏伊士运河的航程短2~3周的传统航程[26]。

2. 冰层融化：结果与选择

目前，船舶只能在夏天的融化季节末时利用北方航线[27]。随着冰层融化的加速，北冰洋的夏日冰河在2050年前也许不再存在。根据科学家们追踪冰层年度最大值的情况发现，2011年出现了有史以来的最低值。据美国宇航局报道，"根据最初20年的卫星记录，平均年度最大值基本保持相同，但在2011年突然出现了下降[28]。"这一状况在2012年继续恶化，当年的冰层融化总量打破了纪录。卫星扫描发现，与1979—2000年间9月的平均融化量相比，2012年9月的冰层融化量就占当年总量的一半。目前的融化速度表明，北冰洋可能最早会在2020年夏天成为无冰之洋[29]。

北极冰层的减少充其量带给世界的是喜忧参半。虽然改善了经西北航道或北海航线的航运环境，但其依赖的是地球环境的恶化。随着气候变化带来北极冰层的融化，全球海岸线出现了快速后退，但同时也带来了新的贸易路线、市场和资源。不过，全球变暖产生的副作用或许远大于贸易运输航线缩短所带来的好处。

3.3 经济自由

政治自由，究其原因则很简单，即任何有关政治的对话，不管是术语、规模或动机，本质上要处理的都是人们可以自由做什么的问题。这里，我们再次运用这一逻辑。虽然管理者要管理一系列的经济问题，但最终其分析必然是他们作为经济代理人可以自由做哪些事：可以投资什么？可以如何配置资源？可以争取哪些产权？可以如何竞争？可以雇用谁及解雇谁？可以开展哪些业务？不过，在许多国家，自由受到很大的抑制，以至于成了持续的兴奋点和经常性的辩论话题。

按照这一背景，**经济自由**（**Economic Freedom**）是指"绝对的财产所有权，劳动、资本和商品流动的完全自由流动，或对经济自由的限制仅限于必要的对公民自身自由的保护和维持[30]"。简而言之，经济自由度越高，那么个体就拥有越多的自由来决定所希望的工作、生产、消费、储蓄、投资等方式。经济自由并不是独立于国家而存在的，相反，经济自由离不开国家的保护和管理。

经济自由度指数（**Economic Freedom Index**）反映的是一国政府除了对财产、自由、安全和效率实施必要保护外对自由选择和自由企业的限制。经济自由度指数依据的是亚当·斯密所说的"保护个人追求自身经济利益的自由会给更大的团体带来更多的繁荣[31]"。经济自由指数包括50个指标，分为四类，10个组成部分（见表3-1）。美国传统基金会（Heritage Foundation）每年都

⊖ 1海里（n mile）=1.15078英里（mile）。
1mile=1609.344m。——译者注

会运用 177 个国家和地区的指数来评价各国和地区的情况。在 0～100% 的范围内，所得分数越高，那么其经济自由度就越高（即政府干预程度越少）。

表 3-1　经济自由度指数的维度

类别	组成	指　标
法律规则	财产权	个人积累私有财产的能力并受国家明确法律的完全保护
	免于腐败	腐败给经济关系带来不安全感和不确定性的程度
有限政府	财政自由	政府对公民施加的税收负担
	政府开支	政府支出占 GDP 的比例
监管效率	劳动自由	监管一国劳动力市场的法律和政策框架
	商业自由	开办、运作以及关闭企业的能力，反映了政府监管的总成本与效率
	货币自由	价格稳定程度以及价格控制程度
市场公开	贸易自由	不存在对商品和服务的进出口产生影响的关税与非关税壁垒
	投资自由	个人与企业不受限制地将资源转移至国内外经营活动的能力
	财务自由	银行业的效率以及金融业不受政府控制和干预的独立程度

注：经济自由指数由四类 10 个组成部分的经济自由指标构成。

资料来源：Based on information reported in "Methodology, 2013 Index of Economic Freedom Book," *The Heritage Foundation*, in partnership with the *Wall Street Journal*, retrieved February 6, 2013. www.heritage.org/index/book/methodology.

3.3.1　经济自由的现状

金融危机的余波以及继后发生的全球经济衰退导致全球各国经济自由度的下降。2011 年，经济自由重获契机，但到 2013 年，在全球各地又慢慢停止了[32]。当然，各国政府重申稳健金融、开放市场、监管改革和产权的重要性。在参加 2013 年经济自由度指数排名的 177 个国家中，得分提高的有 91 个，而下降的达 78 个。不过，全球经济自由度指数的平均得分从 2007 年危机前创下的高点 60.2% 下降到 2013 年的 59.6%[33]。

亚太国家或地区确立了最好和最坏两套标准：中国香港、新加坡、澳大利亚和新西兰是世界上经济自由的佼佼者，而朝鲜、乌兹别克斯坦、土库曼斯坦和东帝汶则属于经济自由度最低的国家。虽然美国的经济自由度指数得分创纪录地出现连续五年下降，但加拿大和墨西哥经济自由度指数得分的上升维持了北美作为世界上经济自由度最高地区的地位。在其他地方，南美、中美洲及加勒比地区国家的经济自由度指数得分出现大幅下降，而整个中东和北非地区出现了持续下降，而"基本无经济自由"或"受压抑"的撒哈拉以南非洲国家的经济自由度仍有待提升。在欧洲地区，有 32 个国家的经济自由状况出现改善，而仅有 9 个国家出现衰落。

如今全球完全自由的经济体有 5 个，基本自由的经济体有 30 个，中度自由的经济体有 50 个，基本无自由的经济体有 59 个，完全无自由的经济体有 33 个。最为自由的经济体包括中国香港、新加坡、澳大利亚、新西兰和瑞士；最不自由的经济体包括朝鲜、古巴、津巴布韦、厄立特里亚和委内瑞拉。美国的经济自由度指数在 2013 年降至第 9 位，这在很大程度上是美国政府的支出与债务增加以及监管增强的结果，而 77.8 的得分使其被列为"基本自由"类国家。2007 年，美国的得分为 81.2，列全球第 5 位，被列为"完全自由"类国家。显然，全球有 55 亿人口生活在至少有一定经济自由的国家和地区（见图 3-5），而有 13 亿人口则生活在经济自由度达到中等以上的国家。

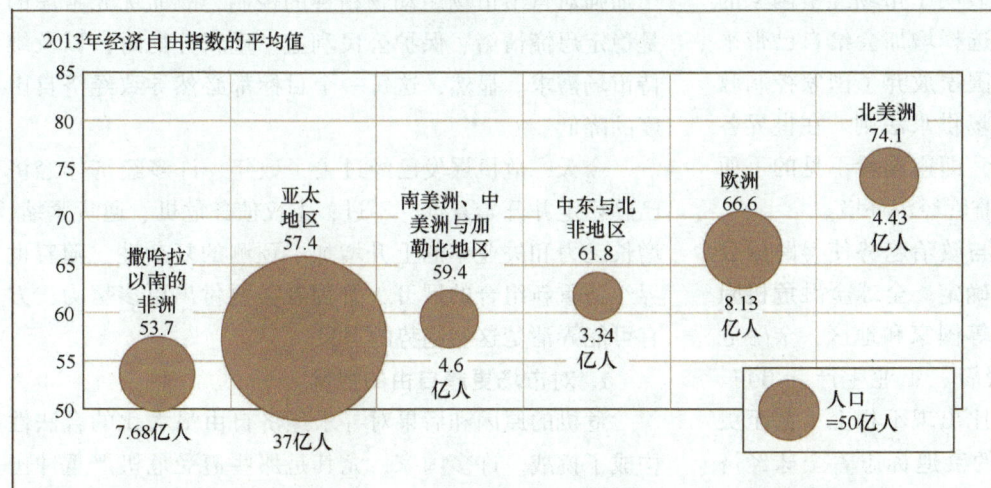

经济自由与人口之间的关系表明，在世界上绝大多数人口（约有 55 亿人）所在的国家和地区，政府对他们的工作、生产、消费、储蓄、投资等选择施加一定的限制。

图 3-5　按地区和人口分类的全球经济自由

资料来源：Terry Miller and Kim Holmes, 2013 Index of Economic Freedom, Washington, DC: The Heritage Foundation and Dow Jones & Co., Inc. 2013, retrieved January 31, 2013 from www.heritage.org/index/book/chapter-1, Chart 7.

3.3.2 经济自由的价值

经济自由概念有助于解释一国的发展、绩效和潜力。经济自由度高的国家通常在很多指标方面要优于经济自由度低的国家，如更高的增长率和生产力，其平均收入达全球平均水平的 2 倍以上，较绝大多数基本无自由和

完全无自由的国家甚至高出 7 倍以上（见图 3-6）。此外，经济自由度高国家的通货膨胀、就业率、平均寿命、识字率、贫困减少、环境可持续能力等指标也更好些[34]。经济自由传递了一种明确的信号：政府释放对资源的控制可以提高财务绩效、经济稳定性和人民的生活水平。

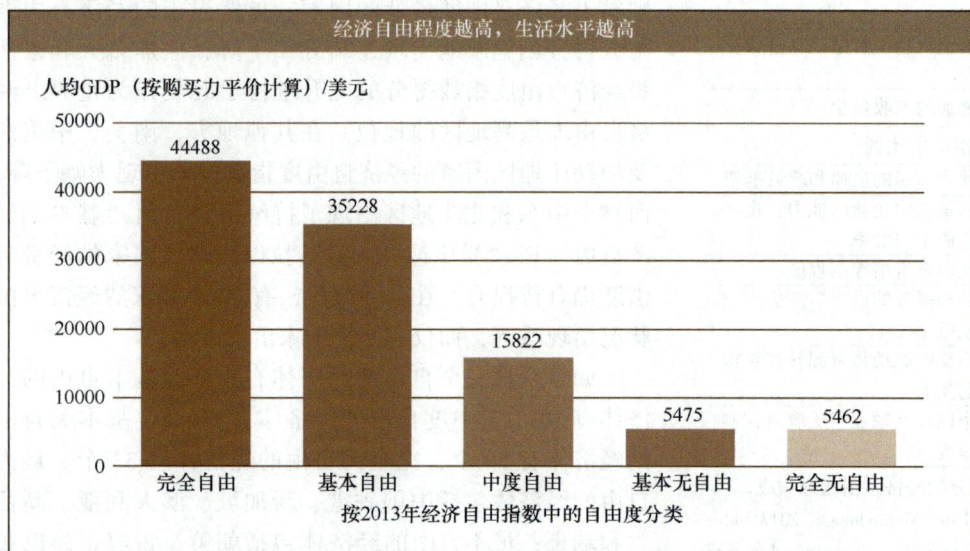

经济自由与各种市场的、社会的和政治的措施之间有很强的关系。这里可以明显发现，经济自由与反映生活水平的各种指标之间存在正相关性。

图 3-6 经济自由与生活水平

资料来源：Terry Miller and Kim Holmes, 2013 Index of Economic Freedom, Washington, DC: The Heritage Foundation and Dow Jones & Co., Inc. 2013, retrieved January 31 from www.heritage.org/index/book/chapter-1, Chart 3, 2013.

3.3.3 经济自由的发展趋势

在过去几十年里，管理者一直理性地认为，政府会通过市场改革来提高经济自由度。事实上，推动变革的理由在于市场经济国家的经济总是优于非市场经济国家的经济。1989 年柏林墙的倒塌就表明了市场经济国家的优势。越来越多的人认为，个人选择增加会给自己带来更多的利益。为此，越来越多的国家放弃了国家控制政策，转而采用经济自由原则和市场供求法则。在世界各地，政府开始遵循市场供需法则，即遵循看不见的手而非政治家看得见的手，并以此来监管经济环境。

今天，不断变化的市场环境与政治趋势使得跨国公司面临的经济环境变得越来越不确定。全球金融危机阻碍了经济自由度的提高。在美国等国家和地区，金融危机带来的直接余波就是消费、投资、工业生产、出口、权益估值等指标与大萧条时期相比出现不相上下甚至更差的趋势[35]。令许多经济体棘手的衰退标志着全球经济处于第二次世界大战以来最严重的紧缩状态。

从规模、范围和速度来看，全球金融危机突出反映

了市场经济的局限性，不仅对市场原教旨主义的实用性提出了挑战，而且引发了对政府在经济中的作用的反思。为此，在危机最严重的时期，美国前总统乔治·布什（George W. Bush）宣称："为了拯救自由市场体制，我们已放弃了自由市场原则[36]。"美国的新自由主义政策急于加强对自由市场之动物精神的控制，故而优先考虑的是稳定恐慌情绪、保护公民利益、重新分配财富以及维持市场需求。显然，这每一个目标都必然导致经济自由度的降低。

今天，危机爆发已经过去了数年，许多经济体经济已趋稳定并开始复苏。不过，主权债务危机、通货紧缩、增长乏力和失业率的上升增加了预测的复杂性。随着世界经济重新组合的展开，管理者需要付出更多努力，方有可能弄清楚这些趋势的含义。

1. 对市场更趋自由的担忧

危机的原因和后果对寻求经济自由最大化的合法性构成了挑战。许多国家，尤其是那些遭受危机严重冲击且至今仍然面临增长乏力的国家，如西班牙、意大利、爱尔兰、葡萄牙、塞浦路斯、希腊、法国和日本，对自

由市场的支持正在减弱。许多国家强化了应对市场混乱的保护措施，不再视经济自由为无条件的理想追求。因此，这些国家不断强化对经济事务的控制。与此同时，对新自由主义资本主义的不满盛行全球。根据对 27 个国家的调查，平均有 11% 的受访者对资本主义制度的作用持肯定态度[37]，而 23% 的受访者认为这种制度存在致命的缺陷。许多受访者希望创建新的经济体制，包括 43% 的法国受访者、38% 的墨西哥受访者、35% 的巴西受访者和 31% 的乌克兰受访者。只有在美国和巴基斯坦两个国家，对资本主义制度的作用持肯定态度的受访者比例超过了 20%，其中美国为 25%，巴基斯坦为 21%。

案例 3-1 提醒我们，在比较发达国家与新兴经济体时，要避免那种已经限定的态度。2002 年，80% 的美国人认为自由市场是最好的经济体制，从而给予热情支持；到 2010 年，这一支持率已降至 59%。相反，新兴经济体对自由市场的热情如今已经超过美国。名义上看，中国是全球自由市场的最大拥护者，支持率已从 2002 年的 66% 升至目前的 68%。大约 67% 的巴西人和 59% 的印度人认为自由市场是未来最好的选择，尽管他们也承认其固有的缺陷需要改革和监管[39]。总体而言，大约有半个"世界"的人认为自由市场仍然是最好的选择。然而，正如我们在接下来要了解的，经济自由的标准在发达市场与新兴市场之间存有差异性。

2. 市场测试

经济体制的最重要的目标很明确：运用稳健的宏观经济政策支持生产企业。低通货膨胀、高就业、稳健的公共财政、开放贸易和外商直接投资都是围绕着这一目

标。如果符合这些标准，经济就会有动力，潜力也可以得到激发。对于当下的环境，人们对经济前景的判断显然与他们对自身具体情况的判断密切相关。那些生活水平提高的人往往会支持，而那些生活水平下降的人就会要求进行改变。形势严峻时，人们会呼吁政府采取稳定政策，从而导致政府的干预。目前，如果全球金融危机继续存在或出现恶化，我们将发现，反对自由市场的人口会有所增加。事实上，持续的怀疑会带来更多的政府控制，从而进一步减少经济自由。

总之，自由市场及其所赞成的最大程度的经济自由能带来最优的经济体制，这一观点显然是一种谬误。全球金融危机不仅扰乱了市场，也扰乱了理论解释[40]。在许多国家，特别是发达国家，人们对经济自由的看法已经从赞美转为批评。在其他国家，特别是在新兴经济体，情况则正好相反。这些完全不同的观点及其相互之间的影响改变了市场与政府之间的关系。管理者不仅要关注趋势发展，而且要进行必要的重新解释。

3.4　经济体制的类型

无论去哪里经营，经理者都要弄清楚的是：东道国政府是如何管制经济的，是如何保护产权的，以及是如何实施财政和货币政策的。当然，最后还要弄清楚的是经济自由方面的情况如何。为此，管理者需要通过框架分析来评估一国具体的**经济体制**（Economic System）。虽然各国情况不尽相同，但全球各地的经济体制不外乎三种类型：市场经济、混合经济和计划经济（见图 3-7）。

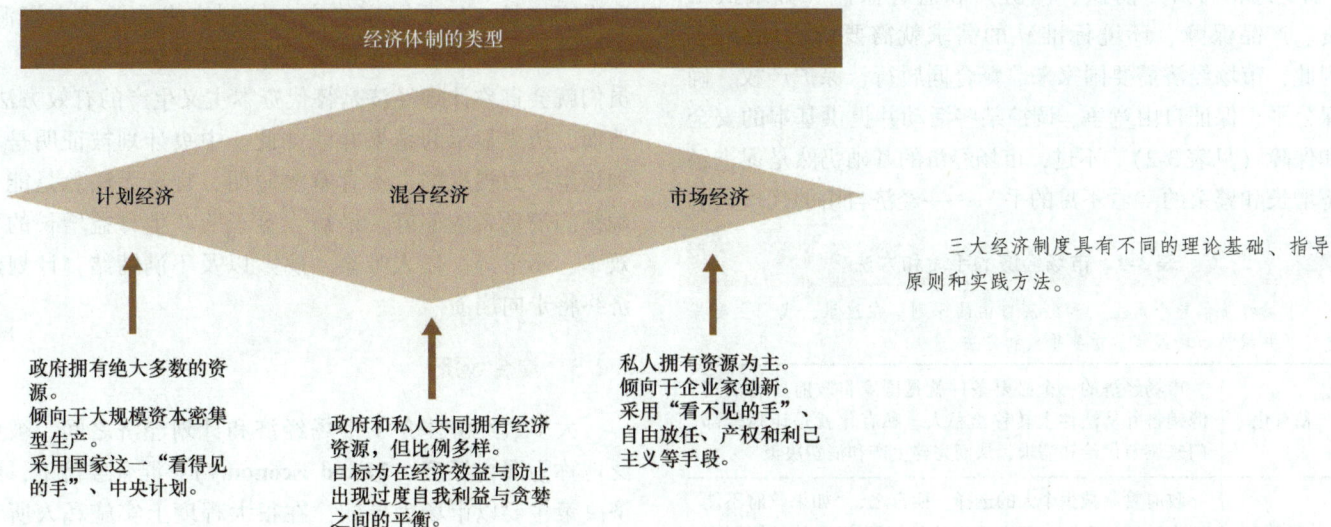

经济体制的类型

| 计划经济 | 混合经济 | 市场经济 |

三大经济制度具有不同的理论基础、指导原则和实践方法。

政府拥有绝大多数的资源。
倾向于大规模资本密集型生产。
采用国家这一"看得见的手"、中央计划。

政府和私人共同拥有经济资源，但比例多样。
目标为在经济效益与防止出现过度自我利益与贪婪之间的平衡。

私人拥有资源为主。
倾向于企业家创新。
采用"看不见的手"、自由放任、产权和利己主义等手段。

图 3-7　经济体制的类型

3.4.1 市场经济

市场经济（Market Economy）是指由个体而非政府做出绝大多数决策的经济体制。市场经济的政治基础为**资本主义**（Capitalism）学说以及私有制原则。私有制赋予个人不可剥夺的产权，据此个人就享有通过经营、投资和承担风险而获得合法利益。最优的资源配置来自消费者享有自由选择的权利，而生产者又能据此做出回应。新加坡、澳大利亚、瑞士、加拿大和美国都是市场经济国家，人们拥有经济自由，可以自由决定在哪里工作，做什么，做多久，如何花钱或存钱，以及是否现在或稍后进行消费[41]。总之，市场经济下个人的自由选择推进了一国的繁荣进程。

市场经济的核心是**自由放任主义**（Laissez-faire），字面上为"让做"之意，广义而言是指"顺其自然"或"别管他"之意。无论怎样理解，市场经济反对政府对经济事务的干预超出维护和平、安全和产权的范围。市场经济将消费者追求自利这一"看不见的手"视为有效市场的基础。通过与生产者的交换，消费者就可以实现价格、数量、供应和需求之间的最优关系。按照亚当·斯密的观察，市场经济会激励生产者为取得利润而生产消费者为实现最大购买力而愿意购买的产品。因此，凭借他们是否购买产品以及购买何种产品的权利，消费者的行为决定了资源的有效配置和资产的最优估值。

少就是好吗？市场经济一直将最少的政府干预视为基础。政府干预这只"看得见的手"越少，市场效率就越高。然而，看不见的手并不总是可靠的。对公共物品（如交通信号灯、防洪、国防）和监管保护（如最低工资、产品保障、环境标准）的需求就需要政府的参与。因此，市场经济需要国家来监督合同履行、保护产权、确保公平、保证自由竞争、调控某些活动并提供基本的安全和保障（见表3-2）。不过，市场经济的基础仍然是促进经济增长和繁荣的"看不见的手"——经济自由的代理人。

表 3-2　市场经济的手段和方法

市场经济倡导个人主义和经济自由的原则。在这里，我们主要描述发展并维持市场经济的重要手段和方法

私有化	市场经济的一个必要条件就是国家将政府所有的资源销售并从法律上转移给私人。私有化就是让私营部门来调节供给和需求，从而完善生产和消费决策
放松管制	政府管制减少个人的选择。换言之，"如果政府不能解决我们的问题，那么政府就是问题[42]"。放松管制有助于市场优化生产力
产权	产权让企业家对他们的点子、努力和风险拥有所有权。通过确保个人而非政府拥有经济自由，可以促进经济的昌盛
反托拉斯法	反托拉斯法鼓励产业按照市场承受能力维持尽可能多的竞争。反托拉斯法有助于防止垄断对消费者的剥削以及对市场增长的抑制

3.4.2　计划经济

理论上讲，**共产主义**（Communism）维护的是资源的国家所有以及对经济活动的控制。作为政治意识形态，共产主义追求的是平等、无阶级、最终无国家的基于政府控制经济的社会[43]。为此，这种社会经济结构必须实施**计划经济**（Command Economy）制度，即政府拥有和控制资源，并有权决定以何种方式、生产多少数量的何种产品。例如，在市场经济中，如果政府需要计算机，就会征税并按市场价格向私人公司购买计算机。而在计划经济中，作为"看得见的手"的政府可以按少到可以忽略不计的价格向国有企业订购计算机[44]。

使"看不见的手"变得"看得见"是指由政府官员——而非消费者——来决定商品和服务的价格。此时，产品质量就会不稳定，而且通常会下降。此外，产品常常供不应求，而且几乎没有什么替代品。规模巨大、资本密集型的国有企业通常效率低下且没有盈利。此外，它们也几乎没有资源来开展升级或激励创新。无疑，计划经济在短时间内可以做得更好。不过，国家通过控制一切人和事就可以调动闲置资源（通常为劳动力），来取得高增长。只要国家能完全控制富裕的低成本资源，那么高生产率就可以保持下去。一旦经济水平提高，官员们就会宣称计划经济是替代资本主义生产的有效方法。然而，历史显示的结果并非如此。中央计划被证明是不利于生产力提高的。不管有多聪明，官员无法总是能正确预测消费者的偏好。最后，鉴于所产生日益增长的低效率、不平等、任人唯亲、腐败以及不满情绪，计划经济终将走向崩溃。

3.4.3　混合经济

大多数经济体介于市场经济和计划经济之间，被广泛地称为**混合经济**（Mixed Economy）。混合经济下，经济决策主要以市场为导向，在很大程度上实施私人所有权，但政府会或多或少地干预资源配置。例如，美国总统奥巴马就指出，政府的责任就是"就战略性产业进行

战略决策"[45]。

混合经济整合了计划经济与市场经济的体制。一方面，国家对一些资源的所有权采取多种形式，集中管理某些计划职能，同时对市场加以调节；另一方面，混合经济通过基于供求关系的价格体系而不是通过政府指令来向生产者传递信号，从而优化生产[46]。例如，混合经济下的政府可能拥有计算机制造商的部分所有权。不过，政府会允许企业根据现行市场环境进行生产决策，而不是命令企业生产什么型号、生产多少、生产什么款式的计算机并按什么样的价格进行销售。

显然，民主国家需要市场经济，而非计划经济。同样，社会主义需要混合经济。具体而言，**社会主义**（Socialism）倡导社会平等和财富分配公平，因而会对经济活动进行调控。类似于资本主义，混合经济通过市场来配置资源；但同时，类似于共产主义，混合经济通过政府控制来引导投资。社会主义信奉公平、公正的经济，除了优化效率之外，强调通过维持低失业率来保护弱者，力图避免财富与特权的结合，注重通过收入再分配来帮助贫困人口，通过干预市场失灵来稳定经济系统，并通过限制滥用市场力来保护社会。在其支持者看来，政府应当努力促进社会平等，而这与自由市场相比，可以阻止个人机会主义的蔓延。

全球金融危机的影响也证明了这些观点。与自由市场经济体相比，信奉强大政府的国家能更好地通过更高的税收、更多的监管、更严格的工作保障法律以及更慷慨的社会保障计划来应对经济波动[47]。当信奉经济自由的美国为重整经济但又不知道"下一步该如何"之时，信奉社会主义的丹麦不仅经济表现稳定，而且民众的幸福感达到全球之最[48]；当信奉自由市场的英国正在苦苦挣扎之时，瑞典的混合经济依然发展良好，政府依然拥有许多大公司的所有权[49]。

不过，混合经济的提倡者也不是无条件地把国家干预视作万应灵药。如果不加限制，那么政治与经济之间的边界就很难厘清，如政府干预应该何时停止，企业应该何时开始发挥作用。政治议程、官员安排以及社会环境都会对政府如何平衡经济自由与国家控制产生[50]。因此，政府干预的程度和性质的差异往往取决于各国当地的情况。目前，被归类为混合经济的国家通常包括南非、日本、韩国、瑞典、奥地利、法国、巴西、德国和印度

等。这些国家的经济自由往往处于"基本自由"和"中度自由"的水平。

3.5　经济发展水平、绩效与潜力的评估

在了解了常见类型的经济体制后，管理者就需要对其中的关键成分进行评估。他们会运用大量的宏观和微观指标来评估一国经济发展的水平、绩效和潜力。有些指标是非正式的或独有的，如无线订阅用户数、发电量、某术语的互联网搜索量、开办公司的军官等[51]。通常，指标运用以遵循惯例为主，兼顾实际。收入和财富方面的问题经常采用跟踪分析。管理者会运用可持续性和稳定性指标做详细分析。

在评价每类指标之前，有必要先对国家如何分类做一简短说明。这里，我们参照联合国和世界银行的方法把中低收入国家列为发展中国家。目前，大约有 150 个发展中国家，2012 年的平均人均收入只有 3813 美元。绝大多数居民的生活水平很低，只能买得起少量的商品和服务[52]。未来的人口增长几乎都将发生在今天的发展中国家。

增长较快、相对富裕的发展中国家包括中国、巴西和印度，它们被称为新兴市场或新兴经济体。目前，全球大约有 30 个左右的**新兴经济体**（Emerging Economies）。表3-3 给出了用于分类这些经济体的缩略词。通常当人们提到新兴经济体时，主要是指巴西、俄罗斯、印度和中国（"金砖四国"，BRIC）⊖。金砖四国在规模和范围方面要远大于其他新兴经济体，而且是世界经济重心回归的主角，所以其他国家多会跟随。案例 3-2 就强调了金砖四国当下的这种发展趋势。

表3-3　一些新兴经济体的首字母缩略词

通常，人们用首字母缩略词来分类各种新兴经济体集团。随着各国的发展，人们创造了各种简化代码。

首字母缩略词	成　　员
BRIC	B 代表巴西，R 代表俄罗斯，I 代表印度，C 代表中国
BIC	在 BRIC 中去掉代表俄罗斯的 R
BRICS	在 BRIC 中加上代表的南非的 S
BRICK	在 BRIC 中加上代表的韩国的 K

⊖　2010 年南非加入，其英文单词变为"BRICS"，并改称为"金砖国家"。——译者注

（续）

首字母缩略词	成　　员
BASIC	在 BRIC 中加上代表南非的 AS，去掉代表俄罗斯的 R
BRIIC	在 BRIC 中加上代表印度尼西亚的 I
BRICIT	在 BRIC 中加上代表印度尼西亚的 I 和代表土耳其的 T
BRIMC	在 BRIC 中加上代表墨西哥的 M
BRICET	在 BRIC 中加上代表的东欧的 E 和代表土耳其的 T
BRICA	在 BRIC 中加上代表阿拉伯国家的 A；这些阿拉伯国家包括沙特阿拉伯、卡塔尔、科威特、巴林岛、阿曼和阿拉伯联合酋长国
MIST	包括墨西哥、印度尼西亚、韩国和土耳其
N11（The Next 11）	包括孟加拉国、埃及、印度尼西亚、伊朗、墨西哥、尼日利亚、巴基斯坦、菲律宾、韩国、土耳其和越南
CIVETS	C 代表哥伦比亚，I 代表印度尼西亚，V 代表越南，E 代表埃及，T 代表土耳其，S 代表韩国

发达国家拥有高人均收入，2012 年平均达 37545 美元。这些国家的公民有着较高的生活水平，购买得起各种各样的商品和服务。发达国家包括日本、澳大利亚、新西兰、加拿大、美国和大多数欧洲国家，偶尔它们也被称为高收入国家、发达市场或工业化国家。未来，发达国家也可能被称为成功的市场经济国家，主要考虑到它们人均收入高、生活水准高以及拥有增长相对缓慢但成熟的制度框架。

3.5.1　经济绩效指标

随着数据的不断增加，管理者必须简化市场评估工作。许多跟踪分析采用单一综合指标，从而能借此快速判断经济：①是扩张的还是紧缩的；②是需要提高还是需要限制；③是否面临衰退或通货膨胀的威胁。类似于给病人量体温，**国民总收入**（Gross National Income，**GNI**）或者**国民生产总值**（Gross National Product，**GNP**）等指标通过消费、投资、政府支出和贸易来有效地总体反映家庭、企业和政府的经济活动。的确，诺贝尔经济学奖得主保罗·萨缪尔森（Paul Samuelson）将国内生产总值指标描述为"20 世纪真正最伟大的发明之一，是帮助决策者实现国家主要经济目标的灯塔"[53]。

1. 国民总收入（GNI）

国民总收入是衡量一国经济的最为宏观的指标。国民总收入等于一国国内生产的总产值加上来自其他国家的收入（主要为利息和股息），再减去其对给其他国家的支付。因此，三星电视在韩国创造的价值以及利用三星的资源在日本创造的价值都要计入韩国的国民总收入。最后，如果三星的日本子公司把利润汇回首尔总部，那么韩国的国民总收入就会增加。表 3-4 按照国民总收入列出全球 10 个最大的经济体。如前所述，世界银行确定了 214 个独立的经济体。表 3-4 中列出的 10 个国家占了世界国民总收入的 65.8%。

表 3-4　按 2011 年 GNI 衡量的十大经济体

排名	国　　家	GNI/10 亿美元*	占世界总量的百分比（%）
1	美国	15148	22.75
2	中国	6643	9.98
3	日本	5739	8.62
4	德国	3617	5.43
5	法国	2755	4.14
6	英国	2370	3.56
7	意大利	2114	3.18
8	巴西	2107	3.16
9	印度	1746	2.62
10	加拿大	1570	2.36
**	世界	66577	

注：*数据按图谱法计算，即运用三年期的移动平均价格调整后汇率对汇率波动进行了处理。

资料来源：Based on World Bank Development Indicators 2011. Copyright 2013 by the World Bank. Reproduced with permission of the World Bank.

2. 国民生产总值（GNP）

国民生产总值是一国在给定年度国内生产的所有最终商品和服务的价值，加上该国公民在境外取得的收入，再减去外国人在该国境内生产中所得的收入。从概念上讲，世界国民生产总值和世界国民总收入是相等的。不过，因为两者在计算方面略有出入，而出现国家层面的小差异[54]。因此，管理者需要对分析进行反复核，并指出关于特定国家指标和特征的假设。

3. 国内生产总值（GDP）

国内生产总值是国内企业与外国企业在一国境内生产的全部产出的市场总价值[55]。因为国内生产总值衡量的是收入而不是财富，所以国内生产总值是估计一个经济体实际绩效的最常用指标。换言之，GDP 对一国国内经济活动的估计不是简单的生产性资产的存货。此外，GDP 也是评估经济环境的重要指标，毕竟跨国经营部门的产出在其中占有重要份额。例如，爱尔兰大约 90% 的出口是由外资企业生产的。此时，更能精确衡量爱尔兰经济绩效的是 GDP 而不是 GNI。技术上，国内生产总值加上从出口、进口和该国公司国际业务所产生的收入应等于国民总收入。因此，三星电视和索尼电视在韩国的生产都要计入韩国的 GDP，但三星在日本生产的电视就不是了。

3.5.2 调整分析

国民总收入及其分支估计的是一国经济的绝对绩效。尽管有其优点，但进行国家间比较时会误导管理者。例如，诸如美国、日本和德国这样的经济大国在 GNI 排序时总是排在前面，但这会让人误以为它们的生产力以及增长速度也高于排名低的国家。不过，情况正好相反。

因此，管理者为了提高 GNI、GNP 和 GDP 的有用性，需要通过以下三种方式进行调整：经济增长速度、人口规模以及购买力平价。

1. 经济增长速度

总量指标属于静态指标，衡量的不是指标的变化率。若要解释现在并预测未来的绩效，就需要精确计算经济体的增长率。国民总收入的增长率反映了一国的经济潜力：如果该增长率高于（或低于）人口增长率，那么该国的生活水平就在上升（或下降）[56]。图 3-8 给出了对各个发达国家和新兴经济体的实际国内生产总值增长率的预测。

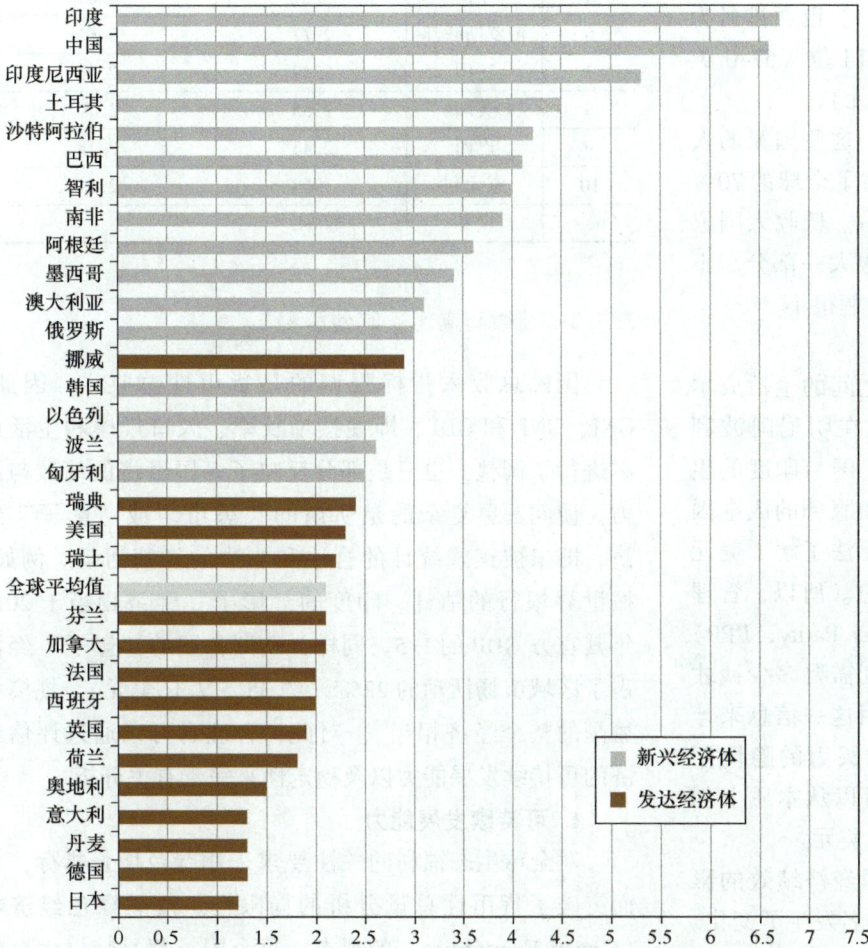

对2013—2030年实际GDP增长率（%）的预测

图例：
- 新兴经济体
- 发达经济体

图 3-8　分裂的世界

资料来源：Based on *Looking to 2060：A Global Vision of Long-Term Growth*，OECD Economic Policy Papers，November 2012.

名义 GDP 逐年增加，部分原因在于一国商品与服务生产的增加，还有部分原因在于价格的上升。实际 GDP 剔除了价格因素的影响，目的是估计实际商品与服务产出的年度增长情况。这一转换表明，从 2013 年起到 2030 年，许多新兴经济体的增长率预计要高于发达经济体。

国民总收入的增长也反映了商业机会。按各国的增长率来看，显然各国之间的差距很大。例如，大约有 80 个发展中国家的 GDP 人均增长速度是世界上最富有国家的 2 倍，而这也佐证了新兴经济体的"逆转"。更具体地说，在过去 30 年里，中国一直是增长最快的经济体之一，它自 1995 年以来平均年增长 9.8%。相应地，中国的国内生产总值也从大约 6000 亿美元增加到 2012 年的 7.2 万亿美元。收入的提高推动了消费需求的上升，从而吸引了众多的外国投资。

2. 人口规模

像其他许多经济指标一样，管理者按生活在一国的人数来调整国民总收入[57]。这种调整显然很有必要，毕竟全球数量达 7174530636 人（截至 2013 年 8 月）的人口分布并不均匀。例如，人口最多的中国达 13.4 亿人，而人口最少的皮特凯恩群岛只有 54 人[58]。因此，根据人口调整国民总收入后，管理者在评估一国的相对绩效时，要剔除人口因素的影响。

例如，一些国家按绝对值的国民总收入可能很低，如挪威。不过，因为挪威的居民数仅为 470 万人，所以挪威 2012 年的人均 GNI 为 99860 美元，位列全球第一[59]。相比之下，美国的人均 GNI 全球排名为第 18 位（50120 美元），日本排名为第 22 位（47870 美元），巴西排名为第 79 位（11630 美元），中国排名为第 114 位（5740 美元），而印度仅排名为第 164 位（1530 美元）。

全球的高收入国家集中在几个地区，这些国家的人口占世界人口的 15%，但其国民总收入占了全球的 70%以上，其人均国民总收入为 5 万美元左右。低收入国家分布在世界各地，其人口占世界人口的很大一部分。不过，其国民总收入占全球国民总收入的份额很小。

3. 购买力平价

人均国民总收入指标无法解释各国之间的生活成本差异。相反，该指标假定 1 美元的收入在明尼阿波利斯⊖与在孟买具有相同的购买力，即便美国与印度的生活成本存在相当大的区别。显然，商品和服务的成本因国家而异。因此，根据人均国民总收入无法了解 1 美元在不同国家所能购买的商品和服务的数量。所以，管理者需要按照购买力平价（Purchasing Power Parity，PPP）来调整国民总收入指标，即确定两国分别需要多少钱才可购买到同样的商品和服务，并且要运用这一信息来计算反映不同国家每单位货币具有相同购买力的隐性汇率[60]。根据购买力平价调整收入数据，可以从本质上创建一种与美国的美元有相同购买力的国际美元。

表 3-5 说明了按购买力平价调整一国经济绩效的影响。不难发现，表 3-4 中按 GNI 的原始排名发生了变化。例如，日本、英国、法国、意大利和加拿大的名次下降了，而中国、印度、俄罗斯和墨西哥的名次出现了上升。其次，通过购买力平价的调整，进行国与国之间的各种比较时，出现的极端情况也减少了。通过对美国和印度的比较，可以发现印度的人均 GNI 在 2012 年为 1530 美

元，但按当地购买力进行调整后的值上升到 3840 美元[61]。相反的情况则出现在生活水平昂贵的国家，如挪威。在该高消费国家，按单位货币的购买力进行调整后，挪威的人均国民总收入从 98860 美元下降到了 64030 美元。

表 3-5　按购买力平价调整后的 2011 年各国人均国民总收入排名的前十大经济体

排名	国　家	按 PPP 调整后的 GNI/10 亿美元	占世界总量的百分比（%）
1	美国	15211	18.82
2	中国	11270	13.94
3	日本	4516	5.59
4	印度	4460	5.52
5	德国	3287	4.07
6	俄罗斯联邦	2917	3.61
7	法国	2349	2.91
8	英国	2255	2.79
9	巴西	2245	2.78
10	意大利	1968	2.43
＊＊	世界	80843	

3.5.3　绩效与潜力：其他解释

国民总收入指标强调的是货币性总收入。因此，GNI、GNP 和 GDP，即便按增长率、人口规模和生活成本进行了调整，也只是部分反映了一国经济的绩效与潜力。使问题更复杂的是所谓的"黑市"或"影子"经济，即未被正式统计的合法和非法的经营活动。例如，按世界银行的估计，印度的"影子"经济相当于 2010 年其官方 GDP 的 1/5。同样，欧洲各国的"影子"经济占了区域市场活动的 22%（约 35.5 万亿美元），规模与德国的整个经济相当[62]。对此，管理者可以通过评估经济的可持续发展能力以及稳定性来完善有关分析。

1. 可持续发展能力

对全球生态福利的关注要求采用绿色增长指标，从而突破了货币性总量分析的局限性。按照**绿色经济学**（**Green Economics**）的观点，每个国家都是赖以生存的自然世界的一分子。用 GNI、GNP 和 GDP 这些货币总量指标来衡量市场活动，往往不能正确反映和解释经济绩效与潜力，毕竟这些指标未计算那些追求经济增长的活动所发生的相关社会成本与生态成本。相反，**可持续发**

⊖　美国明尼苏达州的最大城市。——译者注

展（Sustainable Development）的支持者认为，经济活动能力应该按照"满足目前需要并且不损害后代满足其需要的能力"的角度进行解释[63]。因此，可持续发展指标从更广泛的角度计算增长的收益和成本，从而实现对经济体的更好评估。

目前，人们关于如何衡量绿色 GNI、GNP 或 GDP 尚未达成共识。现有的方法包括：

（1）国民生产净值（NNP）：这一指标对因创造 GNI 而发生的资源消耗与环境退化进行了衡量。就像企业在生产产品时必须对有形资产和无形资产进行折旧一样，从理论上讲，一国的生产也当如此。为此，衡量 NNP 时，需要对创造增长所需的国家资产进行折旧[64]。

（2）真实发展指数（GPI）：先按核算 GDP 的框架进行计算，然后根据对应的环境质量、人口健康、生活安全、公平、空闲时间和受教育程度的价值进行调整。例如，与 GDP 不同，GPI 对自愿性的无偿家务工作按有偿工作进行衡量，同时减去了犯罪、污染和家庭破裂带来的成本。实际上，GDP 与 GPI 的区别类似于总利润与净利润之间的差别，需要从总量中扣除发生的费用。因此，假定其他因素保持不变，如果污染、犯罪和家庭破裂的成本等于生产商品和服务的所得，那么 GPI 就等于零。

（3）人类发展指数（HDI）：人类发展等事项并不直接反映在收入或增长的数据中。理论上讲，因为它们改善了人类的生活环境，所以最终可提高经济绩效。因此，通过体格、智力和社会标准等影响一国总体生活质量的指标来衡量一国的人类发展程度，管理者就可以评估一国的市场潜力[65]。联合国根据这一观点设计了人类发展指数，该指数包括三个成分指标：按出生时的预期寿命衡量的长寿指标；按成人识字率以及小学、中学和大学的毛入学率衡量的知识指标；按 PPP 调整的人均 GNI（按美元计算）衡量的生活水平指标。

2. 稳定性

长期以来困扰政策制定者的一个悖论就是用货币总量指标评估绩效的有效性[66]。换言之，富裕国家的人们似乎并没有比贫穷国家的人们更快乐。无论收入增长多高，尚无证据表明，高收入能提高人们的幸福感。此外，根据幸福经济学这一新兴学科的报告，个人满足感的近70%取决于人际关系的数量和质量，而不是取决于经济产出或财富创造[67]。因此，有人认为国民总收入及其分支指标很有误导性，甚至是完全错误的（如一些人所指出的那样，战争的支出促进经济增长率快速提高）[68]。

如果按照幸福感来再次思考经济活动的目标，那么有理由认为，幸福感更好地反映了其绩效和潜力。**幸福经济学**（Happynomics）要求转变观念，即"从追求经济繁荣转变为追求情感繁荣"[69]。例如，不丹宪法要求使其公民每年都要更幸福，而不是更富有；其目标包括社会幸福、人民对生活的满足以及非货币性的成功的国民福利。同样，在按货币性指标衡量时，美国的排名远在法国和德国之前；然而，就预期寿命、闲暇时间、生活水平和收入平等而言，法国和德国要领先于美国[70]。有些人可能主张，幸福感分析并不一定排斥经济分析。不过，一名不幸福的公民可能就是导致经济环境变化的政府政策转变的一个重要信号。

目前，要计算幸福感很难。像美丽一样，幸福感的界定往往因人而异。潜在的衡量指标，如爱情、友谊、家庭关系和自我实现，也很难确定。此外，如何看待目标的价值，如安全的街道和清洁的空气？幸福感的复杂性吸引了越来越多人的关注。未来，人们当有高见厘清这些指标。与此同时，管理者也可以考虑以下指标：

（1）生活更美好指数（YBLI）：该指数衡量的是人们的福利情况以及对生活条件的感受。YBLI 由经济合作与发展组织（OECD）创立，倡导用全世界人民都认为重要但不属于狭义货币性指标的经济事项来评估经济绩效。这些事项包括住房、就业、社会关系、健康、安全、工作与家庭的兼顾和教育。正如经济合作与发展组织所解释的，YBLI 推进了"以创新和先锋精神对知识和认识边界的拓展……它的无穷潜力为我们追求更好的生活而制定更好的政策提供了帮助"[71]。按 YBLI 排名前十的国家分别为丹麦、加拿大、挪威、澳大利亚、荷兰、瑞典、瑞士、芬兰、以色列和奥地利[72]。

（2）国民幸福总值（GNH）：在进步社会里，物质与精神必须同步发展。如果只强化一方，那么双方都会受损。GNH 衡量的是一国促进社会经济公平并可持续发展的能力，以及保护和促进文化价值观、保护自然环境并建立良好治理的能力。

（3）快乐星球指数（HPI）：按照功利主义的观点，人们渴望长寿、健康和快乐生活。因此，一国的经济绩效和潜力是由它帮助人民实现这些目标而同时又不侵犯后代以及其他国家的人们实现相同目标的能力来体现的。HPI 倡导衡量增长的环境成本，同时强调其目标是实现幸福感和健康的最大化，而非货币财富的最大化。

观点交锋

经济增长：是积极并有效的吗？

正方观点：

是的。经济增长不仅是好的，而且是完全必要的。经济增长就是生命，实现了个人、社区、组织和社会的生产潜力。经济增长给每个国家的每个人提供了长期利益。从道德上讲，经济增长也是稳定社会的基础。经济增长解放了那些挣扎在贫困中的人，减少了暴力冲突，提高了人民的生活水平。经济增长不仅为建立安全网络和政府支持提供了资金，而且为舒适生活创造了物质财富，如创造了就业机会、收入、财富以及社会的繁荣。下面，我们对这一切做具体分析。

1. 道德稳定

经济增长会影响社会态度和政治制度，而它们是维持社会道德稳定的基石。如果人们的收入得到增加，生活得到改善，就更有宽容和仁慈之心。总之，财富能带来人性。经济增长创造的资源可以促进权力的透明、机会的开放、对多样性的宽容、社会流动途径的增加、公平正义的法律和民主的价值。

2. 贫困减少

虽然有陌生人的善举，但经济增长依然是实现数十亿贫困人口得以维持生计的唯一手段。在很多贫困国家，经济增长已经使极度贫困人口的数量大大减少。1981年，这类人口大约为19.4亿人，占全球人口的43%。他们的生活处在极端贫困线以下，即每天收入不足1.25美元。今天，随着自由市场所带来的经济增长，这类人口的数量已经下降到只占全球人口的19%，也就是大约13亿人[73]。如果没有经济增长，人类就无法战胜贫困；如果没有经济增长，数十亿人口即便能活下来，也难逃肉体和精神上的痛苦。

3. 商业红利

经济增长会带来就业率、资本投资和利润的上升。不断提高的资产估值、稳定的财富效应以及对艰难日子抱有的坚定信心对个人以及企业的成功和繁荣形成了支持。此外，在2008年发生的全球金融危机恐慌中，人们进一步认识到了经济增长的价值。大约76%的美国民众认为，美国的力量是"以美国商业成功为基础的"，受尊敬人士中有90%是"通过努力工作而变得富有的"[74]。

4. 财政红利

政府财政完全全靠的是经济增长。蓬勃发展的经济能带来税收的增加，从而为地方、州、区域和联邦等各级政府的财政支出项目提供资金支持，实现社会的富强和繁荣。虽然低开销的政府听上去很有吸引力，但历史表明，这样的政府绝对不是好的政府。

5. 和平红利

经济增长为更多地区的更多人创造了更多的机会。一个人如果对潜在经济繁荣有信心，那么他的行为就会更显平静。例如，如果穷人变富而成为中产阶级，那么他们的思想和行为就会发生转变。因为不需要为了生计和住所而不停地奋斗了，他们不仅思想会变得开放，而且会更加关心孩子的前途，更加容易受抽象价值观而非传统规范的影响，更加倾向于以和平的手段来解决冲突，更加相信自由市场和民主的好处，对未来也更有信心。

6. 环境利益

经济增长鼓励创新。得益于经济增长，人们可以专注于自己的专长，而把其他外包出去。这些都可促进资源的有效配置。在过去40年里，虽然商品和服务的富裕程度不断增加，但单位国内生产总值的能耗率不断下降，转而证明了经济增长的好处。经济增长带来资源价值的提高，转而也促使人们更为明智地利用资源。

7. 追求卓越

经济增长激励人们每天将自己的聪明才智、想象力和勤奋用于寻找以更好的方式去做重要之事。人类的前进——无论所涉及的是微不足道的（如娱乐形式）还是实质性的东西（如各种能源）——都是由追求卓越所推动的。没有了对进步的追求，社会的活力就会消失。

8. 长寿

经济增长促进人类寿命的延长。1900年，美国人的预期寿命是47岁；到2013年，在经济取得爆炸式增长的一个世纪之后，美国人的预期寿命为78.2岁。此外，人们现在的工作时间只有从前的一半。如今，人类不仅可以借助新工具来提高生产，而且可以通过提高生活品质来增加满足感，并可通过改善健康状况来减少痛苦。

9. 进步还是退步

毫无疑问，正如反方观点所称，经济增长会增加个人、人类社会甚至整个星球的成本。此外，我们也完全同意这些成本的确引人注目。不过，我们的观点十分明确：不论经济增长的成本有多大，这些成本与经济未增长的代价相比，可谓微不足道。坦白而言，一旦经济增长停止，衰变就开始了。

← 反方观点：

不是的。我们接受经济增长能促进寿命延长以及增进道德水平、透明度、宽容、移动性、正义和自由的观点。然而，忽视甚至更为糟糕地否认这些好处的成本——这种成本似乎比增长本身的成本增长得更快——就会危及公民社会，最终危及人类和地球的生存。一旦你厘清了那些掺和着支持增长的险恶言论的半真半假、谎言和自身利益的乱麻，那么经济增长将带来无尽繁荣的承诺就成了让人深陷痛苦的错觉。经济增长带来的问题不仅存在于当下，而且会影响未来。对待这些问题，刚解决一个，另一个又会从某个地方冒出来。不过，正如本文所讲，每个问题都会对社会带来重大冲击。

1. 经济增长只给少数人带来特权

增长的典型承诺就是所谓的"水涨船高"。理论上，经济的增长，可以为人们带来更高的工资、收入和财富。然而，在现实中，经济增长带来的好处往往分布不匀，造成收入、财富和权力的极端不平等。我们承认，长期而言，经济增长的确提升了世界各地数百万人的收入水平。然而，全球也有相当一部分人的生活"木筏"出现了倾覆，而还有许多人则在漏水的"破船"上挣扎，只有一小部分人登上了豪华的"游艇"。

2. 经济增长带人误入歧途

不管如何大肆宣传和炒作，经济增长并不会带来它所承诺的好处。经济增长奖励的是经济上的强者，而惩罚的是经济上的弱者。虽然它将人们从旧常规中解放出来，但又让人们陷于新习惯的奴役。经济增长让人们有了与家人和朋友共处的自由时间，但经济增长所依赖的人口流动和迁移又阻碍了人们之间的联系。经济增长让人们有了更新、更酷的产品来实现自我，但接着又会陷于永无止境的希望和欺骗的循环。简而言之，经济增长吹嘘得多，但实际带来的少，从而使人陷于"几乎不加隐藏的疯狂的生活节奏所带来的精神绝望"的困境[75]。

在实现更新、更闪亮、更好、更大、更快、更漂亮目标的过程中，人们会受困于享乐主义的思想，在实现自我的道路上受到最新和最好消遣的迷惑，然而，最终结果就是精神错乱。

3. 经济增长威胁人类生存

空气污染、水土毒化都是经济增长的副产品，更不用说全球变暖、生物多样性崩溃和资源枯竭等问题了。当然，我们总需要一些产品和消费。不过，生产过剩和过度消费破坏了生存基础的稳定。具有讽刺意义的是，在衡量一个经济体所创造的价值时，如 GNI，我们并没有统计其成本，而是神秘地将它们称为"外部性"。事实上，我们知道它们对社会的影响，但为了突出增长的"好处"而随意将它们排除在外。实际上，因为"没有人"需要对外部性的成本负责，所以也就"没有人"来支付那些成本。如此，增长的发动机得以一直轻松运转。最终，"每个人"都要为环境遭破坏、社会被扭曲和经济被奴役付出代价[76]。

4. 经济增长摧毁独特个性

经济增长的使命是实现效率的最优，这就需要大众化的行为，如大众生产、大众消费、大众分销、大众市场、大众媒体等。大众化带来了极大的利益，但其代价也很高昂。有观察家指出："在西方消费者为闪亮流水线连续生产出的产品所支付的价格中，有一部分就是与之相伴的因失去曾经的幸福和满意感的成本，包括失去的个性、独特性和趣味，丧失的工艺、地方多样性和富饶性，以及个性中那些远去的亲密氛围[87]。"

5. 当今经济增长不具持续性

人类正在以空前的速度掠夺地球。目前，人类的消费超过大自然的再生能力达 30%。按照目前的趋势，到 2050 年，人类需要 3~5 颗行星的自然资源才能维持现在的运转。世界观察研究所警告称："20 多年来，人类的生活消费已经超过了地球的供应能力，我们已无法继续走这样的老路了[77]。"如果不能停止矿业、农业和制造业的那些会产生负面影响的黑天鹅式⊖创新，那么无论我们如何努力，地球母亲迟早会让当前的增长模式停下来。

6. 改变游戏规则

总之，我们的立场很鲜明。数十亿人口的贫困、生态系统缓慢地走向死亡、消费引领的误人的自我实现、

⊖ 在发现澳大利亚的黑天鹅之前，17 世纪之前的欧洲人认为天鹅都是白色的。但随着第一只黑天鹅的出现，这个不可动摇的信念崩溃了。黑天鹅的存在寓意着不可预测的重大稀有事件，它在意料之外，却又改变一切。——译者注

异化的疯狂购买以及民主向专业性财阀统治的退化使世界走到了众所周知的岔路口。我们可以因为对增长所致代价的无知而继续保持幸福，迷失在无尽的表面性收益里，但终将不断地为那些遭低估的、必然发生的外部性所惊讶。或者，我们能够直面问题，重新使增长成为"既满足现代人的需求而又不损害子孙后代满足其所需的能力"[78]。

思考题

假设自己处于以下情形：明天，当你与朋友吃午饭时，经济增长是大家讨论的一个话题。假设你已经知道本观点交锋中的观点，那么你会用哪三个观点来表达自己对经济增长的理解？

3.6 经济分析

狭义指标（如 GNI、GDP 和 GNP）和广义指标（如 HDI、HPI、NPP）描述的是绝对的和相对的经济条件。它们对于描述一国的绩效和潜力颇为重要。为了深化分析和解释，管理者还需要研究其他指标。常用的指标包括通货膨胀、失业、债务、收入分配、贫困和国际收支。下面做具体分析。

3.6.1 通货膨胀

通货膨胀是指按标准购买力水平衡量的价格的持续上涨。可以通过比较两组产品在两个时间点之间的成本增加来计算通货膨胀。不过，这里的成本增加并不是因质量改进而发生的。按照主流经济学的观点，当总需求的增长快于总供给增长时，就会发生通货膨胀。因为有太多的人想购买供应有限的货物，从而导致需求超过供给，使得价格上升快于收入增加。按照其他理论的观点，如奥地利经济学派，通货膨胀是中央银行不断增加货币供应的结果[79]。最后，另有一些理论把通货膨胀定义为货币价值的持续下降[80]。无论怎么解释，管理者都应当留意通货膨胀对利率、生活成本、消费者信心、政治稳定及其他因素的影响[81]。

1. 通货膨胀和生活成本

这里来讨论通货膨胀对生活成本的影响[82]。除非收入的增长速度与通货膨胀相当甚至更快，否则消费者就会减少杂货、汽油等商品的购买，有时几乎就买不起东西了。例如，在巴西、前南斯拉夫、土库曼斯坦和伊朗发生快速通货膨胀或"恶性通货膨胀"期间，消费者必须尽快花掉手中的钱，否则只能看着它变得一文不值[83]。更为直白的例子是，津巴布韦过去几年里每天价格上涨达 95%，其年通货膨胀率于 2009 年达到惊人的79600000000%，每过 25 小时价格就翻了一番，人们做买卖时需要百万亿津巴布韦币的纸币[84]。一个津巴布韦人指出："这里涉及人们很难理解的超现实主义问题。

如果你需要什么东西并且拥有现金，你可以购买它。如果你拥有现金，最好今天购买，因为等到明天，它就只剩下不到原来价值的 5% 了。这里根本不存在正常水平[85]。"即便在正常的情况下，通货膨胀依旧会显著影响价格。例如，在美国，1950 年成本为 10.00 美元的物品到 2013 年就变为 95.27 美元[86]。

历史表明，长期的通货膨胀，即超长期的高通货膨胀，会削弱人们对货币的信心，转而促使人们寻求其他方法来存储财产。长期通货膨胀在企业看来意味着前景黯淡，导致企业及其客户都不愿意进行长期投资。通货膨胀对储蓄有抑制作用。保险、长期债券等普通的投资工具成了投机工具。通货膨胀迫使政府做出响应，通常就是采取提高利率、管制工资和物价或强化贸易保护措施。这些措施都会使增长放缓，潜力受到侵蚀。

2. 通货膨胀的衡量

衡量通货膨胀的一个共同困难是用什么方法来评估一国的经济变量。价格指数对于有关其计算范围和应用方面的决定很敏感[87]。例如，美国采用的是居民消费价格指数（CPI），欧盟采用的是居民消费价格调和指数（HICP）。与 CPI 不同的是，HICP 调查了农村人口，但不包括业主自用住房。因此，管理者必须注意计算的过程[88]。

3. 没有通货膨胀，就有通货紧缩

全球金融危机带给人们的一个无休止的结果就是通货紧缩从学术猜想变成现实。数十年来通货紧缩——而非通货膨胀——第一次威胁到经济的绩效和潜力。产能过剩、系统性去杠杆、信贷收紧、企业支出减少、房地产价格下降以及消费者需求下降都成了推动通货紧缩的动力。

与通货膨胀相反，**通货紧缩（Deflation）**是指产品价格的下降而不是上升。从技术上讲，通货紧缩发生在年通货膨胀率小于零之时。

引起通货紧缩的这些普通因素往往会带来超常的压力。货币和信用供给的缩减意味着个人消费和投资支出的紧缩。需求的下降和供给的上升引发了数量的上升和价格的下降。如果不加控制，那么在经济陷入螺旋式通缩的国家，企业要出售产品就越来越难。对此，企业只好通过打折来吸引消费者，而消费者往往又为了利用明天更便宜的价格而推迟购买。例如，日本就是因通货紧缩而失去了 20 年的增长机会。一位日本分析师解释称："利润降低，然后工资下降，消费者停止购买。由于消费者不购买，企业又降低价格……这一循环实在很难打破[89]。"

通货紧缩和失业有着复杂的联系。低需求使企业的业务减少，然后企业就会裁员，工人就会缩减消费，转而使需求变得更低，更低的需求再次导致企业的减产。目前，中央银行和政府依赖于**通货再膨胀**（Reflation）——增加货币供给和减税来加速经济活动——来对抗通货紧缩。例如，经济合作与发展组织就要求日本银行继续增加经济中的现金投放，直到出现正通货膨胀[90]。这项任务说起来容易，但做起来很难。从 1998 年到 2013 年中期，日本就经历了价格和工资的下降。同样，为了应对信贷危机，美国联邦储备委员会实施定量宽松政策，其实质就是通过印刷货币来刺激需求，转而对付通货紧缩。

3.6.2 失业

失业率（Unemployment Rate）是指相对于居民劳动力总数而言正在寻找付薪工作的未就业公民所占的比例。不能创造就业岗位的国家往往经济增长乏力，社会压力巨大，政治环境不稳定。一国就业人口的比例反映了该国有效利用人力资源的程度。如果人们能找到工作并获得收入，那么就表明该国的政策制定者有能力维持经济的发展；而失业率持续恶化则反映了该国政府的无能。

有些经济学家建议管理者跟踪**痛苦指数**（Misery Index）。痛苦指数是指一国家通货膨胀率和失业率的总和。痛苦指数越高，经济的痛苦程度越大，消费者越有可能缩减消费，企业越有可能减少投资，通货紧缩也越有可能出现。此外，随着痛苦指数的上升，企业的日子也会越痛苦，犯罪、失望、家庭关系紧张等之类的社会成本也会上升[91]。早在 2013 年年初，西班牙的痛苦指数就位列全球最高，接近 30%，紧随其后的分别是南非、克罗地亚、希腊、委内瑞拉、阿根廷、埃及、葡萄牙、斯洛伐克和爱尔兰。近来，人们通过经济安全指数这一形式拓宽了痛苦指数。经济安全指数对家庭经济不稳定状况进行了评估，采用的是家庭财富下降至少达 25% 的家庭的人口数[92]。

● 失业的衡量

随着时间的推移，失业的变化既有可能反映了劳动力需求和供给的变化，也有可能反映的是统计方法的变化。不同的假设（如调查所选择的时机以及季节性因素的影响）以及不纳入的统计项（如女性常常没有被完全统计）意味着失业率低估了实际失业的规模和范围。从技术上讲，失业率衡量的是有多少人没有付薪的工作而不是寻找付薪的工作。然而，失业率并没有统计那些根本不工作或停止找工作的人。因此，失业指标常常会低估实际的失业状况。

此外，失业调查经常不完全报告工人的生产力。例如，亚洲、非洲和南美地区的一些国家通常面临失业引起的经济、政治和社会问题。换言之，即便被正式雇用，不少人也不是全日制工作的，因此造成生产力下降、工资减少和社会稳定性降低。对此，有些人提出了替代指标以减少这些差异，就是直接计算出现在工资单上的人口数。这一指标跟踪的是为雇主全职雇用的人数占一国人口的百分比，可以消除各种调整带来的波动情况[93]。除了衡量方面的问题，失业率因国家不同、政策不同而具有不同的重要性[94]。一些国家，如法国和德国，为失业者提供大量的保护，而另一些国家，如肯尼亚、约旦等，则提供的保护很少甚至没有。

3.6.3 债务

债务（Debt）是指一国财政债务的总和，即国家向公民、外国组织、外国政府和国际机构的借款。一国的债务总额越大，其经济绩效和潜力越不确定。利息支出会使资源从具有较高生产效率的用途转移至其他用途。更危险的是，鉴于债务需要未来几代来偿还，这方面的担忧不仅会打击消费者的信心，也会降低政府的灵活性。

虽然增长很慢，但很多国家的政府债务在 2007 年之前一直在增加。随后，由于各国政府需要应对全球金融危机，这一情况发生了巨大的变化。对企业的救助、失业福利支出、财政重置以及宏观经济刺激，致使债务出现了前所未有的增加。根据国际货币基金组织的估计，全球最富的 10 个国家的债务从 2007 年的占其 GDP 78% 上升到 2014 年的接近 115%，相当于这些国家的公民人均欠债 5 万美元[95]。

国家债务分两个部分，即对内债务和对外债务。对内债务是因政府支出超过政府收入所致。政府出现财政赤字有多个原因，如税制不完善导致税收流失，安全与社会支出超过了税收收入，国有企业经营出现亏损等[96]。因此，政府必须努力优化支出安排，加强预算管理并完善税收政策。随着对内债务的增长，其早期信号体现为政府紧缩的不断强化以及税收的增加，导致消费者、投资者和企业对预期的不确定。

对外债务来自政府向国外出借人的借款。这里的出借人包括私人商业银行、外国政府、国际金融机构（如国际货币基金组织和世界银行）等。对外债务的利息以及本金的偿还必须用借款时的货币。因此，借款国可能需要将其货物出口到出借国，以获得偿还货币或将本国货币兑换为出借方货币。一旦发生可怕的债务危机，那么一国将承担高昂的政治、经济和社会成本。此时，经济活动会减少甚至慢慢停止。在经济有所恢复之前，一国通常要先面对各种各样的压力和损失。

3.6.4 收入分配

收入分配（Income Distribution）通常决定了一个市场的绩效和潜力状况。即使是按照人口规模或购买力进行了调整的 GNI，仍然无法有效估计一国公民的相对财富情况。换言之，人均 GNI 反映的是平均每个人所赚收入。不过，因为每个人并不相同，因此无法确定哪些人口取得多少份额的收入。例如，美国的 GNI 超过 15 万亿美元，其绩效排名各国之首。同样，美国的人均 GNI 在 2012 年达到引人注目的 50120 美元[97]。不过，如果就该收入在 3.14 亿名公民中的分配而言，显然所取得的绩效似乎就并不令人惊叹了。目前，美国最富有的 1% 的人口所取得的收入大于底层 40% 的人口所取得的收入，这个差距是过去 70 年里最大的。最富有的 1% 的人口拥有全美 37% 的私人股票、65% 的金融证券和 62% 的企业股权[98]；最富有的 10% 的人口拥有 85% ~ 90% 的股票、债券、信托基金和企业股权，以及超过 75% 的非住宅类房地产。实质上，大约 10% 的美国公民"拥有"了这个国家[99]。其实，美国的情况并非特例，另有数十个国家的收入分配情况可谓如出一辙。

在世界各地，不平等现象在增多。1960 年，世界上最富有的 20% 人口的收入是当时最贫穷的 20% 人口的 30 倍。到 2010 年，这一数字已上升到了 85 倍。相应地，这 20% 最富有人口的消费总额占世界消费总额的 75% 以上，而最贫穷的 20% 人口的消费总额仅占不到世界消费总额的 2%[100]。最富有的 1% 人口拥有的收入相当于底层最贫穷的 57% 人口所拥有的收入。换言之，世界上最富有的 7000 万人所赚取的收入等于 40 亿最贫困人口取得

的收入。平均下来，在大多数国家，最富有的 10% 人口的收入是最贫穷的 10% 人口的 9 倍。事实上，在以色列、土耳其、南非、美国、智利和墨西哥等国家，这个倍数还要大得多[101]。

1. 收益与成本

一定程度的收入不平等对激励人们努力工作、奖励人才和积极创新方面是有必要的。不过，不平等程度的扩大会引发社会冲突和分裂，从而对经济增长所需的社会稳定构成威胁[102]。在那些不平等程度更为严重的国家，不仅社会指标不佳，人类发展水平低下，而且经济安全性较差。贫困的农村与蓬勃发展的城市间不断扩大的收入差距会威胁到社会稳定和经济绩效[103]。

不平等程度的扩大最终会带来破坏性的结果，如机会减少、资源使用效率降低和个人主义泛滥[104]。最终而言，收入不平等会削弱一国的认同感，竞争的不公平以及机会的不平等会削弱经济发展的绩效和潜力。例如，在美国，收入不足 2 万美元的人对自由市场的信心正在不断丧失，相关支持率已从 2009 年的 76% 下降到 2010 年的 44%[105]。

2. 基尼系数

管理者会用**基尼系数**（Gini Coefficient）估计一国收入分配的不公平程度。基尼系数为 0 意味着完全公平的收入分配（每个人都有一样的收入）；基尼系数为 1 意味着完全不公平的收入分配（一个人拥有全部的收入）。大多数国家的基尼系数得分在 25% ~ 60%。

基尼系数的前提是一国已经达到某个合理的收入水平[106]。否则，基尼系数就不能全部反映收入分配情况。为了控制这种误差，需要对贫穷的规模和范围进行估计。例如，在印度，虽然公开的基尼系数为 33%，但它并不能反映印度收入分配的平等程度很理想；相反，这样的基尼系数反映了许多印度人民生活贫困的糟糕现实。事实上，印度 80% 的人口每天的生活花费不到 2 美元[107]。因此，收入可能在某个相对低的水平上进行公平分配，几乎没有什么收入可以按绝对水平进行分配。印度的例子虽显极端，但绝不是例外。

3.6.5 贫困

可以说，贫困现象遍布世界各地。管理者可以通过考虑一国的贫困状况来微调其关于收入和财富的分析。**贫困**（Poverty）是一种多维度的现象，即一个人或一个群体离最低标准的福利和生活所缺少的基本要素（见表 3-6）[108]。这些基本要素可以是维系生命的资源，如食物、

清洁的水和住房,可以是社会资源,如接受信息、教育和医疗保健的机会,也可以是与人建立社区联系或者维系大家庭的机会。

按照世界银行的定义,极端贫困是指每天的生活花费少于 1.25 美元,而适度贫困是指每天的花费不到 2 美元。全球大约有 13 亿人口生活在极端贫困中,有 25 亿人口生活在适度贫困中[109]。今天,大约 80% 的世界人口为穷人,10% 为中等收入人口,10% 为富人。就历史记录来看,虽然极端的收入不平只是最近的现象,但普遍的贫困绝并不是最近的现象[110]。

表 3-6　多维贫困指数

没有收入当然就是处于贫困状态。越来越多的研究对人们缺失的生存条件进行综合评估,这些缺失的生存条件包括食物、住所、稳定性和安全性。从技术上讲,如果缺失的生存条件总数超过 33%,那么表中所列指数评价的家庭就属于贫困家庭。

贫困维度	指　标	如果缺失……	指数中的相对比重(%)
教育	学校教育年数	没有人完成五年的学校教育	16.6
	儿童上学情况	孩子上学没有上到八年级	16.6
健康	儿童死亡率	家庭中有孩子死亡	16.6
	营养程度	全部成员营养不良	16.6
	用电情况	家里没有电	5.5
	生活卫生情况	没有像样的厕所,或虽有设施但与其他家庭共享	5.5
	饮用水	没有安全的饮用水,或距离水源往返超过 30min	5.5
生活标准	地面情况	地面有污垢、沙子或粪便	5.5
	生活燃料	用粪便、木头或木炭做燃料烹饪	5.5
	资产所有情况	广播、电视、电话、自行车、摩托车或冰箱不足两样,同时没有汽车或货车	5.5

资料来源:Based on *The Multidimensional Poverty Index*, The Oxford Poverty & Human Development Initiative, retrieved March 26, 2013 from www. ophi. org. uk/policy/multidimensional-poverty-index/.

1. 贫困的普遍性

贫困呈现全球性增长之势。当然,自 1990 年以来,估计的极端贫困人口数已减少了大约 3 亿人。然而,这些减少事实上集中在中国一个国家。如果把中国的情况排除在外,那么不难发现,发展中国家的极端贫困人口

数几乎没有变化。全球金融危机以及由此引起的财政紧缩已经威胁到更多的人。2013 年,全球失业人数首次突破 2 亿人,致使数以千万计的人口陷于贫困之中[111]。目前,不断上涨的医疗、教育和食品支出已经危及数以百万计的人[112]。

那么,其后果是什么呢?贫困会影响经济环境。人们会争夺食物、住房、衣物、清洁的水和卫生服务,更不用说对安全、保障和教育的争夺了。如果得不到这些,就会出现营养不良、精神疾病、死亡、瘟疫、饥荒和战争。例如,在加拿大,人人都能获得清洁的水;而在阿富汗,只有 13% 的人才能得到。在美国,人均膳食蛋白质供应为 121g;但在莫桑比克,则只有 32g。在日本,人均寿命为 83 岁;而中非共和国的人均寿命只有 46 岁[113]。

经营活动的增加以及经济发展的速度最终取决于贫困的缓解。对于跨国公司而言,极端贫困的市场意味着必须对经济体中许多看似理所当然的因素进行重新评估。例如,市场体系可能尚未建立;国家的基础设施可能不完备;犯罪可能非常普遍;政府可能设法持续管制社会或实施谨慎的经济政策。

2. 贫困人口的潜力

管理者必须关注当今贫困人口的购买潜力。例如,在印度,2002 年的移动电话用户数不到 1500 万人,2006 年为 1.36 亿人,到 2012 年年底达到 9.3 亿人,而当时超过 80% 的印度人口为穷人,他们每天的收入还不到 2 美元。但如今,印度企业提供的移动服务不仅是全球最便宜的,而且仍然可以获得利润。在过去的 5 年里,印度和中国(其移动运营商拥有近 9.5 亿名用户)增加的无线用户约占世界的一半以上。虽然形势严峻,但类似的发展机会也存在于其他领域,如计算机(面向儿童的 XO-1 低成本计算机项目)、汽车(如塔塔集团的 Nano 低价多功能轿车)、住房(提供价格大约为 2500 美元的各种功能住房的创意实验项目)等领域。更富戏剧性的是,一位管理者理指出:"全球有 10 亿名客户需要 2 美元一副的眼镜、单价为 10 美元的太阳能灯和 100 美元的房子[114]。"

这种观点让管理者开始关注所谓的"**金字塔底层**"(**Base of the Pyramid**)现象,即主要生活在亚洲、非洲和南美洲的近 40 亿人口的日收入低于 4 美元。虽然该市场被排斥在正式市场之外,但该市场的消费量巨大。尽管长期以来,该市场被视为无法进入且无利可图,但它在某种程度上将是全球经济的下一个增长点[115]。新兴经

济体收入的加速增长使今天的贫困人口步入不断壮大的中产阶层[116]。目前，在全球 20 多个新兴经济体有着近 20 亿中产阶层人口，他们每年的总支出高达 6.9 万亿美元。在接下来的 10 年里，他们每年的支出将上升至 20 万亿美元，相当于美国年消费支出的 2 倍[117]。全球中产阶级（也有人称他们为消费阶层）人口将从 1990 年的 10 亿人增加到 2025 年的 40 亿人。他们将为全球经济带来 25 万亿美元的消费，从而创造前所未有的经济增长[118]。

3. 成功的标准

随着全球以贫困人口为主转变为以中产阶层为主，金字塔的轮廓也在发生变化。这多年的发展进程必将创造巨大的机遇。首先，机会的"发现"需要具有特定观念模式的市场先驱者。更为直白地讲，"当你回看那些全球化主导者取得成功的案例时，不难发现这些企业学会了该如何培养不同于大众的思维。它们搜寻不同的信息，采用不同的处理方式，并得出不同的结论，最终做出不同的决定。凡是被其他企业看成是威胁或复杂的东西，在它们看来就是机遇；凡是被其他企业看成是贫瘠的荒地，在它们看来就是聚宝盆[119]。"

其次，当务之急是开发出消费者买得起的、使用方便的、生态友好的产品，以满足不利环境下的需求。例如，诺基亚、三星和摩托罗拉制造出了密封屏幕型手机（可用于阻挡水和污垢），其电池的待机时长达 400 小时，手机的大屏幕还具有背光运行功能。肯尼亚的 Safaricom 电信公司还将这些技术运用到新一代的移动货币服务功能中，以满足缺乏有效交易工具的市场的需要。面对基层消费者，一些企业进行了类似的创新，如生产出似黏土的冰箱（不耗电但能将蔬菜保鲜数日）、便宜的杀虫剂喷洒装置（安装在摩托车上）以及双卡双待手机（可在无线服务效果不佳的地区使用）[120]。

逐渐地，这些变革也使富人受益。跨国公司将那些节俭型创新用到面向西方消费者的产品中。中国企业生产出了可重复使用的缝合线（相对于过去那种昂贵的一次性产品）以及比西方便宜近 40% 的心脏支架[121]。GE 公司针对印度农村地区开发了一种低成本的心电图机，凭借效率和性能上的优胜，该产品很快被推广到德国和美国的市场[122]。这一连串的成功使得 GE 公司将印度确立为其"全球低成本创新中心"。

对西方那些价格敏感的消费者，金字塔底层标准——低成本、高性能、最少资源消耗、敏感于生活方式的创新——的吸引力越来越大了。面对许多发达国家着

财富增加的减缓以及富裕生活的远离，"新贵"式贫困人口数量不断增加。他们原来属于中产阶层，但如今也面临着紧缩的预算。随着美国、爱尔兰、西班牙、英国、希腊及其他发达国家开始进入紧缩时代，节俭商店（尤其是沃尔玛和阿尔迪）、预付费服务提供商（跳跃无线）、"协作消费"之类的新业务设计（让消费者可租用而不用购买）等行业迎来了巨大的商机。总之，金字塔的底层市场的广大远远超过人们所想。诸如塔塔和海尔之类的节俭型创新已经在德累斯顿⊖、德里、东莞和底特律等地找到了自己的市场[123]。

3.6.6 国际收支平衡表

正式而言，一国的**国际收支平衡表**（**Balance of Payment，BOP**）应该被称作国际交易结算表，报告的是一国的个人、企业和政府机构与世界其他国家和地区之间的贸易和金融交易情况[124]。国际收支平衡表记录的是两类不同的交易：经常账户和资本账户。经常账户记录的是货物和服务（如进口和出口）的跨境支付情况；资本账户记录的是货币资产的跨境支付情况[125]。

表 3-7 列出了每个账户的构成。从技术上讲，出口因在海外销售而产生正的收入，而进口因在国内销售而产生负的收入。如果出口多于进口，就产生正的净收入，转而形成经常账户盈余；相反，如果进口多于出口，就产生负的净收入，转而形成经常账户赤字。表 3-8 列出了全球经常账户盈余最多的五个国家和经常账户赤字最多的五个国家。

表 3-7　国际收支平衡表的构成
经常账户
有形货物的出口和进口价值，如石油、粮食或计算机（也称有形贸易）
服务商品的收支，如银行或广告和版权之类的其他无形商品，以及跨境股息和利息支付（也称无形贸易）
私人转移，如外籍工人寄回家的钱
官方转移，如对政府无回报的国际援助
资本账户
长期资本流动（即对外国企业的货币投资以及出售这些投资所获汇回本国的利润）
短期资本流动（即国际交易商以外币形式进行的货币投资以及开展国际业务的企业因商业目的而在世界各地流动的资金）

⊖　德国萨克森州首府，有"欧洲硅谷"之称。——译者注

最前的五个国家	国家	经常账户盈余/百万美元	最后的五个国家	国家	经常账户赤字/百万美元
1	德国	208100	159	土耳其	−59740
2	中国	170800	160	加拿大	−59920
3	沙特阿拉伯	150000	161	巴西	−65130
4	俄罗斯	85060	162	印度	−80150
5	日本	84700	163	美国	−487200

表 3-8　经常账户盈余最多与最少的五个国家

资料来源：Based on Central Intelligence Agency, "Country Comparison—Current Account Balance," The World Factbook (2013), retrieved March 13, 2013 from www.cia.gov/library/publications/the-world-factbook/rankorder/2187rank.html.

3.6.7　基于全球指数的经济分析

对一国经济环境中单个因素的分析属于局部均衡分析。这种分析方法颇有效率。不过，现代市场体系无论是从绝对角度还是从相对角度来看都是十分复杂的，而这意味着仅仅评估分离的单个指标往往无法全面解释给定系统的特性。显然，研究系统各个组成部分之间的联系有助于完善对系统绩效和潜力的分析。

1. 全球竞争力指数（GCI）

世界经济论坛对 144 个经济体的竞争力基础进行了评估[126]。该分析方法假定，为公民提供的经济繁荣取决于一国如何通过有效地制定制度、运用政策以及运用资源来提高生产力。一国管理这些职责的能力直接影响到该国相对于世界其他各国的竞争力。从操作上讲，全球竞争力指数是对绩效和 110 个变量之间关系的综合分析，而这些变量组成了反映一国竞争力的 12 个"竞争力要素"。这些竞争力要素所涉主要维度包括金融市场发展、宏观经济环境、技术准备程度、市场效率和创新。全球竞争力指数考虑到众多指标之间的联系，从而又把宏观竞争力与微观/商业竞争力也有效整合成单一的竞争力指标。该指数属于长期跟踪的指数，目前最具竞争力的前 10 个经济体主要来自欧洲。其中，瑞士排名第一；进入前十的欧洲国家还包括芬兰、瑞典、荷兰、德国和英国；另外进入前十的国家和地区分别是美国以及亚洲三大经济体，即新加坡、中国香港和日本。目前，美国位列世界第七，其排名已连续四年出现下降。在大的新兴经济体中，中国处于领先，而巴西的排名也在不断上升。

2. 世界竞争力指数（WCI）

世界竞争力项目评估的是一国（地区）创建并维持能确保私营或国有企业得以公平竞争，并创造繁荣和财富所需环境的能力。一国（地区）的竞争力指数取决于

四个主要因素：经济绩效、政府效率、企业效率和基础设施。这些因素又包括多个子因素，如国际贸易、就业、物价、商业法规、生产效率和管理行为。世界竞争力指数通过评估 300 多个指标，得出一国（地区）的总体绩效。

2012 年，中国香港荣登 WCI 榜首，紧随其后的分别是美国、瑞士、新加坡、瑞典、加拿大、中国台湾、挪威、德国和卡塔尔。同样，美国在过去几年的排名出现了下滑，失去了作为全球"领头羊"的地位。不过，根据 2012 年的报告，"虽然历经了挫折，但美国仍然是竞争力极强的国家，毕竟美国的经济实力独一无二，其企业的经营活力和创新能力都非常强大[127]。"

3. 全球创新指数（GII）

各国（地区）越来越期望通过智力创新来获得竞争优势。如今，鉴于点子和创新对全球市场影响力的不断增大，各国（地区）都在尽力提升作为经济环境关键因素的创新能力。全球创新指数衡量的就是一国（地区）在这方面取得成功的程度，并评估了一国（地区）在促进技术发展、提高公民素质、优化组织管理以及完善制度效率方面的能力，即评估将知识运用到在不断变化的市场上进行创新的能力[128]。全球创新指数包括五个输入变量（制度和政策、公民素质、基础设施、技术先进程度以及业务市场与资本）和三个输出变量（知识、竞争力和财富）。综合起来，通过这些指标就可以评估一国（地区）形成新点子，利用新点子生产创新产品，以及提高知识、竞争力和财富的能力。

目前，发达经济体在全球创新指数方面处于领先地位。其中，瑞士排名第一，紧随其后的是瑞典、新加坡、芬兰、英国、荷兰、丹麦、中国香港、爱尔兰和美国。亚洲地区的创新能力正在加速提升。例如，印度、土耳其和中国的排名正在不断上升。总的来说，亚洲国家的做法似乎正在从强调优化效率的具体措施向完善创新环境方面转变。

4. 最佳出生地指数（WTBBI）

最后，我们来展望一下不远的将来。按照最佳出生地指数的观点，一国能在多大程度上提供健康、安全且富有的生活机会，往往反映了该国当前和未来的经济环境[129]。最佳出生地指数评估了 11 个指标，包括地理、人口、生活质量、人均收入、预期寿命等。今天，"幸运宝贝"排行榜上有 80 个国家，瑞士排名第一，紧随其后的分别是澳大利亚、挪威、瑞典和丹麦。不难发现，排在前 15 位的国家都是小国。那些富裕的经济大国的排名

并不特别理想，特别是美国（16）、日本（25）、法国（26）和英国（27）。发展中经济体的排名处于中间以下直至最后，如巴西（37）、中国（49）、印度（66）和俄罗斯（72）。

案例 3-2

金砖四国：变革的领先者[130]

伴随着绩效的提升，新兴经济体的成功正在加速。现在，人们把关注的焦点落在新兴经济体中的领先者上，即包括巴西、俄罗斯、印度和中国的"金砖四国"。金砖四国的人口总规模达 28 亿人（占全球人口的 40%），领土横跨三大洲，覆盖了全球 1/4 的面积。目前，金砖四国的 GDP 约占全球 GDP 的 18%。未来 10 年，这一比例将达到 25%；到 2030 年，将增加到大约 1/3。如果按购买力平价进行调整，那么它们的绩效又将大大增加：目前，金砖四国的产生约占世界 GDP 的 30%，2020 年预计为 38%，到 2030 年将接近 45%。

毫无疑问，金砖四国比其他新兴市场在规模和范围上要大得多。此外，金砖四国也是消费模式、投资政策和社会趋势的领先指标，具有全球范围的引领作用力。

许多国家视金砖四国为时代变革的领先者：金砖四国怎样做，不论好坏，总不乏追随者。下面将描述金砖四国发展的特征及其对全球市场的影响，当然，最后也会指出一些潜在的威胁。

1. 卫兵交接

首先要清楚金砖四国在大约 30 年前的情况。当时，巴西经济因遭遇恶性通货膨胀而毫无希望；俄罗斯仍然处于铁幕下的戒备森严；印度的激进社会主义分子正在驱离 IBM 和可口可乐公司；中国刚从"文化大革命"中恢复过来。今天，条件和环境已经发生了根本性变化。按照目前的趋势并结合合理的预测，未来几十年里，金砖四国将成为第一强大的经济体（见图 3-9）。

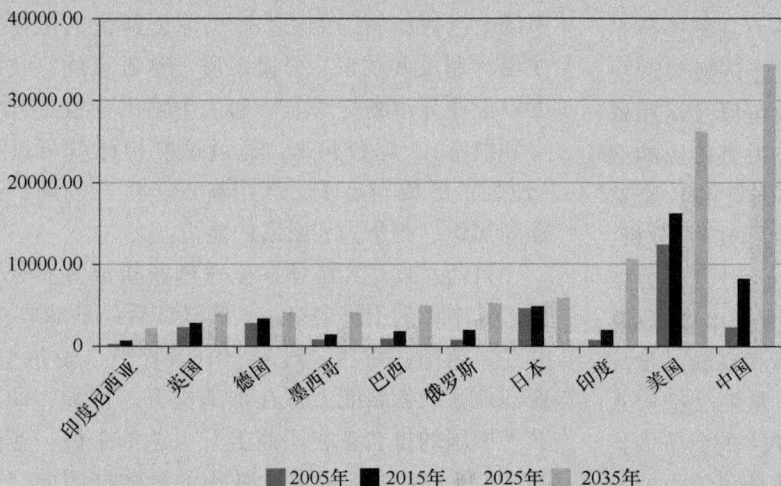

图中描述了全球十大经济体截至 2035 年的名义 GDP 的变化趋势。这里以 2006 年的 GDP 为比较的基准。

图 3-9　全球十大经济体在 2005 年、2015 年、2025 年与 2035 年的 GDP（单位：10 亿美元）

资料来源：Based on data in *Looking to 2060: A Global Vision of Long-Term Growth*, OECD Economic Policy Papers, November 2012; as well as assorted reports by the IMF World Bank, and McKinsey Global Institute.

最初，人们认为金砖四国要到大约 2050 年才能超过今天的富裕国家。不过，全球金融危机使得这个过程加快了。在金砖四国继续保持增长之时，德国、日本、英国、意大利、法国、美国等发达国家却在奋力挣扎。而且，这些富裕国家面临着大量的其他限制：劳动力的老龄化、巨大的债务以及生产力的下降。这一切预示着

富裕国家的经济增长将是一场恶战。此外，如图 3-9 所示，富裕国家的增长将低于新兴市场。与此同时，金砖四国的经济复苏速度也表明全球金融危机成为世界经济实力再分配的转折点。

同样，考虑到金砖四国大约 30 年前的情形，要预测它们未来 30 年后的成就与发展趋势，那么得到的结

果可能令人震惊或令人担忧。就目前的情形来看，金砖四国能否在未来实现"卫兵交接"尚难预料。不过，这并不能改变金砖四国的长期发展趋势，即把人口红利以及提高了的生产力、创新能力和资本效率转化为新兴经济体实现"王者归来"的动力。

2. 变化的市场

像许多其他新兴市场一样，金砖四国的经济一直在快速增长。根据历史数据，当人均 GNI 处于 3000 ~ 10000 美元时，消费需求会飞速增加。在金砖四国中，俄罗斯首先达到这一水平；中国、印度和巴西正在稳步迈向这一水平。如果按购买力进行调整，那么金砖四国都已跨越了这个阈值。

除了俄罗斯之外，金砖四国的中产阶层人数一直在增长。根据预测，中产阶层人数将从目前的 5000 万人增加到 2025 年的大约 6 亿人。更为直接地讲，在 2005—2015 年，金砖四国将有 8 亿人口的年收入超过 15000 美元。摆脱贫困扮演了游戏改变者的角色，毕竟摆脱贫困后，人们的消费会从一般消费品转向品牌商品。

随着收入的增长，曾经遥不可及的奢侈品现在也有了需求。例如，印度每 100 人大约拥有 2 辆汽车，而中国每 100 人大约有 9 辆。相比之下，德国和美国每 100 人分别拥有 63 辆和 82 辆。到 2030 年，印度和中国的汽车持有量可能增加 5 ~ 25 倍。到时，这两个国家加起来的汽车总数可能会从现在的 1.5 亿辆上升到 2030 年的近十亿辆，将占全球行驶汽车的一半。其他国家的汽车人均拥有量也相差不大：菲律宾为 3.3%，印度尼西亚为 3.3%，土耳其为 14%。随着低价汽车的入市，如塔塔生产的 Nano 牌汽车——面向贫困人口的、采用后置发动机的低价四座型汽车，全球汽车市场也日益扩大。类似的趋势几乎存在于每一个产品类别中。许多节俭创新计划将目标瞄准了金字塔底层，而这也反映了该市场的潜力，并且这种巨大潜力似乎只在工业革命之初出现过。

3. 大计划却有大问题

尽管金砖四国有着可观的绩效和潜力，但也不乏怀疑者。首先，这里存在着"近因效应"问题，即目前的趋势必将持续而不会有间断。历史经验表明，许多人犯大错就是因为仅凭当前的情况来推测未来的结果。随着业务基础的扩大，经济增长率总会减缓。此外，随着需求增加，边际价格压力也会增大。所以，诸如廉价劳动力或低成本资金等优势将会减弱。其结果必然是影响巨大但难以预测的黑天鹅事件。不过，最难预测的是那些可能改变游戏规则的罕见事件，如前苏联的解体、互联网的出现或全球金融危机的爆发。

虽然实现了高增长，但金砖四国仍然面临着持续贫困和收入分配扭曲等问题。到 2025 年，当今富裕国家的人均收入将超过 35000 美元，所涉人口不下 10 亿人。相比之下，在金砖四国近 30 亿人口中，只有 10% ~ 20% 可以达到这一门槛。从长远来看，美国的人均收入预计在 2050 年将达到 80000 美元。到时，中国可能会超过 31000 美元，巴西大约为 26000 美元，而印度只有 17400 美元。除了俄罗斯，金砖四国将有数亿人口远比德国、法国、日本、意大利、加拿大和美国的个人要贫困。因此，如果到时候按人均 GNI 衡量，那么历史上将第一次出现全球最大的经济体并非全球最富有的情况。

4. 各国面临的挑战

金砖四国各自面临着特定的问题。俄罗斯尤其显得脆弱。该国依赖于各类能源和矿产的出口来换回收入，而商品价格的剧烈波动使得俄罗斯的预算编制和项目安排十分复杂。此外，因为长期与西方世界关系紧张以及法律和政治结构上对公民实施限制，俄罗斯这个国家被认为具有冒险性。展望未来，除了其人口老龄化和人口数量下降之外，俄罗斯的寡头政府和破旧的基础设施也使人们很难预测其经济增长。因此，有人提议用"BICs"（巴西、印度、中国和南非）取代金砖四国（BRIC）的概念。

几十年来，人们一直看好巴西的经济潜力，但其努力一直无法达到这种期望。收入平等、生产力和教育方面存在的问题常常使巴西功败垂成。除了面临紧迫的经济和政治挑战之外，印度还存在着巨大的基础设施不足和数亿贫困人口等问题。因此，除了要满足当前的需求之外，印度还需要大量的资源以满足未来建设之需。中国在环境可持续性和政府治理方面等也面临着许多问题。此外，中国还面临着机会窗口遭到逐渐关闭的情况。到 2020 年，中国将拥有全球最多的老龄人口。根据国际货币基金组织在 2013 年的预测，中国的人口红利将于 2020 年消失，到时适龄工作人口将急剧下降。到 2030 年，中国将面临近 1.4 亿人的劳动力短缺，可以说将面临历史上最大的就业危机。

5. 绿色约束

虽然我们不希望这样，但可悲的现实是有限的资源无法满足创造美好未来的资源所需。金砖四国的崛起对全球环境的可持续性带来了严峻的挑战。全球变暖、原材料不断减少、污染加剧，都反映了金砖四国所面临的发展制约，更不用说其他 150 个左右的发展中国家似乎也打算追随它们的脚步。结果，可能未等它们的经济得到增长，资源供给和环境承载就已经超过了所能承受的极限。正如世界观察研究所所指出的，更令人担忧的情况是，一旦中国和印度所消耗的资源以及产生的污染达到当前美国的人均水平，那么还需要两个地球的资源。如果其他国家都这样，那么资源压力将更加巨大。据估计，如果各国都达到当今富裕国家的生活水平，那么大概需要五个地球的资源。

6. 增进合作

对于发展中面临的这些威胁，金砖四国的领导人并没有坐视不管。共同的追求和计划促使他们签订了双边和多边协定。作为世界上人口最多的两个国家，印度和中国结成了战略伙伴关系，不仅结束了边界争端，也促进了两国间的贸易。这一协议缓解了双方之间的关系。"印度和中国可以一起重塑世界秩序。"印度总理曼莫汉·辛格（Manmohan Singh）在印度总统府为当时到访的中国总理温家宝举行的欢迎仪式上宣布[131]。

同样，许多迹象表明俄罗斯与中国之间的关系也在加强。2011 年，中俄双边贸易额为 840 亿美元，远高于 2005 年的 200 亿美元。此外，双方计划到 2020 年实现 2000 亿美元的目标。为此，俄罗斯现在在政治上更愿意与中国而不是与西方国家建立联盟。前总统、现任总理普京正在大力推进这一切，他的目的就是要建立"新的世界经济架构"，以实现新兴经济体的兴起以及美国、日本和欧洲国家这些老牌强国的没落[132]。

7. 废黜美元

全球金融危机加速了这一趋势。除了贸易和经济关系，金砖四国也在通过其他方式来加强其在政治、法律和战略方面的影响。人们常常关注贸易中采用的结算外汇问题。自 1944 年的布雷顿森林协定以来，美元一直是世界储备货币。因此，美元被世界各地的政府和机构所广泛持有并用于各类国际交易的融资服务。不过，金砖四国一直试图削弱美元的霸主地位。2009 年，中国与巴西同意在两国商务中不再使用美元，转而签订了人民币与克鲁塞罗的货币互换协议。2010 年，中国与俄罗斯的双边贸易结算也停止使用美元，转而采用卢布或人民币进行结算。到 2013 年，中国已与 20 个国家进行

了货币互换谈判，在双边贸易中不再使用美元进行结算。这些国家包括澳大利亚、阿拉伯联合酋长国、日本、法国和土耳其等。其他国家也出现了类似的情况。尤其是，土耳其与俄罗斯和伊朗就在双边贸易中不用美元转而使用本国货币进行了安排。

8. 加强联系

为了加强协商，金砖四国已开始举行只有四国领导人参加的峰会，以讨论重置全球贸易结构和支持新的超国家货币的方法。其背景意义正如普京总理所解释的："世界就在我们面前变化。昨天仿佛还是落后并毫无希望的国家，今天已是全球发展最快的经济体。"在其他新兴经济体的支持下，金砖四国不再仅仅是旧有世界格局的一员；相反，其目标是要建立摆脱过去限制的全新世界。金砖四国的不断发展和西方国家发展的停滞不前，进一步推进了金砖四国的前进步伐。金砖四国 2011 年度的峰会不仅增加了对西方的压力，还要求调整全球货币体系、减少对美元的依赖以及在国际金融机构中有更多的话语权。

9. 未来之路

当然，也有人推测称，在打造伟大经济体的进程中，金砖四国或许会成为泥砖而失败。的确，金砖四国政府已经制定了合理的经济政策，开放了贸易和国内市场，并且制定了支持经济自由所需的制度。然而，全球金融危机的爆发无情地表明，经济学似乎已经过时了。

虽然不时存在着悲观论调，但人们普遍抱有恰当的乐观情绪。调研发现，影响宏观经济持续增长的前提条件有四个：稳健的宏观经济政策；政治机构致力于透明、公平和法治；贸易和资本投资的开放；强大的教育体系。总体而言，金砖国家以及其他新兴市场国家正在稳步符合这些标准的主要精神。不过，目前尚无符合全部标准的国家。换言之，金砖四国的成功意味着可能并不需要满足所有标准。金砖四国不断发展而西方国家停滞不前这一事实表明，对市场的传统理解可能误判了那些经济环境因素。如果是这样，那么应该是西方市场而不是金砖四国必须进行改革。

不管未来如何，没有人会对美好未来心存疑惑。金砖四国的崛起预示着全球经济新阶段已经到来。虽然金砖四国的潜力尚未得到充分发挥，但其成功将重新解释经济环境的结构、增长模式以及影响经济活动的动力。

思考题

1. 预测未来 10 年金砖四国市场可能出现的变化。为了做

好投资和经营,企业应该密切关注哪些经济指标?

2. 就金砖四国崛起对你的国家的职业和企业的发展给出三个方面的意义。

3. 你认为近因偏见是否会导致人们高估金砖四国的潜力?如果你是一家公司的经理,你会如何评估这些市场并控制这种偏见?

4. 对于绝对收入规模很大但就人均指标而言大部分消费者为贫困人口的市场,管理者应该如何解释其产品有着巨大的市场潜力?

5. 如果金砖国家未能实现预期的绩效,这会给国际商务环境带来怎样的影响?

6. 如果把 GNI、国民生产净值和幸福生活指数作为巴西、俄罗斯、中国和印度的经济绩效指标,请比较这些指标的优缺点。

本章小结

1. 经济自由衡量的是除对公民自由进行必要的保护和维持外,政府对商品或服务的生产、分销或消费不进行强制或限制的程度。

2. 与经济不自由或无自由的国家相比,经济自由的国家往往享有较高的人均收入、生活水平和社会稳定。

3. 全球金融危机对自由市场的合法性提出了挑战。为应对危机带来的影响,许多国家的政府加强了对经济的管制。

4. 在市场经济下,虽然资源为私人所有,但价格和数量通过"看不见的手"决定了市场的供给与需求。

5. 在计划经济下,政府计划规定了生产什么商品和服务、生产多少数量以及按什么价格进行销售。

6. 混合经济包含市场经济和计划经济的一些元素。两者都会对投资活动和消费行为产生影响。

7. 市场经济支持的是资本主义学说,依靠的是"看不见的手"和自由放任政策,目标是实现最大化的经济自由。

8. 指令性经济支持的是共产主义学说,依靠的是政府指令和管制(即便不是针对全部生产要素),目标是限制经济自由。

9. 混合经济支持的是社会主义学说,依靠的是政府

"看得见的手"对部分生产要素的指令与管制,其目标是调节经济自由。

10. 国家资本主义是一种政府出于政治目的而操纵市场结果的制度。

11. 管理者可以根据规模类指标(GNI、GNP 与GDP)、收入类指标(人均 GNI、人均 GNP 或人均GDP)、稳定性指标(HDI 与 HPI)和可持续类指标(NNP、GPI 与 YBLI)来评估市场。

12. 反映经济绩效的绿色指标考虑了那些支持可持续发展的生态因素。

13. 货币性指标往往会错估经济绩效,这就要求将幸福因素纳入繁荣的概念中。

14. 管理者可以用若干指标来评估经济体的绩效和潜力。这些指标包括通货膨胀、失业、债务、收入分配、贫困和国际收支平衡状况。

15. 金字塔底层是全球最大但也最贫困的社会经济群体。虽然按个人财富来看他们很贫困,但金字塔底层群体的总收入意味着该市场是未来市场开拓的前沿。

16. 各种全球性指数可以帮助管理者按竞争力、创新程度和生活质量来评价特定市场的总体特征。

关键术语

国际收支平衡表(BOP)	经济自由	国民生产总值(GNP)	痛苦指数
金字塔底层	经济自由指数	幸福经济学	贫困
金砖四国	经济体制	收入分配	通货再膨胀
资本主义	新兴经济体	通货膨胀	社会主义
计划经济	基尼系数	自由放任主义	国家资本主义
共产主义	绿色经济学	市场经济	可持续发展
债务	国民总收入(GNI)	混合经济	失业率
通货紧缩			

参考文献

1 ***Sources include the following:*** Thomas Friedman, *The World Is Flat: A Brief History of the Twenty-first Century"* (Farrar, Straus and Giroux, 2005); Clyde V. Prestowitz, *Three Billion New Capitalists: The Great Shift of Wealth and Power to the East* (New York: Basic Books, 2006); Clyde Prestowitz, "Three Billion New Capitalists," video transcript, *News Hour* (August 15, 2005), www.pbs.org/newshour/bb/economy/july-dec05/prestowitz_8-15.html; Kenneth Rogoff, "Betting with the House's Money," *Project Syndicate,* retrieved May 7, 2007 from www.project-syndicate.org/commentary/rogoff27; Anne O. Krueger, "Stability, Growth, and Prosperity: The Global Economy and the IMF," retrieved June 7, 2006 from www.imf.org/external/np/speeches/2006/060706.htm; Angus Maddison, *The World Economy, 1–2030 AD* (London: Oxford University Press, 2007); *The World Economy: Volume 1: A Millennial Perspective* (Paris: Development Centre, 2001); *Volume 2: Historical Statistics* (Paris: Development Centre, 2003); "BRICs, Emerging Markets and the World Economy: Not Just Straw Men," *The Economist* (June 18, 2009): 45; "Government v. Market in America: The Visible Hand," *The Economist* (May 28, 2009): 25–28, retrieved August 12, 2009 from www.economist.com/displaystory.cfm?story_id=13743310; "The Next Billions: Unleashing Business Potential in Untapped Markets," *World Economic Forum* (January 2009): 44; "A Special Report on Innovation in Emerging Markets: The World Turned Upside Down," *The Economist,* retrieved April 21, 2011 from www.economist.com/node/15879369; "China Claims #9 Rank In United States Patents!" retrieved April 23, 2011 from www.defence.pk/forums/china-defence/55892-china-claims-9-rank-united-states-patents.html; Ian Morris, *Why the West Rules... For Now* (New York, Farrar, Straus and Giroux, 2010).

2 Thomas Friedman, *The World Is Flat: A Brief History of the Twenty-first Century* (Farrar, Straus and Giroux, 2005).

3 Clyde V. Prestowitz, *Three Billion New Capitalists: The Great Shift of Wealth and Power to the East,* (New York: Basic Books, 2006).

4 Hal Sirkin, James W. Hemerling, Arindam Bhattacharya, *Globality: Competing with Everyone from Everywhere for Everything,* Grand Central Publishing, 2008.

5 "Global Economic Outlook," The Conference Board," retrieved April 11, 2011 from www.conference-board.org/data/globalout look.cfm. They moved to 50.4 percent in 2010. "Global Development Horizons 2011—Multipolarity: The New Global Economy," *The World Bank* (retrieved May 19, 2011).

6 Martin Dewhurst, Jonathan Harris, and Suzanne Heywood, "The Global Company's Challenge," *McKinsey Quarterly,* December 31, 2012, from www.mckinseyquarterly.com/The_global_companys_challenge_2979.

7 So, for example, in May 2011, Chinese Central Bank governor Zhou Xiaochuan noted that "The new IMF leadership needs to reflect changes in the world economic order and be more representative of emerging market economies."

8 "A Special Report on Innovation in Emerging Markets: The World Turned Upside Down," *The Economist,* retrieved April 21, 2011 from www.economist.com/node/15879369; James Politi, "World Bank Sees End to Dollar's Hegemony," *Financial Times* (May 17, 2011).

9 Ibid.

10 Dustin Ensinger, "China Takes the Crown, Economy in Crisis," retrieved April 13, 2011 from www.economyincrisis.org/content/china-takes-crown.

11 People's Republic of China: Spillover Report." International Monetary Fund, retrieved January, 26, 2013 from www.imf.org/external/pubs/ft/scr/2011/cr11193.pdf.

12 Dustin Ensinger, "China Takes the Crown, Economy in Crisis," 5.

13 Clyde Prestowitz, "Three Billion New Capitalists," video transcript, *News Hour* (August 15, 2005), retrieved July 18, 2007 from www.pbs.org/newshour/bb/economy/july-dec05/prestowitz_815.html.

14 Jason Dean, Andrew Browne, and Shai Oster, "China's 'State Capitalism' Sparks a Global Backlash - WSJ.com" (November 16, 2010); Keith Bradsher, "In Trade Cases, Solar Panel Industry Follows Lead of Steel Industry," *New York Times* (October 12, 2012): B2.

15 Bradsher, Keith. "Strategy of Solar Dominance Now Poses a Threat to China," *New York Times* (October 5 2012): B1.

16 For example, in mid-2011, Bolivia dismantled its privatization model that governed the mining industry and expropriated all assets owned by private, largely foreign-owned mining companies. The fear was this action signaled rising resource nationalism worldwide.

17 "A Special Report On Innovation In Emerging Markets: The World Turned Upside Down."

18 Martin Dewhurst, Jonathan Harris, and Suzanne Heywood, "The Global Company's Challenge," *McKinsey Quarterly,* retrieved December 31, 2012 from www.mckinseyquarterly.com/The_global_companys_challenge_2979.

19 Jason Dean, Andrew Browne, and Shai Oster, "China's 'State Capitalism' Sparks a Global Backlash," WSJ.com, retrieved January 30, 2013 from online.wsj.com/article/SB10001424052748703514904575602731006315198.html.

20 Cardwell, Diane, and Keith Bradsher, "U.S. Will Place Tariffs on Chinese Solar Panels." *New York Times,* (October 11, 2012): B3.

21 Stephen King, *Losing Control: The Emerging Threats to Western Prosperity,* (New Haven, CT: Yale University Press, 2010).

22 "How We Classify Countries | Data," *The World Bank,* retrieved February 6, 2013 from data.worldbank.org/about/country-classifications.

23 See, for example, www.econlib.org/library/Enc/BehavioralEconomics.html.

24 Consider, for example, the consequences of a reduction in interest rates; a cut spurs more borrowing that fans greater demand that boosts inflation that erodes purchasing power that creates wage pressure that reduces profits that lowers savings and so on.

25 Kim Murphy, "Melting Ice Caps Open Up Shipping Routes," *Los Angeles Times* (October 13, 2009).

26 Simon Wilson, "Global Trade: The Opening of the Northeast Passage," *MoneyWeek* (September 25, 2009):45.

27 Ships attempting the Northern Sea Route or Northwest Passages face hundred-mile long swathes of shifting pack ice, even during the two months or so of each summer when safe passage is feasible.

28 "NASA—Arctic Ice Gets a Check Up," retrieved April 18, 2011 from www.nasa.gov/mission_pages/icebridge/multimedia/arcticseaice-max2011.html.

29 Arctic Sea Ice Volume Now One-fifth Its 1979 Level," *Weather Underground,* retrieved February 20, 2013 from www.wunderground.com/blog/JeffMasters/show.html; Justin Gillis, "Arctic Sea Ice Stops Melting, but Record Low Is Set," *New York Times,* (January 23, 2013): C4.

30 William W. Beach and Marc A. Miles, "Explaining the Factors of the Index of Economic Freedom," *2005 Index of Economic Freedom,* retrieved August 14, 2006 from www.heritage.org/research/features/index:33.

31 Quotation extracted from *The Wealth of Nations.* Reported in "Executive Summary," Index of Economic Freedom , retrieved February 4, 2008 from www.heritage.org/research/features/index/chapters/pdf/index2008_execsum.pdf.

32 "March Toward Economic Freedom Stalls With Only Two Regions Improving," The Heritage Foundation, retrieved January 23, 2013 from

www.heritage.org/index/press-release-overview.

33　*The 2013 Index of Economic Freedom*, retrieved January 24, 2013 from www.heritage.org/Index.

34　E.g., Robert Lawson "Measuring Economic Freedom," Cato Institute, retrieved April 13, 2011 from www.cato.org/pub_display.php?pub_id=6101.

35　Barry Eichengreen and Kevin H. O'Rourke, "A Tale of Two Depressions," retrieved June 5, 2009 from www.voxeu.org/index.php?q=node/3421.

36　"Bush Says Sacrificed Free-market Principles to Save Economy," *Agence France-Presse*, retrieved January 28, 2013 from www.google.com/hostednews/afp/article/ALeqM5jyyKrPjYt7VhpS8G8DrRkr18B0hA.

37　Data drawn from 12,884 interviews across 25 countries. "Sharp Drop in American Enthusiasm for Free Market," *Globescan,* retrieved April 19, 2011 from www.globescan.com/news_archives/radar10w2_free_market; "Capitalism's waning popularity," *The Economist*, (April 7, 2011): 45.

38　Ibid.

39　Ibid.

40　Anatole Kaletsky, "*Capitalism 4.0: The Birth of a New Economy in the Aftermath of Crisis,* (New York: Public Affairs, 2010).

41　Strictly speaking, none of them is a "pure" market economy because their governments intervene in the marketplace. Still, their historic advocacy of economic freedom endorses the philosophy of capitalism and the principle of laissez-faire.

42　"Quote by Ronald Reagan: Government Is Not the Solution…." retrieved February 24, 2013 from www.goodreads.com/quotes/179719-in-this-present-crisis-government-is-not-the-solution-to.

43　Only then, the thinking goes, are the proletariat (the social class that does manual labor or work for wages) protected from exploitation by the bourgeois (the social class that owns the factors of production).

44　Companies in centrally planned economies exhibited a particular quirk. The absence of competition and bankruptcy in this sort of economic system meant that once an enterprise was up and running, it survived indefinitely, irrespective of performance.

45　"The Global Revival Of Industrial Policy: Picking Winners, Saving Losers," *The Economist*, (April 27, 2011):55.

46　Michael Todaro, *Economic Development,* 6th edition (Reading, MA: Addison Wesley, 1996):705.

47　"The French Model: Vive la Différence!" *The Economist*, (May 7, 2009):37.

48　"Denmark 'happiest place on earth,'" BBC News, 28 July 2006. retrieved April 18, 2011 from news.bbc.co.uk/2/hi/health/5224306.stm; see also Russell Shorto, "Going Dutch: How I learned to love the welfare state," *New York Times,* retrieved April 17, 2011 from www.nytimes.com/2009/05/03/magazine/03european-.html.

49　For instance, the French government holds significance ownership stakes in several large companies, including Areva (15.88 percent stake), Renault (15 percent stake), Safran (30.2 percent stake), EDF (84.44 percent stake), and GDF Suez (36.36 percent stake).

50　Most worrisome to free market proponents is that, once a crisis passes, government control sometimes shrinks, but it never returns to its original size. Indeed, some argue that a mixed economy is essentially a move toward a socialist state.

51　Regarding the informal, the *Economist* reported that "When Alan Greenspan was chairman of the Federal Reserve, he monitored several unusual measures. One favorite, supposedly, was sales of men's underwear, which are usually pretty constant, but drop in recessions when men replace them less often." See "Fast Food for Thought," *The Economist* (July 30, 2011): 12.

52　"Fact Sheet: World Population Trends 2012," *Population Reference Bureau,*" retrieved January 24, 2013 from www.prb.org/Publications/Datasheets/2012/world-population-data-sheet/fact-sheet-world-population.aspx.

53　"GDP: One of the Great Inventions of the 20th Century," *Bureau of Economic Analysis*, retrieved from January 24, 2013 from www.bea.gov/scb/account_articles/general/0100od/maintext.htm.

54　For example, Indonesia's GNP is larger than its GNI—the former was $706 billion in 2010, while the latter was $599 billion. The same held for its neighbor, Thailand, with a GNI of $286 billion versus GNP of $318 billion the same year. In contrast, the GNI of the United States in 2010 was $14.60 trillion, while its GNP was $14.66 trillion. This discrepancy results from the fact that the net foreign factor income was negative for Indonesia and Thailand (i.e., a net outflow), but roughly balanced for the United States. Since GNI takes net flows into account, we have the resulting variance between GNI and GNP. As a rule, many developing countries produce more value than they receive as income, thereby leading to a higher GNP than GNI.

55　Historically, GNI was referred to as gross national product. The definition and measurement of GNI and GNP are analogous, but institutions such as the World Bank and International Monetary Fund now use the term GNI.

56　For example, Latin America has seen income per capita drop five times since the 1980s. The current global credit crisis has triggered a sixth occurrence—population in the region is growing 1.3 percent a year but the economy "grew" –2.2 percent in 2009. As expected, consumer demand, public finances, financial reserves, and currency valuations tumbled. This calamity is not unique to Latin America; at least 60 developing markets suffered income drops in 2009, with especially hard times for Central and Eastern Europe and sub-Saharan Africa.

57　Technically, we compute per capita GNI by taking the GNI of a country and converting it into a standard currency—say, the U.S. dollar at prevailing exchange rates—and then dividing this sum by population size.

58　U.S. and World Population Clocks—POPClocks, retrieved January 30, 2013. Check www.census.gov/main/www/popclock.html for current statistic.

59　Technically, the World Bank estimates a higher per capita income level for Monaco. However, the 2011 report is an approximation and, moreover, there is no estimate for its purchasing power parity conversion. Hence, we use Norway given its complete data file for 2011.

60　We calculate PPP between countries by estimating the value of a universal "basket" of goods (e.g., soap and bread) and services (e.g., telephone and electricity) that can be purchased with one unit of a country's currency. For example, a loaf of bread that sells for 53.70 rupees in India should cost U.S. $1.00 in the United States given an exchange rate between India and the United States of 53.70 INR to U.S. $1. Exchange rates as of January 24, 2013.

61　World Bank, 2013 Survey (Atlas methodology for GNI per capita). Typically, the prices of many goods are considered and weighted according to their importance in the economy of the particular country.

62　"Europe's Shadow Economy: As Big As Germany, "*Zero Hedge."* Retrieved May 13, 2013 from http://www.zerohedge.com/news/2013-05-06/europes-shadow-economy-big-germany.

63　"Process of Preparation of the Environmental Perspective to the Year 2000 and Beyond," General Assembly Resolution 38/161," retrieved May 27, 2007 from www.un.org/documents/ga/res/38/a38r161htm.

64　Joseph Stiglitz, "Good Numbers Gone Bad: Why Relying on GDP as a Leading Economic Gauge Can Lead to Poor Decision-Making," *Fortune* (September 25, 2006):45-49.

65　Some maintain that the purpose of development is to enlarge people's choices. In principle, these choices can be infinite and can change over time. People often value achievements that do not show up at all, or not immediately, in income or growth figures: greater access to knowledge, better nutrition and health services, more secure livelihoods, security against crime and physical violence, satisfying leisure hours, political and cultural freedoms, and sense of participation in community activities. The objective of development is to create an enabling environment for people to enjoy long, healthy, and creative lives. Statement by Dr. Mahbub ul Haq, co-conceiver, with Amartya Sen of HDI.

66 Richard Easterlin, "Does Economic Growth Improve the Human Lot?" in Paul A. David and Melvin W. Reder, eds., *Nations and Households in Economic Growth: Essays in Honor of Moses Abramovitz* (New York: Academic Press, 1974); Richard Easterlin, "Income and Happiness: Towards a Unified Theory," *The Economic Journal* (2001): 465–84.

67 Eric Weiner, "The Happiest Places in the World," *Forbes* (April 23, 2008):55.

68 Mark Whitehouse, "GDP Can Be a Poor Measure of Success," WSJ.com, retrieved January 17, 2011 from online.wsj.com/article/SB10001424052748704064504576070343252409876.html; "Noreena Hertz: Even War Is Good for Economic Growth," *Spiegel Online*, retrieved January 28, 2013 from www.spiegel.de/international/world/globalization-critic-noreena-hertz-even-war-is-good-for-economic-growth-a-685491.html.

69 Roger Cohen, "The Happynomics of Life," NYTimes.com, retrieved April 27, 2011 from nytimes.com/2011/03/13/opinion/13cohen.html?_r=1.

70 Charles Jones and Peter Klenow, *Beyond GDP? Welfare across Countries and Time*, NBER Working Papers 16352, National Bureau of Economic Research (2010).

71 "OECD Launches Happiness Index, *AFP*, retrieved May 26, 2011 from www.google.com/hostednews/afp/article/ALeqM5jj15a9ZCL9ETVD9UAn18y7MlrG_g?docId=CNG.b86506f095cbf61164e88f98b0d5d21c.2a1.

72 The Happiest Countries in the World," *24/7 Wall St*, retrieved June 4, 2011 from 247wallst.com/2011/06/01/the-happiest-countries-in-the-world/2.

73 *World Bank Indicators, 2013*, The World Bank, data.worldbank.org/data-catalog/world-development-indicators.

74 "Government v. Market in America: The Visible Hand," *The Economist* (May 28, 2009): 25–28.

75 E. Mishan, *The Costs of Economic Growth* (New York: Praeger, 1967).

76 Ibid.

77 Jerome Glenn, Theodore Gordon, and Elizabeth Florescu, *2009 State of the Future, The Millennium Project*, retrieved May 15, 2011 from www.millenniumproject.org/millennium/sof2009.html; "Humans using Earth's Resources at Unsustainable Rate, Conservation Group Claims," retrieved June 2, 2011 from www.naturalnews.com/020873.html.

78 *Process of Preparation of the Environmental Perspective to the Year 2000 and Beyond*, General Assembly Resolution 38/161, retrieved May 27, 2007 from www.un.org/documents/ga/res/38/a38r161htm.

79 Murray Rothbard, "Ludwig von Mises (1881–1973)," retrieved May 27, 2009 from www.mises.org/content/mises.asp.

80 See www.usinflationcalculator.com/frequently-asked-questions-faqs.

81 For example, discontent with rising prices sparked China's Tiananmen Square protests of 1989. "China's Future: Rising Power, Anxious State," *The Economist*, Special Report: China (June 25, 2011): 9.

82 Economists use different types of indexes to measure inflation, but the one they use the most is the *Consumer Price Index (CPI)*. The CPI measures a fixed basket of goods and compares its price from one period to the next. A rise in the index indicates inflation.

83 The Hanke-Krus hyperinflation table documents every known case of hyperinflation of the 20th century.

84 Steve H. Hanke and Alex K. F. Kwok, "On the Measurement of Zimbabwe's Hyperinflation," *Cato Journal*, (Spring/Summer 2009).

85 Steve H. Hanke and Alex K. F. Kwok, "On the Measurement of Zimbabwe's Hyperinflation," *Cato Journal*, (Spring/Summer 2009).

86 Analytics performed at www.usinflationcalculator.com/.

87 Kevin Phillips, "Numbers Racket: Why the Economy Is Worse than We Know," *Harper's*, retrieved April 26, 2001 from www.harpers.org/archive/2008/05/0082023; "Economics focus: Botox and bean counting," *The Economist* (April 30, 2011):84.

88 For instance, as of 2003, only three countries had annual inflation rates in excess of 40 percent, the level above which it is generally considered to be acutely damaging to an economy. All major industrial countries had inflation under 3 percent (and in Japan, deflation persisted). Moreover, inflation in many middle- and lower-income countries, once stuck with extreme inflation pressure, had fallen well into single digits in the early twenty-first century. Many credited the fall in inflation to a combination of the price pressures of globalization along with more vigilant central bankers and economic policymakers. See Ken Rogoff, "The IMF Strikes Back," *Foreign Policy* (January/February 2003): 39–48.

89 View of Junko Nishioka, Chief Japan economist at RBS Securities Japan Ltd. in Tokyo. From "Japan Succumbs to Deflation as Consumer Prices Fall Record 1.1 percent," Bloomberg.com, retrieved June 29, 2009 from www.bloomberg.com/apps/news?pid=newsarchive&sid=aaQyqjERBorM.

90 Ibid.

91 Presently, the wealthier countries of the world are watching their working-age population shrink from approximately 740 to 690 million people between 2000 and 2025. However, over the same time, the working-age population will increase across poorer countries from about 3 to 4 billion people. In China alone, the population above the age of 16 will grow by 5.5 million annually on average in the next 20 years. The total population of working-age Chinese will reach 940 million by 2020. Presently, the youth of the world suffer the highest rates of unemployment in most countries, with rates twice that of adult (ages 25–65) unemployment. China, for example, sees the age structure of its population creating severe employment pressure within the next two decades.

92 "Economic Security Index: Putting a Face on American Economic Security," retrieved January 24, 2013, from economicsecurityindex.org/.

93 "In U.S., Employment Situation Deteriorates in January," *Gallup Economy*, retrieved January 28, 2013 from www.gallup.com/poll/159866/employment-situation-deteriorates-january.aspx.

94 See Constance Sorrentino, "International Unemployment Rates: How Comparable Are They?" *Monthly Labor Review* (June 2000): 3–20.

95 See U.S. National Debt Clock, www.brillig.com/debt_clock.

96 For example, arguably the U.S. fiscal system is plugged with many tax loopholes that cause inefficiencies, misallocation of resources, and lost revenues. Hence, eliminating the deficit requires eliminating these distortions.

97 GNI per capita data is adjusted by purchasing power parity (data as of February 2013).

98 Bob Herbert, "Losing Our Way," NYTimes.com, retrieved April 12, 2011 from www.nytimes.com/2011/03/26/opinion/26herbert.html?_r=1.

99 William Domhoff, "Wealth, Income, and Power," retrieved May 5, 2009 from sociology.ucsc.edu/whorulesamerica/power/wealth.html; see "Gap between Rich and Poor: World Income Inequality," retrieved July 4, 2009 from www.infoplease.com/ipa/A0908770.html.

100 *World Development Indicators 2012*, The World Bank.

101 "Growing Income Inequality in OECD Countries: What Drives It and How Can Policy Tackle It?" www.oecd.org/els/social/inequality (May 2010). Finally, income inequality is accelerating between top executives and the average employee. In 2010, the average CEO in the United States made 343 times more money than the average American did last year. In 2007, for example, CEOs of the 15 largest companies earned 520 times more than the average worker. This is up from 360 times more in 2003. We see similar patterns Australia, Germany, Hong Kong (China), the Netherlands, and South Africa.

102 "Inequality: Unbottled Gini," *The Economist,*" (January 20, 2011):45.

103 "Chinese Scholars Warn Growing Wealth Gap Likely to Trigger Social Instability," *Sina,* retrieved July 8, 2006 from english.sina.com/china/1/2005/0822/43237.html.

104 Joseph Stiglitz, "Of the 1 Percent, by the 1 Percent, for the 1 Percent," *Vanity Fair* (May 2011).

105 Ibid: 26.

106 Others advocate refining analysis by calculating a "Global Gini" that measures the scale of income distribution among everyone in the world. Global inequality increased in the 19th and 20th centuries as richer countries, on average, consistently grew faster than poorer countries. Recently, the accelerating comeback of developing countries shows up in declining global inequality, indicating that the planet as a whole is increasingly fair.

107 "80 Percent of Indians Live on Less than $2 a day—World Bank," livemint.com, retrieved April 17, 2011 from www.livemint.com/articles/2007/10/16235421/80-of-Indians-live-on-less-th.htm.

108 "A Wealth of Data: A Useful New Way to Capture the Many Aspects of Poverty," *The Economist,* retrieved April 18, 2011 from www.economist.com/node/16693283.

109 "Impossible Architecture," *Social Watch Report 2006,* retrieved May 27, 2007 from www.socialwatch.org/en/portada.htm.

110 Noted Jeffery Sachs, "The world is more unequal than at any time in world history. There's a basic reason for that which is that 200 years ago everybody was poor. A relatively small part of the world achieved what the economists call a modern economic growth. Those countries represent only about one-sixth of humanity, and five-sixths of humanity is what we call the developing world. It's the vast majority of the world. The gap can be 100 to 1, maybe a gap of $30,000 per person and $300 per person. And that's absolutely astounding to be on the same planet and to have that extreme variation in material well-being." Transcript, Chapter 18, "Episode Three: The New Rules of the Game," *Commanding Heights: The Battle for the World Economy,* retrieved June 28, 2007 from www.pbs.org/wgbh/commanding-heights/lo/index.htm.

111 "Global Unemployment Expected to Surpass 200 Million," *Zero Hedge,* retrieved January 29, 2013 www.zerohedge.com/news/2013-01-22/global-unemployment-expected-surpass-200-million).

112 Sandrine Rastello and Wendy Pugh, "Food Surge Is Exacerbating Poverty, World Bank Says," Bloomberg.com, retrieved May 10, 2011 from www.bloomberg.com/news/2011-02-15/food-price-jump-pushes-44-million-into-extreme-poverty-world-bank-says.html.

113 The Food and Agriculture Organization of the United Nations translates the food commodities available for human consumption in a country into their protein equivalent. This measure compensates for differences in protein supplied by different foods across countries (go to www.fao.org).

114 Donald McNeil Jr., "Design That Solves Problems for the World's Poor," *New York Times* (May 29, 2007): B-2.

115 "The Next Billions: Unleashing Business Potential in Untapped Markets," *World Economic Forum* (January 2009): 44; C. K. Prahalad and S. L. Hart, "The Fortune at the Bottom of the Pyramid," *Strategy+Business* (2002) 26: 54–67.

116 Christa Case Bryant, "Surging BRIC Middle Classes Are Eclipsing Global Poverty," CSMonitor.com, retrieved May 25, 2011 from www.csmonitor.com/World/2011/0517/Surging-BRIC-middle-classes-are-eclipsing-global-poverty.

117 David Court and Laxman Narasimhan, "Capturing the World's Emerging Middle Class," *McKinsey Quarterly* (July 2010): 67.

118 "Chart Focus: The World's Economic Center of Gravity Shifts," *McKinsey Quarterly,* retrieved February 25, 2013 from www.mckinseyquarterly.com/newsletters/chartfocus/2013_02.html.

119 Jane Fraser and Jeremy Oppenheim, "What's New about Globalization," *The McKinsey Quarterly* (May 1997): 178. Erik Simanis, "When selling to poor consumers, companies first need to create the market," WSJ.com," retrieved January 29, 2013 from online.wsj.com/article/SB10001424052970203946904574301802684947732.html.

120 See, for example, www.nextbillion.net.

121 "Medical Technology: Frugal Healing," *The Economist,*" (January 11, 2011):45.

122 "Innovations to Create New Streams of Profitable Growth," *Accenture Outlook,* retrieved June 9, 2009 from www.accenture.com/in-en/outlook/Pages/outlook-journal-2010-less-is-new-more-innovation.aspx.

123 "The Tata Group: Out of India," *The Economist* (March 5, 2011):76–78; "The Bottom of the Pyramid," *The Economist* (June 25, 2011): 80.

124 The notion of *balance* means that all BOP transactions have an offsetting receipt. For instance, a country might have a surplus in merchandise trade (indicating that it is exporting more than it is importing) but may then report a deficit in another area, such as its investment income. In other words, because the current account and the capital account add up to the total account—which is necessarily balanced—a deficit in the current account is accompanied by an equal surplus in the capital account and vice versa. A deficit or surplus in the current account cannot be explained or evaluated without simultaneous explanation and evaluation of an equal surplus or deficit in the capital account.

125 Retrieved October 2, 2009 from www.cia.gov/library/publications/the-world-factbook/rankorder/2187rank.html.

126 "Global Competitiveness Index," *World Economic Forum,*" retrieved January 25, 2013 from www.weforum.org/issues/global-competitiveness.

127 "IMD Announces Its 2012 World Competitiveness Rankings," IMD, retrieved January 25, 2013 from www.imd.org/news/IMD-announces-its-2012-World-Competitiveness-Rankings.cfm.

128 "The Global Innovation Index 2012," retrieved January 25, 2013 from www.globalinnovationindex.org/gii/.

129 "The Lottery of Life," *The Economist: The World in 2013,* (November 21, 2012):91.

130 ***Sources include the following:*** Dominic Wilson and Roopa Purushothaman, "Global Economics Paper No. 99: Dreaming with BRICs: The Path to 2050," Goldman Sachs, at www.gs.com/insight/research/reports/report6.html; "The BRICs Are Coming—Fast," *Business Week* (October 27, 2003): 33; Daniel Gross, "The U.S. Is Losing Market Share. So What?" *New York Times* (January 28, 2007): A-2; Andrew Kramer, "Putin Wants New Economic 'Architecture,'" *International Herald Tribune* (June 10, 2007): 1; "Chilling Time," *The Economist* (June 14, 2007): 24; State of the World 2006: China and India Hold World in Balance, Worldwatch Institute; see www.worldwatch.org; N. Taleb, *The Black Swan: The Impact of the Highly Improbable* (New York: Random House, 2007); "Emerging Markets and the World Economy: Not Just Straw Men," *The Economist,* (June 18, 2009): 53. "What the West Doesn't Get About China - *Harvard Business Review,*" retrieved August 29, 2011 from hbr.org/2011/06/what-the-west-doesnt-get-about-china/ar/pr; *The World Economic Forum,* retrieved September 7, 2011 from www.reports.weforum.org/global-competitiveness-2011-2012/; Abhijit Neogy and Alexei Anishchuk, "BRICS demand global monetary shake-up, greater influence," *Reuters,* retrieved October 26, 2011 from www.reuters.com/article/2011/04/14/us-brics-idUSTRE73D18H20110414; Ambrose Evans-Pritchard, "IMF Sees 140m Jobs Shortage in Ageing China as 'Lewis Point' Hits," *Telegraph,* retrieved February 4, 2013 from www.telegraph.co.uk/finance/comment/9845959/IMF-sees-140m-jobs-shortage-in-ageing-China-as-Lewis-Point-hits.html; Arvind Subramanian, "BRICs Share of Global GDP Will Go up from 18% to 26% over the Next Decade," *Economic Times,* retrieved February 4, 2013, from articles.economictimes.indiatimes.com/2012-09-06/news/33650208_1_bric-countries-brics-share-punita-kumar-sinha; "Russia and China to Strengthen Trade Ties," FT.com, retrieved February 4, 2013 from www.ft.com/cms/s/0/d8999462-af27-11e1-a8a7-00144feabdc0.html.; "China Busy Signing Currency Deals," *Forbes,* retrieved February 4, 2013 from www.forbes.com/sites/jackperkowski/2012/06/26/china-busy-signing-currency-deals/.

131 India, China Hoping to 'Reshape the World Order' Together," Washingtonpost.com, retrieved February 24, 2013 from www.washingtonpost.com/wp-dyn/articles/A43053-2005Apr11.html.

132 Andrew E. Kramer, "Putin Wants New Economic 'Architecture'" *The New York Times,* (June 10, 2007): B-1.

第4章

国际贸易与要素流动理论

市场是为众人而非一人所设的。

——非洲（富拉尼）谚语

本章目标

通过本章学习，应能：

1. 把握各种国际贸易理论是如何帮助政策制定者实现经济目标的。
2. 理解贸易干预理论的历史理据和当前理据。
3. 解释自由贸易是如何提高全球效率的。
4. 区别影响各国贸易模式的因素。
5. 理解一国出口能力的动态性。
6. 分析生产要素，尤其是劳动力和资本跨国流动的原因。
7. 描述国际贸易与国际要素流动之间的关系。
8. 了解贸易模式变化的各种情况。

案例4-1

哥斯达黎加贸易政策的演变

哥斯达黎加位于中美洲，毗邻太平洋和大西洋的加勒比海湾[1]，总人口约470万人。因其拥有肥沃的土壤和丰富的生物多样性，有着"富饶海岸"（Rich Coast）之称。此外，哥斯达黎加兼具发达国家和发展中国家的特点。哥斯达黎加的人均GDP为12600美元（基于2012年的购买力平价），其大宗农商品（主要为香蕉、菠萝和咖啡）出口占全部商品出口的36%。不过，哥斯达黎加的旅游收入超过了上述出口最多的三类农产品出口的总和，而且因其生物多样性而成为生态旅游的目的地。哥斯达黎加对外负债率较高，国民识字率达95%，人均寿命为78岁，收入分配也比较公平（10%最富有的人口占有总财富的40%）。此外，哥斯达黎加长期保持政治民主和社会稳定。

1. 四个时期

和所有国家一样，哥斯达黎加依赖于国际贸易与要素流动政策——有关商品、服务和生产要素跨国流动的战略——来实现其经济目标。在任何国家，国际贸易与要素流动政策都会随国内外环境的变化而变化。此外，这些政策对政治因素颇为敏感，尤其是对国家领导人的经济判断以及优先考虑的因素。

为便于分析，这里把哥斯达黎加贸易政策的演变分为四个历史时期，而且每个历史时期都有其独特的国际贸易和要素流动战略。

（1）19 世纪末—1960 年：自由贸易政策（要求政府不干预贸易和投资）。

（2）1960—1982 年：进口替代政策（要求用本国生产来替代商品和服务的进口）。

（3）1983 年—20 世纪 90 年代早期：进口自由、出口促进并鼓励引进各类外资。

（4）20 世纪 90 年代早期至今：战略性贸易政策或产业政策（要求生产特定类型的产品并开放进口）。

2. 19 世纪末—1960 年

在 19 世纪后期，绝大多数国家允许商品、资本和劳动力在国家间的自由流动。政府几乎不进行干预，从而营造出由个体生产者决定生产什么和在哪里生产的经济环境。因此，国际贸易蓬勃发展，各国倾向于专业化生产并销售自己最擅长生产的商品。

直到 20 世纪 60 年代初，绝大多数拉丁美洲国家，包括哥斯达黎加，都集中生产一种或几种大宗商品（原材料或农产品），然后通过出口换回其他大宗商品和制成品。起初，哥斯达黎加的农场主集中生产咖啡。随后，伴随着冷藏船的发展，也开始生产香蕉。在这一时期的大部分时间里，哥斯达黎加坚持执行自由贸易政策，主要是因为当时大宗商品的价格，尤其是咖啡的价格，一直处于高位。

但最后，以下三个方面的因素使得哥斯达黎加的领导人坚信必须鼓励生产的多元化，并实现经济上的自给自足：

（1）两次世界大战削弱了哥斯达黎加出口其大宗商品并进口本国不生产的商品的能力。

（2）相对于制成品的价格，咖啡和香蕉的价格出现了下降，尤其是随着新的大宗商品生产商（特别是非洲国家）进入国际市场。

（3）当国际市场环境不利时，那些参与国际市场较少的拉丁美洲国家大多不受影响。

鉴于这些情况，哥斯达黎加的贸易政策转向进口替代政策。

3. 1960—1982 年

20 世纪 60 年代早期，哥斯达黎加政府认为，如果哥斯达黎加限制进口（如实施高额征税），那么就可以激励国内外投资者在哥斯达黎加境内生产和销售更多的商品。这就是所谓的**进口替代政策**（Import Substitution）。不过，他们也清楚哥斯达黎加的市场太小，无法满足投资项目的大规模生产要求。

针对这一问题，哥斯达黎加联合其他四国——萨尔瓦多、危地马拉、洪都拉斯和尼加拉瓜——共同成立了中美洲共同市场（CACM），允许中美洲共同市场成员国生产的产品自由进入任何其他成员国的市场。如此，成员国企业面向的市场不是一个国家的市场，而是五个国家的市场。

不过，进口替代政策的结果有些复杂。在进口替代政策实施之前，哥斯达黎加经济对农业的依赖程度已处于下滑状态。1950—1960 年，哥斯达黎加农业占 GDP 的比重由 40.9% 下降到 25.2%。到 1980 年，哥斯达黎加农业占 GDP 的比重进一步下跌到 18%，而这一下跌显然不能完全归因于经济政策的变化。

同样，大多数投资者将新增的制成品指定在国内销售，而不是在更大的共同市场上销售。例如，进口替代政策有助于医药行业吸引投资，但其中的主要原因并非那里有一个更大的市场；此时，进口替代战略基本有效，毕竟小规模生产和包装企业在这个行业中仍然显得很有效率。

那么，为什么进口替代战略再加上一个配套的区域贸易协定，并不能像中美洲共同市场领导者所预期的那样取得成功呢？原因十分简单：投资者都相信中美洲共同市场注定要分裂。而事实证明，他们是对的。到 20 世纪 70 年代末，萨尔瓦多和危地马拉爆发内战，使其国内经济几近瘫痪；而尼加拉瓜的新政权在意识形态上又致力于控制其经济生活的各个方面（包括贸易）。

有时，进口替代确实带动了出口，如哥斯达黎加的加工咖啡和棉花籽。然而，许多经济学家和潜在的投资者开始担心，那些旨在保护当地生产的一系列政策，如价格管制、进口限制和补贴等，都是在将这个国家的资源引向无效率生产。例如，哥斯达黎加的大米生产几乎实现了自给自足，但这靠的是通过政府政策，将成本更低的外国产大米逐出哥斯达黎加。

此外，政府还通过补助国内大米生产者，以控制消费价格上涨。这些补助资金大部分来自对高效率行业的高额征税，而这些行业反过来因资金短缺而难以扩张。最终，一些无效率生产商因为受益于高消费价格而得以生存，导致消费者用于购买国内或国外产品的可支配收入的下降。

至此，哥斯达黎加的政策制定者认定，哥斯达黎加必须重点生产那些在国际市场上具有竞争力的产品。从某些方面讲，这些政策制定者可能受到那些通过国际竞争而取得快速发展的亚洲国家的影响。因此，哥斯达黎加的经济发展战略于1983年开始转向出口促进政策。

4. 1983年—20世纪90年代初

为了确保只有那些具有国际竞争优势的企业和行业能生存下来，哥斯达黎加政府开始清除进口壁垒。例如，大米进口大幅增加。

为支持经济改革，决策者决定吸引更多的外部资本和技术。幸运的是，美国政府当时恰好推出《加勒比盆地倡议》（Caribbean Basin Initiative）。该倡议允许原产地为加勒比地区的产品可以按比其他原产地更低的关税（或进口税）税率进入美国。为了利用这一新的机会，哥斯达黎加成立了投资促进局（CINDE）；投资促进局是由哥斯达黎加政府和美国基金共同设立的私营机构。成立投资促进局的目的是帮助促进经济发展，但其优先目标之一就是吸引外国直接投资。

为了推进投资促进局的工作，哥斯达黎加设立了出口加工区（EPZ），允许出口企业免税进口投入品和设备，而且8年内可免缴所得税，随后4年减半征收。到1989年，共有35家企业落户出口加工区，主要是利用哥斯达黎加廉价劳动力的纺织品和鞋袜厂家。

不过，至此，哥斯达黎加投资促进局的官员也开始担心其雄心勃勃的新举措可能带来以下两个潜在问题：

（1）其他国家（主要是墨西哥）可能受益于美国更低的关税，所以哥斯达黎加可能难以维持其出口加工区所出口产品的成本优势。

（2）哥斯达黎加那些具有熟练技能并受过良好教育的劳动力受聘于那些被吸引到出口加工区的行业难免大材小用，无法发挥他们的优势。

为此，投资促进局决定与哥斯达黎加政府展开合作，开始寻找并吸引那些与哥斯达黎加资源禀赋更为匹配的投资。

5. 20世纪90年代早期至今

哥斯达黎加的**战略性贸易政策**（**Strategic Trade Policy**）确定了打造国际竞争力的目标产业，包括医用仪器和设备、电子产品和软件。这些产业具有高增长潜力，而且提供的工资回报要高于那些已经在出口加工区投资的产业。

此外，哥斯达黎加政府还总结了吸引大量各类国外投资的发展中国家的特征。这些特征包括拥有受过较高程度教育并能讲基本英语的劳动力（特别是工程师和技术工人）、稳定的政治和社会环境、相对高的贸易自由度以及足以留住外国投资者带来的管理人员和技术工人的品质生活。比较的结论如何呢？就确定的目标产业而言，哥斯达黎加应该具有国际竞争力。

（1）投资促进局的建议。投资促进局还雇请世界银行国际金融公司的外国投资咨询服务中心（FIAS）调研该如何吸引这些行业的企业。外国投资咨询服务中心认为，哥斯达黎加完全有可能引进到足够数量的合适企业，并列出了这些行业中最符合哥斯达黎加优势的领域，如有利于发挥哥斯达黎加大量受过良好教育的劳动力队伍优势的电力科技行业。此外，投资促进局还建议政府把电子和计算机产业的支持企业也确定为目标产业的企业，如塑料和金属加工企业。最后，外国投资咨询服务中心也指出，哥斯达黎加还需要提高技术人员和工程师的英语水平并加强知识产权保护。对此，哥斯达黎加政府不仅修订了面向中级技术人员的培训课程，补充了英语语言技能的培训内容，而且为国外投资者带来的职员开设西班牙语培训班。

（2）进展报告。通过着手引进电子和软件领域的外国投资，很多高科技投资项目已落户于哥斯达黎加，如雷利比利奇（Reliability）、普罗捷克（Protek）、卡洛普莱斯（Colorplast）、森索乔尼克（Sensortronics）等。到目前为止，最大的投资来自计算机芯片巨头英特尔（Intel）公司。投资促进局为引进英特尔可谓费尽心思，不仅拟定了英特尔可能关心的所有问题，并准备了相关知识性应答，而且动员政府高层和企业领袖与英特尔的高管会面，甚至获得了哥斯达黎加总统何塞·菲格雷斯（José Figueres）的支持，请他们乘坐直升机对厂址进行调研。

自那以来，哥斯达黎加已将对产业的关注转移到医疗器械行业，而且成功地吸引到来自美国雅培制药有限公司、百特医疗公司、宝洁等公司的投资。尽管咖啡与香蕉的出口对哥斯达黎加的经济仍然很重要，但制成品出口已只占其出口的大约60%，而且高科技产品已经成为哥斯达黎加经济与出口的支柱。

思考题

1. 根据表4-1中的理论体系，本案例中所介绍的四个时期可以用哪种理论解释？

2. 哥斯达黎加超过50%的出口集中面向美国、荷兰和中国。对此集中情况，可以用哪种贸易理论进行解释？为什么？

4.1 引言

案例 4-1 讲述了哥斯达黎加是如何通过贸易和要素流动（资本、技术和劳动力的流动）来达成其经济目的。如图 4-1 所示，各国通过产品和服务贸易以及生产要素的流动而建立起国际联系。正像哥斯达黎加那样，其他国家也在为做什么贸易、做多少贸易以及与谁做贸易等问题而烦恼。与这些问题相交织的是如何通过提升资本质量和数量、增进科技竞争力以及培养工人技能，来生产富有竞争力的产品。

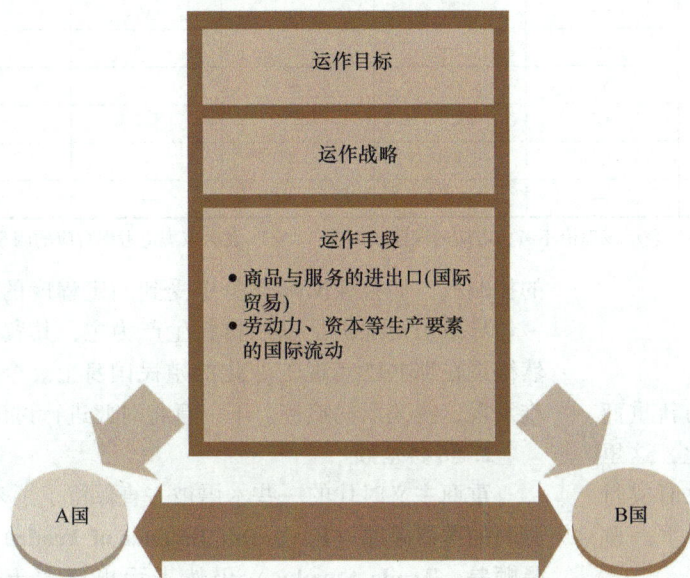

```
┌─────────────────────┐
│      运作目标        │
├─────────────────────┤
│      运作战略        │
├─────────────────────┤
│      运作手段        │
│ ● 商品与服务的进出口(国际
│   贸易)
│ ● 劳动力、资本等生产要素
│   的国际流动
└─────────────────────┘
   A国              B国
```

为实现国际商务运作目标，企业的战略必须转向国际贸易和跨国运作，如从母国（A国）到东道国（B国）。一旦发生了跨国转移，那么两国之间就有了经济联系。

图 4-1　国际运作与经济联系

4.2　进出口政策：自由放任与干预主义

一国的经济和政治目标得到确立后，政府部门就要制定政策，包括贸易政策，以实现预期的目标。这类政策往往会影响哪些国家能更为有效地生产某种产品，以及一国是否允许进口产品在本国市场上与本国生产的商品和服务进行竞争。一些国家采取自由放任的做法，允许由市场来决定贸易关系。自由贸易理论（绝对优势和相对优势）采取的是完全自由放任手段，因为这些理论强调政府不要通过直接干预来影响贸易；与此相对的是重商主义理论和新重商主义理论，强调政府对贸易的大规模干预。究竟是采取自由放任政策还是干预政策，一国的选择取决于贸易政策变化所依据的贸易理论。

4.3　贸易模式理论

本小节将先介绍关贸易干预的理论，然后分析那些有助于解释贸易模式（即一国的贸易依存度、贸易产品和贸易对象）的理论，包括国家规模、要素禀赋以及国家之间的相似性等理论。之后，将重点介绍一国特定产品出口竞争力动态变化的贸易理论，包括产品生命周期理论和国家竞争优势钻石理论。

4.3.1　贸易理论和经营

表 4-1 汇总了主要的贸易理论及其要点。这些不同的理论有助于我们了解政府贸易政策对企业竞争力可能的影响。例如，根据这些贸易理论，就可以知道哪些地区和产品做出口是有利的，从而也有助于企业在政府实行或没有实行贸易限制的情况下选择生产地点。

4.3.2　要素流动理论

鉴于一国竞争实力的稳定性和变化主要取决于本国生产要素（土地、劳动力、资本和技术）的数量和质量，本章最后会对要素流动问题进行总结讨论。

表 4-1　主要贸易理论所涉及与不涉及的讨论点清单

理　　论	贸易属性			贸易关系			
	贸易规模	贸易产品	贸易对象	政府是否应该控制	贸易规模应该是多少	贸易产品应该是哪些	贸易对象应该是谁
重商主义理论	—	—	—	是	√	√	√
新重商主义理论	—	—	—	是	√	—	—
绝对优势理论	—	√	—	否	—	√	—
比较优势理论	—	√	—	否	—	√	—
国家规模理论	√	√	—	—	—	—	—
要素禀赋理论	—	√	√	—	—	—	—
国家相似理论	—	√	√	—	—	—	—
产品生命周期理论	—	√	√	—	—	—	—
国家竞争优势钻石理论	—	—	—	—	—	—	—

注：表中列出了各种贸易理论以及有关的考虑因素。"—"表示该理论不考虑对应的因素或问题；"√"表示该理论考虑对应的因素或问题。

4.4　贸易干预理论

重商主义理论是最古老的贸易理论，近来的新重商主义理论也是由重商主义理论衍生而来的。因此，这里先对重商主义理论进行介绍。这些理论都是以政府实行的贸易干预政策为基础的。至于其他原因，留待下一章讨论。

4.4.1　重商主义理论

按照**重商主义理论**（**Mercantilism**）的观点，一国的财富是由其所持有的黄金数量来度量的。在1500—1800年，重商主义理论成为经济思想的基石[2]。按照这一理论，一国应该努力使其出口大于进口，而且如果这种贸易政策实施成功，就可以从贸易逆差国获得黄金。这一时期，民族国家不断涌现，中央政府可以用黄金来装备军队、建立机构，从而强化人们对新生国家的忠诚。

1. 政府政策

为了使出口多于进口，政府限制进口并补贴某些产品的生产，即那些在没有补贴时缺乏国内市场或出口市场竞争力的产品。有些国家利用其殖民地来达到这一贸易目标并获得黄金，如殖民国要求殖民地提供本来需要从非联系国购买的大宗商品，以及维持与殖民地的贸易顺差。这些国家不仅垄断殖民地的贸易，而且强迫殖民地向它们出口定价较低的原材料，并从它们这里进口定价较高的制成品。

随着重商主义自1800年起日趋式微，虽然殖民列强政府很少直接限制其殖民地的工业化发展，但殖民国企业不仅具有技术上的领先优势，掌握着国外原材料生产

的控制权，而且在国际竞争中受到一定程度的保护。这一切导致殖民地仍是以原材料生产为主，其贸易关系仍然维系在那些已实现工业化的殖民国身上。今天，仍不难发现这些关系的痕迹。下一章将对此进行讨论。

2. 贸易差额

重商主义时代的一些术语被一直保留了下来。例如，**有利的贸易差额**（**Favorable Balance of Trade**）（也称贸易顺差，**Trade Surplus**）仍然表示出口大于进口；相反，**无利的贸易差额**（**Unfavorable Balance of Trade**）（也称贸易逆差，**Trade Deficit**）表示进口大于出口。然而，也有很多术语有用词不当之嫌。例如，"有利"一词意为"受益"，而"无利"一词意为"损失"。事实上，实现贸易顺差并不意味着一定受益，而出现贸易逆差也不一定就是损失。一国的贸易顺差只是暂时地表示对外国的供给大于对外国的需求而已[3]。

在重商主义时代，贸易差额要通过黄金转移来支付，而现在却是通过持有逆差国的货币或者以逆差国货币标价的投资来支付，这实际上就是贸易顺差国向贸易逆差国提供的信贷。如果这项信贷最后不能购买到足够的商品和服务，那么所谓的贸易顺差就可能转化成对贸易顺差国的不利因素。

4.4.2　新重商主义理论

按照**新重商主义理论**（**Neomercantilism**），一国会努力实现贸易顺差以达到其社会或政治目的。为了增加就业岗位，一国会通过制定经济政策来鼓励企业生产国内市场供大于求的产品，再将过剩的产品出口国外。有时，为了维持地区的政治影响力，一国向该地区输出的商品会远多于从该地区进口的。例如，一国政府向国外

政府提供帮助或贷款，但要求用于购买资助国的过剩产出。

4.5　自由贸易理论

一国究竟出于什么原因而需要贸易？为什么哥斯达黎加（或其他国家）不能满足于自己生产的商品和服务呢？事实上，许多信奉重商主义理论的国家都试图努力实现自给自足。这里主要讨论支持自由贸易的两大理论：绝对优势理论和相对优势理论。

这两大理论都认为，一国既不应该人为地限制进口，也不应该人为地推进出口[4]。市场会决定生产者的去留，毕竟消费者要购买的是最能满足其需要的产品。此外，这两大自由贸易理论都隐含了专业化分工的思想。正如个体和家庭都会用自己生产的东西来交换他人生产的东西，国际分工意味着生产的东西要供国内消费和出口，同时再用出口的收入去购买从国外进口的产品和服务。

4.5.1　绝对优势理论

1776 年，亚当·斯密（Adam Smith）对重商主义的假设提出了质疑。他指出，一国的真正财富是其公民可获得的产品和服务而不是所持有的黄金。按照**绝对优势**（Absolute Advantage）**理论**，不同国家生产某些产品的效率往往有高有低。该理论提出的质问是：如果一国公民能购买他国生产的更为便宜的产品，那么他们为什么一定要购买国内生产的产品呢？按照亚当·斯密的解释，如果没有任何贸易限制，一国应当专业化生产能使自己具有比较优势的产品。这样，一国的资源就会转向高效率产业，毕竟资源处在低效率产业并不能带来竞争力。通过专业化生产，一国可以从以下三个方面实现效率的提升：

（1）劳动者因重复同一任务而使熟练程度提高。

（2）劳动者不会因为从生产一种产品转至生产另一产品而浪费时间。

（3）大批量生产会促进更加有效的工作方法产生。

这样，一国采用专业化生产所带来的富余产品可以购买到比自己生产的多的进口产品。不过，一国该专业化生产哪种产品呢？虽然斯密相信市场会做出决定，但他认为一国的优势不外乎两种：先天优势或后天优势。

1. 先天优势

一国可能因气候环境、可获得某种自然资源或拥有某些劳动力，而在生产某些产品方面享有**先天优势**（Natural Advantage）。正如案例 4-1 所介绍的，哥斯达黎加的气候和土壤条件适宜香蕉、菠萝和咖啡的生长，而且其生物多样性又适合发展生态旅游产业。不过，哥斯达黎加要进口小麦，毕竟其气候和土壤不太适合种植小麦。如果哥斯达黎加要增加小麦生产，那么势必要把原本用来生产香蕉、菠萝和咖啡的土地用作小麦生产，或是把生物多样性国家公园转作农业生产。显然，这样做会导致收益下降。

相反，美国也可以生产咖啡（如在气候可控的建筑物内），但成本是要把资源从生产小麦上转移出来，而美国的气候和地形都适宜种植小麦。与两国都生产小麦和咖啡从而实现自给自足相比，通过专业化生产和交换来满足双方的需求显然要容易得多。两个国家的先天优势差异越大，越有可能与对方进行互惠贸易。

不同国家之间的天然优势差异也可以用来解释为什么一些国家开展特定商品的生产更有效率。如果企业对出口的农产品或自然资源先进行加工处理从而实现运输成本的降低，那么效率就会尤其明显。将咖啡豆加工成速溶咖啡，不仅可以节省运量，而且可以大大降低咖啡出口的运输成本。生产罐装咖啡虽会增加重量，但能在一定程度上减少行业的国际竞争压力。

2. 后天优势

当今国际贸易的绝大多数商品为制成品，而非农产品或自然资源。那些生产制成品和服务的国家在产品和生产技术上都拥有**后天优势**（Acquired Advantage）。产品技术优势使一国有能力生产独一无二或能在竞争中轻易胜出的产品。例如，丹麦能出口银质餐具并不是因为丹麦拥有丰富的银矿资源，而是因为丹麦的企业开发出了与众不同的产品。

加工技术优势使得一国能更高效地生产同质产品（即与其他厂家没有太大差异的产品）。日本虽然要进口生产钢铁的铁矿石和煤，但它仍然大量出口钢铁，原因在于日本的钢铁厂掌握了可以节省劳动力和原材料的新的生产技术。因此，能生产特有的或成本更低产品的国家就具有后天优势，而且这种优势至少可以保持到其他国家的生产者能成功仿效之前。

借助科技的发展，后天优势不仅能创造出新产品从而取代旧产品，而且改变了贸易伙伴之间的关系。说明这种变化的最好例子便是诸如软件之类新产品和新服务的生产与出口。得益于生产技术的变化，早期新产品占世界贸易的份额已经明显增加。例如，早期手工生产的汽车仅仅面向精英阶层，但随着制造领域创新的成功，包括从装配线到机器人技术的创新，汽车已经成为大众市场产品。

另外，企业开发了老产品的新用途，如在防晒霜内加入芦荟油。其他产品方面，如人造纤维已部分地取代了天然纤维。最终，科技可能会战胜先天优势。冰岛目前出口生长在靠近北极圈的西红柿，而巴西则出口在赤道附近生产的高品质葡萄酒。显然，这两者只有在近代科技发展的情况下才能做到[5]。

3. 如何有效利用资源

下面通过两个国家和两种商品的模型来说明贸易的绝对优势理论。不过，这里暂不考虑货币和利率的影响，而且用生产两种水平所需的资源来衡量生产成本。这个例子具有现实意义，因为实际收入取决于产出与生产所需要的资源投入。

假设只有哥斯达黎加和美国两个国家，且两国拥有相同数量的资源（土地、劳动和资本）可以用于生产小麦或咖啡。如图4-2所示，假设每个国家都可获得100单位的资源。在哥斯达黎加，假设生产1t咖啡需要4单位资源，生产1t小麦需要10单位资源。哥斯达黎加可以生产25t咖啡和0t小麦，或者生产10t小麦和0t咖啡，或者两种产品的某些组合。

在美国，假设需要消耗20单位资源才能生产1t咖啡，需要消耗5单位资源才能生产1t小麦。美国可以生产5t咖啡和0t小麦，或者生产20t小麦和0t咖啡，或者两种产品的某些组合。显然，哥斯达黎加在咖啡生产上较美国更有优势，而美国在小麦生产上较哥斯达黎加具有优势。

那么，怎样通过专业化生产和贸易来提高产量呢？假设两国之间没有贸易，那么可以从生产可能性曲线上的任何一点来开始分析。方便起见，假设两国将100单位资源平均分配给两种产品的生产，那么哥斯达黎加可以生产12.5t咖啡（50t/4）和5t小麦（50t/10），即图4-2中的A点；而美国可以生产2.5t咖啡（50t/20）和10t小麦（50t/5），即图4-2中的B点。

由于两国都只有100单位资源，所以两国都不可能在不减少一种产品产量的情况下来提高另一产品的产量。如果没有贸易，两国总的产量为15t咖啡（12.5t+2.5t）和15t小麦（5t+10t）。如果两国各自对具有绝对优势的产品进行专业化生产，那么哥斯达黎加可以生产25t咖啡，而美国可以生产20t小麦（对应图4-2中的C点和D点）。

不难发现，专业化生产可以提高两种产品的产量。通过贸易，可以实现最优的全球化效率，而且与在没有贸易交换时相比，两国都可以拥有更多的咖啡和小麦。

关于哥斯达黎加的假设：
1. 共有100单位资源可用于生产
2. 生产1t小麦需要10单位资源
3. 生产1t咖啡需要4单位资源
4. 没有贸易时，资源平分给两种产品的生产

关于美国的假设：
1. 共有100单位资源可用于生产
2. 生产1t小麦需要5单位资源
3. 生产1t咖啡需要20单位资源
4. 没有贸易时，资源平分给两种产品的生产

生产	咖啡/t	小麦/t
没有贸易时：		
哥斯达黎加（A点）	12.5	5
美国（B点）	2.5	10
总计	15	15
有贸易时：		
哥斯达黎加（C点）	25	0
美国（D点）	0	20
总计	25	20

总之，专业化生产使潜在产出增加。

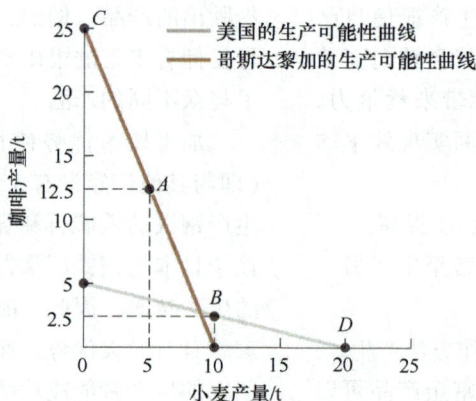

图4-2 绝对优势理论假说下的生产可能性曲线

4.5.2 比较优势理论

前面刚刚讨论的绝对优势理论常常会与比较优势理论相混淆。1817年，大卫·李嘉图（David Ricardo）分析过这样一个问题："如果一国在所有产品的生产上都处于绝对优势，那么情况会如何？"据此，大卫·李嘉图提出了**比较优势**（Comparative Advantage）**理论**。按照比较优势理论，如果一国专业化生产该国生产效率最

高的产品，即便其他国家拥有绝对优势，那么贸易仍然可以创造来自全球效率提高的利益。

1. 通过类比分析比较优势理论

乍看起来，比较优势理论让人有些怀疑。不过，通过类比可以阐明其中的道理。假设某个城镇有一位最好的医生，而他同时也是最好的医院负责人。对这位医生来说，处理各种办公行政事务显然没有多大经济意义，毕竟他可以通过做专职医生而获得更多的收入。当然，此时他必须雇用一名能力不如他的行政管理人员来处理办公事务。同样，一国可以通过全力生产自己最有效率的产品而获得收益；此后，可以用自己产品中的一部分来同国外的某些产品进行交换。下面的讨论将阐明这一理论。

2. 生产可能性

假设美国生产咖啡和小麦的效率都高于哥斯达黎加，即美国在这两种产品的生产上都处于绝对优势[6]。如图4-3所示，与前面的例子一样，仍然假设只有两个国家，且两个国家拥有的可用资源都是100单位，资源被平分到两种产品的生产。这里，假设哥斯达黎加生产1t咖啡和1t小麦都需要10单位资源，而美国生产1t咖啡仅需要5单位资源，生产1t小麦需要4单位资源。这样，哥斯达黎加可生产5t咖啡和5t小麦（即图4-3中的A点），而美国可以生产10t咖啡和12.5t小麦（即图4-3中的B点）。如果没有贸易交换，那么在不减少小麦产量的情况下，两个国家都不可能提高咖啡的产量，反之亦然。

关于哥斯达黎加的假设：
1. 共有100单位资源可用于生产
2. 生产1t小麦需要10单位资源
3. 生产1t咖啡需要4单位资源
4. 没有贸易时，资源平分给两种产品的生产

关于美国的假设：
1. 共有100单位资源可用于生产
2. 生产1t小麦需要5单位资源
3. 生产1t咖啡需要20单位资源
4. 没有贸易时，资源平分给两种产品的生产

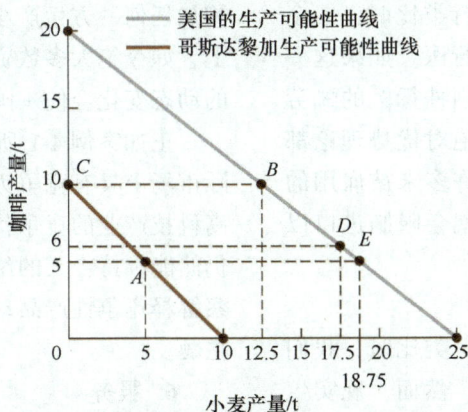

生产	咖啡/t	小麦/t
没有贸易时：		
哥斯达黎加 (A点)	5	5
美国 (B点)	10	12.5
总计	15	17.5
有贸易时(咖啡产生增加)：		
哥斯达黎加 (C点)	10	0
美国 (D点)	6	17.5
总计	16	17.5
有贸易时(小麦生产增加)：		
哥斯达黎加 (C点)	10	0
美国 (E点)	5	18.75
总计	15	18.75

即使一国所有商品的生产上都有绝对优势参与贸易仍能带来利益。

图4-3 比较优势下的生产可能性

尽管美国在生产这两种商品上都具有绝对优势，但只在小麦生产上具有相对优势。这是因美国的小麦产量是哥斯达黎加的2.5倍，而其咖啡产量仅是哥斯达黎加的2倍。虽然哥斯达黎加在两种产品的生产上都处于绝对劣势，但其相对优势（或者说较少的相对劣势）在咖啡生产上。这是为什么呢？因为哥斯达黎加在咖啡生产上的效率是美国的50%，而在小麦生产上的效率是美国的40%。

在没有贸易的情况下，两国咖啡的总产量为15t（哥斯达黎加5t＋美国10t），小麦的总产量为17.5t（哥斯达黎加5t＋美国12.5t）。而通过贸易，两国两种商品的总产量可以得到增长。例如，如果两国的小麦产量跟没有贸易时一样，那么美国就只要用70单位资源就可以

生产出17.5t小麦（17.5t×4单位/t）。这样，剩下的30单位资源可用来生产6t咖啡（30单位÷5单位/t），即图4-3中的D点。哥斯达黎加将用其所有的资源生产10t咖啡（图4-3中的C点）。这样，小麦总产量仍然是17.5t，但咖啡的总产量已经从15t增加到16t。

如果两国咖啡的总产量与没有贸易时保持不变的话，哥斯达黎加可以利用其所有的资源生产10t咖啡（图4-3中的C点）。美国仍然利用25单位资源生产5t咖啡，并用其剩下的75单位资源生产18.75t小麦（75单位÷4单位/t）。该生产可能性位于E点。这样，在拥有与贸易前同量咖啡的情况下，小麦产量从17.5t提高到了18.75t。

如果美国打算在点D到E之间的某点上进行生产，

那么在没有对外贸易的情况下，咖啡和小麦两者的产量将都会增加。不管生产的目的是增加小麦产量还是增加咖啡产量，抑或增加两种产品的产量，美国和哥斯达黎加都可以通过使哥斯达黎加用自己生产的部分咖啡换取美国生产的部分小麦来达成。

3. 不要混淆绝对优势与比较优势

大多数经济学家认可比较优势理论及其对促进贸易自由化政策的影响。尽管如此，很多国家的政策制定者、记者、经理以及工人都将绝对优势理论和比较优势理论混为一谈，而且不理解为什么一国会在某种产品的生产上同时拥有绝对优势和比较优势。

4.5.3 专业化理论：假设与局限性

绝对优势理论和比较优势理论都是以专业化分工可促进生产和贸易为基础的。不过，这些理论都有很多假设条件，而其中的一些假设条件并非总是成立的。

1. 充分就业

在前面用"医生与医院负责人"进行类比时，一个假设前提就是，这位医生可以一直忙着行医。如果这一假设前提不成立，南美这位医生就不会牺牲行医的酬劳而去做医院管理工作。比较优势理论与绝对优势理论都假设资源是被充分利用的。当一国存在许多未被雇用的劳动力或未被利用的资源时，那么该国就会限制进口以便雇用或利用国内的闲置资源。

2. 经济效率

在前面用"医生与医院负责人"进行类比时，我们还假设这位医生最关心的是收入最大化。然而，现实生活中，医生可能出于很多原因而不愿意将全部时间花在行医上。原因或许是从事医院管理工作让人觉得更轻松并可以实现自我，或是因为担心所雇的医院管理者不太可靠，甚至是因为将来某个时候做行政工作可能比做医生挣得更多，从而希望保留这一管理技能。通常，一国看重的目标并不只有生产效率。一国可能会避免专业分工的过度细化，毕竟专业化程度越高，对科技变化和价格波动的应对能力就越弱。当然，避免专业分工过度细化的另外原因可能是无法相信外国总能一直供给自己必需品。

3. 利益分配

虽然专业化会给所有参与贸易的国家带来潜在利益，但前面的讨论没有指出国家之间该如何分配增加的产出。在上述关于小麦和咖啡的例子中，如果美国和哥斯达黎加都能从增加的产出中分得一杯羹，那么两国通过专业

化生产和贸易都能获得经济利益。不过，很多人关心的可能是相对经济利益以及绝对经济利益。如果觉得贸易伙伴得到了大部分的利益，那么宁愿放弃自己的绝对利益，也不让他国获得相对的经济优势[7]。

4. 运输成本

如果产品的运输成本超过了专业化所带来的成本节约，那么这种贸易是没有优势可言的。换言之，在关于美国与哥斯达黎加的案例 4-1 中，两国的一部分工人需要放弃小麦和咖啡的生产工作，而转移到将小麦和咖啡运输到国外的工作中。然而，只要这种工作转移所带来的两种商品产值的减少小于专业化分工带给两国的利益，那么两国仍然可以通过贸易而获利。

5. 静态分析与动态分析

绝对优势理论和比较优势理论都是从静态角度观察各国某一时点的情况。不过，影响一国的生产是否具有优势的条件是不断变化的。例如，随着转基因农作物技术的进步以及转基因农作物被广泛接受，美国或哥斯达黎加任何一方生产小麦或咖啡的资源可能会改变。事实上，如今绝大多数贸易依靠的是后天优势。因此，技术的动态变化会使一国出现绝对以及相对的损益[8]。

正如案例 4-1 所述，当哥斯达黎加专注于生产在国际市场上具有竞争力的产品时，必然提升了前景可期的高科技产业的竞争优势。因此，我们无法假设未来各国仍然能维持今天的绝对优势或比较优势。本章后面在考察解释竞争性产品动态变化的理论时，会重新提到这一主题。

6. 服务

绝对优势理论和比较优势理论研究的是产品贸易而非服务贸易。但是，随着世界贸易中服务所占比重不断增加，这些理论也开始被运用于服务行业，毕竟许多资源被投入到服务生产中。例如，美国将大量的教育服务输出到国外（许多外国学生申请到美国读大学）；同时，它也要购买大量的海洋运输服务。为了实现国际海洋运输的自给自足，美国不得不将原用于高等教育或其他优势产品生产的资源转移到海洋运输行业。

7. 生产网络

绝对优势理论和比较优势理论分析的都是产品间的贸易。然而，随着专业化分工的发展，一个产品各部分的生产可能在不同的国家完成。因此，一家企业可以在 A 国进行研发，在 B 国和 C 国生产部件，在 D 国组装成最终产品，在 E 国进行财务管理，在 F 国设立客服中心。虽然这种专业化分工的发展增加了分析的复杂性，但的

确符合通过专业化分工取得优势的概念。换言之，因为一些国家在生产方面拥有绝对优势或比较优势，所以把生产活动安排到这些国家进行会节省成本。

8. 流动性

绝对优势理论和比较优势理论都认为，生产要素可以在国内的不同行业之间无成本地流动。不过，这一假设并不总是成立。例如，钢铁工人是不容易转行到软件行业中去的，因为两种行业所需技术完全不同。即使他们转行了，他们的生产效率也会比以前低[9]。绝对优势理论和比较优势理论都假设要素不能跨国流动。然而，越来越多的要素开始在国家之间流动，而且这种流动还影响了各国的生产能力。例如，尼加拉瓜超过 30 万人流动到哥斯达黎加，大多数是因为在哥斯达黎加有更好的工作机会[10]。此外，外国企业也会把员工和资本输送到哥斯达黎加以支持其在当地的投资，而这导致了哥斯达黎加生产能力的变化。这样的要素流动显然是国际贸易的一种替代。关于这一观点，本章后面会继续介绍。不过，可以肯定的是，要素的国内流动要比国际流动频繁得多。

4.6　贸易模式理论

自由贸易理论解释了如何通过专业化分工和贸易来实现经济增长。但是，当一国实施自由贸易政策时，自由贸易理论并没有涉及贸易模式问题，如一国的贸易规模应该有多大，应该以什么产品参与国际贸易，应该与哪些国家开展国际贸易等。本节讨论的理论有助于解释贸易模式问题。

4.6.1　一国的贸易规模应该有多大？

基于专业化分工的自由贸易理论既没有提议也没有暗指一国应当或只能生产给定的产品或服务。**非贸易商品**（**Nontradable Goods**）是指因运输成本极高而实际中很少出口的产品和服务（理发、零售商品的分销等）。因此，各个国家都会生产非贸易商品。然而，对于可贸易商品，有些国家对进出口的依赖程度要高于其他一些国家。下面介绍的理论将有助于解释国家之间的这些差异。

1. 国家规模理论

陆地面积是衡量国家规模的常用方法，而且在很大程度上说明了一国对贸易的相对依存度。按照**国家规模理论**（**Theory of Country**），陆地面积大的国家对贸易的依存度要小于陆地面积小的国家。这是因为陆地面积大的国家拥有种类更多不同的自然资源，而且气候更为多样，从而比陆地面积小的国家更能实现自给自足。绝大多数陆地面积大的国家（如巴西、中国、印度、美国和俄罗斯）比陆地面积小的国家（如乌拉圭、比利时）在消费品进口方面要少，在产品出口方面也少。

另外，与国外市场的距离远近对陆地面积大小不同的国家影响也不同。通常，距离越远，运输成本越高，存货周转时间越长，时鲜产品运输的不确定性和不稳定性也越高。下面的例子便描述了为何距离对陆地面积大的国家的影响比对陆地面积小的国家的影响要显著。

假设正常情况下运输某产品的最大距离为 100km，毕竟随着运输距离的增加，价格会增加得越多。比利时的陆地面积很小，几乎所有地点距离周边国家都只有 100km。不过，对于比利时的两个陆地面积大的邻国——法国和德国，情况就不是这样了。因此，如果用贸易占生产和消费的比例来衡量贸易依存度，那么比利时的贸易依存度要比法国和德国高得多。这一事实可以部分地用取决于国家规模的距离因素来解释。

2. 经济规模

虽然陆地面积可帮助解释对贸易的相对依存度，但一国的经济规模可以帮助解释绝对的贸易额。位列 2012 年世界贸易额前 10 名的国家中有 9 个国家是发达国家，唯一的例外就是中国这个世界第二大经济体。同样，发达国家的出口总额占世界出口贸易总额的一半还多。简而言之，生产的越多，需要在国内外销售的也就越多。此外，因为生产的多，所以收入水平高，从而更有能力从国内外市场购买更多的产品。与此同时，绝大多数发展中国家的贸易对象为发达国家[11]。

就相对贸易依存度与绝对贸易依存度之间的差异而言，美国提供了很好的案例，因其领土面积位居世界第三，并且是世界最大的经济体。尽管美国无论对进口还是出口的依存度都很低，但其仍为世界上最大的贸易国家（进口＋出口）。

4.6.2　应该以什么产品参与国际贸易？

根据之前关于绝对优势的讨论，一国的优势既可以是先天优势，也可以是后天优势。那么，一国根据其先天优势和后天优势，应该生产哪些产品呢？本节主要讨论与此相关的理论。当然，之前讨论过的那些影响先天优势的因素（气候和自然资源）这里不再讨论，重点讨论贸易的要素禀赋理论。关于后天优势，这里只分析产品和生产技术的重要性。

1. 要素禀赋理论

按照赫克歇尔（Eli Heckscher）和俄林（Ohlin）提出的**要素禀赋理论（Factor-proportions Theory）**，一国的劳动力禀赋相对于资本或土地禀赋的差异决定了生产要素成本的差异。例如，如果劳动力相对于土地和资本而言很丰裕，那么劳动力成本相对于土地和资本的成本就比较低；反之，如果劳动力是稀缺的，那么其相对成本就比较高。正是这些相对要素成本使得一国生产并出口可充分利用其丰裕的或成本低的生产要素的商品[12]。

2. 人口与土地

要素禀赋理论具有一定的逻辑性。在人口密度大的国家和地区，如荷兰和中国香港，土地的价格因为需求大而非常高。不考虑气候和土壤因素，荷兰和中国香港也不会生产需要利用大量土地的商品，如羊毛和小麦。相反，澳大利亚和加拿大因人稀地广，就可以生产这样的商品。

3. 生产地点

稍加观察生产地点情况似乎也证实了这一理论。在中国香港，最为成功的产业几乎都是采用技术使企业在使用相对多的劳动力的情况下使用最少的土地。其服装生产都是在多层厂房内完成的，这样工人的占地面积极小。不过，香港一般不会从事人均占地面积很大的汽车制造。

4. 资本、工资和专业化

在投入以及工人人均投入很低的国家，管理者会发现，从事劳动密集型产品的生产可以利用廉价劳动力并取得出口竞争力。如需要大量劳动力从事采摘和包装的农产品，像厄瓜多尔的玫瑰（案例4-2中将做讨论）。

不过，因为要素禀赋理论假定生产要素是同质的，所以证实该理论的验证一直很复杂[13]。事实上，因为培训和教育方面的不同，所以各国之间的劳动技能差别很大。劳动力的培训和教育需要投入大量资金，而传统的成本核算体系只是衡量了工厂和机器设备的成本，并没有将教育成本考虑在内。如果要素禀赋理论同时考虑不同的劳动力群体以及投入的教育成本，那么似乎就可以解释很多贸易模式了[14]。例如，因为发达国家可能会比发展中国家雇用更多的科学家和工程师之类的专业人才，而且其生产和出口也是基于所拥有的丰富资源（这里为专业人员），然而低收入国家的出口产品十分依赖欠熟练劳动力[15]。

这一劳动技能差异的结果是特定产品国际分工生产的加速发展。例如，一家企业会把研发和管理部门主要布局在人口受教育水平较高的国家，而把劳动密集型的生产部门布局在易于雇用到廉价的、受教育程度较低的劳动力的国家。

5. 生产技术

当同一产品可以通过诸如劳动力或资本等不同方式进行生产时，要素禀赋分析变得更加复杂。例如，印度尼西亚的水稻收割依靠的是许多手工劳动力的收割；相反，意大利则实现了机械化收割，只用到很少的工人。总之，一种产品最优生产地点的选择取决于对各个地点最小化生产成本的比较。

不过，并非所有产品的生产都是按这样的方式进行权衡的。有些产品的生产需要大量的固定资本，并通过大批量生产将固定成本分摊到更多的产出上，因此，这种生产方式通常发生在拥有大市场的大国[16]。不过，企业或许会把这种大批量生产的产品布局在小国，其目的是能从当地出口[17]。在一些行业，如果大批量生产能大幅降低单位生产成本，那么企业的选择就是把生产布局在少数几个国家，并将这些国家作为出口基地。在那些大批量生产不太重要的行业，更普遍的做法是把众多生产企业分散到全球各地，然后再将产品出口，从而实现运输成本的最小化。

此外，高额的研发支出给企业带来了较高的前期固定投入。因此，小国的技术密集型企业比拥有大的国内市场的企业需要出口更多的产品；反过来，它也会吸引小国国内市场上其他行业和企业的资源向这些行业集中，从而使小国的专业化分工程度比大国更高[18]。

6. 产品技术

图4-4描述了世界贸易构成的变化。到目前为止，制成品所占比重最大，但商业服务所占比重增速最快。制成品的竞争力主要依靠开发新产品和新工艺的技术水平，而技术水平反过来取决于大量高学历人才（主要是科学家和工程师）以及大量研发投入。因为发达国家在这些方面资源丰富，因此常常成为新产品的创造国，在制成品产出及贸易方面占有绝大部分的份额。发展中国家则更多依靠的是初级产品生产，即更多依赖于先天优势。

4.6.3 应该与哪些国家开展国际贸易？

如前所述，发达国家占据世界贸易的大部分份额。此外，发达国家的贸易主要是发达国家之间的贸易，而发展中国家的贸易主要是通过向发达国家出口初级产品和劳动密集型产品以换取发达国家的新产品和高科技产品。下面主要讨论国家相似性和距离在决定贸易伙伴过程中的作用。

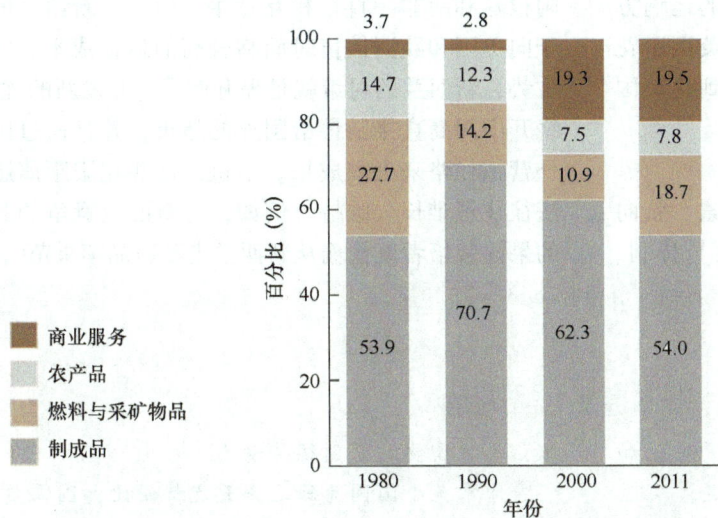

图 4-4　按主要部门分类的世界贸易

就占世界贸易比重而言，制成品比其他类别的产品更显得重要，不过，服务产品增速最快。

资料来源：Based on World Trade Organization, *Annual Report* (Geneva, various years).

至此所介绍的用来解释国际贸易发生的理论都着眼于国家之间在自然条件和要素禀赋方面的差异。关于为什么世界上绝大部分的贸易发生在发达国家之间，其原因可以用**国家相似理论（Country Similarity Theory）**做进一步的解释。根据国家相似理论，一国会针对本国市场的情况定制新产品，随后又会把定制的新产品出口到市场及消费者的经济水平最为相近的其他国家[19]。

1. 专业化生产与后天优势

不过，企业为了出口而向国外消费者提供的产品必须比当地企业提供的产品具有优势。贸易的发生就是因为一国厂商在某个部门的研发投入多于其他部门，从而使得这个国家进行专业化生产并形成后天优势。例如，德国一直是机械和设备制造的传统强国，瑞士在制药方面具有优势，而丹麦的优势在于食品生产[20]。甚至一些发展中国家也可以通过有限产品的专业化生产而取得优势。例如，孟加拉国在 T 恤、裤子和帽子的出口方面做得很成功，而巴基斯坦的成功之处则在于床上用品及足球的出口[21]。

2. 产品差异化

贸易的发生也是因为企业生产的产品具有差异性，从而形成表面相似产品的双向贸易。例如，美国同是旅游服务、车辆和乘用飞机的主要进口商和出口商，因为不同国家的不同企业开发的各种产品具有各自不同的吸引力。例如，美国的波音和欧洲的空客都生产飞行于两地之间的大型喷气式客机，而美国和欧洲的航空公司都购买了波音和空客两家公司的客机，就是因为两家公司生产的客机在容量、航程、燃料消耗以及安全感方面各

具特点[22]。因此，波音和空客两家公司不仅在各自的国内市场进行销售，而且还在对方的市场以及不生产客机的国家进行销售。

3. 文化相似的影响

进口商和出口商都有这样的感觉：在与本国文化相似的国家（如使用相同语言的国家）从事经营时往往显得更为容易。同样，历史上的殖民关系也解释了发达国家与发展中国家贸易往来较多的现象。例如，法国在非洲的殖民历史使得法国航空公司在为前殖民地国家提供国际航班服务方面享有优势[23]。此外，进口商和出口商都知道，维持原有的贸易关系要比在不太熟悉的国家开拓新的贸易关系容易得多。

4. 政治关系和经济协定的影响

国家之间的政治关系和经济协定可能对贸易起到促进或阻碍的作用。美国与古巴之间的政治敌意致使两国之间的相互贸易中断了 50 年。经济协定促进贸易的例子便是许多欧洲国家之间签订的条约，相互承诺要取消彼此之间的贸易壁垒，从而在很大程度上促进了彼此之间的贸易。

5. 距离的影响

尽管单一的生产要素不能完全解释具体贸易伙伴之间的关系，但两国之间的地理距离的确在两国贸易方面起着重要的作用。实际上，更远的距离通常意味着更高的运输成本，而这也就是为什么英特尔公司从哥斯达黎加运输半导体产品至美国的成本要低于从阿根廷运输至美国的成本。然而，距离对同质产品的影响要大于对差异化产品的影响，毕竟前者的竞争力靠的是基础价格[24]。

此外，进行成本差异分析时，必须考虑可利用的运输方式。澳大利亚出口的葡萄酒通过集装箱船运到英国所花费的运输成本与从法国南部通过船运转陆运而到达英国的运输成本几乎相同[25]。

6. 克服距离影响

运输成本并非影响贸易伙伴选择的唯一因素。就向北半球销售反季节苹果这个例子而言，新西兰与智利、阿根廷和南非一直在相互竞争。但是，新西兰的劣势在于向美国和欧洲销售时面临较高的运输成本。针对这一劣势，新西兰的对策就是提升产量，开发新的优质品种，绕开中间商直接销售给国外的超市，并且通过国家的海外营销战略来巩固成果。不过，这些克服距离影响的方法往往很难长久维持。例如，与新西兰竞争的其他国家的果树栽培者就偷偷从新西兰走私新品苹果苗[26]。

🌐 地理的重要性

多样性增进了生活的情趣

学习本章时，不难发现地理因素在众多贸易理论和有关贸易的争论中起着重要作用。这里集中讨论。

一国的部分贸易优势来自其先天优势，如气候、地形、耕地和自然资源等。因此，沙特阿拉伯就利用其自然资源上的优势向美国出口石油，同时从美国进口需要大片湿地才能种植的大米。不过，我们知道，技术（后天优势）常常可以削弱先天优势的作用，如利用科学技术生产各种替代品（合成硝酸盐替代天然硝酸盐）、形成各种生产方法（智利并没有利用传统的沼泽地区种植蔓越莓）。不过，一国的地理情况，特别是把商品运输到他国市场的方便情况，可能成为国际贸易的优势或劣势。例如，内陆国家与沿海国家相比，就存在因高额运输成本而产生的劣势[27]。

要素禀赋理论可用于解释某种商品在哪里生产会具有更高的效率，如劳动密集型产品会在劳动力相对于资本和土地比较丰裕的地区进行生产。孟加拉国在服装生产方面具有优势，毕竟服装生产需要相对于资本或土地而言更多的劳动力。然而，这些因素在数量和质量上都会发生变化。新加坡是一个人口密度很大的国家，曾经在劳动密集型商品的生产方面具有优势。但随着资本积累的大量增加以及劳动者受教育程度的提高，新加坡目前具有竞争力的生产和出口领域主要为资本密集型行业，而且需要的是熟练劳动力。

通常，小国因为缺乏先天优势而比大国需要更多的贸易机会。但同时收入水平较低的小国也可能因生产和消费太少而贸易量很小。与外国市场的距离远近也是一个影响因素。如斐济这样地理上与他国相隔绝的国家，就是因为运输成本太高，使得贸易商品的价格增加太多，从而导致其贸易量远远低于世界上与其规模相当的国家的水平[28]。

相反，加拿大是一个大型发达国家，其贸易依存度以及人均贸易额不仅跻身世界前列，而且远远高于按照国家规模理论预测的程度。这在很大程度上可能与加拿大的人口居住比较分散的情况有关。加拿大 90% 的人口居住在距美国边界线 100km 的范围内。因此，在温哥华与西雅图之间或者在多伦多和克利夫兰之间用货船运输商品，比在温哥华与多伦多之间更加方便可行。

尽管已经讨论过经济发展对贸易的影响，但这也产生了一个非常复杂且很难回答的问题：为什么有些国家能成为发达国家，而有些发达不起来。尽管如此，地理确实是影响收入水平和贸易的因素。一项研究表明，70% 的国家间人均收入的差异决定于以下四个因素：疟疾、碳氢化合物禀赋、临海优势和运输成本——而这些都与地理有关[29]。

4.7 贸易的静态分析和动态分析

之前已经间接提到过，贸易模式可能因为国家之间的政治和经济关系以及新产品开发能力而出现变化。下面主要讨论两个理论，即产品生命周期理论和国家竞争优势钻石理论。这些理论可以帮助我们清楚一国的竞争优势是如何形成、保持以及丧失的。

4.7.1 产品生命周期理论

根据国际贸易的**产品生命周期**（Product Life Cycle，PLC）**理论**，某些制成品的生产地点会随着这些产品经历生命周期的不同阶段而发生变化。产品生命周期包括四个阶段：引入期、成长期、成熟期和衰退期[30]。表 4-2 描述了产品生命周期的四个阶段。

表 4-2　面向国际市场产品的生命周期			

在产品的生命周期内，各方关注的生产和市场地点常常会从发达国家向发展中国家转移。在此过程中，影响生产和销售的竞争因素以及生产产品所应用的技术因素都会相应地发生变化。

	生命周期的各个阶段			
	1. 引入期	**2. 成长期**	**3. 成熟期**	**4. 衰退期**
生产地点	在创新国（通常为工业化国家）	在创新国和其他工业化国家	在多个国家	主要在发展中国家
销售地点	主要在创新国，同时有少量出口	主要在工业化国家 随着某些市场上国外生产开始替代出口，出口市场出现转移	在发展中不断增加 在工业化国家有所减少	主要在发展中国家 一些发展中国家开始出口
竞争因素	几乎处于垄断的地位 销售强调的是产品的独特性而非价格 改变产品特点	需求快速增长 竞争者开始增多 一些竞争者开始降价 产品趋于标准化	总体上需求趋于稳定 竞争对手开始减少 价格因素的重要性凸显，尤其是在发展中国家	总体上需求下降 价格成为竞争手段 生产者数量持续减少
生产技术	小批量生产 同时改变生产方法与产品 相对于资本投入，劳动力及劳动技能投入更高	资本投入增加 生产方法趋于标准化	通过大量资金投入来开展大批量生产 高度标准化 需要少量的劳动技能	机械化大批量生产中运用欠熟练劳动力

企业之所以开发新产品，主要是因为观察到了市场有这种需求。因此，美国企业最倾向于为美国市场开发新产品，法国企业最倾向于为法国市场开发新产品，等等。同时，几乎所有产生新产品和新生产方法的新技术都来源于发达国家[31]，而原因可能是发达国家拥有足以开发新产品的大部分资源并拥有购买这些新产品所需的大部分收入。

1. 引入期

从理论上讲，企业一旦开发出新产品，就可以在世界上任何一个地方进行生产。但实际上，在产品早期的生产阶段（即引入期），大部分新产品都是先在本国生产并供应本国市场的，这样企业可以迅速获得市场反馈，并且可以节省运输成本。在这一阶段，如果有出口，那么主要是出口到发达国家，毕竟那里拥有较多富裕的客户。

与后面各个阶段相比，引入期的生产倾向于采用更高强度的劳动。只有当销售开始快速扩张且产品变得高度标准化后，才会引入可大量节约劳动力的机器生产。尽管生产是在劳动力价格较高的发达国家进行的，但由于那里的劳动者受教育程度高且拥有较好的技能，使劳动力在非标准化生产中具有很高的效率。即使因劳动力昂贵而导致生产成本很高，生产商也常常可以将这些高成本转嫁给那些不愿等到价格降低时再进行消费的顾客身上。

2. 成长期

随着销量的增加，竞争者开始竞相进入市场，尤其

是在其他发达国家。假设某种产品的创新者在美国，而某个竞争对手在日本设立生产工厂。出于以下原因，日本工厂的产品主要面向日本市场进行销售：

（1）日本市场不断增加的需求使得生产商无暇顾及其他市场。

（2）生产商忙于开发符合日本消费者偏好的特定产品。

（3）因为处于生产初期，所以在日本的生产成本仍然较高。

受销量增加的激励，企业开始开发劳动节约型生产技术。不过，由于竞争对手实施产品差异化策略，尤其是针对不同国家的不同需求，所以这种激励也会部分遭到抵消。因此，产品的资本密集度会有所增加，但低于后期生产阶段的资本密集程度。在这一时期，新产品的创新国会扩大出口，特别是针对发展中国家，但同时也会失去某些重要的出口市场，主要是那些开始有当地生产的市场。

3. 成熟期

在这一阶段，虽然一些国家的需求会减少，另一些国家的需求量会增加，但全球总体需求开始趋于平稳。这一阶段的典型特征是生产者减少，生产日益标准化，价格成了重要的竞争手段。资本密集型生产降低了单位成本，从而促进了发展中国家的需求。随着市场的扩大和生产技术的普及，新产品创新国的竞争优势不复存在。于是，企业有动力将生产转移到发展中国家，以便利用

当地成本较低的欠熟练劳动力开展标准化（资本密集型）生产。此外，创新国的出口也会因外国生产产品的替代而下降。

4. 衰退期

在产品进入衰退期后，成熟期出现的趋势将继续演化。因为高收入客户的需求转向更新的产品，所以发达国家的市场规模要比发展中国家萎缩得更快。此时，受市场和成本因素的影响，几乎全部生产都集中在发展中国家，再由发展中国家出口到发达国家那些不断萎缩的市场或小众市场。换言之，最初的产品创新国已经由出口国转变为进口国。

4.7.2 产品生命周期理论的验证及其局限性

按照产品生命周期理论，面向世界市场的生产地点会随周期阶段的变化而发生转移。诸如圆珠笔和手持计算器等产品的发展历程就遵循了这一模式。最初，它们都是在发达国家生产且以高价销售的；随后，生产地点被转移到其他多个发达国家并服务于当地市场；如今，大多数生产已经转移到发展中国家且价格极大下降。

不过，也有很多种产品的生产地点并没有发生转移。这些例外情况主要有：

（1）若产品的运输成本很高，那么通常会根据市场情况就近开展生产。因此，它们不会成为重要的出口产品。

（2）因为更新换代快的产品的生命周期通常都很短，所以转移生产地点并不能降低成本。一些时尚类商品就是这样。

（3）消费者对产品成本并不在意的奢侈品。事实上，如果在发展中国家生产奢侈品，可能会让消费者觉得产品不够奢华。

（4）企业可以通过运用差异化战略（或通过广告）而不用通过价格竞争来维持消费者需求的产品。

（5）要求专业技术人员驻扎在生产基地附近以便推进下一代产品模型研发的产品。这似乎解释了美国长期统治医疗器械设备生产而德国长期控制轮转印刷机生产的原因。

无论什么产品，国际企业趋向于同时在国内市场和国外市场推出新产品。换言之，在开发新产品和新服务方面，企业既要观察国内市场的需求变化，也要观察全球细分市场的需求变化。如此，企业就可以缩短产品在国际市场扩散的时间。此外，企业所选择的最初的生产基地（可以是也可以不是创新国市场）必须使服务多个国家市场的成本最小化。

4.7.3 国家竞争优势钻石理论

为什么各国都要发展和维持竞争优势呢？**国家竞争优势钻石（Diamond of National Competitive Advantage）** 理论描述了竞争优势的四个重要特征：需求条件；要素条件；相关产业与支持产业；企业的战略、结构和竞争行为（见图 4-5）[32]。

在介绍其他贸易理论的过程中，对这四个特征已有许多讨论，但并没有从整体上来考虑这四个特征对一国竞争优势的发展和保持的影响。因此，这一理论框架对于理解参与全球竞争的企业应该如何以及在何地谋求并保持发展颇为有用。

国家竞争优势钻石理论

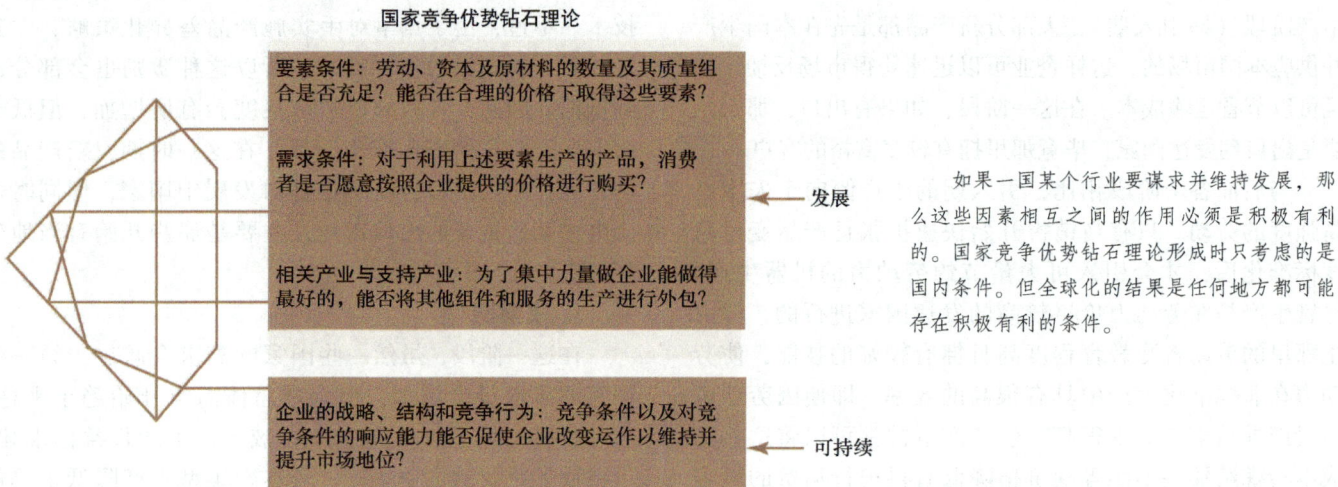

要素条件：劳动、资本及原材料的数量及其质量组合是否充足？能否在合理的价格下取得这些要素？

需求条件：对于利用上述要素生产的产品，消费者是否愿意按照企业提供的价格进行购买？

相关产业与支持产业：为了集中力量做企业能做得最好的，能否将其他组件和服务的生产进行外包？

企业的战略、结构和竞争行为：竞争条件以及对竞争条件的响应能力能否促使企业改变运作以维持并提升市场地位？

← 发展

← 可持续

如果一国某个行业要谋求并维持发展，那么这些因素相互之间的作用必须是积极有利的。国家竞争优势钻石理论形成时只考虑的是国内条件。但全球化的结果是任何地方都可能存在积极有利的条件。

图 4-5 国家竞争优势钻石理论

资料来源：Based on Michael E. Porter, "The Competitive Advantage of Nations," *Harvard Business Review*, Vol. 68, No. 2, March-April 1990.

1. 国家竞争优势钻石理论的特征

通常，只有当全部四个条件都有利于一国的某个行业时，该行业才会取得并保持全球霸主地位。

（1）需求条件。需求条件是国家竞争优势钻石理论的第一个特征。产品生命周期理论和国家相似理论都表明，新产品（或新行业）通常源于企业对市场需求的观察，而这种市场需求传统上来自进行最初生产的母国。第二次世界大战后意大利瓷砖行业的发展就是这方面的一个例子。第二次世界大战后住房建筑行业快速兴起，因为意大利天气炎热，所以人们都希望所建的房子使用凉爽的地板，而瓷砖恰好可以满足这种需求。

（2）要素条件。下面继续以意大利瓷砖行业为例。国家竞争优势钻石理论的第二个特征就是要素条件（回忆一下讨论绝对优势理论和要素禀赋理论时所提到的先天优势）。显然，这些要素条件不仅决定了选择瓷砖生产来满足消费者的需求，而且也决定了选择意大利作为产地，毕竟木材很昂贵，而意大利拥有瓷砖生产所需的多种有利要素（熟练劳动力、资本、技术和设备）。

（3）相关产业与支持产业。国家竞争优势钻石理论的第三个特征就是相关产业和支持产业。对于意大利瓷砖行业，非常有利的要素就是存在这样的产业（搪瓷和釉）。例如，前面在讨论国家规模论理论、专业化分工的假设以及产品生命周期理论的局限性时所提到的运输成本的重要性，就与相关产业与支持产业有关。

（4）企业的战略、结构和竞争行为。需求条件、要素条件与相关产业和支持产业这三大特征共同影响了第二次世界大战后意大利企业发展瓷砖产业的决定。企业发展和维持竞争优势的能力需要具备有利的环境，即需要具备国家竞争优势钻石理论的第四个特征：企业的战略、结构和竞争行为。

瓷砖行业的进入壁垒很低（一些企业创立时仅有 3 名员工），而且有上千家企业进入这一行业。为了满足要求日益提高的意大利消费者的需求，企业之间的竞争非常激烈。这些环境迫使每家企业努力在产品和生产技术上取得突破，毕竟只有这样才能使意大利生产企业在与国外企业的竞争中获得优势，从而在全球瓷砖出口市场上占有最大的份额。

2. 国家竞争优势钻石理论的局限性

即使具备了上述四个特征条件，也不能保证某个产业在给定之地一定得到发展。在许多行业，企业家都可能面临有利的经营环境。事实上，根据比较优势理论，资源约束使得一国的企业会避免进入某些具有绝对优势的行业。按照瑞士的资源条件，企业进入个人计算机行业似乎会获得成功。但是，瑞士企业更喜欢保持其在诸如钟表和科学仪器等产品线上的全球领先地位，而不愿意通过把拥有高技能的人力资源转移到其他新行业而减少在这些产品线上的创新规模。

第二个局限性涉及全球化的发展问题。根据国家竞争优势钻石理论的假设，如果企业的竞争能力更多来自国内，那么所在行业就可以得到增长。这里来分析一下全球化对四个特征条件的影响：

（1）根据有关调查，促进近年来亚洲出口快速增长的因素是国外需求或国外加国内需求条件。事实上，诸如友利电子、富士科技等日本企业几乎都是把海外市场确定为企业的目标销售市场的[33]。

（2）无论是国家还是企业，其实都不完全依赖国内的要素条件。例如，如今的资本和管理者都是全球流动的，而且企业的部分生产要依靠其设立在国外的工厂。

（3）如果当地不存在相关产业和支持产业，那么材料和零部件都可以很容易地从国外获得，毕竟运输条件得到了改进，进口限制也得以放宽。事实上，很多跨国公司目前就是利用来自不同国家的零部件来组装产品的。

（4）企业不仅要与来自国内和国外的竞争对手进行竞争，而且要在国内与国外市场上与对手进行竞争。因此，对于国家竞争优势钻石理论的四个特征条件，即使国内缺少其中任一条件，也不会影响企业和产业获得这些优势并取得全球竞争力。

3. 借助国家竞争优势钻石理论实现转型发展

通过扩展国家竞争优势钻石理论的特征条件并使其包含全球化所带来的变化因素，这一理论对于制定一国的经济政策仍然有用。在案例 4-1 中，哥斯达黎加就是通过满足国家竞争优势钻石理论的市场进入条件，使其经济实现了从农产品到现代高科技产品的多样化发展。如果哥斯达黎加政府只是关注国内可获得的条件，那么就不可能完成这一转型。在哥斯达黎加国内，对目前所生产的高科技产品（如微芯片和医疗设备）的需求仍然很少；然而，便利的运输条件使得出口更加可行有效。同样，哥斯达黎加刚开始也缺乏生产高科技产品所需的要素条件，特别是在经过培训的员工方面。对此，哥斯达黎加对教育体系进行改革，使人力资源的培养能够适应生产的需要，同时允许企业从国外引进技术人员来填补本国人才的缺口。最后，哥斯达黎加还积极促进当地相关产业和支持产业的发展，如电力和钢铁制造业，而且通过吸引高科技企业来营造充满活力的竞争环境。总之，理解并拥有这些特征条件对于形成国际竞争力是十分重要的。不过，这些特征条件既不是静止不变的，也不仅仅限于国内。

4.8 要素流动理论

因为一国生产要素的质量和数量条件都在发生变化，所以生产要素的相对优势也会随之变化，而原因可能在于内部环境的变化。例如，如果储蓄率提高，那么一国资金相对于土地和劳动力就会变得丰裕；而如果一国更注重发展教育，那么劳动力的质量就会得到提高。

◆ 观点交锋

国家是否应该实施战略性贸易政策？

➡ 正方观点：

应该实施。在国际贸易中，究竟是什么使得获取优势变得如此重要？一方面，如果一国要参与当今全球化经济环境下的竞争，显然必须发展并保持一些具有国际竞争力的产业（实际上必须这样做）。不过，这些产业必须具有成长性，并且能获得足够的收益以维持国内经济的运转。政府在企业走向国际市场的过程中扮演怎样的角色呢？这对企业的全部工作都具有非常重要的意义，毕竟这里讨论的是国家经济。

政府的角色很少是中立的。政府或许会声称其经济政策不会影响国内特定行业在国际舞台上的表现，但事实上很多政策的确会影响。例如，美国的农产品和航空航天产品出口生意一直很不错。那么，谁敢肯定美国"提高农业生产力"和"加强国防力量"的投入与此无关呢？

此外，几乎制定的每一项政府政策，若试图扶植某个产业，则将会对另一产业产生不利影响。欧洲的航空公司（的确有正当理由）抱怨，政府对欧洲发展高铁的支持实际上剥夺了这些航空公司与美国空运公司竞争所需的收入，毕竟美国的公司不用担心来自本土铁路运输的威胁。换言之，不论在什么地方，政府决策者都面临着取舍的问题。因此，既然每一项政府政策在支持一个产业的同时都会损害另一产业，那么政府为什么不给那些可能创造最佳竞争优势的产业以特殊扶持呢？

执行这样的计划可以很简单。首先，确定某个成长性行业，并指出哪些因素能使这个行业具有竞争力（或者有潜在竞争力）；其次，找出本国可能的竞争优势（并确保清楚其中的原因）；最后，针对上面所发现的优势，形成两者的协同：对于需要支持的最符合本国优势的行业，明确所需要的资源。

这一被称为战略性贸易政策或产业政策的计划对于发展中国家来说特别有效。为什么呢？因为发展中国家可能早已决定：必须融入全球经济；必须找到参与国际竞争的最佳路径。如果作为竞争对手的其他国家已经在支持具有较大潜在竞争力的新创产业，那么本国因没有支持而在新产业上处于劣势[34]。也许到目前为止尚无问题，但请不要忘记，只向国外竞争对手开放边界并不一定意味着国内生产商就能轻松地参与国际竞争。

一旦打开国门，首先上门的将是比本国试图要发展的行业有着更巨大优势的国外竞争对手。它们从一开始就已经拥有了优势，不仅能取得某种内部效率，而且能与国际分销渠道的所有成员建立良好关系。

此外，不论目标行业的发展前景有多好，也不论你如何小心翼翼地将竞争优势与行业进行协同，发展中国家的企业很可能缺少竞争所需的技术和营销技巧。因此，为什么政府不对这些企业提供帮助呢[35]？

这让我们回想起为什么战略性贸易政策是发展中国家的最好选择。发展中国家的政府必须保护国内产业，如帮助这些产业获得竞争所需的技能和技术。当然，一国也可以努力吸引外资，并投资于需要营销技巧和技术的企业，而这也是开展所需生产的好方法。此外，它也不会损害国家对其期望产业的进一步扶持。

如果想找出战略性贸易政策可以帮助发展中国家走向全球化的证据，请看韩国实现发展的例子。韩国不仅成功引进了富有经验的消费电子产品生产商，而且最终成为全球具有技术竞争力的领导者，而这一切依靠的是技术进口和发展职业技术教育[36]。同样，我们有充足的证据来证明自由放任政策对发展中国家的经济发展常常并不奏效。例如，在撒哈拉沙漠以南的非洲，政府制度是如此根深蒂固，以致任何人（无论是个体还是民族）几乎都不可能不受官僚体制的束缚[37]。

此外，在发展中国家，单独一家机构并不拥有太多的资源，因此，最好的办法就是集中资源于那些在国际竞争中有发展潜力的产业。否则，你所拥有的将仅仅是一些放眼全球市场而实际上资源不足的机构和部门[38]。

反方观点:

不应该实施。当然,国家应该努力使那些能够带来更多回报以及最具有全球化发展潜力的产业变得更有竞争力。显然,这些产业最有可能为本国带来增值(以高利润和高工资的形式)。不过,战略性贸易政策并不是实现这些几乎所有人都认同的目标的最佳途径。

退一步来说,所有的目标政策都难逃环境的制约,对于哥斯达黎加这样的小国情况尤其如此。哥斯达黎加的 GDP 不足沃尔玛年销售额的 10%。因此,相关各方可以在很小的政策阻力下达成互利互惠的共识。但对于一个大型经济体来说,这是根本不可能的。

然而,一直存在争议的是,哥斯达黎加在经济上的成功在多大程度上取决于其战略性贸易政策?又有多少归功于在政府开始对锁定的目标产业进行发展之前就已存在的条件呢?当时,哥斯达黎加已经拥有了大量的知识工人、相对较高的经济自由度、大批懂英语的工人和足以吸引国外人力资源的生活水平以及高度的政治稳定。的确,哥斯达黎加引进了英特尔公司,但需要指出的是,英特尔公司刚好想要在拉丁美洲的某个地方建厂。结果,哥斯达黎加努力使英特尔公司更加确信,相对于巴西、智利等其他国家,哥斯达黎加是更好的选择,毕竟巴西和智利在将产品运输到美国的距离方面不具有优势。

当然,政府政策还有另外一条路可走,那就是改善吸引投资者所需要的环境,而不只是针对特定产业。换言之,政府可以改变影响诸如要素禀赋、效率和创新能力的环境。通过提高劳动者技能、提供足够的基础设施、鼓励消费者消费高质量的产品以及营造整体竞争环境,从而为在国内从事经营的任何产业提供高质量的经营环境。

让我们把话题转向开始时提到的撒哈拉沙漠以南地区的非洲。退一步来说,制度惰性是这里大部分地区的生活方式,并且没有理由相信此陋习会在短时间内消失[39]。但是,如果我们换一个角度来看待这个问题,那么情况会如何呢?虽然不愿将资源集中到特殊产业,如全球的高科技领域,难道这些官僚机构和内阁也不愿把资源投入以下领域吗?例如,修订(加强实施)本国的法律,采取措施控制人口数量,纠正经济、社会和性别方面的不平等现象,以及支持经济领域的非正式部门开展创业活动。难道他们没有发现培育信任的环境更能提高生产效率吗?例如,政府可以通过减少企业之间的交易费用来帮助本土企业与国内外的其他企业开展经济活动,帮助它们获取一些竞争所需的知识和资源[40]。

再者,政府根本没有必要费心去挑选自己所要支持的产业。难道政府不愿接受更好的建议去改善所有产业的投资环境吗?毕竟每个人最终都将在此投资环境中生存。

在这一点上,我也会在此辩论中采取攻势。战略性贸易政策带来的收益通常很少,这主要是因为大多数政府很难鉴别并锁定那些合适的产业[41]。要是一个国家所确定的目标产业面临的全球需求不尽如人意,那么情况会如何呢?这就是英国和法国在扶植超音速客机发展时所遭遇的情形。要是目标产业的本土企业缺乏竞争力,那么情况又会如何呢?这就是泰国打算进军钢铁行业时所面临的情形[42]。

如果很多国家都支持相同的行业,过度竞争导致各自的回报很少,那么情况会如何呢[43]?如果两个国家在支持同一个行业上展开竞争,就像巴西和加拿大都决定在美洲生产支线飞机[44],那么会产生什么结果呢?最后,如果一国成功锁定了目标产业,却遇到了意想不到的情况,那么结果又会如何?政府是否应该顶着多方面压力而坚持下去,就如同支持一个萧条产业的就业压力那样[45]?

最后,即使政府能够准确判断哪些产业在将来可能(应当是非常可能)会有很好的发展前景,也并不代表这些产业中的企业就应该得到政府的扶持。根据历史经验,政府应允许企业家经营他们最擅长的事业,从事那些不会危及整个经济部门的风险活动。结果可能总是一样的:一些企业会失败,但存活下来的企业必然具有强大的竞争力和发展潜力。

目前,生产要素方面正在发生的最大变化就是相对人口数量的变化。按照目前的人口增长速度,包括日本和意大利在内的全球 33 个国家的人口数量到 2050 年将比现在减少,而主要原因就是这些国家的出生率极低。与此同时,这些国家还将面临人口老龄化问题。此外,随着人口受教育年限的增加,更多人口开始延迟进入劳动力市场,导致从事生产人口的减少,转而需要吸收大量移民以维持现有的在职员工与退休人员数量比。与之同步的是,全球 9 个国家的人口增长数量将占全球人口增长总数的一半,其中印度、巴基斯坦和尼日利亚的人口增长数量占据前三位[46]。

当然,这些变化对于理解并预测出口产品及进口市场的变化至关重要。与此同时，资本、技术和人口的流动也会影响贸易及相对竞争地位。本节讨论的**要素流动理论（Factor-mobility Theory）**重点分析生产要素流动的原因、要素流动对要素禀赋变化的影响以及国际要素流动对世界贸易的影响。

4.8.1 生产要素流动的原因

1. 资本

资本，尤其短期资本，是国际流动最广泛的生产要素。企业以及个人进行国际资本流动的原因主要在于各国预期收益的差异（考虑到风险因素）。一旦有利率差异而且容易实现，企业或个人瞬间就能以很低的成本电汇资金。短期资本比长期资本更具流动性，如直接投资，原因在于短期投资市场不仅活跃且数量较多，投资者可以快速买入外国资产；而当投资者想把资金汇回本国或转至其他国家时，他们只要出售这些财产即可。

政治和经济因素会影响投资者的风险感知及其投资去向。同时，企业也会进行长期投资，以便开拓市场、提升品质并降低运营成本。不过，开展国际资本流动的并不只有企业。政府常常向其他国家提供援助和贷款；非营利组织也会向国外捐款，以帮助对方应对严峻的经济和社会问题；当然，个人也会汇钱给在国外的朋友和家人。不论资金流动的原因如何，是出于捐赠或其他动机，其结果都会影响要素禀赋。

2. 人口

人口流动不如资本流动容易。当然，有些人是以游客、学生或退休人员的身份去国外的。不过，由于他们并不在目标国工作，所以不会对要素禀赋产生影响。与资金可以低成本电汇不同，人们去国外工作通常会发生不菲的交通成本。如果要合法移民，他们必须申请到移民文件，而大多数国家都不会随意发放。最后，他们还得学习另一门语言，而且要去适应不同于原来生活圈子的文化环境。虽然壁垒重重，许多人仍会克服艰难险阻、冒着一切风险而移民他国。

在19世纪末到20世纪初这一时期，移民曾经是全球化的主要动力，而如今移民又成了重要的动力。占世界总人口3%的人口（超过2亿人）移民到了其他国家和地区。由于这3%的移民人口分布并不均匀，一些国家和地区的比例远高于另一些国家和地区。例如，在中国香港和新加坡，这一比率占到40%；而在巴西和墨西哥，这一比率不到1%[47]。

在这些去国外工作的人口中，有些成了永久性移民，而有些只是临时性移民。有些移民到他国后，成了这个国家的公民，并计划在该国度过余生。相反，跨国公司会派员到国外工作（通常为跨国公司进行投资的地方），期限可能从几天到几年不等；有些国家允许工人持临时工作许可证入境，但通常只准短期工作。例如，在阿拉伯联合酋长国工作的绝大多数工人都持的是临时工作许可证[48]。很多时候，人们背井离乡去国外工作的目的都是想在挣到足够多的钱后再返回家乡。有些人口流动是合法的，有些则是非法的（未经批准的），换言之，他们进入外国或在那里工作是没有得到政府许可的。

（1）经济动机。人们在他国工作主要是出于经济原因，如印度尼西亚劳动者在马来西亚工作就是为了多挣一些钱。自2008年出现经济衰退以来，全球有相当数量的移民返回了自己的国家。例如，据估计，有6万名在亚洲富裕国家工作的印度尼西亚人返回了本国[49]。

（2）政治动机。有些人出于政治原因而流动。例如，因为受迫害或发生战乱，会出现大量被称为难民的移民，而且常常成为居住地的劳动力来源。显然，绝大多数饱受战争蹂躏国家的难民会涌向邻国，如从阿富汗到巴基斯坦的难民流动[50]。有时，很难分清楚人口国际流动是出于经济原因还是政治原因，毕竟经济贫困通常与政治糟糕并存。在21世纪初期，很多哥伦比亚人出于暴力事件和失业双重原因而逃离了自己的国家。

4.8.2 要素流动的影响

资本和人口的国际流动都不是什么新现象。例如，如果没有历史上大规模的人口流动，那么今天澳大利亚、加拿大和美国的人口就会少得多。而且，很多移民也带来了他们的人力资本，从而增加了移民目的国的技能，转而使得这些国家在一系列产品的生产上获得了新的竞争优势——这些产品在移民到来之前往往需要进口。最后，移民目的国还获得了外国资本以建设基础设施和开发自然资源，进而改变了这些国家的竞争结构和国际贸易结构。

那么，人口流动会带来什么呢？近来的一些数据多属传闻性质。不过，可以指出的是，移民对许多国家意义重大，而对另一些国家则没有什么显著意义[51]。

美国是近年来移民大多集中在高技能和低技能人口的一个现成例子。在美国拥有博士学位的人口中，超过1/3的人都是在国外出生的；而另一个极端是，近年来美国的大多数移民都是低技能工人。出现两种极端情况的原因是美国缺乏本土出生的劳动者，不过，这一问题借助移民而得到了部分缓解。

输出移民对输出国的影响也是颇有争议的一个话题。一方面，如果受教育的人口移民他国，一国就会失去有潜力的生产资源，也就是所谓的**人才外流**（**Brain Drain**）；另一方面，输出移民的国家有可能收到来自移民的资金。发展中国家失去了大量具有工作技能的人力资源，但是，这些人中的大部分都会汇款回来。事实上，2011 年流向发展中国家的汇款估计达3720 亿美元[52]。

也有证据表明，人口向外流动和这些人的汇款也带来了人口输出国创业企业和资本的增加。而且，这些移民将在国外所学及创意传递回国内，利用汇款与家庭成员一起或自己创业，并将产品出口到与这些移民有联系的海外企业[53]。

最后，那些人力资源接收国也会发生成本，如需要为移民提供社会服务，而且要让他们熟悉并适应新的语言和社会环境。因此，一方面，接收国对这些外来移民有招聘需求；另一方面，它们又对花费的成本强烈抵制。那些无技能的劳动者得到了本土出生的劳动者不想做的工作（如洗盘子、做清洁卫生、采摘农产品等），而且他们的子女最终也会成为劳动力。如果他们的子女也没有技能，那么该国将出现长期"低技能"的阶层；如果他们的子女成为拥有高技能的人才，那么就需要从海外引进更多的低技能劳动者。

4.8.3 贸易和要素流动之间的关系

要素流动是贸易的一种替代方式，这种方式能否更有效地利用资源存在不确定性[54]。下面要讨论的是自由贸易与要素的国际自由流动是如何实现资源最有效配置的。

1. 替代关系

如果国家之间的要素禀赋差别很大，那么要素就会从最丰裕的国家流向较为稀缺的国家，毕竟在那里可以获得较好的报酬。如果一国的劳动力相对于资本为丰裕要素，那么就会出现失业或工资低下的情况。如果条件允许，许多劳动力就会流动到那些劳动力相对稀缺而工资较高的其他国家。他们获得更高工资的原因不仅在于劳动力的极大稀缺，还在于资本丰裕的国家在机器和基础设施上的投资使得这些外来劳动力的生产效率比在其母国更高。

当然，在讨论要素禀赋理论时，土地（非流动要

素）与人口的比例也影响着劳动力的流动。俄罗斯人口密度低，而且是所有国家中未开垦耕地最多的国家；而俄罗斯的隔壁正是有着最多人口和而较少可垦土地的中国。大约有 40 万名中国人在俄罗斯的农场工作，并且大多数产出被运往中国[55]。

同样，资本也会从那些资本丰裕的国家流动到资本稀缺的国家。例如，墨西哥会从美国获取资金，而美国可从墨西哥获得劳动力[56]。如果工业品和生产要素都可以跨国流动，那么运输这些产品和生产要素的相对成本的高低将决定产地。

不过，贸易的实际情况是，很多国家都对要素流动加以限制，使得要素只能部分地在国际流动。例如，美国在移民方面的限制和墨西哥在石油行业对外国资本所有权的限制。

如图 4-6 所示，这个假设的例子描述了在各种情景下贸易与要素流动的可替代性。其中的假设如下：

（1）美国和墨西哥拥有生产效率相同的土地，而且生产西红柿的成本也相同。

（2）美国和墨西哥之间运输西红柿的成本是每蒲式耳（BU）⊖0.75 美元。

（3）在 30 天的采摘季节里，两国农民都能够平均每小时采摘 2BU 西红柿。

两国之间在价格上的唯一差异主要起因于两国在劳动力和资本成本上的不同。在美国，工人的工资是每天20.00 美元或每生产 1BU 西红柿 1.25 美元；在墨西哥，工人的工资为每天 4.00 美元或每生产 1BU 西红柿 0.25 美元。购买种子、化肥以及设备所需的资本支出，在美国为每生产 1BU 西红柿 0.30 美元，在墨西哥为 1BU 西红柿 0.50 美元。

如果西红柿和生产要素都不能在两国之间流动（见图 4-6a），那么面向当地市场的墨西哥生产的西红柿的成本为 0.75 美元/BU（0.25 美元/BU 的劳动成本 +0.50 美元/BU 的资本），而美国生产的面向当地市场的西红柿的成本为 1.55 美元/BU（1.25 美元/BU 的劳动成本 +0.30 美元/BU 的资本）。如果两国消除了有关西红柿的贸易限制（见图 4-6b），那么美国将从墨西哥进口西红柿，因为墨西哥的 0.75 美元/BU 的生产成本加上 0.75 美元/BU 的运输成本仍然比美国生产西红柿的成本要低0.05 美元/BU。

⊖ 1BU = 35.238L。——译者注

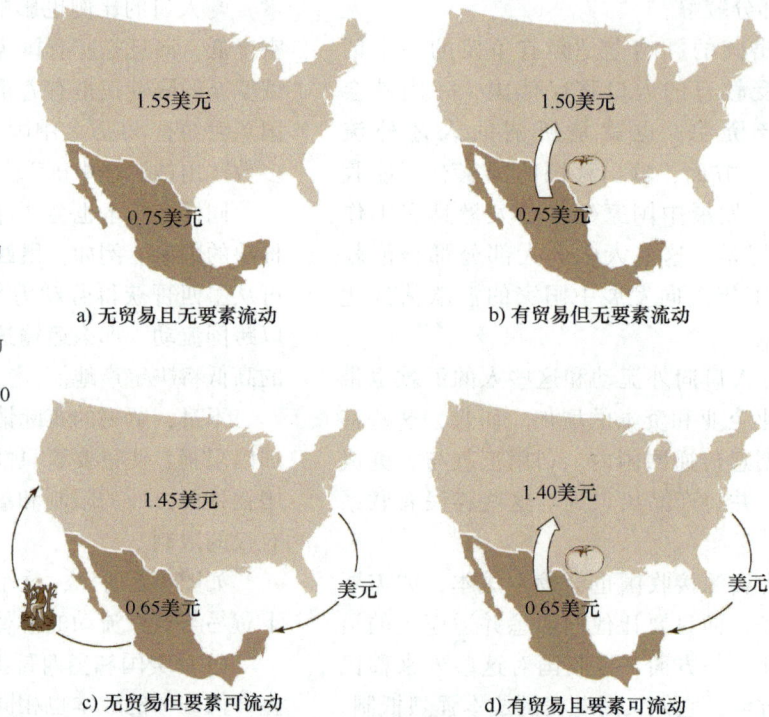

假设:
1. 美国的劳动力成本为1.25美元/BU
2. 墨西哥的劳动力成本为0.25美元/BU
3. 墨西哥劳动力在美国的成本(包括增加的成本)为1.15美元/BU
4. 美国的资本成本为0.3美元/BU
5. 墨西哥的资本成本为0.50美元/BU
6. 在墨西哥的美国资本成本为0.40美元/BU
7. 运输成本为0.75美元/BU
8. 墨西哥工人到美国工作的交通成本为0.90美元/BU

a) 无贸易且无要素流动

b) 有贸易但无要素流动

在贸易不受限制且要素可自由流动的情况下，产品成本可以实现最低。

c) 无贸易但要素可流动

d) 有贸易且要素可流动

图 4-6　无贸易限制、要素流动与西红柿的成本

再来考虑另一种情形：两国都不允许进口西红柿，但允许劳动力自由流动（见图 4-6c）。此时，墨西哥工人可以持临时工作许可证在美国工作，这样额外旅行和生活费用成本为每人每天平均 14.40 美元，或者 0.90 美元/BU。同时，美国企业也会在墨西哥投资生产西红柿，前提是在墨西哥的资本回报率要高于在美国的资本回报率。显然，美国 0.40 美元/BU 的资本回报率低于墨西哥 0.50 美元/BU 的现行回报率。

在这种情况下，墨西哥的生产成本将变为 0.65 美元/BU（0.25 美元/BU 的墨西哥劳动力成本 + 0.40 美元/BU 的美国资本成本），而此时美国的生产成本为 1.45 美元/BU（0.25 美元/BU 的墨西哥劳动力成本 + 0.90 美元/BU 的运输费用 + 0.30 美元/BU 的美国资本成本）。这样，两国通过引进外国的丰裕要素，都降低了生产成本——墨西哥从 0.75 美元/BU 减少为 0.65 美元/BU，美国从 1.55 美元/BU 减少为 1.45 美元/BU。

对于贸易和生产要素都可以自由流动的情形（见图 4-6d），墨西哥将通过引进美国的资本来生产西红柿，然后供应给两国市场。根据这三个假设，这种做法比将劳动力送往美国更加有利。现实中，因为并不存在生产要素和产成品的完全自由流动，所以限制条件的稍微变化都会引起产品生产方式和生产地点的巨大变化，以实现最低成本的生产。

然而，有时因为无法获得国外的生产要素，企业会致力于开发更有效的替代生产方法，如开发替代传统生产方法的生产技术等[57]。例如，在"墨西哥短期合同工计划"被取消之前，美国加利福尼亚州的西红柿都是靠雇用来自墨西哥的临时工种植的。自该计划被取消以来，加利福尼亚州的西红柿收成翻了两番，而机械化生产方式替代了 72% 的人工。

然而，并非所有的收割工作目前都可以采用合适的机械化方法。例如，因为香瓜的成熟期不同，所以采摘者要到田地去采摘 10 次左右。机器人需要能辨别颜色，以便留下那些还未成熟的香瓜[58]。不过，机器人使用摄像头辨别成熟度的技术进步预示着未来对农业劳动力需要的减少[59]。同时，其他许多不能采用机械化的工作，如餐厅餐桌的布置和旅店卧具的撤换等，目前发达国家主要由低技能移民承担。

2. 互补关系

在上述美国和墨西哥西红柿生产的案例中，我们说过，要素流动可以替代贸易或促进贸易的发展。企业在国外投资通常能促进本国的出口。事实上，全球大约有 1/3 的出口贸易发生在企业的控股实体之间，如从母公司出口到子公司、从子公司出口到母公司或者从一家子公司出口到其他子公司。

如果没有在国外投资，那么大部分出口可能不再存

在，部分原因在于企业出口的设备是投资的一部分。其他原因就是，位于母国的经营单位可能会向国外的工厂出口原材料和组件以满足后者的成品生产，如可口可乐向国外罐装厂出口浓缩液。最后，国外的工厂作为母公司其他产品的出口代理商，也可能参与产品线上部分产品的生产。

最终，移民通过组织种族聚集区来搭建移民与母国的种群网络，也促进了贸易的发展。种族聚集区起着从移民的母国进口产品的利基市场的作用。例如，早期美国进口的酱油主要卖给亚裔美籍人。种群网络对进出口商的帮助不仅体现在产品上，也反映在对特定国家的了解上。如果种群网络来源于低信任度的文化，那么种群

网络就更为重要，尤其当这种文化十分重视家庭关系时。在这种文化氛围里，人们通常更容易信任自己所了解的人，这事实上也导致人们会优先考虑在家族内做生意，其次才是与朋友做生意等。因此，在与来自另一国家的人们做生意时，信任度就自然比较低了。不过，种群网络可以作为替代方案，使得来自低信任度文化的人们可以在国外与其他人（其语言与行为与前者的母国经历具有相似性）开展生意。如果没有种群网络，人们就需要花费更多的时间去克服由于缺乏了解和对潜在生意合作伙伴的低信任度所感知的风险。这样，如果是种群网络的成员，那么潜在的进口商和出口商便更愿意开展贸易合作[60]。

未来展望

贸易之风将吹向何方？

如果国家对国际贸易和要素流动施加较少限制，那么企业降低经营成本的空间就会大大增加。例如，在贸易限制较少时，因为企业的单个生产基地可以面向多个国家的市场销售产品，所以企业就有机会获取规模经济的利益。此外，如果对要素流动的限制较少，那么企业就可以通过对生产要素的组合而实现更有效率的生产。不过，各国政府对贸易和移民的限制各不相同，而且这些限制也会随时间和环境的变化而变化。

然而，可以说各国的贸易限制一直在减少，主要是因为各国都看到了贸易自由度不断提高所带来的经济利益。此外，虽然各国针对资本和技术流动的限制已经大大减少，但对人员流动的限制是否减少一直存有疑问。

至于贸易和生产要素的流动是否会越来越自由，要判断这种趋势尚存不确定性。此外，国际上许多组织都对经济更开放所带来的利益能否弥补其所引起的经济及非经济成本存在质疑。虽然第 5 章将具体讨论进口限制问题（保护主义），但这里仍有必要了解贸易保护主义观点的整个演变历史。

发达国家与发展中国家之间的贸易一直是一个重要问题。随着贸易壁垒的不断降低，一些工资水平较低的发展中国家的经济增长速度要远大于发达国家。与之相伴的是，随着企业将其生产转移到发展中国家，发达国家失去了原有的就业岗位。这样，失业的工人需要寻找新的岗位。然而，无法确定的是新工作替代旧工作的速度，以及发达国家能在多大程度上容忍就业替代和工作

转换的压力。如果发达国家承受不了，那么它们就有可能实施贸易保护主义政策，从而阻碍贸易的发展。

另一个重要问题就是未来要素禀赋的变化。如果现在的这种趋势继续下去，那么土地、劳动力和资本等生产要素之间的关系将继续演化。例如，未来发展中国家的人口增长率预计仍将高于发达国家。这样，劳动密集型产业将继续转移至发展中国家，并迫使发达国家接受更多的外来移民。

未来发展中国家的城市化发展速度仍将快于发达国家，毕竟发达国家的城市化水平已经很高。大量证据表明，生产力会随城市化发展而发展。原因在于：一是企业更有可能雇用到拥有企业所需技能的员工；二是在原材料和产成品运输方面产生规模经济利益；三是知识和技术更易于从一个企业或产业扩散到其他企业或产业。因此，随着发展中国家城市化步伐的加快，发展中国家的经济将实现更快增长，这一增长也将有助于发展中国家取得更多的世界贸易份额。

与此同时，一方面，自然资源供给的有限性会导致资源价格的上升，即便短期供过于求会使价格降低。因此，自然资源供给的有限性也许会有利于发展中国家，毕竟发展中国家的原材料供给一直未得到充分利用。另一方面，随着资源勘探和开采技术的发展，如利用水力压裂法在页岩中提取天然气，资源供给地可能出现转移，从而遏制了价格的上升。

不难发现，为了充分利用具体的环境优势，各国的

生产专业化分工呈现出更加精细化的趋势。尽管部分原因在于各国的工资和技能水平差异，但其他要素仍然十分重要。例如，各国产权保护方面的差异或许会影响企业技术密集型业务的布局；企业通常会在产权保护更多的国家布局更多的企业技术密集型业务。不然，企业可能会将其生产分散布局在多个国家，以防潜在竞争对手窃取其产品和生产的全部资料。

这里，有必要监控四个方面相互关联的因素，毕竟这些因素可能导致未来产品贸易相对重要性的下降：

（1）随着经济的增长，多地布局生产点的效率也会有所提高，毕竟这些生产点都获得了足够的规模经济。这样，分国生产的模式就有可能替代国家之间的贸易。例如，大多数汽车生产商已经或计划在中国和泰国建厂生产，毕竟这两个国家的市场规模正在不断扩大。

（2）富有弹性的小规模生产方法，特别是那些运用机器人技术和数字技术的生产方法，使得小国也有可能高效率地生产多种产品以供本国消费，从而减少了这些产品的进口需求。例如，在能小规模生产钢铁的小型高效电炉钢厂产生之前，钢铁生产往往需要很大的投资支出，而这又需要有巨大市场的支撑。同样，随着消费者需求越来越转向差异化产品，大批量生产的成本优势已不再重要，而贴近市场需求的小规模生产反而成了一种重要优势[61]。

（3）基于3D打印技术的产出已经占到最终产品的20%（如医疗植入设备、珠宝、灯罩、汽车零部件和手机）。有人预测到2020年，该比例将上升到50%。基本上，用户可以使用3D打印技术选择方案，并用软件打印产品。3D打印技术采用加法技术（通过不断增加原材料来生产产品）而非传统的减法技术（通过切割、钻孔和打磨原材料来生产产品）。随着3D打印技术的发展，产品可以随时根据用途进行生产，而不用通过从一个国家到另一个国家的贸易交换[62]。但是，仍然有必要开展作为计算机输入的产品等级金属和塑料件的贸易。

（4）作为发达国家生产和消费的一部分，服务的增长速度远快于产品。引起这一变化的部分原因在于科技的进步，如数字化的音乐和阅读材料替代了传统意义上的制成品。因此，不论在世界任何地方，人们要做的只是购买版权（服务售卖），而不需要装运产品。结果，产品贸易在各国的贸易总量中就变得不那么重要了。此外，许多增长迅速的服务领域，如零售汽油的分销和外出就餐，都是很难进行贸易的，所以产品加服务的贸易在全部产出和消费中的占比就更小了。

🏢 案例 4-2

厄瓜多尔：一个美好的出口前景

"罗斯（Rose）是玫瑰，就像玫瑰就是玫瑰一样。"

——格特鲁德·斯泰因《圣徒艾米莉》

格特鲁德·斯泰因（Gertrude Stein）是想用这句诗来说明一个词语可能引发的种种情感。虽然每个时代赋予了"玫瑰"许多真实的和象征性的含义，但这个词的确为我们每一个人带来了独一无二的想象和情感[63]。它可以是父母给女儿取的名字，可以是花园或花瓶里的一种装饰物，可以是母亲节已故或健在的母亲的代表，可以是情人节爱的标志，可以是香水和药物的一种原料成分，也可以是婚礼时撒在新郎和新娘身上的花瓣，甚至可以是英国玫瑰战争时期反对军队的象征。

1. 一些全球性的变化

化石类证据表明，玫瑰已有3500万年的历史。玫瑰的种植大约始于5000年前的中国。种植者出售玫瑰的历史已达数个世纪。不过，在及时、可靠又经济的空运服务产生之前，玫瑰的枯萎期（它们应当在被剪下来后3~5日内出售）致使大规模出口几无可能。但如今，玫瑰在出口价值达数十亿美元的全球切花行业占据了几乎半壁江山。许多发展中国家虽然国内没有重要的切花市场，但仍占据了近年来全球出口增长的大部分。全球最大的玫瑰出口国是哥伦比亚，厄瓜多尔和肯尼亚两国不相上下，分列第二和第三。对消费者而言，玫瑰并非必需品，购买时多会考虑再三。因此，玫瑰出口主要面向的是高收入国家。鉴于玫瑰出口必须快速抵达市场，而且要做到运费低廉，所以大部分玫瑰出口都是区域性的。例如，肯尼亚的玫瑰主要出口到荷兰进行拍卖，中国台湾的玫瑰出口到日本，而哥伦比亚和厄瓜多尔的玫瑰出口到美国。尽管厄瓜多尔紧靠哥伦比亚南部，但将玫瑰运至美国的运输成本平均要高出20%～30%。

除了便利可行的空运服务外，其他物流方面的改善也可以加快种植者与消费者之间的联系。以美国的进口为例，在价值达14亿美元的美国市场上，85%的进口是通过航空运输并经迈阿密而完成的。在迈阿密当地，有50余家批发商和进口商。这些玫瑰主要来自拉丁美洲，在拉丁美洲完成切花和包装后，当天由联合包裹服务（UPS）、联邦快递（Fedex）、美国航空等公司空运至美国。为避免耗时耗财的再次包装，通常在包装上标有地址便签和追踪消息。抵达迈阿密后，这些玫瑰会被立即放在冷冻仓库里。在那里，美国海关和农业部门的检验人员会对包裹进行抽样检查，以确保发货清单的准确性并确定里面没有昆虫。对于获得美国商业安全企业联盟（BASC）认证的企业，他们会采取快速通关措施。美国商业安全企业联盟是一家非营利性的私营组织，负责检查出口到美国的出口商的整个生产和装运过程。该联盟在拉丁美洲和加勒比地区的12个国家开展业务，包括厄瓜多尔及其主要的拉丁美洲出口玫瑰的竞争对手。

当然，在出口市场出现增长之前很久，许多国家生产的鲜花只能就近销售；而且现在还有一些国家仍然集中在国内销售。中国和印度比其他国家拥有更多的育花田地，但因其购买力太小，所以进口规模很小。日本是世界第二大切花市场，虽然购买强大，但其需求主要依靠国内生产。然而，在许多其他国家，进口基本上已经取代了国内生产。例如，美国现在的进口量是其国内产量的2倍还多。

2. 厄瓜多尔的优势

尽管大多数国家都种植玫瑰，气候寒冷地区国家有时是在温室里种植的，但是发展中国家在劳动力成本上具有优势，毕竟玫瑰生产的每个阶段几乎都是劳动密集型的，包括种植、栽培、修剪、除刺、按玫瑰的尺寸和品种搭配以及打包。2012年，按购买力平价计算，厄瓜多尔的人均GDP达8800美元左右，失业率低至4.6%。这些都表明厄瓜多尔的玫瑰生产和出口在雇用抢手的劳动力方面具有综合吸引力。事实上，其中的直接劳工成本就占总生产成本的45%～60%。

除了靠近消费市场以外，其他地理因素对玫瑰的竞争力也有重要影响。在这一方面，厄瓜多尔几乎拥有独一无二的优势。因为赤道横穿这个国家，太阳终年直射头顶，这样不仅加快了玫瑰生长的速度也使得这个国家的温度全年恒定。厄瓜多尔在高海拔地区（平均海拔2000m或6561ft）种植玫瑰，那里凉爽的夜晚为耕种玫瑰提供了理想的环境。其中70%的玫瑰都生长在首都基多以北的卡扬贝和塔瓦昆多，而30%的玫瑰生长在基多以南的马查奇和萨尔塞多。这些地区的用水都来自富含矿物质的安第斯山脉融化的雪水。因此，厄瓜多尔种植的玫瑰花蕾大，茎干长达1m，颜色分明，在花瓶中存活的时间久。种植者们以高出其主要竞争对手哥伦比亚所出口玫瑰价格的1/3卖出。此外，因为厄瓜多尔的降雨量变化比哥伦比亚要小，所以厄瓜多尔面临的气候变化风险较小。但是，对任何地方的种植者来说，因气候条件（尤其是风和雨）而遭受的损害都具有不确定性。此外，基多以南地区生产的玫瑰质量更佳（更大的花蕾和更长的茎干），但因其位于更高海拔地区，所以要比基多以北地区生产的玫瑰面临更大的霜冻风险。

3. 市场结构

厄瓜多尔的切花出口（主要为玫瑰出口）对其经济发展意义重大，其出口价值仅次于石油和香蕉的出口。厄瓜多尔的鲜花产业拥有大约700家企业，直接雇用的劳动者达70000人，其支持产业另雇用了250000人。

厄瓜多尔大约有300家通常为个体家庭所有的玫瑰农场，而且这些家庭同时经营其他生意以分散风险。这些农场既合作又竞争：它们通过成立生产商协会——厄瓜多尔花卉生产出口协会（Expoflores）——进行合作，集体谈判更有利的空运费率，合作寻找提升产量的方法；同时，它们又为争取国外顾客而彼此激烈竞争；如果出现资金短缺或者玫瑰供过于求，相互之间常常出现降价竞争的局面，不然玫瑰就会枯萎。

美国是厄瓜多尔玫瑰出口的最大市场。种植者们将玫瑰出售给美国的进口商和批发商。这些进口商再卖给大客户，如批发商、大众市场零售商（包括零售连锁店）以及酒店。批发商转而出售给大众市场的零售商或者花店，进而由后者卖给最终消费者。厄瓜多尔的农场主一直试图将玫瑰直接销售给批发商，以便赚取进口商与批发商之间的差价。但是，若努力过头，就会危及他们与所依赖的进口商之间现有的销售关系。事实上，如果最后环节的分销出现分裂，那么由农场主直接销售给零售商并不切合实际。

对进口商和批发商的销售过程通常非常人性化：采用的是口头协议而非书面合同，而且强调的是相互信任。很多时候，切花市场属于买方市场，所以出口商会努力在买家中建立高信誉，从而有助于争取到回头客。例如，假如某家玫瑰农场可能因气候不利之故而无法履行先前的承诺，那它通常会从其他农场主那里购买玫瑰来履行其承诺并获得买家的信任。谈判大多通过电子邮件进行，但出口商偶尔也会去拜访进口商和批发商以巩固人际关系。此外，亲自联系和电子邮件联系都有助于生产者安排未来生产的数量、玫瑰的种类以及相关的日期。生产者通常会赊账给进口商和批发商；然而，如果进口商没有按照约定付款，那么出口商要求在未来的销售中采用信用证付款。出口销售按FOB基多港报价，即种植者对出口玫瑰的所有权在玫瑰装上飞机后就转移。因此，如果玫瑰抵达时出现损坏或者不再新鲜，那么种植者不用承担法律责任。（对于因疾病或因错发了非订单规定种类的玫瑰而引发的损坏，种植者要承担法律责任。）然而，在这种情况下，交易中的人际关系意味着进口商、批发商和生产者要分清责任。尽管批发商和进口商会尽力使玫瑰在销售给最终顾客时保持高质量，但仍然存在销售不新鲜和受损玫瑰的地下市场，而且这种市场很难得到控制。

4. 市场需求的波动性

要计划玫瑰的产量是很困难的，因为其需求不仅会在商业周期内出现变化，而且会因一年四季的变化而变化，当然也会因玫瑰的种类而发生变化。此外，这种计划会因存在无法预见的供应情况而变得更为复杂。

对玫瑰的需求，尤其是对厄瓜多尔出产的花蕾大、茎干长的玫瑰高端市场的需求，深受进口国收入变化的影响。例如，近年来发生的全球经济萧条导致厄瓜多尔玫瑰切花的出口价值在2007—2009年下降了42%，直到2012年，其出口销售才恢复到2007年的水平。出现这一下降的原因就是顾客购买各种玫瑰的数量都减少了，或是购买了较为便宜的花来代替玫瑰，甚至转向购买一些低品质的玫瑰。需求量变化最明显的是那些主要销售名贵玫瑰的花店。相反，销售混合花束的大众市场的销售情况保持良好。

一年之中，对玫瑰的需求在数量和类型上都会有很大的变化。迄今为止，玫瑰销售的最高峰值出现在情人节，主要销售的是红玫瑰。厄瓜多尔出口的玫瑰有25%~30%主要用作办公室礼物，而且通常用于2月14日情人节这一天的赠送。（如果情人节这一天不是工作日而是周末，那么玫瑰的销量会大幅下降。）因为玫瑰茎的生长周期需要90~100天，所以种植者必须对茎干进行不断修剪，以便在出货时玫瑰正好成熟。不过，90天与100天之间的10天的时间差是由不可控的天气因素决定的。如果光照充足，玫瑰自然会成熟得更快；相反，如果天气较冷，那么玫瑰就会成熟得慢些。农场可以通过人工手段对种植区域加温以促进玫瑰的成熟（需要花费成本）。但当环境温度上升时，要减缓玫瑰的成熟往往花费很高——农学家必须用泥浆包裹玫瑰盆栽箱或用黑布覆盖整个温室。玫瑰销售的第二峰值出现在母亲节，但市场需求分散为对各种颜色玫瑰的需求。在整个6月期间，需求会再次上升，因为6月属于婚礼季，市场需求主要为奶油色或米色玫瑰。在一年中的其他时间里，玫瑰的出口需求无论是数量还是颜色方面都相当稳定。此时，种植者们会尽量获得长期订单以确保稳定的销售。但是，他们必须在玫瑰的高需求阶段和一年中的其他时间段之间对生产能力进行合理的分配。此外，他们必须在不知道其他种植者生产的情况下做出决定，而这可能会导致在任何特定时间出现生产过度或不足。

按照颜色、芳香、大小、茎干长度和盛开的方式，玫瑰可以分为很多种类。事实上，全球大约有6500种玫瑰，而一家农场显然不可能种植所有的种类。农场所种植玫瑰种类的多少取决于农场的规模。奥哈斯·贝尔德（Hoja Verde）是厄瓜多尔最大的玫瑰生产商之一，种植了404种玫瑰。然而，像格鲁普·贝甘索内斯（Grupo Vegaflor）这种更为典型的厄瓜多尔农场则只种植了大约60种玫瑰。不管农场的规模如何，其经营者都要决定种植玫瑰的种类、每种玫瑰的种植面积以及何时让不同数量的玫瑰成熟。这些决定基于种植者对市场需求的判断。当然，他们主要种植的是少量相当标准但又有特色的玫瑰，毕竟这类玫瑰一年到头且年年都有市场需求，如拉塞维利亚纳（La Sevillana）玫瑰和托普图尔韦德（Topsy Turvy）玫瑰。除了每年依赖这些标准的玫瑰外，玫瑰产业同样也依靠创新。事实上，种植者也面临着很大的压力，如同时尚产业的生产者一样，每年都要推出新款式。玫瑰的育种者几乎都在发达国家，如德国的罗森·塔图（Rosen Tantau）和美国的希尔（E. G. Hills）等，他们开发并向经销商推广这些新品种玫瑰。玫瑰的种植者必须预测出新品种的成功率，然后再选择种植什么品种。当然，种植者需要向育种者支付一定的许可费，以获得种植新品种和使用其名称的权利。

影响玫瑰市场的另一个因素就是对公平贸易产品需求的兴起，其中包括发展中国家出口的切花。例如，公平贸易组织（TransFair）是一家非营利组织，该组织就鲜花种植中是否采用了促进环境保护的方法，以及是否为工人和社区提供足够的福利进行认证。一旦获得认证，鲜花的售价可以在原来价格的基础上加价 10%，而加价所得要用于工人和社区的福利。不过，关于该市场规模的可信数据很难获得，但有人估计大概占玫瑰出口市场的 10%。截至 2011 年，厄瓜多尔获得该认证的玫瑰农场比例不足 10%。

5. 市场的现状与未来

这里的讨论暗含的一个观点是，厄瓜多尔玫瑰种植者可以通过让消费者把鲜花当作非持续性消费品，促使消费者更多地选择鲜花中的玫瑰，提高消费者对厄瓜多尔玫瑰的偏好，促进非高峰期的玫瑰销售，协调好消费者偏好的玫瑰品种与种植者所种植玫瑰品种的匹配性等方法而获得利益。然而目前，种植者对最终顾客几乎没有什么影响力，因此必须依靠分销商去推动最终的销售。事实上，许多花店在通过各种媒体进行广告宣传。在互联网上稍做浏览就可发现，有些广告专门在推广厄瓜多尔的玫瑰。因此，如果种植者希望增加出口，那么必须说服进口商和批发商来推进面向最终需求的促销工作，如通过零售商来促进厄瓜多尔具有差异化特征的高性价比玫瑰的销售。不过，这一工作难度很大，毕竟相关成员（种植者、进口商、批发商和零售商）众多而且分布广泛且散乱，处于分销链上任何节点的任何单个成员对最终消费者几乎都没有什么影响力。

厄瓜多尔的很多种植者把玫瑰的出口市场重点放在一些国家。尽管厄瓜多尔玫瑰出口到 90 余个国家和地区，但其出口主要集中在美国和俄罗斯，而这两个市场几乎占了厄瓜多尔玫瑰出口市场的 2/3。荷兰是全球最大的玫瑰进口国，但这一说法具有误导性，毕竟荷兰进口的大部分玫瑰被转运到其他国家。实际上，美国和俄罗斯才是全球最大的进口切花玫瑰的消费市场，而厄瓜多尔和哥伦比亚主宰了针对这两个国家的玫瑰出口。例如，2009 年，厄瓜多尔占据了美国进口市场的 20.2%，哥伦比亚占据了美国进口市场的 76.5%，两国分别占

据了俄罗斯进口市场的 61.5% 和 16.2%。有观察家指出，导致厄瓜多尔和哥伦比亚两大出口国在美国和俄罗斯这两大消费市场上所占份额出现差异的原因在于，俄罗斯消费者更加偏好厄瓜多尔产的优质玫瑰，而美国大众市场的消费者更加偏好超市销售的哥伦比亚产的价廉玫瑰。鉴于哥伦比亚和美国于 2012 年签订了自由贸易协定，厄瓜多尔担心自己在美国市场的劣势可能会进一步恶化。不过，美国正在考虑允许厄瓜多尔的玫瑰按与哥伦比亚玫瑰相同的条件进入美国市场。

厄瓜多尔和哥伦比亚也共同主宰了针对全球其他市场（如加拿大和西班牙）的玫瑰切花出口，但这些国家的市场与美国和俄罗斯相比非常小。因此，很难讲世界上是否还存在一些未开发的市场。一些厄瓜多尔种植者正在考虑将中东作为可能的销售市场进行开发，毕竟新的航空服务经委内瑞拉厄将瓜多尔与伊朗连接起来了。事实上，按照 2012 年的一项贸易协定，伊朗已经降低了针对进口厄瓜多尔玫瑰的关税税率。厄瓜多尔的其他种植者也认为，未来大部分的销售增长肯定来自传统的出口市场，或是通过提升这些市场玫瑰的总销量，或是从哥伦比亚和其他国家生产商手中抢夺市场份额。无论如何，未来厄瓜多尔玫瑰的出口前景是否乐观似乎与厄瓜多尔的玫瑰生产能力无关，而与其他国家消费者购买厄瓜多尔玫瑰的热情有关。

思考题

1. 讨论相关贸易理论，并利用这些理论解释厄瓜多尔在玫瑰出口方面的竞争地位。

2. 哪些贸易理论不能解释厄瓜多尔在玫瑰出口方面的竞争地位？请说明原因。

3. 回顾一下第 1 章所讨论的促进全球化的影响因素。解释哪些因素影响了全球玫瑰切花贸易的增长并说明原因。

4. 回顾第 2、3 章所讨论的外部环境因素（文化和经济因素），并讨论这些因素是如何影响以及未来将如何影响市场对厄瓜多尔玫瑰的需求。

5. 厄瓜多尔的种植者有许多方法用于提高市场对其产品的需求。这些方法包括：通过吸引更多的顾客购买顶级玫瑰来打造高端市场；利用各种特别的日子来提升市场的需求；提高在未开发市场的销售量，如中东地区。请对这些方法以及你能想到的其他方法进行比较。

6. 一些国家通过促销其产品的民族特点而获得销售成功，如促销哥伦比亚咖啡的瓦尔迪兹活动、促销丹麦农业产品的"丹麦的就是好"活动。请讨论为促进厄瓜多尔玫瑰的海外销售而举行全国性促销活动的可行性。

本章小结

1. 一些贸易理论研究的是在没有政府干预情况下的国际贸易；而另一些理论则提出政府应该如何通过干预贸易来达到经济目标。

2. 贸易理论可以帮助解释特定地区生产哪种产品会更有竞争优势，企业应该如何选择能最有效生产产品的生产场所，以及政府政策是否会影响国家之间的自由贸易。因此，贸易理论很有用。其他理论主要用于解释贸易模式。

3. 按照重商主义理论的观点，一国应该尽可能做到贸易出超（出口额比进口额多）以实现黄金的流入。新重商主义政策也追求贸易出超，但其目的是要达到一定的政治或经济目标。

4. 绝对优势理论提出通过自由贸易来实现专业化分工。如果消费者可以买到比国内定价要低得多的国外制造的产品，那么消费者的处境就会更好。

5. 根据绝对优势理论，一国也许会因其先天优势（如气候或原材料）或因其后天优势（如产品或生产方面的技术或能力优势）而生产效率很高。

6. 比较优势理论也提出通过自由贸易来实现专业化分工。根据该理论，即使一国在生产所有产品方面都具有绝对优势，也仍然可以通过贸易而使全球总产出增加。

7. 政策制定者对绝对优势理论和比较优势理论的一些假设前提提出了质疑。这些假设前提包括：资源得到充分利用；产出效率总是一国的主要目标；国家满足于相对利益；国家之间不存在运输成本；优势总是保持不变；资源在国际不可以自由流动但在国内可以自由移动。

8. 根据国家规模理论的观点，陆地面积大的国家因为具有多样性气候和各种自然资源，所以比小国更能实现自给自足。能够实现自给自足的第二个原因是大国的生产和销售市场中心距离其他国家更远，从而提高了对外贸易的运输成本。

9. 根据要素禀赋理论，一国在土地、劳动力和资本上的相对禀赋决定了这些要素的相对成本。反过来，这些要素的成本又决定了一国生产哪种商品更有效率。

10. 根据国家相似理论，当今绝大多数贸易往来发生在发达国家之间，原因就在于发达国家具有相似的市场特征，也在于发达国家的生产和消费一般都超过发展中国家。

11. 双向贸易模式在很大程度上可以用两国之间的文化相似性、政治与经济协定以及两国之间的距离来解释。

12. 高收入国家之间的贸易大多为制成品贸易。这种贸易之所以发生，是因为各国各个部门的研发对象具有差异性。当然，这种贸易的发生也是因为高收入国家的消费者希望购买并且买得起那些与国内生产的产品相比更具特色的产品。

13. 根据国际产品生命周期理论，企业会首先在新产品的研发国进行新产品生产，这些国家主要为发达国家。在产品生命周期内，随着产品进入成熟期和衰退期，产品的生产会转移到国外，尤其会被转移到发展中国家。

14. 国家竞争优势钻石理论提出了获得并维持竞争优势的四个重要条件：需求条件；要素条件；相关产业和支持产业；企业的战略、结构和竞争行为。

15. 生产要素和产成品只能部分地在国际流动。就生产要素的国际转移与产成品出口两种方案而言，应该选择哪种方案取决于该方案的成本与可行性。

16. 虽然生产要素的国际流动会替代贸易，但这种流动也许会通过零部件、设备和互补产品的销售而促进贸易。

关键术语

绝对优势	国家竞争优势钻石理论	重商主义	战略性贸易政策
后天优势	要素流动理论	先天优势	国家规模理论
人才外流	要素禀赋理论	新重商主义	贸易逆差
比较优势	有利的贸易差额	非贸易商品	贸易顺差
国家相似理论	进口替代	产品生命周期理论（PLC）	无利的贸易差额

参考文献

1 *Sources include the following:* "Costa Rica Exports," www.trading-economics.com/costa-rica/exports, accessed January 31, 2013; World Trade Organization, "Trade Profiles: Costa Rica," retrieved January 31, 2013, from stat.wto.org/CountryProfile/WSDBCountryPFView.aspx?Language=E&Country=CR; Debora Spar, *Attracting High Technology Investment: Intel's Costa Rican Plant* (Washington, DC: The World Bank, Foreign Investment Advisory Service Occasional Paper No. 11, 1998); CIA Factbook, retrieved January 31, 2013, from CIA.GOV/CIA/publications/factbook/geos/cs.html; Gail D. Triner, "Recent Latin American History and Its Historiography," *Latin American Research Review* 38:1 (2003): 219–38; John Weeks, "Trade Liberalisation, Market Deregulation and Agricultural Performance in Central America," *The Journal of Development Studies* 35:5 (June 1999): 48–76; Niels W. Ketelhöhn and Michael E. Porter, "Building a Cluster: Electronics and Information Technology in Costa Rica," *Harvard Business School Case 9703422* (November 7, 2002); John Schellhas, "Peasants against Globalization: Rural Social Movements in Costa Rica," *American Anthropologist* 103:3 (2001):862–863; Jose Itzigsohn, *Developing Poverty: The State, Labor Market Deregulation, and the Informal Economy in Costa Rica and the Dominican Republic* (University Park, IL: Pennsylvania University Press, 2000); Roy Nelson, "Intel's Site Selection Decision in Latin America," *Thunderbird International Business Review* 42:2 (2001): 227–49; Andrés Rodríguez-Clare, "Costa Rica's Development Strategy Based on Human Capital and Technology: How It Got There, The Impact of Intel, and Lessons for Other Countries," *United Nations Human Development Report 2001* (New York: United Nations Development Programme, 2001).

2 For a good survey of mercantilism and the mercantilist era, see Gianni Vaggi, *A Concise History of Economic Thought: From Mercantilism to Monetarism* (New York: Palgrave Macmillan, 2002).

3 For reviews of the literature, see Jordan Shan and Fiona Sun, "On the Export-Led Growth Hypothesis for the Little Dragons: An Empirical Reinvestigation," *Atlantic Economic Review* 26:4 (1998): 353–71; George K. Zestos and Xiangnan Tao, "Trade and GDP Growth: Causal Relations in the United States and Canada," *Southern Economic Journal* 68:4 (2002): 859–74.

4 For a good discussion of the history of free trade thought, see Leonard Gomes, *The Economics and Ideology of Free Trade: A Historical Review* (Cheltenham, UK: Edward Elgar, 2003).

5 "Year Round Production of Tomatoes in Iceland," retrieved July 16, 2007, from www.freshplaza.com/news_detail.asp?id=3791; "The History of Wine Production in Brazil," retrieved July 16, 2007, from www.brazilianwines.com/en/brazilie_histoire.asp.

6 For simplicity's sake, both Smith and Ricardo originally assumed a simple world composed of only two countries and two commodities. Our example makes the same assumption. Now, although this simplification is unrealistic, it does not diminish the usefulness of either theory. Economists have applied the same reasoning to demonstrate efficiency advantages in multiproduct and multicountry trade relationships. Smith's seminal treatise remains abundantly in print; for a reliable recent edition, see *An Inquiry into the Nature and Causes of the Wealth of Nations* (Washington, DC: Regnery Publishing, 1998). Like Smith's *Wealth of Nations,* Ricardo's seminal work on comparative advantage, originally published in London in 1817, is continuously reprinted; see, for example, *On the Principles of Political Economy and Taxation* (Amherst, NY: Prometheus Books, 1996).

7 For a good discussion of this paradoxical thinking, see Paul R. Krugman, "What Do Undergraduates Need to Know about Trade?" *American Economic Review Papers and Proceedings* (May 1993):23–26. For a discussion of some developing countries' views that monopolistic conditions keep them from gaining a fair share of gains from international trade, see A. P. Thirwell, *Growth and Development,* 6th ed. (London: Macmillan,

1999).

8 Thomas I. Palley, "Institutionalism and New Trade Theory: Rethinking Comparative Advantage and Trade Theory," *Journal of Economic Issues* 42:1 (2008): 195–08.

9 Murray Kemp, "Non-Competing Factor Groups and the Normative Propositions of Trade Theory," *International Review of Economics and Finance* 17 (2008): 388–90.

10 Andrew Avery Herring, Roger Enrique Bonilla-Carríon, Rosilyne Mae Borland, and Kenneth Hailey Hill, "Differential Mortality Patterns Between Nicaraguan Immigrants and Native-born Residents of Costa Rica," *Immigrant Minority Health* 12 (2010): 33–42.

11 Gordon H. Hanson, "The Rise of Middle Kingdoms: Emerging Economies in Global Trade," *The Journal of Economic Perspectives* 26:2 (Spring 2012): 41–64.

12 Eli J. Heckscher, *Heckscher-Ohlin Trade Theory* (Cambridge, MA: MIT Press, 1991).

13 For a discussion of ways in which the theory does not fit the reality of trade, see Antoni Estevadeordal and Alan M. Taylor, "A Century of Missing Trade?" *The American Economic Review* 92:1 (2002): 383–93. For a study supporting the theory, see Yong-Seok Choi and Pravin Krishna, "The Factor Content of Bilateral Trade: An Empirical Test," *The Journal of Political Economy* 112:4 (2004): 887–915.

14 See, for example, Donald R. Davis and David E. Weinstein, "An Account of Global Factor Trade," *The American Economic Review* 91:5 (2001): 1423–53; Oner Guncavdi and Suat Kucukcifi, "Foreign Trade and Factor Intensity in an Open Developing Country: An Input-Output Analysis for Turkey," *Russian & East European Finance and Trade* 37:1 (2001): 75–88.

15 See, for example, P. Krugman and A. J. Venables, "Globalization and the Inequality of Nations," *Quarterly Journal of Economics* 110 (1995): 857–80.

16 See Paul Krugman, "Scale Economies, Product Differentiation, and the Patterns of Trade," *The American Economic Review* 70 (1980): 950–59; James Harrigan, "Estimation of Cross-Country Differences in Industry Production Functions," *Journal of International Economics* 47:2 (1999): 267–93.

17 Drusilla K. Brown and Robert M. Stern, "Measurement and Modeling of the Economic Effect of Trade and Investment Barriers in Services," *Title Review of International Economics* 9:2 (2001): 262–86, discuss the role of economies of scale and trade barriers.

18 See Gianmarco I. P. Ottaviano and Diego Puga, "Agglomeration in the Global Economy: A Survey of the 'New Economic Geography'," *The World Economy* 21:6 (1998): 707–31; Gianmarco I. P. Ottaviano, Takatoshi Tabuchi, and Jacques-François Thisse, "Agglomeration and Trade Revisited," *International Economic Review* 43:2 (2002): 409–35.

19 Stefan B. Linder, *An Essay on Trade Transformation* (New York: Wiley, 1961).

20 Dirk Pilat, "The Economic Impact of Technology," *The OECD Observer* 213 (August–September 1998): 5–8.

21 Anthony J. Venables, "Shifts in Economic Geography and Their Causes," *Economic Review—Federal Reserve Bank of Kansas City* 91:4 (2006): 61–85, referring to work by R. Hausmann and D. Rodrik, "Economic Development as Self Discovery" (2003), Harvard Kennedy School working paper.

22 Two discussions of intra-industry trade are: Don P. Clark, "Determinants of Intra-industry Trade between the United States and Industrial Nations," *The International Trade Journal* 12:3 (Fall 1998): 345–62; H. Peter Gray, "Free International Economic Policy in a World of Schumpeter Goods," *The International Trade Journal* 12:3 (Fall 1998): 323–44.

23 Daniel Michaels, "Landing Rights," *Wall Street Journal* (April 30,

2002): A1+.

24 Lars Håkanson and Douglas Dow,"Markets and Networks in International Trade: On the Role of Distances in Globalization," *Management International Review* 52:6 (2012): 761–90.

25 Christopher A. Bartlett,"Global Wine Wars: New World Challenges Old,"Harvard Business School Case 9-303-056 (July 21, 2003).

26 Terry Hall,"NZ Finds Pirated Varieties in Chile," *Financial Times* (January 21, 1999): 24.

27 Anthony J. Venables,"Shifts in Economic Geography and Their Causes."

28 Jeffrey A. Frankel and David Romer,"Does Trade Cause Growth?" *The American Economic Review* 89:3 (June 1999): 379–99.

29 J. L. Gallup and J. Sachs,"Geography and Economic Development," in B. Pleskovic and J. E. Stiglitz, eds., *Annual World Bank Conference on Development Economics* (Washington, DC: The World Bank, 1998).

30 See Raymond Vernon,"International Investment and International Trade in the Product Life Cycle," *Quarterly Journal of Economics* 80 (May 1996): 190–207; David Dollar,"Technological Innovation, Capital Mobility, and the Product Cycle in North–South Trade," *American Economic Review* 76:1 (1986): 177–90.

31 This is true according to various indicators. See, for example, International Bank for Reconstruction and Development,"Science and Technology," *The World Development Indicators* (Washington, DC: International Bank for Reconstruction and Development, 2000): 300.

32 Michael E. Porter,"The Competitive Advantage of Nations," *Harvard Business Review* 68:4 (1990): 73–93.

33 Kiyohiko Ito and Vladimir Pucik,"R&D Spending, Domestic Competition, and Export Performance of Japanese Manufacturing Firms," *Strategic Management Journal* 14 (1993): 61–75.

34 Jeremy Wiesen,"The U.S. Needs Its Own Industrial Policy," *Wall Street Journal* (September 13, 2010): A19.

35 Hubert Schmitz,"Reducing Complexity in the Industrial Policy Debate," *Development Policy Review* 25:4 (2007): 417–28.

36 Liviu-George, Ion Ignat, and Andre Teofil Postolachi,"Theoretical Controversies on Strategic Trade Policy," **Economy Transdisciplinarity Cognition** 15:1 (2012): 300–07.

37 Sonny Nwankwo and Darlington Richards,"Institutional Paradigm and the Management of Transitions: A Sub-Saharan African Perspective," *International Journal of Social Economics* 31:1/2 (2004): 111.

38 Jeffrey Sachs,"Institutions Matter, but Not Everything," *Finance and Development* (June 2003): 38–41.

39 Nwankwo and Richards,"Institutional Paradigm and the Management of Transitions,"111.

40 Andrés Rodríguez-Clare,"Clusters and Comparative Advantage: Implications for Industrial Policy," *Journal of Development Economics* 82 (2007): 43–57.

41 Paul Krugman and Alasdair M. Smith, eds., *Empirical Studies of Strategic Trade Policies* (Chicago: University of Chicago Press, 1993); Howard Pack and Kamal Saggi,"Is There a Case for Industrial Policy?" *The World Bank Research Observer* 21:2 (2006): 267.

42 Paul M. Sherer,"Thailand Trips in Reach for New Exports," *Wall Street Journal* (August 27, 1996): A8.

43 Richard Brahm,"National Targeting Policies, High-Technology Industries, and Excessive Competition," *Strategic Management Journal* 16 (1995): 71–91.

44 Andrea E. Goldstein and Steven M. McGuire,"The Political Economy of Strategic Trade Policy and the Brazil-Canada Export Subsidies Saga," *The World Economy* 27:4 (2004): 541.

45 Theresa M. Greaney,"Strategic Trade and Competition Policies to Assist Distressed Industries," *The Canadian Journal of Economics* 32:3 (1999): 767.

46 Department of Economic and Social Affairs, Population Division, *World Population Prospects: The 2008 Revision Highlights* (New York: United Nations, 2009): xi.

47 "List of Countries by Foreign-Born Population,"en.wikipedia.org/wiki/List_of_countries_by_foreign-born_population_in_2005 (accessed February 1, 2013.

48 Sevil Sönmez, Yorghos Apostopoulos, Diane Tran, and Shantyana

Rentrope,"Human Rights and Health Disparities for Migrant Workers in the UAE," *Health and Human Rights* Vol 13, No 2 (2011).

49 Patrick Barta and Joel Millman,"The Great U-Turn," *Wall Street Journal* (June 6–7, 2009): A1.

50 "Flight to Nowhere," *The Economist* (March 2, 2013): 58–59.

51 *Trends in International Migration,* retrieved March 18, 2005, from oecd.org/dataoecd/7/49/24994376.

52 Miriam Jordan,"Migrants' Cash Keeps Flowing Home," *Wall Street Journal (Online)* [New York, N.Y] 23 Sep 2012: n/a.," *Wall Street Journal (Online)* [New York, N.Y] 23 Sep 2012: n/a.

53 Paul M. Vaaler,"Immigrant Remittances and the Venture Investment Environment of Developing Countries," **Journal of International Business Studies** 42.9 (December 2011): 1121–49.

54 Keith Head and John Ries,"Exporting and FDI as Alternative Strategies," *Oxford Review of Economic Policy* 20:3 (2004): 409–29.

55 Andrew E. Kramer, Russian Farm, Chinese Farmer," *New York Times* (September 11, 2012): B1+.

56 See Frank D. Bean et al.,"Circular, Invisible, and Ambiguous Migrants: Components of Differences in Estimates of the Number of Unauthorized Mexican Migrants in the United States," *Demography* 38:3 (2001): 411–22; United Nations Conference on Trade and Development, *World Investment Report 2000: Cross-Border Mergers and Acquisitions and Development* (New York and Geneva: United Nations, 2000): 312.

57 Paul Windrum, Andreas Reinstaller, and Christopher Bull,"The Outsourcing Productivity Paradox: Total Outsourcing, Organisational Innovation, and Long Run Productivity Growth," *Journal of Evolutionary Economics* 19:2 (2009): 197–229.

58 June Kronholtz,"Immigrant Labor or Machines?" *Wall Street Journal* (December 19, 2006): A4.

59 "March of the Lettuce Bot," *The Economist* (December 1, 2012): monitor 5.

60 J. Duanmu and Y. Guney,"Heterogeneous Effect of Ethnic Networks on International Trade of Thailand: The Role of Family Ties and Ethnic Diversity," *International Business Review* 22:1 (2013): 126–39.

61 Paul Markillie,"Manufacturing the Future," *The Economist* (special issue, the world in 2013, no date): 128.

62 "Print Me a Stradivarius," *The Economist* (February 10, 2011), retrieved February 17, 2011, from www.economist.com/node/18114327?story_id=18114327&fsrc=nwl; J. M. Pearce, C. Morris Blair, K. J. Laciak, R. Andrews, R. Nosrat, and I. Zelenika-Zovko,"3-D Printing of Open Source Appropriate Technologies for Self-Directed Sustainable Development," *Journal of Sustainable Development* 3:4 (December 2010): 17–29.

63 We wish to thank Mauricio Calero, former manager of two Ecuadoran rose farms, for granting us interviews and supplying additional data. We would also like to thank Tyler Gill, who while an undergraduate student at the University of Miami, worked diligently in gathering information on the world's, and particularly Ecuador's, export market in roses. Other information came from"Ecuador: Flower Production Will Expand," *Oxford Analytica Daily Brief Service* (March 2, 2012):n.p.; "USTR to Consider Some of Ecuador's Petitions in GSP Product Review," *Inside US Trade* 31:1 (January 4, 2013): n.p.; F. Milad,"Brief: Iran to Export Oil Products to Ecuador," *McClatchy - Tribune Business News* (Washington) May 25, 2012: n.p.; Jo H. M. Wijnands, Jos Bijman, and Ruud B. M. Huirne,"Impact of Institutions on the Performance of the Flower Industry in Developing Countries,"paper presented at the ISNIE Conference, Reykjavik, Iceland, June 21–23, 2007; University of Illinois Extension,"Our Rose Garden: The History of Roses," retrieved December 8, 2010, from urbanext.illinois.edu/roses/history.cfm; Sector Publications,"The World Cut Flower Industry: Trends and Prospects,"retrieved September 12, 2010, from www.ilo.org/public/english/dialogue/sector/papers/ctflower/139e1.htm; www.cia.gov/library/publications/the-world-factbook/geos/ec.html; International Trade Center (ITC)"Trade Map—International Trade Statistics: List of Importing Markets for a Product Exported by Ecuador,"retrieved February 4, 2011, from www.trademap.org/tradestat/Country_SelProductCountry_TS.aspx; TransFair Canada,"Hoja Verde: The Flower of Ecuador,"retrieved February 3, 2011, from transfair.ca/en/producers/profiles/hoja-verde.

第 5 章

政府对贸易的影响

仁爱始于家。

——英国谚语

本章目标

通过本章学习，应能：

1. 解释政府力图促进和限制贸易的原因。
2. 说明压力集团对贸易政策的影响。
3. 比较政府干预对自由贸易潜在的和实际的影响。
4. 阐述政府限制和调节贸易的主要途径。
5. 说明政府贸易政策给经营带来的不确定性和机遇。
6. 理解企业如何应对进口竞争。
7. 了解日趋复杂的产品和贸易条例对未来的影响。

案例 5-1

美国与越南之间的鲶鱼争端

鲶鱼一直是美国南部腹地居民日常饮食的一部分，在全美海产品或鱼类产品消费排名中位列第六[1]。美国的鲶鱼产业主要集中在阿拉巴马、阿肯色、路易斯安那和密西西比四个州的欠发达地区，这些地区的鲶鱼产量占美国总产量的90%。在鼎盛时期，该产业要雇用约1万人。然而，随着进口（主要来自越南）的增加，进口鲶鱼占据了美国市场的较大份额（2005年为20%，2011年则高达76%），美国本地鲶鱼产量则出现下降。越南的鲶鱼产区也位于该国的经济较落后的地区，即湄公河三角洲地区；越南鲶鱼产业雇用的劳动力大约为100万人，其产值约占越南经济的2%。由于美国鲶鱼产业试图限制从越南进口鲶鱼，所以不断变化的竞争环境导致了美、越两国之间的鲶鱼争端。

1. 水产业的兴起

海洋生物历来是人类的食物来源之一。在人类历史的大部分时间里，海洋生物的繁衍速度总是快于人类对其的消耗。然而，近半个世纪以来，不断增长的海洋捕捞（过度捕鱼）导致许多海洋生物来不及生长繁殖。这一方面要归咎于世界人口的不断增加；另一方面也是因为人类掌握了能准确定位鱼群的技术，而这在过去是难以做到的。如今，捕鱼船必须远离大陆，到深海去捕鱼。结果，燃料消耗增加，而同时燃料价格又在不断上涨。发展水产业或"鱼类养殖业"一直是对付过度捕捞的手段之一。（2012年，全球商业捕鱼和水产业的收入合计大约为3700亿美元。）美国和越南的鲶鱼产业都是此次水产业革命的一部分。换言之，与传统的出海用渔网和鱼钩捕鱼不同，现在的鲶鱼都是在鱼塘中喂养的，待长大到一定尺寸再进行捕捞。鲶鱼的饲料是玉米和大豆，由于这一转变，鲶鱼已不再是食腐鱼类。相应地，美国的鲶鱼养殖户开始宣传鲶鱼喂养方式的改变，以吸引更多不愿吃食腐鱼类的消费者购买。

2. 越南的优势

美国鲶鱼产业的发展主要依靠的是将无产出的棉花地改为鱼塘。这些土地土壤中的黏土含量大多很高，虽然种不出棉花，但蓄水能力很强。不过，越南的鲶鱼产业具有出口竞争优势。首先，越南没有明显的冬季气候，鱼类生长速度快。越南有一种叫作"水晶巴丁鱼"（Tra）的鲶鱼品种，能够游到水面呼吸，因此适合更大密度的养殖。另外，美国政府有限制将鱼塘水直接排入河流的规定，而越南没有此类规定。这些差异使得越南有较高的鲶鱼产出。最后，越南较美国具有劳动力成本低的优势，而劳动力又是鲶鱼切片和冷冻加工的重要成本因素。

3. 美国鲶鱼产业的还击

（1）改名。出于对失去市场的担心，美国鲶鱼养殖者所采取的第一项防御性举措就是说服他们在国会的代表于2002年成功推出了不允许进口越南"鲶鱼"的政策。英国戏剧大师莎士比亚曾有这样的名句："玫瑰易名，馨香如故"。不过，鲶鱼的情况似乎并不如此。（全世界大约有3000种淡水鱼可归类为鲶鱼。）因为越南产的鲶鱼与美国饲养的鲶鱼品种不同，所以来自越南的品种必须以水晶巴丁鱼（Tra）、巴沙鱼（Basa）或巨鲶（Pangasius）等名称进口。（缅因州的龙虾产业、欧盟的沙丁鱼产业曾分别将智利产海螯虾和秘鲁产沙丁鱼改换名字，但都不成功。）按照美国养殖户的理解，主要生活在美国南部腹地的消费者不会购买名称怪异或不知名的鱼来代替其日常饮食所需的鲶鱼。尽管改名可以缓解来自越南鲶鱼业的竞争，但并不能做到彻底阻止。美国鲶鱼产业碰到的问题之一就是本地没有明文规定要求在饮食菜单中准确标明材料名称。因此，水晶巴丁鱼、巴沙鱼或巨鲶在菜单中被统称为鲶鱼，甚至被更简单地称作鱼。显然，美国鲶鱼养殖者需要另寻他法来阻止进口。

美国鲶鱼业面临的另一问题是成本上升而造成的利润骤减。事实上，喂养鲶鱼的玉米和大豆饲料的价格上涨飞速，养殖者已无法将成本转嫁到消费者身上。多个因素共同导致了饲料成本的上涨，如亚洲地区作物歉收、粮食需求的增长以及部分玉米和大豆被用于乙醇生产。为了提高鲶鱼价格同时增加对鲶鱼的需求，代表鲶鱼养殖者的美国鲶鱼协会决定给这种鱼改名。对许多人来说，鲶鱼这个名称基本具有负面含义。（许多年来，人们对鲶鱼有诸多不利的看法。在此不便细述。）该协会指出了近期因改名而提高了销量的案例，如棘鲷改名为深海鲈鱼以及南极鳕鱼改名为智利海鲈鱼的案例。经过对多个拟订名字的市场测试，该协会决定采用"delacata"作为优质鲶鱼的新名字。不过，现在就来讨论改名策略是否有效尚为时过早。

（2）不公平竞争：倾销。这里再来分析进口问题。鉴于销量的下降以及工作岗位的流失，美国鲶鱼产业请求政府对从越南进口的鲶鱼增加关税，理由是越南以低于鲶鱼生产成本的价格向美国市场销售（倾销）鱼类产品。鉴于越南实施的是计划经济，所以很难估算其实际生产成本。不过，美国根据孟加拉国的情况进行了估算，对越南进口的鲶鱼施加了64%的反倾销税。2013年，美国鲶鱼产业又依据印度尼西亚更高的生产成本成功估算了反倾销税。

（3）健康理据。虽然价格较高，但越南鲶鱼在美国市场的份额仍持续增长。2007年，美国鲶鱼产业似乎寻得了转机。这一年美国约有39000只猫狗宠物在食用从亚洲进口的宠物食品后生病或死亡，这让民众对于进口食品，特别是亚洲生产的海鲜产生警惕并抱以消极态度。对此，美国鲶鱼养殖者迅速做出了种种反应。首先，他们公开表示进口鱼类可能受到污染。例如，美国鲶鱼协会就公开宣传称："美国产鲶鱼，安全可信赖。"该协会推动并成功地在一些州实行在食物和菜单上粘贴食物产地标签的做法，声称消费者有权了解他们所购买的鱼和其他海鲜是否被污染。然而，对消费者购买量变化的研究表明，是否增加标签对购买需求并没有影响。

其次，美国鲶鱼养殖者通过他们在国会的代表来加强对来自越南的鲶鱼的检查。利用人们对食品安全的担忧，他们获得了情感方面的声援。一直以来，美国食品药物管理局监管海外食品的安全，但食品安全检测的预算投入很少。结果，只有不足2%的进口海产品船只受到检查，而在欧盟受检的比例高达20%。在国会讨论时，的确有加强对所有进口鱼类检查的提案，但未获得通过。因此，支持鲶鱼产业的国会议员只得另觅他法，即在预算达3000亿美元的《2008年农业法案》中暗藏条款，要求由农业部而非食品药品管理局来监管鲶鱼的安全。支持者的理由是水产业是农业的一种形式。事实上，该条款要求对全部产品的来源进行检查。不过，这在越南尤其困难，因为当地生产过于分散，需要大批检查人员，而后者又会提高越南的生产成本。此外，由于从越南进口的鱼不再被叫作鲶鱼，所以必须等待适用于鲶鱼类产品的修正案出台才能实行。截至2012年，检查依然未能执行，因为美国农业部没有专门部门和费用来开展鱼类检查。

4. 反对的声音与美国鲶鱼产业的未来

伴随着监管的变化，对美国鲶鱼产业的有效保护以及2008年检查要求的实施不乏反对之声。这些反对之声一直围绕以下四个方面：

（1）虽然美国农业法案对进口鲶鱼进行全部检查要求的公开理由是要保护美国消费者的健康，但它只是将鲶鱼类产品单独列出，而且没有证据表明鲶鱼比其他进口鱼类更危险，也没有证据表明美国食品药品管理局的鱼类检查不能充分地保护健康。

（2）按照美国政府问责办公室（Government Accountability Office）的估计，美国农业部制订一项有效的鲶鱼检查计划需耗费3000万美元，另需要每年1400万美元的执行费用。考虑到对预算赤字的担忧，此项支出难以获得支持。

（3）越南人口众多，发展迅速。美国对越南的出口一直在快速发展。例如，美国对越南的农产品出口从2006年的2.15亿美元上升到2010年的13亿美元。增加对从越南进口的鲶鱼的限制也会损害美国对越南的出口，毕竟越南可能采取报复性措施，如减少对美国牛肉的采购。

（4）最后，美国与越南之间的经济冲突会使两国政治关系恶化。此外，越南声称会在世界贸易组织（WTO）起诉美国，而且越南胜诉几乎会成为共识。（第7章将讨论WTO的争端处理机制。）WTO不仅有可能否定美国的鲶鱼保护性措施，而且会削弱美国说服其他国家和地区降低贸易壁垒的努力。

基于这些原因，美国参议院于2012年投票否决了这项会增加越南生产者遵循成本的检查要求。

老话说得好："授之以鱼，不如授之以渔。"不过，美国与越南之间的鲶鱼争端表明，尤其是在国际竞争中，仅仅知道"渔"的方式是不够的，还必须知道该如何去影响和利用纷繁的政府规章，毕竟这些规章会改变竞争态势。

思考题

1. 请列出美国保护鲶鱼产业的优缺点。

2. 学习完本章后，请列出美国在保护本国鲶鱼产业时未曾采用的措施或者手段。如果采用这些措施或手段的话，请说明它们能否有效。

5.1　引言

在人生的某个阶段，你可能效力于某家企业或拥有某家企业的股票。此时，企业的业绩乃至生存可能依赖于政府的贸易政策。这些政策可能会影响到国外生产商在本国市场的竞争力，也可能会限制或者提高本国企业在国外销售或从国外购买所需产品的能力。总之，政府对国际贸易竞争的限制和支持被称为**保护主义**（Protectionism）。

案例5-1中所提到的限制措施十分常见，几乎所有国家和地区都会对跨境的货物和服务往来进行监管。图5-1说明的就是政府在贸易管制方面所承受的压力以及管制对商业竞争所产生的直接影响。本章首先分析贸易保护主义存在的经济与非经济理据，接着阐释贸易管制的主要形式及其对企业经营决策的影响。

5.2　贸易政策所致的冲突性结果

尽管自由贸易有诸多益处，但各国政府出于经济、社会或政治方面的目的，仍会干预国际贸易。政府部门官员选择的贸易政策往往是那些他们认为能让本国或其居民最可能受益的政策。当然，有时他们会考虑到个人政治生涯的可持续问题。由于贸易政策在不同情况下可能产生不同甚至截然相反的结果，因此，决定是否采用某一贸易政策是一个非常复杂的过程。例如，美国限制鲶鱼进口是为了保护那些欠发达地区的工人，但这些限制会使该地区的消费者承担更高的价格。通常，政府会帮助那些面临经营困境的企业和行业，但前提是不对经营良好的企业造成损害。不过，这一目标通常难以达成，尤其是当其他国家采取限制进口的报复措施时。

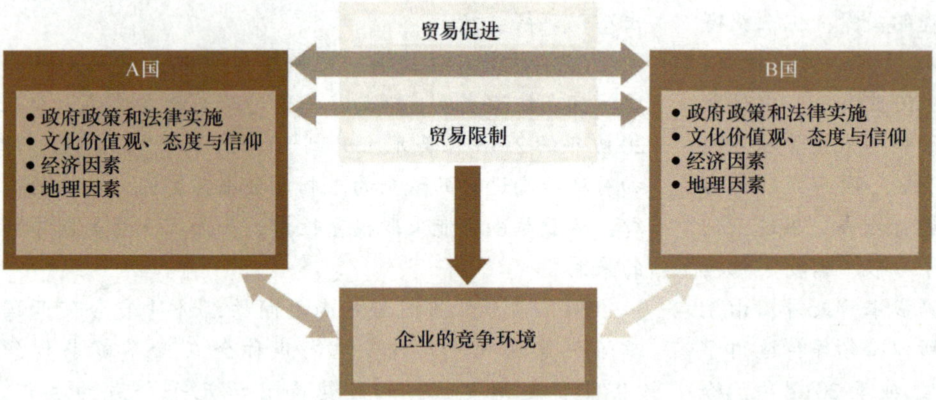

图 5-1　影响产品和服务流动的物质因素与社会因素

针对各种物质的与社会的影响因素（如政治或法律因素、行为因素、经济因素和地理因素），政府会采取各种措施来促进或限制国际贸易流动。这些措施总会影响企业运作的竞争环境，或增强或削弱企业参与国际竞争的能力。当然，从一定程度上讲，反之亦然。换言之，企业也会影响政府试图用来影响企业经营活动的贸易政策。

利益相关者的影响

有关贸易管制的提议总会引发那些自认为受到影响的人员和团体的激烈争辩。这里的人员和团体就是所谓的利益相关者（Stakeholders）。当然，直接受影响的利益相关者往往也是最有意见的，如那些自身生存与鲶鱼养殖息息相关的美国利益相关者（工人、老板、供应商和当地政治家）。长期失业者或被迫接受新地区、新行业以及更低薪酬工作的工人常常会大声反对。

那么，消费者会有什么意见呢？相比较而言，消费者（也是利益相关者）通常会选择最为物美价廉的产品，而不管产品来自哪个产地。他们通常不清楚甚至不太关注进口限制会造成总的零售价格上涨多少——毕竟消费品价格上涨通常会在一段很长的时间内分摊到众多消费者身上，对于购买者个体而言，价格上涨是非常有限的。例如，即便美国消费者清楚对花生和糖的进口限制会导致国内花生酱和糖果的价格上涨，但这并不足以令他们联合起来向政府施压以改变这一情况。

5.3　政府干预的经济理据

如表 5-1 所示，政府对贸易的干预可以分为两类：经济的与非经济的。这里，我们先来介绍一些主要的经济理据。

表 5-1　政府对贸易进行干预的理据

经济理据	非经济理据
应对失业	保护关系国计民生的产业
保护幼稚产业	促使外国接受某些行为
促进工业化水平	维持或拓展影响范围
提高比较优势	保护民族文化

5.3.1　应对失业

失业群体恐怕是压力集团中受影响最大的了，他们有更多的时间和更强烈的动机公开反对并与政府代表进行谈判。因受进口冲击而失业的工人通常更难找到新的工作。例如，欠发达地区那些基本无技能可言的鲶鱼工人，即使能找到新的工作，收入也会大不如前[2]。短期内他们通常需要依靠失业补助来维持生活。此外，他们也会推迟接受再培训，寄望于能够重返原来的工作岗位。当他们最终寻求技能培训时，许多工人，尤其年长者，不是缺少掌握新技术所必需的教育背景，就是受训的岗位技能派不上用场。

那么，充分就业这一经济目标有问题吗？尽管所有国家都希望实现充分就业，但对于试图通过贸易政策来达成这一目标显然是存有疑问的。从实践的角度来看，通过限制进口来保留工作岗位往往难以达到预期效果；即使成功了，潜在的高成本也需要其他方面来承担。

1. 潜在的报复

通过限制进口来创造工作岗位的难点就在于，这常常会导致其他国家因为其相应产业的产量下降而通过实施限制政策来进行报复。正如案例 5-1 所提到的，越南会通过减少进口美国的农产品来应对美国对其鲶鱼进口的限制。

不过，贸易大国在报复的过程中显得更为重要。例如，若美国限制服装进口，那么来自中国的报复会比来自毛里求斯的报复更有力度。相应地，美国会对来自中国而非毛里求斯的贸易限制展开报复，毕竟毛里求斯的限制对美国经济的影响可谓微乎其微。即使没有国家进行报复，实施限制的国家虽然某个部门的工作岗位可能增加，但其他部门可能会失去工作岗位。其中的原因有三个：

（1）进口产品减少意味着与进口工作相关的工作岗位减少，如集装箱运输业岗位。

（2）鉴于全球生产的复杂性，对一个行业的进口限制可能导致其他行业销量的减少，因为进口限制会导致后者的投入品和配件成本的上升[3]。例如，美国对进口钢材的限制会导致汽车和农业设备制造成本的上升。

（3）进口可以增加外国的收入和外汇，这样外国的消费者就可以把部分收入用于购买新的进口产品。因此，进口可间接促进出口。所以，限制外国赚钱也会对国内收入和就业产生负面影响。

2. 得失的权衡

在决定是否要通过限制进口来创造就业机会时，各国政府必须权衡限制进口的成本与实施自由贸易的失业成本之间的关系。政府很难衡量那些因进口竞争而失去工作的贫困人群所遭受的价格的压力，而且也很难让在职人群理解他们的经济情况会因产品价格降低而变好，即使他们需要为失业人口的失业救济及其他福利缴纳更多的税款。

概括地说，持续的失业压力促使许多团体转而求助保护主义。不过，有证据表明，通过进口限制来减少失业的办法通常是无效的。应对失业的有效办法需要依靠财政和货币政策。

5.3.2　保护幼稚产业

保护幼稚产业观点（**Infant-industry Argument**）历来是贸易保护主义的理据之一。按照这一观点，政府应当对新兴产业进行保护，确保该产业在能独立参与竞争之前享有较大份额的国内市场，以避免外国竞争的影响。许多发展中国家就是根据这一观点来为其贸易保护政策进行辩解，尤其是当进入壁垒较高且外国竞争十分强劲时。

1. 基本假设

按照保护幼稚产业观点的假设，新兴产业的初始经营成本很高，其生产难以在世界市场上取得竞争力，最终竞争力的获得需要假以时日。因此，政府对这些产业在起步阶段需要给予足够时间的保护，直到其羽翼丰满、具备规模优势，而且其员工能将经验转化为更高的生产力，能够有效生产，并能与国际同行竞争为止。那时，政府可以通过高国内就业率、低社会成本和高税收收入等利益来弥补贸易保护成本。

2. 指定产业方面的风险

虽然生产成本通常会随时间的过去而降低，但也存在生产成本永远不会降至使产品具备较强国际竞争力的情况。这一风险会带来两个问题：

（1）确定取得成功的概率。

政府必须确定哪些产业成功的可能性较高。有些产业会因政府的保护而培养起竞争力，巴西的汽车产业就是一个很好的例子。不过，这方面也不乏失败案例，如马来西亚的汽车生产，虽然政府给了多年的援助，但马来西亚的汽车产业仍然效率低下。

如果对幼稚产业的保护未能使成本降至可以与进口产品相竞争，那么所有者、员工和供应商将形成一个强大的压力集团，转而可能阻止进口低价的竞争产品。此外，因为受到政府保护而免除了进口竞争的威胁，管理者就会阻止通过必需的创新来参与国际竞争并为本国消费者提供高质低价产品。

（2）谁应该承担成本。

即使决策者能够判断哪些幼稚产业更有可能成功，也并不一定意味着这些产业会获得政府援助。在本地生产仍然低效时，某些部门必然要承担高额成本，如消费者需要为获得价格保护的产品而支付更高的费用，纳税人也需要为政府补贴买单。此外，如果税收被用于支付补贴，那么政府在其他方面（如教育和基础设施）为提升整体竞争力的支出可能就会变少。很多企业未获得来自消费者或纳税人的公共资助，对此他们只好通过承担短期损失来换取长期利益。

5.3.3　保护工业化水平

制造业基础强的国家一般都拥有较高的人均国内生产总值。例如，美国和日本就建立了各自强大的工业基础，并大规模地限制这方面的进口。许多发展中国家都试图仿效这一战略，利用贸易保护来推动本国的工业化。具体而言，它们都遵循以下假设：

（1）相较农业产出，剩余劳动力在工业领域会有更高的产出。

（2）外资流入工业部门可以促进工业部门的可持续增长。

（3）农产品和原材料的价格和销量波动幅度大，对过于依赖一种或少数几种商品的经济结构很不利。

（4）工业产品市场的增长速度快于商品市场的增长速度。

（5）工业增长带来进口减少和/或出口增加。

（6）工业活动有助于国家建设。

下面就上述假设逐一进行具体讨论：

1. 剩余劳动力

在许多发展中国家，农村地区的隐性失业率很高。事实上，人们对农业产出的贡献率很低。因此，很多人进入了工业部门，但农业产出并没有下降。与保护幼稚产业观点相类似，根据**工业化观点（Industrialization argument）**，如果不对进口低价制成品进行监管，就会阻碍国内产业的发展。虽然支持者也承认国内这些产业可能会发展成为效率低下的工业部门且缺乏全球竞争力，但他们坚称这将带来经济增长。换言之，未充分就业者获得工作岗位就会带来经济的增长[4]。

然而，农业人口转移进入工业部门至少会产生两方面的问题：

(1) 在农村地区，未充分就业的人口可能会失去他们原有大家庭提供的安全网，因为许多人移居城市却无法找到合适的工作、住房和社会服务。

(2) 与将农业人口快速转移至工业领域相比，改进农作技术可能更有利于实现经济繁荣。许多发达国家继续从出口农产品中获益，并以一定组合的工业生产和高效农业生产维持较高的人均收入水平。

2. 投资流入

目的在于推动工业化的进口限制也会促进外商直接投资，从而获得资金、技术和就业机会。外国企业在产品出口某国受阻后，为避免失去有利可图的或潜在的国外市场，它们会将生产转移至该国。

3. 多样化

诸如原油、咖啡等许多初级产品的出口价格波动明显。不可控因素（如气候因素影响供给、海外经营周期影响需求等）导致的价格变动会对依赖初级产品出口的经济体造成严重损害，对许多必须依赖一种或几种商品出口的发展中国家尤其如此。这样，这些国家常常处于好坏不定的经济循环中：今年也许能够买得起外国的奢侈品，而来年连更新老旧设备的资金都没有着落。与预期情况相反，更多地依赖制造业并不能保证出口创汇机会的多样化。许多发展中国家的人口规模不大，如果转型为制造业，那么这些国家只是从依赖几类农产品转为依赖几种制成品而已，仍然面临着竞争的风险和产品可能过时的风险。

4. 制成品的增长

一国给定数量的产品出口所能购买的进口数量就是所谓的**贸易协定（Terms of Trade）**。例如，A 国必须向 B 国出口多少数量的香蕉才能从 B 国买回一台冰箱。历史上，不考虑短期情形，原材料和农产品价格的上涨速度总是不及制成品价格的上涨速度[5]。因此，随着时间的推移，需要出口更多的低价初级产品才能购买到过去同样数量的高价制成品。

此外，对初级产品需求量的增长也不及对制成品和服务需求量的增长。这部分是因为随着居民收入增长，购买食物的支出占总支出的比重会降低；部分是因为出现了节省原材料的技术。此外，由于初级产品很难区分，生产者必须进行价格竞争；而制成品的价格可以保持在高价水平，毕竟其竞争更多是基于差异性的。

5. 进口替代型和出口导向型发展

为促进工业化发展，发展中国家传统上往往采取限制进口的做法，以促进本国生产与消费本来需要进口的产品。然而，如果受保护的产业仍然效率缺乏（这一情况经常发生），那么本国消费者可能需要支付更高的价格和税收来支持这些产业。相比之下，一些国家和地区，如韩国和中国台湾，通过大力发展出口产业而实现了经济的快速增长，这一发展模式被称为**出口导向型发展（Export-led Development）**。在现实中，往往很难区分进口替代型发展和出口导向型发展。工业化初期可能出现进口替代，但之后同一产品就有可能实施出口发展政策。

6. 国家建设

工业化与国家建设进程中的许多环节息息相关。工业化有助于国家开展基础设施建设、推进农村发展、提高劳动者技能。厄瓜多尔和越南坚持认为，工业化不仅帮助两国走出了长期受粮食短缺困扰的封建经济状态，而且发展成为食品安全不断改善并初具出口竞争力的国家。

5.3.4　提高比较优势

每个国家都会对自身的绝对经济利益进行监控，会与他国开展比较，当然也会采取相应措施以提高其相对地位。在这些举措中，有四项尤为重要：保持国际收支平衡；获得同等的国外市场准入；将限制措施作为谈判的筹码；价格管制。

1. 保持国际收支平衡

对于外汇储备较少的国家，贸易逆差会引发诸多问题（外汇储备是一国用来支付购买他国产品和稳定汇率的资产）。因此，如果一国的国际收支出现困难，而且持续得不到解决，那么政府就会采取减少进口或鼓励出口的措施以平衡收支。宽泛而言，这里有两种影响国际竞争状况的方案可选：

(1) 本国货币贬值。这会使得基本上所有国内产品都比国外相应产品便宜。

（2）通过财政政策和货币政策调控，使得本国产品的价格较其他国家增长缓慢。

显然，这两种方案都需要时间才能发挥作用。此外，这两种方案缺乏选择性特点。例如，不论是必需品还是奢侈品，所有产品的价格都会变高。因此，采用贸易保护办法更能对特定的产品产生影响。显然，这些办法只是权宜之计，仅仅是为一国解决其根本经济问题留出时间而已。这里的根本经济问题在于一国产品的质量、性能和价格因素不足以吸引其居民的购买，致使一国的出口小于其进口。

2. 同等准入或"公平"

企业和产业经常采用**同等准入观点**（Comparable Access Argument）。按照同等准入观点，企业和产业享有与国外企业和产业准入本国市场相同的准入国外市场的权利。经济理论也支持针对产业的同等准入观点。例如，半导体和化学品行业都是可以通过规模经济实现生产成本大幅降低的产业。如果企业无法平等地进入竞争对手的市场，那么就难以通过扩大销售获得成本竞争优势[7]。

同等准入也被认为是"公平"的一种形式。例如，美国政府允许外国金融服务企业在美国经营，但前提是这些国家给予美国同类机构同样的准入权利。不过，反对此观点的实践理由至少有如下两条：

（1）针锋相对的市场准入可能导致一系列限制措施，致使本国消费者享受不到更低的价格。

（2）就成千上万种不同的贸易产品和服务而言，政府不可能就每一产品和服务分别进行协商和监管。

3. 将限制措施作为谈判的筹码

威胁或真正实施进口限制可作为说服他国降低贸易壁垒的报复性措施。其风险在于：如果各国争相增加限制，那么就会爆发贸易战，从而对各经济体都产生负面影响。如果要成功地把限制措施作为谈判筹码，有必要谨慎选择威胁他国要采取限制的目标产品。具体而言，必须考虑以下两条标准：

（1）可信度。本国可以从其他渠道获得该产品，或者本国消费者可以不消费该产品。欧盟通过威胁要限制美国产大豆进口而成功回击了美国对其进口限制——毕竟欧盟还可以从巴西进口大豆。

（2）重要性。限制某些产品出口对生产国的某些团体会产生很大影响，而这些团体的影响力可能很大并足以推动该国贸易政策的改变。在美国对进口钢材进行限

制后，各国开始强调选取那些对于相关利益团体来说至关重要的产品。欧盟曾威胁要限制从美国华盛顿州进口苹果和从佛罗里达州进口橘子。鉴于这两个州在当时临近的总统选举中至关重要，美国很快取消了对钢材进口的限制。

4. 价格管制

一国有时会控制向国际市场供货，以抬高国际市场的价格。这一措施有时十分有效。例如，某些资源如果被少数几个国家垄断，一旦它们限制供应，那么消费者就要支付高价。不过，这一政策不仅会鼓励走私（如祖母绿和钻石），而且还会促使各国进行技术开发（如合成橡胶替代天然橡胶），或者使用不同方式生产同种产品（如用人工养殖鲟鱼替代野生鲟鱼制作鱼子酱）[8]。价格管制对数字类产品的销售收效甚微，因为这些产品很容易被复制。此外，如果价格过高或者供应有限，消费者就会寻求替代品，如用乙醇替代石油等。

对于某些世界范围内都紧缺的产品，一国也会限制出口，以满足本国消费者的需求。通常，国内供应增加会使其国内价格低于国际市场价格。俄罗斯和阿根廷就采取了该措施，限制粮食产品的出口；印度也通过限制棉花出口来提高对本国棉纺业的供给。同样，美国正在考虑对天然气出口进行限制，以支持其化工产业的发展[9]。对国内消费者有益的政策通常意味着对本国生产者不利，因为市场价格过低会令生产者维持生产的动力下降。

当然，一国还会担心外国生产者人为地压低产品价格，从而迫使进口国的生产者退出市场。如果外国生产商做到了这一点，那么对进口国会有两大潜在的不利后果：

1）外国生产商可能将其国内的失业转移至国外。不过，该国的纳税人也是在补贴国外消费者。

2）如果进入壁垒较高，一旦竞争对手退出市场，那么生存下来的外国生产商就可能实施高定价。然而，来自不同国家生产商之间的竞争通常会限制过高定价。较低的进口价格已使大部分美国本土生产的电子产品退出了市场。因为有众多美国企业在其他国家生产消费电子产品，所以美国有些电子产品的价格仍是世界上最低的。

（1）倾销。

有时，企业会以低于成本或本国市场的价格出口产品，这一做法被称为**倾销**（Dumping）。绝大多数的国家限制进口倾销产品，但通常只有当进口危害到本国生产时才会限制进口。如果本国不生产这类产品，那么进

口国消费者就可以享受到低价格。企业可能会通过倾销来开拓国外市场：通常，外国品牌先是通过低价来鼓励消费者尝试，之后再将价格提高以收回成本。然而，一国这样做的主要动机是增加国内就业。案例 5-1 讲述的美国对越南鲶鱼征收反倾销税就是一个很好的例证。

如果企业可以在本国市场实施较高定价或能得到政府的资助，那么它们就能够承担倾销商品的成本。具有讽刺意味的是，出口国的消费者或纳税人很少意识到他们支付高昂的价格或税收竟是为了让外国消费者享受较低的价格。如果一个行业认为自己正在受到国外倾销产品的恶意竞争，往往会向政府请求限制进口。美国的碳钢钢管、镁金属、制糖等行业都采用过此类做法。不过，通常很难确定一家外国企业的成本或其国内价格。原因包括：一国对另一国生产商的会计记录信息了解有限；汇率波动；产品到达最终消费者之前会经历多个层级的分销。所以，各国经常是根据本国反倾销法案武断地限制外国产品进口的，但定价环境变化后却很少及时取消这些限制。遭遇反倾销限制的企业常常会失去自己努力建立的出口市场。

（2）最优关税理论。

按照**最优关税理论（Optimum-tariff Theory）**的观点，如果进口国对进口产品征税，那么外国生产商将降低其价格。此时，生产商减少了其出口销售的利润，利益转移至进口国。

我们来检验一种假设情况。假设某出口商的成本为每件 500 美元，在国外市场的售价为每件 700 美元。假设对进口商品征收 10% 的税，那么出口商就会将其单价降到 636.36 美元，税收为 63.64 美元。出口商可能认为，如果价格高于 700 美元，那么销售额会下滑，虽然获得 136.36 美元的利润不及不征税前可获得的 200 美元，但总比没有要强。这样，每单位商品获利中就有 63.64 美元被转移到进口国。

不管外国生产商降价幅度如何，总会有一些税收收入转移到进口国，此时的关税就是所谓的最优关税。商品价格涨幅不及关税涨幅的例子很多，但很难预测何时、何地、哪些出口商会自愿降低其利润率。事实上，对最优关税的一个批评是，一些发展中国家的出口商往往采用降低工人工资而不是减少自身利润的方式来降低关税成本，而这有时会造成严重的问题[10]。

5.4 政府干预的非经济理据

虽然非经济理据可用以来影响贸易，但其中不乏一些潜在的经济含义和作用。这些非经济理据包括：

（1）保护关系国计民生的产业（特别是国防工业）。
（2）促使外国接受某些行为。
（3）维持或拓展影响范围。
（4）保护民族文化。

5.4.1 保护关系国计民生的产业

和平时期，政府采用贸易限制政策来保护本国的国计民生产业，以保障战争期间不必依赖外国供给。（有时，政府会阻止外国企业收购那些生产国家安全必需品的企业。这方面美国主要是由外资投资委员会（CFIUS）负责的。）这就是所谓的**保护国计民生产业观点（Essential-industry Argument）**。例如，美国对国内硅的生产提供补贴。这样，美国国内的计算机芯片制造商就不需要依靠外国供应商了。由于民族主义的因素，该论点为设置进口贸易壁垒提供了极大的支持。不过，在实际发生（或感觉到要发生）危机时期或战争时期，几乎所有产品都被认为是不可或缺的。

由于保护低效产业或高成本国内替代产业的成本极高，所以一国必须先仔细评估成本、真实需求以及是否存在替代方式，然后考虑是否进行保护。政府一旦对某产业进行了保护，通常很难终止，因为受保护的企业及其员工会支持那些继续对其提供补贴的政治家，即便原来给予补贴的理由已不成立。这就是为什么美国仍继续补贴其马海毛生产商，而尽管马海毛早已不像 20 年前那样是制作军服的必需材料了[11]。

此外，政府还会购买和储存那些可能在未来会供应短缺的重要原料。例如，考虑到稀土生产主要在中国，所以美国储存了军队需要的武器、喷气发动机、高性能磁铁和其他装置所需的进口稀土[12]。

5.4.2 促使外国接受某些行为

政府会以本国国防所需为由，阻止那些可能落入潜在敌人之手的战略物资出口，即使对友好的国家也是如此。政府还会通过限制贸易来促使外国政府的政策或能力发生改变。其理据就是，这样做会减少对方从国外销售中所获的利益或限制其得到所需的产品，进而削弱该国的经济实力。近期的一个实例就是美国试图说服伊朗放弃其核设施计划。如果出口国认为限制出口不会招致他国的报复，或者对其贸易伙伴的损害大于对自己的损害，那么这种限制才会有效。即便如此，贸易伙伴仍然有找到替代市场和供应来源的可能，或者自己开展生产。

（案例 5-2 讨论了美国为削弱社会主义国家的经济，禁止与古巴开展贸易。结果，古巴开始从其他国家寻求进口。）

贸易管制的目的是迫使外国政府改变其在诸多问题上的立场，从人权到环境保护，再到进口国认为危险或不道德产品的生产。当然，对不可接受的产品实施进口限制是显而易见的，但这些限制往往会结合其他经济限制措施，如限制其他产品的贸易、限制银行账户使用、切断外国援助或给予同意来作为激励。实际上，努力限制有害产品，如毒品，其目标往往是减少供给而不是需求。例如，许多国家限制进口象牙，因此，其他国家（主要为非洲国家）就会通过保护大象来限制象牙的供给[13]。然而，有证据表明，虽然限制进口减少了对大象的捕杀（2011 年约有 25000 头大象被捕杀），但因为象牙需求量很大，所以偷猎行为屡禁不止。

经济制裁可能会因与某些经贸活动有关而指向特定的企业。在美国对伊朗实施制裁的过程中，美国不但处罚同伊朗进行贸易的本国企业，还禁止在美国市场的非美国企业与伊朗开展贸易[14]。

观点交锋

政府应该实施贸易制裁吗？

正方观点：

应该实施。面对现实吧！我们所处的是全球化时代，一国的行为会外溢而影响到世界其他国家或地区。例如，一国核武器的发展可能会加重恐怖分子在其他国家的破坏；一国保护濒危物种的失败会对整个世界的环境产生长期影响。因此，事情即使发生在他处，我们也不能袖手旁观，不然迟早会祸及自己。

与此同时，有些悲剧在一些国家仍不断上演，如强迫卖淫、使用童工收获粮食、政治犯食不果腹等。全世界大部分人都希望叫停这些行为。虽然我们无法阻止这类事件的发生，但我们负有道德责任，绝不参与其中，即便自己会有所损失。虽然从罪犯手中购买商品可能给我们带来一定的经济利益，但为了阻止犯罪，我们绝不与他们做交易。事实上，如果我们与他们做了生意，那我们就成了罪犯的帮凶。

虽然并非所有的贸易制裁都能达成目标，但至少对目标的达成发挥了作用，如联合国对罗得西亚（现在的津巴布韦）的制裁、英国和美国对乌干达阿明政府的联合制裁、印度对尼泊尔的制裁等[15]。美国对古巴的制裁具有延缓该国在其他地区发动革命的可能性；对缅甸的制裁给该国经济造成了灾难，导致其军事领导人决定选择民主这一更好的发展道路[16]；有证据表明，对伊朗的贸易制裁也给当地带来了巨大的变化[17]。

最后，当一国以不当方式违反了国际协议或法案，其他国家可以采取哪些行动呢？在 1827 年到第一次世界大战期间，各国实施了 21 次经济封锁，显然这些做法如今看来是十分危险的。在推翻伊拉克萨达姆政权的过程中，甚至还动用了武力。不过，这些措施并没有获得全球性的支持。因此，各国转而采取其他惩罚措施，如收回外交承认、抵制文体活动、控制他国的海外资产以及停止对外援助和贷款等。如果没有贸易制裁的配合，那么这些措施往往会没有效果。

反方观点：

不应该实施。每当看到美国政府实施新的制裁时，我总认为不应该这样。制裁使得许多遵纪守法的企业失去了多年打拼而获得的市场。例如，制裁使得 MTN 公司无法收回其借给伊朗合资企业的大约 4 亿美元贷款，而且也无法从伊朗采购供应品来生产出口他国的设备[18]。因此，针对伊朗政府的贸易制裁，最终损害了非伊朗企业的利益，虽然它们从未做过任何不好的事情。

此外，这些制裁是否有效值得怀疑。在美国维持对越南长达 20 年的贸易禁运期间，越南消费者仍能够通过其他未受制裁的国家购买到美国的产品，如可口可乐和苹果计算机[19]。美国对巴拿马的贸易禁运使巴拿马的诺列加政府更坚定了反美立场，最后美国只得通过军事入侵才推翻了诺列加政权。出于反对南非的种族歧视政策，美国对南非采取了石油禁运。不过，石油禁运的结果是促使南非的企业成为将煤转化为石油的领先企业[20]。

即使贸易制裁成功地削弱了受制裁国家的经济实力，但谁才是真正的受害者呢？显然，政治领袖得到了他们需要的一切，承担制裁成本的完全是那些无辜者。伊朗的情况就是如此，许多伊朗平民因为禁运造成的药物短缺而死亡[21]。此外，深受其害的人民通常将他们的痛苦归咎于实施制裁的政府而非本国的专政者。显然，这些专政者非常擅长掌控舆情[22]。

最后，政府有时实施贸易制裁往往只是依据某一方面的问题，而非一国的总体情况。例如，有批评者建议通过贸易政策来迫使巴西政府施限制对亚马孙雨林的砍伐，而实际上巴西的环保举措总体上很得当，特别是通过以甲醇替代汽油作为汽车燃料，有效控制了有害气体的排放。

5.4.3 维持或拓展影响范围

政府还会利用贸易来巩固其全球影响力，如向加入政治联盟的国家或在国际机构中投赞成票的国家提供援助或贷款，并鼓励从这些国家进口。欧盟与非洲、加勒比和太平洋地区国家集团的 77 个成员签署了《科托努协定》（Cotonou Agreement），通过确立优惠贸易关系来加强相互之间的政治联系[23]。长期以来，委内瑞拉通过按较低价格向拉丁美洲国家出口石油以获得在该地区的影响力[24]。

5.4.4 保护民族文化

一国的凝聚力部分来自其公民的身份认同，而这也是其居民与他国居民相区别的原因。为维持这种集体认同，一国会禁止那些被认为是本民族遗产一部分的艺术和历史物品出口；同时，一国也会限制进口那些与本民族主流价值观（如道德准则）相冲突的产品和服务，限制进口对作为本国传统价值观基石的生产构成替代的产品和服务。联合国教科文组织（UNESCO）已经出台若干旨在保护文化多样性的公约，肯定了文化的这种联系作用，这些都引起了媒体（印刷、视频和音频）的极大关注[25]。依据"文化主权"观点，加拿大禁止国外机构拥有或控制其出版、有线电视和图书销售业[26]。

5.5 贸易管制的手段

当政府试图影响进出口时，它们总会有很多理由，并会寻求达成一系列的目的。选择何种贸易管制手段至关重要，毕竟不同手段会引起国内外的不同反应。为方便理解，这里按效果将贸易管制手段分为两类：

（1）通过直接影响出口或进口的价格来间接影响贸易量。

（2）直接限制可贸易的货物数量。

以下概述这些手段。

5.5.1 关税

关税壁垒直接影响价格，而非关税壁垒可能会影响价格或数量。作为最常见的贸易管制手段，**关税**（**Tariff 或 Duty**）是对国际运送的货物所征的税。换言之，当货物越过正式边界时，政府就可征收关税，不管是一国或是某个同意对进入本集团边境货物征收关税的国家集团。

出口国征收的关税被称为**出口关税**（**Export Tariffs**）；进口国征收的关税被称为**进口关税**（**Import Tariffs**）；当他国货物通过一国边境时，该国征收的关税被称为**过境关税**（**Transit Tariffs**）。

因为进口关税最为常见，故详细讨论如下。

除非是最优关税（Optimum Tariffs），进口关税都会因征收了税而使进口商品的价格变高，从而使国内生产的同类商品享有相对的价格优势。即便国内没有直接生产相竞争的产品，关税通常也具有保护作用——只要它能使某些外国产品的价格变高并削弱进口需求。

（1）作为税收来源的关税。关税也可作为政府的收入来源。进口关税对发达国家无足轻重，收取关税的成本通常超过关税所得[27]。然而，在许多发展中国家，关税是收入的主要来源，相对于对个体或企业征税，政府在确定跨越边界的货物的数量、类型和收税方面享有更多的控制权。尽管通常对进口商品征税，一些国家也会对原材料征收出口关税。过境关税曾经是国家的主要收入来源，但政府条约中几乎都已经将其废除。

（2）关税评定标准。政府对货物征税采用的是以征税对象的重量、件数、容量、面积等为计税依据，按照固定税额标准计征的**从量税**（**Specific Duty**），或按照进口商品的价格为标准征收的**从价税**（**Advalorem Duty**），或同时按两种方式征收，即**复合税**（**Compound Duty**）。

关税争议涉及发达国家如何对待来自寻求原材料出口附加值的发展中国家所生产的制成品。原材料进入发达国家通常免税（如咖啡豆），但如果经过加工（如速溶咖啡），发达国家则会征收进口关税。因为从价税基于产品的总价值（如一罐速溶咖啡的价格是 5 美元），即包含原材料和加工的价格（2.50 美元的咖啡豆和 2.50 美元的加工费）。对此，发展中国家认为，对制成品收取的**实际关税税率**（**Effective Tariff**）要高于公布的税率。换言之，对加工产品而言，10% 的关税实际相当于

20%。这一不正常现象促使许多发展中国家会寻求新的市场以销售其制成品。同时，发达国家也不会轻易消除对发展中国家制成品的进口壁垒，毕竟这些产品的进口更有可能导致本国那些缺乏再就业能力的工人失业。

5.5.2　非关税壁垒：直接影响价格的因素

在了解了关税是如何使得价格提高从而限制贸易之后，下面转入讨论政府通过改变产品价格来限制贸易的其他手段。

1. 补贴

补贴（Subsidies）是帮助企业提高竞争力的一种直接支持。虽然定义很简单，但人们对于如何判定补贴持不同观点，因此常常会引发贸易摩擦。其实，并非所有人都认为企业是因为亏损而获得补贴的，而且并非所有的政府贷款或补助金都属于补贴。商用飞机领域就一直存在这方面的争议。空中客车公司和欧盟声称，美国政府补贴波音军用飞机研发的费用也被用于其民用飞机生产以及就业保障；而美国波音公司和美国政府声称，欧盟通过低息政府贷款补贴空中客车公司[28]。

另一个未来可能引发争议的补贴问题是，在全球经济衰退期间，政府对那些经营艰难的企业和产业的扶植。例如，一些国家的政府不仅救助银行，向汽车企业提供丰厚的消费贷款并免除对其出口收益征税，而且对大公司进行股权投资。相应地，这些措施正在改变国际竞争力格局[29]。

（1）农业补贴。

显然，发达国家对其农业实施了补贴。官方给农民发放补贴的理由是，农业对于国计民生至关重要。虽然补贴会导致生产过剩，但剩余总被认为比食品短缺要好得多。2010 年发生的干旱将粮食紧缺问题带入人们的视线，一些国家就是通过限制或禁止出口大米和小麦等农产品来满足本国消费者需求的[30]。

尽管这一官方理由似乎令人信服，但这并不能解释对非食品类产品实施补贴的原因。例如，美国对棉花的补贴削弱了巴西的棉花生产[31]。当然，还有非官方理由。在欧盟、日本和美国，农村地区在政府决策中拥有较高的代表权。例如，在美国佛蒙特州，农村人口占 68%，每 30 万人中就有一名参议员；然而在加利福尼亚州，城市人口占 93%，每 1900 万人中才有一名参议员。欧盟预算的 40% 投入农业部门，尽管农业占欧盟的 GDP 不足 2%，从事农业的劳动力人口不足总劳动力人口的 5%，提供了不到 5% 的就业岗位[32]。结果是，内部政治有效维

持了对农民的价格支持、政府机构对提高农业生产率的支持以及向农民提供低利率贷款。

这些手段有何影响呢？在发达国家市场上，发展中国家有竞争力的农产品仍然处于劣势地位。此外，很多发达国家的产能过剩，以低价出口，造成贸易不公，致使发展中国家的产品处于不利地位[33]。

（2）克服市场不完全性。

以下这一补贴领域不如农业方面的补贴那么引人关注。多数国家向潜在出口商提供许多企业发展服务，如市场信息、贸易展览和对外合同。从市场效率的角度考量，这些补贴比关税更为合理，因为它们力图克服而不是制造市场的不完备性。这也有利于信息的广泛传播，因为政府可以将收集信息的成本分散，由众多信息使用者承担。

2. 援助和贷款

政府也会向其他国家提供援助和贷款。如果受援方被要求将资金用于捐助国，这就被称为限制性援助（Tied Aid）或限制性贷款（Tied Loans）。这样，本来没有竞争力的产品就可以参与国外的竞争了。例如，限制性援助有助于赢得基础设施方面的大合同，如电信、铁路和电力项目。

然而，越来越多的人质疑这种限制性贷款，因为其要求受援方购买捐助国指定的而非通过竞争选择的供应商。限制性援助还可能减慢发展中国家当地供应商的发展。这些担忧都促使经合组织成员国解除对发展中国家的限制性经济援助，不再要求受援国从捐助国供应商处购买设备[34]。

3. 海关估价

进口商品的关税主要由产品、价格和产地决定，因此，进口商和出口商会进行不实发票申报从而逃税。通常，大多数国家都是依据发票信息收税的，除非海关质疑发票的真实性。此时，需要根据相同货物的价值进行评估；如果行不通，那么就会按同时或相近时间抵达的相似货物进行评估[35]。

例如，当进口货物以租赁而非购买形式过关时，往往没有发票。此时，海关必须根据相同或相似的货物收取关税。如果这一基准无法奏效，可以根据最终的销售价格或合理的成本价计算出一个值。同样，有时海关部门会滥用职权，将价格定得过高，从而阻止外国商品进口。菲律宾香烟进口到泰国时就遭遇过这样的情况[36]。

由于交易的产品种类繁多，所以就会发生估值问题，尤其是当市场不断有新产品出现，而且其产品分类还需

要依据现有的关税类别时。此时，对产品及其相应关税进行（有意的或无意的）错误分类在所难免。管理超过 13000 类产品意味着海关人员必须依据专业判断力。例如，硅芯片究竟应该被认定为计算机集成电路还是化学硅的一种？在案例 5-1 中，出现了越南鱼是鲶鱼还是水晶巴丁鱼、巴沙鱼或巨鲶的争论。美国和越南科学家都培育出了杂交种鲶鱼，例如将具有快速生长优势的鱼与具有美味优势的鱼进行杂交，这样对其分类就更为复杂。税率表中产品之间差异也很小。例如，美国对田径鞋和运动鞋有不同的关税，而且税率还按鞋底是否与鞋的上部搭在一起再进行分类。鞋上部的不同配饰和加固件都有不同的关税。

虽然分类的差别看起来十分微小，但企业因此可能缴纳的关税会相差数百万美元。一些有争议的例子包括法国公司阿克泰克的激光装置主要是室内还是室外使用[37]，奇迹公司的《X 战警》（X-Men）里面的金刚狼是玩具还是玩偶，越野车如铃木武士和路虎应算是汽车还是货车等。由于在美国货车的关税比汽车的关税高，所以福特公司就从土耳其进口汽车，然后移掉后排座位，用金属更换后窗，将其改装成货车[38]。

由于各国会区别对待不同国家的产品，因此海关需要判断产品的产地。这对海关和贸易商来说都不轻松。例如，红肉制品会涉及原动物在一国出生、在另一国畜养并在第三国屠宰的情况。美国海关要求贸易商提供每个生产阶段的细节信息，从而增加了完全是美国原产肉类产品的成本[39]。虽然困难重重，但海关官员还是发现了伪造文件逃避限制条款的情况。例如，美国海关对史泰博、OfficeMax 和 Target 等公司进行了罚款。因为这些公司为了避免支付对中国进口产品的反倾销税，而给铅笔粘贴了错误的产地标签[40]。

4. 其他直接影响价格的因素

各国还会用其他方式来影响价格，如要求支付特别费用（如用于领事、报关和文件的费用），要求在装运前交付海关押金，要求以商品最低价报关等。

5.5.3 非关税壁垒：控制数量

政府可以使用其他非关税规定和手段来直接影响进出口数量。以下就一些常见的非关税壁垒手段进行探讨。

1. 配额

配额（Quota）是最常见的限制进出口数量的方式，即限制在特定时间内（通常为一年）可进口或出口产品的数量。进口配额通常会使价格提高，原因有二：①限

制了供应；②并不激励通过价格竞争来增加销量。关税和配额的显著区别是其对税收的影响。关税可为政府创造税收，而配额仅为那些能够获得限量供应产品的企业创造收入。（有时，各国政府会根据政治或市场情况，在国家之间分派配额。）

为了规避配额，企业有时将产品转化为没有配额的产品。例如，美国长期对食糖实施进口配额限制，导致美国市场食糖的平均价格约为全球市场价格的 2 倍。因此，许多美国糖果生产商纷纷将工厂转移至墨西哥，在那里可以买到廉价的食糖，而且将这些糖果出口到美国是免税的[41]。

进口配额不一定都是为了保护国内生产者。日本一直对国外的许多农产品实行配额制，然后将进口权分配给竞争的供应商，以此作为日本出口销售的一种讨价还价的资本，而且可用来防止在基本食品供应上过度依赖某国。

一国通过设立出口配额，可以保障本国消费者能享受充足的低价商品供应，防止本国自然资源的枯竭，或者试图通过限制在外国市场的供应来提高出口价格。为了限制供应，一些国家会联合起来签署不同的商品协定。例如，石油输出国组织（OPEC）就可限制和调节其成员国的石油出口。

（1）自愿出口限制。**自愿出口限制**（Voluntary Export Restraint，VER）是配额的一个变种。按自愿出口限制的要求，A 国要求 B 国自愿减少其企业对 A 国的出口。"自愿"一词在此处有些误导性；通常情况下，或是 B 国自愿减少出口，或是 A 国借助严格的贸易法规迫使 B 国减少出口。就程序上来说，自愿出口限制具有独特优势，它比进口配额更容易操作。也正是这一"自愿"，使得特定国家减少对另一国的出口对政治关系造成的伤害比进口配额要小得多。

（2）禁运。**禁运**（Embargo）是一种特殊类型的配额，它禁止所有的贸易。国家或国家集团可以对进出口产品实施禁运，可以对不管产地和目的地是何处的各类产品实施禁运，可以对特定国家的特定产品实施禁运，或是对某国的所有产品实施禁运。政府实行禁运，为的是通过经济手段来实现政治目标。在后面的案例 5-2 中，美国对古巴实施禁运就是为了削弱古巴经济，从而促使民众推翻古巴现有政权。

2. "购买当地产品"法

另一种控制贸易数量的手段就是实施"购买当地产品"立法（Buy Local Legislation）。在许多国家的政府支

出中，政府采购占有很大份额。通常，政府会选择国内生产商。有时，政府会明确规定从国内企业采购在采购中应占的最低比例。例如，美国 2009 年的经济衰退刺激计划就规定，任何受资助的项目都必须使用美国产的钢、铁及制成品[42]。有时政府通过一些价格机制支持国内制造商，例如只有当国外生产的产品价格低于国内竞争对手的价格达到一定程度时，才允许向国外生产商购买产品。有时政府通过间接方式支持国内采购，例如除紧急情况外，美国禁止本国老年人的国外医疗保险支付。这一监管限制了美国人在国外医疗快速发展地区进行采购。

3. 标准和标签

国家可以通过规定分类、标签和检测等标准达到只允许销售本国产品的目的，从而将外国产品拒之门外。这里以产品标签为例。企业产品标签的目的是告知有意购买该产品的消费者产品的产地。在案例 5-1 中，美国鲶鱼产业要求将鲶鱼注明原产地。有些国家还规定要在包装上写明构成信息。这一切在技术层面上增加了企业的生产成本，特别是标签必须根据不同的出口目的翻译成相应的语言。此外，鉴于越来越多的原材料、零部件、设计和劳动力来自不同国家，所以现在的大多数产品是混合来源，很难进行分类。

各国制定标准表面上是为了保护本国民众的安全和健康，但外国生产商认为，这只是一种保护本国生产商的手段。例如，美国和加拿大的一些生产商声称，欧盟对转基因玉米和芥花油（Canola Oil）的规定和标签要求，只是为了能在技术赶上之前先抵制这些产品的进口[43]。

现实中，无法确切得知产品不能进入国外市场是因为合法的安全和健康原因，还是保护本国产品的武断行为所致。美国食品药品管理局每月发布一份很长的拒绝入境产品清单。例如，2013 年 1 月，共有 1700 多批货物被拒绝入境[44]。如果发展中国家的产品因健康和安全的原因被拒绝，就会对该国其他产品造成负面影响，从而导致销量下滑，出口价格降低[45]。

4. 各种特定许可要求

有些国家要求潜在的进出口商在进行贸易前，事先向政府有关部门申请许可证（**进口或出口许可证，Import/Export License**）。企业需要向政府部门提交样品，以获得许可证。这样，政府就可以通过不发给许可证来直接限制进出口，或通过申办成本、所耗时间及不确定性等间接限制进出口。

外汇管制（**Foreign-exchange Control**）的情况也类

似。进口商需要向政府机构申请以外汇支付产品货款。与申请进口许可证情况相同，如果不能兑换足够的外汇，那么对外贸易就会被阻止，更不用说申请和等待回复过程还会耗费时间和成本。

5. 行政延误

与上述各种许可规定一样，行政方面的故意延误也会增加贸易的不确定性，并使存货成本增加。故意延误可能是出于保护国内产品的需要，也可能是出于政治原因。

6. 互惠要求

鉴于进口国政府的规定，出口商有时必须购买商品或服务而无法得到现金支付。在航空航天和国防行业，这种情况较为普遍，有时是因为进口商没有足够的外汇。例如，泰国用水果和冷冻鸡肉与俄罗斯换取军用设备[46]。

对等贸易（**Countertrade**）或**对销贸易**（**Offsets**）是进口国政府要求出口商在销售中（尤其是军品交易）必须提供额外的经济利益作为交易的一部分，如提供工作岗位或技术。当洛克希德马丁公司向波兰政府出售飞机时，它不得不在生产中使用大量波兰供应商的产品，并将许多技术转移给波兰[47]。对等贸易经常受到批评，因为大型国防承包商不仅是销售自己的产品，而且将其采购从国内小承包商转移至国外承包商，从而削弱了本国的国防实力并损害了国内小型企业[48]。

互惠要求往往意味着出口商必须为非其专业生产的商品找到市场，要求它们进行复杂的组织安排或从事专业以外的活动，而这一切要求它们放弃一些经营控制权。雷神公司专业从事导弹和雷达系统等国防产品的生产。该公司不得不从事虾养殖，以争取一份与沙特阿拉伯的贸易合同[49]。如果不这样的话，企业就得不到这些交易了。不过，有些企业在这些方面已经具备了获得创造竞争优势的能力。

7. 对服务贸易的限制

服务业是国际贸易中增长最迅速的领域。在决定是否对服务贸易实施限制时，各国通常会考虑以下四个因素：必要性、非营利性服务、标准和移民。

（1）必要性。国家会把某些服务业看得特别重要。这是因为它们符合国家的战略目的，或能为国民提供必要的社会帮助。有时，政府会阻止国内外所有私人企业涉足一些服务行业，因为这些服务行业不适合盈利。有时，政府还会管制价格或补贴政府所有的服务机构，并限制外国私人企业涉足。这些将外国企业排除在外的领域通常包括媒体、通信、银行、公用事业和国内运输。

印度还禁止国外的多品牌零售商，因为它们有可能导致当地的零售企业破产[50]。

（2）非营利性服务。邮电、教育和医疗卫生服务往往都是以非营利为目的的行业，很少有外国企业参与竞争。如果政府将这些行业私有化，通常更偏向于由本国企业来掌握所有权和控制权。

（3）标准。一些服务业需要专业人士和客户之间面对面的交流。同时，政府限制进入许多专业服务行业以确保专业人员的素质。各国对这些人员的认证标准各有不同。这些专业人员包括会计、精算师、建筑师、电气技师、工程师、宝石鉴定师、发型师、律师、医务人员、房地产经纪人和教师等。

目前，不同国家因职业标准和要求大不相同，其认证很少相互承认。这意味着一国的会计或法律事务所在另一国可能很难开展业务，即便是为其本国客户服务也不行。企业必须在国外聘请专业人士或尝试获得国外的资格认证。不过，获得国外的资格认证比较困难，因为须用外语参加考试，并要求学习与本国不同的教材。此外，在国外参加考试可能有很多前提条件，如需要有实习期、逗留期等，甚至需要在当地大学完成学业等。

（4）移民。满足特定国家标准并不保证可以在该国工作。此外，政府规定往往要求企业，无论是国内企业还是国外企业，首先必须在本地招聘合格人员，之后再考虑从国外引进[51]。

5.6 如何应对政府对贸易的影响

当企业因进口竞争而面临损失时，它们有多种选择。下面给出了最为常见的四种选择：

（1）将经营设施搬运至其他国家。

（2）专注于国际竞争不太激烈的某个细分市场。

（3）采用内部创新，如提高生产效率或生产优质产品。

（4）积极寻求政府的保护。

上述每一选择都需要考虑成本和风险。当然，不同企业承担的风险大小不同。例如，由于日本汽车大量涌入美国市场，美国厂商纷纷将部分生产转移到国外（如通过与国外企业签订供货合同来供应价格较低的配件），并努力发展原本不具竞争力的小型货车和越野车型，同时引进精益生产等技术创新项目，以提高生产效率和产品质量。通用汽车和克莱斯勒还获得了大笔政府补贴以维持运营。

5.6.1 应对进口竞争的策略

当然，这些策略并非适合所有的行业或企业。企业可能缺乏必要的管理、资本或技术资源来将其生产转移至海外，而且要寻找到合格的外国供应商可能也会遇到麻烦。此外，它们可能无法找到有利可图的细分市场产品。即便能找到，国外竞争对手可能会迅速模仿它们的创新。在这些情况下，企业经常会请求本国政府限制进口市场或打开出口市场。正如案例 5-1 所述，美国鲶鱼养殖户成功赢得了政府的支持以限制进口的竞争，如要求对进口的越南鱼改名并对其征税。

5.6.2 说服决策者

政府不可能顾及所有面临激烈国际竞争的企业；此外，帮助一个行业可能会损害另一行业。因此，作为企业管理者，你可能会拥护或反对某项具体的贸易保护措施。你的责任就是说服政府官员，请他们针对你的情况出台特定的保护政策。当然，首先必须确定谁是关键决策者，然后运用本章所讨论的经济和非经济理据来说服他们。在任何情况下，企业需要让政府官员了解，他们是要依靠选民和利益相关者支持的[52]。

5.6.3 联合相关行业和利益相关者

如果企业能联合国内本行业内的大部分企业，那么取得成功的概率就会大大提高。否则，政府部门可能认为其问题在于企业自身的效率低下，而不是因为进口竞争所致或因为难以获得出口销售权。同样，利益相关的其他人也可以提供帮助，如经营所在地区的纳税人和商人。最后，企业可以游说决策者和对他们处境表示同情的政治候选人。

5.6.4 做好应对竞争环境变化的准备

企业可以采取不同方法来应对国际竞争环境的变化。通常，企业对保护主义的态度取决于国际经营策略。那些更依赖于自由贸易并在全球范围内整合了生产和供应链的企业往往反对保护主义；相反，那些拥有单一或多个国内生产设施的企业倾向于支持保护主义，如面向日本市场的在日企业等。

不同企业对自身与进口相竞争的能力往往有不同的判断。过去的 60 年里，在近一半的美国企业请求保护所在行业的例子中，会有一家或多家来自该行业的企业提出反对。那些反对的企业宣称竞争优势来自规模经济、与供应商的关系以及差异化的产品。因此，它们认为，自己不仅可以成功战胜国际竞争对手，还可以因国内竞争对手较弱而获得更多的收益[53]。

未来展望

动态性与复杂性

对于国家、企业和工人来说，贸易限制变化带来的结果输赢不一。因此，随着自由贸易的不断推进，贸易保护措施始终如影相随。

此外，虽然消费者从更为自由的贸易中受益，但这很可能是以某些企业和个人（那些自认为是最大输家的）的损失为代价的，他们绝不会轻易接受损失；他们必然会尽力争取更多支持，而且最终可能会赢。这里的支持可能来自跨国联盟。例如，来自众多发展中国家的服装企业联合起来，促使各国政府通过实施配额协议来保护它们的出口市场免受一些传统制造业国家的竞争。因此，对于来自可能受政府保护政策变化影响行业的管理者，需要密切关注并预测政府政策会如何影响自身的经济状况。

最后，国际监管环境变得日趋复杂，从而促使企业必须寻找最有利的生产场所。随着新产品不断推向市场，关税分类也变得更为困难。互联网可以提供各种服务，但这也迫使政府必须寻找新的监管和征税手段。此外，人们日趋关注恐怖主义和产品安全问题，因此，必须考虑哪些产品可以进行贸易，哪些不可以，以及应该与谁开展贸易等问题。

本书第 7 章分析了各国正在达成的贸易协定。然而，这里有必要提及这些协定对决策的影响。每次各国进行贸易协议谈判时，当然此类协议正在不断增多，总会有新的最佳生产地出现。例如，美国与墨西哥之间进行了自由贸易协议谈判，结果是美国的产品进口从中国台湾转移到墨西哥。不过，随着美国与中美洲之间自由贸易协定的签署，一些在墨西哥的生产又开始转移到中美洲地区。新的自由贸易协定签署可能会导致新的贸易转移。所有这一切都会对企业的经营带来不确定性和动态变化。

案例 5-2

美国—古巴贸易：冷战战略何时成为冷战遗存？

美国对古巴的贸易禁运已有 50 多年，见证了众多政治领袖、种种经济事件和各个历史时期[54]。2011 年，奥巴马政府取消了此前的限制，允许经批准的组织可以安排美国公民赴古巴进行有针对性的访问，包括学术、文化和人道主义的访问。此外，古巴政府也在 2011 年宣布放宽对古巴居民赴国外买卖房屋与汽车以及进行国外旅行的限制。2012 年，曾被美国政府和古巴政府共同限制的海运服务重新开张，可以从迈阿密直接运送人道主义货物到哈瓦那。不过，该项服务不到一年就因破产而终止了。在该项业务经营期间，古巴对允许进入本国的产品规定很严格。例如，允许平板电视入境，但不允许空调入境。这些举措一方面让人猜想两国贸易关系会进一步发展；另一方面，美国的参、众两院中仍然存在强硬分子，他们坚持应当强化对美古关系的限制，如限制两国之间的航班数量、撤销在古巴做生意的非美国企业商人的护照等。

许多美国观察员希望与古巴恢复正常商业往来，但也有很多人反对。反对的立场很直接，其观点也是几十年来常提到的那些。赞成者认为，长期禁运效果欠佳，并且美国企业被迫将生意让给其他国家的竞争对手；反对者则认为，如果古巴的经济状况继续恶化，那么古巴人民会起来推翻政权。所以，从道德上考虑，美国不应当与缺乏政治和经济自由的国家展开生意往来。（在美国官方公布的支持恐怖主义以及未能全力防止儿童卖淫的国家名单上，古巴位列其中。）古巴也是全球（按占人口比例计算）监禁政治犯人数最多的国家。下面对这些情况的历史做一简单回顾。

1. 革命前后的古巴

古巴于 1899 年脱离西班牙统治而宣布独立。之后，古巴一直由软弱的统治者治理。直到 1959 年菲德尔·卡斯特罗（Fidel Castro）推翻了巴蒂斯塔政府，古巴超过 2/3 的对外贸易是与美国开展的。当时，美国以远高于世界市场的价格购买古巴产的糖，而这事实上是美国扩大其政治影响力的一种变相援助。后来，前苏联对古巴提供了大量援助，而委内瑞拉也仿效对出口古巴的石油进行补贴。

1959年，卡斯特罗掌握了古巴政权，随后威胁要在拉丁美洲其他地区发动革命。对此，美国取消了购买古巴产糖的协议，而古巴则以占有美国炼油厂作为报复。当石油公司拒绝向古巴供应原油时，古巴转向前苏联寻求替代供应。

2. 冷战开始

美古冲突发生在美苏两国冷战局势最为紧张的时期。1962年，美国切断了同古巴的外交关系，并对其启动了全面的贸易禁运。第二年，美国财政部禁止所有未获许可的金融交易，禁止直接或间接从古巴进口，并对古巴政府在美国的资产全面实施冻结。古巴与美国之间的贸易由此终止。

在之后的几十年里，导致两国关系紧张的事件不胜枚举，有些威胁到和平，有些几近荒谬。这些事件包括受美国资助的古巴流亡分子从古巴西南海岸发动的意在夺回古巴的猪湾事件，清除苏联留在古巴的导弹的行动，古巴军方部署军队推翻了美国支持的政权（如尼加拉瓜和安哥拉）的行为，宣称中情局曾试图派人暗杀卡斯特罗并曾试图研制一种使卡斯特罗胡子掉下来的粉末。表5-2列出了美古关系历史上发生的主要事件。

表5-2 美古关系中的恩怨传奇

一个多世纪以来，特别是自菲德尔·卡斯特罗于1959年上台以来，美国与岛国古巴之间的关系一直被卷入国际政治的兴衰变迁中。

1895—1898年	古巴独立战争
1901年	普拉特修正案允许美国干预古巴事务并在关塔那摩湾建立美军基地
1959年	菲德尔·卡斯特罗主政
1961年	猪湾事件
1962年	美国对古巴实施贸易禁运
1962年	古巴导弹危机
1980年	在马列尔偷渡事件中，12万名古巴人逃离古巴
1989年	苏联解体
1996年	古巴击落从反卡斯特罗组织位于迈阿密的基地起飞的两架美军飞机
1999年	古巴国民大会宣称美国禁运违反了联合国1948年反种族灭绝的宪章内容
2000年	美国开始允许农产品、食物和医药产品的出口
2008年	劳尔·卡斯特罗接替兄长执政
2011年	美国解除了美国公民到古巴旅游的限制
2012年	两国同意人道主义产品的海上运输

3. 颁布禁令

在此期间，美国对古巴一直维持贸易禁运。在20世纪90年代初，美国国会通过了《1992年古巴民主法案》。该法案禁止美国居民赴古巴旅行，并且禁止美国公司的海外分公司与古巴进行交易。这样，美国与古巴之间就不再发生贸易往来，不管是直接的或是其他的。该法案还要求古巴实行民主选举，以此作为美国废止对其贸易禁运的前提。

4. 转为同情

久而久之，在世人看来，美国在古巴这场"戏剧"中所扮演的只是一个缺乏怜悯的观众而已。起初，许多国家支持美国的禁运。1964年，除墨西哥外的美洲国家组织（OAS）的所有成员都签署了对古巴禁运的文件。逐渐地，一些国家开始了与古巴的贸易往来。2012年，联合国以188票赞成3票反对的结果否决了美国对古巴的禁运政策，仅有以色列和帕劳投票支持美国。2009年，美洲国家组织解除了长达47年的对古巴的禁运，重新接纳古巴为其成员国。

5. 冷战的解冻

一系列事件的发生让人们对禁运越来越产生质疑。20世纪90年代初，柏林墙的倒塌和冷战的结束引起了一系列的变化。随着苏联的解体，古巴失去了来自苏联的补贴，本来就薄弱的经济更是雪上加霜。古巴向外推动革命的言论似乎不再具有威胁性。2000年，美国国会通过了对贸易制裁改革的法案，允许向古巴出口某些农产品、食品和医疗产品。现在，美国已成为古巴继委内瑞拉、中国和西班牙之后的第四大出口国。

6. 政策变化的争论

那些赞成与古巴建立外交关系的人认为，强硬派的政策并没有削弱菲德尔·卡斯特罗和劳尔·卡斯特罗的政治权力，反而给1100万名古巴人带来了灾难。（2008年劳尔取代他的哥哥成为领导人；2013年劳尔82岁）。事实上，他们指出，古巴政府报复美国新经济政策的做法对古巴人民并不有利，包括提高外国产品的价格和取消美元作为官方货币。他们还警告说古巴的经济问题只是使两国的移民局势变得更紧张。越来越多的美国领导人（包括大公司老板、众议院的民主党和共和党议员以及工会领袖）都已经公开支持美国与古巴的贸易正常化。事实上，他们认为增加开放、取消禁运是更具前途的变革力量。

7. 美国在古巴具有商业优势吗?

废除禁运对许多美国的产业和企业可能都会有利。

实际上，其他国家的企业早已在利用古巴在高素质劳动力与良好识字率方面的优势。（古巴政府宣布取消50万个国家工作岗位，以便为贸易提供所需的新劳动力。）此外，古巴对外国产品和服务也有需求。不过，由于多年禁运，美国品牌相较同古巴有长期贸易往来的国家并不具有优势。

美国国内的组织已经注意到了美国旅游业与交通运输业在古巴市场的潜力。2011年，抵达古巴的国际游客达270万人。虽然有旅行禁令，但迈阿密与古巴之间每月大约有300个经批准的航班。此外，许多美国人不顾本国的旅行禁令，通过他国进入古巴。古巴在离美国北海岸65mile的地区进行了石油勘探，从而拥有了一定的石油资源。事实上，环保主义者认为，美国与古巴间需要更多的合作，以防止石油泄漏进入美国水域。目前古巴的勘探是由西班牙的雷普索尔公司负责的，使用的设备由中国制造。

同时，也有一些人认为，与古巴开展贸易潜力实在有限。古巴的人均国内生产总值较低（2012年按购买力平价计算约为9900美元）、人口较少（略多于1100万人），购买力不强。虽然欧洲和亚洲汽车公司的销售并不存在禁运问题，但在古巴流行的汽车仍然是美国20世纪50年代的品牌。这显然证明了其购买力不强。

为了支付进口，古巴必须从国外挣得足够的外汇。除了旅游收入之外（人们对于酒店能否接受日益增长的客流的能力存有不同意见），古巴还获得在国外工作的古巴公民以及旅居国外的古巴亲属汇来的大量汇款。通过派遣合同制，医生赴国外工作（约有3万名医生在委内瑞拉工作），古巴政府每年能挣到60亿美元，而支付给医生的报酬只占很小的一部分。古巴高度依赖商品出口，包括糖、镍、烟草、柑橘、咖啡等商品，而美国对这些商品都拥有充足的替代供应。事实上，美国的食糖配额制度是将本国的糖类进口配额分配给许多国家，如果美国将部分配额分给古巴，那么其他国家在政治上必然会有强烈的反应。而且，诸如巴哈马、多米尼加共和国等国家就担心赴古巴游客的增长是以它们游客的减少为代价的。

8. 禁运是冷战的遗存吗？

最后，许多人对禁运的基本理由提出了挑战。有些人认为，既然中国能成为世贸组织的成员而且像越南这样的国家都能与美国开展贸易，那么对古巴的禁运看起来就像冷战的遗存了。此外，对古巴的禁运是现代史上一国对他国最长且最为严厉的禁运。虽然此举的目的是规范美国与古巴的经济关系，但实质上并没有带来任何收益，所以完全可以被视为美国的弱点。此外，许多人认为，古巴的任何经济所得都会被用于强化政治压力。

然而，美国对古巴的商业政策的变化并不一定意味着古巴会欢迎或接受。例如，美国的贸易行为成了古巴政府经济失策的指责对象。此外，当美洲国家组织（OAS）允许古巴再次加入时，古巴拒绝了提议并声称美洲国家组织是"完全不合时宜的"。菲德尔·卡斯特罗说，OAS终将完蛋并"被丢弃在历史的垃圾堆"。此外，劳尔·卡斯特罗对政治领袖进行了清理，称其前助理为外国走狗并指出不会允许任何人奉承外国人。

思考题

1. 美国是否应当继续加强对古巴的经济控制？如果答案为是，那么原因是什么？

2. 美国是否应当正常化与古巴的商业关系？如果答案为是，那么美国应该或可以规定哪些条件？

3. 假设你是古巴领袖，那么哪种美古贸易关系对古巴最为有利？你愿意接受怎样的美古贸易关系？

4. 美国政治体制的结构和关系如何影响贸易禁运的存在和种类？

5. 美国有许多旅游企业在加勒比地区经营，尤其是游轮公司。你认为美国解除对古巴的旅行限制会增加或取代前往加勒比地区其他国家的旅游吗？

6. 列出美国解除对古巴贸易禁运的好处并阐释原因。

本章小结

1. 尽管自由贸易好处众多，但任何国家都不会允许商品和服务无限制地自由进出其国界。

2. 由于一国对某行业的保护性措施可能导致外国的报复性回击，并且进出口都可以创造就业机会，所以很难判断这些措施对就业的影响。

3. 由于贸易政策的变化，决策者需不断努力解决收入再分配问题。

4. 按照保护幼稚产业观点，政府防止进口竞争的举措是必要的，可以帮助某些产业的生产成本由高转低。

5. 鉴于工业活动与经济发展之间的正向关系，如果政府干预能促进工业化发展，那么此时的政府干预通常被认为是有益的。

6. 旨在改善与其他国家经济关系的贸易管制举措的目标包括：改善国际收支平衡，提高产品出口价格，取得对国外市场的平等准入，防止外资企业的价格垄断，确保国内消费者低价购买商品，以及将国外生产商的收入转移为国内的税收收入。

7. 国际贸易中出现大量的政府干预，其动因多是政治方面而非经济方面的，包括维持国内国计民生产品的供应和防止潜在竞争对手获得实现其目标的产品。

8. 直接影响价格并间接影响贸易量的贸易管制手段包括关税、补贴、随意性很强的海关估值方法和特别处理费。

9. 直接影响贸易量并间接影响价格的贸易管制手段包括配额、自愿出口限制、"购买当地产品"立法、随意性很强的标准、许可要求、外汇管制、行政延误和互惠要求等。

10. 企业的国际经营战略在很大程度上决定了它能否从贸易保护政策中受益或从其他竞争措施中受益。

11. 贸易协议的变化以及新产品的面市增加了企业和政府制定政策时所面临的复杂性。

关键术语

从价税	保护国计民生产业观点	工业化观点	补助
同等准入观点	出口导向型发展	保护幼稚产业观点	关税
复合税	出口关税	最优关税理论	税收
对等贸易（对销贸易）	外汇管制	保护主义	贸易条件
倾销	进（出）口许可	配额	过境关税
实际关税率	进口关税	从量税	自愿出口限制
禁运			

参考文献

1 *Sources include the following:* Melissa Martin, "New Tariff Could Protect Alabama's Catfish Industry," *Southeast Farm Press* (March 25, 2013): n.p.; "The Catfish Solution; U.S. Senators Drop Seafood Protectionism against Vietnam," *Wall Street Journal (Online)* (June 21, 2012): n/a; Roy Roberson, "Golden Opportunity for US Agriculture in Vietnam," *Western Farm Press* (October 10, 2012): n.p.; Terry Hanson and Dave Sites, "U.S. Farm-Related Catfish Industry 2009 Review and 2010 Outlook," Unpublished report, Department of Fisheries and Allied Aquacultures, Auburn University (March 2011); "Catfish Farmers Face Shifting Tides of Imports, Costs, *Southeast Farm Press* (August 14, 2012): n.p.; Fred Kuchler, Barry Krissoff, and David Harvey, "Do Consumers Respond to Country-of-Origin Labelling?" *Journal of Consumer Policy* 33:4 (December 2010): 323–37; "Catfish Industry Maintains Support for USDA," *The Mississippi Business Journal* 31:31 (August 3, 2009): 16; "Fishy Diplomacy with Hanoi," *Wall Street Journal (Online)* (September 21, 2010), accessed November 30, 2010; Bartholomew Sullivan, "Stakes High in Catfish Fight," *McClatchy – Tribune Business News* (October 31, 2010) accessed November 30, 2010; "Fishy Tales; Charlemagne," *The Economist* 387: 8584 (June 14, 2008): 53; Paul Greenberg, "A Catfish by Any Other Name," *New York Times* (October 12, 2008): 72; Ben Evans, "Catfish Plan Risks Trade War," *Miami Herald* (July 2, 2009): 4C; Jeffrey H. Birnbaum, "House Floats Idea for Fish Inspections, But No One Is Biting," *Washington Post* (March 11, 2008): A17; Taras Grescoe, "Catfish with a Side of Scombroid," *New York Times* (July 15, 2007): WK13.

2 Christopher J. O'Leary, Randall W. Eberts, and Brian M. Pittelko, "Effects of NAFTA on US Employment and Policy Responses," *OECD Trade Policy Working Papers* 131 (February 2012).

3 Michael Hart, "Breaking Free: A Post-mercantilist Trade and Productivity Agenda for Canada," *C.D. Howe Institute Commentary* 357 (August 2012): 1–27.

4 This argument is most associated with the writings of Raul Prebisch, Hans Singer, and Gunnar Myrdal in the 1950s and 1960s. For a recent discussion, see P. Sai-wing Ho, "Arguing for Policy Space to Promote Development: Prebisch, Myrdahl, and Singer," *Journal of Economic Issues* 42:2 (June 2008): 509–16.

5 Benedict Ezema, "Effectiveness of Policy Responses to Terms of Trade Shocks in Selected African Countries," *International Journal of Business and Management* 7:8 (April 2012): 88–101.

6 Hou Hexiang, "Vietnam to Accelerate Industrialization and Modernization of Rural Areas," *Xinhua News Agency* [China] (June 2, 2002): 1008; "Pushing Ecuador into the 21st Century," *Latin Finance* (March 2002: 30), retrieved 17 July, 2002, from web.lexis-nexis.com/universe; "Is Inequality Decreasing? Debating the Wealth and Poverty of Nations," *Foreign Affairs* (August 2002): 178.

7 Gerald K. Helleiner, "Markets, Politics, and Globalization: Can the Global Economy Be Civilized?" *Global Governance* (July–September 2001): 243; Marina Murphy, "EU Chemicals Need Flexibility: A Level Playing Field Should Be Established between the EU and U.S. Chemicals Industries," *Chemistry and Industry* (July 1, 2002): 9; Lisa Schmidt, "How U.S. Sees Trade Rows," *Calgary Herald* [Canada] (June 25, 2002): A2.

8 Annie Gowen, "U.S. Caviar with a Russian Accent," *Washington Post* (December 31, 2004): Metro, B1.

9 Emiko Terazono, "UN Warns Over Volatility in Food Prices," *Financial Times* (October 11, 2011): 20; Tennille Tracy, "Lawmaker Gets a Say on Gas Exports," *Wall Street Journal* (December 26, 2012): A4; Keith Johnson, "Geopolitical Benefit Raised in Debate on Exporting Gas," *Wall Street Journal* (May 6, 2013): A4.

10 Sanchita B. Saxena, "American Tariffs, Bangladeshi Deaths," *New York Times* (December 12, 2012): A31.

11　Stephen Moore, "Tax Cut and Spend: The Profligate Ways of Congressional Republicans," *National Review* (October 1, 2001): 19.

12　Liam Pleven, "Pentagon in Race for Raw Materials," *Wall Street Journal* (May 3, 2010): A3+.

13　Andrew M. Lemieux and Ronald V. Clarke, "The International Ban on Ivory Sales and Its Effects on Elephant Poaching in Africa," *The British Journal of Criminology* 49:4 (July 2009): 451–71; Bryan Christy, "Ivory Worship," *National Geographic* (October 2012): 28-61.

14　Daniel Martin, "Tightening the Sanctions Noose," *Petroleum Economist* (November 2012): n/a.

15　Lance Davis and Stanley Engerman, "Sanctions: Neither War nor Peace," *Journal of Economic Perspectives* 17:2 (Spring 2003): 187–97.

16　Susie Sell, "Promise and Pitfalls in Myanmar," *Asia's Newspaper for Media, Marketing and Advertising* (November 1, 2012): 42–43.

17　Farnaz Fassihi and Jay Soloman, "In Iran's Factories and Shops, Tighter Sanctions Exact Toll," *Wall Street Journal (Online)* (January 4, 2013): n/a.

18　Devon Maylie, "Iran Sanctions Hinder MTN," *Wall Street Journal* (April 19, 2013): B3.

19　Philip Shenon, "In Hanoi, U.S. Goods Sold but Not by U.S.," *New York Times* (October 3, 1993): A1.

20　Patrick Barta, "Black Gold," *Wall Street Journal* (August 16, 2006): A1+.

21　Thomas Erdbrink, "Iran Sanctions Take Unexpected Toll on Medical Imports," *New York Times* (November 3, 2012): A4+.

22　Jacob Weisberg, "Sanctions Help to Sustain Rogue States," *Financial Times* (August 3, 2006): 11.

23　"EU/Latin America/Caribbean: Leaders Aim to Revive Ties," *European Report* (May 15, 2002): 501.

24　Vanessa Bauza, "In Struggle for Influence, It's Better to Give," *Knight Ridder Tribune Business News* (March 24, 2007): 1.

25　Rostram J. Neuwirth, "The 'Culture and Trade Debate' Continues: The UNESCO convention in Light of the WTO Reports in China—Publications and Audiovisual Products: Between Amnesia or Déjà Vu?" *Journal of World Trade* 44:6 (December 2010): 1333–56.

26　Matthew Fraser, "Foreign Ownership Rules Indefensible: And There Appears to Be Appetite for Change," *Financial Post* (May 28, 2001): C2; and Hale E. Hedley, "Canadian Cultural Policy and the NAFTA: Problems Facing the U.S. Copyright Industries," *The George Washington Journal of International Law and Economics* 28:3 (1995): 655–90.

27　"Futile Fortress," *Financial Times* (August 26, 2003): 16.

28　"U.S.-EU Aircraft Subsidies Dispute Drags on, with No End in Sight in 2013," *Inside US Trade* 31:1 (January 4, 2013): n.p.

29　John W. Miller, "WTO Warns Members Not to Undermine Trade," *Wall Street Journal* (March 27, 2009): A8; Joseph Stiglitz, "The Global Crisis, Social Protection and Jobs," *International Labour Review* 148:1/2 (June 2009): 1–13; "State Capitalism: Big Brother is Back," *The Economist* (November 3, 2012): 63–64.

30　Andrew E. Kramer, "Russia, Crippled by Drought, Bans Exports of Grains," *New York Times* (August 6, 2010): A1; Javier Blas, "Export Bans Prompt Reviews of Security of Supplies," *Financial Times* (October 15, 2010): World Food, 1.

31　James Politi, "Brazil Moves Closer to Showdown over US Cotton Subsidies," *Financial Times* (March 8, 2010): 4.

32　"Charlemagne: Milking the Budget," *The Economist* (November 24, 2012): 62; For some data on the United States, see "At the Trough," *The Economist* (June 1, 2013): 32.

33　G. Chandrashekhar, "Should India Demand Farm Subsidy Cuts by Developed Nations?" *Businessline* (January 4, 2006): 1; Carmen G. Gonzalez, "The Global Food System, Human Rights, and the Environment," *GPSolo* 29:6 (November-December 2012): 72–73.

34　Chi-Chur Chao and Eden S. H. Yu, "Import Quotas, Tied Aid, Capital Accumulation, and Welfare," *Canadian Journal of Economics* 34 (2001): 661; Mark Rice, "Australia Must Join Other Countries in Untying Overseas Aid," *Australian Financial Review* (April 4, 2002): 59.

35　"An Opportunity to Support US Customs Valuations," *International Tax Review* (June 2012): n.p.

36　"Philippines/Thailand: Philippines Urges Thailand to Fully Comply with WTO Customs Valuation Ruling," *Asia News Monitor* [Bangkok] (May 19, 2012): n.p.

37　"National Import Specialist Addresses Outreach to the Public," *U.S. Customs Border Protection Today* (October–November 2006), retrieved July 13, 2007, from www.customs.ustreas.gov/xp?CustomsToday/2006/october_nove mber/import_article; *Customs Bulletin and Decision* (June 27, 2007): 58.

38　Matthew Dolan, "To Outfox the Chicken Tax, Ford Strips Its Own Vans," *Wall Street Journal* (September 22, 2009): A1+.

39　Alexander Moens and Amos Vivancos Leon, "Mandatory Country of Origin Labeling: The Case for a Harmonized Canada-US Beef and Pork Regulatory Regime," *Fraser Forum* 4 (July-August 2012): 14–17.

40　"Target Corp., Staples Inc., and OfficeMax, Inc., Among Pencil Importers in the Subject of a False Claims Act Case Brought by The Cullen Law Firm, PLLC," *PR Newswire* [New York] (May 17, 2012): n.p.

41　Christopher Swann, "Shielding Sugar Industry 'Costs Thousands of Jobs,' " *Financial Times* (February 15, 2006): 6; Douglas A. Irwin, "The Return of the Protectionist Illusion," *Wall Street Journal* [New York, N.Y] (July 2, 2012): A11.

42　Sarah O'Connor, "Tug of War over Buy American," *Financial Times* (June 24, 2009): 4.

43　Jeremy Grant and Ralph Minder, "Comment & Analysis: Agribusiness," *Financial Times* (February 1, 2006): 11.

44　U.S. Food and Drug Administration, "Import Refusal Report, January 2012," retrieved February 13, 2013, from www.accessdata.fda.gov/scripts/importrefusals/ir_byProduct.cfm?DYear=2013&DMonth=1.

45　Marie-Agnés Jouanjean, "Standards, Reputation, and Trade: Evidence from US Horticultural Import Refusals," *World Trade Review, suppl. Symposium Issue: Standards and Non-Tariff Barriers in Trade* 11:3 (July 2012): 438–61.

46　Jon Grevatt, "Thai Offset Plans Could Be Derailed By A Move to Reinstate Countertrade," *Jane's Defence Industry* 29:12 (December 1, 2012): n.p.

47　Carol Dawn Petersen, "Defense and Commercial Trade Offsets: Impacts on the U.S. Industrial Base Raise Economic and National Security Concerns," *Journal of Economic Issues* 45:2 (June 2011): 485–91.

48　Mark J. Nackman, "A Critical Examination of Offsets in International Defense Procurements: Policy Options for the United States," *Public Contract Law Journal* 40:2 (Winter 2011): 511–29.

49　"Guns and Sugar," *The Economist* (May 25, 2013): 63–65.

50　Vibhuti Agarwal and Megha Bahree, "India's Retreat Is Blow to Global Retailers," *Wall Street Journal* (December 8, 2011): B5.

51　Sara Robinson, "Workers Are Trapped in Limbo by I.N.S.," *New York Times* (February 29, 2000): A12.

52　Ralph G. Carter and Lorraine Eden, "Who Makes U.S. Trade Policy?" *International Trade Journal* 13:1 (1999): 53–100.

53　Eugene Salorio, "Trade Barriers and Corporate Strategies: Why Some Firms Oppose Import Protection for Their Own Industry," unpublished DBA dissertation, Harvard University, 1991.

54　***Sources include the following:*** "Should the United States Maintain its Embargo Against Cuba? ProCon.org Brings the Pros and Cons to 50-Year-Old Debate," *PR Newswire* [New York] (December 20, 2012): n.p.; Mimi Whitefield, "Plasma TVs, Sí –But Air Conditioners, No," *Miami Herald* (August 9, 2012): A1+; Peter Orsi, " 'Made in America' Losing Luster in Cuba," *Miami Herald* (November 12, 2012): 6A; Randal C. Archibold, "Cuban Government Outlines Steps Toward a Freer Market," *New York Times* (May 10, 2011): A2; Lesley Clark, "Cuba Travel," *Miami Herald* (February 18, 2011): 5A; "Cuba Politics: US Report on Human Trafficking Enrages Cuba," *EIU ViewsWire* (2010); "Cuba: Country Fact Sheet" (2011); Andres Schipani, "Legislators Aim to Make Oil Prospectors Choose between Cuba and US," *Financial*

Times (February 25, 2011): 6; "Cuba Economy: Food Sales, Tourism Grow in 2010," *EIU ViewsWire* (2011); "Cuba Politics: Easing of US Restrictions Welcomed," *EIU ViewsWire* (2011); John Paul Rathbone, "Cash-Strapped Cuba Weighs the Costs of Political Reform," *Financial Times* (July 12, 2010): 6; Patricia Treble, "'Putrid' OAS Attacked for Cuba Invite," *Maclean's* 122:23 (June 22, 2009): 33; Mary Anastasia O'Grady, "Latin America's Brave New World," *Wall Street Journal* (June 8, 2009): A15; Will Weissert, "Can Cuba Cope with an Onslaught of Americans?" *Yahoo News* (April 13, 2009), retrieved July 15, 2009, from news.yahoo .com/s/ap_travel_brief_cuba_american_tourism; Joel Millman, "Cuba Receives More Cash from Workers Abroad," *Wall Street Journal* (March 5, 2009): A12; "CIA World Factbook—Cuba," retrieved May 3, 2011, from www.cia.gov/library/publications/the-world-factbook/geos/ cu.html; William M. Leo Grande, "From Havana to Miami: U.S. Cuba Policy as a Two-Level Game," *Journal of Interamerican Studies and World Affairs* 40:1 (1998): 67–86; Kathleen Parker, "Exposure, Not Embargoes, Will Free Fidel's Cuba," *Seattle Times* (March 14, 2001): B6; Timothy Ashby, "Who's Really Being Hurt?" *Journal of Commerce* (January 31, 2005): 1; "The Web Site of Cuban Industry," retrieved October 5, 2009, from www.cubain-dustria.cu/English.

第6章

跨国合作与协定

成家易，养家难。

——德国谚语

本章目标

通过本章学习，应能：
1. 讨论经济一体化的三大途径。
2. 明确世界贸易组织的主要特征及其面临的挑战。
3. 讨论全球一体化、双边一体化及区域一体化的利弊。
4. 明确经济一体化下的自由贸易协定、关税同盟和共同市场。
5. 描述贸易协定对贸易和投资流动的静态与动态影响。
6. 比较并对照不同区域贸易集团。
7. 描述诸如联合国和石油输出国组织等其他类型的全球合作。

案例 6-1

丰田汽车在欧洲市场的开拓

下班后，安娜·凯斯勒（Anna Kessler）坐进自己崭新的座驾——日本产丰田雅力士轿车，将钥匙插入点火器，起动发动机，穿过德国柏林拥挤的街道回家[1]。尽管这辆车才刚刚购买一个星期，她已经对自己的决定万分满意：她喜欢汽车独特的欧式风格、丰田公司周到的售后服务以及汽车的低油耗。

这是安娜第一次购买亚洲公司生产的汽车，实际上也是她第一次有这样的想法。在上次准备换车时，她并未考虑日本丰田汽车，因为设计普通、选择有限，而且要等7个月才能拿车。然而，当她搜索不同款轿车时，发现丰田在最近的几个品牌汽车的质检排名中位居榜首，而且雅力士牌轿车取得了欧洲 NCAP 四星安全认证，这一切促使她打算要全面了解该车。

在过去的20多年里，日本汽车制造业增长迅速，世界各地成千上万的消费者选择了丰田汽车，安娜也是其中之一。1990年，丰田公司在14个国家拥有20个生产基地。到2012年，其生产基地已多达50个，遍布包括捷克共和国、法国（雅力士汽车的组装地）、波兰、葡萄牙、英国、俄罗斯在内的27个国家和地区。丰田以其低成本和高效运营生产而出名。2008年，丰田终于超过通用汽车成为全球最大的汽车制造商（尽管2011年又为通用汽车和大众所超越）。如今，丰田的市场份额保持平稳增长，令人很难相信在2002年前的30年里，丰田公司未曾从欧洲经营中获利，并且在欧洲一直面临市场占有率和增长率都很低的困境。

为什么丰田用了如此长的时间才进入竞争激烈的欧洲市场？为什么欧洲企业直到现在才感受到来自亚洲制造商的压力？分析者纷纷将此指向日本政府与欧共体（欧盟前身）之间的协定，该协定规定由双方每年商定欧洲进口日本汽车的配额。每年商定的配额取决于诸如消费者需求、地区消费增速等因素，并确定配额为欧洲市场的11%。

这一安排意在使欧洲汽车制造商在向欧共体共同市场过渡中更具竞争力。此前，几个欧洲国家各自都有对进口日本汽车的严格限制。例如，意大利将进口日本汽车的数量限制为3000辆，而法国则限制为本国市场份额的3%，英国、西班牙和葡萄牙也做出了类似的限制。这些政策可追溯到第二次世界大战结束，当时日本政府要求欧洲汽车制造业削减对日出口以帮助日本重建自己的工业，欧洲人也因此减少了日本产汽车的进口量。这在当时并未产生问题。然而，随着日本汽车公司开始拥有出口意识，它们希望进入欧洲市场。因此，配额制有利于保护国内产业。

在新的配额体制下，这些国家不得不放弃各自的政策，但法国汽车制造要求保留80%的本地化规则，并要求政府每年出口50万辆汽车到日本，这是当时水平的5倍。最终，欧共体未理睬这些额外请求。在协定执行的第一年，108.9万辆日本车被允许进入欧洲市场。

不过，配额制也规定了每个成员国进口的上限，并按过去的市场份额分配给日本的各家汽车制造商。该措施基本阻止了日本在各国之间转移它们过剩的进口量，并且不允许将汽车从那些需求量未达到配额的国家转移到配额用完后仍有需求的国家。因此，日本汽车在欧洲市场的销售量从未达到欧共体的指标。在该配额系统生效的7年间，丰田公司在大多数欧盟国家的市场份额都在2%~3%。

虽然配额制似乎达到了预期效果，但法国汽车行业的一些官员承认，欧洲市场最终必然开放。有人提到："我们能长年推迟改变吗？官方可以回答'能'，但坦诚来讲，我不这么认为。"这句话不幸言中了。1999年欧盟取消了进口配额，日本汽车制造商能够更容易地扩大分销并与经销商签约。尽管此举不一定使日本产品充

斥欧洲市场，但能让日本制造商在欧盟内更多的投资于汽车的设计和生产，从而扩大其产品的销售市场，并通过定制生产而更好地满足欧洲消费者的需求。

丰田汽车对贸易壁垒的减少也做出了回应，并开始专门针对欧洲消费者的汽车设计战略。公司在法国南部专设了一家欧洲设计和研发中心，并且允许设计团队在全球范围内寻求最好的设计方案。丰田在欧盟销量最好的雅力士品牌就是由一位希腊人设计的，也是在欧盟研制的第一款产品。这款产品后来在欧洲和日本都被命名为"2000年度汽车"。丰田公司欧洲战略的另一关键要素是在该地区另设生产中心，在欧洲当地生产欧洲所有畅销车品牌。被誉为"2002年欧洲年度汽车"的新一代丰田花冠和第一款从欧洲出口到日本的丰田Avensis都是在欧洲设计并生产的。2006年12月，丰田公司庆祝雅力士汽车在欧洲生产100万辆。由于东欧地区劳动力成本较低，日本汽车制造商在东欧的生产成本较低。

欧洲汽车工业的衰退让所有制造商都倍感压力。不过，俄罗斯的汽车工业却仍在发展。事实上，这也是丰田重视在俄罗斯投资的原因之一。但随着日本竞争者继续在新加入欧盟的东欧国家以及其他低工资地区开设工厂，情况就变得扑朔迷离。如前所述，丰田已经在捷克共和国和波兰建立了全新的生产工厂。（在捷克共和国设立的工厂是与法国标致雪铁龙合作的，意在与当地供应商发展良好关系。）由于欧盟内部关税的消除，丰田可以在欧洲各地生产汽车并免税运往欧洲各地。这在关税壁垒未解除前是完全不可能的。

随着配额制的取消，欧盟最近的其他政策同样对丰田有利。面对高失业率和低增长的黯淡经济，欧洲消费者对欧洲本土品牌的忠诚度降低，他们开始寻求更经济且高质量的车型。最近一份对英国和德国客户的汽车满意度调查显示，丰田汽车总分排名第一，且在7项指标中有3项得分最高，而福特、雷诺、大众汽车的得分都低于平均值。另外，丰田汽车公司最新的混合燃料环保车型"普锐斯"被誉为"2005年欧洲年度汽车"。2012年，丰田汽车在客户满意排名榜中仅次于梅德赛斯奔驰，而雅力士在小车型中的满意度是最高的。随着在欧洲市场占有率的提升，丰田汽车在2008年成为欧洲汽车制造商协会的正式成员。

鉴于2005年前后在欧洲取得的成功及在全球的发展，丰田公司也设定了雄心勃勃的未来发展目标。然而，2008年的全球金融危机以及在全球召回950多万

辆汽车都影响了该计划的实施。此外，2011 年的日本地震和海啸也严重影响了丰田的供应链。虽然 2012 年丰田的销售开始恢复，但强势日元影响了公司的出口能力，转而降低了其对外业务收入。

丰田欧洲分公司的 2012 年单位销售量较 2009 年下降了 19.2%，从 106.2 万辆下降到 85.8 万辆，延续了 2007 年开始的下跌趋势。其在欧洲市场的份额也因金融危机和全球召回后需重塑质量形象而受到影响。丰田汽车的欧洲市场份额从 2007 年最高点的 5.9% 跌至 2010 年的 4.4%，但在 2011 年和 2012 年逐渐缓慢回升。

虽然面临着市场困境并且需要在全球范围内裁员，但丰田到目前为止依然避免关掉工厂，并继续努力通过重组其位于布鲁塞尔的欧洲分部来提高在欧洲市场的占有率，所采取的举措包括从日本总公司转移更多决策权和关注欧洲顾客的价值。这方面，丰田在欧洲致力于通过混合动力技术来提高欧洲市场的份额。在丰田专注的混合动力技术方面，丰田在欧洲仍较竞争对手有明显优势。截至 2012 年 10 月底，丰田汽车公司在 80 个国家和地区只做了 19 款混合动力客车模型和一辆插电式混合动力车模型，占其世界销售的 14%。丰田在 2012 年为雅力士引入了一款混合动力发动机，这势必会提升雅力士的受欢迎程度，在欧洲混合动力技术方面引起广泛的兴趣。

近年来，全球许多地区开始摆脱过去几年金融危机的影响。对于丰田汽车能否重获曾经的荣誉，我们拭目以待。鉴于过去几年所发生的各种不确定情况，你一定想知道安娜·凯瑟勒是否还在驾驶她的雅力士，或是更换了新款汽车，特别是混合动力型的雅力士，或其他车型，如广受欢迎的大众高尔夫或福特嘉年华。

思考题

1. 为什么欧洲国家试图保护自身汽车产业免受日本进口汽车的过度影响？你认为这对欧洲消费者是否公平？

2. 丰田在欧洲设立了生产基地以服务欧洲市场。现代、起亚和本田是否也采用了相同的策略？如果是，它们在哪些国家建厂？与丰田汽车的情况相同吗？

6.1 引言

在 20 世纪 40 年代中后期，许多国家认定如果它们想从第二次世界大战的废墟中崛起并促进本国经济的增长和稳定，就必须援助周边国家或获得对方的援助。就某些方面而言，美国是此类经济一体化的出色代表：包括北美大陆和夏威夷岛在内的 50 个州构成了最大的经济体，有共同的货币，劳动力和资本可以自由流动。然而，它仅仅只是一个国家的情况。那么，世界上其他国家和地区的情况是怎样的呢？各个国家和地区如何通过合作并相互支援以实现共同繁荣呢？

经济一体化（Economic Integration） 这一术语描述的是国家及地区间的政治和货币协定，其中成员方具有优先权。达成这些协定的主要途径有以下三种：

1）**全球一体化（Global Integration）**，即全球各国决定通过世界贸易组织开展合作。

2）**双边一体化（Bilateral Integration）**，即两国决定开展更紧密合作，通常采取关税减让形式。

3）**区域一体化（Regional Integration）**，即一些地缘临近的国家决定合作，如欧盟。

为什么需要了解这些协定的实质？无论全球的、双边的或区域的贸易集团，都是影响跨国公司经营战略的重要因素。它们决定了区域市场的规模以及企业在这些地区的经营规则。事实上，市场规模增加是这些集团存在的唯一理由[2]。企业在涉足国外市场初期，必须清楚集团内的哪些国家或地区拥有最为有利的生产点和市场机遇。回忆一下案例 6-1 的情况。丰田公司就是充分利用欧盟贸易政策的变化并通过调整自身的设计和生产策略以满足欧洲消费者的需求而获得成功的。同样，在案例 6-2 中，我们将看到《北美自由贸易协定》是如何影响沃尔玛在墨西哥和中美洲地区的扩张的。因此，随着企业走向并开拓国际市场，企业必须调整其组织结构和经营策略，才能不断地从这些联盟中受益。

跨国公司之所以非常关注区域性贸易集团，是因为它们的经营也是区域性的。尽管我们经常认为跨国公司会在世界经济三极（Triad）——欧洲、北美和亚洲——从事经营，但目前有研究表明，绝大多数跨国公司的绝大部分收入来自本地区。对世界 500 强企业（按贸易和 FDI 衡量）的抽样调查发现，有 320 家企业至少一半的收入来自其总部所在地区，有 25 家企业的收入来自两个区域（至少有 20% 的收入来自两个区域，但来自单一区域的收入少于 50%），有 11 家企业的收入是主区域主导型的（至少有一半的收入来自本地区以外的单一区域），只有 9 家企业是真正的全球化企业（来自世界经济三极每一极的收入至少达 20% 但不超过 50%）[3]。进一步的研究发现，地理距离每增加 1%，贸易会相应减少 1%；如果两国之间存在共同边界，那么贸易量可能增加 80%。这进一步验证了企业更易于在本区域内获得收入[4]。不过，那些在自己所在区域进行销售的企业也很关注与其他区域的贸易协定。例如，虽然美国销售家具、电子产品、家电的 RC Willey 公司并没有任何出口生意，但该公司需要从世界各地进口产品。该公司的管理者对各种贸易协定就非常感兴趣，毕竟那些协定对公司开展采购的地区以及如何降低成本和提升质量都有潜在的影响。

6.2 世界贸易组织：全球一体化

各国政府常常通力合作，以消除贸易壁垒。下面各小节将重点讨论**世界贸易组织**（简称世贸组织，**World Trade Organization，WTO**）。世界贸易组织是**关税及贸易总协定**（简称关贸总协定，**General Agreement on Tariff and Trade，GATT**）的后继者，也是各国政府达成贸易协定和解决贸易争端的多边论坛。

6.2.1 关贸总协定：世界贸易组织的前身

1947 年，23 个国家在联合国的支持下签订了关贸总协定，希望废除配额制并减少关税。到 1995 年世界贸易组织取代关贸总协定，该组织的成员已增至 125 个。许多人相信，正是关贸总协定促进贸易自由化的贡献带来了 20 世纪下半叶世界贸易的扩张。

作为关贸总协定的基本原则，贸易无歧视原则要求每一成员必须向其他成员平等开放市场。这一"贸易无歧视原则"被写入关贸总协定的**最惠国条款**（**Most-favored-nation/MFN Clause**），即一旦一国同其贸易伙伴签订了削减关税的贸易协定，那么这一协定自动适用于其他，无论这些成员方是否签署该协定。

多年来，关贸总协定致力于解决的非关税壁垒事宜包括工业标准、政府采购业务、补贴和反补贴税（应对另一国家保护主义措施的税收）、许可权和海关估值等。在各个领域，关贸总协定的成员方都承诺：对进口商品实施与国内产品相同的产品标准；在大型项目招标中，对国外竞争者一视同仁；禁止对农产品之外的产品出口补贴；简化外国产品进口的许可程序；使用同一标准对进口商品评估关税。

之后，关贸总协定渐渐遇到一些问题。它的成功让一些政府不得不想出更巧妙的贸易保护方法。世界贸易变得愈加复杂，而关贸总协定没有涉及的服务行业变得愈加重要。从程序上来说，关贸总协定的结构和争端解决体系越来越不能满足需要。此外，关贸总协定不能强制要求履行。这些市场发展趋势和组织挑战使得贸易协定的执行变得愈加困难。作为恢复贸易自由化的有效手段，世界贸易组织在 1995 年应运而生。

6.2.2 世界贸易组织的主要工作

世界贸易组织继承了关贸总协定达成的原则和贸易协定，同时又扩大了其范围，新增了服务贸易、投资、知识产权、卫生措施、植物检疫、农业、纺织品以及技术性贸易壁垒等领域。现在，世界贸易组织的 159 个成员的贸易总量占世界贸易总量的 97%。世界贸易组织的成员实行协商一致制度。但如果成员方之间无法达成一致，则投票表决，以多数票通过为准。成员方政府必须批准所通过的协定。

1. 最惠国

世界贸易组织继承了关贸总协定的最惠国原则，即成员方需进行无歧视贸易，给予国外产品以本国产品的待遇。尽管世界贸易组织只对其正式成员授予此特权，但也规定了一些例外情况：

（1）对发展中国家的制造产品给予比发达国家更优惠的待遇。

（2）成员方在区域贸易联盟中获得的优惠可以不给予非成员方，如欧盟。（如案例 6-1 所述，虽然欧盟成员国可以从其他成员国无限制进出口汽车，但日本仍必须遵守严格的进口关税规则。）

（3）各国家和地区可以对那些没有进行公平贸易的成员方设置高关税壁垒。

如果发生战争或出现国际紧张局势，可另当别论。

2. 争端解决

世界贸易组织引人关注的功能之一就是其争端解决机制。各成员可以就自己遭遇的不公平贸易向世贸组织委员会提出诉讼，被告方也可以向上诉机构上诉。所有审议阶段都有时间限制，并且世界贸易组织的裁决具有约束力。如果违规方不服从委员会的决定，其合作伙伴有权要求赔偿；如果处罚无效，其合作伙伴有权进行补偿制裁。然而，因为许多案例是非难辨且费时，该体系的有效性一直饱受质疑。

世界贸易组织面对的最有意思、最棘手但也重为要的争端之一发生在欧洲空中客车公司和它的竞争对手美国波音公司之间。这个案件较为棘手，毕竟航空产业市场价值在未来几年可能高达 3 万亿美元。从 2004 年后期开始，两家公司相互指控对方从各自的政府——欧盟和美国——获得了不公平补贴。最初，双方都有意在世界贸易组织判决之外来解决争端，但后来却诉诸世界贸易组织。波音公司控告空中客车公司接受了有利贷款来为其民用航空承担一部分费用；对此，空中客车公司指控波音公司从美国政府在许多地区的合约和减税中获得了很多竞争优势。意在解决两个公司与各自代表的政府之间争端的协商在 2004 年以失败告终。因此，两大公司决定向世界贸易组织提出正式诉讼，以便获得一份约束性解决方案[5]。

最后，委员会做出裁决，认定波音公司的一些减税优惠和政府合同中的具体补贴违背了世界贸易组织的规定，空中客车公司胜诉。同时，委员会也认同波音公司的观点，认为空中客车公司从其政府处获得大额贷款来支付发展新航空业的做法是违规的，其以基础设施贷款和帮助的形式取得的具体贷款严重违背了世界贸易组织的规则[6]。直到 2013 年，争端还未完全解决。

另一个有趣的案例涉及服务业，发生在美国与中国之间。美国认为中国对想发展信用卡交易电子服务的外国企业设定了限制和要求。尽管一些指控被世界贸易组织所否认，但中国确实需要改变使自己，变得更富竞争性，并满足服务贸易总协定的要求。服务贸易总协定是世界贸易组织的三大理事会之一，另外两个分别是货物贸易理事会和知识产权相关的贸易理事会。这一问题在 2010 年 9 月由美国提出；到 2012 年年末，两国已解决了争端，并设定了解决问题的时间[7]。相对于波音公司与空中客车公司的争端，这一事件得到更为圆满的解决。

3. "多哈回合"

世界贸易组织的绝大多数议程是由关贸总协定举办的谈判（或称回合）确立的。特别值得一提的是"乌拉圭回合"。该回合于 1986—1994 年举行，最终促成了世界贸易组织的诞生。2001 年 11 月，在卡塔尔首都多哈举行了世界贸易组织第四次部长级会议，启动了旨在推动发展中国家发展的"多哈回合"，希望借此解决那些世贸组织面对的棘手问题。其中争论的焦点是发达国家对本国农业的巨额补贴以及发展中国家对本国工业的补贴，这一问题导致发达国家（如美国、日本、欧盟国家）与发展中国家（以巴西、中国、印度为首）对出口补贴问题的谈判破裂。

多哈议程最初确定的截止日期是 2005 年 1 月 1 日，但因彼此之间无法在关键议题上达成一致而被推迟。到 2009 年第三季度，试图通过降低工业品关税（美国和欧盟的要求）来换取农产品壁垒降低（许多发展中国家的需求）的努力并没有成功。不过，一个有趣的转变是巴西站到了美国和欧盟一方，然而印度和中国出于对包括工业和农产品的本国经济遭受摧毁的担忧而拒绝了该提议[8]。

2008 年的全球金融危机吸引了所有人的注意。起初这使得"多哈回合"暂时搁置，因为各国政府忙于重振其深受危机打击而衰退的全球贸易。据世界银行估计，2009 年全球经济的 GDP 缩水达 1.9%；世界贸易组织估计，国际商品销售和服务下降了 12%，这是第二次世界大战以来贸易衰退最严重的一次。尽管世界贸易在 2010 年开始复苏，但增长水平在 2011 年降至 5.2%，2012 年降至 2.0%，其中很大程度是由于欧洲经济的衰退。

世界贸易组织希望重回多哈会谈，聚焦较简单的问题，例如更好地协调出口规则和程序以及针对发展中国家的出口刺激等。这个被称为"多哈建兴"或者"B 计划"的新版本在 2011 年由世界贸易组织各成员通过，但并未起多大作用。相反，许多国家开始建立自己的区域双边协定，而这使得世界贸易组织万分沮丧。

6.3 双边协定的兴起

随着多哈回合谈判的破裂，许多国家开始从多边自由贸易协定转向双边（优先）协定。例如，美国于 2012 年与哥伦比亚和韩国签署了自由贸易协定，两个协定都减少了工业产品和农业产品的关税及其他贸易壁垒，同时加强了知识产权和服务业的贸易壁垒。尽管双边贸易比世界贸易组织达成协定要容易得多，但也并不轻松，并且短期内衡量其影响往往十分困难，尤其在世界经济一蹶不振之时更是如此。不过，美国政府通过保证提升贸易将在国内创造更多的就业机会而得到了立法的支持。在韩国，短期内也很难辨识结果。尽管协定签订的第一年美国对韩国的出口有所增加，但韩国向美国出口增加得更多，导致美国出现了更大的贸易赤字[9]。

6.4 区域经济一体化

区域贸易协定是两个或者两个以上合作伙伴之间签署的互惠协定，通常介于双边协定和全球一体化协定之间。根据世界贸易组织统计，截至 2013 年 1 月中旬，全世界生效的区域贸易协定达 354 个。众所周知的区域贸易协定包括欧盟、欧洲自由贸易联盟（EFTA）、北美自由贸易协定（NAFTA）、南方共同市场（MERCOSUR）、东盟自由贸易区（AFTA）和东南非共同市场（COME-SA）[10]。不过，下面讨论的是其他一些正在协商的重要的区域性协定，尤其是在太平洋沿岸地区。

6.4.1 地理的重要性

从逻辑上讲，绝大多数贸易集团是由同一区域的国家和地区组成的。临近的国家和地区之间较易结成联盟的原因如下：

（1）国家和地区之间商品运输的距离较短。

（2）消费者可能品位相似，而且临近国家和地区之间比较容易建立分销渠道。

邻近国家可能拥有共同的历史和利益，并且相较非临近国家，更希望同邻国进行政策协调[11]。尽管地域临近是建立区域贸易协定的一个重要因素，但并非所有协定都是如此。亚美尼亚与哈萨克斯坦、摩尔多瓦、俄罗斯联邦、土库曼斯坦和乌克兰签订了地区一体化协定；印度与其所在地区的绝大多数国家签署有一系列的协定；德国有58%的进出口是与欧盟成员国发生的；新西兰并不是欧盟成员国，但与欧盟签订了贸易协定，对欧盟国家的进出口超过其总量的一半；北美自由贸易协定除了美国还包括加拿大和墨西哥，二者都与美国拥有共同边界，但加拿大与以色列之间以及美国与韩国之间的自由贸易协定则并非完全是因为地缘相近。

对于区域性贸易协定来说，地理因素因多种原因而十分重要。邻近国家可能拥有共同的历史、语言、文化甚至货币，除非国家之间在交战，它们通常早已建立紧密的贸易往来。一般来说，距离近意味着运输成本低，从而使贸易产品通常较为便宜。事实上，两国之间的地理距离每增加1%，它们之间的贸易量会下降1.1%。另外，共同边界可能使贸易量上升80%，共同语言（例如共同使用英语的加拿大和美国）可能使贸易量上升200%，而共同货币（例如欧盟国家几乎都使用欧元）可能使贸易量上升340%。地理临近国家建立区域贸易协定的另一个重要原因是：一旦签订协定，联盟国家之间的贸易量可能上升330%[12]。

因为埃及与欧盟、泛阿拉伯自由贸易区和东南非共同市场签署有贸易协定，所以位于开罗的美国商会正致力于使埃及成为美国企业的区域贸易枢纽。美国商会担心，如果美国企业没有与埃及签署强有力的贸易协定，那么有可能失去中东北非地区的市场，而中东北非的人口数量排名列世界第15位。不过，如果美国企业设在埃及，那么它们就可以进入所有与埃及有联系的市场，包括欧洲、中东和北美。当然，其面临的挑战便是埃及的政治不稳定性和安全问题。

综上所述，建立区域贸易组织旨在扩大市场规模。从关税政策的角度看，区域贸易协定有两种基本类型。不过，许多协定（尤其是涉及美国的协定）超出了自由关税的范畴，包含诸如知识产权、外国直接投资和服务业等领域。从减让关税的角度来看，区域贸易主要有两类：自由贸易协定和关税同盟。

（1）自由贸易协定（FTA）。自由贸易协定的目标是废除成员之间的所有关税。它通常是从削减原来关税就很低的产品开始，到完全取消所有产品的关税通常有一个实施期。另外，各成员国仍有针对非成员国的贸易政策自主权。大约90%的区域贸易协定被世界贸易组织确认为自由贸易协定。

（2）关税同盟。除了取消联盟内部关税，成员国对从非成员国进口的商品共同征收外部关税，以便建立一个关税同盟。例如，欧盟于1957年成立并开始取消成员之间的内部关税。1967年，其内部关税全部取消并建立了一个共同的外部关税，而这也意味着运输到成员国的商品可以免除关税。现在，欧盟在世界贸易组织中是作为一个地区而非作为几个不同国家来与其他地区签订双边协定的。（正如案例6-1所述，在涉及日本出口到欧盟成员国的汽车配额时，必须与欧盟进行协商，而不是与单个国家。）虽然有欧盟这样的重要贸易组织，但关税同盟的数量在世界贸易所认证的区域贸易协定中占比却不到10%。大多数贸易利益来自成为自由贸易协定的成员，而非来自成为关税同盟的成员，毕竟后者更多地是由政治因素而非经济因素所驱动的[13]。

除了削减关税和非关税壁垒之外，各国还可以采取一系列其他方法来加强相互间合作，如建立共同市场（或者经济一体化协定）。欧盟允许诸如劳动力和资本等生产要素的自由流动，这意味着劳动者可以无限制地在共同市场内的任何一个国家工作。允许关税同盟下生产要素的自由流动就形成了**共同市场**（**Common Market**）。另外，欧盟通过使用统一货币、创办中央银行来协调成员国的货币政策。这种合作实现了欧盟成员国之间的政治一体化，但也使各国失去了部分国家主权。欧盟在世界贸易组织中是以一个关税同盟和经济一体化协定的身份出现的。

6.4.2 一体化的效应

区域经济一体化会对成员国的社会、文化、政治和经济产生影响。不过，这里首先关注的是经济方面的影响。正如第 5 章所述，关税壁垒和非关税壁垒的实施不仅阻碍了产品的自由流动，而且影响到资源的配置。

1. 静态效应和动态效应

区域经济一体化减少或消除了针对成员国的贸易壁垒，从而产生了静态效应和动态效应。所谓**静态效应**（Static Effects），是指随着贸易壁垒的减少资源会从效率低的企业向效率高的企业转移。所谓**动态效应**（Dynamic Effects），是指市场的总体增长以及因生产扩大和规模经济利用能力提高而给企业带来的影响。图 6-1 描述了区域贸易协定对贸易和投资流动产生的静态效应和动态效应。

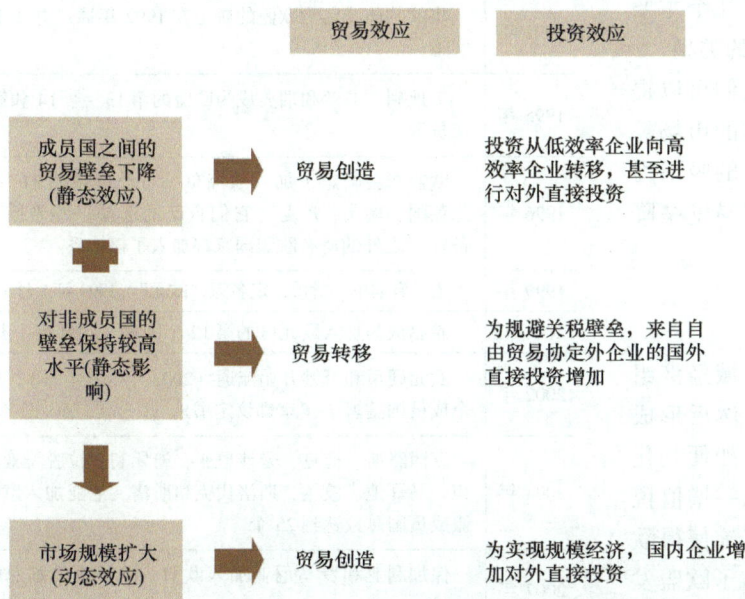

因为经济一体化减少或消除了贸易壁垒，所以对成员国的影响既可能是静态的，也可能是动态的。静态效应主要体现在贸易壁垒方面：成员国之间的壁垒下降，对非成员国的壁垒提高。动态效应主要体现在影响市场结构的经济变化方面，不仅会促进市场扩张，也会促进本地企业的发展，这种发展主要得益于市场扩张带来的机遇。

图 6-1 自由贸易协定的影响

静态效应可能在以下任一情况下形成：

（1）贸易创造。由于比较优势的存在，生产会转向更有效率的生产者，消费者因而就可以买到较没有一体化下价格更低的产品。在贸易壁垒取消后，过去在当地市场受到保护的企业不得不与效率更高的生产者进行竞争，从而会面临真正的困境。贸易创造的战略意义在于：原来较当地企业有更高效率但无法出口到当地的企业，因贸易壁垒降低而有可能出口了，毕竟贸易壁垒降低增加了对低成本产品的需求，同时降低了对曾受保护的本国高成本产品的需求。此外，投资也会转移到那些具有更高效率或者在一个或多个要素生产方面具有巨大优势的国家。

（2）贸易转移。尽管非成员国在没有贸易壁垒的情况下可能具有更高效率，但与这些非成员国的贸易仍然会转至集团内国家。

例如，假定美国企业从 A 国和 B 国进口同样的产品。如果美国与 A 国签订了区域贸易协议，那么在同等情况下，美国企业更可能因为更低的关税而从 A 国而不是 B 国进口货物。此外，自由贸易协定之外的跨国公司也会向协定成员国进行投资，以便更好地服务这个市场。

贸易转移是区域贸易协定遭受诟病的主要原因，因为协定扩大的是部分世界贸易组织成员之间的贸易，而非所有成员之间的贸易。这显然会损害世界贸易组织的多边合作进程。

2. 规模经济

当贸易壁垒降低且市场扩大时，就会发生一体化的动态效应。因为市场扩大了，企业就可以增加生产，单位生产成本就会降低，即出现被称为**规模经济**（Economies of Scale）的现象。这样，企业的生产成本就会降低，进而提高了市场竞争力。规模经济可以为成员国之间创造更多的贸易，或者市场的增长促使当地或国外企业加大在该地区的投资。

3. 竞争增加

区域性贸易协定的另一重要动态效应在于，竞争增加促进了生产效率的提高。欧洲的许多跨国公司通过并购来达到必要的规模，以便能在更大的市场参与竞争。随着《北美自由贸易协定》的通过，墨西哥企业面对来自加拿大和美国企业的竞争时，不得不增强竞争力。这样，投资就会从低效率的企业转向效率更高的企业，或使现有企业变得更有效率。

(续)

6.5 主要区域贸易集团

可以通过两种方式来划分区域贸易集团：一是按照地域划分（如欧盟）；二是按照类型划分（如自由贸易协议、关税同盟和共同市场）。由于主要贸易集团遍布世界各地，所以不可能逐一介绍。这里仅选取几个主要的贸易集团进行介绍，并分析其区域贸易协定的类型。

企业对区域性贸易集团感兴趣，是因为它们可以提供产品的销售市场、原料来源和生产场所。新的市场规模越大、越富有，其对主要投资国和投资企业的吸引力就越大。另外，有必要清楚关税减少和其他贸易壁垒降低可以提高进入该地区的能力。

6.5.1 欧盟⊖

欧盟是全球规模最大、综合程度最高的区域经济组织。欧盟成立之初，先是逐步废除内部关税，然后形成统一的对外关税，同时融入其他一体化措施，如便利化劳动力的自由流动、建立共同的农业政策、统一增值税体系等。欧洲议会的成立和通用货币欧元的实施使得欧盟成为最具实力的区域贸易组织[14]。表6-1列出了欧盟发展的里程碑。

表6-1 欧盟发展的里程碑

自1957年创立之始，欧盟已逐渐实现了经济一体化。它最初只有6个成员国，即前联邦德国、法国、意大利、比利时、荷兰和卢森堡。可能欧盟最初的支持者们做梦也不曾想到的是，欧洲合作最终会产生共同货币。

1959年	走出了取消欧洲经济共同体（European Economic Community, EEC）内部关税和配额的第一步
1960年	奥地利、丹麦、挪威、葡萄牙、瑞士、瑞典和英国七国签订了《斯德哥尔摩公约》，建立了欧洲自由贸易联盟（European Free Trade Association, EFTA）
1961年	第一项允许劳动力在欧洲经济共同体内自由流动的条约生效
1962年	欧盟共同农业政策被通过
1966年	增值税制度达成一致；欧共体各国的行政合并条约生效；欧洲经济共同体改名为欧共体（European Community, EC）
1967年	消除了所有内部关税，开始实施对外统一关税

1973年	丹麦、爱尔兰和英国分别成为欧共体的第7、第8和第9个成员国
1981年	希腊成为欧共体的第10个成员国
1986年	西班牙和葡萄牙成为欧共体的第11和第12个成员国
1990年	前民主德国和前联邦德国合并
1992年	将欧共体改名为欧盟的协定在1992年通过并于1993年实施
1995年	奥地利、芬兰和瑞典成为欧盟的第13、第14和第15个成员国
1996年	欧盟峰会确定了加入欧洲单一货币体系的11个国家，除英国、瑞典、丹麦（它们自己的选择）和希腊（未准备好）之外的所有欧盟国家都加入了该体系
1999年	正式启动单一货币，定名为"欧元"（1999年1月1日）
2001年	希腊成为加入欧元区的第12个国家（2001年1月1日）
2002年	欧元硬币和纸钞开始流通（2002年1月1日）。所有15个成员国签署了《京都议定书》
2004年	塞浦路斯、捷克、爱沙尼亚、匈牙利、拉脱维亚、立陶宛、马耳他、波兰、斯洛伐克和斯洛文尼亚加入欧盟，欧盟成员国总数达到25个
2007年	保加利亚和罗马尼亚加入欧盟，欧盟成员国总数达到27个
2012年	签署《欧洲稳定机制（European Stability Mechanism）条约》以帮助应对经济挑战
2013年	克罗地亚于2013年7月1日加入欧盟，成为第28个成员国；候选国包括冰岛、黑山共和国、塞尔维亚、前南斯拉夫的马其顿共和国和土耳其

资料来源：Based on Europs, "History" and "Countries" at http://europa.eu（accessed April 27, 2013）.

1. 欧盟前身

第二次世界大战给经济和人类生活造成了巨大的破坏，欧洲的政治领袖们开始意识到各国之间应该开展更为密切的合作来加速欧洲的复兴。当时成立了许多组织，包括欧洲经济共同体（EEC）。该组织最终发展成为将欧洲各国联合在一起的世界上最大的贸易联盟。包括英国在内的其他几个国家成立了欧洲自由贸易联盟（旨在消减彼此间的关税）。之后，其成员国大部分也加入了欧盟，少数几个坚持原来的自由贸易联盟的国家（如冰岛、列支敦士登、挪威和瑞士）也作为一个整体与欧洲

⊖ 2016年6月23日，英国举行公投。24日公布结果：脱欧阵营锁定最终胜利。——译者注

之外的实体（如秘鲁）建立了贸易关系。冰岛、列支敦士登和挪威（没有瑞士）作为一个整体与欧洲经济区域内的欧盟联系紧密，它们可享受欧盟的"四大自由"：商品、服务、人员和资本的自由流动。不过，这些联系并不包括其他领域的合作，如关税同盟和货币同盟等[15]。

欧洲经济共同体，后来被称为欧共体，最终发展为欧盟。欧盟的建立旨在消除内部关税，以更密切地整合欧洲市场，并希望借助经济合作来避免政治冲突。

2. 欧盟的组织结构

欧盟设立了许多管理机构，包括欧洲委员会（European Commission）、欧洲理事会（European Council）、欧洲议会（European Parliament）、欧洲法院（European Court of Justice）和欧洲中央银行（European Central Bank）[16]。

跨国公司必须清楚所在国的政治环境，这一点同样适用于在欧盟经营的企业。这些企业要想在欧洲取得成功，必须了解欧盟的管理结构，这与在一国经营需要厘清该国的管理结构是同样的道理。这些管理机构设定了企业在欧盟经营必须遵守的参数。因此，企业的管理层需要理解这些制度以及它们是如何做出影响企业运作的决定的。尽管所有成员国都尊崇相同的贸易协定，但各国仍存在一些差异。对此，企业必须加以了解并制定对策。例如，在案例 6-1 中，欧盟政策影响到丰田公司在欧盟的运作策略，促使其从有限出口转变为建立全面的设计和生产设施。

欧盟有哪些主要治理机构呢？欧洲委员会主要负责确定欧盟的政治领导及发展方向。它由各成员国任命的委员组成并经欧洲议会批准，每名委员的任期为 5 年。委员会主席由成员国政府任命并由欧洲议会批准。委员会委员主要负责欧盟的各种日常事务，而不是为各自的国家服务。此外，委员会还起草法案，交由欧洲议会和欧盟理事会审议。

欧洲理事会由各成员国代表组成，代表本国利益。欧洲理事会与欧洲议会一起负责通过法案和执行包括安全及对外关系等领域的主要政策。各国的部长代表定期会面，讨论相关部门的问题。例如，农业部长会面讨论农业问题。各国总统或/和总理一年进行四次会晤以制定总体政策。

欧洲议会由来自各成员国的 754 名议员组成，每五年选举一次，议员人数依据各国的人口而定。欧洲议会主要有三大职能：立法、控制预算和监督行政决策。议员们按照政治关系（如基督教民主党㊀、绿党㊁等）而不是按国家分组。委员会向议会提交立法，议会通过后才可提交理事会[17]。

欧洲法院主要是确保各成员国的司法解释和欧盟条约保持一致。各成员国、欧共体各机构、企业和个人都可以向法院提起上诉，法院的作用就是作为这些受罚的个人、企业以及组织的上诉法庭[18]。

3. 反垄断调查

欧盟在高科技领域实施的反垄断法律是极其严格的，毕竟知识产权是一个非常敏感的问题，并且各国都在保护自身产业免受外国企业侵扰。

2009 年，因为来自欧洲反垄断规定的压力，微软公司同意让欧洲的 Windows 软件用户自由选择所喜欢的浏览器，并且能够关掉 IE 浏览器。为此，微软公司支付了相当于 24 亿美元的罚金和处罚[19]。谷歌也曾因为包括微软公司在内的多家公司的抱怨而受到反垄断调查。具有讽刺意味的是，这些公司责怪谷歌利用其市场能力阻碍它们与之竞争其他搜索引擎。谷歌在欧洲的互联网搜索中占 82% 的市场份额[20]。2013 年，谷歌最终同意改变其在欧洲的搜索显示结果，谷歌为该让步做了一项市场调查，而欧盟和谷歌的竞争者们也在研究该让步㊂。

4. 《单一欧洲法案》和《里斯本条约》

1987 年颁布的《单一欧洲法案》旨在清除自由市场仍然存在的障碍，如海关通关手续、不同的认证手续、增值税税率以及消费税等的废除。此外，该法案可以促进更为紧密的贸易合作（欧盟在世界贸易组织中有一位代表所有欧盟成员发声的谈判者）、对外政策和环境政策。然而，由于欧盟内部的多样性特点，障碍仍然存在。

㊀ 基督教民主党是大部分西欧国家和一些拉美国家中的一股重要的政治力量。基督教民主党创始于 19 世纪，它把基督教关于社会和经济公正的观点同关于政治民主的自由主义观点结合起来，主张维护有关教会和家庭的传统价值观。但各国的基督教民主党的思想主张和政治取向差别较大，西欧地区的基督教民主党大多数奉行保守主义政策，有的则相对温和。拉美地区的一些基督教民主党更注重政治民主和社会正义，具有改良主义倾向。——译者注

㊁ 全球的绿色革命从而引起绿党作为一种政治力量在全球的崛起，绿党是提出保护环境的非政府组织发展而来的政党，绿党提出"生态优先"、非暴力、基层民主、反核原则等政治主张，积极参政议政，开展环境保护活动，对全球的环境保护运动具有积极的推动作用。世界上最早的绿党是 1972 年成立的新西兰价值党。绿党在 20 世纪后半期开始在欧洲扩散，最著名的就是德国绿党。——译者注

㊂ 截至本书写作之时，虽然谷歌公司对其新的让步进行了市场测试，但欧盟以及谷歌公司的竞争对手们尚在研究这些让步。——译者注

欧盟正在考虑为在欧盟销售的商品贴上原产国的标签，尽管这在许多国家是标准流程（美国从 20 世纪 30 年代开始就要求贴标签）。鼓励该政策的原因之一就是保护目前在欧洲生产的企业。当欧洲出现以为是牛肉制品的食品实则是马肉制品的事件（如宜家的瑞典肉丸）时，欧盟意识到不仅缺乏有效的标准来保证肉类产品的成分，而且缺乏给产品贴标签的有效途径。一些评论认为，这已经不只是食品质量问题，还涉及公共安全问题[21]。

《里斯本条约》于 2009 年 12 月 1 日生效，是对之前《马斯特里赫特条约》的修订。《里斯本条约》的主要任务是加强欧盟管理流程，提高制定和实施决策的能力。然而，反对者认为，新条约是建立强大的联邦制联盟从而削弱国家主权议程的一部分。该条约历经诸多波折，最终在所有成员国都获得投票通过[22]。

5. 货币同盟：欧元

1992 年，欧盟各成员国签订了《马斯特里赫特条约》，其中确定建立货币同盟。在欧洲启用通用货币欧元，从而彻底消除货币这一贸易壁垒。截至 2013 年，有 17 个欧盟成员国接受了欧元，还有许多国家也准备接受。不过，丹麦、瑞典和英国选择不加入欧元区。本书第 9 章将详细叙述欧元的相关细节，以及从爱尔兰开始的债务危机是怎样波及希腊、西班牙、葡萄牙、意大利和塞浦路斯的。这些国家在处理其债务方面的无能威胁到了银行系统，并促使其他欧洲国家不得不实施救助。许多人的确担忧欧元这一通用货币能否继续存在下去。

6. 申根区

为了促进欧盟各国人员的自由流动，《申根协定》（Schengen Agreement）于 1990 年签订并逐步实施，允许公民不必进行边界检查就可以通关。不过，并非所有欧盟成员国都选择加入申根区（Schengen Area），如英国、爱尔兰、罗马尼亚和保加利亚就未加入；而一些非欧盟成员国，如冰岛、挪威和瑞士，则加入其中。克罗地亚 2013 年加入。英国一直受移民问题困扰。因此，英国尽管尊崇成员国间人员的自由流动，但对欧盟之外非法移民有非常严格的限制[23]。

7. 欧盟的扩张

欧盟面临的最大挑战就是扩张问题。2004 年 5 月，欧盟进行了有史以来最大的一次扩张：塞浦路斯、捷克、爱沙尼亚、匈牙利、拉脱维亚、立陶宛、马耳他、波兰、斯洛伐克共和国和西洛文尼亚加入了欧盟。保加利亚和罗马尼亚于 2007 年年初加入，使欧盟成员国数目增至 27 个。2013 年，克罗地亚成为欧盟第 28 个成员国。官方

公布的候选成员国目前包括冰岛、土耳其、黑山共和国、塞尔维亚和前南斯拉夫的马其顿共和国。其他有意加入的国家还包括阿尔巴尼亚、波斯尼亚、黑塞哥维那和科索沃。在这些待加入的国家中，只有冰岛加入了申根区。土耳其是一个有趣的候选国，其国土跨越欧洲和亚洲大陆，99.8% 的人口是穆斯林（大多数为逊尼派），总人口数达 8070 万人，仅次于拥有 8110 万人口的德国；同时，土耳其拥有强大的制造业基础，而且已经与欧洲建立了强有力的贸易联系。

尽管欧盟内各国的增长率千差万别，许多高失业率、低增长率国家的居民试图移民到高收入国家，这为欧盟带来了进一步的挑战。问题是欧洲经济增长缓慢而失业率高。2013 年 3 月，欧元区的失业率达到 12.1%，欧盟的失业率为 10.9%，其中西班牙失业率高达超过 27%[24]。中国和美国国内较低的经济增长阻碍了欧盟外向型企业的发展。有评论称："欧盟为欧洲创造了紧密衔接的经济。当经济良性发展时，一切都好；一旦经济衰退，连带效应影响巨大，好似大浪来时船只纷纷倾覆[25]。"

8. 双边协定

除了为成员国减少贸易壁垒外，欧盟与区域之外的其他国家也签订了大量双边自由贸易协定，包括与泛阿拉伯自由贸易区，这在下文将做讨论。2013 年，欧盟宣布与日本开始贸易谈判以签订新的自由贸易协定[26]。由于欧盟是作为一个整体与其他国家谈判的，因此该贸易被称作双边贸易，尽管所有的成员都能从中受益。

9. 跨大西洋贸易和投资伙伴关系

美国与欧盟之间可能形成一个潜在的非常有趣的协定。尽管两大超级强权之间的关税已经很低了（美国和欧盟拥有全球最大的贸易关系，两者间的贸易几乎占世界经济产出的一半），新的协定将消除尚存在的关税，同时促进两个地区的贸易发展，调和两个地区的商品标准。美国工会将非常愿意促成这样的协定，因为两个地区劳动力和环境相近，协定签署将使每年的经济增长数十亿美元并带来成千上万的工作机会[27]。

美国和欧盟在 2013 年开始协商，但挑战层出不穷。得到欧洲议会支持的法国希望继续提供津贴和配额以支持其电影和音乐产业，并将文化产业从所有未来的贸易谈判中排除。另一方面，美国农场主们对欧洲农业安全标准感到沮丧，并认为这些标准具有贸易保护主义性质。显然，要达成任何协定都不容易，尽管各方都怀有扩大本地区经济增长的美好愿望[28]。

10. 如何与欧盟贸易：合作策略的含义

就人口和收入而言，欧盟是一个相当大的市场，所

有企业对此都无法忽视。它为地理临近地区消除贸易壁垒以促进贸易树立了典型。正如前文所述，欧盟国家一半以上的商品进出口是地区内贸易。

与欧盟进行贸易能够影响企业的策略，尤其是对该区域外的跨国公司。这主要体现在以下三个方面：

（1）选择在哪里生产。策略之一就是在欧洲中部地区生产产品，这样可以减少各国之间的运输成本和时间。然而，欧洲中部是成本最高的。正如案例6-1所述，德国汽车产业的工人工资成本远高于东欧各国。这也正是丰田选择在捷克和波兰这样的低劳动力成本国家建立工厂的原因。

（2）决定以何种方式来实现企业发展：是进行新的投资，扩大原有投资，还是通过并购和合资？丰田为了利用欧洲汽车供应商资源，在捷克与法国标致雪铁龙合作建立了一家新工厂。与美国市场相比，该市场一直被认为分散且低效。多数专家认为，在欧洲还需要继续进行市场的兼并、接管和重组。美国企业通常是通过收购欧洲已有企业来占有市场并减少竞争对手的。

（3）需要权衡各国的共性和特性。欧盟各国之间由于语言和历史的差异，其内部差别比美国各州更为明显，各国间的经济增长率也存在巨大差异。许多小国家，如爱尔兰和比利时，经济正在经历空前的增长。这主要是由于欧盟成员国的身份吸引了更多的外商直接投资，帮助它们取得了在全球经济中的地位并躲过了金融危机。

顺应欧洲贸易战略的典范是丰田公司。在产品方面，丰田忙于设计欧洲车型，但是，为欧洲的哪个部分设计呢？欧洲人的品位和偏好各有不同，更不用说南北欧的气候差异巨大。然而，丰田试图利用生产地和设计来促进其泛欧洲策略。

企业总是需要不断权衡并处理好面向欧洲的战略与面向欧洲各国的战略。尽管有许多挑战，但随着欧盟的扩张，欧盟将覆盖越来越多的欧洲国家，企业仍然有许多机会扩大市场和供应来源。

6.5.2 北美自由贸易协定

美国与加拿大之间早已存在不同形式的相互经济合作，如加拿大和美国于1989年签署的自由贸易协定同意到1998年取消两国双边贸易中的所有关税。1991年2月，墨西哥主动提出与美国建立自由贸易协定，加拿大也参与了此次谈判，并最终签署了《北美自由贸易协定》（North American Free Trade Agreement，NAFTA）。该协定于1994年1月1日正式生效。

1. 签署《北美自由贸易协定》的原因

从地理位置以及贸易重要性方面考量，《北美自由贸易协定》的签署具有很强的合理性。尽管协定签订时加拿大和墨西哥之间的贸易无关紧要，但美国与它们之间都有重要的贸易关系。事实上，美国和加拿大之间的贸易是世界上除包含28个成员的欧盟之外最大的双边贸易。如表6-2所示，北美自由贸易协定是一个庞大的贸易同盟，其人口量巨大，GDP略低于包括28个成员国的欧盟。重要的是，与欧盟相比，美国的经济规模较邻国庞大。另外，加拿大的经济比墨西哥好，虽然人口只有墨西哥的约1/3。然而，欧盟内部也存在差距，对比德国和马耳他，前者拥有将近8200万人口，而后者只有41万多人。此外，欧盟各国的平均人口只有1860万人。

	表6-2 贸易集团的若干统计指标对比		
统计指标 贸易集团	2012年的人口 /100万人	2012年的GDP /10亿美元	2012年的人均 GDP/美元
欧盟	507.4	16138	31805
北美自由贸易协定	463	18874	40765
南方共同市场	279	3606	12924
东盟自由贸易区	623.4	3582	5746
东南非共同市场	455.6	1086.4	2385
泛阿拉伯自由贸易区	290	2890	9966

注：泛阿拉伯自由贸易区（PAFTA）又称大阿拉伯自由贸易区（GAFTA），其人口和收入不包括巴勒斯坦，因为无相关信息；欧盟有关数据是在克罗地亚加入之前的数据。

资料来源：Based on information from the CIA World Fact Book.

北美自由贸易协定是商品和服务方面的一个自由贸易协定而非关税同盟或共同市场，也没有通用货币。然而，它的合作远远超出关税与非关税壁垒的消除，还包括服务、投资和知识产权条款。

墨西哥于1986年加入关贸总协定之后，在关税削减方面取得了巨大进展，而当时墨西哥的关税平均为100%。截至2008年1月1日，美国出口到加拿大和墨西哥的所有关税和配额都被消除了。

（1）**静态效应和动态效应**。北美自由贸易协定在经济一体化方面产生了静态和动态效应。例如，加拿大和美国消费者从来自墨西哥的低成本农业产品中受益，这属于经济自由化的静态效应；而美国的生产者也同样从不断壮大的墨西哥市场中获益，这一市场对美国产品有大量需求，这属于动态效应。

（2）**贸易转移**。《北美自由贸易协定》也是反映贸易转移的一个好例子。在该协定签署之前，许多美国和加拿大企业在劳动力成本较低的亚洲建厂，如美国国际商用机器公司（IBM）在新加坡制造计算机零件。随着《北美自由贸易协定》的签署，墨西哥成了这些企业的最佳选择，如在之后的5年时间里，IBM公司从墨西哥到美国的出口贸易从3.5亿美元增长到20亿美元。

非北美自由贸易协定企业也在墨西哥进行了投资，意在利用加拿大与美国之间的自由贸易协定。索尼公司在当地拥有大量制造工厂，尤其是在南加州边界附近的蒂华纳。2009年，索尼公司在全世界关闭了五家工厂，但在蒂华纳却增加了劳动力规模，新增了1500个新工作岗位[29]。企业能够利用《北美自由贸易协定》的自由贸易条款将商品运送到美国，并且节省了时间和运输成本。索尼、三星、三洋、松下、LG和夏普在位于蒂华纳的工厂生产电视配件，这些产品大多数将出口到美国、欧洲和其他地区。

2. 原产地规则与当地含量

《北美自由贸易协定》的一个重要部分就是原产地规则和当地含量。因为北美自由贸易协定是自由贸易协定而非关税同盟，所以每个成员国分别制定了与世界其他国家的关税准则，而这也就是从加拿大进口到美国的产品必须有一份专门的商业发票或海关发票并明确商品原产地的原因。否则，来自第三国的出口商就可以把货物出口到低关税的北美自由贸易协定的某个成员国，然后再将这些产品免税出口到另外两个成员国。对于类似北美自由贸易协定的自由贸易协定的主要争议就是原产地规则过于复杂，并且与世界贸易组织要求的减少多边关税原则相违背。

（1）原产地规则。"原产地规则"规定只有那些在自由贸易区内进行经济活动的货物才有享受北美自由贸易协定提供的免关税优惠。这与欧盟的情况不同。欧盟属于关税同盟，而不仅仅只是一个自由贸易协定。例如，在商品进入法国后，它可以被运输到欧盟各地而不用担心原产地问题，因为所有成员国的关税都一样。如果北美自由贸易协定是一个关税同盟而非自由贸易协定，那么在日本产品进入墨西哥后，如果再被运输到美国，那么就可以享受免税，因为两国的进口关税相同[30]。

（2）当地价值含量要求。北美自由贸易协定的原产地规则也包括当地含量要求。按照当地含量规则，为了取得自由贸易协定资格，绝大多数产品的零配件、原材料和劳动力的净成本中至少有50%必须来自北美自由贸易协定所在地区。虽然当地含量规则可能因产品性质而有所变化，但只要企业达到标准，就可以在北美自由贸易协定区域内制造或组装产品，并且免税运输到其他成员国。

3. 特殊条约

由于美国工会和环境保护主义协会的强烈反对，两项辅助性协定被纳入北美自由贸易协定中。反对者担心墨西哥廉价的劳动力成本、简陋的工作环境和不严的环境执法会潜在增加美国和加拿大的失业。尤其是美国工会组织担忧企业会关闭美国北部的工厂，转而在墨西哥建厂。结果，美国劳工部门强烈要求加入诸如有权加入公会的劳工标准，而环境部门则要求加强墨西哥环境标准并强化合规性。这显然是一项国际性挑战，因为并非所有国家都会关注劳工和环境标准问题。

4.《北美自由贸易协定》的影响

任何贸易协定都有利弊，《北美自由贸易协定》也不例外。显然，自1994年《协定》签署以来，贸易和投资出现了大幅上升，美国2009年（根据最新可获得的数据）在北美自由贸易协定下的货物与服务贸易额总计达到1.6万亿美元。2010年，美国与两个合作伙伴的商品贸易额达到9180亿美元，出现了商品贸易赤字[31]。加拿大和墨西哥分别是美国商品的最大出口国和第二大出口国，它们也是美国的第二大和第三大商品供应国。

规模庞大的美国对加拿大和墨西哥的进出口都十分重要。加拿大向美国出口占其商品总出口的75%，从美国的商品进口占总其总进口的51.2%。至于墨西哥，这些数值分别达到80.7%和48.1%。虽然在北美自由贸易协定实施之后，加拿大和墨西哥之间的贸易增长很快，但美国因为其规模大，所以仍然是两国企业的最大市场。

移民问题一直是困扰北美自由贸易协定的一个大挑战。随着《北美自由贸易协定》的签署，农业贸易快速增长，因美国的竞争，墨西哥失去了超过100万个农业岗位。对此，许多墨西哥农民只得在美国非法工作。不过，他们汇回墨西哥的款项（详见第7章）要多于墨西哥吸引到的外国直接投资。这一问题已经成为两国的一个主要政治问题，尤其是当美国试图想办法阻止非法移民流动和处理已经在美公民时。2013年，两国总统就经济、移民和安全挑战问题进行会晤，特别是关于在美的大约1100万名非法移民问题，而其中的大多数又来自墨西哥。墨西哥经济实力的增强以及边界安全的强化当有助于解决这一问题。不过，在美国进行综合移民改革之前，两国仍需面对诸多政治和经济方面的挑战。

5. 如何利用北美自由贸易协定开展经营：对企业战略决策的意义

尽管北美自由贸易协定因为政治问题，并没有在最初三国的基础上进行扩大，但每个成员国都与其他国家建立了双边协定。在章末关于沃尔玛的案例 6-2 中，如果美国企业投资墨西哥，那么这些企业就可以进入与墨西哥有自由贸易协定的国家，这就允许它们随市场扩大而实现规模增加，即使墨西哥的其他合作伙伴并非北美自由贸易协定成员国。

6. 生产合理化

按照《北美自由贸易协定》签署之时的预期，企业会把它看作一个巨大的区域市场，以便它们实现生产、产品、融资等的合理化。就许多产业而言，这一点基本实现，尤其是汽车和电子产业。北美自由贸易协定的每个成员国都按照专业化生产，将更多的汽车运送到其他两个成员国。汽车生产的合理化在美国和加拿大已经存在多年，但在墨西哥最近才开始，因此吸引了全球包括美国在内的众多汽车制造企业。北美自由贸易协定的原产地规则也迫使欧洲和亚洲的汽车制造业在墨西哥建立了供应和组装厂。

大众集团就是一个非常好的例子，反映了欧洲企业是如何利用强有力的北美自由贸易协定的。2013 年，大众在墨西哥开办了发动机生产厂，大大提升了位于田纳西州（美国）、锡劳（Silao）、普埃布拉、克雷塔罗和圣何塞齐亚帕的北美生产网的生产能力。大众过去常常在墨西哥组装出口到美国的旧式甲壳虫汽车，这款车型后来进行了更新换代，并于 2012 年在普埃布拉生产。大众在墨西哥雇用了超过 1.5 万名工人，强调了墨西哥作为国内外市场汽车供应中心的重要性。另外，大众在 2013 年宣布将继续在普埃布拉生产新一代的高尔夫车型。大众希望新工厂负责生产北美自由贸易协定地区 75% 以上的汽车，以便利用《北美自由贸易协定》条款并摆脱货币危机的影响[32]。

另一预期就是一旦市场开放，经验丰富的美国企业会将加拿大和墨西哥企业驱逐出市场，但这一情况并未发生。事实上，位于加拿大边界的美国企业发现加拿大企业比低成本的墨西哥企业更具竞争力。当然，许多墨西哥企业已经重组，以便与美国和加拿大企业相竞争。虽然没有了保护，但墨西哥企业变得越来越具有竞争力了。根据章末关于沃尔玛的案例 6-2 可知，墨西哥零售商的确经历了一段艰难时期，以便通过自我调整来应对与沃尔玛、塔吉特、好市多和家乐福这些零售业巨头的竞争。

7. 作为消费品市场的墨西哥

作为额外的好处，加拿大和美国企业已经意识到墨西哥是一个消费品大市场而非只是一个生产基地。起初，美国和加拿大企业感兴趣的是墨西哥的低成本环境。不过，

随着墨西哥收入水平的持续提高（更多投资进入与出口增加的必然结果），其对外国产品的需求也在不断增加。

6.5.3 美洲的区域经济一体化

美洲有六大主要区域经济集团，可以分为中美洲和南美洲两类。中美洲（不包括墨西哥）有加勒比共同体和共同市场（CARICOM）、中美洲共同市场（CACM）和中美洲—多米尼加共和国自由贸易协定（CAFTA-DR）。其中，中美洲—多米尼加共和国自由贸易协定包括中美洲共同市场的成员国以及洪都拉斯、多米尼加共和国和美国。南美洲的两大主要集团分别是安第斯集团和南方共同市场。其中，安第斯集团属于关税同盟，而南方共同市场则属于共同市场。

2008 年成立的南美洲国家联盟（UNASUR）旨在将安第斯集团和南方共同市场这两个关税同盟合并为一个类似欧盟的更大集团。巴西协助发起了南美洲国家联盟以促进政治合作，并取代美国牵头组织的美洲 34 国自由贸易联盟。不过，南美洲家联盟尚处于初始阶段。

扩大市场规模是建立这些不同合作集团的主要原因。第二次世界大战后，由于拉丁美洲各国市场狭小，实施解决国际收支平衡问题的进口替代策略势在必行。因此，需要某种形式的经济合作来扩大潜在市场规模，以便拉丁美洲企业能够利用规模经济并增强在世界各地的竞争力。

1. 加勒比共同体和共同市场

加勒比共同体和共同市场（Caribbean Community, CARICOM）正在努力建立欧盟式的合作，以实现商品和服务的自由流动、自主成立企业的权力、共同外部关税、资金和劳动力的自由流动以及共同的贸易政策。世界贸易组织将其正式确认为经济一体化协定。该协定的许多设想需通过所谓的加勒比共同体和共同市场的单一市场经济（CSME）来实现。

从某些方面讲，加勒比共同体和共同市场的情况在欧盟中也出现过，只是规模小些。加勒比共同体和共同市场的总人口仅为 650 万人，其中 60% 的人口居住在两个国家：牙买加及特立尼达和多巴哥共和国。在人口规模方面相当于欧盟成员国保加利亚的水平。不过，对于加勒比共同体和共同市场，拓展市场规模、吸引更多投资并提供更多工作岗位是重中之重。

出口依赖的挑战。拉丁美洲和加勒比地区国家在贸易上非常依赖外部区域。例如，加勒比共同体和共同市场成员牙买加有 49.3% 的产品出口美国和 18% 的产品出口欧盟。尽管特立尼达和多巴哥共和国是牙买加的第三大

出口地，但无论从目的地或来源地来讲，都无法与美国和欧盟相比。大多数拉丁美洲国家都是相同情况，因此，美国和欧盟对该地区的大多数国家而言就是重要市场。

2. 南方共同市场

南方共同市场（MERCOSUR）是南美主要的贸易集团。1991年，巴西、阿根廷、巴拉圭和乌拉圭成立了南方共同市场，其主要目标是建立对内实施自由贸易、对外实施一致关税的关税同盟。南方共同市场被世界贸易组织确认为货物贸易的关税同盟，在服务贸易方面为经济共同体。南方共同市场非常重要，其总人口为2.51亿人，GDP为2.457万亿美元。南方共同市场的GDP占南美GDP的75%，仅次于欧盟和北美自由贸易协定，是世界上第三大贸易集团。

3. 太平洋联盟

然而，南方共同市场也存在问题。委内瑞拉是其正式成员，而巴拉圭被临时暂停了资格。巴西和阿根廷两国国内存在严重的贸易保护主义。安第斯集团和南方共同市场存在的这些问题促成了2012年**太平洋联盟**（Pacific Alliance）的诞生。该联盟最初包括墨西哥、哥伦比亚、秘鲁和智利。这些国家自称拥护民主和法治，相比安第斯集团和南方共同市场其他国家的民粹主义和保护主义，对贸易和投资似乎更为友好[33]。拥有太平洋边界也意味着它们正试图连接拉丁美洲和亚太地区，基于其动态性和市场为导向，这并非不可能[34]。

4. 安第斯集团

尽管**安第斯集团**（Andean Community，CAN）在经济方面不如南方共同市场意义重大，但它是南美第二大正式的区域集团。安第斯集团大约成立于1969年，现已从孤立主义和国家主义（由中央政府控制贸易）转向对外国资本开放市场。作为成员国之一的哥伦比亚在最近几年发生了巨大转变，并且与美国签订了双边贸易协定，与安第斯集团的其他国家相比，进一步巩固了对外开放的格局。如前所述，哥伦比亚和秘鲁这两个安第斯集团的成员国已经决定加入太平洋联盟。

◆ 观点交锋

建立中美洲—多米尼加共和国自由贸易协定是个好主意吗？

▶ 正方观点：

是个好主意。中美洲—多米尼加共和国自由贸易协定不仅将美国与哥斯达黎加、多米尼加共和国、萨尔瓦多、危地马拉、洪都拉斯和尼加拉瓜六国联系在了起来，而且给签约国带来了诸多利益：促进了美国与该地区的贸易；通过鼓励外商直接投资和缩短国际供应链，促进了经济增长；推动这些国家实施经济和政治改革。

截至2013年，美国与20个国家的15个自由贸易协定已经生效，包括与韩国、巴拿马和哥伦比亚的新协定。中美洲—多米尼加共和国自由贸易协定属于区域性协定，是美国与中美洲之间的协定。美国所得到的最大好处之一就是从其他国家获得互惠关税待遇。由于存在一些暂时性的贸易优惠计划以及其他区域协定，至少有5个中美国家80%的产品可免税进入美国。在该协定签署之前，美国制成品出口中美洲面临的关税比中美洲国家出口美国的关税平均高出30%~100%[35]。中美洲—多米尼加共和国自由贸易协定不仅允许中美洲国家继续享有这些利益，而且通过降低80%的美国出口到该地区的消费品和工业品的限制而使美国受益，而余下的20%的商品则分10年取消限制。因为该协定并非关税同盟，所以具有受益资格的产品必须符合原产地规则，

这一点与北美自由贸易协定类似。

有人担心中美洲农产品能更为自由地进入会削弱美国农产品的价格。不过，美国基本上早已对这些产品开放。虽然得到巨额补贴的美国糖业坚决反对中美洲—多米尼加共和国自由贸易协定，但在未来15年，对食糖贸易的配额只占美国产量的1.7%。

虽然许多评论家认为某些中美洲—多米尼加共和国自由贸易协定成员国所能获得的利益是以其他他参与国的损失为代价的，但事实上收益是相互的。例如，中美洲—多米尼加共和国自由贸易协定将促进中美洲的产业发展，尤其是服装产业，而这也会使那些供应投入品的美国出口企业受益。56%的中美洲服装出口企业的纺织原料是由美国出口的；美国出口纱线的40%和出口纤维的25%都是这些国家购买的。通过中美洲—多米尼加共和国自由贸易协定的合作，美国与中美洲国家就可以防止中美洲服装业的就业机会流失。代表88多家纺织企业的全美纺织组织委员会也强烈支持中美洲—多米尼加共和国自由贸易协定，因为美国的纱线和纤维出口能够转变为服装，并由中美洲国家再免税出口到美国。随着中美洲—多米尼加共和国自由贸易协定的自由贸易委员会不断制定出加强纺织业和服装业供

应链的规则，美国纺织业和服装业的出口也将增加，使得该地区成为继墨西哥和加拿大之后美国的第三大出口国。相应地，中美洲—多米尼加共和国自由贸易协定地区也将成为美国市场仅次于中国的纺织和服装的供应国[36]。

批评人士的另一个理据就是中美洲—多米尼加共和国自由贸易协定会使就业市场发生变化，致使制造业和农业流失数千个工作岗位。然而，该预测并未得到美国商会的证实。例如，仅仅在北卡罗来纳州，中美洲—多米尼加共和国自由贸易协定在 9 年内就使工业产出增加 39 亿美元，并创造了 2.9 万个工作岗位。另有资料表明，中美洲—多米尼加共和国自由贸易协定可为中美洲地区创造 25 万个就业机会。尽管劳工组织谴责协定中缺少工人保护条款，但一份来自国际劳工组织的报告确定高度评价了中美洲—多米尼加共和国自由贸易协定的劳工法和劳工标准[37]。

◀ 反方观点：

根本不是个好主意。中美洲—多米尼加共和国自由贸易协定不仅对美国来说不是个好主意，就是对于那些它声称要帮助的贫穷国家也不是个好主意。很多人在鼓吹中美洲—多米尼加共和国自由贸易协定的诸多好处，如促进两地区的贸易繁荣，支持中美洲国家经济和政治的建设性改革，创造成千上万个就业岗位，以及展示自由贸易和开放竞争的好处等。然而，并没有任何证据能验证这些言论。不过，中美洲—多米尼加共和国自由贸易协定与世界贸易组织的努力相违背，毕竟世界贸易组织并不想分地区来实现全球贸易的自由化。另外，中美洲—多米尼加共和国自由贸易协定排斥与区域内其他国家——阿根廷和巴西——进行贸易谈判，而这两个国家一直是难于打交道的。

中美洲—多米尼加共和国自由贸易协定将为美国的制造商和农民打开整个中美洲成员国的市场，使得美国的产品可以免税进入这些国家。不过，这真的会给双方都带来利益吗？美国本来就可以在世界市场销售它的任意数量的农产品，它真正需要的是提高全球农产品的市场价格，而中美洲经济体太小，以至于无法影响世界市场的价格。另外，如果美国更多的玉米和水稻进入中美

洲市场，那么当地的农业经济将受到破坏。

中美洲—多米尼加共和国自由贸易协定将使当地国家对美出口增加并获益的说法也是错误的。鉴于巨大的贸易赤字，美国事实上无法负担从中美洲—多米尼加共和国自由贸易协定成员国进口更多的产品。

此外，中美洲—多米尼加共和国自由贸易协定实际上会增加自由贸易壁垒。例如，该协定可能使危地马拉之类的国家因协定中严格的知识产权条款而买不起救命的药品。

中美洲—多米尼加共和国自由贸易协定对劳工权利保护也是无益的。它最有可能引起美国制造业和中美洲国家农业部门就业机会的减少。虽然该协定的支持者声称，这将阻止那些贫穷国家的非法移民，但工作岗位的转变很有可能导致移民增加，正如北美自由贸易协定的情况一样。

此外，就工资待遇而言，该协定很有可能引发"竞次竞争"（Race to the Bottom）。协定还将使美国的劳动力市场面临来自低工资地区的竞争，从而使目前的工资水平走低。

该协定涉及诸多与美国的利益有着很大不同的发展中国家，因此很难做到让所有成员国满意。例如，哥斯达黎加就面临着来自工会、农民团体甚至企业的反对。同时，它还担心协定中严格的知识产权条款，也害怕该协定会迫使其私有化全民免费医疗制度。

尽管有着如此多的担忧，但协定已在全部成员国实施。与协定签署前的情况相比，自中美洲—多米尼加共和国自由贸易协定生效以来，美国对该协定成员国的出口增加幅度由 25% 上升到 43%。表面看来，中美洲—多米尼加共和国自由贸易协定有助于美国向这些国家的出口，但是，中美洲—多米尼加共和国自由贸易协定的成员国都受益了吗？

思考题

在美国的产品进口关税已经很低的情况下，你认为中美洲—多米尼加共和国自由贸易协定成员国与美国签订协定还很重要吗？为什么？

6.5.4 亚洲的区域经济一体化

亚洲有若干获得世界贸易组织确认的区域贸易协定，而且一些重要的贸易协定正在商谈中。在正式批准的区域贸易协定中，最重要的就是东南亚国家联盟自由贸易

区（ASEAN FTA）。与拉丁美洲的情况相类似，亚洲的区域经济一体化也不如欧洲或北美那样很成功，因为这些区域大多数国家出口的 20% ~ 30% 的目的地是美国和欧盟市场，虽然规模没有拉丁美洲大，但依旧占据较大分额。另外，中国和日本虽然不是东盟自由贸易区的成

员，但其贸易和投资在该地区的作用举足轻重。

1. 东南亚国家联盟

东南亚国家联盟（Association of Southeast Asian Nations，ASEAN）成立于 1967 年，其主要目的之一就是建立实施优惠贸易的联盟。这一优惠贸易协定的 10 个成员国分别是文莱、柬埔寨、印度尼西亚、老挝、马来西亚、缅甸、菲律宾、新加坡、泰国和越南。成员国的 GDP 总量达 2.28 万亿美元，总人口达 6.225 亿人[38]。显然，东盟是一个非常重要的组织。

1993 年 1 月 1 日，东南亚国家联盟正式成立了东盟自由贸易区（AFTA），其目标是到 2008 年 1 月 1 日自由贸易区内各成员国的关税削减到最高不超过 5%。当然，东盟自由贸易区允许较为弱小的国家可在较长时间内分阶段削减关税。到 2005 年，东盟自由贸易区成员国之间大多数商品贸易的关税已降低至 0 ~ 5% 的范围内。因此，东盟自由贸易区已经成功实现其目标。对于东盟自由贸易区的成员国来说，贸易至关重要，毕竟其出口占了 GDP 的 70%。东盟自由贸易区的最大成果在于降低了关税，吸引了外国直接投资，并在区域内建立起巨大的生产网络。因此，有人称之为"亚洲工厂"[39]。

虽然中国并非东南亚国家联盟的成员，但它对联盟的未来至关重要。中国的劳动力人口达 7.954 亿人，而东南亚国家联盟只有 2.98 亿人。尽管新加坡（2832 美元）和马来西亚（666.10 美元）工人的平均月工资比中国（412.50 美元）要高，但东南亚国家联盟其他成员国的平均月工资更低。随着中国工资水平的不断上升，东南亚国家联盟成员国将有机会吸引到更多的外国直接投资。当然，这些国家必须大力完善其基础设施，尤其是供应链和制造设施[40]。这些机会与中国的竞争地位共同要求东盟国家进一步强化成员国之间的联系。除了东盟自由贸易区，东南亚国家联盟的另一目标是在 2015 年建立东盟经济共同体。[⊖]对此，东盟成员国希望该共同体不仅实行自由贸易，而且要把该地区打造为单一市场和生产基地。

2. 亚太经合组织

亚洲太平洋经济合作组织（简称亚太经合组织，Asia Pacific Economic Cooperation，APEC）成立于 1989 年 11 月，其宗旨是推动太平洋沿岸国家和地区在贸易与投资上的多边合作[41]。亚太经合组织由环太平洋的 21 个国家和地区组成，既包括亚洲的国家和地区，也包括美

洲国家。东盟自由贸易区除三个国家外，其他成员国都加入了亚太经合组织。其他成员分别是美洲的加拿大、美国、墨西哥、秘鲁和智利，以及澳大利亚、新西兰、中国、日本、韩国、俄罗斯和巴布亚新几内亚等。此外，中国香港和中华台北以地区经济体名义加入。作为一个强大有力的组织，亚太经合组织致力于共同协商与贸易投资、安全、能源、可持续发展、反腐、政府透明相关的诸多问题。不过，亚太经合组织并非世界贸易组织所定义的区域协定，所以未出现在世贸组织的区域协定列表中。亚太经合组织因规模巨大而脱颖而出：占全球 GDP 的 55% 并占世界贸易总量的 43%。2011 年，美国担任亚太经合组织会议的主办方，是 1993 年以来的第一次。每年的亚太经合组织会议由 21 个成员轮流举行。

3. 跨太平洋伙伴关系协定

跨太平洋伙伴关系协定（Trans-Pacific Partnership Agreement，TPP）是美国发起的，旨在推进经济增长和创造就业机会。跨太平洋伙伴关系的成员包括澳大利亚、文莱、加拿大、智利、日本、马来西亚、墨西哥、新西兰、秘鲁、新加坡、美国和越南。跨太平洋伙伴关系于 2011 年成立，其中日本于 2013 年加入。跨太平洋伙伴关系的主要目标是增进贸易和投资。有趣的是，跨太平洋伙伴关系并不包括亚太经合组织的所有成员。这样，美国与太平洋沿岸国家就可以像与欧洲国家那样进行有限范围的协商。其最近目标是建立环太平洋自由贸易区。[⊜]

6.5.5 非洲的区域经济一体化

非洲的确是世界经济发展的新前哨。2001—2010 年，世界六大增长最快的经济体都位于非洲，其不仅实际 GDP 一直增长强劲，而且外商直接投资也在高速增长。另外，非洲拥有全球增长最快的劳动大军，总数达 5 亿人以上（年龄在 15 ~ 64 岁）。到 2040 年，非洲的劳动力人口预计将超过中国和印度[42]。

不过，从区域经济一体化的角度来看，非洲显得很复杂，不仅国家数量众多，而且存在三个区域货币联盟和五个区域贸易联盟。问题是非洲国家一直在努力提高自己的政治地位，但各种贸易集团有着不同的政治和经济基础。非洲经济实现持续增长的关键在于减少风险，而风险的减少有赖于冲突的减少以及和平环境的打造。

⊖ 2015 年 12 月 31 日，东盟共同体成立，它由东盟经济共同体、东盟安全共同体和东盟社会文化共同体三部分组成。——译者注

⊜ 2015 年 10 月 5 日，TPP 取得实质性进展，美国、日本和其他 10 个泛太平洋国家就 TPP 达成一致。——译者注

一些非洲国家是多个区域自由贸易协定的成员国。赞比亚就是其中一例。赞比亚既是南部非洲发展共同体（SAD）的成员，也是东部和南部非洲共同市场（COMESA）的成员。其实，这也有其合理性，因为赞比亚在北部与东部和南部非洲共同市场接壤，在南部则与南部非洲发展共同体接壤。另一个例子是埃及。埃及是泛阿拉伯自由贸易区（也称大阿拉伯自由贸易区）和东南非共同市场的成员。此外，埃及还通过与欧盟和欧洲自由贸易联盟的自由贸易协定而进入欧洲市场。当然，这与埃及过去作为殖民地的历史是分不开的。大多数（并非所有的）西非国家经济共同体条约成员国都是法国的前殖民地，因此依然与法国有经济联系。

泛阿拉伯自由贸易区（Pan Arab Free Trade Area, PAFTA）是一个有趣的集团，其成员来自北非（埃及、突尼斯、苏丹、利比亚和摩洛哥）和中东（阿拉伯联合酋长国、巴林、约旦、沙特阿拉伯、叙利亚、伊拉克、阿曼、巴勒斯坦、卡塔尔、科威特、黎巴嫩和也门）。该自由贸易区已获得世界贸易组织的正式认定，其目标是减少成员国间的贸易壁垒。除了泛阿拉伯自由贸易区，**阿拉伯联盟（Arab League）**的成员更多，但其目标多是出于政治的而非经济的。作为阿拉伯联盟分支的**海湾合作委员会（Culf Cooperation Council）**似乎比阿拉伯联盟和泛阿拉伯自由贸易区更有效，毕竟参与其中的国家较少。海湾合作委员会主要包括巴林、沙特阿拉伯、科威特、阿曼、卡塔尔和阿拉伯联合酋长国。虽然非洲国家拥有巨大的人口和大量市场所需的自然资源，但泛阿拉伯自由贸易区和海湾合作委员会的人口较少，而石油和天然气储量巨大。政局不稳定，使非洲的经济合作至少在短期内面临着巨大的挑战。

非洲联盟（The African Union, AU）于 2002 年由 53 个国家创建，主要致力于非洲的政治问题，特别是殖民主义和种族主义问题。非洲联盟一直参与解决整个非洲的平民矛盾，其宗旨并非是推动贸易一体化。内战、腐败、疾病（如艾滋病）以及破旧的政府基础设施已经严重损害了非洲国家及其实现经济发展的能力。目前，非洲联盟的成员国包括除摩洛哥之外的所有非洲国家，试图通过开放和民主来大力促进非洲的和平与安全。当然，非洲联盟希望最终能促进经济一体化。不过，这种经济一体化并非由非洲联盟进行正式的贸易协定谈判，而是由各个区域贸易集团来完成[43]。

因为大多数非洲国家在贸易关系上依赖更多的是原殖民宗主国而非其他非洲国家，所以区域贸易显得无关紧要。事实上，南非之外的非洲市场不仅规模很小，而且发展也落后。因此，任何通过区域一体化进行的市场扩张都有助于这些国家的发展。

6.5.6 其他形式的国际合作

截至目前，本章主要讲述的是国家之间的条约，这些条约旨在通过减少成员国间的贸易和投资壁垒来促进成员国间的贸易。此外，讨论了各种全球性的（世界贸易组织）、双边的以及区域性的合作。不过，值得注意的是，许多其他形式的合作也会对跨国经营战略产生影响。

1. 联合国

第一个值得探讨的合作组织就是联合国。面对第二次世界大战造成的破坏，联合国于 1945 年成立，其宗旨是促进国际和平与安全，并帮助解决经济发展、反恐、人道主义行动等诸多领域的问题。如果联合国能够履行其义务，那么跨国公司的运作环境就会得到改善，风险会减少，机遇则会更多。

组织与成员资格。联合国下设的组织非常多，在此不一一列出。当中就包括世界贸易组织、国际货币基金会和世界银行（后二者将在接下来的章节中探讨）。这些组织都是经济与社会理事会（ECOSOC）的组成部分，而经济与社会理事会是联合国系统的六大基本部门之一。此外，联合国系统也包括联合国大会、安全理事会和国际法院。

联合国大会有 193 个成员国，包括 15 个安全理事会理事国。其中，安全理事会有 5 个常任理事国，即中国、法国、俄罗斯、英国和美国，其他 10 个非常任理事国则每两年由联合国大会选举产生[44]。

联合国贸易和发展会议（The UN Conference on Trade and Development, UNCTAD）于 1996 年创立，旨在将发展中国家融入到全球经济中。该会议的主要活动包括全球化和发展策略、产品和服务贸易、商品、投资和企业发展、物流贸易和人力资源发展，特别关注有关发展中国家和全球经济问题的讨论[45]。

2. 非政府组织

非政府、非营利的志愿组织都被归类为非政府组织（NGO），即独立于政府的私人机构。有些非政府组织仅在某特定国家运作，而有些则在全球范围的运作。国际红十字会就是一个全球运作的非政府组织，属于人道主义组织，而不属于某个国家。联合国贸易和发展会议的一项职能就是与非政府组织合作，帮助制定并实施与发展中国家相关的政策和活动。

许多非政府组织，如无国界医生，也像红十字会一样关心人道主义问题；而其他一些则出于发现全球化的弊端而设立的。许多关于环境和劳工问题的非政府组织将在第 11 章介绍。非政府组织在纠正潜在陋习和重点关注某些专业领域问题方面起着重要的作用。除了联合国贸易和发展会议，还有一个非政府组织委员会。非政府组织委员会也是联合国经济与社会理事会的一部分，主要讨论对所有的和特定的非政府组织来说都很重要的一些问题。

6.6 大宗商品协定

这里的大宗商品（Commodity）是指进行贸易的原材料或者初级产品，如金属或农产品。初级产品，如原油、天然气、铜、烟草、咖啡、可可、茶叶和糖，对于发展中国家仍然非常重要。在全球 151 个发展中国家里，有 100 个发展中国家（占 2/3）出口值的 50% 来自这些商品的出口。

6.6.1 大宗商品与世界经济

大宗商品价格的长期或短期波动趋势都会对世界经济产生重要影响。就需求方而言，大宗商品市场在工业化国家起着重要作用，会将经济周期波动传递到经济体的其他部门。就供给方而言，如前所述，初级产品在许多商品生产国的 GDP 和出口中占有显著份额[46]。

6.6.2 消费者和生产者

多年来，为了稳定大宗商品价格，各国一直致力于建立生产者联盟或消费者联盟。然而，除了稍后要讨论的石油输出国组织（OPEC）之外，这些努力都以失败而告终。联合国贸易和发展会议专门设立了大宗商品部门，负责发展中国家所面临的对商品特别是对农产品出口的过度依赖问题。考虑到这种依赖，联合国贸易和发展会议担心，如果不能解决大宗商品价格的波动问题，那么要解决贫困问题，尤其是非洲的贫困问题，是根本不可能的。

一些最重要的国际大宗商品组织或实体，如国际可可组织（ICCO）、国际铜研究小组（International Copper Study Group）等，都已参加了联合国组织的讨论，以帮助大宗商品依赖国制定有效的政策和战略。然而，每个组织，如国际咖啡组织（ICO），都有区别于联合国的自身独特的组织结构。国际咖啡组织由 38 个咖啡出口国（都是发展中国家）和 32 个商品进口国（多数为发达国家）组成。国际咖啡组织成员国占据世界咖啡出口的 97% 以上和世界咖啡消费的 80%[47]。

虽然许多大宗商品协定的设计初衷是想要通过各种市场干预机制来影响大宗商品的价格，但现存的绝大多数协定是为讨论问题、传播信息、提高产品安全等目的而制定的，因为脱离了市场机制，所以基本上无法影响价格。例如，国际咖啡组织设立了帮助咖啡种植国的基金项目，但这些项目致力于防治虫害和疾病，并通过营销手段来增加咖啡的消费。因为各国的咖啡消费情况不同，所以国际咖啡组织所支持的推广活动的目的只是提高低消费国的人均消费量而已。

由于大宗商品是生产所需的原材料，所以使用该原材料的企业管理者必须清楚影响这些原材料价格的因素。企业的投资和定价决策都需要根据投入成本来确定。如果大宗商品市场高度不稳定，那么就很难预测这些投入成本。

多年来，大宗商品的价格虽然不断波动，但并没有出现急剧上涨。不过，在 21 世纪的前 10 年里，全球经济增长推高了大宗商品的价格。特别是中国经济的快速增长，拉高了大多数大宗商品的价格，而且中国与许多大宗商品生产国签订了众多贸易协定。此外，大宗生产国也获得了大量的外国直接投资。不过，全球经济危机的爆发使得大宗商品价格在 2009 年下跌了 17%，从而给大宗商品的生产国带来了极大的负面影响。在 2010 年 1 月 1 日到 2011 年 1 月间，随着全球经济的回暖，大宗商品的价格上升了 23%[48]。然而，随着 2013 年中国经济增长的放缓，大宗商品的价格再次出现下跌。

6.6.3 石油输出国组织

石油输出国组织（Organization of the Petroleum Exporting Countries，OPEC）属于生产者卡特尔组织，依靠配额来影响商品的价格。该组织由 12 个产油国组成。这些产油国对原油供给具有很强的控制能力，主要通过联合来控制原油的产量和价格。目前，石油输出国组织的成员包括阿尔及利亚、安哥拉、厄瓜多尔、伊朗、伊拉克、科威特、利比亚、尼日利亚、卡塔尔、沙特阿拉伯、阿拉伯酋长联合国以及委内瑞拉。印度尼西亚于 2009 年 1 月退出了该组织。不过，一些石油输出大国并不是该组织的成员，如俄罗斯、挪威、加拿大、美国和墨西哥。

1. 价格控制与政治

石油输出国组织通过对成员国分配生产配额来控制

价格。一直以来，沙特阿拉伯都是该组织中能够影响石油供给和价格的重要产油国。石油输出国组织成员国的石油部长定期举行会议，根据对石油供求的估计来决定每个成员国的配额。政治也是一个考量因素。人口众多的成员国需要借由大量的石油收入来为政府项目提供资金。因此，为了赚取更多的收入，各成员国都有超配额出口石油的想法。

2. 产量与出口

石油输出国组织成员国生产的原油和天然气分别约占世界总产量的 33.6% 和 19%，但其原油出口约占世界石油贸易的 60.4%[49]。另外，石油输出国组织拥有全球 81% 的石油储备，其中中东又占该组织储备的 66.4%。因此，石油输出国组织对石油市场的影响巨大，尤其是当其决定减少或增加石油产量时，情况更是如此。事实上，俄罗斯才是全球最大的原油生产国，紧随其后的分别是沙特阿拉伯、美国、中国和伊朗。2007 年，巴西（非石油输出国组织成员）宣布发现了深海油资源。这一发现据称不仅有可能使巴西石油公司（Petrobras）发展成为全球最大的石油公司之一，而且有助于巴西成为主要的石油出口国。然而，按照巴西的经济政策，作为国有企业的巴西石油公司必须从巴西的公司那里购买船舶、石油平台及其他设备，而这些公司并无参与全球经济竞争实力。结果，巴西的石油产量下降，巴西石油公司的股票价格也随之下跌，公司的市值甚至低于许多小国家（如哥伦比亚）的石油公司[50]。

石油输出国组织的政策有时的确奏效，但有时却不然。另外，超出该组织控制范围的事件也会影响石油价格。世界金融危机之前，原油价格的飞涨其实是各方因素综合作用的结果，其中包括全球范围（尤其是中国）的需求增长、中东政局不稳定以及炼油能力不足（炼油能力不足的部分原因在于一些国家的环境标准导致新建炼油厂的减少）。在全球经济增长和各种大宗商品需求强劲的鼎盛时期，原油价格在 2008 年 7 月飙升至每桶 145 美元，之后到当年的 12 月下跌至每桶 33 美元。由于全球经济波动以及政局不稳定，近几年石油价格持续出现波动。

3. 高价格的弊端

石油价格持续处于高位对石油输出国组织也有不利的一面。由于可以从石油生产中获得良好收益，石油输出国组织国家面临着来自非石油输出国组织国家的激烈竞争。因为有些石油输出国组织成员对石油生产设置了障碍，所以主要石油生产商，如英国石油公司、埃克森美孚国际公司以及壳牌石油公司在诸如里海盆地、墨西哥湾、安哥拉等地区加大了投资，并试图进入俄罗斯联邦等地区。据估计，这些地区的石油产量将显著增长。此外，高价格也招致其他行业参与到与传统石油行业的竞争，如非传统石油（页岩油和生物燃料）和核能等行业，尽管 2011 年的日本地震和海啸破坏了核反应堆并造成了令人恐惧的影响。

政治和社会因素同样会影响石油的价格。2011 年爆发的利比亚内战也影响到石油市场。由于担心动乱会波及中东的主要石油生产企业，石油价格出现了大幅上涨。

未来展望

世界贸易组织能战胜双边和区域一体化的影响吗？

是区域一体化会成为未来的主流，还是世界贸易组织会成为全球经济一体化的焦点呢？世界贸易组织的目标是减少商品、服务和投资方面的贸易壁垒，而区域集团的目标似乎比这些还要多一些。虽然欧盟已经采用共同货币并加强了在诸如安全和外交政策方面的合作，但世界贸易组织可能永远不会参与解决这些问题。区域一体化要处理的是成员国面临的个别问题，而世界贸易组织需要考虑的是有关全球各个国家和地区的问题。

然而，区域一体化实际上可以通过以下三种途径来帮助世界贸易组织达成目标：

（1）区域主义可以实现世界贸易组织未涉及议题的自由化。

（2）区域主义通常只涉及背景相似且目标一致的少数国家，因而更具灵活性。

（3）区域协定目标锁定的就是"自由化"，尤其是在发展中国家。

如前所述，任何贸易协定既不会简单轻松，也不会十全十美。世界贸易组织因其规模较大而必然面临严重挑战。其他区域协定，如北美自由贸易协定、欧盟、南方共同市场等，也同样面临着种种挑战。以北美自由贸易协定和南方共同市场为例，它们都有一个占主导地位的国家（分别为美国和巴西），表明成员国之间的实力并非均等。同样，欧盟也面临着挑战，起因在于规模的扩大以及若干成员国发生的债务危机，特别是希腊的债务危机。

非洲的区域一体化仍将缓慢前行，毕竟非洲大陆规模庞大，而且拥有共同疆界的各国大多加入了各种区域经济集团。不过，因为非洲拥有丰富的自然资源，所以在未来较长时间内仍将是资源短缺的中国的最佳贸易伙伴。这将有助于增加非洲国家的外汇收入，从而有可能帮助非洲解决某些长期存在的问题。另外，随着非洲社会的日趋和平与稳定、适龄劳动力人口的增加，这些因素都将促使非洲成为良好的投资目的地以及潜在的消费增长地区。

随着东亚和东南亚各经济体继续实施开放政策并通过合作来迎接挑战，亚洲一体化正在不断推进。当然，亚洲一体化主要发生在东盟自由贸易区、亚太经合组织以及可能的跨太平洋伙伴关系框架内。2011年以来，亚洲国家彼此之间签订了70多个贸易协定。日本虽然不是东盟自由贸易区的成员，但也与亚洲其他国家签订了大量双边协定，包括与东盟成员的自由贸易协定。日本于2013年成为跨太平洋伙伴关系成员，并且正在筹划与澳大利亚、海湾合作委员会、印度和韩国签署新的协定。不过，大多数东南亚国家发展的关键可能在于中国以及中国在亚洲和世界各国或地区不断上升的影响力。

🏢 案例6-2

沃尔玛挺进南美

作为墨西哥最大的零售商之一，墨西哥科玛希公司（Commercial Mexicana S. A., Comerci）当下正陷入进退两难的困境[51]。自沃尔玛强势进入墨西哥零售市场以来，墨西哥科玛希公司发现自己的竞争力越来越差。由于《北美自由贸易协定》取消了关税壁垒，沃尔玛良好的运营能力和低廉的价格给墨西哥科玛希公司带来了巨大的压力。目前，科玛希公司的管理层必须决定该做些什么以应对沃尔玛的竞争。

那么，是什么使得墨西哥科玛希公司面临如此巨大的竞争压力呢？未来情况又会如何？事实上，由于墨西哥政府一直在推动贸易的自由化，墨西哥零售部门从中受益良多。在实施了数十年的保护主义政策后，为了进入新市场，墨西哥于1986年加入了关贸总协定。1990年，随着墨西哥经济的不断发展以及与美国和加拿大自由贸易谈判的开展，沃尔玛的创始人山姆·沃尔顿（Sam Walton）与墨西哥最大零售商店的总裁西法拉（Cifra）进行了会谈。会谈的结果是双方决定各出资50%成立合资公司。这样，在1991年墨西哥城就有了首家山姆会员店，这也是沃尔玛在墨西哥的第一家子公司。

开业后仅仅过了几个月，该商店就用业绩证明了其成功：它打破了所有美国山姆会员店的销售记录。随后，该合资企业通过不断整合新店来谋求发展。截至1997年，沃尔玛通过购买足够的股权而实现对西法拉的控股。2000年，该公司更名为沃尔玛墨西哥公司，其股票代码为WALMEX。

早在1990年之前，沃尔玛从未尝试过进入墨西哥或美国之外的国家。不过，一旦沃尔玛墨西哥公司开始有增长，公司的管理层就在1993年成立了沃尔玛国际部，到2011年第一季度结束，沃尔玛通过开设新店和收购已扩张进入除美国大陆外的15个国家和地区。目前，沃尔玛在阿根廷、巴西、加拿大、智利、中国、哥斯达黎加、萨尔瓦多、危地马拉、洪都拉斯、印度、日本、墨西哥、尼加拉瓜、波多黎各和英国均设有分店。沃尔玛通过国际经营，每周为2亿名以上的顾客或会员提供服务。

随着美国市场增长的停滞，沃尔玛将视线转至国际市场。目前，沃尔玛在世界各地拥有超过10800家零售店，其中超过6100家位于美国大陆外的国家和地区。此外，沃尔玛在美国之外雇用的员工超过80万人。2012年，沃尔玛国际分部的销售额超过前一年，总额达到1258.73亿美元，约占沃尔玛总销售额的15.2%。

然而，沃尔玛的国际经营情况也因国而异。在日本，沃尔玛努力满足消费者偏好并与供应商进行了成功合作；在英国，沃尔玛则遇到了麻烦；在德国和韩国，沃尔玛未能实现盈利，只得完全退出韩国市场。不过，沃尔玛在加拿大，尤其是在墨西哥，则取得了巨大的成功。沃尔玛在加拿大的经营开始于1994年，当时沃尔玛收购了122家沃柯（Woolco）商店。目前，沃尔玛在加拿大拥有超过380家商场，并与加拿大供应商建立了强有力的合作伙伴关系。在墨西哥，沃尔玛经营有2354家商场，包括山姆会员店、波得格斯（Bodegas）折扣店、沃尔玛超级中心、超级阿玛斯（Superamas）杂货商场、苏本比尔斯（Suberbias）服装店和VIPS餐厅，并成为墨西哥最大的零售商。

鉴于沃尔玛在各国不同的成功率，人们自然想知道沃尔玛在加拿大和墨西哥的成功有多少靠的是其内部流程、国际战略和地域相似性，又有多少靠的是由美国与其他两国之间的北美自由贸易协定所建立的经济联系。

1. 沃尔玛的竞争优势

沃尔玛国际经营的成功很大程度上来自于经其美国公司实践检验的经营策略。沃尔玛因其"天天低价"（Every Day Low Prices）的口号而闻名于世，而这其实就是沃尔玛价值取向的核心。在沃尔玛内部，"天天低价"被扩大为"天天低成本"（Every Day Low Costs），以此来激励员工明智使用公司的支出并努力降低成本。因为采购规模和数量巨大，沃尔玛能够通过与供应商的谈判来谋得合理的采购价。

此外，沃尔玛应用了先进的信息系统，通过与供应商的密切合作来控制存货水平。一旦沃尔玛下达了采购指令或增加购货量，该系统就会及时通知供应商。之后，供应商就可以更精确地安排生产，从而降低了其生产成本。这样，沃尔玛就可以实现成本节约，从而通过更低的价格让利于顾客。

沃尔玛还建立了能降低费用的独特的分销体系。在接收绝大多数所销售商品的中心位置，沃尔玛建立超级配送中心，并借助条码这一复杂体系来完成商品的挑选与分配，接着根据存货信息系统的信息，通过公司自己的船队或合作伙伴将相关商品送往各家商店。因为采购量巨大，沃尔玛通过中央配送中心来与供应商进行谈判，以谋得更低的价格。正是这些策略帮助沃尔玛取得了巨大的成功。此外，沃尔玛甚至使用了运算能力排名世界第二的计算机（仅次于五角大楼的）来管理其物流。

2. 沃尔玛在墨西哥

在北美自由贸易协定获得通过之前，沃尔玛进军墨西哥时遇到了一些挑战。其中最大的挑战是许多在商场出售的商品被征收进口税，使得沃尔玛无法实现"天天低价"。

由于没有把握当地人的需求，沃尔玛摆放在商店货架上的是诸如溜冰鞋、渔具、手动割草机等在墨西哥并不受欢迎的商品。当地的经理采用的方法是通过大幅打折来销售这些商品，而不是向总部报告当地人根本不需要这些商品。结果，沃尔玛的自动订货系统又会订购这些商品。沃尔玛也因当地道路破旧以及货车的短缺而遇到很多物流方面的难题。此外，沃尔玛还遇到过来自阿肯色州的管理者与当地墨西哥经理人员之间的文化冲突问题。

有些问题通过反复尝试和纠错得以解决，不过，绝大多数问题的解决靠的是 1994 年实施的《北美自由贸易协定》。除此之外，《北美自由贸易协定》将美国出口到墨西哥的关税从 10% 降至 3%。在《北美自由贸易协定》实施之前，沃尔玛对于诸如科玛希（Comeric）、希甘特（Gigante）、索里阿娜（Soriana）这样的墨西哥顶尖零售商并不构成巨大威胁。但协定一旦签订，贸易壁垒不复存在，沃尔玛就能够与这些公司平等——这使它具备了成为第一大零售商的所有条件。然而，墨西哥零售业是仅次于汽车产业的第二大最具竞争力的产业，因此，沃尔玛还需努力以便能够与当地墨西哥零售产业和其他外国零售商（如美国好市多和法国家乐福）相竞争。

自从《北美自由贸易协定》开始生效，墨西哥在公共和私人基础设施方面进行了大量投资，从而提升了沃尔玛配送网的效率。同时，协定的签署也给墨西哥带来了更多的国外投资。沃尔玛从欧洲、亚洲等地进口货物需要支付高额的进口税。国外企业清楚，如果它们在墨西哥建厂，就能够使用墨西哥劳动力来降低成本，同时可以将货物运送到协定的自由贸易区——墨西哥、美国或加拿大。

随着企业纷纷在墨西哥投资建厂，沃尔玛能够直接从当地的生产商手中购买商品而无须再缴纳高额的进口税。索尼公司在墨西哥建设的平板电视屏幕生产企业维嘉公司（Wega），就是实施这一策略的例证。早年墨西哥的山姆会员店从日本进口该品牌电视机，需要缴纳 23% 的进口关税以及巨额的运输费用，导致电视机的零售价高达 1600 美元。1999 年，索尼公司在墨西哥建厂，山姆会员店可以直接购买电视机，而不用再缴纳进口税。当然，运输费用也大大降低。因此，消费者就可以节省大笔费用。现在，该品牌电视机的零售价格仅为 600 美元。尽管索尼公司仍然在蒂华纳工厂为美国生产 LCD 电视机，但它已经与中国台湾鸿海精密工业股份有限公司（简称鸿海公司）建立了战略联盟，并将索尼加利福尼亚巴哈工厂 90% 的股份卖给了鸿海公司，以展现对蒂华纳工厂员工的负责。这一策略也使得鸿海公司能够利用《北美自由贸易协定》。

《北美自由贸易协定》的签署也带来了更好的供应商，因为它们要参与竞争，并且具有更强的竞争力和更高的效率，方可赢得客户的信任。企业为此需要更多投入，同时能够利用该地区更好的材料和技术。更好的供应商也因更大范围的价格优势而使消费者有更多的商品可选，从而使得沃尔玛能够在为消费者省钱的同时提升他们的购买力。《北美自由贸易协定》也有助于墨西哥获得更大的经济增长和较低的通货膨胀率，转而提升消费者的购买力。

科玛希公司和其他零售商试图通过降价来与沃尔玛的战略相抗争。然而，在许多商品上，它们无法提供同样的低价。此外，沃尔玛有足够强的实力与其供应商进行谈判，并得到比较合理的价格。同样，绝大多数墨西哥零售商对同类商品进行了差异定价。它们常常对一些商品进行特价销售或者给予较大折扣，即采用所谓的"高低价策略"，而不是对所有商品降低价格。尽管这些企业试图通过调整其定价结构来应对沃尔玛，但面对沃尔玛不断的成本削减实在万般无奈。

沃尔玛的持续扩张迫使这些企业只得采取更为激烈的行动。科玛希公司在 2010 年不得不对因外币投机造成的损失进行债务重组。2011 年，科玛希公司宣布准备通过开新店进行扩张，同时加入了几个战略联盟，其中之一就是与沃尔玛的强力竞争对手——美国好市多进行合作。现在，科玛希公司拥有墨西哥好市多（Costco）50% 的股权。与沃尔玛竞争的方法之一就是开展多元化经营。除了拥有 199 家商场外，科玛希公司还转战餐饮业，并且已经在墨西哥发展了 72 家餐馆。

3. 沃尔玛在中美洲的扩张

沃尔玛对在墨西哥的运营做出了两大改变：

第一，沃尔玛墨西哥（Walmart de Mexico）在 2009 年收购了中美洲沃尔玛（Walmart Centroamerica）。促使此次收购的原因是墨西哥除了是北美自由贸易协定的成员外，还与世界上包括若干中美洲国家在内的 49 个国家签订了自由贸易协定。这意味着它能够得到更多的产品和供应商。2010 年，沃尔玛与墨西哥和中美洲地区超过 2.62 万家供应商通力合作，其中超过 60% 的供应基地位于墨西哥并主要由中小企业（SME）构成。它们能够与墨西哥的 14 家配送中心网络和中美洲的 11 家配送中心网络进行更好的合作，并将这些中心策略性地分布在整个地区。

第二，沃尔玛在该地区建立了多模式的运作方式以服务各种消费者群体。这一策略不仅在墨西哥进行运用，而且运用到了中美洲地区，主要是借助杂货店、折扣店、大卖场、俱乐部和超市而推行。沃尔玛建立了两大概念不同的商场，即 Bodega Aurrera 便利店和 Superama 仓储店，针对的是不同的消费群体。另外，沃尔玛还开办了服装店和餐馆。利用在墨西哥的经验，沃尔玛在美国休斯敦、得克萨斯建立了针对拉丁美洲社区的拉丁主题的仓储式商场（马斯店）。另外，沃尔玛还从墨西哥进口其针对美国拉丁美洲社区消费者的商品。

4. 行贿有用吗？

正当发展顺风顺水之际，沃尔玛于 2012 年遭到了指控，称系统性贿赂是其得以扩张的重要手段。显然，墨西哥沃尔玛的 CEO 利用贿赂使沃尔玛能够获准在短期内新建诸多商场并实现扩张。沃尔玛近 20% 的商场位于墨西哥，而沃尔玛是墨西哥最大的私人雇主，雇用了 20.9 万名员工。那么，这些贿赂是正常行为吗？或者这些贿赂使得沃尔玛得以迅速扩张并在竞争中获得了优势地位吗？这是一个有趣的问题。对此，美国司法部正在调查。

思考题

1. 沃尔玛在德国也进行了努力，但以失败告终。不过，沃尔玛在墨西哥的经营一直十分成功。《北美自由贸易协定》的实施是如何影响沃尔玛在墨西哥的成功的？

2. 沃尔玛的成功多大程度是凭借北美自由贸易协定，多大程度是凭借沃尔玛内在的竞争策略的？换言之，沃尔玛在《北美自由贸易协定》签署之后在墨西哥取得的成功是否也适用于其他零售商，或者说沃尔玛只是一个特例？

3. 科玛希公司为维持竞争力做了哪些努力？为在未来保持竞争力，你认为还需要做些什么？

4. 你怎样看待沃尔玛在墨西哥和中美洲的经营战略？双边协定和地理相近对其成功起到了什么作用？你认为墨西哥的行贿指控会对沃尔玛未来的扩张产生怎样的影响？

本章小结

1. 关贸总协定（GATT）签订于 1947 年，为各国协商贸易壁垒的减少和取消以及同意建立简化的国际贸易机制提供了一个持续性的平台。

2. 1995 年，世界贸易组织取代关贸总协定成为世界各国进行贸易协商的持续性平台。其宗旨是实施无歧视贸易原则并为各国协调贸易争端及执行协定提供更好的平台。

3. 第二次世界大战之后，鉴于合作以及市场规模扩大带来的利益，各国开始致力于构建各种形式的区域经济一体化。经济一体化的主要类型是自由贸易区和关税同盟，紧随其后的是共同市场内实施的更大范围的政治和经济一体化。

4. 虽然自由贸易协定降低成员国之间的关税，但仍维持对非成员国的高关税，因此，自由贸易协定会形成贸易创造和贸易转移。贸易壁垒减少就会产生静态效应。

经济一体化的静态效应使得资源配置的效率提高，而且会影响生产和消费。动态效应是指因市场规模变化而产生的内部效率和外部效率。

5. 一旦成员国之间取消了保护，那么贸易创造效应就会促进跨国公司根据比较优势进行专业化生产和贸易。

6. 当产品供应从某个经济集团外的国家转移到该集团的成员国时，就会产生所谓的贸易转移。

7. 与全球经济一体化相比，区域经济一体化已经在很多地区成为现实，毕竟较小范围的合作往往更容易推进。

8. 作为一个有效的共同市场，欧盟取消了对区域内要素流动的绝大部分限制，并且正在努力统一各国的政治、经济和社会政策。欧盟有 28 个成员国，其中 13 个成员国来自中欧和东欧，且是从 2004 年开始加入的。欧盟已经取消了区域内的贸易壁垒，实施统一的对外关税，并且采用欧元这一共同货币。

9. 《北美自由贸易协定》的主要目的是消除关税壁垒并实现投资和服务贸易的自由化。《北美自由贸易协定》的关键条款是劳工和环境协定。

10. 包括拉丁美洲、亚洲和非洲在内的世界其他地区也存在各自主要的贸易集团。为了扩大出口并创造更多的就业机会，美国在亚洲与欧盟达成了众多具有针对性的贸易协定。

11. 联合国由全球绝大多数国家的代表组成，并以多种重要方式影响国际贸易和发展。

12. 许多发展中国家依靠大宗商品出口来获取其发展所需的外汇资金。大宗商品价格的不稳定会导致出口收入的波动。就稳定供应和价格而言，石油输出国组织就是一个有效的大宗商品协定。

关键术语

安第斯集团	动态效应	海湾合作委员会	区域一体化
亚太经合组织	经济一体化	南方共同市场	静态效应
东南亚国家联盟	规模经济	最惠国待遇条款	《里斯本条约》
阿拉伯联盟	欧元	《北美自由贸易协定》	三极
双边一体化	欧盟	石油输出国组织	联合国贸易与发展会议
加勒比共同体和共同市场	关贸总协定	太平洋联盟	世界贸易组织
共同市场	全球一体化	泛阿拉伯自由贸易区	

参考文献

1 *Sources include the following:* Stephen Power, "EU Auto Industry Faces Overhaul as Japanese Gain in Market Share," *Wall Street Journal* (October 14, 2004): A1; Jathon Sapsford, "Toyota Aims to Rival GM Production," *Wall Street Journal* (November 2, 2004): A3; Mari Koseki, "Quota on Auto Exports to EC Curbed at 1.089 Million in '93," *Japan Times* (April 12–18, 1993): 14; Nick Maling, "Japan Poised for EU Lift of Export Ceiling," *Marketing Week* (May 6, 1999): 26; Todd Zaun and Beth Demain, "Leading the News: Ambitious Toyota, Buoyed by Europe, Sets Global Goals," *Wall Street Journal* (October 22, 2002): A3; Mark M. Nelson, Thomas F. O'Boyle, and E. S. Browning, "International—The Road to European Unity—1992: EC's Auto Plan Would Keep Japan at Bay—1992 Unification Effort Smacks of Protectionism," *Wall Street Journal* (October 27, 1988): A1; Sapsford, "Toyota Posts 3.5% Profit Rise, Boosts Sales Forecast for Year," *Wall Street Journal* (February 4, 2005): A3; Gail Edmondson and Chester Dawson, "Revved Up for Battle," *Businessweek* (January 10, 2005): 30; Joe Guy Collier, "Toyota Posts Record $14-Billion Profit," *Knight Ridder Tribune Business News* (May 9, 2007): 1; "ACEA Board of Directors Recommends Accepting Toyota Motor Europe Membership Application," *PR Newswire Europe Including UK Disclose* (May 4, 2007); Toyota home page, "Toyota—Joining Europe," at www.toyota-europe.com/experience/the_company/toyota-ineurope.aspx (accessed May 10, 2007); Toyota home page, "Toyota: Company Profile," at www.toyota.co.jp/en/about_toyota/outline/index.html (accessed May 10, 2007); Christoph Rauwald, "Leading the News: Toyota Sales in Europe Jump as Market Stalls," *Wall Street Journal* (March 16, 2007): 2; "World Business Briefing Europe: Germany: Sale of Unit Helps VW," *New York Times* (February 21, 2007): C10; Mark Milner,

"Financial: Car Boss Calls on EU to Tackle Yen," *UK Guardian* (March 30, 2007): 32; Toyota Annual Report 2010: Toyota Motor Corporation, April, 2010 (accessed March 23, 2011).

2 Peter J. Buckley, Jeremy Clagg, Nicolas Forsans, and Kevin T. Reilly, "Increasing the Size of the 'Country': Regional Economic Integration and Foreign Direct Investment in a Globalised World Economy," *Management International Review* 41:3 (2001): 251–75.

3 Alan M. Rugman and Alain Verbeke, "A Perspective on Regional and Global Strategies of Multinational Enterprises," *Journal of International Business Studies* 35 (2004): 7.

4 Pankaj Ghemawat, "Distance Still Matters: The Hard Reality of Global Expansion," *Harvard Business Review*, September 2001, 3–11.

5 "Airbus wins WTO subsidy dispute, but Boeing says it's the winner," *New Europe,* 28 March, 2010. www.neurope.eu/articles/99919.php (accessed 15 April 2011); John Miller and Daniel Michaels, "Boeing Set for Victory Over Airbus in Illegal Subsidy Case," *Wall Street Journal* (September 3, 2009): A1, A14.

6 World Trade Organization, Dispute Settlement; DS316 Panel Report (June 30, 2010): "European Communities—Measures Affecting Trade in Large Civil Aircraft" (accessed April 8, 2011).

7 "China – Certain Measures Affecting Electronic Payment Services," www.wto.org/english/tratop_e/dispu_e/cases_e/ds413_e.htm.

8 John W. Miller, "Global Trade Talks Fail as New Giants Flex Muscle," *Wall Street Journal* (July 30, 2008): A1.

9 Josh Mitchell, "U.S. Gains Mixed in Seoul Trade Deal," *The Wall Street Journal*, April 15, 2013, A13.

10 "Regional Trade Agreements,"World Trade Organization, Facts and Figures, www.wto.org/english/tratop_e/region_e/region_e.htm (accessed April 15, 2013).

11 Bela Balassa, *The Theory of Economic Integration* (Homewood, IL: Richard D. Irwin, 1961): 40.

12 Op cit.,Ghemawat.

13 Buckley et al.,"Increasing the Size of the'Country.'"

14 For more information on the EU, check out its Web site at europa.eu (accessed April 27, 2013).

15 "About EFTA"in www.efta.int (accessed May 6, 2013).

16 "EU Institutions and Other Bodies,"europa.eu (accessed April 27, 2013)

17 "The European Parliament"at europa.eu (accessed on April 27, 2013).

18 "The European Court of Justice"in"Institutions and Bodies," at europa. eu (accessed April 29, 2013).

19 Charles Forelle,"Microsoft Yields to EU on Browsers,"*Wall Street Journal* (July 25/26, 2009): B1; Kevin J. Obrien,"Europe Drops Microsoft Antitrust Case," *The New York Times (online)* (December 16, 2009), accessed June 7, 2011.

20 James Kanter,"Google Makes Offer in 3-Year European Antitrust Case," *The New York Times* (February 1, 2013); Juergen Baetz,"Google Agrees to Change How It Displays Search Results in Europe," *Tech Time* (April 25, 2013); Carol Matlack and Stephanie Bodoni,"Google's EU Antitrust Proposal Will Likely Be Tweaked," *Businessweek* (April 15, 2013).

21 Stephen Castle,"Europe Says Tests Show Horse Meat Scandal Is'Food Fraud,'"*The New York Times* (April 16, 2013).

22 "The Treaty of Lisbon,"in europa.edu/lisbon_treaty/index_en.htm (accessed May 6, 2013).

23 Stephen Castle,"British Government Moves to Toughen Rules on Immigrants,"*The New York Times* (May 9, 2013), A7.

24 Eurostat News Release, reference: Stat/13/70, April 30, 2013, europa.eu/ rapid/press-release_STAT-13-70_en.htm, accessed May 7, 2013; Jack Ewing,"The Downturn in Southern Europe May Be Spreading North," *The New York Times* (April 26, 2013), B1.

25 Carl B. Weinberg, chief economist of High Frequency Economics in Valhalla, NY, as quoted by Jack Ewing in"The Downturn in Southern Europe May Be Spreading North,"*The New York Times* (April 26, 2013), B1.

26 Mitsuru Obe and Toko Sekiguchi,"Japan, EU to Start Trade Talks,"*The Wall Street Journal* (March 25, 2013).

27 Sudeep Reddy, Mathew Dalton, and Joann S. Lubin,"Broad Trade Deal on the Table," *The Wall Street Journal* (February 13, 2013).; Annie Lowrey, "Sore Feelings on U.S. and Europe Begin Trade Talks," *The New York Times* (July 9, 2013, p. B8).

28 Joshua Chaffin and James Politi,"Fractures Appear on Trade Pact," *Financial Times* (May 24, 2013), 2.

29 Sandra Dibble,"Sony Will Increase Work Force in Tijuana," *The San Diego Union-Tribune* (June 26, 2009), E1.

30 Text of the North American Free Trade Agreement,"Chapter 4: Rules of Origin,"at www.ustr.gov/trade-agreements/free-trade-agreements/ north-american-free-trade-agreement-nafta (accessed May 8, 2013).

31 Office of the United States Trade Representative,"North American Free Trade Agreement,"www.ustr.gov/trade-agreements/free-trade- agreements/north-american-free-trade-agreement-nafta, (accessed May 27, 2013).

32 "Volkswagen Announces Production of the Golf in Mexico,"January 25, 2013, media.vw.com/newsrelease.do;jsessionid=E9B24BF58F0- B6D174CB7A7C5628417F3?&id=1352&allImage=1&teaser=volkswa gen-announces-production-golf-mexico&mid=125 (accessed May 27, 2013).

33 Andres Oppenheimer,"While Pacific Alliance Thrives, Mercosur Withers,"*The Miami Herald* (May 27, 2013).

34 Sebastian Sermiento-Saher,"The Pacific Alliance: The Americas' Bridge to Asia?"*Pacific Money: Economics and Business* (May 25, 2013), thediplomat.com/pacific-money/2013/05/25/

the-pacific-alliance-the-americas-bridge-to-asia/ (accessed May 27, 2013).

35 Alan M. Field,"Showdown for CAFTA-DR,"*Journal of Commerce* (April 11, 2005): 1.

36 "CAFTA-DR Partners Agree to Fix Technical Errors in Agreement," *Textile World* 161:2 (Mar/Apr 2011), 10.

37 Field,"Showdown for CAFTA-DR,"1.

38 The CIA World Factbook, (accessed May 8, 2013).

39 "AFTA Doha,"*The Economist* (September 6, 2008): 85.

40 Patrick Barta and Alex Frangos,"Southeast Asia Linking Up to Compete with China,"*The Wall Street Journal* (August 23, 2010), A2.

41 Paul Cashin, Hong Liang, and C. John McDermott,"Do Commodity Price Shocks Last Too Long for Stabilization Schemes to Work?" *Finance & Development* 36:3 (Summer 1999); Asia-Pacific Economic Cooperation,"About APEC,"at www.apecsec.org.sg, (accessed October 1, 2009).

42 "Foreign Direct Investment in Africa,"KPMG (June 1, 2012), www. kpmg.com/africa/en/issuesandinsights/articles-publications/pages/ foreign-direct-investment-in-africa.aspx (accessed on May 27, 2013).

43 "The African Union: Short of Cash and Teeth,"*The Economist* (January 29, 2011), 46.

44 The United Nations, at www.un.org/en/mainbodies/index.shtml (accessed May 27, 2013).

45 "About UNCTAD,"unctad.org.

46 United Nations Conference on Trade and Development,"The State of Commodity Dependence 2012,"11.

47 International Coffee Organization, www.ico.org (accessed May 27, 2013).

48 UNCTAD, Commodities at a Glance,"9.

49 OPEC,"Annual Statistical Bulletin,"www.opec.org/opec_web/static_ files_project/media/downloads/publications/ASB2012.pdf (accessed May 27, 2013).

50 Simon Romero,"Petrobras, Once Symbol of Brazil's Oil Hopes, Strives to Regain Lost Swagger,"*The New York Times* (March 26, 2013).

51 ***Sources include the following:*** Interview with Francisco Suarez Mogollon, Director Institutional Relations, Walmart de Mexico y Centroamérica, June 3, 2011; Dante Di Gregorio, Douglas E. Thomas, and Fernán González de Castilla,"Competition between Emerging Market and Multinational Firms: Walmart and Mexican Retailers," *International Journal of Management* 25:3 (September 2008): 532l; Gabriela Lopez,"Mexico Probes Retail Competition as Walmex Dominates,"*Reuters Company News* (May 29, 2002);"Walmart around the World," *The Economist* (December 6, 2001), at www.economist. com/displayStory.cfm?Story_ID=895888; David Luhnow,"Crossover Success: How NAFTA Helped Walmart Reshape the Mexican Market," *Wall Street Journal* (August 31, 2001): A1; Alexander Hanrath,"Mexican Stores Wilt in the Face of US Group's Onslaught,"*Financial Times* (August 14, 2002), 21; Richard C. Morais,"One Hot Tamale,"*Forbes* (December 27, 2004): 134–47; Mike Troy,"Walmart International," *DSN Retailing Today* (December 13, 2004): 20–22; Ricardo Castillo Mireles,"Taking It to the Competition, Mexican Style,"*Logistics Today* (December 2004): 10; Walmart Stores,"International Data Sheet,"at walmartstores.com (accessed June 15, 2011); *Walmart 2010 Annual Report*; Matthew Boyle,"Walmart v. the World,"*CNNMoney* (December 19, 2007);"CATALYST: Walmart's Distribution Juggernaut,"*Businessline* (June 14, 2007): 1. Jonathan Birchall,"Walmart Slims Down for China," *Financial Times* (December 2, 2010), 17; Miguel Bustillo,"After Early Errors, Wal-Mart Thinks Locally to Act Globally,"*Wall Street Journal* (August 14, 2009), A1; Miguel Bustillo,"Sam's Club Tests the Big-Box Bodega,"*Wall Street Journal* (August 10, 2009), B1; Karen Talley," Wal-Mart Closes Moscow Office,"*Wall Street Journal Online* (December 14, 2010), accessed May 27, 2011; Comlay"Mexico's Comerci Boosts Investment, Store Openings,"*Reuters,* (May 24, 2011), www.reuters. com/article/2011/05/24/comerci-idUKN2426789820110524, accessed May 27, 2011.

第7章

全球外汇市场

要做生意就会有成本。

——葡萄牙谚语

本章目标

通过本章学习，应能：

1. 掌握外汇的基本知识。
2. 了解外汇市场的主要特征以及政府监管跨国货币流动的措施。
3. 描述外汇市场的运作过程。
4. 分析参与外汇交易的各类机构。
5. 理解企业开展外汇交易的原因。

案例 7-1

走进电子转账市场

总部位于美国的西联国际汇款公司（West Union，简称西联）历来享有"汇款最快"的美誉。该公司控制着近80%的转账市场，被公认为全球电汇行业的领先者。电汇是指将资金从一家金融机构转至另一家金融机构[1]。对于西联，电汇就是把资金从西联的一家营业点转至另一家营业点。不过，现在西联正面临着来自银行的激烈竞争——这些银行威胁要蚕食西联汇款的市场份额。

西联创建于1851年，其前身为来自纽约州罗切斯特市的一群商人所成立的纽约和密西西比河谷印刷电报公司。1861年，随着首条横贯大陆的电报线路铺设完成，公司改为了现名。1871年，西联开始提供汇款业务。1989年，西联将该业务拓展至北美境外。如今，

西联在全球200多个国家和地区拥有50多万家代理点，其汇款业务占据西联营收的85%，其年汇款总额约为800亿美元。

顾客在西联汇款时享有多种选择：个人业务可以在代理点办理，也可以通过电话或者互联网办理；可以用现金支付，也可以通过借记卡和信用卡支付。此外，顾客可以在多个地点办理这些业务，如西联的实际营业点、某家食品杂货店、邮局等。例如，如果顾客要通过西联代理点汇款到印度或墨西哥，只要填写一份汇款单（Send Money Form），然后可拿到一张收据，上面写有交给收款人的汇款监控号码（Money Transfer Control）。凭借汇款监控号码、填好的收款单（Receive Money Form）以及有效的身份证明，收款人就可以在当地的

西联代理点领取款项。

1. 货币兑换

西联一般按照自己设定的汇率把汇款兑换成外币。汇款的手续费根据转账金额、支付形式（现金或借记卡、信用卡）和汇款目的地来决定。例如，从美国犹他州汇款 500 美元至墨西哥的手续费为 12 美元。西联的优势部分在于其汇款的速度和匿名制。它可以在几分钟内将现金从一个地方汇至另一地方。此外，汇款可通过代理点，用现金、借记卡、信用卡或西联金卡来办理，而寄款人只需要填一张表并出示规定的身份证明。

2. 移民的来源地与目的地

移民情况也受供求关系的影响。人们因为他国有更好的经济机会而选择赴他国工作。一国接受移民劳动力是因为该国劳动力短缺，每种情况各不相同。就最近的移民数量来看，排名前五位的国家分别为：美国（4280 万人），俄罗斯（1230 万人），德国（1080 万人），沙特阿拉伯（730 万人）和加拿大（720 万人）。然而，按照移民人口占一国总人口的百分比来看，前五大移民目的地国家中有三个来自波斯湾合作理事会，其中卡塔尔排名第一（占总人口的 86.5%），阿联酋（包括迪拜）排名第三（占总人口的 70%）。在前五大移民来源地国家中，墨西哥排名第一，有 1190 万人在国外工作；印度排名第二，有 1140 万人在国外工作。2010 年，排名第一的移民走廊是从墨西哥到美国，工作移民人数达 1160 万人；印度至阿联酋的工作移民人数达 220 万人，排名第九。如果不把前苏联的移民统计在内，印度—阿联酋移民走廊的移民人数排名世界第五。

尽管受到世界经济危机的影响，但 2012 年国际移民汇款金额达 5340 亿美元，其中 4060 亿美元的移民汇款是汇往移民们在发展中国家的家庭。按照世界银行的预计，移民汇款金额将持续扩大，在 2015 年之前很可能达到 6850 亿美元。2012 年，世界移民汇款的最大目的地是印度，达 700 亿美元；其次是中国，达 660 亿美元；菲律宾和墨西哥都为 240 亿美元。高油价驱使大量移民前往海湾合作委员会国家（GCC）；汇往拉丁美洲和加勒比地区的汇款数量因欧洲和美国经济的疲软而大幅下降。迄今为止，美国是全球最大的资金汇出国。

西联与墨西哥的关系（一）

美国的大部分移民来自拉丁美洲和加勒比地区。西联在美国的汇款业务绝大部分来自在美国的墨西哥移民，他们需要把自己的部分薪水汇回墨西哥以维持家用。墨西哥历来是拉丁美洲地区最大的汇款接收国，其次是巴西。事实上，汇款已经超过外国直接投资和海外资助，成为墨西哥的主要外汇来源渠道。墨西哥每年的汇款收入已经超过旅游业收入，成为仅次于石油出口收入的第二大外汇收入来源。

---

3. 汇率与竞争

1997 年，西联遭到共同起诉，被指控在未告知顾客汇率差异的情况下，按低于市场水平的汇率兑付汇款人的资金。这一诉讼直到 2000 年才得以解决。如今，西联被要求在汇款单和广告上注明此次交易所使用的汇率为西联所定，且市场汇率与西联所报汇率之间的任何差额均归西联所有。例如，2013 年 4 月 18 日，墨西哥比索的市场汇率为 1 美元兑 12.26 比索（500 美元 = 6100 比索），西联所报的汇率为 1 美元兑 11.896 比索（500 美元 = 5948 比索）。产生这一差额的部分原因在于市场汇率通常针对的是大额商业交易，普通的西联汇款业务金额很小，而交易量越小，汇率对汇款人就越不利。这一点与产品批发价要比零售价低是同一道理。

诸如银行之类的金融机构一直要求西联完善其汇率报价，而这对西联形成了很大压力。因为资金转账业务的利润率可能高达 30%，所以很多银行也开始提供各自的转账服务，以期从不断增长的外币转账业务中获利。例如，美国富国银行于 2001 年同意接受那些没有美国驾驶证的墨西哥移民凭领事身份证（CID）的开户申请。该身份证可以证明持有人的墨西哥人身份，而不用显示持有人的移民身份。在富国银行开始接受领事身份证后，凭领事身份证办理的银行户头数在三年内就暴增了 500% 以上。

西联与墨西哥的关系（二）

富国银行以及包括花旗集团和美国银行在内的其他银行都已经与墨西哥银行建立了联盟关系，为在美国的移民工人提供汇款账户服务。现在，移民工人可以持领事身份证（CID）开立美国的银行账户，而且每人可申请持有两张 ATM 卡。这样，移民工人只要把钱存入在美国的银行账户，他们的家人随后就可以在墨西哥的相关银行提取款项。

2005 年，美联储与墨西哥央行联合制订了一项便利化从美国向墨西哥汇款的计划。按照该计划，美国的商业银行可以通过与墨西哥央行和墨西哥银行联网的美联储自动清算中心为墨西哥籍工人提供汇款服务。

而且银行的汇费比西联的汇费要便宜得多。例如，如果向墨西哥汇款500美元，那么富国银行的手续费只收6美元，而西联要收12美元。许多银行现正在尽力减少或消除汇率价差（转账时的市场汇率与转账所采用的汇率之间的差额）与汇费，从而为移民工人提供更具吸引力的汇款方式。

来自银行的残酷竞争迫使西联降低其汇费，并开始提供新的服务，如汇款至户服务，即收款人可以足不出户而拿到汇款。此外，西联还转至中国、印度等国家开拓市场。激烈的竞争导致了全球汇费的下降。

西联与墨西哥的关系（三）

虽然移民工人对西联高昂的汇费和汇率差时有抱怨，但许多人仍然使用西联汇款而不是手续费相对低的银行汇款。由于墨西哥历史上发生过多次币值不稳和大规模通货膨胀的情况，所以墨西哥人普遍不信任银行。另有一些移民工人是凭着口碑或出于方便和地点的原因而选择了西联。不过，许多人完全是在不知道还有其他汇款方式的情况下选择西联的；即便知道有其他方式，他们也不知道哪种方式更好。

许多人依然选择西联的另一个原因就是西联拥有覆盖全球的汇款网络。对于数以万计小村庄来说，西联是连接外部世界的主要通道。例如，Coatetelco这个小村庄位于墨西哥城南部，村子里没有银行，少量的当地人靠种植玉米、红番椒和水果为生。当地居民收入的90%以上依赖汇款收入，而其中的大部分来自在佐治亚州与卡罗来纳州工作的农业工人和建筑工人。按照49岁的帕特里西奥的说法，每个月月底他都会接到自己在佐治亚州非法打工的两个儿子的电话。他们会在电话中给帕特里西奥一个密码，随后他就会开车或者骑马4mile去离他最近的位于政府电报局里的西联营业地取回600美元汇款，而汇付600美元的汇费就要40美元。虽然位于玛扎特佩科（Mazatepec）的墨西哥国家银行（Banamex）并不远而且汇费要低得多，但他和他的邻居都不愿意去8mile之外的国家银行。另外，帕特里西奥也说："我们不信任银行，它们总把事情弄复杂。"

西联与迪拜的关系

迪拜是阿联酋的七大城市之一，可以用来与墨西哥做一个有趣的比较。尽管来自印度和巴基斯坦的工人是为了得到更高的薪水而前往迪拜工作的，但他们确实是迪拜的公司招聘来的。由于迪拜的阿联酋当地人口很少（只占总人口的19%），所以这个城市的发展需要依靠外国工人，不管是熟练工人、半熟练工人还是不熟练工人。印度的孟买距离迪拜只有大约1200mile（1900km），无疑成了迪拜天然的劳动力来源地。在迪拜工作的外来工人必须获得通常为期三年的工作许可证。不过，他们不能成为当地公民。另外，当雇主不再需要他们时，他们就会让被送走，所以迪拜不存在非法移民。当然，这些外来工人对当地经济发展至关重要。他们推进了当地城市化建设的速度，加快了当地基础设施建设和经济发展，还通过协助建造酒店和旅游景点而帮助海湾合作委员会国家摆脱了单一依靠石油的发展模式，并为当地经济的稳步增长做出了贡献。

由于在迪拜的外来工人不能在当地购买财产或者进行企业投资，他们需要把钱寄回家。凭借对汇款市场的深度了解、对种族市场营销专业知识的熟悉、拥有多元化的业务且始终与客户保持友好关系以及自身在迪拜的不断发展，西联在当地市场已经建立起高知名度的品牌形象，而且为吸引顾客一直在努力开发和推广产品。虽说迪拜和美国对劳动力有不同的需求和规模，印度和墨西哥的劳动力供应有不同的方式和原因，但有一点是共通的：人们需要把钱转到他处。而这正是西联大展拳脚的领域。

思考题

1. 阿联酋是海湾合作委员会的成员国，而迪拜又是阿联酋的酋长国之一。根据总人口以及非移民人口占总人口比例两个指标，将阿联酋与海湾合作委员会的其他成员国进行比较。你认为移民和由移民产生的资金流动对海湾合作委员会的每个成员国有何重要性？

2. 对于金融机构用于墨西哥移民工人向墨西哥汇款的汇率，你认为美国政府应该加以调控吗？请说明调控或不调控的原因。

7.1 引言

无论是对个人还是对企业，将一种货币兑换成另一种货币，并将货币流动到世界不同地区，都是很严肃的事情。为了生存下去，跨国公司以及小型的进出口公司都必须了解外汇和汇率。在商业世界里，企业在国内市场的付款与在国外市场的付款有着根本区别。就国内交易而言，企业只需使用一种货币；而对于涉外交易，企业可能要使用两种或更多种货币。例如，向法国出口滑雪板的美国企业可能会要求分销商以美元付款，除非美国企业因为对欧元有特殊用途，如需要向法国供应商支付欧元，才会接受欧元付款。

假设你是美国的一家进口商，答应购买一定数量的法国香水并同意向法国出口商支付 4000 欧元。假设你已经备好资金，那么该如何付款呢？首先，你得前往当地银行的国际业务部，按当前市场汇率买入 4000 欧元。如果美元对欧元的汇率为 1 美元兑 0.6974 欧元，那么银行会从你的户头上扣去 5736 美元（4000 美元/0.6974）以及相应的交易成本，然后通过电汇把资金转到出口商所在地银行以完成交易。

7.2 外汇

外汇（Foreign Exchange）是指以其他国家或国家集团的货币来命名的货币[2]。进行外汇交易的市场就是**外汇市场**（Foreign-exchange Market）。外汇的形式有现金、借记卡和信用卡上的余额、旅行支票、银行存款或者其他短期债权[3]。例如，在案例 7-1 中，那些在美国的墨西哥移民工人通过西联将美元兑换为墨西哥比索，然后将墨西哥比索汇款至墨西哥代理点，其亲属就可在代理点取回现金。

汇率（Exchange Rate）就是货币的价格。具体而言，就是需要多少数量的一种货币才能买到一单位的另一货币。汇率每天都在变化。例如，2013 年 5 月 1 日，1 欧元可以买到 1.3181 美元（或 1 美元可以买到 0.7587 欧元）。有了汇率，国际价格和成本就有了比较的可能。

7.3 外汇市场的参与者

外汇市场由很多参与者组成。位于瑞士巴塞尔的**国际清算银行**（Bank of International Settlements，BIS）为 60 家作为成员的中央银行所有并控制。国际清算银行将外汇市场分成三大类：报表经销商、其他金融机构和非金融机构[4]。

报表经销商（Reporting Dealers）也被称为货币中心银行（Money Center Banks），是指积极参与当地以及全球外汇及**衍生品**（Derivative）市场的金融机构。报表经销商主要为大型商业银行和投资银行。人们普遍认为，按外汇交易中的总体市场份额衡量的十大银行和金融机构都是报表经销商，包括德意志银行、巴克莱银行、瑞银集团、花旗集团、摩根大通银行、汇丰银行、苏格兰皇家银行、瑞士信贷银行、高盛集团和摩根士丹利投资公司。（案例 7-2 将介绍其中的一个货币中心银行——汇丰银行——是如何参与人民币逐渐国际化进程的。）因为货币中心银行参与了大量交易，所以报表经销商具有影响定价的能力，并因此成了做市商。

其他金融机构是指报表经销商以外的金融机构，包括规模较小的商业银行、投资银行和证券公司、对冲基金、养老基金、货币市场基金、货币基金、互助基金和外汇交易专业公司等。案例 7-1 详细介绍了西联公司目前的业务。事实上，西联就是从事外汇交易的非银行类金融机构的一个典型例子。就非金融类顾客来说，他们的对手方并不包括以上所说的机构，但包括政府和企业（跨国公司及中小企业）之类的非金融类终端用户。

图 7-1 给出了报表经销商、其他金融机构和非金融类客户这些交易对手方在外汇交易中各自所占的比重。

7.4 外汇交易

外汇交易采用的方式包括电子交易（占总交易量的 41.3%）、客户直接交易（占总交易量的 24.3%）、银行间直接交易（占总交易量的 18.5%）或声讯经纪交易（占总交易量的 15.9%）[5]。外汇交易涉及多种电子交易方式。其中之一就是电子经纪服务系统，其交易采用 EBS、汤森路透（Thomson Reuter）、彭博（Bloomberg）等电子系统来为外汇交易商进行撮合。另一种就是电子交易系统，采用单一银行专用系统或多银行交易系统来开展交易。位于波士顿的美国公司 FXConnect 就提供这种系统，为客户提供各种交易和结算的方法。客户直接交易是指一家报表经销商与一家非报表经销商或客户之间的外汇交易。这种交易不涉及第三方，而且通常通过电话或直接电子交易来完成外汇交易。银行间直接交易指的是作为外汇经销商的银行之间通过电话或直接通

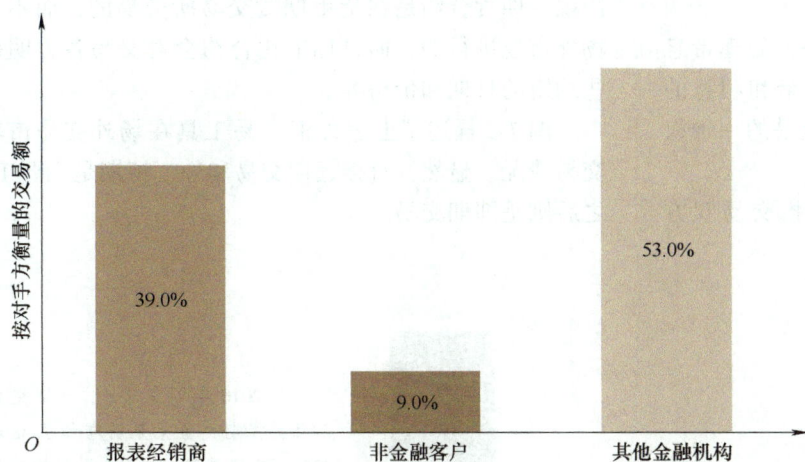

2010—2013 年，对全球外汇交易额贡献最多的交易对手方为其他金融机构。在 2010 年的调查中，其他金融机构的交易额首次超过了报表经销商。

图 7-1 外汇市场：按对手方衡量的 2013 年 9 月的交易额

资料来源：based on Bank for International Settlements, Central Bank Survey report on Foreign Exchange Turnover in April 2013：Preliminary Global Results, September 2013（Basel, Switzerland：BIS, September 2013, 6）.

过电子交易来完成外汇交易。声讯经纪交易是指与外汇经纪人通过电话沟通进行的交易[6]。实践中，电子经纪服务系统、多银行交易系统和单一银行交易系统三种电子交易方式的使用频率相当。

EBS、汤森路透、彭博等电子系统不仅为客户提供电子服务，而且还提供大量的市场数据、信息、报价和世界各个市场的统计资料。通常，外汇交易室提供多种电子服务系统，从而满足交易者对不同服务系统的偏好。像汤森路透和彭博这样的电子系统的市场报价是根据大量银行的信息来提供的，所以其报价接近市场共识；EBS 通过电子交易系统提供实时交易服务；德意志银行、瑞士联合银行和巴克莱资本则采用专用平台进行交易，并在外汇电子交易领域占有优势。如果客户获准在其平台上交易，那么必须按其所报汇率进行交易。不过，如果查一下市场对汤森路透或彭博的看法，不难发现它们的报价系统也很不错。

7.5 外汇市场

外汇市场可分为两大类：场外交易市场（Over-the-counter Market, OTC）和交易所交易市场（Exchange-traded Market）。场外交易市场由商业银行、投资银行和其他金融机构组成；交易所交易市场由证券交易所组成，如芝加哥商品交易所集团（CME Group）、纳斯达克-OMX 集团（NASDAQ OMX）和伦敦国际金融期货交易所（NYSE Liffe）。外汇期货和期权等外汇交易工具都在交易所交易市场交易。

7.5.1 全球场外外汇交易工具

"全球场外外汇交易工具"（Global OTC Foreign Exchange Instrument）是指即期交易、直接远期交易、外汇掉期、货币互换、货币期权和其他外汇产品。这些工具都在上面提到的市场进行交易。

（1）**即期交易**（Spot Transactions）是指交易双方按约定汇率在两个工作日内进行交割的外汇交易。例如，银行在 5 月 1 日对交易用汇率做出报价，但实际交易在两天后的 5 月 3 日交割。这里，交割采用的汇率就是**即期汇率**（Spot Rate）。（在案例 7-1 中，西联的货币兑换政策就体现了个人在即期市场进行外汇交易的情况。）

（2）**直接远期交易**（Outright Forward Transactions）是指在两个工作日后进行交割的外汇交易。它是一次性买入或出售某种在未来某个时间进行交割的外汇交易。交割采用的汇率就是远期汇率，也是交易双方在合同中约定的汇率。不管交割时的实际即期汇率如何，远期交易都按远期汇率交割。

（3）**外汇掉期**（FX Swaps）是指一种货币在某个既定日期兑换成另一种货币，并在之后某个日期再互换回原来的货币。通常情况下，外汇掉期的第一环节属于即期交易，而第二环节属于远期交易。例如，美国国际商用机器公司（IBM）收到其英国子公司的英镑分红，但 IBM 公司目前不需要英镑，只有在 30 天后支付英国供应商货款时才需要。如果公司认为持有美元要比继续持有英镑 30 天要有利，那就可以做一次外汇掉期，先用即期汇率卖出英镑，再用 30 天远期汇率买回英镑。尽管外汇掉期由一次即期交易和一次远期交易构成，但它本身只算一次交易。

（4）**货币互换**（**Currency Swaps**）是一种处理带息业务的金融工具（如债券），它包含交换本金和利息的交换。**期权**（**Options**）是在未来进行外币交易的一种权利而非义务。

（5）**期货合约**（**Futures Contract**）是指交易双方在约定的某个未来日期按照约定的价格买卖某种货币的协议。期货合约是在货币期货交易所交易的，而不是在场外市场进行的，而且标准化合约会对交易各方明确这些约定的日期和价格等。

图7-2描述了上述外汇交易工具在场外交易市场的交易情况。显然，直接远期交易和外汇掉期是主要工具，之后则是即期交易。

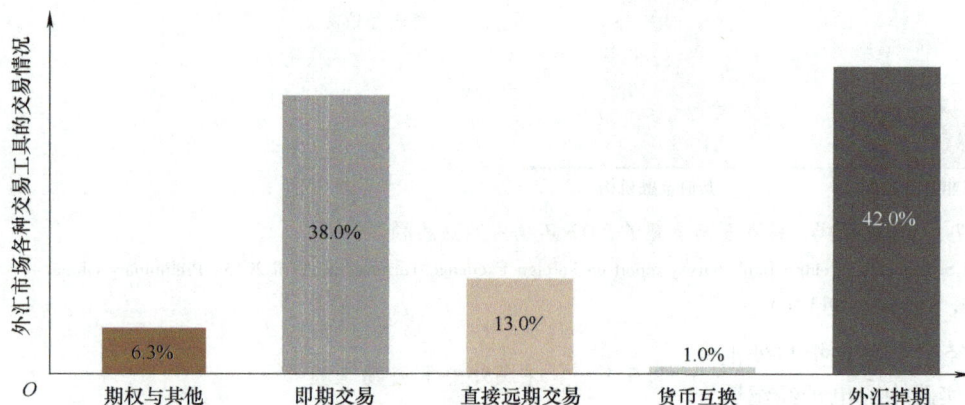

自2010年调查以来，即期交易量和外汇掉期交易量分别增加了38%和42%，主要是因为其他金融机构参与了更多的主动交易业务。其他工具的交易量也有所增加，但增加幅度比较适中。

图7-2 外汇市场：按交易工具统计的交易情况

资料来源：Based on Bank for International Settlements, Triennial Central Bank Survey Report on Foreign Exchange Turnover in April 2013 (Basel, Switzerland：BIS, September 2013)：8.

7.5.2 外汇市场的规模、组成与分布

在详细考察外汇市场各种工具之前，先来了解一下外汇市场的规模、组成和地理分布。每三年国际清算银行都会进行一次关于世界外汇交易情况的调查。2013年4月所做的第9次调查的初步数据已于2013年9月发布。如图7-3所示，按照国际清算银行的估计，2013年的全球日均外汇交易量达到5.3万亿美元，较2010年的调查结果增长了32.5%，而这主要是即期市场交易的增长所致。不过，这一增长幅度远小于2004—2007年71%的增长幅度。显然，全球经济危机导致2007—2010年的外汇交易量增长减缓。但是，随着全球经济的缓慢恢复，外汇活动也有明显好转，到2013年，日均外汇交易量达到5.3万亿美元。

导致交易量增长的原因包括外汇作为可替代资产而显得越来越重要，以及更加注重**对冲基金**（**Hedge Funds**）的作用。对冲基金通常为富人或机构所使用，并允许采用共同基金所不能采用的更为激进的策略。

1. 外汇市场的美元外汇

美元是外汇市场上最重要的货币。如表7-1所示，按单向交易（买或卖）统计，2013年美元占全球外汇交易的87%（表中数据百分比加总为200%，因为每笔交易涉及买卖两方）。美元交易量如此大的原因主要有五个[7]：①美元是许多资本市场的投资性货币；②美元是许多中央银行的储备货币；③美元是许多国际大宗商品市场的交易货币；④美元是许多合同的发票货币；⑤美元是货币当局影响本国货币市场汇率的干预货币。

表7-1 全球外汇的币种分布

美元参与了全球87%的外汇交易。因为美元容易获得，所以除了美国外，两国之间的交易普遍选择美元。在7种交易最多的外币中，美元参与了与其中4种外币的交易（与欧元交易最多，日元次之）。

币种	2001年4月	2004年4月	2007年4月	2010年4月	2013年4月
美元	89.9%	88.0%	85.6%	84.9%	87.0%
欧元	37.9%	37.4%	37.0%	39.1%	33.4%
日元	23.5%	20.8%	17.2%	19.0%	23.0%
英镑	13.0%	16.5%	14.9%	12.9%	11.8%
澳大利亚元	4.3%	6.0%	6.6%	7.6%	8.6%
瑞士法郎	6.0%	6.0%	6.8%	6.4%	5.2%
其他	25.4%	25.3%	31.9%	30.1%	31.0%

资料来源：Based on Bank for International Settlements, Central Bank Survey Report on Foreign Exchange Turnover in April 2013 (Basel, Switzerland：BIS, September 2013), p.10.

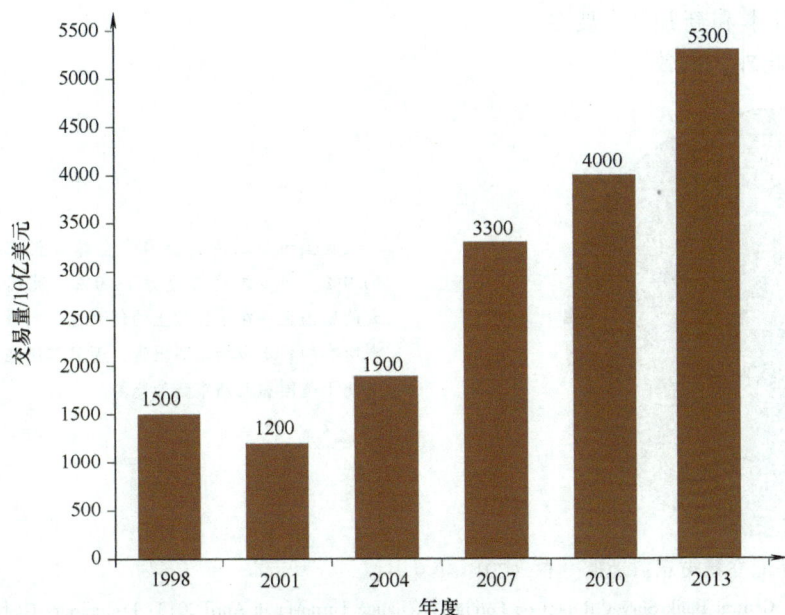

BIS 提供的图中，数据包括传统外汇交易业务（如即期交易、直接远期和外汇掉期）以及场外市场的衍生工具（如对冲基金）的交易量。

图 7-3　外汇市场：1998—2013 年的日均交易量

资料来源：Based on Bank for International Settlements, Central Bank Survey Report on Foreign Exchange Turnover in April 2013: Preliminary Global results (Basel, Switzerland, BIS, September 2013), p. 3. (Basel, Switzerland: BIS, December 2010): 7.

美元在世界各地具有可用性，因此成了除美国之外国家之间外汇交易的重要支付手段。例如，墨西哥公司从日本出口商处进口商品，会将墨西哥比索兑换成美元，然后支付给日本的出口商，日本出口商随后将美元兑换成日元。因此，美元在墨西哥和日本的两次交易中都是参与方。为什么呢？原因之一就是日本出口商可能对墨西哥比索没有需求，而美元却有多种用途；还有可能就是墨西哥的银行没有日元余额，所以墨西哥进口商很难以较为合算的汇率兑换日元。然而，银行毋庸置疑有美元余额，进口商可以较为容易地获得美元。这样，美元极大地简化了外国银行的工作——毕竟银行不可能持有各种外国货币的余额。需要注意的是，欧元和日元在交易中的使用比例在增加，而美元的使用比例出现小幅下降。表 7-1 没有给出金砖国家货币的比例情况，原因是它们的比例都小于 1%。不过，金砖国家货币的使用比例都在稳步上升，而且墨西哥比索和中国人民币的使用比例在 2013 年的调查中都进入了前十位。章末案例 7-2 将探究人民币的情况。

2. 交易频繁的货币对

分析外汇交易的另外一种方法就是观察那些交易最为频繁的货币对（Currency Pair）。根据国际清算银行 2013 年的调查，最为频繁的前七个货币对都涉及美元，其中排在前两名的分别是欧元对美元（占比 24.1%）和

美元对日元[8]。由于美元在外汇交易中的重要性，除美元之外两种货币之间的汇率被称为**交叉汇率（Cross Rate）**，如瑞士法郎和巴西雷亚尔之间的汇率。

美元与日元的交易在政治上很具敏感性，因为该汇率经常取决于日美两国之间的谈判[9]。日元在亚洲是非常重要的货币，其价值反映了该地区其他国家的竞争地位。此外，日元是可自由兑换的，不受政府管控。不过，人民币正逐渐从区域性货币向全球性货币转变（如章末案例 7-2 所讨论的那样）。同时，日元也受**套息交易（Carry Trade）**的影响。因为日本的利率很低，所以投资者会借入日元，再投资到其他国家（如巴西）。然而，一旦投资者担心全球经济环境的风险，就会清算其在巴西的投资，然后将收益转回日本。这种情况也会出现在日本财政年度结束时（3 月 31 日），此时企业可能需要日元。紧随其后的其他套息交易货币对分别是美元对南非兰特和港元、澳元对日元和新西兰元对日元。

3. 欧元

欧元出现在四个排名前十的货币对中。尽管美元在大多数新兴市场上仍然更为通用，但欧元的使用也在增多，特别是在东欧国家。此外，欧元作为交易货币的重要性也在逐步增强，甚至在欧洲以外地区。

既然美元是世界外汇交易中最为常用的货币，你可能会猜测最大的外汇交易市场就在美国。不过，如图 7-4

所示，最大的外汇交易市场其实是在英国。前四大外汇交易中心（从大到小依次为英国、美国、日本和新加坡）的交易额占世界日均交易额的 71.1%。此外，伦敦外汇市场明显具有支配地位，其交易的美元额比纽约还要多[10]。

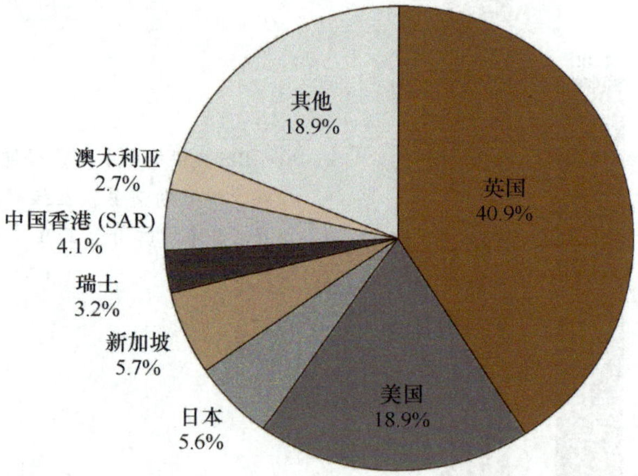

图 7-4　外汇交易市场：地理分布（2013 年 9 月）

英国市场的外汇交易占全球外汇交易的 40.9%，而美国的占比为 18.9%。英国占比大的原因之一在于区位上的便利性：伦敦离欧洲所有的资本市场距离很近，而且其所在时区也便于美国和亚洲市场的交易。

资料来源：Based on Bank for International Settlements, Central Bank Survey Report on Foreign Exchange Turnover in April 2013: Preliminary Global Results (Basel, Switzerland: BIS, September 2013), p. 10.

🌐 地理的重要性

外汇交易与时区

既然美元是外汇市场上交易最为频繁的货币，那么伦敦外汇市场为什么又会成为如此重要的中心呢？这里有两个原因。首先，伦敦靠近欧洲的主要资本市场，而且是重要的国际金融中心，国内外诸多金融机构在此营业。因此，伦敦的地理位置对于重要的全球经济活动显得十分关键。

其次，伦敦因所在时区而显得十分特别。伦敦中午 12 点时，纽约为早上 7 点，亚洲则为傍晚。伦敦外汇市场在亚洲市场收市时开市；而当纽约外汇市场开市时，它的交易正在进行中。伦敦市场横跨世界其他两大重要外汇市场。

另一种用来分析地理位置重要性的方式就是分析全球市场的交易量，尤其是北美和欧洲地区的交易量。图 7-5 描述了全球外汇市场开市时间的重叠情况。横轴上的时间依据美国东部时间确定，并与美国外汇市场开市时间相对应。当纽约市场星期五下午 5 点闭市时，外汇交易要到星期日下午（美国时间）才结束，其时新西兰惠灵顿市场恰好又开始交易（新西兰时区的早晨）。外汇交易最重要的时间段是东京交易市场和伦敦交易市场开市后大概 2 小时内。其次是在纽约交易市场开市而伦敦交易市场尚正活跃交易的时间段，即从纽约时间的早上 8 点至中午 12 点。然而，在纽约交易市场开市之前，伦敦交易市场已开市 4 小时，所以纽约的外汇交易者通常会提早起床，以免错过伦敦的交易时间。

虽然外汇可全天候交易，但绝大多数的交易发生在主要外汇市场的交易时段，尤其是在伦敦和纽约开市期间。

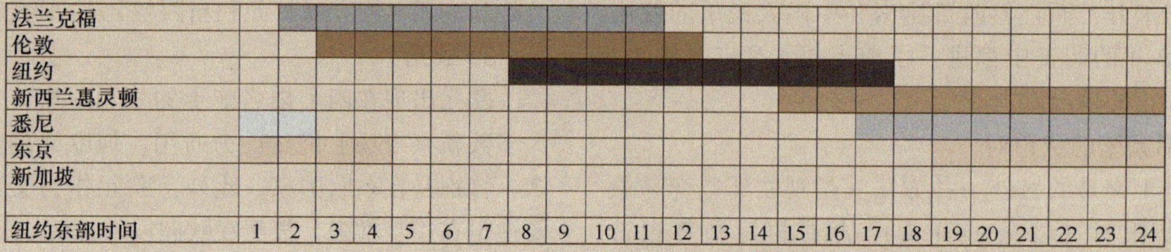

图 7-5　外汇交易与时区重叠

7.6　主要外汇市场

7.6.1　即期市场

外汇经销商就是提供外汇报价的交易商。买入汇率（Bid/Buy Rate）是指经销商愿意买入外币的价格；**卖出汇率**（**Offer/Sell Rate**）是经销商愿意卖出外币的价格。在即期外汇市场，**基差**（**Spread**）是外汇买入价与卖出价的差额，也是经销商获得的收益。在案例 7-1 中，解释了西联是如何就美元兑换墨西哥比索进行汇率报价的。西联所报的汇率通常与商业银行所报的汇率不同，虽然手续费高、汇率低，但有些人仍然愿意使用西联汇款。那么，是什么原因呢？部分原因是对银行系统缺乏信任。

1. 直接报价和间接报价

先来看一个关于外汇买入价与卖出价的例子。假设美国经销商对英镑的报价是 1.5556/58 美元，即该经销商愿意按 1.5556 美元买入 1 英镑，并愿意按 1.5558 美元卖出 1 英镑，也即遵循低买高卖的原则。此例中，经销商直接使用的外币报价是买一单位外币需要多少本币，这种报价被称为**直接报价**（**Direct Quote**），即 1 单位外币可以兑换多少数量的本国货币（本例中为美元）的方式，在业内也被称为**美式报价**（**American Terms**）。

另一种报价就是**间接报价**（**Indirect Quote**），也称**欧式报价**（**European Terms**），是指 1 单位的本国货币可以兑换到多少数量的外币。例如，2013 年 5 月 1 日，英镑的直接报价是 1.5556 美元，而间接报价为 1 美元兑 0.6429 英镑[11]。

2. 基准货币和计价货币

经销商对顾客报价时总会先报**基准货币**（**Base Currency**），即分母中的货币，然后再报**计价货币**（**Terms Currency**），即分子中的货币。对于 USD/JPY（也可写成 USDJPY = X）这一形式的报价，美元是基准货币，而日元是计价货币（即 1 美元可以兑换多少日元）。如果已知美元对日元的报价，那么就可以用 1 除以其报价而得到日元对美元的报价。换言之，美式计价法（直接标价法）和欧式计价法（间接标价法）互为倒数关系。例如，2013 年 5 月 1 日，直接标价法下，1 美元可对换 97.39 日元；相反，间接标价法下，1 日元可兑换 0.010268 美元（即 1/97.39 日元 = 0.010268 美元）[12]。

在美元对日元的报价（日元/美元）中，美元是分母，日元是分子。通过跟踪汇率的变化就可以判断基准货币是升值还是贬值。例如，2012 年 5 月 1 日，美元对日元的汇率是 80.08 日元/1.00 美元，而 2013 年 5 月 1 日的汇率是 97.39 日元/1.00 美元。不难发现，随着分子的增大，基准货币（这里是美元）出现升值；相反，此时的计价货币（这里是日元）就贬值了。

可以通过多种方法来获得汇率报价信息，包括通过互联网和报刊出版物。大多数货币价值是不断波动的，所以许多管理者每天都会查看货币的价值。例如，《华尔街日报》提供了美式报价和欧式报价下美元对其他货币的汇率信息。此外，有些货币提供的是 1 个月、3 个月或 6 个月的远期汇率信息。

3. 银行间交易

《华尔街日报》提供的即期汇率是**银行间交易**（**Interbank Transactions**）的 100 万美元及以上的卖出价。零售交易是指银行与企业或个人间的交易。与银行间交易相比，零售交易下可交易的外币种类较少。一些商业出版物和网站也会提供类似的报价，但是，这些报价只是近似值，确切的报价可以通过经销商获取。

7.6.2　远期市场

如前所述，即期市场的外汇交易需在两个交易日内完成，但现在有些交易中卖方会向买方提供更长时间的信用。例如，一家日本的消费电子产品出口商可能向一家美国进口商出售电视机，要求立即交付货物并在交货后 30 天付款。这样，美国进口商需要在 30 天内用日元付清款项，从而可能会与外汇经销商建立一个按远期汇率购买日元的合约。这里的远期汇率就是 30 天的远期汇率报价。

除了提供各种货币的即期汇率信息，《华尔街日报》还提供澳元、日元、瑞士法郎和英镑这些远期市场上使用最广泛的货币的远期汇率。不过，与经销商还可以建立其他货币的远期合约。像彭博这样的电子服务机构提供了绝大多数货币多种到期日的远期汇率。如果一种货币在金融市场上越稀有，那么其远期汇率就越难制定，而且远期汇率与即期汇率之间的差额可能越大。

何为远期贴水和升水呢？如前所述，可以说即期汇率和远期汇率的差就是所谓的**远期贴水**（**Forward Discount**）或**远期升水**（**Forward Premium**）。为了解释升水和贴水的计算与分析，这里采用美元和瑞士法郎之间的直接汇率，即 1 瑞士法郎可以兑换多少美元。如果瑞士法郎的远期汇率高于即期汇率，那么 1 瑞士法郎就可以在未来换得更多的美元，那么此时的交易就称作升水；

如果瑞士法郎的远期汇率低于即期汇率，那么1瑞士法郎在未来兑换的美元会少于现在，那么此时的交易就称作贴水。2013年5月1日，就瑞士法郎6个月远期合约的直接报价而言[13]，此时的升水或贴水可按如下方式计算：

$$(1.0808 美元 - 1.0784)/1.0784 \times (12/6) =$$
$$0.00445 \times 100\% = 0.45\%$$

升水也可以做年化计算，方法就是将远期汇率与即期汇率的差先乘以12个月，再除以远期汇率的月份数（这里是6个月），最后将结果换算成百分比形式。因为瑞士法郎的远期汇率高于即期汇率，所以瑞士法郎在远期市场会升水，即远期汇率高出即期汇率0.45%。在此特殊时期，因为全球经济增速减慢，所以各主要经济体的利率都非常低，而且希望通过维持低利率来刺激经济增长，所以升水也会非常低。在汇率差异较大的时期，升水或贴水也可能很大。例如，2007年瑞士法郎的6个月远期汇率的升水达2.5%。

7.6.3 期权

期权（Option）是一种权利而非义务，即有权在特定时间内或某个指定日期按约定的汇率买入或卖出外汇。期权有商业银行或投资银行的场外市场（OTC）期权和交易所期权。例如，一家美国企业向商业银行或投资银行买入场外市场期权，可以按1美元兑85日元的汇率（1日元兑0.011765美元）买入100万日元（或11765美元）。期权卖出方会向该企业收取期权费用。一般来说，如果这笔费用越大，那么该期权对企业的利益也越大。其中的汇率被称为期权的执行价格，而这笔费用称作期权费（Premium）。在期权到期日，企业会查看即期汇率并与执行价格进行比较。如果即期汇率为1美元兑90日元（或1日元兑0.01111美元），总共需要11000美元，那么企业就不会执行该期权，因为按即期汇率买入该笔日元比按执行价格买入要便宜；然而，如果到期日的即期汇率为1美元兑换80日元（或1日元兑0.125美元），总共需要12500美元，那么企业就会行使该期权，毕竟按执行汇率买入日元比按即期汇率要便宜。当执行价格对权利持有企业不利时，企业可以选择不执行期权，所以期权给了企业很大的灵活性。虽然远期合约的费用通常低于期权合约的费用，但企业必须执行合约，所以远期合同虽然费用低，但缺乏灵活性。

上例中的期权比较简单，属于普通期权。不过，新型期权或结构化期权的应用正在不断增加，特别是欧洲

的企业常常用它们来对冲风险。其根本目的是提供符合企业风险特征和承受力的期权产品，并且使风险溢价尽可能接近于零。

7.6.4 期货

外汇期货合约类似于远期合约，都是在货币交换实际发生之前，明确好未来某个时间的汇率。不过，期货合约交易在场内而非在场外交易。就期货合约购买而言，企业是与交易所经纪人合作，而不是与银行或其他金融机构合作。远期合约可以结合企业需要的外汇数量和时间进行制定，而期货合约则有规定的数量和到期日。因此，远期合约对企业而言价值更大。不过，期货合约对投机者和小公司很有用处，毕竟它们很难做远期合约。

7.7 外汇交易的过程

如果企业向外国顾客销售货物或服务，就会有外币收入，因此，需要将外币收入兑换成本币；相反，如果企业进口货物，那就需要将本国货币兑换成外币，以便付款给外国供应商。这些兑换通常是在企业与银行之间进行的。

早先，只有商业银行向顾客提供外汇服务。后来，美国纽约、芝加哥、旧金山等地的货币中心开始把外汇交易当作主要经营业务而不只是提供服务。通过建立联系业务，它们不仅可以作为小银行的中介，而且成了外汇市场的主要经销商。

如图7-6所示，左边描述的是当美国A公司需要将欧元兑换成美元时的情况，如当A公司收到德国进口商的欧元付款时；右边描述的是当美国B公司需要用美元买入欧元时的情况，如当B公司需要付款给德国供应商时。不管是哪种情况，美国公司都需要请银行帮助兑换货币。如果该美国公司是一家大型跨国公司，如美国或全球500强之一，那么它可能直接与货币中心银行进行交易（见图7-6顶部位置），而不会考虑其他金融机构。由于跨国公司与货币中心银行（或多家货币中心银行）已经形成了牢靠的关系，所以银行为客户进行外汇交易也仅仅是其所提供服务中的一项。500强之外的企业会通过其他金融机构进行操作，如本地或区域银行或其他能够使外汇交易便利化的金融机构。此时，金融机构A与金融机构B因其规模太小而无法独自经营，所以必须通过货币中心银行进行交易。

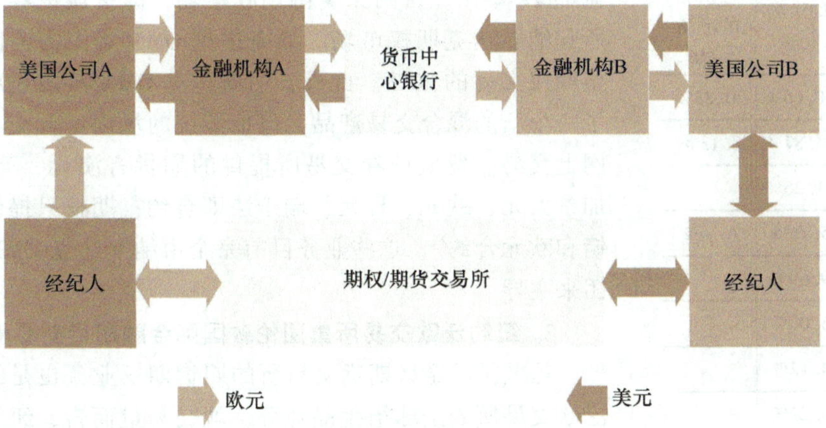

假设你是美国公司 A，已收到一笔欧元货款，现在希望卖出欧元，买入美元。为了完成交易，你可以联系你的当地银行或直接去货币中心银行。

另一方面，也许你是美国公司 B，现估计未来可收到欧元款项。为了避免汇率波动带来的风险，你希望现买入欧元以便将来兑换为美元。为此，你可以选择远期或互换交易，此时的操作恰好与美国公司 A 的操作相反。最后，公司 A 或公司 B 会选择通过期权或远期工具进行交易，而该交易可以在期权或期货交易所通过经纪人来完成。

图 7-6　外汇交易流程

假设美国公司 B 未来会收到欧元收入，由于无法以收到欧元当天的即期汇率进行交易，因此在货币最终付出之前，公司 B 可能考虑采用远期合约、掉期合约、期权合约或期货合约来保护自身的利益。金融机构 B 可以为公司 B 提供一项远期或掉期或期权合同，同时，公司 B 也可以考虑与其中一个交易所制定期权或期货合同，如芝加哥商业交易所。公司 A 未来需要用欧元支付时的情况也一样。

7.7.1　银行与交易所

过去，只有大型的货币中心银行才能直接进行外汇交易，作为客户的区域性银行必须依赖它们来进行交易。不过，电子交易的出现改变了这一现象。现在，即使是区域性银行，也可以链接到彭博、汤森路透或 EBS，可以在银行间市场或通过经纪人直接交易。尽管如此，数量最大的外汇交易业务主要仍发生在大型货币中心银行。由于范围广且交易量大，所以大型货币中心银行是全球外汇交易的定价者。

排名最前的外汇经销商。 外汇市场上服务顾客的能力并不完全取决于规模。《欧洲货币》杂志每年都会对世界各地的财务主管、贸易商和投资者进行调查，请他们选出自己最喜欢的银行以及银行间市场的主要经销商。除了考察交易量和服务质量外，评选排名最前的外汇经销商的标准还包括：

（1）特定地区（如伦敦、纽约和新加坡）的企业和其他银行对这些银行的排名。

（2）经营主要货币如美元和欧元的能力。

（3）经营交叉交易的能力，如欧元对英镑、欧元对日元等。

（4）经营具体货币的能力。

（5）经营衍生产品交易的能力（如远期、掉期、期货与期权）。

（6）开展研究与分析的能力[14]。

考虑到银行的能力差异，大公司可能会选择几家银行来处理外汇业务，并且选择那些在特定地区专业从事某些工具或货币的银行。例如，美国电话电报公司（AT&T）过去一直选择花旗银行，因为其服务地域广且业务币种多。不过，该公司现在也选择德意志银行开展欧元交易，选择瑞士银行开展瑞士法郎交易，选择英国西敏寺银行开展英镑交易，并选择高盛集团开展衍生品交易。

表 7-2 列出了按外汇交易排名的全球前十大银行。这些银行都是场外交易市场的核心成员，其中包括商业银行（如德意志银行和花旗银行）和投资银行（如瑞银集团、瑞士联合银行位于伦敦的投资银行部和瑞士银行）。无论是外汇交易的市场份额排名，还是按特定货币对的最佳银行排名，这十大顶级银行几乎总是位于名单的前列。还有一个有趣的现象是，全球银行业的联合导致外汇交易集中度的提高。例如，1998 年，177 家银行的交易占了全世界外汇营业额的 75%；而在 2010 年，仅 93 家银行就占了 75% 的营业额。在美国，这一数字已经从 20 家降至 7 家，在英国则从 24 降至 9 家[15]。

表7-2 按外汇交易排名的全球前十大银行

交易银行	估计的市场份额	在西欧的市场份额	在北美的市场份额	在亚洲的市场份额	在澳大拉西亚的市场份额
1. 德意志银行	14.57%	12.40%	13.16%	20.66%	20.83%
2. 花旗银行	12.26%	11.03%	12.31%	14.87%	8.13%
3. 巴克莱银行	10.95%	10.08%	12.89%	11.26%	
4. 瑞银集团	10.48%	13.21%	9.39%	5.76%	7.76%
5. 汇丰银行	6.72%	7.26%	4.16%	9.69%	
6. 摩根大通银行	6.60%	5.53%	9.21%	5.07%	
7. 苏格兰皇家银行	5.86%	7.92%	4.67%	4.12%	
8. 瑞士信贷银行	4.68%	5.67%	4.18%	4.22%	
9. 摩根士丹利投资公司	3.52%	2.74%	5.72%		
10. 高盛集团	3.12%		4.94%	2.07%	

资料来源：Based on Estimated Market Share source："FX Survey 2012: Overall reswlts," *Euromoney*（May 2012）-Estimated Market Share source; and Market Share by Region source："FX Survey 2012: Market Share by Region," *Euromoney*（May 2012）.

注：澳大拉西亚（Australasia）一般是指大洋洲的地区，包括澳大利亚、新西兰和邻近的太平洋岛屿。——译者注

7.7.2 主要外汇交易所

除了场外市场，以期权期货为主的外汇工具的交易是在商品交易所开展的。全球最著名的三大交易所为**芝加哥商品交易所集团（CME Group）、纳斯达克-OMX集团（NASDAQ OMX）和纽约泛欧交易所集团伦敦国际金融期货交易所（NYSE LIFFE）**。

1. 芝加哥商品交易所集团

芝加哥商品交易所集团于2007年7月9日由芝加哥交易所和芝加哥期货交易所合并而成。芝加哥商品交易所集团采取所谓的"喊价运作"：交易员站在台上喊出交易价格和数量。其交易平台与日渐流行的电子交易平台相连接。芝加哥商品交易所集团对许多不同类商品都可以进行交易。在外汇贸易方面，该集团开展60种期货与32种期权合约的交易，日流动资金超过1050亿美元[16]。该集团的期货期权按G10国家和新兴市场的货币开展交易。美元兑各种货币和交叉交易的合约都有提供，如欧元兑澳元。芝加哥商品交易所集团使用了CME Globex和CME Clearport两种不同平台进行商品和货币交易，技术是其在世界范围开辟和拓展交易的关键。

2. 纳斯达克-OMX集团

在2008年之前，费城证券交易所是货币期权交易的先驱之一。2008年7月，费城证券交易所和美国纳斯达克证券交易合并为纳斯达克-OMX集团。如今，纳斯达克-OMX集团经营两家美国期权市场，即费城证券交易所和纳斯达克期权市场。纳斯达克-OMX集团占美国股票期权交易的20%。此外，纳斯达克-OMX集团还成立了一个新的混合交易产品，包括传统的场内证券交易和网上交易。费城证券交易所提供的期货有澳元、英镑、加拿大元、欧元、日元、瑞士法郎合约；期权只提供英镑和欧元合约[17]。这些业务目前完全由纳斯达克-OMX集团来主导。

3. 纽约泛欧交易所集团伦敦国际金融期货交易所

伦敦国际金融期货交易所的期货期权业务也是纽约泛欧交易所的全球衍生品业务。就交易量而言，纽约泛欧交易所集团是欧洲最大的交易所，也是世界第二大交易所。伦敦国际金融期货期权交易所（LIFFE）成立于1992年，从事各种期货合同和期权交易。之后，它被泛欧交易所合并，当时泛欧是一家总部在法国、子公司在欧洲其他国家的欧洲股票交易所。自2003年以来，成员交易所的衍生产品电子交易平台被称为"LIFFE CONNECT"。2007年，泛欧交易所与纽约证券交易所合并为纽约泛欧交易所。目前，纽约泛欧交易所集团的国际衍生品交易由在泛欧交易所与纽约证券交易所合并之前就开发完成的LIFFE CONNECT平台负责交易。欧元对美元的期货期权合约也可以在LIFFE CONNECT平台上交易。如果纽约泛欧交易所集团购买洲际交易所（International Exchange，ICE）的交易能获监管机构的批准，那么合并后的企业将涉足许多产品领域，包括期货之类的衍生产品。

7.8 企业与外汇运用

企业开展外汇交易的目的是便利化常规业务交易和（或）投机。其财务部门负责制定货币交易的政策以及负责管理与银行的交易业务。从商业的视角来看，企业开展外汇交易的首要目的就是货物的进出口买卖。

当波音公司向南美最大航空公司秘鲁国家航空（LAN）出售新型787梦幻客机（Dreamliner）时，必须考虑付款货币以及如何收款问题。这种情况下，款项一般以美元支付，所以波音公司无须担心外汇市场波动（理论上波音的员工也无须担心此事）。然而，秘鲁国家航空公司则需要担心市场情况、在哪里兑换所需美元以及如何付款给波音公司等问题。

7.8.1 商业目的之一：进出口的现金流

当一个企业必须为购买付款或收到销售货款时，在所能采用的票据、结算货币（Currency of Denomination）以及保护程度方面有着众多选择。显然，如果波音公司追求的是最大程度的安全性，那么它可以让秘鲁国家航空公司在飞机交付前付清款项。虽然这里并未出现这种情况，但有时卖家为了控制整个交易就会采取此种方式。汇票和信用证是较常使用的方法。

1. 商业汇票

个人和公司在国内交易中可以使用现金支付账单，但一般会使用支票，而且常常采用电子支付。这里的支票也被称为**汇票**（Draft）或**商业汇票**（Commercial Bill of Exchange）。汇票是出票人（Drawer）指示受票人（Drawee）付款的一种工具。受票人可以是企业（如进口商），也可以是银行。在之后的案例中，汇票将被视为银行汇票。

跟单汇票和跟单信用证通常用来保护买卖双方的利益。要求在提交的票据上注明名称，以便于审计跟踪并识别交易各方。如果出口商要求立即付款，那么该汇票被称为**即期汇票**（Sight Draft）；如果款项可以之后付清，如发货后 30 日内付清，那么这种汇票被称为**远期汇票**（Time Draft）。

2. 信用证

即使采用了汇票，也总会出现进口商不按约定时间付款的可能。不过，**信用证**（Letter of Credit，L/C）下进口商所在国的买方银行必须对所提交的汇票付款，只要所提交的汇票附有规定的票据。当然，出口商仍然需要验证银行所开信用证的有效性，毕竟信用证有可能是由一家假冒银行所出具的。即便银行的参与使得安全性增加，但出口商还是需要依赖进口商的信用，毕竟实际交易中仍然可能出现不符。信用证可以按交易双方中任何一方的货币计价。如果采用进口商所在国的货币计价，那么出口商就需要通过商业银行将本币兑换成对方的货币。

虽然采用信用证比单独采用跟单汇票更具安全性，但仍然存在风险。对于有效的信用证，仍然需要符合所有规定的条款。例如，如果信用证要求货物分 5 个包裹装运，但分 4 个或 6 个包裹装运，那么就会因不符合信用证规定而无效。因此，必须充分理解票据的要求以及违约风险。虽然假冒信用证明显有风险，但全球金融危机导致违约风险不断暴露，原因是银行缺乏足够的资金

来给信用证做保证。2008 年之前，这方面的风险并不显著，但自 2008 年以来，企业对银行的信任出现了迟疑，担心银行可能不具备出具信用证的能力。另外，信用证是不可撤销的，即不能被取消，也不能在未经交易双方同意的情况下进行修改。

本章的一个核心问题就是信用证必须明确合同货币。如果信用证指定的不是出口商的货币，那么出口商必须在收到货款时尽快兑换成指定货币。

3. 保兑信用证

信用证除了之前所提及的交易各方外，通常还涉及保兑行。**保兑信用证**（Confirmed Letter of Credit）下，出口商就享有来自另一银行的保障。保兑行有时是出口商所在国的银行，有时是第三方国家的银行。通常，出口商不负责寻找保兑行，而是由开证行寻找一家已拥有信用关系的银行来保兑信用证。对于不可撤销信用证，除非经四方事先同意，否则任何条款都不可修改[18]。

7.8.2 商业目的之二：其他资金流

企业还有可能因其他原因而开展外汇交易。例如，如果美国公司在英国的子公司将英镑分红汇至母公司，那么母公司需要在外汇市场将英镑兑换成美元；如果母公司借款给英国的子公司，那么子公司也需要将美元兑换成英镑；而当子公司偿还本金和利息给母公司时，又需要将英镑兑换成美元。

1. 投机交易

企业有时为了获利而参与外汇市场交易，特别是一些银行和所有的对冲基金。不过，企业的财务部门有时也会把外汇业务作为企业的利润中心，此时买卖外汇的目的就是获取利润。

投资者可以通过参与外汇交易来投机获利或规避风险。所谓**投机**（Speculation），就是商品的买进与卖出，这里就是买卖外汇。投机既有风险，也有获利的机会。假设某对冲基金机构因预期欧元会走高而买进欧元。如果实际情况确实如此，那么投资者就会获利；反之，若欧元走低，那么投资者就要承担损失。投机者对于外汇市场很重要，因为投机者不仅能发现市场趋势，而且会充分利用这种趋势。此外，投机者可以通过在市场上买入一种货币而创造出对这种货币的需求，或者通过卖出而创造出供给。不过，投机也是一种风险很高的生意。近年来，电子交易的出现虽然吸引了很多日间交易员（Day Trader）。但问题是，日间交易员很少通过汇率投机而获利。正如第 9 章所讨论的，预测货币走势的确风险

很大。

2. 套利交易

套利（Arbitrage）也是一种寻求利润的活动，即在一个市场买入一种外币，然后迅速在另一市场（在其他国家）卖出，从而赚取差价。例如，经销商可能会在美国卖出美元买入瑞士法郎，然后在瑞士将瑞士法郎兑换成英镑，再在美国出售英镑兑回美元，最后得到了更多的美元。

套利活动的过程如下：假设经销商按 1 美元兑换 1.5 法郎的汇率将 100 美元兑换成 150 瑞士法郎，再将 150 瑞士法郎兑换成 70 英镑（汇率为 1 瑞士法郎兑 0.467 英镑），最后兑换回 125 美元（汇率为 1 美元兑 1.56 英镑）。此例中，最初出售了 100 美元，最后通过套利得到了 125 美元。考虑到全球汇率报价的透明性，通过套利赚取利润的难度非常大。不过，拥有大量资金的投资者仍然有可能快速获利。

利率套利（Interest Arbitrage）就是对不同国家的债券等工具进行投资的行为。经销商可以选择将 1000 美元在美国投资 90 天，也可以选择把 1000 美元兑换成英镑，在英国投资 90 天后再兑换回美元。这里，投资者可能会选择投资 90 天后所得利润最大的方案。

观点交锋

可以投机货币吗？

正方观点：

可以投机货币。人们进行外汇交易的原因很多，而投机就是其中之一。投机本身并不违法，也并非卑鄙行径。如同股票经纪人用他人的钱投资以获取高于市场平均水平的回报一样，外币交易员也是将他人的钱投资于外汇而为投资者赚取利润。个人也可以成为日间交易者，尝试自己在网络上进行交易并获利。投机就是持有某种货币头寸并借助对市场趋势的判断来获利。

电子交易的应用方便了外汇市场的各类投资者进行外汇投机。对冲基金是这种外汇投机中的主要角色。事实上，对冲基金经理并没有精准的战略可以遵循。不过，交易的透明性已迫使许多小投资者离开市场，只有那些大型的机构和交易商尚能从规模庞大但利润率较低的交易中赚取利润。对冲基金通常只做少量但规模庞大的投资项目，所以对冲基金经理在外汇市场所做的交易量非常之大。他们可能依据宏观经济环境对某种货币进行长线投资，或者设法做一些平衡货币买卖的策略，让一方的交易来保护另一方的交易。不管是哪种情况，对冲基金经理都是通过押注一种货币的未来头寸来为基金投资者赚取利润的。

内心脆弱者并不适合做投机买卖。不为投机者控制的政治和经济环境的变化都可能使盈利顷刻间化为亏损，速度要远快于股票市场。货币本质上具有不稳定性。回想一下 2007 年和 2008 年美元对欧元和日元大幅走低时的情况。那么，对冲基金经理该做些什么呢？他们可能会认为，美元有可能继续贬值。但是，如果美元升值了会怎样呢？或者他们会认为美元已经达到最低点，准备回升，所以经理需要买入美元。但是，美元何时会升值？升值幅度会是多少？到 2008 年 3 月中旬，美元在过去的 12 个月内下跌了 15%；两个月后，许多专家认为美元已经下跌至谷底将会上升。这些都是基于对市场的预期，因为预计美联储将停止降息，而且信贷危机也在缓和。现在，投机者不得不基于这些预测进行判断。类似的趋势也发生在 2010—2011 年，当时美元汇率从 2010 年年中的 1 欧元兑换 1.2187 美元降至 2011 年 5 月的 1 欧元兑换 1.4546 美元。然而，希腊债务危机的不确定导致了欧元的下跌，令投机者对下一步情况晦明难辨。

有时，投机者会基于良好的经济基本面而购买一种货币。有时，他们会购买或出售货币，因为他们认为政府会继续采取低效的经济政策。2012 年年底，日本的经济非常萧条，但是日元却很强劲。日本新政府宣布正在考虑让日元贬值的政策。对此，许多对冲基金迅速进入市场抛售日元，帮助政府降低了日元的价值。那么，他们认为日元下降至足够的程度，并且在对自己有利的情况下升值的时点是什么？实际上，很难判断价值波动的准确时间和上升或下降的幅度。只要市场自由、信息透明，交易员应能根据他们对未来的预测而获利。甚至有人认为，投机者可以借其对政治经济基本面走向的预测来帮助政府树立诚信。政府必须接受现实或者承担后果。当然，如果政府禁止投机者进入市场，那么投机者就很难交易和获利了。

货币投机只是货币投资的不同方式而已，它允许投资者分散化投资，而非只能做传统的股票和债券的组合投资。正如外汇交易可以是出于投机的目的，股票交易也可以说是一种投机。尽管我们将这些交易称作"投资"，但它们实际上只是另一种形式的投机，目的都是希望获得比市场平均水平更高的利润，而投机的收益必定要比一张 CD 的收益高得多。

⬅ **反方观点：**

不可以投机货币。无论是做外汇交易还是做证券交易，交易员都有着大量机会，能够通过违法或者违反企业政策的手段来赚取钱财。交易员个人想通过外汇或其他证券交易来赚钱的企图外加对金融机构监管的不严，都是导致丑闻发生的主要原因。

近年来，最出名的衍生品市场丑闻之一当属 28 岁的尼克·里森（Nicholas Leeson）和有着 200 多年历史的英国巴林银行的瓜葛。尼克·里森是巴林银行的一位交易员，在 20 世纪 90 年代初被派往新加坡以帮助银行解决一些问题。一年内，他就被升职为首席交易员，负责证券交易和结算。这意味着他的交易活动不受监管和制衡，从而为其打开了欺骗之门。

如果公司指派两个人分别负责证券交易和结算，那么负责结算的人就可以独立确认交易是否准确合法。1994 年，尼克·里森预测东京股票市场会上涨，于是在新加坡金融期货交易所（简称 SIMEX）购入了股指期货。当时，看到尼克·里森进行疯狂交易的绝大多数交易员还以为他是在为巴林银行的某个大客户服务，没有想到他是在利用巴林银行的资金进行投机。当时日本经济正在复苏，所以预测市场将继续上涨似乎很有道理，里森也希望借此为自己和巴林银行获得更多利润。但不幸的是，没人预料到 1995 年 1 月 17 日日本港口城市神户发生了大地震。

地震对城市的毁坏与不确定性使得日本股指出现了下跌，而尼克·里森不得不拿出现金来弥补期货合同的追加保证金。保证金就是作为金融交易安全保障的存款，不可以赊欠。如果金融工具的价格发生变化，保证金就会上涨，那么交易所就会要求另一方当事人——这

个案例中的尼克·里森——追加保证金[19]。

不过，里森不久就掏空了巴林的现金，而且不得不提供更多的保证金。他采取的办法之一就是做期权合约，利用其中的升水来弥补他的追加保证金。不幸的是，他是在用巴林银行的资金来为自己个人的头寸填补保证金，而不是为客户。此外，他还伪造文件来掩盖交易。

随着东京股票市场的持续下跌，尼克·里森也越陷越深，最后逃离了新加坡。之后他被逮捕并被带回新加坡，庭审后入了狱。按照巴林银行的估计，尼克·里森造成的损失超过了 10 亿美元，结果导致巴林银行被荷兰银行——荷兰国际集团（ING）收购[20]。

巴林银行破产之后，银行界纷纷采取措施以防范此类事件的再次发生。不过，欺诈交易之类的负面事件还是无法杜绝。2008 年，尼克·里森创造的损失纪录被法国兴业银行的杰洛米·科维尔（Jérôme Kerviel）所打破。作为曾经的后台职员（银行处理交易的部门），杰洛米·科维尔于 2005 年成为重要性相对小一些的 Delta 交易一部的交易员。在新的工作岗位上，他开始负责通过银行自有账户进行期货交易。他的工作就是建立反向的市场头寸，并利用基差来获取利润。但是，他开始进行单向操作为银行挣更多的钱，同时也希望得到更多的奖金。问题在于他押注欧洲市场会上升，但 2008 年年初欧洲市场却出现急剧下降。他采取了很多办法来应对银行的内部监控并对自己的所作所为撒谎，力图愚弄银行内部人员以掩盖自己的行为。银行最终发现了杰洛米·科维尔的所作所为，但此时他已经给银行造成了 500 亿欧元的风险头寸。在银行结清所有交易时，银行的损失已达 15 亿欧元，大约相当于 22.2 亿美元。与尼克·里森不同的是，杰洛米·科维尔并没有使用银行的钱为自己赚钱；但与尼克·里森一样的是，杰洛米·科维尔也给银行造成了严重的麻烦，导致银行损失惨重[21]。

思考题

所有类型的投机都是错的吗？为保护企业资产，企业应该如何制定政策来禁止其外汇交易员的投机行为？

● **未来展望**

外汇市场将走向何方？

外汇市场已经取得了跨越式发展，而且这种发展势头仍将持续。随着交易处理和全球信息传输速度加快，

外汇交易不仅使效率不断提高，而且将创造出更多的机会。就对企业的影响而言，那就是交易费用的降低以及

能以更快的速度获得更多种货币。

此外，随着各国政府对其经济有更好的把控以及货币市场自由化的不断推进，那些限制产品和服务自由流动的外汇管制会逐渐减少。尽管资本控制仍然会影响境外投资，但对产品和服务贸易的影响将越来越小。欧元的引入使欧洲的跨境交易更为便捷。随着欧元在欧洲地位的巩固，汇率变动将变小，也会分担一些美元的压力。然而，欧洲金融危机动摇了欧元本身及其在全球货币市场中的地位。英国至今仍然没有采用欧元，甚至还威胁要离开欧盟⊖。南欧的许多国家因承受严重的经济压力，也在质疑继续使用欧元是否有利。但是，随着全球经济的复苏，脱离欧元与欧盟的压力也渐渐消失。

全球外汇市场真正的王牌是中国的人民币。在之后的案例中，将会讨论中国政府持续推动外汇交易的自由化，但中国的人民币尚未成为可自由兑换的货币。鉴于中国拥有世界上最大的外汇储备，而且其投资遍布世界各地，特别是在自然资源丰富的新兴市场。在这些市场，人民币可能会成为一种主要的交易货币。甚至金砖国家巴西的货币雷亚尔，也在对货市场产生影响。不过，雷亚尔的影响可能有赖于大宗商品的价格，毕竟巴西十分依赖大宗商品出口，特别是对中国的出口。未来

的发展趋势之一，就是货币结算会通过交易各方的货币而非美元进行。现在，中国的人民币和巴西的雷亚尔之间就采用这种结算方式，因为两国之间有着紧密的贸易关系，巴西出口商品到中国，中国出口制成品到巴西。

技术进步虽然不会造成外汇经纪人全部消失，但确实会使外汇交易变得更加快捷、便宜。显然，技术进步时代的到来促使市场从电话交易转变为电子交易[22]。

很难想象在线交易的发展广度会如何。现在，很多企业都在向投资者进行推广，但绝大多数交易目前并非在网上进行。在线货币交易的发展将带走经销商的一部分市场份额，并会使更多的竞争对手进入外汇市场。此外，在线交易也会提高货币价格的透明度，简化交易过程，从而促使更多的投资者进入市场。有趣的是，外汇交易业务位列全球第三的巴克莱银行正在尝试建立自己的在线交易门户，从而为其金融以及非金融客户提供自动外汇交易工具。一种方法就是将该系统提供给其代理银行，然后由代理银行将系统提供给其对应的客户。实际上，这也是对外汇交易从电话交易转为互联网交易趋势的响应[23]。当然，这也要求银行为顾客提供更多的服务。德意志银行和瑞银集团这两大外汇交易商预期也在扩大其电子交易平台。

案例 7-2

该买入一些人民币了吗？

2011 年中期，中国政府力图决定何时让自己的货币——人民币（RMB）能够在全球货币市场上自由流动，并且允许人民币从中国流通到世界各地，最终使人民币成为世界主要货币之一。人民币，也称元，是中国货币的官方名称，也是基本计算单位。在货币市场上，人民币的符号为￥（与日元采用相同的符号），代码为CNY。由于这些术语可交换使用，所以本案例中统一使用"元"。尽管元的价值相对固定且受中国政府调控，但种种迹象表明，人民币的管制即将被解除。那么，这对货币交易者以及目前被美元、欧元、日元所主导的全球货币市场未来权利的平衡意味着什么呢？

1. 历史回顾

1994 年 1 月 7 日，经过对货币政策的讨论，中国政

府决定将人民币对美元的汇率调整为 1 美元兑 8.690元[24]。这在当时的中国比较容易做到，因为货币交易完全由政府控制而且不允许国外势力的干预。2004 年，中国香港居民可以进行港元兑换人民币的业务。到2005 年年初，人民币元对美元的汇率固定为 1 美元兑8.2665 元。但 2005 年之后，人民币汇率面临的压力逐渐增大，毕竟欧盟和美国面临着来自中国的进口品以及中国向发展中国家出口的激烈竞争。

1994 年，当中国实施固定汇率时，中国尚未被看成是重要的经济体。后来，情况慢慢发生了变化。2003年中国的国民总收入已经位列全球第七，仅次于美国、日本、德国、英国、法国和意大利。此外，中国的发展速度较排名前六的国家都要快。20 世纪 90 年代，中国

⊖ 2016 年 6 月 23 日，英国举行公投。24 日公布结果：脱欧阵营锁定最终胜利。——译者注

的年均增长率为 9.5%；21 世纪前几年，中国的年均增长率约为 8%。

中国制造业工资较低，使得中国对美国出口远多于进口。2004 年，中国对美国的贸易顺差高达 1550 亿美元，与欧盟的贸易顺差只有 860 亿美元。不过，在 2002—2004 年，中国与欧盟的贸易顺差翻了一番，增加额约为与美国贸易顺差的一半。在这一时期，欧盟的主要问题是欧元对美元升值了 45%，也就是说欧元对人民币升值了 45%，因为人民币与美元间是固定汇率。实际上，无论是在欧元区还是在欧洲产品的出口市场，中国的出口商品都要比欧洲产品便宜。也是在这一时期，中国对人民币流入与流出中国进行资本控制，所以大量人民币流入中国的银行部门，而无法流向海外。这意味着银行能以较低的汇率贷款，从而促进了房地产市场的快速发展。与此同时，中国也需要为建立金融储备金采取一些措施。起初，中国投资了大量的美国国债，从而为不断增长的美国预算赤字提供了资金支持。之后，政府开始鼓励对外国进行直接投资，尤其是针对世界各地自然资源的投资。

不过，中国在亚洲面临的竞争压力有些不同。由于大多数亚洲货币是与美元挂钩的，所以人民币与这些货币的汇率的波动区间非常有限。绝大多数亚洲国家将中国作为其产品的新市场，而且也不用担心有什么事情会影响中国的经济，从而降低对其产品的需求。

按照美国和英国评论家的观点，人民币的价值被低估了 15%~40%，所以中国政府有必要放开人民币并允许由市场来决定人民币的价值。这些压力既有政治层面的因素，也有经济层面的考虑。美国政府与中国政府一直在开展合作，以便人民币有更长的时间来重新定价。

2. 中国的政治压力

中国也有自己的政治压力。一方面，很多人因为预期人民币会重新定价而将资金转移到中国，从而形成了通货膨胀压力。这样，中国政府只好买入美元并发行人民币标价的债券，以此来降低外来资金的影响，缓解市场的压力。中国政府对于人民币重新定价和让投机者获利并不热衷，因此不断重申政府不会公布人民币是否会重新定价、何时重新定价以及价值是多少。中国政府也不想在外界各国的压力下对人民币重新定价，不然就有屈从国外之嫌。

最后，中国面临着严重的就业问题。尽管拥有十多亿人口的中国每年的人口增长率只有 1%，但每年所增加的人口就相当于危地马拉或厄瓜多尔的人口数量。所以，中国不仅需要创造更多的就业岗位来满足人口增长的需要，而且需要创造岗位以安置农业部门和国有企业的过剩劳动力。这就意味着每年需要新增 1500 万~2000 万个工作岗位，或者说每个月需要新增 125 万个工作岗位。相比之下，美国在 2005 年 4 月新增了 27.5 万个工作岗位。如果中国经济增长因控制通货膨胀而放缓，那么就需要强有力的出口部门来不断创造工作岗位。如果出口部门因人民币重新定价而出现萧条，那么就有可能引发社会混乱。

3. 货币篮子的出现

鉴于这些压力，中国在 2005 年 7 月 21 日迈出了历史性的一步，将人民币和与之挂钩十多年的美元脱钩，改为参照一篮子货币。尽管美元在决定人民币价值时占主导地位，但某些亚洲货币在一些时候也向世界展示了它们的影响力。所以，（中国的）货币篮子在很大程度上由美元、欧元、日元和韩元主导，而选择这些货币的原因在于其对中国外贸、投资和外国国债的影响。尽管货币篮子已增至 11 种货币，但上述 4 种货币仍然占有主导地位。

中国人民银行（中国的央行）每天确定一个中央平价汇率，并允许在规定的交易带内上下浮动。使用货币篮子这一举措使得人民币对美元汇率升值了 2.1%。脱钩之前，人民币对美元汇率保持在大约 1 美元兑 8.2665 元人民币，脱钩后突然变为 1 美元兑 8.1011 元人民币，上升了两个百分点。美国、欧盟和日本认为这一改变太小，所以一直坚称人民币被低估。

到 2006 年年底，人民币升值了 5.68%。这一变化对美国交易赤字的影响不大，因为 2007 年第一季度美国赤字达到了 569 亿美元，比 2005 年第一季度的 419 亿美元增加了 36%。国际社会将继续对中国施压。

针对这些压力，中国人民银行于 2007 年 5 月 18 日放宽了人民币汇率的交易波动区间，将交易带区间从固定汇率的上下 0.3% 扩大到 0.5%。显然，这些小改变并不能给交易者带来更多的交易空间。不过，这一措施是在与美国高层官员进行第二轮战略经济会谈之前做出的，而当时美国财政部正在准备关于货币市场的半年度报告。因此，很多人相信美国财政部的报告会把中国列为货币操纵国。

4. 循序渐进

在人民币对美元升值之前，中国处理外汇问题并不难，因为人民币对美元的汇率是固定的。在固定汇率下，交易员并不需要花费太多时间来进行判断。人民币汇率由国家外汇管理局（State Administration of Foreign Exchange，SAFE）管理，而该机构与中国人民银行联系十分密切。国家外汇管理局负责制定最新的外汇交易指导政策，同时管理中国的外汇储备。中国人民银行关注的是中国的经济基础设施是否有能力在自由市场里进行外汇交易。国际结算银行每三年都会向各国中央银行就外汇市场活动进行一次调查。根据2010年的调查结果，人民币就交易额而言，显然称不上为重要货币。此外，根据《欧洲货币》2011年的调查，中国也没有银行进入主要外汇交易银行排名。这里的原因在于绝大多数人民币存在中国，而且中国的银行也不被允许在中国香港设立营业点，以便在全球资本市场投资其数额巨大的人民币存款。

国家外汇管理局正在采取措施以改变这种状况。2005年，中国人民银行决定放宽对人民币价值的限制，允许上海的一些银行可以就8个货币对进行报价和交易，其中包括美元对英镑和欧元对日元。在此之前，银行经批准可以就人民币与4种货币的汇率进行交易：美元、港元、欧元和日元。到2020年，上海将极有可能成为中国的金融中心。然而，所有这些交易都是按固定汇率进行的，而且不涉及未包含人民币的货币对的交易。此外，国家外汇管理局也决定对七家国际银行（汇丰银行、花旗银行、德意志银行、荷兰银行（ABN AMRO）、荷兰国际集团（ING）、苏格兰皇家银行和蒙特利尔银行）以及两家国内银行（中国银行和中信实业银行）开放外汇交易。其中一些国际银行也是全球外汇市场上处理外汇业务经验最富的外汇交易商。例如，汇丰银行于1865年在中国香港开业，其分支现已遍布全球，而且其股票已在伦敦、香港、纽约和百慕大等交易所上市。一旦人民币管制取消，那么汇丰银行就可以利用其地理上分布广泛的优势，轻松地拓展人民币交易业务。

5. 快速前行

然而，全球金融危机促使中国政府在2008年7月—2010年10月不得不再次规定将人民币与美元挂钩。其间，中国和美国就货币价值开展了"口水仗"。美国希望人民币继续升值来帮助解决双方的贸易不平衡问题，而中国希望美国管控好其经济并能稳定美元价值，毕竟当时美元对绝大多数的其他货币都处于不断贬值中。中国甚至号召建立新的储备资产以取代美元储备。为什么中国那么担心美元的价值呢？因为中国几乎所有的外汇储备（达3万多亿美元，为全球第一）都来自其巨大贸易顺差的美元，所以中国最不希望看到的就是其美元储备在全球经济中贬值。

6. 经济挑战

到2010年年底，中国不仅在GDP上超越日本成为全球第二大经济体，而且与美国的差距正在迅速缩短。此外，中国超越德国和美国，成为世界上最大的出口国。这意味着中国的外汇资产仍将大量增加。不过，其巨大的外汇储备因美元对世界其他货币的贬值而面临遭受损失的风险。

中国于2010年6月决定让人民币对美元逐步升值。到2010年年底，人民币对美元升值了3.6%。不过，因为中国的通货膨胀上升速度要快于美国，所以中国的出口商品变得越来越贵。随着货币的升值和通货膨胀的加剧，导致其竞争优势的丧失。面对通货膨胀、工资水平上升以及人民币的升值，制造商只好将工厂转移到生产力成本较低的内陆地区甚至海外。许多美国制造商开始将制造厂迁回美国，或者转移到劳动力成本较低的其他亚洲国家。

在2005年7月—2013年4月期间，人民币实际汇率升值了33.8%。自2010年6月以来，人民币对美元升值了10%，所以两国货币汇率之间出现了一些新动向。不过，按照许多专家的看法，人民币对美元的价值仍然被低估，无助于解决与其他国家的贸易问题。

7. 交易基础设施的完善

与此同时，中国人民银行在2009年宣布，政府将允许上海以及另外四大城市的企业可以使用人民币而不要求使用美元来结算对外贸易。要知道，全球外汇交易的约84.9%都涉及美元。如果中国的进出口商能够更多地使用人民币而不是美元进行结算，那么就可以省下一大笔交易费用。当然，人民币的重要性也会逐渐增强。

尽管中国希望上海成为未来的金融中心，但是大多数人民币交易是在香港进行的，而香港的外汇交易占全球外汇交易的5%。香港是中国内地之外唯一可以设立人民币银行账户的地方，香港也是中国货币交易自由化的试验田。然而，新加坡也被看作是进行人民币交易的场所，而且其外汇交易体制与中国香港类似。

2007 年,中国人民银行允许汇丰银行和东亚银行在香港发行人民币债券,使得香港作为海外人民币交易离岸金融中心的重要性得到提升。随着银行和企业人民币债券和证券的不断发行,人民币在海外流通的总量将稳步增长。从传统外汇交易的立场来看,2010 年人民币参与外币掉期交易和远期交易的数量分别增长了 60% 和 235%。尽管规模仍然不大,但交易量增加很快。2011 年 4 月,国家外汇管理局决定允许开展银行与银行以及银行与企业之间的期权交易。

2010 年 10 月,英国毅联汇业(ICAP PLC)和汤森路透开始在其电子交易平台上开展人民币交易,并宣布将与美国和欧洲的银行合作,以便通过它们的平台开展人民币交易。在此之前,香港的银行是通过场外交易或经纪人进行银行间人民币交易的。电子平台的应用必然会增加交易的透明度和便利性。德意志银行和其他银行现在都可以通过英国毅联汇业和汤森路透社的平台进行人民币交易。虽然如此,但相对于中国本土市场的交易,境外交易的规模还是很小,而且由外汇管理局确定的固定汇率仍是最重要的汇率。尽管香港是一个特别行政区,有着自身的法律法规,但当涉及诸如人民币交易之类的问题时,它必须与中国内地密切合作。

2010 年下半年,中国政府放松了一些关于香港的银行怎样使用人民币的限制。银行和个人可以在本土之外自由进行人民币交易,而且获准进行人民币交易的企业数量也出现了增加。不过,政府仍然对中国与世界其他国家和地区间的人民币流入和流出进行控制,以防通货膨胀和汇率出现失控。政府也始终严格控制货币交易。如果银行希望在香港进行货币交易,那么需要经由香港金融管理局监督下的金融机构的清算和结算的安排。

在香港,并非世界上所有的货币都可以与人民币进行交易。汤森路透集团一开始就允许人民币与美元、日元和欧元进行交易,然而英国毅联汇业开始时只允许人民币与美元进行交易。当然,这两种服务都能扩大可交易的货币。由于港元与美元挂钩,所以美元在香港就是基础货币。中国的大多数货币交易都涉及美元。在离岸市场上,人民币常用 CNH 表示,但标准的符号是 CNY。自 2010 年规则变化以来,人民币的日外汇交易量短短几个月就从 0 增加到 2 亿美元。诸如花旗银行、汇丰银行等银行都已开始提供人民币的期权和利率衍生品。

中国内地的市场受政府的严格控制。主要货币中心银行(如汇丰银行)被允许在中国进行货币交易,而且其交易量已让中国大型银行黯然失色。这些银行在全球交易中享有专业技术优势,因此在中国之外的市场显得更加重要。由于中国和新加坡正在探索新加坡如何能像中国香港那样成为另一个人民币交易中心,国际银行也在尽量提升其在中国香港和新加坡两地从事人民币交易的能力。随着中国对资本管控的逐步放松,国际银行也在竞相加入与中国大型银行的竞争,而中国的这些银行本身也开始逐渐参与全球外汇交易的竞争。

思考题

1. 为什么人民币成为世界主要货币很重要?

2. 如果要像美元、欧元那样成为全球主要货币,人民币需要采取哪些举措?

3. 为什么中国政府在放开人民币交易并让市场来决定其海内外价值问题上显得犹豫不决?

4. 在人民币逐渐成为全球性货币的进程中,诸如汇丰之类的外国银行以及诸如汤森路透和英国毅联汇业之类的电子交易平台起着什么样的作用?

5. 2013 年年底,国际结算银行发布其三年一度的外汇调查报告。请访问 bis.com 网站并阅读该调查报告。这份调查报告与本章所提到的 2010 年调查报告在报告的内容方面主要有哪些差异?

本章小结

1. 外汇是指以其他国家或国家集团的货币来命名的货币。汇率就是货币的价格。

2. 外汇市场由货币中心银行主导,其他金融机构(如地方银行和区域银行)和非金融机构(如企业和政府)也是外汇市场的参与者。

3. 经销商可以通过电话或电子平台进行外汇交易,通常采用的平台包括汤森路透、EBS 和彭博外汇服务平台。

4. 外汇市场分为 OTC(场外交易)和场内交易。

5. 传统的外汇市场由即期、远期和外汇互换市场构成。其他重要的外汇工具有货币互换、期权和期货。

6. 即期交易是指在交易双方按约定汇率在两个工作日内进行交割的外汇交易。

7. 直接远期交易要求在交易双方达成交易后的第三

天或更久的某个日期进行交割；而外汇掉期是指同时进行即期和远期交易。

8. 全球外汇交易日交易总额大约为5.3万亿美元。美元是全球使用最广泛的货币（几乎占全部交易单向总额的85%）。伦敦是全球重要的外汇交易中心。

9. 外汇经销商会报出外汇的买入价和卖出价。美式报价下，经销商的报价是买卖单位外币的本币数额；欧式报价下，经销商的报价是买卖单位本币的外币数额。分子中的货币被称为计价货币，而分母中的货币被称为基准货币。

10. 如果远期合约中的外币未来会走强（即远期市场上外币的美元价格高于即期市场上外币的价格），那么该外币可升水出售；反之，该外币需要贴水出售。

11. 期权是指在将来某个时间买卖某种货币的权利而非义务。期权可以在场外交易，也可以在交易所交易。

12. 外汇期货合约是在交易所交易的工具，而且约定了未来买卖外汇的价格。不过，期货合约的数量和到期日是被固定的。

13. 企业通过外汇经销商进行外汇交易。此外，经销商之间也进行外汇买卖，通过经纪人人工报价、电子经纪服务平台或直接与其他银行经销商开展外汇交易。互联网外汇交易正在变得日益重要。

14. 从事外汇交易的主要机构为大型的商业银行或投资银行以及证券交易所。商业银行和投资银行在全球各地从事各种货币的经营业务。芝加哥商品交易所集团和费城股票交易所从事期货和期权交易。

15. 企业用外汇来结算交易活动（包括产品和服务的进出口、对外投资），以及通过套利或投机来赚取利润。

关键术语

美式报价	衍生品	外汇掉期	期权
套利	直接报价	对冲基金	直接远期交易
国际清算银行（BIS）	汇票（或商业汇票）	间接报价	即期汇票
基准货币	欧式报价	银行间交易	投机
买入汇率	汇率	利率套利	即期汇率
套息交易	外汇	信用证	即期交易
芝加哥商品交易所集团	外汇市场	纳斯达克-OMX集团	基差
保兑信用证	远期贴水	纽约泛欧交易所集团伦敦国	计价货币
交叉汇率	远期升水	际金融期货交易所	远期汇票
货币互换	期货合约	卖出汇率	

参考文献

1 **Sources include the following:** World Bank, *Migration and Remittances Factbook 2011* (The International Bank for Reconstruction and Development/World Bank: Washington, D.C., 2011); "Topics in Development: Migration & Remittances," worldbank.org (accessed May 3, 2013); "The GCC in 2020: The Gulf and its People," Economist Intelligence Unit, 2009; "Immigrants Sent 3.7 Billion Euros from Spain to Latin America in 2006, Says IDB Fund," press release, Inter-American Development Bank (June 5, 2007); "Remittances to Latin America and the Caribbean to Top $100 Billion a Year by 2010, IDB Fund Says," press release, Inter-American Development Bank (March 18, 2007); Marla Dickerson, "Cash Going to Mexico Likely to Start at a Bank," *Los Angeles Times* (February 14, 2007): 21; Miriam Jordan, "U.S. Banks Woo Migrants, Legal or Otherwise," *Wall Street Journal* (Eastern Edition) (October 11, 2006): B1; Ioan Grillo, "Wired Cash," *Business Mexico* 12:12/13:1 (2003): 44; Julie Rawe, "The Fastest Way to Make Money," *Time* (June 23, 2003): A6; Rosa Salter Rodriguez, "Money Transfers to Mexico Peak as Mother's Day Nears," *Fort Wayne* (IN) *Journal Gazette* (May 1, 2005): 1D; Deborah Kong, "Mexicans Win Back Fee on Money They Wired," *Grand Rapids* (MI) *Press* (December 19, 2002): A9; Karen Krebsbach, "Following the Money," *USBanker* (September 2002): 62; Tyche Hendricks, "Wiring Cash Costly for Immigrants," *San Francisco Chronicle* (March 24, 2002): A23; Nancy Cleeland, "Firms Are Wired into Profits," *Los Angeles Times* (November 7, 1997): 1; David Fairlamb, Geri Smith, and Frederik Blafour, "Can Western Union Keep On Delivering?" *Businessweek* (December 29, 2003): 57; Heather Timmons, "Western Union: Where the Money Is—In Small Bills," *Businessweek* (November 26, 2001): 40.

2 Sam Y. Cross, *All about the Foreign Exchange Market in the United States* (New York: Federal Reserve Bank of New York, 1998): 9.

3 Cross, *All about the Foreign Exchange Market,* 9.

4 Bank for International Settlements, "Triennial Central Bank Survey: Foreign Exchange Turnover in 2013: Preliminary Global Results (Basel: BIS, September 2013, 6.

5 Bank for International Settlements, "Triennial Central Bank Survey: Report on Global Foreign Exchange Market Activity in 2010," (Basel: BIS, December 2010): 16.

6 Ibid., 35.

7 Cross, *All about the Foreign Exchange Market,* 19.

8 Bank for International Settlements, "Triennial Central Bank Survey, (2013), 6."

9 Brian Dolan, "Tailoring Your Technical Approach to Currency Personalities," www.forex.com/currency_pairs.html (accessed October 8, 2009).

10 Cross, *All about the Foreign Exchange Market,* 12.

11 Source: wsj.com/mdc/public/page/2_3021-forex.html

12 Ibid.

13 Ibid.

14 See "Foreign Exchange Poll 2009: Methodology," *Euromoney* (May 2009), 76.

15 Bank for International Settlements (2010 Survey), *op cit.,* 9.

16 CM Group 2013 "FX Products: Product Guide & Calendar" at www.cmegroup.com/trading/fx/files/2013-product-guide-and-calendar-fx-products.pdf (accessed March 28, 2013).

17 PHLX News Release, "The Philadelphia Stock Exchange and the Philadelphia Board of Trade to Expand World Currency Product Line with Launch of Options and Futures on Major Currencies," phlx.com/news/pr2007/07pr042707.htm (accessed April 27, 2007).

18 A confirmed letter of credit adds the obligation of the exporter's bank to pay the exporter.

19 More specifically, Leeson did not actually buy the contracts outright, but rather paid a certain percentage of the value of the contract, known as the *margin.* When the stock market fell, the index futures contract became riskier, and the broker who sold the contract required Leeson to increase the amount of the margin.

20 "The Collapse of Barings: A Fallen Star," *The Economist* (March 4, 1995): 19–21; Glen Whitney, "ING Puts Itself on the Map by Acquiring Barings," *Wall Street Journal* (March 8, 1995): B4; John S. Bowdidge and Kurt E. Chaloupecky, "Nicholas Leeson and Barings Bank Have Vividly Taught Some Internal Control Issues," *American Business Review* (January 1997): 71–77; "Trader in Barings Scandal Is Released from Prison," *Wall Street Journal* (July 6, 1999): A12; Ben Dolven, "Bearing Up," *Far Eastern Economic Review* (July 15, 1999): 47; "Nick Leeson and Barings Bank," *bbc.co.uk*, at www.bbc.co.uk/crime/caseclosed/nickleeson.shtml (accessed May 19, 2005); Nick Leeson and Edward Whitley, *Rogue Trader* (London: Little, Brown, 1996): 272.

21 David Gauthier-Villars and Carrick Mollenkamp, "Société Générale Blew Chances to Nab Trader," *Wall Street Journal* (January 29, 2008): 1; Gauthier-Villars, Mollenkamp, and Alistair MacDonald, "French Bank Rocked by Rogue Trader," *Wall Street Journal* (January 25, 2008): A1; Gauthier-Villars and Mollenkamp, "Portrait Emerges of Rogue Trader at French Bank," *Wall Street Journal* (February 2, 2008), A1.

22 Steve Bills, "State St.'s Forex Deal a Lure for Hedge Funds," *American Banker* (January 23, 2007): 10.

23 Steve Bills, "Barclays Seeking Forex Boost via Online Offerings," *American Banker* (October 10, 2006): 17.

24 ***Sources include the following:*** Ying Fang, Shicheng Huang and Linlin Nie, "De Facto Currency Baskets of China and East Asian Economies: The Rising Weights," BOFIT Discussion Papers, vol. 2/2012; U.S. Department of the Treasury, "Report to Congress on International Economic and Exchange Rate Policies" (Washington D.C., Office of International Affairs, U.S. Department of Commerce, April 12, 2013); Tom Orlick, "Get Ready: Here Comes the Yuan," *The Wall Street Journal* (June 2, 2011): C7; Peter Stein, "The Chinese Test Kitchen," *The Wall Street Journal* (June 2, 2011): C8; Peter Stein and Shai Oster, "China Speeds Yuan Push," *The Wall Street Journal* (April 20, 2011); Lingling Wei, "Beijing Considers New Hub for Yuan," *The Wall Street Journal* (April 9–10, 2011), B1; Wynne Wang and Jean Yung, "China Allows More Options for Trading in Yuan," *The Wall Street Journal* (February 17, 2011): C2; "The Rise of the Redback," *The Economist* (January 22, 2011): 14; Shai Oster, Dinny McMahon, and Tom Lauricella, "Offshore Trading in Yuan Takes Off, *The Wall Street Journal* (December 14, 2010) A1; Dinny McMahon, "Yuan Goes Electronic in Global Market Bid, *The Wall Street Journal* (October 8, 2010): C1.

第8章

汇率的决定

无钱之人无朋友。

——阿拉伯谚语

本章目标

通过本章学习，应能：

1. 描述国际货币基金组织及其在汇率决定中的作用。
2. 讨论各国采用的主要汇率安排。
3. 解释欧洲货币体系以及欧元如何成为欧元区的流通货币。
4. 找出决定汇率的主要因素。
5. 说明管理者应该如何预测汇率变化。
6. 解释汇率变化如何影响经营决策。

案例 8-1

萨尔瓦多采用美元

萨尔瓦多，一个有 610 万人口的国家，是中美洲国土面积最小但人口密度最大的国家——其国土面积相当于美国的马萨诸塞州[1]。1960 年，萨尔瓦多与危地马拉、洪都拉斯、尼加拉瓜三国成立中美洲共同市场（CACM）并成为始创成员（哥斯达黎加于两年后加入）。截至 2006 年 3 月 1 日，萨尔瓦多是首个签署了中美洲—多米尼加共和国自由贸易协定（CAFTA-DR A-greement）的中美洲国家。这样，萨尔瓦多与美国的贸易关系变得更为紧密了。

1994 年，萨尔瓦多政府决定其货币科朗实施钉住美元的汇率制度。2001 年，萨尔瓦多决定完全废除钉住美元的汇率制度，转而把美元作为本币，从而完成了向美元化的过渡（不过，科朗实际退出流通花了两年时间）。目前，萨尔瓦多是在汇率安排方面 10 个没有本币的国家之一，而且其中的 7 个使用了美元。

拉丁美洲的另外两个国家也以美元为本币：巴拿马在一个世纪前从哥伦比亚独立出来时就开始使用美元；厄瓜多尔于 2000 年出于消除极度通货膨胀的目的而将经济美元化。

1. 为什么采用美元？

为什么萨尔瓦多要采用美元？萨尔瓦多经济与美国经济联系紧密。事实上，在萨尔瓦多采用美元的那个时候，美国从萨尔瓦多的进口占了萨尔瓦多出口的 2/3 以上。此外，有 200 多万萨尔瓦多人生活在美国，他们将所挣的钱汇回萨尔瓦多，而这笔款目几乎相当于萨尔瓦多的出口所获。通过采用美元为本币，就可以消除或者至少可以降低贬值的风险，这样外国银行就更有信心借钱给萨尔瓦多，萨尔瓦多政府和企业因而可以获得低利率资金。萨尔瓦多企业的借款利率是拉丁美洲地区最低的。此外，低利率使得借款更具吸引力，消费者贷款就会增加。有关美元化影响的研究表明，降低货币风险能够使利率降低 4～5 个百分点，从而给社会和公众带来节约。

2. 厄瓜多尔：测试用例

厄瓜多尔于 2000 年将本国货币与美元挂钩。不过，厄瓜多尔的情况与萨尔瓦多有些不同。厄瓜多尔的人口超过萨尔瓦多的 2 倍，但其国民总收入（GNI）不到萨尔瓦多的 2 倍。此外，厄瓜多尔也不像萨尔瓦多那样依赖美国市场。当厄瓜多尔决定实行经济美元化时，厄瓜多尔总统正在遭遇政治危机，所以关于经济美元化的决定完全超出了大家的预料。1999 年，厄瓜多尔的消费物价通胀率达 52.2%，是拉丁美洲国家中最高的。直到 1999 年 2 月，厄瓜多尔央行一直维持缓慢的爬行钉住汇率制。不过，当科朗迅速贬值到 65% 的时候，货币压力迫使央行厄瓜多尔放弃稳定而允许货币自由浮动。

当时，巴拿马是拉丁美洲唯一经济美元化的国家，尽管阿根廷已正式将其货币与美元相联系。因此，厄瓜多尔当时只是被许多人看成一个将被推广到拉丁美洲国家——特别是萨尔瓦多——的测试用例。世界银行的一位官员在分析厄瓜多尔做出该决定的理由时指出："大多数国家都背有数量巨大的美元债务，它们的外汇储备大多为美元，而且所签的合同都采用指数美元。"此外，厄瓜多尔是石油输出国组织（OPEC）的成员国，获得的主要外汇收入来自石油美元。厄瓜多尔与萨尔瓦多的一个区别在于：厄瓜多尔保留了本币苏克雷（ESC），但与美元的汇率维持在 1 美元兑 25000 苏克雷的水平；而萨尔瓦多仅使用美元，不再使用本币。

那么，测试结果如何呢？厄瓜多尔的经济美元化尝试虽取得了成功，但事情似乎并没有那么简单。当美元化于 2000 年正式施行时，其通货膨胀率上升至 96.1%，随后于 2001 年回落至 29.2%，2002 年低于 20%，2003 年下降至 7% 以下，2006 年达到了最低点 3.4%。与此同时，近 70% 人口的生活处于贫困线以下，而且厄瓜多尔仍然存在美元化所无法解决的经济与政治问题。特

别地，美元相对于厄瓜多尔周边贸易伙伴货币的升值也给厄瓜多尔实现贸易平衡带来了麻烦。此外，厄瓜多尔也面临着其他麻烦，如油价的跌落以及海外向厄瓜多尔国内汇款的减少。

3. 经济美元化的负面影响

显然，经济美元化带来了许多优势。那么，经济美元化又有什么弊端呢？纵观萨尔瓦多的邻国，在萨尔瓦多实施美元化后，萨尔瓦多 2/3 以上的出口面向的是美国，而到 2003 年，一切都发生了改变：对美国的出口仅占 19%，位列最大出口目的国危地马拉之后。截至 2013 年，萨尔瓦多 41.6% 的商品出口到美国，13.9% 出口到危地马拉，13.2% 出口到洪都拉斯，6.0% 出口到欧盟 27 个成员国，5.6% 出口到尼加拉瓜。萨尔瓦多商品的前五大出口目的地中，有四个为中美洲共同市场（CACM）的成员国。在进口方面，美国是萨尔瓦多最大的供应国，占萨尔瓦多进口的 38.2%，其次分别为危地马拉、墨西哥、欧盟和中国。

4. 爬行钉住汇率制和爬行波幅汇率制

萨尔瓦多的中美洲邻国采用了不同的汇率制度。哥斯达黎加和尼加拉瓜采用的是爬行钉住汇率制，即其货币将定期根据选定的指标进行调整。在这种情况下，它们的货币价值必须钉住美元汇率。然而，它们的货币比紧钉美元价值的萨尔瓦多和洪都拉斯的货币更具弹性。危地马拉货币实施的是有管理的浮动汇率制，其货币价值取决于通货膨胀情况。在 2008 年金融危机期间，货币价值并没有像前几年那样彼此相差很多。那时，哥斯达黎加的科朗对美元下降了 43.9%，尼加拉瓜的科多巴对美元下降了 26.5%。同一时期，洪都拉斯的伦皮拉对美元下降了 15%，但现在其货币价值正式实施钉住美元制。危地马拉的格查尔采取有管理的浮动汇率制，其货币价值仍然与美元紧密相关。

5. 美元化的艰难生存

一方面，萨尔瓦多的企业面临的问题是其价格和竞争力与美元价值密切相关。在 20 世纪初，萨尔瓦多的企业因萨尔瓦多货币对中美洲邻国货币的升值而出口艰难。洪都拉斯和尼加拉瓜的企业因其货币对美元的贬值而享有巨大的成本优势。对此，萨尔瓦多的企业应该如何进行竞争呢？萨尔瓦多必须寻求新的增长点，如航运、旅游和通信等，目的就是要避免因相对于邻国的成本上升而导致产业的空心化。

这里以弗雷斯科集团和西拉莎集团（Hilasal）为例。

许多萨尔瓦多企业不得不转变经营方式。弗雷斯科集团是萨尔瓦多的一家家族纺织企业，一直处于艰难竞争中。虽然该公司可以获得低成本的贷款来扩张生产设施，但仍然必须放弃简单的服装缝制，转而从事图样设计、原料采购和来样服装生产。

总体而言，弗雷斯科集团必须进入高端市场，同时必须放弃低端业务，毕竟中美洲其他国家的企业因货币贬值而在低端业务方面具有优势。由于纺织与服装市场的配额已于2005年取消，所以该公司还需要考虑来自中国和印度纺织企业的竞争。

面对印度和中国纺织服装出口自2005年以来的激烈竞争，弗雷斯科集团很可能会因失去立足之地而消失。不过，西拉莎集团则幸存下来并取得了增长，这堪称纵向一体化的成功案例。西拉莎集团也是一家家族纺织企业，创建于1942年。目前，该公司是生产纤维活性印刷沙滩巾的全球最大的生产商之一，也是北美地区最大的毛巾制造商。该公司建有萨尔瓦多出口免税区，即毗邻圣萨尔瓦多的免税服务与商业园。西拉莎集团在该园区拥有六家服装厂和一个物流中心，雇用了大约2500名工人。西拉莎集团的成功部分归因于萨尔瓦多经济和政治的稳定，部分归因于从2001年起萨尔瓦多

将美元作为官方货币的政策，毕竟这一政策使得该国的经济更具稳定，对外资的吸引力也大大增加。

6. 萨尔瓦多经济美元化的前途

萨尔瓦多希望海外萨尔瓦多人的汇款能带来外国直接投资的增加，也希望对其他国家贸易壁垒的减少有助于刺激经济并抵消经济美元化的负面影响。不过，正如上面所解释的，经济美元化对萨尔瓦多经济的损害并未发生。当然，全球金融危机使得海外萨尔瓦多人的汇款直接出现了下降，而且外国直接投资也大幅减少。不过，因为邻国货币对美元价值仍然保持相对不变，这就减少了货币汇率对萨尔瓦多竞争能力的影响。的确，2008年秋美元最初的强势削弱了萨尔瓦多的出口竞争力，但随后美元的走弱也有利于该国的出口。

思考题

1. 鉴于萨尔瓦多经济美元化的成功，你认为中美洲—多米尼加共和国自由贸易协定的其他国家是否也应该以美元为本币？请说明原因。

2. 如第6章所述，虽然墨西哥、加拿大与美国是北美自由贸易协定的合作伙伴，但它们仍然使用本国货币。相反，萨尔瓦多和厄瓜多尔并非北美自由贸易协定的成员，但选择以美元为本币。请分析加拿大和墨西哥决定不以美元为本币的原因。

8.1 引言

如第8章所述，汇率表示需要用多少单位的某种货币去换取一单位的其他货币。虽然汇率的定义看似简单，但管理者必须了解政府是如何确定汇率的，以及导致汇率发生变化的原因。对这些问题的了解有助于管理者预测汇率的变化，并就那些对汇率变化敏感的经营因素做出决策，如原材料及零部件的采购、生产与装配的安排以及最终市场的选择。

8.2 国际货币基金组织

在第二次世界大战即将结束之前的1994年，重要盟国政府在美国新罕布什尔州的布雷顿森林举行会议，商讨并决定如何实现战后世界经济的稳定和增长。作为这一次会议的成果，**国际货币基金组织**（International Monetary Fund，IMF）于1945年12月27日正式成立，其目标是促进汇率稳定并便利化货币的国际流动。1947年3月1日，国际货币基金组织正式开展运作[2]。

8.2.1 起源与目标

IMF协议的初始签约国为29个。截至2011年6月1日，IMF共有187个成员[3]。国际货币基金组织（IMF）的基本任务包括：

（1）促进国际货币合作和汇率稳定。

（2）促进国际贸易的平衡增长。

（3）为协助成员解决国际收支困难或减少贫困提供资源[4]。

通过一系列的监管手段，IMF可以监控全球经济以及各个国家的经济状况，并提出必要的政策调整建议。除了监管之外，IMF还提供技术援助（主要针对中低收入国家），并向出现国际收支平衡的成员国提供贷款。

布雷顿森林体系和平价原则。《布雷顿森林协定》（Bretton Woods Agreement）建立了一种固定汇率制度。按照该汇率制度，IMF各成员国为其货币确定某个基于美元和黄金的平价（Par Value）。由于美元的价值被固定为每盎司黄金35美元，所以无论是以美元还是以黄金为基准货币的平价都相同。因此，这一平价就成了各国货币间价值比较的基准。此外，各国货币可以根据货币

的供给与需求情况在其平价的 1% 的范围内浮动（1971年 12 月调整为 2.25%）。当然，只要获得 IMF 的批准，也可以对平价进行额外的正式调整。正如后文所述，当 IMF 寻求更大的汇率弹性时，平价就被废除了。

由于美元在 20 世纪 40 年代和 50 年代处于强势地位以及拥有巨大的黄金货币储备，IMF 成员国的货币都按黄金和美元来定价。到了 1947 年，美国持有全球官方黄金储备的 70%，于是各国政府买卖的是美元而不是黄金。当时，虽然没有明确表达，但各国普遍认为美国会用黄金买回美元。自此，美元就成了全球货币交易的基准，即便汇率制度已经从固定汇率制转变为浮动汇率制了。

8.2.2 国际货币基金组织的现状

1. 份额制

一国在加入 IMF 时，需要出资一定数目的资金。这笔出资被称为**份额**（**Quota**），具体多少取决于该国经济在全球经济中的相对规模。IMF 不仅可以将这些资金出借给各国，而且把份额作为分配一国可从 IMF 获得借款额度的基准。如后文所述，IMF 也是根据份额来分配各国的特别提款权（SDR）的。

此外，份额还决定了各成员的投票权。2010 年 12 月 15 日，国际货币基金组织理事会批准了一篮子改革方案：一是将总份额加倍，达到 SDR476.8（按照当时汇率约为 7500 亿美元）；二是将较多的份额转给充满活力的新兴市场和发展中国家（EMDC）。按照新的份额分配方案，美国仍然拥有最多的份额，而中国所拥有的份额数将上升到第 3 位[5]。

2. 援助计划

除了确立汇率机制，IMF 通过与成员国谈判，可以向成员国提供大量资金援助，前提是对方同意实施一定的经济稳定政策。具体安排须以意向书的形式报告给 IMF 的执行委员会。如果得到批准，该委员会就会分期发放援助资金，以便监督有关进度。

3. 特别提款权

为帮助增加国际储备，IMF 于 1969 年创立了**特别提款权**（**Special Drawing Right**），目的是帮助巩固当时的固定汇率制。为了支持外汇市场上的本国货币，各国只能用美元或者黄金来购买。然而，随着布雷顿森林体系的崩溃，全球绝大多数主要货币开始实施浮动汇率制，

作为政府资金来源渠道的全球资本市场开始迅速增长，这一切都导致了对特别提款权需求的减少。这样，SDR 就成了作为成员国官方所持有的黄金、外汇和 IMF 储备头寸补充的国际储备资产。此外，作为 IMF 的记账单位，SDR 可以用于 IMF 的交易与运作。

1981 年 1 月 1 日，IMF 开始使用以四种货币计价的简化的货币篮子。截至 2011 年 1 月 1 日，美元占 SDR 价值的 41.9%，欧元占 37.4%，英镑占 11.3%，日元占 9.4%[6]。选择这样的权重是因为它们大致反映了每一特定货币在国际贸易支付中的重要性。下一次审核将在 2015 年进行。⊖

8.2.3 全球金融危机和国际货币基金组织

作为始于 2008—2009 年间全球金融危机的余波，各国都十分关注全球流动性问题，特别是新兴市场的流动性问题。为了确保经济的运转，八国集团（G8）对其金融系统注入了数千亿美元，并实施了大量刺激计划。与此同时，八国集团也向 IMF 注入了大量资金。2009 年 4 月，20 国集团（G20，八国集团扩大到包含 19 个国家的中央银行管理者和欧盟）投票批准 IMF 通过发行特别提款权筹资 2500 亿美元，并决定向 IMF 额外投入 5000 亿美元以备出现系统危机时使用，由此 IMF 的可用资金增加到了 10000 亿美元。因为 IMF 一直试图帮助希腊等出现严重赤字的国家实施紧缩措施，所以 IMF 试图鼓励较富裕国家放宽它们的紧缩措施并成为经济增长的"发动机"，从而为那些需要通过出口来获得更多外汇并创造就业机会的国家提供市场[7]。

在始于 2010 年并持续到 2013 年（甚至超过）的希腊财政危机中，IMF 发挥了重大作用。作为欧盟成员国之一，希腊使用欧元为本币，因而无法控制其货币政策，利率也是由欧洲中央银行来决定的。然而，因为希腊累积了巨额主权债务，规模超过了其 GDP 的 160%，债权人主要为欧洲地区的其他银行。由于希腊经济一直处于衰退中，且公共部门经济占整个希腊经济的 40%，并雇用了 25% 的劳动力，所以希腊政府累积了巨额的预算赤字。为了防止希腊政府出现债务违约，IMF 联合欧盟及欧洲中央银行向希腊提供贷款，但前提条件是希腊必须严格实施紧缩措施以解决预算危机，包括增加税收、减少支出以及出售国有资产。然而，经济衰退已使税收收

⊖ 2015 年 11 月 30 日，IMF 正式宣布人民币 2016 年 10 月 1 日加入 SDR。2016 年 10 月 1 日，SDR 的价值由美元、欧元、人民币、日元、英镑这五种货币所构成的一篮子货币的当期汇率确定，所占权重分别为 41.73%、30.93%、10.92%、8.33%、8.09%。

入减少，而严苛的紧缩措施只会造成失业的增加，这一切已经导致了社会动荡。此外，为增加财政收入而实施的私有化措施也没有取得成功。希腊几乎没有了选择：可以继续听从 EBC 和 IMF 的建议实现财政紧缩措施，可以尝试债务重组，也可以像阿根廷在 2002 年做的那样对债务违约，或是放弃欧元并重新使用本国货币德拉马克，但这将导致其货币对欧元的严重贬值。虽然希腊不可能脱离欧元区，但对希腊的财政支持给欧洲带来了巨大压力。IMF 试图通过增加其借贷能力并提高其分析与政策建议能力，来建立起一道危机"防火墙"[8]。值得注意的是，虽然传统上是由 IMF 牵头来向陷于危机的国家提供技术性援助，但在希腊危机中，是由欧洲中央银行牵头与希腊进行谈判以帮助解决希腊的债务危机的。

8.2.4　向浮动汇率制度的演变

IMF 的汇率制度最初是一种固定汇率。由于美元是国际货币制度的基石，所以其价值始终与黄金价值保持不变的关系。虽然其他国家可以改变本国货币相对于美元和黄金的价值，但美元价值维持不变。

1971 年 8 月 15 日，由于美国的外贸赤字持续恶化，美国总统理查德·尼克松（Richard Nixon）宣布美国不再接受美元兑换黄金业务，除非其他工业国家同意支持重建国际货币体系。理查德·尼克松担忧的是，如果持有大笔美元的国家因担心美国的巨大贸易赤字而用美元向美国政府兑换黄金，那么美国将会流失大量黄金储备。

1.《史密斯协定》

1971 年 12 月达成的《史密斯协定》（Smithsonian Agreement）有以下几个要点：

（1）美元贬值 8%（美元对黄金价值的官方贬值）。

（2）其他货币的重新估值（各货币对黄金价值的官方升值）。

（3）汇率弹性的扩大（由平价的上下 1% 扩大到上下 2.25%）。

然而，这些努力并没有维持多久。世界货币市场在 1972 年间始终动荡不定。1973 年年初（阿拉伯石油禁运、油价快速上涨以及全球通货膨胀的开始之年），美元再次贬值了 10%。全球主要货币开始相互浮动，其价值开始由市场来决定。1972—1981 年，布雷顿森林体系正式瓦解，汇率制度转向了弹性汇率制。

2.《牙买加协定》

由于布雷顿森林协定是以固定汇率制和平价为基础的，所以 IMF 必须改变规则以适应浮动汇率制。1976 年的《牙买加协定》（Jamaica Agreement）修订了原始规则，取消了平价的概念，并允许更大弹性的汇率。趋向更大弹性的汇率制度既适合单个国家，也适合整个体系。对此，下面做一具体分析。

8.3　汇率制度

《牙买加协定》正式打破了固定汇率制。作为打破的内容之一，IMF 开始允许各成员国选择并维持自己的汇率制度，但前提是必须与 IMF 协商其决定。一国选择采用具体汇率机制的正式决定被称作法定系统。此外，IMF 的监督程序决定了一国实际使用的汇率制度。

IMF 每年都会与成员国商议其汇率政策是否得到公开负责地执行。每年各国都要向 IMF 通告将要采用的汇率制度。然后，IMF 根据成员所提供的信息以及成员国的市场表现，判断各国的汇率制度类型。表 8-1 确定了各国目前所实施的汇率制度。表中的汇率制度按弹性程度由小到大排列。

表 8-1　汇率制度与汇率锚

汇率制度	汇率锚					货币政策框架		
	合计	美元	欧元	综合	其他	货币总量目标	通货膨胀目标	其他
硬性钉住	25							
无独立法定货币	13	8	3		2			
货币发行局	12	8	3		1			
软性钉住	99							
传统钉住	43	14	18	5	5			
稳定安排	16	7	1	1		2	1	4
水平带钉住汇率	1	1						
爬行钉住	3	1		1				
类似爬行安排	12	4	1	1		4	1	2

（续）

汇率制度	汇率锚					货币政策框架			
	合计	美元	欧元	综合	其他	货币总量目标	通货膨胀目标	其他	
其他管理安排	24	1		5		9		9	
浮动汇率制	66								
管理浮动汇率	35					14	19	2	
自由浮动汇率	31						11	20	
合计	190	43	27	13	8	29	32	38	
占 IMF 所有成员比		22.6	14.2	6.8	4.2	15.3	16.8	20	99.9

资料来源：Based on International Monetary Fund, *Annual Report on Exchange Arrangements and Exchange Restrictions*, 2012 (*Washington, D. C., IMF, October 2012*), *Table 1, p. 5-7.*

另外，IMF 要求成员国确认其汇率机制的基础：是否使用特定的汇率锚或者货币框架。有些成员国以美元为汇率锚；其他成员国或以货币总量目标（如货币供应量 M1——通常包括现金以及可迅速转换为货币的资产），或以通货膨胀为目标。表 8-1 给出了最近各国的汇率制度和货币政策框架。各国实际采用的汇率制度可以在 IMF 官网上找到。

8.3.1 三种选择：硬性钉住、软性钉住与浮动汇率制

IMF 将各成员国的货币按照其弹性程度，由小到大分为三大类。如果实施硬性钉住汇率（13.2%），那么意味着该国货币的价值与某种东西的价值相锁定，所以该货币价值就保持不变；如果实施软性钉住汇率（39.5%），那么该货币的价值基本保持固定，但不如硬性钉住时固定。如果实施浮动汇率制（34.6%），那么货币的价值大小取决于市场供求。不过，有些国家的货币并没有纳入分类[9]。

8.3.2 硬性钉住

一国选择采用硬性钉住汇率的情形可分为两类。第一类就像案例 8-1 所描述的萨尔瓦多的情形。虽然没有独立的法定货币，但萨尔瓦多选择美元为该国的本币。在采用硬性钉住汇率的 10 个国家中，有 8 个选择以美元为汇率锚。少数几个欧洲国家采用欧元为独立法定货币。

正如案例 8-1 所述，在没有独立法定货币的情况下，采用美元汇率制度就是所谓的货币美元化。货币美元化意味着一国将所有流通中的货币全部替换为美元，并赋予美国联邦储备银行而非实施美元化的所在国政府更多的货币决策方面的控制权。此外，价格和薪资也按美元而非本国货币予以确定，毕竟本国货币将退出流通。

不过，这里的令人担心的是：如果美国决定实施紧缩货币政策而美元化国家需要的是宽松政策以刺激经济，那么就会发生国家主权丧失，并导致严重经济危机。不幸的是，2002 年的确在阿根廷发生了这样的情况。虽然阿根廷的汇率制度并非极端的美元化，但离货币发行局制度仅一步之遥。货币发行局制度使得阿根廷比索与美元以及美国联邦储备银行所做的决定紧密相关。这样，阿根廷政府利用货币政策来刺激其停滞经济的权力就受到了限制[10]。

实施硬性钉住汇率制的第二类情形就是货币发行局。货币发行局通常是独立于一国央行的组织，负责发行通常以某种外币为汇率锚的本币。一旦发行局手里没有了外币，它就无法发行本币。目前，共有 12 个国家和地区拥有货币发行局。其中，中国香港就是以美元为汇率锚的。虽然港元与美元相锁定，但港元对其他货币的价值仍然会因实施浮动汇率的美元的价值的变化而上下浮动。因此，港元既是固定的（对美元的汇率），又是浮动的（因为美元是独立的浮动货币）。

8.3.3 软性钉住

虽然软性钉住汇率制有若干不同的类型，但采用这种制度的绝大多数国家实施的是传统的钉住汇率制。按照传统钉住汇率制，一国将其货币钉住其他货币或者某个货币篮子，并允许汇率在该价值上下 1% 的范围内浮动。与 IMF 最初的固定汇率制大致相似，大约有相同数量的国家选择美元或欧元作为汇率锚。对于其他类型的软性钉住汇率制，虽然弹性程度有所增加，但 IMF 并未将它们确定为非浮动货币。中国的人民币就属于这种软性钉住汇率制，更明确而言，就是稳定汇率制，正如第 7 章案例中所提到的，其汇率始终在汇率锚上下 2% 的范

围内浮动。不过，中国政府正在逐渐扩大人民币的浮动范围。正如在本章开篇例中所提到的，萨尔瓦多采用美元为本币并实施硬性钉住汇率制，而其竞争对手、中美洲—多米尼加共和国自由贸易协定的两个成员国哥斯达黎加和尼加拉瓜虽然选择了较萨尔瓦多更具弹性的软性钉住汇率制，但仍然选择把美元作为其汇率锚。

8.3.4 浮动汇率制

浮动汇率制可分为管理浮动（35个国家）和自由浮动（31个国家）。管理浮动货币通常随市场供求而变化，但仍有可能受市场干预的影响。不过，市场干预的目的是减缓汇率的变动速度，防止汇率出现过度波动，同时避免出现汇率波动过度偏离市场供求的情况。自由浮动货币仅仅在特殊情况下才会受到市场干预。包括美元、日元、英镑和欧元在内的主要交易货币都是自由浮动货币。金砖国家中的巴西和印度的货币被视为管理浮动货币。

因为汇率会影响到营销、生产和财务决策（本章末将做讨论），所以国际贸易的所有参与者都需要清楚经营所涉及的汇率是如何决定的。值得注意的是，一国有时会改变其管理或不管理其货币的方式，就像2002年的阿根廷那样，将货币发行局改成了浮动货币。智利由于长期将汇率保持在一个爬行区间并且定期根据通货膨胀来调整汇率而被列入国际货币基金组织的以前的调查名单上。不过，智利在1999年年底取消了为智利比索确立的波动水平带，转而实施浮动汇率制以刺激出口导向型经济的增长。如今，智利被视作实施的是自由浮动制。同样，如同巴西于1999年和土耳其于2001年所实施的，冰岛于2001年从水平带钉住汇率制转为自由浮动汇率制[11]。

对于跨国公司而言，有必要弄清楚其经营所在国货币的汇率制度，以便更精准地预测汇率走势。相比于对日元等自由浮动货币的预测，对钉住美元的相对稳定的货币（如港元）的未来走势的预测要容易得多。

8.3.5 欧元

目标最大的实施自由浮动汇率制的案例之一就是欧元，它要求成员国放弃本国货币以创造欧元这一新的货币。因为不满足于《单一欧洲法案》下的经济一体化，欧洲国家于1992年签署了《马斯特里赫特条约》，计划要分阶段实现两大目标：政治联盟和货币联盟。在欧洲使用共同货币的决定消除了作为贸易壁垒的货币的影响。

为了将各国的货币替换为单一欧洲货币，欧洲国家首先要做的就是统一其经济政策。

欧洲货币体系和欧洲货币联盟。 欧洲的货币统并非一夜之间完成的。作为在欧共体内创建的稳定汇率的一种途径，**欧洲货币体系**（European Monetary System，EMS）于1979年建立。一系列的汇率关系将大多数成员国的货币通过欧洲汇率机制平价网（Parity Grid）联系在一起。一旦各国汇率波动的范围变小，就到了用汇率机制和全货币联盟来替代欧洲货币体系的时刻。

根据《马斯特里赫特条约》的规定，成员国必须满足某些标准来遵循汇率机制，并成为**欧洲货币联盟**（European Monetary Union，EMU）的一员。根据"稳定和增长协议"，条约的主要标准（也即其他想要加入欧元区的国家必须达到的标准）概述如下：

（1）政府的年度财政赤字不准超过GDP的3%。

（2）全部未清偿政府债务总额不准超过GDP的60%。

（3）通胀率必须保持在表现最佳的三个欧盟国家通胀率的1.5%之内。

（4）平均长期名义利率必须保持在通胀率最低的三个欧盟国家平均利率的2%以内。

（5）必须保持汇率稳定，即相关国家的汇率波动至少在两年内不超过欧洲汇率机制的"正常"波动空间[12]。

通过大量努力，15个欧盟成员国中的11个于1999年1月1日加入了欧洲货币联盟，希腊也于2001年1月1日加入。最初的15个国家中，没有加入欧元区的国家包括英国、瑞典和丹麦。瑞典于2002年7月宣布已符合所有加入欧洲货币联盟的标准[13]，但2003年选民对欧元的反对使得加入欧元区的计划暂时搁浅[14]。丹麦货币实施的是传统的钉住欧元汇率制度（属于软性钉住类汇率制度），而瑞典与英国的货币实施的是自由浮动制。

除了以上三个国家，其他没有使用欧元的欧盟国家都是新加入的成员国。塞浦路斯、马耳他、斯洛文尼亚、斯洛伐克截至2009年已经开始使用欧元。目前，欧盟的28个成员国中有16个已经加入了欧元区（克罗地亚虽于2013年7月1日加入欧盟，但IMF早在这之前已将其统计在内了）。如表8-1所示，有27个国家使用欧元作为汇率锚，其中有4个为未采用欧元的欧盟成员国，其他的分别来自非洲或东欧。绝大多数未采用欧元的欧盟成员国实施自由浮动货币机制，并将通货膨胀作为货币价值的目标。这与欧洲中央银行紧密关注通货膨胀并将其视为制定利率政策的做法相一致。

欧元由欧洲中央银行负责管理。**欧洲中央银行**（**European Central Bank，ECB**）于 1998 年 7 月 1 日建立，并于 1999 年 1 月起负责制定货币政策以及管理整个欧洲的汇率体系。欧洲汇率机制（ERM）对于统一欧洲经济很重要。由于欧洲中央银行与美国联邦储备委员会一样都是独立的组织，关注的可能是如何控制通货膨胀。当然，由于欧洲不同经济体的发展速度不一，因此很难找到适合各国的统一货币政策。一些国家可能试图借助扩张性财政政策来刺激经济增长，但汇率机制的赤字要求使得这些国家无法过度刺激其经济。

8.3.6 转向欧元的利弊

从企业而不是从国家的角度来说，最初向欧元的转向要比预想中的更为平稳。企业一直从多个方面受到影响。当时，银行必须更新其电子网络以处理货币兑换的各方面问题，如开展全球货币交易、股票买卖、银行间资金汇付、顾客账户管理或银行对账单打印的系统。据德意志银行估计，这一转化过程会耗费数亿美元[15]。

然而，很多企业仍然相信欧元的采用将提升价格的透明度（比较不同国家价格的能力），减少外汇成本和外汇风险。当欧洲企业的经营仅仅采用一种货币时，外汇成本就会减少。虽然欧元和非成员货币（美元、英镑、瑞士法郎等）之间仍然存在外汇风险，但成员国之间的外汇风险会逐渐消失。

欧元与全球金融危机。 自最初引入欧元以来，欧元的影响力和重要性一直在不断上升。在 2008 年年中，欧元对美元的汇率在每欧元 1.59 美元左右。然而，在 2008 年 9 月雷曼兄弟公司申请破产后，美国股票市场开始下跌。与此同时，由于投资者大量撤出资金并将其投入到类似于美元和日元的避险货币中，欧元的价格也出现了下跌。在股票市场恢复上升后，美元出现了贬值，而欧元则出现了升值。当时，欧洲的利率要高于美国，所以欧元被视作比美元价值更高的一种投资资产。为了刺激经济，主要工业国的利率开始下跌。这样，利率差就不再存在，货币价值开始体现其他方面的因素，如可感知的经济体的相对实力等。自欧洲经济陷于严重财政问题以来，这显然对欧元并不有利。

欧洲中央银行的作用就是保护欧元免受通货膨胀的影响。然而，欧元始终存在一些问题。目前欧元面临的挑战就是成员国之间缺乏统一的财政监管标准，导致像希腊和葡萄牙这样的国家花费远超过预算的资金来支持其福利系统，而且缺乏欧洲中央银行的实际审核。自 2008 年全球范围的金融危机爆发以来，整个欧元区都受到这样的影响，不仅货币价值下跌，而且出口依赖国的经济遭到重创，特别是作为欧元最大支持国的德国。在国家众多的欧洲，如果没有强有力的监管和紧缩措施，那么程度不一的经济衰退会阻碍整个欧洲经济的发展。

欧元区国家面临的另一大挑战就是它们无法通过调整利率来应对通货膨胀和经济不景气。如果为了帮助少数情况糟糕的国家而调整整个欧元区的利率，那么那些经济衰退并不严重的国家就会受到不利影响。几乎没有办法可以解决那些无法获得控制杠杆国家的经济问题，而拯救破产国的财政政策需要昂贵的财政援助。

除了以上挑战，特别是在近年来出现经济衰退的情况下，欧元区内部的文化差异在劳动力改革和构建社会福利制度方面也引发了诸多争议。希腊与德国关于退休政策的差异就反映了欧洲经济文化的两个极端。在 2008 年金融危机爆发之前，德国就批准了关于提高领取国家养老金年龄至 67 岁的措施；然而在希腊，不管是否达到法定退休年龄 65 岁，只要工作满 35 年，到 58 岁就可以领取养老金。

在正常环境下，欧元区不同国家的内部运作差异会造成极大的不稳定性。不稳定性不仅会减少这些国家货币相对于大型稳定经济体（如德国）货币的经济价值，而且欧元区内还会因个体公民受到剥削而造成社会不公平。

随着欧洲经济危机的日趋严重，其影响已经从爱尔兰和希腊扩散到西班牙、葡萄牙和塞浦路斯。虽然大多数政府选择发行国债来弥补财政赤字，但债券的违约风险太高，以至于很多持有债券的欧洲银行自己也面临遭遇违约的风险。因此，为了帮助增加金融流动性以及施压一些国家解决其预算问题，欧洲中央银行与国际货币基金组织和欧盟委员会展开了合作，三者也因此被戏称为"三匹马"。这样，欧洲中央银行（ECB）的主要职责已从控制通货膨胀扩展到包括扩大流动性的职责，毕竟它们批准了允许借款给符合条件的国家的欧洲稳定机制。这一机制的目的是允许欧洲中央银行使用资金购买低利率的、面临困境的欧元区国家的债券。不过，欧洲各国担心的是，如果欧洲中央银行持有的国债购买了违约债券，那么个别国家的政府就会陷入还债的困境。例如，德国的纳税人会成为希腊债务的付款人。显然，这是一种在政治上并不受欢迎的局面。

观点交锋

非洲应该建立共同货币吗？

正方观点：

应该。至此，我们考察了北美自由贸易协定（NAFTA）和中美洲—多米尼加共和国自由贸易协定两大货币集团在效仿欧洲成功方面的趋势。那么，对于部分经济体全球增长最快的非洲，情况又如何呢？欧元的成功和非洲面临的深层次的政治与经济问题促使很多专家思考，非洲是否应该尝试建立共同货币并由共同的央行来制定货币政策[16]。2003年，非洲联盟中央银行行长协会宣布，将努力在2021年创建共同货币。显然，非洲将从中受益，有助于加快非洲国家的经济一体化，毕竟非洲国家极度需要通过扩大市场规模来扩大贸易并实现规模经济。共同货币的实施不仅可以降低交易成本，而且可以便利化国内贸易。

非洲已经有了各种程度不一的经济合作机制，包括两种被IMF归类为钉住欧元的传统钉住汇率制：

（1）中部非洲经济与货币共同体（CAEMC），包括喀麦隆、中非共和国、乍得、刚果共和国、赤道几内亚和加蓬。

（2）西非经济与货币联盟（WAEMU），包括贝宁、布基纳法索、科特迪瓦、几内亚比绍、马里、尼日尔、塞内加尔和多哥。

这两个货币联盟都是非洲法郎区的一部分，并被IMF认定为钉住欧元的传统钉住汇率制[17]。每个货币联盟都设有监控非洲法郎区法郎价值的中央银行。虽然在实现低通货膨胀方面取得了成功，但非洲法郎区并不一定能实现经济的高增长。

除了以上两个区域货币联盟之外，非洲现有五个区域经济共同体：阿拉伯货币联盟、东部和南部非洲共同市场、中非国家经济共同体、西非国家经济共同体和南部非洲发展共同体。这些集团都在努力减少成员国之间的贸易壁垒，以实现贸易的扩大。因此，它们所要做的就是合并为大非洲经济联盟，设立中央银行，并制定类似欧盟的共同货币政策。

设立中央银行和共同货币的主要好处就是非洲各国的制度可以得到完善，中央银行就有可能使得货币政策免受政治压力的影响，毕竟这些政治压力通常导致通货膨胀压力和货币贬值。东非部长理事会于2013年宣布，计划在10年内建立东非银行以促进共同货币的形成。不过，这一切都要以东非能够解决各国在GDP、货币和制度方面的差异为前提[18]。

反方观点：

不应该。即使非洲联盟希望能在2021年之前建立共同货币，甚至希望能更早达成这一目标，但非洲国家根本不可能实现这个目标。就制度框架而言，非洲各国尚未准备充分。各国的中央银行都没有摆脱政治进程的影响，常常因受政治施压而不得不采取刺激经济的政策。如果政治进程管理不当，那么其货币必然时常会贬值，其国际或地区声誉及影响力谈何而来？

进一步来说，各国都必须放弃货币主权转而依靠其他措施，如劳动力流动、薪酬与价格的调整、旨在减缓冲击的财政转移支付等。虽然非洲的劳动力流动比较自由，但很难想象非洲各国会为了刺激增长而进行国家间的税收转移。此外，交通落后使得非洲各国间的货品运送十分艰难，而这些在欧盟根本不是问题。

欧洲用了很多年时间才建立起欧元区这样具有里程碑意义的伟业，而且是建立在已有的成功的关税同盟和逐渐收紧的汇率转换机制（ERM）的基础上的。如果非洲想要建立共同货币，那么首先需要实现更紧密的经济一体化。因此，我们必须要有足够的耐心让非洲有发展的机会。建立共同货币的途径或许就是先加强现行区域货币联盟的建设，然后逐渐向邻国开放，直到形成一些巨大的货币联盟。之后，才有必要讨论如何将它们联系在一起并设立非洲共同货币的办法。

8.4 汇率的决定

导致汇率调整的各种因素很多。本章前面提到的汇率制度既有固定制的（硬性钉住或软性钉住），也有浮动制的。前者往往随固定或钉住的方式而变，后者则随实际浮动的幅度而变。然而，货币汇率变化的方式往往取决于汇率制度的类型。这里主要考察在不存在政府干预的前提下，市场供求因素是如何影响浮动汇率制下的货币价值，以及政府应该如何干预市场以帮助控制货币的价值。

8.4.1　不干预：浮动汇率制下的货币

只有在政府完全不干预的情况下，货币才能根据市场供求情况实现自由浮动。这一概念可以通过包含两个

国家，即美国和日本的模型来说明。图 8-1 描述了市场中的均衡汇率，以及当市场变化时均衡汇率的变化。本例中，对日元的需求取决于美国对日本产品和服务的需求，如汽车，以及如证券等以日元计价的金融资产等。

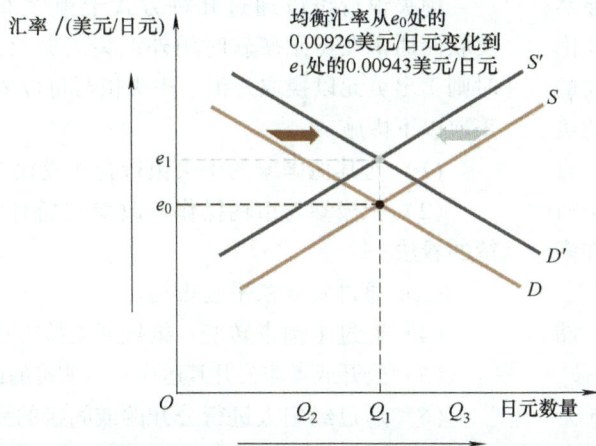

图 8-1　均衡汇率及其变化过程

日元的供应取决于日本对美国商品和服务的需求以及对以美元计价的金融资产的需求。最初，日元的供给与需求相交于均衡汇率 e_0 处（即 0.00926 美元/日元或 108 日元/美元），此时的日元数量为 Q_1。

假设日本消费者对美国商品与服务的需求因美国发生高通货膨胀而减少，那么需求减少就会造成外汇市场上日元供应的减少，使得供给曲线移到 S' 处，同时美国商品价格的提高将会导致美国消费者对日本商品和服务需要的增加，转而导致市场对日元需求增加，需求曲线就会移到 D' 处，最后导致日元数量的增加和汇率的上升。

新的均衡汇率位于 e_1 处（即 0.00943 美元/日元或 106 日元/美元）。从美元的角度来看，因为有更多的消费者试图将美元兑换为日元，所以对日本商品需求的增加将导致美元供给的增加；而对美国商品需求的减少会导致对美元需求的减少，从而导致美元对日元的贬值。

8.4.2　干预：固定汇率制或管理浮动汇率制下的货币

在之前的例子中，日本和美国政府允许由市场供求来决定日元和美元的价值。但是，对于实施固定汇率制的货币，这种情形很难发生，政府也不允许货币汇率根据市场情况而波动。有时，一方或双方国家都不希望汇率发生变动。

例如，假设美国和日本决定对它们的汇率进行管理。虽然两国的货币都是独立浮动的，但各自的政府可以进

行市场干预。美国政府可能不希望货币贬值，因为美国的企业和消费者会因此花费更多的钱来购买日本商品，从而在美国造成更大的通货膨胀压力；日本政府同样不希望日元升值，因为这将意味着出口工业失业人数的增加。

但是，政府如何在美国所获日元太少的情况下维持货币价值不变呢？不管怎样，日元的供求必须平衡。为了理解这一过程，这里先来了解中央银行在外汇市场上的作用。

1. 中央银行的作用

各国都有负责制定影响货币价值政策的中央银行。不过，拥有独立货币发行局的国家和地区是通过货币发行局来调控制货币价值的。在美国，纽约联邦储备银行与联邦储备体系下的 12 家区域银行紧密联系并代表美联储和美国财政部负责干预外汇市场，以实现美元汇率政策目标并应对外汇市场的无序状况。美国财政部负责制定汇率政策，而美联储作为中央银行负责实施外汇干预。更进一步来说，美联储相当于外国中央银行和官方国际金融组织在美国的财务代理[19]。

在欧盟，欧洲中央银行联合各成员国的中央银行，如德国的德意志联邦银行，在欧洲建立共同货币政策，其功能相当于美国的美联储。

2. 中央银行储备资产

中央银行储备资产主要以三种形式存在：外汇储备、与 IMF 相关的资产（包括特别提款权）以及黄金。外汇

假定美国的通货膨胀远高于日本。此时（假设日本的消费者正在购买美国的产品与服务），对日元的需求就会上升，但供给会下降。如果日本希望将美元对日元的均衡汇率维持在 e_0 的水平，那么情况会怎样呢？IT 出口可以增加市场的日元供给，通过卖出日元，买入美元，日元对美元的汇率就会下降。

储备占全球外汇储备总额的90%。2012年第四季度，官方外汇储备货币构成（COFER）显示，美元占外汇储备总配置的61.9%（仅包括已知的货币储备），其次是占23.9%的欧元以及其他货币，如日元、英镑和瑞士法郎[20]。

强大的中央银行储备资产对于一国的财政实力显然不可或缺。20世纪90年代末，当亚洲、俄罗斯以及南美洲遭遇金融危机冲击时，只有极少数国家拥有强大的中央银行储备资产。许多国家因此不得不借入大量的美元并将本币贬值，最后带来了毁灭性的结果。不过，自2000年以来，情况已经发生了改变。由于大宗商品价格强势、出口的扩大以及受美元债务的约束，其中的许多国家通过增加储备实现了财务状况的强化。

以巴西为例。截至2013年3月下旬，巴西的外汇储备达3711亿美元，在整个拉丁美洲国家中处于第一位，自2000年以来增加了4倍[21]。不过，相对于中国3.5万亿美元的外汇储备，巴西的外汇显得很少。全球外汇储备最多的国家和地区（由高到低排序）依次是中国、日本、沙特阿拉伯、俄罗斯、中国台湾、巴西、瑞士、韩国、中国香港和印度[22]。

3. 中央银行如何干预市场

中央银行可以通过几种方式干预货币市场。例如，美联储通常在美元疲软时用外汇买入美元，在美元强势时则卖出美元以换取外汇。中央银行可以依据市场情况，采取以下措施：

（1）与其他国家的中央银行合作或独立干预市场。

（2）积极参与市场操作以改变市场对央行态度和政策的看法。

（3）通过安抚来平复市场。

（4）通过干预来转变、抵抗或支持市场趋势。

（5）公开或者非公开其运作——明确的或是谨慎的。

（6）通过经纪人进行公开的或间接的操作[23]。

案例 8-2

美元与日元

虽然美元是一种独立浮动的货币，但中央银行仍然可以进行干预。这里继续用图8-1中的例子来说明。在有管理的固定汇率制下，纽约美联储持有外汇储备，而这些外汇储备可能是多年来通过这种类型的偶发事件而积累起来的。纽约美联储为维持汇率，可以按固定汇率出售足够的日元储备（相当于图8-1中Q_1和Q_2之间的差额）；或者日本中央银行可能乐于接受美元，以便美国消费者继续购买日本商品。这样，这些美元就会成为日本的外汇储备。虽然这里给的是包含两个国家的模型，但有时几家中央银行的确会通过联合干预来支持某种货币。例如，2011年3月18日，纽约联储为了阻止日元升值，对外汇市场进行了干预，用日元购买了10亿美元。这次行动是纽约联储联合日本央行、欧洲央行、加拿大央行和英国央行共同出手干预的。只要美国继续持有储备，或者只要日本增加持有美元，那么固定汇率就可以维持下去。有时，政府会实施提高利率之类

的货币政策来创造对本币的需求，从而避免本币贬值。然而，利率政策往往受通胀预期和/或对经济增长担心的影响，而非只是影响汇率。

2012年，日元对美元非常强势，不仅使日本出口工业受损，而且导致日本国内经济增长继续停滞。对此，日本央行启动实施量化宽松措施，其他国家央行也采取刺激经济的措施。就日本的情况而言，日本央行政府通过购买债券、公司债和股票来向经济注入更多的货币。这些措施不仅刺激了经济，而且使日元价值从2012年的峰值降了下来[24]。

如果一国确认干预没有效果，那么必然会调整其货币的价值。如果该国货币实行自由浮动汇率制，那么汇率必然根据供求规律寻找合适的水平。不过，对于钉住其他货币或货币篮子的货币而言，该货币通常围绕某个基准进行调整。换言之，结合变动趋势，通过货币贬值或升值来调整货币的价值。

---

4. 对干预的不同态度

随着时间的过去，政府政策会发生改变，主要取决于经济环境以及当权者的态度，而与货币汇率是否可以自由浮动无关。

全球金融危机搅乱了外汇市场，迫使许多国家的央行采取干预措施以支持本国货币。以匈牙利为例，作为

欧盟成员国之一，匈牙利并没有使用欧元。然而，欧盟是匈牙利最为重要的市场，其79%的出口流向欧盟国家，70%的进口来自欧盟国家。欧元对美元的升值给匈牙利带来了严重的经济问题。匈牙利的货币福林相在2009年的前几个月对欧元贬值了22%，迫使匈牙利央行在外汇市场上进行干预[25]。

2012 年，由于美国政府和欧盟的刺激政策，港元对美元走势强劲，导致外币大量涌入中国香港并使港元升值，转而给中国香港的出口商带来了麻烦。对此，香港金融管理局通过出售港元来迫使港元价值下跌。香港只是一个特例，毕竟其货币是钉住美元的，而且只能在狭小的水平带内浮动。因为交易价突破了水平带的上端，所以货币发行局就不得不进行干预以压低货币的价值。

5. 干预的挑战

通常，美联储不赞成进行外汇干预，原因在于所实施的干预措施即便有可能但也很难对货币价值产生持续的影响。考虑到外汇的日成交量，没有哪个政府能够改变市场，除非其走势可以改变市场心理。干预可能会暂时阻止雪崩，但从长远来看，政府不可能强制市场偏离原定的方向。因此，各国必须关注经济基本面的改进，而不是把时间和金钱浪费在干预上。

然而，各国仍然在进行干预。以上例子描述了各种干预措施，包括提高利率、用外汇储备买卖货币等。不过，在外汇日交易额达 4.4 万亿美元的今天，干预政策很难对市场走势有足够的影响。事实上，任何干预都只能看作央行的一种信号，真正起作用的还是长期性政策。

6. 对国际清算银行的再讨论

中央银行进行干预时的协作既可以是双边的，也可以是多边的。设立在瑞士巴塞尔的国际清算银行（BIS）与全球各国的中央银行建有联系。正如第 7 章所提到的，国际清算银行创建于 1930 年，为全球主要央行所拥有和控制。国际清算银行的主要目标是通过各国央行之间的合作来促进全球金融市场的稳定。目前，国际清算银行拥有 60 个央行成员，起着央行中心的作用[26]。

国际清算银行相当于中央银行的银行，从事不同国家央行之间的互换交易和其他货币交易。此外，国际清算银行也是各国央行行长讨论货币合作的场所，而且越来越多地参与其他多边机构的活动，如国际货币基金组织。在金融危机期间，它们共同提供了资金支持。另外，国际清算银行组织中央银行开展三年一度的外汇及衍生市场活动的调查，第 7 章中涉及的众多交易数据均来自这一调查。

8.4.3 黑市

在很多国家，货币不能按照市场规则浮动。这样，**黑市**（Black Market）就伴随官方市场应运而生，而且其运作往往与市场供求密切相关。一国的汇率制度越缺乏弹性，就越有可能存在兴旺的黑市（或平行市场）。

如果人们愿意出比官方汇率高的价格来购买外汇，那么就会有外汇黑市产生。要使这种市场得以运转，政府必须控制获得外汇的途径以控制货币价格。

津巴布韦糟糕的金融问题主要体现在货币市场。津巴布韦的官方货币制度是软性钉住汇率制，且过去钉住的是美元。不过，这并没有起到什么帮助。2007 年，津巴布韦的通胀率达到 4500%，位列全球第一，导致货币价值暴跌。一片面包的价格就达到 44000 津巴布韦币。津巴布韦币的官方汇率高达 176 美元，但黑市售价仅为 18 美分[27]。2009 年年初，津巴布韦的经济仍是一团糟，而且遭遇了霍乱流行和政治动乱。极度通货膨胀是如此糟糕，以至于津巴布韦央行发行的 100 万亿津巴布韦币在黑市上仅值 5 美元。物价每天都在成倍增长，食物和燃料短缺。因为津巴布韦币太过廉价，以至于津巴布韦的许多交易都采用了美元和南非货币兰特。不过，需求却得以恢复。这是因为来自津巴布韦国外的收藏家都希望收集到 100 万亿津巴布韦币的钞票，以提醒自己通货膨胀对货币价值的影响[28]。

8.4.4 外汇可兑换性与外汇管制

一些实施固定汇率制的国家会控制其货币的可获得性。完全可兑换货币是指政府允许居民和非居民不限数量购买的货币。

1. 硬通货和软通货

硬通货（Hard Currencies）是指完全可自由兑换的货币，如美元、欧元、英镑和日元。硬通货具有高流动性，短期内其价值保持相对稳定，通常可在全球范围内作为购买商品和服务的支付手段。硬通货也是一种理想的资产。**软通货**（Soft Currencies）是指不能完全自由兑换的货币。其特点恰好与硬通货相反：价值不稳定，流动性不高，且不能广泛用作购买商品和服务的支付手段。一些国家限制其货币可兑换的主要原因就是这些国家外汇储备不足，只够用于必不可少的交易。这也是软通货多为外汇储备较低的发展中国家货币的原因。事实上，一国外汇储备越多，限制可兑换的可能就越小。有趣的是，很多发展中国家占据拥有高储备国家的名单之列。尽管如此，就进出口支付而言，这些国家却必须依赖诸如美元、欧元和日元之类的硬通货来完成。

如今，绝大多数实施的是非居民（或外国居民）具有兑换的权利，即外国居民可以将其外币兑换成本币以及将本币兑换为外币。旅客通常也可以这样做。不过，有时当游客离境时，一国会对其将本币兑换为硬通货加以限制或设置某些条件。

2. 可兑换性的控制

为防止稀缺外汇的流失，一些国家的政府会对需要兑换货币的企业或个人实施外汇限制。主要限制措施包括进口许可、复汇率、进口押金规定以及数量控制。

斯里兰卡对外汇兑换实施了很多控制措施。不过，该国政府于 2013 年 6 月针对旅游、移民、非居民出售当地财产以及外汇账户维护放松了外汇管制。鉴于宏观经济形势的大幅改善，斯里兰卡将旅游用外汇的可兑换额度由 2500 美元提高到 5000 美元[29]。

（1）**许可证**。政府通过许可证制可以确保汇率的固定，其措施就是规定所有的外汇接受者、出口商以及其他外币获得者必须将外币按官方买入汇率出售给央行。之后，央行将所购买的外汇进行分配，并按固定汇率出售给那些需要用外汇从国外购买必需品的企业或个人。进口商仅当获得该商品的许可证时才能购买外汇。

（2）**复汇率**。政府控制外汇自由兑换的另一措施就是设立多种汇率，这种限制性措施就被称作**复汇率制**（**Multiple-exchange-rate System**）。复汇率制下，由政府决定什么交易采用什么汇率。复汇率国家通常对奢侈品以及股息之类的金融交易活动采用浮动汇率，而对诸如必需品、半成品的进口交易采用通常较低的固定汇率。委内瑞拉在 2011 年以前一直采用复汇率。在复汇率制下，资本货物、食物以及药等必需品进口的汇率为 2.6 玻利瓦尔/美元，而汽车、家用电器、酒等非必需品进口的汇率固定为 4.3 玻利瓦尔/美元。当时，黑市的汇率接近 8 玻利瓦尔/美元。不过，黑市对官方汇率也产生了很大的压力，以至于委内瑞拉政府将货币贬值了 32%，并采用平行汇率，以应对汇率达官方汇率 4 倍的黑市的冲击[30]。

（3）**进口保证金**。控制外汇兑换的另一措施就是**预付进口保证金**（**Advance Import Deposit**）。此时，政府会收紧进口许可证的发放，并要求进口商向中央银行交一笔保证金，具体数量为拟从海外采购制成品的总价。此外，这种保证金通常为期长达一年且无利息收入。

（4）**数量控制**。政府也可能通过数量控制来限制外汇兑换数量。这种措施多应用于旅游业。正如之前斯里兰卡的例子所描述的，数量控制限制了本国居民出境旅游可向银行购买外汇的数量。

过去，外汇控制会显著增加开展国际贸易的成本，从而导致总贸易量的下降。不过，近年来随着贸易自由化的推进，许多外汇控制措施已被取消。这样，外汇控制已不是影响贸易的主要障碍了[31]。此外，从固定汇率向浮动汇率的转变也使多数国家的外汇控制不再必要。

8.4.5 汇率与购买力平价

本节及随后两节将主要分析三个相互联系的问题：通货膨胀与汇率的关系、利率与汇率的关系以及影响预测汇率走势的因素。

1. 购买力平价（PPP）

作为众所周知的理论，购买力平价试图从汇率的角度解释基于相对通货膨胀的货币之间的关系。本质上，按购买力平价的观点，若要使两国商品的价格保持不变，两国之间通货膨胀的相对变化（即两国之间通货膨胀率的比较）就会使两国之间的货币汇率发生变化。按购买力平价理论，假设日本的通胀率为 2%，美国的通胀率为 3.5%，那么美元将会贬值且幅度为通胀率差异。那么在汇率调整之前，美元的日元价格会下降，而日元的美元价格则会上升。

2. "巨无霸指数"

各国货币的"巨无霸指数"（Big Mac Index）是《经济学家》（The Economist）杂志每年用购买力平价理论测量汇率的一种有趣方法。自 1986 年以来，英国的《经济学家》杂志一直用巨无霸指数来估算美元与其他货币之间的汇率（见表 8-2）。由于巨无霸每天在全球 118 个国家和地区的 3.4 万家麦当劳餐厅销售给 6900 万名消费者，所以用它来进行价格比较就很方便。按照购买力平价理论，汇率应当使国外的巨无霸成本与美国的成本相同。不过，国外巨无霸的成本有时会比美国的要高或低，表明货币价值相对于美元出现了高估或低估。

表 8-2 巨无霸指数

国家和地区	巨无霸指数		美元的隐含购买力平价	2013 年 1 月 30 日的实际汇率	相对于美元高估（＋）或低估（－）的百分比
	按当地货币计的价格	按美元计的价格			
美国	4.37	4.37	—	1.00	0.00
阿根廷	19.00	3.82	4.35	4.98	−12.58
澳大利亚	4.70	4.90	1.08	0.96	12.21
巴西	11.25	5.64	2.58	1.99	29.22
英国	2.69	4.25	0.62	0.63	−2.73
加拿大	5.41	5.39	1.24	1.00	23.51
智利	2050.00	4.35	469.39	471.75	−0.50
中国	16.00	2.57	3.66	6.22	−41.10
哥伦比亚	8600.00	4.85	1969.14	1773.18	11.05

（续）

国家和地区	巨无霸指数		美元的隐含购买力平价	2013 年 1 月 30 日的实际汇率	相对于美元高估（＋）或低估（－）的百分比
	按当地货币计的价格	按美元计的价格			
哥斯达黎加	2200.00	4.39	503.73	500.83	0.58
捷克共和国	70.33	3.72	16.10	18.89	−14.77
丹麦	28.50	5.18	6.53	5.50	18.69
埃及	16.00	2.39	3.66	6.69	−45.20
欧元区	3.59	4.88	0.82	0.74	11.69
中国香港	17.00	2.19	3.89	7.76	−49.83
匈牙利	830.00	3.82	190.04	217.47	−12.61
印度	89.00	1.67	20.38	53.40	−61.83
印度尼西亚	27939.00	2.86	6397.18	9767.50	−34.51
以色列	14.90	4.00	3.41	3.72	−8.40
日本	320.00	3.51	73.27	91.07	−19.54
拉脱维亚	1.69	3.28	0.39	0.52	−24.90
立陶宛	7.80	3.07	1.79	2.54	−29.81
马来西亚	7.95	2.58	1.82	3.08	−40.96
墨西哥	37.00	2.90	8.47	12.74	−33.49
新西兰	5.20	4.32	1.19	1.20	−0.98
挪威	43.00	7.84	9.85	5.48	79.56
巴基斯坦	290.00	2.97	66.40	97.67	−32.01
秘鲁	10.00	3.91	2.29	2.56	−10.54
菲律宾	118.00	2.91	27.02	40.60	−33.45
波兰	9.10	2.94	2.08	3.09	−32.61
俄国	72.88	2.43	16.69	30.05	−44.46
沙特阿拉伯	11.00	2.93	2.52	3.75	−32.84
新加坡	4.50	3.64	1.03	1.23	−16.56
南非	18.33	2.03	4.20	9.05	−53.61
韩国	3700.00	3.41	847.19	1085.48	−21.95
斯里兰卡	350.00	2.77	80.14	126.45	−36.62
瑞典	48.40	7.62	11.08	6.35	74.54
瑞士	6.50	7.12	1.49	0.91	63.14
中国台湾	75.00	2.54	17.17	29.50	−41.79
泰国	87.00	2.92	19.92	29.76	−33.05
土耳其	8.45	4.78	1.93	1.77	9.39
阿拉伯联合酋长国	12.00	3.27	2.75	3.67	−25.19
乌克兰	19.00	2.33	4.35	8.14	−46.58
乌拉圭	105.00	5.45	24.04	19.28	24.70
委内瑞拉	39.00	9.08	8.93	4.29	107.93
奥地利	3.39	4.60	0.78	0.74	5.33
比利时	3.80	5.16	0.87	0.74	18.07
爱沙尼亚	2.70	3.66	0.62	0.74	−16.11

（续）

国家和地区	巨无霸指数		美元的隐含购买力平价	2013 年 1 月 30 日的实际汇率	相对于美元高估（＋）或低估（－）的百分比
	按当地货币计的价格	按美元计的价格			
芬兰	3.75	5.09	0.86	0.74	16.51
法国	3.60	4.89	0.82	0.74	11.85
德国	3.64	4.94	0.83	0.74	13.09
希腊	3.30	4.48	0.76	0.74	2.53
爱尔兰	3.49	4.74	0.79	0.74	8.43
意大利	3.85	5.22	0.88	0.74	19.62
荷兰	3.45	4.68	0.79	0.74	7.19
葡萄牙	2.95	4.00	0.68	0.74	−8.34
西班牙	3.50	4.75	0.80	0.74	8.75

资料来源：Based on The Big Mac Index, http://www.economist.com/content/big-mac-index（accessed January 31, 2013）.

按美元计的巨无霸价格是用即时汇率将按当地货币计的价格换算而得到的。例如，在表 8-2 中，巨无霸在中国的美元价格是 2.57 美元，这是将巨无霸在中国的价格 16 元人民币按实际汇率（6.2200 元/美元）换算得到的。第四列中美元的隐含购买力平价表示的是当美元计的价格等于当地货币计的价格时的汇率。继续以中国的情况为例。将 16.0 元除以 4.37 美元（巨无霸在中国和美国的价格），可得到 3.6 元/美元。这个数字正是购买一个巨无霸在两国花费相同时的汇率。第五列给出了实际汇率，而第六列反映了外币相对于美元是被低估了还是被高估了。对于中国的人民币，通过计算（3.66 − 6.22）/6.22 = −0.41157，可以得出人民币对美元的汇价被低估了 41.1%。

如表 8-2 所示，欧元以及与欧元相联系的瑞士、丹麦和瑞典等欧洲国家的货币对美元都存在高估，而许多拉丁美洲国家和亚洲国家的货币则被低估。这样，美国企业出口到欧洲就更为容易，而欧洲企业出口到美国则更为困难[32]。

被称为"大麦克平价"（McParity）的巨无霸指数既有支持者也有反对者。正如一些研究所指出的，虽然大麦克平价从长期来看成立，但存在一些对购买力平价产生影响的短期问题：

（1）购买力平价理论错误地假定贸易中不存在壁垒且运输成本为零。

（2）各国的巨无霸价格会因税收而出现扭曲。巨无霸在高增值税的欧洲国家的价格可能高于在低税国家的价格。

（3）巨无霸并非只是一篮子商品，其价格中还包括非交易成本，如租金、保险费等，而这些成本在发展中国家常常更为便宜。

（4）利润率往往随竞争环境而变：竞争越激烈，利润率就越低，因而价格也越低[33]。

巨无霸指数的价值在于，能说明长期来看，价格差异不可持续。汇率最终会使价格差异缩小，不然供求规律会起作用。当然，没有人会因中国的巨无霸很便宜而将巨无霸进口到美国。不过，如果巨无霸很便宜，并且其他商品也是如此，那么贸易量就可能受价格差异的影响。

3. 星巴克指数

人们也用世界各地的星巴克拿铁的价格来对购买力平价理论进行类似的研究。通常来说，如果将欧洲的拿铁价格换算为美元价，那么一般要比美国的拿铁价格高。正如巨无霸指数一样，这表明美元在欧洲并不强势，反映了欧元被高估了；另一方面，在拉丁美洲和亚洲的很多国家，拿铁的价格相对于美国更为便宜，这说明这些国家的货币相对于美元被低估了。星巴克指数给出了美国各地的拿铁价格，表明拿铁价格存在地区差异。相反，巨无霸指数使用的只是纽约、芝加哥、亚特兰大和旧金山的巨无霸价格的平均值[34]。

8.4.6 汇率与利率

虽然通货膨胀是影响汇率的最为重要的中期影响因素，但利率同样也是重要的影响因素。不过，利率差异对汇率的影响包括长期和短期两个方面。就短期而言，汇率会受到利率的重大影响。在 2008 年年末至 2009 年年初那个时期，欧元对美元之所以能够保持强势的一个原因，就是欧洲中央银行在当时保持欧元利率比美国高。一旦风险偏好重新回归市场，投资者就会看好欧元，资金就会大量投向欧元，使欧元对美元升值。如果欧洲中央银行采取降低利率来刺激经济增长，那么欧元与美元之间的利率差就会缩小，投向欧元的资金就会停止，欧元价值因而就会下跌。

不过，就长期而言，通货膨胀、利率和汇率之间有很强的关联性。为便于理解，这里必须介绍两个重要金融理论：费雪效应和国际费雪效应。前者将通货膨胀与利率相联系，后者则将利率与汇率相联系。

1. 费雪效应

根据费雪效应（**Fisher Effect**）理论，一国的名义利率（r，即投资所获的实际货币利率）决定于实际利率（R，名义利率减去通胀率）和通货膨胀率（i），即

$$(1 + r) = (1 + R)(1 + i) \text{ 或 } r = (1 + R)(1 + i) - 1$$

按照费雪效应理论，如果实际利率为 5%，美国的通胀率为 2.9%，日本的通胀率为 1.5%，那么美国和日本的名义利率可计算如下：

美国的名义利率 $r_{US} = 1.05 \times 1.029 - 1 = 0.08045$ 或 8.045%

日本的名义利率 $r_j = 1.05 \times 1.015 - 1 = 0.06575$ 或 6.575%

因此，美国和日本的利率差异就是它们通胀差异的函数。如果通胀率相同（无差别），而美国的利率为 10%，日本的利率为 6.575%，那么投资者就会把钱投入可以获得更高回报的美国。

2. 国际费雪效应

利率与汇率之间的关系可以用**国际费雪效应**（**International Fisher Effect，IFE**）来解释。按照该理论，利率差异是对即期汇率未来变动的无偏预测。例如，如果国际费雪效应预测美国的名义利率高于日本的名义利率，那么未来美元价值将下跌，下跌幅度相当于该利率差异，而这也是美元走弱或贬值的标志。如前所述，这里的原因在于利率差异是以通货膨胀率差异为基础的。之前关于购买力平价的讨论也表明，对于通胀率较高的国家，其货币必然较弱。因此，利率（通货膨胀率）较高的国家，其货币必然较弱。

当然，这些议题是就长期而言的。不过，短期而言，任何事情都可能发生。在物价总体水平稳定期间，一国可能会提高利率以吸引资本，其货币就会因需求增加而升值。不过，如果提高利率的原因是其通胀率高于主要贸易伙伴，央行因此设法降低通胀率，那么该国货币终将走弱直到通胀率得到降低。

8.4.7 影响汇率决定的其他因素

1. 信心：追逐风险与追逐安全

还有很多其他因素会对货币价值产生影响，其中一个不可或缺的因素就是信心。在经济动荡时期，人们希望持有安全货币。在塞浦路斯于 2013 年 3 月发生银行危机时，因担心危机会对欧洲其他地区产生影响且这些地区的银行已经危险重重，投资者纷纷撤离对欧元的投资，转为投资美元。2008 年第四季度，由于美元具有避险货币的地位以及投资者纷纷撤离在新兴市场的投资并买入美元和日元，美元价值出现大幅上升。（瑞士法郎也具有避险货币的地位。）

另一方面，有时投资者对风险的偏好比货币的安全性更为重要。在 2008—2009 年间，市场一出现恢复，美

国就开始重建银行体系和汽车工业，资金开始大量涌入欧元并回到新兴市场，从而降低了美元价值。追逐风险重新替代追逐安全，毕竟新兴市场可以给投资者带来高回报。

2. 信息

有趣的是，信息发布方式也会影响货币价值。诸如彭博之类的信息服务往往十分重要，毕竟投资者会依据它所发布的最新信息来预测未来汇率的变化趋势。2013年5月22日，美联储主席在国会作证并暗示美联储可能比预计更早终止债券购买计划。这一声明导致许多投资者撤离美元，转而投资作为避险工具的日元和瑞士法郎[35]。

8.5 汇率波动的预测

因为汇率波动受很多因素的影响，所以管理者必须能分析这些因素，并形成有关汇率波动发生时间、大小以及方向的总体判断。然而，预测并不是一门精确科学，很多因素都可能导致预测结果严重偏离实际情况。

企业试图预测汇率走势的原因各不相同。为来年制定预算的国家管理者必须预测汇率等因素随时间变化而变化的情况。涉及商品和服务买卖的企业需要预测未来汇率走势以便开展定价决策、货币选择和套期保值。其他人可能将汇率预测作为一种投资策略，并希望通过预测而战胜市场。

8.5.1 基本面与技术面的预测

管理者可以通过以下两种方式来预测汇率：基本面预测或技术面预测。**基本面预测**（Fundamental Forecasting）就是依据经济变量的趋势情况来预测未来汇率走势。相关数据可以输入经济计量模型中或进行主观评估。**技术面预测**（Technical Forecasting）就是借助汇率自身过去的走势来估计未来汇率走势。技术面预测家或图表分析师会假定：如果当前汇率反映的是市场的所有事实，那么在相同的情况下，汇率走势会遵循同样的模式[36]。然而，研究表明，除了极短期的情况，一般无法根据过去的汇率走势来精确预测未来的汇率走势。根据这一理论，汇率变化具有随机游走（Random Walk）的特点，也就意味着汇率无法得到预测[37]。

1. 偏差的处理

有些偏差可能会使预测发生偏离。这些偏差包括：

（1）对超预期的突发新闻事件反应过激。

（2）并非真实存在的相关性，即统计上虽不存在，但按照之前的判断的确可能发生的资料的相关性倾向。

（3）只关注个别信息子集而忽视了信息全集的重要性。

（4）对诸如市场波动等主观事件调整不足。

（5）无法了解过去发生的差错，如错误的交易决定。

（6）过于自信个人精确预测汇率走势的能力[38]。

优秀的财务主管和银行家应能对特定货币做出自己的预测，并运用外部预测者的基本面或技术面预测结果来支持自己的预测。这样做有助于他们判断自己是否考虑到了重要因素，以及是否应该按照外部分析结果来修正预测。

2. 时间、方向与量值

预测内容包括汇率变动的时间、方向和量值大小。对于货币不可自由浮动的国家而言，汇率变动的时间通常属于政治性决定而难以预测。虽然变动的方向也许可以预测，但量值大小仍然很难预测。因此，不仅货币变化很难预测，而且也很难用这些预测结果来估计利润与制定经营战略。

8.5.2 基本面因素的监控

对于可自由浮动的货币，供求规律决定市场价值。预测汇率的能力取决于预测期的长短。一般而言，预测未来汇率的最佳信号是短期的利率、中期的通货膨胀率和长期的经常账户余额[39]。考虑到即使是实施浮动汇率制的国家也很关注货币价值，管理者进行预测时可以监控那些政府所关注的因素。

1. 制度环境

（1）货币是浮动的还是带有管理的？如果是带有管理的，那么是钉住其他某种货币还是钉住一篮子货币或其他标准？

（2）干预措施如何？是否可靠？是否可持续？

2. 基本面分析

（1）按照购买力平价、国际收支平衡、外汇储备或其他因素，货币是否存在低估或高估？

（2）就就业、增长、储蓄、投资和通货膨胀而言，经济的周期性形势如何？

（3）政府的货币政策、财政政策和债务政策前景如何？

3. 信心因素

对于政治环境以及政府和中央银行的信用，市场有何看法及预期？

4. 环境因素

新闻方面是否存在国内外事件？是否有可能产生危机或突发情况？是否有政府会议或重要会议召开？

5. 技术面分析

（1）图线的走势如何？是否有趋势反转的信号？

（2）哪个汇率似乎是重要的买卖点？此时买卖是否均衡？市场是否存在超买或超卖情况？

（3）其他市场参与者和分析师的看法和预期如何[40]？

之前已经讨论了利率与通货膨胀因素，那么经常账户余额对汇率有什么影响呢？经常项目盈余意味着一国的出口超过进口，即从商品和服务的进口国获得外汇储备的增加。长期来看，可以预期盈余国货币会对其贸易伙伴国的货币升值。反之，经常账户赤字意味着一国的进口超过出口，需要通过增加国外负债来获得外汇以支付进口。此时，就长期而言，可以预期赤字国货币会对其贸易伙伴国的货币贬值。

8.6 汇率变化对经营的影响

我们为什么必须费心预测汇率变动呢？正如案例 8-3 所介绍的，汇率变动对经营战略以及海外盈利的换算有重大影响。下面简单讨论一下汇率变动对企业的营销、生产和财务决策的影响。

8.6.1 营销决策

因为汇率变化会影响国内外市场对企业产品的需求，所以营销经理往往十分关注。2013 年，由于印度卢比对美元的汇率暴跌，印度的小型进口商因缺乏应对货币波动的实力而陷入危机。很多时候，印度的小型进口商必须用美元支付来自供应商的进口，但卢比的贬值意味着这些进口商必须用更多的卢比来兑换美元以支付进口[41]。另一方面，印度的农产品出口预计会因卢比的贬值而增加。在出口方面，因人民币对日元和美元的升值，中国的出口商必须为保持强劲出口而努力。根据对 1000 多家出口企业的调查，73.4% 的出口商预计强劲的人民币走势会对其出口产生不利影响[42]。

8.6.2 生产决策

汇率变化同样会影响企业的生产决策。如果一国生产企业工资和经营成本占比很高，那么这些企业就有可能将其生产转移到货币快速贬值的国家和地区，毕竟这

些企业本国的货币可以兑换到大量贬值国的货币，从而节省了初试投资。

此外，在货币贬值国生产的产品在国际市场上的成本会相对低些。例如，由于德国马克（如今为欧元）对美元的汇率发生了升值，宝马公司决定在美国南卡罗来纳州投资建厂。不过，根据宝马公司宣布的计划，这些工厂的生产不仅面向美国市场，同时也出口到欧洲及其他市场[43]。另一事例与墨西哥比索贬值有关，而且发生在《北美自由贸易协定》生效后不久。虽然许多企业早已在墨西哥设立了工厂并面向整个北美地区开展生产，但墨西哥比索的贬值显然有利于这些企业的生产决策。

8.6.3 财务决策

汇率变化对财务决策的影响主要体现在财务资源获取、跨国资金汇付以及财务成果报告等财务决策方面。就财务资源获取而言，企业总想在利率最低的地方借入资金。然而，利率差异常常会通过汇率而反映到货币市场上。

在进行跨国资金流动决策时，企业需要将东道国货币兑换为母国货币。如果汇率对其恰好有利，那么企业的收益就可以最大化。不过，货币疲软国家通常都会实施货币管制，使得跨国公司很难这样做。

最后，汇率变化也会影响财务成果的报告。这里用一个简单例子来说明汇率对收入的影响。如果一家美国公司的墨西哥子公司赚了 200 万墨西哥比索，那么在汇率为 9.5 墨西哥比索/美元时所赚的收益相当于 210526 美元。如果墨西哥比索贬值到 10.2 比索/美元，那么所赚的 200 万墨西哥比索只相当于 196078 美元。如果东道国货币对母国货币出现升值，那么情况刚好相反。2013 年，美国通用汽车公司宣布，由于委内瑞拉货币玻利瓦尔的贬值以及英镑对美元走势的疲软，公司第一季度的利润下跌了 3 亿美元[44]。

显然，了解汇率以及影响汇率的因素十分重要。几年前，一家总部在美国的大型电话公司的经理正在编写参加土耳其某个大型电信工程投标的文件。该经理在对土耳其里拉的情况一无所知且没有咨询公司外汇专家的情况下，就以美元计算出了投标价格。之后，该经理查阅了《华尔街日报》上的汇率表，以确定该用什么汇率来将美元投标价格换算为里拉投标价格。此时，该经理才发现土耳其里拉美元走势很弱。结果，在获得该投标项目时，公司已因里拉对美元汇率的变化而失去了全部

利润。当该项目完工时，公司损失了大量资金。如果该经理与了解里拉的人员有所讨论，那么他就能够预测（至少会设法预测）里拉的未来价值，并有可能通过套期保值来保护其里拉应收账款。显然，如果不清楚货币价值是如何决定的，那么经理人员就可能犯下严重错误并付出高昂代价。

● 未来展望

全球货币相对强弱程度的变化

自 20 世纪 70 年代初以来，国际货币体系经历了重大变化，当时美元第一次贬值。之后，随着苏联的解体，不仅成立了很多新的国家，也因而产生了诸多新的货币。由于这些新生国家经历了向市场经济的转变，所以其货币体制也相应出现了调整。鉴于这些经济体开始实施对经济的控制，其货币制度将继续向浮动汇率制转变。

作为一个有趣的问题，拉丁美洲国家的货币未来会怎样？自阿根廷比索暴跌以来，各种意识形态的经济学家都开始预测阿根廷的汇率制度将会如何变化。另一方面，自巴西总统达·席瓦尔（da Silva）首次当选以来，巴西货币雷亚尔对美元的价值呈稳定增长的趋势。直到全球金融危机爆发，雷亚尔一直处于上升轨道。不过，在 2008 年晚些时候，巴西和新兴市场的货币因投资者的撤资出现了暴跌。从那个时候开始，雷亚尔对美元一直保持强势，主要是因为作为巴西主要出口产品的大宗商品价格较高。巴西大宗商品出口市场的持续拓展以及经济的稳固吸引了外国直接投资和证券投资，从而实现了外汇储备的增加。只要大宗商品价格保持高位而且巴西能阻止通货膨胀的发生，那么巴西货币雷亚尔仍将保持强势。不过，2013 年上半年巴西出现了经济问题，而且因民众对政府腐败不满而举行的游行示威活动造成了政治的不稳定，这一切导致巴西雷亚尔价值出现下跌。因此，未来巴西货币会走向何处成了令人感兴趣的问题。

欧元将继续作为成功货币的典范。作为主要储备资产，欧元正在逐渐占据美元的市场份额。当然，这取决于南欧地区债务危机如何解决。然而，除非世界末日到来，欧元在欧洲的影响力将持续扩大，直到非欧元区也采用欧元或者至少与之实现和谐相处。

在亚洲，日元是一种强势的避险货币。虽然日元从 2012 年年末到 2013 年年初开始跌落，但其始终是一种投资级货币。而亚洲地区真正的王牌是中国的人民币。正如第 7 章中的案例所介绍的，人民币尽管不是浮动货币，但正处于具有重大意义的可自由兑换进程中。加之人民币在中国香港正在进行离岸交易试验，而且中国正在逐渐放松人民币的流入与流出。显然，中国正致力于使人民币成为世界主要货币之一。

预算危机严重影响了美元的价值。欧洲正忙于处理债务危机，而中国正努力推进人民币可自由兑换。日本必须继续进行 2011 年地震和海啸的灾后重建，而且需要在面对中国的同时找到自己在亚洲的位置。不过，日元始终是强势货币。事实上，没有办法预测未来 5 年国际货币会如何变化。不过，人民币显然很有可能成为改变最大的一种货币。

● 案例 8-3

欢迎来到索尼的世界——除非日元下跌出现逆转[45]

对于索尼公司而言，2010 年显得特别艰难。不过，2011 年似乎并没有出现太大的转变。2012 年，公司的收入减少了 5 亿日元，全球经济状况持续恶化，但日元仍然保持强势。全球金融危机不仅造成了全球范围内需求的减少，而且搅乱了外汇市场。虽然金融危机的余波未了，但日本在 2011 年 3 月 14 日遭遇了 9.0 级地震，并在靠近东北部的太平洋海岸引发了海啸。到索尼公司在 2010 财年年末发布年度报告时（与很多日本企业一样，索尼的财务年度截止日期为 3 月 31 日），日元对美元的交易价格为 84.1184 日元/美元，较 5 年前上升明显。事实上，就在全球经济危机爆发前不久的 2008 年 8 月 15 日，日元的交易价格为 110.5583 日元/美元。日元价值的疯狂波动对索尼公司以及其他在日本的跨国公司带来了毁灭性的冲击。那么，未来又会发生什么呢？

1. 过去

在着手分析未来之前，先专门从日元的角度来回顾一下过去。在第二次世界大战结束后的那些年里，日元价值对美元显得极度疲软，1970 年日元的交易价格仅为 357.65 日元/美元。1946 年，东京通信工业株式会社成立。1958 年，该公司正式改名为人们所熟知的索尼公司，而且就在这一年，其股票首次在东京股票交易所上市。索尼公司也是首家在纽约证券交易所发行美国存托凭证的日本公司，最终于 1970 年 9 月在纽约证券交易上市。

在经营的最初那几年里，索尼公司得益于日元价值对美元的疲软以及政府对货币的高度控制。当时，日本的外汇政策也有利于那些政府希望其成功的企业和产业，尤其是在出口市场上。由于日元的廉价，日本企业快扩展出口市场就比较容易。

2. 日元的首次升值

1970—1985 年，日元价值持续保持强势，且在 1985 年出现了加速上涨。由于美国经济出了问题，美元在 1985 年下半年开始下跌，而日元在当年年末上涨到 200 日元/美元。到 1986 年下半年，日元价值进一步上涨到 150 日元/美元，远超过了其历史最高值。日本人将日元价格上涨称为"日元 endaka"，字面翻译就是日元升值。日元升值不仅给那些高度依赖国际贸易的日本出口商带来了严重问题，而且给整个日本经济带来了潜在的不利影响。然而，日元升值的一个好处就是进口变得便宜，毕竟日本几乎所有的商品都严重依赖进口。因此，即使在其出口价格上升时，日本的投入成本也在下降。

强势日元主要来自强大的日本经济、巨大的贸易顺差和世界上最多的外汇储备。除此之外，日本拥有低失业率、低利率和低通货膨胀率。但是，经济中的裂痕开始显现：股票市场的下跌、通货膨胀率的上升以及房地产泡沫共同打击了日本的经济以及人们对日元的信心。1989 年 12 月，日本银行管理者提高了利率，但随之发生的抗议又迫使管理者不得不放弃提高利率。由于美国利率相对较高，投资者从日本撤资转而投向美元，以获得更高的收益。日元需求的下跌以及美元需求的上涨推动了美元对日元的升值。在 1989 年年底，美元的日元价格为 143.45 日元/美元，而在一年前仅为 125.85 日元/美元。

在 20 世纪 90 年代初，美国和日本都很担忧通货膨胀的影响。虽然双方试图开展汇率政策方面的合作，但美国不愿意过多地压低美元的价格，并且不愿意失去自主抗争通货膨胀的能力。美日两国曾试图让德国、英国以及其他国家的央行进行市场干预，通过出售本国货币来买入日元以提高日元价格。但是，考虑到利率对市场心理的影响，这些央行也没有什么办法。

在随后的几年里，日元对美元汇率受很多因素的影响，包括美国经济的疲软（支持利率的下调）、海湾战争（促使美元成为避险货币）、日本利率相对于美国利率的上升，以及 1993 年 G8 国家就日元是否太过疲软或恰当没有得出一致结论。

3. 日元的第二次升值

好似日元的第一次升值没有到位，日元于 1995 年再次升值，而且一度升值到 80.63 日元/美元。根据丰田汽车公司的公告，日元每上升一个基点都会使该公司来自美国的以美元计的经营利润减少 1.11 亿美元，而出口企业将难以找到保持出口市场竞争力的方法。正如应对日元首次升值时所做的，日本企业寻找一切措施来削减成本和保持竞争力。在那个时期，日本经济正处于衰退期，所以日本银行通过降低利率来刺激需求。这样，日元对美元就出现贬值，从而再一次有利于出口。

4. 竞争压力

在近几十年的货币波动中，索尼公司一直是全球消费电子产品、游戏、音乐和电影领域的皇牌企业之一。公司大量的产品创新为其赚得了超额利润，但随之也引发了竞争。三星等的韩国公司开始逐年生产价格更低而质量更高的产品，而且三星公司也开始在电子产品领域建立自己的声誉。除此之外，为打造更大的成本优势，三星和其他外国竞争对手开始在海外设立分支机构，特别是在中国。为了降低强势日元带来的风险，索尼公司的一些日本竞争对手，如东芝和松下，也在将工厂转移至海外国家，如印度尼西亚和菲律宾，并增加美元计价的零部件的进口。

从 2003 年年初到 2004 年年末，美元对欧元和日元一直处于弱势。为了使美元转强，日本央行于 2003 年耗费破纪录的 20 万亿日元，并于 2004 年前两个月再次投入 10 亿日元。虽然做了如此大的努力，但日元对美元的汇率仍然升值了 11%，而且在 2004 年一直保持强势。2004 年 3 月，日本财务省中止了外汇干涉，但美元对欧元和日元仍然保持疲软，并在 2004 年年底再次导致欧洲和日本的干预。

5. 快进到 2008 年

美国住房市场的崩溃、2007 年接踵而至暴发的信贷危机、紧随其后的雷曼兄弟公司破产以及 2008 年 9 月美国政府对全球保险业巨头美国国际集团（AIG）的接管，这一系列事件都对全球经济造成了惊人的影响。美国股市首先崩溃，紧接着就是世界各地股市的崩溃，投资者开始从危险四起的新兴市场撤资转而投向避险资产。结果，欧元对日元和美元两大受惠货币的汇率出现下跌。不过，中国的人民币并不受到影响，原因就是人民币对美元汇率是固定的而非浮动的，因此只听从于正常的市场因素。

那么，这一切为什么会发生呢？在前面关于美元的案例 8-2 中，市场的反应就是标准的追逐安全性——这种情况多发生在全球事件易引起恐慌期间——即便美国市场是最先开始崩溃的，政治的稳定性和经济体的规模使得美国成了投资的最佳去处。因此，恐惧因素似乎成了危机期间美元获得青睐的关键一票。不过，这仅仅是一种短期现象，最终仍然取决于经济基本面因素。

危机期间，美元的上下波动取决于当时最为重要的新闻。一旦危机成了新闻的主角，那么美元就转为强势。如果新闻报道支持美国经济的复苏，那么出于获得更高收益的目的，资金又流入美国和海外的股票市场，导致美元价值的下跌。由于美国经济的放缓，出口导向型国家，特别是新兴市场的经济就会受到不利影响。此外，美国的信贷危机也会向其他国家蔓延。就信贷危机带来的影响而言，其中一个有趣情况就是，欧元对美国股票市场变得十分敏感。如果美国股票市场下跌，欧元就下跌；如果美国股票市场开始回升，欧元就开始回升。欧元当然是强大而重要的货币，但缺少一个能联合应对经济危机的强有力的中央政府。虽然欧洲中央银行可以影响利率，但作用也仅限于此。

那么，日元的情况如何呢？非常有趣的是，日元在危机期间与美元一样成了避险货币。显然，日元是亚洲最重要的货币，毕竟日本是亚洲和全球仅次于中国的第二大外汇储备国，而且日元是具有高流动性的可自由兑换货币和重要的交易货币。不仅如此，由于日本的利率很低，很多投资者会借入日元，然后投资到国外以获得高收益。当危机发生时，大量资金快速退出新兴市场而转回到日本，即出现所谓的套利交易。任何时候只要货币市场出现动荡，投资者都会进行平仓交易（或反向交易），从而使日元走强。

市场同样说明了日元与美国股票市场之间的反向关系。当市场不太厌恶风险时，股市上升，日元则贬值；当市场较为厌恶风险时，股市下跌，日元则升值。

6. 悲惨的 2011 年

2011 年 3 月 11 日，地震和海啸袭击了日本，带走了大量的生命，给人类带来了灾难。此外，地震和海啸也使日本的核反应堆受损坏，并导致全球供应链中断。这一切造成了诸多不确定性。（毕竟日本工厂的产量占全球半导体产量的 25%，占全球电子元器件产量的 40%，而索尼公司生产的笔记本电脑电池占全球产量的 10% 以上。）受影响地区的工厂因为财产遭毁、停电以及运输设施停运而关门。

那么，危机期间日元的情况如何呢？按照传统观点，日元会相对于美元而贬值，但事实是日元出现了升值。地震以后，大量来自日本人的资金流入，因为他们将在日元便宜时买入的投资以及在收益较高的新兴市场的投资进行了卖出。此外，很多日本企业在财务年度终了时（3 月 31 日）将资金带回日本国内。因此，对资本的需求引发大量货币的流入，从而造成日元的升值。

7. 对索尼公司的影响

2012 年，索尼公司销售收入的 32.4% 来自日本，18.7% 来自美国，19.5% 来自欧洲，29.4% 来自世界其他地区。因此，索尼公司在地理方面具有多样化经营的特点。其中，有些地区的当地货币比日元要弱，有些地区的当地货币则比日元要强。此外，索尼公司也把金砖国家作为其未来增长的目标市场。

除了针对全球市场开展销售之外，索尼公司也在充分利用在日本以外地区开展生产的优势。例如，就索尼公司的电视机业务部门来说，绝大多数销往美国和欧洲的 LCD 电视机都是在墨西哥蒂华纳和斯洛伐克的尼特拉的工厂制造的。至于索尼的数字成像业务，索尼公司将单反相机的部分生产从日本转移到泰国。

强势日元与全球经济放缓的一个主要影响就是日本出口的急剧下降。例如，2009 年 1 月，日本的出口量较一年前下跌了 49%。鉴于出口销售的下降，出口企业纷纷减少了向供应商的订单，从而对日本经济造成了连锁反应，转而影响到生产和就业。这些事件导致了日本 2008 年第四季度的 GDP 较一年前下降了 12.1%。按照许多专家的看法，日本经济正经历着第二次世界大战以来最为艰难的衰退。通货紧缩也再次影响日本经济，消费者因为等待价格的继续下跌而推迟购买，而企业对于是否应该加大投资也显得犹豫不决。

强势日元也让索尼公司的财务报表很受伤。由于索尼公司需要将美元报表和欧元报表换算为日元报表，所以按日元计的净资产和利润就会变得更少，从而拉低索尼公司合并报表的业绩。抵消下降的唯一方法就是售出更多产品并提高利润率，而这两点在全球经济放缓的背景下都很难做到。从资金流的角度来看，索尼公司的海外业务部门在逐渐将股息汇回日本，但这些收入因为美元和欧元对日元的疲软而出现减值。尚存的一线机会就是日元的购买力因日元相对于其他货币的升值而上升，因此索尼公司所有作为生产投入的进口品都变得更便宜了。其他需要在日本境外生产的产品也一样，因此成本得到降低，利润就有希望得以增加。只要索尼公司对全球各地客户的出口收入以美元计价，那它就需要通过增加在美国或亚洲其他国家和地区（如中国台湾）的投资来增加以美元计价的支出，而且美元支出必须与美元收入相匹配。在中国台湾，诸如显示器之类的零部件不仅较为便宜，而且索尼公司可以用美元进行购买。

2011年的地震和海啸也影响到索尼公司的业绩。根据索尼公司的公告，这场灾难可能给公司2011财年造成32亿美元损失。而索尼公司仅仅是众多据报道在灾难中遭遇巨大损失的日本制造商之一。索尼公司在东北部地区的9家工厂都遭受了严重损失，供应链遭到中断。国内需求的跌落预示着索尼公司当年的情况非常不妙。再加上全球经济的放缓，特别是在美国和债务缠身的欧洲，对索尼产品的需求预料难出现增加。

安倍经济学（Abenomics）能带来运势逆转吗？正当强势日元以及中国与欧洲市场需求的下降使得一切变得毫无希望之时，日本于2012年11月选举了新的首相安倍晋三。安倍晋三决定通过实施宽松的货币、财政和结构性政策来应对国内的通货紧缩并刺激疲弱的国内经济。在2012年的大部分时间里，日元的交易价格一直低于80日元/美元。但到2012年年末，日元的交易价格达到85.96日元/美元；到2013年5月6日，达到99.10日元/美元，然后出现下跌。在2013年第一季度末，索尼公司的年度利润估计实现翻倍，其中大部分来源于日元的下跌。

如果说强势日元使得出口企业的海外销售变得艰难从而减少了外汇收入，那么日元疲软的影响则完全相反。诸如索尼、丰田和松下之类的出口企业当然欢迎日元的疲软（较安倍晋三执政以来贬值了20%以上）以及拥有更多外国销售的机遇。但是，它们利用疲软日元的能力和程度仍然取决于美国、欧洲和中国的经济复苏。不过，货币问题至少不再是影响日本出口企业竞争力的额外负担了。

思考题

1. 导致索尼公司自日本的出口量下降的主要因素有哪些？

2. 强势日元影响索尼公司盈利的其他途径有哪些？弱势日元又会如何影响索尼公司？

3. 对于索尼公司而言，为什么必须在美国和欧洲生产更多的产品并向亚洲其他国家和地区的供应商购买更多的投入品？

4. 近年来影响日元价值的主要因素有哪些？如果要预测未来日元价值的走势，你认为必须监控哪些重要因素？

本章小结

1. 国际货币基金组织（IMF）创立于1945年。其宗旨是增进国际货币合作，推进国际贸易的发展和均衡增长，促进汇率稳定，建立多边支付体系，并为面临国际收支失衡困难的成员提供资源。

2. 特别提款权（SDR）是IMF为增加国际储备而创立的特殊资产。

3. IMF设立时倡导的是固定汇率制，但如今IMF允许成员国自由决定采用何种程度的固定汇率制或浮动汇率制。

4. 欧元是欧洲的一种共同货币。欧盟的15个初创成员国中有12个国家采用了欧元。截至2013年年中，共有16个国家采用了欧元，其他新加入欧盟的成员国目前正在努力满足有关加入标准。

5. 随着中国制度建设的强化、监管结构的完善以及银行等金融机构经营能力的提高，中国的人民币必将成为全球影响力最大的货币之一。

6. 非洲国家致力于在2021年创建共同货币。然而，这一目标的实现面临着众多阻碍。

7. 按照供求状况而自由浮动的货币往往不受政府的干预。对一国货币的需求取决于对其商品和服务的需求以及对以本币计量的金融资产的需求。

8. 固定汇率并不自动地按照供求关系而发生变化。相反，它受中央银行的调控。

9. 中央银行是一国政府干预外汇市场以影响货币价值的核心机构。

10. 位于瑞士的国际清算银行（BIS）的地位相当于中央银行的银行。其宗旨是促进各国央行间的交流和交易。

11. 中央银行会对货币市场进行干预。如果希望压低货币价值，那么中央银行就会增加本国货币的供给；如果希望提高货币价值，那么中央银行就会刺激对本国货币的需求。

12. 对货币可兑换实施控制严格和限制的国家多存在外汇黑市。相比官方汇率，黑市汇率更能反映市场对外汇的供求状况。

13. 完全可兑换的货币通常被称为硬通货，即政府允许居民和非居民进行无数量限制买卖的货币。

14. 不可完全自由兑换的货币被称为软通货或弱势货币，这种货币多存在于发展中国家。

15. 为避免稀缺外汇的流失，有些国家的政府对那些需要外汇的企业和个人实施外汇限制措施，如进口许可证、复汇率、进口保证金和数量控制。

16. 决定汇率的因素包括购买力平价（相对通货膨胀率）、实际利率差异（名义利率减去通货膨胀率）、对政府管理政治经济环境能力的信心以及贸易中的某些技术性因素。

关键术语

预付进口保证金	欧洲货币联盟（EMU）	国际货币基金组织（IMF）	份额
黑市	费雪效应	牙买加协定	史密森协议
布雷顿森林体系协定	基本面预测	复汇率	软通货（弱势货币）
欧洲中央银行（ECB）	硬通货	平价	特别提款权（SDR）
欧洲货币体系（EMS）	国际费雪效应（IFE）	购买力平价（PPP）	技术面预测

参考文献

1 *Sources include the following:* Andrew Swiston, "Official Dollarization as a Monetary Regime: Its Effects on El Salvador," *IMF Working Paper* (June 2011): 22-23; "El Salvador Learns to Love the Greenback," *The Economist* (September 26, 2002): 62; John Lyons, "Squeezed by Dollarization," *Wall Street Journal* (March 8, 2005): A18; Bureau of Economic and Business Affairs, U.S. Department of State, "2001 Country Reports on Economic Policy and Trade Practices" (February 2002), at www.state.gov/documents/ organization/8202.pdf (accessed May 30, 2005); U.S. Department of State, "Background Note—El Salvador," at www .state.gov/r/pa/ei/bgn/2033.htm (accessed May 30, 2005); U.S. Department of State, "Background Note—Ecuador," www. state.gov/r/pa/ei/bgn/35761.htm (accessed May 30, 2005); Juan Forero, "Ecuador's President Vows to Ride Out Crisis over Judges," *New York Times* (April 18, 2005): A12. "El Salvador Trade Profile," at www.wto.org (accessed May 6, 2013).

2 International Monetary Fund, "IMF Chronology," at imf.org/external/np/ exr/chron/chron.asp (accessed August 22, 2007).

3 IMF, "History" at www.imf.org/external/about/history.htm (accessed June 17, 2013).

4 IMF, "Overview: What Do We Do?" at imforg/external/about/overview. htm (accessed June 17, 2013).

5 IMF, "International Monetary Fund Factsheet: IMF Quotas," www.imf. org/external/np/exr/facts/quotas.htm (accessed June 17, 2013).

6 IMF, "Currency Amounts in New Special Drawing Rights (SDR) Basket," www.imf.org/external/np/tre/sdr/sdrbasket.htm (accessed June 17, 2013).

7 Thomas Catan and Ian Talley, "IMF Renews Push Against Austerity," *The Wall Street Journal,* (April 16, 2013), online edition.

8 International Monetary Fund, " IMF's Response to the Global Economic Crisis," March 29, 2013, www.imf.org/external/np/exr/facts/changing. htm (accessed June 17, 2013).

9 International Monetary Fund, *Annual Report on Exchange Arrangements and Exchange Restrictions* (Washington, D.C., IMF, 2012): Appendix 1.

10 See Mercedes Garcia-Escribano and Sebastián Sosa, "What is Driving Financial De-dollarization in Latin America," *IMF Working Paper* (January 2011): 1–23; Guillermo A. Calvo and Carmen M. Reinhart, "Capital Flow Reversals, the Exchange Rate Debate, and Dollarization," *Finance & Development* 36:3 (1999): 13; "No More Peso?" *The Economist* (January 23, 1999): 69; Steve H. Hanke, "How to Make the Dollar Argentina's Currency," *Wall Street Journal* (February 19, 1999): A19; Michael M. Phillips, "U.S. Officials Urge Cautious Approach to Dollarization by Foreign Countries," *Wall Street Journal* (April 23, 1999): A4; "A Decline without Parallel," *The Economist* (February 28, 2002), www.economist.com.

11 Craig Torres, "Chile Suspends Trading Band on Its Peso," *Wall Street Journal* (September 7, 1999): A21; "IMF Welcomes Flotation of Iceland's Krona," *IMF News Brief*, www.imf.org/external/np/sec/nb/2001/nb0129. htm (accessed March 28, 2001).

12 "Convergence Criteria for European Monetary Union," *Bloomberg News*, www.bloomberg.com (accessed August 9, 2002).

13 "Prime Minister Says Sweden Fulfills Criteria to Adopt Euro," *Dow Jones Newswires* (August 19, 2002), www.wsj.com (accessed August 19, 2002).

14 Christopher Rhoads and G. Thomas Sims, "Rising Deficits in Europe Give Euro Its Toughest Challenge Yet," *Wall Street Journal* (September 15, 2003): A1.

15 Edmund L. Andrews, "On Euro Weekend, Financial Institutions in Vast Reprogramming," *New York Times* (January 2, 1999), www.nytimes.com (accessed October 12, 2009).

16 Paul Masson and Catherine Patillo, "A Single Currency for Africa?" *Finance & Development* (December 2004): 9–15; "History of the CFA Franc," at www.bceao.int/internet/bcweb.nsf/pages/umuse1 (accessed May 30, 2005); IMF, "The Fabric of Reform—An IMF Video," at www. imf.org/external/pubs/ft/fabric/ backgrnd.htm (accessed May 30, 2005).

17 Though initially pegged to the French franc, the peg shifted to the euro in 1999 when France adopted it as its currency. All of the countries in

the CFA franc zone are former colonies of France and maintain French as the official language, except for Guinea-Bissau and Equatorial Guinea, which were ruled by Portugal and Spain, respectively.

18 Isaac Imaka, "East Africans to Wait for 10 Years to Get Common Currency, Officials Say," (June 18, 2013), www.monitor.co.ug/News/National/East-Africans-to-wait-for-10-years--to-get-common/-/688334/1864310/-/sg6wfrz/-/index.html (accessed June 18, 2013).

19 "Operating Policy," at www.ny.frb.org/markets/foreignex.html (accessed July 1, 2011).

20 International Monetary Fund, "Currency Composition of Official Foreign Exchange Reserves (COFER)," www.imf.org/external/np/sta/cofer/eng/cofer.pdf (accessed March 29, 2013).

21 Joanna Slater and John Lyons, "Emerging Markets Lose a Little of Their Resilience—Now Face Stress Test," *Wall Street Journal* (July 17, 2007): C1.

22 www.cia.gov/library/publications/the-world-factbook/rankorder/2188rank.html (accessed March 29, 2013).

23 Sam Y. Cross, *All about the Foreign Exchange Market in the United States* (New York: Federal Bank of New York, 2002): 92–93.

24 Jon Hilsenbrath and Brian Blackstone, "Inside the Risky Bets of Central Banks," *The Wall Street Journal* (December 12, 2012): A1.

25 Paul Evans, "Dollar Climbs Back on Rivals," *Wall Street Journal* (March 11, 2009): C14.

26 Bank for International Settlements, "About BIS: Organisation and Governance," at www.bis.org/about/orggov.htm (updated 19 December 2011 and accessed May 17, 2013).

27 Sheridan Prasso, "Zimbabwe's Disposable Currency," *Fortune* (August 6, 2007), CNNMoney.com (accessed August 25, 2007).

28 Patrick McGroarty and Farai Mutsaka, "How to Turn 100 Trillion Dollars into Five and Feel Good About It," *The Wall Street Journal* (May 11, 2011), online edition.

29 "Sri Lanka Relaxes Foreign Exchange Controls," *Lanka Business Online* (June 18, 2013).

30 Benedict Mander, "Exchange Rate Irks Venezuela," *Financial Times* (April 30, 2010): 20; Corina Pons and Charlie Devereaux, "Venezuela to Create new Parallel Exchange Rate, Ramirez Says," Bloomberg.com (accessed March 13, 2013).

31 Natalia T. Tamirisa, "Exchange and Capital Controls as Barriers to Trade," *IMF Staff Papers* 46:1 (1999): 69.

32 "The Big Mac Index," *The Economist* (January 31, 2013), economist.com/bigmac; "The Big Mac Index: Bunfight," *The Economist* (February 2, 2013): 60.

33 "The Big Mac Index: Food for Thought," *The Economist* (May 27, 2004): 75; quoting Michael Pakko and Patricia Polland, "For Here or to Go? Purchasing Power Parity and the Big Mac" (St. Louis, MO: Federal Reserve Bank of St. Louis, January 1996).

34 "The Big Mac Index (an interactive currency-comparison tool)," www.economist.com/content/big-mac-index (accessed May 28, 2013); Ira Iosebashvili, "Countries' Heated Rhetoric Points Out Lack of a Universal Measuring Stick," *The New York Times* (February 22, 2013): A12.

35 Clare Connaghan, "Flight to Safety Gathers Pace in Bond, Currency Markets After Bernanke," *The Wall Street Journal* (May 23, 2013), online edition.

36 "Forecasting Currencies: Technical or Fundamental?" *Business International Money Report* (October 15, 1990): 401–02.

37 See Ian H. Giddy and Gunter Dufey, "The Random Behavior of Flexible Exchange Rates: Implications for Forecasting," *Journal of International Business Studies* 6:1 (1975): 1–32; Christopher J. Neely and Lucio Sarno, "How Well Do Monetary Fundamentals Forecast Exchange Rates?" *St. Louis Fed* (September/October 2002), 51–74, on www.research.stlouisfed.org/publications/review/ 02/09/51-74Neely.pdf (accessed October 8, 2009).

38 Andrew C. Pollock and Mary E. Wilkie, "Briefing," *Euromoney* (June 1991): 123–24.

39 David A. Moss, *A Concise Guide to Macro Economics* (Boston: Harvard Business School Press, 2007): 131.

40 Cross, *All about the Foreign Exchange Market,* 114.

41 Sudeep Jain and Debiprasasd Nayak, "Rupee Fall Hits India's Small Importers," *The Wall Street Journal* [India] (June 18, 2013), online edition.

42 Yajun Zhang, "Stronger Yuan to Hit China Exports – Commerce Ministry," *The Wall Street Journal* (June 18, 2013).

43 Oscar Suris, "BMW Expects U.S.-Made Cars to Have 80% Level of North American Content," *Wall Street Journal* (August 5, 1993): A2.

44 "GM Hit by Foreign Exchange," *CFO Journal* (May 2, 2013).

45 *Sources include the following:* Hiroko Tabuchi, "Weaker Yen Helps Sony Raise Its Profit Outlook," *The Wall Street Journal* (April 26, 2013): B6; Mayumi Negishi and Daniel Inman, "Falling Yen Sets Stage for Windfall," *The Wall Street Journal* (April 24, 2013): B6; Thomas Black, "Now, A Weak Link in The Global Supply Chain," *Businessweek* (March 21-27, 2011): 18; Hiroko Tabuchi, "Sony Warns of a Loss From Quake," *The Wall Street Journal* (May 24, 2011) online edition; Jamie McGeever, "Dollar Gets Battered across the Board," *Wall Street Journal* (December 9, 2003): C17; Sebastian Moffett, "Japan's Yen Strategy Offers Economic Relief," *Wall Street Journal* (January 12, 2004): A2; Miyako Takebe, "Japan Plans to Keep Intervening in Markets to Hold Down the Yen," *Wall Street Journal* (March 17, 2004): B4E; Alan Beattie, "Japan and ECB Consider Joint Currency Move as Dollar Falls," *Financial Times* (December 2, 2004): 11; Sony 2008 Annual Report; Robert Flint, "Yen Gains on Dollar, Europe in Flight from Risk," *Wall Street Journal* (January 13, 2009): C2; Joanna Slater, Yuka Hayashi, and Peter Stein, "Move to Stem Yen's Rise Is Likely," *Wall Street Journal* (October 28, 2008): C1; Stanley Reed, "What's Driving Up the Dollar," *Businessweek* (December 8, 2008): 38; John Murphy and Hiroko Tabuchi, "Japan's Companies, Consumers, React to New Reality," *Wall Street Journal* (October 29, 2008): A13; John Murphy, "Toyota's Global Woes Start to Hit Home in Japan," *Wall Street Journal* (November 4, 2008): A10; Yumiko Ono and Andrew Monahan, "Japan Exports Fall 49% as U.S. Trade Plunges," *Wall Street Journal* (March 26, 2009): A7; John Murphy, Peter Stein, and Neil Shah, "Dollar Vexes Asian Central Banks," *Wall Street Journal* (May 26, 2009): C1.

第 9 章

全球资本市场

有钱固然好，但能支配钱更好。

——犹太人谚语

本章目标

通过学习本章内容，应能：

1. 阐明金融的功能及其与跨国公司组织结构的适应性。
2. 描述资本结构的国际差异性。
3. 阐明在国际市场上获取借款的各种方法。
4. 说明企业如何在境外股票市场上筹集资本。
5. 说明跨国公司面临的税收问题。

案例 9-1

GPS 资本市场公司：需要制定有效的套期保值策略吗？

2000 年 4 月 10 日，总部位于美国的富国银行集团（Wells Fargo & Company）和第一证券公司（First Security Corporation）宣布已经签署了合并协议，合并协议涉及它们各自在旧金山和盐湖城的银行[1]。两家银行都位于美国西部地区，原来的定位显然互为竞争对手，尤其是在犹太州市场，双方的目标客户都是个人、中小型企业、农户、农场主和若干大企业客户。富国银行集团的经营业务分布在 22 个州，而第一证券公司的经营业务则分布在 7 个州。鉴于双方目标市场的重叠性以及客户统计特征的相似性，显然在接下来几个月里，双方的经营服务必然会进行整合。

美国第一证券公司在国际银行业务领域拥有三位关键人员：公司副总裁兼外汇业务部经理瑞恩·吉本斯（Ryan Gibbons），最近晋升为公司副总裁的外汇交易员杰森·兰斯顿（Jason Langston）和公司副总裁兼国际银行业务部交易产品经理阿里·曼贝扬（Ali Manbeian）。他们三位在国际银行业务方面拥有丰富的经验。第一证券公司设有交易大厅，他们三位可在那里为客户提供外汇服务，提供与贸易相关的托收和支付服务。不过，本次合并完成后，许多他们感兴趣的业务被转移到了旧金山。对此，他们三位十分清楚。

1. 创建 GPS 公司

2002 年，借助重要投资者的力量，曼贝扬、兰斯顿和吉本斯创建了 GPS 资本市场公司（简称 GPS 公司）。鉴于西部山区没有银行来提供外汇服务，他们觉得这是一个利基市场。随后，他们离开了原来的公司，开始实践他们深信可以大获成功的商业模式。

吸引到投资者，特别是他们的大客户和经纪人，对于他们的成功显然极其重要，毕竟他们需要必不可少的信用支持和声誉，以便打入这样一个大规模市场。杰森·兰斯顿注意到："如果没有这些可靠的投资者，那么过去所完成的交易中有90%就不可能达成。"不过，借助强大的营运资本实力，GPS公司在不依靠原始投资者的情况下实现了运转。

2. 目标市场和客户战略

为了有效参与市场竞争，GPS公司最初就确定以中小企业为目标市场，重点服务于那些对外汇有明显需求的企业，但不包括那些本身就有外汇业务部门的企业。基于这一战略原则，GPS公司首先推出的是商业银行提供的常规服务。因为公司相信，凭借其专长以及较低的管理费用，完全可以吸引到大客户。为此，GPS公司一开始提供的是传统的出入境支付业务，而这项业务也是他们在第一证券公司工作时做得最好的，并且这些支付业务也是那些有外币收入或需要支付外币企业的基本需求。

不过，GPS公司发现很难吸引客户。说起外汇业务，绝大多数企业的第一选择就是找已建立了良好的关系并可以提供包括出入境支付服务的商业银行。GPS公司的财政顾问通过亲自拜访潜在客户并与其建立公开透明的关系，克服了竞争对手带来的阻碍。虽然走访纽约、洛杉矶以及落基山脉外其他地区的费用很昂贵，但这样做很值得，毕竟财政顾问们建立了与客户的关系并获得了新的客户。相比于商业银行，GPS公司拥有一些竞争优势，如更低的交易费用、100%的透明度以及针对客户需求的定制解决方案。

商业银行因为业务部门多、配套服务全，需要分摊的管理费用就大，所以外汇交易的交易成本就更加昂贵。此外，商业银行将外汇交易视为赚取更多利润的业务领域，所以会收取高额费用以取得利润。在外汇市场上，GPS公司虽然规模较小，但更注重专业性，所以能维持较低的经营成本，从而可以降低对客户的收费。

在互联网为外汇市场带来更高的透明度之前，企业通常并不清楚银行或经纪人可以从外汇交易中获利多少。GPS公司对客户采取完全透明的做法，明确告诉客户自己可从交易中获益多少（而这却是商业银行不愿意做的事情）。通过向客户介绍自己提供的增值服务，GPS公司就可以使客户了解其收费的合理性，因此就会

毫不犹豫地公开其商业模式。

虽然大银行倾向于提供标准化的全能通用型服务，但GPS公司强调的是满足其客户个性化的外汇需求。GPS公司的经理会与客户一起讨论需求和策略，并提出使外汇交易更令人满意的创新型解决方案。这些战略似乎很有效果，毕竟GPS公司自从创建以来已经实现了巨大的发展。

汤森路透和彭博提供的强大的分析工具、市场信息、实时报价和交易平台在GPS公司的业务中起着重要作用。此外，这些服务对于定价更为复杂的如期权等外汇产品也是必不可少的。虽然订购服务的费用很昂贵，但GPS公司最终决定仍然采用这两个系统。事实上，虽然三位合伙人对最喜欢的服务持有不同的观点，但这样做可以让汤森路透和彭博为寻求优势而开展良性竞争。

3. 未来的挑战

虽然GPS公司从未在竞争中失去过客户，但未来依然面临着许多挑战。首先就是服务方面的挑战。如果GPS公司坚持最初的提供传统外汇服务的目标，那么将置身于与银行和市场新进入者更加激烈的竞争中，如专攻中小企业市场支付业务的精品机构。因此，这里的关键在于找到能将客户引导到具有附加值的高端服务中的途径，而这本质上就是要确定进入的领域以及从哪里获得专业技能。

第二项挑战与目标市场有关。考虑到美国的并购活动，GPS公司能否继续保持它的客户源，或者说其客户是否会被更大的公司收购，就像富国银行收购了第一证券公司那样。如果出现这样的情况，那么GPS公司应该清楚如何把它的专业技能出售给没有经验或者无跟踪记录的更大客户。

第三项挑战则与可能实施的不利的新的监管制度有关。不论是在美国还是在国外，外汇交易的监管制度一直非常严格而且经常变化。《多德—弗兰克华尔街改革和消费者保护法案》（Dodd-Frank Wall Street Reform and Consumer Protection Act）于2010年7月21日正式实施，而这很可能会对GPS公司的外汇交易业务产生重要影响。在其他方面，《多德—弗兰克华尔街改革和消费者保护法案》设立的金融稳定监督理事会（Financial Stability Oversight Council）有权对非银行类金融企业在诸如提高衍生品交易透明度和会计责任方面实施监管。虽然《多德—弗兰克华尔街改革和消费者保护法案》会

影响企业的经营者，但一个核心问题就在于报告要求十分繁多。

4. 全球金融危机：机遇与挑战并存

当2008年全球性经济危机袭来时，GPS面临的一个现实问题就是对手方风险：协议另一方——达成外汇协议的货币中心银行——可能违约的风险。2008年下半年，随着一家又一家的主要货币中心银行出现违约，GPS公司的许多客户或潜在客户开始紧张起来。因为GPS公司财务状况稳定，所以许多企业纷纷把业务交付GPS公司处理，从而使得GPS公司的业务量出现了激增。此外，GPS公司的低费率也特别有吸引力。随着全球经济出现萎缩，投资者日益看重成本或支出的节约，而这恰好有利于GPS公司的经营。

就像危机给GPS公司带来了大量业务一样，政府的救助计划同样也会使许多业务离开GPS公司。随着美联储决定救助银行业并降低对手方风险，GPS公司的许多新客户就意识到必须转回到原来的银行，毕竟信贷仍然处于紧缩状态。不过，GPS公司仍然留住了其中一部分客户。

5. 服务拓展：未来成长的关键

通过分析GPS公司的经营业务，兰斯特、吉本斯和曼贝扬发现，公司未来发展的关键在于建立更广泛的客户群。为此，GPS公司决定专注于强项，即企业外汇业务，同时拓展在全球经营风险管理方面的服务。简单而言，货币交易的最初目的就是满足进出口贸易这一核心业务的需要。当然，有些交易超出了进出口贸易的范畴，还涉及一些防范未来风险的衍生品。借助与汤森路透和彭博的联系，GPS公司有能力开展客户所需要的任何交易。

随后，GPS公司开始与拥有全球业务的中小企业合作，并发现许多中小企业从事贸易的成本太高。通过分析各种货币现金流，GPS公司很快发现，随着客户市场的扩大和相应货币量的增加，GPS公司必须开展越来越多的外汇交易。

GPS公司的一个客户，也是一家大型的科技公司，因为国际化业务发展迅速，正在加强自身的财务能力。因为在多个国家经营并采用多种货币，该公司会用到上百种货币的汇率和财务报表。为此，该公司耗费大量精力来应对这些复杂的工作。不过，GPS公司清楚它可以通过净额结算而为客户节省大量开支。为此，GPS公司帮助该公司建立了一种可以减少货币交换次数的系统。

这样，该公司位于世界各地的实体就不用直接与其他实体进行交易结算了。这样一来，每一项交易的成本都得到了减少，而这种减少正是客户银行的重要收益来源。

6. "外汇专家"软件

GPS公司开发了一种名为"外汇专家"（FXpert）的专用软件，主要用来帮助客户监控外汇流动，并决定应该如何节省交易费用。在通过专项审计识别出资金流动的时间和方向之后，GPS公司的财务顾问就会提出公司所能提供的有效的套期保值方案。该方案既可能像减少外汇交易次数那样简单，也有可能像通过远期合同、期权或期货合约来对冲某些风险那样复杂。

全球风险管理业务也提供国外应收账款核对、关于金融工具的全球业务咨询、解决支付争端的解决方案、国际贷款计划和信用证业务。随着这些业务的开展，GPS公司必须扩展其专业知识，包括了解复杂的衍生品会计准则、复杂的金融套期保值策略和软件开发。

7. 其他战略行动

鉴于外汇环境的高风险特点，GPS公司已把一部分精力转移到作为客户银行的代理人或经纪人的工作上，而不是成为直接的外汇交易对手方。这样，GPS公司就可以做自身擅长的业务：用它的专有软件为客户找到业务解决方案，以降低外汇风险和外汇交易成本。正是由于掌握了许多市场信息，GPS公司才能在交易中与客户银行进行谈判，从而争取到最有利的交易汇率，并从中获取少量的盈利。

除了技术方面的知识外，GPS公司还制定了可靠的营销策略。通过在洛杉矶、菲尼克斯、达拉斯、波士顿等地建立区域性分公司，公司在扩大客户基础的同时仍然致力于发展中小企业。最近，GPS公司在伦敦设立了分公司，并获得了监管部门的批准而开始经营。这对GPS公司开拓英国和欧洲其他市场来说是重要的机遇。这样，GPS公司不仅可以在欧洲获得新的客户，而且可以更有效地代表美国客户在欧洲开展业务。

随着GPS公司业务在美国和伦敦的扩张，它必须经常性地对公司信息进行完善。从销售的角度来看，GPS公司的管理者需要确保自己了解首席财务官（CFO）和财务总监必须了解的公司信息，以及公司为财务人员提供的信息。此外，管理者需要了解公司经营所处的各种监管环境。GPS公司在伦敦面临的是仅仅提供传统支付清算服务的竞争对手，因此很难让那里的财务总监来解释如何做支付清算以外的事，当然他们也无法解释如何开展全球资本市场的风险管理。

最后，促成 GPS 公司成功的关键因素之一就是它所拥有的专有软件。鉴于市场环境的快速变化以及产品或服务质量的不断提升，GPS 公司需要加强内部的软件开发。虽然这方面的费用很高，但也能带来更好的产品。不管怎样，GPS 公司必须控制好创新的速度和质量。外汇风险中蕴涵着许多机遇，所以，GPS 公司需要继续加强自己在全球资本市场上竞争优势的建设。

思考题

1. GPS 公司面临的独特的利基市场是什么？与更大的银行或其他金融机构相比，GPS 公司必须提供什么产品或服务？
2. 你认为影响 GPS 公司成功的主要障碍是什么？

9.1 引言

为了实现国际经营的成功，跨国公司必须利用各个国家的金融市场来为经营扩张融资。的确，金融是企业国际化战略中不可或缺的一部分。只有那些在国际市场上无关紧要的小企业才可能对全球资本市场漠不关心。即便如此，当这些企业办理进出口支付时，仍然可能需要通过商业银行来处理外汇问题。然而，对于在国外开展投资和经营的跨国企业而言，它们通常都很关心自己能否通过当地市场以及全球市场来获得资金。

本章主要考察跨国公司从外部获得借款和权益资本的来源以及企业应该如何利用"避税天堂"国家来最小化税负，从而为企业的创新和扩张提供更多的内部资金支持。显然，这些问题都是全球各地政府所烦恼的。

9.2 财务职能

为便于把握国际资本市场的战略背景以及企业应该如何运用这些市场的资本，这里先来讨论企业中负责资本获得并管理的人员。企业管理团队的核心成员之一便是首席财务官（CFO），即承担企业最重要的全球融资职责的人。图 9-1 描述了企业组织结构中首席财务官、总会计师和财务总监的职责，特别是全球财务管理在整个财务职能中的职责，而财务职能通常强调长短期的现金流动。财务管理的职责就是通过最大化股东财富（即现有股东普通股市场价值的最大化）来维持并创造经济价值[2]。与现金流有关的管理层活动可以分为以下几个方面：

（1）财政决策。尤其是针对资本结构（债务资本和权益资本的恰当组合）以及长期融资（选择、发行以及长期债务资本和权益资本的管理，包括地点的确定（国内或其他地方）、货币的确定（本币或外币））的决策。

（2）投资决策。通常涉及本书第 18 章所要详细讨论的资本预算问题。

（3）管理短期资本需求（详见第 18 章）。主要管理跨国公司的货币资产和货币负债（现金、应收账款、有价证券、存货、贸易应收款与应付款、短期银行借款等）。

此外，这里还将考察税收对资本流动的影响以及税收与离岸金融中心或"避税天堂"国家之间的关系。

1. 首席财务官的职责

首席财务官需要为企业获得财务资源，并将所获得的资金分配到企业的活动和项目中。而为企业获得财务资源要求首席财务官必须以尽可能低的成本从内部或外部渠道获取资金。例如，在 GPS 公司开始运营后，公司的创建者需要拥有重要资源的外部投资者为新办的企业提供资金，以及通过这些投资者的信誉去吸引潜在客户。之后，该公司利用内部形成的现金来为公司的运营提供资金。投入资源分配意味着通过把资金配置到不同的项目和投资机会来增加股东的财富。

2. 首席财务官的全球视野

相比在国内经营环境下，首席财务官在全球经营环境下的工作往往更加复杂，毕竟面临着许多不同的影响因素，如外汇风险、货币流动与限制、政治风险、影响所得纳税的税率和法律规定、影响进入不同市场以获得资本的监管制度等。本章后面部分主要围绕以下方面进行介绍：资本结构；全球资本市场；对海外收入征税及其对资本市场的影响；离岸融资、离岸金融中心和避税天堂。

9.3 资本结构

首席财务官确定企业长期债务资本和权益资本的恰当组合，即资本结构。许多企业开始时依靠初始投资，然后借助内部产生的资金实现不断成长。不过，如果企业决定进入新市场以获得持续发展，往往会面临资源不足的问题。此时，首席财务官必须决定合适的债务资本与权益资本的组合。

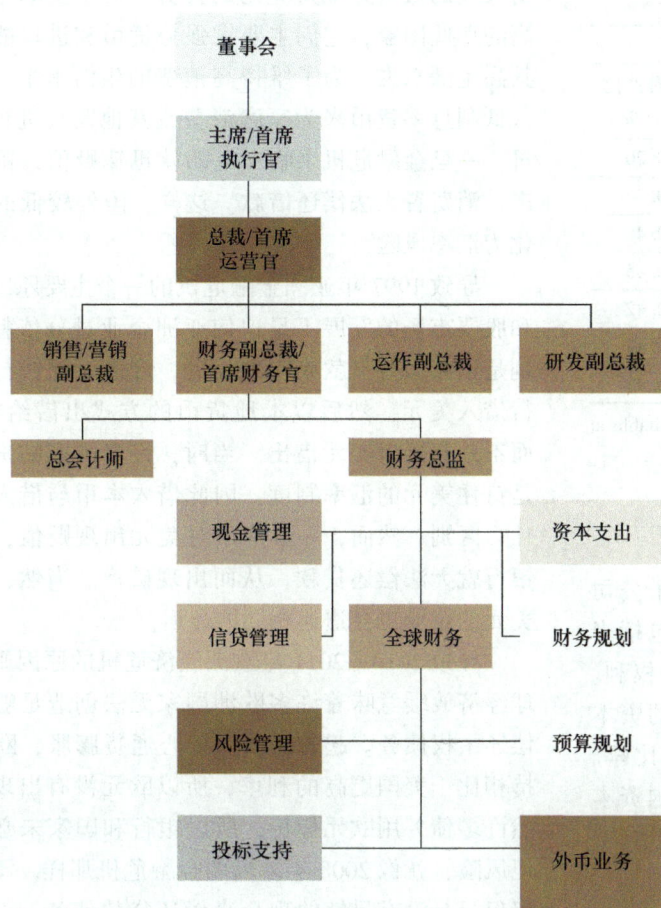

作为首席会计官，总会计师负责评估企业经营运作的财务结果（参见第 19 章）。财务总监负责开立支票，更准确地说，就是负责控制企业的现金支付。财务总监部门需要处理国内和国外的财务活动，包括现金与风险管理、资本支出和外币业务处理。

图 9-1 财务职能中财务总监的职责

9.3.1 杠杆融资

企业利用举债来为业务增长筹集资金的程度被称为**杠杆**（Leverage）。企业通过权益资本（即股票或股份）以外杠杆的程度在全球范围内有所不同。相比其他任何因素，各国的特殊因素对资本结构有着更为重要的影响，毕竟企业更倾向于按照自己国家的融资趋势以及自己国家具体产业的融资模式来筹集资金。因为企业需要支付的债务利息在大多数国家享受免税待遇，而支付给投资者的股利则需要缴纳所得税，所以杠杆经常被认为是最具有成本效益的资本化手段。

那么，什么时候杠杆不是最好的选择呢？在所有国家利用杠杆并非总是最好的手段。这里主要有两个原因：第一，过度依赖长期债务会增加财务风险，因此投资者会要求获得更高的回报。在全球金融危机期间，这一现象在欧洲非常明显。当时，许多企业和政府都尽力通过发行债券来筹集资本，为此只得提高利息率来吸引投资

者，不然就很难发行成功。第二，跨国公司的海外子公司往往很难进入当地资本市场，所以跨国公司也就难以通过筹集债务来开展资产收购[3]。

表 9-1 给出了特定国家大量样本企业的资产负债率和净资产比率。为便于比较，表中只给出了 2010 年和 2012 年的数据。不难发现，与 2010 年相比，2012 年巴西和日本的企业相对而言较多依赖于债务融资，而英国和德国企业对债务融资的依赖程度降低。不过，在样本中，巴西企业比其他国家的企业更多地依赖于债务融资。在许多新兴市场，财富通常集中于一些家族，所以即使出现对权益的过度依赖，但股东数量可能很少。相比之下，美国和英国这样的国家股票的持有比较分散。虽然有研究证实，国别因素是决定企业资本结构的重要因素[4]，但宏观经济因素也会影响企业筹资中的债务和权益组合。这一现象就出现在 2007—2012 年。考虑到财务风险问题，当时许多高杠杆的企业为降低杠杆而更为注重权益融资而不是债务融资。

表 9-1　特定国家的资本结构

国家	2010 年		2012 年	
	资产负债率（%）	净资产比率（%）	资产负债率（%）	净资产比率（%）
巴西	58.3	41.7	0.80	0.20
日本	42.4	57.6	0.56	0.44
英国	49.9	50.1	0.54	0.46
美国	57.4	42.6	0.55	0.45
法国	58.6	41.4	0.58	0.42
德国	54.5	45.5	0.53	0.47
墨西哥	51.7	48.3	0.57	0.43

资料来源：Based on data collected by Compustat Global; available at www.wrds.wharton.upenn.edu（accessed June 10, 2013）.

9.3.2　影响资本结构选择的因素

无论是国内的跨国公司还是在不同国家拥有子公司的跨国公司，影响其资本结构选择的因素很多，包括当地的税率、当地股票市场的发展程度以及债权人的权利。一项针对总部设在美国的跨国公司的国外子公司的资本结构研究表明，当地税率会影响企业的负债权益比率。尽管跨国公司总体上的债务权益比率可能符合美国资本市场的预期，但其国外子公司对当地情况往往十分敏感。该研究指出：

由于内部借款对税收十分敏感，所以如果当地税率高出 10 个百分点，那么资产负债率会高出 2.8 个百分点，两者之间显然存在密切关系。在资本市场欠发达或对债权人权利保护较弱的国家，跨国公司的子公司较少采用外部的债务资本，而这表明当地的借款成本较高。工具变量分析表明，向母公司借款弥补了因资本市场环境导致的对外债务融资下降部分的 3/4。跨国公司似乎通过内部资本市场来克服外部资本市场的不完善问题[5]。

此外，不同的税率、股利豁免政策以及交易管制也会导致企业在某些情况下更加依赖于债务资本，而在其他情况下则更加依赖于权益资本。因此，企业必须清楚本章讨论的不同债务和权益市场对全球各地的企业具有不同程度的重要性。

1. 债务与汇率

与 1997 年的亚洲金融危机相仿，2007—2009 年的全球金融危机集中表现为外汇风险。在危机爆发之前，鉴于美国与欧洲相对较低的利率水平，许多个人、银行与企业纷纷借入美元或欧元。尽管这一现象在全世界范围内都有发生，但在东欧和冰岛问题更加严重。

在使用克朗货币的冰岛，中央银行通过高利率来吸引大量的投资并维持克朗的强势。对于全球生活水平最高的那些国家，它们主要靠强势货币和进口能力来维持其高生活水准。为了维持高消费的生活水平，他们就借入低利息率货币来为家庭消费或其他购买进行融资。不过，一旦金融危机来临，克朗就迅速贬值，银行出现破产，消费者无法偿还借款。这样，国外较低的利率就转化为汇率风险[6]。

导致 1997 年亚洲金融危机的一个主要原因就是债券和股票市场的发展不足迫使亚洲企业过分依赖债务，特别是依赖银行借款来实现发展。许多亚洲银行从国际银行借入美元，然后以本地货币的方式出借给本地企业，而不是直接以美元借出。当时，许多国家的货币采用的是钉住美元的汇率制度，因此借入本币与借入美元没有什么区别。然而，一旦本币对美元出现贬值，那么许多银行就无法偿还贷款，从而出现破产。当然，直接借入美元的企业也会遭遇相同的命运。

导致 2010—2011 年欧洲经济危机的原因则不同。全球经济放缓意味着许多欧洲国家无法创造足够的收入来偿还主权债务。起先，因为担心通货膨胀，欧洲央行维持相比于美国更高的利率，所以欧元没有出现贬值。既然许多债务用欧元标价，所以银行和国家未必会承担外汇风险，就像 2008 年冰岛的金融危机那样。不过，当时仅仅只是没有足够的现金来偿还贷款债务。正如第 8 章所指出的，欧洲银行业出现了其他问题，从而影响了许多企业获得资本的能力。

到 2012 年和 2013 年，欧洲债务危机不断升级，欧洲央行通过下调利率来刺激经济增长，而且欧元开始对美元贬值。然而，银行业危机意味着，即使企业想借款，但银行并不愿意出借。这一点在全世界各地都一样。如果来自银行的融资出现短缺，那么企业获得债务的唯一方法就是发行债券。不过，债券市场的不稳定和担忧意味着企业只有发行高利息率的债券才能体现这种高风险。

另一个有趣的案例就是泰国。在 1997 年亚洲金融危机期间，过多借入美元以及泰铢的暴跌使得泰国的企业面临严重的现金危机，毕竟它们无法继续获得足够的泰铢来偿还美元债务。然而，2013 年的情况完全不同，毕竟资本的可获得性取决于经济增长、利率和汇率因素。泰国经济在很大程度上不是内向型的，其利率相对高于亚洲其他国家，所以有大量资金流入泰国，看重的是泰国国债的高利息率、强势的泰铢以及相对强大的股票市场。泰国经济增长严重依赖其出口，毕竟出口占泰国经济的 60%。不过，强势泰铢开始影响泰国的出口，而出口又是泰国企业的主要收入来源。泰国股市非常强劲，以至于上市的企业只要愿意，都很容易筹集到现金。但高额的借款成本也开始带来问题，所以企业要求政府采取措施以降低利率，转而降低借款成本并削弱泰铢。当然，泰铢走弱可以提高出口，而且泰国几乎没有像 1997 年那样的美元债务风险。不过，政府担心的是那样做有可能刺激通货膨胀，从而导致资金撤离股市，毕竟这也是真正意义上对泰国经济有好处的事情。这样，企业就面临着这样为其经营筹集到资金的困境（借款或权益融资），或者只能希望通过扩大出口来获得足够的现金[7]。

2. 监管风险

正如案例 9-1 中所指出的，监管改革使得债务融资变得复杂化。正如下面要讨论的，债券是企业进行融资的重要手段。不过，企业也会大量依赖银行借款。鉴于全球经济危机期间发生的银行破产及其对全球经济的影响，许多国家非常担忧银行的财务稳定问题。巴塞尔全球银行监管委员会（Basel Committee on Global Banking Supervision）是国际清算银行的下设机构，其成员包括世界主要监管部门和中央银行。该委员会一直致力于通过制定规则来确保银行能够应对未来的经济危机。其基本想法就是对提高资本金比例与增强流动性制定一系列标准。最近的一份协议被称为《巴塞尔协议Ⅲ》（Basel Ⅲ）[8]。一方面，如果全球银行业按《巴塞尔协议Ⅲ》的规定提高银行的资本金比例，那么全球经济就可从中受益；但另一方面，较高的资本金要求也意味着那些无法通过发行股票或浮动利率债券来筹集资金的企业能从银行借到的资金更少了。然而，这些新的要求将增强整个银行体系的安全性，提高抵御经济危机的能力。

9.3.3　债务市场：企业扩张的手段

20 世纪 90 年代初，从事皮肤治疗与个人护理产品直销的如新集团（Nu Skin）开始进军日本市场，通过借入日元来为扩张筹资并作为其日元收入的套期保值手段。因此，如新集团的长期债务最终就包含了 2000 年向美洲保诚保险公司（Prudential Insurance Company of America）发行的 10 年期以日元标价的借款。该借款的年实际利息率为 3% 且于 2010 年 10 月到期，自 2004 年 10 月起按年偿还本金[9]。在 2012 年度的年报上，如新集团披露了发行的其他美元和日元借款。日元借款的利息率在 1.7% ~ 3.3%，低于美元借款 6.2% 的利息率。只要日元对美元的汇率维持稳定，那么低成本的日元借款不会有问题。如果像 2012 年那样日元对美元走强，日元借款的美元价

值就会上升，从而完全冲销低利息率带来的好处。当日元汇率在 2012 年年末到 2013 年开始下跌时，日元借款的美元价值也出现了下降，从而使借款显得便宜了。此外，如新集团继续借入日元债务，毕竟它在日本的业务会产生大量的日元收入。因此，日元借款对如新集团而言起到套期保值的作用。

跨国公司具有在国内外借贷和权益市场（如欧洲美元、欧洲债券和欧洲股票市场）进行资金筹集的优势。在这方面，大多数当地企业都只能局限于当地的或可能的国外借贷市场，而无法像跨国公司的子公司那样享有广泛的资金筹集渠道，除非它们本身就是跨国公司，如日本的丰田和尼桑。

9.4　全球资本市场

企业可以通过多种方式来筹集经营所需的资金，而它们本国就有借贷和权益市场。但是，这里关注的是作为跨国公司资金来源的国外借贷和权益市场。首先要考察的是国外的借贷市场，尤其是欧洲货币债券市场和国际债券市场。之后，将考察股票市场（包括全球股票市场）作为除了债务和内生资金融资手段外重要融资手段的作用。

9.4.1　欧洲货币与欧洲货币市场

欧洲货币市场（Eurocurrency Market）是跨国公司补充其国内市场融资的重要债务融资渠道。**欧洲货币**（Eurocurrency）或离岸货币（Offshore currency）是指存放在货币发行国境外银行的任何货币。

欧洲美元市场是最重要的欧洲货币市场。欧洲美元是指存放在美国以外银行的美元存单。绝大多数的欧洲美元存单存放在伦敦，但持有者可以来自美国以外的任何地方，包括巴哈马群岛、开曼群岛、中国香港、日本、荷属安的列斯群岛等。欧洲美元市场的一大优势在于它不受美联储的监管。其他欧洲货币也一样不受监管部门的监管。冷战期间，前苏联为了防止其账户在美国被冻结而把美元存放到伦敦的银行，这样，就逐渐形成了欧洲美元市场。随着其他货币进入这个离岸市场，市场开始采用"欧洲货币"这个意义更广泛的词语，尽管市场仍然倾向于采用特定货币的名称，如欧洲日元、欧洲英镑等。欧洲美元是欧洲货币市场的主体。不过，外国人持有的存放在美国的美元并不是欧洲美元，但美国的海外银行或美国境外其他银行持有的美元都属于欧洲美元。

1. 欧洲美元的主要来源

欧洲美元有四种主要来源：希望在美国境外持有美元的非美政府和个人；存在超过目前所需现金的跨国公司；存在超过目前所需外国货币的欧洲银行；拥有大量外汇储备的国家或地区，如中国、日本、欧盟、沙特阿拉伯、俄罗斯和中国台湾。

对欧洲货币的需求主要来自主权国家、超国家的机构（如世界银行）、企业和个人。欧洲货币的存在一方面是为了满足用户在便利与安全方面的需要，另一方面也是为了给借款人提供较低利息的借款，同时为放款人提供合理的回报。

2. 欧洲货币市场的特点

由于欧洲货币市场是批发市场（参与者为企业与其他机构）而非零售市场（参与者为个人），所以交易量巨大。市场参与者主要为公共借款人，如政府、中央银行和国有企业等。跨国公司也参与欧洲美元市场，但历史上这个市场一直是银行间市场。自 20 世纪 90 年代后期以来，伦敦的银行开始接纳非银行客户参与欧洲美元的交易，部分原因在于欧元的引入、随后产生的外汇交易的减少以及银行业的合并[10]。

欧元货币市场的业务包括短期的和中期的。短期借款为到期期限不到 1 年的借款。到期期限为 1～5 年的借款被称为**欧元信贷（Eurocredit）**，可以是贷款、信用额度或其他形式的中长期信贷。这里包括**国际辛迪加贷款（Syndication）**，即若干家银行联合向借款者提供贷款并共担风险。短期借款也称欧洲商业票据，是由银行和企业在离岸货币市场发行的无担保贷款，标价货币通常不是发行者国内的货币。例如，一家德国的企业可以在伦敦发行标价为美元的欧洲商业票据。欧洲商业票据的期限通常低于 1 年。

3. 欧洲货币市场的利率

欧洲货币市场的一大吸引人之处在于其市场利率与各国国内市场利率的差异性。一国国内利率取决于该国中央银行采取的货币政策。企业为获得贷款或发行债券而必须支付的利率不仅取决于基准利率，而且取决于企业的信用状况。信用越好的企业，就可以获得比其他企业越低利率的贷款。

（1）伦敦同业拆借利率。考虑到交易的巨大、监管的缺失以及附随的成本，欧洲货币存款产生的收益通常大于国内存款，而贷款利率常常比国内贷款要低。传统上，贷款利率会比**伦敦同业拆借利率（London Inter-Bank Offered Rate，LIBOR）**高一定的百分比，即由伦

敦银行所报的短期借款的利息率。自 1986 年以来，英国银行家协会（British Bankers' Association）会就 10 种货币和 10 个不同期限的贷款公布伦敦同业拆借利率。伦敦同业拆借利率是根据 18 家不同银行所报利率而得出的平均利率，反映了各银行间相互借款的利率。该平均利率是由汤森路透计算出来的。具体计算时，先去掉 4 个报价最高的利率和 4 个报价最低的利率，再对余下的利率计算平均值，并在伦敦时间上午 11 点半发布公布。伦敦同业拆借利率极其重要，毕竟它是计算全球各地数万亿美元贷款利率的基准[11]。

例如，2013 年 5 月 15 日，欧洲美元的伦敦同业拆借利率报价为 1 个月期 0.19820%，3 个月期 0.27410%，半年期 0.41990%，一年期 0.68989%[12]。借款者所付利息率高于伦敦同业拆借利率的程度取决于其信用状况，而且高出部分要足以抵补费用以及建立针对可能损失的准备金的成本。大多数贷款都规定有可变利率，固定利息率期限一般是半年，但也有可能是一个月或三个月。

（2）伦敦同业拆借利率的丑闻。2012 年，一则关于"伦敦同业拆借利率是如何设定的"的丑闻在伦敦炸开了锅。对此，就伦敦同业拆借利率比市场利率低这一问题，美国和英国的监管部门进行了调查，并发现的确有几家银行试图操纵伦敦同业拆借利率。这样，巴克莱银行的董事长兼英国银行家协会董事会成员被迫辞职，而巴克莱银行也因非法操纵利率而被处以大笔罚金。苏格兰皇家银行（RBS）和瑞士联合银行（UBS）也被英国银行家协会罚了款。随后，越来越多的银行遭到了调查。英国严重欺诈办公室（U. K. 's Serious Fraud Office）指控先后在瑞士联合银行和花旗银行任职的交易员犯有"串谋诈骗"等 8 条罪状，该交易员多年来操纵每天的伦敦同业拆借利率报价以增加自己交易的利润。他在英国和美国都工作过，所以影响巨大。中国香港金融管理局也正在调查香港同业拆借利率的操纵问题，因此，该丑闻的影响波及世界各地。除了查清这些犯罪行为之外，要决定的还包括如何解决这一问题，从而使人们对伦敦同业拆借利率再抱信心[13]。

9.4.2 国际债券

许多国家设立了面向国内外投资者的债券市场，而且交投非常活跃。美国拥有全球最大的国内债券市场，其 2010 年发行的国内债券占全部所发行债券的 38%。债券发行者包括政府、金融机构和企业，但企业发行的债券只是其中的很小一部分[14]。全球债券市场的规模非常

巨大。例如，2012年3月全球债券市场发行在外的债券达100万亿美元，其中国内债券占比70%，国际债券占比30%。2012年，全球债券市场的规模几乎为全球资本市场的2倍。美国是世界第一大债券市场，占比达33%，紧随其后是占比14%的日本，接着是英国和法国。

美国债券市场如此有影响力的原因之一在于欧洲企业依然严重依赖于银行融资。但是，由于欧洲爆发的经济危机以及银行可借贷资金的不断下降，情况正在发生变化。新兴市场越来越多地转向债券市场进行融资，目前新兴市场在全球市场的占比已达10%[15]。

国外债券和欧洲债券是国际债券的两种类型。国际债券市场最初是一个大规模的批发性债券市场，债权人通常是机构投资者，而发行方通常是大企业、政府和国际组织。

1. 外国债券

外国债券（Foreign Bonds）是指在举债方国家之外出售而且以发行国货币标价的债券。例如，法国企业在美国发行的美元债券就是国外债券。外国债券常常有着富有创意的名称，如在美国发行的扬基债券、在日本发行的武士债券、在英国发行的猛犬债券和在中国发行的熊猫债券。

2. 欧洲债券

欧洲债券（Eurobond）通常由来自不同国家的银行所组成的辛迪加承销，标价的货币为发行国货币之外的某种货币。例如，美国企业提请的在伦敦、卢森堡或瑞士发行的美元债券就属于欧洲债券。2011年，国际上发行的债券中有2/3采用美元标价。国际上用欧元标价所发行的债券在国际债券市场占比第二，占欧洲债券的26%。不过，这些数字每年都在发生变化。伦敦与纽约是国际债券的两个最大发行中心。

不过，点心债券⊖（"Dim Sum" Bonds）的重要性也在不断增加。这种债券是以人民币为标价的离岸债券。2012年，点心债券市场相当平静；但到2013年上半年，点心债券的发行量甚至超过了2012全年的发行量。尽管增长迅速，但很多跨国公司受限于本身的规模和广度而只能缓慢进入该市场[16]。不过，鉴于中国正在寻找将其巨大外汇储备资本化的手段，所以该债券的受欢迎程度正在上升。对于希望购买以人民币标价的债券的外国投资者而言，他们通常会面临严格的资本管制。不过，这些阻碍对于点心债券则不再存在了，而且点心债券一般在中国香港发行[17]。

3. 国际债券市场具有吸引力的原因

国际债券市场是理想的借款之处。一方面，它不仅允许企业实现资金来源的多样化，如可以从当地银行或国内债券市场筹集资金，而且可以取得国内市场也许无法取得的借款期限；另一方面，国际债券市场的价格往往低于当地债券市场，因而吸引了来自世界各地的投资者，正如后面联合石油公司案例所证明的那样。

不过，并非所有企业都对全球债券或欧洲债券感兴趣。在亚洲金融危机爆发之前，亚洲企业更多依赖的是其国内银行，因为可以从国内银行获得便宜的贷款，而且双方的关系也比西方国家的银行与企业之间的关系要融洽[18]。然而，鉴于危机给银行带来的压力，而且企业也无法产生足够的资金来还清借款，这种贷款的本质缺陷就暴露了出来。同样的悲剧在21世纪头10年的后期因全球金融危机而重演。

虽然欧洲债券市场集中在欧洲，但事实上是没有国界的。相比于绝大多数的传统债券，欧洲债券是通过跨国承销银团在若干金融中心同时发行的，其购买者远远超过了发行国的投资者。为逃避美国的税收和披露监管，美国企业在1963年首次发行了欧洲债券。它们发行的债券面额在5000~10000美元，按年支付利息，而且长期不记名形式，常常可以在伦敦场外市场进行交易[19]。不记名债券的任何持有者都有权利获得本金和利息。相比之下，美国常常采用记名债券，要求投资者登记为债券所有者才能获得本金和利息支付。场外债券是通过投资银行而不是在证券交易所（如伦敦股票交易所）交易的。

4. 企业运用欧洲债券进行融资扩张的方法

发行欧洲债券很受俄罗斯以及前苏联企业的欢迎，它们把发行欧洲债券作为获得国际资本的重要渠道。因此，俄罗斯企业在2006—2010年的平均资产负债率要高于其他国家。例如，俄罗斯天然气公司（Gazprom）是俄罗斯最大的企业，也是全球最大的天然气生产企业。该企业在2010年用欧洲债券筹集了大约10亿美元，而摩根大通集团（JP Morgan）与后来成为法国农业信贷公司与投资银行（Crédit Agricole Corporate and Investment Bank）的法国东方汇理银行（Calyon）担当了该债券发行的组织者。采掘行业资金密集的特点意味着需要依靠资金来进行扩张，而欧洲债券市场很自然地成为它们募集资金的场所。尽管俄罗斯天然气公司是一家混合制上市企业，但俄罗斯政府持有超过50%的股份。不过，私

⊖ 在中国香港发行的人民币计价债券，因为其相对于整个债券市场规模很小，所以称为点心债券。——译者注

有企业也可以利用欧洲债券。2011 年，澳大利亚一家大型包装解决方案企业安姆科集团（Amcor）宣布发行 5.5 亿欧洲债券（到期日为 2019 年 4 月 16 日）。该欧洲债券在新加坡股票交易所上市，而法国巴黎银行与德意志银行担任牵头银行。这些债券产生的欧元收入被用于偿还到期债券以及现有的浮动利率债券[20]。这也是一个标准的欧洲债券例子：在澳大利亚、新加坡等非欧元地区以欧元为发行币种发行债券。

2013 年，在俄罗斯和哈萨克斯坦拥有垂直一体化业务的大型石油和天然气企业联合石油公司（Aliance Oil Company）发行了 7 年期（2020 年到期）总额 5 亿美元的欧洲美元债券，且每年按 7% 支付固定利息。该债券在爱尔兰证券交易所上市，以供世界各地的投资者交易。这家本部位于百慕大的企业通过国际市场大力筹集资金，而且在位于斯德哥尔摩的纳斯达克-OMX 交易所交易存托凭证[21]。

欧洲债券偶尔也会提供货币选择权，债权人可以要求按多种币种之一进行偿还，从而降低了单一币种外国债券与生俱来的风险。但是，通常情况下欧洲债券的利息和本金都会采用美元来对债权人进行偿还（或是像安姆科集团那样按发行货币偿还）。当然，有时也会发行单一货币的欧洲债券，如欧洲美元债券。此时，可以把债务与其他欧洲货币债券进行互换。例如，在英国有子公司的美国企业会产生大量正常经营的英镑收入，企业就可以用这些收入来偿还英镑债务。如果美国企业在伦敦发行欧洲美元债券，便可以通过投资银行达成货币互换协定，用英镑债务交换未来的美元债务，再用英镑收入偿还互换后的债务。

9.4.3 权益证券

融资的另一种方式就是发行股票，即投资者以公司所有者的身份获得股票以及未来可能的利得和股利。如果企业希望通过募集权益资本来为经营业务筹集资金，尤其是刚创办的企业，那么这种企业就会与那些希望拥有企业股权的私人投资者合作，而不会与那些只希望出借资本者合作。当然，这类企业也可以通过首次公开募股并直接进入股票市场来进行筹资。如果企业希望进行首次公开募股，那么就要决定是在国内还是在国外市场筹集资本。

● 权益资本的获得

企业可以通过向天使投资者（希望投资小型私人企业的富人）、风险资本公司（利用一组私人投资者的基金进行投资）或机构投资者（养老金、保险资金等）进

行私人配售，从而简单而便宜地获得资本。例如，东京相和银行（Tokyo Sowa Bank）被收购事件就是全球化背景下风险资本投资的一个例子。2001 年，东京相和银行被总部位于美国得克萨斯州达拉斯市的明星基金（Lone Star Funds）所收购，该基金是专门收购面临危机银行股票的私人基金公司。2005 年，东京相和银行改名为东京明星银行（Tokyo Star Bank）并在东京股票交易所上市。随着风投企业开始盈利，明星基金决定在东京股票交易所上市，但依然持有股权。当这项投资得到可接受的回报后，明星基金又转向其他投资项目。

主权财富基金（Sovereign Wealth Funds，SWF）也是一项重要的资本来源。主权财富基金是政府所有的投资基金，其资金来自各个领域，包括出口自然资源，如石油，所获得的收入[22]。按资产排名的前五大主权财富基金分别是：政府养老基金（Covernment Pension Fund）（挪威）、阿布达比酋长国投资局（Abu Dhabi Investment Company）、中国华安投资有限公司（SAFE Investment Company Limited）、沙乌地阿拉伯主权基金沙特国际控股（SAMA Foreign Holdings）以及中国投资有限责任公司（China Investment Corporation）。前十大主权财富基金中有六家、前二十大主权财富基金中有十二家基金的资金都来自石油收入[23]。例如，阿布达比酋长国投资局就是阿拉伯联合酋长国的主权财富基金之一，最初主要投资于中东和非洲的新兴国家，并为第三方客户提供投资机会。该局的官员在各地资本市场四处寻找投资的股票，随后建立了一些基金，包括新兴非洲基金、海湾合作委员会重点基金、伊拉克机会基金以及中东与非洲债券基金。主权财富基金在投资具体项目时，其运作更像一家风险投资企业。在投资股票市场时（阿布达比酋长国投资局的策略之一），主权财富基金并不提供新的资本，而是利用已在股票市场上市的股份。虽然这种方法不同于提供新的资本，但开拓了很多需要股份的市场，尤其是中东北非地区的新兴市场。这将有助于扩大市场，并提高所投资企业股票的价格。

除了私人配售，企业也可以直接进入权益资本市场，即人们常说的股票市场。企业可以募集新的资本——首次公开募股（Initial Public Offering，IPO）——通过在国内或外国证券交易所上市其股票。例如，总部在北京的兰亭集势（LightinTheBox）专门销售如钓鱼竿之类便宜的中国制造的产品。兰亭集势在纽约股票交易所首次公开募股就募集了 7900 万美元。主要承销商为瑞士信贷（Credit Suisse）和斯提夫尔金融公司（Stifel Financial），并且它还是 2013 年在美国上市募股的首家中国企业。因

为该公司一直陷于治理和会计方面的麻烦，所以兰亭集势的首席执行官周游了伦敦和若干美国城市去解答问题，以便提高首次公开募股的价格。尽管首次公开募股的定价已经达到 9.50 美元，但在纽约股票交易所首次上市时股价还是上涨了 17.5%[24]。

另一个国际首次公开募股的例子就是普拉达（Prada）2011 年在中国香港证券交易所的上市。本章案例 9-2 会做详细讨论。对企业来说，很自然首先会选择在本国的股票市场上市，毕竟更容易获得认可，即便美国股票市场的规模能吸引如兰亭集势等很多企业在那里上市。但是，正如我们将在案例 9-2 中发现的，影响首次公开募股市场选择的还包括其他因素。

首次公开募股市场不仅对如美国这种大经济体中刚刚起步的企业很重要，而且对新兴市场的企业也很重要。例如，巴西这样的新兴市场已经从依赖家族财富或银行融资转向寻求更为平稳的资金来源，包括权益资本。如表 9-1 所示，样本中的巴西企业在 2012 年的资产负债率从 2010 年的 58.3% 上升到 80%，远远高于表中任何其他国家。即使是另一个新兴市场墨西哥，其资产负债率也只有 57%。不幸的是，债务对巴西企业来说仍然是最大的资本来源。

巴西的首次公开募股出现在 2002 年，所以巴西的权益市场相对而言是全新的，而且大多数投资者是外国人。从投资者的立场来看，巴西发展迅速并且货币也很强劲，所以外国投资者愿意进入市场，并且可以比在更安全稳定的市场上得到更高的回报。从当地投资者的立场来看，通货膨胀率和利率的降低意味着债券投资没有好的回报，所以他们也希望在股票市场寻找更高的回报。2012 年，

巴西主要股票交易所原来预测有 40~45 家巴西企业会上市公开募股，但实际只有 3 家企业实现了上市公开募股。这里有几个原因：巴西和全球经济增长的趋缓（导致资金寻求安全而非风险）；若干经济部门面临降低消费者价格的压力（导致利润下降）；税收与监管措施致使巴西货币走弱；外国投资者认为巴西的前景存在不确定性[25]。巴西政府意识到自己之前制定的许多政策措施严重影响了巴西企业首次公开募股筹集资金的能力。为此，巴西尝试了一些改革，以便改善投资环境，并在 2013 年促进首次公开募股。但是，2013 年中期爆发的针对巴西政府和腐败泛滥的示威很可能会对国内和国际投资者产生可怕的影响，毕竟这些示威可能会引起巴西政治和经济的不稳定。

9.4.4　全球股票市场的规模

表 9-2 按 2012 年 12 月 31 日的**市值**（**Market Capitalization**）——股票总价值列出了全球最大的 20 家股票市场。这里的总市值是指上市股票数量与股票市价相乘所得的值。全球经济危机的确使股票市场下降了不少：全球股票市场市值从 2007 年年末到 2008 年年末下降了 46.5%，随后出现了一段缓慢的恢复期，市值又增长到 2009 年的 47.7 万亿美元，到 2010 年进一步增长到 54.9 万亿美元[26]。股票市值增长的进程到 2011 年出现了停止，但在 2012 年又继续增长了。事实上，在 2008 年损失的 28 万亿美元市值，到 2012 年恢复了大约 22 万亿美元[27]。

表 9-2 中的数字反映的是每个具体股票市场，而非某个国家所有股票市场的市值。例如，纽约泛欧证交所的市值就是该交易所的市值，而非美国所有交易所的市值之和。

表 9-2　全球股票市场市值（2012 年）			
高收入国家最大的股票市场	市值/万亿美元	新兴市场最大的股票市场	市值/万亿美元
多伦多蒙特利尔交易所集团（多伦多）	2.059	巴西证券期货交易所（圣保罗）	1.227
纳斯达克-OMX 集团	3.889	约翰内斯堡证券交易所	0.907
纽约证券交易所—泛欧证券交易所（美国）	14.806	孟买证券交易所	1.263
SIX 瑞士证券交易所	1.233	印度国家证券交易所	1.234
西班牙马德里证券交易所	0.995	莫斯科银行间外汇交易所/俄罗斯交易系统	0.825
纳斯达克-OMX 集团北欧交易所	0.995	香港证券交易所	2.832
纽约证券交易所—泛欧证券交易所（欧洲）	2.832	深圳证券交易所	1.150
伦敦证券交易所	3.397	上海证券交易所	2.547
澳大利亚证券交易所	1.387	韩国证券交易所	1.179
德国证券交易所	1.486		
东京证券交易所	3.479		

注：图中数据为国内市场市值，即上市股票数量与股票市价相乘所得的总值。

资料来源：Based on World Federation of Exchanges, Statistics（WWW. world-exchange. org/statistics/monthly-reports）. Accessed June 19, 2013.

1. 全球股票市场的发展趋势

这方面的一个有趣趋势就是股票市场在新兴经济体中的重要性日益增加，尤其是在中国。中国香港交易所排名世界第六，紧随其后的是上海股票交易所排名第七，深圳股票交易所则排在第16位。金砖四国（巴西、俄罗斯、印度和中国）的股票交易都排在前20名以内。

随着电子平台和高频交易的引入，再加上世界范围内经济活力的降低，主要证券交易所的交易量已经有了下降。2012年，世界范围内股票交易所的股票交易量下降了22.5%，而且世界每个地区都不能幸免。因此，全球资本市场已经开始商谈合并事宜[28]。例如，德意志交易所的股东在2011年7月15日宣布，他们已经通过了一项与纽约泛欧证交所联合的提议。2012年，欧盟考虑到可能出现的反垄断问题，并担心新的企业会在欧洲的金融衍生品交易方面形成准垄断，而叫停了该合并计划。

不过，这并没有阻止全世界股票交易所的合并行为。到2012年年末，位于美国的商品交易所，即美国洲际交易所，以82亿美元收购了纽约泛欧证交所，从而将股票贸易、金融衍生品交易、商品交易集于一身。该项交易在纽约泛欧证交所的股东大会上以压倒性的票数获得通过，目前正在等待美国和欧洲竞争监管部门的批准。在合并之时，纽约泛欧证交所的股票市值占全球股票交易量的近1/3[29]。

作为阿拉伯世界第二大经济体的阿拉伯联合酋长国拥有2家股票交易所：迪拜金融市场和阿布达比酋长国证交所。两大交易所目前正在寻求合并的可能性，其目的是深化阿拉伯联合酋长国股票市场的发展，从而避免两者为争取企业的可能上市而激烈竞争。科威特证券交易所虽然不是全球最大的证券交易所之一，但它像阿拉伯联合酋长国的股票市场那样，反映了海湾各国股票市场的迅速成长。

2. 新兴股票市场

追踪新兴股票市场的发展的确是一件很有趣的事。多年来，新兴股票市场发展非常迅速。不过，截至1998年亚洲金融危机重创了新兴股票市场，其占全球股票市场的比例下跌至只有6.9%。随后，俄罗斯与拉丁美洲国家又遭遇了经济危机。如前所述，当全球经济渐渐从亚洲金融危机中开始恢复，投资者重新开始寻求高回报，新兴市场的重要性再次上升。2008年，避险资金撤离了新兴市场，但随着新兴市场的恢复，资金也开始回流。

新兴市场似乎从寻求高回报的风险偏好以及商品价格增长中受益。不过，一旦资金因避险而撤离，那么新兴市场也会迅速衰落。如前所述，2012年，虽然交易量

下降了，但资本市场市值增加了。在亚太地区，股票市场成长最快的国家和地区包括泰国、菲律宾、新加坡、中国香港和印度。不过，日本和中国内地市场的增长速度要慢于上面这些国家和地区。

3. 欧洲权益市场的发展

在过去10年中，另一个重大事件就是**欧洲权益市场**（**Euroequity Market**）的建立。欧洲权益市场是指可以在发行企业所在国境外进行股份出售的市场。欧洲权益描述的是同时在企业所在国以外两个不同的国家进行首次公开募股[30]。这里也可以从另一个角度来理解欧洲权益，即一家企业的股票可在全球多家证交所买卖，而不再局限于企业所在国的证交所[31]。1980年以前，只有少数企业会考虑在其总部所在国以外的地方发行股票。自那以来，全球已有数以百计的企业在两个以上国家同时发行股票，从而向更多的股东筹集更多的资本。例如，当戴姆勒与克莱斯勒合并时，公司在8个不同国家——德国、美国、奥地利、加拿大、法国、英国、日本和瑞士——的21个不同市场发行全球股份。正如前文所述，联合石油公司是一家注册地在百慕大群岛的俄罗斯公司，但公司的股票在斯德哥尔摩的纳斯达克-OMX集团北欧交易所上市。另一发行欧洲权益的例子就是专注奢侈品的古驰（Gucci）。有趣的是，作为意大利的企业，古驰出售的是法国时尚产品，但总部设在荷兰，毕竟那里的税收很优惠。1995年，全球私人权益企业InvestCrop公司控制了古驰的控股权，并决定通过同时在纽约和阿姆斯特丹股票交易所以及伦敦的自动报价系统进行首次公开募股，从而充分利用古驰的盈利能力来产生效益。

4. 退市的趋势

随着越来越多的企业将其股票从所上市的交易所撤下，在多个交易所上市的趋势开始有所逆转。由第6章所介绍的沃尔玛案例6-2可知，墨西哥的一家企业Comerci已在纽约证交所上市，但决定从该交易所退市，而原因只是为了在墨西哥股票交易所筹集资本。2013年，印度的塔塔通信公司因交易量和流动性低下，宣布从纽约交易所退市[32]。根据投资者的发现，股票的最优价格通常出现在投资者所投资企业的所在国市场。

此外，企业对于股票在证券交易所上市需要支付年费。因此，如果在某个证券交易所上市的交易量很小，正如塔塔通信公司这个案例一样，那么企业就可以通过在交易量较大的交易所上市来节省这些费用。股票退市的其他理由包括市场回报很小（没有多少投资者愿意投资股市）以及监管的强化（如美国的《萨班斯—奥克斯

利法案》）。

这里的问题在于美国市场对于寻求权益资金的美国及外国公司很重要，而且美国市场因发行欧洲权益而出名，部分原因在于该市场的巨大规模以及完成发行的速度较快。美国大量的养老金可以按较低的交易费用购入大批量股票，而且养老金的管理者也把外国股票当作实现分散化投资的一种较好形式。

5. 美国存托凭证

实现欧洲权益在美国上市的最常见方式就是发行**美国存托凭证**（**American Depositary Receipt，ADR**），即由在美国的某一美国银行所发行的可转让凭证，该凭证代表的是国外托管银行持有的外国公司的标的股份。美国存托凭证可以像股票一样进行交易，每一单位存托凭证代表标的股票一定数量的股份。例如，日本丰田汽车公司自 1999 年来就以每单位存托凭证代表两股普通股在美国纽约证交所上市。这些存托凭证的发行是通过由纽约银行经营的美国存托凭证机构来完成的。除了在纽约证交所和日本证交所之外，丰田公司还在伦敦证交所上市其美国存托凭证。

许多外国企业都希望在美国募集资本，但不想在美国的某个证交所上市，毕竟美国证券交易委员会（SEC）要求企业遵守的报告要求太过繁重。然而，如果企业达到了这些要求，就可以进入这个占全球股票市值大部分的市场了，而这也是在美国上市的企业所拥有的一大优势。企业一般首先会考虑在国内证交所上市，然后才会冒险进入国际证交所以美国存托凭证形式进行上市。有关美国存托凭证规则的一个重要改变就是取消一条重要的报告要求：那些采用《国际财务报告准则》（International Financial Reporting Standards，IFRS）的非美国企业可以在美国上市，而不用将其财务报表调整为符合《美国通用会计准则》（U. S. GAAP）的报表。

9.5　对外国来源收入的征税

筹集资本并不是只需要了解利率和在股票交易所上市的要求就够了。税务筹划是企业首席财务官的重大职责，毕竟税务问题会对企业的盈利能力和现金流产生深远的影响。这一点对国际经营尤其如此。国内税收似乎很复杂，但与国际税收的复杂性相比，显然就是小儿科了。国际税务专家不仅要熟悉本国对外国业务的税收政策，而且要了解跨国公司经营业务所在各国的税法。

征税问题会对企业以下方面的决策产生重大影响：

（1）经营业务所在地的决策。

（2）经营形式的选择，如进口或出口、许可协议或海外投资等。

（3）新企业的法律形式，如子公司或分公司。

（4）为筹集资本或管理现金流而在"避税天堂"国家建立设施的决策。

（5）融资方式的选择，如内部或外部融资、债务或权益融资等。

（6）资金预算方面的决策。

（7）内部转移定价的方法。

9.5.1　国际税收惯例

世界各国税收惯例方面的差异常常让跨国公司很头疼。如果不熟悉法律和惯例，企业就会陷于混乱。在一些国家，税收法律缺乏强制力；而在有些国家，税收常常可能要由征税人和纳税人协商而定；在另一些国家，税收则是法律强制规定的，必须予以执行。

1. 税收种类方面的区别

各国的税收存在多方面的差异，如税收种类的差异（所得税与消费税）、所得税适用税率的差异、应纳税所得额确定的差异以及对国外来源所得征税处理的差异。本节主要介绍的是企业所得税，但消费税也是政府重要的收入来源。在欧洲以及世界其他地方，增值税是消费税的典型例子。增值税（VAT）是指在价值链的每一环节对销售产品进行征税，而且它总是包含在产品的最终价格中，而不是在产品最终出售时的额外收税，类似于美国的销售税。此外，还有许多其他消费税。在一些国家，如巴西，存在大量的税收，常常使当地和外国投资者感到很困惑。

2. 公认会计准则方面的差异

各国公认会计准则方面的差异常常导致对应纳税所得额的确定产生差异。有些国家允许企业资产折旧的速度快于会计准则的规定，但企业必须遵循相同的税收和会计处理准则。折旧费增加导致收入减少，因而使税收减少。收入确认也是一个重要事件。有些国家对跨国公司的全球收益进行征税，而有些国家只确认境内收入的所得税。

3. 税率方面的差异

各国的企业所得税也存在差异。OECD 国家中央政府的企业所得税就存在明显区别，瑞士的企业所得税最低仅为 8.5%，而美国的最高达 35%。不过，企业所承担的总税务包括地方政府的税收（如省或州以及地方的税收）和中央政府的企业所得税。这样，就 OECD 国家的合并税率而言，爱尔兰的税率最低为 12.5%，日本的税率超过 37%，美国的税率最高达 39.1%[33]。

4. 征收企业所得税的两种方法

大多数国家对企业所得征税都是采用以下两种方法中的一种：独立实体法（Separate Entity Approach）和综合系统法（Integrated System Approach）。

（1）独立实体法。美国采用的就是独立实体法。按照这种方法，任何独立的企业和个人在取得收入时都是征税对象。例如，企业的盈利所得需要纳税，股东的分红也需要纳税。这样就会导致双重纳税。

（2）综合系统法。为了避免双重征税，许多发达国家采取了综合系统法。例如，为使股东避免双重征税，澳大利亚和新西兰政府给予股东股息抵免。换言之，如果股东报告了应纳税所得额中的股利，那么他就可以按照股利发放企业为此支付的税收获得抵免。这样，对于企业已经缴纳了的税收，股东就不用再为股利缴纳税收了。

德国过去对企业所得征税时常常采用双轨税率法，即分别对企业的留存收益和分散收益进行征税。但这种制度在 2001 年被废除了，取而代之的是一种古典系统法，即对收入征收较低的 15% 的企业所得税，加上 5.5% 的统一附加税（帮助与民主德国的统一）。这样，就得出了 15.8% 的总税率[34]。对来源国外收入的征税额度取决于该跨国公司母公司所在的国家。大多数发达国家和地区会依据跨国公司的全球收入来对其征税，再给予一定的国外所得税收的抵免。不过，并非每个地方都这样。以中国香港的企业为例，即使海外的收益汇到香港，香港企业也只需依据在香港地区所得的收益额度进行纳税，而且香港的企业所得税率只有 16.5%[35]。

9.5.2 对分公司与子公司的征税

为了开展创新与扩张，企业需要通过国内外市场获得借贷资本与权益资本。然而，企业也可以通过最小化全球各地的税负来筹集资本，从而借助内生资金来实现扩张。为阐明具体做法，这里先考察总部位于美国的企业是如何缴纳其国外分公司和子公司的税收的。

1. 国外分公司

国外分公司只是母公司的延伸机构，而不是在国外组建的企业。无论作为收入分配的现金是否汇给母公司，分公司产生的一切收入母公司都会在第一时间纳税。但是，如果分公司出现亏损，那么母公司就可以从应纳税所得中抵免该损失，从而降低了整个企业的税负。

2. 国外子公司

虽然分公司是母公司的合法延伸机构，但国外子公司是按所在国的公司法组建的独立的法律实体。如果跨国公司收购了国外的一家公司或是在国外新设了一家公司，那么这些公司都是母公司的子公司。子公司所赚的收入要么再投资于子公司，要么作为股利汇给母公司。

母公司对来自子公司的收入必须纳税。当然，母公司也可以延迟纳税，即直到子公司将股利汇给母公司才纳税。以什么身份纳税取决于该国外子公司是否为美国税收法典所称的**受控国外公司**（Controlled Foreign Corporation, CFC），以及该公司的收入是主动的还是被动的。这是美国企业相对独特的一种观念。

3. 受控国外公司

按照《美国税法典》（U. S. Internal Revenue Code），受控国外公司就是美国股东拥有 50% 以上表决权股份的境外公司。这里的美国股东是指持有受控国外公司 10% 以上表决权股份的美国公民或企业。根据《美国税法典》的观点，跨国公司的任何国外子公司自动成为受控国外公司。不过，对于由本部在美国的跨国公司与当地投资者共同拥有的国外合资企业而言，如果该美国跨国公司对合资企业的持股没有过半，那么该合资企业有可能不是受控国外公司。

表 9-3 描述了怎样的国外企业属于受控国外公司。国外公司 A 显然是一家受控国外公司，因为它是美国母公司 100% 持有的子公司；国外公司 B 也是一家受控国外公司，因为美国人 V、W 和 X 每人持有的表决权股份都超过了 10%，这就意味着他们符合美国股东的要求，而且合计持有的表决权股份已经超过了 50%。这种情况很可能存在。例如，当三家美国企业与一家境外企业合伙建立一家海外合资企业，就会出现这种情况。

表 9-3 受控国外公司

股东	拥有表决权股份		
	国外公司 A	国外公司 B	国外公司 C
美国人 V	100%	45%	30%
美国人 W		10%	10%
美国人 X		20%	8%
美国人 Y		25%	8%
外国人 Z			44%
合计	100%	100%	100%

注：要符合受控国外公司的标准，超过一半的公司表决权股份必须为美国股东持有。这里的美国股东必须是持有不少于 10% 表决权股份美国公民或企业。显然，国外公司 B 符合受控国外公司的标准，因为美国人 V、W 和 X 所持的表决权股份加起来已经占了 75%。

这种合作安排很常见，尤其是在通信和高科技行业。表9-3 中的国外公司 C 不是受控国外公司，虽然美国人 V 和 W 有资格成为美国股东，但其持有的表决权股份只占 40%；美国人 X 和 Y 没有资格成为美国股东，因为他们持有的表决权股份都只有 8%。例如，当安然公司在"避税天堂"国家设立空壳公司时，就做得很谨慎，不让所持有的股票超过半数。这样，安然公司就不需要在其合并收入中报告经营中的债务情况了[36]。

4. 主动收入与被动收入

如果国外子公司符合受控国外公司的条件，那么投资者就要按照美国税法的要求把来自国外的收入分为主动收入和被动收入。**主动收入**（**Active Income**）源于直接的交易或经营行为，如出售外国制造的产品的所得。**被动收入**（**Passive Income** 或 **Subpart F**）在《美国税法典》的"F 部分"给出了明确规定。被动收入来自与开展直接交易或经营无关活动而获得的收入，这些活动通常发生在"避税天堂"国家。被动收入包括以下几种情况：

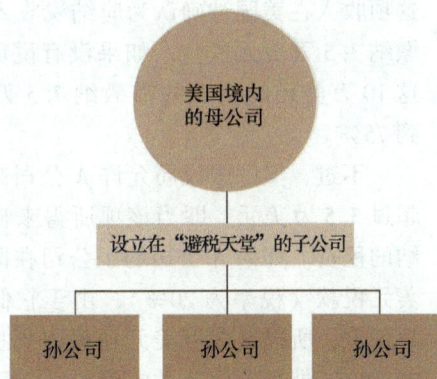

（1）控股公司收入：主要源于股利、利息、租金、专利费与出售股票所得。

（2）销售收入：国外销售公司的销售收入，而且这些销售公司是独立于生产企业而设立的。这些实体产品的生产和销售面向的是受控国外公司注册地所在国之外的用户，而且受控国外公司没有参与产品的主要运作业务。

（3）服务收入：向受控国外公司所在国之外或向作为企业集团成员的受控国外公司提供技术、管理等类似服务而获得的收入。

被动收入通常来自子公司在"避税天堂"国家，如巴哈马群岛、荷属安德列斯群岛、巴拿马和瑞士，开展业务活动而获得的收入。设立在"避税天堂"国家的企业可以是投资公司、销售代理或分销商，也可以是许可协议中母公司的代理，甚至是作为其他国外子公司或孙公司的控股公司。图 9-2 就描绘了这种构建。就控股公司的角色而言，设置的目的是把母公司国外经营业务产生的现金汇集到位于"避税天堂"的子公司以用于全球扩张。

美国公司在"避税天堂"国家和地区设立子公司作为其离岸控股公司。这样，该离岸控股公司就拥有三家孙公司的股份。离岸控股公司可以获得控股公司收入，该收入被美国母公司记录为被动收入。

图 9-2 作为控股公司的避税地子公司

5. 子公司收入的决定

图 9-3 阐述了有关子公司收入纳税的决定情况。所有非受控国外公司的收入（包括主动收入和被动收入）都要到以股利形式汇付给美国股东时才能被确认。相反，对于受控国外公司的主动收入，母公司可以延迟纳税；但对于来自受控国外公司的被动收入，母公司应当在取得该收入时立刻纳税，除非另有规定。对于来自外国分公司的收入，无论是主动收入还是被动收入，母公司都应当在收入发生时立即纳税。

9.5.3 转移价格

税收面临的挑战以及绩效评估的障碍就是国际经营中广泛存在的内部转移定价问题。因为内部价格存在于相关的实体之间，所以转移价格并非一定是**公平价格**（**Arm's-length Price**），而公平价格只存在于相互没有所有权利益关系的两家企业之间。这里所含的假定是公平价格比转移价格能更准确地反映市场供求关系。

企业随意确定转移价格的原因主要在于不同国家之间的税收差异。例如，如果母公司所在国的公司所得税率高于子公司所在国的公司所得税率，那么母公司便会以较低的价格向子公司销售产品，从而降低在母公司所在国的应税利润，提高在子公司所在国的应税利润。当然，母公司也可以对子公司出售给母公司的产品设定较高的转移价格。

```
                    ┌─────────────────────┐
                    │  美国股东 (母公司)   │
                    └──────────┬──────────┘
          ┌────────────────────┼────────────────────┐
┌──────────────────┐ ┌──────────────────┐ ┌──────────────────┐
│  国外公司 (非受控  │ │   受控国外公司    │ │    国外分公司     │
│   国外公司)       │ │                  │ │                  │
│ 无论是主动所得还是被 │ │ 主动所得可以延迟纳 │ │ 母公司通过分公司获得 │
│ 动所得，对于所宣布的 │ │ 税。             │ │ 的一切收入都要纳税。 │
│ 股利，母公司都需要纳 │ │ 母公司通过受控国外 │ │                  │
│ 税。             │ │ 公司取得的被动所得 │ │                  │
│ 可以延迟纳税。     │ │ 应纳税。         │ │                  │
└──────────────────┘ └──────────────────┘ └──────────────────┘
```

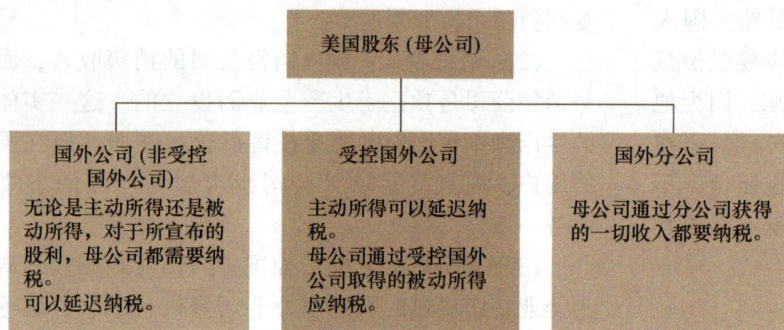

有关受控国外公司和被动收入的规定都是为了防止美国企业通过在"避税天堂"国家和地区设立子公司来取得无限期的被动收入并获得免税。本质上讲，这些规定对这些收入的纳税处理都假定这些收入在发生时已汇给了美国的母公司。

图 9-3 美国拥有的国外子公司的纳税情形

经济合作与发展组织很关注企业通过在世界范围内操纵转移价格来降低其税负的行为。因此，经济合作与发展组织的税收政策与管理中心（OECD Center for Tax Policy and Administration）会定期开会讨论转移价格政策的实施情况。经济合作与发展组织于1979年颁布了关于转移定价的指导方针，并于1995年进行了更新，以便把握独立企业之间的定价是否与集团内的转移定价以及使用不同定价方法的转移定价相似。为了避免对转移定价的操纵，经济合作与发展组织建议运用公平价格来确定企业在各国的税负，同时就此颁布了相关的指导方针。自1995年以来，经济合作与发展组织一直在定期颁布相关政策规定，并进行持续的修订[37]。

企业之间可能会由于税法体制的不同而就转移定价政策发生争执。英国制药企业葛兰素史克（GlaxoSmithKline, GSK）于2006年解决了与美国国税局（Internal Revenue Service）的转移定价争端，方案就是葛兰素史克支付31亿美元的联邦、州和地方税收和利息。该金额稍低于美国国税局寻求的50亿美元，但几乎占了葛兰素史克经营现金流的一半。美国国税局指控葛兰素史克对其美国子公司提供的营销服务支付的价格太低，而这意味着美国子公司的收入较低，进而导致美国征收的税收较少。这一争端源于葛兰素史克是否应该以成本价或向独立第三方支付的价格来支付营销服务。这些问题其实都很复杂，如果不正确制定产品或服务的价格，那么企业就会面临巨大的财务风险[38]。

9.5.4 双重征税与税收抵免

每个国家都有代表主权的征税权。因此，如果东道国和母国对同一收入都征税，那么难免会发生双重征税问题。

按照美国税法的规定，美国跨国公司对支付给外国政府的所得税可以进行抵免。例如，如果美国的母公司把国外来源收入（来自国外子公司的股利）确认为应纳税收入，那么它就必须按此缴纳税收。不过，美国国税局允许母公司从中扣除已在国外缴税的所得税，但抵扣的金额不得超过该所得在美国缴纳的金额。

例如，假设美国A公司在国外赚了10万美元，并按照国外税法缴纳了4万美元税款（税率为40%）。如果这项收入在美国被确认为应纳税收入，那么A公司需要缴纳3.5万美元税款。如果没有税负抵免的政策，那么这10万美元的收入共需缴纳7.5万美元税款，税率达到75%。

不过，美国国税局允许A公司减少税款，但最多不超过3.5万美元，即当该项所得来自美国境内时需要缴纳的税费。如果A公司的子公司在国外已经缴纳了2万美元税款（税率为20%），由于它低于美国的3.5万美元税款，所以这2万美元便可得到抵免。这样，A公司的这项国外来源收入共需缴纳3.5万美元所得税款，其中2万美元向外国政府缴纳，1.5万美元向美国政府缴纳。

● 消除双重征税的税收条约

缔结税收条约的最初目的是防止全球双重征税，或是当双重征税发生时为企业提供补救措施。美国在这方面很积极，先后与58个国家缔结了75个不同的税收条约[39]。两个条约国之间的一般模式是允许进行相互的股利税收抵免并且免除专利税，有时甚至免除利息扣税。

美国规定，对在没有签订税收条约的国家发行美国证券的个人和企业扣缴30%的预提所得税。但是，投资组合和银行账户的利息通常免征所得税。一旦税收条约生效，美国对股利的税率会降低5～15个百分点；对利息和专利权所得的税率或是取消，或是降低5～15个百分点。

9.5.5 税收规避

有两件事情永远是真实的：政府总是想尽办法征收尽可能多的税；而企业（或个人）会想尽办法尽可能少纳税。自 2008 年金融危机以来，政府一直在抢着多征税，其目的不仅是减少巨量的预算赤字，也是为了给特殊项目筹集资金，如美国的《患者保护与平价医疗法案》。不幸的是，收入来源就这么多，而且从政治上讲，向企业多征税比向个人多征税更为容易。为了多征税，政府的手段包括提高税率、堵住漏洞、取消减免，或者同时采用这些手段。

另一方面，企业总是会雇请最为聪明的人来计算如何尽可能少交税，毕竟那样的话企业就可以减少借款，并有更多的现金用于创新投资。企业，尤其是对跨国公司，拥有的一大优势就是：如果说要一个国家制定好自己的税收政策实属不易，但要制定出各方满意的全球性税收政策几乎是不可能的。因此，企业会尽最大努力去利用税收政策方面的差异。

例如，谷歌是一家总部在美国的互联网企业，其经营业务遍布世界各地。谷歌把其欧洲总部设立在爱尔兰，毕竟当地的公司所得税率只有 12.5%，而且谷歌还让那些购买谷歌搜索引擎上广告的客户与其在爱尔兰的子公司签订合同，而不是与客户所在国的谷歌子公司签订合同。这样，虽然谷歌的收入来自欧洲各地，但其只在爱尔兰而不在其他税率很高的国家纳税。为了进一步减少税负，谷歌甚至通过在百慕大的子公司来处理部分特许税，毕竟百慕大不存在任何公司所得税或预扣税[40]。

企业在国外设立子公司的原因很多，如更贴近顾客，或为了利用知识产权、原材料或劳动力。不过，另一个重要原因则就是上面所介绍的将税收最小化。伊顿公司（Eaton）是一家总部在美国的零件与电气设备制造商。伊顿公司收购了库柏实业公司（Cooper Industries PLC），并把其注册地从克利夫兰变更为都柏林。这样，伊顿公司预期一年可以比在美国节省 1.6 亿美元的税收。伊顿公司的管理层甚至公开抱怨，正是美国相对较高的企业所得税率使它与竞争对手相比处于劣势地位。而且，伊顿公司认为看不到情况会有什么好转，毕竟美国政府设法想的是通过改革税制来取得更多的税收。

9.6 离岸融资和离岸金融中心

就企业能成功降低税负的原因而言，部分在于存在着作为"避税天堂"的国家并且企业有能力在那里开展各种经营活动。**离岸融资**（Offshore Financing）是由银行和其他代理商对非居民提供的金融服务。简单说来，离岸融资涉及从非居民借入资金和向非居民借出资金[41]。利用欧洲美元市场就是一个开展合法离岸融资的例子。美国企业可以在伦敦募集到欧洲美元，办法就是通过银行发行债券或获得银团贷款。作为选择，美国企业也可以在对利息不征收所得税的百慕大发行欧洲美元债券，而这对投资者更为有利。

● 离岸金融中心

离岸金融中心（Offshore Financial Centers，OFC）是指那些可以提供大量除所在国货币外多种货币的资金的城市或国家。离岸金融中心也是用来募集和积累现金的场所。通常，离岸金融中心的金融交易是以所在国货币以外的多种货币来安排的，因此离岸金融中心也是欧洲货币市场中心。离岸金融中心也可以被定义为是开展离岸业务活动的金融中心，但更为实用的定义是：离岸金融中心是大量开展资产负债表两方金融业务的中心，其交易可以开始于其他地方，而且绝大多数的参与机构都受非居民控制[42]。

1. 离岸金融中心的特征

相比于国内市场，离岸金融中心市场常常具有不同监管规范，而且常常具有更强的灵活性。离岸金融中心可以提供多种选择，（通常）可以为跨国公司提供成本更低的资金来源，从而使跨国公司不必严重依赖其本国的市场。离岸金融中心一般具有以下一个或多个特征：

（1）作为外国货币（欧洲货币）存贷的大型市场（伦敦）。

（2）是向世界金融市场（如瑞士的金融市场）提供资金的最后供应者。

（3）作为国际贷款基金的中介或渠道市场（如巴哈马、开曼群岛等）。

（4）具有温度的经济和政治环境。

（5）富有效率和经验的金融团体。

（6）良好的通信与支持服务。

（7）对金融产业有利的官方监管环境，即保护投资者而不会过分限制金融机构[43]。

不过，经济合作与发展组织更倾向于从金融监管的完备程度而不是从离岸与在岸角度来区分这些中心[44]。

2. 运作中心与簿记中心

运作中心（Operational Centers）涉及包括短期金融

交易的大量银行业务活动；簿记中心（Booking Centers）虽然没有实际的银行业务活动，但通过对交易的簿记业务来利用中心的保密与低税率（或零税率）政策。对于后者这种情况，个人可能会把款项存在离岸中心以避开本国税收当局的监管，或是因为这些款项来路或用途非法（如来自毒品交易或为恐怖活动提供资金），或是因为个人或企业想进行避税。作为离岸金融中心，伦敦属于运作中心，而开曼群岛属于簿记中心。

3. 作为"避税天堂"的离岸金融中心

对于离岸金融中心，人们主要关注的是其业务活动的避税作用。经济合作与发展组织已与全球的主要离岸金融中心展开紧密合作，目的是确保这些中心开展合法的业务活动。在判断离岸金融中心的"避税天堂"情况时，常常采用以下关键因素：①没有或只有名义上的税收；②缺乏有效的信息交流（尤其是银行的保密政策）；③缺乏透明度；④无实质性的业务活动[45]。虽然不是为了告诉主权国家应该如何制定其税率，但经济合作与发展组织的确在努力消除以下四个领域中有害的税收行为：

（1）离岸金融中心的管理当局对相关收入（来自金融以及其他服务活动的地理流动的收入）不征税或征收低税。

（2）离岸金融中心的经济独立于国内经济。

（3）离岸金融中心的管理缺乏透明度。例如，具体管理细节或申请要求缺乏公开性、监管制度或财务信息披露不够等。

（4）针对离岸金融中心的信息交流名存实亡[46]。

显然，这里存在很多重叠之处。根据2009年的报道，经济合作与发展组织确定了28个作为"避税天堂"的国家和地区和10个其他金融中心，而且它们正在按照经济合作与发展组织的标准来完善税收行为。根据报道，尚未有国家不遵循国际公认的税收准则，而这显然是相当重大的进步[47]。经济合作与发展组织正在尝试通过完善交易和信息披露来减少有害的税收行为。这样看来，围绕国家来处理这方面的问题显然是最佳途径。

◆ 观点交锋

离岸金融中心和激进的税收行为应该被取消吗？

➤ 正方观点：

应该取消。离岸金融中心的问题在于其运作的保密性，从而使得企业可能出于非法目的设立运作机构。2001年12月，美国能源巨头安然公司申请破产，成为公司历史上规模最大的破产案。安然问题的起因在于该公司在避税天堂国家和地区设立了数百家子公司，包括设立在开曼群岛的662家、设立在土耳其与凯科斯群岛的119家、设立在毛里求斯的43家以及设立在百慕大群岛的8家。这些子公司被安然公司用来隐藏公司的债务、亏损和经理人员的报酬[48]。对于那些肆无忌惮的跨国公司而言，离岸金融中心只会对这些企业的不断诈骗提供帮衬。

正如本书第19章所指出的，帕玛拉特（Parmalat）在加勒比地区注册了三家空壳公司，其目的只是攫取现金。这些公司声称出售帕玛拉特的产品，而帕玛拉特也给这些公司开立虚假发票并收取成本和费用，从而使这些销售看似完全合法。随后，帕玛拉特会开出收款单，而金额为这些子公司所谓的欠款额，接着就凭这个收款单去银行筹集款项。考虑到这些子公司的注册地，你可能以为这些银行会有怀疑，但帕玛拉特都侥幸取得了成功。

资产负债表外融资（Off-balance-sheet Financing）也被帕玛拉特用来隐藏债务。帕玛拉特将一半以上的债务转移到这些总部设在开曼群岛等离岸"避税天堂"的小型子公司的账上。通过隐藏大量的债务、少计利息费用（从而夸大收入）以及夸大假账收入，帕玛拉特就可以向投资者和债权人报告经营健康的资产负债表和取得盈利的利润表。事实上，帕玛拉特的真实债务几乎是向局外人所披露金额的2倍。

恐怖分子和毒贩也会利用离岸金融中心来洗黑钱。当美国政府追查奥萨马·本·拉登（Osama Ben Laden）的资金时，就追查了那些因保密而臭名远扬的离岸金融中心。因为位于巴哈马的一家银行拒绝向美国政府调查者公开其账簿，所以美国就把该银行与世界银行的转账系统断开了。不到两个小时，该银行就改变了政策[49]。英国的渣打银行（Standard Charted PLC）被罚款3.4亿美元，原因就是参与了为伊朗客户隐瞒6万多笔价值达2500亿美元的违法活动[50]。因此，这些活动必须停止。

◀ 反方观点：

不应该取消。离岸金融中心是企业更有效地利用其财务资源的有效方式。离岸金融中心是企业设立财务子公司的好地方，便于这些子公司为母公司或其他子公司筹集资本。此外，离岸金融中心也允许财务子公司利用当地借款成本和税率较低的优势。

并非所有种类的税收最小化活动都是非法的，毕竟这些企业仍然需要遵守本国和东道国的法律和税收规定。的确，有一些交易可能是非法的，但绝大多数交易还是合法的。监督真正非法活动的关键在于提高透明度和报告的要求。这些真正非法的活动包括隐藏贩卖毒品的收入，或参与类似帕玛拉特之类的公司欺诈活动。

难道一国不能通过向跨国公司提供避税地来招徕生意吗？事实上，许多离岸金融中心并没有其他明显的资源生产方式，它们不仅面积小，无法建立制造设施，人口基数小，无法提供廉价的劳动力，并且也没有可以出售的自然资源。那么，它们可以做什么呢？企业与个人都需要有地方存放其财富或者筹集资金。因此，这些离岸金融中心才决定按照要素禀赋理论（参见第 4 章的讨论）来建立吸引财富所需的银行与金融方面的基础设施。只要制定了有关银行业务、隐私和税收方面的法律，离岸金融中心就可以开展其业务。开曼群岛已经吸引了大量旅游业务，但它同时也是世界上最大的金融中心之一，而且也是保密工作做得最好的金融中心之一。

开曼群岛一直以来严厉打击洗黑钱行为，从而以合法的方式通过其金融专业服务去帮助企业和个人[51]。

离岸金融中心并不依靠税收来为巨大的政府支出买单，毕竟这里不存在巨大的军费预算或福利支出。难道没有征收大量的税收有错吗？对于离岸金融中心向离岸经营活动的所得提供免税环境，有些国家很是不爽，但那是它们的事。事实上，虽然这些国家在吸引银行业务和资金方面处于不利境地，但没有谁强迫它们征收高额的税收。如果它们要对金融交易收取高税收，那就让它们去这样做，但不要强迫离岸金融中心去玩它们的游戏。

甚至当英国公共账目委员会（British Public Accounts Committee）的女主席在抱怨谷歌、亚马孙、星巴克等跨国公司的税收政策时，也承认它们的一些做法可能并不违法。事实上，她指责的是它们行为上的不道德[52]。

思考题

你可以在英国通过英国的亚马孙网站（amazon. co. uk）从亚马孙预订一本书，然后通过英国皇家邮政位于英国的书库收到该书。不过，你会付钱给亚马孙设立在卢森堡的子公司，而该国的税收条件要比英国优惠。对于在卢森堡设立子公司从而最小化纳税收费用，亚马孙的这种行为是非法的、不道德的，还是两者都是，或者两者都不是呢？

未来展望

资本市场的增长与政府对跨国公司所得征收更多税收的决心

随着企业被迫从向面临巨大财务压力的银行融资转向通过股票和债券发行来为其发展和扩张融资，全球资本市场的竞争变得日益激烈。此外，全球股票市场之间也在为吸引那些寻求资本筹集场所的企业而激烈竞争。为了降低成本并提升市场潜力，股票市场合并的潮流仍将延续，除非出现监管部门的干预。

新兴股票市场的重要性将继续上升，毕竟这些经济体及其企业需要筹集更多的资本来实现国内和国际的扩张。为了压低成本以便提高盈利能力和市场价值，企业需要降低借款成本。这样，企业就会更加强调通过全球筹资来充分利用各地不同的收益率。此外，企业也需要完善其战略，从而以尽可能低的价格发行债券价，并实现其全球税负的最小化。

不过，美国一直以来都在压制这种实现税收最小化的计划，不仅一直在打击这些计划的提供者（如法律事务所和公共会计事务所），而且也一直在调查实施这些计划的企业客户。此外，美国与其他经济合作与发展组织国家也在调查"避税天堂"国家和地区，同时想尽一切办法来打破银行保密方面的壁垒，从而获取那些被怀疑开展非法避税的个人和企业的档案记录。因此，在制定利用"避税天堂"的战略时，企业必须非常小心，绝对不能让自己成为下一个安然或帕玛拉特。事实上，成本的压低不能以企业未来生存能力的丧失为代价。

经济合作与发展组织、国际货币基金组织和欧盟这三大组织不仅在努力帮助各国减少彼此之间的税收差异，而且也在大力打击出于非法目的的资金转移行为。虽然非法的资金转移行为已存在多年，尤其是与毒品贩卖有关的资金转移，但对"9·11"恐怖主义的打击以及随后对恐怖分子洗钱活动的调查，对加快全球金融体系的改革提出了更为紧迫的要求。虽然政府试图通过税制改革来对企业征收更多的税收，但必须做好平衡工作，在增加税收的同时，不要扼杀企业的创新能力，也不要迫使企业去寻求次优的"避税天堂"。

案例 9-2

难道魔鬼真的也在用普拉达品牌吗？

虽然答案也许是否定的，但意大利的普拉达集团（Prada Group）的确是一家集设计、生产与销售于一身的全球顶尖奢侈品企业之一。普拉达的产品种类丰富，包括豪华手袋、皮具、鞋类、成衣、配饰、护目镜和香水，而且远销世界各地[53]。目前，普拉达在全球 70 个国家和地区拥有 461 家直营店、25 家特许经营点以及高端的多品牌商店和奢侈品商店。

普拉达是一家普拉达家族持股达 80% 的封闭型控股公司。普拉达的董事长为缪西娅·普拉达（Miuccia Prada），她还是公司的首席设计师，而她的丈夫帕特里齐奥·贝尔特利（Patrizio Bertelli）则担任公司的首席执行官。普拉达余下股份的持有者为意大利的联合圣保罗银行（Intesa Sanpaolo）。当贝尔特利和普拉达意识到奢侈品消费的未来在亚洲时，他们就必须决定如何为企业的扩张筹集资金。由于在 21 世纪初完成了一系列基于债务融资的并购活动，普达拉的经营遇到了流动性问题，不得不求助于联合银行的资金支持。2006 年，联合银行出资 1 亿欧元取得了普拉达公司 5% 的股份，当时普拉达的估值为 20 亿欧元。他们考虑在 2001 年和 2008 年进行首次公开募股，但因全球股票市场的暴跌而选择放弃。然而，2011 年似乎是进行首次公开募股的好时机。虽然向外部投资者发行股票可以带来新资金，但也要求普拉达处理好非家族股东问题，而且需要遵循市场的财务纪律要求。此外，他们必须确定在哪里进行首次公开募股，以及出售多少公司股份。当时，几乎所有的意大利人都建议公司在意大利上市。那么，普拉达是否就应该在米兰证券交易所上市呢？还是应该选择成为在中国香港上市的首家意大利公司呢？毕竟中国香港市场非常接近中国内地这个未来的成长市场。

1. 普拉达的背景

普拉达创建于 1913 年，这一年马里奥·普拉达（Mario Prada）在意大利米兰的维多利亚二世拱廊（Galleria Vittorio Emanuele Ⅱ）开了一家奢侈品商店。凭借独特的设计、高级制造技术和高质量的材料，普拉达很快就在奢侈品界树立了很好的名声。到 1919 年为止，普拉达已成为意大利皇室的官方供应商，而且其时尚标准开始引领整个欧洲。

到了 20 世纪 70 年代末，马里奥的曾孙女缪西亚·

普拉达与一个做高质量皮具生意的托斯卡纳商人帕特里齐奥·贝尔特利开始合作。最初，贝尔特利的 I. P. I. 公司被独家许可用普拉达的名号生产和销售皮具。但在 2003 年，该公司与普拉达合并，组建了普拉达公司。

在 20 世纪 90 年代以及 21 世纪初，普拉达公司开始了扩张，主要措施包括推出新品牌（如缪缪品牌等），收购新企业（如 Church's 集团与 Car Shoe 公司），以及与意大利护目镜生产商陆逊梯卡集团（Luxottica）和西班牙化妆品商普格美容时尚集团（PUIG Beauty & Fashion）签订了许可和合作协议。借助这些并购活动，普拉达不仅扩大了产品线，而且开设了新商店。普拉达甚至与韩国的 LG 合作，推出了一款新的手机。

2010 年，普拉达基本上成了一家欧洲公司，几乎一半的营收来自欧洲市场，其中来自意大利的营收达 19.5%。然而，亚洲市场的重要性开始不断上升。到 2012 年为止，来自欧洲的营收占 22.7%，其中包括来自意大利的 16.2%，但来自亚太地区的营收（不包括日本）增长到 35.6%。尽管普达拉进行了一系列的收购，但普达拉品牌的营收仍然占公司全球营收的 80%。在普达拉经营的所有地理区域中，亚太地区的增长率最高，而这主要受益于这些市场的有机增长而不是依赖并购活动。普达拉在该地区开设了 17 家新店，并且对现有商店做了大量的提升工作。

2. 选择中国市场的原因

虽然普拉达也是奢侈品供应商，但要界定奢侈品市场并不容易。通常，奢侈品市场由那些价格高昂、质量上乘的高端商品组成。世界上其他最大的奢侈品公司包括总部在法国的路威酩轩集团（LVMH）、克里斯汀·迪奥（占 LVMH49% 的股份）、PPR 集团（包括古驰和伊夫·圣·洛朗）和历峰集团（包括卡地亚、蔻依和艾尔弗雷德·登喜路，并与拉夫·劳伦成立了合资企业）。当然，许多行业也有自己的奢侈品企业，如时尚、汽车、手表与珠宝、饮料等行业。不过，亚洲，特别是中国，很显然正迅速成为奢侈品产业的未来。

除了拥有世界上最多的人口之外，中国目前已是全球第二大经济体，而且其经济增长速度要快于任何其他发达国家和地区，以及金砖国家的其他成员国。中国成为奢侈品目标市场的原因有好几个。到 2020 年，中国有望成为全球最大的奢侈品市场，包括男士和女士用奢侈品市场。直到最近，中国奢侈品市场的驱动力来自男士，但女士的影响力变得越来越重要。玛莎拉蒂（Maserati SPA）和宝格丽（Bulgari SPA）在中国已经取得成功，原因就是把自己定位为终极男性地位的象征。大多数奢侈品是男性购买给女性的，但女性现在声称她们自己就是消费者。以 2009 年为例，玛莎拉蒂 30% 的销售来自女性消费者，较 2005 年上升了 7%。就更大范围的奢侈品销售而言，与 2008 年的 45% 相比，女性消费占据销售额 150 亿美元的一半以上。另外，2010 年女性奢侈品消费平均比 2008 年多 22%。

如果总结新兴女性奢侈品消费的特点，那么不难发现，那些更能满足女性消费需要的品牌往往更为强调中国因素。例如，蔻依（Chloé）曾预言中国到 2013 年将成为最大的奢侈品市场。中国的女性奢侈品消费者来自有更多的女性在商业上取得了成功。

普拉达当然不会错过这一切，但普拉达对中国兴趣还出于其他原因。作为公司的首席设计师，普拉达夫人尤其关注中国元素对时尚的影响。按照她的感觉，与保守的欧洲相比，中国元素显得更为与时俱进。她的公司拥有一支 60 人的设计师队伍，他们不仅好奇心强，而且思维活跃、想法新颖、富有创意。为了充分利用他们的天资，普拉达在中国香港建立了一家设计中心，并且希望其商店数量在 2011 年 14 家的基础上能按每年 10 ～ 12 家的速度扩张。就像其他许多奢侈品公司一样，中国市场不仅是普拉达的未来，而且是其创意的来源地。为此，普拉达必须建立一支面向中国市场的产品设计团队，并从中获得创新的点子以便应用于全球各地的商品。

3. 首次公开募股地的选择

随着普拉达开始考虑扩张问题，它确定了几个选择方案：可以向银行借款，可以在国内和国际债券市场发行债券，也可以引入外部投资者。2010 年，普拉达资产的 51% 为权益资本，49% 为债务资本。相比之下，意大利样本企业在 2009—2010 年的平均资产负债率为 57.4%。在普拉达的负债中，流动负债占 57%，长期负债占 43%。普达拉的长期债务主要是银行债务，有时是辛迪加贷款。虽然普拉达的长期债务中最多的是欧元债务，但它也有人民币、日元和英镑债务。显然，普拉达在债务市场方面的战略一直是与银行展开合作，而不是依靠欧洲债券或外国债券市场。

以权益形式募集资本的决定显得非常复杂。如前所述，普拉达是一家封闭型家族控股公司，所以通过首次公开募股来募集资本是与过去的模式相背离的。普拉达家族愿意放弃未来在公司的发言权吗？如果这样的话，那么在哪里上市募股最好呢？作为总部在米兰的意大利公司，在米兰股票交易所上市似乎更符合逻辑。鉴于普拉达夫人的叛逆个性，她有着其他的想法。她感觉中国香港会是更好的选择，而原因有几个方面：首先，对于以品牌命名的公司来说，提高品牌在重要地区的曝光度特别重要，也是吸引顾客的最好方法。上市路演可以吸引许多媒体、消费者和金融团体的关注。鉴于中国市场预计将会增长，所以选择香港上市显得意义重大。其次，香港是 2010 年全球最大的公开募股市场，全年共有 87 家企业上市，总募资达 577 亿美元。

当然，时机选择决定了一切。普拉达以前尝试过募集资本，但时机选择不对，大多是遭遇了不可控因素。在 2011 年 3 月 11 日日本地震发生以后，股票发行市场的活跃程度有所减弱；一旦市场稳定下来，发行又趋活跃。例如，嘉能可国际公司（Glencore International PLC）在伦敦和香港上市共募集了超过 100 亿美元，成为 2011 年度募集资金最多的公司，从而也使公开募股市场显得前景大好。此外，大量资本从中国迅速流入香港市场也恰好迎合了普拉达的上市决策。

4. 首次公开募股

最终，普拉达决定推进在香港的首次公开募股，而不是在米兰。鉴于募股资本主要用于在中国的扩张，为什么不引进来自中国香港——通往中国内地大门——的投资者呢？普拉达决定出售 20% 的公司股份，从而使公司的所有权结构发生了重大变化。不过，普拉达夫人清楚这是正确的举措。朋友和顾问们的建议让她确信，股票市场以及股票市场的严格要求在一定程度上可以确保普拉达的美好将来，而且有助于普拉达的继承和发展。普拉达希望募集到 200 亿港元（大约 26 亿美元）的巨款。具体目标就是按每股 36.60 ～ 48 港元的价格出售大约 4.23 亿股份。如果需求巨大，普拉达还可以出售额外的 6300 万股份或 15% 的超额配售选择权。公司在证券交易所的上市日期定在 2011 年 6 月 24 日，就在开始与机构投资者和更广泛的公众投资者进行推荐后。随着普拉达上市日期的到来，价格稍微有点下降，主要原因在于欧洲债务危机带来的全球市场的不确定性、美国的债务危机等。为此，普拉达调整了针对消费者的目标价格，价格区间为每股 39.5～42.25 港元（每股 5.07～5.42 美元）。这样，普拉达的价值为 2011 年预计盈利的 22.8～24.4 倍，仍然高于路易威登的 20.1 倍。显然，香港市场的上市定价高于其他市场。

在股票最终登陆交易所后，进入零售市场的投资者并没有预期的那么多，所以普拉达无法将所有分派的股票出售给投资者。此外，起初价格并没有上涨。不过，大约在两周内，股票价格较 39.50 港元的首次公开募股价上升了 13%，达到 44.64 港元。

现在，我们知道这一举措对普拉达的未来会产生怎样的影响，而且我们也知道还有一些其他公司准备到香港上市，以便利用中国市场的发展机遇。如果这次举措取得了成功，那么普拉达将来是否还会发行更多的股票并进一步稀释普拉达家族的所有权？只有时间能告诉我们结果。

思考题

1. 为什么普拉达需要募集额外的资金？

2. 你是同意普拉达进行首次公开募股的决定，还是赞成普拉达通过在伦敦等地发行点心债券或欧洲债券来借入更多的资金？

3. 你认为普拉达选择在中国香港进行首次公开募股的最合适的理由是什么？选择在香港上市的决定有什么不利之处吗？

4. 许多其他奢侈品时尚企业也是家族控制的。家族所有权的稀释会对普拉达产生什么影响？其他企业是否会追随普拉达的模式？

5. 普拉达面临怎样的外汇风险？就防范其外汇风险，你有什么建议？

本章小结

1. 企业财务的职能是取得财务资源，并将这些资源分配给企业目前以及未来的业务活动和项目。

2. 首席财务官必须关注影响企业资本结构、资本预算决策、长期融资和营运资本管理的国际因素。

3. 各国的特定因素是决定企业资本结构的最重要因素。

4. 跨国公司正常经营所需的两大外部资金来源是债务市场和权益市场。

5. 欧洲货币是指任何存放在货币发行国境外银行的任何货币，但主要是存放在美国境外银行的美元。

6. 外国债券是在举债方国家之外出售而且以发行国货币标价的债券。欧洲债券是指以发行国货币之外的货币出售的债券。

7. 欧洲权益是指在发行企业本国以外国家的证券交易所上市的股份。大多数在美国证券交易所上市的外国公司采用的是美国存托凭证。美国存托凭证是代表外国公司股份或部分股份的金融凭证。美国存托凭证比外国股份更容易在美国证券交易所交易。

8. 诸如巴林岛、加勒比地区、中国香港、伦敦、纽约、新加坡和瑞士这样的离岸金融中心开展大量的外币交易，而且企业可以利用当地的优惠税率。

9. 国际税收筹划对初始投资地点、新企业的法律形式、融资渠道、转移价格确定等决策都会产生重大影响。

10. 各国在税收种类（所得税与消费税）、所得税税率、应税所得的确定以及外国来源收入的处理等方面存在差异。

11. 纳税延迟意味着国外子公司所取得的收入只有当以股利汇付给母公司时才纳税，而不是在取得收入时纳税。

12. 受控国外公司必须在取得被动收入的当年作为应纳税收入向母公司申报，而不论该被动收入是否以股利形式汇付给了母公司。

13. 税收抵免允许母公司直接扣除子公司向外国政府就必须向母公司政府纳税的收入所缴纳的税款，从而降低了母公司的税负。

14. 税收条约的目的是防止全球双重征税，或是当发生双重征税时如何为企业提供补救措施。

关键术语

主动收入	公平价格	欧洲债券	欧洲货币
美国存托凭证	受控国外公司	欧洲信贷	欧洲货币市场

欧洲美元	杠杆	市值	主权财富基金
欧洲权益市场	伦敦同业拆借利率	离岸金融中心	被动收入
外国债券	市场	离岸融资	辛迪加

参考文献

1 **Sources include the following:**"People on the Move," *Deseret News* (January 31, 1999): M02; Wells Fargo News Release,"Wells Fargo & Company and First Security Corporation Agree to Merge" (April 10, 2000), at www.wellsfargo.com/press/firstsec20000410?year= 2000 (accessed November 20, 2007); interviews with Ali Manbeian and Jason Langston; Wells Fargo company literature.

2 Jonathan Berk, Peter De Marzo and Jarrad Harford, *Fundamentals of Corporate Finance*, second edition (Pearson Prentice-Hall, Upper Saddle Ridge, NJ: 2012), 9–10.

3 "Theory versus the Real World," *Finance & Treasury* (April 26, 1993): 1.

4 Abe de Jong, Rezaul Kabir, and Thuy Thu Nguyen,"Capital Structure around the World: The Roles of Firm- and Country-Specific Determinants," *Journal of Banking & Finance* 32 (2008), pp. 1954–1969.

5 De Jong et al.,"Capital Structure around the World, op. cit.

6 Charles Forelle,"The Isle That Rattled the World—Tiny Iceland Created a Vast Bubble, Leaving Wreckage Everywhere When It Popped," *Wall Street Journal* (December 27, 2008): A1.

7 James Hookway and Nopparat Chaichalearmmongkol,"Thailand Wrestles with Currency Woes," *The Wall Street Journal* (May 28, 2013).

8 David Enrich, Geoffrey T. Smith and Andrew Morse,""Rules for Lenders Relaxed," *The Wall Street Journal*, January 7, 2013, C1.

9 Nu Skin Enterprises Inc., *Nu Skin Annual Report* (2010): 62.

10 Patrick McGuire,"A Shift in London's Eurodollar Market," *BIS Quarterly Review* (September 2004): 67.

11 Michael J. de La Merced,"Understanding LIBOR," *The Wall Street Journal* (July 11, 2012): B3; David Enrich and Max Colchester,"Before Scandal, Clash Over Control of LIBOR, *The Wall Street Journal* (September 11, 2012): A1.

12 Global-rates.com (accessed on May 15, 2013).

13 Op. cit., Enrich and Colchester; David Enrich,"Former Trader is Charged in U.K. Libor Probe," *The Wall Street Journal* (June 19, 2013, C3).

14 Financial Market Series, *Bond Markets* (October 2012): 3, (accessed June 3, 2013).

15 "IMF Global Stability Report, 2009": 177.

16 Fiona Law,"Dim-Sum Bond Issuance Climbs," *The Wall Street Journal*, online edition (accessed March 25, 2013).

17 Peter Stein,"'Dim Sum Bonds' on the Menu For Foreign Investors," *The Wall Street Journal* (October 31, 2010), retrieved July 13, 2011, from http://wsj.com.

18 "An Offer They Can Refuse," *Euromoney* (February 1995): 76.

19 Anant Sundaram,"International Financial Markets," in Dennis E. Logue (ed.), *Handbook of Modern Finance* (New York: Warren, Gorham, Lamont, 1994): F3–F4.

20 "Amcor Announces Successful ¢550 Million Benchmark Bond Issue," AMCOR News Release (accessed July 18, 2011).

21 "Alliance Oil Company Issues 7-Year Eurobond," *The Wall Street Journal*, online edition (accessed April 25, 2013).

22 The Sovereign Wealth Fund Institute, (accessed on June 3, 2013).

23 Ibid.

24 Telis Demos,"First Chinese IPO of 2013 Delivers Decent Pop," *The Wall Street Journal, Money Beat*, blogs.wsj.com/moneybeat/2013/06/06.

25 Dan Horch,"After IPO Drought, Brazil Is More Hospitable to Investors," *The New York Times* (January 9, 2013): B5.

26 World Federation of Exchanges,"2010 WFE Market Highlights" (January 26, 2011), at http://world-exchanges.org/files/file/stats%20and%20 charts/2010%20WFE%20Market%20Highlights.pdf, (accessed June 4, 2013).

27 Mark J. Perry,"World Stock Market Capitalization closes year at $54.6 Trillion,"AEIdeas (January 18, 2013) at www.aei-ideas.org/2013/01/ world-stock-market-capitalization-at-54-6-trillion/ (accessed June 4, 2013).

28 Maggie Lake,"Stock Marker Merger Mania: Marriage of Necessity?" *CNN* (February 10, 2011), at http://business.blogs.cnn.com/2011/02/10/ stock-market-merger-mania/ (accessed July 14, 2011).

29 Michael J. de la Madrid,"From Old and New, a Powerhouse," *The New York Times* (December 21, 2012): B1;"NYSE Euronext Shareholders Approve Acquisition by IntercontinentalExchange," June 3, 2013 (accessed June 4, 2013).

30 "Definition of Euroequity"in Investopedia, (accessed on June 19, 2013).

31 Financial Times, http://lexicon.ft.com/Term?term=euro_equity-issue, accessed June 10, 2013.

32 Vinod Kumar,"Tata Communications Says to Delist from NYSE," *The Economic Times* (accessed June 4, 2013).

33 OECD,"Taxation of Corporate and Capital Income, Table II.1," *OECD Tax Database* (2013), www.oecd.org/tax/taxdatabase.htm (accessed June 19, 2013).

34 Deloitte,"International Tax and Business Guide: Germany" (2023), at www.deloitte.com/taxguides.

35 Deloitte,"International Tax and Business Guide: Hong Kong" (2013).

36 Johnston,"Enron Avoided Income Taxes in 4 of 5 Years."

37 OECD, *Transfer Pricing Guidelines for Multinational Enterprises and Tax Administrations*, Paris: OECD Publishing, August 11, 2009, www.oecd. org/document/34/0,3343,en_2649_33753_1915490_1_1_1_1,00.html (accessed October 23, 2009).

38 Ronald Fink,"Haven or Hell," *CFO Magazine* (March 2004), www.cfo. com/article.cfm/3012017 (accessed October 23, 2009); Helen Shaw, "Transfer Students," *CFO Magazine* (April 2007), at www.cfo.com/article. cfm/8885626/c_8910395?f=insidecfo (accessed August 30, 2007).

39 IRS Publication 901, *U.S. Tax Treaties*, Revised April 2013, at www.irs. gov/pub/irs-pdf/p901.pdf.

40 Eric Pfanner,"European Countries Seek More Taxes from U.S. Multinational Companies," *The New York Times* (November 19, 2012): B1.

41 IMF Monetary and Exchange Affairs Department,"IMF Background Paper: Offshore Financial Centers" (www.imf.org/external/np/mae/ oshore/2000/eng/back.htm#1). June 23, 2000

42 Ibid.

43 "How the Heavyweights Shape Up," *Euromoney* (May 1990): 56.

44 "On or Off? It's a Matter of Degree,"in"Places in the Sun: A Special Report on Offshore Finance," *The Economist* (February 24, 2007): 7.

45 OECD, *Harmful Tax Competition: An Emerging Global Issue* (Paris: OECD, 1998): 23.

46 OECD, *Harmful Tax Competition: An Emerging Global Issue* (Paris: OECD, 1998): 27.

47 OECD, *Overview or the OECD's Work on Countering International Tax Evasion* (Paris: OECD, August 11, 2009): 8; www.oecd.org/datao-ecd/32/45/42356522.pdf (accessed October 23, 2009).

48 David Cay Johnston,"Enron Avoided Income Taxes in 4 of 5 Years," *New York Times (Late Edition [East Coast])* (January 17, 2002): A1.

49 Lucy Komisar,"Funny Money," *Metroactive News & Issues*, January 24, 2002, at www.metroactive.com/papers/sonoma/01.24.02/offshorebanking-

0204.html (accessed June 7, 2005).

50 Liz Rappaort, "Bank Settles Iran Money Case," *The Wall Street Journal* (August 15, 2012): A1.

51 Nick Davis, "Tax Spotlight Worries Cayman Islands," *BBC News* (March 31, 2009) at news.bbc.co.uk/go/pr/fr/-/2/hi/americas/7972695.stm (accessed October 23, 2009).

52 Pfanner, ibid.

53 ***Sources include the following:*** "Hong Kong's Fickle IPO Investors," *The Wall Street Journal* (July 11, 2011); Kelvin Chan, "Prada Says Hong Kong IPO Roadshow Going Well," *Businessweek* (June 12, 2011); George Stalk and David Michael, "What the West Doesn't Get About China," *Harvard Business Review* (June 2011): 25–27; Prudence Ho, "Hong Kong's IPO Engine Sputters," *The Wall Street Journal* (online.wsj.com, June 17, 2011); Nisha Gopolan and Prudence Ho, "Prada's Promising IPO," *The Wall Street Journal* (June 7, 2011): C3; Laurie Burkett, "In China, Women Begin Splurging," *The Wall Street Journal* (June 13, 2011): B11; Prudence Ho and Yvonne Lee, "Hong Kong IPOs Back in Fashion," *The Wall Street Journal* (May 23, 2011): B2; Alison Tudor, "Prada Sees Future in Asia," *The Wall Street Journal* (June 13, 2011): C3.

第 10 章

全球化与社会

只有当树砍光了，河流污染完了，鱼儿捕尽了，人类才会明白金钱不是万能的。

—— 美国土著居民谚语

本章目标

通过本章学习，应能：

1. 分析建设伦理行为的广义基础。
2. 说明伦理行为的文化与法律基础。
3. 讨论社会责任在国际经营中的重要性，尤其是在可持续发展领域。
4. 讨论社会活动中的关键问题以及全球化经营的影响。
5. 分析企业对行为准则等方面全球化趋势的响应情况。

🏢 案例 10-1

通用电气公司的绿色创想计划和全球绿化

近期的一则电视广告邀请观众随一只小青蛙到访世界各地。节目中，这只小青蛙不断地跳行于全球各地之间[1]。不过，这只小青蛙似乎并不热衷于普通的旅游景点，而是偏好于逗留在诸如韩国的太阳能农场、科威特的水净化厂和德国的风电场这样的地方。在周游的第二程，小青蛙跳上 GE90 飞机发动机飞越中国，把观众带到了位于佛罗里达州某地一家以煤为动力的"清洁"工厂。接着，小青蛙在加拿大落基山脉登上一辆 GE 进化代机车，随之传来的是解释这一普通的观光之旅目的的画外音："为了让人类享有更好的生活环境，通用电气正在努力把创意与先进技术进行完美的结合。"待旅程结束时，我们的小青蛙已经来到了满眼绿色的茂密的热带雨林。

1. "环保即财富"

这则广告是通用电气（GE）公司（以下简称通用电气）针对其"绿色创想计划"（Ecomagination Initiative）的重大宣传活动的一部分。通用电气的首席执行官杰弗里·伊梅尔特（Jeffrey Immelt）在 2005 年宣布，绿色创想计划是通用电气的一项宏大战略，旨在证明具有生态意识的企业集团可以通过履行其全球环境责任而获得回报。因此，宣传活动的口号就是"环保即财富"。这项高明的宣传活动已经强调了几个有趣的"绿色创想"项目，如 2011 年超级碗上的沼气技术广告描绘了出现在一场摇滚音乐会上的奶牛。

作为全球第二大企业（按市值计算），总部位于康涅狄格州费尔菲尔德的通用电气在全球 100 多个国家和地区开展六大核心业务：商业金融、消费金融、工业制造、基础设施、医疗卫生和通信。通用电气销售的产品包括家用电器、航空发动机、消费电子产品、与能源相关的产品等。与能源相关的产品也包括与日立合资生产的太阳能电池板、风力发电机、机车发动机、核能产品与服务。通用电气的媒体部门在 2011 年第一季度将 NBC 环球的多数股权出售给康卡斯特公司（Comcast Corporation）后，仍然拥有 NBC 环球 49% 的股权。

当通用电气宣布将推出内部绿色革命的计划时，的确让其投资者和工业客户深感惊喜，毕竟他们一直把通用电气看作是反对环保活动人士和说客的支持者。但当有越来越多的事实证明人造资源排放的二氧化碳的确造成了全球平均气温的升高，通用电气决定采取调和的立场，与数量不断增加的视投资者和环境利益为自身本质利益的企业相联合，而不再与之对立。

（1）通用电气的承诺与目标。通用电气的新计划反映了公司在五个方面的基本承诺：①减少温室气体的排放并提高运营的能源效率；②在"清洁"技术研发上加倍投入；③增加来自这些"清洁"技术的收入；④实现全球用水量降低 20%；⑤保证公众知情。现在，通用电气对业务经理的评价不仅看盈利能力和资本回报上，而且也看成功减少二氧化碳这一导致全球变暖的主要温室气体的排放量。能源密集型部门，如那些面向电力和工业的部门，需要负担最多的二氧化碳排放量的削减。不过，即便是对金融服务和通信业务部门，公司也要求它们减少所产生的任何排放。

通用电气到 2012 年的总目标是较 2004 年的排放量减少 1%。乍看之下，这一目标似乎并不过于雄心勃勃，但如果考虑到这样的事实，即按照通用电气的预期增长，其排放水平将比 2004 年高出 40%，那么就会知道 1% 这个数字意味着大幅度的改善。此外，伊梅尔特还致力于到 2008 年使公司的温室气体的排放强度——相对于企业经济活动的排放程度——减少 30%，并且到 2012 年使能源效率提高 30%。为了确保这些目标的实现，伊梅尔特组建了一个跨业务、跨职能的团队，负责规划和监测进展情况。到 2011 年，通用电气已经减少温室气体排放量 29%，而能源强度较 2004 年提高了 32%。

（2）寻求共识。除了为控制温室气体排放而实施必要的内部变革外，伊梅尔特还密切关注通用电气经营所处的全球政治环境。他已经争取到了比利时和日本政府来参加全球生态讨论，而且联合其他具有环保意识的企业就强制性温室气体减排等问题游说美国议员。除了与环境和自然资源保护理事会（Environmental and Natural Resources Defense Council）和皮尤全球气候变化中心（Pew Center on Global Climate Change）进行合作，通用电气还与英国石油公司、杜邦和杜克能源共同成立了美国气候行动合作组织（U. S. Climate Action Partnership），其目的是帮助开展全球气候变暖问题的国际政治辩论。

请记住，无论是通用电气还是其组织的企业联盟都声称它们这样做并非出于公益事业。的确，它们追求的是企业自己的最大利益，特别追求的是这样一种理念，即主动开展生态经营的企业比那些在这方面落后的企业具有明显的战略优势。随着其他国家已经实施了《京都议定书》（Kyoto Protocol）规定的限制要求，而且其他司法管辖区（如加利福尼亚州）也开始制定自己的限制条件，在制定前瞻性战略以及在日益分散的监管环境下进行长期投资决策时，全球化企业必须有更多的考虑。鉴于半数市场位于美国以外的国家和地区，就解决环境问题而言，通用电气必须接受比美国政府要求更严的外国政府的监管。

2. 技术性战略和生态友好产品

在伊梅尔特的领导下，通用电气也已整装待发，准备将清洁技术——包括可再生能源、水净化处理以及节油产品——方面的研发投入翻一番，从 2005 年的 7 亿美元提高到 2010 年的 15 亿美元，直至 2011 年的 23 亿美元。作为回报，通用电气预计公司的收入将显著增长。其"绿色创想"产品 2004 年的营收为 60 亿美元，2006 年达到 120 亿美元，2009 年和 2011 年分别达到 180 亿美元和 210 亿美元。

早在 2005 年，当绿色创想计划首次推出时，通用电气销售的产品中符合其"绿色创想"标准的只有 17 款，到 2009 年，已经有了 90 款这样的产品，包括能将生物废料转化为电能和热能的颜巴赫沼气发动机（Jenbacher Biogas Engine），以及获得通用电气能源之星认证的消费电子产品。到 2011 年，有 140 款产品和解决方案，带来了 1050 亿美元的收入。通用电气风能创造了 300 亿美元的收入，并有超过 20000 台风力涡轮机投入运转。

通用电气的公司网站也会介绍公司的其他标准化产品——洗衣机、冰箱和灯泡——的节能效率。而且，通用电气打算将自己打造成为一个"能源服务"顾问，以争取水净化厂和风力发电场方面的维护合同，毕竟这种项目的盈利可达单纯出售产品所获盈利的 5 倍。通用电气还利用其网站宣传其绿色产品的信息以及公司在减少温室气体排放量方面的努力，而这也是之前所列出的公司五项承诺的一部分：保证公众的知情。

解决环境问题是一门好生意。通用电气坚持认为，这类产品和服务的市场都会不断成长和盈利；伊梅尔特相信，发挥这些产品的优势，不仅有利于环境，而且能强化公司利用主要获利机会的战略定位。正如通用电气的一位高管所称："解决环境问题是门好生意……也是公司重要的增长战略。"

通用电气也把"绿色创想"战略视为对客户需求的必要响应。在着手这一举措前，通用电气花了 18 个月和行业客户合作，邀请管理者参与为期两天的"梦想研讨"：要求设想 2015 年的生活，并讨论他们在这种环境下所需要的多种产品。这么做的结果是，管理层通过讨论获得了难以磨灭的印象，即通用电气的客户和它开展业务的社会和政治环境都将需要更多环境"友好"的产品。

"这不仅是通用电气强行干扰环境，"原通用电气副董事长戴维·卡尔霍恩（David Calhoun）坚称，"我们决定，如果这是我们的客户所想，那么我们就应该正视现实，关注环境利益，化被动为主动。"事实上，通用电气在亚洲和欧洲的很多竞争对手已经开始投资于清洁技术，而且公司也清楚自己不能再冒落后的险了。目前，通用电气正专注于诸如中国和印度这样的发展中国家的新兴市场，这些地方经济的快速增长刺激了对基础设施需求的扩大，如供水和污水处理系统以及控制严重环境污染的技术。

3. 各界不一的反应

当然，通用电气一直因其努力走绿色环保之路而广受称赞。2013 年，通用电气荣登《财富》杂志"最受赞赏公司"榜单的第十一名，并入选根据环境、社会和经济条件综合确定的构成道琼斯可持续发展指数的 300 家表现最佳的公司。

但与此同时，对通用电气的质疑也一直存在。例如，如果投注的这个市场没有实现足够快（或根本没有）的结果，那么会发生什么呢？例如，早在 20 世纪 80 年代和 90 年代，许多企业——包括杜邦和法国水务公司苏伊士——预计清洁技术市场会呈两位数增长并投入巨资，但是当需求没有如预期那般增长时，它们只得进行大规模缩减。

另一个潜在风险有关发展中国家在清洁技术推动中的参与问题。特别是，发展中国家是否愿意支付发达国家为进入这个市场而在技术方面付出的代价？即便是通用电气的卡尔霍恩也承认，至少在关键的中国市场，利润已经很低。而且，通用电气仍面临着因实施其不成熟的绿色战略的内部变革所带来的挑战。按照传统，公司的文化已经习惯了渐进改变经过时间考验的产品和服务的策略。事实上，公司高度吹捧的由前首席执行官杰克·韦尔奇（Jack Welch）倡导的六西格玛理论，本质上就不赞成实施激进式变革和不必要的冒险。就说服营销、销售和生产团队并让他们愿意尝试那些未经检验且尚未成熟的"绿色创想"产品而言，管理层的工作也许不应当省去。

当然，客户和股东的反映也不一。通用电气的很多客户来自公用事业部门，显然他们是不关心气候变化警告和反对环保监管的一支主要力量。2007 年，通用电气提出股东决议，要求公司的管理高层提供有关绿色创想计划的预计成本、收益和利润的资料。有些投资者似乎特别担心公司的新业务以及新制定的绿化项目可能导致工业客户的疏远。鉴于绿色创想产品线所创造收入的巨大增长（自 2005 年以来共创造了超过 1050 亿美元的收入），通用电气的管理层似乎做了一个既明智又有利可图的决策。

思考题

1. 为了保证利益相关者满意，通用电气在实施"绿色创想"战略时会面临哪些重大挑战？

2. 从环境影响的角度来看，通用电气更需要做的是减少其碳足迹，还是开发出适应"绿色创想"战略的高效节能产品？

10.1 引言

随着我们从介绍国际商务环境转入介绍国际商务运作，下面要考察的是全球化对社会以及管理者判断的影响，而这两者又是与各种法律和文化相互影响的。正如第 1 章所介绍的，经营的全球化虽有积极的一面，但也会招致三大方面的批评：对国家主权构成威胁；对增长和环境形成压力；导致收入不平等和个人压力的增加。当然，在国外经商的确很不容易。与母国的距离越远，经商环境就越复杂。这里的距离虽然可以用多种方式进行描述，但确定距离的方式之一就是所谓的 CAGE 法：文化（也称心理距离）、行政（如政治与制度方面的政策）、地理和经济[2]。考虑到全球化所遭遇的批评以及企业与个人在遥远的世界某个地方开展经营所面临的挑战，企业与个人如何才能取得成功或者至少不会产生严重错误呢？

本章从伦理和社会责任的角度来考察全球化和社会。首先考察的是全球环境下的伦理问题，尤其是贿赂与腐败、环境以及企业行为准则方面的问题。之后将从更广泛的角度分析企业的社会责任，并考察个人与企业应该如何完善人类的生活环境。

● 利益相关者的取舍

为了实现繁荣，或为了事实上的生存，企业必须满足不同**利益相关者**（Stakeholders）群体的需要，他们包括股东、员工、客户、供应商和整个社会。显然，要做到这一点可以说是相当棘手的。股东—利益相关者这一困境使得一个利益相关者的要求往往与所有其他利益相关者的要求相对立。作为基本理念，企业应当更广泛地关注利益相关者，而这要求企业在做决策时考虑各种重要的社会群体[3]。例如，在短期内，群体的目标通常是相互冲突的。股东希望提高销售和生产率（从而带来更高的利润和回报）；员工想要更安全的工作场所和更高的补偿；客户期望以较低的价格买到更高品质的产品；社会则希望看到更多的就业机会，希望企业多纳税、多支持社会服务，而且也希望企业高管的行为更值得信任。

从长远来看，所有这些目标都必须得到充分满足。如果得不到满足，那么很可能所有目标都无法实现，特别是当每个利益相关者群体的实力都很强并足以使经营停止时。此外，压力集团——可能代表任何利益相关者群体的利益——会游说政府来管制跨国公司在国内外的活动。

正如在案例 10-1 中所介绍的，如果通用电气的"绿色创想计划"受到来自各方的压力，包括客户和关心盈利问题的股东、关注法规起草的各级政府、怀疑公司战略和目标变革的员工、环保游说分子、非政府组织以及旨在保护环境的企业组织。每个团体对通用电气如何开展业务以及如何在市场上取得成功都有着强大的影响力。

10.2 伦理行为的基础

企业以及那些为企业工作的人无论身在何处，其行

为都应当具有责任性。然而，考察伦理行为时，人们关注的常常是个体，即那些最终做出怎样处事决定的人。企业的最高管理者可以决定一家企业所奉行而且员工必须遵守的价值观。这些价值观一般包含在行为法典（本章最后将做讨论）中，并体现在组织内他人的行为中，尤其是同事和上司的行为中。为了确保这些价值观的奉行，管理层会尽量聘请那些愿意在它所要努力创建的这种伦理环境中工作的个人。然而，人们仍然必须决定他们在特定情况下会如何行事。

以下各节将探讨在全球化背景下影响伦理行为的文化和法律因素。不过，这里首先对伦理行为的广义基础做简单考察。以下是伦理演化的三个层次：

（1）第一层次为前成规期（Preconventional）。让孩子们了解什么行为是对的，什么行为是错的，但不一定明白为行为对或错背后的原因。

（2）第二个层次为成规期（Conventional）。我们学会了角色从众，先是从同伴（包括家长）那里学到，然后从社会法则中学到。有人可能会争辩说，企业的行为法典就狭义的企业环境而不是社会环境而言，属于成规期行为的一部分。但是，这些法典很可能也反映了企业母国的价值观。

（3）第三层次为后成规期（Postconventional），也称自主期或自律期。此时，伦理行为已经得到内化，原因并非对惩罚的害怕，而是从内心认为这样的行为是正确的。

处于第二、三两个层次的行为可能会相同，但前提是这些个体认为居住地的法律或者所工作企业的行为法典与他们坚信正确的观念相一致[5]。

面临伦理决策的个体一旦进入道德推理的境界，就会审视自己的道德价值观，特别是与上面提及的第二、三两个层次相关的行为，并决定自己应该怎么做。其中一种方法就是所谓的**目的论法**（Teleological Approach），即决策决定于行为的结果。**功利主义**（Utilitarianism）就是基于结果的道德推理理论，是指"如果一个行动产生或者倾向于产生使最大数量受此行动影响的人获得最多的利益，那么这种行动就是正确的；否则，就是错误的[6]。"第二种方法就是**道义论法**（Deontological Approach），断言的是人们的道德判断或道德推理与结果无关。道义论意指行为本质上存在是对还是错的问题[7]。换言之，伦理教导"人们有责任去做正确的事并避免做错误的事[8]"。当个人进行道德推理时，他们常常使用其中的一种方法或者可能是两种方法某种程度的组合。

当一个人到了国外，道德推理就会变得非常复杂。结果可能因法律差异而变化，究竟是对还是错，一定程度上可能取决当地的价值观。人们需要弄清楚如何做出道德决定——包括他们为之工作的企业。在这里出现了两个问题：企业和个人为什么要关心伦理行为？就适应国外环境而言，伦理行为的文化和法律基础是什么？

为什么企业必须关心伦理行为？

首先，我们来回答一个虽然基础但相当重要的问题：企业为什么必须关心伦理行为？正如后文所要讨论的，文化和法律方面的原因促使企业必须按伦理行事。此外，个人可能有高标准的伦理行为，而这可以被转化成企业的政策，但企业的政策总是受其领袖——通常为企业的创始人或新任首席执行官——的影响。从企业的角度来看，伦理行为常常有助于其实现以下一个或两个可能的目标：一是形成竞争优势；二是避免被视为不负责任。

对于第一个目标，一些分析者认为，负责任的行为有助于企业取得战略和财务上的成功，因为它促进了信任，而这反过来又鼓励了承诺[9]。例如，通用电气的"绿色创想计划"就反映了高层管理者的信念：通过积极响应社会对全球变暖的关注，通用电气就可以获得相对于竞争对手的战略优势，从而有可能在那些面临严重环境问题的新兴市场上形成优势。

至于第二个目标，企业意识到越来越多的非政府组织（NGO）开始积极监督并宣传国际企业的行为。例如，跨信仰企业责任中心（Interfaith Center on Corporate Responsibility，ICCR）是一家代表近 300 家基于不同信仰的机构投资者的非政府组织，包括国家教派、宗教团体、养老基金、基金会、医院企业、经济发展基金、资产管理公司、大专院校和工会[10]。从最初组织抗议南非种族隔离政策起，ICCR 已经参与过众多不同的项目，如根据碳排放量给在不同行业领域的企业排名，或者在年度股东大会引入一项决议以调整医疗改革政策等。这只是非政府组织关注国家和行业问题的很多例子中的一个。非政府组织只是监督企业及其员工行为的机构之一。各国政府想要确保个人与企业的行为与更广泛的社会的最佳利益相一致，并确保法律得到恰当的执行。

10.3　伦理行为的文化基础

21 世纪初，世界各地的许多企业都面临着严重的财务问题，有些企业甚至因为其管理者的非伦理或非法行为而破产。安然公司是美国的一家能源公司，其业务遍及世界各地，该公司就是因为员工的非法行为而成为首批破产的跨国公司之一。其他美国企业也群起效尤，跟着出了问题。不过，类似的问题也发生在美国以外的国家，如第 18 章将详细讨论的帕玛拉特。有些企业通过国际业务来掩盖其行为已有多年。

随着这些事件被揭露，其结果必然引起公众的愤怒、投资者的不安以及对企业和那些运营者行为的更多关注。因此，这里就产生了一个大问题：这种行为是普遍的，还是在某些国家或文化中更可能发生？

• 相对主义与规范主义

正如第 2 章所讨论的，尽管国家之间存在文化差异，但对于经营中的伦理行为与社会责任的对错评判，人们常常假定存在普遍的共识，尤其是那些信奉道义论法的人[11]。然而，在现实世界中，管理者面临搞不清为何以及如何应用文化价值观的情况。例如，人们关于对与错的不同想法是因家庭和宗教价值观、法律和社会的压力、自己的观察和经验甚至经济环境的影响而形成的。因为道德信念往往是根深蒂固的，所以人们会忠实地捍卫自己的看法。

甚至在一个特定的国家里，在同一个道德问题上，也会形成鲜明对立的观点。更加复杂的是，自己的个人价值可能会与员工的准则或者普遍的社会规范有所不同，或者与两者都有冲突。最后，一切在国内经营环境中的复杂难题，到了国际舞台上往往会进一步复杂化。因此，道德行为是因国家而异，还是有每个人都应该遵守的统一的价值观？

1. 相对主义

有一种观点认为，各国之间存在可能会影响人们行为的显著差异。"入乡随俗"是一句经常被引用的老话，最早出现在公元前 4 世纪米兰的主教圣·安布罗斯（St. Ambrose）写给圣·奥古斯丁（St. Augustine）的信中。这句老话的确与伦理行为没有关系。实际上，其意思是："当我去罗马，我会在星期日禁食，但在米兰我不会。[12]"换言之，在不同的环境下，调整情理之中的事情，出于尊重而适应当地的习俗。这句老话的更夸张的运用就是："如果在 X 国行贿没事，那么当我在 X 国，我想我就需要行贿。"不过，这句老话不应该成为伦理沦丧的借口。

在国际环境中应用这种观点时，可能就要判断我们所做的决定是基于行为的结果还是本来就具有的是非观。按照**相对主义**（Relativism）的观点，伦理的真理取决于特定社会的价值观，而且可能因社会不同而不同[13]。

言下之意就是把某个人的伦理价值观强加给另一个人，或者不管当地的价值观或道德观与外国人自己国家的价值观与信念是否一致，外国人都必须接受，这些观点显然都是不恰当的。

2. 规范主义

相反，按照**规范主义**（**Normativism**）的观点，的确存在通用的行为标准。虽然受不同文化价值观的影响，但仍然应当被各地的人们所接受。即使像美国这样多元化的社会仍然具有共同的核心价值观和规范[14]。但是，人们往往倾向于把其他的价值观和行为准则当作自己的标准。关键是要区分什么是对大家而言共同的，什么是对个人而言独特的。正如第 2 章所提到的，这些共同的价值观和准则是区别不同文化（或国家）的一部分。从这个角度看，不加干预显然是不合伦理的。

3. 游走于规范主义和相对主义之间

企业及其员工一直纠结的问题是如何在国外商业环境实施自己的伦理原则：这些原则代表的是普遍有效的"真理"（即规范做法）吗？或者，在每个地方都有自己的"真理"而且需要区别对待的前提下，这些原则必须适应当地条件（相对做法）吗？企业可能会被迫适应当地的规范，如某些法律，而且这些法律许可甚至要求给那些接受地方规范的企业获得竞争优势的某些行为，但同时又给那些试图在当地市场强行实施自己母国做法的企业设置障碍。如果它提交反对国外的做法，那么可能会面临来自母国政府的一定压力而不让其按照当地准则行事，甚至遭到团体采取报复行动的威胁。

许多个人和组织已经制定了最低水平的商业行为，即企业（国内或国外）必须遵循运营地的法律要求或普遍的伦理规范[15]。有人可能会认为这是基于诚实和公平原则的行为，或者认为是所谓的"常规礼仪"[16]。其理由就是有些行为的法律权限可能是由那些没有受过教育或腐败的领导者给出的，而这些领导者并不清楚或者并不关心结果而且跨国公司有义务做一个可能成为负责任行为标准的榜样。

4. 抉择于两害之间

另一个潜在的问题是，无论是社会还是企业，都必须两害相权取其轻。以杀虫剂 DDT 的使用为例。在 20世纪 50 和 60 年代，美国农业部开始在多方面禁止使用DDT，因为有证据表明其效果出现下降，对环境产生毒害作用，而且可能会致癌。目前，美国已经停止使用DDT 了。在联合国的主持下，《斯德哥尔摩持久性有机污染物公约》（Stockholm Convention on Persistent Organic Pollutants）已经禁止除控制疟疾外的 DDT 的使用。2006年，世界卫生组织（WHO）对 DDT 在疟疾肆虐的非洲国家的使用给予支持，理由是利益大于成本[17]。

10.4 伦理行为的法律基础

伦理困境的处理通常就是要对手段（所采取的或对或错的行为）与结果（行为所造成的或对或错的结果）进行权衡。伦理行为的法律基础可以在这方面给我们提供指导，但是比起道义论方法（正确行为与错误行为之间的比拼），法律依据更加倾向于道德推理和道德行为（结果）的目的论的方法。不过，也有充足的理由把法律视作伦理行为的基础，就像使用法律也是有局限性一样。

10.4.1 法律依据：赞成与反对

事实上，有专家指出，法律依据是伦理行为的唯一重要标准。根据这一理论，个人或企业可以做任何不违法的事情。不过，反对者则回应称，有以下五个方面的理由足以说明这一理论并不充分：

（1）有些事情虽不合伦理但也不违法，所以法律并不适合作为监管所有经营活动的标准。例如，人际行为的某些形式虽然不违法，但明显是错的。

（2）新兴领域法律的形成往往会落后，而且需要时间在法庭上举证和判决。此外，由于法律基本上只是对那些已经发生的问题做出的反应，并不总是能预计到未来可能出现的难题。那些具有完善民法制度的国家多依赖于针对性（Specificity），因此不可能通过法律来解决一切可能的伦理问题。

（3）法律往往基于那些模糊界定的道德概念，而且这些道德概念也无法与其所支持的法律概念进行区分。换言之，在任何时候，如果我们考虑法律概念，必须考虑道德概念。

（4）法律往往需要由法院来进行审查。法院通过先例所立的法——案例法——尤其如此。

（5）法律可能十分无效率。这里的"效率"意味着能以非常低的成本实现伦理行为，而试图以一部适用的法律来解决所有的伦理行为问题显然是不可能的[18]。

相反，对于用法律来判断伦理行为的可行性，我们也有若干充分的理由：

（1）法律体现了一国道德原则的很多方面，所以它足以指导企业与个人良好的行为。

（2）法律提供了全套明确界定的规则，所以它至少为可接受的行为树立了良好先例。

（3）法律包含适用于每个人的可实施的规则。

（4）法律作为共识来自人们共同的经验和思考，而且是经过谨慎而广泛讨论的[19]。

10.4.2　治外法权

当我们试图用法律来管理不同国家的行为时，很快就遇到了一个非常基本的问题，即法律会因国家而异。回想一下通用电气在努力应对环境法规的国际变化时所面临的挑战。通用电气实际上已经游说了美国政府通过立法与欧洲保持一致，原因在于它不得不面对一系列变化的监管政策和限制，毕竟它们不仅会阻碍企业战略的实施，而且可能带来本可以避免的高昂代价。

此外，强大的母国政府可能采取被称为**治外法权**（**Extraterritoriality**）的做法，即强加国内的法律与伦理行为要求于那些将总部设在其管辖范围内的公司的国外子公司。这种做法非常具有争议性，有人称这与全球化不断深入以及需要更多跨国合作的趋势不相一致[20]。治外法权的一个完美例子就是美国政府关于在美国股票交易所上市的外国企业，无论它们在哪里做生意（不只是在美国），只要在美国出售证券或在美国做生意，就必须遵循美国《反海外腐败法案》（Foreign Corrupt Practices Act）的要求[21]。

10.4.3　伦理与企业行贿

当然，就看待伦理与法律之间的关系而言，我们发现人们的观点经历了从反对到赞成再到反对的变化。然而，针对某些类型的行为，我们需要再次回到赞成状态。为什么呢？尽管有很多问题，但法律考量仍是把握好伦理行为的开始。究其原因并不奇怪：国家在寻求解决普遍性问题的一般解决方案时——正如以下几节所要讨论的那些问题——发现自己需要采取通常的法律措施。

10.5　腐败与贿赂

第一个问题是贿赂。实际上，贿赂只是腐败这一更大问题的一个方面。影响腐败的因素有很多，包括文化、法律和政治等[22]。正如透明国际组织（Transparency International）所定义的，腐败就是"滥用委托权力以谋取私利[23]"。针对这一基本定义，腐败也有一些变形。不过，这里关于腐败的定义与其他的相差也不大。下面主要讨论贿赂问题，毕竟它是腐败行为的核心。

可以详细说明腐败和贿赂的例子很多，但这里仅举几例。阿根廷的服装零售商拉夫·劳伦（Ralph Lauren）同意缴纳约 160 万美元的罚款，因为该零售商在 2005—2009 年向外国政府官员行贿近 60 万美元，以免除对其产品的海关检查和相关文书要求。自那以来，该服装零售商已停止在阿根廷的经营[24]。还有其他一些涉及很多知名企业的著名案例，如墨西哥的沃尔玛、中国的微软以及在许多国家的松下集团，它们都涉嫌贿赂外国政府官员。然而，这些指控通常会成为媒体的热点，但最后并没有被起诉。显然，几乎所有的企业都与腐败和贿赂有染。即使是希腊的政治家也不例外。2013 年 4 月，前希腊国防部长因为与他的妻子、女儿以及 16 名同伙共同参与境外洗钱而被审判，而所有的这些钱都是在签署防务合同时接受的贿赂和回扣，其中还包括购买俄罗斯的导弹防御系统和德国的潜艇[25]。

在 20 世纪 70 年代，从美国国会对跨国公司的调查中传出信息，据称有可疑款项流向外国政府官员，而这种行为长期存在于工业化国家和发展中国家。该报告指出，已经有 400 家企业承认存在超过 3 亿美元的非法款项。与今天的大额行贿相比较，这似乎是一笔小数目。然而，这只是收集和报告贿赂金额数的开始而已[26]。

如图 10-1 所示，这里给出的是少量样本国家和地区 2012 年的腐败感知指数（Corruption Perceptions Index，CPI），而且针对的是有关公共部门的清廉程度感知情况。虽然没有一个国家能幸免于腐败，但令人悲哀的是，有 2/3 国家的调查得分低于 50，而得分越低（这意味着公共部门腐败）的国家就越有可能是来自非洲和拉丁美洲。显然，贫困是一个问题。不过，也有一些像意大利和希腊这样的高收入国家的得分低于 50，而所有金砖国家的得分都低于 50。透明国际组织称，公共部门腐败会导致"民众的愤怒，而这会威胁社会的稳定并加剧暴力冲突[27]"。2013 年 6 月，数百万巴西人走上街头、抗议公交车票涨价的行为就证明了这句话。然而，很多原因会导致民众委屈不断加剧，而这其中自然也包括腐败的政客。虽然他们的腐败感知指数有 43 分，但这足以让巴西人愤怒地上街示威了。

透明国际组织不仅公布腐败感知指数，也公布行贿指数（Bribe Payers Index）。根据最近一次调查的报告，来自荷兰、瑞士、比利时和德国的个体行贿的可能性最小，而来自俄罗斯、中国和墨西哥的个体行贿的可能性最大，美国则处于两者之间[28]。

透明国际组织请各国（地区）的专家、非居民和居民就该国公共部门和私人部门的总体腐败程度（频率和/或贿赂的规模）给出评判。分值为 1~100。其中，0 分表示该国（地区）极端腐败，而 100 分则表示该国（地区）极其清廉。图中只是给出了一些样本国家（地区）的情况。

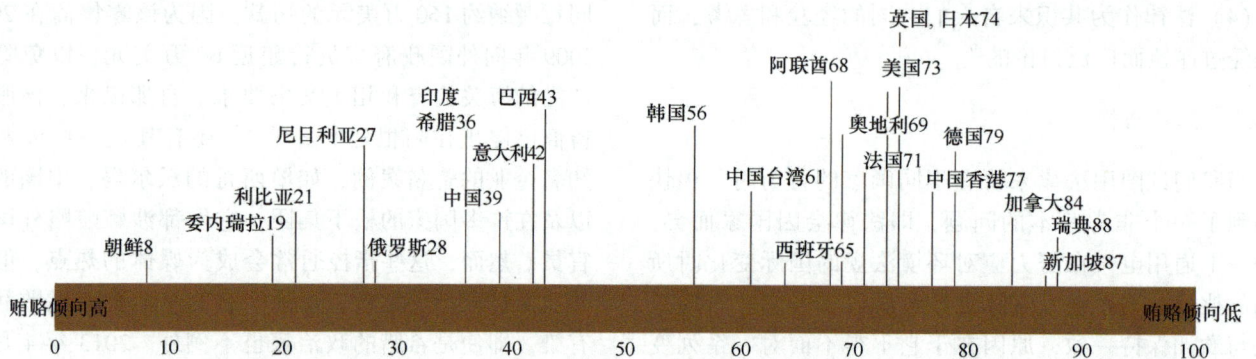

图 10-1 不同国家和地区企业进行贿赂的情况

10.5.1 腐败的后果

腐败会带来很多方面的问题。首先，腐败行为会影响企业业绩和国家经济。例如，更高层次的腐败行为往往与较低的经济增长率和较低的人均收入水平高度相关[29]。腐败行为还会侵蚀政府的权威。多年来，与贿赂有关的丑闻导致了众多国家元首的下台，也导致许多政府官员和企业负责人被监禁、罚款或辞职。就极端事例而言，中国国家食品药品监督管理局的前负责人郑筱萸被处以死刑，就是因为收受以换取某些特定药物批准号的贿赂而被定罪的[30]。此外，腐败行为遭揭露后，企业和整个国家的声誉就会受损，跨国公司在当地和全球社会心目中的合法性也会一落千丈[31]。最后，腐败行为的代价巨大，会导致产品成本和价格大幅上升。然而，作为当今世界国际商务和政治中最具挑战性的忧患，腐败行为仍然会存在下去。

10.5.2 应对腐败的措施

为了减缓腐败行为作为国际商务行为而在全球、地区以及国家层面的蔓延，人们做出了大量的努力。为了打击贿赂，不少国际组织签订了许多国际层面而非区域层面的多边协定。这些国际组织包括经济合作与发展组织（OECD）、国际商会（ICC）以及联合国反腐败公约组织（UNCAC）。

经济合作与发展组织由来自世界各地的 34 个高收入国家组成。其反贿赂公约，由 34 个成员国加上 6 个非成员国（阿根廷、巴西、保加利亚、哥伦比亚、俄罗斯和南非）于 1997 年签署，从而建立了具有法律约束力的标准，把在国际业务中贿赂外国公职人员的交易划为刑事

犯罪，并且提供建议给 40 个签署国；这些签署国接纳了 2009 年的《反贿赂公约》（Anti-Bribery Recommendation）。在该公约签署前，只有一个国家把海外行贿定为犯罪，而大多国家都把海外贿赂作为合法的税收减免费用。当然，各成员国必须将建议纳入国家法律，以此强调它的重要性。此外，各国必须做好实施工作。但是，各国的情况似乎并不平衡[32]。例如，透明国际组织在 2010 年的研究发现，各成员国的执法力度大多并不均衡。事实上，积极执法的国家只有 7 个，适度执法的国家有 9 个，而有 20 个国家很少或根本没有强制执行[33]。

国际商会于 1999 年发布了一部针对腐败行为的法典，并一直积极支持通过其他多边方法来打击贿赂行为，其中也包括经济合作与发展组织和联合国颁发的行为准则。鉴于经济合作与发展组织公约针对的是企业对公共部门官员的行贿，所以国际商会主要针对的是私营部门以及跨境经营中的需求方，其中，企业遭公职人员的勒索是最常见的犯罪行径[34]。由于缺乏强制执行机制，规则被企业视为自我监管和政府打击敲诈和贿赂所遵循的路线图。

联合国毒品和犯罪问题办公室（《联合国反腐败公约》）负责处理广泛的腐败问题，并不只专注于贿赂。2009 年 11 月，批准了《联合国反腐败公约》的 148 个成员国的政府代表在卡塔尔多哈举行会议，讨论建立审查机制，以便判断成员国政府是否运用《联合国反腐败公约》的标准来打击腐败行为。会议的结果是建立了一个更为具体的审查机制，以便判断未来连续四年期间，这些批准了《联合国反腐败公约》的成员国执行倡议的情况。2010 年，区域和国际同行对批准了《联合国反腐败公约》的 28 个成员国的实施进展情况进行了审查；

2011 年春举行了针对另外 42 个成员国的第二届执行情况审查小组会议；2012 年的第三届会议和 2013 年的第四届会议都在维也纳举行。不得不说的是，执法是一个主要问题，毕竟联合国没有权力强制执行其规定，而这必须由成员国政府来完成[35]。

在反腐败方面，除了广泛的国际性努力之外，非洲和拉丁美洲也在努力解决具体的区域问题。但是，关键问题是国家立法和执法，而且行为的改变需要时间。

1. 区域性计划：欧盟

在 2007 年给欧盟理事会、议会以及经济与社会委员会的通讯中，欧盟委员会证实了其对在欧盟范围内开展强有力反腐败行为的支持。这其中也包括接受联合国对腐败的官方定义以及对包含在国际协定中的很多政策的支持。这个通讯还表扬了反欺诈委员会办公室（OLAF）的工作。该机构主要从事与欧盟相关企业和个人腐败事务有关的工作，并负责欧盟委员会各部门活动的内部审计。从 2013 年开始，鉴于现行法律实施的不均匀性，该委员会将每两年发布一份反腐败报告，以此来评价和监督成员国的执法工作。欧盟并没有具体的反腐败立法，但它鼓励成员国采取高标准并照此执行。反腐败报告的目的之一就是凸显成员国在做什么，并鼓励分享最佳实践。

2. 全国性计划：美国《反海外腐败法案》

反映个别国家做法的一个例子就是美国《**反海外腐败法案**》（**Foreign Corrupt Practices Act，FCPA**）。该法案禁止美国企业向外国政府官员、政治党派和政治候选人行贿。正如前面对治外法权的讨论中所指出的，美国《反海外腐败法案》的适用范围在 1998 年得到扩大，包含了任何在美国境内经营的外国企业的贿赂行为。美国《反海外腐败法案》不仅适用于在美国注册的企业，也适用于任何一家在美国证券交易所挂牌的外国企业。

在美国《反海外腐败法案》中，有一项规定似乎前后不一致：虽然向官员缴纳一定金额以促进合法交易的完成是合法的（官方把这称为疏通费，有时也会称作"快钱"或者"油脂钱"），但是这笔钱不能交到不直接负责该项交易的官员手中。1998 年，在对美国《反海外腐败法案》的修订中，实际上排除了以疏通费为名进行的贿赂。例如，按照现在的规定，支付一定金额给海关官员以清关合法商品是合法的。但是，如果把钱给政府长官而目的是影响海关官员，那么这种行为就是不合法的。这两者的区别在于：前者的海关官员可以无限期地推迟合法交易直至收到钱，而这是得到美国《反海外腐败法案》认可的。然而，在某个国家不合适的举动，有时到了另一个国家可能就是可接受的了。通过对中国管理者的调查发现，赠送礼品在中国这种"高语境文化"中被看作正常的行为而不是贿赂，除非这份所谓的礼物太重并足以影响商业交易中合同的建立[36]。这里的问题在于如何确定礼物的大小。2007 年，美国司法部对朗讯科技公司处以 250 万美元的罚款，以惩戒它不当处理了国有电信企业 1000 名中国员工在迪士尼乐园和拉斯维加斯上百万美元的差旅费[37]。很显然，司法部不认为这只是一份礼物。

美国《反海外腐败法案》的一个有趣转折是，美国司法部正在全力调查付款给国有企业高管的美国企业，但前提假设是对方的确是政府雇员。这种向政府官员付款使其滥用权力的行为，已经超越了法律的意志[38]。

美国政府持续加大国内外的反腐败工作。截至 2010 年 12 月，与 2007 年只处理 43 个案件相比，美国司法部已经至少对违反了美国《反海外腐败法案》且处于不同调查阶段的 140 个案件提出了诉讼[39]。因为这间接影响了美国《反海外腐败法案》对企业贿赂的打击力度，所以补充立法已经颁布。最值得一提的也许是《萨班斯—奥克斯利法案》（Sarbanes-Oxley Act，SOX）。2002 年，为了响应诸如安然和泰科这些知名国际公司的丑闻事件，《萨班斯—奥克斯利法案》得到通过。《萨班斯—奥克斯利法案》就企业治理、财务披露以及会计和审计实务的监管强化了标准。借助《萨班斯—奥克斯利法案》，司法部开始更积极地使用美国《反海外腐败法案》来打击行贿受贿行为。

不过，企业一直担心的是什么活动会违反美国《反海外腐败法案》，而哪些则不会违反。对此，美国司法部和证券交易委员会于 2012 年 11 月 14 日发布了《美国反海外腐败法案信息指南》（A Resource Guide to the U. S. Foreign Corrupt Practices Act），从而为企业如何开展国外业务而不违反美国《反海外腐败法案》提供了务实的建议。虽然不尽完美，但《美国反海外腐败法案信息指南》的确提供了指导、常见的案例以及相应的可能裁决[40]。

除了美国，世界上其他各国政府也开始严厉打击贿赂。2010 年，《英国反贿赂法案》（UK Bribery Act）获得御准，并于 2011 年 7 月 1 日开始生效。该法案为英国企业如何将防止贿赂的程序落实到位提供了有关指导。在英国，严重欺诈办公室（Serious Fraud Office，SFO）是一个独立的政府部门，并在总检察长的监督下工作，负责追查和起诉那些犯有贿赂和腐败罪的人[41]。其网站提供了很多关于企业贿赂和腐败的信息，如什么是贿赂、贿赂有什么特点等。

3. 行业计划

最后，各个行业近来也加强了反贿赂与反腐败的力度。例如，2005年，年营收至少为3000亿美元的近50家跨国建筑和自然资源类企业与世界经济论坛联合签订了针对贿赂的"零容忍"协议。到2010年，签约企业数量已上升至150家。这一自愿性努力也被称为《合作反腐败计划》（Partnering Against Corruption Initiative，PACI），要求成员企业通过制订"广泛的内部计划来教育和监督企业的高层和商业合作伙伴，也要求禁止政治捐款和旨在讨好的慈善捐赠[42]"。尽管许多企业仍然坚持自己的反贿赂的标准，但参与者希望《合作反腐败计划》可以鼓励行业内的企业开展互相监督。

4. 相对主义、法治和责任

显然，当贿赂被视为正常业务时，避免行贿就是一种挑战，特别是当企业是由外国政府官员所办时。虽然它可能会更容易依赖文化相对主义的标准（如在可接受或期待的地方可以进行贿赂），但这里描述的国际计划旨在把法律引入越来越多的国际商务活动中，而且在这一方面已经取得了一些进展。现在，企业可以更自由地制定与高标准的伦理行为相一致的政策和程序。随着经济合作与发展组织和联合国所确定的原则被纳入各国的法律，企业自然会发现曾经极其不同的各国法律和做法已经变得更为一致并且更容易执行了。

◆ 观点交锋

高层管理者应该为腐败行为负责吗？

→ 正方观点：

2006年11月，德国警方突袭搜查了西门子这家电气工程与电子领域大企业的办公室。他们起获了近36000份资料，而且这些资料都支持了对西门子公司的指控，即通过伪造咨询合同而定期将资金转移到非法账户，用于贿赂如意大利、希腊、阿根廷、沙特阿拉伯等国的政府官员，以便获取利润丰厚的公共部门合同。突袭事件发生之后，西门子公司宣布，早在20世纪90年代初，公司就发现了不少于4.2亿欧元（相当于5.7亿美元）的可疑款项。被调查的几名管理者坚称，腐败是公司的特有文化，对于他们所做的一切，公司的首席执行官柯菲德（Klaus Kleinfeld）和董事会首席（前首席执行官）冯必乐（Heinrich von Pierer）不仅知晓，甚至还给予了批准[43]。

现在，没有人会否认西门子员工的所作所为是错误引导和判断的结果。不过，需要面对的现实是：旨在挫败诈骗的教科书中的第一步就是紧盯资金。在这个案例中，我们需要把注意力放到资金背后的那种纵容财务欺诈的文化，而这也意味着真正应该为企业过失负责的是企业的高管们。

这里需要了解一些西门子这一大企业所处的商业世界背景。相比其他一些国家，德国颁布禁止贿赂的法律显得有些迟缓。事实上，直到1999年，德国法律仍然允许企业高管将海外贿赂作为合法的业务开支。直到2002年，如果愿意承担不享受减税的成本，那么任何人贿赂外国公司员工的行为都是合法的[44]。

这是什么意思呢？像很多其他德国企业一样，西门子坚持的公司文化似乎对贿赂以及其他形式的腐败行为非常宽容。按照西门子一位高管的说法，公司甚至对各项贿赂款项都有秘密的规定。他还说，自己曾经接到过来自沙特阿拉伯客户的电话，要求得到9.1亿美元的佣金，否则他们会把相关罪证资料送到美国有关当局。当他就这件事提醒他的上司（包括柯菲德和冯必乐）时，他们回答的是9.1亿美元也许有点高，建议将交易改为1700万美元的"了结费"和3300万美元的"封口费"。根据内部知情人士透露，他的大部分同事把贿赂只是看作"轻罪"，毕竟"这一切都是为了公司的利益[45]"。

所有这一切都是在冯必乐和柯菲德的监控下发生的，要说事情的进展他们完全不清楚显然并不现实。企业高层管理者的责任就是确定企业的伦理边界，并确保没有人越位。西门子的管理层显然没有守好自己的伦理边界。

除此之外最要命的是，柯菲德那种"修复、出售或关闭[46]"的管理风格对于一家行为有瑕疵的企业显然并非正确之道。在柯菲德成为首席执行官后，他立即设置了高利润目标，并开始拆分那些显然缺乏足够盈利动机的部门。他的座右铭是"一切为了利润和发展"，所以一旦一个团队的经理未能兑现目标，他就会挥刀砍向整个部门[47]。在这样自上而下的压力下，员工真的还能有什么其他选择吗？如果答案是"没有"，那么你不得不承认，管理层应该为全公司的行为承担责任。

◄ 反方观点：

当然，在腐败文化方面，西门子公司可谓是泥足深陷。但是，这能成为那些直接参与本案行为的个人的借口吗？或者，从法律上讲，这可以减轻他们的罪责吗？事实上，工作日下班后，塑造公司文化的实质上是个人的行为，而不是正式的法典以及高层管理者理论上的应尽职责。

即便如此，在冯必乐担任 CEO 的时候，他不仅批准了面向全公司的严格的行为准则，而且还聘请了几百名合规人员去执行[48]。轮到柯菲德担任 CEO 时，他针对腐败行为制定了一项"零容忍"政策[49]。但更为重要的是，西门子是一家经营地域广且决策权高度分散的大集团，公司的 11 个业务单元都是具有独立董事会的经营实体。因此，指望慕尼黑的高管能够知道从西门子土耳其分部到西门子中国台湾分部发生的所有事是不可能的。前任 CEO 冯必乐的主张在这种情况下是完全正确的，即"就政治责任追溯根源"是荒谬的。就像我们大多数人在商学院所学的，高级管理者的工作是进行战略规划，而不是去审计和反复确认每一个可疑的会计分录[50]。

虽然这里所涉主题是顶层管理者，而且的确有一帮陷入法律纠纷的前雇员声称西门子公司的高层知道所有的行贿及其他肮脏的活动。然而到目前为止，没有一个人发现任何确凿的证据证明他们说的是实话，包括参与此事件的独立律师事务所也一样。此外，无论是柯菲德还是冯必乐，都没有被正式指控有任何不当行为。

至于是否拖慢了政府在反贿赂立法方面脚步的问题，这其实与德国腐败行为的回升没有任何关系，显然不论是适应还是通过新的法律，可能都需要相当长的一段时间。但是，这并不能成为你因未准备好服从而违反的理由。不论企业以什么方式来适应新的法律环境，这些企业中那些延续行贿做法的员工都是完全了解法律的，而他们结果都违反了法律。此外，在很长一段时间里，创建虚假咨询合同和挪用公司资金投入秘密基金这种法律上的可疑行为几乎无处不在。无论法律何时生效，它总是很清楚地规定了"该做的和不该做的事"。很明显，西门子的某些人是自己忽视了这些准则。

最后，再回到这个观点：因为要保住工作，员工才不得不违反法律？事实上，他们中的许多人都面临着刑事指控和牢狱之灾，而且再也没有继续在西门子或其他地方开展自己事业的希望了。这无疑也证明了该主张的逻辑错误。同时，他们的前雇主——仍然负责为世界范围内近 50 万名员工提供薪水——已经付出了 6300 万欧元（相当于 8570 万美元）以支持外部审计和调查，而且仅仅因为一名财务官员和一名顾问的认罪而面临着法院下令的 3800 万欧元（相当于 5140 万美元）的罚款[51]。截至 2008 年年底，美国和德国当局已经对西门子公司征收了 16 亿美元的罚款。为什么会有美国呢？因为西门子公司股票在美国上市，所以受美国《反海外腐败法案》的约束。此外，西门子公司还面临着被禁止在它开展业务并取得财富的 190 个国家和地区参与合同竞标的风险。

思考题

西门子公司深陷贿赂和腐败丑闻的主要原因是什么？有什么关键措施可以阻止或至少尽量减少这种行为的发生？

10.6 伦理与环境

如果没有其他原因，环境问题不论是在现在还是将来都很重要，毕竟它牵扯到人类是生存或是死亡的问题。正如案例 10-1 所介绍的，通用电气已经开始正视自己的生态责任，不仅是在保护环境的未来，也是在保护它自己的未来。与通用电气一样，企业以各种方式对环境造成了损害。例如，企业的某些制造环节会对空气、土壤或水造成污染，或者它们生产的如汽车、电力等产品会将化石燃料污染物排放到大气中。

在开采自然资源方面，其他企业也对环境产生了直接而明显的影响。但即使在这种情况下，环境问题也并不一定会引起重视。虽然一些资源（如矿产、天然气和石油）可能无法再生，但其他资源（如木材）仍然是可再生的，因此，有一些观察家甚至认为资源事实上永远不会稀缺。为什么呢？因为当资源变得不那么容易获取时，其价格就会上涨，从而就会出现新的技术或替代品。

10.6.1 "可持续发展"的定义

尽管对"可持续发展"这一术语仍存在困惑和分歧，但我们在这里假定**可持续发展**（Sustainability）是指"满足当代人的需求，但同时又不损害后代的需求"。在这方面我们采用的是基于环境可持续视角的可持续发展概念。这一概念的支持者认为，可持续发展考虑的是对人和环境双方而言均为最佳的选择。尽管如此，人们对这个概念仍然充满了争议，其定义在环保主义者和商人看来有着不同的解释[52]。无论他们如何看待可持续发展的原则，那些影响环境的企业必须制定出对地球负责任的行为策略，而这种责任同时具有文化和法律方面的影响。

但是，可持续发展是否有可能成为既是一种良好的商业行为，又是一门不错的生意呢？通用电气的经验已经证明，实施强有力的可持续发展政策不仅有助于企业的发展，而且会使企业有大量资源可供支配。不过，即使是天生全球化企业，也可以实施可持续发展的战略，并同时实现出口收益。

一家总部设在蒙大拿州牧羊人城的公司浮岛国际（Floating Island International, FII）是布鲁斯·卡尼亚（Bruce Kania）于 2000 年创立的。当时，对环境的关注以及一个巧妙的概念共同为该公司创造了一个富有价值的创业机会。经过几年的研发，卡尼亚和一队由工程师和科学家组成的队伍创造了他们的第一个产品，即用回收的消费者用过的材料以及当地植物和土壤建成的生物天堂群岛（BioHaven Islands）。该群岛拥有 30 多项得到确认的应用技术，包括湿地的处理和保护、水土流失控制、栖息地建设等；该群岛的设计模仿了自然的生物过程，鼓励恢复食物链，保持环境清洁[53]。在头五年的经营中，浮岛国际生产并销售了 4000 多个浮岛产品到世界各地，其中包括美国、加拿大、澳大利亚、英国、韩国、新加坡和新西兰。该公司不仅向整个美国的地区经销商提供产品许可，而且也向中国、新西兰和南非提供经营许可。显然，这就是企业通过专注于满足市场对环境导向产品需求而建立国际知名度的一个例子[54]。

10.6.2 全球变暖与《京都议定书》

为说明这些企业所面临的挑战，这里首先考察全球变暖问题，包括《京都议定书》的作用及其对企业行为的潜在影响。

1.《京都议定书》

作为国际条约的《京都议定书》（**Kyoto Protocol**）的核心就是提出了全球变暖理论，即全球气候变化起因于二氧化碳和其他起到温室作用气体的增加，使得通常可以散发到太空的热量无法得到散发，从而使地球变暖。如果二氧化碳排放量得不到减少和控制，那么气温上升可能会带来灾难性的后果，包括极地冰帽融化、沿海地区被海水淹没、风暴类型多变、农业产出下降、干旱频发以及动植物物种灭绝等[55]。大多数观察家都认为世界正在变暖，不过，对于导致全球变暖的原因以及范围尚未形成明确的共识，更不用说解决方案了[56]。

《京都议定书》是 1994 年的《联合国气候变化框架公约》（UN Framework Convention on Climate Change）的延伸，是为了满足减少化石燃料和甲烷燃烧所产生的温室气体（GHG）排放的需要而诞生的。《京都议定书》签署于 1997 年，致力于到 2008—2012 年使签约国的排放量较 1990 年的水平下降 5.2%。截至 2013 年 3 月，该协议已获得 192 个国家和地区的通过[57]。2008 年，美国产生的温室气体占全球的 19%。美国最初在 1998 年签订该协议，但在 2001 年退出该协议，其理由是担心国内经济增长以及豁免了那些发展迅速的发展中国家，如中国和印度[58]。2011 年年底，加拿大宣布将退出《京都议定书》，主要是因为加拿大的保守党从来没有赞成过加入《京都议定书》，只是获得了当时掌权的自由党的推动而已；而另一个因素是延期到 2011 年年底的《京都议定书》谈判并未取得任何结果[59]。

美国不愿继续参与《京都议定书》的原因也在于美国希望通过开发低碳技术来解决气候问题，担心强制性的减排会降低经济增长并引发国内失业问题。虽然美国政府一直在积极实施新的政策以减少温室气体排放，但是美国选择了推迟签署现有协议，转而把注意力放在 2012 年 12 月通过的控制气候的新框架上。即使美国没有签署该协议，但由于经济增长放缓，从而在不经意间也达到了减少温室气体排放的目标。气候变化问题总是八国峰会会议议程中最重要的事项，所以减少全球碳排放量的努力还是非常重要的。不过，在 2013 年 6 月于北爱尔兰召开的八国峰会上，气候变化没有被提上议程，尽管法国和德国坚决要求放入议程。相反，这次会议更多关注的是贸易、透明度和税制改革[60]。

获得诸多青睐的一种方法就是更多地投资于可替代能源和可再生能源，如核能、风能和太阳能技术。2007—2008 年，石油价格的急剧上升大大刺激了人们对可再生能源的兴趣，但一旦价格下跌，这种热情也随之减退。可再生能源仍然有一个光明的未来，而其供应商更是真正地遍布全球各地。例如，德国利用风力生产的能量超过其他任何国家，所以德国企业已经开始向全球市场渗透。然而，来自印度、西班牙和丹麦的企业也是风力发电机和其他部件的重要供应商[61]。

核能是许多国家的重要电力来源。例如，相比日本的 29% 和美国的 20%，法国的核能生产已占该国国内能源生产的 75%。然而，2011 年 3 月 11 日，日本遭遇了 9 级地震和巨大海啸的袭击，对福岛第一核电站造成了严重损害，核能的未来也因而遭受到了挫折。灾难发生后，该国的电力系统最初遭到严重破坏，以至于人们对核能源能替代碳燃料的长期影响产生了怀疑。不过，为了应对环境和安全问题，在可预见的未来，核能显然是获得电力的重要途径。

2. 国家和区域层面的行动

与此同时，对于因经营所在国加入《京都议定书》而面临环境压力的企业而言，其应对的办法不外乎以下两种：或是减少排放，或是向排放量已经降到目标水平以下的企业购买排放指标。这两个选择并不很有吸引力，毕竟这些企业要么必须投资于新技术以改变经营方式，要么通过掏钱给其他企业来达到目标。此外，跨国公司（如通用电气）现在也必须反思其全球战略，特别是在那些已经通过了《京都议定书》的国家开展业务的企业，它们必须像当地企业那样遵循同一标准，而且当地的这种标准可能远比《京都议定书》的标准要高。例如，欧盟确定了温室气体排放要比 1990 年的水平降低 8% 的目标；德国则更进一步，制定了降低 21% 的目标（基于德国可以关闭仍运行在原民主德国的燃煤发电厂的假设）[62]。

3. 公司层面的行动

当然，这样一来，在欧洲经营的美国企业与欧洲企业一样，必须遵循严格的要求。毫不奇怪，许多总部在美国的跨国公司，虽然在美国不受《京都议定书》目标的约束，但仍然需要做在它们看来必须要做的准备。例如，在 2000—2005 年，通用汽车公司（GM）参加了自愿减排项目，使北美工厂的排放量下降了 10%。目前，通用汽车公司在设法使其在欧洲的 11 家工厂符合欧盟的标准[63]。自 1990 年以来，杜邦公司（DuPont）已经减少了 65% 的温室气体排放量[64]。美国铝业公司（Alcoa）较 2010 年的减排目标（比 1990 年的排放量减少 25%）额外减排了约 11%[65]。因此，不论企业是否受协议标准的约束，显然都改变了其经营方式。案例 10-1 就为我们提供了一个很好的例子。回想一下，通用电气设定了一个减少温室气体排放的目标：要求各个经营层面较 2004 年的水平下降 1%。

最后，需要牢记的是，很多总部在美国或其他地方的跨国公司也有适应不同国家的不同标准的任务。例如，对于一家在美国、德国以及中国开展经营业务但总部位于欧洲的跨国公司以及在相同国家设有工厂的美国的跨国公司而言，它们都面临着混杂的监管环境。一方面，如果要以法律的方法来实现负责任的企业行为，那么跨国公司的经营必须遵循当地的法律；另一方面，如果要以伦理的方法来实现负责任的企业行为，那么跨国公司必须按比法律规定更高的要求采取一切必要的且经济上可行的措施来减少温室气体排放，毕竟它们仍然需要满足多个利益相关者的诉求。

🌐 地理的重要性

如何看待热带雨林里的树？

就二氧化碳（及其他气体）的排放而言，整个世界就是一座巨大的温室。从美属萨摩亚群岛的帕果帕果（Pago Pago）到皮奥里亚（Peoria），人们都会受到温室气体排放的影响。如果说巴西西部城市波多韦柳（Port Velho）也受这些排放的影响，那么这意味着什么呢？马德拉河（Madeira River）是亚马孙河的主要支流，位于马德拉河的波多韦柳恰好处于亚马孙雨林，而这片雨林占了全球仅存热带森林的 1/3。亚马孙雨林占了巴西大约 60% 的国土面积，而且这里有着全球 30% 以上的动物和植物物种。其热带森林面积大体上相当于西欧的大小，略小于美国（包括阿拉斯加和夏威夷）。亚马孙河流经南美近 4000mile，承载了流入地球海洋全部河水的 20%[66]。

雨林也许是解决全球变暖问题的关键。其中的原因很简单：树木会吸收二氧化碳。这也就是为什么《京都议定书》提出的减少温室气体排放的方法中会有植树造林。鉴于其规模庞大，亚马孙雨林显然是全球任何再造林项目取得成功的关键。不幸的是，目前亚马孙雨林正在遭受双重的人为侵害：伐木和燃烧。伐木是巴西的重要收入来源，毕竟巴西正遭遇高失业率或就业不充分的问题。此外，巴西人也在砍伐和焚烧大片的雨林以开辟农场和牧场。在某些情况下，牧场主会离开并出售土地以获取农业利益，把多余的土地改为牧场，甚至销售木材给木材企业。

不仅雨林的燃烧会增加二氧化碳的排放量，而且森林的破坏会使这个巨大的二氧化碳"处理池"消失，而它本可以通过处理大量温室气体排放来使世界其他地区受益。因此，巴西是人类正面对抗温室气体污染的主战场。仅仅燃烧就占了巴西温室气体排放量的 75%（占世界总量的 5.38%），从而也使巴西成为全球排名前 10 的污染大国之一。此外，巨大的木材潜力也吸引了全球多家跨国伐木企业的大量投资，它们计划在未来砍伐更多的树木。巴西政府曾试图通过在亚马孙地区（相当于法国的国土面积）发放土地所有权证来治理乱象。在此过程中，巴西希望减少非法土地交易，从而有利于对雨林的保护，同时要求新的土地所有者（必须

是个人而非企业）缴纳税款并遵循环境法规[67]。亚马孙地区的两大主要旱灾（分别发生在 2005 年和 2010 年）也加剧了这个问题，不仅导致温室气体排放量增加，而且使得该地区的二氧化碳吸收能力降低[68]。

气候控制是一个多方面的问题。一方面，世界各国需要采取强有力的措施来减缓全球变暖；另一方面，人们需要共同致力于保护热带雨林（如亚马孙雨林），毕竟热带雨林是吸收温室气体排放的关键地区。所以，我们面临的挑战就是要去做有利于保护全球环境的事情，同时又要保护巴西对自己资源的主权。当然，巴西也需要平衡好自己的发展需求与对世界其他地区负有的责任之间的关系。

10.7 伦理困境与制药行业

除了贿赂带来的伦理挑战以及应对全球变暖之外，还要考察另外两个有关伦理困境与社会责任行为的例子。有时，伦理困境涉及整个行业，如制药行业；有时，伦理困境涉及跨行业问题，如发展中国家的劳动条件。这里我们选择两个例子来说明企业在开展国际扩张时应该如何审视自己的伦理行为。因为制药行业和发展中国家的劳动条件一直是新闻界的热点，所以这些例子有助于企业了解可能遇到的问题，以及把握应该如何圆满解决这些冲突。本节在最后将讨论企业行为法典的重要性。葛兰素史克（GSK）是全球最大的研究型制药企业，它主要开展两个方面的业务：药品（处方药和疫苗）和消费保健品。2012 年，葛兰素史克的年度营收达到 264 亿英镑。当年，这家总部在英国的企业在全球 100 多个国家或地区开展经营，雇用的近 10 万名员工工作于分布在英国、西班牙、比利时和中国的 87 家生产基地和重要研发中心。

为了继续开发新产品，葛兰素史克将其收入（也称营收）的 15.2% 用于项目研发[69]。与大多数研究型制药企业一样，葛兰素史克也从事专利药品的研发、生产和销售。为了给庞大的研发预算提供资金，同时也是因为企业所要开发的很多药品都需要经过很长时间才能上市（有些甚至永远无法上市），只要药品受到专利权保护，那么这些制药企业都会高价出售取得成功的药品。专利期满后（美国为 17 年），这些经过检验的药品就成了仿制药，从而可以以低廉的成本生产，并按较低的价格出售。

10.7.1 分层定价以及其他与价格有关的问题

分层定价也存在一些例外情况。例如，在葛兰素史

克的收入中，来自新兴市场和亚太地区的仅占 18%，而葛兰素史克生产的疫苗中，流向发展中国家却占 80%。显然，葛兰素史克对供应发展中国家的疫苗实施了优惠价格。这种做法就是所谓的分层定价（Tiered Pricing），即发达国家的消费者支付了较高的价格，而发展中国家，特别是低收入国家的消费者则支付了较低的补贴价格。如果政府采购者对专利药品的高成本不满，那么可能会转向购买替代性仿制药，而且这样做也是合法的，只要药品的生产国把对专利的保护延伸到对专利持有者的保护。（关于仿制药的另一个观点是：仿制药一般是对真品的剽窃，所以往往缺乏关键成分。据世界卫生组织透露，仿制药约占全球所销售药品的 10%[70]。）

然而，最近葛兰素史克被控行贿和逃税，因为试图增加在销售规模不大但增长迅速的中国市场的药品销售。其主要问题就是向属于政府体系的医生和医院行贿并支付回扣。所以，葛兰素史克本质上构成了贿赂外国政府官员，又因为它在纽约证券交易所上市，所以又违反了美国《反海外腐败法案》[71]。

这里有一个例子反映了当药品的成本成为市场上的竞争点时可能出现的问题。在巴西，艾滋病是一个主要的健康问题，该国政府耗用巨大的成本向任何需要者提供治疗艾滋病的药物。2007 年，当药品制造商默克公司（Merck）主动以 7 折的价格提供治疗艾滋病的药物时，巴西政府表示感谢，但并没有丝毫谢意，反而通过立法规定巴西企业可以生产或购买仿制药，给默克公司仅仅支付名义上的专利费[72]。此外，巴西还对某些关键药品采用逆向工程的方法，这样就可以按较低的价格生产这些药品。

案例 10-2 给出了一个类似的例子，其中就涉及葛兰

素史克提供大幅折扣的治疗艾滋病的药物给一家试图为南非工人提供免费治疗的跨国公司的情况。

10.7.2 《与贸易有关的知识产权协定》条款的利用

世界贸易组织《与贸易有关的知识产权协定》（TRIPs）允许贫困国家通过以下两种方式中的任何一种来应对高成本的专利药品：①生产仿制药品以供本地消费；②如果本国没有能力生产，那么可以从其他国家进口仿制品。在这两种情况下，发展中国家必须从合法的专利持有人处购买许可的专利药品，而不能购买盗版来源的药品，从而保证专利持有人从药品开发中获得收益。然而，巴西和泰国以健康问题为由，如艾滋病病毒/艾滋病与心脏疾病是整个国家面临的"急症疾病"，已经批准当地企业生产未经授权的仿制药。其利用的就是《与贸易有关的知识产权协定》的有关条款来逃避专利费的支付，即使一些企业和国家对它们的决定尚有争议[73]。

不难预料的是，这种方式也是制药企业最为关注的问题。一方面，这些药企担心仿制药品会以种种手段返销到发达国家，而那里的专利持有人的绝大部分收入就靠的是这些专利药品；另一方面，这些药企也出于同样的原因而担心出现假货。

10.7.3 研发与底线

药品开发非常昂贵，尤其是在高收入国家。在美国，新药的开发成本可能接近10亿美元；但在印度之类的低收入国家，则可能只需1亿美元。此外，从研发到药品获得审批再到消费者，期间往往长达15年之久。

鉴于这些原因，印度目前的仿制药行业发展十分繁荣，已经成为仿制药生产大国。目前，印度就产量而言，已是全球第三大药品生产国，也是全球最大的仿制药品出口大国（年仿制药品出口金额高达100亿美元）。作为未经许可的仿制药的生产国，印度制药行业曾经吸引了大量的外国直接投资。但因拒绝购买外国企业的药品专利，所以这些企业最后选择了离开印度，而没有把所有的秘密留给当地的竞争对手。然而，印度于2005年通过了新的专利保护法。这样，印度将遵循WTO的指导原则，为制药企业创造全新的经营环境。许多印度的研发机构也如雨后春笋般涌现，从事开发印度企业可以合法生产和销售的药品。同时，国外的制药企业也在通过各种策略——从外国直接投资到给仿制药制造商提供许可协议——来进入印度市场。按照2005年立法的规定，在截至2015年之前出于逆向工程开展药品生产是违法的，

从而对印度的仿制药品生产产生了很大的影响，毕竟绝大多数的印度制药企业是依靠逆向工程生产药品并出售未经授权的仿制药而起家的。

在这个领域，制药企业的社会责任问题可以归结为建立某种渠道以便这些企业可以获得足够的收入来开发新产品（毕竟它们的竞争优势主要来源于开发的新产品），同时又能考虑到那些长期遭受疾病和资金短缺困扰的发展中国家的需求。例如，诺华制药公司（Novartis）开发出了一种名为格列卫（Gleevec）的药品，能有效治疗发病虽缓慢但致命的一类白血病。这种药品在美国一年的药费达7万美元，但印度的仿制药每年只要花费2500美元。尽管成本很高，但印度需要使用格列卫的癌症患者90%都可以免费获得该药物。然而，由于担心该药品在其他国家的专利保护期到期之前就因仿制药而失去销售市场，诺华制药公司一直希望该药品在印度获得专利保护[74]。

10.8　劳动条件与伦理困境

当今跨国公司面临的一大挑战是全球化的供应链和外国工人的劳动条件这一双重问题。劳动问题涉及企业、政府、工会和非政府组织，内容上包括工资、童工、工作条件、工作时间和结社自由。劳动问题在零售、服装、鞋类、农业等行业尤为重要，毕竟在这些行业，跨国公司通常把大量的生产外包给国外的独立企业。虽然人们对离岸生产或供应链安排（利用第三方来生产服装之类的产品）一直很小心，但2013年仍然出现了孟加拉国一间工厂的倒塌并导致1000名工人死亡。虽然本书第17章会详细讨论这一事故，但这里提及的原因是该事件牵涉工作条件中安全和卫生方面的伦理问题。利益相关者肯定会质疑企业对其供应链服务的关心程度。例如，在孟加拉国发生的事故是将生产分包给孟加拉国制造企业的公司的错，或者是政府机构的错，因为它们没有执行法律在职业安全及卫生和建筑方面的规范？

图10-2特别强调了各种外部利益相关者施加于企业的多重压力，从而迫使企业在海外业务中采取负责任的用工行为。总部设在英国的道德贸易组织（Ethical Trading Initiative, ETI）专注于跨国公司的用工行为。该组织确定了一份更具体的劳工问题清单。道德贸易组织的成员包括来自盖璞（Gap）、李维·斯特劳斯（Levi Strauss & Co.）、马莎百货（Marks & Spencer）、美体小铺国际（Body Shop International）等企业代表，以及工会组织、非政府组织和政府。道德贸易组织的目的是让企业实

施伦理的就业政策，并监督其海外供应商的合规情况。道德贸易组织就贸易举措的基础规则确定了以下问题：

（1）选择就业的自由。

（2）尊重结社自由和集体谈判权。

（3）工作环境安全、卫生。

（4）不得使用童工。

（5）支付最低生活工资。

（6）工作时间不超标。

（7）不得歧视。

（8）提供正规就业。

（9）不准实施苛刻或不人道的待遇[75]。

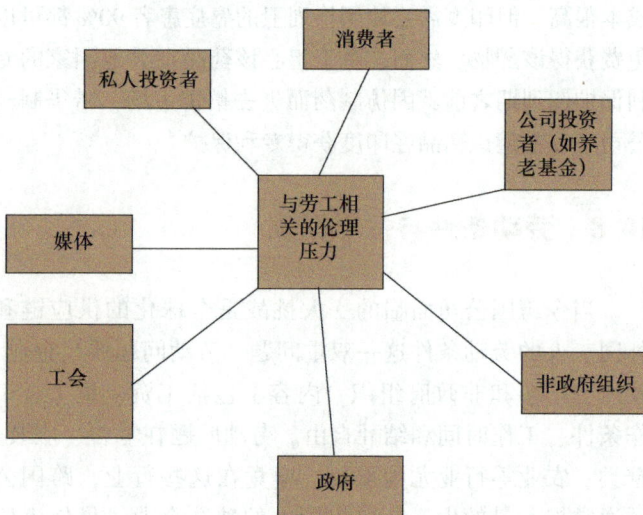

图 10-2　全球供应链中与劳工相关的压力来源

虽然道德贸易组织所确定的所有问题都很重要，但因为各种原因，这里只讨论童工这个广受关注的问题。

10.8.1　童工问题

这里先来考虑两个非常简单的案例：

（1）印度地毯行业使用童工的原因有二：一是儿童比成人更适合执行某些任务；二是如果童工不被雇用，那么他们的情况只会更糟。事实上，因为父母没有足够的收入来养家，所以印度的孩子常常被迫去工作；如果父母不能清偿债务，他们的孩子往往会被卖身给债权人。

（2）20 世纪 90 年代，作为贫困的亚洲国家，孟加拉国被迫停止雇用数千名童工，否则将面临美国的贸易制裁。在这种情况下，儿童的情况非但没有得到改善，反而每况愈下。例如，有 5000～7000 名年轻女孩从工厂工作走向卖淫为生[76]。

根据联合国机构国际劳工组织（International Labor Organization，ILO）的信息，大约有 2.15 亿名年龄在 5～

17 岁的儿童在世界各地工作，其中不乏全职工作。目前的挑战是，这些数据中的大部分要么是滞后的，要么根本无法获得。不过，国际劳工组织针对童工以及童工的最恶劣形式都有非常具体的指导方针。具体而言，最恶劣形式的童工包括奴役和卖淫、危害儿童健康、安全和道德的非法活动等[77]。根据国际劳工组织的规定，儿童至少要到 13～15 岁（一些发展中国家可能存在 12～14 岁的例外情况）才可以工作，而且只能是无害于他们的健康并且不影响他们接受学校教育的轻活儿。所有年龄在 18 岁以下的儿童（16 岁以下为严格规定）应得到保护，以免受到虐待[78]。

对于跨国公司而言，面临的根本挑战就是要在完全不同于本国的文化、法律和政治规则下就复杂的商务环境开展谈判。此外，跨国公司通常还要依靠那些需要面对当地压力的当地供应商。在这些条件下，跨国公司显然无法解决关于童工的所有问题，毕竟全球范围内只有约 5% 的童工在跨国公司所支持的行业工作[79]。绝大多数未成年工人可能就在非正规的经济部门工作，特别是在农业部门，要保护他们实在困难。

10.8.2　跨国公司可做的和不可做的

这并不意味着跨国公司对海外工厂出现的与劳工相关的事宜无能为力。当瑞典零售商宜家（IKEA）在印度因向当地企业购买了大量依靠童工生产的地毯而遇到麻烦时，它发现并解决了两个不同的问题，而不是试图迫使供应商停止剥削儿童。首先，它帮助工作的母亲们提升为家庭赚钱的能力，这样就可以避免使其孩子成为贷款的抵押物；其次，它建立了"桥学校"，使这些工作的儿童可在一年内进入主流教育渠道[80]。

如果跨国公司在那些有着完全不同劳工政策的国家经营，那么它们通常会屈服于压力而直接退出市场。通常来说，这是一个短视的决定。例如，根据有关研究，如耐克（Nike）等企业已经极大地改善了海外工厂工人的条件。当然，跨国公司没有能力彻底改变其经营所在国的用工行为，但它们可以改善海外分包企业的工作条件，甚至可以影响其他外国投资者制定的指导方针。就宜家而言，地毯只占其销售额的很小比例，所以要放弃产品线并撤离印度显得很容易。不过，宜家的管理者觉得对这些孩子有责任，所以决定尽可能多地有所作为。随着宜家在印度参与度的加深，它建立了宜家基金会（IKEA Foundation），并与联合国儿童基金会（UNICEF）合作，捐赠了超过 2 亿美元的现金和实物给联合国儿童基金会的项目，以帮助儿童和他们的家庭。宜家与联合国儿童基金会的合作超越了供应链的问题，涉及如何帮助儿童的人道主义问题。因为其供应链的问题，也因为对儿童援助的巨大需求，宜家基金会的目标定在南亚，尤其是印度[81]。到 2012 年年底，来自宜家基金会的资助使宜家能够帮助超过 7400 万名印度儿童。

10.9 企业伦理准则：企业应该有怎样的行为

在讨论完与全球化对企业的影响、企业在全球化进程中的作用以及跨国公司对社会的影响相关的问题之后，现在让我们来看一个不同性质的问题：企业应该有怎样的行为？《联合国全球契约》（United Nations Global Compact）是一个良好的开端，围绕人权、劳工、环境和反腐败等领域的十项宽泛的原则。对于这些内容，本章均进行了描述[82]。虽然《联合国全球契约》并不具有法律约束力，但也是企业制定行为准则的有用指南。自 2000 年推出以来，《联合国全球契约》已有超过 10000 名参与者，其中超过 7000 名是代表 145 个国家和地区的企业。《联合国全球契约》网站可以按国家搜索参与其中的企业。值得注意的是，2013 年 6 月 20 日，有 824 家法国企业积极参与了该倡议；与之相对的是，有 302 家来自美国，有 211 家来自英国，有 241 家来自德国。在金砖国家中，巴西领先，共有 342 家企业积极参与，数量上超过了美国、英国和德国；而俄罗斯是金砖国家中参与企业最少的，仅有 28 家[83]。

10.9.1 影响企业责任的激励因素

总体上，激励企业采取负责任行为的主要动机有以下四个：

（1）缺乏伦理以及不负责任的行为会带来法律问题，尤其是在财务管理不善、贿赂、产品安全等方面。

（2）缺乏伦理以及不负责任的行为还会引发抵制之类的消费者行动。

（3）缺乏伦理的行为还会影响员工的士气。相反，无论是在企业总部还是在海外工厂，负责任的行为都会对员工产生积极的影响。

（4）负面宣传任何时候都会使企业的销售受损。也许正是出于这种忧患意识，耐克以及其他服饰服装企业对于在发展中国家涉嫌不公平雇用行为的批评，会非常迅速地做出响应。

10.9.2 行为准则的制定

行为准则是绝大多数企业所确定的伦理与社会责任

行为战略的核心内容。在国际化经营背景下，企业的行为准则可以分为对内与对外两种形式。不过，需要记住的是，对外的**行为准则**（Codes of Conduct）至少有助于指导企业如何开展经营。现实中，企业面对的挑战就是要熟悉许多不同组织的行为准则，并借用它们来制定自身的内部行为准则。

那么，如何制定出良好的内部行为准则呢？以下是四条标准：

（1）制定在任何地方为企业工作的任何员工都必须遵守的全球政策。这方面的典型例子就是芬兰的手机生产企业诺基亚所发布的行为准则。它讨论了准则是如何制定的，由谁批准，应该如何传达给员工，以及它的基本价值观是什么。

（2）必须把企业的政策传递给所有员工以及所有供应商与分包商。例如，盖璞一直实施一个教育计划，以帮助分包商自己开发出能满足盖璞行为准则目标的合规计划[84]。

（3）确保行为准则中规定的政策得到执行。这里可以通过多种方法来达成这个任务。例如，葛兰素史克要求员工书面确认自己已阅读和理解公司的行为准则，然后签字表明自己会理解并遵循行为准则。

（4）必须向外部利益相关者报告结果。正如耐克所发现的，这个过程可能很复杂，有时甚至还很棘手。直到几年前，耐克才愿意提供大量关于其劳工行为的信息。然而，1998 年，一项诉讼指控该报告构成虚假广告，耐克被迫支付 150 万美元给公平劳工协会（Fair Labor Association）。自 2001 年这项裁决下来以来，这家大型制鞋和服装企业一直不太愿意提供与劳工活动相关的信息。相反，盖璞公司就其全球监控活动开始报告更多的信息，包括有关行为准则的细节，而且在报告中还讨论了在如何使分包商遵循企业政策方面面临的挑战和失败[85]。

大多数上市企业会就其行为准则提供大量信息。企业的行为准则可能很常规，也有可能很具体。例如，通用电气发布了一份诚信声明，随后就企业的行为准则给出具体信息。例如，谁需要遵循它，如何提高对诚信问题的重视，如何与客户、供应商和政府合作，如何参与全球竞争，以及如何在社区经营。有些企业甚至在年度报告之外专门提供处理可持续发展以及介绍企业行为准则的报告。无论是员工、客户、供应商或者当地社区的一员，重要的是要清楚企业的行为准则以及它对自己的影响。

⬤ 未来展望

应对全球经济中的伦理困境

本章虽然继续了第 1 章关于全球化影响的讨论，但更强调的是伦理问题以及当企业在国外经营时应该如何提高责任感。第 1 章对全球化的未来给出了三种情形：

(1) 全球化必然继续向前推进。

(2) 国际商务发展主要表现为区域而非全球增长。

(3) 全球化和国际商务的发展进程会放缓。

不管发生什么，企业向海外扩张越多，就越有可能遇到使企业及其员工颇为棘手的伦理困境。然而，有两点会对未来的伦理行为产生影响：首先，鉴于各国面临着共同的问题，如腐败和贿赂，并且试图通过合作来解决这些问题，所以有关合适的伦理行为的看法将会趋同；其次，随着个人和企业在海外获得的经验不断增加，他们培养伦理行为的技能将会增多。有时，人们必须在一个国家有所体验才能把握如何进行伦理决策。如果企业越鼓励其管理层去获取国际经验，那么他们越有可能找出使行为符合伦理的办法。

此外，社交媒体未来对伦理行为的影响会越来越大。我们过去一直认为，愿意调查并报道错误行为的独立新闻媒体是确保透明度的关键力量之一。但现在，诸如 Facebook、Twitter、YouTube 等社交媒体也成为确保透明度的新的重要力量。即便是在新闻被控制的国家和地区，通过社交媒体发布的新闻也具有如病毒般的传播力量。事实上，如今任何事件都不会悄无声息地发生。社交媒体将成为影响未来行为的重要因素，而企业必须清楚自身所做的一切都可能会在某个地方遭到曝光。

然而，负责任的行为不仅仅只是不做坏事。全球化对社会所带来影响的一个重要方面就是做对的事情。作为未来政商界的领导者，今天的学生热心于通过社会创新、特许经营、志愿服务等活动来协助解决某些世界性大问题。他们愿意去全世界遭受自然灾害破坏的任何地方建设家园和学校，或是愿意去帮助贫困者把握如何成功创业。有些学生随后会选择在非政府组织或其他非营利性组织工作，而其他人会选择去营利性组织工作，不过，相比他们的前辈，这些人对这些世界性问题有着不同的态度。他们更有可能帮助发起和参与由他们的公司赞助的人道主义事业。虽然目前的经济处于困难时期，但这些活动仍将不断增加，那些支持并参与其中的员工也将因他们的行为而发生改变。

⬤ 案例 10-2

南非的英美资源集团：当成本达到风行的比例时，你会做什么？

很显然，如今无论跨国公司在何处经营，其经营计划与业务运作都会面临各种威胁和干扰，从官僚腐败和政局不稳到恐怖主义和战争。2007 年，当时全球最大的黄金矿商之一英美资源集团（Anglo American）发现自己正面临着威胁。虽然这种威胁并不是新生的，但也完全区别于最为传统的东西，从而使得海外经营变得复杂化。这种威胁就是南非这一全球最大的黄金生产国所面临的愈演愈烈的艾滋病病毒/艾滋病[86]。

2002 年，英美资源集团做出了里程碑式的决定：向感染艾滋病病毒的员工免费提供抗逆转录病毒药物（ART）。但令人惊讶的是，这一承诺遭到了各方利益相关者的不同反应，最终只是达成具有争议的结果。现在，这家总部在英国的企业也在反省自问："我们要走向哪里？"

1. 南非的艾滋病

如果一种疾病被定位为"流行病"，那么其糟糕程度会如何呢？下面是一些背景资料。撒哈拉沙漠以南非洲国家的人口超过世界人口的 10%，占感染艾滋病病毒人口的 60%。位于非洲大陆最南端的南非这个国家的艾滋病病毒携带者或艾滋病患者数量最多，它是世界上艾滋病病毒感染率最高的国家之一：在 4900 万人口中，大约有 550 万人感染了艾滋病病毒。每天死于艾滋病相关疾病的南非人近 1000 名。此外，按照联合国和世界卫生组织的说法，这一流行病还远远未爆发达到顶峰。

因此，在过去的 10 年里，艾滋病病毒/艾滋病的传播对南非人民和南非的经济都产生了深远的影响。相比波兰这个与南非人口规模和人均国内生产总值相当的国家，波兰的人均寿命为 75.63 年，而南非只有 48.98 年。

艾滋病也破坏了该国的经济。在 1992—2002 年，由于与艾滋病相关的工人的死亡，南非每年的经济损失达 70 亿美元，约占国内生产总值的 2%。根据专家的预测，随着艾滋病在整个撒哈拉以南非洲地区的蔓延，人均 GDP 增长将以每年 1~2 个百分点持续下降。到 2010 年，在受影响最严重的国家，每年国内生产总值增长将下调多达 0.6%，造成的后果包括人口减少和经济萎缩。如果与在没有艾滋病的情况下所能实现的国内生产总值相比较，那么这些地区的国内生产总值下降了 20%~40%。

2. 英美资源集团在南非的经营

英美资源集团是一家在 45 个国家和地区开展经营的多元化矿业集团，雇用了 10.7 万名永久员工，生产的产品包括贵金属（白金和钻石）、基本金属（铜、镍、锌和磷）以及散装金属（有色金属和煤炭）。成立于 1917 年的南非英美资源公司，是南非第一家总部在本国的上市公司。现在，英美资源集团是一家总部在伦敦的跨国公司，其主上市地在伦敦，第二上市地在约翰内斯堡，业务遍及欧洲、非洲、亚洲、北美洲和南美洲市场。

虽然经营业务扩展到全球各地，但英美资源集团借助直接雇用、承包商和其供应链而在南非国内经济中仍然占有主导地位。通过拥有子公司和联营公司的多数股权，英美资源集团持有在南非股票市场上市股份的 25% 以上。

3. 英美资源集团与抗逆转录病毒药物

因为在南非做了如此巨大的投资，所以英美资源集团一直遭受来自艾滋病病毒/艾滋病的严重打击。早在 20 世纪 90 年代初，英美资源集团就意识到了这方面的威胁，并且成为最早通过制定全面积极的战略来应对该疾病对其员工和业务产生不利影响的企业之一。

最初，该方案包括旨在教育和宣传的预防措施、分发避孕套、以减轻贫困为目的的金融与技能方面的培训以及监测感染率的监测系统；最终，这些政策还扩大到包括自愿咨询、检验和护理健康计划，而且增加了所有这些项目的服务方案，使之不仅包括员工的家庭成员也包括周边社区的居民。此外，英美资源集团也是全球艾滋病病毒/艾滋病事务委员会（Global Business Council on HIV/AIDS）的成员，该机构由跨国公司组成，致力于减轻世界各地艾滋病的影响并保护受感染者的权利。

通过较早采取的这些策略，英美资源集团成为私营部门对抗非洲艾滋病病毒/艾滋病的事实上的领袖。包括可口可乐、福特、高露洁和雪佛龙-德士古等在内的许多其他跨国公司都以英美资源集团为榜样，启动了各自的预防、教育和健康计划。但即便如此，大多数在南非经营的企业仍在犹豫。这就是英美资源集团在 2002 年发布要为南非劳动力提供抗逆转录病毒药物（费用由公司负责）的声明而得到诸如世界卫生组织、全球艾滋病病毒/艾滋病事务委员会以及其他众多非政府组织等利益方一致好评的原因。

4. 在疾病流行地区经营的成本

英美资源集团实施抗逆转录病毒项目的动机很大程度上来自其在预防艾滋病方面试图遏制疾病蔓延的努力的失败。根据英美资源集团医疗事业部高级副总裁布赖恩·布林克（Brian Brink）所言，到 2001 年，集团各经营企业艾滋病病毒呈阳性工人的平均占比上升到 21%，而且该数字每年正以 2% 的速度攀升。根据 AngloGold 集团下属子公司首席执行官兼董事长鲍比·戈德塞尔（Bobby Godsell）的报告，艾滋病病毒/艾滋病使生产 1oz⊖黄金的成本增加了 5 美元，从而使该子公司的年生产成本增加了 1100 万美元。另外，该子公司每年还需要花费 700 万美元用于对付与艾滋病相关的如肺结核等疾病（其流行程度已经达到 10 年前的 5 倍）。

最后，除了生产力的损失，英美资源集团不得不承担因高缺勤率、不断地再培训替代工人以及新增的保健、住院和死亡等福利支出所带来的损失。根据当时所做的调查，不仅艾滋病方面的开支可能高达集团工资总额的 7.2%，而且不给员工治疗所产生的成本甚至也会高于免费提供抗逆转录病毒药物的成本。

在推出抗逆转录病毒项目 9 年后，如今英美资源集团发现自己必须努力讨好各方利益相关者，并且要确定集团所做的一切努力在根本问题上能否发挥作用，还是仅仅只是掩盖了其影响。例如，截至 2009 年年底，虽然有 3211 名员工——约占感染艾滋病毒劳动力的 27%——正在接受抗逆转录病毒治疗，但该集团仍在努力与较高的不依从率和放弃治疗做斗争。然而，2012 年，英美资源集团就艾滋病病毒检验了 9.5 万名员工，并为超过 5000 名员工提供抗逆转录病毒药物。此外，列入档案的感染者比例接近 25%，正在接受治疗的艾滋病毒阳性员工的比例也有所增加（45%）。

英美资源集团也面临着抗逆转录病毒项目本身成本

⊖　1oz = 28.3495g。——译者注

不断上升的问题。尽管绝大多数必需药品的价格一直在下降，但其分发成本仍然居高不下，而且其治疗方案每年每个员工都要花费公司约4000美元——可谓相当昂贵，特别是当与集团通常提供给矿工的工资和福利相比时。（南非矿工的月平均工资大约为5100兰特或830美元。）同时，英美资源集团不断地提醒投资者，为工人提供治疗最终会给企业带来盈利。根据最近估计，该项目10年间给集团带来的总成本达10亿美元。

从好的方面来看，每名病人的成本应该随着参与该计划的员工人数的增加而减少。不幸的是，英美资源集团面对的最大挑战之一，就是要在不稳定的环境下鼓励大量在恶劣条件下劳动的、未受过教育的流动劳动者的参与。在南非，携带艾滋病病毒或患有艾滋病仍然是一种极大的耻辱，所以许多南非人拒绝接受检查或承认自己已经感染，生怕遭到管理者、同事以及社会的歧视。此外，许多同意参加项目的人常常被谣言和误传所困扰，以为只要使用了药物就可以停止使用避孕套。当然，这种情况只会加剧不安全行为的泛滥。

抗逆转录病毒药物实际上要求终身使用，而且可能导致各种副作用，所以必须进行严格的监督管理。然而，英美资源集团仍然需要应对较高的不依从率，即便这一情况似乎有所改善。值得关注的是，这种较高的不依从率会形成抗药菌株的风险。

此外，恶劣的工作条件往往导致工人很难按时服药或处理某些副作用。最后，约占总劳动力4/5的流动工人，他们来自数百英里以外的偏远村庄，感染疾病的可能性是常人的2.5倍，而且他们常常会把疾病带回他们的村庄。

5. 支持与批评

英美资源集团也面临着来自各利益相关方的压力。全国矿工工会（National Union of Mineworkers）对于是否支持一直犹豫不定，其理由是企业在健康保险福利方面存在局限性以及缺乏与国家机构的合作。全国矿工工会还指责该集团帮助培养使问题进一步恶化的工作条件。甚至连在南非经营的另一家大型矿业公司BHP Billiton的前首席执行官布莱恩·吉尔伯特森（Brian Gilbertson）也指控英美资源集团仅仅只是试图解决某些问题，而不是直指问题的根本原因。他说："如果只是提供药物给那些人，那么这个问题永远不可能得到解决。"

英美资源集团反驳了这些批评，坚持认为要从整体上解决问题显然超越了单个企业的资源和能力，所以一直呼吁南非政府能有更多的参与。然而，英美资源集团遭遇的是政治领导人的直接反对而不是积极合作。事实

上，南非是政府承诺开展有效干预最少的非洲国家之一。在过去的两年中，政府用于应对艾滋病病毒/艾滋病危机的投入只占政府预算的0.6%，而且政府甚至反对发放抗逆转录病毒药物，理由是药物太昂贵而难以实施。

即使前总统塔博·姆贝基（Thabo Mbeki）公开过问了艾滋病病毒与艾滋病发病之间的联系，这一问题也依然没有得到任何缓解。事后，该国的卫生部长公开谴责英美资源集团的计划，称该计划的"提醒"之举旨在让政府承担不合理的负担，毕竟工人一旦退休或离职，政府就得为其治疗费用买单。

此外，与制药企业打交道早已被证明是一件棘手之事。一方面，英美资源集团已经与葛兰素史克达成交易，允许按工业化国家市场价的1/10购买抗逆转录病毒药物（葛兰素史克对非营利组织收取同样的价格）。但与此同时，其他制药企业一直在犹豫不决或者至少没有把握，对自己允诺的降价几年后是否会因担心知识产权遭侵犯而中途退出。事实上，其中有几家企业就抱怨在非洲的廉价仿制药最终被奸商以高价转售到西方市场，因此它们把精力投入到起诉南非政府上，声称该国对它们的专利保护执法普遍较差。

鉴于英美资源集团面临的众多挑战，更不要说这些意料之外的反对，有一些观察家甚至建议，对英美资源集团最有利的选择是直接取消艾滋病病毒/艾滋病治疗计划，而不是一味地增加资源投入来保证计划的实施。但是，从长远来看，英美资源集团必须考虑那些具有伦理意识的股东的诉求以及自身对道德责任感的要求。

也有迹象表明，未来可能不会像它经常表现出的那样黯淡。那些忠实坚持药物治疗的工人，90%以上都对治疗反应良好，而且工作富有成效。南非政府的想法也可能正在逐渐转变，如最近就推出了一个应对艾滋病病毒/艾滋病的国家战略计划，其中提出了到2011年使艾滋病病毒感染者数量减少一半的积极目标。2009年6月，英美资源集团的子公司南非英美煤炭（Anglo-Coal South Africa）因其自愿咨询检查计划（VCT）的成功（94%的员工接受了检查）而被全球艾滋病病毒/艾滋病、肺结核与疟疾商业联盟（Global Business Coalition on HIV/AIDS, Tuberculosis, and Malaris）被评为私人部门的最优企业。

英美资源集团的艾滋病病毒/艾滋病防治战略在某些程度上已成为典范，许多在受该疾病严重影响地区经营的企业都紧随其后，包括其行业竞争对手力拓公司（Rio Tinto PLC）。早在2003年，力拓公司就针对其所

有在撒哈拉以南的业务部门推出了艾滋病病毒/艾滋病社区干预计划，其中包括给员工及其家庭和社区成员提供延伸服务和治疗方案[87]。2008 年，对于力拓公司的努力，全球艾滋病病毒/艾滋病、肺结核与疟疾商业联盟将力拓公司在南非林波波地区的计划评为"最佳商业行动"[88]。所以，随着企业继续对艾滋病病毒/艾滋病治疗采取负责任并有效的举措，针对这种干预计划的批评之声或许会逐渐减弱。

思考题

1. 英美资源集团在实施其有效的艾滋病病毒/艾滋病战略时，必须考虑哪些利益相关者？

2. 英美资源集团对其在南非的劳动力实施积极的防治艾滋病病毒/艾滋病战略有何利弊？对此你有什么建议？

3. 由于易于感染并传播艾滋病病毒/艾滋病的流动工人占该集团劳动力的比例很高，英美资源集团应该采取不雇用流动工人的政策吗？南非政府是否应当关闭针对流动人员的就业之门？

4. 为应对南非艾滋病病毒/艾滋病的流行，制药企业应该有什么担当？相比制药企业提供的价格，印度可以按更低的成本生产并出口治疗艾滋病病毒/艾滋病的药物，英美资源集团是否应该进口药物用于其员工的治疗？

本章小结

1. 跨国公司必须平衡好具有不同目标的不同群体的利益。

2. 企业通过制定行为准则来帮助员工把握自己应该有怎样的行为。然而，归根结底，个人才是做决定的一方，所以企业要确保所雇用的员工具有伦理意识。

3. 伦理行为有助于企业形成竞争优势，同时避免被视为不负责任。

4. 相对行为是指人们的行为必须符合经营所在国的规范；规范行为是指伦理行为具有普遍的标准，而且这种标准在任何地方都应该遵循。

5. 法律是伦理行为的重要基础，但并非所有缺乏伦理的行为都是违法的。因此，伦理行为必须超越法律，要包括日常的礼节。

6. 贿赂是一种非伦理行为，可以通过联合国、经合组织与发展组织等多边渠道解决，也可以通过美国《反海外腐败法案》等单个国家的渠道来解决。

7. 对于采掘业以及那些产生空气和水污染或者制造如使用化石燃料的汽车等产品的行业，人们的环境关注度正在不断提高。

8. 要求减少温室气体排放的《京都议定书》并非被所有国家接受，因此其全球影响力受到限制。不过，在已接受《京都议定书》的国家，企业必须遵循具体要求。

9. 制药企业面临的挑战是如何赚取足够的资金来为新药融资研发，以及如何以较低的价格向发展中国家提供重要药物。

10. 跨国公司面临的一大挑战就是供应链的全球化及其对工人的影响，特别是在公平工资、雇用童工、劳动条件、工作时间和结社自由方面。

11. 为了响应承担更多企业社会责任的压力，企业需要制定行为准则、向国际供应商和分包商宣传行为准则并通过有效的培训和监督计划来确保行为准则的执行。

关键术语

行为准则	《反海外腐败法案》	相对主义	目的论法
道义论法	《京都议定书》	利益相关者	功利主义
治外法权	规范主义	可持续发展	

参考文献

1 *Sources include the following:* General Electric Co. home page, at www.ge.com/en/company (accessed May 16, 2013); GE Ecomagination home page, at ge.ecomagination.com/site/index.html (accessed May 16, 2013); "A Lean, Clean Electric Machine," *The Economist* (December 10, 2005): 77–79; *GE 2010 Annual Report*, General Electric Co. (2007); Alan Murray, "Business: Why Key Executives Are Warming to Legislation on Climate Change," *Wall Street Journal* (February 7, 2007): A10; Rachel Pulfer, "Gambling on Green," *Canadian Business* (April 24, 2006): 35; Kara Sissell, "Major Corporations Form Advocacy Group to Curb Climate Change," *Chemical Week* (January 31, 2007): 12; "Safety, Health & the Environment at GE," *Professional Safety* 51:12 (Des Plaines: Dec 2006):18; Anne Fisher, "America's Most Admired Companies," *Fortune* (March 19, 2007): 88–94; Neal St. Anthony, "'Green' Strategy Has GE Investor Seeing Red," *Minneapolis-St. Paul Star Tribune* (February 3, 2006): 1; Brendan Murray and Kim Chipman, "Bush Opposes Limits on Pollution Linked to Global Warming," *Pittsburgh Post-Gazette* (January 23, 2007): A5; John Teresko, "Technology of the Year: Connection Profits and Preservation," Industryweek.com (December 2005); "Press Release: GEs 2008 ecomagination revenues to rise 21%, cross $17 bn," (http://www.meed.com/sectors/industry/

manufacturing/ges-2008-ecomagination-revenues-to-rise-21-cross-17bn/3067016.article, October 29, 2008); *Indexes Update March 2009*, pages 5, 9, 10, at www.sustainability-index.com.

2 Pankaj Ghemawat, "Distance Still Matters: The Hard Reality of Global Expansion," *Harvard Business Review* (September 2001): 137–47.

3 Bradley R. Agle, Thomas Donaldson, R. Edward Freeman, Michael C. Jensen, Ronald K. Mitchell, and Donna J. Wood, "Dialogue toward Superior Stakeholder Theory," *Business Ethics Quarterly* 18:2 (2008): 153–90.

4 Lawrence Kohlberg, "The Claim to Moral Adequacy of a Highest Stage of Moral Judgment," *Journal of Philosophy* 70 (1973): 630–46.

5 Richard T. DeGeorge, *Business Ethics*, 7th edition (Upper Saddle River, NJ, 2010): 22–24.

6 De George (2010): 39, 44.

7 Op. cit.

8 Alfred Marcus, *Business & Society: Ethics, Government, and the World Economy* (Homewood, IL: Irwin, 1996)

9 David J. Vidal, *The Link between Corporate Citizenship and Financial Performance* (New York: Conference Board, 1999).

10 "Interfaith Center on Corporation Responsibility," www.iccr.org/ (accessed March 28, 2013).

11 Ronald Berenbeim, "The Search for Global Ethics," *Vital Speeches of the Day* 65:6 (1999): 177–78.

12 Trivia-Library.com, "Origins of Sayings – When in Rome, Do As the Romans Do" (accessed March 30, 2011), reproduced with permission from the People's Almanac series of books, 1975–1981 by David Wallechinsky & Irving Wallace.

13 See John M. Kline, *Ethics for International Business: Decision Making in a Global Political Economy* (London and New York: Routledge, 2005).

14 DeGeorge (2010): 33.

15 S. Prakash Sethi, "Standards for Corporate Conduct in the International Arena: Challenges and Opportunities for Multinational Corporations," *Business and Society Review* (Spring 2002): 20–39.

16 "The Ethics of Business," in "A Survey of Corporate Social Responsibility," *The Economist* (January 22, 2005): 20.

17 U.S. Environmental Protection Agency, "DDT-A Brief History and Status," www.epa.gov/pesticides/factsheets/chemicals/ddt-brief-history-status.htm (accessed June 1, 2013).

18 John R. Boatright, *Ethics and the Conduct of Business* (Upper Saddle River, NJ: Prentice Hall, 1993): 13–16.

19 Boatright, *Ethics and the Conduct of Business,* 16–18.

20 Austen L. Parrish, "The Effects Test: Extraterritoriality's Fifth Business," *Vanderbilt Law Review* 61:5 (October 2008): 1453+.

21 Leslie Wayne, "Foreign Firms Most Affected By a Law Barring Bribes," *The New York Times* (September 4, 2012): B1.

22 See A. M. Ali and I. H. Saiad, "Determinants of Economic Corruption," *Cato Journal* 22:3 (2003): 449–66; H. Park, "Determinants of Corruption: A Cross-National Analysis," *Multinational Business Review* 11:2 (2003): 29–48.

23 Transparency International, "How Do You Define Corruption? in *Frequently Asked Questions about Corruption,* www.transparency.org/whoweare (accessed June 1, 2013).

24 Peter Lattman, "Ralph Lauren Corp. Agrees to Pay Fine in Bribery Case," *The New York Times* (April 23, 2013): B2.

25 Niki Kitsantonis, "Greek Ex-Minister is Tried in Bribery Cover-Up Case," *The New York Times* (April 23, 2013): A8.

26 "The Short Arm of the Law—Bribery and Business," *The Economist* (March 2, 2002): 78.

27 Transparency International, "Corruption Perceptions Index," cpi.transparency.org/cpi2012/results/ (accessed May 13, 2013).

28 Transparency International, "Bribe Payers Index 2011," bpi.transparency.org/bpi2011/results/ (accessed May 13, 2013).

29 See The World Bank, *World Development Report 2002: Building Institutions for Markets;* M. Habib and L. Zurawicki, "Country-Level Investments and the Effect of Corruption—Some Empirical Evidence," *International Business Review* 10:6 (2001): 687–700.

30 "China Execution Warning to Others," Aljazeera.net (July 11, 2007), at english.aljazeera.net (accessed August 20, 2007).

31 S. Ghoshal and P. Moran, "Towards a Good Theory of Management," in J. Birkinshaw and G. Piramal, eds., *Sumantra Ghoshal on Management: A Force for Good* (Upper Saddle River, NJ: Financial Times/Prentice Hall, 2005): 1–27.

32 Mark Pieth and Huguette Labelle, "Bribery in International Business: Making Sure That Bribes Don't Pay," www.oecd.org/daf/anti-bribery/makingsurethatbribesdontpay.htm (accessed June 20, 2013).

33 Fritz Heimann and Gillian Dell, *Progress Report 20010: Enforcement of the OECD Convention on Combating Bribery of Foreign Public Officials in International Business Transactions* (Transparency International, July 28, 2010): 12.

34 International Chamber of Commerce, "ICC Rules on Combating Corruption," (2011 Edition) www.iccwbo.org/Advocacy-Codes-and-Rules/Document-centre/2011/ICC-Rules-on-Combating-Corruption/ (accessed June 20, 2013).

35 UN Convention Against Corruption (UNCAC) www.unodc.org/unodc/en/treaties/CAC/index.html (accessed March 9, 2011).

36 Qing Tian, "Perception of Business Bribery in China: The Impact of Moral Philosophy," *Journal of Business Ethics* 80 (2008): 437–45.

37 Dionne Searcey, "U.S. Cracks Down on Corporate Bribes," *Wall Street Journal* (May 26, 2009): 1, 4.

38 Stuart Pfeifer, "Bribes to Foreign Firms are Targeted; Federal Authorities Step Up Prosecution of Businesses That Make Payments to Officials to Win Deals," *Los Angeles Times* (March 11, 2011): B1.

39 U.S. Department of Justice: Foreign Corrupt Practices Act: www.justice.gov/criminal/fraud/fcpa/cases/a.html (accessed March 9, 2011); Dionne Searcey, "U.S. Cracks Down on Corporate Bribes," *Wall Street Journal* (May 26, 2009): 1, 4.

40 Joe Pallazolo and Christopher M. Matthews, "Bribery Law Dos and Don'ts," *The Wall Street Journal* (November 15, 2012): B1.

41 "Bribery Act 2010," The UK Serious Fraud Office (at legislation.gov.uk and www.sfo.gov.uk), accessed June 1, 2013.

42 Glenn R. Simpson, *Wall Street Journal [Eastern edition]* (Jan 27, 2005): A2.

43 Colleen Taylor, "U.S., Japan Authorities Join in Siemens 'Black Money' Probe," *Electronic News* (February 12, 2007): 7; David Crawford and Mike Esterl, "Room at the Top: German Giant Siemens Faces Leadership Crisis," *Wall Street Journal* (http://online.wsj.com, April 26, 2007); Crawford and Esterl, "Widening Scandal: At Siemens, Witnesses Cite Pattern of Bribery," *Wall Street Journal* (January 31, 2007): A1.

44 "The Hollow Men," *The Economist* (March 17, 2007): 71.

45 Crawford and Esterl, "Widening Scandal,"

46 Konstantin Richter, "The House of Siemens," *Wall Street Journal* (April 27, 2007): 13.

47 Jack Ewing, "Siemens' Culture Clash: CEO Kleinfeld Is Making Changes, and Enemies," *Businessweek* (January 29, 2007): 42–46.

48 Richter, "The House of Siemens," 13.

49 David Crawford and Mike Esterl, "Siemens to Decide if New Leader Is Needed amid Widening Probes," *Wall Street Journal* (April 25, 2007): A3.

50 Ewing, "Siemens' Culture Clash," 42–46; Richter, "The House of Siemens," 13.

51 G. Thomas Sims, "Siemens Struggles to Regain Equilibrium," *New York Times*, online edition (April 27, 2007); Sims, "Two Former Siemens Officials Convicted for Bribery," *New York Times*, online edition (May 15, 2007).

52 Josef Jabareen, "A New Conceptual Framework for Sustainable Development," *Environment, Development and Sustainability* 10:5 (April 2008): 29.

53 Floating Island International, "Products" and "Applications," www.floatingislandinternational.com (accessed March 10, 2011).

54　Floating Island International, "Company Profile" and "Licensing Opportunities," www.floatingislandinternational.com (accessed May 13, 2013).

55　John Carey, "Global Warming," *Businessweek* (August 16, 2004): 60–69.

56　"Hotting Up," *The Economist* (February 5, 2005): 73–74; Richard S. Lindzen, "The Climate Science Isn't Settled," *The Wall Street Journal* (December 1, 2009): A19.

57　UNFCC home page, at unfccc.int/kyoto_protocol/status_of_ratification/items/2613.php (accessed June 6, 2013).

58　Alison Graab, "Greenhouse Gas Market to Slow Global Warming," CNN.com (accessed April 12, 2005).

59　Ian Austen, "Canada Announces Exit from Kyoto Climate Treaty," *The New York Times* (December 13, 2011): A9.

60　Ed King, "Key Cameron Advisor Blocks Climate Change from G8 Agenda," *The Guardian* (March 26, 2013), www.guardian.co.uk/environment/2013/mar/26/cameron-adviser-blocks-climate-change-g8 (accessed March 26, 2013).

61　Jack Ewing, "The Wind at Germany's Back," *Businessweek* (February 11, 2008): 68.

62　Mark Lander, "Mixed Feelings as Kyoto Pact Takes Effect," *New York Times*, http://www.nytimes.com/2005/02/16/business/worldbusiness/16kyoto.html?pagewanted=2&_r=0 (February 16, 2005).

63　Lander, "Mixed Feelings as Kyoto Pact Takes Effect."

64　Carey, "Global Warming," 62.

65　"Alcoa Inc.; Alcoa Volunteers Set to Contribute to a More Sustainable Future," *Biotech Week* (May 13, 2009): 2792.

66　Rebecca Lindsey, "Amazonia," on Earth Observatory, earthobservatory.nasa.gov/Features/LBA/ (accessed April 13, 2011).

67　"Brazil Legalizes Rain-forest Ownership in France-Size Area," *Montreal Gazette* (June 27, 2009): A18.

68　"Amazon Droughts Increase Climate Change Fears," CNN.com, www.cnn.com/2011/WORLD/Americas/02/04/brazil.amazon.drought/index.html (accessed February 4, 2011).

69　*GlaxoSmithKline 2012 Annual Report* p. 8 , http://www.gsk.com/content/dam/gsk/globals/documents/pdf/GSK-Annual-Report-2012.pdf, accessed June 1, 2013.

70　WHO, "Medicines: Spurious/Falsely-Labelled/Falsified/Counterfeit (SFFC) Medicines," WHO Media Centre Fact Sheets, Fact Sheet No. 275 (May 2012), www.who.int/mediacentre/factsheets/fs275/en/index.html (accessed June 15, 2013).

71　David Barboza, "GlaxoSmithKline Accused of Corruption by China," *The New York Times*, July 12, 2013, p. B1.

72　Miriam Jorda, "Brazil to Stir Up AIDS-Drug Battle," *Wall Street Journal* (September 5, 2003): A3; "Brazil to Break Merck AIDS Drug Patent," *Associated Press* story on MSNBC Web site (May 4, 2007).

73　"A Gathering Storm: Pharmaceuticals," *The Economist* (June 9, 2007): 73.

74　Vikas Bajaj and Andrew Pollack, "A Case in India Pits Drug Makers Against Advocates for the Poor," *The New York Times* (March 7, 2012): B1; Jessica Wapner, "Indian Court rules in Favor of Generic Gleevec," *PLOS Blogs* (April 2, 2013), blogs.plos.org/workinprogress/2013/04/02/indian-court-rules-in-favor-of-generic-gleevec/ (accessed on June 21, 2013).

75　Ethical Trading Initiative, www.ethicaltrade.org (accessed June 1, 2013).

76　Ans Kolk and Rob van Tulder, "Child Labor and Multinational Conduct: A Comparison of International Business and Stakeholder Codes," *Journal of Business Ethics* 36:3 (March 2002): 291–301.

77　ILO, "Worst Forms of Child Labor," www.ilo.org/ipec/facts/WorstFormsofChildLabour/lang--en/index.htm (accessed June 1, 2013).

78　ILO, "ILO Convention No. 138 on the Minimum Age for Admission to Employment and Work," http://www.ilo.org/ipec/facts/ILOconventionsonchildlabour/lang--en/index.htm

79　Kolk and van Tulder, "Child Labor and Multinational Conduct."

80　Edward Luce, "Ikea's Grown-Up Plan to Tackle Child Labour," *Financial Times* (September 15, 2004): 7.

81　UNICEF's Corporate Partnerships: IKEA, www.unicef.org/corporate_partners/index_25092.html, (accessed May 13, 2013).

82　United Nations, *United Nations Global Compact*, www.unglobalcompact.org/AboutTheGC/ (accessed June 20, 2013).

83　Ibid., "Participants & Stakeholders," *United Nations Global Compact*, www.unglobalcompact.org/ParticipantsAndStakeholders/ (accessed on June 20, 2013).

84　Amy Merrick, "Gap Offers Unusual Look at Factory Conditions," *Wall Street Journal* (May 12, 2004): A1.

85　Sarah Murray and Alison Maitland, "The Trouble with Transparent Clothing," *Financial Times* (May 12, 2004): 8.

86　***Sources include the following:*** *UNAIDS 2008 Report on the Global AIDS Epidemic; HIV and AIDS in South Africa*, available for download at http://www.unaids.org/en/media/unaids/contentassets/dataimport/pub/globalreport/2008/jc1510_2008globalreport_en.pdf; *Delivering Real Excellence: Annual Report* 2010, Anglo American; *Making a Difference Report to Society 2008*, Anglo American; *Delivering Real Excellence: Annual Report 2010*, Anglo American; "HIV/AIDS Co-Infection: Anglo American's Coal Division in South Africa Wins Global Business Coalition Award for Top International Workplace HIV and AIDS Programme," *Law & Health Weekly* (July 11, 2009): 849; Alec Russell, "Answers to an AIDS Epidemic: New Initiatives to Help Infected Workers Mark a Big Shift in Attitude and Approach at Some of South Africa's Largest Companies," *Financial Times* (October 4, 2007): 14; Mark Schoofs, "Anglo American Drops Noted Plan on AIDS Drugs," *Wall Street Journal* (April 16, 2002): A19; World Health Organization/AFRO, "Southern African Health Challenges Intensify," press release (September 13, 2004): 1–2; Mark Schoofs, "New Challenges in Fighting AIDS—Enlisting Multinationals in Battle," *Wall Street Journal* (November 30, 2001): B1; "AIDS in the Workplace," *Business Africa* (July 1, 2001): 1–2; "The Corporate Response," *Business Africa* (September 1, 2001): 4; Mark Schoofs, "South Africa Reverses Course on AIDS Drugs," *Wall Street Journal* (November 20, 2003): B1; "Anglo American to Provide HIV/AIDS Help for Workers," *American Metal Market* (August 7, 2002): 4; Bruce Einhorn and Catherine Arnst, "Why Business Should Make AIDS Its Business—Multinationals Are Taking Baby Steps to Control the Disease in Their Workforce," *Businessweek* (August 9, 2004): 83; "Digging Deep," *The Economist* (August 10, 2002): 55; James Lamont, "Anglo's Initiative," *Financial Times* (August 8, 2002): 10; "Anglo American to Give Mineworkers AIDS Drugs Free," *Wall Street Journal* (August 7, 2002): A13; Matthew Newmann, Scott Hensley, and Scott Miller, "U.S. Reaches Patent Compromise to Provide Drugs to Poor Nations," *Wall Street Journal* (August 28, 2003): A3; Statistics South Africa, "Labour Statistics Survey of Average Monthly Earnings," *Statistical Release P0272* (February 2002): 3; Central Intelligence Agency, *The World Factbook*, www.cia.gov/library/publications/the-world-factbook/ index.html (June 1, 2013); Julia Werdigier "Xstrata Ends Bid for Rival in London," *NY Times* (October 16, 2009): B8; *Delivering Sustainable Value Report to Society 2009*, Anglo American.

87　Rio Tinto, "Rio Tinto HIV/AIDS strategy," www.riotinto.com/ (accessed March 1, 2011).

88　Global Business Coalition on HIV/AIDS, TB, and Malaria, "Member Profiles: Rio Tinto," www.gbcimpact.org/ (accessed March 1, 2011).

第 11 章

国际商务战略

只有愿景没有行动当属痴人说梦，只有行动没有愿景实乃莽夫逞能。

——日本谚语

本章目标

通过本章学习，应能：

1. 分析行业结构、企业战略和价值创造。
2. 介绍价值链的特点、作用、结构以及价值链的协调。
3. 说明企业选择在相近地区集聚的原因与方法。
4. 描述机器人与自动化是如何改变管理者对价值链的理解的。
5. 分析行业调整对价值链效益的影响。
6. 比较价值链设计中的现实与虚构之间的优缺点。
7. 解释全球一体化与本地化响应两种观点。
8. 简述跨国公司运用的各类战略。

案例 11-1

飒拉在全球服装产业的价值创造战略[1]

从传统上讲，本土零售商可以通过全球经纪人将服装生产外包给成千上万的小型的服装厂。典型的服装厂大多来自低工资国家，它们规模较小，雇用的工人数量从几十人到几百人不等。作为劳动密集型生产，工人们裁剪出颜色和大小特定的布料，之后与由遍布全球数十个国家和地区的其他上千家小型服装厂生产的组料一起缝制出成衣。由于参与生产的国家和工厂越来越多，所以服装的生产也越来越专业化了。例如，一家工厂专业生产拉链，另一家工厂专业生产衬里等。因此，跨国贸易公司的作用类似于跨国中介机构，管理的是将服装组料缝制成成衣并运送给服装零售商。

服装零售商的压力在于必须适应市场不断变化的残酷现实。有鉴于此，它们要求跨国贸易公司协调好零售商与服装加工厂之间的关系。为了减少预测出现差错并降低存货风险，零售商所做的就是安排接货时间尽可能接近销售季节、做好市场测试、采用小批量样品订单、实施高频小单订购等。服装产业的最后一环是市场和顾客。虽然各国消费者的偏好存在部分重叠，但就某一地区来讲，消费者的喜好总在变化。例如，英国人对商店的档次较为敏感，德国人对价格较为在意，中国人的品牌意识较强，而美国购物者则寻找的是式样、质量和价格三个方面综合性价比高的商店。总体而言，这些条件决定了将组料生产厂、全球经纪人、分散于各地的零售商和消费者联系在一起的消费者导向的服装产业链。

依据做实业的经验，企业应当专注于产业链中的某个具体环节，而不要试图在各个环节创造价值。例如，专注于拉链生产、物流管理、店铺设计或客户服务。事实上，企业的策略就是"做最为擅长的并将其他的外包出去"。不过，全球化进程改变了游戏规则。贸易壁垒的减少、物流水平的提高和通信的发展不仅创造了新的行业标准，也带来了新的战略选择。

如图 11-1 所示，没有其他事例比服装采购链周期的大幅缩短更为引人注目了。在 20 世纪 70 年代，服装从工厂生产完成到顾客手中大约需要 9 个月的时间。其中，前 6 个月用于设计服装组料，后 3 个月用于生产和运输。如今，普通工厂在 6 周到 6 个月就可以完成这一过程。在飒拉（ZARA）公司，这个过程只需要 2～4 周的时间。飒拉打破了常规的标准并实行破坏性创新，即重新调整产业结构、企业战略和价值创造之间的关系。在这个过程中，飒拉发展成为全球服装业的领先企业。当然，飒拉的创立者阿曼西奥·奥特加（Amancio Ortega）也成为全世界最富有者之一。

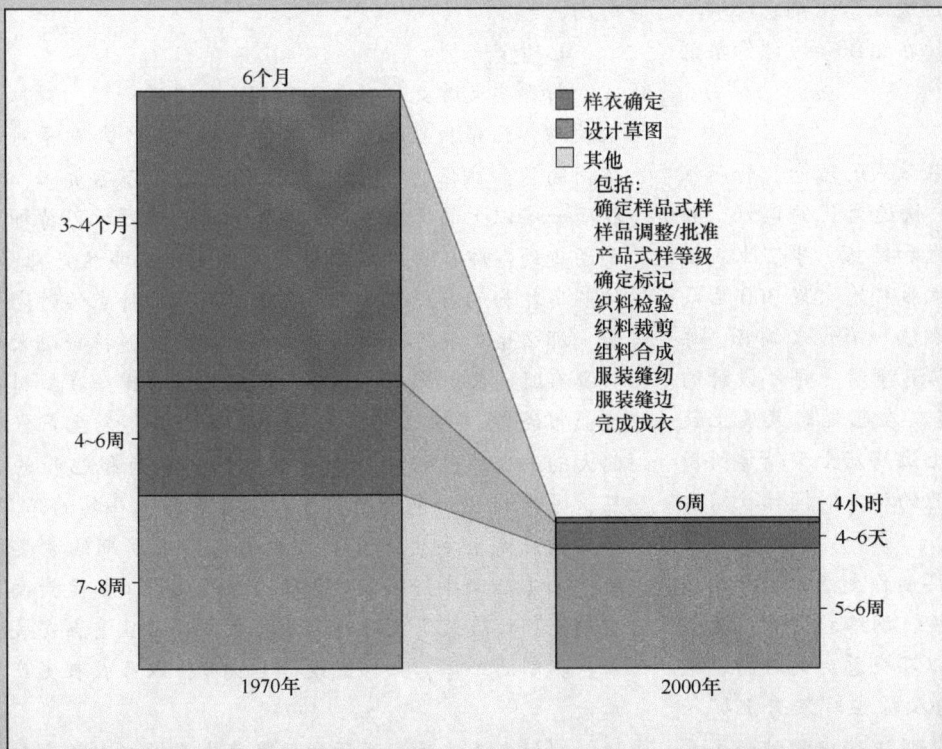

图 11-1　全球服装产业的生产周期

全球化使得服装生产国及其企业有了更多的选择。通过完善技术、外购和生产系统，具有创新精神的服装生产者的生产周期得到缩短，从而提高了效益，增加了利润。这里描述了飒拉通过其创新战略为全球服装产业重新确立的有关经营效率的标准。

1. 飒拉概况

西班牙服装跨国公司印第迪克集团（Inditex）是八家全球零售连锁店的母公司，包括飒拉（ZARA）、巴适卡（Bershka）、麦西姆杜特（Massimo Dutti）、斯特拉迪瓦里斯（Stradivarius）和奥依修（Oysho）。不管哪个品牌，这些位于世界各地的零售连锁店不仅很有名气，而且所销售的服装引领潮流、售价公道。飒拉是 Inditex 集团的旗舰品牌，占集团销售收入的大部分。印第迪克集团的营运总部就像一个光鲜亮丽的"立方体"，坐落在拉科鲁尼亚市附近的阿特迪克镇（Artexio）

上。这是西班牙西北部的一个海边小镇，距马德里约 300mile。印第迪克集团的员工人数从 2010 年的 9 万人增加到了 2012 年的 11.1 万人。此外，集团员工很年轻（平均年龄为 26 岁），且大多数为女性（女性约占员工总数的 83%，一半以上的管理者、技术人员以及经理均为女性）。

2012 年，印第迪克集团的营收接近 210 亿美元，领先瑞典 HM 集团的 188 亿美元，更是超过了长期处于世界领先地位的盖璞（GAP）集团的 156 亿美元。其中，来自西班牙本土市场的营收占了 1/4；而来自亚洲和美洲国家的营收继续保持增长，占集团总营收达到 1/3 以上。2012 年，印第迪克集团分布在全球 85 个国家和地区的 6000 家门店共销售了 8.4 亿件服装。

1975 年，飒拉在拉科鲁尼亚市开设了第一家门店。如今，它共有约 1700 家连锁店，平均每天都有一家新店开张。为了增强全球影响力，飒拉运用了创新战略，通过整合时尚与信息技术，实现精致服装生产和运输成本的最优化。有一位分析师称，飒拉就是“中等价位的阿玛尼”；另一分析师则称飒拉的时尚是按“老海军”（Old Navy）品牌定价的大牌“香蕉共和国”（Banana Republic）。不管怎么描述，大家都认可的是飒拉的战略改变了有关全球服装业价值创造的传统理念。要想理解飒拉的成功秘诀，首先需要清楚飒拉在组织和协调价值创造业务方面的竞争力。

2. 设计

飒拉拒绝传统的春秋两季服装款式的理念，转而注重的是“随机应变”，即紧跟客户快速变化的偏好，并同步开展服装的设计、生产、配送和销售。事实上，任何款式的流行都不会超过 4 周。飒拉拥有大约 300 名设计师，负责追踪市场动向、时尚潮流和消费者偏好，每年设计的产品超过 11000 种，而其竞争对手每年设计的产品只有 2000～4000 种。飒拉将从在巴黎时装展上获得的最新潮流设计出服装到它在上海商店上架销售所用的时间缩短到了两周，而整个产业的标准时间往往需要数月。

飒拉的设计师从多个渠道获得创作灵感，如与店铺经理的交谈、服装时尚杂志、电视、网络和电影。飒拉的潮流观察师还会关注高校校园以及夜总会的时尚。飒拉的那些被称为“时尚奴隶”的人员在时装秀上抓拍并发送给设计师，后者又迅速地将服装秀中的时尚元素巧妙地运用到面向大众市场的服装上。例如，当麦当娜在西班牙举办巡回演唱会时，赶来参加她最后一场演出的少女们就穿着飒拉生产的麦当娜首场演出所穿的那种外套。然而，虽然飒拉走的是潮流路线，但其时尚也不会偏离主流太远。

不过，飒拉并不强调其服装要符合某个特定国家的偏好，飒拉强调的是时尚与偏好的跨国融合，其管理层因此偏爱的是标准化。当然，飒拉的一些产品仍然会根据所面向地区的生理、文化和气候差异而有所变化，如在日本尺码稍小、阿拉伯国家女性服装的特别要求、南美洲的反季节等。总体而言，飒拉为全球各地连锁店所设计的服装中，85% 都是一样的。

3. 外包

飒拉总部的员工以及在巴塞罗那、北京和香港的采购公司负责向西班牙、葡萄牙、印度、土耳其、摩洛哥和中国的供应商采购布料、组料和成品。通过加入飒拉的网络，供应商就可以协调好自己的计划和生产。飒拉采购的布料中，50% 以上为未染色的“灰色”布料，以便快速更新设计。按照印第迪克集团前 CEO 约瑟·玛丽亚·卡斯德加诺（Jose Maria Castellano）的解释：“如果卖不动，我们可以放弃整个产品线。我们可以把布料染成其他颜色，从而能在数天内创造出新的时尚[2]。”

4. 生产

与那些大牌竞争对手，如 HM 和盖璞一样，飒拉也从欧洲、北非和亚洲的供应商处采购成衣。与竞争对手不同的是，飒拉的 23 家工厂雇用了近 2 万名员工，承担了一半以上的成衣生产。这一独特情形源于奥特加最初的目的，即在西班牙的拉科鲁尼亚市从事生产业务。按照奥特加的解释，如果要利用具有短期特点的时尚趋势，那么生产经营必须靠近本国。因此，飒拉将绝大多数具有时间和时尚敏感性的服装的生产安排给在拉科鲁尼亚市的 20 多家工厂。印第迪克集团将其余生产任务的大约 1/3 外包给中国、孟加拉国、越南和巴西的工厂，另外 15% 外包给葡萄牙、摩洛哥和土耳其的工厂。这些供应商主要生产具有较长上架销售周期的大类服装，如 T 恤和牛仔服装。印第迪克集团的工厂生产高度自动化，按服装类型进行专业化生产，而且重点发展资本密集型的工序，如样式设计与裁剪，以及成衣生产和质检。

飒拉在西班牙和葡萄牙的服装生产投入比竞争对手在亚洲生产的投入要高 20%～40%，主要是因为西班牙和葡萄牙的劳动力成本更高。为补偿较高的生产成本，飒拉的措施就是最小化广告费、减少库存费用并快速适应时尚流行趋势。印第迪克集团 2010 年的毛利率达 56.8%，差不多是盖璞所称毛利率 37.5% 的 2 倍。

生产高端服装需要某种人文关怀，所以飒拉在拉科鲁尼亚市所在的加利西亚省以及葡萄牙北部的边界地区组织了由 500 家作坊构成的生产网络。这些作坊都是小本经营，平均雇用了 20～30 名工人。他们按产品类型进行专业化生产，并手工缝制飒拉工厂裁剪好的服装组料。飒拉负责几乎所有作坊的业务，并提供工具、技术、物流和营运资本，同时对收购的按标准价格支付。许多当地的合作社一直与印第迪克集团合作，甚至不再需要签订书面合同。

5. 物流

飒拉的绝大多数服装，无论是内部生产的还是外包生产的，都是通过位于拉科鲁尼亚市约 90 个足球场大的大型物流中心或位于西班牙和墨西哥的规模较小的中心进行分销的。另外，崭新的跟踪系统可以把悬挂的服装移动到对应的条码区。这些衣服沿着连接各生产点的 125mile 长的地下铁轨穿梭，同时可以分类到每小时可以处理 4.5 万件折叠服装的旋转木架上。一旦服装制作完成，飒拉就可以按每周 250 万件的速度把服装发往世界各地的商店。第三方运输服务可以把按程序预编好的服装运送到各家商店。对欧洲、中东和美国大部分地区的商店，可在 24 小时内送达；对亚洲和拉丁美洲的商店，可在 48 小时内送达。特有并高效的运输策略使得飒拉每年的库存只占销售收入的 7%，而竞争对手的库存则占销售收入的 15%～20%。

6. 营销

飒拉的开拓性战略对过去的零售营销策略提出了挑战。其产品策略强调服装的质量、市场适应性和高度时尚。公司很少使用广告或促销手段。公司的创立者阿曼西奥·奥特加一直视广告为"毫无意义的干扰"。事实上，奥特加从来不接受采访，也不喜欢被拍照[3]。飒拉的广告支出只占其销售额的 0.3%，而其他流行时尚品牌的广告支出一般占到销售额的 3%～4%。飒拉的基础营销部门不进行浮华的推广活动，而靠的是忠诚消费者的口碑。这与公司创立者的理念如出一辙：从不推销自己，而是将机会留给满意的顾客。

飒拉擅长结合最新的设计趋势进行闪电般的转变。许多你在店里刚看到的服装，不出三周就下架了。按照印第迪克集团马克斯·洛佩斯（Marcos Lopes）的解释："对路的时尚是引领我们商店的核心要素。价格很重要，但仅仅是第二重要[4]。"飒拉的定价很有竞争力，同时也会适应国际市场而定价，以便外国市场的客户也能承受从西班牙运来的价格。平均来说，飒拉服装的价格在其他欧洲国家要高出 10%，在北欧要高出 40%，在美洲要高出 70%，在日本则高出 1 倍。

飒拉的门店是向世界展示其形象的门面，其作用类似于基层的营销研究机构。事实上，如果飒拉着手营销，它会借助备受关注的房地产行业。商店一般开在富

有历史韵味的引人注目的核心商业区，如巴黎的香榭丽舍大道、伦敦的摄政街、纽约的第五大道以及上海的南京路。其店面选址策略常常会带来有趣的紧张氛围。正如一位咨询师所指出的："普拉达希望靠着古驰，而古驰也希望靠着普拉达。奢侈品的零售战略是尽量远离飒拉这样的店，而飒拉则是尽可能离它们再近一些。"

7. 运营

飒拉将最好的一面展现给顾客，这样才能更好地与奢侈品店相邻。商品橱窗设计师和内部协调人员每三周都要去飒拉商店视察一下，以确保这些橱窗和内部展示传递了指定信息。

再来看总部，设计师漫步在模拟商店里，测试设计主题、方案亮点和产品展示。飒拉的"时尚街"建在立方体的底层。门店的员工工作时穿上飒拉的流行服装；商店的经理和员工建议指定的商品，停一会再继续推荐商品。联网的零售店将商品销售和顾客要求转换成数据，传给飒拉在拉科鲁尼亚的设计团队、工厂和物流中心。零售人员直接让顾客选购喜欢的颜色的衣服而不是全球标准化产品。经营者认为，飒拉实现进一步扩张的主要约束因素就是要找到有能力承担这些责任的零售店经理。

8. 基础设施

飒拉的核心竞争力在于拥有可以协调自身价值链的基础设施。它有两方面的特点：管理者对顾客的感知以及他们协调世界范围业务的能力。飒拉的吸引人之处就是最时尚的产品、独特性的创造、舒适的购物氛围以及正面的口碑。这些理念加快了产品的周转，到店的新款服装达每周两批。"粉丝"们知道哪一天飒拉新品到货，也就是大家所说的"Z 日"。展示的商品每 3～4 周就有 3/4 被换下，这也与飒拉顾客的平均逛店次数相符合。与竞争对手的 3～4 次相比，飒拉的顾客平均一年会光顾 17 次。

无论是店内还是店外，对营造门店的吸引力都至关重要。Indiex 集团的主管路易斯·布兰克（Luis Blanc）说："我们在黄金地段投资，特别重视店面的展示，因为那是我们店铺形象的展示。我们希望我们的顾客可以进入一个既美观舒适，又能提供最新时尚的门店。但最为重要的是，我们要让顾客知道，如果你喜欢这个东西、这件衣服，你就要立刻买下，不然下个星期它可能就不再销售了。这就要营造出稀缺性和机遇性的氛围[5]。"

飒拉采用少量供货的方式来处理缺货，也就是说一家门店只有3~4条特别样式的裙子。少量供货是为货架上的紧俏货准备的，产品会有一个月的展示期限。余货也会迅速进行更替：即使顾客经常逛飒拉，但当再次光顾时，情况就发生变化了。全国零售协会的CEO对"Z日"和"快销时尚"感到不可思议："好像你每两周都会走进一家新开的门店一样[6]。"另外，除了保证店面的外观新颖之外，飒拉通过下面这些措施来实现标价的降低：飒拉按全价预定门店总销量的85%，而行业平均预订量为50%左右。飒拉清仓甩卖的商品数量只有行业平均数的一半。

9. 挑战和改变

尽管飒拉具有战略优势的光环，但它所在的行业也不是完美的。许多人想知道，飒拉在不同国家采取不同定价的策略能维持多久。还有其他问题，如飒拉从西班牙总店运营全球商店的方式还能持续多久。特别要考虑的是美国和中国市场上升的影响，毕竟在2012年，除了少数商店外，来自中国和美国的飒拉店面的营业额占了1/3（中国有400家，美国约有50家）。随着来自亚洲市场的销售额的剧增，继续在西班牙开展设计、制造、物流运输是否还有意义？在飒拉的核心价值链上，

许多在中国制造的产品要运送到西班牙完工，然后再运回中国。这一切虽有些怪异，但在印第迪克集团CEO巴勃罗·伊斯拉（Pablo Isla）看来，飒拉根本没有必要建立第二产品基地："我们并没有在亚洲复制工厂的想法。"不过，他也承认飒拉可能会调整物流情况[7]。

最后，飒拉善于协调设计师、工厂、店面和销售人员的各项活动，这也证明了其自身战略的强大力量。的确，没有其他工厂能像飒拉那样快速开展设计、制造、运输和销售。飒拉的商业设计让竞争对手根本来不及去了解如何更好地组织并协调其运作。有些人认为，这些公司的确没有其他选择，只能追随飒拉的战略。零售分析专家警告说，如果这些公司不这么做，那么用不了10年，它们就会从所在行业消失[8]。

思考题

1. 飒拉相信，影响其全球扩张的主要约束因素在于找到能有效率经营其零售店的经理人才。你觉得飒拉寻找的理想候选人需具备什么条件？为什么很难找到？

2. 飒拉的商业模式一开始就不同于传统模式。现在，飒拉的战略依靠的是其协调各种业务间关系的能力、一流的设计、产品外包、物流运输以及店面运营。在"立方体"里的飒拉管理者看来，管理各种业务之间关系的最有效方式是什么？

11.1 引言

本书前半部分介绍了跨国公司所处的环境及其影响因素，如文化、政治、法律、经济、贸易、货币、政府、伦理、资本及制度等因素。无论是从个别的还是从整体

的角度来看，这些因素都会影响管理者的战略决策和经营行为（见图11-2）。鉴于国际商务环境的条件和发展趋势，管理者为增强企业竞争力所做的一切决定了本章的目的：分析管理者进行战略设计的方法及特征。当然，这些战略面向的是影响企业当下业绩与长期增长的市场上的客户。

外部影响因素		管理层愿景
产业结构和动因		
竞争动力		战略
经济环境		
政治、法律与监管环境		价值创造
技术标准与趋势		
文化取向		
消费者预期		企业业绩

根据第1章的介绍，跨国公司的经营环境涉及自然、文化、市场和竞争因素。第2~10章讨论了每一环境因素的特征。本章主要讨论这些特征中与跨国公司战略相关的特征，重点分析管理者如何针对所面临的机遇和威胁来配置资源和协调经营业务。这些内容为第11章和第12章的分析提供了基础。

图11-2 国际商务战略的作用

国际上所存在的制度、市场结构以及顾客偏好方面的共性为跨国公司创造了种种机会。当然，国际上的差异也会对企业的决策形成限制。战略制定通常建立在权衡这些问题的基础上。本章将介绍影响管理者进行战略

分析的因素及其特征，包括对战略思想的评价、整合其见解的角度以及制定决策的工具。这里建立的分析框架也将应用于随后各章，主要用于评估各种问题。具体而言，要分析跨国公司诸如进入国外市场、建立联盟、组织经营活动等的方式。当然，这些都要基于企业的战略选择。本书最后一篇将以本章的一些观点为基础，讨论跨国公司是如何设计并实施其营销、生产、供应、会计、财务以及人力等活动的。

对于这些问题，本章开篇关于飒拉的案例 11-1 已涵盖了不少。当飒拉开始国际扩张时，服装行业的传统战略完全取决于产业的结构。显然，这种结构既缺乏效率（服装设计和运送的时间过长），也缺乏效益（服装生产商和销售商的面临预测和存货方面的难题）。飒拉的战略改变了服装产业的本质，对全球资源的整合与对当地市场的反应速度进行了重新定义。飒拉摒弃了由这种结构决定的传统做法，其创建者用了 10 年时间进行战略创新，重置了行业的经营效率标准和市场效益标准。飒拉的成功，至少可以说，震动了全球服装行业。飒拉不仅改变了服装公司有关设计、生产、物流和营销的价值创造方式，而且改变了针对价值创造而协调各个职能的标准。最后，这些改变突出了跨国公司的战略目标：通过业务的标准化化使全球效率最大化，同时，通过调整业务活动使当地效益最优化，以此来完成价值创造。

11.2 行业结构

跨国公司面临各种影响其战略设计的因素。例如，德国汽车制造商宝马（BMW）一直关注着技术发展、利率趋势、政治领袖变化会如何影响公司的盈利。然而，所在行业的环境因素往往有重要并直接的影响。宝马对同行的行动似乎更为敏感，这些同行包括奔驰、丰田、米其林、固特异轮胎和博世，因为它们对宝马的表现有直接影响。因此，了解战略要从了解**产业结构**（Industry Structure）开始。

解释常常依赖于**五力模型**（Five-forces Model）所介绍的概念和方法[9]。按照五力模型的观点，企业的经营业绩取决于其战略，而战略又决定于影响其所在行业竞争性质的因素。因此，经营者都会关注影响特定行业特定战略潜在盈利能力的这些因素，以及它们之间的相互影响。从技术上讲，五力模型反映了行业内企业之间的关系，强调的是竞争对手、新进入者的威胁、替代品、供应商和购买者的讨价还价能力是如何影响潜在盈利能力的。

假设某个行业没有进入壁垒，有众多买家，而且低成本技术的增加使得众多企业进入该市场并带来激烈竞争。例如，手机、电子商务、金融服务或娱乐等行业就是如此。相反，如果某个行业的进入壁垒很高，需要极大的资本投入，而且有较高的研发标准，如制药、航空或汽车制造等行业，那么参与竞争的企业就比较少。对于上述两类行业，现有行业结构会影响跨国公司的战略选择，如研究与创新、产品定位、工厂投资、物流网络和定价策略。这些重大问题的选择决定了企业的战略，而战略反过来又会影响企业的业绩[10]。

● 行业变化

行业结构具有动态性。新的产品、新的工厂、新的市场以及新的经营者都能引发竞争、定价、替代品、购买者和供应商的变化，而这些变化常常会使所在行业的次要特征发生变化，如现有分销渠道的扩大、获得更高质量的投入品等。这些次要变化会留给经营者更多的空间去调整战略。

有时，五力中的一个或多个因素会出现异常变化，从而破坏行业结构[11]。跨国公司必须评估这些重大变化对五力间关系重置的影响以及对企业盈利能力的影响。通常，重大变化包括竞争对手、产品、生产和政治环境的变化。下面做详细分析。

1. 产品的变化

破坏性创新会促进行业的变化。例如，新产品会使旧产品遭到淘汰。同样，新的生产工艺会使产品的生产、运输以及服务方式发生重置[12]。例如，2009 年，突然间冒出来的小巧、轻便且便宜的专注网页浏览和收发邮件的上网本使得全球个人计算机（PC）行业发生了重大变化。传统的个人计算机以及生产计算机配件的公司，如三星、英特尔和微软，都必须面对因笔记本电脑兴起而带来的行业结构的剧烈变化。正如一位分析师所指出的："消费者需求向低成本个人计算机市场的转移显然会对价值链上每一个参与者的收入带来压力，从零配件供应商到零售商无不例外[13]。"

之后，笔记本电脑问题刚刚尘埃落定，2010 年，苹果 iPad 的创新又一次破坏了手提电脑行业的结构。竞争者再一次需要调整其战略中的某些元素，需要反思芯片结构、性能重量比、软件平台以及设计的工效等问题。到 2011 年，大量功能更强的平板电脑以超出预期的速度淘汰了个人计算机。而到 2013 年，全球范围内个人计算机的出货量下降得更快，而平板电脑则出现加速增长[14]。惠普、戴尔、宏碁等全球最大的台式个人计算机制造商，几年前尚在欢呼雀跃，而如今面对销量下降、利润下滑和可怕的后 PC 时代，都在进行着艰难的转变。

2. 生产的变化

管理过程中的创新也会促使行业发生变化。就新兴市场的跨国公司而言，它们正在重构生产和分销体系，试验新的商业模式，并重置有关经营效益的标准。管理者从位于金字塔底层的消费者的需求出发，正在考虑将节俭创新（Frugal Innovation）方法应用于产品开发：仅仅保留最基本的产品特征，以便更为经济地满足现有需要。节俭创新促使管理者重新考虑整个生产流程和商业模式，这样他们就能运用现有的技术、以创新的方式并结合全新的想法，或者将大众生产工艺运用到全新的未知领域。目前，印度已将节俭创新作为其管理思想的独特亮点。当然，这种优势并不只出现在印度。同样，非洲的节俭创新（如肯尼亚 Safaricom 电信公司的移动支付）和亚洲的节俭创新（如中国供应商的可重复使用的缝合线）也对行业经济产生了类似的影响[15]。

3. 政治的变化

政治领域的变化也是管理者一直关注的方向。最为典型的一个例子就是 2008 年发生的全球金融危机[16]。事实上，这次金融危机的余波正在不断地重置许多行业的结构。金融市场的混乱改变了信用期限和融资机会，致使资本成本和回报门槛发生了变化。主权债务的不断增长要求政府实施财政紧缩政策。随之而来的消费者、行业和公共需求的下降改变了购买者和供应商的实力。对经济自由的反对以及国家资本主义的强化使得竞争对手发生了变化。潜在的行业盈利能力不再稳定。对此，管理者开始质疑自己的战略选择，开始反思原来的价值定位，重新调整经营思路，以应对快速变化的产品市场，并通过重新定位其资源来维持生产效率[17]。

4. 警示信号

就性质而言，破坏式创新可谓多种多样。结合先例，其警示信号如下：

（1）长期增长率出现重大变化。

（2）使效率边界变化的突破性技术，如集装箱运输、无线通信或智能手机。

（3）顾客购买和使用方面出现的新模式，如在线流媒体电影或网络语音电话服务代替地面服务。

（4）制造方面的创新，如使生产率大幅提升的六西格玛管理或精益生产。

（5）商业、管理和技术才能的跨国快速扩散，如东方经营方式向西方企业的传播加强了其竞争力。

（6）政府规制的突然变化，如政府不断参与资本市场，从而使经济自由出现重置。

（7）新的竞争形式，如国有企业的兴起从而改变了竞争活力。

（8）小概率的黑天鹅事件，如互联网危机或全球金融危机从根本上重置了商业原则。

11.3 关于战略的视角

了解行业以及行业变化很重要。因此，研究人员有必要分析企业是如何从短期成功最后成长为具有标准制定权的行业巨头的。换言之，优秀企业是如何通过制定其战略而走向成功的[18]。分析发现这类企业应用的是务实的、实用的、"追求卓越的组织架构"。不仅要求管理者和员工着眼长远，而且将长期表现优异者与短期表现优异者进行了区分。当然，这一方法旨在探寻。互联网搜索显示，这方面有许多可靠的理论。其中，两种战略模式最为著名：**产业组织范式**（Industry Organization Paradigm）和**卓越源于选择**（Great by Choice）。这些模式有助于管理者摆脱疑惑，转而认清行业及其变化情况。下面逐一进行分析。

1. 产业组织范式

产业组织范式强调产业结构的决定作用，即产业结构绝对决定了企业的盈利能力大小。产业组织范式首先假定接近于完全竞争：企业数量众多，所占市场份额很小，是价格的接受者，出售同质产品，可以自由进出该行业；购买者了解产品特性和竞争者的价格；风险调整后的回报率保持不变；如果存在高额利润，新企业就会进入，使得竞争加剧，从而导致价格和利润下降；如果利润很低，企业就会退出或倒闭。换言之，随着时间的推移，没有企业或行业的经营能一直保持领先，而不论经理或企业进行怎样的创新[19]。一般而言，所谓缺乏吸引力的行业，就是那种因完全竞争而总体盈利能力很弱的行业。

事实上，许多行业并非处于完全竞争状态[20]。不同企业的确有不同的盈利水平，但行业结构因素只是会影响而非决定企业的盈利水平。在许多行业，进入壁垒阻止了潜在竞争对手的进入，或者只有若干大型的寡头企业。在这种竞争不完全的行业里，企业总能获得超过平均水平的风险调整收益，如集成电路行业的英特尔、信息技术行业的苹果、商业服务行业的印孚瑟斯、移动支付行业的 Safaricom 电信、奢侈品行业的路易威登、互联网搜索行业的百度、健康护理行业的强生、食品服务行业的雀巢等。所谓有吸引力的行业，就是那种因非完全竞争而使所在企业获得超过平均盈利水平的行业。

2. 卓越源于选择

因为市场并非总是完全竞争的，所以行业结构并不能完全决定企业的业绩。有些企业的业绩总会好于竞争对手。对此，应该如何取得这样的业绩呢？这个问题的答案在于企业那些聪明而充满奋斗精神的管理者以及他们对创新产品的敏锐眼光，或者在于拥有制定难以复制的战略的手段，如苹果的技术平台、谷歌的专门搜索技术等。这样，它们就能一直领先于同行业中的竞争对手。本质上讲，行业结构的确很重要，但有些企业的繁荣得益于其管理者的卓越选择，也即他们实现抱负的出色能力[21]。

更为明确地讲，飒拉所制定的精致的、平价时尚的战略要求管理层开展生产创新，从而使飒拉能将设计才能、顾客响应和信息技术整合在一起。然而，全球服装行业的结构与这一战略相对立。因此，飒拉的管理者必须具备涉及设计、生产、物流和零售等多个领域的能力，从而将飒拉的创新战略转化为行动。飒拉创立者的一个重要决定和目标就是保持飒拉在拉科鲁尼亚市的制造业务。自那以来，这一商业模式成功地战胜了行业传统的商业模式。飒拉骄人的业绩充分表明：卓越的经理造就了卓越的战略，而卓越的战略造就了卓越的企业，而卓越的企业总能长期领先于其对手。

3. 战略的标志

实际上，产业组织范式和卓越在于选择两大模式的共同假设就是体现有效战略的标志。这两种模式均明确了战略的视角和工具，跨国公司可以借此处理行业结构、合理分配资源并形成真正能使企业保持盈利能力不断提高的创新。此外，两者结合起来表明，战略的作用就是打造并维持"追求卓越"的框架，而这种框架是让优秀企业成为卓越企业的宝典。这些问题会给所有企业带来困难，但跨国公司的困难尤为严重。毕竟，跨国公司不仅要处理本国问题，而且还要在其他国家运营，所以需要应对更具挑战性的顾客、行业和制度方面的问题。

管理实践强调多样的战术性解决方案。不过，人们共同关注的是这些方案对于提高跨国公司价值创造能力的贡献。当然，这里的价值是指长期的并超过行业的基准水平。其实，这些方案也证明战略的目标就是创造**价值**（**Value**），即衡量企业能将产品按高于生产成本的价格出售的指标[22]。因此，**战略**（**Strategy**）就是"追求卓越"的框架，旨在通过运用行业的环境以及管理者的优秀才能来创造更多的价值。

11.4 价值创造的方法

为了创造价值，跨国公司必须提出令人信服的价值主张（消费者为什么必须购买其产品或使用其服务），并明确目标市场（为哪些客户生产产品或服务）。这种分析可以分国家、分地区或按全球范围进行。但不管怎样，这种分析要求管理者所生产并销售的产品能给顾客带来超过预期的价值。跨国公司可将这种要求化为追求卓越的框架，即在给定的行业环境下，通过生产成本低于竞争对手的产品（成本领先战略），或通过生产使消费者愿意支付高价格购买的产品（差异化战略），来创造价值。

11.4.1 成本领先战略

跨国公司实施成本领先（Cost Leadship）战略的目标是在产品质量水平一定的条件下成为行业内成本最低的生产者。为了以最低的竞争价格向可能的最大市场提供标准化的产品，企业可以通过简化产品设计、投资最新生产技术、优化经营流程、强化企业管理以及发挥竞争实力而实现成本降低。

不管项目或规划如何，成本领先战略是根据整体效率的提升情况来评估战略的有用程度的。有效经营的绝对性来自这样的事实，即同一行业内企业的成本通常各不相同，而这主要是由于不同企业的管理质量、投入品价格、工资水平、员工生产率、生产规模和分销费用等方面存在差异。就成本领先战略而言，成本低于竞争对手为企业的战略取得成功提供了效率保障。

成本领先战略在竞争高度激烈的行业中是一种重要的优势，如航空、钢铁、房屋担保、家电和包裹运输等行业。像西南航空公司、联合包裹服务公司（UPS）、海尔、泰国冷冻产品、花旗集团、安塞乐米塔尔、西麦斯、兰伯西制药、维珍移动和富士康等公司就采用了该战略。产业的高度竞争促使跨国公司必须借助大规模标准化经营来抵消大资金投入要求。残酷的低成本竞争使低效率的竞争者面临提高产量的压力。例如，一旦出现价格战，低成本领先企业可以降低价格，从而在将损失转嫁给竞争对手的同时仍能获利。即使没有价格战，随着行业的成熟和价格的降低，能以最低成本生产产品的跨国公司总能比竞争对手坚持更久。

今天，许多中国企业就在运用成本领先战略，借助有效的生产运作、低价劳动力、全球分销、政府支持、科技增长等手段使成本低于竞争对手[23]。看一下中国的珍珠养殖场主，他们一开始就以低成本将高质量的珍珠卖到全球各地。到 2011 年年底，中国半英寸珍珠的批发价为 4~8 美元；而塔西提岛产的大小差不多的珍珠要卖到 25~35 美元。一位观察家指出，由于从中国流出大量珍珠，普通妇女也能买得起珍珠了[24]。中国珍珠养殖场主并不满足于现有的价格优势，他们开始投资自动化养殖，并且给蚌进行基因排序，从而使其能产出淡水珍珠。如果该试验成功了，那么高质量的中国珍珠的价格将再次大幅下降。

这种情况已经发展到众多的商品市场。结果，中国企业成功实施的成本领先战略使得竞争对手完全失去了选择。有分析师建议："如果你仍在生产劳动密集型产品，最好现在就出局，不然就会失血而死[25]。"纳尔科中国的主管也认为："只要你打算做价格竞争，那么游戏就结束了[26]。"

11.4.2 差异化战略

依赖于持续性品牌产品创新的行业，如消费电子、软件、娱乐、财富管理或时尚市场等，通常并不强调成本领先战略，而倾向于实施**差异化（Differentiation）**战略，即通过洞察顾客的消费行为、开发前沿产品、制订高调的营销方案并加速产品的市场投放而创造价值。在本章开篇关于飒拉的案例 11-1 中，飒拉特别信奉的是："对路的时尚是引领我们商店的核心要素。价格很重要，但仅仅是第二重要。"然而，"对路的时尚"的确定、设计和供应需要有一整套的生产流程技术，需要建立能到达生产顶峰的技术密集的基础设施，从而将酷的创意快速转化为热门时尚。

差异化因素在每个行业都很重要。即便是像牛奶、阿司匹林或存储芯片这样的商品，表面看起来都一样，但通过辅助服务或搭售，就能显现出差异性[27]。不过，差异化战略在知名度较高的高利润率行业使用特别普遍。差异化战略离不开加速创新，而不是无限制地降低成本。差异化战略的目的在于开发能够为顾客提供独特特质的产品，而顾客视这些产品优于其他产品，从而愿意支付较高的价格。差异化战略要求有较强的开发能力，而且竞争对手无力或很难进行复制或模仿。例如，苹果 iPad 精致的设计、凌志轿车精巧的工艺、丽思卡尔顿酒店优质的顾客服务、飒拉门店一流的购物地段、谷歌高效的搜索算法，不仅带来了利润，而且也确立了竞争对手无法企及的高标准。

通常，企业会把产品差异作为向对手展示竞争力的手段。星巴克于 1996 年开始全球运作，到 2013 年已在 57 个国家或地区拥有超过 17000 家门店。它执著于利用咖啡的口味、美学的策略和迷人的氛围进行扩张，其高品质的产品和独一无二的顾客体验支持了门店的高收费[28]。一路走来，星巴克优化了它的差异化战略。例如，星巴克在欧洲扩张时，引入高端建筑，包括大吊灯和供读者阅读的地方，目的是吸引顾客，给他们一种高端咖啡的文化体验。2012 年年底，星巴克在印度孟买开了第一家店，和塔塔全球饮料公司（Tata Global Beverages）各持股 50%。现在，星巴克使用本国生长和烘焙的咖啡豆，冲泡时融入印度的口味。星巴克在印度的价格比世界其他地方都要低[29]。拿铁在美国卖 4.3 美元，在北京卖 4.81 美元，在伦敦卖 3.81 美元，而在新德里只卖 1.7 美元[30]。公司也改变了针对印度口味的菜单，给有加盟店的印度城市提供一种独一无二的食品[31]。

今天的创新日后总会遭淘汰，这一事实对差异化战略永远是一个威胁。世界范围内出现的强大的竞争对手，不管是在发达国家还是在新兴经济体，使得差异化成了一项没有尽头的挑战。德国形成的创新会迅速扩散到在巴西、美国或中国的竞争对手。对于依赖卓越产品品质的企业而言，必须像 IBM 的 CEO 所说的那样，孜孜不倦地思考："什么使得消费者愿意购买我的产品？我要基于什么实现产品的差异化和竞争力[32]？"

11.5 企业的价值链

原则上，跨国公司可以选择成本领先战略或差异化战略。实践中，每种战略的不对称需要使得同时采用两种战略并不现实。例如，假设有少量的跨国公司成功地以低成本销售前沿产品。无论选哪种战略，企业战略的潜在盈利能力取决于顾客对产品价值大于价格的认可。简单而言，如果跨国公司的产品能让顾客认可其价值比价格超出更多，那么该企业就能在与竞争对手的竞争中胜出。理解这种关系并将这些想法应用于追求卓越的框架，便是出色战略的标志[33]。

实施成本领先或差异化战略的决心体现的是行业的结构特性以及经营者的解析。例如，飒拉"平价阿玛尼"战略的实施就引发了一系列的质疑：我们从哪里能找到设计理念？我们应该如何设置全球标准？何时做出当地响应有意义？我们应该在哪里制造产品？我们的供应商会支持我们的计划吗？我们如何做到世界范围的分销？我们最有效的营销手段是什么？我们应该雇用怎么样的人来经营？竞争对手会如何反应？

与其他跨国公司一样，这些问题会影响：飒拉如何组织其产品的设计、生产和销售活动；飒拉如何使其在各国的业务具有效率；飒拉如何协调不同地方的业务部门所做的决策[34]。有效管理这些，正是卓越企业不同于优秀企业的原因。鉴于这些问题的重要性并结合成功企业的成功经验，这里重点解释企业价值链上的各项活动。

价值链（Value Chain）概念源自"任何企业都是企业内发生的各种独立经营活动的集合"这一理念[35]。价值链决定了企业为实施战略所设置的业务体系。本质上，管理者可以根据价值链的分析框架把"创造价值"的过程分解为包含若干步骤的模型。这一模型概括了产品生产的整个流程，按顺序包括通过研发形成创意、外购原料、组织生产、物流管理、开展营销以及确立服务方案。图 11-3 描述了这一流程，并确立了企业价值链各职能活动的顺序。表 11-1 描述了各影响因素的特征。

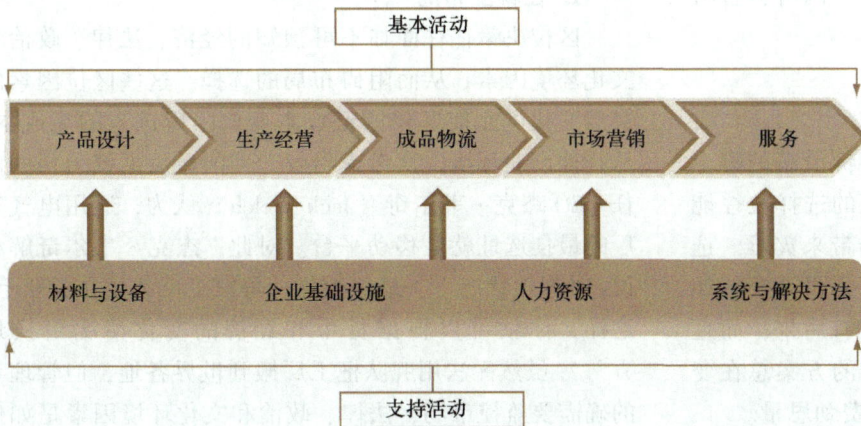

价值链由通称的基本活动构成。这些活动代表了企业经典的业务职能和经营导向，价值链也明确了相关的支持活动，代表了企业的日常任务。支持活动对企业基本活动的实施具有协助作用，每一项支持活动对价值链上的所有基本活动都会起到帮助作用。这一点可从其经营中沿价值链宽度方向的变化可见。

图 11-3 可视化的价值链

表 11-1 价值链的具体说明

价值链的基本活动和支持活动明确了跨国公司创造价值需要经历的阶段。正如这里所描述的，通过把业务活动分解为独立的责任，价值链为管理者制订战略计划提供了强大的工具。

价值链	基本活动	产品设计	设计产品或流程的功能、特征以及外形美观性
		生产经营	通过组件外购、供应链安排、厂址确定和生产流程优化将投入品转化为成品
		成品物流	将成品从工厂运输至批发商、零售商或终端消费者。需要处理的的问题包括分销渠道、存货管理、仓储以及运输物流
		市场营销	告知买家与消费者有关产品或服务的信息，建立销售队伍，制订包装方案，确定品牌并制订促销方案
		服务	通过安装支持、售后服务及培训等方式来服务客户

（续）

价值链	支持活动	材料与设备	负责基本经营活动所需的原材料和设备的采购、运输、储存和分配
		企业基础设施	招聘、培养、激励和奖励员工
		人力资源	负责信息处理、信息系统管理和流技术平台的整合
		系统与解决方法	所有企业都有的典型的管理职能，如会计、财务、法律事务、安保和质量控制

基本活动（Primary Activities）明确了企业核心业务职能：从产品开发与生产运作到物流管理，再到营销、分销和服务。基本活动体现的是经典的业务活动和管理导向，所以它们被贴上了运作或营销等职能标签。图 11-3 给出了被称为**支持活动**（Support Activities）的次要流程。这些支持活动针对的是所有的基本活动。例如，价值链上每个活动环节都涉及人力资源活动，从监督原材料到货，到生产运作、发运产品与记录订单，再到提供

客户服务，每一步都需要有人力资源支持。除了确定企业的基础设施，支持活动直接影响企业基本业务活动的日常业绩。

11.6 价值链的管理

跨国公司的竞争力取决于价值活动的有效分配，并将这些活动进行有效协调以形成一个整体。价值活动的全球分配涉及**布局**（Configuration）问题，而活动的整理则涉及**协调**（Coordination）问题。布局与协调就像硬币的两个面一样具有内在联系性，不过，两者也各有自己的特点。

11.6.1 布局

企业要做的最重要的选择之一就是将价值链的哪个环节或多大程度上转移到外国市场。明智的选择往往能带来企业绩效的增加，而错误的选择则会带来灾难。选择去哪里并做哪个环节的业务意味着跨国公司需要就如何布局其业务做出重大决策。选择当然会有后果，而且许多跨国公司都很清楚。不过，因为布局的方案总在变化，所以许多企业在选择理想地址时总是费劲思量。

不论规模大小，任何跨国公司都希望在世界上生产率最高的地方开展价值创造活动。理论上，布局有**集中**（Concentrated）（在同一地方开展全部的价值链活动）与**分散**（Dispersed）（将价值链活动分散在不同地方开展）之分。哪些活动要集中哪些活动要分散，这里的选择取决于实际情况，毕竟不同业务活动在不同地方会有不同的成本。如前所述，价值创造取决于跨国公司能否将其生产的产品按比成本高的价格销售出去。因此，跨国公司在布局价值活动时要利用**区位经济**（Location Economies）因素，即在现有的经济、政治、法律和文化环境下，企业在生产率最高地区开展业务活动而获得的效率。

假设某个市场可以为所有活动提供成本最低、生产率最高的经营环境，那么，跨国公司会把价值链活动集中在该地，然后通过出口来服务全球市场。相反，如果某些活动在 X 国的成本较低，其他活动在 Y 国的成本较低，另有一些活动在 Z 国的成本较低，那么企业就会将价值链活动分散在各地。因此，如果最好的工业设计师在中国台湾，那么企业就会把设计活动布局在该地；如果组装的生产率在中国大陆最为高效，那么企业就会在那里建立工厂；如果最富创意的人才是在丹麦，那么企

业就会在那里制订广告计划。

如今，全球一体化和本地响应这对矛盾给企业带来了不少的压力，而这也意味着跨国公司越来越不可能将其价值链活动集中在单一地区集。案例 11-1 强调了飒拉面临的挑战或二难选择：是继续把价值链集中在西班牙从而实现全球效益最大化，还是将部分价值链活动分散到快速增长的亚洲市场从而实现当地效益的最优化？飒拉的决定与行业的做法相反，选择的是离家近些，毕竟这一直是其竞争力的依靠。行业趋势的变化会促使企业调整其布局战略。

1. 在哪里布局

区位决策往往面临不可预知的经济、法律、政治和文化环境因素，从而阻碍布局的选择。这些区位因素的突然变化可能使区位的低成本变成阻碍进入的高成本。从其他商业环境因素考虑出发，美国通用电气公司的前任 CEO 杰克·韦尔奇（Jack Welch）认为，通用电气工厂的最佳选址就是移动平台。对此，杰克·韦尔奇解释说："理想状态下，最好把你的每家工厂都建在驳船上。这样，你就可以根据货币和经济的变化情况更换地方[36]。"虽然无法用舰队把工厂搬到世界各地，但管理者的确需要监控市场、法律、政治和文化环境因素是如何影响区位经济的。为此，跨国公司在布局时，必须特别关注经营环境的质量、创新的环境、规模经济以及资源的成本。之后，它们需要进行定性分析，考虑物流、数字化和日渐重要的机器人技术等影响因素。

2. 经营环境的质量

虽然杰克·韦尔奇将工厂建在驳船上的愿望不切实际，但也促使跨国公司在布局价值链时会根据目标国家的经营环境考虑是否进入的问题[37]。各国都清楚跨国公司在这方面的敏感性，所以会采取措施来提高区域经济的吸引力。具体措施或方法包括降低开办资本要求、简化资产注册、加快监管评估、推进劳动力管制的自由化。一般来说，重视机会的政府会对外招商，邀请外国投资者前来投资，并会承诺营造友好的经营环境，如灵活的经营规定、更低的税率、低成本的融资和配套的公共政策[38]。2010 年，美国太阳能电池板领先企业常青太阳能公司（Evergreen Solar）关闭了在马萨诸塞州的工厂，解雇了 800 名工人，将生产工厂转移到中国武汉的一家合资企业。该公司就是为了利用当地的区位优越，如贷款成本低、政府的大力支持以及廉价的劳动力[39]。

目前，在新加坡、丹麦、中国香港、新西兰、加拿大、瑞典、美国等高收入国家或地区开展经营仍然是最

容易的[40]。稳定的公共政策、方便的基础设施、发达的金融体系、灵活的劳动力市场和良好的经济发展前景都有利于企业的经营。当然，有些国家或地区的经营环境风险很大。例如，委内瑞拉、津巴布韦、乍得、布隆迪、喀麦隆、玻利维亚和塔吉克斯坦，都是目前全球经营环境最差的国家。总体来说，全世界的经营环境都在改善。经营环境对经济增长的重要性促使许多国家或地区努力改善当地经营环境。

3. 创新的环境

消费者、企业和国家都能从新想法的应用中受益[41]。消费者可以享受更高的生活水准；企业可以提升竞争力；而政府可以推动经济增长。按照"奇异性理论"（Singularity Principle）的观点，在未来的 30 年，"技术变化的节奏会加速，影响将更为深刻，以至于技术将出现飞速发展[42]"。遗传学、机器人技术、纳米技术、计算技术等方面的进展将颠覆众多主流的惯例。根据有关预言，2013 年将出现计算能力超过人脑的超级计算机。更为激进的预言是，到 2050 年，价格 1000 美元的计算机的思维能力就将超过人类[43]。因此，在这些或相关行业中具有标准制定权的企业就可以创造巨大的财富和许多工作岗位。为了取得领先地位，跨国公司必然会把其价值活动布局到创新环境有利于企业发展的国家和地区。

东道国政府会竞相营造知识密集型、技术驱动的经营环境。技术的提升、人的能力的扩大、组织能力的优化以及制度响应性的提高决定了这些地区具有利用知识进行市场创新的优势[44]。目前，发达国家在创新能力方面排位领先，瑞士、瑞典、新加坡、芬兰和英国位列前五名[45]。不过，亚洲地区的韩国、印度、土耳其和中国的创新能力正在快速崛起，其排名也在不断上升。总体来说，亚洲国家正在从强调生产效率优化向注重创新环境的政策建设转变[46]。跨国公司相应地进行了回应，并且正在进行重新布局。具体而言，通用电气公司于 2010 年在巴西新开办了一家研发中心，而它之前在中国和印度才刚开办。每家中心的目的都是想利用东道国创新环境改善带来的利益。照此发展下去，跨国公司预期会调整布局，更加注重在那些知识工人数量不断增加的市场的布局。表 11-2 简要描述了其中的一个领先指标。

表 11-2　全球大学生分布（排名前十的国家）

知识与创新之间具有必然的联系。未来酷产品的生产要求当下培养富有创新思维的人才。为了评估当地市场的创新潜力，跨国公司必须监察世界各地知识工人的供应情况。

排名	国　　家	在校大学生总数/万人	2011 年占世界在校大学生的比例（%）
1	中国	2669.2	16.8
2	美国	1824.8	11.5
3	印度	1486.3	9.4
4	俄罗斯	944.6	6.0
5	巴西	595.8	3.8
6	印度尼西亚	442.0	2.8
7	日本	393.9	2.5
8	韩国	320.4	2.0
9	乌克兰	284.8	1.8
10	埃及	259.4	1.6
—	世界	15871.3	100.0

资料来源：Based on UNESCO Global Education Digest 2011, retrieved from www. uis. unesco. org/Education/ Pages/default. aspx.

🌐 地理的重要性

集聚与价值链布局

完全可以预料的是，地理因素从根本上决定了跨国公司的价值链布局。当然，这里面有许多明显的决定性因素，如某个地方成了原料产地或拥有高生产率的劳动力。跨国公司开展价值链布局更多地是为了利用**集聚效应**（**Cluster Effects**）。从本质上讲，正像同种鸟儿会聚在一块那样，某些行业的跨国公司也会聚在一起，如作为全球金融中心的美国纽约、作为汽车和电气工程摇篮的德国巴登—符腾堡州、作为能源中心的沙特阿拉伯达兰科技园（Dhahran Techno-Valley）、作为切花中心的荷兰、作为信息技术中心的美国硅谷、作为无线通信中心的以色列硅溪（Silicon Wadi）、作为护目镜生产中心的意大利贝卢诺、作为娱乐之都的印度孟买和美国好莱坞等。显然，决定行业集聚的地理因素包括：竞争激烈，资源互补，互相依赖的企业和产业因为需要相互之间进行商业往来，并共享彼此所需的人才、技术和基础设施，所以它们的经营地就会越来越靠近。不断增加的产业集聚又会吸引各种相关的卖场、服务提供商、投资者、分析师、熟练工人、贸易协会成员和咨询人士的到来[47]。

地理邻近往往能增进知识的交流。企业之间可能是直接的竞争对手，也可能是合作伙伴，而且通常要采购集聚产业中其他企业提供的投入品和服务。因此，产业集聚可以增进企业之间的合作和竞争，形成独特的区位经济利益，从而使得跨国公司可以优化其价值链布局。通过观看"邻居"的做法并与之合作，企业之间就会形成知识的外溢和生产创新能力的提升。

当然，事业集聚的主要动因在于经营动力的不断强化：随着某个产品的买卖双方不断集聚，它们就会说服其他企业跟着做，参与者的增加就会形成重要的、大批量的企业、竞争对手、供应商和买家。通过共同努力，集聚的效果就可以得到增强，从而吸引更多的企业加入，使得这种循环得到进一步加强。最后，就像著名经济学家阿尔弗雷德·马歇尔（Alfred Marshall）在1890年所说的那样："贸易的神秘不再充满神秘，而是成了

大众的话题[48]……"在作为医学移植制造商集聚中心的美国印第安纳州华沙市，一位经理列举了一个更为实际的例子：一位工程师可以通过电话联系分包商并提出创意，"5分钟后分包商就会上门拜访并告知产品应该如何生产。相比各家厂商相隔千里，在这里做这样的事情要方便许多[49]"。

世界各国（地区）正在积极推进产业集聚，希望能够影响跨国公司的价值链布局。集聚成员之间的知识交流和溢出不仅会刺激各个国家或地区的经济发展，而且能促进当地的产业创新。例如，中国台湾就在台北郊区建立了新竹科学工业园，形成了高科技产业集聚。如今，新竹已经集聚成为台湾地区的IT产业中心，有400余家高科技企业坐落于此，全球50%以上的集成芯片、近70%的计算机显示器以及90%以上的手提电脑均产于此地。

4. 规模经济

经营规模扩大以及投入品用途增加所带来的效率提升使得单位产品的生产成本得到系统地减少。当然，这种效率提升的利益来自不同的途径，如原料采购（通过长期合同购买批量采购原材料）、生产过程（将固定成本分摊到更多的产品上）、财务运作（可以在更多的国家使用更多的融资工具）以及广告支出（由更多的市场来分摊创意的推广成本）。这种因经营规模增加而使企业经营效率提高的现象就是**规模经济**（**Economies of Scale**）。

这里可以用规模经济的利益来解释各种价值链布局方式。如果前期投入非常大，那么这类项目就具有巨大的规模经济潜力。虽然累计产量在增加，但边际生产成本会下降，因此长期生产下的单位成本会降低。对于前期投入非常大的跨国公司，特别是采用成本领先战略的跨国公司，可以通过专门从事价值链业务并建立若干规模巨大的工厂，来获取规模经济带来的利益。

例如，对于规模效率最低的小型企业而言，其生产集成电路的成本大约是30亿～50亿美元。因此，全球规模最大的半导体芯片生产商英特尔公司采用由位于四个国家的12家工厂来向客户供应产品。在这12家工厂中，美国有7家，爱尔兰有3家，以色列和中国各有一家。当然，英特尔也可以选择在更多国家设立更多的规模较小的工厂，但工厂分布过散的小规模生产活动会导致效率降低并使英特尔失去竞争力。

5. 劳动力成本

成本差异会影响跨国公司的价值创造活动的布局。

工资水平、员工生产率以及政府规制方面的差异意味着即使各国开展的是同一业务，其成本也并不一定相同。可以预期的是，跨国公司不仅会认真思考在何地开展经营，而且会根据环境的变化对布局进行调整甚至再调整。例如，北美的鞋类制造商过去一直在美国生产鞋子，但近30年来已经将生产转移到从中国台湾到菲律宾、泰国、韩国、越南以及中国大陆的分包商，以此来求得最低成本。

无独有偶，由于中国拥有大量生产率高、成本低廉的劳动力，所以数千家跨国公司为此在中国开展经营。例如，2003年中国生产工人的小时平均报酬为0.8美元，而美国工人的小时平均报酬为25.34美元[50]。到2007年，中国非熟练工人的平均周薪约为美国工人的3%～5%。虽然中国已数次调高了最低工资标准，但到2012年，中国的工资标准仍仅为美国标准的15%～20%。以上海为例，上海的每月最低工资标准全国最高，为人民币1450元（约232美元），而纽约的最低工资标准为人民币7656元（约1160美元）[51]。

目前，各国间的平均周薪存在着巨大的差异。实际工资与预计工资之间的差异会影响跨国公司的价值链布局。表11-3给出了全球32个国家和地区制造业的小时报酬，从最高的挪威为64.15美元/h，到最低的菲律宾为2.01美元/h[52]。不过，对印度和中国的劳动力成本的估计存在一些困难。不过，相关数据表明，中印两国非熟练劳动力的成本仅为美国劳动力成本的3%～5%，大约为1美元/h。当然，熟练工的情况完全不同。印度信

息技术行业龙头企业印孚瑟斯公司的报告指出，该公司在印度雇用专业技术人员的总支出过去一直比在美国雇用专业技术人员的总支出少80%。到2013年，这一差距缩小到了只有30%～40%，而且还在稳步缩小[53]。

表 11-3　全球各地的劳动力成本

北欧与西欧各国在支付给工人的报酬方面处于领先地位，小时报酬高的国家常常包括澳大利亚、加拿大、意大利、日本和美国；小时报酬低的国家主要来自南欧、东欧、亚洲和拉丁美洲等国家和地区

国家和地区	小时报酬/美元		变化的百分比
	1997 年	2011 年	（%）
挪威	25.84	64.15	148.2
瑞士	30.42	60.40	98.55
比利时	28.92	54.77	89.38
丹麦	23.70	51.67	118.02
瑞典	25.02	49.12	96.32
德国	29.16	47.38	62.48
澳大利亚	18.93	46.29	144.53
芬兰	22.36	44.14	97.41
奥地利	24.91	43.16	73.26
荷兰	22.45	42.26	88.24
法国	24.86	42.12	69.43
爱尔兰	16.69	39.83	138.65
加拿大	18.49	36.56	97.73
意大利	19.76	36.17	83.05
日本	21.99	35.71	62.39
美国	23.04	35.53	54.21
英国	19.30	30.77	59.43
西班牙	13.95	28.44	103.87
新西兰	12.06	23.38	93.86
新加坡	12.15	22.60	86.01
希腊	11.61	21.78	86.60
以色列	12.28	21.42	74.43
韩国	9.22	18.91	105.10
阿根廷	7.55	15.91	110.73
捷克	3.25	13.13	304.00
葡萄牙	6.45	12.91	100.16
斯洛伐克	2.84	11.77	314.44
巴西	7.07	11.65	64.78
中国台湾	7.04	9.34	32.67
匈牙利	3.05	9.17	200.66
波兰	3.15	8.83	180.32
墨西哥	3.47	6.48	86.74
菲律宾	1.28	2.01	57.03

资料来源：Based on "International Comparisons of Hourly Compensation Costs in Manufacturing, 2011" United States Bureau of Labor Statistics, Released December 19, 2012.

诚然，高工资的工人可能会更加努力地工作，从而保证了更高的生产率，抵消了企业薪酬上的多支出。但

是，用相对高的生产率来抵消不同市场之间的报酬差异还是很难的。不考虑资本结构和技术方面的差异，美国工人的生产率必定是中国工人的7倍，才能抵消单位劳动的工资水平。根据记录，2010年中国工人的劳动生产率增长了8.2%，而美国增长了1%[54]。在2005—2010年，中国每年生产率平均增长约17%，而美国的增长率为4%，日本为2%，德国为1%[55]。

再看看对中国万得汽车（集团）有限公司的影响。作为汽车零部件生产厂家，该公司在有80万人口的中国东北城市辽宁锦州投资400万美元建立了一条组装线并聘请了20名工人。这20名工人的年总工资仅为4万多美元，相当于美国一名加入工会组织的汽车工人的基本年薪，或者等同于两名非工会成员的年薪[56]。同样，美国常青太阳能公司（Evergreen Solar）从马萨诸塞州搬迁到中国后，工人周薪支出从1350美元降低到75美元[57]。这些减少劳工支出的例子不仅仅局限于制造业。重新定位服务类业务，例如将美国的客户呼叫服务中心转移至印度，也带来了类似的成本差异[58]。

进一步说，劳动力如何影响跨国公司的布局选择呢？奥古斯特·孔德（Auguste Comte）认为："人口统计学才是王道。"在很大程度上，价值链布局与劳动力的关系也确实如此。由于跨国公司的经营活动对劳动成本差异十分敏感，如实施成本领先战略的企业，因此，劳动力的人口统计因素促使这些跨国公司选择用工成本较低、生产率较高的地区开展经营，以便利用当地有利的工资水平、劳动力供给以及生产率水平。例如，通用汽车公司尽管在美国步履维艰，但在中国的发展形势却是一片大好。2009年，中国超过美国，成为世界上第一大汽车市场。2010年，通用汽车在华销量超过了在美销量，这在通用汽车公司120年的历史上实属首次。因此，随着通用汽车在美国缩减其价值链，该公司在亚洲进行了不断扩张[59]。与此同时，福特汽车于2012年开启了50年来最大的工厂扩张计划，扩大了在中国重庆现有的工厂，并且在重庆和杭州破土动工兴建新的组装工厂[60]。

这些趋势将进一步加速。麦肯锡全球咨询公司认为，虽然全球400个中等规模的新兴经济体城市对于西方来说还很陌生，但是其将在接下来的15年里创造全球40%的经济增长[61]。类似通用汽车、福特汽车以及IBM这样的跨国公司，不管是大势所趋还是机缘巧合，必须有所动作，重新布局。普华永道（中国）的雇员总数从2000年的不到1000人，增加到2011年的1.4万人，到2020年有望达到3万人。IBM动作更大，将印度作为工

作中心，在印度的雇员人数从 1999 年的 100 多人上升到 15 万人（占 IBM 雇员总数的 1/3）[62]。按照目前的趋势来看，IBM 在印度的雇员人数将在 10 年内超过在美国雇员人数。有些人心存不满，提议干脆把 IBM 的名字从“国际商用机器公司”（International Business Machines）改为“印度—北京机器公司”（India-Beijing Machine）。

考虑到这些国家可以提供较多的劳动力和较低的劳动报酬，跨国公司会在劳动力最充裕的国家寻找最廉价的劳动力，由此重新安排价值链上的劳动力这一环。表 11-4 表明了劳动力转移的方向，主要是由于西方跨国公司将业务转移至劳动力充足的东南亚、中欧和东欧以及南美国家。到目前为止，我们已经看到了跨国公司的业务转移产生了明显的效果。在 2000 年—2010 年，美国企业削减了其在美国的劳动力就业岗位约 300 万个，而与此同时，海外雇员的人数上升了 240 万人。相反，20 世纪 90 年代美国企业增加的本土雇员为 440 万人，而海外雇员为 270 万人。

通用公司首席执行官就这一变化回应道：“现在，我们进军巴西，进军中国，进军印度[63]。”事实上，中国和印度占据了世界劳动力的 38%。从长期来看，一些跨国公司将跳过中国，着眼于印度巨大的潜力。尽管到 2050 年，中国的人口将上升 7900 万人，美国将增加 1 亿人口，但是印度将增加 5 亿人口。接下来的 10 年里，印度劳动力将增加至少 8000 万人。这一人口红利使得印度现在处于乐观的状态。

表 11-4　全球劳动力分布（排名前十的国家或地区）

跨国公司的价值链布局通常要根据给定的资源供应，如土地、资本、技术和劳动力。就后者而言，中国和印度极具吸引力，毕竟两国拥有大量生产率高、成本较低的劳动力。可以预期的是，许多国家的许多跨国公司会将其价值链业务布局到中国和印度。

排名	国家和地区	劳动力总数/人	2011 年占世界劳动力总数的比例（%）
1	中国	795500000	22.7
2	印度	487600000	13.9
3	欧盟	228300000	6.5
4	美国	153600000	4.4
5	印度尼西亚	117400000	3.3
6	巴西	104700000	3.0
7	孟加拉国	75420000	2.1
8	俄罗斯	75330000	2.1
9	日本	66910000	1.8
10	巴基斯坦	58640000	1.6
—	世界	3492935876	100.0

数据来源：Based on Central Intelligence Agency, “Country Comparisons：Labor Force,” The World Factbook, at www.cia.gov (retrieved January 25, 2013).

全球工资差异正在逐渐缩小。新兴经济体不断上涨的工资水平表明，各国之间的差距在不断缩小。中国和印度的工资水平，特别是熟练工人的工资在过去 10 年里上升了 10% ~ 20%。国际劳工组织的报告表明，在 2000—2008 年，亚洲的实际工资每年上升了 8%。种种长期的趋势使得工资因素变得复杂化。不断发展的自动化技术减少了制造业中劳动力所占的总成本。自 1990 年以来，相对于工资成本，发达国家市场的机器人平均价格已经下降了 40% ~ 50%。当地市场的规模、基础设施效率以及供应链支持，都会使高工资国家超越低工资国家而赢得竞争优势。同样，全球运输成本的上涨、船运商品一再延误，使得跨国公司意识到了工厂和消费者之间的距离所产生的弊端。因此，这些趋势也使反映区位决策的词语增多了（见表 11-5）。进一步讲，当地的工资水平也会受影响，但是不再决定价值链布局。跨国公司进行价值链布局时将有更多的选择，将会考虑更多的因素，而非只是当地的劳动力成本。

表 11-5　区位决策词汇

过去这些年里，工作安置的途径越来越多。过去主要围绕离岸经营问题开展讨论。如今，自动化的发展、对国家经济增长的敏感性、对知识产权保护的关注以及响应与竞争力之间联系的增强，促使相关解释得到扩大。例如，下面这些术语都是从“shoring”这个词延伸出来的各种经营方式。

经营类型	经营特点
离岸经营	指企业将价值链的基本活动或支持活动布局到另一个国家或地区。离岸业务可以保留在企业正式的边界内，也可以布局在边界外
家包经营	这种经营主要依赖家庭成员负责经营特定的价值链活动，而这些活动之前则以离岸经营方式由海外中心负责并由国外工人完成。现在，企业不再考虑离岸经营方式，而首先考虑的是在国内市场由家庭来承担业务活动
在岸经营	将某个经营环节或业务单元重新布局到本国某个生产率更高、成本更低的部门
回岸经营	与离岸经营恰好相反。企业或组织将价值链活动由国外经营地撤回到最初所在国的经营地
近岸经营	属于无进取性的离岸经营。其中，企业将某个价值链活动转移至邻近或附近的国家和地区

11.6.2　物流

价值链运行会产生基本活动与支持活动内的交换。例如，为了生产锂电池，某跨国公司必须开采玻利维亚的锂，再运送到在广州的一家工厂，然后将成品运输到法国的分销商，并由该分销商将锂电池供应给欧盟的渠道商。每次交易会在价值链的不同阶段间产生交换。对于这些交易的管理就是**物流**（Logistics）。跨国公司布局价值活动的目的是实现物流开支的最小化。鉴于运输不会给产品最后的价值产生影响，所以成本最小化显得至关重要[64]。

物流对任何企业来说都很重要，但对有些企业经常显得十分关键。例如，对飒拉而言，物流部门作为"企业的核心"为其运营提供了动力[65]。飒拉的双重组织原则能够先于其他企业为顾客提供所需的产品，而这一切都离不开高效的物流环节。再以苹果公司的物流为例。大多数人赞扬它的创新设计和炫酷的产品，但有些人指出，苹果公司真正的优势是其供应链物流。有分析师家认为："苹果公司在建立供应链和卓越技术投入方面做了大量的工作，如果它认第二，那么没人敢认第一了。这样，要想和苹果公司竞争，就会陷入非常艰难的境地[66]。"顺便提一句，苹果公司的现任 CEO 蒂姆·库克（Tim Cook）接替了传奇的史蒂夫·乔布斯（Steve Jobs）的工作，而乔布斯的成功正是基于他布局了苹果公司的物流网络[67]。

有时，交易的价值重量比决定了布局决策。一个产品的价值重量比越高，运输成本的影响就越小。此时，物流成本虽然有影响，但并不起决定性作用。与生产拖拉机轴或者毛毯不同，在决定制造计算机芯片、软件或者航天器的地点时，工厂和消费者之间的距离并不十分重要。

如今，随着集装箱货轮的货运能力不断提升，运输成本变得不再重要。集装箱化继续变革着货物运输，而且极大地提高了装载、装货量和卸载效率。第一代货轮出现在 20 世纪 50 年代后期，能够装载 480 个标准集装箱（TEU），即 20ft×8ft×8ft 的集装箱。今天，最大的货船可以装载 15000 个标准集装箱；新一代货轮将能装载 18000 个标准集装箱。目前，世界上超过 90% 非散装货物通过标准集装箱运输，而这些集装箱都是被堆积在货轮上的。运输成本的不断降低提高了集装箱化的效率，而这持续地改变着全球贸易。有人认为，这证明了全球化比自由贸易更加重要[68]。从长远来看，正如我们在"展望未来"部分所讨论的那样，机器人技术的崛起很可能会让我们重新看待全球物流。工厂的选址不是考虑拥有多少劳动力，而是要考虑拥有多少机器人，这会让跨国公司重新考虑海外工厂的选址。

● **数字化**

数字化（Digitization）是指将同类产品转化为一连

串 0、1 数字的过程。跨国公司不仅在数字化越来越多的软件、音乐和图书等产品，而且在数字化包括应用程序、财务合并和法律援助等服务产品。只要接入互联网，企业就可以很方便地跟踪世界上任何地方的产品和服务，而且不需要什么成本。定位数字化活动不受地域限制，特别是随着网络云技术的普及，数字化的潜能会影响跨国公司价值链布局的方式。数字化改变了区域经济，创造了 10 年前未曾出现的选择机会。例如，在波士顿拍摄 X 光，而在曼谷解读 X 光片。距离，过去是以地理空间进行衡量的，现在则以电子时间来衡量。

数字化的不断发展预示着原有的方式将继续被颠覆。例如，以前只能在某些特殊地点做的事，现在几乎不受限制了。如兼并收购中的某些稽核任务以前几乎只能在纽约或伦敦进行，在这两个城市，如监管登记或评估之类的价值活动可以集中进行。现在，数字化使得这些价值活动可以分散来做。事实上，数字化为全球金融服务创造了一种全新的方式，释放了颠覆性的创造力，从而改变了过去的游戏规则。有分析师指出："世界上还从未出现过如此大规模的非连续性经济……这种强大的力量使得企业不得不重新思考自己整个价值链的采购战略[69]。"事实上，有些企业已经将数字化作为"创造又一个规模庞大、自我运行的无形经济体，并将带来自工业革命以来最大的改变[70]"。

同样的趋势也开始颠覆法律领域的布局策略。印度法律外包产业不断成长，从试验性的企业成长为全球商法领域的中流砥柱。在盘古 3（Pangea3）、办公虎（Office Tiger）以及勒克斯迪格姆（Lexadigm）这样的公司里，印度律师会按部就班地工作，而这些工作过去是由美国初级律师以很小的成本完成的。另外，修订的美国联邦民事诉讼条款进一步扩大了其搜索范围，包括如电子邮件、手机短信、语音邮件等电子文档。电子搜索进一步促进了生产企业的离岸合法经营活动。总而言之，正如哈佛大学法学院主任所说，法律外包"不是昙花一现……而是一次历史性的进步[71]"。

进一步说，不断缩小的数字鸿沟（获得数字技术的国家与无法获得数字技术的国家之间的差距）将使更多的人卷入全球网络之中。相应地，跨国公司的区位经济也发生了改变，而且布局选择也在变化。廉价平板电脑和笔记本电脑在全球的不断普及使得世界上孤立闭塞、不连通互联网的地方越来越少。随着新接入互联网的人们开始相互联系，他们开发出带有多种技术平台的技术。结果，跨国公司必须重新思考布局选择以获得新的优势来源[72]。

未来展望

机器人技术的崛起

机器人技术的进步很可能会打破我们所知的价值链活动布局。布局决定过去是以人工为基础的，而现在基于工人操作的生产组装线，并且机器人有望不断实现数字化生产。

想一下日常生活中ATM、自助售票系统和远程操控列车所带来的影响。更具针对性的例子是，在中国珠海的菲利普电子厂里，数百名工人在破旧的学校上班，手工组装电动剃须刀。与此同时，128台机器人臂在其荷兰的姐妹工厂里进行着同样的生产。荷兰工厂每次轮班有12名工人，只有珠海工厂人数的1/10，但生产率要高于珠海的工厂[73]。在其他地方，因为担心工资上涨，有些工厂也在这样做。富士康是"苹果全系列产品"的制造商，工厂里的一万多名工人几年后将会被机器人替代。

这种改变并不只是发生在制造业。在分销行业，亚马逊等公司开始用机器人来负责储存、检索、包装货物等，效率比人工要高很多。事实上，机器人生产商也认为，机器人在很多领域的成本效率要比人工高。机器人生产商感知工业公司的创始人就提到："我们正在彻底地改变着制造业和配送业。我认为这不是一个独立的事件，而是最终将会像互联网一样，产生巨大的影响[74]。"

从长远来看，3D打印技术的进步意味着大型工厂可能没必要去实现高效的生产活动：通过对更多种类产品的更小批量生产来降低生产成本，跨国公司就可以更精准地根据客户的需要来安排每一种产品的生产。因此，3D打印、精巧的软件以及新奇材料的出现预示着区位经济必将从根本上被重新布局[75]。把工厂转移到一个劳动力成本低的地方进行大规模生产，这一在过去一直起关键作用的工厂区位因素可能会退居次席。相反，机器人平台适用于小型工厂，可以建在世界的任何地方，从而可以更有效地注重面向大众的定制生产。

由机器人负责生产的小型工厂满足了更加贴近用户的需求，从而极大地改变了生产分析过程。事实上，这一天很快就会到来。那时，跨国公司将放弃过去陈旧的布局规则，如"你必须追求规模经济""你必须降低单位劳动力成本""你必须充分利用区位优势"等[76]。事实上，我们已经看到，过去转移到劳动成本较低地区的企业，如今重新撤回到发达国家。例如，根据波士顿咨询公司的研究，将近一半销量超过100亿美元的美国制造企业，其高管正在考虑将公司的生产活动从中国迁回到美国[77]。估计到2020年，在运输、计算机设备用金属以及机器生产行业，有近1/3美国原来从中国进口的产品会在美国生产。不可避免的是，这些变化将使跨国公司的价值链布局发生改变。从更大规模上来看，它们可能使全球暴发机器人主导的工业革命[78]。

11.7 协调

布局活动决定了价值链的架构。要使价值链起作用，就必须协调好各项活动之间的互相交易。其中一种想法就是将布局过程看作是将一颗颗棋子放在全球游戏的棋盘上。考虑到区域经济因素，跨国公司会把研发中心布局到巴西，把生产工厂布局到越南，物流布局到美国，营销布局到意大利，服务则布局到日本。一旦布局完毕，执行官就会说明各个"棋子"间应该如何相互连接。因此，**协调（Coordination）** 就是设置联系，使得价值活动形成整体并充满活力。

协调包括完全不相干（每个部分完全独立）到完全关联（每个部分互相联系）。管理活动跨越全球，需要思考，需要彼此广泛协作。飒拉对时尚潮流做出快速反应的战略，需要各方协作，这就是一个例子。公司总部汇总了来自销售人员的各项报告，这些销售人员就是基层的市场调研人员，他们分析购买趋势，获取顾客的评价并提出改进建议。事实上，飒拉也培训自己的销售人员如何获取顾客的各项信息。顾客购买偏好的实时数据上传给总部，使得总部的经理们能够把握"全球时尚的脉搏"。印第迪克集团（飒拉的母公司）解释道："门店经理会说'我的顾客们现在需要红色的裤子'，如果伊斯坦布尔、纽约以及东京也出现同样的需求，那就意味着这是一种全球潮流，这样公司就知道要多生产红色的裤子[79]。"输入最新的数据，机器就会做出回应，产品设计人员、原材料经理、产品监管以及物流控制人员会立刻行动。几天内，新款服装就可发往世界各地——毫无疑问，有人认为，这就是为全球大宗商品创造定制订单。

这项工作并不简单。经理们需要协调来自全球1000多家门店的信息，负责监督将这些信息转化为创新性产品，组织好向供应商采购原料，将订单发给生产工厂，并精心安排将产品运往相应的门店。所有这些工作需要在两周内完成。基本活动和支持活动之间的联系无疑增加了工作的复杂程度。高管们需要同步公司的各项基础设施，为各项业务配备人力资源，升级相关技术以加快交易速度，管理资金流动，并汇总各个账目。

所以，协调活动时需要能熟练地收集创意，调配原材料、人力和资金。只有做到一切井井有条，跨国公司才能提高业绩。例如，IBM、通用电气（GE）、微软和埃森哲咨询公司将研发部门设立在印度，就是考虑到当地科学界的成果以及独特的节俭创新理念可以提供新的价值创造点。通用电气位于班加罗尔的技术中心取得了技术突破就是来自这样的协调，而且这种突破可以应用到其在匈牙利、巴西、中国、美国以及其他国家的经营中。举个例子，通用电气印度技术中心为农村地区的医院和医生开发了一款低成本的小型心电图仪器，其低廉的价格和良好的性能很快促使公司在德国和美国设立了营销部门[80]。

管理者进行价值链布局时，始终关注着如何协调各项运营活动。这里，要牢记"一环薄弱，全局必垮"的警句。由于许多因素会制约管理者的布局选择，因此也会有许多方法来进行相应的协调。具体而言，管理者进行协调时，会特别关注核心竞争力（Core Competence）、分支机构系统（Subsidiary Networks）以及运营障碍（Operational Obstacles）。

1. 核心竞争力

核心竞争力的运用必须贯穿于整个价值链业务，而这也强化了熟练协调各项业务活动的重要性。就像美女一样，核心竞争力很难确切地描述出来。许多人认为，跨国公司独特的成功模式几乎都是虚无缥缈的概念[81]。核心竞争力的例子包括苹果公司的设计能力、沃尔玛成熟的信息管理和商品配送系统、塔塔公司长期的产品创新优势、本田对发动机机械技术的独到理解和雀巢的营销技巧。按照这一特点，**核心竞争力**（**Core Competency**）就是贯穿于整个价值创造活动并将独立的业务活动整合为价值链的愿景、技能、能力或技术[82]。

在经营方面，跨国公司的核心竞争力为企业的每个成员树立了原则，从而有助于他们协调价值活动间的交易。围绕核心竞争力的交易活动安排，有助于管理者将具体交易活动看成是更大范围的价值创造整体的一部分，而不是一项孤立的活动。例如，谷歌通过价值链布局来实现在全球各地获得信息。价值链活动的协调围绕谷歌组织全球信息的核心竞争力展开。谷歌能将各项活动、资产、成本以及收益与其核心竞争力关联起来，从而有助于其管理者更好地协调公司的价值链。

2. 分支机构系统

全球化和技术发展已经使当今世界的每个人、每个地方能实时联系。一些人认为，互联网是全球化、民主化、普及教育和经济增长史上的强大动力[83]。对此，跨国公司也做出了响应，通过不断扩大业务来强化与现有顾客的关系，并与其他数十亿名作为现代文明神经系统的网络的用户保持联系。相应地，全球跨国公司的数量也从 1990 年的 3 万家增长到 2010 年的 7 万多家，而这 7 万多家跨国公司又拥有近 100 万家遍布全球各地的分支机构。因此，每家跨国公司平均拥有 12 家分支机构，少则几家，多则几百家[84]。显然，分支机构系统的扩大以及分支机构之间联系的加强都会影响管理者协调价值活动的方式。

管理者热衷于利用分支机构系统来支持高效的交易活动并强化其核心竞争力。诸如 LinkedIn、Orkut、Facebook、Myspace 等社交网络的兴起都会对管理者实现其目标的方式产生越来越大的影响[85]。与基于传统商业指令的交易不同，社交网络下的信息流动更为有效，而且发生在合作伙伴或同事之间。因此，在参与价值链活动并做出贡献的同时，员工往往更愿意进行沟通和合作。以飒拉为例，全球各地的门店经理与西班牙的设计师之间的交流有助于那些原本可能采用全球化标准的产品实现本地化。有关某种颜色或质地的服装在特定地区卖得较好的零售信息往往有助于产品的本地化适应。如果没有总部与门店之间的实时协调，那么企业只能凭直觉开展产品的适应活动了。

3. 运营障碍

跨国公司协调价值链活动时总会遇到困难。当然，通过采用低成本的声音、视频和数据传播渠道来完善沟通体系，从而便利于员工协调好业务活动。不过，由于存在时区差异、语言差异、语义模棱两可等问题，跨国公司难免遇到困难。例如，产自南非、智利的零部件和产品漂洋过海抵达马来西亚、德国、加拿大、美国以及中国等最终目的地，从矿山到工厂、货轮、仓库到门店的每一次运输都是需要协作的联系，不仅涉及各种时区、各种语言，而且可能出现许多转接错位的情况。

大多数跨国公司利用基于浏览器的沟通工具来协调这些转接活动。电子交易简化了价值链上各环节之间的交换活动，从而提升了交易效率。在规模较大的市场上，这种联系方式常常应用于制造商与其一线供应商之间的联系，如好市多、宝洁等。许多跨国公司制定了作为全球标准的源开放互联网语言协议，特别是 HTML 或 XML[86]。然而，互联网上信息交换的日益简单化、普遍化以及实用性也促进了全球标准的发展。

11.8 环境变化与价值链

价值链布局一旦完成，管理者总希望价值链一锤定音，不用改变。然而，产品特征和功能总在不断改变，这一点在电子产品、金融服务、服装、娱乐等行业清楚可见。因此，任何行业的价值创造基础总在不断演变。当然，诸如飒拉、谷歌之类的企业显得与众不同，它们能够预测市场状况，然后立即调整运营活动。不过，更多的普通企业则只能苦苦挣扎了。

例如，在美国，企业能保持在标准普尔 500 指数中的平均时间已从 20 世纪 30 年代的 75 年下降到如今的 15 年。实际上，多达 90% 的创业企业在成立后不久就倒闭了；风险资本投资失败的概率超过 80%；80% 以上的证券投资基金的业绩低于标准普尔 500 指数的业绩；此外，75% 以上的企业并购并没有带来回报[87]。这些企业别说实现效益最大化了，更多地还陷于艰难经营中。

下面来看一个具有针对性的例子。

1997 年，当时的日本顶级电子产品公司索尼并没有太多关注因亚洲金融危机而陷于艰难经营的韩国电视机生产商三星电子。如今，三星电子的市值已是索尼的 2 倍，而且占据了索尼曾经拥有的地位：引领潮流的系列产品、世界级水准的制造和深受用户欢迎的优质品牌。

1997 年，三星还是一个默默无闻的品牌，其电视机产品形象笨重、质量低下。但随后，三星电子通过价值链的彻底变革，迅速实现了崛起。在研发方面，三星在美国申请的专利数已多年名列全球前 10 位。这主要得益于其设立在全球各地的 34 家研究中心的 6 万多名研究人员对未来产品的研发[88]。三星立志"做全球最好的"目标也推动了全世界最大的资本投入项目（约 105 亿美元，占三星 2012 年收入的 5.7%），投资建厂房、买设备，从而以全世界最低的成本生产内存芯片、显示屏等多种产品[89]。同样，三星每年在广告推广方面投资数十亿美元。到 2005 年，三星的品牌价值首次超过索尼，而且到目前为止一直保持领先地位。到 2012 年，三星的品牌价值排名全球第 12 位，而索尼排在第 38 位[90]。

出于对自身权益的关心，索尼与三星的竞争强调战略的内在风险。按照有关战略文献的观点，对目标的全面认识决定了企业的短期竞争力和长期可持续性。然而，这种认知也会扼杀创新，削弱决策的有效性[91]。当三星稳步蚕食索尼的市场时，索尼并没有坐吃山空，其管理层仍然致力于改进产品，服务客户，预测新市场，并投资数十亿美元来完善其价值链。然而，这一切对索尼的市场份额和盈利改善收效甚微。索尼因越来越担心自己不断下降的竞争力而采取了休克疗法（Shock Therapy）：它迈出了前所未有的一步，作为一家重要的日本跨国公司，首次任命一名美国人担任公司 CEO[92]。此外，索尼对其价值链重新进行了布局，重组了产品和市场部门，投资较有潜力的项目。然而，这些努力最终通通白费，公司的问题依然存在。索尼在 2012 年净亏损约 50 亿美元，而三星当年的利润为 60 亿美元[93]。

结果就是，无论企业的战略如何敏锐，管理者认知的局限性以及市场的不确定性都会使拥有完美布局和协调的价值链转变为负资产[94]。面对这样的困境时，管理者通常会回归基本层面，重新尝试陈旧的方法，满脑子是自欺欺人的想法，即"按部就班地做，只不过要做得再好一些"。伴随着这些局限性的还有大规模的环境变化，无论是因为行业遭到破坏还是出现"观点交锋"栏目所介绍的情况，都应当对 20 世纪的价值创造工具进行调整，以适应 21 世纪的机遇和挑战。

◆ 观点交锋

打造完美价值链：传统的优势

➡ 正方观点：

是的。20 世纪六七十年代，分析家为了研究发展中国家矿产出口经济的逐步发展战略的路线图，首次提出了价值链的概念。事实上，当时并没有用图描述一体化生产体系的做法。随后，法国有关计划管理的文献借用了这一概念，当时称其为"线"，用来描述对法国工业实力的需求，即根据基于全面明确的战略框架建设具有竞争力的经济基础设施。根据这一理解，所谓的"线"（即如今所称的核心竞争力）要求产品的整个价值链活动应该布局在一国的范围内。因此，如果一个国家计划提高电视机的生产能力，那么就应该制定有关基础设施建设的产业政策，而这些基础设施是开发显像技术、支持线路板设计和制造、能够设计并生产电子器件以及金属与塑料成型技术所必需的。按照该思路，通过明确最优的核心竞争力，政府和企业就会对发展区位经济有一个整体的看法，从而能更好地布局和协调价值链活动。

1. 基础性工具

自那以来，价值链分析已经成为广泛采用的管理工具。价值链为评估跨国公司的优势和劣势以及解释其内部成本结构的决定因素提供了分析框架。就成本领先战略而言，价值链分析促使管理层能够了解成本，从而找出简化价值活动的潜力。就差异化战略而言，价值链分析强调采取行动，超越竞争对手，提供最新最优的产品。它将企业的竞争力与其市场战略和解释行业结构的框架联系在一起。总之，价值链分析有助于管理者利用核心竞争力，制定价值链布局和协调战略，针对产业结构开展情景压力测试，从而提升跨国公司战略分析的效率。

2. 边界的约束

不过，价值链也有其分析边界。价值链分析要求管理者根据模型收集并解释数据，它强调的是从产品设计、生产、营销到分销的各个阶段的活动、职能和商业流程。价值链分析规定了管理者评估市场的原则。该原则适用于相类似的市场（如从美国到加拿大），但很难针对差异市场（如从澳大利亚到委内瑞拉）进行调整。理论上，基于常规价值链活动流程的锚定分析可以让管理者制定出最优战略。然而，就像任何系统模型一样，价值链模型也会误导市场，使战略响应出错。

3. 虚拟化的诱惑

反方提出的一个观点是新潮的虚拟世界能战胜现实世界。那么，情况究竟如何呢？我们的答案是否定的。尽管久经考验的价值链框架存在自身的局限性，但是该框架仍然是管理者应对国际商务现实的极好工具。无论是向熟悉的市场扩张，还是进军完全不同的市场，其相同之处在于价值链的确是可以进行管理的。当然，因为不存在实体方面的约束，网上经营的虚拟企业的确可能存在。我们也认可反方观点的确给出了一些有趣的论据。然而，网络空间上的虚假承诺最后必然不利于全球运作。

因为不受控制，所以虚拟世界的眩惑会让不少人低估价值链布局和协调的难度。跨国公司一定不能为了炫酷的猜想而牺牲可靠分析的优势。最终，现实中的国际业务有着真实的地理边界，受政府部门的实际管理，而且许多企业经营的是真实的价值链。只有当跨国公司的价值链体现的是现实经营，它们才能从优秀走向卓越。

◀ 反方观点：

不是的。价值链包含一个具有欺骗性且错误百出的前提：管理科学作为永恒不变的法则，可以对管理活动进行先见性布局和协调。在危机时期，传统商业的职能因其静态性、连续性特征而无法再独立于时空而生存。全球市场的动态性表明，需要有新的经营观帮助管理者相应地调整"追求卓越"的战略框架。在日常生活的很多方面，随着现实世界因互联网及其应用的发展而让步于虚拟世界，传统的价值链理论也应该让步于新兴的虚拟世界的实践。

1. 交汇之处

如今，农用化工、商业服务、生物技术、社交网络、信息、娱乐、家具制造等行业的企业出现了网络观点与管理实践的交汇之势，而这预示着虚拟价值链时代的到来。新兴市场的跨国公司正在重新设计生产与分销系统，并正在实验全新的商业模式，而这种商业模式是西方跨国公司的传统模式所未曾触及过的。那些曾经受限于传统价值链的商品和生产过程正在以前所未有的方式进行演变。全球金融危机增加了企业面临的压力，迫使它们接受这一必然趋势。时势的艰难要求企业反思传统的成本压缩方式。企业的再次腾飞需要仔细研究如何做得更好。

2. 网络的威力

我们认为，富有洞察力的分析需要放弃现实，转而追随虚拟化。虚拟化的原则就是用互联网的强大功能来支持新的架构。这里的新架构挑战的是工业时代的价值链观点，即价值链是按传统的经营职能分步组织而成的。因此，管理者必须放弃这种静态的、只关注内部的、受控并听命于那些开展孤立分析管理者的价值链观点。相反，价值链布局工作注重的是动态网络，而且要运用基于代理人模式的理论。阿里巴巴、利丰、eBay、Facebook、思科等公司就采用了这类虚拟价值网络，建立了开放的、相互连接的环境，从而可以支持动态布局。动态布局突破了传统价值链的桎梏，可以对有效协调形成支持。

针对同一组织的成员进行信息收集和协调是虚拟价值链的核心。通过利用这些观点和创意，企业就可以研发出面向新市场的新产品。谷歌已经从单一的搜索引擎产品，发展出多元化的信息管理业务和媒体业务，从而实现信息可以以任意方式存在和传播。此外，虚拟化也为价值创造开拓了新路线，使得管理者获取成本更低的搜索、协调、外包和合作。更加有效的信息流也为价值活动的协调提供了新途径，并成为一种竞争力，转而可以支持企业的创新价值活动布局。

3. 做你能做得最好的

虚拟化对于管理者进行有关做什么以及在哪里做的决策具有挑战性含义。锐步公司根本没有自己的工厂，但它依靠合同承包商进行生产、检验并将产品分销给零售商。同样，耐克、苹果、思科、高通等公司将生产外包给劳动力成本低廉国家的厂商，这样双方都能做得最好：通过研发和营销实现价值创造的最大化。虽然名义上是独立的，但借助广泛的协调系统可以将代理方纳入网络中，从而创建虚拟的生产能力。例如，通过利用自己在设计和营销方面的核心竞争力，凭借自己对生产厂商有实力根据消费者偏好变化进行产品调节的信任，耐

克公司专注于提升其价值创造。

诚然，虚拟价值链的优势很容易遭到过分强调。处事谨慎的管理层深知，现实价值链相对于虚拟价值链的重要性取决于企业的产品和服务的特征以及所处行业结构的要求。因此，虚拟化的潜力对于谷歌的地理自由网络的全球扩张有着转型般的重要意义，而对于雀巢公司在世界各地的实体经营的重要性就很一般了。所以，虽然虚拟化对某些跨国公司而言显得很牵强，但对另一些跨国公司而言乃是影响未来的大事。无论如何，仅提"追随于虚拟还是现实？"这个问题就引发了众多有用的争论，毕竟这样的争论有助于企业明确价值链布局和协调的选择。

思考题

价值衡量的是企业具有按高于生产成本的价格销售其产品的能力。按照这一规则，你认为遵循传统经营方式的跨国公司的业绩能超过实施虚拟经营的跨国公司吗？请用三个方面的因素进行解释。

11.9 全球一体化与本地响应

跨国公司面临着不对称的压力：**全球一体化**（Global Integration）效力的压力与**本地响应**（Local Responsiveness）效果的压力。全球主义与本地主义之间不断的激烈竞争对管理者如何布局和协调价值链活动产生了相互冲突的要求。研究表明，全球一体化的压力越大，集中布局和统一协调的要求就越迫切；相反，本地响应的压力越大，分散布局和调整协调的要求就越迫切。跨国公司经营所在的行业很少出现长期为一种压力因素的情况；相反，通常出现的情况是跨国公司必须进行权衡，需要协调好影响其战略的那些相互竞争的因素。

11.9.1 全球一体化的压力

全球市场的生产和消费占世界总产出的 20% 以上，而且预计到 2025 年，该比例将接近 80%。同样，未来 30 年里所要发生的经济一体化将超过过去 1 万年里所发生的总数。如前所述，就促进全球化的企业而言，1990 年仅有 3 万家跨国公司，现在有近 7 万家跨国公司，而其遍布全球的分支机构已接近 90 万家。管理者、企业还有行业也做出了响应，化工、信用卡、金融服务、会计、食品、卫生保健、大众传媒、林木产品、信息技术、汽

车、电子通信等行业全球市场的不断形成便是很好的证明。此外，新兴经济体的发展加快了这一进程。据联合国估计，新兴经济体成立的跨国公司大约有 2.2 万家，而 10 年前这些企业几乎根本不存在。考虑到未来 10 个快速增长的经济体都来自新兴市场，未来 10 年来自新兴经济体的跨国公司会越来越多[95]。同样，在接下来几年里，超过 70% 的世界经济增长将来源于新兴市场，其中的 40% 则来自中国和印度[96]。

正如前面几章所指出的，许多因素促使了全球一体化。在这里重点分析两个最重要的推动因素：市场全球化（Globalization of Markets）和标准化的效率收益（Efficiency Gains of Standardization）。

1. 市场全球化

全球购买模式表明，全球各地的消费者寻找全球统一标准的产品，如风靡全球的苹果手机、星巴克的咖啡、三星的等离子屏幕、华为的路由器、诺基亚手机、美国运通的信用卡或飒拉的西服。实际上，许多产品的顾客行为超越了地域范围，从国内市场走向了全球市场。对个人购买力最大化的追求，外加人们越来越能以更低的价格获得越来越标准化的产品，二者共同推进了全球化趋势。换句话说，促成市场全球化的因素有两个方面：一是需求拉动；二是供给推动。

需求拉动的原因是货币的内在属性。不论在怎样的

社会中，货币都表现出不可剥夺的特征：它很难获取（人们通常要为其工作），很难储蓄（平均而言，人们花钱比赚钱多），并且经常供给不足（无论数额多少，钱似乎总是不够花）。这些特质意味着无论哪个国家的消费者，都会试图将自己的购买力最大化，即花最少的钱买到质量最高的商品。按照这个理论，最终经济理性的消费者不会关心商品的原产地如何，如果商品能提供较多的价值，他们会选择国外产品而不是本土生产的替代品[97]。科技的发展及其应用范围的扩大进一步强化了这样的趋势。顾客的偏好促进了国家之间联系的加强。不断缩小的数字鸿沟使得更多的人能够接触到大众传媒，从而促进了统一的消费需求，反过来，这也让顾客的消费行为标准化。

供给推动因素也促进了全球化。之前我们讨论的数字化和物流强调了同种产品正在全世界畅销。全球化贸易网络的不断扩大，虽然受到如世贸组织等的制度监管，但也获得了致力于倡导自由贸易的政府的支持以及寻求扩大经营的企业的推动，最终使得在任何地方获得同一产品变得越来越容易。

跨国公司利用这样的良好环境，布局对标准化要求十分敏感的价值链。飒拉意识到以适中的价格提供标准化的时尚风格，从而调和单一乏味的地方顾客偏好。飒拉的全球零售网络，由最先进的物流系统支持，为全世界的消费者提供最及时的渠道以追随最新、最流行的趋势。全球市场也令飒拉可以发挥在设计、生产、分销和零售活动方面进行全球投资的优势；反过来，所带来的高效率促进其生产高质量、低成本的产品，而从中所获得的价值又促进了循环。类似的情况也出现在高科技（如最新款的苹果手机）以及个性化的产品（如星巴克咖啡提供的个性化服务）中。这一切都突显了全球一体化与价值创造之间的紧密联系。

2. 标准化的效率收益

全球化就是"全球各地每天生活的所作所为都变得越来越标准化[98]"。这样说来，全球化带来的结果就是全世界的人都在以同样的方式做同样的事情。这样的趋势促使跨国公司生产低成本、高质量的产品，而这些产品在功能和特点上大同小异；而且跨国公司也自信满满，认为顾客会找到他们的价值主张。所以，跨国公司将标准化带来的高额效率看作是竞争优势的基础。

标准化的逻辑也很直接，即通过利用地点、规模以及学习效应，以同样的方式重复做同样的事情会使效率提高，从而在质量没有降低的情况下实现成本的减少。

例如，跨国公司会简化生产过程以统一生产设备，会就原材料采购的数量折扣进行谈判，会提高原材料管理的合理化水平，也会努力优化产成品物流（Outbound Logistics）。跨国公司也会设法提高其他价值活动的效率：通过利用共同设计平台来促进研发成果，通过分布统一信息来提升广告收益，并提高渠道业绩来增加分销收益。

国际业务的战略影响使得跨国公司更倾向无缝连接的运营环境，以便直接转交标准化工艺、产品和运营流程。市场全球化也鼓励这样的做法，从而形成一个持续、稳定的环境。这样带来的结果反过来又为规模经济带来更大的潜力，从而促进标准化的进一步深入。多种趋势促使这样的变化。目前，世贸组织有 157 个成员，它们都是世界贸易规则的参与者[99]。世贸组织要求其成员采用促进贸易自由化的全球标准，替换各国杂乱不一的法律法规。全球化游戏规则的标准化也规范了游戏方式。积极开放的贸易自由化使得跨国公司可将价值活动布局到区位最优的地方，而无须放弃全球市场。因此，印度的业务流程外包公司、德国的机器人制造厂商、中国大陆的太阳能电池板厂商、中国台湾的芯片设计人员可以在不损失其他国家消费者的情况下设计出标准化程度最高的价值链。

11.9.2　本地响应的压力

世界各国的文化、政治、法律、经济环境往往大相径庭。除了影响整体商业环境外，它们也决定了影响区位经济的各种各样的因素。因此，跨国公司在不同国家运营时，面临着各式各样的道德标准、行为方式和中介代理。有些差异仅仅是表面上的，往往会受高质量、低成本产品的诱惑，如风靡全球的苹果 iPad、星巴克拿铁咖啡、Facebook 页面墙、Twitter 种子等。然而，有些差异会迫使跨国公司调整其价值链的布局和协调。例如，只有 329 个品牌得到 8 个或 8 个以上国家消费者的认可；所有品牌中只有 16% 得到 2 个或 2 个以上国家的认可。如果扩大国家之间的交流呢？目前，世界上的纸质邮件只有约 1% 实现了跨国经营，不到 2% 的通话时间是国际通话，1/4 的互联网沟通是跨越国境的[100]。现在，大部分民众都是一辈子生活在一个国家，从而支持了当地的商品生产和消费活动，并延续了当地的政治、历史、文化和身份。本地主义而非全球主义才是几乎所有国家人民的生活状态。

考虑到适应战略会降低标准化带来的潜在效益，对此，跨国公司自然心领神会，也就不愿意对运营行为做不必要的调整。主要受消费者行为差异和东道国政府政策影响的本土因素往往会迫使跨国公司实行适应战略。

1. 消费者行为差异

有些人反对市场全球化的观点。在他们看来，不同国家消费者在偏好方面存在的差异要求企业的产品和流程必须适应当地的环境[101]。当然，货币及技术因素鼓励那些强调购买力而非民族情结的消费者行为。然而，由于文化的烙印、历史的传承以及民族情结（如支持国货运动）等原因，当地消费者的偏好还是有所差别的[102]。此外，消费者通常更偏好那些对他们的日常生活习性更敏感的产品。这方面的主要例子包括按照当地消费者的偏好设计和生产产品（如美国汽车的车型要大，而欧洲的普遍较小，新兴市场的则更小）、针对当地市场购买者的偏好调整渠道结构（如在韩国基于网络和4G的内容、在法国基于平面媒体的促销、在巴西的个人推销等）、为迎合当地习惯调整产品特点（如德国和斯堪的纳维亚的淡咖啡烘焙）以及符合当地消费模式的营销手段（在澳大利亚用大号包装袋，在日本用较小型号的包装，而在贫困地区使用独立的小包装）。这些跨国差异要求跨国公司优化而非最大化其产品和流程的标准化。

值得注意的是，本地响应在某些行业是非常重要的战略。对于雀巢公司来说，没有很强的动力去标准化其在世界各国的众多经营活动。当地习俗、文化传统和社会规范就已经限定了热门偏好和喜欢的食物范围。食品投入品通常是大宗商品，要实现这种产品的规模经济还比较困难；考虑到较低的价值重量比，广大的分销意味着高昂的成本。考虑到不同地区偏好各异，法规不同，竞争者迥异，销售渠道多变，因此，营销活动通常集中在当地进行。可以肯定的是，雀巢也会标准化某些全球活动，如信息系统、品牌名称、广告信息和包装流程。不过本质上，这些价值链中的活动最终都要符合企业的当地适应战略。

2. 东道国政府政策

本书反复提到的一个主题就是政策、法律、文化以及经济环境的多变性。这些变化主要是由于当地政府政策的多变或缺乏变化。早在最近一次全球金融危机发生之前，跨国公司面临的差异越来越少，原因是自由市场原则开始影响越来越多国家的政治。市场原教旨主义鼓励国家采取更加自由的贸易策略、实施更大程度的私有化并减少经济管制。现在，对资本主义的怀疑促使各国政府收紧游戏规则。宜家的CEO在提到扩张运营时表示："几年前需要两三年来做的事情，现在要用四到六

年。此外，我们也发现不同的市场还存在众多隐藏的障碍，包括欧盟市场，而且这些障碍严重影响我们的经营[103]。"

跨国公司面临着越来越严峻的问题，即不同国家采用不同的方法来调整财政政策、货币政策以及商业政策。这些政策共同影响跨国公司将其价值活动的本地化[104]。"

这里以制药行业为例来说明这一情况。理论上，药品行业只有当经济出现硬着陆时才会进行价值链的重新布局。竞争力依赖于获得标准化的效率收益，而且无论何时何地都要尽力争取。例如，许多企业会销售低利润的如阿司匹林这样的常见药品。不过，盈利能力取决于高效率的生产。有时，医药企业也会选择提供品牌名气大的专利药品，但这意味着研发成本的大幅度提高。此时，企业的盈利能力需要能在全球市场上实现大批量销售。

当然，就像飒拉在全球服装行业所做的那样，积极进取的医药企业不会采用制药行业的传统做法，而会选择把其价值链集中在具有区位优势的地方。很大程度上，医药保健行业的公共规制会让这种做法失效。政府部门除了注资大型医疗保健预算，还会规定其配送。符合要求的企业必须对国家的医疗保健体系、居民医保标准以及当地的利益集团非常敏锐。与当地的政府官员对立、不重视本地响应，通常是充满风险的。

几年前，自由市场和市场原教旨主义的风靡使得陷入这样困境的行业越来越少。在接下来的几年里，全球金融危机的余波会使越来越多的企业做好本地响应。银行、能源供给企业、传媒、矿业、保险公司、健康护理管理、汽车制造商、航空公司等将越来越受到当地政府政策的影响。为了满足公众对透明度的需求，跨国公司必须提高其价值链的本地响应程度。反对者可能会受到严厉的指责。此外，当地政府也有一套强有力的工具用于确保跨国公司调整其活动。保护主义旨在鼓励本地生产，政府规制是为了限制市场活动，或最终为了控制企业的撤资或离开。

11.9.3 两类压力间的相互作用

事实上，完全标准化的与完全本地化的所谓全球行业都不存在。一国主要行业中的制药等企业常常会集中经营一些业务活动；而处于全球规模敏感型行业的企业，如计算机芯片公司，则会分散其经营活动。因此，不管行业背景如何，国际化经营都要求做好其业务的布局和协调，需要对全球一体化和本地响应两者的竞争性要求

进行协调和权衡，绝对不可偏颇任何一方。如图 11-4 所示，**一体化—响应矩阵**（Integration-Responsiveness Grid，IR

矩阵）为管理者应对这方面的挑战提供了分析框架。

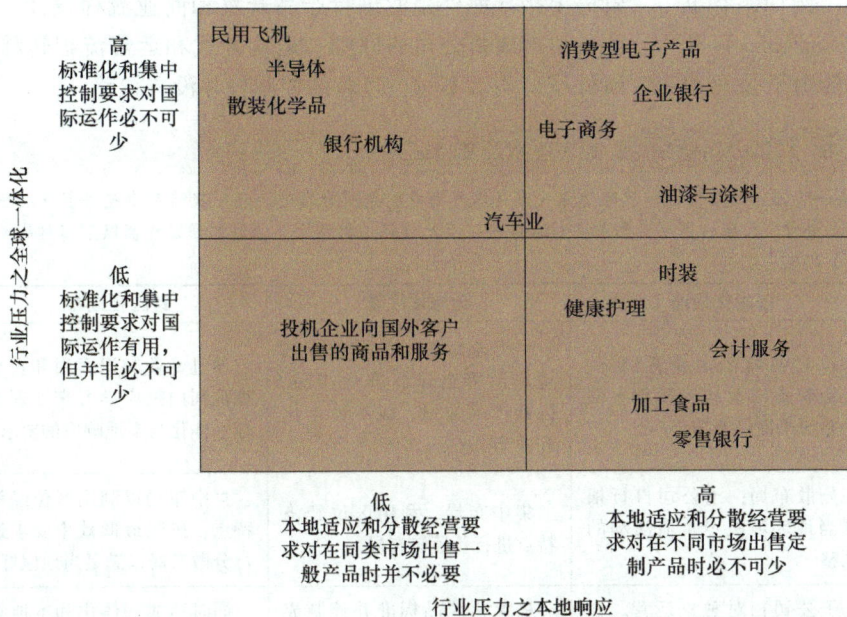

图 11-4　针对行业的一体化—响应矩阵

每一战略都体现了关于价值创造的独特概念并代表解决全球一体化与本地响应之间非对称性压力的方案。一体化—响应矩阵描述的就是这些关系，强调的是特定行业跨国公司所面临的压力之间的关系。因此，一体化—响应矩阵可以为管理者如何权衡标准化与本地适应两个竞争性要求提供帮助。

一体化—响应矩阵给出了不同行业在象限中的位置，表示该行业对两个方面压力的敏感性。如图 11-4 所示，对于本地响应压力较大而全球一体化压力较小的行业，应当鼓励这些企业的价值活动努力适应东道国的要求。在这种情况下，如宝洁公司、资生堂或联合利华之类的公司多处在具有较强的本地文化敏感性的行业，全球一体化带给它们的利益较少，但本地响应会带给它们较高的回报。同样，对于全球一体化压力较大而本地响应压力较小的行业，应当鼓励这些企业的价值活动实现标准化。例如，平板显示器是许多产品的重要部件，但很少有顾客会关心产品的产地。因此，如 LG 飞利浦、奇美电子、北京东方电子以及三星等公司对竞争压力的响应就是将其价值活动集中布局到具有经济方面区位优势的地区。

第三类行业包括通信、信息技术、汽车、医药和金融市场等行业以及资本市场，它们都处于一体化—响应矩阵的中间区域，通常陷入进退两难的困境中。这些企业既面临全球一体化的压力，同时也面临本地响应的需求，因此，如何协调和布局价值活动以解决这样的困境成了所面临的一项挑战。例如，麦肯锡咨询、日本电通、花旗银行、松下、强生、印孚瑟斯等公司都面临这样的困境。它们需要更为复杂的布局方案和协调系统。

总之，一体化—响应矩阵通过描述特定行业企业在标准化与本地响应方面临的压力而有助于管理者制订战略选择方案[105]。借助一体化—响应矩阵，企业就可以明确行业结构是如何影响经营环境的，战略是如何影响目标的，价值链又是如何成就卓越的，而这一切对于企业的长久不衰意义重大。

11.10　战略的分类

市场中反复出现的模式就是跨国公司常用的战略，如国际化战略、多国化战略、全球化战略和跨国化战略。这里将分别介绍这四种战略的特征及其对价值链布局与协调的意义。表 11-6 汇总了分析结果。

11.10.1　国际化战略

在全球一体化压力与本地响应压力小的行业（位于一体化—响应矩阵的左下象限），如果企业要利用其核心竞争力，那么这些企业就会实施**国际化战略**（International Strategy）。国际化战略强调复制那些基于母国的竞争力，如专业生产技能、设计能力以及品牌在国外市场的影响力。这种复制首先要求由母国总部负责国外机构运作的布局和协调。而且，总部管理层拥有最终控制权，原因在于他们最了解应该如何运用、保护和扩张企业的核心竞争力。按照这一观点，新创意的测试地并非国外市场，而是本国市场。因此，分支机构在调整产品和生产方面的自主权很有限。实施国际化战略的跨国公司包括苹果、空中客车、谷歌等。

影响国际化战略的决定因素在于总部。例如，谷歌由位于加利福尼亚州山景城的公司总部（Googleplex）开发其网页产品的核心架构。谷歌也允许其各国子公司根据当地语言和字母的差异性定制其网页页面。谷歌总部的高管负责开发能创造竞争优势的搜索算法；随后，高管需要指导海外企业进行产品开发和商业流程设计。因此，总部要将公司的原则、运营方式和运营流程转移到海外子公司。不过，经营的控制权并没有转移。

表 11-6　跨国公司所采用的战略类型及其特征

多年来，"国际化战略—多国化战略—全球化战略—跨国化战略"这一战略体系一直是国际商业理论所推崇的。每一战略都直接并且区分说明了跨国公司应该如何协调全球一体化与本地响应之间的矛盾。管理者需要时刻关注行业结构以及价值创造的动因，同时要通过权衡以下四种战略的特征来做出战略选择。本表对关注和比照的要点进行了汇总。

	国际化战略	多国化战略	全球化战略	跨国化战略
战略导向	利用核心竞争力与本国创新在海外打造竞争优势	针对各国在消费者偏好、产业特点以及政府规制方面的差异来提供差异化产品	根据全球统一的需求或欲望来销售全球标准化产品。强调产品数量、成本最小化和效率	通过专业知识运用和在全球范围内推广学习来处理全球一体化与本地响应的要求
价值链活动的布局	集中布局；价值活动布局由总部安排和指导	分散布局；子公司自行根据当地环境决定价值活动的调整	集中布局；利用区位经济特点进行价值链布局	集中布局以利用区位经济特点；按照最低效率要求进行分散布局以满足当地偏好
价值链活动的协调	集中协调；母公司控制有关核心竞争力运用、管理及保护的价值链活动	子公司相对独立运营。自主运营使得子公司能根据本地市场环境调整经营活动	最大化产品标准并控制成本的行业压力要求从全球角度协调价值活动	同时达成一体化和本地响应的目标需要总部与子公司一起进行协调
主要优势	有利于将技能和技术从母公司向全球子公司的转移	本地经营活动管理对总部支持的依赖减少；对本地偏好的敏感性提高	生产的产品成本低、质量高，虽差异不大，但能迎合全球各地的消费者	效率有支撑，效益有保证，可有效利用学习效应并促进全球各分支机构的创新
主要劣势	价值链活动集中在本国常常会削弱布局的效率和协调的灵活性	鼓励"小我"现象会导致子公司复制价值活动	由于产品实施的是全球标准，所以学习机会会减少。要求通过严苛的协调来管理全球投入与产出矩阵	要求精细化机制集中分散的运营活动；配置困难，协调不易；表现不足
一体化—响应矩阵定位	全球一体化压力小；本地响应压力小	全球一体化压力小；本地响应压力大	全球一体化压力大；本地响应压力小	全球一体化压力大；本地响应压力大
举例	卡夫食品、谷歌、宝洁、纽克公司、哈雷-戴维森、百度、苹果、家乐福	联合利华、雀巢、亨氏食品、美体小铺、麦当劳、强生、辉瑞、巴西航空、印度兰伯西制药	丰田、佳能、海尔、德州仪器、卡特彼勒、西麦斯水泥、印孚瑟斯、沃尔玛、华为、路易威登、美国运通、诺基亚、思科	通用电气、塔塔钢铁、扎拉、IBM

1. 国际化战略的优势

国际化战略是通过将企业的核心竞争力转移至其在国外市场的分支机构而实现价值创造的。这里，国外市场的竞争对手尚缺乏竞争战略。如果行业环境对企业全球一体化或本地响应的要求不高，而且企业的经营在最小化成本或品牌利用方面确立了市场标准，那么采用国际化战略的效果比较好。这些优势带来的高度竞争力意味着，如果企业进行海外扩张，所发生的成本支出（产品延伸与监督的成本）会比较适中，而带来的回报（从

事国际市场经营所带来的收益）很丰厚。相比于多国化战略、全球化战略和跨国化战略，国际化战略的优势极为直接而明确，也因此成为企业开展海外运作的首选战略。

2. 国际化战略的局限性

基于从总部看世界其他地方的视角可能会误读国外市场的机遇和威胁。由总部决定的应用企业核心竞争力的决定可能会限制企业的本地响应活动。起初，这种缺乏弹性的决定并不会产生高成本，但随着企业海外市场

经营的不断成功并计划进行扩张，拘泥于国际化战略的思维会误读当地市场环境。此外，只要国外竞争对手反击无力，那么国际化战略的竞争优势就可以保持下去。不过，海外市场的企业，特别是新兴市场的企业，当下正在重构生产和分销体系、实验全新的商业模式并重新制定创新标准。因此，如果半路杀出充满进取心的竞争对手，那么行业结构就会被打破。例如，谷歌公司在韩国和中国就面临着来自当地的竞争对手——韩国的 Naver 与中国的百度。这两家公司都利用其更为贴近本土搜索引擎趋势的天生敏感性而成为谷歌在快速增长的亚洲市场上的强大竞争对手[106]。

11.10.2　多国化战略

有些跨国公司面临较大的本地响应压力，而且通过全球一体化来降低成本的需求也较低（位于一体化—响应矩阵的右下象限）。在这些行业，本地独特的文化、法律政治和经济环境促使跨国公司调整其价值活动。这种方式就是**多国化战略**（**Multidomestic Strategy**）。多国化战略的价值链设计紧跟的是海外运作活动的需要，而不是总部的指示。换言之，跨国公司的分支机构都是从所在市场的角度进行产品的设计、生产和营销，从而响应当地偏好的。例如，位于新加坡的双肩背包生产企业的管理者，根据自己对当地顾客偏好的理解，自行决定背包的大小、形状和式样——即便该企业生产的背包与其在土耳其、肯尼亚及哥伦比亚的分公司所生产的背包存在差异[107]。

例如，强生公司采用的就是多国化战略。按照强生公司管理者的理解，各国之间不可避免的差异性自然会阻碍经营的统一。为了优化企业的业绩，强生公司必须同意其全球各地 250 个业务单元能像小型创新型企业那样运作，可以对主要业务进行自主布局和协调以满足当地市场的要求[108]。相应地，总部的职责就是做它能做得最好的——布局和协调全球运营活动，以支持当地的业务单元利用强生在研发、执行、财务、营销和物流方面的资源。

1. 多国化战略的优势

多国化战略最大限度地照顾到了各国市场上消费者偏好、市场趋势和制度预期方面的独特性。价值活动的本地化也有助于跨国公司降低在当地市场运作的政治风险，减少汇回资金，而实现汇率风险的降低，也有助于企业凭借在当地的业绩树立全国性的声誉。多国化战略也使跨国公司在与当地企业竞争时拥有独特的优势，毕竟当地企业缺少母公司全球运作所带来的优势。对于那些位于一体化—响应矩阵右下象限的行业，如服装、食品及零售银行等行业，通常会组建仅在该国经营的本地企业。多国化战略使得诸如麦当劳、雀巢或汇丰银行之类的跨国公司能够借助其全球竞争实力在当地市场取得竞争优势。

2. 多国化战略的局限性

多国化战略要求把价值活动复制到全球各地的分公司。跨国公司在全球各地基本上是以"小我"业务单元的形式进行运作的。针对当地市场提供定制产品必然会使价值链上活动的成本上升。不同的产品设计需要不同的材料，较小的市场要求更短的生产期，不同的渠道结构要求采用不同的分销模式，而且不同的技术平台也意味着信息沟通更趋复杂。因此，多国化战略在成本敏感的行业并不适用。例如，家乐福在刚进入美国市场时就遇到了问题。毕竟出于更好地适应当地消费者的偏好，家乐福需要将原来的国际化战略转为多国化战略。结果，高昂的成本迫使家乐福最终只好关闭其失败的美国门店。同样的问题也打击了英国跨国公司乐购超市。在艰难经营 6 年后，公司因无法理解美国消费者的行为而选择认输。该公司宣布将撤出美国，直接损失达 18 亿美元，其中为响应当地市场的投入就占了数亿美元[109]。

实施多国化战略的跨国公司常常遭遇协调上的矛盾。为了适应当地市场，各分支机构需要有不同的管理风格和价值链设计。不断地授权给当地决策层，久而久之会形成强势的分公司。对于任何确定的布局和协调事务，分公司可能会不服从总部的政策，转而采取其他方式以维护自己的地位。总部若要使强势的分公司做出改变，只能采用说服而不是命令的方式。随着分公司数量的增加，说服可能会越来越困难。此外，不断出现的权力争夺也会削弱跨国公司的竞争力。例如，强生公司在 1960 年就已开始在美国生产非处方镇痛片泰诺，很快各地的分公司都可以使用这一技术。尽管总部一直给日本公司施加压力迫使其生产，但直到 2000 年，其日本分公司才开始生产这种药品。

11.10.3　全球化战略

全球化战略（**Global Strategy**）强调通过在各国几乎无差异地生产和销售统一的产品，来提高跨国公司在全球各地的绩效。事实上，管理者此时面临的全球一体化压力较大，但本地响应压力较小。这类行业的压力环境总是处于一体化—响应矩阵的左上象限。如果跨国公司处于这种情形，那么通常会采用绝对的生产和营销标准，以取得最大化的全球一体化利益。

全球化战略要求企业面向全球市场设计产品，再由效率极高的若干家工厂按全球规模进行生产，之后通过一些集中的分销渠道进行产品营销。因此，全球化战略要求跨国公司积极利用区位经济优势，面向全球细分市场开展标准化生产，从而最大化标准化生产的规模效应。当然，如果将资源用于生产一切而不能提高效率，那么企业的竞争力就会被削弱。同样，全球化战略要求全球销售企业的标准化产品，而这些标准化产品几乎不需要考虑本地适应的要求。因此，全球化战略实质是把全世界看作一个单一市场。

对于一些商品，如大宗商品，全球化战略必然是唯一选择。大宗商品面向的是全球相同的需要（如汽油、钢铁、阿司匹林、记忆芯片、糖等）。虽然各国消费者的偏好不会一模一样，但的确高度相近。在选择本质上完全相同的商品（如 X 公司生产的汽油或 Y 公司生产的汽油）时，价格自然成为极其关键的竞争因素。

全球化战略并不限于大宗商品市场。市场全球化促使诸如服装品牌 H&M、奢侈品牌路易威登之类的企业对传统差异化产品进行标准化，按全球规模生产这些商品并通过集中的分销渠道进行营销。毫无疑问，消费者偏好的确存在跨国差异。不过，全球化战略假设国家之间的消费者偏好不存在差异，即便有差异，消费者也愿意做出牺牲，毕竟可以购买到质优价廉的替代品。最终，消费者的购买倾向会超越民族主义而适应全球化战略。

全球化战略的效率标准会促使跨国公司成为行业的成本领先者。如果没能成为成本领先者，那么就必须与该行业的领先者相竞争。成本领先对于价值链设计有显著的影响。分支机构必须在具有区位优势的地方开展经营，这样的地方有助于实现全球规模生产效率的最大化，如在越南的鞋厂、在中国的汽车零部件厂、在印度的呼叫服务中心等。价值活动并不需要集中在一个国家，但最优化的全球价值链必须把价值活动布局到最为合适的地方。例如，IBM 公司需要支持其亚洲的价值链活动，公司就把人力资源中心布局在马尼拉、应收账款中心布局在上海、会计服务布局在吉隆坡、采购中心布局在深圳[110]。一旦价值链布局完成，总部就会提出标准化的操作和流程以协调各项活动。

1. 全球化战略的优势

全球化战略的最大优势在于可以充分利用规模经济。通过布局和协调价值链活动，跨国公司就可以获取规模效应，从而促进全球化效率的提高，而这种效率既是跨国公司在与目的相同的对手展开竞争时所需要的，也是说服消费者放弃本地偏好转而购买全球产品所必需的。全球化战略也能让跨国公司从全球市场的一体化中获益。制度发展减少了贸易摩擦和投资限制，而这些在传统上都是区位经济的局限之处。如今，跨国公司享有很大的灵活性，为了追求效益最大化，可在各地布局任何活动。市场全球化直接扩大了一体化的机遇。最后，全球化战略厘清了决策问题。专心于提高效率也就成了战略分析的绝对逻辑：既然全球化趋势已成，全球一体化战略当然胜于本地差异化战略。

2. 全球化战略的局限性

全球化战略对成本极其敏感，而这也使得跨国公司在决定适应当地情况的价值活动时没有什么选择了。因此，跨国公司的成功取决于一刀切经营做法的效果。同样，在单一全球市场靠着单一的赌博方式开展经营是极具风险的。正如本书前面各章所述，国际商务的最本质特点就是面临各种各样的变化。一个破坏式创新活动会使专心于全球价值链的完好的经营思想变成不再适用的妄想。例如，在金融危机中遭到重创的花旗银行、苏格兰皇家银行、富通银行等，就受累于其过去表现卓越的全球化战略。尽管在全球资本市场上处于领先地位，但金融危机的破坏性变化以及对本地响应的要求使得这些公司的优势变为劣势。

11.10.4 跨国化战略

如今的消费者、行业、市场等经营环境都是相互联系的，这就要求处于一体化—响应矩阵右上象限的跨国公司能对价值链的不同活动进行合理布局。跨国化战略要求跨国公司在利用区位经济优势的同时通过协调方法利用好其核心竞争力，而且在整个过程中做好全球化与本地化压力之间的协调。为了实现这一目标，跨国公司就要实施**跨国化战略**（**Transnational Strategy**），从而弄清楚各国在能力和贡献方面的差异，探究出系统了解各国经营环境的方法，并将这些认识应用到整个全球业务中。

跨国化战略需要能同时建立复杂而精致的价值链，能同时实施一体化、响应和学习活动。跨国化战略需要在满足最低程度效率标准的前提下开展价值活动的布局，而且要考虑到各国主流的文化、政治、法律和经济环境。不过，跨国化战略与多国化战略相比，重要区别在于，跨国化战略强调互动性的"全球学习"。跨国化战略运用其洞察力来提升自己的核心竞争力，并坚定地把专有创新运用到全球各地的经营中去。在跨国化战略中，创新思想的交流并不是自上而下的（从总部到各国分支机构），也不是自下而上的（从各国分支机构到总部），而是从创始者到接受者，并且没有地域或者方向的限制。公司总部运用制度来促进交流和合作。

1. 跨国化战略的案例

虽然有人对跨国化战略的可行性存有质疑，但通用电气公司的案例证实了该战略的实用性。20 世纪 80 年代，面对来自亚洲低成本竞争对手日益严重的威胁，通用电气公司开始寻求在全球市场销售其产品。在通用电气的管理者看来，在全球市场扩大销售可以带来更大的规模经济效应。当时，杰克·韦尔奇宣称："公司全球化是胡说八道。要全球化的是业务而不是公司[111]。"

因此，对于设立在任何地方的子公司，通用电气公司坚持的明确的业绩标准就是要成为所在国行业的老大或老二，不然就撤离投资。

到 20 世纪 80 年代末，通用电气公司对全球化的理解由寻找新的市场转为在世界范围内寻找新资源，以获得价格更低而质量更高的投入品。随着一体化的深入和各国市场之间联系的增加，通用电气公司重新定义了其全球化观点，并将全球化上升为主导战略。相应地，杰克·韦尔奇提出了各业务单元的业绩标准，由在国内市场的地位排名提升到在全球的行业排名。

当时，杰克·韦尔奇阐述了他的无国界公司的愿景，即"开放、无地区限制、乐于寻找并分享任何地区产生的新思想"的公司（暗指跨国组织）。按照杰克·韦尔奇的解释："我们所预想的无国界公司将消除工程、制造、营销、销售和客户服务中的壁垒。它不会在国内和国外市场之间划分界限。这样，我们在布达佩斯、首尔的经营都能与在路易斯维尔的经营一样适应[112]。"

通用电气公司的价值链很快上演了一系列的成功：商业应用效率的提升、照明行业生产率的突破、通用电气资本交易效率的提高、航空发动机成本的下降以及塑料品业务全球客户管理的优化。从中获得的经验也传授到了通用电气公司的其他业务。事实上，那些不愿意交流和分享创新思想的管理者将被辞退。韦尔奇说："我

们让那些有国界意识的员工失业，如果你过于自我，只求自身利益，拒绝分享，懒于创新，那么你不属于通用电气。"随后不久，通用电气公司开始了第三阶段的全球进化。除了强调全球市场和全球资源之外，韦尔奇还要求经理"将公司的知识全球化"，从各地、从每个员工那里寻找最佳方案和创新思想，并将其传播到整个通用电气公司[113]。

到 1999 年韦尔奇任期的最后阶段，通用电气公司再次被《金融时报》评为世界最受尊敬的公司，而韦尔奇也被评为 20 世纪最佳 CEO。他的继任者杰夫·伊梅尔特（Jeffrey Immelt）继续推行这些政策。他解释说，国际商务的成功"真正在于人，而并不在于厂房建在哪里。要培训员工，让他们具备领导才能，最终提拔他们。这是国际化最有效的途径[114]"。

通用电气公司的表现体现了跨国化战略的许多原则：运用最优方式进行布局和协调的全球学习模式。通过不断地在各个业务部门进行检验、强化和交流，创新思想就能发挥提升价值链的作用。随着管理者把创新思想转化成更好的设计、生产方法和经营流程，他们就能做出更有盈利前景的决策。这样，公司的一体化效率可以得到提高，本地响应的效果就会更好，创新的传播将更系统化。

2. 跨国化战略的优势

跨国化战略的学习原则调和了全球一体化和本地响应的双重要求。持久的学习使得管理者能够对环境变化做出响应，并在没有增加管理成本的前提下调整经营活动。最终，这些能力对企业开展标准化活动提供了支持，从而可以在不降低本地响应要求的情况下创造出全球效率。

3. 跨国化战略的局限性

跨国化战略的局限性在于布局有难度、协调有挑战、风险易发生。在调和全球一体化与本地响应压力的同时，跨国化战略还负有提高全球各地分支机构知识水平的使命。这一切使得经营活动变得复杂，从而可能压垮那些出于善意的跨国公司。在运用跨国化战略方面，有通用电气这样取得成功的公司，也有 ABB 集团、飞利浦、松下和宏碁这样没能取得成功的企业。此外，员工中网络理念的树立、必要沟通网络的建设以及多标准下决策模糊的处理都意味高昂的成本。在经济不景气要求优化业务的背景下，这些成本对企业尤其是一项负担。

案例 11-2[115]

跨国公司的未来：预测和情景推测

不断变化的工作、技术和市场的结构致使全球化的长期标准越来越遭到颠覆。跨国公司也做出了响应：它们不仅反思其经营战略，而且重置其价值链，目的是更好地参与全新世界市场的竞争。变化也给企业开启了大量需要认真思考的新选择：更多组织研发活动的选择（如对节俭创新进行根本上的重新定义）；更为敏锐的、出于生产分散目的的供应链物流（如从传统的西方市场到新兴经济体）；开启全新生产边界的新兴技术（从人力装配线到机器人制造单元）；跨国激进组织宣称能更方便地运送有形商品（将上海生产的太阳能电池板销售到斯德哥尔摩）与无形商品（波士顿拍摄的 X 光在曼谷分析）的新的营销渠道。

这些变化，无论是个别的还是整体的，都使得我们对价值创造、战略选择以及企业导向的理解发生重置。因此，关于价值活动布局与协调的标准自然也在变化。这些变化共同促使发达国家和新兴经济体的企业关注并应用全新的方法；这些变化反过来也大大提高了出现新型跨国公司的可能性。下面主要介绍未来跨国公司的一些高度概念化的愿景。

1. 全球一体化企业

不难发现，针对全球化标准的不断变化，跨国公司正在持续做出系统性回应。持有这种激进观点的人物之一就是 IBM 的前 CEO 彭明盛（Sam Palmisano）。结合 IBM 的发展经历，彭明盛声称，IBM 在向未来跨国公司的转变历程中走过了三个战略阶段。

第一阶段是 19 世纪的"国际化模式，即无论是实体经营还是企业文化上 IBM 的业务都由位于本国的总部管理，而且 IBM 非常倾向于通过海外分散的分支机构来销售其产品[116]"。IBM 主要集中在本国处理业务，价值链活动的布局和协调由总部完成，而且从不从海外业务单位获取投入品。这个时期的 IBM 与同时代的其他企业一样，通过国际化战略走向世界市场。

第二阶段始于 20 世纪末的经典跨国公司时期。受多国化战略的影响，这一阶段的母公司会在国外设立一系列规模较小的分公司。随后，总部会从本国派遣管理人员负责经营这些卫星业务单元。派遣到海外的人员多为技术人才，对当地文化并不很了解且没有多少外语能力。通常，这些人员仅仅是为了完成临时工作而在工作

地点上跨国化而已。慢慢地，不断变化的全球竞争环境使得这种"小我"的经济优势不再存在。面对激烈的竞争，因为在每个国家都是按自己的价值链运营，所以企业已无法承担冗余成本。

第三阶段就是"全球一体化企业"（Globally Integrated Enterprise）阶段。此时，企业"按照成本、技术和商业环境的合适程度以及围绕尽可能高效并高质量开展经营的目标来安排投资、人员和工作岗位"[117]。之前的运营模式因布局和协调方面存在壁垒，而使知识流动受阻、生产机会丧失和组织选择减少。现在，就像互联网一样，全球一体化企业通过自己设计战略、布局价值活动以及协调经营流程，而将任何地方、任何东西连接在一起。

2. 超国公司

未来，跨国公司将无法利用世界级运营效率来获取竞争优势，也无法凭借来自本国或若干国家分支机构的独特优势而取得一流的竞争地位。相反，竞争优势将属于那些从跨国公司发展而来的超国公司（Metanational）。这类全球企业的发展壮大靠的是对独特的创意和运营活动的探寻、对现有运作的反思以及全新优势的创造。这类企业的全球运作已从向全世界销售商品变为对创意和能力宝库的挖掘。它们的管理者放眼全球，能在专业知识、独特营销活动和与众不同的资源能力中识别并发掘未曾利用的潜力。通过利用机会，这些企业就可以"在全球众多区域内发现、获取、动员和利用各种知识，从而打造出一套全新的竞争优势[118]"。

理论上，超国企业通过开发价值链和打造以下几个方面的核心竞争力而赢得国际市场：

（1）预见并利用未曾利用的技术以及未被确定的消费趋势的能力。

（2）利用分散在全球各地分支机构的专业知识的能力。

（3）通过动员碎片知识来形成创新，从而服务于全球规模下的生产、营销和价值转移的能力。

（4）将优秀的项目管理技能应用于团队间管理，从而形成强大的合作文化，并建立大量活跃的沟通工具的能力[119]。

一些人将资生堂、麦当劳、宝洁、塔塔钢铁、宝丽

金等跨国公司看作新兴的超国公司，毕竟这些企业能够将未充分运用的知识转变为具有全球支配地位的创新。这里以麦当劳在增长最快的俄罗斯市场所积累的经验为例进行更具体的说明。麦当劳在俄罗斯有 300 家连锁店，并且计划新开上百家连锁店，毕竟"俄罗斯仍然是最具活力、增速最快、利润丰厚的市场[120]"。要想在俄罗斯取得运营成功，麦当劳还需要重新考虑其价值链。在西方国家，麦当劳从第三方购买调料等配方，而不是自己生产配料。麦当劳在进入俄罗斯市场时，不得不在莫斯科以外建立自己的生产系统，也就是麦工厂（McComplex），因为当地没有供应重要配方的工厂。在麦工厂，每一样配料都要从头开始生产。这使得麦当劳必须重新思考该如何重新布局其运营活动，以便利用俄罗斯独特的市场活动和与众不同的资源能力[121]。除了生产更美味的汉堡包，麦当劳还利用来自俄罗斯市场的信息。按照真正超国公司的风格，麦当劳利用现有经验进行试验式运营，开始反击全球的咖啡连锁店。2003 年，麦当劳在俄罗斯推出了麦咖啡，提供精心调制的意式浓咖啡，并且在 2009 年成功地将这一理念移植到美国，并且又从美国推广到全球[122]。

那么，哪些类型的跨国公司渴望成为超国公司呢？通常来说，那些面临全球一体化压力以及本地响应压力的企业，它们的机会也许就在于感知、理解并利用碎片知识。直到近来，超国公司这样的选择的确吸引了一些企业。交通运输和沟通方面的壁垒使其经营活动变得复杂化。此外，国别差异尽管在缩小，但仍然巨大。如今，环境条件、制度安排以及技术潮流都对超国公司的出现形成了稳定的支持。

3. 微跨国公司

有人说跨国公司的未来边界在于其规模的大小[123]。历史上，许多人都认为跨国公司必须规模庞大、纵横全球。但如今，我们看到了异类的成功企业。显然，全球跨国公司的数量在不断增加，但其平均规模在不断缩小。在大约 7 万家开展国际业务的企业中，许多企业的全球雇员不超过 250 人。这一异常现象标志着"微跨国公司"（Micro-Multinational）时代的到来。所谓微跨国公司，即小而灵活的、天生开展国际经营的企业[124]。规模较大的跨国公司是通过逐步进入新市场而扩大国际经营的。与此相反，微跨国公司则是即时走向全球经营的。它们可以进入任何自己想进入的国家，通常会借助互联网渠道，其目标市场总是直指客户丰富、创新领域

以及新兴产业。这些天生全球化企业并不将国际市场当作国内市场疲软时的避难所；相反，这类企业一开始就认定国内市场只是全球的众多机会之一[125]。

微跨国公司与过去企业的明显不同源自它们从创办之初就注重全球市场。那些天生全球化企业的创办者通常有着强烈的国际化倾向，毕竟他们的理解源于在国外多年的居住或求学。罗技公司（Logitech）是瑞典一家生产如鼠标、键盘和扬声器等计算机配件的厂商，是由在美国斯坦福大学学习的意大利人创办的。罗技公司在创立不久后就开始向全球销售自己的产品[126]。我们经常会看到这样的事例：一名老练的高管从一家跨国公司离职，然后创立了一家走向全球的企业[127]。

也许更重要的是，正是因为环境使然，微跨国公司的概念已经从理论变为现实。技术进步以及各国向世界开放贸易，使得那些天生全球化企业能更加便宜、快速地实现自己的愿景。微跨国公司现象很大程度上是伴随着市场全球化、贸易壁垒减少、对专业性商品需求的不断增长以及通信技术的不断完善而出现的。通过利用这样的环境，天生全球化企业就可以打造强大的平台，面向利基市场进行研发和创新，虽然道路狭窄，但覆盖到全球各地。

4. 全球区域本土化

一些倡导区域化思想实力的人士用"全球区域本土化"（Glorecalization）这个拗口的名词来表示进行主要因素权衡时的新兴标准[128]。全球区域本土化这个词是来自全球化（Globalization）、区域化（Regionalization）和本土化（Localization）三个词的合成词。按照全球区域本土化的观点，在价值链布局符合区域环境的条件下，企业应当维护持续的全球价值以及定制的本地化策略。据此推断，实施全球区域本土化的跨国公司能够利用其区域网络获得必要的效率，并同时拥有本地经营的灵活性。

许多因素都有利于全球区域本土化跨国公司的经营。最为重要的是，区域贸易集团（如非洲联盟、东盟、加勒比共同市场、欧盟和北美自由贸易协定）创造了具有积极区域效应的市场，这些效应涉及制度结构、监管框架和市场一体化。例如，欧盟联合了 27 个成员国，为 5 亿多人口创建了一个共同的家园，他们共享民主规范、自由市场体制和法律尊严。随着全体欧盟成员国之间人员、信息、产品以及生产过程能更便捷地流动，企业的价值链自然简化了。同样，区域化生产能够提高产品的专注性而无须牺牲规模经济。最后，区域内的人们往往有着相近的预期、重叠的国家利益和趋同

的目标。

5. 计算机化企业

最后要提的是计算机化企业（Cybercorp）。对于这种形式的企业，上一代人是根本想不到的，但如今已成为现实[129]。对于计算机化企业，国家边界已不再是区分消费者、市场或行业的因素。相反，随着互联网技术的不断发展，界定市场边界的已不是地图上的实体的地理边界线。例如，实体的Facebook总部位于加利福尼亚，但运营公司的约3500名员工实际上通过网页界面服务于全球150个国家或地区的10亿名顾客，而且这些网页界面被翻译成了100多种语言[130]。

计算机化企业通过培养竞争力而能对顾客、行业及环境的变化做出实时响应。它们确立经营理念，制定经营战略，设计强调虚拟的价值链，以便在充满活力的网络世界发挥其竞争力。计算机化企业是一个自我组织系统，建立在众包、群体智能以及人工智能的基础上。计算机化企业及其众多参与者在各处运作。这些参与者10年前可能相隔甚远，但如今，通信技术创新的浪潮创造了技术乌托邦，不断地将每个人联系在"不断发展的文明神经系统"中[131]。计算机化企业的建立使得策略能够学习、发展和改变，并推动商业向"奇异性理论"这一新兴标准发展。

6. 做决定

自然，对于未来的跨国公司，现在只是猜想而非定论。不论最终发展成哪种类型，都将是企业发展史上的重要标志：具有实在、实用、致力于卓越的经营框架，并且由英明人物领导，他们能够清晰地表达富有洞察力的愿景和改变游戏规则的实用目标[132]。当然，我们也在观察并追踪这些新兴的竞争者，等待看到哪一种类型最终成为标准。

思考题

1. 假设你有一个选择机会，你会选择在哪种企业工作？是全球一体化企业、超国公司、全球区域本土化企业还是计算机化企业？为什么？

2. 根据本章所提供的材料，哪些环境条件、制度安排和技术潮流支持计算机化企业的崛起？

3. 你认为哪种管理技能和管理理念会让你成为对微跨国公司有吸引力的候选人？

4. 展望下一个十年，估计一下跨国公司创造价值方式的新标准。在你看来，哪种跨国公司未来最有可能成功？为什么？

5. 假设IBM的发展观点最恰当地反映了未来变化的路径，请预测哪一类跨国公司将最终代替全球一体化公司的观点？

6. 不论跨国公司的未来形式怎样，都将面临全球一体化的压力以及本地响应的诉求。在你看来，哪种形式最能应对这一挑战？

本章小结

1. 管理者通过设计战略来参与国际市场，以此来增强企业的竞争力、提升盈利能力并实现持续增长。

2. 行业结构会影响企业的盈利能力，特别是在完全竞争的情况下，更不用说不完全竞争的情况了。

3. 理性的管理者能把创新战略转化为超过平均水平的风险调整的利润率，特别是在不完全竞争的情况下，更不用说完全竞争的情况了。

4. 管理者对行业分析常常借助五力模型，其中的五力分别代表竞争对手、新进入者的威胁、替代品、供应商和购买者的讨价还价能力。

5. 竞争行为是指竞争对手为争取市场份额而采取的行动；新进入者的威胁是指寻求市场份额的对手的进入；供应商的讨价还价能力是指投入品供应者提高要价的能力；购买者的讨价还价能力是指产品的购买者争取少付钱的能力。

6. 价值衡量的是企业能以高于生产成本的价格销售所生产产品的能力。

7. 跨国公司通过成本领先战略或差异化战略来创造价值。前者要求企业在质量水平一定的前提下实现成本低于竞争对手；后者要求企业提高其产品相对于竞争对手产品的感知价值。

8. 价值链使得管理者可以把"价值创造"这一基本思想分解成一系列离散并连续的活动。

9. 管理者通过价值活动的布局来利用区位经济优势。影响区位优势的因素包括集聚效应、物流、数字化、机器人技术、规模经济和商业环境。重要的是，随着位置经济优势的变化，价值链活动布局的决策也要变化。

10. 管理者通过协调价值活动来利用核心竞争力、消除经营障碍并建立分支机构网络。

11. 全球一体化的目标是通过标准化全球活动来实现效益的最大化；而本地响应是通过使价值活动适应当地需要来优化效果。

12. 全球化的影响因素包括国内市场的一体化和标准化的效率收益。

13. 本地响应的影响因素包括消费者偏好的跨国差异以及东道国政府的干预。

14. 全球一体化压力越大，集中布局和标准化协调的必要性就越强。

15. 本地响应压力越大，分散布局和适应协调的必要性就越强。

16. 企业进入外国市场并参与竞争的战略包括国际化战略、多国化战略、全球化战略和跨国化战略。

17. 国际化战略可以把核心竞争力应用到国外市场。前提是当地竞争对手缺少战略选择，而且所在行业的全球一体化压力与本地响应压力都较小。

18. 多国化战略强调产品和生产流程必须适应所在国市场的独特环境。

19. 全球化战略通过制造标准化产品来提升业绩，而且这些产品的营销只需要最低程度的当地市场适应。

20. 跨国化战略要求同时在世界各地发挥核心竞争力的作用，要求通过利用区位经济优势来降低成本，并且要求在坚持标准效率的前提下适应当地需要。

21. 企业实施跨国化战略的目的并不是要与竞争对手较量谁工作更努力、更聪明，而是要较量在传播并利用所吸取的教训以及对全球经营的认识方面的能力差异。

关键术语

集聚效应	分散布局	产业组织范式	多国化战略
集中布局	规模经济	行业结构	基本活动
布局	五力模型	一体化—响应矩阵	战略
协调	全球一体化	国际化战略	支持活动
核心竞争力	全球化战略	本地响应	跨国化战略
成本领先战略	全球区域本土化	区位经济	价值
差异化战略	卓越源于选择	物流	价值链
数字化			

参考文献

1 *Sources include the following:* A. Bonnin, "The Fashion Industry in Galicia: Understanding the 'Zara' Phenomenon," *European Planning Studies* 10 (2002): 519; "Inditex: The Future of Fast Fashion" *The Economist,* retrieved May 31, 2011, from www.economist.com/node/4086117?story_id=4086117; "The Stars of Europe—Armancio Ortega, Chairman, Inditex," *Businessweek,* (June 11, 2001): 65; Richard Heller, "Galician Beauty," *Forbes* (May 28, 2001): 28; Rachel Tiplady, "Zara: Taking the Lead in Fast-Fashion," *Businessweek* (June 4, 2006): 19; "Shining Examples," *The Economist* (June 15, 2006): 54; "Zara Grows as Retail Rivals Struggle," *Wall Street Journal* (March 26, 2009): C1; "Zara, the Lead in Fast Fashion," *Fashion Muse,* retrieved May 31, 2011, from www.fashionmuse.com/women-fashion/zara-lead-fast-fashion; Lauren Cochrane," The Winning and Losing Brands In Fashion Right Now," *The Guardian,* (September, 21, 2012).

2 "The Fashion Industry in Galicia: Understanding the 'Zara' Phenomenon," *European Planning Studies* 10 (2002).

3 Vivienne Walt, "Meet Amancio Ortega: The Third-richest Man in the World," *Fortune* (January 14, 2013): 56–59.

4 "The Stars of Europe—Armancio Ortega, Chairman, Inditex," *Businessweek,* (June 11, 2001): 65.

5 Ibid, Pankaj Ghemawat and Jose Luis Nueno; Also, another analyst added, "When you went to Gucci or Chanel in October, you knew the chances were good that clothes would still be there in February." Adds another manager, "With Zara, you know that if you don't buy it, right then and there, within 11 days the entire stock will change. You buy it now or never. And because the prices are so low, you buy it now." Suzy Hansen, "How Zara Grew into the World's Largest Fashion Retailer," *New York Times,* (November 9, 2012).

6 Patrick Byrne, "Closing the Gap between Strategy and Results," *Logistics Management* (March 2004): 13.

7 "Fashion for the Masses: Global Stretch," *The Economist* (March 10, 2011): 88.

8 R. Carruthers, "Rapid Response Retail," *Marketing* (April 3, 2003): 43.

9 Michael Porter, *Competitive Advantage* (New York: Free Press, 1985).

10 Research reports that industry effects explain 75 percent of the difference in average returns for companies in an industry. Jens Boyd, "Intra-Industry Structure and Performance: Strategic Groups and Strategic Blocks in the Worldwide Airline Industry," *European Management Review* 1 (2004): 132–45; Schmalensee, "Do Markets Differ Much?" *American Economic Review* 75: 3 (1985): 341–51.

11 Clayton Christensen, *The Innovator's Solution: Creating and Sustaining Successful Growth,* Harvard Business Press, (2003).

12 Joseph Bower and Clayton Christensen, "Disruptive Technologies: Catching the Wave" *Harvard Business Review* (January–February 1995).

13 Ashlee Vance and Matt Richtel, "Light and Cheap, Netbooks Are Poised to Reshape PC Industry," *New York Times* (April 1, 2009): C1.

14 Chad Brooks, "PC Is Dead. Cloud Computing, Mobile Devices Taking Over," CSMonitor.com, retrieved June 9, 2011, from www.csmonitor.com/Business/Latest-News-Wires/2011/0608/PC-is-dead.-Cloud-computing-mobile-devices-taking-over; Nick Wingfield, "PC Sales Still in a Slump, Despite New Offerings," *New York Times* (April 10, 2013): A1.

15 "A Special Report on Innovation in Emerging Markets: The World Turned Upside Down," *The Economist,* retrieved May 2, 2011, from www.economist.com/node/15879369.

16 Consider that two of the five top-rated business environments in summer 2008—Ireland and the United Kingdom—were seeing shaky financial markets, spiraling unemployment, collapsing currencies, and shaken consumer confidence by that winter. By mid-2009, similar, albeit less drastic, trends were evident in the United States, Taiwan, Japan, Spain, France, Germany, and Australia. By 2010 and onward, escalating political economic tension in Greece, Spain, and elsewhere severely disrupted market routines; See Jack Gage, "The Best Countries for Business," *Forbes* (June 26, 2008): 55.

17 Martin Dewhurst, Jonathan Harris, and Suzanne Heywood, "The Global Company's Challenge," *McKinsey Quarterly*, retrieved December 31, 2012, from www.mckinseyquarterly.com/ The_global_companys_challenge_2979.

18 Jim Collins, "Good to Great," retrieved April 26, 2011, from www.jim-collins.com/article_topics/articles/good-to-great.html

19 In general, the higher the risk, the higher the return. Therefore, riskier projects and investments must be evaluated differently from their risk-less counterparts. By discounting risky cash flows against less-risky cash flows, risk-adjusted rates account for changes in the profile of the investment.

20 See B. Wernerfelt, "A Resource-Based View of the Firm," *Strategic Management Journal* (1984): 171–80; In addition, Rumelt found that corporate-parent effects contributed to the variance in firm performance; Richard Rumelt, "How Much Does Industry Matter?" *Strategic Management Journal* (1985): 167–86; McGahan and Porter (2002) found similar evidence of corporate-parent effects: see "What Do We Know about Variance in Accounting Profitability?" *Management Science* (2002): 834–51.

21 See Wyn Jenkins, "Competing in Times of Evolution and Revolution: An Essay on Long-Term Firm Survival," *Management Decisions* 43 (January 1, 2005): 26; Belen Villalonga, "Intangible Resources, Tobin's Q, and Sustainability of Performance Differences," *Journal of Economic Behavior & Organization* 54 (June 2004): 205. Determining whether a money manager outperforms a market index relies on separating the returns available from market movements (*beta* in the jargon) and managerial skill (*alpha*). Like great product managers, great money managers find innovative ways to earn in excess of what would be predicted by an equilibrium model like the *capital asset pricing model* (CAPM). More specifically, we can compare the performance of investment managers by allowing for portfolio risk with the so-called Jensen index, also called Alpha. This measure uses the CAPM as its basis for determining whether a money manager outperformed a market index. The sum of the outperformance is known as alpha.

22 The idea of value can be defined in a variety of ways, including but by no means limited, to economic, market, pro forma, social, book, insurance, use, par, or replacement. We can also define value from different perspectives, such as those of customers, employees, stakeholders, or shareholders.

23 "Special Report: The China Price," *Businessweek* (December 6, 2004), retrieved June 25, 2005, from www.businessweek.com/magazine/ content/04_49/b3911401.htm.

24 Keith Bradsher, "China's High-Quality Pearls Enter the Mass Market," NYTimes.com, retrieved August 16, 2011 from www.nytimes. com/2011/08/02/business/global/chinas-high-quality-pearls-enter-the-mass-market.html. For example, a strand of perfectly round, blemish-free, half-inch pearls from China ran $1,800 whereas the same sort from Tahiti, although displaying a richer luster, cost $14,000.

25 Oded Shenkar, *The Chinese Century: The Rising Chinese Economy and Its Impact on the Global Economy, the Balance of Power, and Your Job* (Upper Saddle River, NJ: Pearson Prentice Hall, 2006).

26 Personal Conversation, Daniel Sullivan and Peter Leung, Director Nalco China, Beijing, March 1, 2011.

27 Similarly, Sony began selling its first netbook computer in the fall of 2009, finally entering the only sector of the PC market then showing significant growth.[27] Its netbook used the same processor found in competing products and, like other netbooks, had a 10-inch screen. However, its display resolution was 1,366 × 768 pixels rather than the standard 1,024 × 600 pixels, meaning that more of a website would fit onto the screen. For scrolling, Sony's machine provided a touch panel of the same size as the larger one found on laptops. Hence, Sony used the higher resolution and larger touch pad as key differentiators between its product and competing netbooks. Granted, improving screen resolution or touchpad size are not revolutionary design innovations. However, they supported Sony's claim that its products are different, better, and therefore justifiably more expensive than those offered by rivals.

28 Interestingly, a 150 pound bag of coffee beans might earn a farmer approximately $50. The "street value" of that same bag, once processed into approximately 10,000 cups of coffee and depending upon the particular outlet, is anywhere between $10,000 to $40,000.

29 Vikas Bajaj, "Starbucks Opens in India With Pomp and Tempered Ambition," *New York Times* (October 19, 2012); Anita Sharan, "Starbucks Come Lately," *Hindustan Times*," (January 5, 2013).

30 "The Starbucks Index—Coffee Price Parity," *Zero Hedge*, retrieved March 4, 2013 from www.zerohedge.com/news/2013-02-27/ starbucks-index-coffee-price-parity.

31 Neha Thirani, "Starbucks makes long-awaited India entry in South Mumbai," *New York Times* (September 28, 2012).

32 "Hungry Tiger, Dancing Elephant: How India Is Changing IBM's World," *The Economist* (April 4, 2007): 58–61.

33 Michael Porter, "What Is Strategy?" *Harvard Business Review* (November–December 1996): 61–79.

34 Managers may make decisions that they strongly reason support the firm's strategy but, in actuality, more often do not support it. Challenges emerge because often few managers understand the full demands of the company's strategy and its implications for international operations. More worrisome, managers are far more likely to make the wrong than right decision. See Dan Lovallo and Daniel Kahneman, "Delusions of Success: How Optimism Undermines Executives' Decisions," *Harvard Business Review* (July 2003): 56.

35 Michael Porter, "Competition in Global Industries: A Conceptual Framework," in M. Porter (ed.), *Competition in Global Industries*, (Boston: Harvard Business School Press, 1986).

36 Janet C. Lowe, *Welch: An American Icon* (New York: Wiley and Sons, 2002).

37 Shenkar, *The Chinese Century*, 16.

38 Keith Bradsher, "Solar Panel Maker Moves Work to China," NYTimes.com, retrieved March 9, 2011 from www.nytimes.com/2011/01/15/business/ energy-environment/15solar.html?pagewanted=2&_r=1&hpw.

39 Personal Conversation, Daniel Sullivan and Peter Leung, Director Nalco China, Beijing, March 1, 2011.

40 Kurt Badenhausen, "Best Countries for Business," Forbes.com, retrieved March 10, 2011, from www.forbes.com/lists/2010/6/best-countries-10_ Best-Countries-for-Business_Rank.html.

41 Christine Greenhalgh and Mark Rogers, *Innovation, Intellectual Property, and Economic Growth* (Princeton: Princeton University Press, 2010).

42 Jerome Glenn, Theodore Gordon, and Elizabeth Florescu, "2009 State of the Future." The Millennium Project defines singularity as the "time in which technological change is so fast and significant that we today are incapable of conceiving what life might be like beyond the year 2025," (p. 22), from http://www.millennium-project.org/millennium/ sof2009.html.

43 "Futurology: The New Overlords," *The Economist* (May 12, 2011): 98.

44 Soumitra Dutta and Simon Caulki, "The World's Top Innovators," *The World Business/INSEAD Global Innovation Index* (2007), retrieved June 18, 2007, from www.worldbusinesslive.com/article/625441/ the-worlds-topinnovators.

45 "Global Innovation Index, 2012," retrieved January 7, 2013 from www. globalinnovationindex.org/gii/.

46 Ibid.

47 See the Cluster Profiles Project of the Institute for Strategy and Competitiveness at Harvard Business School, data.isc.hbs.edu/cp/index.jsp.

48 "Free Exchange: Concrete Gains," *The Economist* (October 13, 2012): 90.

49 Peter Marsh, *The New Industrial Revolution: Consumers, Globalisation and the End of Mass Production,* Yale University Press, 2012.

50 See Arindam Bhattacharya et al., *Capturing Global Advantage: How Leading Industrial Companies Are Transforming Their Industries by Sourcing and Selling in China, India, and Other Low-Cost Countries* (Boston: Boston Consulting Group Publications, April 9, 2004), esp. Exhibit 7.

51 "Salary threshold for living comfortably in big cities," *People's Daily Online,* retrieved January 7, 2013 from english.peopledaily.com.cn/90882/7986614.html; Currency conversions made Jan 7, 2012, rate of ¥6.23 to $1; Monthly wage rate for New York City calculated at $7.25 per hour for 160-hour work month, "Minimum Wages," *New York State Department of Labor,* retrieved January 7, 2013, www.labor.state.ny.us/workerprotection/laborstandards/workprot/minwage.shtm); Paul Krugman, "Divided over Trade," *New York Times* (May 14, 2007): A18; "Most of China Raises Minimum Wage," China.org.cn, retrieved March 11, 2011, from www.china.org.cn/business/2010-08/19/content_20744153.htm.

52 "International Comparisons of Hourly Compensation Costs in Manufacturing, 2011," *U.S. Bureau of Labor Statistics,* retrieved January 7, 2013 from www.bls.gov/news.release/ichcc.toc.htm; "International Comparisons of Hourly Compensation Costs in Manufacturing, 2011" United States Bureau of Labor Statistics, released December 19, 2012;. "Manufacturing in India: The Masala Mittelstand," *The Economist* (August 11, 2012): 55.

53 "Here, There and Everywhere: Outsourcing and Off Shoring," *The Economist,* Special Report (January 19, 2013): 1–20.

54 Bower and Christensen, "Disruptive Technologies."

55 "Labour productivity," *The Economist,*" retrieved January 7, 2013 from www.economist.com/node/17966988.

56 Keith Bradsher, "Chinese Auto Parts Enter the Global Market," *New York Times* (June 7, 2007): B8. Calculated at the exchange rate of 7.65 yuan to the dollar, as of June 12, 2009.

57 Shenkar, *The Chinese Century.*

58 Diana Farrell, Noshi Kaka, and Sascha Sturze, "Ensuring India's Offshoring Future," *McKinsey Quarterly* (2005): 92–103.

59 "GM Sales Up 22.3% in China," retrieved March 17, 2011, from www.industryweek.com/articles/gm_sales_up_22-3_in_china_23846.aspx; "GM's First-Half China Sales Surge Past the U.S," *Businessweek,* retrieved March 17, 2011, from www.businessweek.com/news/2010-07-02/gm-s-first-half-china-sales-surge-past-the-u-s-.html.

60 Keith Bradsher, "Ford plans extensive factory expansion in China," *New York Times* (April 20, 2012): B7.

61 Martin Dewhurst, Jonathan Harris, and Suzanne Heywood, "The Global Company's Challenge," *McKinsey Quarterly,* retrieved December 31, 2012, from www.mckinseyquarterly.com/The_global_companys_challenge_2979.

62 Symbolizing the growing primacy of its Indian operations was IBM's historic decision to hold its annual Investors Day in 2007 on the grounds of the Bangalore Palace—an event that had never before been held outside the United States. The change made perfect sense given that "India is at the epicenter of the flat world." "India Is Epicenter at the Flat World," *BPO Tiger,* retrieved May 10, 2011, from www.bpotiger.com/2007/04/india_is_epicenter_at_the_flat.html.

63 "Big US Firms Shift Hiring Abroad," *Wall Street Journal* (April 19, 2011): B1.

64 Problems with moving a company's stuff can threaten its success. Walmart relies on a sophisticated inbound and outbound truck system to move goods among its stores; without that system, it could not compete. In India, bad roads, many middlemen, government red tape, and tough thugs slow, if not stop, the flow of goods. Goods that make it through, after all the various charges, can see their price, set that morning by the farmer, shoot up 500 percent by delivery that evening. "Bad Roads, Red Tape, Burly Thugs Slow Wal-Mart's Passage in India," WSJ.com, retrieved January 12, 2013, from /online.wsj.com/article/SB10001424127887323622904578129294224588914.html?mod=WSJ_hpp_LEFTTopStories.

65 Vivienne Walt, "Meet Amancio Ortega: The Third-richest Man in the World," *Fortune* (January 14, 2013): 56–59.

66 "Apple Supply Chain Strength Weakens Competition," *Supply Chain Digital,* retrieved January 10, 2013, from www.supplychaindigital.com/global_logistics/apple-supply-chain-strength-weakens-competition.

67 "Tim Cook Is One of the Three People Who Saved Apple," *Business Insider,* retrieved January 10, 2013, from www.businessinsider.com/tim-cook-is-one-of-the-three-people-that-saved-apple-2012-11.

68 "The Humble Hero: Containers have been more important for Globalisation than Freer Trade," *The Economist* (May 18, 2012): 56.

69 Quote from Bain's Mark Gottfredson, reported in "Financial Firms Hasten Their Move to Outsourcing," *New York Times* (August 18, 2004): C1.

70 W. Brian Arthur, "The Second Economy," *McKinsey Quarterly,* retrieved January 8, 2013, from www.mckinseyquarterly.com/The_second_economy_2853.

71 Heather Timmons, "Outsourcing to India Draws Western Lawyers," NYTimes.com, retrieved April 26, 2011, from www.nytimes.com/2010/08/05/business/global/05legal.html?_r=1. Presently, Pangea3 is "getting more résumés from United States lawyers than we know what to do with," said the managing director of its litigation services group.

72 The consolidation of existing communication technologies, to say nothing of the construction of Internet bases with wireless transmissions in increasingly remote locations, supports "new business models to connect the poorest two billion people to the evolving nervous system of civilization." See "2009 State of the Future, " The Millennium Project, 22.

73 John Markoff, "New Wave of Deft Robots Is Changing Global Industry," *New York Times* (August 18, 2012).

74 John Markoff, "New Wave of Deft Robots Is Changing Global Industry," NYTimes.com, retrieved February 25, 2013, from www.nytimes.com/2012/08/19/business/new-wave-of-adept-robots-is-changing-global-industry.html?pagewanted=all.

75 "The Digitization of Manufacturing Will Transform the Way Goods are Made—And Change the Politics of Jobs too," *The Economist* (April 21 2012): 56.

76 "Manufacturing the Future: The Next Era of Global Growth and Innovation," *McKinsey Global Institute,* retrieved January 13, 2013 from www.mckinsey.com/insights/mgi/research/productivity_competitiveness_and_growth/the_future_of_manufacturing; "Manufacturing: The New Maker Rules," *The Economist,* (November 12, 2012): 73.

77 "More Than a Third of Large Manufacturers Are Considering Reshoring from China to the U.S.," Boston Consulting Group, retrieved January 8, 2013 from www.bcg.com/media/PressReleaseDetails.aspx?id=tcm:12-104216.

78 Peter Marsh, *The New Industrial Revolution: Consumers, Globalisation and the End of Mass Production.*

79 Vivienne Walt, "Meet Amancio Ortega: The Third-richest Man in the World," *Fortune* (January 14, 2013): 56–59.

80 "Innovations to Create New Streams of Profitable Growth," *Accenture Outlook,* retrieved June 9, 2011, from www.accenture.com/in-en/outlook/Pages/outlook-journal-2010-less-is-new-more-innovation.aspx.

81 *Synergy* is defined as the combination of parts of a business such that the sum is worth more than the individual parts. It is often expressed in the equation *2 + 2 = 5*, with the additional unit of value the result of synergy. Research reports a relationship between a firm's performance and a manager's sophistication in diffusing core competencies throughout the value chain.

82 Technically, a core competency satisfies three conditions: It provides consumer benefits, it is difficult for competitors to imitate, and it is leveraged to different products and markets. The fact that rivals cannot easily match or replicate a firm's core competency serves as a powerful competitive advantage.

83 Jerome Glenn, Theodore Gordon, and Elizabeth Florescu, "2009 State of the Future."

84 Medard Gabel and Henry Bruner, *An Atlas of the Multinational Corporation Globalinc,* New York: The New Press, 2003.

85 Adam Bryant, "Google's 8-Point Plan to Help Managers Improve," NYTimes.com, retrieved March 13, 2011, from www.nytimes.com/2011/03/13/business/13hire.html?hp; Christopher A. Bartlett and Meg Wozny, "GE's Two-Decade Transformation: Jack Welch's Leadership," Harvard Business School Case 399-150 (Boston: HBSP, 2001).

86 Platforms include ebXML Business Process Specification Schema, Web Services Business Process Execution Language, and so on. See lsdis.cs.uga.edu/proj/meteor/mwscf/standards.html for a fuller profile.

87 "Schumpeter: Fail often, fail well," *The Economist,* retrieved April 28, 2011, from www.economist.com/node/18557776?story_id=18557776&fsrc=rss.

88 Samsung, "2012_Facts_and_Figuresm, retrieved January 7, 2013 from www.samsung.com/us/aboutsamsung/sustainability/sustainabilityreports/download/2012/2012_Facts_and_Figures_FINAL.pdf).

89 "Samsung Challenges Apple's Cool Factor," *New York Times* (February 11, 2013): C1.

90 "The World's Most Powerful Brands, 2012," *Forbes,* retrieved January 7, 2013 from www.forbes.com/powerful-brands/#page:1_sort:0_direction:asc_search:.

91 Lovallo and Kahneman, "Delusions of Success," 56.

92 James Brooke and Saul Hansel, "Samsung Is Now What Sony Once Was," *New York Times* (March 9, 2004): A1.

93 "Samsung Profit Beats Estimates on Surging Sales of Phones," *Businessweek* (October 26, 2012).

94 Lovallo and Kahneman, "Delusions of Success," 56. Often, analysis of these sorts of prescient management tends toward halo effects, whereby a positive impression in one area, say the ease of Google's search algorithm, influences assessment of others, say Google's executive leadership. Moreover, the often anecdotal "lessons learned" are not easily distilled into objective principles or useful to companies in dissimilar industries and countries.

95 Martin Dewhurst, Jonathan Harris, and Suzanne Heywood, "The Global Company's Challenge," *McKinsey Quarterly,* retrieved December 31, 2012, from www.mckinseyquarterly.com/The_global_companys_challenge_2979.

96 "A Special Report on Innovation in Emerging Markets: The World Turned Upside Down," *The Economist,* retrieved April 21, 2011 from www.economist.com/node/15879369.

97 Theodore Levitt, "The Globalization of Markets," *Harvard Business Review* 61 (1983): 92–102.

98 Encyclopedia Britannica, www.britannica.com/EBchecked/topic/1357503/cultural-globalization.

99 "What Is the WTO?" retrieved January 8, 2013 from www.wto.org/english/thewto_e/whatis_e/whatis_e.htm.

100 Adrian Wooldridge. *Masters of Management: How the Business Gurus and Their Ideas Have Changed the World—for Better and for Worse,* (HarperCollins, 2011): 273.

101 Lui Hebron and John F. Stack, *Globalization: Debunking The Myths,* Pearson Prentice Hall, January 18, 2008; Jan Nederveen Pieterse, *Globalization & Culture: Global Mélange,* Rowman & Littlefield Publishers (2009); Michael Veseth, *Globaloney: Unraveling the Myths of Globalization,* Rowman & Littlefield (2006).

102 Regarding cultural predisposition, Japanese doctors disfavor the American-style, high-pressure sales force. Pharmaceutical sales representatives, therefore, adapt their marketing practices in that country. Regarding historical legacy, people drive on the left side of the road in England, thereby creating demand for right-hand-drive cars, whereas people in Italy drive on the right side of the road, thereby creating demand for left-hand-drive cars. Similarly, consumer electrical systems are based on 110 volts in the United States, whereas many European countries use a 240-volt standard.

103 Anna Molin, "IKEA Chief Ohlsson Says Red Tape Is Hobbling Growth," WSJ.com, retrieved January 25, 2013 from online.wsj.com/article/SB10001424127887323301104578257873705189676.html.

104 "IMD World Competitiveness Yearbook," retrieved January 24, 2013 from www.imd.org/research/publications/wcy/.

105 C. Prahalad and Y. Doz, *The Multinational Mission: Balancing Local Demands and Global Vision* (New York: Free Press, 1987).

106 "Google in Asia: Seeking Success," *The Economist,* retrieved March 15, 2011, from www.economist.com/node/13185891?story_id=13185891.

107 Similarly, if the host government offers incentives for local manufacturing, the subsidiary can build its own plant; if local consumers prefer dealing directly with salespeople rather than relying on mass media, the subsidiary can build a sales force; if the country changes labor laws, the subsidiary can adjust human resource policies.

108 "A Special Report on Entrepreneurship: Global Heroes," *The Economist,* retrieved March 15, 2011, from www.economist.com/node/13216025.

109 Julia Werdigier, "Tesco to Pay Dearly to Leave United States," *New York Times* (April 17, 2013): C2.

110 Toby Gibbs, Suzanne Heywood, and Leigh Weiss, "Organizing for an Emerging World," *McKinsey Quarterly,* June 2012.

111 Noel Tichy and Stratford Sherman, *Control Your Destiny or Someone Else Will* (New York: HarperCollins, 2005).

112 Ibid.

113 Quotations from the following: Jack Welch and John A. Byrne, *Jack: Straight from the Gut* (New York: Warner Business Books, 2001); Lovallo and Kahneman, "Delusions of Success," 56.

114 Ibid. Jack Welch and John A. Byrne.

115 "The New Champions," *The Economist* (September 18, 2008); Thomas Friedman, *The World Is Flat: A Brief History of the Twenty-First Century* (New York: Farrar, Straus and Giroux, 2005); Clyde V. Prestowitz, *Three Billion New Capitalists. The Great Shift of Wealth and Power to the East* (New York: Basic Books, 2006); "The Next Billions: Unleashing Business Potential in Untapped Markets," *World Economic Forum* (January 2009): 44; C. K. Prahalad and S. L. Hart, "The Fortune at the Bottom of the Pyramid," *Strategy+Business* 26 (2002): 54–67; C. K. Prahalad, *The Fortune at the Bottom of the Pyramid* (Philadelphia: Wharton School Publishing, 2004); Antoine van Agtmael, *The Emerging Markets Century: How a New Breed of World-Class Companies Is Overtaking the World* (Minneapolis, MN: Free Press, 2007).

116 "Hungry Tiger, Dancing Elephant: How India Is Changing IBM's World," *The Economist* (April 4, 2007): 58–61.

117 Ibid.

118 Yves Doz, Jose Santos, and Peter Williamson, *Global to Metanational: How Companies Win in the Knowledge Economy* (Cambridge, MA: Harvard Business School Press, 2001).

119 Keeley Wilson and Yves L. Doz, "10 Rules for Managing Global Innovation," *Harvard Business Review,* October 12, 2012.

120 "McDonald's Eyes Russia Growth with 40 New Stores," Reuters,

retrieved February 26, 2009, from uk.reuters.com/article/idUKLQ86281720090226.

121 "McDonald's to Invest More in Russia," *Crain's Chicago Business*, retrieved March 17, 2011, from www.chicagobusiness.com/article/20110302/NEWS0702/110309970/mcdonalds-to-invest-more-in-russia; Andrew Kramer, "The Evolution of Russia, as Seen from McDonald's," NYTimes.com, retrieved March 17, 2011, from www.nytimes.com/2010/02/02/business/global/02mcdonalds.html.

122 Andrew Kramer, "The Evolution of Russia, as Seen From McDonald's," NYTimes.com, retrieved March 17, 2011, from www.nytimes.com/2010/02/02/business/global/02mcdonalds.html.

123 Sophia Jones, "Little Is the New Big," *Foreign Policy* (August 19, 2011): 39.

124 Michael V. Copeland, "How Startups Go Global," *Business 2.0* (July 28, 2006): 424; Jim Hopkins, "The Rise of the Micro-Multinationals," *USA Today* (February 11, 2005): B1.

125 McKinsey & Co. (1993), "Emerging Exporters: Australia's High Value-added Manufacturing Exporters." Melbourne: Australian Manufacturing Council, retrieved May 17, 2011, from catalogue.nla.gov.au/Record/2621131.

126 Examples cited in T. Koed Madsen and P. Servais, "The Internationalization of Born Globals: An Evolutionary Process?" *International Business Review* (1997): 561–83.

127 O. Moen, R. Sorbeim, and T. Erikson. "Born Global Firms and Informal Investors: Examining Investor Characteristics," *Journal of Small Business Management* (October 2008): 536.

128 Alan Rugman and Alain Verbeke, "A Perspective on Regional and Global Strategies of Multinational Enterprises," *Journal of International Business Studies* 35 (2004): 3–18; Pankaj Ghemawat, "Regional Strategies for Global Leadership," *Harvard Business Review* (December 2005).

129 Marc Singer, "Beyond the Unbundled Corporation," *The McKinsey Quarterly*, retrieved July 12, 2009, from www.mckinseyquarterly.com/Beyond_the_unbundled_corporation_1085; Remo Hacki and Julian Lighton, "The Future of the Networked Company," *McKinsey Quarterly*, retrieved July 12, 2009, from www.mckinseyquarterly.com/The_future_of_the_networked_company_1091; James Martin, "Only the Cyber-Fit Will Survive," *Datamation* (November 1996): 60.

130 "Facebook Will Be Hiring Number of Employees by 2017," retrieved January 11, 2013, from techblog.weblineindia.com/news/facebook-will-be-hiring-number-of-employees-by-2017.

131 "2009 State of the Future," The Millennium Project, 22.

132 Jim Collins, "Good to Great," retrieved April 26, 2011, from www.jimcollins.com/article_topics/articles/good-to-great.html.

第 12 章

国家评估与选择

马儿能快跑的地方，独木舟可不一定能快划。

——非洲谚语

本章目标

通过本章学习，应能：

1. 掌握企业渗透他国市场的顺序策略。
2. 了解管理者如何利用审视方法来限定区域选择并找出被忽视的区域。
3. 识别出企业在决定是否以及向哪里实施海外扩张时应考虑的重大机遇与风险因素。
4. 把握收集并比较国际信息的方法与问题。
5. 掌握一些简化工具以帮助企业开展经营地决策。
6. 分析企业应该如何在经营所在国之间配置业务重点。
7. 解释经营地点的选择并不一定要比较各国可能性的原因。
8. 了解可能导致未来最佳经营地点发生改变的条件。

案例 12-1

汉 堡 王

截至 2013 年，汉堡王（Burger King）是全球最大的烧烤快餐汉堡连锁店，在 84 个国家和两个美属领地（关岛和波多黎各）共开设了 12997 家餐厅[1]。只有百胜餐饮（Yum Brands）、赛百味（Subway）、麦当劳和星巴克在餐厅数量方面超过汉堡王。汉堡王的餐厅区域分布为：北美（加拿大和美国）占 57%；欧洲、中东和非洲占 24%；拉丁美洲和加勒比地区占 11%；亚太地区占 8%。汉堡王计划到 2016 年拥有 17000 家餐厅，主要依靠国际市场上餐厅的增加。尽管汉堡王呈现全球分布，但 60% 的国外餐厅集中在 8 个国家。

汉堡王与其竞争对手的差异主要来自两个方面：一是汉堡的烹饪方式，它采用的是火焰烘烤而不是烤架烧烤或油炸；二是它为客户提供制作汉堡方法的选择。汉堡王的经营始于 1954 年，当时提供的是包括牛肉汉堡、薯条、奶昔和苏打的系列菜单；现在，汉堡王的菜单包含早餐与火鸡汉堡、汉堡卷、冰沙、甜品、各色咖啡，还有很多鸡块、鱼块和沙拉。这些新品许多是自 2011 年起推出的，当时汉堡王力图填补菜单空白和扩大目标市场。不过,汉堡仍然是汉堡王的主打产品。2007 年推出的 50 周年纪念品"皇堡三明治"(Whopper Sandwich)被视为汉堡王的标志性产品。

汉堡王也通过富有创意的广告活动来打造其特色,如汉堡王实施的广告活动"我选我味"(HAVE IT YOUR WAY)以及长年采用的汉堡"王"的人物形象。虽然公司的标志历经多年稍有调整,但一直出现在全球市场并为全球消费者所熟知。

1. 汉堡王的简单历史

汉堡王创建于 1954 年,当时的名字是"快食汉堡王"(Insta - Burger King)。在开始经营的头 5 年里,公司开了 5 家餐厅,全部在佛罗里达的迈阿密地区。1959 年,公司的名称简化为"汉堡王"(Burger King),开始做国内特许经营,餐厅数量增长到 274 家。当时,皮尔斯伯里(Pillsbury)拥有另外几家零售食品集团。1967 年,皮尔斯伯里收购了汉堡王,随后几年里,汉堡王的特许加盟店大幅增加。1989 年,皮尔斯伯里离开了餐饮业,并把汉堡王卖给了英国大都会公司(Grand Metropolitan),大都会随后将它在英国的大部分 Wimpy 小餐厅归到汉堡王餐厅。大都会与吉尼斯公司(Guinness)在 1997 年合并组建了帝亚吉欧公司(Diageo),而帝亚吉欧在 2002 年又将其餐饮业务剥离出去,把汉堡王卖给了由德太投资(TPG Capital)、贝恩资本(Bain Capital Partners)和高盛基金(Goldman Sachs Funds)控股的私人股权企业集团。2006 年 5 月,汉堡王完成了它的首次公开募股,成为一家在纽约证券交易所上市的公司。但在 2010 年,由巴西投资者投资的 3G Capital 再次将汉堡王私有化,这样公司的管理层就可以集中做好中长期经营业务,而不会受制于股东对短期业绩的要求。但两年之后,出于未来全球扩张利益的考虑,汉堡王又一次上市,并将名称改为汉堡王全球股份有限公司(Burger King Worldwide, Inc.)。多年的所有权转变已经使汉堡王的业务重点发生改变,而且汉堡王的利益有时对其母公司的利益而言处于次要地位。

尽管汉堡王的所有权几经更迭,但公司还是将业务拓展到了全球:20 世纪 60 年代初,汉堡王进入巴哈马和波多黎各;20 世纪 70 年代,汉堡王进入欧洲、亚洲和拉丁美洲市场。这些扩张活动有些取得了巨大成功,但也有少数并不尽如人意。汉堡王也曾进入过哥伦比亚、法国、以色列、日本和阿曼等国的市场,但最后却以撤出上述市场而告终(它现在已经重新进入了其中

的一些市场)。汉堡王早期进军国际市场,要么是因为其他国家投资者的引进,要么是因为公司中熟悉某个国家的人认为这个市场可以提供更多机会。关于公司离开市场的决定,有两个原因众所周知:第一,特许经营的业绩不尽如人意,如没有贡献特许权使用费或是对经营投入不足;第二,市场太小,不足以支撑必要的基础设施建设,如建设屠宰场和牛肉研磨厂。

随着时间的推移,汉堡王采取了更加系统化的步骤来推进餐厅的扩张。汉堡王认为美国市场仍然具有巨大的增长空间,但也认为美国市场相比于其他国家的市场是一个更为成熟的快餐市场,对汉堡产品尤其如此。在寻找拟进入的新市场时,汉堡王所看重的目标国家一般具备以下特点:人口(特别是年轻人)数量大、牛肉消费多、拥有发展特许经营的资本、具备有利的商业环境、商业中心不断增加以及拥有开展特许经营的经验和资源。最近,汉堡王的模式一直是把独家特许经营权授予一个国家或一组国家,并由私人股权企业与经验丰富的餐厅经营者配对来经营合资企业。有时,汉堡王会成为合资企业的第三方,但不投入资本。

总的来说,汉堡王的全球扩张比主要竞争对手麦当劳要晚,这既有优势又有劣势。一方面,较晚进入一个较小的市场显然是不利的,毕竟当地可能只有很少的供应商。例如,当地可能只有一家屠宰场,而场主可能只想服务于一家客户。另一方面,如果较晚进入比较大的市场,那么就有可能从先期进入者所创造的产品需求和供应基础设施中受益。在一些后来进入的市场中,汉堡王几乎可以完全致力于强调其产品特点(如"我选我味"、美味的火焰烧烤汉堡等),而不用承担早期开发成本。例如,在拉丁美洲和加勒比地区,麦当劳与汉堡王在几乎所有的国家和地区竞争,但汉堡王目前在大约一半的市场中餐厅数量处于领先。

需要记住的是,当地企业也会从外国快餐公司的成功中学到经验,有时会改变它们的菜单和调料来迎合当地消费者的口味。一些著名的例子有秘鲁的贝姆博氏餐厅(Bembos)、尼日利亚的比格先生餐厅(Mr. Bigg's)、危地马拉的波罗·卡佩罗餐厅(Pollo Campero)和法国的速食餐厅(Quick)。

拉丁美洲和加勒比地区有许多人口很少的国家和地区,如开曼群岛、阿鲁巴和圣卢西亚。那么,为什么汉堡王会在进入诸如中国、俄罗斯和南非等人口更多的地方之前先行开发这些市场呢?大部分原因取决于区位因

素。汉堡王的总部在迈阿密，而迈阿密常常被称为拉丁美洲的"首都"。因为很多人从拉丁美洲和加勒比地区来到或经过迈阿密，所以汉堡王在这个地区早已声名远扬，而这使获得品牌知名度和品牌认可度容易了许多。此外，拉丁美洲和加勒比地区国家与迈阿密的毗邻可以加强汉堡王总部与当地特许经营店的联系。

虽然汉堡王喜欢通过特许经营的方式来运营，但这么做有时候从一开始就非常困难，因为供应商和潜在的特许经营商对公司并不十分了解。如果这样的市场看上去足够有吸引力，那么汉堡王就会开设公司自营的餐厅，从而来展现市场的吸引力和提高加盟商的预期。例如，汉堡王展示出的承诺就吸引某肉类加工厂增加了对牛肉酱加工产能的投资。汉堡王自营餐厅的成功有助于汉堡王出售特许加盟业务。到 2013 年，汉堡王只拥有 3% 的自营餐厅。

在其悠久的历史中，汉堡王一直专注于在新的以及现有市场上扩大其全球投资组合。最近，汉堡王首次进入了摩洛哥、斯洛文尼亚、南非等众多市场。此外，汉堡王也重新进入了一些之前放弃的市场，包括 2008 年放弃的哥伦比亚市场和 2010 年放弃的阿曼市场。作为一个国家评估的例子，这里来快速地看一下汉堡王有关哥伦比亚市场的决定。

2. 重返哥伦比亚

早在 20 世纪 80 年代初，汉堡王就进入了哥伦比亚市场，但几年之后因为特许权使用费汇出国外的限制以及哥伦比亚长期的经济和政治动荡而撤了出来。在汉堡王重新考虑进入哥伦比亚时，人们在城里外出吃饭已经很安全，比索的走势也很强，双职工家庭收入的增长使得哥伦比亚人有了更多的可支配收入进行外出就餐消费。一些大城市，如巴兰基亚（Barranquilla）、波哥大（Bogotá）、考尔（Cali）和麦德林（Medellin）都新建了大型购物中心。虽然收入分配不均，但最富有的 20% 的人口（将近 900 万人）在 2007 年的人均支出超过 17000 美元。

虽然看到了这些有利因素，但管理者也需要考虑一些不利因素：哥伦比亚与左翼倾向邻国厄瓜多尔和委内瑞拉的潜在政治问题可能会让政治动荡再起；占哥伦比亚一半以上出口收入的美国和委内瑞拉分别面临全球经济衰退和石油价格波动带来的经济问题；另外，哥伦比亚 2007 年大约 2% 的 GDP 来自海外劳工的汇款，尤其是来自西班牙的汇款，而这些汇款也遭到全球经济衰退的严重影响。实际上，经济衰退也会影响快餐的销售——

汉堡王在墨西哥和德国市场上就得到了教训，而这也促成汉堡王制定了更多强调价值主张的战术，包括价值套餐。

总的来看，哥伦比亚市场的前景还是被看好的。汉堡王与在餐饮方面比较有经验的哥伦比亚金科公司（KINCO）签署了在麦德林、卡利和哥伦比亚北部地区开展特许经营的协议；随后，汉堡王与墨西哥的阿尔西厄公司（Alsea）签署了第二份在波哥大进行特许经营的协议。阿尔西厄公司拥有达美乐比萨（Domino's Pizza）在哥伦比亚 75% 的经营权，而且还在墨西哥经营有汉堡王餐厅。

3. 金砖四国

本书第 3 章探究了为什么很多企业一直强调金砖国家的重要性。汉堡王也不例外，毕竟金砖国家的市场潜力太大而不容忽视。

2004 年，汉堡王在巴西和中国开设了第一批餐厅。当时，很多其他国家的快餐特许经营企业已经进入了这些市场，有做得成功的，也有做得失败的。失败的原因很大程度上在于低估了那些影响在这些国家取得经营成功的因素。虽然汉堡王在这两个国家都取得了成功，但它在巴西比在中国扩张得更快。截至 2013 年，汉堡王在巴西拥有 221 家餐厅，在中国拥有 86 家餐厅。

汉堡王在巴西扩张迅速的原因主要有两个。第一，汉堡王在巴西比在中国拥有更多的品牌认知优势，毕竟每年有 50 万名巴西人飞往佛罗里达，而汉堡王的餐厅在当地分布很广。此外，在佛罗里达南部地区有大约 30 万巴西裔人口，而且大部分人在巴西有亲属。第二，汉堡王制定了一个选址策略，强调在主要城市及建有购物中心的邻近地区的发展。汉堡王最初集中在巴西最大的城市圣保罗开展经营，逐渐建立其分销和营销网络，随后将经营扩张到附近的城市和州。

在中国，汉堡王遇到的法律要求是它必须与中国企业组建合资企业，或是在开展特许经营前自营两家或更多家餐厅时间至少达一年。汉堡王选择了后者，推迟了它的加盟进程。后来，汉堡王发现很难找到拥有足够经济实力和管理餐厅经验的加盟商，主要是因为加盟概念在中国还比较新。（汉堡王的一些竞争对手，主要是百胜餐饮集团和麦当劳，选择的是建立合资企业和扩大自营店。）2012 年，汉堡王宣布通过组建三方合伙的合资企业来服务中国市场。一方合作伙伴是专门在发展中国家开展投资的全球私人股权企业笛卡尔资本集团

（Carpesian Capital）。另一合作伙伴是来自土耳其的库杜格鲁家族集团（Korduglu），也是汉堡王在美国境外的最大加盟商。汉堡王的计划是用5~7年的时间在中国开设1000家餐厅。

2010年，汉堡王在俄罗斯开设了第一家餐厅。俄罗斯不仅拥有庞大的人口以及影响金砖国家的增长因素，而且可以作为邻近国家向东欧进行扩张。实际上，2011年汉堡王进入斯洛文尼亚就得益于与俄罗斯经营业务的供应链整合。除此之外，汉堡王发现俄罗斯市场的确需要合适的加盟商。所以，汉堡王的管理者用了一年的时间认识了最终选择的加盟商阿列克斯·克罗波夫（Alex Kolobov）——其拥有Shokolanitsa这家有着200家俄罗斯咖啡店的连锁企业。虽然俄罗斯汉堡王（Burger Rus）这一加盟形式带来了在莫斯科和圣彼得堡销售的增长，但扩张到这些城市之外的地区需要更多的资本。2013年，为了在接下来的几年再开设几百家新餐馆，汉堡王宣布由俄罗斯汉堡王与俄罗斯的VTB资本组建合资企业。

印度是汉堡王至今尚未进入的金砖国家之一。然而，2013年年报显示，汉堡王正在与恒石资本（Everstone Capital）接洽。恒石资本是一家私人股权企业，也是印度最大餐饮集团的控股股东。

4. 未来展望

最近的经验表明，汉堡王的选址重点会严重影响公司的业绩。在2011年的第一季度，汉堡王在北美地区的同店销售额（Same-store Sales）下降了6%。不过，该地区销售额的减少在很大程度上被世界其他地区的销售额增长所弥补，所以汉堡王的全球销售额只下降了3.6%。在2012年间，美国的第二大汉堡连锁店温迪（Wendy's）的销售超过了汉堡王。针对这一亏损情况，汉堡王一直在增加菜单的新品种，调整了广告的重点，并要求加盟商使用现代化的店面设施。与此同时，正如本案例所指出的，汉堡王正计划进行史无前例的国际扩张。事实上，汉堡王的一些竞争对手比汉堡王的海外扩张力度更大，而这也表明汉堡王具有未开发的潜力。这就引出了汉堡王管理层在优先选址方面的许多问题：应该把主要重点放在扩大国内经营上，还是放在国际扩张上？如果选择扩大国内经营，那么汉堡王是应该集中精力开设更多的餐厅，还是扩大现有餐厅的销售？如果选择国际扩张，那么汉堡王是否应该集中精力开发新市场？（目前汉堡王只进入了约40%的国家。）如果是这样，那么哪个国家更有前途呢？或者说，汉堡王是否应该集中精力做好在现有市场的销量呢？汉堡王在哪些市场的业绩不尽如人意？汉堡王是否应该提高在这些市场的业绩呢？汉堡王是否应该退出这些市场，以便将资源更有效地用于其他市场呢？这些选址问题是任何国际经营企业的管理者都必须考虑的。

思考题

1. 请讨论如汉堡王这样的国际餐饮企业在国外经营而不只是在国内经营时可能面临的风险。

2. 汉堡王总部的选址是如何影响其国际扩张的？这一选址是加强还是削弱了汉堡王的全球竞争地位？

12.1 引言

"地段，地段，还是地段"这句关于商业成功三个重要影响因素的老话对国际商务的成功同样适用。当企业试图通过增加销售或获取富有竞争力的有用资产来创造价值时，必须考虑经营的地点、机会、风险等因素。鉴于任何企业拥有的资源总是有限的，企业必须谨慎进行以下方面的决策：

（1）有关销售、生产以及管理与辅助服务等部门的地点选择。

（2）进入不同国家市场的顺序选择。

（3）经营所在国之间的资源等投入的配置选择。

企业将人力、技术以及财务资源投向某个地方，可能意味放弃或推迟了对其他地方的投入。事实上，企业首先需要确定是以国内市场还是以国际市场为重点的经营战略。例如，通用电气就确立了国际业务营收占其总营收60%的目标[2]。之后，通用电气确立了按国家和地区进入目标市场先后顺序，接着再确定在一国境内的经营地点。不过，本章重点讨论的是国家的选择问题。即使企业在大多数国家的经营已经很成熟，在资源配置方面仍然需要向某些地方倾斜。进一步而言，如果企业增加了新产品，那么必须决定在不同国家销售新产品的先后顺序，同时要确定以多快的速度把新产品推向不同国家[3]。因此，花时间做好地点选择会对企业建立并保持竞争优势的能力产生深刻影响[4]。

图12-1描绘了跨国公司地点选择的重要性。在考察外部环境并就外部环境与企业的目标和能力进行对比分析时，管理者必须关注的问题是：在何处经营才能更好地发挥企业现有的竞争力？在何处经营才能更好地保持、提高或拓展企业的竞争力？

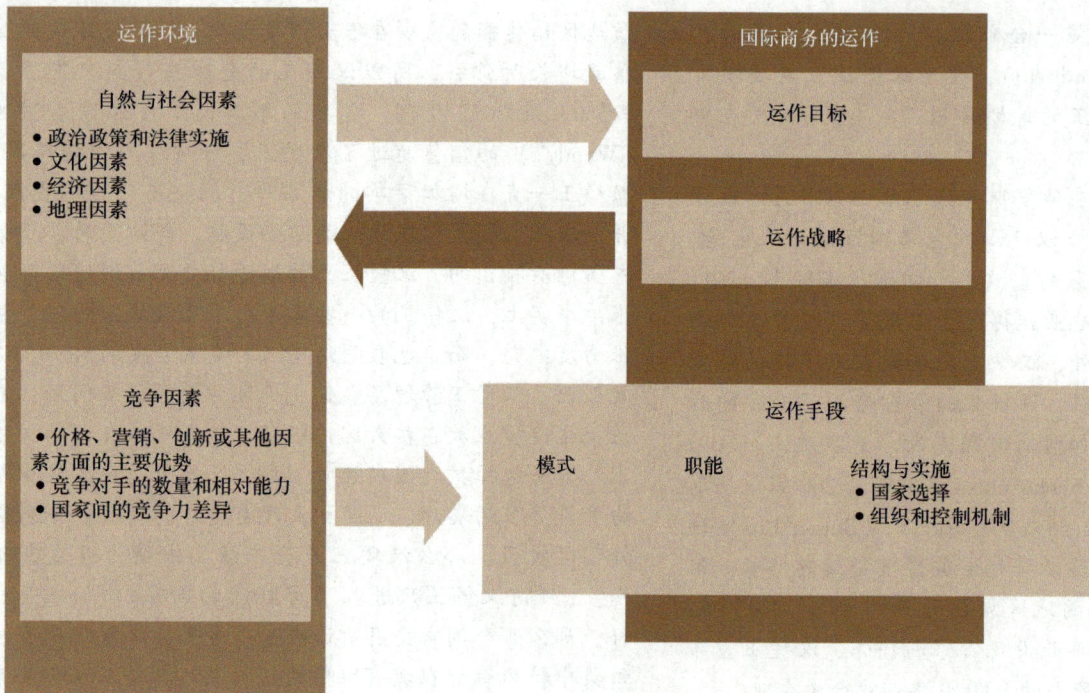

图 12-1 国际商务运作的选址决策

在为国际运作选址时，企业应当从分析以下三个方面因素入手：企业的运作目标；企业的运作战略；与拟进入国家环境的相对环境匹配度。

为了回答这些问题，管理者另外还需要回答两个问题：我们应该服务于哪个市场？为了服务这些市场，企业应该在哪里开展生产？一方面，这些问题的答案可能一样，尤其当运输成本或政府管制要求企业在销售地安排产品生产时。很多服务行业，如酒店、建筑和零售（如汉堡王）等行业，必须将经营设施安排在距离当地消费者近的地方。

另一方面，大规模生产技术可能有利于企业集中在少数几个国家生产并出口到其他国家，如资本密集型的汽车和钢铁行业的企业。最终，企业的选址决策可能会变得更加复杂，如需要从多个国家采购原材料资源和组建以生产成品。有时，企业需要分割其经营职能部门，如将总部设在美国、服务处理中心设在印度、研发部门设在瑞士等。

选址战略应该具有灵活性，毕竟各国的环境和竞争条件是在不断变化的。企业既要抓住不同地区的新机会，还要果断地撤出低利润地区。在本章案例 12-1 中，汉堡王撤出哥伦比亚，就是因为当地长期存在的经济和政治问题以及特许权使用费很难汇出。至今仍没有统一的经营选址理论，原因在于企业的生产线、竞争地位、资源和策略需要不同特点的选址，而这可能意味着一些国家会比其他国家更适合[5]。再者，雇用合适的人来分析各国的差异并且实施企业的经营也十分关键。才能卓越的管理者有时可以弥补选址方面的不足；而对于才能平平的管理者，即使给了最好的选址，其业绩可能依然很糟糕。然而，最好的组合当然是才能卓越的管理者和最合适的选址。图 12-2 描述了国际商务管理者在进行选址决策时需要采取的主要步骤。接下来将对选址步骤进行具体探讨。

12.2 如何开展审视工作

管理者可以采取审视方法来考察并比较各国的众多风险和机遇指标[6]。审视方法类似于"先广泛播种再除去杂草"，这么做很有用，否则企业面临的可选方案不是太多就是太少。鉴于全球多达 200 个国家和地区，管理者很容易因为起初没有进行大范围的审视而错过一些好机会。相反，他们最初想到的也不一定就是机会。

● 审视与具体分析

1. 步骤一：审视

审视（Scanning）是指管理者通过广泛考察众多国家的情况来找出最有潜力的国家的过程。换言之，管理者要比较各国那些易于获取的、代价不高的、具有可比性的信息，通常不需要进行出差考察等工作。管理者需要分析公开的信息，如从互联网检索到的信息资料，并与那些富有经验的人员进行交流。管理者会就一些条件比较各国的情况,而这些条件可能会对企业的经营成败产生重大影响并与企业的资源和目标具有一定的匹配性。

因为使用的是相对容易获得的信息,所以管理者此时也许会考虑很大数量的国家,如考虑某个地区的全部国家。

地段,地段,还是地段!在将资源投向国外某个地方时,企业可能需要进行风险权衡,意味着推迟或放弃在其他地方的项目。选址决策过程必须考虑两重因素:一是分析拟选地点的外部环境;二是将这些环境因素与企业的目标和能力对比分析。

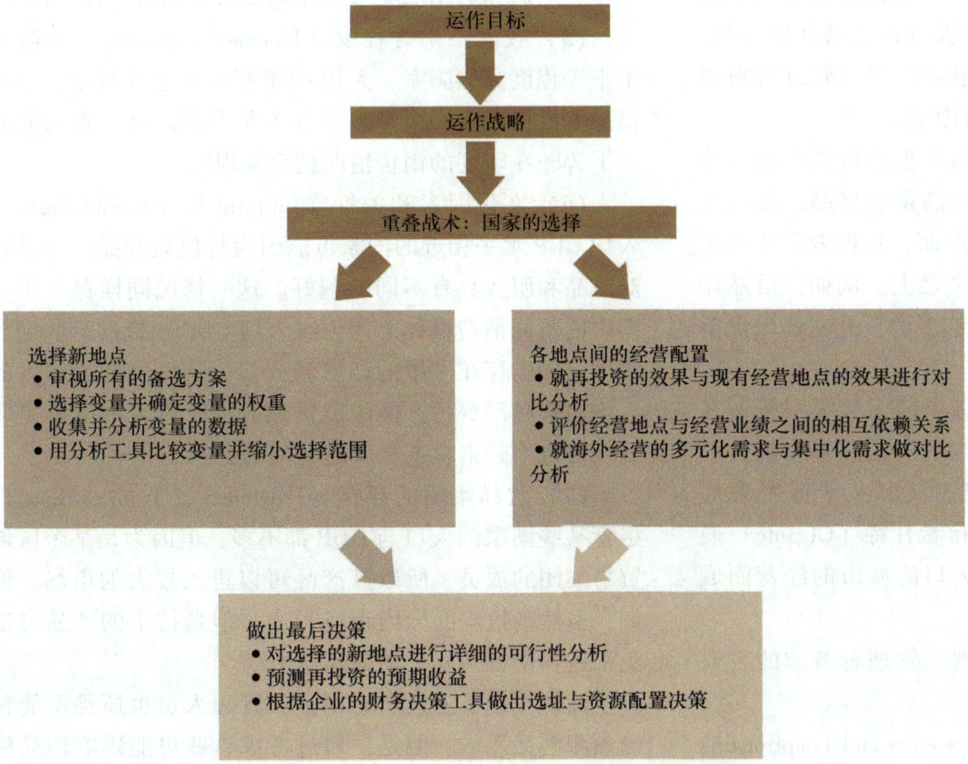

图 12-2 选址决策过程

2. 步骤二:具体分析

一旦找出最具潜力的国家,管理者就需要比较各国的可行性以及理想程度。此时,除非企业对外包所有的生产和销售已经足够满意,否则管理者常常需要实地考察,以便收集和分析更为具体的信息。

例如,如果管理者需要做出的是有关销售地选址的决策,那么在做出最后决定之前可能需要到访那些经审视后所确定的几个国家开展实地市场调研,并拜访当地的分销商。当然,管理者有时需要选择的是生产地址。如果他们决定将生产外包,那么可能需要检查潜在承包商的生产设施情况;如果决定建立企业自己的设施,那么在投入大量资源之前也需要收集一些具体信息,如获得土地和供应商的情况。

英特尔公司将生产业务扩张至拉丁美洲就是这方面的一个例子。通过审视找出需要实地考察的几个拉丁美洲国家。在随后的实地考察中,英特尔公司收集到了更多更详细的信息,甚至包括英特尔所派人员需要的合适住房、医疗服务以及食品的可获得情况。在实地考察中,

调查人员也了解到一些定性信息,如对企业可能获得当地政府官员以及企业界领导欢迎程度的印象。

如果企业考察某个选址方案所投入的时间和资金越多,那么接受该选址的可能性就越大,而不论该地究竟有何优点。事实上,这就是所谓的"投入升级"(Escalation of Commitment)现象。可行性研究应该有清晰明确的决策点,以便于企业及早放弃选择,以免投入过多。

12.3 审视中的重要信息

管理者应该认真考虑一国环境中那些关乎企业成败的因素。这些环境因素既可能带来机遇,也可能带来风险。对此,下面逐一进行讨论。

12.3.1 销售扩张的机遇

销售扩张可能是激励企业开展国际经营的最重要的因素,毕竟一般认为更多的销售额可以创造更多的利润。因此,对于企业来说,确定最佳的销售地往往至关重要。

当然，管理者希望得到他们计划出售的那种产品的销售数据，但这样的信息不易获取，对新产品尤其如此。在这种情况下，管理者可能会通过对同类或互补产品的销售预测来粗略估计潜在销售量。例如，管理者可以通过 DVD 设备的销售数据来预测平板电视的潜在销售量。如果这些互补性产品的数据无法获得，那么管理者可以使用经济和人口数据来预测潜在销售量。

当然，管理者应该考察那些与计划销售的产品直接相关的指标。例如，如果计划销售的是奢侈品，那么人均 GDP 指标可能就有些用处了。然而，管理者需要知道究竟有多少人的收入达到某个水平之上。例如，虽然印度的人均 GDP 很低，但仍然有足够多的百万富翁来支持高端奢侈品的销售。

此外，虽然企业的产品或服务可能无法吸引普通客户，但企业仍然可以发掘该市场内的所谓利基市场。例如，总部在危地马拉的快餐连锁店波罗·卡佩罗餐厅（Pollo Campero）和墨西哥连锁超市希甘特（Gigante）通过在拥有大量中美洲和墨西哥裔人口的城市的经营而成功进入美国市场[7]。

在分析经济和人口变量因素时，管理者考虑的主要因素包括：

（1）产品的更新换代（Obsolescence and Leapfrogging of Products）。发展中国家消费者的消费模式并不一定与高收入国家一致。例如，在中国，许多消费者跳过了传统电话而直接从没有电话跃入以移动电话为主的通信方式[8]。

（2）价格（Prices）。如果生活必需品的价格高，那么消费者在基本生活用品上的支出很可能大于基于人均 GDP 所预测的支出情况，从而降低在非必需品上的支出。例如，由于日本的食品价格昂贵，而且由于工作习惯人们经常在外用餐，因此日本的食品支出大大高于根据人口或收入水平所预测的结果。

（3）收入弹性（Income Elasticity）。作为预测总体市场潜力的常用工具，收入弹性是一国的产品需求变化率与收入变化率之间的比例。如果收入变化引起的需求变化越大，那么收入弹性就越大。食品等必需品的需求收入弹性通常低于平板电视等非必需品的需求收入弹性。

（4）替代效应（Substitution）。某些国家和地区的消费者可能比其他国家和地区的消费者能更方便地找到替代商品和服务。中国香港的私家车数量要比按当地收入和人口预测的少很多，毕竟香港拥挤的交通状况使得公共交通工具成为私家车的有效替代品。汽油和柴油动力汽车也是替代品。例如，在印度，因为政府规定导致较高的燃料成本差异，所以市场对汽油动力汽车的需求出现下降，对柴油动力汽车的需求出现增加，这转而迫使铃木、丰田和通用汽车等企业调整其车辆的组合安排[9]。

（5）收入不平等程度（Income Inequality）。在收入不平等程度高的国家，人均 GDP 指标的意义较小，毕竟很多人没钱花，而很多人又在大量花钱。这一点只要看一下奔驰在印度的销售情况就会发现[10]。

（6）文化因素和偏好（Cultural Factors and Taste）。人均 GDP 水平相近的国家可能因为价值观和品位差异而对产品和服务具有不同的偏好。这一情况同样存在于一国内的不同消费群体之间。与人均 GDP 相近的一些国家相比，印度存在大量的印度教人口，从而降低了印度的人均肉食品消费量，但印度仍然有一个巨大的既不是印度教徒也不是素食主义者的利基市场。

（7）贸易集团的存在（Existence of Trading Blocs）。尽管某些国家的人口与 GDP 都不多，但因为是某个区域贸易集团的成员，所以其产品可以进入较大的市场。例如，虽然乌拉圭的国内市场很小，但乌拉圭的产品可以免税进入南方共同市场的其他国家。

即使考虑了上述所有因素，管理人员也还是不能精确预测潜在需求。但是，通过考虑这些可能影响产品销量的因素，管理者可以做出可行的估计，从而将需要详细考察的选址目标缩小至合理的范围。

12.3.2 获取资源的机遇

企业开展国际经营的目的是获得在本国无法获得或价格昂贵的资源。当然，企业可以向其他组织购买这些资源，也可以通过在国外的投资来利用这些资源。无论哪种情况，企业都必须优先考虑在哪里能更好地获得所需要的资源。

如果企业希望获得某种稀缺资源，显然只会关注拥有这些资源的地区。例如，为了获得石油，企业就要关注拥有石油资源的国家。如果资源非常有限，如修建海边度假胜地所需要的黄金地段，那么土地所有者和政府在与外国企业就转让土地权利进行谈判时就会处于有利地位[11]。然而，即便资源仅仅存在于少数国家，其中的一些国家可能会比其他国家提供更有利的机会。例如，就石油储备而言，在开采成本、运输费用以及税收等方面都会有差异。在考虑成本差异时，特定产业或企业可能会优先考虑某种特定资源。例如，制糖企业会优先考虑糖原料，而铝制品企业会优先考虑低成本的水电供应。

就成本因素而言，企业的总成本由数目众多的子项成本组成，其中许多子项成本与具体行业或企业有关。然而，一些子项成本在各个行业的企业中都存在，如劳动力（Labor）、基础设施（Infrastructure）、交通与通信的便利（Ease of Transportation and Communications）以及政府的鼓励政策（Government Incentives）。对此，下面逐一进行讨论。

1. 劳动力

虽然很多行业的资本密集度越来越高，但对于大多数企业来说，劳动报酬仍然是一项重要的成本支出。在审视过程中，为了比较各国的劳动力成本、技术以及可获得性，企业必须考察劳动力市场规模、劳动报酬、最低工资、通常的以及规定的附加福利、教育层次以及失业率等因素。审视时还必须分析这些因素的变化趋势。例如，许多企业近来把生产设施从中国转移到缅甸、墨西哥等国家，原因就是在中国经营成本的上升[12]。

当然，劳动力并不是同质的，对劳动力的需求也不相同。为了建立低成本的服务中心，许多美国企业选址在菲律宾而不是在塞内加尔，毕竟菲律宾当地有许多人会讲英语；相反，许多法国企业把服务中心选择在塞内加尔，为的是服务法语地区市场。南非一直是跨国企业设立非洲地区大本营的首选，就是因为当地拥有大量熟练的办公事务人员[13]。当然，公司也许希望把研发中心设立在拥有充足的理工科大学生的国家，毕竟这样的地方让人觉得容易招募到所需要的技术人才。事实上，许多企业将研发机构建立在中国、匈牙利、印度和以色列，就是因为当地有大量低成本的技术人才[14]。

如果一国的劳动力达不到所需要的劳动技能层次，那么跨国公司可能需要通过培训、调整生产设计或是通过加强管理来加以弥补，但所有这些意味高昂的成本。需要牢记的是，即使在同一个国家内，行业或地区之间也存在工资差异。例如，墨西哥轮胎行业的工资水平就高于墨西哥行业的平均工资水平，而首都以及其他大城市的工资水平一般也高于其他地方的工资水平[15]。此外，管理者应该关注那些可能影响劳动力可获得性以及劳动力成本变化的因素。例如，南部非洲国家的艾滋病患病率很高，而这可能导致未来当地劳动力数量的大幅下降。

如果企业因为考虑到劳动力成本差异而进入发展中国家，那么这样获得的优势可能是短期的。其中的原因可能在于：

（1）竞争对手会跟随领先者进入低工资地区。

（2）对于这种类型的生产转移，先发优势很小。

（3）工资或汇率方面的压力会导致成本快速上升。

2. 基础设施

糟糕的国内基础设施会抵消劳动力成本低的优势。在很多发展中国家，基础设施既少又不可靠，从而增加了企业的经营成本。以在尼日利亚经营的吉百利公司（Cadbury）为例，企业的员工因道路拥挤而需要花费大量的时间在上下班的路上，从而降低了员工的生产率。此外，因为公共电力供应缺乏保障，所以吉百利公司（Gadbury）需要依靠自己的发电设备以防装配线的停工。这样的电力不仅成本高昂（达公共电力的 2.5 倍），而且会对生产的食品产生污染。另外，由于接听电话的效果很差，缺乏可靠性，吉百利公司（Gadbury）只好派员工去拜访客户和供应商。而当产品生产完毕准备发货时，吉百利公司面临的又是缓慢且拥挤的交通[16]。

3. 交通与通信的便利程度

基础设施方面的一种优势就是企业的选址靠近客户和供应商。但是，对于那些技术更新极快的企业而言，必须紧随产品及生产技术的变化，快速把新产品推向市场，从而降低竞争对手进行模仿的机会[17]。这一趋势使得这类企业把更多的生产过程布局在发达国家，毕竟大多数研发工作都是在发达国家进行的。

其他因素也会影响货物的有效流动。首先是与运输时间及运输成本大致相关的距离因素。因此，如新西兰之类地理处于隔离状态的国家，显然不容易被纳入企业的全球一体化战略中，毕竟向这样的地区供应产品以及从这样的地区采购产品不仅时间上不可靠，而且成本也非常高昂[18]。其次，对于那些贸易限制较少而且海关运作效率高的国家，往往可以提供诸如关税成本低、清关时间短等优势，从而确保生产所需组件的顺利流动[19]。

企业家在成立企业时，一般把总部设在创始人的居住地，以便利用私人关系来方便业务运作。不过，随着走向国际化，企业就会享受到靠近那些处理国际事务的专业私人机构以及公共机构的好处，这些机构包括银行、财务公司、保险集团、会计师事务所、货运代理、海关经纪人和领事部门。一旦企业把销售和运作的区域中心进行迁移，那么也有可能把总部搬到另一个国家[20]。美国的哈里伯顿公司（Halliburton）将其 CEO 和公司总部从美国搬到了迪拜，以更靠近客户和员工。如果企业要寻找的生产地需要满足多个国家市场的销售，那么产品能方便地进出该国就非常重要。因此，企业必须考虑港口设施的便利性，以及该国贸易自由化方面的协议情况[21]。

4. 政府鼓励

绝大多数国家都在积极寻求外国投资，毕竟投资可以创造大量的就业机会，可以增强国家竞争力，并能影响一国的贸易收支情况。因此，经常可以在财经类报纸上看到吸引外国企业到本国投资的广告。

由于各国都在为吸引投资者而相互竞争，所以许多国家会通过制度或协商来提供激励措施，从而帮助企业削减经营成本。这些鼓励措施主要包括减少税收、开展员工培训、提供贷款担保、提供低息贷款、免除进口关税以及提供能源和运输补贴。例如，致力于防止欧洲发生去工业化的欧洲结构基金计划（European Structural Funds Program）就为可口可乐、菲亚特和葛兰素史克提供过基金项目[22]。当企业决定在区域贸易集团内对哪个国家进行投资时，各国的税率差异往往特别重要，因为企业可以从区域贸易集团内的任何一个国家去服务整个贸易集团的国家[23]。

同时，根据世界银行的研究，企业在一些国家可以比在其他国家更快地开展经营且环节更少，其中的原因在于各国开办企业的难易程度、签订并执行合同、雇用和解雇工人、获得信贷以及关停企业等方面存在差异[24]。政府行为可以延迟或阻止企业引进外籍人员，同时也会延迟所需进口货物的通关检查。

各国在腐败行为以及法律的透明度与执行方面也存在差异。如果管理者不能确定其行为所造成的法律后果以及政府腐败行为对竞争的影响，那么管理者通常需要花费大量的时间来满足政府机构在税收、劳动条件以及环境合规方面的要求[25]。一个特别棘手的问题涉及知识产权保护不力的问题。有些企业倾向于避开这些选址，而另一些企业则认为可以通过在这些市场的经营来更好地保护其权利。同时，知识产权保护不力也是一把"双刃剑"。虽然企业可能会让出技术给其他企业，但也可以更容易地获得其他企业的技术[26]。不过，企业似乎更喜欢在企业社会责任和环境监管力度强的国家经营，只要这些规则和预期是透明的[27]。

5. 一点提醒

鉴于新的生产技术不断出现，企业要比较各国的成本变得越来越困难。随着产品生产方式的不断增加，企业可能需要比较低工资国家劳动密集型产品的成本与高工资国家资本密集型产品的成本。此外，企业必须比较通过服务多国家市场和能降低单位固定成本的大规模生产的成本与旨在降低运输与库存成本的各种小规模生产单位的成本。

12.3.3 风险

任何企业决策都需要权衡机会与风险。例如，销售导向型企业并不一定要去那些销售潜力最大的国家；同样，资产导向型企业也不一定要去那些资产很廉价的国家。对于这两种情况，企业的决策都是因为决策者可能认识到了这些国家的高风险。

1. 风险分析中的考虑因素

在考虑具体的风险类型时，企业必须牢记并考虑以下因素：

（1）企业与其管理者对什么是风险有不同的认知，包括对风险的承受力、期望获得的收益以及愿意使多少资产暴露在风险下[28]。

（2）一家企业的风险可能是另一家企业的机会。例如，提供安全解决方案（警报系统、安保服务、保险和武器）的企业可能会发现，其最大的销售机会来自那些其他企业只看到经营风险的地方。

（3）企业可以通过其他手段（如投保）而不是避开所选的地点来降低风险。不过，决策者应当考虑到所有这些方案的风险。

（4）风险之间也应该加以权衡。例如，虽然避开了政治风险很高的国家，但可能更容易遭受到竞争风险，特别当竞争对手在当地可赚得不错的利润时。风险更高通常也意味着的回报也更高。

除了考虑风险评估的具体性质外，企业还应该考虑若干重要因素。这些因素可分成三大类：政治风险、外汇风险和竞争风险。企业应当考虑整个复杂供应链的风险，因为企业的供应商，即使处于低风险的国家，也可能需要依赖高风险国家的供应商，而这些国家反过来又要依赖其他地方的供应商[29]。

2. 政治风险

政治领袖的观点和政策的变化、社会混乱以及东道国与其他国家（特别是企业的母国）之间的仇恨都会给企业带来政治风险。这里的政治风险包括财产遭没收和损坏、经营中断以及企业经营监管规则变化所致的经营调整。联合利华（Unilever）在吸引海外管理人员去巴基斯坦工作时，就因为安全问题而遭遇困难；奇基塔品牌（Chiquita Brands）为了保护员工在当地的安全，不得不向哥伦比亚的恐怖分子支付费用；豪瑞集团（Holcim）不得不将在委内瑞拉的水泥企业国有化；万豪国际酒店（Marriott）在印度尼西亚的一家酒店遭到爆炸袭击；可口可乐因为需要警察保护其货车和电话联系而中断了在安哥拉的服务。

管理者可以用三种方法来预测政治风险：分析过去的风险模式；分析各方观点；分析社会与经济环境的潜在风险。

（1）分析过去的风险模式。根据过去的政治事件来预测风险并不靠谱，毕竟环境在不断变化，既可能转好，也可能转坏。更进一步而言，只考察国家的整体情况，可能会掩盖国内以及跨国公司之间的差异性，导致财产被毁以及供应或销售中断的动乱可能只限于特地地区。例如，在导致南斯拉夫解体的内战期间，在斯洛文尼亚的海外企业并没有发生财产损失或经营中断，而其他地区则遭受了损失。除了少数的例外情况，政府对企业的接管还是十分有选择性的，主要针对那些规模巨大或占据垄断地位并对该国有着广泛而明显影响的企业。

即使企业的确遭遇了财产损失和资产接管，也不一定意味着投资者会出现完全损失。首先，财产损失也许已经投了保险。其次，政府在接管之前一般都会对接管目的公开宣布，同时会按遵循法律程序来决定对外国投资者的补偿，如委内瑞拉和豪瑞集团之间进行的财产清算[30]。除了投资资产的账面价值之外，还有其他诸多因素会影响补偿数量是否足额的问题。企业可能在其他地方获得一笔较低的回报，或是通过其他协议（如收购和管理合同）来为前投资者创造额外的利益。在分析政治问题带来的风险时，管理者可以把过去的清算办法作为指标加以考虑。

（2）分析各方观点。因为那些有影响力的人物可能会改变影响企业经营的政治事件，所以管理者应该了解政治领导者在正式以及非正式场合的言论，以便把握他们个人对经营哲学、对外经济关系、经济变革措施等方面的观点以及他们对特定国家的态度。管理者还应该通过分析民调资料，以便了解未来谁有可能执掌政权。现代技术使得人们可以很方便地了解全球媒体消息，所以这方面的报道可以迅速获得。如果是第一次考虑某个国家，那么管理者应当听取各方意见，如大使馆官员、外国和当地的商人、新闻记者、学术专家、地方政府官员以及工人领袖机关和劳动领导的意见。这些人通常会给出自己的观点，而这些观点常常反映的是那些能改变并影响企业经营的政治环境。如果企业已经在一国开展经营，那么在当地工作的管理者也可以就当地的变化情况给出评价。

企业经常借助商业风险评估服务机构而不是靠自己来进行风险分析，毕竟这些服务机构可以提供详细而可信的报告。不过，必须确定报告中应该纳入哪些类型的信息，这些信息应该如何收集，以及采用哪些跟踪结果来进行预测。

（3）分析社会与经济环境的潜在风险。如果某些人口群体的目标不能实现或满足，那么国家的社会和经济环境可能出现动乱。那些失意的团体可能会号召罢工、损毁财产以及破坏供应线来扰乱企业的经营。例如，在尼日利亚的尼日尔三角洲地区，就有一些团体抢夺外国石油公司的财产并绑架其员工。这些失意的团体也可能取代政府领导者，如发生在埃及和突尼斯的2010—2013年的暴力示威游行。有时，政治领导人很可能通过把问题归咎于外来者和外国企业以获得支持，而这可能导致跨国公司的经营遭到抵制、制度和政策的变化，甚至导致企业财产遭到没收。不过，对于究竟什么是危险状况以及如何预防这种不稳定环境，人们尚未达成共识。缺乏共识的表现反映为不同企业对相同的政治问题有着不同的反应。

除了政治稳定之外，政府的政府导向似乎也很重要。但是，即使企业能够正确预测那些影响企业经营的变化，究竟过多长时间政府将实施新的政策仍然是无法确定的。

3. 外汇风险

汇率变化以及资金流出一国的自由程度也会影响跨国公司的经营。下面对这两种风险做一简单介绍。

（1）汇率变动。事实上，外币价值的变动是一把"双刃剑"，具体利害关系取决于企业去国外是为了拓展销售还是为了获取资源。例如，假设一家美国企业在印度做生意，如果是出口产品到印度，那么印度卢比贬值将导致该美国企业的竞争力下降，因为购买美国产品或服务需要花费更多的印度卢比。如果该美国企业是在印度国内开展生产并服务于印度市场，那么汇率变动不会影响该美国企业在印度的竞争力。不过，当该美国企业将在印度所赚的卢比利润汇回美国时，那么只能换取较少的美元。相反，如果该美国企业寻求的是印度的资产，如为该美国企业在印度的服务中心配备员工，那么印度卢比贬值能使雇用这些员工的美元成本下降。

（2）资金流动。如果企业计划在海外进行投资，那么资金流出一国的能力是比较各国环境时必须考虑的一个因素。其中的原因可以用**流动性偏好**（Liquidity Preference）**理论**进行解释。流动性偏好理论类似于期权理论：投资者总希望所持有的部分财富具有高度的流动性，因而也愿意为此接受较低的回报。企业需要一定的流动性：满足短期支付的需要，如股利支付；满足意外开支的需要，如罢工引起的储存原料的需要；调动资金以便更好地利用获利的机会，如当出现临时性经济萧条时可以高折扣采购原材料[31]。

国家之间的相对流动性会因资本市场活动和政府外汇管制政策的不同而不同。活跃的资本市场，尤其是股票市场，有助于出售其资产，尤其是当企业希望在当地交易所出售股份或转让整个经营业务时。在本章开篇案例中，汉堡王能从私人持股企业变为公众持股企业，依靠的就是它地处美国以及美国巨大的资本市场所提供的便利。这样，在比较各国的环境时，企业可能需要把是否存在活跃的股票市场作为一个考虑因素。

如果政府限制资金兑换（许多国家存在程度不一的外汇管制），那么外国投资者只能将部分利润或股票出售所得在东道国进行支出了。因此，如果其他条件不变，那么就难免出现投资者倾向于投资那些货币强势、外汇管制可能性小的国家的项目了。

4. 竞争风险

经营成功的可能性在很大程度上取决于竞争对手可能的行动。下面主要分析经营选址时需要考虑的四个方面的竞争因素：经营的匹配性；风险分散程度；跟进竞争对手或客户；阻止竞争对手的能力。

（1）经营的匹配性。因为海外经营的企业面临的是不熟悉的环境，所以比当地企业面临更大或不同的经营风险。因此，管理者开始时更倾向于选址在他们认为与本国有更多相似性的国家开展经营，但前提条件是这些国家存在充足的销售以及获取资源的机会[32]。表12-1给出了主要的相似性与差异性特征。随着经验的增加，管理者就会增进对消费者、竞争对手和政府行为的了解，从而降低企业经营的不确定性。事实上，自开始经营起，跨国公司的生存率要比本土企业低很多年。这一情况被称为**国外经营劣势（Liability of Foreignness）**。不过，对于那些了解新的环境并努力克服了早期困境的企业，它们的生存率与当地企业几乎不相上下[33]。

表12-1 产业距离敏感度的指标

文化距离	行政距离	地理距离	经济距离
高级语言内容	政府参与资助、采购、监管标准制定、国际机构等	较低的价值重量比	劳动强度高，易产生绝对成本差异的其他因素
强原产国效应（垂直距离）	战略性产业地位（选票、金钱、主要产品、国家控制、国家捍卫）	运输危险	国际规模/范围/经验/经济体的潜力
偏好/标准（水平距离）方面存在显著差异	专业化、持久的沉淀资本（滞留潜力）	易腐烂/时间敏感性	与高收入相关的支付意愿增加
根深蒂固的偏好/传统	贸易限制/外商直接投资（如农业）	需要在本地执行关键活动（更支持外国直接投资而非贸易）	客户/渠道/商业系统方面的差异

资料来源：Based on Pankaj Ghemawat, World 3.0: World Prosperity and How to Achieve It, (Boston: Harvard Business Review Press, 2011: 299, which is based on his earlier framework in "Distance Still Matters: The Hard Reality of Global Expansion," Harvard Business Review, 79: 8 (September 2001): 140.

🌐 地理的重要性

不可轻视自然的力量

在过去几年里，智利、海地和新西兰发生了大地震，澳大利亚东北部地区暴雨成灾，致命的流感在墨西哥蔓延。这些事件足以表明全球面对自然灾害和疾病传播的脆弱性。每年大约有1.3亿人暴露在地震风险之中，1.19亿人面临热带风暴灾难，1.96亿人面对着灾难性的洪水，还有2.2亿人深受干旱之苦。平均下来，每天有184人因自然灾害而死亡。另外，这些灾害还对工业厂房、农作物、存货和基础设施造成严重破坏。

这些自然灾害发生于世界各地，但分布并不均衡。

亚洲部分地区遭受地震最严重；非洲的一些国家是世界上最易受干旱的地方。联合国开发计划署（The United Nations Development Programme）采用450个变量分析并发布了一个灾害风险指数（DRI），该指数给出了各国面临自然灾害危险的相对等级[34]。

虽然遭遇这些灾害的人数中只有11%来自世界上最贫困的国家，但来自这些国家的灾害死亡人数占了死亡总人数的55%，原因在于他们中有很多人居住在简陋的住房中，而且缺乏足够的医疗援助。同样，发展中国家由农村向城市迁移的人口大多数是去危险的山坡、沟壑和低海拔地区，而且他们的生活设施很恶劣，难以抵御地震和龙卷风的袭击。

灾难性事件不仅导致企业财产受损和人员受伤，而且扰乱了市场，破坏了基础设施和生产。谁都无法忘记令人心碎的2011年大地震：在电视转播中，日本的房子、汽车和火车就像幼儿浴盆里被甩来甩去的玩具一样。地震引发的海啸破坏了全球的供应，如由于汽车零部件生产厂被毁而导致汽车零部件供应的短缺[35]。四个月之后，大暴雨又袭击了泰国的汽车零部件一级供应商以及为国外大型组部件供应商提供小零部件的二级供应商和三级供应商[36]。

因此，自然灾害增加了经营风险，带来了额外的保险费用。反过来，保险公司将不得不对灾害发生的可能性和产生的成本进行评估。例如，世界卫生组织已经绘制了世界传染病地图集[37]，而许多这类疾病发生在医疗设施最为简陋的地方，毕竟疾病总是与贫困有关。当然，疾病也与自然灾害有关，如洪水之后易发生霍乱和疟疾。因此，这些疾病有一定的地域性。例如，每年死于疟疾的人口大约有200万人，而且大多数在非洲。

疾病会使人衰弱，从而严重影响劳动者的出勤和寿命，进而对企业造成巨大损失。例如，沙索石油公司（Sasol Petroleum）不得不在莫桑比克建立诊所，以便为其当地员工治疗疟疾[38]。此外，企业也不情愿将员工派往疫区。例如，在亚洲非典型肺炎爆发期间，沃尔玛、盖璞、丽诗加邦（Liz Claiborne）等企业都禁止派员工进入疫情地区，从而影响了这些公司的采购及质量保证计划的实施[39]。

这一理论也有助于解释为什么美国的企业会把早期的国外经营重点放在加拿大和英国，而不是依据机会与风险因素分析所指出的那样选择投资地。简单来说，管理者更愿意在相似的语言、文化和法律环境中经营[40]。此外，由于沟通容易，所以这些相似性可以保持较低的经营成本和风险水平。根据早期进入者的经验，企业发现有必要建立一种扩张模式，以便位于某些国家的企业的管理层在工作上可以相互依靠[41]。案例12-1表明，汉堡王早期特别强调拉丁美洲和加勒比地区，很大程度上是因为该地区与汉堡王位于迈阿密的总部之间存在距离和沟通上的优势。

经济上的相似性也是一个重要的考虑因素。与美国的情况一样，加拿大和英国都有很高的人均GDP，而这意味着这些国家对于为美国市场首先开发的产品有着相同的市场需求。如果企业最初开发的产品是为了满足国内市场的需求，那么企业可能会考虑其他国家与本国市场在经济水平上的相似性。

此外，国家之间的历史联系也有助于解释企业国外经营的地理偏好[42]。虽然这些关系中的许多方面涉及共同的文化和种族，但是其他方面积极交流的历史可以减少国内企业以及东道国利益相关者感知的经营风险。

管理者还应该努力确保所在国家的政策和规范与企业的比较优势相匹配。百视达（Blockbuster）在德国的失败就是因为当地法律禁止它在晚上、周日和节假日的经营，而这些时间在美国正是人们租用录像带最多之时[43]。

企业也会偏好那些允许企业的管理者按自己所熟悉的产品类型、工厂规模和经营方式开展运作的国家。在考察拟选经营地时，如果团队成员有着不同的背景，如营销、财务、人力资源、工程以及生产等，那么更有可能发现符合企业资源和目标的最佳选址。

最后，企业也要考虑当地能否获得企业需要的资源。许多外国企业需要当地的资源，而这一要求可能严格限制了拟选经营地的可行性。企业可能需要当地的员工或需要了解有关经营和技术的当地合伙人；或者，企业需要当地资本的参与以便获得所需要的资源。

（2）地理上的分散经营。通过在不同地区的经营，企业可以降低销售和利润的波动，从而为企业募集资金创造比较优势[44]。企业也可以通过在与其货币汇率关联性不强的国家设址，来进一步抵御币值变动所带来的影响[45]。就之前所讨论的企业倾向于在与母国相似的国家开展经营的理论而言，这一策略在很多方面显然不相一致。这是因为保持销售和利润平稳的最佳办法也许就是将经营业务配置在相关性最小的经济体。不过，其弊端就是在这些差异性较大的经济体中开展经营可能会带来更大的竞争风险，毕竟管理层对各地的经营环境不太熟悉。

鉴于产品复杂度的不断增加，企业很难在单一国家获得所需的各种资源，特别是那些基于知识的资源。同时，这些资源由于长期的专业化应用而具有国别特色。虽然知识可以在国际上从一个组织流动到另一个组织，但跨国公司可以通过在知识来源国设立子公司以强化知识的获取。因为知识碎片来源于不同的地方，所以企业建立多个接入点，以便快速把握知识的全貌。事实上，有证据表明，在技术变化迅速的行业，拥有分布广泛的国外子公司的跨国公司比那些外国业务集中在少数国家的跨国公司更能提高业绩[46]。

（3）跟进竞争对手或客户。管理者可能会故意进入市场，以防竞争对手在该市场获得竞争优势，并借此来提高在其他地方的竞争地位，即所谓的**寡占反应**（**Oligopolistic Reaction**）[47]。事实上，寡占反应也解释了为什么中国目前拥有 170 多家汽车生产商，数量上不仅超过了任何其他国家，而且也远远多于市场分析师认为的市场容量[48]。

同时，企业也可以通过跟进竞争对手所在的市场来取得竞争优势。首先，竞争对手很可能已经完成了成本高昂的选址评价工作，而且特定类型的产品已经为市场所接受，所以跟进就可以享受"搭便车"的好处。如前所述，汉堡王在某些市场就得益于麦当劳所建立的肉类供应商以及开发的市场对汉堡的需求。此外，许多地方会形成竞争对手的集聚，如加利福尼亚硅谷的计算机企业。这些集聚区不仅吸引了众多的供应商和专业技术人员，而且也吸引了那些希望对产品和服务有更多选择和比较，但又不希望去相隔太远的供应商处的采购商。因为在集聚区可以经常与其他企业的员工进行交流，所以企业可以方便地获取最新的信息[49]。

跟进客户而进入市场也会使企业获得优势。普利司通轮胎公司（Bridgestone Tires）是日本境内的日本汽车厂商的大供应商。当这些汽车厂商在美国建立生产工厂时，普利司通轮胎也跟随它们进入了美国市场。首先，鉴于普利司通轮胎与丰田等日本汽车厂商的合作历史，它在美国比其他轮胎企业更有优势；其次，如果另一家轮胎制造商计划在美国与丰田公司发展紧密的关系，那么对方可以借此来成功削弱普利司通在其他地方的市场地位。

（4）阻止竞争对手的能力。为了降低竞争风险，企业可以通过先于竞争对手在市场站稳脚跟，也可以通过避开强有力的竞争对手，或是当企业的创新优势只能短期维持时，赶在竞争对手有能力模仿之前就快速推向市场。当然，这个策略暗示着市场足够大的前提。

作为市场的第一个进入者，企业更容易获得最好的合作伙伴、最好的经营地点和最好的供应商，即取得**先发优势**（First-mover Advantage）的策略。另一个先发优势就是与政府建立紧密关系的潜力，如中国的大众汽车和俄罗斯的洛克希德公司[50]。

企业也可以通过制定选址策略来避免影响力大的竞争。美国的折扣商零售商普尔斯马特（PriceSmart）把其全部仓储店开在本国（美国）以外的地区，并通过把目标定位在中美洲、加勒比地区和亚洲而取得了成功；而在沃尔玛、家乐福等竞争对手看来，这些市场似乎规模太小而难以吸引它们首先进入[51]。

12.4　数据的收集与分析

企业通过开展商业调查来降低决策过程中的不确定性并评估其经营业绩。商业调查要解答的问题包括：能雇用到合格的员工吗？能根据经济和政治环境合理预见企业的未来吗？企业的经销商能否服务足够的客户？企业的市场份额有多大？

显然，信息有助于管理者提高企业的绩效。然而，管理者由于时间和成本方面的约束，常常无法获得所需要的信息。因此，管理者应该将预估的成本信息与可能取得的收益进行比较，毕竟企业的利润来自收益或成本节约。

12.4.1　针对调查结果和数据的一些问题

由于许多国家的数据常常存在不足、过时以及不准确的情况，所以商业调查不仅很困难，而且操作成本高昂。这些问题在发展中国家尤其严重。这里主要讨论两类基本问题：缺乏准确性以及缺乏可比性。

1. 缺乏准确性

大多数情况下，信息不准确是由以下五个方面的基本原因造成的：

（1）因政府资源有限而无法收集准确的数据。因为政府的资源有限，所以政府预算必然优先考虑其他项目，如提高健康和文化水平，而不是如何测量这些内容。即使政府强调数据收集，但用于购买最新的计算机硬件、软件和培训计划的资金可能不足，其结果可能就是无法做到信息可靠并及时。

（2）政府部门可能会故意发布一些误导性信息。调查人员同样会关注政府部门出版的那些虚假的或故意欺骗的信息，而这些信息的目的是误导政府高官、国家排名和归档或国外的企业与机构。例如，欧盟委员会曾指责希腊在 2010 年伪造财政数据[52]。

（3）被调查者可能会向数据收集者提供虚假信息。因为不确定所提供数据的用途，所以被调查者可能没有正确回答问题，尤其当涉及在被调查者看来属于隐私的财务或其他数据时。例如，政府的许多数据是通过问卷调查收集到的，如美国估计国际旅行以及旅游支出的做法。人们可能会谎报其实际支出，特别是如果他们没有在入境关税表上说明购买外国商品的实际价值。

（4）官方数据可能只包括了需要报告的合法的市场活动。因为一国报告的收入数据并不包括来自毒品交易、偷窃、贿赂和卖淫等活动的非法收入，从而导致数据遭到进一步扭曲。另外，因为洗钱，这些收入也体现在其他经济部门的统计数据中。走私方面的数字可能非常巨大，但并没有出现在官方的贸易统计数字中，如尼日利亚每年石油走私出口额估计达 70 亿美元[53]。最后，大量经济活动并未报告但数额巨大，如为避税而发生的现金交易活动。

（5）方法采用不当。数据不准确也可能是因为政府内外的调查人员采用了不当的收集和分析方法而造成的。许多统计数据是基于估计和抽样而得到的。例如，如果估计 2012 年的中国消费支出，那么可以采用两种不同的方法，它们之间的差异可达 16 万亿美元——超过了澳大利亚的 GDP 总额[54]。

此外，笼统的结论常常是因为抽样调查缺乏代表性且观察不足，外加问卷设计不到位。

2. 缺乏可比性

就各国公布的人口统计数据、产量数据和贸易统计数据而言，不仅采用的统计时间范围不同，而且公布的时点也常常不同。因此，为了比较不同国家之间的数据，企业必须进行推测。此外，各国对数据项目的定义也不相同，如家庭收入、文化水平以及外国直接投资的定义。那些非市场经济活动，如家务活动，并不统计在收入中。因为各国居民为自己消费而开展的生产活动（如种植蔬菜、在家做饭、缝制衣服、理发等）程度不同，所以必然会使各国之间的统计数字比较失真。

各国的会计准则（如折旧）存在差异性，从而会导致国民生产净值缺乏可比性。另一问题涉及汇率，毕竟需要借助汇率将各国的经济数据转换为某种通用的货币。如果采用美元来报告经济数据，那么当日元对美元升值 10% 时，日本居民的人均 GDP 就会增长 10%。那么，这是否意味着日本人的富裕程度一下子上升了 10% 呢？显然不是的，因为他们 85% 的收入仍然是以日元形式用于本国的消费。因此，这 85% 的收入的购买力并没有增加。

12.4.2 外部信息资源

尽管信息对于好的选址决策不可或缺，但因信息来源太多而实在无法全部列出。至少出于审视目的，管理者总会使用互联网搜索来收集大部分所需的信息。有些搜索结果可以提供免费的信息，而有些搜索结果必须付费才能使用。下面主要根据完整性、可靠性、成本等因素来讨论主要类型的信息来源。

1. 个性化报告

市场调查和商业咨询公司一般都提供付费的市场调查服务。通常来说，它们是最昂贵的信息来源，毕竟其个性化的服务使得收费无法进行分摊。不过，因为可以指定所需的信息，所以企业支付的费用还是值得的。

2. 专业化报告

调查机构会编制并出售内容很具体的调查报告，而且价格远低于个性化报告。这些专业化报告有时是在特定地区经营的企业名录，并给出这些企业的财务等信息。这里的信息也可能是某些地方的经营业务、业务形式或具体产品。

3. 服务型企业

大多数企业，如银行、运输公司、会计师事务所等，可以为国际客户提供服务并发布报告，而这些报告通常针对的是特定地区的商业行为或某个利益问题，如税收或商标法。因为服务型企业希望进入一个广阔的市场，所以其报告往往比较笼统。有些报告也会对潜在商业伙伴的声誉以及某家企业的联系人的信息等事务提供非正式信息。

4. 政府机构

当政府希望刺激外商活动时，它所提供的信息量和信息种类可能非常巨大。美国商务部不仅编纂有关海外各国的新闻和法规资料，在美国国家贸易数据银行（National Trade Data Bank）发布产品销售地点的具体信息，而且帮助企业安排与外国商人的会面。

5. 国际组织与机构

许多组织和机构都是由多个国家资助的，包括联合国、世界贸易组织、国际货币基金组织、欧洲经济合作与发展组织和欧盟。这些组织和机构都有大量的研究人员负责编制基本的统计资料，并就共同趋势和问题形成报告和建议。许多国际发展银行甚至出钱开展投资可行性研究。

6. 行业协会

行业协会常常与多种产品线有密切联系，它们也一直在收集、评估并发布大量有关所在行业技术和竞争因素的数据。许多数据可以从这些协会发行的行业杂志上获得。不过，有些信息并不对非会员公开。

12.4.3 内部产生的数据

有时，跨国公司可能需要通过自己的简单观察和解答多个问题来收集更多的信息。调查人员可能需要观察哪些商品是可获得的，确定谁在哪里购买，并设法找出背后的分销和竞争情况。成衣行业真正的竞争可能更多地来自在家里干活的裁缝；对于真空吸尘器，真正在用

的可能是仆人；与偷卖的走私品相竞争的其实是当地生产的商品。显然，传统分析方法无法揭示这些真实的情况。

那些已经在某个市场上经营的企业也是一种信息来源。有限品牌公司（Limited Brands）就一直利用这一信息来源。例如，该公司就向苹果中国公司的管理层咨询进入中国市场的经验[55]。

观点交锋

企业应该向暴力冲突地区派遣员工并开展业务经营吗？

正方观点：

应该。哪里有风险，哪里通常就有回报。企业不应该回避存在暴力冲突的地区。商人总要承担风险，员工也总要去危险之地。早在17世纪，去往现在被称为美国、印度和澳大利亚的移民不仅遭遇疾病，而且需要面对充满敌意的土著居民。如果企业和移民没有抓住机会，那么世界就不会达到如今的发达程度。

这里不能撇开其他来谈来自暴力冲突的风险。虽然无法找到历史数据，但今天绝大多数的风险情况要比过去安全得多。疾病依然比暴力冲突更具风险性。虽然医学的进步使得那些传统上致命疾病（如脊髓灰质炎、麻疹、天花、肺结核等）的风险大大降低，但一旦出现真正紧急的情况，往往要求做到更快的疏散。

假设我们决定回避那些可能会对企业的基础设施和员工构成暴力侵害的国家。真的有这样的地方吗？为了回答这个问题，需要考虑一系列的指标，包括总体犯罪率、谋杀率、恐怖主义、绑架和政治暴力。因为太多的事件并没有被报道，所以统计数据缺乏可信度。更进一步地说，情况会随时发生改变，正如叙利亚发生的暴力事件那样。来自所谓风险专家的意见肯定也是相互矛盾的。最后，我们认为比较安全的国家，如挪威、英国、美国等，近来也发生了许多暴力事件，如大规模枪击、爆炸和街头暴乱。事实上，美国联邦调查局副局长称："在美国，每一天我们都要应对各种各样的国内恐怖主义的威胁[56]。"现在大概只有一个地方——格陵兰岛，人们都认为那里是低风险的。

有些行业可没有能避开暴力国家的机会，如石油行业。石油企业必须去开采石油可能性高的地方。人们当然希望能在像瑞士这样的地方找到石油，但这显然并不

现实。事实上，大多数可开采石油之地近来正发生着爆炸、绑架、有组织犯罪等事件，如中东、西非、中亚地区和委内瑞拉。如果企业不去这些地方，那么企业就没有业务可做。

事实上，哪里有机会，企业就会去哪里经营。如果一个地方的确有风险，企业会采取各种防范措施。企业也会分享情报，为员工提供安全教育培训（目前已有很多培训项目），并在国外采取安全措施。或许企业不会让员工的配偶和子女去"风险"地区，这样就不必因为有这么多人在海外而牵涉全部的精力。

反方观点：

不应该。如今，企业要担心的并不只是会陷于对立军事派系之间的战火。反全球化团体也想伤害企业的员工并毁坏企业的基础设施，其目的或是迫使企业离开，或是为了扩大其知名度。反全球化团体把企业视为通过恐吓、伤害或绑架员工而进行勒索的最合适对象。不管目的如何，还有一些团体专门针对外国人。在阿富汗就有这样一个组织，杀害了无国界医生组织和红十字会的工作人员，而这些成员可是为了治病救人而去当地的[57]。

同时，陷于各方争斗的战火已成为一种更大的风险。随着武器贩卖的增多，许多武器以低价被卖给那些反对者、毒贩、走私分子和洗钱罪犯[58]。作为身在明处的跨国公司，自然是最容易受到伤害的。

从本质上讲，如果企业在暴力风险高的地方经营，那么就是把员工置于危险之中。即使没有暴力袭击他们，他们仍然得忍受压力，而这种压力会影响企业的业绩[59]。尽管当地的员工可能面临低一些的风险，但绑架之类的事件表明他们也摆脱不了影响。此外，企业还要

派遣外国人去那里，有些是去担任长期项目的经理或技术人员，有些是去当地出差，做一些审计、质量控制、现场指导等任务。这些危险的确影响很大。根据报道，每年都有数起绑架事件，大多针对的是外国员工及其家属。尼日利亚近来已经成了绑架外国石油工人、船员甚至来访牧师的主要地点[60]。

让企业的雇员处于这种危险之地显然是不道德的。虽然企业可以派出足够的员工去那里工作，尤其是在全球经济衰退时期，但企业绝对不会强迫员工去危险地区。然而，根据企业的经验，愿意去此类地区工作的人可以分为三类，但没有一类是理想的人选。第一类是直接冲着高薪和高额保险而去的，他们中的一些人有过军队和秘密工作的经历，但这类人往往高度独立，很难控制；第二类比较天真，并不了解风险，而且很难通过培训和安全教育来保护自己；第三类则是为了寻求刺激而去的，视危险为乐趣，这类人面临的风险最大，因为当情况恶化时，他们为了寻求更多的刺激而不愿撤离[61]。

个体面临的高风险其实反映了当地政治环境的失控，预示着可能发生更大的风险，如政府更迭、消费者信心下降以及社会瘫痪，从而严重影响收入和经营控制。显然，在这种国家不适合开展经营。

12.5　用于国家比较的工具

一旦企业完成了信息审视，那么接着要做的就是开展信息分析。进行信息分析时，两种常用的工具为网格（Grids）与矩阵（Matrices）。在绘制网格与矩阵时，最好组建由来自不同职能部门成员组成的小组，以便能全面考虑各方面的看法。不过，企业一旦决定了选址，仍然有必要进行持续更新。

12.5.1　网格

管理者可能采用网格形式来对在他们看来重要的因素进行国与国之间的比较。表 12-2 就是网格的一个范例，其中的信息分为三大类。管理者可以立即排除考虑其中的一些国家，因为这些国家的特征显然企业无法接受（具体情况随企业而变）。这些因素列为网格的第一类信息。这里，国家 I 因此可以直接排除。管理者会对其他变量赋予一定的取值和权重，并根据这些国家对于企业的相对重要性进行打分。在这一假设的例子中，我们赋予投资规模的权重大于税率的权重。例如，如表 12-2 所示，国家 II 属于高回报—低风险，国家 III 属于低回报—低风险，国家 IV 属于高回报—高风险，而国家 V 属于低回报—高风险。

表 12-2　简化的市场—渗透网格

本表仅为一个示例：在现实中，企业会选择它认为很重要且比与其他都要重要的变量。表中，管理者把国家 II 评为最具有吸引力的地区，因为该国被认为属于高回报—低风险。国家 IV 也具有较高的回报，国家 III 具有较低风险。值得注意的是，由于只有拥有 100% 所有权的企业才能进入，所以国家 I 被立即排除。

变　　量	权重	国　　家				
		I	II	III	IV	V
1. 可接受因素（A）与不可接受因素（U）						
（1）允许 100% 的所有权	—	U	A	A	A	A
（2）允许将特许权授权拥有多数股权的子公司	—	A	A	A	A	A
2. 回报（数字越大越优先考虑）						
（1）所需投资的规模	0～5	—	4	3	3	3
（2）直接成本	0～3	—	3	1	2	2
（3）税率	0～2	—	2	1	2	2
（4）目前的市场规模	0～4	—	3	2	3	1
（5）3～10 年内的市场规模	0～3	—	2	1	3	1
（6）0～2 年内的市场份额（短期潜力）	0～2	—	2	1	2	1
（7）3～10 年内的市场份额	0～2	—	2	1	2	0
总计			18	10	18	10

（续）

变 量	权 重	国 家				
		I	II	III	IV	V
3. 风险（数字越小越优先考虑）						
（1）3 ~ 10 年内的市场损失（如果现在不进行渗透）	0 ~ 4	—	2	1	3	2
（2）交易方面的问题	0 ~ 3	—	0	0	3	3
（3）潜在的政治动荡	0 ~ 3	—	0	1	2	3
（4）现在的商业法律	0 ~ 4	—	1	0	4	3
（5）3 ~ 10 年内的商业法律	0 ~ 2	—	0	1	2	2
总计			3	3	14	13

这里的变量和权重随产品和企业的不同而不同，具体取决于企业的内部情况和目标。例如，对于销售低价消费品企业的管理者，他们会看重人口规模因素并赋予较高的权重；而销售轮胎的企业会赋予登记的汽车数量较高的权重。即使企业不用对国家进行比较，网格方法也很有用，毕竟它可以为企业决定是否进行更详细的可行性调查追加资源或投入更多资金确定最低得分要求。

不过，随着变量数目的增多，网格会显得越来越烦琐。虽然对于国家排序很有用，但这种方法常常会模糊国家之间的相互关系。

12.5.2　矩阵

为了更清晰地说明机会与风险之间的关系，管理者可以在如图 12-3 所示的矩阵上来反映它们的价值。在本例中，相对于 A 国、B 国、C 国和 D 国来说，E 国和 F 国属于机会多且风险低的国家，因此它们是进行后续详细分析的较好选择。

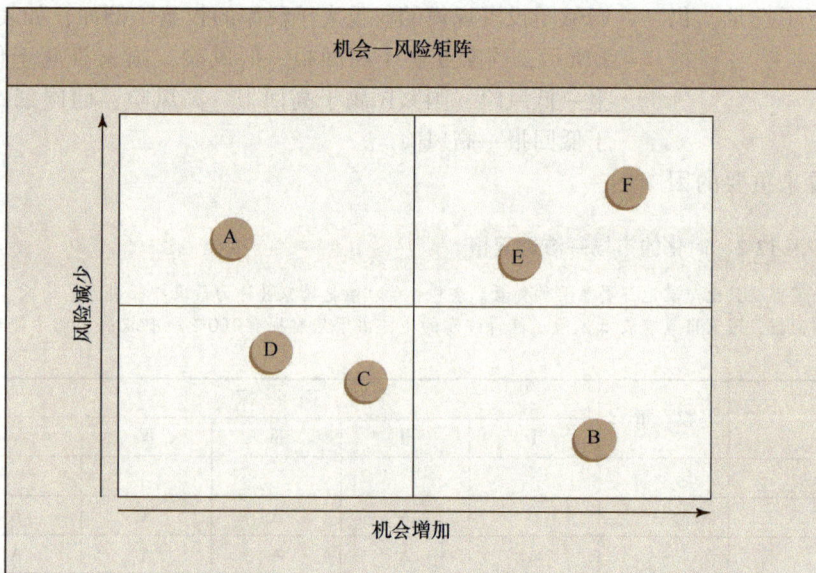

机会—风险矩阵

E 国和 F 国是最理想的选择，因为它们属于高机会—低风险组合。那么 A 国和 B 国的情况如何呢？A 国的机会水平虽然较低，但其风险水平较低，从而具有吸引力；B 国的机会显然很多，但也面临着较高水平的风险。因此，对 A 国与 B 国的选择，可能需要考虑企业对风险的态度。

图 12-3　机会—风险矩阵

但在实际中，管理者有时可能需要在风险高且机会多的国家与风险低且机会少的国家之间做出选择。此时，管理者需要根据对风险的容忍程度以及企业现有的经营国的组合做出决定。进一步来说，尽管 A 国、B 国、C 国和 D 国不如 E 国和 F 国具有吸引力，但企业也可能在 A 国、B 国、C 国和 D 国寻找机会，如安排许可经营或所有权共享业务，而并不一定需要大量的投资。

但是，管理者应该如何在这一矩阵中反映价值呢？首先，必须决定哪些因素是反映企业风险和机会的良好指标并根据其重要性给予权重。例如，在风险轴上，企业可以设定被征用的风险为 20%，外汇控制的风险为 25%，社会动荡与恐怖主义的风险为 20%，发生自然灾害的风险为 20%，汇率变化的风险为 15%，加总之和为 100%。然后对各项指标对每个国家按 1 ~ 10 的评级标准进行打分（10 为最好），然后将各项评分与所赋权重相乘。例如，如果 A 国被征用的风险项得分为 8，将 8 乘以 0.2（被征用风险的权重）得到 1.6。最后将 A 国各项加权指标求和，就可以得到 A 国在风险轴上的坐标值。按同样方法，可以得到 A 国在机会轴上的坐标值。

这一矩阵的一项关键要素就是对一国未来发展的预测或者至少预测其未来的发展方向。对此，管理者在实际中经常会忽略。这种预测显然很有用，但预测的期限越长，预测的确定性就越低。

12.6　地区间的经营业务配置

审视工具对缩小国家选择的范围以及国家间经营重点的配置都很有用。现在考察企业进行国际扩张的三种互补策略：渐进投入策略、地理分散化与集中化策略以及再投资与收获策略。

12.6.1　渐进投入策略

如前所述，鉴于存在国外经营劣势（Liability of Foreignness），所以企业喜欢到与其东道国相似的国家开展经营。尽管如此，企业可以采用多种如图 12-4 所示的风险最小化的扩张模式。在图 12-4 中，不难发现，如果企业的经营沿任何一轴离中心越远，那么该企业参与国际经营的程度就越深。

但是，绝大多数企业的经营并不会以相同的速度沿各轴的方向扩张。事实上，企业可能会跳过某些步骤。如果企业沿着某个轴的方向扩张速度较慢，那么节约出来的资源可以帮助企业沿另一轴方向以较快的速度扩张。

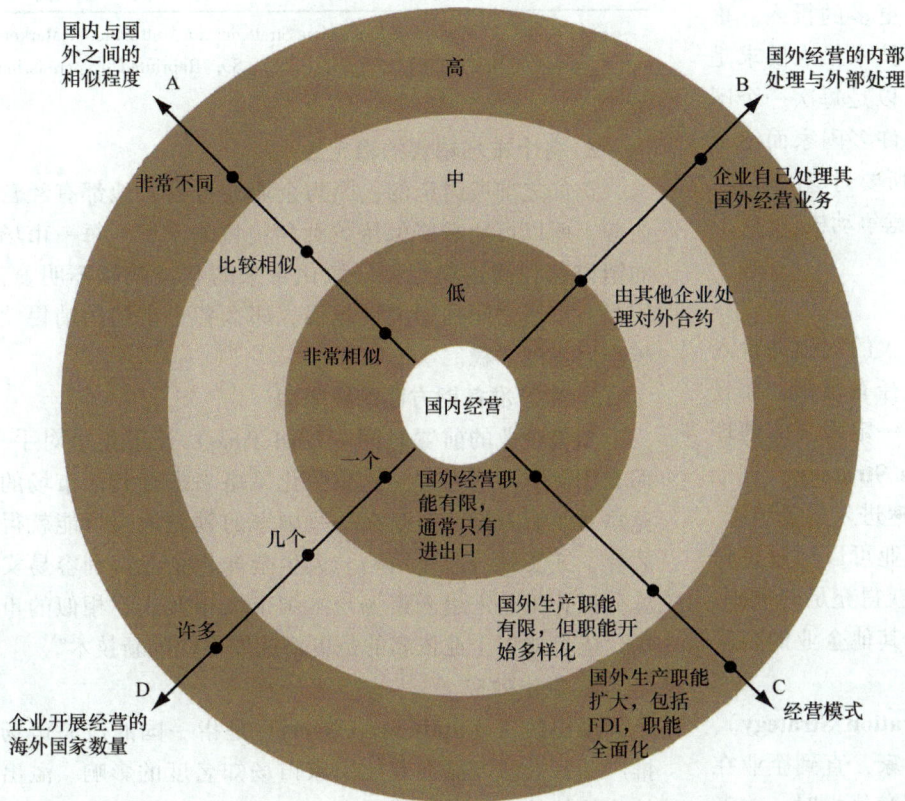

> 如果企业的经营沿任何一轴（A、B、C 或 D）离中心越远，那么该企业参与国际经营的程度越深。绝大多数企业的经营会以不同的速度沿各轴的方向扩张。

图 12-4　国际化的常用模式

这里对图 12-4 做更为详细的分析。轴 A 表示企业从一家完全的国内经营企业逐渐扩张到在相似国家具有经营业务，再到在完全不同的国家具有经营业务的企业。然而，如果企业采用沿轴 A 快速扩张的策略（甚至跳过中间环节），那么其替代策略就是沿 B 轴进行缓慢扩张。轴 B 表示在国际扩张的早期，企业可以借助中介来开展海外经营业务，因为这样做可以使投入资源的风险以及国外经营劣势最小化。这样，企业的国际扩张不仅所需的投入较少，而且可以依赖那些已经了解如何在国外市场运作的中间商。这方面的一个相关例子就是来自发展中国家的一些高科技企业的国际扩张经历。这些企业首先定位的不是那些与本国有相似特征的近邻国家，而是直接定位那些短期市场潜力更大的高收入国家。不过，这些企业严重依赖中介机构，而且收购了拥有熟悉其目标市场员工的外国企业。

　　不过，一旦企业成功做大，它就会利用自己的员工来经营企业。这是因为企业对海外经营已经了解很多，所以觉得海外经营的风险已经不像开始时那么大，同时发现海外的经营规模让企业有必要开发内部能力，如雇用训练有素的员工负责海外销售或采购。

　　轴 C 表示进口或出口通常是企业跨国历程中最初采用的经营模式。在参与国际化的早期，进口和出口都需要企业将其部分资源配置到国外。事实上，如果可以利用过剩的产能来生产更多的货物以供出口，那么企业可能会增加部分资源投入。因而，企业沿着轴 C 的最初扩张是使国外经营劣势风险最小化的手段，因为企业不用履行生产中管理外国劳动力的职能了。

　　之后，除了出口之外，企业可能会通过外商直接投资（FDI）在国外进行生产，从而进行更多的投入。事实上，这些经营所需要的资本、人力和技术投入要求是最高的。轴 D 表示企业国际化的进程可以是每次一个国家地推进，从而可以避免因要同时了解许多国家而给企业带来过大的压力。不过，正如下一节所要讨论的那样，企业同时进入很多国家可能是出于某种竞争动机。

12.6.2　地理分散化与集中化策略

　　企业最终可能会在很多国家做成很大的规模并投入大量的资源。不过，达成这一结果的路径有很多，而且各不相同。虽然任何国外扩张都意味着一定程度的地理分散化，但**分散化策略**（Diversification Strategy）这个术语从选址决策层面来说，是指企业快速进入很多国家，然后逐步增加在各国的投入。为此，企业可以通过宽松的许可经营政策来保证初始的广泛扩张获得充足的资源。最终，企业会通过承担更多原先交付给其他企业的合同来扩大国际经营。

　　相反，按照**集中化策略**（Concentration Strategy），企业开始时只会进入一个或少数几个国家，直到企业在这些国家的经营得到发展并取得强大的竞争力时，才考虑进入其他国家。当然，企业也可以将两种策略结合使用，如快速进入许多国家，但只在少数几个国家不断增加投入。表 12-3 总结了企业在决定采用何种策略时会考虑的主要因素[62]。现在对这些因素逐一进行讨论。

1. 各个市场的增长率

　　如果各个市场的增长率很高或必须很高，那么企业往往应该集中于几个市场，因为要想使每个市场实现足够大的产量，企业的成本就会很高。不过，如果各个市

场的增长率较低或有待提高，那么企业就可能有足够的资源在若干不同国家取得并维持较好的市场份额[63]。

表 12-3　分散化或集中化：产品与市场因素的作用

　　如果企业确定其"产品或市场因素"能满足"采用分散化策略"的条件，那么企业可以通过同时快速进入数个市场而获益；如果这些"产品或市场因素"能满足"采用集中化策略"的条件，那么企业可能选择先进入一个或几个市场并努力做大。

产品或市场因素	采用分散化策略	采用集中化策略
1. 各个市场的增长率	低	高
2. 各个市场销售的稳定性	低	高
3. 生产准备期方面的竞争力	短	长
4. 溢出效应	高	低
5. 进行产品、沟通以及分销调整的要求	低	高
6. 项目控制方面的要求	低	高

　　资料来源："Marketing Expansion Strategies in Multinational Marketing," Journal of Marketing 43（Spring 1979）：89. Reprinted by permission of the American Marketing Association © 1979.

2. 各个市场销售的稳定性

　　正如之前所讨论的，因为企业在世界各地都有经营业务，所以可能需要保持盈利和销售的平稳。每一市场的销售和利润越稳定，分散化带来的利益就越不明显；同样，市场之间的相关性越强，那么各个市场的销售就越难以实现平稳。

3. 生产准备期方面的竞争力

　　如果企业的前置时间（Lead Time）长于竞争对手，那么仍然有可能通过实施集中化策略来击败其他市场的竞争对手。否则，企业在一些国家的领先地位可能就得放弃，或实施分散化策略。天生全球化企业特别容易实施分散化策略来进入市场与本国市场相似或不相似的市场，毕竟这些企业依靠的是更新速度很快的新技术[64]。

4. 溢出效应

　　溢出效应（Spillover Effects）是指一国的产品市场推广项目对该产品在其他国家市场知名度的影响。溢出效应的好处在于企业不用支出额外的费用就能影响到更多的客户。产品广告在跨国媒体播出就能带来这种效应，如美国电视台播放的广告在加拿大也能收到。当市场营销项目影响到许多国家时，如通过卫星电视或互联网，分散化策略的好处就能显现出来。

5. 进行产品、沟通以及分销调整的要求

　　产品在国外销售时，企业必须对其经营方式做一定的调整。鉴于成本方面的原因，这种调整更适合集中化策略。调整成本会减少企业对不同市场进行扩张的资源

投入。此外，如果对各个国家的调整都不一样，那么企业就很难通过多个国家的销售来分摊成本以达到减少产品单位成本的目的。

6. 项目控制方面的要求

企业对海外经营的控制要求越高，就越应该采用集中化战略。因为保持控制力需要额外的资源投入，如在经营中占较大比例的所有权。企业出于各种原因，可能需要更多地控制项目，包括担心合作伙伴可能成为未来的竞争对手。

7. 后续产品的多样化

以上讨论集中于企业进入各国市场的初期阶段。除此之外，企业需要为其投资组合增加新产品，并且必须决定如何快速地把新产品推向国外的哪些市场。新产品与现有产品，尤其是那些已在国外销售的产品越相关，它们就越容易被推向其他市场，毕竟企业拥有的经验更适合于推广其产品[65]。

12.6.3 再投资与收获策略

至此，我们讨论了进入海外国家的顺序问题。然后，一旦企业在海外开始了运作，那么必须估计并决定在每个地方配置多少资源和业务。在对外直接投资时，企业不仅需要调动财务资本，而且要安排人力资本。如果投资获得成功，企业就会赚到利润。企业既可能把利润汇回母国总部，也可能进行再投资以增加投资价值。随着时间的推移，只要企业的投资取得成功，那么企业海外投资的大部分价值来自再投资；如果投资不成功，那么企业可能会考虑把资本转移到其他地方。

1. 再投资策略

企业对重置折旧资产以及将海外留存收益转作追加投资资本的决策往往不同于最初的投资决策。一旦企业决定在选定地点进行投资，可能不会选择将大部分收益转移到其他地区，毕竟这样做无异扼杀企业在选定地点持续成功经营的机会，因为无法进行扩张，企业的市场份额就会下降，导致单位成本高于竞争对手。

除了竞争因素之外，为了实现目标，企业可能需要对一个地区连续多年投入几乎全部资金以及追加新资金。此外，企业对再投资的决策方式可能完全不同，毕竟对在某个国家经营具有经验的人员可能是最佳决策者，所以总部可能会把某些投资的决策权授予这些人员。

2. 收获策略

如果一些国家的经营业绩不佳，盈利前景不如其他地方，那么企业很可能会减少对这些国家的投入。这一做法被称为**收获**（Harvesting，或撤资，Divesting）**策略**。例如，汉堡王卖掉了在韩国和斯洛伐克那些业绩不好的业务，转而将这些资金投向前景看好的中国和俄罗斯市场。当然，企业也可能是出于其他原因。例如，英国桑斯博里公司（J. Sainsbury）撤出埃及市场就是因为它的管理层判断在埃及的经营不善不会有任何转机[66]；德纳（Dana）出售了在英国的工厂，转而将回收的资金用于集中开发各类自动化技术[67]；固特异轮胎（Goodyear）卖掉了在印度尼西亚的橡胶种植园，决定不再自己生产橡胶[68]。

有迹象表明，企业可以通过更好地安排撤资并制订专业撤资计划而受益。有些企业可能对撤资决策犹豫不决，甚至花巨资以图改善业绩。例如，一些当地的管理者会提出改善业绩的建议，毕竟一旦企业放弃经营，他们恐怕会失去职位。提出项目投资的最初通常是管理中层或海外子公司的经理；在建议书接受上级审批时，他们会十分积极地收集佐证资料。毕竟，企业对这些人的评价和雇用要看他们的业绩增长情况。事实上，他们没有任何动力来提出撤资建议。所以，撤资建议往往来自企业的高层，而且是在高级管理层几乎用尽了一切可以改善经营业绩的方法之后[69]。

企业可以通过出售或关闭工厂来撤资，但通常会选择出售，毕竟这样做可以获得一些补偿。如果企业是因为当地众所周知的政治或经济原因而考虑撤资，那么该企业很有可能找到潜在买家，但价格会很低。在这样的情况下，企业可能会尝试延期撤资，期望情况有所好转。如果情况的确转好，一直能等到最后的企业一般会比那些早早放弃的企业具有重获市场和利润的更大优势。

企业也不会简单地放弃投资。许多政府常常要求企业履行合同，如给员工提供高额的离职补偿，而这可能会使撤资的损失高于该投资的净资产值。此外，完成破产程序的时间长短（有些国家可能需要长达 10 年时间）也会影响撤资所能挽回的资产比例。在日本，投资者通常可以挽回 93% 的资本，但在马达加斯加投资者通常只能挽回 13%[70]。最后，许多跨国公司担心如果不能与外国政府搞好关系，那么企业就会遭遇不利的国际宣传，从而很难重新进入市场。

12.7 非对比性决策

因为企业可以任意支配的资源有限，所以企业总是有大量的国外经营建议项目需要按照某些预定的标准进行优先排序。如果真能做到这一点，那么管理者就可以从排名最前的建议项目开始进行资源投入，直到他们不再做进一步的投资。然而，情况并非如此。管理层制定的是**做或不做的决策**（**Go-no-go Decisions**），即每次通常只审查一个投资机会，如果达到某些基本标准，企业再做进一步的决定。

开始时，企业有时需要对意料之外的可能情况迅速做出响应。许多企业可能需要响应他人的主动提议，要求向海外销售或签署合资或许可合同。许多企业是被动地开始出口活动的，即外国企业或出口中介机构主动接洽并希望成为其供应商。同样，这些业务可能是一次性的，而且政府或其他企业会提出很多要求。例如，澳大利亚塔斯马尼亚（Tasmanian）发展办公室提出，马来西亚大安控股（Ta Ann Holdings）要在塔斯马尼亚投资就得使用其旋切技术。对于大安控股而言，这就是一次性的机会，即做或不做的决策[71]。不然，政府可能会改变有关允许外国收购的规定，如尼日利亚关于银行业的规定[72]。此外，企业也可能有机会购买其他企业要撤资的资产。在安然面对破产时，因为需要卖掉它的许多外国设施，所以如来自比利时的卓克特贝尔公司（Tractebel）和荷兰皇家/壳牌公司（Royal Dutch/Shell）就参与了购买安然在韩国工厂的竞标[73]。讨论完下面客户和竞争对手进入国外市场的竞争优势后，我们就会清楚企业并不总能预测客户和竞争对手何时会采取行动。

另一阻碍企业比较各国经营业务的因素在于有些业务是相互依存的，从而无法进行真正意义上的独立评价。个别业务的盈利可能会掩盖那些对企业整体盈利有影响的业务。例如，如果一家美国公司计划在澳大利亚开展组装业务，那么这会增加或减少澳大利亚从美国的出口，从而影响美国公司的利润数据。此外，公司总部可能需要投入额外的成本来监督澳大利亚的业务并协调将组件运往澳大利亚。这些成本往往难以估算，而且很可能无法反映在澳大利亚的收益数据中。

或者通过在巴西建厂来生产组件并供应给巴西大众汽车，该企业就有更多的机会将产品销售给大众汽车在其他国家的企业。在澳大利亚或巴西建厂的结果就是，管理者必须对企业全球运营的利润变化做出假设。最后，出现互相依存的原因还在于外国子公司的很多销售和采购都发生在母公司的业务单元之间。因此，企业对这些交易中的要价就会影响各个业务单元之间的相对盈利能力。

显然，企业并没有实力同时开展很多项目的可行性研究。即使企业有能力开展，这些研究也无法在同一时间完成。例如，假设一家企业完成了对其澳大利亚项目的可行性研究，但对其新西兰、日本和印度尼西亚等项目的研究仍在进行中。那么，该企业能等到所有结果都出现再做决策吗？也许不行。等待可能导致对澳大利亚项目研究的很多内容变得无效，因此需要增加费用并做进一步更新。总之，三个因素阻碍了企业对投资机会的比较：成本、时间以及全球运营业务之间的相互关系。

● 未来展望

黄金地段会发生更替吗？

考虑到各种人口、社会文化、政治法律、技术和经济环境因素，未来的销售和资源寻求机会与风险可能会在国家之间转移。这里，我们关注的是人口变化以及人们更愿意在哪里工作。在第 4 章中，我们讨论了人口统计学家预计全球人口增长在 2050 年之前将放缓，而且有些国家的人口甚至会出现下降。但与此同时，发展中经济体的人口增长势头仍然非常迅猛，特别是撒哈拉沙漠以南的非洲地区。根据有关预测，生活在当今发达国家的人口占全球人口的百分比将从 2000 年的 19.7% 下降到 13.7%，而最不发达国家将拥有最高的人口增长率。

此外，由于全球人口的不断老龄化，发达国家的劳动年龄人口占比将下降，而许多发展中国家的劳动年龄人口占比则会出现上升。因为劳动年龄人口数量占比与人均 GDP 之间有正相关的关系，所以当今发展中国家的人均 GDP 增长应该高于当今发达国家，除非劳动年龄的界定发生变化[74]。如果这些人口特征变化真的发生，那么它们将对市场和劳动力的区位变化产生重大影响。

对于跨国公司来说，未来有趣的情况可能是其总部几乎是没有办公室的，技术的进步使得更多的人可以在任何地方工作，而且可以通过电子邮件、电视电话会议等方式与别处的同事、客户和供应商进行联络。事实上，他们可以住在地球的任何地方并在家里工作，而这种家庭办公已经在一些职业领域至少是以非全日制的形式开始实现。然而，如果人们能在家中工作，那么他们可能会选择移居到自己想居住的地方而不是住在雇主所在的地方。对于那些富有创造力和创新思想且行动积极的人，他们通常被允许生活在世界上的所有国家。

一位城市化与规划领域的研究者指出，至少自罗马帝国时期开始，这类人就被吸引到了被视为创新中心的城市。按照这位研究者的观点，这样做的吸引力在于通过与同行（类似于大学里非常聪明的学生）的交流可以使自己得到提高。他们会相互辩论，不断提高。因而，如果他的观点是正确的，那么那些杰出之人虽然可以在家里工作更多时间，但仍然需要与他们的同事进行面对面的交流[75]。事实上，如今的年轻技术人员不断被吸引到像硅谷这样的地方，这足以证实这一观点[76]。

这些理由很有吸引力，特别是因为现有科技可以让人们相互交流而不用舟车劳顿。不过，商务旅行的不断增多表明，面对面交流仍然有其必要性。该研究者进一步指出，吸引这些人的地方也是那些吸引游客到访的地方。

与此同时，另有观点认为，在处于领先地位的西方社会，由学者以及接受过高等教育的人群组成的精英团体，正在越来越多地利用其能力来推迟和阻碍新技术的应用。如果他们的努力取得成功，那么必然会有各种国家处于技术发展和接受的前沿[77]。

案例 12-2

家 乐 福

总部位于法国的家乐福成立于 1960 年，是欧洲和拉丁美洲地区的最大零售商，也是全球第二大零售商[78]。截至 2013 年年初，家乐福在 33 个国家和地区开展经营，拥有 9994 家门店和 365000 名员工。根据海外销售总额、经营所在国的数量以及海外销售额占总销售额的比例，食杂品分销协会（The Institute of Grocery Distribution）将家乐福评为全球最大的零售商。

与任何其他跨国公司一样，家乐福必须决定在哪些国家进行重点扩张，以及在各个国家的什么地方开设店铺。家乐福于 2009 年公开宣布了未来选择国家时优先考虑的类型。当时，家乐福称法国的领导地位为第一优先考虑对象，毕竟家乐福在法国取得的销售额和利润多于任何其他国家。家乐福第二优先考虑的是维持其三个欧洲邻国（比利时、意大利和西班牙）的销售增长或业绩提升，而该三国的业绩与法国的业绩具有相互依赖性，毕竟其供应网络是与法国的供应网络可以说是完全一体化的。家乐福第三优先考虑的是具有强劲增长潜力的金砖四国（巴西、俄罗斯、印度和中国）。事实上，家乐福已于 1976 年进入巴西，1995 年进入中国。目前，家乐福将巴西和中国作为其第二和第五大市场考虑，而且计划在这两个国家进行快速扩张。不过，在于 2009 年在俄罗斯开设第一家商店四个月后，家乐福就宣布退出，原因在于其糟糕的业绩以及难以在竞争中战胜早期进入俄罗斯的对手，如来自德国的麦德龙（Metro）和来自法国的欧尚（Auchon）。家乐福于 2010 年开始在印度经营，但由于印度政府的管制规定，家乐福只能通过开设较小规模的商店进行扩张。如图 12-5 所示，虽然在家乐福的扩张清单中，其他国家和地区并没有被优先考虑，但家乐福仍然在持续进入新市场。

与此同时，家乐福必须决定应该如何处理业绩不佳的店铺，包括卖掉一些店铺以及从一些国家撤离。这些店铺和国家所提供的盈利潜力显然不如将资本投在其他地方。例如，家乐福于 2006 年卖掉了在韩国和斯洛伐克的业务，转而在波兰进行大力扩张；四年之后，家乐福卖掉了在泰国的商店，转而强调国内市场；两年之后，家乐福先后撤离了在哥伦比亚、希腊、印度尼西亚、马来西亚和新加坡的投资。

家乐福经营的店铺共分五类：综合超市（Hypermarkets）、超级市场（Supermarkets）、折扣超市（Hard Discount Store）、付现自运店（Cash-and-carry Shop）和便利店（Convenience Marts）。综合超市不仅占家乐福总销售额的最大部分（大约占 63%），而且零售空间和经营所在国的数量也占了最大部分。事实上，家乐福是第一批开设综合超市的企业之一，它是由百货商店和超市组成的巨大建筑物，面积约为 330000ft²，而典型超市的面积只有 40000ft²。一般情况下，综合超市要求在 20 分钟车程范围内有 50 万个消费家庭，以便获得足够的业务。

这里的资料主要涉及家乐福拥有的店铺以及一些大型的特许经营店。家乐福也曾经进入但后来又退出了一些国外市场，包括英国、美国、日本、泰国、墨西哥、俄罗斯、希腊、马来西亚、新加坡、哥伦比亚、印度尼西亚和葡萄牙。

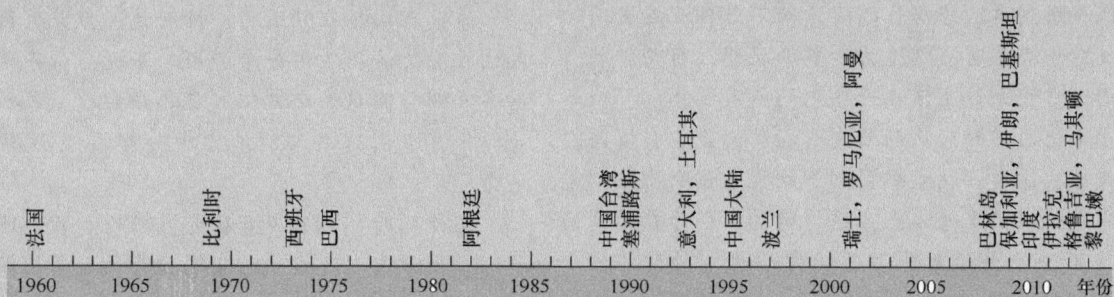

图12-5　家乐福的主要经营区域与进入时期（2013年）

资料来源：Based on data from Groupe Carrefour, "The Carrefour Group's Store Locations," at www.carrefour.com and updated via a variety of sources.

与综合超市相比，家乐福的超级市场出售的商品品种要少得多，而其折扣超市和付现自运店的商品品种更少。付现自运店严格面向商业行业，如饭店和旅馆。家乐福的便利店（超过95%属于授权经营）规模更小，只经营少量商品。家乐福对特许经营店的一大服务就是帮助它们选择店铺位置。

家乐福在法国的综合超市在经营初期就取得了成功，主要是因为引入这一概念的时机恰到好处。当时，法国的超级市场经营还没有得到充分发展。法国消费者通常从不同的渠道采购食品，如在不同的专业店和市场购买面包、肉、鱼、奶酪以及新鲜蔬菜。此外，很少有零售商提供便利或免费的停车场，所以消费者不得不频繁地或者耗时地到众多商店去采购。随着越来越多的法国家庭拥有了汽车和足以储藏一周新鲜食品的电冰箱，以及拥有了更多的可支配收入用于购买非食品类商品，家乐福进入了市场。而且，随着更多的妇女开始工作，她们更想要一站式的购物。于是，法国的消费者蜂拥而至，享受位于郊区的家乐福综合超市所提供的免费停车场和种类繁多的折扣商品。

不过，法国政府当局不时会限制发放开办综合超市的许可证，以保护城镇中心和小商户，同时防止对乡村风景的破坏。于是，家乐福决定向全球扩张。家乐福的第一家合资的海外分店开在比利时，第一家全资所有的店铺开在西班牙。比利时和西班牙都是法国的邻国，而且家乐福在两国开设的都是综合超市，毕竟两国及两国消费者生活方式正在经历的变化与法国的情况相似。由于主要是家乐福的法国供应商为海外新店供货，而且管理者去邻国视察经营状况也十分便利，所以家乐福很容易管理这些合资企业。从那时起，指导家乐福进行国际化扩张的原则就是目标国家的经济发展情况。家乐福的前CEO说：

"我们可以从一个处于经济发展底部的发展中国家（地区）开始，伴随该国经济的不断发展而实现成长。为了实现全球经营，企业必须及早行动。通常，第一个进入新市场的企业才能成为赢家；如果是第三或第四进入，那肯定太迟了。"

只要家乐福背离这一原则，它便会失败。例如，家乐福在俄罗斯、美国、英国、墨西哥、日本、韩国和智利都失败了。然而，成为第一个仍然是远远不够的。虽然家乐福是第一个进入一些东南亚国家的，但它仍然缺乏对其不同市场需求的足够了解。当然，其他因素也会引发问题。在美国，消费者不愿意花很多时间去逛综合超市，毕竟要走很长一段路才能到达第一个货架；在英国，家乐福在食品销售方面做得很好，但消费者更喜欢去城市中心购买耐用品，以便货比三家；在墨西哥，家乐福遇到了已经在那里站稳脚跟的沃尔玛，而且墨西哥沃尔玛可以将其采购和分销职能与在美国经营成功的沃尔玛店铺进行整合；在日本，消费者因为没有体验到法国式购物方式而失望；在中国香港和智利，家乐福因为没有建立足够多的分店而无法实现所需的分销方面的规模经济。

还有一个影响家乐福选择国家（地区）的因素就是能否找到熟悉当地经营的合作方。瑞士、中国台湾、土耳其和中国大陆满足这样的需要，但墨西哥和日本则并不满足。事实上，家乐福在日本仅运营4年便结束了这项投资。

为什么其他商家愿意成为家乐福的合作伙伴呢？除了财务资源，家乐福还给合作方带来了专业的商店布局，与供应商直接联系的电子邮件系统能极大地降低存货和采购途中的成本，将特色廉价产品从一个国家出口到另一个国家的能力，以及与全球供应商打交道时的影响力。例如，家乐福开展了全球促销活动"最期盼的月份"（Most Awaited Month）。在这一个月里，全球最大的消费品生产商都会向家乐福的所有店铺提供更低价格的商品。此外，家乐福还会考虑所选的国家能否提供足够的增长空间，以便在采购和分销方面实现规模效应。为了实现规模效应，家乐福和竞争对手最近都在以并购方式进行扩张。

家乐福一直在推进全球采购。如果某国的分店发现一个特别的供应商，那么管理者就将信息传送至家乐福布鲁塞尔的采购部，采购部随后会将该商品推向其他国家的家乐福店进行销售。例如，马来西亚的家乐福在当地发现了一家很好的一次性手套供应商，后来这种手套便摆上了家乐福全球各商店的货架。然而，这种方法意味着商店的商品存在很大的一致性，而这显然没有考虑到人口和文化方面的差异。家乐福近期已经赋予商店经理更多的权力来调整其存货。例如，为满足很大数量的北非人口的需要，摩纳哥的家乐福店开始出售更高质量的行李箱和更多品牌的鹰嘴豆。

家乐福意指"十字路口"，与家乐福为提高业绩而一直面临着艰难选择的情景恰好相称。近年来，家乐福的股价以及它在法国的市场份额都出现了下降。一些分析家认为，家乐福的问题在于国际扩张

太快，从而使其为适应法国市场需求变化所需的投入资源不断减少。例如，虽然综合超市一直是影响家乐福经营的关键因素，但人口因素的变化（年长与单身消费者占很大一部分）已使很多购买转向较小的商店。同时，大量的专业零售商也占取了家乐福非食品产品的不少市场份额，尽管一直有一些分析家批评家乐福进入如此多的国家而不是在少数国家建立大的经营商店。最后，也有一些分析家认为，如果家乐福不能在美国和英国市场取得明显的成功，那么它永远都不可能成为全球最大的零售商。然而，不论家乐福能否成为世界上最大的零售商，其国家选择必将是影响其成功的重要因素。

思考题

1. 与其经营所在地的国内零售商相比，家乐福有什么优势和劣势？

2. 以家乐福为例，简述大型零售商采用集中化策略或分散化策略的原因。

3. 结合本章开篇关于汉堡王的案例12-1，比较先发优势对于汉堡王与家乐福在国际扩张中的适用性。

4. 对于家乐福把对邻国（比利时、意大利和西班牙）的优先考虑放在如巴西和中国这样的大国之前，这样做有什么利弊？

5. 家乐福近期给其商店经理更多选择所售产品的自主权。这一政策有什么优缺点？

6. 当全球三大零售商——沃尔玛、家乐福和乐购——进入同一国家时，通常只有一家会取得成功。对于中国和印度这样如此巨大的市场，它们三家都能取得成功吗？请给出你的理由。

本章小结

1. 因为企业常常没有足够的资源去利用所有的机会，所以管理者需要回答两大问题：一是服务于哪些市场；二是为服务这些市场选择在哪里生产。

2. 企业关于销售市场和产品生产地的选址决策是相互关联的，因为企业经常需要通过当地生产去服务当地市场，而且企业也希望利用现有的产能。

3. 审视方法不仅有助于管理者全面把握各种可能的选择，而且有助于企业将最终的可能性研究集中到可控数量的最有前景的项目上。

4. 因为不同的企业具有不同的竞争能力和经营目标，所以影响经营位置选择决策的因素也都各不相同。不过，在寻求外国销售或外国资产的优势时，许多企业会考虑类似国家的可比性指标。

5. 企业进行海外扩张时，需要考虑的四大类风险是政治风险、外汇风险、自然灾害风险和竞争风险。

6. 公开数据在数量、准确性和及时性方面存在国家间的差异。管理者尤其要把握术语的定义、数据的收集方法、报告的基准年度以及误导性因素。

7. 企业常常可以采用多种工具来比较各国的机遇和风险，如网格和矩阵。网格就是通过大量独立因素来评价各国的情况；矩阵则是通过绘制机会—风险图来进行评价。

8. 当在各国间分配资源时，企业需要考虑再投资和撤资问题的处理、不同国家经营业务之间的相互依赖性以及关于分散化与集中化策略的选择。

9. 企业可以通过先进入与本国相似的国家并开展经营的做法来减少遭遇国外经营劣势的风险。作为替代方案，企业可以请富有经验的企业来处理业务，可以限制投入于国外经营的资源，以及推迟进入许多国家直到在一个或少数几个国家的经营取得成功。

10. 企业必须为新的投资项目制定选址策略，同时要制定减少对某些地区的投入，甚至在需要时撤离投资的措施。

11. 企业常常只评估拟进入的国家，而不将该国与其他国家进行比较。企业这样做的原因：一是快速响应投资建议或面临的竞争威胁；二是多个可行性研究无法同时完成。

12. 鉴于相对人口增长和技术类型的变化，未来的最优选址也最容易出现变化。

关键术语

集中化策略	先发优势	国外经营劣势	审视
分散化策略	做或不做的决策	流动性偏好	溢出效应
投入升级	收获（撤资）策略	寡占反应	

参考文献

1 ***Sources include the following:*** We'd like to acknowledge the invaluable assistance of Jonathan Fitzpatrick, former Executive V.P. and Chief Brand Operations Officer; Julio A. Ramirez, former Executive Vice President Global Operations; Arianne Cento, Senior Analyst, Global Communications; and Ana Miranda, Senior Manager Investor Relations, all with Burger King Corporation. Additional information came from *Form 10-K: Burger King, 2012* (Filed February 22, 2012); Elaine Walker, "BK Plans 1,000 Restaurants in China," *Miami Herald* (June 16, 2012): H1; "Burger King Worldwide Inc at ICR XChange Conference," *Fair Disclosure Wire* (January 16, 2013): n.p.; "Burger King Scouting for Locations in Major Siberian Cities," *Interfax: Russia & CIS Business and Financial Newswire* (January 22, 2013): n.p.; Samidha Sharma and Boby Kurian, "Burger King in Talks to Revive India Plans," *The Economic Times (Online)* [New Delhi] (February 1, 2013): n.p.; Elaine Walker, "Burger King Goes for New Look," *Miami Herald* (May 31, 2011): 1A–2A; Rebecca Ordish, "Testing the Franchising Waters in China," *The China Business Review* 33:6 (November–December 2006): 30–33; "Burger King Plans to Double Restaurant Count in Russia in 2011," *Interfax, Ukraine Business Daily* (Kiev) (November 17, 2010); "Negocio de Restauranes Aumenta 8% en Colombia," *Noticieras Financieras* (December 22, 2010); Business Monitor International, *Colombia Food & Drink Report Q1 2009* (London: Business Monitor International, 2009); Gemma Charles, "Burger King Adds First 'Value Meal' to Menu," *Marketing* (February 11, 2009): 3; "The Burger King's Brand Enters Colombia," *Business Wire* (December 13, 2007): n.p.

2 Paul Glader, "GE Is Reassigning Veteran Rice to Job Focusing on Overseas Sales," *Wall Street Journal* (November 9, 2010): B2.

3 Thomas Hutzschenreuter and Martin Hommes, "What Determines the Speed of New Product Area International Rollout?" Proceedings of the 54th Annual Meeting of the Academy of International Business (June 30–July 3, 2012).

4 Shige Makino, Takehiko Isobe, and Christine M. Chan, "Does Country Matter?" *Strategic Management Journal* 25 (2004): 1027–43.

5 Tony W. Tong, Todd M. Alessandri, Jeffrey J. Reuer, and Asda Chintakananda, "How Much Does Country Matter? An Analysis of Firms' Growth Options," *Journal of International Business Studies* 39:3 (2008): 387–405.

6 Peter Enderwick, "The Imperative of Global Environmental Scanning," *AIB Insights* 11:1 (2011): 12–15.

7 David Gonzalez, "Fried Chicken Takes Flight, Happily Nesting in U.S.," *New York Times* (September 20, 2002): A4; Joel Millman, "California City Fends Off Arrival of Mexican Supermarket," *Wall Street Journal* (August 7, 2002): B1+.

8 Don E. Schultz, "China May Leapfrog the West in Marketing," *Marketing News* (August 19, 2002): 8–9.

9 Amol Sharma, "In India, Subsidies Upend Car Sales," *Wall Street Journal* (July 1, 2012): B1+.

10 Anjjli Raval, "Mercedes-Benz Turns to India," *Financial Times* (July 19, 2010): 20.

11 Nicholas James Bailey, "MNE Bargaining Power Under Constrained Location Choices: Evidence from the Tourism Industry," Proceedings of the 54th Annual Meeting of the Academy of International Business (June 30–July 3, 2012).

12 Nicholas Casey, "In Mexico, Auto Plants Hit the Gas," *Wall Street Journal* (November 20, 2012): A1+; "The Rise of Mexico," *The Economist* (November 24, 2012): 14; Keith Bradsher, "Hello, Cambodia," *New York Times* (April 9, 2013): Business 1+.

13 John Manuel Luiz and Busi Radebe, "The Strategic Location of Regional Headquarters for Multinationals in Africa," Proceedings of the 54th Annual Meeting of the Academy of International Business (June 30–July 3, 2012).

14 Anil Khurana, "Strategies for Global R&D," *Research Technology Management* (March/April 2006): 48–59.

15 David Luchnow, "Missing Piece of the Mexican Success Story," *Wall Street Journal* (March 4, 2002): A11+.

16 Michael Peel, "Bitter-Sweet Confections of Business in Nigeria," *Financial Times* (November 20, 2002): 10.

17 Andrew Bartmess and Keith Cerny, "Building Competitive Advantage through a Global Network of Capabilities," *California Management Review* 35: 2 (Winter 1993): 78–103; Emanuela Delbufalo and Corrado Cerruti, "Configuration and the Capability of Firms to Innovate: A Theoretical Framework," *International Journal of Management* 29: 3 Part 1 (September 2012): 16–28.

18 G. Bruce Knecht, "Going the Wrong Way down a One-Way Street," *Wall Street Journal* (March 18, 2002): A1.

19 Alfredo J. Mauri and Arvind V. Phatak, "Global Integration as Inter-Area Product Flows: The Internationalization of Ownership and Location Factors Influencing Product Flows across MNC Units," *Management International Review* 41 (2001): 233–49.

20 Julian Birkinshaw, Pontus Braunerhjelm, and Ulf Holm, "Why Do Some Multinational Corporations Relocate Their Headquarters Overseas?" *Strategic Management Journal* 27 (2006): 681–700; Erik Stam, "Why Butterflies Don't Leave: Locational Behavior of Entrepreneurial Firms," 83: 1 *Economic Geography* (January 2007): 27–50.

21 Nagesh Kumar, "Multinational Enterprises, Regional Economic Integration, and Export-Platform Production in the Host Countries: An Empirical Analysis for the U.S. and Japanese Corporations," *Weltwirtschaftliches Archive* 134:3 (1998): 450–83.

22 Cynthia O'Murchu and Jan Cienski, "Multinationals Reap the Rewards," *Financial Times* (December 2, 2010): 9.

23 C. Denbour, "Competition for Business Location: A Survey," *Journal of Industry, Competition and Trade*, 8:2 (June 2008): 89–111.

24 World Bank, International Finance Corporation, *Doing Business in 2013, 10th edition* (Washington, DC: The International Bank for Reconstruction and Development, 2013).

25 Hoon Park, "Determinants of Corruption: A Cross-National Analysis," *Multinational Business Review* 11:2 (2003): 29–48.

26 Mario I. Kafouros, Peter J. Buckley, and Jeremy Clegg, "The Effects of Global Knowledge Reservoirs on the Productivity of Multinational Enterprises: The Role of International Depth and Breadth," *Research Policy* 41:5 (June 2012): 848–61.

27 Colin Kirkpatrick and Kenichi Shimamoto, "The Effect of Environmental Regulation on the Locational Choice of Japanese Direct Investment," 40:11 *Applied Economics* (June 2008): 1399; and George Z. Peng and Paul W. Beamish, "The Effect of National Corporate Responsibility Environment on Japanese Foreign Direct Investment," 80:4 (July 2008): 677–95.

28 John D. Daniels and James A. Schweikart, "Political Risk, Assessment and Management of," in Rosalie L. Tung (ed.), *IEBM Handbook of International Business* (London: International Thomson Business Press, 1999): 502–14.

29 Robert Wright, "Continuity Planning is Strengthened," *Financial Times* (March 20, 2012): Risk Management/Supply Chain 1.

30 Haig Simonian, "Venezuela to Pay Holcim $650M Compensation for Seized Assets," *Financial Times* (September 14, 2010): 17.

31 Much like options theory, theory of liquidity preference is associated with the work of Robert C. Merton, Myron S. Scholes, and Fisher Black. For good, succinct coverage, see John Krainer, "The 1997 Nobel Prize in Economics," FRBSF Economic Letter No. 98–05 (February 13, 1998).

32 Paul D. Ellis, "Does Psychic Distance Moderate the Market Size-Entry Sequence Relationship?" *Journal of International Business Studies* 39:3 (2008): 351–69.

33 See Srilata Zaheer and Elaine Mosakowski, "The Dynamics of the Liability of Foreignness: A Global Study of Survival in Financial Services," *Strategic Management Journal* 18 (1997): 439–64; Stewart R. Miller and Arvind Parkhe, "Is There a Liability of Foreignness in Global Banking? An Empirical Test of Banks' X-Efficiency," *Strategic Management Journal* 23 (2002): 55–75.

34 United Nations Environment Programme, *Reducing Disaster Risk: A Challenge for Development* (New York: United Nations, 2004).

35 Sharon Terlep and Mike Ramsey, "Disaster in Japan: Supply Shortages Stall Auto Makers," *Wall Street Journal* (March 19, 2011): 9.

36 Alistair Gray, "Disasters Expose Flaws in Assumptions," *Financial Times* (March 20, 2012): Risk Management/Supply Chain 1.

37 WHO, Public Health Mapping and GIS, Map Library, retrieved June 11, 2007, from gamapserver.who.int/mapLibrary/default.aspx. Also see World Health Organization, *World Health Statistics 2012* (Geneva: World Health Organization, 2012) for statistics on communicable and non-communicable diseases by country.

38 "A Threat Deadlier than a Landmine," *Financial Times* (December 2, 2002): 10.

39 Amy Merrick and Ann Zimmerman, "Wal-Mart Bans Some Work Travel Due to SARS," *Wall Street Journal* (April 10, 2003): 36.

40 Mikhail V. Gratchev, "Making the Most of Cultural Differences," *Harvard Business Review* (October 2001): 28–30.

41 John Cantwell, "Location and the Multinational Company," *Journal of International Business Studies* 40:1 (January 2009): 35–41; Nandini Lahiri, "Geographic Distribution of R&D Activity: How Does It Affect Innovation Quality?" *Academy of Management Journal* 53:5 (2010): 1194–1209; and Lilach Nachum and Sangyoung Song, "The MNE as a Portfolio: Interdependencies in MNE Growth Trajectory," *Journal of International Business Studies* 42:3 (April 2011): 381–405.

42 Shige Makino and Eric W.K. Tsang, "Historical Ties and Foreign Direct Investment: An Exploratory Study," *Journal of International Business Studies* 42:4 (May 2011): 545–57.

43 Khanh T. L. Tran, "Blockbuster Finds Success in Japan," *Wall Street Journal* (August 19, 1998): A14; Cecile Rohwedder, "Blockbuster Hits Eject Button as Stores in Germany See Video-Rental Sales Sag," *Wall Street Journal* (January 16, 1998): B9A.

44 Jon A. Doukas and Ozgur B. Kan, "Does Global Diversification Destroy Firm Values?" *Journal of International Business Studies* 37 (2006): 352–71.

45 B. Kazaz, M. Dada, and H. Moskowitz, "Global Production Planning under Exchange-Rate Uncertainty," *Management Science* 51 (2005): 1101–09.

46 Mario I. Kafouros, Peter J. Buckley, and Jeremy Clegg, loc.cit.

47 Edward B. Flowers, "Oligopolistic Reactions in European and Canadian Direct Investment in the United States," *Journal of International Business Studies* 7:2 (Fall–Winter 1976): 43–55; Frederick Knickerbocker, *Oligopolistic Reaction and Multinational Enterprise* (Cambridge, MA: Harvard University, Graduate School of Business, Division of Research, 1973).

48 Rose Yu, "Chinese Dilemma: 170 Auto Makers," *Wall Street Journal* (April 10, 2013): B10.

49 See J. Myles Shaver and Fredrick Flyer, "Agglomeration Economies, Firm Heterogeneity, and Foreign Direct Investment in the United States," *Strategic Management Journal* 21 (2000): 1175–93; Philippe Martin and Gianmarco I. P. Ottaviano, "Growth and Agglomeration," *International Economic Review* 42 (2001): 947–68; Edward E. Leamer and Michael Storper, "The Economic Geography of the Internet Age," *Journal of International Business Studies* 32 (2001): 641–65.

50 Jedrzej George Frynas, Kamel Mellah, and Geoffrey Allen Pigman, "First Mover Advantages in International Business and Firm-Specific Political Resources," *Strategic Management Journal* 27 (2006): 321–45; Makino, Isobe, and Chan, "Does Country Matter?"

51 Joel Millman, "PriceSmart to Restate Results Due to an Accounting Error," *Wall Street Journal* (November 11, 2003): B9.

52 Tony Barber and Kerin Hope, "Brussels Attacks Greece over False Data," *Financial Times* (January 13, 2010): 8.

53 Benoît Faucon, "Oil Thefts Plague Nigeria," *Wall Street Journal* (April 12, 2013): B1–2.

54 "China: Bottoms Up," *The Economist* (March 30, 2013): 43–44.

55 Andrea Cheng, "Limited Brands Defends Its International Plan," *Market Watch* (October 19, 2011): n.p.

56 Andrew Ward, "Terror Threat from Within Keeps America on High Alert," *Financial Times* (April 19, 2005): 3, quoting John Lewis.

57 Azam Ahmed, "Suicide Bombers Attack a Red Cross Compound in Eastern Afghanistan," *New York Times* (May 30, 2014): A6.

58 Moisés Naím, "The Five Wars of Globalization," *Foreign Policy* (January–February 2003): 29–36.

59 Benjamin Bader and Nicola Berg, "An Empirical Investigation of Terrorism-Induced Stress on Expatriate Performance," Proceedings of the 54th Annual Meeting of the Academy of International Business (June 30–July 3, 2012).

60 A good history of violence and kidnapping in Nigeria appears in Soye Peniel Asawo, "Corporate Integrity and Company-Community Conflict Management in the Niger Delta Region of Nigeria," *Journal of Leadership, Accountability and Ethics* 8:3 (March 2011): 77–88.

61 "Doing Business in Dangerous Places," *The Economist* (August 14, 2004): 11.

62 Igal Ayal and Jehiel Zif, "Marketing Expansion Strategies in Multinational Marketing," *Journal of Marketing* (Spring 1979): 84–94.

63 Makino, Isobe, and Chan, "Does Country Matter?"

64 Susan Freeman, Kate Hutchings, and Sylvie Chetty, "Born-Global and Culturally Proximate Markets," *Management International Review* 52 (2012): 425–60.

65 Hutzschenreuter and Hommes, op. cit.

66 Susanna Voyle and James Drummond, "J. Sainsbury to Withdraw from Egypt," *Financial Times* (April 10, 2001): 23.

67 Nikki Tait, "Dana Set to Sell UK-Based Components Arm," *Financial Times* (November 29, 2000): 22.

68 Makino, Isobe, and Chan, "Does Country Matter?"; Bernard Simon, "Goodyear Sells Its Last Plantation," *Financial Times* (December 1, 2004): 18.

69 See Jean J. Boddewyn, "Foreign and Domestic Divestment and Investment Decisions: Like or Unlike?" *Journal of International Business Studies* 14:3 (Winter 1983): 28; Michelle Haynes, Steve Thompson, and Mike Wright, "The Determinants of Corporate Divestment in the U.K.," *Journal of Industrial Organization* 18 (2000): 1201–22; Jose Mata and Pedro Portugal, "Closure and Divestiture by Foreign Entrants: The Impact of Entry and Post-Entry Strategies," *Strategic Management Journal* 21 (2000): 549–62.

70 World Bank and International Finance Corporation, *Doing Business 2013* (Washington, DC: The International Bank for Reconstruction and Development, 2013).

71 Ricardo Gabriel Flores and Victoria Jordan-Jones, "Inexperienced Firms and Foreign Operation Success," Proceedings of the 54th Annual Meeting of the Academy of International Business (June 30–July 3, 2012).

72 Matthew Green, "Nigeria Set to Lift Decades-Old Ban on Foreign Takeovers of Its Banks," *Financial Times* (June 22, 2009): 1.

73 "Enron Assets Outside U.S. Go Up for Sale; Activity Seen in South Korea and India," *Wall Street Journal* (January 22, 2002): A6.

74 International Monetary Fund, *World Economic Outlook, September 2004* (Washington, DC: International Monetary Fund, 2004): 143–49.

75 Peter Hall, *Cities in Civilization: Culture, Technology, and Urban Order* (London: Weidenfeld & Nicholson, 1998).

76 "A Sense of Place," *The Economist* (October 27, 2012): Special Report on Technology and Geography, 6.

77 David Aviel, "The Causes and Consequences of Public Attitudes to Technology: A United States Analysis," *International Journal of Management* 18 (2001): 166.

78 ***Sources include the following:*** "Carrefour," retrieved July 20, 2009, May 16, 2011, and April 12, 2013 from www.carrefour.com; "Up the Right Aisle," *The Economist* (February 16, 2013): 66–67; Nadya Masidover, "Carrefour Shows Signs of Stemming Home Slide," *Wall Street Journal Online* (January 17, 2013): n.p.; Mimosa Spencer, "Carrefour Sells 42 Thai Stores to French Rival," *Wall Street Journal* (November 16, 2010): B4; Scheherazade Daneshkhu, "Carrefour's Upbeat Tone Brings Little Cheer," *Financial Times* (December 2, 2010): 20; "Business Crossroads: Carrefour," *The Economist* (March 17, 2007): 87; Elena Berton, "Carrefour Unveils Three-Year Growth Plan," *WWD* 198:1 (July 1, 2009): 7; Matthew Saltmarsh and Andrew E. Kramer, "French Retailer to Close Its Russian Stores," *New York Times* (October 16, 2009): n.p.; Eirmalas are Bani, "Carrefour Gives Priority to Locally-Made Products," *Business Times* [Malaysia] (November 9, 1998): 3; *Business & Company News*, n.p.; Michiyo Nakamoto, "Carrefour Sounds Alarm for Japan's Ailing Retail Market," *Financial Times* (December 8, 2000): 36; Rosabeth Moss Kanter, "Global Competitiveness Revisited," *Washington Quarterly* (Spring 1999): 39–58; "Global Strategy—Why Tesco Will Beat Carrefour," *JRetail Week* (April 6, 2001): 14; "Carrefour Beats Wal-Mart to Global Crown," *JRetail Week* (December 15, 2000): 5; "Carrefour Aims to Win Global Retail Battle," *MMR* (June 26, 2000): 60; "Hypermarkets for Britain," *The Economist* (July 3, 1976): 77; and "French Retailer Abandons 'Hypermarkets' in U.S.," *New York Times* (September 8, 1993): D4.

第13章

出口与进口

未雨绸缪，有备无患。

——埃塞俄比亚谚语

本章目标

通过本章学习，应能：

1. 解释出口的概念及其构成要素的特点。
2. 解释进口的概念及其构成要素的特点。
3. 评估电子废弃物出口与进口的相关利弊。
4. 描述国际贸易商需要面对的问题与陷阱。
5. 描述国际贸易商可获得的资源与帮助。
6. 明确出口计划的概念。
7. 讨论对等贸易的做法。
8. 描述国际贸易商所需的资源和帮助。
9. 确定并讨论扩大国际贸易范围的支持平台。

案例 13-1

斯平森特公司的出口决定[1]

大型出口商，如通用电气、卡特彼勒、波音等公司，其出口额占美国总出口额的60%。通常，这些公司的很小一批货物也会比小公司的最大的一批货物要多得多。不过，美国将近98%的出口商都是中小企业，尤其是雇员人数少于500人的公司。位于宾夕法尼亚州的斯平森特公司（SpinCent）便是其中的一家。

斯平森特公司专业从事实验与工业用离心机的生产。这种离心机可以让物质围绕固定轴高速旋转，可为化工、制药、食品加工、环境科学以及采矿等行业的公司提供物质分离的解决方案。借助于向心加速度，物质就可以被分离开来，重的物质被分离到底层，较轻的物质被分离到顶层，液体则被分离到中间层。SpinCent公司有54名雇员，包括45名工人、4名产品工程师和5名经理。公司在费城郊区建有占地60000ft[2]的工厂。

斯平森特公司于2000年开始运营，当时的目标只有一个：为客户提供绝对可信赖的系列离心机产品。公司拥有全系列自动及人工离心机的专利技术，产品以质量上乘、性能优良和价格公道著称。此外，斯平森特公司也为那些有特殊需要的客户提供定制的工程设计和工具产品。至今为止，斯平森特公司的管理者一直坚信公司生产的离心机"无可匹敌"。

1. 出口是一个做还是不做的问题

自经营之初，斯平森特公司就处于被动出口的情况。公司的国际销售业务大多来自美国其他公司的出口订单、偶尔从销售展会上获得的订单以及客户主动通过网页或电子邮件发来的订单。结果喜忧参半。虽然出口带来的回报尚合理，但因没有预期到可能的问题和隐患，所获回报没有达到应该做到的水平。结果，斯平森特公司出口销售的净利润比其国内销售的净利润要少20%。

对此，斯平森特公司的CEO和创立者罗伯特·克耐普（Paul Knepper）解释称，这些多次发生的问题使他对扩展出口业务的兴趣大减。首先，他与他的同事对国际贸易成功的可能性产生了怀疑。对于公司以往的做法，他们认为在无针对性地寻找市场方面的投入多于有针对性地扩大出口销售方面的投入。此外，为国内市场客户提供服务已使公司忙得不可开交。开展国际业务似乎总使公司人手不多的管理层感到勉为其难。他们清楚，企业开展国际化经营绝非易事，尤其是要与来自德国和日本的那些经验丰富的出口商直接展开竞争。

最后，罗伯特·克耐普知道"清算日"已到，斯平森特公司必须做出抉择。多年来，公司一直对其生产力、盈利能力以及多样化存有担忧。美国经济的不景气致使斯平森特公司的增长放缓，也促使斯平森特公司的一些客户从国外供应商处进口较为便宜的低端离心机。来自国内外对手的价格竞争似乎不可避免，而且呈不断加剧的趋势。总而言之，公司管理层已经意识到，公司的选择要么是完全专注于国内市场以获取所有可能的盈利机会，要么积极地扩大出口。最后，克耐普做出了退让，因为市场趋势迫使他必须选择后者。根据预测，美国缓慢的去工业化进程会持续多年，而这必然将使得国内市场对离心机的需求全面下降。与此同时，新兴经济体的快速工业化进程，尤其是在亚洲地区，预示着巨大的市场机会。因此，克耐普勉强接受了斯平森特公司必须出口以寻找更具潜力市场的现实。

2. 亚洲市场的召唤

主要市场趋势表明，亚洲市场拥有巨大的销售潜力。"到处都是开展在线业务的企业，而且发展很快。"克耐普说。一些国家通过亲市场化改革、经济发展和全球化来推动工业化活动。此外，经过亚洲海港的货物量也表明，那里正在发生巨大的变化。在新兴市场建立工厂越来越需要斯平森特公司制造的精密离心机。不同于美国已处于产品生命周期成熟阶段的情况，这些新兴经济体具有多年的成长空间。

3. 整装待发

由于对亚洲市场很陌生，斯平森特公司开始寻求帮助，以便成功进入这一多元化的大市场。节约起见，克耐普先独自做这件事。此外，他并不指望一下子实现出口销售的爆发式增长。相反，他的目的是建立起能推动长期增长的关系。因此，目前面临的主要挑战就是找到有能力且可靠的经销商来担任公司在当地的代理商。"我们寻求的是长期合作伙伴而不是快速的出口销售，"克耐普说，"我们希望的合作伙伴应该与我们一样，对我们的产品充满自信且具有很强的能力，同时能在各自的领域对客户进行推销、培养和服务。"他还补充说：公司的重点是与目标市场受人敬重的企业建立合作伙伴关系。另一方面，斯平森特公司也要让潜在的合作伙伴确信这种长期合作非常适合。

为了实现这个目标，克耐普收集了潜在经销商的背景信息，确保候选代理商的信息真实可信。例如，公司早期的一些出口交易就曾遭遇买家拒绝付款或拒绝开立信用证的问题。克耐普警告说："确保收到货款是商业经营的重要环节。除非公司有合适的付款政策，否则就会遭遇骗局。"

带着这些问题，克耐普参加了由费城的美国商业服务出口援助中心（The U. S. Commercial Service's Export Assistance Center）赞助的贸易研讨会。该研讨会主要就亚洲新兴经济体的快速发展进行市场分析并提供有关贸易报告。在参加研讨会时，克耐普总想弄明白那里究竟有什么机会。然而，他清楚这类对新兴经济体的大肆宣传会反过来害了自己，更不用说他在贸易展会上了解到的那些关于贸易出口中必然会出现的问题和层出不穷的陷阱。的确，他清楚自己参加研讨会的主要原因就是想要厘清自己对机会和威胁的模糊感觉。

4. 求得帮助

因为出口可以促进经济增长，所以政策制定者和政府机构会提供各种支持，如贸易研讨会、市场调研、项目培训、财务计划等服务。贸易部门的官员特别鼓励像斯平森特公司这类中小企业开展出口。在他们看来，政府有关推进和加快贸易活动对计划对企业很有帮助。例如，按照美国贸易部门官员的观点，由于60%左右的中小企业出口商仅仅面向一个外国市场进行出口，如果再进入一两个新的市场，那么这些出口商的绩效将大大提高。贸易研讨会不仅可以扩大中小企业的经营视野，而且也可以提升企业的自信。

在听了一个上午的市场分析和介绍后，克耐普越来越相信亚洲市场的机遇远远大于风险。他不仅对亚洲市场有了许多了解，而且学到了一些出口的方法。不过，毕竟不熟悉这个地区，而且公司缺乏来自当地的销售代理，所以他对此感到十分烦恼。他认为斯平森特公司要向亚洲出口，首先必须做一些基层调研工作。在当天离开之前，他与商务服务部门代理进行了交流并准备了行程为12天的贸易考察团，将于次月到访中国香港、菲律宾、越南和中国台湾。

5. 确定目标

克耐普此次旅程的目标很明确：评估市场潜力、了解竞争对手、明确合理的价格点、招聘当地的销售代理等。虽然从未去过亚洲，但他认为自己已经做了充分准备。通过与费城的贸易专家的交流，他对亚洲市场的总体特点以及产业情况已有所了解。斯平森特公司在过去的一段时间里也收到过不少来自亚洲分销商请求担任代理的联系。根据这些公司在当地的业务繁忙程度，斯平森特公司选择了其中一些给予回复。这些联系都保存了下来，从而为克耐普寻找有潜力的分销商和可能的客户提供了良好的开端。此外，他还通过商业服务金钥匙计划对潜在的分销商进行预筛。该计划可以帮助中小企业寻找海外的商业服务公司，从而为企业在当地寻找合格的代理商、分销商和销售代表。根据出口商的报告，该计划保证所加入的合作伙伴都是来自目标市场的优秀公司。

回想起自己还是童子军的时候，克耐普就信奉凡事必须做到有备无患。他带着装满文件的公文包以及存储有公司产品线资料的笔记本电脑，满怀做一番大事的决心朝亚洲进发。在接下来的两周，他要与潜在的代理商面谈，与可能的客户交流，对竞争对手的产品进行调研，当然也要测验一下对方的售后服务、见一见运输代理与物流企业并拜访当地政府和海关部门。

6. 回应亚洲市场的召唤

在回程的飞机上，克耐普虽感疲惫但信心满满，他清楚自己对出口的担忧完全没有必要。出口确实存在风险，但比起巨大的机遇而言，根本不值一提。出口对于斯平森特公司来说势在必行。想到这次在菲律宾、中国台湾和中国香港新签了一些当地的分销商并获得了一些销售信息，克耐普更觉得信心百倍了。

回到总部后，克耐普对亚洲市场做了进一步的测试，与新签约的分销商合作，通过在贸易出版物上做广告以及在有关商业网站上发布旗帜广告，对潜在利益进行了抽样调查。除此之外，他还与商业服务中心合作制订了一个出口计划。通过这个计划，斯平森特公司发展了目前为止最大的海外合作伙伴———一家来自中国香港并服务于繁荣的中国内地市场的分销商。商业服务中心也安排斯平森特公司与其他公司见面，最后签约了一家新加坡的分销商，并在澳大利亚取得了一些销售线索。

有了强大的合作伙伴后，斯平森特公司继续接受咨询服务，同时不断地收集各地政府部门提供的市场资料。事实上，与这些部门打交道越多，克耐普就越理解他一位朋友给的建议："请政府为你服务，这是它们的职责，而且它们很擅长于此。"如今，因为有了出口计划，克耐普开始与美国的进出口银行展开合作，以便为海外的分销商和客户提供融资机会[2]。

7. 勇往直前

目前，斯平森特公司在中国台湾、菲律宾、中国香港、新加坡等市场已经建立起稳定的业务。不过，公司仍在不断开拓。尽管出口总会带来很多挑战，但的确帮助提升了斯平森特公司的业绩。事实上，在美国经济下滑的背景下，海外销售帮助斯平森特公司实现了业绩增长，其竞争对手则因缺乏出口渠道而经营艰难。更为重要的是，出口为斯平森特公司带来了低成本、高回报的市场机会，以便其充分利用公司在离心机技术上的核心竞争力。

关于这方面的经历，克耐普的感受是：如果打算出口到国际市场，那就要去做。为此，要着手做好准备，利用低成本资源，参加贸易代表团，了解对方的文化并建立国际联系；此外，要经常关注潜在的商业伙伴，收集尽可能多的信息。这一切不能依赖假设，否则，做错了就会给企业带来时间和金钱上的损失。总之，无论困难多大，都要坚持下去，直到实现目标。这一切看起来似乎很难，但投入带来的回报是非常巨大的。

思考题

请列出斯平森特公司在拓展出口业务时需要克服的三个挑战，描述并评价该公司为克服每个困难所采取的措施。

13.1 引言

出口与进口历来是全球经济的重要内容之一。随着全球化的发展，自由贸易协定和制度发展使得越来越多的国家走上了开放之路，与此同时，国际贸易的重要性也日趋上升。如图 13-1 所示，在过去的 50 年里，国际

贸易额占世界 GDP 的比重稳步上升。虽然时不时会有一些波动，但总体趋势并没有发生改变。虽然 2008—2009 年全球金融危机的爆发以及消费者信心的急剧下降导致近年的世界贸易出现了下降，但这一势头已经开始得到扭转。2011 年，全球货物的出口量增长了 5%，而商业服务的出口值增长了 11%[3]。

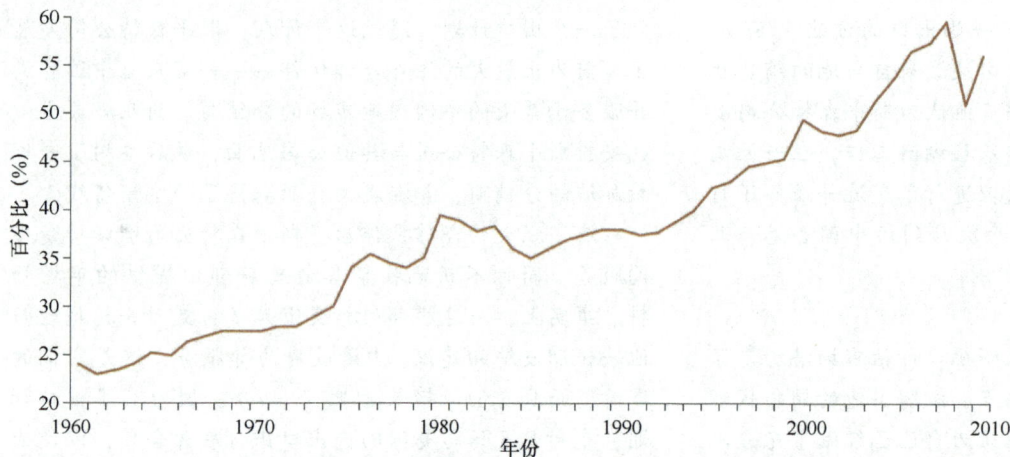

虽然存在周期性波动的情况，但在过去 50 年里，作为全球经营活动主要构成的国际贸易一直呈现稳步扩大的总体趋势。这里提请注意的是，这里的进出口加总数据可能存在一定的重复计算。不过，总体仍然呈现上升趋势。

图 13-1 世界贸易占全球 GDP 之比（1960—2010 年）

资料来源：Based on Assembled from data reported in the WorldBank's World Development Indicators, in particular *Trade*（% of GDP）（Series NE_TRD_GNFS_ZS），retrieved February 13，2013，from data. worldbank. org/data-catalog/world-development-indicators.

除了总体趋势之外，国际贸易的结构与流向也在不断变化。进出口流动反映了当下经济的发展特点：发展中国家向工业化的转型，新兴市场的这一转型需要继续依赖发达国家；而发达国家继续需要发展中国家提供具有价格竞争力的产品和服务。例如，爱尔兰食品和饮料出口的不断增加就是由新兴市场推动的。2011 年，爱尔兰对中国的出口上升了 47%，对南非、尼日利亚和俄罗斯的出口分别上升了 43%、38% 和 30%[4]。同样，美国公司也在继续扩大市场，目前已与 233 个国家和地区建立了贸易关系[5]。与爱尔兰的经历一样，美国企业与巴西、智利、澳大利亚、哥伦比亚、沙特阿拉伯和尼日利亚等国公司的贸易往来也在不断增长[6]。

因此，世界各地的企业都将进出口作为企业开展国际化经营的手段。的确，如本书前几章所述，企业可通过多种模式来开展国际商务。例如，企业可能选择出口而非许可、合资企业或对外直接投资模式，主要依据的是对各种外部因素以及企业核心竞争力的分析（见图 13-2）。

出口与进口是两种最为常见的国际商务模式。开展出口与进口的企业数量一直在大幅增长。事实上，美国 2010 年的总出口额和总进口额分别增长了 21% 和 22.7%。明确的出口企业数量较 2009 年增长了 6%，上升到 293000 家。

进口企业数量也从 179800 家增加到 181600 家。

事实上，这些数据低估了进出口商的实际数量。鉴于贸易的复杂性，我们无法将所有的国际货物与具体企业相联系。例如，许多产品属于间接出口，它们包含在其他产品中由其他企业完成出口。因此，这类商品往往很难跟踪调查清楚。简而言之，出口与进口是全球经济的主要部分，是国家经济绩效的重要方面，也是各类企业在全球各地展开经营的重要战略选项。

作为国际商务模式，进出口因其核心优势而很受欢迎。不仅操作相对简单、成本较低，而且可以快速进入国外市场。进出口的商业风险最小化，需要投入的资源相对较少，而市场灵活性较高。因此，无论规模大小，国际贸易都有助于企业提升销量和利润、发挥创新优势、稳定季节性波动等。当然，这里还有一个看似微小的细节，即生活在世界其他国家的人口总是远多于生活在任何一国国内的人口。以德国为例，全球消费者中，近 99% 的人口并非生活在德国，但这些控制的购买力占世界购买力的 95% 以上。因此，德国公司在德国国内可以覆盖到的消费者最多也就只有 8000 多万名。相反，如果德国企业走向国际市场，那么面对的就是拥有近 70 亿名消费者的大市场了。

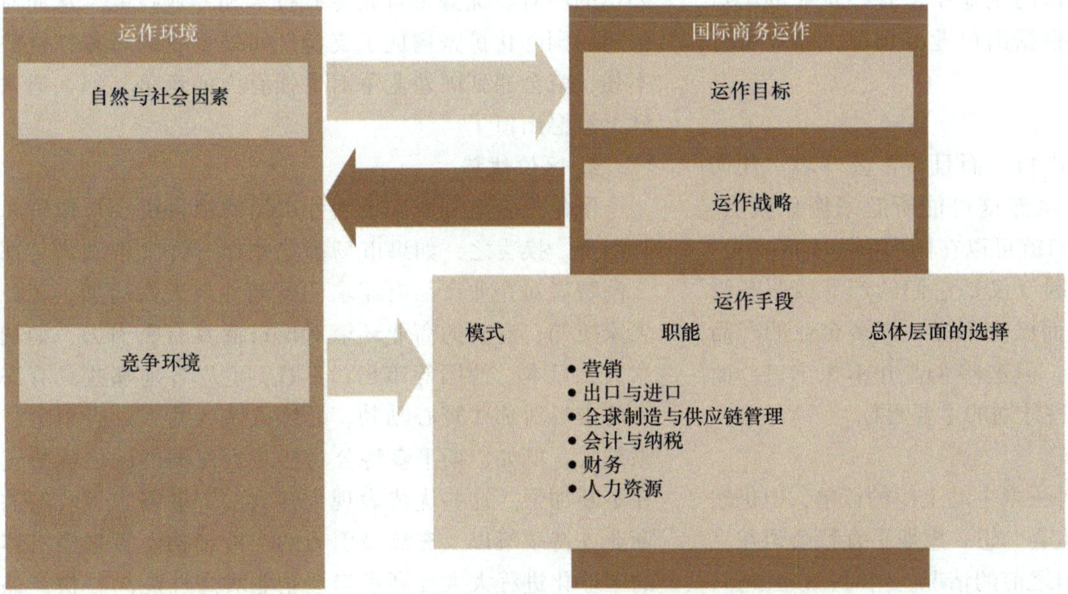

图 13-2 影响进出口业务的因素

对进出口业务的解释主要围绕那些影响实务与绩效的因素展开。进出口是中小企业以及大型跨国公司的主要国际商务模式。

因此，国际贸易对拥有进取心的企业而言，可以带来大量的机会。也许正如所预想的那样，国际贸易的确会让企业面对大量的问题和陷阱。不过，也正如本章所述，企业可以求助于各种强有力的措施和可行的解决方案。

13.2 出口

出口（Exporting）是指一国企业将其在该国生产的货物或服务销售给另一国的客户。出口所生产货物的概念有明确的环境要求。例如，印度汽车制造商塔塔汽车将在印度普纳制造的汽车装运（出口）给孟加拉国的客户（进口商）。因此，出口涉及一国的卖家将任何货物或服务出售给另一国的买家。

严格说来，出口的产品并不一定要在实体上离开一国才会收到外币。例如，对于课堂上坐在你身边的国际学生，你可能根本没想过他就是你的国家出口战略的一部分。然而，在有些西方国家，高等教育排在它们服务产品出口的前10位。事实上，在2011—2012学年，在美国的765000名国际学生以及他们的家庭所支付的学杂费和生活费用为美国经济贡献了超过220亿美元的收入[7]。在加拿大，国际学生2010年的总支出达80多亿美元，超过了加拿大直升机、飞机和航天器的出口总额[8]。除了教育服务之外，服务出口行业还包括金融、信息、专业与科技、旅游、交通、保险和娱乐等行业。

要用服务贸易，如之前提到的高等教育，来说明出口的特征有些难度。不过，服务出口的确存在于很多工业部门。工程承包商，如柏克德（Bechtel）、斯堪斯卡（Skanska AB）或鹿岛建设（Kajima），在承包国外的建筑、道路、公共设施、机场或港口时，就是在进行服务出口。管理咨询公司，如麦肯锡公司（McKinsey&Company），在为国外客户提供咨询服务时，也是在进行出口。投资银行，如高盛和瑞士联合银行，在帮助国外客户安排融资或利用资本市场时，也是在进行出口。同样，当全球最大的单品牌企业日本的电通广告公司为日本索尼公司进行了营销策划，而后者借此在国外做营销时，电通广告公司就是在间接出口服务。Hydraulx特效公司设计了日本动漫《数码宝贝》等，当它帮助海外客户的电影、广告和音乐录音带增添视觉效果时，它就是在出口服务。在所有这些例子中，卖家是出口商，买家则是进口商。

相反，它也澄清了应该如何界定常常被错误地分类为服务出口的项目。例如，在阿根廷开一家星巴克，它常常被当作服务企业，但事实上它并没有出口服务。外方拥有的部分或全部本地经营资产实际上就是外国直接投资。此外，如果外方不拥有星巴克的任何所有权，而是向星巴克支付品牌使用费，那么该店在阿根廷的业务就属于许可协议。

13.2.1 出口企业的类型

许多企业都有出口的计划，希望通过出口来加快发展并实现利润大幅增长。事实上，并非所有企业都会进行出口，即便是在开展出口的企业中，有些企业的出口业务量远大于其他企业。根据出口业务情况，企业可分为以下三种类型：

1. 无意出口的企业

这类企业几乎不了解出口，而且常常公开表示任何时候都无意做国际贸易。虽然这可能听起来像是缺点，但的确有许多企业不用出口就可以在国内市场实现增长。事实上，它们不出口的原因仅仅是它们的产品或服务没有很好地运输到国外市场而已。不过，许多企业的产品虽受其他地方客户的欢迎，但这些企业并不想出口。而这些企业往往就是出口促进计划的主要目标。

2. 临时出口的企业

这类企业虽有一些国外买家主动上门的订单，但仍然会被动地调查国际贸易的机会。想一想斯平森特公司在克耐普认识到有必要进行出口之前的情况。当时，该公司只是根据国内市场的业务情况来处理所履行出口订单。通常，这种情况被认为是反常现象。临时出口的企业了解出口的基本过程，但出于多种原因，并不优先考虑出口。

3. 经常出口的企业

如果企业积极寻求出口机会，并把出口视作生产性的、盈利性的、战略性的活动，那么这种企业就是经常出口的企业。它们的经验随着对国际贸易程序和方法的理解而不断增加。同样，随着克耐普对出口重要性认识的转变，斯平森特公司开始从事国际贸易，克耐普与商业服务中心的人员进行了相关交流并赴亚洲进行调查。每一步都使克耐普加深了对国际贸易的认识，增强了他开展出口的决心。正如成功是成功之母一样，出口也是如此。

13.2.2 优势问题

谁有可能开展并保持出口？这一问题让我们思考一个更宽泛的概念，即为走向国际化，企业应该如何更好地选择。如前所述，企业有若干可供选择的手段，如最为常见的出口、许可经营、战略联盟或对外直接投资。在选择进入国外市场的优先手段时，企业需要考虑所有权优势、区位优势以及内部化优势[9]。这里我们把优势分析用于出口决策中。

1. 所有权优势

企业的核心竞争力包括运用于其经营过程中的特殊观念、技能、能力或技术，这是构成企业竞争优势的基础。所有权优势决定了一个企业应该如何进入外国市场。例如，斯平森特公司通过利用其在设计、制造和维修离心设备方面的核心竞争力来发挥所有权优势。斯平森特公司的所有权优势来自其专有技术和专业技能，从而对公司的国际化扩张构成了支持。如果企业的所有权优势不强，就会遇到国外竞争对手强有力的竞争，那么通常就不意愿出口了。

2. 区位优势

区位是否有利取决于国外市场的销售机会与投资风险组合。换言之，如果市场稳定并拥有许多消费者，那么消费者对企业产品有需求的可能性就大大增加。正如大家所知，有利的商业环境对出口商具有吸引力，如加拿大、日本、德国等市场；不过，世界各地那些具有潜力的市场对那些野心勃勃、老练成熟的商人的吸引力越来越大。例如，斯平森特公司注意到亚洲的区位优势正在不断加强。这些优势表现为强大的工业需求、政府的商业支持政策以及充满吸引力的产业结构。新兴经济体的工业化进程大大提高了当地企业对高性能离心机产品的需求。因此，斯平森特公司以这些快速发展的市场为目标，利用这些区位优势来拓展公司的国际化经营。

3. 内部化优势

企业经常通过将市场过程的内部化来应对市场不完备，即产生不确定的那些环境因素。直接在企业内部控制和管理市场活动，可以降低风险并利用市场不完备所引起的差异性。通过内部化活动，管理者就可以把核心竞争力保留在企业内，而不用采取许可或出让的手段。例如，斯平森特公司本可以选择以许可形式来允许亚洲制造商利用其技术。这种方法在短期内似乎很合算，但长期而言代价昂贵，因为它会使当地的特许经营商发展成为自己的竞争对手。的确，之前我们讨论过作为法律基础的人治问题。例如，有些亚洲市场鲜有保护知识产权的历史。这种市场不完备导致斯平森特公司等企业会设法通过内部化来保持对其核心竞争力的控制。当然，斯平森特公司也可以选择通过在当地直接建立生产企业来满足亚洲顾客的需要，而不是将产品出口给当地的分销商。不过，公司的管理层认为，根据资源状况以及风险承受能力，出口策略比外商直接投资更适合自己。

13.2.3 出口企业的特征

为促进国际贸易的发展，有必要弄清楚成功出口商的特征。从逻辑上讲，找到这些重要特征有助于企业培养必要的能力，也有助于政府制订更好的援助计划。这里先分析这些企业的规模，然后对大公司与小公司的贸易活动进行对比分析。

就出口而言，企业规模的确很重要。自然地，三星、波音、鸿海科技等大型跨国公司都是大型出口企业。它们的所有权优势、区位优势与内部化优势有助于它们找到市场，充分利用组织能力，并管理国际经营风险。因此，许多人认为出口最适合大型企业。事实上，这个结论有一定的道理。通常，最大的那些企业占据全球出口的最大份额。在美国，前 500 强企业占了将近 60% 的出口总值，前 250 强企业占了 50% 以上，而前 100 强企业则占了其中近 1/3 的份额[10]。在美国，大型进口企业的情况也是如此。

然而，**中小企业**（**Small and Medium-sized Enterprise，SEM**）也显示出巨大的潜力。按照定义，中小企业是指雇员数量少于 500 名的企业。在美国，中小企业占全部已确认出口企业数的 97.8%，占全部已确认进口企业数的 97.2%，它们的出口值与进口值分别占美国总出口值与总进口值的 33.7% 和 31.6%[11]。这一情况并非美国特有。从全球来看，2/3 以上出口企业的雇员人数不到 20 名。在亚太地区，超过 98% 的企业是中小企业。中国的中小企业超过 4200 万家。按照定义，这些企业的年收入少于 2.5 亿美元。中小企业数占全部企业数的 99%，贡献了中国 GDP 的大约 60%，接纳了 70% 以上的就业，出口额占中国总出口额的 80% 以上[12]。

毫无疑问，企业规模有助于我们解释哪些企业会开展出口业务。不过，企业规模并不能决定谁可以出口。斯平森特公司就是典型的中小企业，公司投入资源进行出口，并把出口作为公司战略的重要一部分。结合自己的规模情况，斯平森特公司向联邦和州有关部门寻求帮助。显然，其出口决策并非是由其规模所决定的。相反，研究表明，决定出口的可能是其他重要的因素。显然，与规模相比，根据诸如核心竞争力、具有竞争力的价格、生产效率、管理层的领导能力以及有效的营销方法等具体特征，可以更好地预测企业的出口活动[13]。与规模指标相比，生产效率是可以更好预测瑞典企业出口活动的指标。具有较高生产力的企业往往更关注国外市场，而生产力较低的企业则常常专注于国内市场[14]。与规模相比，中国大陆中小企业的劳动力成本、研发优势和国家所有权是预测它们出口活动的更好指标[15]。同样，对于绩效水平较高的中国台湾地区的企业而言，无论规模大小，它们都比绩效水平较低的企业更有可能开展出口业务[16]。类似地，与加拿大企业的出口倾向、出口目标国的数量以及出口的强度更为相关的是企业的竞争力而非规模。这里，出口强度是指企业的出口收入占其总收入的比例。最后，最高管理层会根据出口对企业发展和利润的贡献度判断出口是否有利。显然，有利的判断会促进企业的出口。英国的情况就是如此[17]。

总之，企业规模会影响企业是否开始或增加出口的决策，但其他因素的影响更大。例如，位于得克萨斯州的 Coffee & More 是一家销售优质咖啡和相关产品的小公司。公司计划通过出口来谋求增长。公司 CEO 的理由就提到了许多常见的主题：“别人认为我们做出口就是在自杀。我承认我们有自己的不足。不过，我们知道我们的产品在美国以外的地区会有市场，而这就是成功的潜力。只要坚持不懈、努力工作，我们的付出就会有回报。如今，出口国际市场已经成为公司发展的内在需要。我们的国际出口从 2005 年占总收入的 2% 上升到 2009 年占总收入的 60%[18]。”

13.3 影响企业出口的因素

激励出口的因素有好几个。对于诸如从事制药或航空电子设备制造的资本密集型与研究密集型企业而言，必须通过出口产品来摊销直线上升的研发与生产成本。许多企业，如广告商、律师所、咨询服务公司等，常常通过出口其服务来满足客户在国外工作时的需要。为此，它们必须跟随客户到国外，否则就有在竞争中落败于对手的风险。国内市场上那些规模较小的企业也可能选择出口，从而以间接方式应对行业领先企业所拥有的产量优势。最后，一些企业会选择出口而非直接在海外投资，其原因就在于授权许可、合资经营和外商直接投资等方式具有更大的风险。与其他经营模式相比，由国内企业直接服务国外市场在经营方面的要求要少得多。

根据对以上各种情形的分析，我们得出以下三个影响出口的因素：盈利能力、生产率和分散化经营。

13.3.1 盈利能力

直白地讲，出口的主要好处就是企业有可能取得更高的利润率。通常企业在国外市场销售的价格会高于国内市场。国外市场上也许缺乏可竞争的产品，或者国外市场处于产品生命周期的不同阶段。在本国市场上，成熟产品可能发动价格竞争；但在国外市场上，该产品仍处于成长期，因而可以取得溢价。同样，出口可以扩大企业的销售范围。对于处在美国之类大型市场的企业来说，进入较大市场并不一定具有决定性意义；然而，对于处在瑞士之类小型市场的企业来说，进入较大市场就具有“不成功，就毁灭”的意义了。按照全球商务发展认证委员会主管的说法："不出口，我们就无法发挥我们全部的销售潜力，就像把钱放在桌子上不会增值一样[19]。"就盈利能力与可持续发展之间的关系而言，有证据表明，开展出口业务企业的破产率要远低于不开展出口业务企业的破产率[20]。

13.3.2 生产率

出口有助于企业提高生产率，毕竟生产率提高总与规模经济相关。通过利用闲置产能或由更多的客户来分摊研发费用，企业的经营效率就可得到提高。因此，在更多的市场上销售更多的产品可以带来更高的生产效益。同时，国际买家与国外竞争者之间的知识流动可以促进出口商的创新活动。参与出口市场还可以促进企业的学习能力，从而增强创新的潜能。研究表明，出口与创新之间可以形成相互强化的"动态良性循环"[21]。更为准确地讲，出口企业通常可以获得国内市场所缺乏的知识。通过参与国际市场，企业就可以运用这些知识来开展高质量的创新活动，而这反过来又会促使它们借助高质量的创新产品来进入新的市场，从而提高出口盈利。

当位于密西西比州的廉价房开发商道默斯国际公司（Domes International）决定进行国际扩张时，它选择了进军印度市场。虽然早期的经历很艰难，但公司通过激励创新，不仅提升了生产率，而且增强了公司的竞争力。公司 CEO 解释称："显然，在印度的经历使道默斯国际成为一家更好的企业，公司经营也更具灵活性和创新性了。如果客户需要便宜一些的结构，我们的实验室就可以提供某个能满足需要的新的解决方案。如今，公司就是利用这些发现来提高核心产品的品质，而且有更多的方案可供选择。对于进入新的市场，我们的信心更足了——通过倾听和适应需求来找到最好的解决方案[22]。"

根据美国国际贸易委员会的报告，虽然面临着贸易壁垒和其他阻碍，参与出口的中小企业在业绩上仍胜过那些不参与出口的企业[23]。除了在总收入方面比不参与出口的企业多一倍以上之外，可以大体衡量劳动生产率的员工人均收入指标也比不参与出口的企业高出 70%。

13.3.3 分散化经营

企业可以通过出口实现经营业务的分散化，从而增强对市场变化和破坏性创新的适应能力。至少，在不同市场开发客户可以降低企业因当地客户流失所带来的风险，同时提高与现有供应商讨价还价的能力。此外，不同市场的不同增长率有利于企业利用某个国家销售的强势来抵消其在另一个市场上的疲软。例如，斯平森特公司通过增加对快速发展的亚洲市场的出口来降低公司对疲软的美国市场的过度依赖。

受近来全球金融危机的影响，美国的失业率高达 10.6%。在田纳西州的格林县，失业率飙升到 17.9%。总部位于该县的乔登锌业公司（Jardan Zinc Products）专业生产实心锌条以及以锌为原料的产品，主要用于货币铸造、汽车与电子产品、建筑材料、雨具、水暖五金和阴极保护品等领域。因为急于维持销售规模，公司管理者只好指望出口。通过调查全球市场，公司找到了菲律宾中央银行的投标邀请。经过数月的努力，菲律宾中央银行将铸币材料合同交给乔登锌业公司。依靠这一生意，这家中小企业原来濒临失去的工作岗位得以保住，除了召回原已解雇的 20 位雇员外，创造了 15 个新的工作岗位。公司负责铸币材料销售的副总裁解释称："跻身国际市场对于乔登锌业公司的成长来说是必不可少的。即便是在美国国内市场充满种种挑战的时期，国外机会的多样性为企业提供了走向繁荣的能力[24]。"

目前，世界经济重心正在从西方国家向东方国家转移。这一事实多被发达国家视为威胁。从另一个角度来看，这似乎预示着企业越来越应当通过出口来分散经营。新兴经济体发展工业和基础设施的决心要求它们必须从发达国家进口机械装备。事实上，过去 10 年，新兴经济体的进口比发达国家的进口增长了 2 倍[25]。例如，美国 1990 年的出口中，有 30% 面向新兴市场；到 2012 年，该数字增长到近 60%。正如斯平森特公司和乔登锌业公司所展现的那样，这就是诸如美国、意大利和英国企业的机会，即通过出口到快速增长的、富裕程度不断提高的新兴国家来实现销售的分散化。

13.4 出口：启动与发展

企业要通过调研来确定启动并推进出口的原因、时机和方法。这些调研报告会涉及很多方面，包括评估管理层态度、产品特征、组织资源、企业战略、市场趋势、技术工具、破坏性创新、公共政策等因素的影响。虽然在这些方面人们已经达成一定的共识，但依然存有分歧。事实上，早在 1991 年，有关研究对此做了分析，并将 700 多个解释变量作为影响出口启动和扩大的动因[27]。目前，有两种解释观点：渐进国际化和天生全球化。

13.4.1 序列和增量

按照**渐进国际化**（**Incremental Internationalization**）

的观点，物理距离、文化纽带和市场相似性会从根本上影响企业开展出口的方式。具体而言，出口总是遵循某个序列过程，而且企业会按照该序列从最初在国内市场销售产品或服务发展到在地理上和心理上最为相近的国家进行销售。之后，企业在慎重考虑的基础上，会扩大出口至相距越来越远、相似性越来越少的国家。

最初，企业发现，与来自在地理、文化、语言、政治和法律方面存在共性国家的企业开展贸易不仅简单而且风险较少。正如人们所预想的，如果贸易双方所处的市场具有相似性，如使用相同或相近的语言、具有共同的历史背景，那么对管理者的能力构成的压力更小。有关贸易数据表明，这方面存在强烈的影响：如果贸易双方使用相同的语言，那么双方的贸易额会比不使用同一语言时多 42%；如果两个国家同属一个贸易集团，如欧盟或北美自由贸易协定，那么贸易额会比不属于同一集团时多 47%；如果双方都使用同一货币，那么双方的贸易额会比不使用同一货币时多 114%；如果双方都有共同的殖民历史，那么双方的贸易额会多 188%[28]。

渐进国际化的动因很简单：先与具有相似性的客户开展贸易并取得成功，同时培养管理者的视野和能力，之后慢慢扩大出口活动。换言之，企业逐国进行出口扩张是一个学习的过程。随着管理者经验的增加以及对差异性越来越大的市场认识加深，企业对出口到相距越来越遥远而且共性越来越少的国家的信心就会不断增加。基本上，企业出口越多，管理者对问题和陷阱严重性的担忧就会减少；与此同时，企业扩大对外出口的勇气和自信就会增加。

以宾夕法尼亚州的 Analytical Graphics 公司为例，该公司专业生产软件应用产品，主要用于支持高效的开发以及空间、国防和情报任务的制定。Analytical Graphics 公司从 20 世纪 90 年代后期开始出口欧洲。渐渐地，在欧洲的成功激励该公司的管理者开展向日本和韩国的出口。随着与亚洲地区各种商业文化交往的增加，尤其是在按语言定制以及当地培训需求方面，该公司开始在新加坡开设办事处以管理公司快速增长的对亚洲地区的销售[29]。

管理者的经验学习与各国的市场特点相互作用，常常导致相同的出口扩张模式。例如，美国的中小企业通常先出口到加拿大或英国，接着出口到墨西哥和欧洲，最后出口到南美、亚洲、非洲和中东[30]。相反，越南、泰国或马来西亚的中小企业则有不同的模式，通常先出口到东南亚国家，接着出口到大亚洲地区，最后出口到美国、欧洲和非洲。

13.4.2 天生国际化

第二种解释观点是根据有关国际企业家精神的文献推导得到的。按照这一观点，有些企业就是**天生国际化企业**（**Born Global**，也称即时国际化或国际化新风险企业），从诞生之初就开展出口。它们并不是按部就班地进入差异性越来越大的国外市场，而是自成立起或在成立后不久就登上世界舞台的。天生国际化企业并没有把国际市场当作本土市场销售低迷时的庇护所，而是一开始就坚信国内市场是全球诸多市场中的一员[31]。不管怎样，国际化如今的确是全球越来越多企业的一致战略。

天生国际化企业在世界各地都有。对于大型市场的企业，是否一开始就走向国际化尚有选择的余地，毕竟国内市场的较大规模也可以为企业提供商机。不过，在较小的市场上，如以色列、爱沙尼亚、吉布提或中国澳门，那里的新办企业必须从创办开始就考虑境外贸易。无论本地市场的规模大小如何，天生国际化企业的一个主要特征就是其管理者从最开始就在关注和寻求快速的全球化。总部在瑞士计算机设备制造商罗技公司（Logitech）专业生产鼠标、键盘、扬声器等产品。该公司由一名瑞士人和一名印度人创办，他们相识于在美国斯坦福大学读书期间。自创办时起，公司产品就开始面向全球出口[32]。相同的事例表明，天生国际化企业的创办者往往具有强烈的国际化意识，原因就在于创办者的国外学习或生活经历使他们对国际化有深刻认识。我们常常会发现，那些经验丰富的管理者在离开跨国公司并创立新企业后，其企业很快就会实施国际化经营[33]。

也许最为重要的是，天生国际化企业的管理者可以这样做是因为有环境的支持。技术进步以及国家的国际贸易开放政策使得管理者有了快速且低成本地实现其全球化愿景的机会。天生国际化现象主要是随市场全球化的推进、贸易壁垒的减少、对专业化产品需求的增加以及通信技术的发展而产生的。那些有着远大抱负的企业就会利用这些有利环境，打造强大的商业平台，并面向遍布全球的专业化的细分市场开展创新活动。

以美国中小型企业艾伟特计算机公司（Evertek）为例。该公司创办于1990年，但很快开始出口。到2009年，公司出口遍布105个国家的客户，其中30%的客户在南美，20%的客户在欧洲，还有20%的客户在中东和北非。该公司的成功主要是靠售卖翻新的计算机和零配件。这一业务在全球的需求巨大，因为顾客——尤其是经济相对不富裕的——并不需要最新的或最昂贵的产品。艾伟特计算机公司的国际销售经理约翰·奥特利（John Ortley）说："他们需要实惠的产品。公司的商业模式就是对有计算机需求的顾客与想要出售旧计算机的顾客进行撮合[34]。"

乍一看，清理过时东西这种业务似乎与成功出口不可能有关。艾伟特计算机公司并不具有可以支持其出口的所有权优势。然而，公司高层的国际化导向成了其开展出口的强有力的动因。例如，约翰·奥特利对国际贸易的热情强化了公司的信念：公司的主要业务要靠在海外的拓展。约翰·奥特利说："对我而言，国际化始于对世界的好奇。我很享受学习其他文化，也尊重与我有不同文化背景的人[35]。"然后，像一家真正的天生国际化企业那样，他补充说："虽然全球市场正在萎缩，但我们的业务蒸蒸日上。另外，如今在全球范围内开展业务已变得越来越容易，而且成本也越来越低[36]。"

13.4.3 互相影响：天时与地利

无论是渐进国际化还是天生国际化观点，都不能完全解释企业是如何开始并扩大出口的。研究与企业实践都证明，它们都是对出口过程的可靠解释。例如，美国的出口遍及全球 233 个国家和地区。其中，许多出口靠的是长期贸易关系，如美国与加拿大之间的贸易；部分出口则靠的是近期贸易关系，如美国与吉尔吉斯斯坦之间的贸易。此类出口全球的规模和范围表明，企业不仅具有了服务更多市场的能力（渐进国际化观点），而且

能以更轻松、更直接的方式来满足遥远市场的需要（天生国际化观点）。

如表 13-1 所示，通过反映两种观点之间的互相影响，这里给出了一种有效解释出口过程的方法。在美国出口与进口的前 15 个国家和地区中，有 9 个国家和地区出现了重叠。其中，美国最大的 4 个国际贸易伙伴分别为加拿大、中国、墨西哥和日本。美国对这些国家的出口额以及从这些国家的进口额分别占美国总出口额和总进口额的 45% 和 52%。尤其是在过去的 20 年里，美国与中国和墨西哥的贸易合作增长十分迅速。例如，1992 年，来自中国和墨西哥的进口额占美国总进口额的 12%，这一数据在 2011 年增至 31%。就发展趋势而言，美国从墨西哥进口的份额由 1992 年的 4.3% 增至 2011 年的 12.3%。同样，美国从中国的进口份额也由 1992 年的 4.8% 增至 2011 年的 18.5%[37]。因此，我们一方面可以看到墨西哥出口贸易的稳步增长，另一方面也可以发现中国作为新兴经济体的加速崛起。

墨西哥的绩效情况很符合渐进国际化观点。在地理上墨西哥与美国接壤，文化上与美国有重叠，双方的机构设置相类似，且同为北美自由贸易区成员，所以对于美国偶尔出口的企业或经常出口的企业而言，不会存在什么问题或陷阱。正如第 2 章和第 3 章所介绍的，中国在文化、政治、法律和经济上与美国存在差异。这种差异对美国国际贸易的影响反映在了表 13-1 中。

表 13-1　美国最大的贸易合作伙伴：出口与进口

美国的贸易伙伴遍布全球 233 个国家和地区。不过，最大的 15 个贸易伙伴在总量占有支配性份额。在出口方面，美国最大的伙伴为加拿大；在进口方面，中国是美国商品和服务的最大供应商。

排名	国家或地区	出口额/10 亿美元	占总出口的百分比（%）	排名	国家或地区	进口额/10 亿美元	占总进口的百分比（%）
1	加拿大	245.2	19.1	1	中国	351.3	18.5
2	墨西哥	181.1	14.1	2	加拿大	270.8	14.2
3	中国	89.6	7.0	3	墨西哥	233.7	12.3
4	日本	58.4	4.5	4	日本	122.8	6.4
5	英国	46.4	3.6	5	德国	89.2	4.7
6	德国	41.1	3.2	6	韩国	49.4	2.6
7	巴西	36.3	2.8	7	沙特阿拉伯	47.7	2.5
8	韩国	35.8	2.8	8	英国	45.9	2.4
9	荷兰	33.5	2.6	9	法国	34.5	1.8
10	中国香港	29.7	2.3	10	印度	34.5	1.8
11	澳大利亚	26.1	2.0	11	中国台湾	32.6	1.7
12	法国	25.8	2.0	12	委内瑞拉	32.1	1.7
13	新加坡	25.1	2.0	13	意大利	30.7	1.6
14	比利时	24.6	1.9	14	爱尔兰	28.3	1.5
15	瑞士	22.6	1.8	15	巴西	27.6	1.5
	前 15 名合计	921.2	71.6		前 15 名合计	1431	75.2
	所有国家和地区合计	1268	100		所有国家和地区合计	1903.6	100

资料来源：U. S. Census Bureau, Foreign Trade, U. S. International Trade Data, 2012. Data：Year-to-Date October 2012.

企业层面的数据更详尽地反映了中国与美国之间的贸易关系[38]。1992 年，有 4092 家美国公司向中国出口；到 2010 年，这一数字增长了 700% 以上，向中国出口的美国企业数达 32213 家。无论是绝对数还是相对于大型出口商，中小企业的这一趋势都特别引人注目。1992—2009 年，出口到中国的大型出口商数量增加了 167%，而出口到中国的中小企业数量增加了 776%。这一影响在进口方面更为明显。2009 年，在从中国进口的 87910 家美国企业中，中小企业占比 96%。中美贸易规模和范围的扩大以及越来越多中小企业的参与反映了天生国际化这一观点。

展望未来，可以判断渐进国际化与天生国际化之间的相互影响将不断强化。首先，电子商务的发展进一步增强了后者的发展势头。约 30 年前，参与国际化离不开行动迟缓的贸易官员，国际贸易发展缓慢，市场之间相互难以读懂，存在无数各不相同的法规与惯例。因此，逐个市场的渐进式出口扩张不仅可以实现，而且是企业唯一可行的选择[39]。如今，借助电子商务和社交媒体等平台，即使是刚创办的企业也能很快实现全球覆盖。这些平台为企业有效克服历史障碍、走向国际市场提供了机会。案例 13-2 讲的就是使国际贸易便利化的阿里巴巴这个大中介。其次，对那些倾向于渐进式扩张的出口企业来说，互联网提供了廉价、简单且高效的手段以便分析和利用市场。因此，它们的扩张就符合渐进国际化观点，而这一过程的加快则符合天生国际化的观点。

13.4.4 意外发现引起的出口

无论渐进国际化还是天生国际化的出口战略，都是具有进取精神的管理者为启动和发展出口贸易所设计和实施的目的非常明确的决策。然而，调查发现，那些因突发性因素而偶然开展出口的企业都成功进入了国外市场。的确，有些企业开展出口是出于意外发现而非有意为之。这里，最常见的意外发现也许就是不请自来的订单，包括通过邮政寄来或通过电子邮件发来的订单。其他意外发现包括雇请了一位与国外买家有联系员工、在行业会议上遇到的国际联系人、个人出国旅游时碰到的机遇等。因此，**意外发现**（Serendipity）——幸运获得的机会——通常也是开展出口的起因。

爱德华·卡特勒（Eward Cutler）就是这样一个例子。他是总部在宾夕法尼亚州的斯奎杰尔公司（Squigle）的创立者和所有者。该企业生产一种特别的牙膏，专供那些不适使用大众生产牙膏的顾客使用[40]。

在创立公司之初，卡特勒仅专注于美国市场。互联网上的帖子将公司的产品信息传播到了海外，很快，斯奎杰尔公司就收到了来自中国台湾、土耳其等地的询价。有一位来自英国的口腔溃疡患者非常热心地把斯奎杰尔公司的产品进口到英国进行销售。这对于卡特勒来说无疑是一个好消息，因为这样他就可以以低成本、低风险的方式把业务扩大至国外。现在，卡特勒渴望能增大出口量，并解释说："我们寻求出口海外的原因与大公司相同，那就是美国以外还有很多顾客需要我们的产品[41]。"

类似地，维卢斯公司（Vellus）位于俄亥俄州，是专业生产高端宠物美容系列产品的小公司。该公司最初开展出口业务的原因是：一位来自中国台湾的商人在体验了该公司定制的洗发水后，购买了 25000 美元的公司产品在台湾销售。很快，该产品在全球宠物圈口口相传并风靡一时。维卢斯公司的 CEO 说："我开始收到来自世界各地的客户的电话，他们在狗展上听说了我们的产品并询问组织者如何与我联络购买产品[42]。"如今，维卢斯公司的产品已经出口到了全球 30 多个国家和地区。

13.5 出口的方式

的确，出口听起来很直接：先制造产品，然后进行销售，接着打包，最后装运发货[43]。从某种程度上讲，许多出口贸易确实如此。一般来说，出口的方便程度与企业的选择有关。正如接下来要介绍的，这里有若干出口方式可供选择。

1. 直接出口

采用这种方式时，企业直接将产品销售给独立的中介，如境外的代理商、分销商或零售商，后者再将这些产品转销给当地的消费者。**直接出口**（Direct Exporting）是一种雄心勃勃的方式。它要求较高，企业管理好整个出口过程，关注面向国外买家的产品制造及营销的方方面面。在其他条件不变的情况下，许多直接出口的企业都是规模较大的企业。这些企业不仅效率高，而且成本较低，毕竟它们可以利用规模经济的好处，将高额的存储、加工、销售和运输等固定成本分摊到大规模的销量上。

不过，中小企业也可以开发出直接出口的成功之道。截至 2010 年，美国的全部出口企业中，中小企业家数占 97.8%，中小企业的出口额占美国出口总额的 33.7%。

关于斯平森特公司的案例13-1就反映了这种情况。该公司的CEO不仅分析市场，开展行业评估，让公司做好准备，去海外考察调研，而且寻找、筛选并雇用了可靠的分销商来管理公司在亚洲市场的销售。此外，他还根据需要，请联邦和地方政府有关机构帮助制定公司的出口战略。因此，直接出口不仅需要管理层的承诺和企业的资源投入来启动并保持出口业务，而且需要直接通过值得信赖的、管理高效的分销商。

2. 间接出口

企业可以通过分销商、代理商或出口管理企业来出口其产品；作为选择，企业也可以通过为其他企业的出口产品提供投入品而进行出口。在前一种情况下，企业将产品销售给国内市场上的独立中介，然后由中介将产品销售给国外代理商，再由国外代理商将产品卖给最终用户。这里就产生了**间接出口**（Indirect Exporting）。因为企业虽然生产了产品，但其出口依赖的是中介，如全球零售商等，由这些中介承担营销、销售条件、包装、分销、信贷与收款等工作。这种方法对企业来说几乎无压力可言。斯奎杰尔牙膏的生产者爱德华·卡特勒解释说："与分销商打交道总会容易很多。我们喜欢做的就是找托运人，在牙膏上贴上标签。除此之外，就不用做任何其他了[44]。"对于后一种情况，即企业出售作为其他企业出口产品投入品的产品，因为最终目的可能会在数次交易后才能明确，所以中小企业常常不清楚其产品是否最终出口。

零售与全球化趋势的交汇使得间接出口飞速发展。全球零售连锁企业，如沃尔玛、家乐福和阿霍德集团（Ahold）等，便利化了货物从出口商到货架的过程。例如，中国的DVD制造商为沃尔玛供货，沃尔玛随后将货物发往世界各地的经销商处。尽管间接出口不如直接出口那样有利可图，但对企业的要求也比直接出口要少。同样，这通常只是一个过渡，新企业可以借此让外国消费者和竞争对手了解自己。

许多服务企业的出口更多采取的是间接方式而非直接方式。当非出口企业向最终产品被销售到国外的另一企业提供服务时，就会产生间接服务出口。间接服务出口通常与专业和商业服务相关，如会计、广告、咨询和法律服务等。例如，瑞典会计师事务所为瑞典企业准备会计账簿时，就是服务出口至国外市场。间接服务出口出现在许多行业中，包括电影和电视节目面向海外观众的视听服务提供商，或通过财富管理咨询公司将股票出售给国外投资者的对冲基金。

3. 从事出口的国内买家主动下的订单

从销售者的角度来看，这类国际销售方式与国内销售方式很难区别开来。本质上而言，这里的交易是由买家主动联系企业、提交订单、提取货物并出口的。同样，企业可能并不清楚其产品是要销售到国外的。

4. 销售产品给代表国外最终消费者的买家

跨国公司、总承包商、国外贸易公司、外国政府和国外分销商与零售商也会购买货物以供出口。这些买家或是需要产品，或是了解国外市场对产品的需求，因而购买后会将产品运至别处。同样，生产产品的企业可能并不清楚产品是供出口的。

那么，应该如何选择这些方式呢？本质上，没有一种方式是最好的。从最宽泛的层次上讲，企业的所有权优势、区位优势和内部化优势共同决定了所谓的最优方法。考虑到企业的规模，大型跨国公司通常是由其设在国外的分公司来为外国客户提供服务的，而中小企业常常采用直接出口或间接出口的方式[45]。事实上，没有硬性规定哪种方法最优。大约有一半的中小企业采取直接出口（中小企业生产产品后就立即出口），另一半采取间接出口（中小企业提供产品给其他企业公司，再由后者出口）[46]。

有几个因素会影响中小企业出口方式的选择。为了保护所有权优势，企业就会选择直接出口。例如，斯平森特公司发现控制其核心竞争力的最好手段就是直接出口。同样，公司最高管理层的预期和公司的资源状况也支持公司选择直接出口。经常出口的企业更倾向于选择直接出口，而刚涉足出口的企业或缺乏相关人力和财力的企业则更可能选择间接出口方式。

1. 技术的作用

技术因素会影响各种出口方式的相对优势。互联网的发展使得直接出口的效率越来越高且作用越来越大。这样，借助互联网直接和低成本的优势，经常出口的企业，尤其是天生国际化企业，更容易进入更多市场[47]。此外，电子商务也有助于大小企业克服资本和基础设施方面的限制[48]。例如，智利的出口企业通过外联网与世界各地的进口企业进行联络，而哥斯达黎加的出口企业则通过开设网店直接开展出口[49]。案例13-2分析了阿里巴巴这一全球最大的B2B在线市场是如何通过施展小小的电子魔法来帮助中小企业找到世界各地的买家和卖家的。20年前，如果巴塔哥尼亚的一家中小企业试图进入欧洲市场，那么企业资源、沟通渠道和贸易物流的作用往往十分巨大。如今，阿里巴巴等类似的互联网平台的出现，使得这些因素的作用大大减少。

2. 混合搭配

出口的四种方式并非互相排斥的。针对不同的市场和不同的产品，企业可以选择不同的出口方式。加拿大的企业对于美国、澳大利亚和英国这些相似的市场可以选择直接出口方式，对于亚洲或非洲这类与自己不同的市场则可以选择间接出口方式。如前所述，Analytical Graphics 公司从 20 世纪 90 年代后期开始出口，到 2011 年，其出口已扩展至 13 个国家。该公司采用了混合搭配的出口方式：在加拿大和英国采用直接出口战略；在日本、韩国、印度、俄罗斯和巴西等非相似国家则采用依靠转销商的战略[50]。因此，虽然对于什么时候该选择什么方式存有一般性规则，但理想的方式应当与企业的能力、管理层的意志以及目标市场的特征相适应。

13.6　进口

进口（Importing）是指一国的买家（进口商）向另一国的卖家（出口商）购买货物或服务的行为。如果在首尔生产的三星智能手机被装运给在比利时的买家，那么这一交易在比利时被记作进口，在韩国则被记作出口。鉴于具有无形性的特点，服务进口呈现多种形式。例如，如加拿大皇家银行等国外银行为美国顾客提供的金融服务在美国就是进口。同样，当伦敦劳埃德公司为巴西客户提供保单时，巴西的贸易主管部门就把这一活动记作巴西的进口。

服务进口还有一些微妙之处。例如，法国阿海珐公司（Areva）在瑞典建设核能装置，虽然此装置属于有形之物，但瑞典仍会将它记为瑞典的服务进口。显然，服务进口的标准是：①不会产生所有权；②由非居民向本国居民提供了服务。

13.7　进口企业的类型

之前我们将出口企业分类为无意出口的企业、偶尔出口的企业和经常出口的企业。这些分类同样适合于进口部门。虽然我们采用不同的术语，但仍然将它们分为三种类型：

13.7.1　投入优化类进口企业

这类进口企业利用国外采购来优化其供应链的投入品的价格和质量。基本上，企业会在全球范围内搜寻最优的投入品，然后将投入品用于企业安排在全球各地工厂的生产。这些工厂会用投入品生产出成品，然后供应到全球各地的市场。从逻辑上讲，投入品与成品的国家间流动既是进口，也是出口。

13.7.2　机会利用类进口企业

这类进口企业在全球范围内搜寻产品，然后加以进口并销售给本地居民，从而赚取利润。因此，一旦它们发现本地市场存在供应短缺，无论这种短缺是真实存在的（顾客可能不知道自己的需要）还是感觉上的（感觉他国产品优于本国产品），它们都会充分利用这一机会，通过寻找、购买、运输和分销等环节，从国外供应商处进口产品并销售给国内顾客。其实，产品并非它们的主要目的，它们的主要目的是借助进口渠道来填补本地市场缺口并赚得利润。例如，最近上市的最大款 iPad 引发了购买狂潮，包括黄牛在内都想利用暂时的市场缺口，毕竟该款产品上市前几周只在美国才有供应，因此，来自其他国家的需求就成了大机会。例如，中国的买家就雇用纽约的买手购买尽可能多的产品，并连夜运送到上海进行销售。当然，上海的价格涨幅达 2 ~ 3 倍[51]。最后，苹果公司开始在上海销售 iPad，市场的这个缺口才慢慢得以填补。

13.7.3　套利类进口企业

这类进口企业会在国外以尽可能低的成本采购最高品质的货物，这样做的目的就是以代理商的身份利用两个或多个市场之间的价格或品质差异，利用市场供求的失衡来发现交易并从中获利。例如，总部位于犹他州的中小企业众人公司（ForEveryBody）一开始在当地生产沐浴产品。不过，在公司发现可以买到亚洲企业生产的低成本家庭装饰用品，而且这些产品比美国的高端产品还要有竞争力后，该公司就成了一家进口商。

13.7.4　进口企业的特征

人们对出口企业的特征做了大量调研。出于多方面原因，对进口企业的特征鲜有人调研。有数据表明，进口企业同样也可能就是出口企业，而且这些企业的贸易占了世界进口和出口的大部分[52]。例如，根据美国 2010 年的有关资料，只做出口的企业有 212491 家，只做进口的企业有 101008 家，而同时做进口和出口的企业有 80640 家。此外，同时做进口和出口的企业的出口额和进口额分别占美国总出口额的 94.1% 和总进口额的

85.1%[53]。因此，关于出口企业特征的分析基本也适用于进口企业。例如，进口企业的业务必须与其所有权优势、区位优势和内部化优势相适应；它们也具有渐进国际化和天生国际化的特征；而且有研究表明，企业的规模、效率、创新以及管理层的意志都会影响企业的进口方式选择。

的确，有些观点完全一样。从历史上看，美国的进口企业仅仅就有限的产品与少量的发展中国家进行贸易往来[54]。从本质上讲，大部分进口的目的是投机或套利。例如，在沙特阿拉伯很便宜的石油在美国则很昂贵。新兴经济体的飞速发展使这一关系出现了变化。新兴经济体生产的产品和服务越来越多，而且在价格和性能方面要优于发达国家当地生产的产品和服务。此外，新兴经济体也开始生产原来仅仅由发达国家生产的高端产品。例如，美国企业已经开始向位于印度的企业进口商业流程服务。最后，全球化也为差异程度更大的供应链的发展提供了支持。这些供应链的长度更长、环节更多且市场覆盖更广，它们的成长同时也促进了投入品进口的增加。

13.8 影响企业进口的因素

影响企业启动进口并推进现有进口业务的因素很多。研究发现，其中的重要因素包括较高的产品质量、令人满意的订单处理、可靠的物流运输、较低的价格以及国内市场供应的短缺。无论是单独某个因素还是作为集体，这些因素都会促使进口企业在世界各地的市场上搜寻价格低廉、品质上乘或当地无法供应的产品。不过，这一判断存有一个疑问：为什么会存在这些市场差异呢？如果没有这些差异，那么就不需要进口和出口了。除了本章之外，本书第5章和第11章都提到了这一问题。这里，我们主要介绍以下影响进口的因素。

13.8.1 劳动的专业化

通常，管理者会把生产流程分为连续的几个阶段，再将员工分配到各个阶段中。这样，每个员工承担一项任务。劳动的专业化使得生产组织可以有针对性地利用本地的经济资源，尤其是利用各国间不同的工资水平和要素成本。效率的提高可以降低成本，从而激励企业进口更便宜的产品。例如，耐克向亚洲国家的一些制鞋厂购买运动鞋，就是因为这些制鞋厂能以低廉的成本生产出优质的运动鞋。如果按同样的条件生产运动鞋，并以合理的价格销售，最后还要获利，耐克发现在本国市场根本无法做到。因此，耐克所做的就是向亚洲制鞋厂购买运动鞋，然后销售至世界各地。

同样的逻辑也适用于iPad的生产。具体而言，苹果公司与富士康签约，在中国生产iPad，然后进口到美国和其他国家。据报道，富士康支付给工人的薪水为每月1200元人民币或185美元[55]。姑且假设员工每年只要工作250天且每天平均工作8小时，那么每小时的薪水仅为1.11美元[56]。相反，截至2010年12月，美国官方公布的制造业/采矿业/建筑业的小时工资为32.53美元[57]。据报道，生产1部iPad需要直接人工9小时。因此，仅就这一公认的情况而言，如果在中国生产iPad，那么在美国的零售价为729美元；如果改在美国生产，那么最后的零售价就会达到1144美元[58]。因此，苹果公司才选择了进口iPad。

13.8.2 全球竞争

对于全球竞争程度较高的行业来说，如通信、汽车、商业服务等，的确面临着没完没了的成本压力。许多产品——如飞机或汽车——的生产往往要依靠全球各地工厂所生产的成千上万的零配件。为了降低投入成本或提高产品质量，企业就必须依赖国外的供应商。

13.8.3 缺乏当地供给

对于因地理、管制或发展水平所引起的当地供给缺乏，企业也会选择进口。例如，加拿大从热带地区进口香蕉，因为加拿大的气候状况不适合香蕉种植。如果没有进口，那么加拿大人就无法享受到新鲜香蕉。享用当季水果和反季蔬菜的情况也是如此。例如，智利的葡萄对丹麦的圣诞晚餐来说就是一道亮丽的风景线。食物部门的这种情况比较明显，不过，相同的逻辑也适用于许多产品，包括平板电脑、医疗技术和金融服务等。

13.8.4 分散化经营

进口企业与出口企业一样，通过利用国际市场可以分散经营风险。通过开发其他供应商，企业就可以降低必须听命于当地供应商所带来的风险。例如，美国钢铁制造商的客户，如汽车公司等，就是通过从欧洲、印度和韩国供应商处的购买来分散经营风险。它们的这一战略既降低了供应短缺所带来的风险，也降低了美国供应商单边涨价带来的风险。

观点交锋

电子垃圾：出口是有效的解决方案吗？

正方观点：

是的。电子垃圾出口形成的是一种双赢局面：出口电子垃圾的企业和国家越多，绩效提高得也越多。通过出口电子垃圾，企业可以实现销售增加、生产率提高和经营活动的多元化；同样，电子垃圾出口可以为国家创造就业、加快创新并提高生活水平。从更广的角度来看，电子垃圾出口促进了国家之间的联系，从而可以改善外交关系，并维持国际事务的稳定。

尽管有这些优点，但也有人认为电子垃圾出口，如过时计算机设备之类的危险废物贸易，存在不好的一面。电子垃圾包括计算机、显示屏、电子元件、游戏机、智能手机等。随着信息时代的到来，电子垃圾正在疯狂地增加。2006年，美国收集了近6600万件旧电子部件供回收或再利用。其中，大部分被出口到了国外[59]。到2011年，全球电子垃圾达到数亿件，其中美国产生了4亿件，中国产生了1.6亿件。按照目前的趋势，企业正在生产更新、更酷、更快、更小、更炫的电子产品，这些产品不仅在替代原有的产品，而且它们本身也很快会被替代。因此，到下一个十年，电子垃圾将增加接近500%。

1. 电子垃圾应该安身何处？

电子垃圾应该安身何处的确是一个难题。美国的许多县和大都市都直接禁止将电子垃圾倾倒在当地的废弃物填埋场。这一法律意味着，在任何工业化国家，如果可以处理电子垃圾，那么处理成本达每吨2500~4000美元。相反，如果将未经处理的电子垃圾出售到非洲和亚洲国家，那么据报道，在那里进行回收、再利用或倾倒的成本则低至每吨50美元[60]。低成本的原因在于当地廉价的劳动力、不同的环境规制以及垃圾处置能力的提升。另外，公众反对的缺位降低了垃圾处置成本。因为有人急切想找到工作，所以公众的反对力量遭到了削弱。正如所预想的那样，电子垃圾的主要运输路线表明，工业化国家将大量的电子垃圾出口到了发展中国家，其中主要包括中国、马来西亚、印度、尼日利亚和孟加拉国。

2. 共赢共利

将电子垃圾出口到世界各地的回收中心是解决电子垃圾处置难题的有效解决方案。首先，电子垃圾回收不仅可以保护资源，也有助于保护环境。在发展中国家，回收旧计算机、显示屏、线路板、扫描仪、打印机、路由器、手机和网卡的工厂正在大量涌现。这些虽然不完善，但能创造就业，毕竟在当地要找一份工作、维持生计的确很难。值得赞扬的是，发展中国家已将其良好的经济地理优势转化为十分重要的工作、收入和市场。例如，在中国的电子垃圾贸易中心，有5500多家企业，雇用了10万多名工人。过去生活艰难的农民和渔民，现如今每天要加工超过100车的电子垃圾[62]。墨西哥也有同样的工厂，每天接收穿过美墨边境抵达的60多车的电子垃圾，车上满载的是从汽车、手机、计算机和太阳能电板上拆下来的废旧电池。同样，墨西哥当地也从中受益。虽然废旧电池回收工作很脏也很危险，但生活在哈利斯科电池厂（Acumuladores de Jalisco）附近的老百姓也获得了就业机会。一个工人的妻子说："在这附近几乎没有什么其他工作可找[63]。"

同样，出口电子垃圾也帮助发展中国家的企业家通过复原、回收利用、重复使用稀缺资源来创造价值。作为高价值的商品，铜在手机总重中占20%。商品价格的上涨使得这些业务变得非常有利可图。阿图尔·莫黑什沃尔（Atul Maheshwar）是印度一家回收站的老板。他在谈到美国的电子垃圾出口时说："只要美国一直给我们供应原材料，我们的业务就会很好[64]。"此外，许多运输到亚洲的设备也帮助提高了当地的生活水平。位于凤凰城的废旧计算机公司（Scrap Computers）从事废品回收，公司的格雷厄姆·沃拉斯顿（Gtaham Wollaston）称，电子设备的组件几乎都可以重复使用。在马来西亚，旧电视做成了鱼缸，而硅的短缺导致这里对其他地方的旧显示器有巨大的需求。沃拉斯顿说："根本不存在把第三世界当作垃圾填埋场这样的事情。在这里，如果有人把旧计算机放在街上，其零配件很快就会被人拆走[65]。"同样，加拿大的BMP回收公司的吕克·莱特利（Luc Lateille）说："我们不送垃圾，我们只送人们寻找的材料[66]。"

出口危险废物也可帮助跨国公司完善其社会责任。三星、三菱和诺基亚等公司逐渐开始对产品担负全过程责任。根据 2010 年启动的"消费电子回收主导计划"（eCycling Leadership Initiative）的承诺，消费电子产品的制造商到 2016 年必须负责回收 10 亿 lb⊖电子垃圾。2011 年，该计划的成员花费一亿多美元回收了大约 5 亿 lb 的废旧电子产品。在其他地方，政府规定促使后进企业积极开展绿色回收。自 2004 年以来，美国有 20 多个州要求生产企业回收废旧电子产品。其他州也即将实施类似的法律规定。为了合规，许多企业常常选择将其电子垃圾出口到那些有回收意愿而且拥有场地设施的国家。

3. 艰难的解决方案

当然，那些冷酷无情的企业常常把无用的、有毒的电子垃圾倾倒到全球各地。的确，一些电子垃圾会污染填埋地，毒化河道，释放出恶臭。不过，总体而言，出口电子垃圾对当地居民、消费者、企业甚至国家都有好处。事实上，作为国家也别无选择。例如，美国环境保护署坦言，电子垃圾回收方面的确存在不当行为。不过，它给出的建议是停止此类出口并不实际可行。同样，发展落后的国家也没有其他选择，毕竟它们得设法创造收入，不然就得承受贫困。

🔄 反方观点：

不是的。理论上来说，回收是有利的。不过，回收电子垃圾并不总是意味着你做得对。事实上，伴随着电子垃圾出口的快速增长，发展中国家冒出了许多充满危害的垃圾处理企业。未来，因为电子垃圾的增长远高于其他种类的垃圾，所以电子垃圾出口将增长更快。综上所述，处理如海啸般涌来的电子垃圾的耗费将远远大于垃圾回收所带来的蝇头小利。

1. "女巫的佳酿"

大多数发展中国家缺乏防止这类危险的监管制度或基础设施。当地居民经常采用那些在美国完全属于非法的原始手段，每天让工人和居民与这些"女巫的佳酿"（毒素）打交道。例如，有些电子垃圾含有微量的铜和银等贵金属。为了提取这些贵金属，那些资金不足、管理松散的回收企业就会采用那些不安全的、古老的露天焚烧法。通过焚烧电子元件，可将塑料涂层中的铜、锡或其他金属分离出来，但也会释放出二恶英等有害的化学物质。事实上，这样分离银的过程会产生包含 1000 多种化学物质的混合物，其中包括有毒金属（铅、钡和水银）、阻燃剂、镉、酸、塑料、氯化溴混合物等。当"酸洗的电路板被燃烧时，就会喷出致命的烟雾，使设施附近的工人和居民吸入[67]"，这样，当地的空气质量就会很糟糕。当地的旧货商店在拆卸完设备后，剩下的垃圾往往被送到填埋场，酸性的地表水就会流入地下水中，而有害烟雾会随空气流动而飘往各地。所有这一切都会无情地破坏环境。

2. 肆意的非人性行为

印度德里的有毒物质网（Toxics-Link）的马德胡米塔·杜塔（Madhumita Dutta）称，这些问题与回收企业那骇人听闻的工作条件相比，可谓小巫见大巫了："从拆分计算机，到取出部分电路板，再到电路板的酸洗，直到最后分离出铜，所有的工作都是徒手操作，没有任何防护措施。"事实上，没有什么工厂采用了适当的处理措施。显然，工人和社会会深受其害，更不用说影响环境的可持续发展了。

那么，将计算机设备从没有什么用处的一国运送到尚可派上用场的他国，这样的"慈善"工作成立吗？有批评人士直接戳穿了这一谎言。他们指出，那些富裕的国家和强大的企业捐献陈旧设备的目的就是逃避高额的回收成本。有一位批评人士指出："它们常常以'架设起跨越数字时代鸿沟的桥梁'为借口来模糊并忽视事实，毕竟这些桥梁同时成了排放有毒废物的管道[68]。"此外，送去的绝大多数计算机设备是一文不值的垃圾，既不能修理，也无法回收利用[69]。

3. 制度上的差异

有人认为，制造商应当为那些被其用于生产产品并借此获取利润的有害材料承担全部责任并建立相应的制度[70]。对此，不少企业采取了行动，还赞助那些回收电子垃圾的绿色活动。不过，实质性进展尚不明显。按照环保人士的建议，各国应该制定更为严格的标准来监督、控制并核查电子垃圾的跨境运输。然而，一切非常令人失望。例如，通过检查停靠在欧洲港口的 18 船电子垃圾，发现几乎有一半电子垃圾的出口竟然是非法的[71]。

同样，假设解决方案也可能导致意想不到的问题。事实上，美国许多州要求企业负责回收电子设备，但结果这些企业只是简单地把电子垃圾出口到发展中国家，而回收的只是价值较大的组件。一些回收企业只是对可

⊖ 1lb = 0.45359237kg。——译者注

翻新再用的部件进行回收利用，其余的则被"城市矿工"拆卸以获取银、金和钯等金属。当然，最后剩下的就是最为糟糕的垃圾了，完全没有再利用的价值，就被运送到发展中国家进行处理[72]。

4. 出路何在？

有些人士坚决认为，必须强化《控制危险废物越境转移及其处置巴塞尔公约》（Basel Convention on the Control of Transboundary Movements of Hazardous Wastes and Their Disposal，简称《巴塞尔公约》）的执行。《巴塞尔公约》作为联合国条约，对危险废物的生产、管理、运输和处理做了规定，提出许多有力的措施，包括

针对全部有毒废物的全球性出口禁令而不管这些出口的目的是回收、重复利用、修复还是最终处理。截至2013 年，共有 172 个国家和地区批准了《巴塞尔公约》。虽然全球有超过一半的电子垃圾出自美国，但美国只是签署了《巴塞尔公约》而并未正式批准生效[73]。

思考题

将电子垃圾出口至全球各地的回收工厂似乎是多赢之举，毕竟垃圾回收总是被看作是有益的。然而，这一做法的代价非常大。找出在其他国家处理美国电子垃圾的三个好处和三个方面的代价，同时，请说明好处与代价之间的大小关系。

13.9　进口与出口：问题与陷阱

企业无论大小，都认同有些问题与陷阱会使国际贸易复杂化。此外，老练的贸易从业者知道，出口与进口总是存在复杂之事，并充满了不断变化的障碍。目前，这些障碍的类型、特点和影响具有相当大的变化。美国国际贸易委员会对 8400 多家美国企业（包括来自服务业和制造业的大型企业和中小企业）的管理者就 19 种可能的贸易障碍的影响进行了分层随机抽样调查[74]。表 13-2 描述了各种意见。表中的评分表明，国际贸易商的确需要应对一系列的问题和陷阱。此外，数据表明不同类型的企业对不同的障碍存在不同的解读。

表 13-2　出口的主要障碍最近的影响（百分制）

开展国际贸易会遇到种种困难。下面描述的是来自制造行业或服务行业的大企业或中小企业的管理者是如何评估各种主要贸易障碍所带来的挑战的。

出口障碍	制造型中小企业	制造型大企业	服务型中小企业	服务型大企业
交通/运输成本	88.5	93.6	53.6	35.1
语言/文化障碍	82.2	86.8	53.4	42.2
难以找到潜在销售客户	79.1	83.2	55.8	45.2
国外的规制	78.0	90.0	51.1	48.3
美国的规制	73.4	86.8	45.4	37.8
国外销售利润率不够高	72.5	84.4	58.7	46.2
海关手续	71.9	87.4	44.6	35.5
款项收付困难	67.9	87.9	39.3	41.1
美国税制方面的问题	62.8	80.7	37.4	39.2
缺少受过训练的雇员	62.6	85.7	36.7	46.5
知识产权保护不足	61.8	71.6	43.6	27.3
国外税制方面的问题	60.4	80.5	36.1	40.6

（续）

出口障碍	制造型中小企业	制造型大企业	服务型中小企业	服务型大企业
国外市场对本地商品或服务的偏好	57.4	81.7	37.8	35.8
在国外市场设立分支机构的困难	57.2	76.9	29.8	33.8
高额关税	56.6	81.6	36.8	28.8
缺乏政府计划的支持	56.4	70.4	29.2	29.4
获得融资情况	51.6	63.5	38.5	31.9
难以找到国外合伙人	50.5	66.6	33.0	36.0
签证问题	30.1	67.8	34.9	33.5

资料来源：*The United States International Trade Commission* asked 3,500 U.S. big and SME in manufacturing and service industries firms if they had ever exported or considered exporting (the latter point was included to account for the possibility that firms had faced perceived insurmountable barriers). These firms were then asked to report whether they had encountered the various impediments and, if yes, assess the impediment's severity on a scale of 1 to 5, with 1 representing no impediment, 3 a moderate impediment, and 5 a major impediment. See "Small and Medium-Sized Enterprises: Characteristics and Performance," United States International Trade Commission, Investigation No. 332-510, USITC Publication 4189, November 2010.

根据有关调查数据，随着中小企业出口的增加，它们对贸易障碍严重性的关注会减少。正如前面所讨论的那样，这些情况与我们的预期相一致[75]。事实上，国际经验尤为重要。新的中小企业，尤其是服务业的中小企业，与制造业那些出口密集度小且出口目标地区少的中小企业相比，几乎都认为这些障碍的影响更严重。然而，实践并非万应灵药。那些经验丰富并出口到世界多个地方的企业仍然需要克服这些贸易障碍。因此，与过去一样，可以预期出口商和进口商仍然会遇到那些反复出现的困难，需要目标坚定的国际主义者经受住考验。下面，我们先来观察一下大家关注的重点。

13.9.1 财务风险

财务约束可以说是国际贸易商面临的最大障碍。在对 978 家中小企业的调查中，当问及对贸易壁垒的感受时，排序第一的因素就是为出口融资的营运资本的短缺[76]。同样，对财务问题的关注在表 13-2 中的排名也很高。按照贸易商的观点，出口或进口的利润率都很低。原因就在于出口或进口总是存在预料之外的成本和未知的财务约束，而且两者会因汇率波动而变得更为严重。这些风险的管理涉及需要深奥的金融专业知识的货币和信贷操作。此外，无论是采用贸易信贷，还是采取政府融资支持或银行担保，完成国际销售常常需要帮助外国客户获得信贷[77]。对习惯于按传统 30 天或 60 天国内贸易信贷周期提供融资的企业而言，开展国际销售时就要注意不同的安排，包括不同的计价货币，而这一切意味着风险的大幅上升。

13.9.2 客户管理

从历史来看，出口与进口交易讲究的是双方的公平和独立。它们与客户的联系依赖于所有传真和快速寄达的文件，这一做法就为双方处理问题和投诉提供了足够的时间。如今，无论距离多远，客户和卖家可以通过电子邮件或互联网电话对供应商进行实时访问。客户对服务期望的上升减少了国际贸易的吸引力。热处理装置制造企业 Seco/Warwick 公司的材料经理说："对我们来说，面临的新障碍就是客户超出港口交货之外的其他服务要求。早些年，我会做负责到进口港的 CIF 交易，但如今我经常还要负责运送到客户工厂的任务。现在，我们经常要参与设备的安装和启用。因此，我们配备了服务工程师和起重设备，以便按时完成交货[78]。"

客户管理带给中小企业的挑战尤其巨大。由于企业面向的是专业性市场机会，而且应对市场变化的空间有限，这就要求中小企业应用利基或机会战略。换言之，中小企业应该通过提供比国内市场多的定制服务和营销支持来适应国外的细分市场。中小企业时常遇到资源约束，而且不喜欢与大企业进行正面竞争，这进一步强化了它们应用利基战略的这些趋势[79]。

13.9.3 国际商务的专门技能

国际贸易商知道要了解外国商业惯例很困难。常见的以及个别的问题包括：对国外竞争对手了解有限；对当地海关制度不熟悉；对流行的价格质量比把握不准；

难以优化运输和保险选择；对市场渠道和消费者行为模糊不清等。当然，正如开篇的案例 13-1 中所提到的，这方面也有一些解决方案。因为担心误解当地市场，所以斯平森特公司选择雇用当地的经销商。企业如果不能读懂出口市场，那么通常就只得放弃国际贸易了。

13.9.4 市场营销方面的挑战

贸易商常常抱怨的问题包括：高额的运输费和苛刻的物流要求；难以匹敌国外竞争对手的价格，难以有效开展产品宣传，难以建立分销网络；与国外市场联系少不强等。此外，提供售后服务的要求也增加了翻译担保书以及弄清文化差异的负担。那些不做出口的企业表示，它们特别担心市场营销方面的不确定性，特别是当国外的要求远高于本地市场较低的要求时。除此之外，新兴市场更为复杂的市场结构和消费行为使得这些问题变得更为严重。毕竟从美国出口到加拿大是一码事，从美国出口到土库曼斯坦那完全是另外一码事了。

13.9.5 最高管理层的承诺

管理层特征，尤其是高级管理人员的国际视野和风险取向，都会影响进口业务。大多数企业，尤其是中小企业，更专注的是国内市场而非国外市场。例如，美国的全部出口企业中，中小企业数量占 97%，但做出口的中小企业数量仅占全部中小企业数量的不到 1%。即便是在这些做出口的企业中，2/3 仅仅出口一个国外市场[80]。当被问及为何对出口如此谨慎时，管理者提到了两点：他们只熟悉本国市场以及最高管理层的承诺模糊不清。事实上，即使管理高层认可贸易能带来好处，其风险性和对资源的需求也会阻碍大部分企业开展国际化经营。

出口和进口对管理层提出了严苛的要求。很少有企业会急切地调整其一贯做法以适应外国的经营标准，结果，企业的管理层常常强调的是国内市场而不会很关注出口。回顾一下罗伯特·克耐普最初对斯平森特公司出口前景的判断。在他看来，公司充其量也就是一家偶尔出口的企业，毕竟风险大于了回报。但最后，出于对盈利能力和分散化经营的考虑，罗伯特·克耐普才考虑做出口。从那时起，公司的核心竞争力、政府机构的支持以及可靠的分销商共同强化了他选择出口的决心。

13.9.6 政府规制

鉴于贸易中存在的延误、单证要求、政府收费等因素，进口与出口的效率一直很低。尽管世贸组织的作用很成功，但影响贸易的规制依然存在。位于新泽西州的Spectra Colors 公司专业从事高品质定制染料和着色剂的生产和分销。因为不同国家的进口规制各不相同，所以该公司的出口就遇到了麻烦。Spectra Colors 公司的业务经理说："欧洲的《化学品的注册、评估、授权和限制》（REACH）使公司交货经常发生延误，增加了成本支出[81]。"有时，装运至各个市场的货物还需要获得政府的放行许可。当货物面临国内限制或国外政治气氛紧张时，政府部门常常拒绝放行。为了确保合规，企业的人员和资源就会受到约束。因此，《化学品的注册、评估、授权和限制》严重影响了中小企业的出口。更为糟糕的是，加拿大、中国、日本、瑞士、土耳其等国家和中国台湾地区也正在制定类似《化学品的注册、评估、授权和限制》的规制[82]。

类似的规制在其他行业也不断出现。医疗器械行业的出口企业就面临着复杂的规制。如要获得批准，不仅要提交大量的测试数据，而且要等待很长时间。为此，包括澳大利亚、加拿大、中国、某些欧盟成员国、日本和美国在内的许多国家强制规定企业必须采用 ISO 认证的生产质量管理体系。为了符合这些规定，企业必须支付各类必要的费用，以取得并保持认证资格。许多出口企业，尤其是中小企业，常常难有资金实力的保证。

如表 13-3 所示，服务型出口企业还会遇到其他方面的问题。专业服务提供商，如工程、法律、金融和娱乐服务，都会定期派遣员工出国执行承包服务。例如，在马来西亚，除非雇用的公司能向马来西亚工程师协会证明在马来西亚没有工程师可以胜任此项工作，否则外国工程师不能参与建筑项目[83]。相同的情况在泰国有更为严格的规定。为了把建筑和工程服务领域的工作留给泰国公民，泰国政府颁布了《外籍人员就业法案》（Alien Occupation Act）[84]。摩洛哥禁止外国建筑师向摩洛哥建筑师协会注册，同时又规定只有该协会的成员才可合法从事建筑工程。菲律宾似乎做得更加过分，将绝大多数的特许职业留给了菲律宾公民[85]。最后，印度对自然人从事法律工作进行了限制，要求候选人首先必须是印度公民，然后必须在拟从事法律工作的特定邦取得律师资格。此外，要取得律师资格，候选人必须是印度公民或是来自按互惠原则允许印度公民从事法律工作国家的公民，同时必须年满 21 周岁且持有印度律师委员会承认的大学学位[86]。同样的情况也存在于巴西、巴林和中国香港地区，从而对有志于开办律师所的外国人带来了挑战。

表 13-3 出口单证的种类

从交易跟踪直到保卫国家安全，政府基于多种考虑，会对出口活动进行监控。下面给出的是出口企业常常需要完成的部分单证。

单证类型	内容说明
形式发票	一种由出口商向进口商出具的文件，概要说明了销售条款、价格和交付条件，好似货物已实际出运。若进口商接受这些条款和条件，那么进口商就寄送购买订单并安排付款事宜。此时，出口商品应当出具商业发票
发货人出口申报单	所有出口单证中最为常见的一种。出口商所在国政府借此监控出口货物并编制贸易统计资料
提单	是普通承运人接收货物后出具的货物收据，也是承运人所签署的服务契约，还是货物的所有权凭证。在主张货物所有权之前，客户通常需要持有所有权凭证的原件
领事发票	有时进口国政府为监控进口货物而要求出具领事发票；进口国常常利用领事发票来跟踪进口货物的价格和获得收入
原产地证	原产地证载明了产品的原产地情况，通常由商会等外部机构来出具证明。政府可以根据原产地证来决定进口货物的适用关税税率表
出口装箱单	列出了各独立包装中货物的清单，载明了包装的类型。出口装箱单要固定在包装箱的外侧。发货人常常通过出口装箱单来核实货物；有时，海关人员也靠它来核实货物
商业发票	卖方出具的要求买方付款的购物账单，列出了货物说明、买卖双方地址以及交货与付款条件。在评定适用关税时，政府可据此来确定货物的价值。图 13-4 给出了商业发票样例，其中有各种数据，按照现行的美国贸易政策出口商必须填报

电子商务虽然是开展出口的强有力平台，但它也无法让企业避开壁垒。虽然电子商务的速度和效率都不错，但政府规制可以延缓企业的行动，甚至使政府重获主导权。例如，中国法律规定，企业如果想在中国的数字出版领域开展合作，至少需要取得出版、印刷、发行和电子图书进口四个许可证才能合法开展经营。例如，在亚马逊宣布其在中国推出 Kindle（一种电子书阅读器）店不到 24 小时，中国有关部门就开始调查其合法性，并声称仅仅持有与中国合作伙伴中文在线（Chineseall. com）的许可协议是不够的[87]。

在美国，国土安全问题也会对贸易形成限制。Schott North America 的物流经理指出，近来障碍国际贸易的真正危险并非关税，而是"您的集装箱困在纽约港码头待检"之类的问题。按照要求，货物只有通过辐射监测仪的检查后才能进入美国国境[88]。同样，与十几年前相比，跨境运输货物所用的时间因安检程序而远远增加。例如，货运卡车通过美加边境所花的时间是"9·11"之前的3倍[89]。在英国，原来的"客户发货人计划"允许物流集团为其货运飞机接受来自自行认证企业的货物。不过，"客户发货人计划"已被替代，目的是提高货运安全。结果，进口企业和出口企业必须请联邦快递、TNT和UPS等货运公司来检测所有货物，不然就要建造安全级别更高的堆场[90]。为此，政府试图制定通用标准，采用类似的筛选方法，协调好安保措施。鉴于这些问题的敏感性，尤其是安全性问题，这方面的进展十分缓慢[91]。因此，作为壁垒的那些国别性的、地区性的以及全球性的贸易规制仍将继续存在。

13.9.7 贸易单证

国际贸易活动也受制于许多单证方面的要求。关税税率、清关手续和入境程序虽有重叠，但总是因国而异的。关税分类、价值申报、责任管理等要求不仅使人混淆，而且也增加了贸易成本。因此，海关与安全部门颁布了种种规制要求。要克服这些障碍，企业必须管理好与交易有关的纸质材料，包括证明、证书和法律文件。对于许多企业来说，完成这些事务以及其他工作的确十分繁重。看看图13-3中的任务，想必就能体会到其中的辛苦。不过，要记住的是，这里的任务只是众多任务之一而已。

这里我们看到的是美国出口商经常碰到的各种表格之一。这一张为商业发票，是美国卖方要求国外买方支付款项的账单。只有正确填写此表，付款效率就会高些。反之，如果填写错误，那么就可能导致高成本的延迟付款以及较高的关税支出。

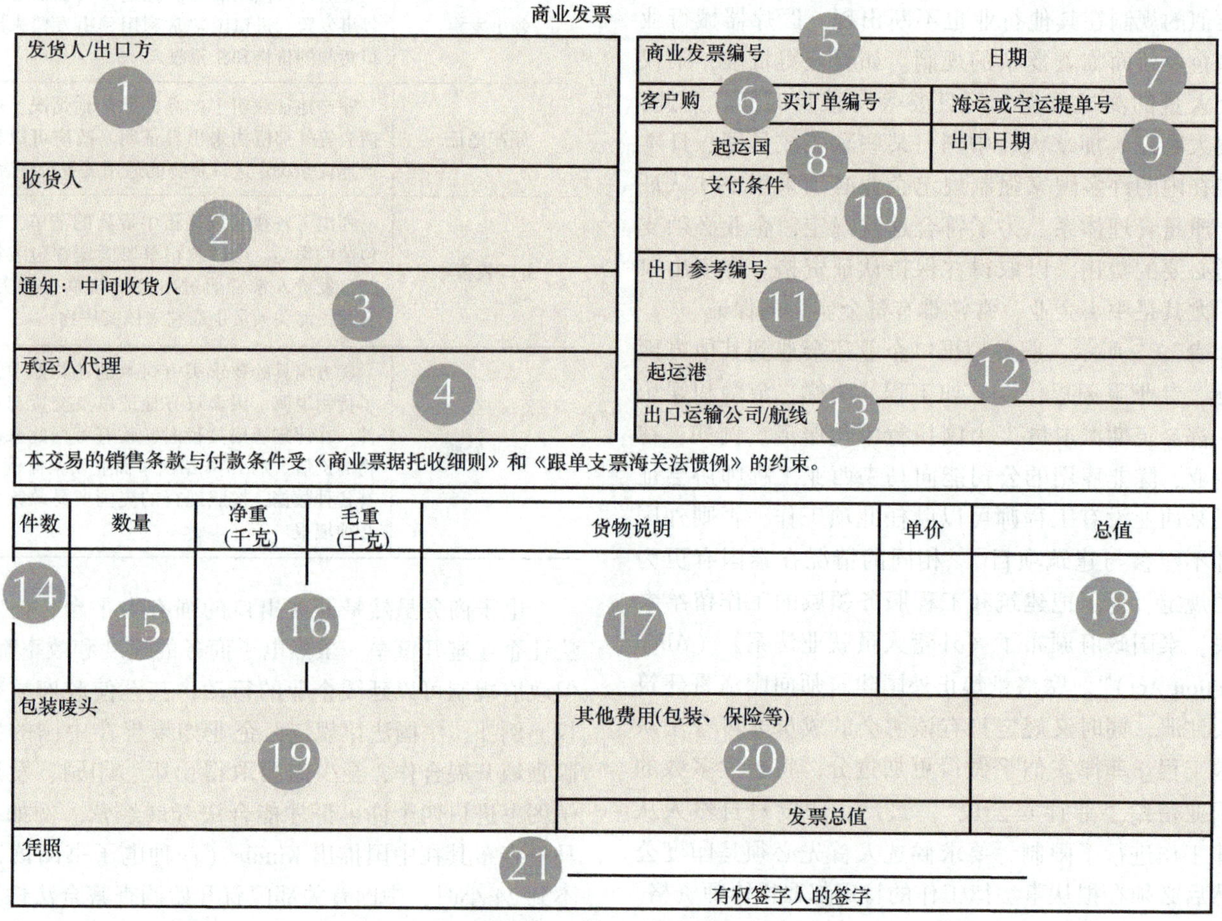

图13-3 商业发票样例

资料来源：Based on data reported in the WorldBank's World Development Indicators, in particular *Trade*（percent of *GDP*）（Series NE_TRD_GNFS_ZS），retrieved June 15, 2013, from data. worldbank. org/data-catalog/world-development-indicators.

任何环节都可能发生差错。例如，许多带来损失和损坏的挑战部分是因为不少贸易商使用了不正确的贸易条款或术语[92]。有些时候，出口企业未能按照目的地国的关税税率表来精确分类其产品，结果，所抵达货物因其商业发票的描述不符合进口国的关税分类，就要按笼统类别处理，如"机械类与其他"等。除了会拖延贸易时间外，不精确的商品描述还常常导致产品关税按较高的税率征收。

进口商通常会收到货物，而自己并没有购买。换言之，它们获得了物品的所有权，但并没有付出任何金钱。货物到达境内后，进口商需要向多个部门和机构提交文件，以便付款、取得所有权、缴纳关税和安排交货。具体需要什么文件往往因国而异。通常，海关部门需要的是报关单、商业发票和装箱单[93]。

13.10 进口与出口：资源与帮助

除了使潜在的进出口企业望而却步之外，国际贸易中的问题与陷阱还使那些坚定开展国际经营的企业以及天生国际化企业的经营活动变得复杂。中小企业尤其脆弱，它们之中有许多可以通过进入新的市场来提高生产率和利润[94]。2010 年，美国 60% 的中小企业仅对一个国外市场出口，而一半以上的大型出口企业向 5 个或更多国外市场出口。在美国的出口企业中，0.4% 的出口企业将产品出口至 50 个甚至更多国家和地区。进口方面的情况也很类似。美国 61% 的中小企业仅从一个国外市场进口，而 57% 的大型企业从 5 个甚至更多国外市场进口[95]。同样，在美国的进口企业中，不到 0.1% 的进口企业从 50 个甚至更多国家和地区进口。

全球化促使企业拓展其市场边界。市场自由化和边界的开放增加了贸易的潜力。这里，表 13-1 再次做一回顾。一般情况下，大型企业比中小企业更容易获得这些机会；凭借所有权优势、内部化优势以及资源优势，大型企业往往处于更为有利的市场地位。与此相反，绝大多数的中小企业缺乏寻求贸易机会的能力和关系。例如，在美国从事出口的中小企业中，92% 的中小企业只从单一地点出口，只有 15% 的中小企业出口到其在海外的分公司。与此相反，在美国从事出口的大型企业中，只有 11% 的大型企业只在单一地方设立公司，它们 38% 的出口面向的是其在海外的分公司。基本上，跨国公司是先"出口"给国外的子公司，然后由后者分销给当地的买家[96]。此外，中小企业常常因资源硬约束而难以培养国际经营能力。因此，在许多中小企业看来，公共资源与援助会对它们的国际经营活动产生重要影响。

公共机构和私人中介可以为那些无意出口、偶尔出口以及经常出口的企业提供丰富的资源。联邦、州以及地方贸易部门和诸如货运代理、海关经纪人、贸易中介、国际银行和顾问公司等私人机构都可以为企业开展国际贸易提供帮助（见表 13-4）。在关于斯平森特公司的案例 13-1 中，特别强调了美国商业服务公司位于费城的出口援助中心所提供的帮助。的确，该中心帮助罗伯特·克耐普评估亚洲市场，协助他赴亚洲进行贸易考察，还帮助他预筛选分销商并安排他与当地官员见面。

表 13-4　贸易援助的类型和来源

如果企业打算开展国际贸易或扩张国际贸易业务，那么可以就各种各样的问题求助于以下组织与机构。

组织/机构	援助的内容
政府机构	调研市场的人口统计特征、产品需求和竞争 国内外贸易法规的合规情况 海关、规制和税务方面的问题 销售融资、信用和保险 贸易数据分析 许可与规制 国际融资 国际销售与营销 贸易活动、合作伙伴和贸易信息 装运文件与要求 定价、报价与谈判
贸易协会	调研市场的人口统计特征、产品需求和竞争 线上和线下的出口培训研讨会 广告和销售促销方案 分销渠道和物流网络 海关法规与税收问题；全球贸易法律的合规情况 国土安全计划指导 贸易流程的标准化与简化
贸易中介	客户管理系统和关税分类 在线贸易基础设施和虚拟贸易展览 法律、会计、安保和税收方面的合规情况 电子采购与自动化供应链流程的保障 贸易融资、信用评级和保险 出口培训和贸易策略 运输与物流管理

13.10.1　政府机构

考虑到出口给微观经济和宏观经济带来的利益，政府部门总会大力支持。从宏观经济角度来看，出口有助于国家创造就业岗位、建立外汇储备、改善贸易平衡、发展对外关系并提高人民生活水平。例如，美国的出口部门提供了 1000 多万个就业岗位。在制造行业，与出口相关的就业岗位占美国前十大制造业总岗位数量的 22% 甚至更多[97]。总体上，在美国每五个就业岗位中，至少有一个岗位来自制造业出口。从微观经济角度来看，出口有助于企业核心竞争力的发挥、财务业绩的提高、竞争地位的巩固和企业的持续发展。新的市场为企业提高生产率和盈利打开了空间，因此，各国政府几乎都会支持现有的和潜在的出口企业。当然，各国政府也会保护那些经营困难的进口商的利益，但程度上要小得多。

在美国，中小企业开展出口经常会先去最近的商业服务中心（Commercial Service Office）寻求帮助。商业服务中心是美国商务部国际贸易管理局的贸易促进机构，在美国 100 多个城市和 75 个国家和地区设有代表处，目的是帮助美国企业开展出口或帮助其在新市场寻求机会。该中心的全球网络可以帮助中小企业确定目标市场、组织运营并克服贸易壁垒。对于 Analytical Graphics 公司来说，商业服务中心就支持其在亚洲市场进行扩张，并安排公司与日本和韩国的经销商见面[98]。国际贸易管理局的其他业务部门也以解决与贸易相关的纠纷为宗旨。例如，帮助 Garmine Marine 公司完成其 GPS 导航产品在土耳其的清关手续。它所做的主要就是告知土耳其政府部门这些产品已经按照欧盟的相关标准请公认的独立实验室进行了自行认证[99]。

通过以上及其他资源，美国政府会就出口的实用问题和技术方法提供各种信息和建议，其官方门户网站 www. export. gov 提供了各种支持出口的服务。商务部、国际贸易管理局和小企业管理局的各个分支机构都可为贸易企业提供个性化的帮助。以上及其他相关机构的服务不仅增强了美国产业的竞争力，促进了美国企业在国内外的贸易投资，而且通过严格执行贸易法规和协定保障了贸易的公平公正[100]。

同样，美国绝大多数的州以及许多城市都有出口融资计划，包括装运前后的营运资金贷款和担保、应收融资账款以及出口保险。一些部门因资金有限，要求出口企业提供适当的担保证明。例如，通常要求有信用证或额度足够的信用保险。通常，州或市政府会规定出口企业受资助的业务至少有一部分来自该州或市所辖区内。

13.10.2　出口中介

出口中介（**Exporting Intermediaries**）是指代表国内企业在国外市场进行产品和服务销售的第三方企业。对于许多企业，尤其是中小企业来说，出口中介提供了操作更为便利且相对无风险的出口事务管理服务[101]。凭借其丰富的知识和经验，出口中介可以为中小企业带来其自身无法企及的管理技能和规模经济利益，同时，它

们在法规、税收、关税、保险和运输方面的经验也为企业出口提供了宝贵的资源。出口管理公司和出口贸易公司就属于出口中介。

1. 出口管理公司（EMC）

作为企业开展国际贸易的利器，出口管理公司可以帮助企业建立海外市场。它能大大简化中小企业确定并进入国外市场的工作，从而减少出口的主要障碍。通过维持与客户的密切关系，出口管理公司的作用类似非官方的营销部门。其主要工作包括：生成订单，组织分销渠道，制订并实施促销方案，验证信用资料，提供有关国外客户与付款条件的咨询服务等，甚至代表企业与国外销售代表和分销商进行联络。此外，出口管理公司也可以帮助监督贸易单证、安排运输、申请专利和商标保护等[102]。最后，它可以帮助企业加快做出决定，必要时可以代为客户开展海关调查。

出口管理公司按合同制经营，可在正式明确的市场上提供独家代理服务。出口管理公司与企业签订的合同会明确规定定价、信贷、融资政策、促销服务与付款方式。当然，出口管理公司也可能采取佣金制经营模式（除非公司拥有商品的所有权）并对其他服务收取费用。通常，为了向市场推广整个产品线的产品，出口管理公司会承接来自多家企业的产品。不过，这些产品常常是互补的而非竞争性的。

在美国，绝大多数的出口管理公司都是按产品、功能或市场区域开展专业化经营的创业型企业。有些出口管理公司经营领域广，经营来自多个行业的许多制造商的产品线。有些出口管理公司规模较小，客户数量也很少；有些出口管理公司专业经营某些产品或强调在特定地区开展经营；有些出口管理公司则属于"多面手"。根据国际贸易联盟（FITA）的估计，美国有超过 1000 家出口管理公司，每家公司平均代理大约 10 家供应商的出口。虽然依靠出口管理公司的美国企业并不多，但国际贸易联盟认为也有许多企业从中受益[103]。虽然业务上是多面手，但出口管理公司并不是万能的。经营独立的小型出口管理公司因为资源有限，所以通常不会存储企业的产品，也不会提供内部融资；相反，这类出口管理公司会专门经营那些能带来较高利润的产品，不会关注那些前景尚不明朗的产品。

2. 出口贸易公司（ETC）

1982 年，美国颁布了《出口贸易公司法案》，放宽了某些反垄断的规定，毕竟它们限制了企业在国外市场的作为。这样，过去被禁止的许多直接竞争对手也可以

通过组建出口贸易公司来联合开发国外市场，而不用担心反垄断法的限制。事实上，荷兰、日本和英国的竞争对手早就通过这种手段谋利了[104]。没有了那些阻止通过联合来参与竞争的法律障碍，出口贸易公司就可以放手经营，转而促进了美国企业出口竞争力的提高。

出口贸易公司与出口管理公司的不同之处在于，出口贸易公司的经营是以需求而非供给为基础的。出口贸易公司将买方与卖方相联系，类似于交易的撮合者。出口贸易公司通过确定外国客户的偏好、找到国内供应商并推进双方的交易进程来创造价值。出口贸易公司会担任多家制造商的代理，而不会只代理一家制造商。作为独立的分销商，出口贸易公司会避免以自己的名义持有存货或提供售后服务。

3. 费用

贸易中介对其所提供的专业知识和服务收费。通常，其收费方式包括：①佣金。从消费品的 10% 到工业品的 15% 或以上。②买卖差价。通常要求出口企业在国内最优惠折扣的基础上外加海外销售时加价部分的一个折扣。③针对专门活动的收费，如对产品做外贸展会展示或要求对广告做促销进行预付款。

除了需要支付费用外，雇用贸易中介还要求出口企业放弃对相当数量事项的控制权，如买家的选择、价格政策、促销材料的质量、弹性交货安排或客户服务标准。这些事项都改由中介来确认。有些企业发现，如果中介对其产品的推广不用力，那么企业的国际销售业务就会很艰难。为了保留控制权，企业可以不把全部事项包给中介。正如企业需要决策是外购还是自制那样，企业也需要对控制的偏好程度与其直接从事出口的成本进行权衡[105]。

最后，有人认为，出口管理公司和出口贸易公司的收费会降低它们对企业的吸引力。如今，随着语言障碍的减少、国际通信的便利化以及贸易融资更为协调，这一现象变得尤其明显。对此，许多中介围绕单一行业的高附加值产品来重点开拓出口市场，不再从事大宗商品的出口。虽然掌握更多的行业专业知识可以增强效果，但通过国外经销商来推销各种产品线可以提高企业的效益。这些创新大大缩短了中小企业进入外国市场的时间。就这一利益而言，雇请贸易中介显然是值得的。

13.10.3 报关行

海关部门通过管理商品的出入境来执行本国的贸易制度与规则。例如，美国国土安全部的海关边境保护局（原美国海关服务局）就负责监控美国的进口与出口。海关边境保护局负责进口商品的评估及其关税等税费的征缴、海关法及相关法律的执行和某些航行法与条约的管理。此外，它还通过查处走私活动来保护美国进口市场免受走私的影响[106]。

各国海关帮助或阻碍国际贸易的程度也各不相同（见表 13-5）。欧洲有好几个国家位列前十大交易最容易的国家或地区名单。事实上，由于欧盟正在加大一体化努力，所以欧洲各国之间的贸易可谓越来越容易了。世界其他地方的自由贸易区也有类似的效果，如北美自由贸易区就加快了加拿大、墨西哥和美国之间的贸易联系。

表 13-5　开展国际贸易最容易与最难的国家和地区

在各国家或地区从事进口与出口业务存在很大的难易程度差异。这里列出了开展国际贸易最容易的 10 个国家和地区以及最有难度的 10 个国家和地区。这里的排名反映了按标准重量的进出口货物在一国经海运所花费的时间和成本（不包括关税）衡量的平均绩效。其中的核心指标包括海关要求进出口企业提交的单证数量以及完成进出口交易所需的总时间和总成本。

最容易的国家和地区	排名	最难的国家和地区	排名
新加坡	1	布隆迪	177
中国香港	2	阿富汗	178
韩国	3	伊拉克	179
丹麦	4	乍得	180
阿拉伯联合酋长国	5	刚果共和国	181
芬兰	6	塔吉克斯坦	182
爱沙尼亚	7	哈萨克斯坦	183
瑞典	8	中非共和国	184
巴拿马	9	吉尔吉斯斯坦	185
以色列	10	乌兹别克斯坦	186

资料来源：Based on The International Bank for Reconstruction and Development/The World Bank, "Doing Business in 2012: Doing Business in a More Transparent World."

相比之下，非洲和南亚市场那些无规律可言的海关措施常常阻碍了进口和出口。在这些市场，港口与港口之间的运输常常乱成一锅粥，到处是随意性很强并且相互矛盾的规定，结果是对贸易的非法干涉。一个来自赞比亚的贸易商指出："我的那批铜线在南非德班被滞留了一个星期。港口当局要求我出示证明，那些用来装电线的木托盘不会引发害虫。几天后，农业部的检查人员检查后称这些木托盘是经烟熏处理的。不过，我仍交纳了 100 美元的费用[107]。"无论在什么地方，做进口贸易必须了解相关的海关法律法规和政策，要清楚该如何通过海关、要承担多少关税以及要办理哪些特别手续。

那么，应该如何寻求帮助呢？就手续而言，货物抵达进口港后，进口商须向海关部门提交有关单证，后者据此确定临时的价值和关税种类。《美国协调关税明细表》（Harmonized Tariff Schedule）上列出了约 10000 个关税种类，其中接近 60% 的关税种类没有明确的解释。换言之，某个具体产品可能对应于若干关税种类。通常，确定关税种类就像一门艺术，需要认真研究方可使关税评估最为有利。进口需要大量专业知识以处理一系列的流程。其中的文书工作面广量大，包括单证缮制与电子传送、各种税费的计算、政府部门与贸易商之间的联络管理等。并非所有的企业都有能力完成这些工作，中小企业更是缺乏这方面的能力。因此，企业有必要聘请**报关行**（Customs Broker）来处理通关事务。报关行可以帮助办理的事务有如下这些：

（1）按照退税规定帮助申请退税资格。一些出口企业在生产中使用了进口投入品，而且为此支付了关税。在美国，退税规定允许国内出口企业就出口产品中所使用的进口投入品申请退税，退税额为该进口投入品已纳关税的 99%。

（2）利用保税仓库和对外贸易区来延迟纳税。对于储存在保税仓库和对外贸易区的进口货物，进口企业不必缴纳关税，但前提是该货物没有被转移至他处销售或被应用于生产。报关行会监控这方面的合规情况。

（3）通过估值来使产品享有优惠关税待遇的资格。不同货物出入境时有不同的关税或经评估的税收。例如，成品的关税通常高于零件的关税。报关行凭借其专业知识可以帮助企业确定最有利的关税分类。

（4）管理贸易文档。国际贸易少不了文书工作，特别是当贸易受国土安全部门的严密控制时。在将贸易文档递交至负责交付的承运人之前，海关行可以帮助获得政府的许可。

（5）通过对进口货物原产地的适当标记来控制关税支出。政府在评估进口产品关税时，会适当考虑产品的原产地因素。因此，如果这方面出现标记差错，企业的进口关税负担可能就会上升。在美国，如果产品或集装箱在进入一国时出现标记不正确的情况，那么除了正常的关税外，该产品可能须按海关申报价值额外缴纳 10% 的标记关税[108]。

13.10.4 货运代理

货运代理（Freight Forwarder）就是大众所知的"货物运输代理"。按国际运输货物的价值和重量来衡量，货运代理是最大的出口/进口中介[109]。在操作流程上，出口企业在敲定了对外销售订单后，就会雇用货运代理来安排速度最快、成本最低的运输方式。在权衡装运量、速度和成本等方面的限制因素后，企业要确定最优运输路径，将货物从制造商处运送到空运、陆运或海运的目的地，完成清关，直至安排向国外买家交付货物。

在以上流程中，货运代理可以负责安排装运前的货物存储，验证信用证，获得出口许可，支付领事费用，处理特殊文件，缮制装船舱单。当然，货运代理也可以对产品包装和标签、运输保险、途中货物受损后的再包装以及产品仓储提供建议。不过，这里的货运代理并不拥有货物的所有权，也不像出口贸易公司和出口管理公司那样担任出口企业的销售代表。一般而言，货运代理所提供的服务要少于那些代理机构。

当货运运费和时间关系到交易成败时，货运代理就显得尤为重要了。按照全球认证中心（Certified Worldwide）主管的建议，此时最直接的解决方案就是"去找当地的商业服务中心办事处，找几家货运代理进行洽谈，最后确定负责运送企业货物的货运代理[110]"。

货运代理公司通常按照出口货物值的百分比外加根据所提供的服务数量所确定的最低服务费来收取费用。货运代理也从承运人那里收取中介费。绝大多数企业，尤其是中小企业，发现自己处理物流的成本很高，而货运代理凭借其专业服务，可以提供价格更便宜、舱位更有保障的货运服务。

13.10.5 第三方物流

第三方物流（Third-party Logistics，3PLs）是国际贸易中的一支正在不断壮大的力量。与货运代理一样，第三方物流几乎为全球各个市场运输货物并提供物流选择。不同于货运代理，第三方物流与制造商、承运商和零售商合作，以减轻它们的物流责任。以联邦快递为例，其一站式服务帮助交易商处理运输、仓储、直通配送、库存管理、包装和货运代理等事宜。回想一下你最近体验的 UPS 的服务，中小企业同样要依靠 UPS 来跟踪和运输产品，同时通过访问实时信息来了解其运输情况。第三方物流也可以打包所有计费，包括运输、报关、关税、其他各项税款、包裹递送服务等费用。最后，第三方物流还承接产品退货、保修索赔、零件替换、逆向物流等服务。

贸易全球化和贸易自由化的发展促进了第三方物流的增长。第三方物流在美国的总收入中一直保持两位数增长[111]。对于天生国际化企业而言，第三方物流更具帮助作用。毕竟这类企业并不打算建立自己的物流网络，所以它们必须充分利用第三方物流成熟的网络。事实上，大型企业也同样可以受益：《财富》500强企业中，近80%都委托第三方物流来管理运输和供应链。例如，宝洁、沃尔玛、百事可乐、福特等30多家企业都在使用这类服务。总体而言，第三方物流的快速成长是以货运代理的牺牲为代价的。对此，货运代理也正在扩大其作为货运机构的历史责任，开始提供第三方物流所提供的服务。

13.11 机遇与挑战的协调：出口计划

从谈判国际销售生意到运输和接收货物，进口商/出口商需要承担一系列融资、物流与法律方面的责任。其中每一事项都是国际交易链中的一个环节（见图13-4）。有时，一些事项会比其他事项更为紧迫，如发货前的融资、装运后的交付等。事实上，所有事项最终都会影响贸易进程。

如果企业打算开始做或扩大国际贸易，那么可以就各种各样的问题求助于以下组织与机构。

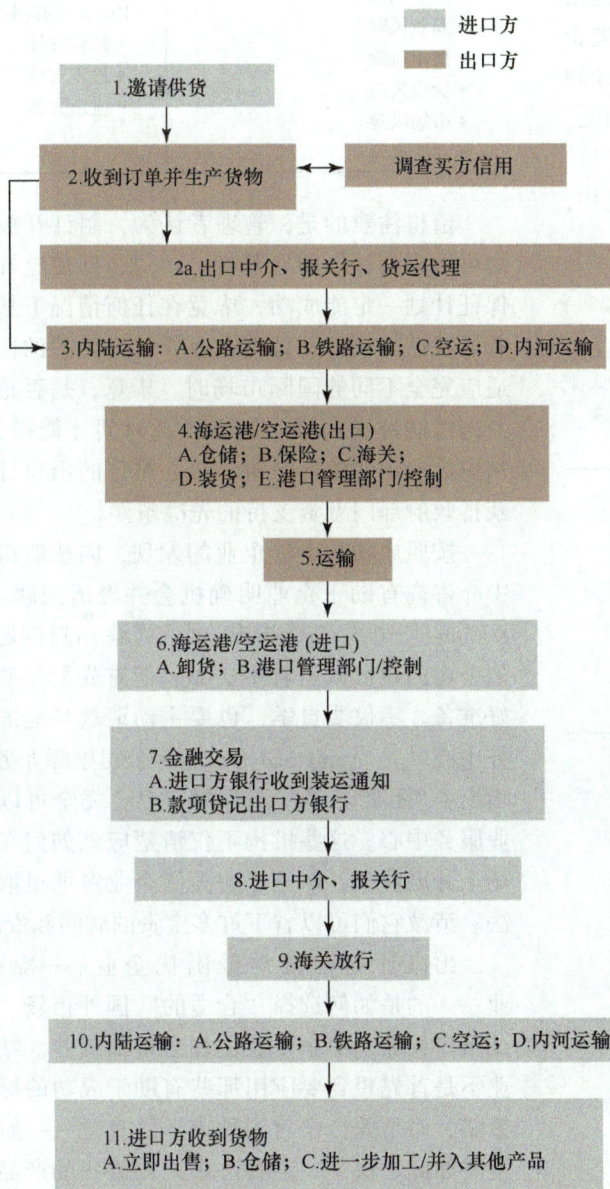

图例：
- 进口方
- 出口方

1.邀请供货

2.收到订单并生产货物 ↔ 调查买方信用

2a.出口中介、报关行、货运代理

3.内陆运输：A.公路运输；B.铁路运输；C.空运；D.内河运输

4.海运港/空运港(出口)
A.仓储；B.保险；C.海关；D.装货；E.港口管理部门/控制

5.运输

6.海运港/空运港 (进口)
A.卸货；B.港口管理部门/控制

7.金融交易
A.进口方银行收到装运通知
B.款项贷记出口方银行

8.进口中介、报关行

9.海关放行

10.内陆运输：A.公路运输；B.铁路运输；C.空运；D.内河运输

11.进口方收到货物
A.立即出售；B.仓储；C.进一步加工/并入其他产品

图13-4 国际交易链

资料来源：Export America 1 (November 1999)：17. Magazine published by the International Trade Administration of the U. S. Dept. Of Commerce.

在决定是否开始从事或扩大国际贸易时，没有企业会掉以轻心。其实，考虑开展出口业务只是一个方面，而如何迈出第一步才是更为关键的。正如交易链中所描述的那样，走向国际市场需要满足许多要求，这些要求会共同影响企业的资源配置、行政效能、经营弹性、财务稳定等诸多方面。根据成功出口企业的经验，企业必须制订**出口计划**（**Export Plan**）以便管理这些要求，毕竟"企业并不是计划去失败，而是失败于没有计划"。

出口计划首先要确定出口市场，然后是管理层就出口形成的共识，接着就是组织国际业务，最后对未来国外销售增加后的资源需求进行预测。具体决策顺序包括确定目标、筛选策略和设置时间表。这样做可以推进企业的资源评估、责任落实和加强控制。严谨的出口计划有助于管理者处理国际交易链各环节中不断出现的问题，并跟踪出口战略的执行情况。表 13-6 简要介绍了出口计划的框架。乍一看，似乎令人望而生畏，不过，请记住，出口计划开始时内容不用多，但随后会不断增加。

表 13-6　出口计划的框架

出口计划需要分析那些对启动或扩大出口产生影响的问题。通过对市场变化以及企业竞争力与文化的评估，管理层就可以就企业未来的发展目标和路径制定路线图。在评估国际开拓机会时，常常需要分析以下问题。

1. 经营概要 ● 出口计划的主要构成 ● 业务与目标市场描述 ● 管理团队介绍 ● 预测概要	4. 国外市场分析 ● 出口的依据 ● 选择目标市场的依据 ● 目标国概况 ● 产业概况 ● 竞争对手分析 ● 对主要假设的说明
2. 企业简介 ● 历史 ● 目标 ● 核心竞争力 ● 管理层 ● 出口团队 ● 企业财务	5. 市场进入战略 ● 经营形式 ● 间接/直接出口 ● 电子商务方案 ● 目标客户特征 ● 定价策略 ● 销售和促销策略 ● 物流运输
3. 产品/服务简介 ● 出口机会 ● 企业产品在出口市场的适合度 ● 增长潜力 ● 产品战略	6. 国际法 ● 争议解决 ● 语言因素 ● 合同条款和条件 ● 产品责任考虑因素 ● 知识产权保护 ● 销售代理和/或分销协议 ● 出口/进口法规
7. 财务分析 ● 设施和设备要求 ● 销售预测 ● 销货成本 ● 预计国际利润表 ● 预计国际现金流 ● 成本构成分析 ● 融资需求 ● 现有融资渠道 ● 税收因素	9. 外部援助 ● 出口美国 ● 美国商务部 ● 人口普查局 ● 海关边境保护 ● 国际贸易管理局 ● 美国进出口银行 ● 联邦、州和地方机构 ● 跨境贸易咨询
8. 风险管理 ● 国家风险 ● 商业风险 ● 信用风险 ● 货币风险 ● 市场风险 ● 政治风险	10. 实施时间表 ● 经营安排 ● 进度安排 ● 应急方案

（续）

值得注意的是，管理者认为，制订开放式的出口计划可以提高计划的有效性。不过，即使这样也绝对无法保证计划一定能成功，毕竟在任何情况下战略规划都是有挑战性的，特别是当企业要放弃熟悉的国内程序而去适应完全不同的国际市场时。毕竟，是否抢占了盲点以及出口能否成功等问题需要耗时才能得到外部验证。从更为实用的角度来讲，精心制订的出口计划总是企业获得政府部门融资支持的先决条件。

按照成功的出口企业的发现，向政府机构和第三方中介咨询有助于企业明确机会并澄清问题。按照 Coffee & More 公司的 CEO 指出："在考虑出口问题时，我对其他公司的建议就是着手去做，但首先要学聪明点，要做好准备。不仅要自学，也要主动请教当地的美国商业服务中心[112]。"Analytical Graphics 公司国际业务部的经理也指出："不要老是一切都靠自己，完全可以利用美国商业服务中心。这些机构不仅清楚应该如何在你的目标市场上开展业务，而且了解美国企业在那里取得成功的方法。请教它们可以省下许多宝贵的时间和资源[113]。"

出口计划中常常最困扰企业——特别是中小企业——的是如何选择"合适的"国外市场。如果初次尝试出口失败，中小企业往往会望而却步。结果，许多企业不是首先想到要应用那些有助于成功的标准和可靠的策略，而是凭自己对国外市场的直觉——如"中国现在发展如此之快，一定有许多人需要我的产品"——来行事。同样，试图在一天之内征服从伯恩到北京再到贝拿勒斯的客户很难。一条实用的规则就是先选择若干市场来观察能否成功，而不是一上来就试图向全世界出口[114]。

在制订出口计划时，不妨思考以下这些有用的问题：

（1）是否下定了决心要开展出口？

（2）如果在国内市场开展业务，资源是否可以得到更好地利用？

（3）希望通过出口活动获得什么？

（4）开展出口业务是否符合企业的长期目标？

（5）企业的产品和服务可以满足目标国外市场的哪些需要？

（6）市场上是否存在竞争对手？

（7）将产品出口至国外市场需要花费多少成本？

（8）出口业务是否会对企业的管理层、生产、财务和营销构成过多的压力？

（9）出口业务能有效发挥企业的核心竞争力吗？

（10）出口业务是否符合企业的价值链结构？

（11）企业的协调和控制系统是否适合出口？

（12）出口带来的经济和战略利益能否超过其直接与间接成本？

最后，正如阴阳相随一样，进口和出口在国际贸易中是既对立又互补的双方。进口中的战略和实务也反映了出口中的战略和实务。所以，与国际交易链一样，出口计划中包含有许多有关进出口的敏感问题。这里，只要将"出口计划"中的"出口"改为"进口"，就可以得到"进口计划"，其他内容统统不需要改变。当然，分析的角度必须调整为进口。

未来展望

科技与国际贸易

国际贸易的交易成本一直保持稳步下降。得益于交通运输和通信系统的技术进步，贸易中的运输和通信成本不断下降，进出口活动也因而出现了加速发展。互联网使得世界各地人们之间的联系变得方便而快捷；在线申报货物清单、海关单据和过境申请使得装运速度大大加快；在汉堡和悉尼使用的海关软件系统也被用于香港和长滩。此外，与过去相比，有更多方成员在跟踪货物：原始发货地、中转站以及其他供应商和海关机构与买方和卖方都在监控货物的流向。总之，效率的提高以及灵活性的增强使得企业参与进出口的选择不断扩大。

进出口活动的同步化使得企业——无论大小——联络国外买家与卖家的方式发生了全新的变化。历史上，大企业从国际贸易中获得的回报总是最多的。凭借所拥有的资源优势和组织能力，它们在货物运送、资金和信息获取等方面总是占有先机。不过，如今贸易技术的发展似乎带给小企业的利益变得更多了。技术的进步创造带来了在线、软件和物流平台，而这些平台使得大企业、全球企业以及隐匿于邻里的小企业之间的区别变得不再明显。事实上，要说出小本经营的中小企业与大企业之间有什么差异已经变得越来越难了。

1. 在线平台

企业越来越指望通过网络技术来启动或扩大出口。它们以互联网为主要渠道来获取信息、寻找供应商、采购产品、营销产品和开发新市场。很多时候，企业会建立在线的虚拟价值链；从开始到结束，出口交易都不用离开本地。可以说，互联网的发展给潜在的以及现有的国际贸易商带来了几乎无限的资源。它们可以通过目录档案、B2B 交易所、电子交易所、消费者调查、在线行业杂志和虚拟贸易展来搜索需要进口的产品或其产品的出口市场。

随着全球各地的中小企业开始应用互联网，它们越来越需要利用在线平台来建立其出口业务。网络不仅使得遍及全球各地的家庭作坊式商店呈现在大众面前，而且也让人们发现在从西藏到巴塔哥尼亚的广大内陆地区有一个规模巨大但尚未被外人所知的小企业市场。在过去很长的时间里，这些企业是全球经济的幕后生产基地，它们只好在跨国公司主导的全球供应链内开展经营。如今，网络让它们有了与买家和卖家直接交易的机会。

2. 软件平台

过去几年里，商业软件增长迅速，从而为"小企业走向海外市场带来了全新的变革[115]"。协同软件可以帮助那些没有多少数字技术人才的出口企业联系到国外的厂商而不需要出差前往。例如，美国的埃德加·布拉桑那（Edgar Blazona）过去为了考察远东的工厂全年的差旅里程达 10 万 mile。如今，他在泰国和印度各有一家工厂，全部用来生产他设计的家具并出口到美国。借助会议与文件共享程序系统，埃德加·布拉桑那可以实时管理他那两家远在海外的工厂，而每月的费用不到 100 美元。该软件可以帮助他协调工作流程，加快并简化交流与沟通。

同样，美国的一家中小企业艾伟特计算机公司就是靠那些建立电子商务网站和门户网站所需的创新软件而实现市场拓展的。1990 年，艾伟特计算机公司靠销售新计算机、翻新计算机以及计算机零配件起家。到 2008 年，该公司已成为全球最大的无存货的计算机批发商、海关用计算机供应商以及无存货的电子设备批发商。BuyUSA.com 是美国商务部下属的一家基于互联网的平台，可以帮助确定全球各地的买家。在买下该平台一年内，艾伟特计算机公司开始向 10 个新开发的国家市场进行销售，单次采购金额达 7.5 万美元。2010 年，该公司的国际销售额增加至 3400 万美元，较上年同期增长 84%，出口的国家和地区数量也增加至 105 个。

如今，其他企业也是通过类似创新工具来管理其海外工厂，而这些工具在过去专为跨国公司所用。例如，中国制造网（China Manufacturing Network）就是依靠在加利福尼亚的 10 名工作人员来协调来自中国、马来西亚和新加坡的 90 多家独立工厂之间的工业设备的生产的。它实行按需采购，运用可升级的企业软件来跟踪贸易订单的执行情况，检测产品的制造进度，并通过生产网络来管理库存。

3. 物流平台

物流的改进有助于中小企业以更低的成本并更为方便地将货物运送至更多的地方。高科技、低成本的运输服务使得大企业丧失了长期享有的竞争优势。如今，你的身边不乏众多没有品牌的个人出口商。由于与他们合作的大牌航运企业遍及全球，所以他们可以享用到与大型企业相同的物流服务，而成本要低得多。事实上，中小企业在物流方面的选择越来越多，灵活性也越来越大。与依靠内部物流系统的大企业不同，中小企业可以挑选货运代理或第三方物流来解决物流问题。以联邦快递为例，小型国际贸易商可以自由雇用这些中介机构的仓库和货车、轮船、飞机等运输工具以将货物从亚洲和欧洲的工厂送到顾客手里，而全程不需要实际接触货物。

位于亚利桑那州的西南贸易公司（South West Trading）是一家家族企业，专从中国的织物工厂进口用竹子、玉米和大豆纤维制成的纱线。在从中国进口产品时，西南贸易公司也经常遭遇物流方面的麻烦。对此，UPS 公司为它提供了一套有效的解决方案。这样，西南贸易公司在上海的工厂将来自中国各地工厂的货物集中到一个运输集装箱中，并负责管理海关手续、装运并用货车将货物运送至位于凤凰城的西南贸易的仓库。结果，公司的盈利状况立即得到改善。过去，公司每个月 4 批从中国到亚利桑那州的货运需要支付 9400 美元，而如今每个月一次的 UPS 货运成本为 3600 美元且耗时仅为 21 天。

4. 大平衡

贸易技术的发展促进了在线、软件和物流平台的完善，从而使得国际贸易竞争变得更为公平[116]。无处不在的、快速的互联网接入加上其基于云计算的廉价而强大的功能，共同促进了如今国际贸易进口和出口的便利化。无论是大企业还是小企业，都在积极响应这一趋势，坚信技术将为它们创造出跨越障碍、捕捉商机的工具。特别是中小企业，将从技术进步中获得更多的发展机会。更为重要的也许是，技术进步使得规模和能力不再是必然关联的了。正如中国制造网的 CEO 所言："我们的客户并不真正清楚我们公司的规模大小。从某种程度上讲，这并不重要。真正重要的是我们可以做好我们的工作[117]。"

13.12　对等贸易

货币或信用证是进出口贸易中最为便利、快速、直接的首选支付方式。有时，企业会遇到这样的残酷现实，即买家因本国货币不可兑换为外币或因本国外汇储备稀少或信用足而无法用现金支付。因此，如果企业要想交易成功，那就得依靠其他办法。

先来考虑以下这一交易。可口可乐公司用可乐从前苏联换来了奶酪，从埃及换来了橘子，从土耳其换来了番茄酱，从波兰换来了波兰牌啤酒，并从匈牙利换来了软饮料瓶。马来西亚用棕榈油与朝鲜、古巴和俄罗斯交换化肥和机械，同时与摩洛哥、约旦、叙利亚和伊朗进行谈判。泰国是全球最大的大米出口国，一直以来都在与中东国家谈判大米换石油互换的交易。相反，菲律宾是全球最大的大米进口国，它通过与越南的协定来保证大米的供应[118]。波音公司用 10 架波音 747 飞机与沙特阿拉伯交换了 3400 万桶石油。阿根廷将一家化肥厂判给了捷克公司，但规定供应商必须购买用化肥种植的蔬菜和其他农产品[119]。

这类贸易统称为**对等贸易**（Countertrade）。对等贸易是指所交易的任一产品的付款都不使用现金或信用证。表 13-7 列出了对等贸易的主要形式[120]。

表 13-7　对等贸易的常见形式

对等贸易会结合所处的特殊情况采用不同的形式。下面给出了对等贸易的一些常见形式。

易货贸易	产品直接与同等价值的其他产品进行交换，并不使用货币作为采购或支付手段的
回购贸易	资本或设备的供应商同意对方用投资的未来产出进行偿还。例如，在把设备出口给化工厂时，设备款项以购买设备的进口方的产品来支付
抵消贸易	出口方要求以现金支付；为此，帮助进口方寻找机会以赚取支付所需要的硬通货。当交易额巨大时（如军事设备交易），常常采用抵消贸易形式
掉期交易	一公司将其在国外进行购买的义务转给另一公司的交易。这样叫的原因在于这种交易通常涉及在运输途中转交文件以及变更目的地
互购贸易	在向国外销售产品时，公司承诺未来会购买该国生产的某一具体产品。为了获得买方的订单，供应商同意从国外买家处购买产品

由于信息披露的不一致，对对等贸易量的估算就很难。此外，政府间的秘密交易以及被伪装的交易并不罕见。大致说来，全球目前开展对等贸易的国家和地区大约有 80 个，交易额大约为世界贸易额的 5% ~ 15%[121]。在经济遭遇困难的经济体，对等贸易通常会增加。考虑到许多国家出现的盛极而衰的景象，这类经济体出现衰退看来不可避免。由此看来，对等贸易是国际贸易的一个永恒特征。

13. 12. 1　成本

简单说来，对等贸易属于低效率的生意方式。企业更喜欢采用现金和信用证这种高效方式来完成交易，毕竟此时只需要根据外汇交易所的外汇报价来设定汇率即可。相反，对等贸易要求买卖双方根据非市场因素来确定交易的价值，需要双方谈判某些标准，如多少吨大米可以交换多少台拖拉机。因此，同意"以货物代替金钱进行支付"并不是影响对等贸易的唯一障碍。用来交换的贸易商品可能还存在质量差、包装没有吸引力、推广困难、售后服务差等问题。因此，对等贸易容易导致价格、财务和质量上的失真。对等贸易及其各种变化形式都会威胁自由市场的力量，毕竟对等贸易存在保护主义和固定价格的色彩，如果不加控制，贸易关系就会无效率。

13. 12. 2　收益

基于国际贸易的现实，对于想要开展国际交易但资金有限或无法取得信用证的买家而言，对等贸易常常是必然的选择。虽然有些企业和国家反对对等贸易，但有时也只好采取对等贸易形式，期望借此创造就业机会、保持外汇储备并发展贸易关系。对等贸易有助于各国减少对营运资金的需要并带来获取对方技术能力和营销专业知识的机会。企业同样也能从中受益；企业可以借此解决不良债务、收回被冻结资金以及建立更多的客户关系。此外，接受对等贸易标志着卖家良好的信誉和经营的灵活性。因此，接受对等贸易可以为企业未来获得优先市场准入创造条件。

案例 13-2

阿里巴巴的电子魔法

通过改变全球各地企业做生意的方式，电子商务不仅使贸易变得更便利，而且使贸易成本变得更低[122]。在互联网出现之前，无论是搜寻要进口的商品，还是为产品寻找国外客户，都是颇为艰难的任务，对中小企业更是如此。那时，大多数企业主要靠次数不多的贸易展以及费钱耗神的国外出差来确定可行的商品或评估潜在的供应商。当然，交易者也可以去当地的大使馆或领事馆，以求得对出口推广的支持或进口的帮助。这一切听起来虽然简单，但实际做起来常常非常麻烦。因此，过去做国际贸易的多限于大企业，毕竟它们有实力去参加贸易展、翻译产品说明书、考察国外市场、聘请中介机构和监督出口交易链中的许多活动（见图 13-5）。

如今，互联网给了中小企业具有成本效益的方法以管理需求。借助互联网，人们可以轻松获得几乎任何市场上任何产品的信息，而且成本非常低廉。WTO 带来的贸易壁垒的减少以及诸如联邦快递、DHL、UPS 等第三方物流所提供的更为高效的服务，创造了一系列的贸易机会[123]。简单说来，互联网可以改变它所触及的任何东西。事实上，互联网已成为历史上对全球化、民主化、经济增长和教育影响最为强大的力量。不难发现，这种巨大影响力也体现在国际贸易领域。

随着针对具体国家的门户网站和在线交易市场的兴起，互联网的这种趋势正在加速。根据 eBay 在 C2C 电子商务领域的做法，一些网站也开始为国际贸易企业提供在线市场。在这些在线市场上，出口企业可以数字化展示自己的产品，并与来自世界遥远地区的潜在买家讨价还价。例如，搜寻韩国产品的进口商可以访问 www. koreatradeworld. com；要出口商品到印度的企业可以访问 www. trade-india. com；而关注欧洲市场需求的企业则只要访问 www. bizeurope. com 就可以获得高质量的贸易线索；当然，人们还可以在 www. tradekey. com 上进行全球购买。

借助这些网站以及其他类似网站，国家和地区的商业潜力可以得到宣传和提升。它们可以为大大小小的国际贸易企业提供直接服务，如出口培训、网络贸易基础建设、国际特展、虚拟商展、贸易战略等。本质上讲，它们的使命很清楚：将一个地方的买家与另一个地方的卖家连在一起。在操作层面上，它们可以提供强有力的 B2B 工具并借此来完善贸易技术，同时打造富有灵活性的动态平台。通过这一平台，那些从事从竹制牙签到工业设备几乎任何产品经营的买卖双方都可以取得联系、商量贸易条件并最终达成交易。

1. 阿里巴巴：开放的全球市场

率先开展这些变革的是阿里巴巴，一家专门向全球买家推介中国制造商的中国互联网公司。阿里巴巴由被称为"中国互联网之父"的马云于 1999 年成立，总部设在距上海南约两个小时车程的杭州。阿里巴巴的出现使得国际贸易变得更为简单、便宜和快捷。阿里巴巴的经营目标是通过帮助小企业来做大自己。马云坚信阿里巴巴的目标客户就是中小企业，而不是跨国公司。按他的话讲，阿里巴巴只是"虾米"而非"鲸鱼"。

2. 组织架构

实现这一切也是阿里巴巴的使命。作为一家英语的全球贸易网站，阿里巴巴将国外买家与中国卖家相联系。如今，阿里巴巴已是全球最大的在线 B2B 市场，其网络用户遍布全球 240 多个国家和地区。该网站建有可支持数百万名买家和卖家的社区，大家可以在这里见面、打招呼、聊天、开展在线交易等。通过开办在线的全球交易会，阿里巴巴使那些本钱不多但抱有开展进出口业务理想的"虾米"有机会走向全球市场。此外，阿里巴巴还提供企业管理软件、互联网基础服务、在线支付以及其他与出口有关的服务。

阿里巴巴的许多用户是来自各发展中国家的中小企业，遍布从乡村到大城市的广大地区。这些国家包括吉尔吉斯斯坦、塞拉利昂、秘鲁等。阿里巴巴的用户中，只有很少一部分的大公司和高科技公司，绝大多数都是技术含量低的企业，生产的主要是劳动密集型的产品，

对生产规模并不敏感。不过，阿里巴巴为它们提供了扩大市场面并实现业务增长的工具。即使是在世界任何地方的小公寓里工作，任何中小企业到了网上也完全可以成为全球化企业。

3. 运营机制

阿里巴巴的运营机制很简单：世界各地的进口企业访问阿里巴巴网站，并从数量宏大的产品列表中寻找潜力产品，就像阿里巴巴主页所附形象暗示的那样。阿里巴巴网站提供的产品分类超过 1000 种，每类下还有许多分类，而且为贸易服务提供新的渠道。在加拉加斯（Caracas）或芝加哥的经典车库的发明人在设计出某种产品后，就可以通过阿里巴巴网站在中国寻找到工厂来制造产品，并将产品包装后运送给全球各地的客户。

在操作层面上，买家可以通过阿里巴巴找到潜在的供应商，因此不再需要雇用当地的代表来与中国制造商谈判。例如，假设一家有进取心的阿根廷企业想购买 500 台 DVD 播放器，该企业可以访问 Alibaba.com，搜索到数十家潜在的供应商，了解它们的贸易条件，联系首选的供应商并就细节展开谈判，最后达成交易。Meetchina. comy 也是一家与阿里巴巴类似的电子商务网站。该网站的创始人之一说："如果我们想从中国购买 1000 辆自行车，那么其方便程度就像从亚马逊购买一本书一样[124]。"

4. 信任与透明度

一般地，进口商会担心自己遭到名不见经传的供应商的欺骗。说得更实际一点，就是如何让身在布宜诺斯艾利斯的进口商相信身在广州的供应商？随着阿里巴巴等网站越来越强调交易的透明度，买家对遭到欺诈的担心大为减少。与其他电子商务网站的用户一样，阿里巴巴的用户会发布公司的有关信息以及其他用户对供应商可靠性的评估信息。买家可以访问阿里巴巴注册用户的资料以及卖家公布的证明人以便核实情况。通过这一系列数据，阿根廷的进口商就可以多方核实潜在贸易伙伴的信誉。

阿里巴巴就是靠这一相互制衡体系而赚取收入的。阿里巴巴免费为企业及其产品在网站上的注册提供基本服务，然后从 10 万多家成员企业身上赚取收入。这些企业每年要支付几百到几千美元不等的服务费用，包括个性化网页制作、高品质的在线介绍以及优先级产品列表服务等。此外，阿里巴巴还创造了越来越多的在线广告收入。

5. 危机与变革

按照马云的解释，全球金融危机给阿里巴巴创造了从专注于中国的电子商务提供商转变为全球型网络市场的机会。马云说："在此次金融危机之前，我们所做的是帮助中国产品走向国外。现在，我们也在考虑如何帮助分布在世界各地的中小企业。"此外，马云也看到了将中国传统的产品出口模式推广到全球各地的机会。他解释说："我们希望帮助其他地方的中小企业开展国际销售，帮助它们销售到中国。我相信，在未来三年里，中国将成为全球最大的买家市场，而且中国的确需要购买这些东西[125]。"

随着危机的影响慢慢过去，阿里巴巴设定了更高的目标。现在，阿里巴巴计划打造遍布全中国的仓储网络，从而转变全国的物流经营模式。马云解释说："我希望在未来 10 年里，任何人在中国的任何地方在线订货后，八小时内就可以收到自己的商品，只要中国的所有村庄都实现虚拟城镇化。为了实现这一目标，我们首先需要建立起 21 世纪的现代化物流网络。"此外，阿里巴巴将"全球速卖通"（AliExpress）的业务扩展至包括为贸易商提供仓储、运输和物流等服务。有分析家指出，本质上"阿里巴巴希望成为另一个亚马逊[128]。"事实上，阿里巴巴一直在这样做。2012 年年底，马云指出："很可能就在明年，阿里巴巴的交易量将超过美国所有电子商务公司交易量的总和[127]。"

思考题

1. 你认为绝大多数的国际贸易最终都有可能通过如 Alibaba.com 之类的网站发生吗？它会对你开展进出口活动的兴趣有何影响？

2. 确定某件你希望进口的产品。访问 www.alibaba.com，进入高级搜索区，再输入产品名称。选择所需的条件，然后单击"搜索"。浏览符合条件的企业列表，并找出合适的卖家。这一分析过程方便、实用并且潜在价值高。

3. 确定并描述通过如阿里巴巴之类网站开展进出口的三个方面的好处和三个方面的成本。

4. 访问 www.alibaba.com、www.trade-india.com 和 www.europages.com。请分别从买家和卖家的视角比较这三家网站。

5. 根据阿里巴巴之类电子商务网站所带来的机遇以及所存在的局限性，请对计划开展进出口业务的中小企业提出三条建议。

6. 阿里巴巴等网站是如何使进出口交易变得透明的？你是否非常担心被欺诈？你会寻求哪些保障措施？

本章小结

1. 出口是指将一国企业生产的产品或服务销售给居住在另一国的客户。进口正好相反，是指一国的买家购买来自另一国卖的产品或服务。

2. 企业的出口业务：①与其规模有关但并不取决于其规模；②与诸如管理层的兴趣、生产效率、劳动力成本、研发优势等企业的具体特征有关并且常常取决于这些特征，但这里的特征与企业的规模无关。

3. 按照渐进国际化的观点，出口是一个经有目的的尝试并可能出现合理失误的渐进过程。按照这一过程，企业会先从本地市场进入地理因素与心理因素上最为相近的市场；然后，逐步进入相距遥远且相似因素少的市场。

4. 按照天生国际化的观点，有些企业在创建时就直接面向的是国际市场，即从一创办就开始做国际贸易。

5. 意外发现是指企业针对意外的出口机会积极响应，并成功拓展出口业务。

6. 服务进口不会出现非居民向本地居民转移所有权的情况。

7. 国际贸易所能带来的宏观以及微观经济利益会促使政府对那些潜在的以及现有的出口企业提供帮助。

8. 出口企业既可能直接与国外市场的代理商或分销商开展出口，也可能间接地通过第三方中介，如出口管理公司或其他贸易公司，进行出口。

9. 贸易公司有许多职责，包括定期为那些缺少进出口专业知识的顾客解决问题。

10. 作为国际贸易企业的代理机构，货运代理主要负责监督将货物运送给国外买家。

11. 第三方物流可以帮助贸易商了解当前形势、明确机会与风险并提高物流效率。

12. 对等贸易是指所交易的任一产品的付款都不使用现金或信用证。

关键术语

天生国际化	出口	进口	意外发现
对等贸易	出口中介	渐进式国际化	中小企业
报关行	出口计划	间接出口	第三方物流
直接出口	货运代理		

参考文献

1 *Sources include the following:* Case developed based on profiles of company management, company activities, and country profiles reported at www.export.gov; United States International Trade Administration; United States Census Bureau, *Profile of U.S. Exporting Companies,* at www.census.gov/foreign-trade/aip/edbrel-0203.pdf; *Small & Medium-Sized Exporting Companies: Statistical Overview,* tse.export.gov/EDB/SelectReports.aspx?DATA=ExporterDB. SpinCent represents the reported experiences of active exporters as well as the observations expressed by their management. In particular, please visit www.export.gov/articles/successstories/eg_success_story_021417.asp for an overview of the source documents.

2 The Ex-Im Bank is the official export-credit agency of the United States. It help create and maintain U.S. jobs by financing the sales of U.S. exports, primarily to emerging markets, providing loan guarantees, export-credit insurance, and direct loans.

3 "WTO Releases 2011 Trade and Tariff Data," retrieved December 18, 2012 from www.wto.org/english/news_e/news12_e/stat_23oct12_e.htm.

4 Joe Dermody, "Emerging Markets Play Growing Role in Exports Growth," *Irish Examiner,* December 4, 2012.

5 "A Profile of U.S. Importing and Exporting Companies, 2009 – 2010," U.S. Department of Commerce, retrieved April 24, 2013, from www.census.gov/foreign-trade/Press-Release/edb/2010/edbrel.pdf.

6 Ibid.

7 Francisco Sánchez, "No Better Export: Higher Education - Commentary - The Chronicle of Higher Education," retrieved May 3, 2011, from chronicle.com/article/No-Better-Export-Higher/126989; John Siegmund, "Higher Education Shows a Big Trade Surplus for the United States, International Trade Administration," retrieved May 15, 2013, from trade.gov/press/publications/newsletters/ita_0909/higher_0909.asp.

8 Tamara Baluja, "Canada Must Attract Foreign Students to Fuel Innovation, Drive Economy," *The Globe and Mail,* August 14, 2012.

9 John H. Dunning, "The Eclectic Paradigm of International Production: Some Empirical Tests," *Journal of International Business Studies* (Spring 1988): 1–31.

10 "A Profile of U.S. Importing and Exporting Companies, 2009–2010."

11 "A Profile of U.S. Importing and Exporting Companies, 2009–2010"; USITC, "Small and Medium-Sized Enterprises: Overview of Participation in U.S. Exports," January 2010; USITC, "Small and Medium-Sized Enterprises: U.S. and EU Export Activities, and Barriers and Opportunities Experienced by U.S. Firms," July 2010.

12 Hernan Roxas, Vai Lindsay, Nicholas Ashill, and Antong Victorio, "Institutional Analysis of Strategic Choice of Micro, Small, and Medium Enterprises: Development of a Conceptual Framework," *Singapore Management Review* 30.2 (July–Dec 2008): 47; Nancy Ku, "SMEs Look to Non-traditional Lenders," *China Brief,* American Chamber of Commerce in China (March 2009).

13 S. Cavusgil and S. Zou, "Marketing Strategic Performance Relationship," *Journal of Marketing* (1994); J. Meran and A. Moini, "Firm's Export Behavior," *American Business Review* (1999): 86.

14 D. Greenway, J. Gullstrand, and R. Kneller, "Exporting May Not Always Boost Firm Productivity," *Review of World Economics,* 4 (December 1, 2005): 561–82.

15 L. Yun, "Determinants of Export Intensity and FDI Presence: Case of Manufacturing Industries of Guangdong Province, the People's Republic of China," *International Journal of Logistics Systems and Management* (2006): 230–54.

16 B. Aw, M. Roberts, D. Xu, "R&D Investment, Exporting, and Productivity Dynamics," retrieved December 18, 2012, from www.econ.psu.edu/~mroberts/arxmarch2010.pdf.

17 D. Crick, "UK SMEs' Motives for Internationalizing: Differences between Firms Employing Particular Overseas Market Servicing Strategies," *Journal of International Entrepreneurship* (2007): 11–23, retrieved May 15, 2011.

18 Coffee & More, LLC, retrieved May 15, 2011, from www.export.gov/articles/successstories/eg_success_story_022775.asp.

19 Certified Worldwide LLC, retrieved May 15, 2011, from www.export.gov/articles/successstories/eg_success_story_020902.asp.

20 A. Bernard and B. Jensen, "Exceptional Exporter Performance: Cause, Effect, or Both?" retrieved December 18, 2012, from www.nber.org/papers/w6272.

21 Elena Golovko and Giovanni Valentini, "Exploring the Complementarity Between Innovation and Export for SME's Growth," *Journal of International Business Studies,* 42: 362–80, 2011.

22 Domes International, retrieved May 15, 2011, from www.export.gov/articles/successstories/eg_success_story_021027.asp.

23 USITC, "Small and Medium-Sized Enterprises: Overview of Participation in U.S. Exports," January 2010; USITC, "Small and Medium-Sized Enterprises: U.S. and EU Export Activities, and Barriers and Opportunities Experienced by U.S. Firms," July 2010.

24 "Jarden Zinc Products of Tennessee," retrieved December 17, 2012, from export.gov/articles/successstories/eg_main_035140.asp.

25 "Hey Big Spenders," *The World in 2012, The Economist,* retrieved December 22, 2012 from www.economist.com/theworldin/2012.

26 "Global Development Horizons 2011—Multipolarity: The New Global Economy," *The World Bank,* retrieved May 30, 2011, from web.worldbank.org/wbsite/external/extdec/extdecprospects/extgdh/0,,menupk:7933477~pagepk:64167702~pipk:64167676~thesitepk:7933464,00.html.

27 Hans Gemunden, "Success Factors of Export Marketing: A Meta-Analytic Critique of the Empirical Studies," in *New Perspectives on International Marketing,* (Ed.) S. Paliwoda (London: Routledge, 1991): 33–62; Julia Armario, David Ruiz, and Enrique Armario, "Market Orientation and Internationalization in Small and Medium-Sized Enterprises," *Journal of Small Business Management* (October 2008): 485.

28 "Schumpeter: The Case against Globaloney," *The Economist* (April 23, 2011): 72.

29 Analytical Graphics, Inc., Profile at export.gov, retrieved December 15, 2012, from export.gov/articles/successstories/eg_main_033668.asp.

30 Paul Westhead, Mike Wright, and Deniz Ucbasaran, "International Market Selection Strategies Selected by 'Micro' and 'Small' Firms," *Omega* (February 2002): 51.

31　McKinsey & Co. (1993), "Emerging Exporters: Australia's High Value-added Manufacturing Exporters," Melbourne: Australian Manufacturing Council, retrieved May 17, 2011, from catalogue.nla. gov.au/Record/2621131.

32　Examples cited in T. Koed Madsen and P. Servais, "The Internationalization of Born Globals: An Evolutionary Process?" *International Business Review* (1997): 561–83.

33　O. Moen, R. Sorbeim, and T. Erikson. "Born Global Firms and Informal Investors: Examining Investor Characteristics," *Journal of Small Business Management* (October 2008): 536.

34　Evertek Computer Corp., retrieved May 15, 2011, from www.export. gov/articles/successstories/eg_success_story_021490.asp.

35　Ibid.

36　Ibid.

37　Country percentages calculated from data reported at: U.S. International Trade In Goods and Services (www.census.gov/ foreign-trade/statistics/historical/), 1992: U.S. trade in goods with China, (www.census.gov/foreign-trade/balance/c5700.html#1992), and 1992: U.S. trade in goods with Mexico (www.census.gov/ foreign-trade/balance/c2010.html).

38　Small & Medium-Sized Exporting Companies: Statistical Overview, 2010, International Trade Administration, retrieved December 15, 2012, from www.trade.gov/mas/ian/smeoutlook/index.asp#P44_5045; USITC, "Small and Medium-Sized Enterprises: Overview of Participation in U.S. Exports," January 2010; USITC, "Small and Medium-Sized Enterprises: U.S. and EU Export Activities, and Barriers and Opportunities Experienced by U.S. Firms," July 2010.

39　Daniel Sullivan and Alan Bauerschmidt, "Incremental Internationalization: A Test of Johanson and Vahlne's Thesis," *Management International Review* (1990): 19–30.

40　Some folks object to the abrasives, flavors, tartar-control agents, and bleaches found in mass-market toothpaste.

41　Mark Stein, "Export Opportunities Aren't Just for the Big Guys," *New York Times* (March 24, 2005): C1.

42　Vellus Products, retrieved May 15, 2011, from www.export.gov/articles/ successstories/eg_main_020763.asp.

43　Adapted from *A Basic Guide to Exporting*, 10th edition (Washington, D.C.: Commerce Dept., International Trade Administration, 2011).

44　Mark Stein, "Export Opportunities Aren't Just for the Big Guys," *New York Times* (March 24, 2005): C1.

45　In 2007, for example, an estimated 85 percent of foreign sales by large firms were conducted through foreign affiliates of U.S. firms, versus approximately 16 percent of foreign sales conducted via direct exports; Source: "Small and Medium-Sized Enterprises: Overview of Participation in U.S. Exports."

46　"Small and Medium-Sized Enterprises: Characteristics and Performance," United States International Trade Commission, Investigation No. 332-510, USITC Publication 4189, November 2010.

47　Jiang Jingjing, "Walmart's China Inventory to Hit US $18B this Year," *China Business Weekly*, retrieved November 29, 2004, from www.china-daily.com.cn/english/doc/2004–11/29/content_395728.htm.

48　Anna Thomas and Susan Bridgewater, "Internet and Exporting: Determinants of Success in Virtual Export Channels," *International Marketing Review* 21:4 (2004): 393.

49　Merlin Bettina, "Internet Marketing in Exports—A Useful Tool for Small Businesses," *Small Enterprise Development* (December 2004): 38.

50　Analytical Graphics, Inc., Profile at export.gov, retrieved Saturday, December 15, 2012 from export.gov/articles/successstories/eg_main_033668.asp.

51　Pascal-Emmanuel Gobry, "Asian Scalpers Are Wiping Out Apple's Supply Of iPad 2s In New York," retrieved May 31, 2011, from www. businessinsider.com/ipad-scalpers-new-york-2011-3.

52　Andrew Bernard, Bradford Jensen, and Peter Schott, "Importers, Exporters, and Multinationals: A Portrait of Firms in the U.S. that Trade Goods," NBER Working Paper No. 11404, June 2005.

53　"A Profile of U.S. Importing and Exporting Companies, 2009–2010," U.S. Department of Commerce, retrieved April 24, 2013, from www. census.gov/foreign-trade/Press-Release/edb/2010/edbrel.pdf; Statistical Overview, 2009, U.S. International Trade Administration, retrieved May 12, 2011 from www.trade.gov/mas/ian/smeoutlook/ tg_ian_001925.asp.

54　Andrew Bernard, Bradford Jensen, and Peter Schott, "Importers, Exporters, and Multinationals: A Portrait of Firms in the U.S. that Trade Goods," NBER Working Paper No. 11404, June 2005.

55　Based on exchange rates of yuan to dollar of 0.154/$1 as of May 6, 2011.

56　Arguably, an unrealistic assumption but one that we make for the sake of convenience.

57　"Table 1: Civilian workers, by Major Occupational and Industry Group," *U.S. Bureau of Labor Statistics*, retrieved May 9, 2011, from www.bls.gov/news.release/ecec.t01.htm.

58　"How much would the iPad 2 Cost if it was made in the U.S.A?" Stone Street Advisors, retrieved May 9, 2011, from stonestreetadvisors. com/2011/05/06/how-much-would-the-ipad-2-cost-if-it-was-made-in-the-u-s-a; Andrew Rassweiler, "iPad 2 Carries Bill of Materials of $326.60, IHS iSuppli Teardown Analysis Shows," retrieved May 9, 2011, from www.isuppli.com/teardowns/news/pages/ipad-2-carries-bill-of-materials-of-$326-60-ihs-isuppli-teardown-analysis-shows.aspx.

59　J. Laurie Flynn, "Poor Nations Are Littered with Old PC's, Report Says," *New York Times* (October 24, 2005): C2.

60　"Africa Waste Trade," retrieved May 4, 2011, from www1.ame rican.edu/ TED/oauwaste.htm; Estimates for developed economies taken from Hazardous Waste Disposal, www.uos.harvard.edu/ehs/environmental/ hw_faq_answers.shtml; Leslie Kaufman, "A Green Way to Dump Low-Tech Electronics," *New York Times* (June 30, 2009).

61　Helen Baulch, "Error: Dumping Does Not Compute," *Alternatives Journal* (Summer 2002): 2.

62　"Electronic Waste in Guiyu" *Wikipedia*, retrieved December 22, 2012 from en.wikipedia.org/wiki/Electronic_waste_in_Guiyu.

63　Elisabeth Rosenthal, "Recycled Battery Lead Puts Mexicans in Danger," NYTimes.com, retrieved December 23, 2012 from www.nytimes. com/2011/12/09/science/earth/recycled-battery-lead-puts-mexicans-in-danger.html?pagewanted=all&_r=0.

64　Reported by Karl Schoenberger, "E-Waste Ignored in India," *Mercury News*, retrieved May 4, 2011, from www.ban.org/ban_news/ ewaste_ ignored_031228.html.

65　Matthew Khan, "Environmental and Urban Economics: October 2005," retrieved February 25, 2013, from greeneconomics.blogspot. com/2005_10_01_archive.html.

66　"After Dump, What Happens to Electronic Waste?" *NPR*, retrieved April 19, 2011, from www.npr.org/2010/12/21/132204954/ after-dump-what-happens-to-electronic-waste.

67　Helen Baulch, "Error: Dumping Does Not Compute," *Alternatives Journal* (Summer 2002): 2.

68　"The Digital Dump: Exporting Reuse and Abuse to Africa," *Basel Action Network*, retrieved May 4, 2011, from www.ban.org/ banreports/10-24-05/index.htm.

69　Basel Action Network, retrieved May 5, 2007, from www.ban.org/ index.html; Flynn, "Poor Nations Littered with Old PCs."

70　"E-Waste Importers," *Hazardous Waste Superfund Week* (December 23, 2002).

71　"Where Does E-Waste End Up?" retrieved May 4, 2011, from www.greenpeace.org/international/campaigns/toxics/electronics/ where-does-e-waste-end-up.

72　Kaufman, "A Green Way to Dump Low-Tech Electronics"; "The Politics of E-waste: A Cadmium Lining," *The Economist*, (January 26, 2013): 56.

73　See "Secretariat of the Basel Convention, Competent Authorities," retrieved March 26, 2009, from www.basel.int. By definition, a

"Competent Authority" means one governmental authority designated by a Party to be responsible within such geographic areas as the Party may think fit, for receiving the notification of a transboundary movement of hazardous wastes or other wastes, and any information related to it, and for responding to such a notification. Also, see en.wikipedia.org/wiki/Basel_Convention.

74 *Small & Medium-Sized Exporting Companies: Statistical Overview,* tse.export.gov/EDB/SelectReports.aspx?DATA=ExporterDB.

75 L. Leonidou, "An Analysis of the Export Barriers Hindering Small Business Export Development," *Journal of Small Business Management* (2004): 279–302; Martina Battisti and Martin Perry, "Creating Opportunity for Small-firm Exporters through Regional Free Trade Agreements: A Strategic Perspective from New Zealand," *Australasian Journal of Regional Studies* (2008): 275–86.

76 OECD, OECD-APEC paper on removing barriers to SME access to international market (2006). See also Alan Bauerschmidt, Daniel Sullivan, and Kate Gillespie, "Common Factors Underlying Barriers to Export Studies in the U.S. Paper Industry," *Journal of International Business Studies,* 16:3 (1985): 111–23.

77 "Congress Pushes More Export Financing for Small Business," *Associated Press* (September 5, 2006).

78 John Kerr, "Exporters Need to Connect with Customers," *Logistics Management* (March 1, 2006): 41.

79 O'Gorman, C. (2000), "Strategy and the Small Firm," In S. Carter and D. Jones-Evans (Eds.), *Enterprise and Small Business: Principles, Practice, and Policy* (Harlow: Prentice Hall, FT Pearson).

80 "A Profile of U.S. Importing and Exporting Companies, 2009–2010."

81 Spectra Colors of NJ, retrieved May 15, 2011, from www.export.gov/articles/successstories/eg_success_story_023038.asp.

82 Banerjee, "REACH-Like Regulations Enacted Globally: A Regulatory World Tour," ICIS Chemical Business, May 26, 2010 (accessed June 25, 2010). For a more detailed information about REACH, see European Chemicals Agency Helsinki, "About Reach," (accessed June 25, 2010); European Commission, Enterprise and Industry, Chemicals, "REACH: Registration, Evaluation, Authorization and Restriction of Chemicals," (accessed June 25, 2010).

83 U.S. Trade Representative, 2010 National Trade Estimate Report on Foreign Trade Barriers, 2010.

84 U.S. Department of Commerce, International Trade Administration, "Country Commercial Guide: Thailand," February 18, 2008, 64.

85 U.S. Trade Representative, 2010 National Trade Estimate Report on Foreign Trade Barriers, 2010.

86 WTO, Trade Policy Review: India, April 18, 2007, 147.

87 "China to Amazon Re: Kindle Store: Not So Fast," DBW, retrieved December 17, 2012, from www.digitalbookworld.com/2012/china-to-amazon-re-kindle-store-not-so-fast/.

88 Kerr, "Exporters Need to Connect with Customers."

89 "Schumpeter: The Case against Globaloney," *The Economist* (April 20, 2011): 52.

90 "Exporters Hit by Air Freight Restrictions" *Telegraph,* retrieved December 21, 2012 from www.telegraph.co.uk/finance/yourbusiness/8860814/Exporters-hit-by-air-freight-restrictions.html.

91 "A 'Green Zone' for Firms in Ciudad Juárez: Business on the Bloody Border," *The Economist,* retrieved December 22, 2012 from www.economist.com/node/21540262; "Canada and the United States: The Border Two-step," *The Economist,* retrieved December 22, 2012 from www.economist.com/node/21541421.

92 Incoterms are the rules for the division of cost and risk in international sales transactions. They set three-letter standard trade terms that are commonly used in international sales contracts that help exporters avoid disputes with customers by specifying each party's responsibilities.

93 The commercial invoice, for instance, contains information such as the country of origin, the port of entry to which the merchandise is destined, information on the importer and exporter, a detailed description of the merchandise, including its purchase price, and the currency used for the sale.

94 "A Profile of U.S. Importing and Exporting Companies, 2009–2010."

95 Ibid.

96 Ibid.

97 Ibid.

98 Analytical Graphics, retrieved January 15, 2013, from export.gov/articles/successstories/eg_main_033668.asp.

99 "Garmin Marine Navigation GPS Units Navigate Turkish Customs," retrieved January 15, 2013, from export.gov/articles/successstories/eg_main_046466.asp.

100 Japan, for instance, relies on several offices, such as the Small and Medium Enterprise Agency, the Agency of Industrial Science and Technology, and the Ministry of International Trade and Industry. The latter, often referred to as MITI, develops policies and provides assistance to help Japanese companies trade.

101 Lee Li, "Joint Effects of Factors Affecting Exchanges Between Exporters and Their Foreign Intermediaries: An Exploratory Study," *Journal of Business & Industrial Marketing* (February–March 2003): 162–78. Trade intermediaries help navigate complex homeland security concerns. Increasing government regulation regarding what can be shipped where and to whom has prolonged border delays.

102 See U.S. Department of Commerce, *Guide to Exporting, 1998,* p. 20; Philip MacDonald, Practical Exporting and Importing, 2nd edition (New York: Ronald Press, 1959): 30–40.

103 Courtney Fingar, "ABCs of EMCs," The Federation of International Trade Associations (July 2001); Nelson T. Joyner, "How to Find and Use an Export Management Company," retrieved May 9, 2007, from www.fita.org/aotm/0499.html.

104 Geoffrey G Jones, *The Multinational Trader* (Routledge International Studies in Business History, 1998).

105 "Basic Question: To Export Yourself or to Hire Someone to Do It for You?" *Business America* (April 27, 1987): 14–17.

106 Because a practical discussion of importing procedures in every trading country of the world is impossible within this chapter, we focus on the matter of importing to the United States. We note that although U.S. import requirements and procedures provide a sufficient base for judging situations in other countries, a company must assess the importing regulations at play in those countries that it plans to engage. For an organizational chart of the U.S. Customs Bureau, including a roster of specific responsibilities, go to the home page of the U.S. Bureau of Customs and Border Protection, www.customs.ustreas.gov.

107 International Bank/World Bank, "Doing Business in 2007."

108 U.S. Department of the Treasury, U.S. Customs Service, *Importing into the United States* (Washington, DC: U.S. Government Printing Office, September 1991).

109 U.S. Department of Commerce, *Guide to Exporting* (Washington, DC: U.S. Government Printing Office, 1998): 63.

110 Certified Worldwide LLC, retrieved May 4, 2011, from www.export.gov/articles/successstories/eg_success_story_020902.asp.

111 Richard Armstrong, "The Top 40 3PLs 2010," *Logistics Quarterly Magazine* (2011).

112 Quote from CEO Robert Allen, Coffee & More, LLC, retrieved May 15, 2011, from www.export.gov/articles/successstories/eg_success_story_022775.asp.

113 Analytical Graphics, Inc., Profile at export.gov, retrieved December 15, 2012 from export.gov/articles/successstories/eg_main_033668.asp.

114 Benson Smith and Tony Rutigliano, *Discover Your Sales Strengths* (New York: Warner Business Books, 2003).

115 Julie Sloane, Justin Martin, and Alessandra Bianchi, "Small

Companies That Play Big," *FSB Magazine* (November 1, 2006), quoting Ram Iyer.

116 Justin Lahart, "For Small Businesses, Big World Beckons," *WSJ.com*, retrieved January 27, 2011, from online.wsj.com/article/SB10001424052748703951704576092010276714424.html?mod=WSJ_hp_MIDDLENexttoWhatsNewsFifth.

117 Gary Hamel, *What Matters Now: How to Win in a World of Relentless Change, Ferocious Competition, and Unstoppable Innovation* (Wiley, 2012).

118 Javier Blas, "Nations Turn to Barter Deals to Secure Food," *Financial Times*, retrieved March 11, 2009, from www.ft.com/cms/s/0/3e5c633c-ebdc-11dd-8838-0000779fd2ac.html; Dan West, "Countertrade—An Innovative Approach to Marketing," retrieved May 15, 2007, from www.barternews.com/approach_marketing.htm. On a more exotic note, Pepsi-Cola, which has the marketing rights for all Stolichnaya Vodka in the United States, delivers syrup that is paid for with Stolichnaya Vodka. In addition, early on, Pepsi took delivery of 17 submarines, a cruiser, a frigate, and a destroyer from the Russian government in payment for Pepsi products. In turn, Pepsi sold its "fleet" of 20 naval vessels for scrap steel, thereby paying for the Pepsi products sent to the Soviet Union.

119 V. S. Rama Rao, "Counter Trade," retrieved May 23, 2011, from www.citeman.com/2390-counter-trade.

120 One can divide countertrade into two classes: barter, based on clearing arrangements used to avoid money-based exchange; and buybacks, offsets, and counter purchases, which are used to impose reciprocal commitments between the various parties.

121 Dan West, "Countertrade—An Innovative Approach to Marketing," retrieved March 12, 2009, from BarterNews.com; "Counter trade," Wikipedia, retrieved December 20, 2012 from en.wikipedia.org/wiki/Counter_trade.

122 **Sources include the following:** Various sources at www.Alibaba.com; Forbes Global (April 25, 2005): 30; TradeStats Express, retrieved July 1, 2009, from tse.export.gov; John Heilemann, "Jack Ma Aims to Unlock the Middle Kingdom," *Business 2.0 Magazine*, (July 31, 2006); Jack Ma, "China Discovers Its Future," *International Herald Tribune* (December 17, 2008); "Alibaba Prepares for Global Expansion," *Financial Times* (January 19, 2009); "News on Alibaba.com, Business, Price Watch, Finance, Industry, Trade," retrieved December 21, 2012 from news.alibaba.com/; "China's Alibaba Group Q2 Net Profit Doubles: SEC Filing, Yahoo!, accessed December 21, 2012, ca.news.yahoo.com/chinas-alibaba-group-q2-net-profit-doubles-sec-043933703--sector.html; "Alibaba reaches 1 trillion RMB ($157B) in sales to become biggest e-commerce company in the world, VentureBeat, accessed December 24, 2012, venturebeat.com/company/alibaba/.

123 The U.S. Small Business Administration estimates that the number of small companies exporting products tripled from 1994 through 2004. In terms of monetary flows, the value of exports from the United States grew from $731 billion in 2001 to $1.03 trillion in 2006, while imports grew from $1.14 trillion to $1.9 trillion.

124 "Fast as a Rabbit, Patient as a Turtle," *Forbes.com*, retrieved February 25, 2013 from www.forbes.com/forbes/2000/0717/6602074a_print.html.

125 "Alibaba Prepares for Global Expansion," *Financial Times*, retrieved February 25, 2013 from news.alibaba.com/article/detail/alibaba/100057556-1-alibaba-prepares-global-expansion.html.

126 "Alibaba wields its pricing power," *Asia Times Online*, retrieved February 17, 2011, from www.atimes.com/atimes/China_Business/MB18Cb01.html.

127 "Jack Ma," *Times of India*, retrieved December 21, 2012 from timesofindia.indiatimes.com/topic/Jack-Ma/quotes/.

第 14 章

直接投资与合作策略

> 打不赢，就入伙；识时务，为俊杰。
>
> ——美国谚语

本章目标

通过本章学习，应能：

1. 解释企业为何采用出口以外的方式来更为有效地开展国际商务运作。
2. 理解企业为什么以及如何进行对外直接投资。
3. 把握管理者在国际商务中采用合作协议的主要动机。
4. 比较合作协议的主要类型。
5. 描述在与其他企业签订国际协议时需要考虑的因素。
6. 掌握导致合作协议成败的原因。
7. 了解企业应该如何管理各种合作协议。
8. 明白为何随着项目规模和复杂性的增加，企业需要更多的未来合作。

案例 14-1

美利亚酒店集团

（菲德尔·乐奥-达克和克里斯提娜·维娜）

"愿上帝保佑睡眠的发明者。"

（米格尔·德·塞万提斯·萨维德拉，《堂吉诃德》）

经过 13 个小时的飞行后，李凤从北京抵达伦敦。这是她完成 MBA 学位后的首次出差，也是她首次离开中国[1]。当她走进美利亚白宫（Meliá White House）的房间，她感到很累，只想洗个澡，好好享受一下酒店房间的舒适和设施。然而，首次出国的兴奋让她无法立刻入睡，所以开始细读床头桌上那份精美的酒店指南。结果，她惊讶地发现，她住的酒店竟然是西班牙的企业，而且从繁华的大城市（适合商务人士）到四周满是棕榈树和茂盛植被的原生态沙滩（适合旅游者），美利亚在全球各地有 350 家酒店。

自然，她的目光被吸引到盖布里埃尔·伊斯卡雷（Gabriel Escarré）的那张小小的黑白照片上。盖布里埃尔·伊斯卡雷于 1956 年创建了连锁店。21 岁那年，他在马略卡岛（Majorca）租下了第一家酒店，靠的是存款以及在旅行社工作时积累的经验。李凤对美利亚如何在全球酒店业中发展成今天的规模感到好奇。她慢慢入睡，梦见自己在美利亚的沙滩酒店度假。不过，她醒来后感兴趣的仍然是伊斯卡雷是如何开创出他的事业的。在接下来的五天时间里，她由于工作很忙，只能挤出一点时间去欣赏风景，然后就飞回了北京。尽管受时差的影响，但她第二天就开始上班，抓紧处理堆在办公桌上的文件。利用休息时间，李凤对美利亚酒店做了一些调查。以下就是她通过调查所了解到的信息。

1. 在西班牙的发展

盖布里埃尔·伊斯卡雷将他的第一家酒店建在马略卡岛，这并不稀奇，因为大部分创业者都是在相似的环境下开始创业的。他选择的时机非常好——当时欧洲人的收入在增加，而且跟团旅游在阳光爱好者中越来越受欢迎。最重要的是，伊斯卡雷表现出了很强的酒店管理能力以及想要把酒店做大的雄心。他收购了西班牙巴利阿里群岛（Balearic）和加那利（Canary）群岛上的相关资产，酒店集团先是起名为马略齐内酒店（Hoteles Mallorquines），随后改为太阳酒店（Hoteles Sol），然后改成太阳美利亚酒店（Sol-Meliá），直到现在还有很多人这么称呼，最后，在 2011 年确定为美利亚酒店集团（Meliá Hotels International）。酒店最早的客户群体是爱好沙滩的游客。1982 年，也就是首次进军海外市场的三年前，美利亚决定建造面向商务旅游人士的城市酒店。

1984 年，酒店仍被叫作太阳酒店的时候，太阳酒店就收购了哈达莎酒店集团（Hotasa）旗下的 32 家酒店。哈达莎酒店集团是西班牙的一家连锁酒店，由于其控股公司卷入一起庞大的欺诈案，导致哈达莎酒店集团的管理权被政府收购。在太阳酒店收购了哈达莎酒店集

团之后，并没有采用哈达莎酒店集团的名字。随着太阳酒店进入西班牙的更多城市，哈达莎酒店集团重新采用太阳酒店的名称。三年后，太阳酒店向意大利帕雷蒂酒店集团（Paretti）收购了美利亚。从长远来说，这个举措扩大了太阳酒店的客户群范围，毕竟太阳酒店集团下的酒店是 3~4 星级的沙滩酒店，而美利亚酒店集团则是 4~5 星级的城市酒店。2000 年，美利亚与另外一家西班牙连锁酒店 TRYP 合并，因此在西班牙多了 45 家酒店。美利亚酒店集团现在是西班牙最大的经营酒店的集团，同时，西班牙也是美利亚酒店集团最大的经营所在国。

2. 国际扩张

尽管西班牙对于美利亚的发展意义重大，但是美利亚 80% 的收入都来自国际运营。一些国际扩张来自前面提到过的企业合并，如美利亚将在美洲和欧洲的酒店经营业务整合成太阳投资集团，与 TRYP 签订的合同包含了 8 个在突尼斯的酒店租赁协议以及 3 个在古巴的酒店管理合同。美利亚利用 1999 年在伦敦购买的白宫以及 2007 年在德国购买的旅馆来支持其在欧洲城市的经营扩张。

在西班牙经营获得经验和专业知识后，美利亚集团在印度尼西亚设立了第一家合资酒店美利亚巴厘（Meliá Bali），这也是美利亚集团国际扩张的起步。其中经历了很长又很复杂的过程，当时美利亚集团很难找到当地的供应商，还碰到组织工作以及从马略卡岛运送物资的进口问题。不久后，美利亚集团将重点放在拉丁美洲，但最后强调了其他地区（图 14-1 绘制了按地区分布的扩张情况）。下面通过分析某些主要的进入地区来介绍美利亚采用的不同经营模式。

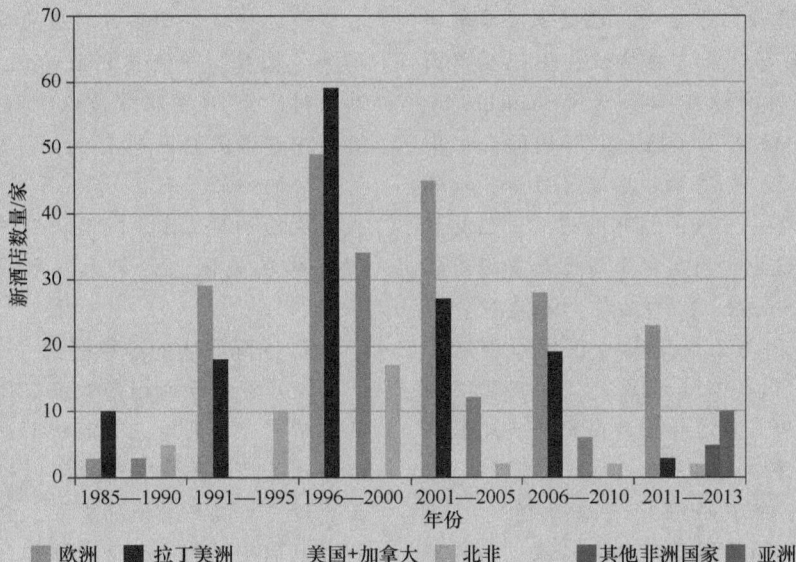

图 14-1 按地区和年份统计的美利亚酒店集团在国外新开的酒店数量

（1）古巴。就酒店的数量来说，美利亚在古巴有 26 家连锁酒店，从而使古巴成为美利亚最大的国外经营所在国。但是，美利亚集团并不拥有古巴酒店的所有权，毕竟古巴的中央集权经济不准许外国的酒店集团拥有完全所有权。因此，美利亚要像其他外资连锁酒店一样，与掌握产权的政府机构达成协议。美利亚的协议是为了能够管理古巴蓝卡酒店集团（Cubanacan）旗下的酒店。

在古巴经营连锁酒店延缓了美利亚打入美国市场的进程。这是因为美国政府限制企业与古巴有生意往来，如那些管理被古巴政府征用的曾经为美国公民资产的企业（参见第 5 章的案例 5-2）。美利亚在进入美国市场之前，必须证明它旗下所管理的酒店并非被征用的美国公民的资产。目前，美利亚在美国已开办了两家酒店。

（2）中国。尽管美利亚有超过 25 年的国际扩张经验，但它在亚洲的扩张进程依旧停滞不前。截至 2010 年，美利亚在亚洲仅有几家连锁酒店。建设投资达 1.8 亿欧元的上海美利亚大酒店（Gran Meliá Shanghai）是中国开办最早的西班牙酒店，即使中国一直是许多国际连锁酒店的重点发展市场。这些国际连锁酒店包括凯悦（Hyatt）、万豪（Marriott）、丽笙（Radusson）以及中国最大的锦江连锁酒店。出现这种反常现象并不是因为西班牙的连锁酒店集团不了解中国市场的发展潜力。事实上，早在 10 年前，企业就开发了很多酒店项目以占领中国市场。然而，西班牙巴瑟罗酒店集团（Barcelo Hotels）的失败经历让其他西班牙连锁酒店集团对于在中国的扩张计划望而却步。

作为美利亚的主要竞争对手之一，巴瑟罗酒店集团在 2000 年与中国一家国有企业达成协议，由巴瑟罗酒店集团负责管理上海国际会议中心酒店（Shanghai International Convention Center & Hotel）。上海国际会议中心酒店是一家五星级酒店，拥有豪华客房 270 套，毗邻亚洲最著名的广播电视塔——东方明珠电视塔。巴瑟罗酒店集团把上海国际会议中心酒店以上海巴瑟罗酒店集团（Barcelo Gran Hotel Shanghai）的名称纳入其投资组合，毕竟巴瑟罗酒店集团与上海国际会议中心酒店有 10 年的管理合同协议。但令人意外的是，在巴瑟罗酒店集团负责管理 8 个月后而且在 6 个月内重新实现盈利时，双方合作出现问题并终止。

2009 年，美利亚打破了西班牙酒店集团的"诅咒"，与中国企业签订了 10 年的管理合同协议，而且期满后可以续约 10 年。凭借与古巴蓝卡酒店集团长达 20 年的良好合作经验，美利亚进军中国市场变得更为容易了，古巴蓝卡酒店集团与中国企业新天集团（Suntime）共同拥有上海新天哈瓦那大酒店的所有权。然而，要与中国企业达成协议并不是一件容易的事。从开始谈判到酒店正式营业，前后大概花了 5 年的时间。

紧接着，美利亚宣布了与锦江和房地产企业绿地的合作管理计划。按照合作管理计划的内容，双方共同管理之前采取单独管理的六家酒店。这样，中国的合作伙伴可以把经营业务拓展到美利亚在德国、西班牙及法国的三家酒店，而美利亚则合作管理在中国三个城市的酒店。合作双方共享知识和管理经验，并对培训、信息以及预订系统进行开发和整合。美利亚希望通过这样的方法来深入了解中国消费者，借此提升在中国扩张的能力。

（3）与温德姆酒店集团的合作关系。2010 年，美利亚与温德姆酒店集团（Wyndham）签订了协议。美利亚的目的主要是利用温德姆酒店集团对市场的了解以及在作为潜在投资者的开发商中的声誉来推进美利亚在北美洲的扩张。（温德姆酒店集团是全球规模最大的酒店集团，在 50 多个国家拥有 15 个品牌和 6900 家酒店。）通过这一协议，美利亚将其 TRYP 品牌卖给温德姆酒店集团，但不包括酒店的建筑。进入交易的酒店共有大约 13000 个房间，而且温德姆酒店集团将它们重新挂上 TRYP 的品牌。这样，美利亚成为温德姆酒店集团的特许经营公司，所有 TRYP 品牌下的酒店都可以利用温德姆酒店集团的品牌经营 20 年。通过增加在欧洲和拉丁美洲中端市场品牌酒店的预订量，温德姆酒店集团增加了收入，即使美利亚的预订系统中也包括这些酒店。对于 2010 年双方协议中所涉及的酒店，美利亚拥有其中 6 家酒店的所有权，租用的酒店有 49 家，采用管理合同的酒店有 24 家，另有 12 家酒店以特许经营形式再次授予其他方。随后，温德姆酒店集团的 TRYP 品牌陆续在美国、加拿大、土耳其以及哥伦比亚开始经营。

3. 国际酒店的经营模式

酒店业属于所谓的软服务行业，因为其生产与消费具有不可分离的特点。酒店企业的海外业务生产的是服务而不是产品出口和进口。因此，酒店企业的海外经营需要适应并满足当地的需求。更进一步而言，旅客常常希望他们所住酒店的氛围具有当地国家的文化气息。与此同时，他们也希望能享受到任何品牌酒店应该提供的标准的服务和便利设施。

酒店业也有一些独一无二的特征，如投资成本高、可以通过管理合同使所有权与经营权相分离等。因此，酒店企业可以有多种经营模式可选，尤其当采用第三方来管理酒店并提供全部或部分必要的酒店服务时。

为了便于分类酒店的经营模式，有必要考虑连锁酒店对国外经营业务的控制程度。这种控制包括四个并不相互排斥的维度：

(1) 酒店的日常经营活动，如人员的招聘和调度以及日常用品的采购。

(2) 有形资产（主要为拥有所有权的财产及其维护）。

(3) 酒店的作息规律以及无形要素，如达成效率与效益的文化和制度。

(4) 程式化资产，如酒店的品牌和预订系统。

管理这些要素的责任在于国际连锁酒店还是合作方，取决于酒店所采用的经营模式。依据双方在上述四个维度的出资额多少，可以分为控制权（通常为直接投资）、共享产权（通常为股份式合资经营企业）以及无所有权（许可证交易、管理合同、总承包经营、非股权合资企业和特许经营）。

酒店也可以采取组合经营模式。就拿挂名温德姆酒店集团的 TRYP 来说，美利亚酒店集团拥有酒店的部分所有权，向温德姆酒店集团支付特许经营费以使用其品牌，而且要依赖美利亚与温德姆酒店集团的预订系统。在有些情况下，美利亚酒店集团并没有财产所有权，可能需要租赁酒店设施，但可获得管理费。美利亚上海大酒店（The Gran Meliá Shanghai）是中国企业与古巴企业联合成立的合资经营企业，但与美利亚酒店集团签订了管理合同，委托美利亚酒店集团负责日常经营活动，同时，该合资企业还与美利亚酒店集团签订了特许经营合同以使用美利亚的品牌名称和酒店预订系统。

尽管酒店行业采用组合形式的经营模式，但直接投资，尤其是拥有100%所有权的直接投资，通常可以使所有者在上述四个维度方面都拥有控制权。在合资经营企业中，两家或多家以上的企业需要商定如何划分各方的责任、出资和收入。在管理合同下，作为承包商的连锁酒店要负责酒店的整个经营，所以承包商会采用自己的制度和程序，同时会招聘酒店管理人员，并制定自己的人力资源和服务质量方面的政策。总之，此时酒店的

经营管理如同为连锁酒店所拥有一样，而且连锁酒店通常也会允许该酒店使用其品牌名称和预订服务系统。在许可证协议下，连锁酒店会将品牌名称的使用权授予酒店的拥有者。在特许经营协议下，连锁酒店不仅要授予品牌名称的使用权，而且要持续帮助酒店的经营，最有可能的是要分享连锁企业的销售、市场营销和质量控制系统和活动。所有这些经营模式从一开始可能就会存在，如参与一家新建酒店（初创企业被称为绿地投资）的经营，或参与收购现有的企业，包括购买或租赁。

在与其他企业合作时，不管采用何种经营模式，都会增加培养出竞争对手的可能性，因为合作方可能会获得关键的核心资源，特别是关键知识。因此，企业需要设法防止合作伙伴的机会主义行为。当然，其中一种方式就是通过签订合同来解决。不过，要控制某些知识资源是很困难的。美利亚酒店集团主要是对程式化资源进行控制，特别是受法律保护的品牌和订票系统，而这些资源美利亚不希望提供给其他企业。美利亚酒店集团用几十年时间打造出了自己品牌的认可度和声誉，所以新的企业无法轻易打败这种优势。程式化资源也是与美利亚酒店集团的无形资源紧密联系在一起的，因为品牌的价值依赖于客户对酒店体验，而有形资源与员工的行为都会影响客户的看法。对于前者，只要有足够的投入，竞争对手可以轻松复制而得；对于后者，竞争对手就很难模仿了，因为学习过程强调的是人与人之间的学习（无形的）。酒店经营中需要学习的内容很是庞大，从招呼客人到铺床再到确保日常用品的配置，都会影响酒店的效率和声誉。随着时间的推移，这些行为就会成为酒店文化的精髓。

4. 美利亚经营模式的演变

正如我们所看到的，美利亚酒店集团已经并将继续运用各种经营模式（图 14-2 给出了美利亚酒店集团国际经营模式的演变情况）。然而，美利亚在选择进入模式时，并不总是能自由决定的。当盖布里埃尔·伊斯卡雷在建立他的第一批酒店时，他并没有管理酒店的历史，所以其他酒店的业主不可能委托他代为管理，或者使用他的品牌和预订系统。在开展国际化经营之前的近30年里，他一直在西班牙开展经营，并通过成功的绿地投资和收购扩张建立起良好的声誉。在这一时期，他的企业用过四个名号，最后才敲定了包含"美利亚（Meliá）"的名号，因为这个名号让人联想到豪华酒店，因此可以给酒店带来某种威望。

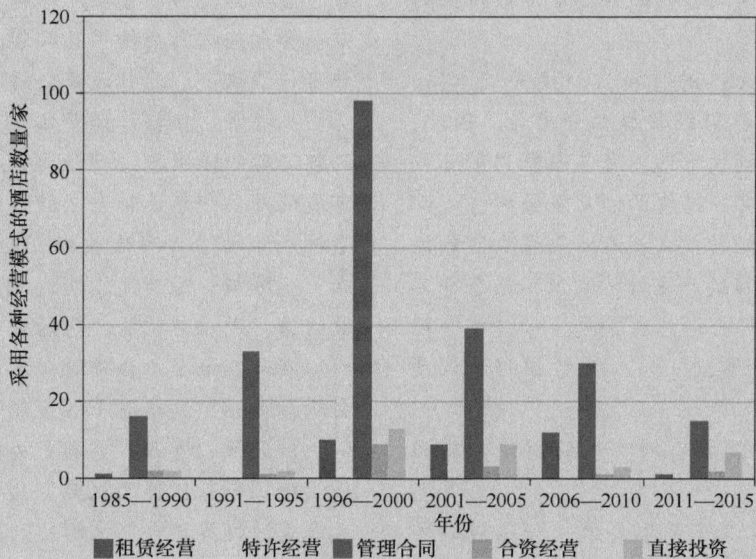

图 14-2　美利亚酒店集团在各个时期的进入模式

　　然而，美利亚酒店集团早期的国际扩张主要借助收购模式，如收购已开展海外经营业务的西班牙连锁酒店 TRYP 以及德国的 Inside Inns 酒店。这些企业的成功奠定了美利亚酒店集团作为优秀酒店运营商的声誉，从而可以在共同投资或无资本投资的前提下实现酒店投资组合的扩张。这种扩张也发生在中国和古巴这两个对外国所有权有所限制的国家。

　　为何美利亚酒店集团能够取得成长？就经营大型酒店投资组合而言，其中就存在规模经济的因素，毕竟它们在与供应商打交道时具有物流优势与影响力，而且能够将预订系统和培训系统的成本分摊到更多的资产上。此外，它们也拥有销售方面的优势，因为潜在客户都比较熟悉大型连锁酒店。

5. 美利亚酒店集团的现状与未来

　　目前，美利亚酒店集团旗下的著名品牌包括美利亚（Meliá）、盛美利亚（Gran Meliá）、美利亚 ME（ME by Meliá）、帕拉迪斯（Paradisus）、美利亚怡思得（Innside by Meliá）、温德姆 TRYP（TRYP by Wyndham）、太阳酒店（Sol Hotels）以及美利亚俱乐部（Club Meliá）。各个品牌的维护都很重要，因为收购的品牌已经拥有很高认可度和价值。然而，美利亚酒店集团将这种认可与美利亚这一名称相联系（如美利亚怡思得和美利亚白宫）。采用附加联动的原因是所有的品牌都要通过一个预定系统来处理。此外，不同品牌针对的是不同的细分市场。

　　通过进入更多的国家以及在已进入的国家增加酒店，美利亚酒店集团预计将取得更大的国际增长。其中，后者包括美利亚酒店集团已经在这些国家内使用的品牌以及其他品牌的增加。此外，美利亚酒店集团也表示有兴趣与其他企业的品牌进行联合，如硬石餐厅（Hard Rock Cafe）和弗林斯通（Flintstones）这两个品牌。美利亚酒店集团的野心似乎太大，很难独自完成这些预计目标。即使它有资金资源，但可能也不想独自完成。例如，迄今为止，美利亚酒店集团一直不愿在一些国家进行投入，如东南亚，毕竟它觉得那里的经营环境与欧洲（尤其是西班牙）的体验差异太大。因此，采用非股权经营模式似乎是美利亚酒店集团未来经营的关键所在。

　　作为在高潜力市场增长战略的一部分，美利亚国际集团最近进入了非洲的佛得角、坦桑尼亚和埃及市场开展运营，并表示有兴趣进入南非、摩洛哥、肯尼亚、毛里求斯、马尔代夫、莫桑比克、塞内加尔和坦桑尼亚这些国家；至于中东地区，美利亚国际集团重点针对休闲和商务旅客的酒店，已在最近进入了迪拜市场；在拉丁美洲，美利亚国际集团最近的增长是通过巴西温德姆酒店集团下的 TRYP 酒店来达成的，毕竟该品牌在该市场有着丰富的经验。

　　自李凤回到北京后很快就要满一年了，我们发现她几乎是在马不停蹄地工作，并没有进行更多的旅行。不论是工作上还是身体和情感上，她都已经准备好了旅行。

她回头看着她从伦敦带来的酒店指南上的那幅图片，上面是一座半藏在白色沙滩和蔚蓝海水间的酒店。"谁知道呢?"她想，"也许我应该忘记带上我的笔记本电脑，然后在那样一个美丽的地方度过一段时间。"

思考题

1. 阅读完本章后，解释美利亚酒店集团经营自有酒店相比替其他组织管理酒店所拥有的优势。

2. 阅读完本章后，讨论美利亚酒店集团与锦江集团建立非股份合资经营企业的优势和风险。

14.1 引言

如图 14-3 所示，企业为达成目标并实施其战略，必须选择某种国际运作模式。第 13 章考察了出口与进口这一最常采用的国际运作模式。不过，一些不可抗拒的因素会使企业选择出口与进口变得不可行。这样，企业可能需要选择在国外生产，可以全资或部分拥有国外生产企业，也可以逐步建立或购买国外生产厂家，甚至可以与其他企业达成某种合作协议。

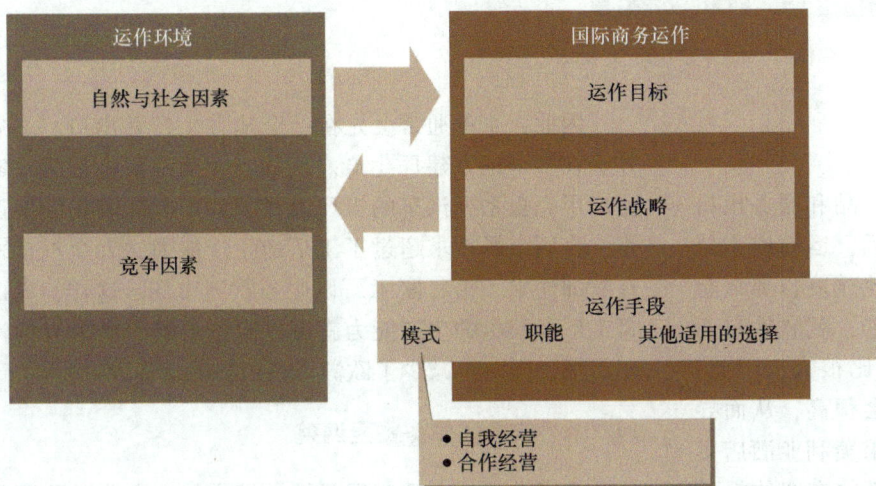

图 14-3 影响国际商务运作模式的因素

企业可以独立开展国际运作，也可以通过与其他企业的合作，具体选择取决于企业所处运作环境的外部因素，以及包括企业经营目标、战略和手段在内的内部因素（如出口、特许经营等国际商务模式等）。

图 14-4 展示了与这些选择相关的运作模式种类，并对这些运作模式按企业是否拥有外国企业的所有权、是否涉及合作以及生产设施是在国内还是在国外进行分类。真正有经验并且实施全球运作导向的跨国公司通常会采用绝大多数可获得的运作模式，会根据企业的能力、具体的产品以及国外运作特征来选择具体的运作模式。此外，企业可能把不同运作模式结合起来采用，正如美利亚酒店集团负责管理中国企业与古巴企业合资经营的上海酒店那样。本章将对照出口/进口模式来考察其他选择方案、相关的运作模式以及各种运作模式的优点与存在的问题。鉴于国外经营会随时间推移而发生变化，所以本章最后对这些运作模式的管理进行了特别讨论。

14.2 出口不可行的原因

企业可能会发现在国外生产比直接出口更为有利，但这要符合以下六个条件之一：

（1）国外生产的成本低于国内生产。

（2）产品或服务的国际运输成本太高。

（3）企业缺乏在本国开展生产的能力。

（4）为获得足够的国外消费需求而必须大幅调整产品与服务。

（5）政府不准进口外国产品。

（6）消费者偏好产自特定国家的产品。

14.2.1 国外生产的成本更低

虽然企业可以向外国消费者提供他们想要的产品或服务，但在本国市场生产的成本可能太高，尤其是其他企业能低成本地在国外生产类似的替代品。例如，土耳其的汽车销售市场一直在成长。不过，在土耳其本地生产汽车比出口汽车到土耳其更为便宜，这是因为当地城市不仅有廉价的熟练劳动力和经验丰富的技术人员，而且比起国内的劳动者，他们更愿意工作更长的时间。因此，汽车制造商及其众多的零部件供应商都在土耳其本地生产汽车以服务于市场[2]。

生产所有权	生产所在地	
	本国	外国
股权协议	a.出口	a.拥有完全所有权 b.拥有部分所有权而其余所有权分散持有
		c.合资经营企业* d.股权联盟
非股权协议		a.许可经营 b.特许经营 c.管理合同 d.总承包经营

企业可能会选择通过股权协议（如合资经营企业）或非股权协议（如许可经营）来开展国际商务运作。出口经营是在本国开展的，而所有其他运作模式需要在国外开展生产。图中属于合作协议的运作模式包括合资企业、股权联盟、许可经营、特许经营、管理合同和总承包经营。

*合资经营企业也可以是非股权形式的，但股权式合资更为常见。

图14-4　国外扩张：可选运作模式

14.2.2　产品或服务的运输成本太高

运输成本加上生产成本，使得一些产品和服务出口变得不可行。一般地，距离目标市场越远，运输成本就越高；而运输成本相对于生产成本的占比越高，那么企业要开发出可行的出口市场就越难。例如，就软饮料而言，其国际运输成本相对于制造成本占比很大，因此，包含这两者的软饮料的出口销售价格就会很高，从而导致销售量很低。在本章案例14-1中，如果美利亚酒店集团想要开发纽约的游客市场，那么显然必须在纽约提供客房。

然而，像手表之类的产品，其运输成本相对于生产成本而言很低，所以制造商通过出口并不会损失多少销售。例如，瑞士的宇宙日内瓦（Universal Geneve）和日本的精工（Seiko）就分别从本国向国际市场出口手表。

需要记住的是，运输成本是不断变化的，受燃料价格、新的基础设施（如巴拿马运河的拓宽可以减少出口的距离）、风险因素（如海盗出没会增加安全成本）以及天气变化（如全球变暖使得西北航道的出行成为可能）等的影响。

14.2.3　国内生产能力不足

只要企业拥有超额产能，那么即使运输成本很高，企业在出口市场上也能有效参与竞争。但这种情况发生的前提是国内的销售能抵补固定经营费用，从而使得企业可以按变动成本而不是全部成本来（可变成本加固定成本）来确定国外市场的价格。事实上，随着国外销售量的增加，单位平均生产成本就会下降，但只有当存在未充分利用资源时，这种下降才会持续。

因此，企业通常会先在一个地方生产并出口，之后才会在多个地方建厂生产。例如，大众汽车将其第一家生产甲壳虫系列汽车的工厂设在服务于全球市场的墨西哥。直到市场需求超过了工厂的生产能力，大众汽车才在欧洲建立了第二家工厂以服务欧洲市场。这样，墨西哥工厂释放出的生产能力就可以服务于墨西哥附近的汽车市场，同时也减少了欧洲市场销售的运输成本[3]。

14.2.4　产品和服务需要调整

为了在国外市场获得足够的销售量，企业需要调整产品，而这又会从两个方面影响产品的生产成本：首先，企业必须进行额外投资，如汽车企业需要增加装配线以便将方向盘安装在左侧以及右侧；其次，企业会损失规模生产所产生的经济效益。如果企业必须经营这一装配线，那么可能会把它建在所要服务的目标市场附近。

如果为了适应国外市场而对产品调整得越多，那么越有可能把生产设施转移到国外。家电制造商惠而浦（Whirlpool）发现美国市场的需求主要为使用110V电压的顶装式大容量洗衣机，而欧洲市场的需求主要为使用220V电压的前装式小容量洗衣机[4]。根据美国市场与欧洲市场的产品偏好，惠而浦分别在美国和欧洲生产洗衣机。

14.2.5　存在阻碍进口的贸易限制

尽管各国政府一直在减少进口壁垒，但仍然会限制许多产品的进口。因此，如果企业计划在外国销售，就必须在当地生产。很多汽车公司的情况就是如此。例如，大众、奔驰、宝马、雷诺、菲亚特等公司都决定在印度生产汽车，因为印度政府对汽车整车的进口征收100%

的关税[5]。

除了其他因素，管理者应当考虑到进口壁垒因素，如实施壁垒国家的市场规模以及生产中使用技术的比例情况。例如，因为巴西汽车市场的规模巨大，所以进口贸易限制对吸引汽车制造商在巴西生产往往有很大的影响力；而类似的贸易限制在中美洲国家的影响力就很小，毕竟中美洲市场太小。然而，对于那些生产时只需要投入较少资本的产品而言，如药物，中美洲国家的进口壁垒措施则成功吸引到制药企业的直接投资，毕竟这些行业只需要小规模的技术投入和市场就能形成高效生产。

区域或双边贸易协议也能够吸引直接投资，而这可能是因为这种协议能促成市场的扩大并形成规模经济利益，同时使企业有能力出口部分产品。

14.2.6　原产地成为关注点

有些消费者更喜欢购买自己国家生产的产品（可能是民族主义的原因）。此时，企业就很难把产品出口到这样的国家[6]。这些国家可能会要求采用识别标签，以便告知客户产品是国内生产的，如澳大利亚生产的产品[7]。这些国家还会要求在标签上注明产品的原产地，如美国农产品的标签。

消费者可能更喜欢来自特定国家的产品，因为他们认为这些国家的产品质量更好，如德国的汽车和意大利的时装[8]。不过，他们也会担心进口产品的服务和更换会更难获得。最后，那些采用准时生产制（Just-in-time Manufacturing System）的企业更希望供应商能离得近些，这样就可以实现快速、可靠的供应。在很多例子中，企业通过把生产设施建立在接受产品最多的地方获得利益。

14.3　非合作形式：对外直接投资

当出口不可行时，企业可能会选择与另一家企业签订合同来代为生产或提供服务，但也有可能选择"单干"。图 14-2 给出了几种类型的股权安排。本节主要结合两种不涉及合作的股权安排——独资经营以及拥有部分所有权而其余所有权分散持有的股权安排——来讨论对外直接投资的原因与方法。

14.3.1　对外直接投资的原因

一般地，企业拥有的所有权越多，那么其决策控制权就越大。不过，如果企业的股权持有非常分散，那么企业只要拥有少量股权就能实际控制企业。不过，政府

常常会保护小股东的利益，以免其利益遭到大股东的侵害。因此，如果想要控制企业，那么管理者就会选择拥有 100% 的所有权。解释企业控股权的原因包括四个方面：市场失灵（Market Failure）、内部化理论（Internalization Theory）、独占性理论（Appropriability Theory）以及追求全球战略的自由（Freedom to Pursue Global Objectives）。

1. 市场失灵

合作涉及不相关实体之间的市场交易。鉴于国外经营劣势以及国外投资的额外成本（还有之后会讨论的其他因素），合作就显得很有吸引力。不过，这里的前提是管理层能找到合作者而且对合作的条件可接受。例如，企业可能很难找到一个足够了解企业独特技术并能有效处理的合作者。此时，企业就要在自己的管理架构内开展经营活动，而不是借助外部市场来开展业务[9]。企业对国外经营业务——如仓储设施、销售部门或生产设施——拥有控股权（对外直接投资）的状况就反映了市场失灵问题。

2. 内部化

企业通过自我经营来控制国际经营业务的做法被称为**内部化**（**Internalization**）[10]。内部化这个概念来自交易成本理论。按照交易成本理论，企业应当在内部经营和委托他方经营之间寻找成本最低的方法。有时，自我经营能够减少成本，而其中的原因在于：

（1）同一企业的各个经营单元可能拥有共享的企业文化，而这可以促进它们之间的沟通。根据那些参加"数字战略思想领导峰会"管理者的总结，阻碍成功合作的因素在于缺乏信任、通用术语和理解[11]。

（2）企业可以采用内部的管理者，毕竟他们了解企业的战略目标，而且会努力地去落实这些目标。通用电气（GE）在收购了匈牙利汤斯拉姆公司（Tungsram）的控股权后，通过在核心岗位上安排通用电气的管理者，从而加快对汤斯拉姆公司的控制和变革[12]。

（3）企业可以避免与其他企业针对各方应该获得多少补偿等问题而发生的旷日持久的谈判。美国的通用汽车和俄罗斯汽车制造商伏尔加汽车制造公司（AvtoVAZ）关闭了双方在俄国的合资工厂，而当时双方还在为伏尔加汽车制造公司以更高价格提供关键部件一事进行谈判[13]。

（4）企业可以避免具体实施中出现的问题。服装生产商汤米-希尔费格（Tommy Hilfiger）起诉袜子生产商 Mountain High Hosiery 以较低价格向未经授权的经销商进

行出售，而这些经销商的售卖会贬低品牌形象[14]。

3. 独占性

独占性理论（Appropriability Theory）关注的是如何阻止竞争对手获得资源[15]。企业通常不愿意把重要资源包括资本、专利、商标和管理技巧，转让给其他企业，主要是担心企业的竞争力受到损害。其他团体会暗地里破坏它们的竞争地位。在那些法律实施严格的国家，企业很少考虑独占性问题[16]。同时，企业对非战略性资源的独占性问题考虑也少于战略性资源。例如，可口可乐一直致力于通过多种合作经营模式与世界各地的伙伴进行合作，但绝不就浓缩液生产进行合作，原因就在于这一配方对可口可乐的竞争和生存太过重要了。

4. 追求全球战略的自由

如果企业全资拥有国外经营业务，那么就很容易将其业务纳入全球战略。例如，对于全资拥有巴西子公司的美国企业而言，即使在巴西的业绩并非最优，也可以采取一些措施来有效应对全球现有的或潜在的竞争对手和客户。如适当降低针对巴西工业客户的价格，以便赢得该客户在德国的生意。此外，企业可以通过产品的标准化来节约全球成本，即使这样做会在巴西损失一定的销售额。然而，如果企业在巴西是与他人共享所有权的，那么上述两种措施都会对巴西的所有者产生不利，所以他们就会反对这些措施。

14.3.2 收购与绿地投资

对外直接投资是通过转移金融或其他有形或无形资产到国外而达成的。企业有两种方式将这些资产投资到国外：收购现有企业的股权或者开展绿地投资。具体原因如下：

1. 收购

当然，企业究竟是采用收购还是进行绿地投资，主要取决于有什么企业可供收购以及收购的条件如何。

企业寻求收购的理由很多。一是为了获取重要资源，而这些资源对于投资者来说，在其他情况下难以快速获取[17]。假设企业拥有知识型员工，但投资者自己很难以不错的工资雇用到他们[18]；或者投资者可以雇用这些员工，但缺乏高效管理他们的经验。例如，很多俄罗斯企业近年来通过收购实现了国际扩张。这些俄罗斯企业拥有很好的科学发明以及创新产品，但缺少管理从研发到成功进入市场这个过程的经验[19]。通过购买一家企业，收购者得到的不仅是员工和管理层，而且包括现有企业在协调产品开发和后续销售等职能方面的经验。

另外，企业也可以获得商誉、品牌识别度以及物流渠道等，而这些对于产品的营销往往十分重要，尤其当打造新品牌的成本和风险都很高时。最近，很多中国企业通过收购投资到美国，大概是因为中国投资方希望通过获得知名度高的品牌来促进其产品的销售[20]。

企业进行收购还有财务方面的原因。对于大量依靠当地融资而不是转移资本的企业，它们可能会发现当地资本提供者更愿意将钱投资于所了解的现有经营企业，而不愿意把钱投向不熟悉的外国企业。外国企业也会通过股权交换的方式与当地企业进行合并。

从其他方面来说，收购可以降低成本和风险，也可以节约时间。企业也可以按低于开办新企业成本的水平收购现有企业，特别是那些经营状况不佳的企业。巴西的 JBS 集团（Jose Batista Sobrinho）是全球肉类生产巨头。当 Swift 和 Pilgrim's Pride 这两家美国企业面临财务困境时，JBS 集团利用机会以低价收购了它们[21]。如果投资者担心市场需求并不会增加，那么通过收购就可以避免出现因产能过剩而造成的价格下行。最后，通过收购一家企业，投资者不仅可以避免开办新企业的无效率，而且可以立即获得现金流，而不会在建设期间占用大量资金。

2. 绿地投资

尽管收购有很多优点，但若遇到来自当地的障碍，那么外国企业倾向于采用绿地投资。例如，当地政府可能会禁止企业的收购。原因是希望市场中有更多的竞争对手，同时也担心外国企业会独占市场优势。此外，外国企业会发现，如果自己要开办新厂，那么更容易从当地开发银行融得资金，毕竟这样可以为当地创造就业机会。最后，企业常常会投资于那些参与企业不多的经营业务或行业。

即使能够收购企业，但这些收购并不总能取得成功[22]。第一，要使经营状况很差的企业好转过来并非容易之事。这主要是因为：员工与劳工关系方面的潜在问题、对企业产品和品牌的恶意行为以及效率低下或很落后的当地设备。第二，收购与被收购企业的管理者会由于不同的管理风格和组织文化或者因为决策权冲突而导致合作上的不愉快[23]。例如，在收购了 IBM 的个人计算机业务后，联想公司就需要克服中国经理与美国经理之间的文化差异。例如，中国经理认为美国人光顾着说，从不倾听，即使没什么好讲的；而美国经理不喜欢强制性的休息活动，也不会当众批评开会迟到者[24]。不过，有一些证据表明，随着国际收购经验的增加，收购企业的成功率也会提升[25]。直觉告诉我们，文化差异巨大的国家之间发生的收购比文化相近的国家之间的收购更不容易成功。不过，也有证据显示，情况正好相反。原因可能在于以下因素：来自多样性增加所带来的企业利益、企业更关注选择不相似的国家（特别是当两种组织文化更相配时）以及不愿将这种业务整合到企业文化中[26]。

3. 租赁

在案例 14-1 中，美利亚酒店集团通过在马略卡岛租赁酒店开始其国际经营之旅。自那以来，美利亚酒店集团一直以这种经营模式拓展其业务。这种经营模式与收购很像，但企业不需要投资。虽然这种模式在酒店业很普遍，但在其他行业就没有那么常见了。尽管其他行业

的企业也会租赁特定的外国资产，如计算机、交通工具和建筑物，但这些安排完全不同于租赁全部的经营设施。

14.4　企业开展合作的原因

企业与国外开展合作（就是所谓的战略联盟）的原因与在国内开展合作大致相同。在开篇案例中，美利亚酒店集团就是通过管理国内以及国际酒店而获得收益的。当然，企业也可能出于其他原因而与国外开展合作。例如，美利亚酒店集团与锦江连锁酒店的合作就是为了了解中国市场与其他市场之间的细微差别。图 14-5 给出了企业开展合作的一般原因以及特定的国际原因。

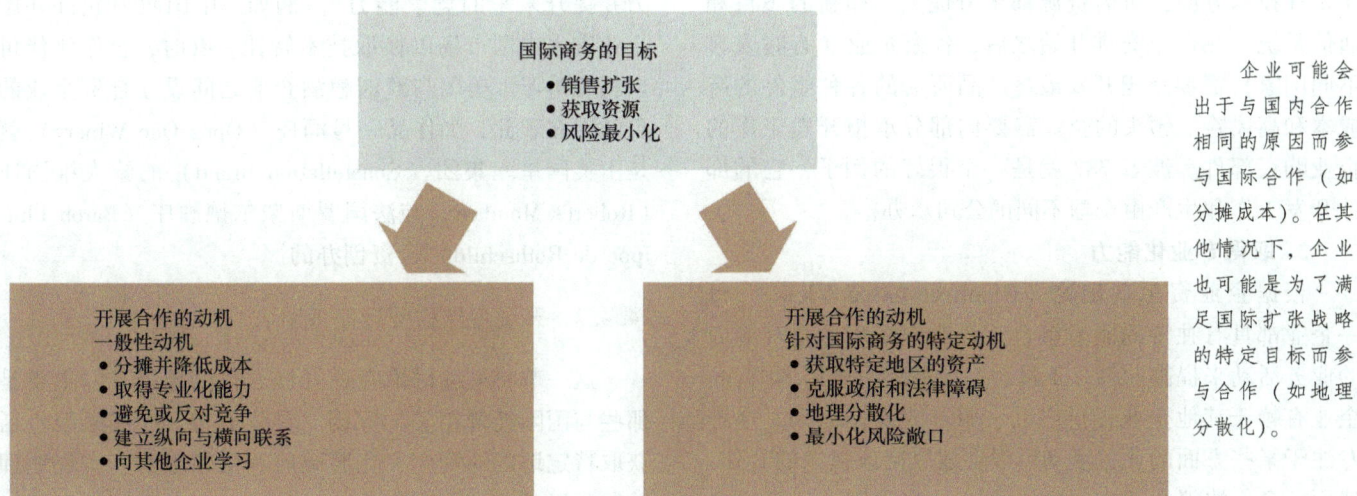

图 14-5　合作安排与国际目标

企业可能会出于与国内合作相同的原因而参与国际合作（如分摊成本）。在其他情况下，企业也可能是为了满足国际扩张战略的特定目标而参与合作（如地理分散化）。

14.4.1　联盟的类型

根据目标以及在企业价值链中的位置，联盟可以分为不同的类型。就目标来说，规模联盟（Scale Alliances）旨在通过集聚相似的资产而使合作者可以在已经具有经验的领域开展经营活动，从而产生效益。在关于寰宇一家联盟（Oneworld Alliance）的案例 14-2 中，航空公司通过合并它们的休息室来获得经济效益。链式联盟（Link Alliances）则是通过资源的互补而使参与的企业进入新的商业领域[27]。诺基亚曾是生产卫生纸和胶鞋的企业，它就是通过合作者网络而成为开发并销售移动电话的企业[28]。关于纵向联盟（Vertical Alliance）的一个例子就是食品经销商与总经销商之间的关系，毕竟它们处在价值链的不同阶段。水平联盟（Horizontal Alliance）的一个例子就是通用汽车与丰田汽车之间的合资经营企业，毕竟双方的产品都处在价值链的同一层面上[29]。合

作竞争（Coopetition），就像通用汽车与丰田汽车的例子一样，是指竞争企业之间的合作。

14.4.2　开展合作的一般性动机

企业为什么要与国内或者国外的企业开展合作？正如这一节所解释的，其中的原因中包括分摊并降低成本、取得专业化能力、避免竞争、建立横向与纵向联系以及获得特定知识。

1. 分摊并降低成本

为了在国外开展生产或销售，企业必须承担一定的固定成本。如果业务量很小，那么委托专业企业经营比自己经营的成本要低得多，因为专业企业能够将固定成本分摊到多家企业的业务上。随着业务的扩张，企业采用自己经营方式的成本可能会逐渐变得便宜。

具有过剩生产和销售能力的企业可以用这部分能力来为客户企业承担业务活动。通过抵补更多的固定成本，

企业就能降低平均成本；这样，客户也就不需要承担固定成本，不仅降低了新办企业所需的资金投入，而且可以快速取得资金流收入。

个人企业可能由于缺少资源而无法单独开展经营，尤其是那些小企业和刚起步的企业[30]。通过集合各方力量，它们可能会承担一些超出其能力范围的业务。不过，对于开发成本或投资很大的项目，大企业也可以利用这种模式。中国香港的迪士尼主题公园因为建设成本高昂，所以该项目采用了由迪士尼与香港特区政府共享所有权并共担费用的经营模式[31]。

合作安排中发展最快的领域之一，就是那些项目规模庞大的行业了。对任何单一企业而言，无论是在资金还是在技术方面，所需资源都十分庞大，如新的飞行和通信系统。在合作安排开始之后，各家企业（有时来自不同国家）需要承担开发最终产品所需的各种组件的高成本和高风险。领头的企业需要向部分承担开发工作的企业购买部件。波音 787 就是一个很好的例子，它的部件开发工作和生产由全球不同的公司承办。

2. 取得专业化能力

根据**企业资源基础论**（**Resource-based View**），每一企业都具有独特的能力组合。企业专注于适合其能力的业务活动来提高业绩。不过，在业务能力稍弱的方面，企业有赖于其他企业提供产品、服务或支持活动。这种专注于某些方面的业务活动可以促成纵向或横向的合作。然而，合作协议框架在时间上会有一定限制：一旦企业的核心能力在未来发生变化，那么企业自身就可以利用特定的产品、资产或技术。

3. 避免竞争

当市场规模无法容纳太多的竞争者时，企业就可以通过联合来避免竞争。企业也可以通过整合资源来对付竞争对手，如索尼和三星就是通过联合来促进 LCD 技术的更快开发[32]，或者它们可能只是简单地通过合谋来增加利润。例如，加拿大钾肥公司（Canpotex）是由一群加拿大企业联合创办的，其目的是在美国和加拿大销售碳酸钾时不出现相互竞争：该联盟的产量占全球市场的 1/4 以上[33]。只有少数国家会对竞争者之间的合谋采取行动[34]。

4. 建立横向与纵向联系

潜在成本的节约和供给的保障可以通过纵向一体化来实现。然而，企业可能会缺乏拥有并管理价值链上全部活动的能力或资源。根据对阿根廷中小型家具制造商的调查，横向或纵向联盟都使它们受益：通过建立横向

联盟，它们就可以通过集中资源来获得生产效益；通过建立纵向联盟，它们就能更有效地进入全球市场并获取原料供应[35]。

横向联系也能形成范围经济效益。例如，企业通过销售完整的产品线，就可以由更多的销售来分摊开发潜在客户所发生的固定成本。例如，在全球许多地区，雅芳（Avon）的销售代表在公司承担基本费用的基础上，也在销售书本和蜡笔之类的产品，以期获得范围经济效益。

5. 获得特定知识

许多企业寻求合作协议的目的是了解合作伙伴的技术、经营方法以及国内市场，从而拓宽或加强自己的能力并提升未来的竞争能力[36]。例如，中国政府允许外国企业进入中国市场以换取技术转让。有时，合作伙伴可以相互学习。美国与欧洲酿酒企业之间设立合资企业的目的就在于此，如作品一号酒庄（Opus One Winery）就是由美国星座集团（Constellation Brand）的蒙大维酒庄（Robert's Mondavi）与法国罗斯柴尔德酒庄（Baron Philippe de Rothschild）合资创办的[37]。

14.4.3 开展合作的国际商务动机

这一节将继续讨论企业开展合作的原因，但主要是那些与国际经营相关的原因。具体而言，这些原因包括获取特定地区的资产、克服政府和法律限制、实现地理分散化以及最小化风险敞口。

1. 获取特定地区的资产

各国在文化、政治、竞争和经济方面的差异会构成企业开展国际经营的壁垒。对于在这方面准备不充分的企业，它们可能会寻求通过与当地企业的合作来应对这些方面的差异。当沃尔玛第一次独自进入日本市场时，结果因销售惨淡而选择放弃。在这之后，沃尔玛与日本西友百货建立了合作关系并重新进入日本市场。西友百货不仅熟知日本消费者的偏好，而且清楚在日本开设新店的规则[38]。事实上，大部分外国企业在日本市场都需要与日本企业合作，从而确保取得分销渠道和有能力的劳动力，毕竟这两样资产仅靠跨国公司自己在日本是很难取得的。

除了听取当地合作伙伴的建议并克服不同国家之间的差异之外，与当地企业的合作也有助于跨国公司了解这些差异。然而，如果企业错误地认为可以以相同的方式来处理随后进入的国家，那么即使这些国家与先前进入的国家相似，也会产生很大的危险[39]。

2. 克服政府和法律限制

我们知道，在实施中央计划经济的国家（如古巴），美利亚酒店集团无法拥有自己的酒店，所以它必须选择与当地企业合作。虽然实施中央计划经济的国家会有很多限制，但几乎所有国家都会对一些行业的外资所有权进行限制。印度与俄罗斯就是这样的例子，它们对一系列行业规定了最高的外资持有百分比[40]。此外，企业通常要与政府进行漫长的谈判以确定其经营条件，而了解情况的当地合作伙伴可以帮助解决这一问题。本章关于民航业的案例 14-2 表明，跨国合作往往十分重要，部分原因就在于政府一般（几乎没有什么例外）只允许本国拥有的航空企业经营国内航线。

政府采购也是促使企业开展国际合作的一个领域，毕竟政府采购更倾向于选择那些包含国内企业成分的投标企业，或能证明会将技术转让给当地企业以使其具有国际竞争力的外国企业。中国台湾就是通过垄断企业台湾电力公司来进行这些采购的[41]。

保护资产也是促使企业开展国际合作的一个原因。事实上，许多国家对诸如商标、专利权以及著作权等知识产权的保护并不重视，除非政府自己受到了侵害。为了防止产权资产遭到剽窃，企业有时会与当地企业进行合作，由对方来监视市场，以免当地其他企业使用这些资产。

此外，有些国家只会在特定时期内，当国际注册资产在当地被使用时才会进行保护。如果在当地没有被使用，那么任何第一次使用的主体就有拥有这些资产的权利。汉堡王在澳大利亚必须使用 Hungry Jack 品牌进行销售就是这个道理[42]。因此，企业需要实施地理分散化战略来保护资产，而这样做就必须通过合作来快速进入多个市场。

有时，被称为商标抢注者的当地公民会去注册那些尚未被使用的商标，然后通过谈判出售给那些的确想要进入市场的原始所有者。例如，俄罗斯的一家企业曾经注册了 300 个外国商标，其中就有星巴克的商标。为此，外国企业必须通过购买来重新获得商标，或是通过漫长而费用高昂的法律程序来进行解决[43]。

3. 实现地理分散化

如果企业希望实施地理分散化战略，那么合作安排就是最初实现较快进入多个市场的手段，毕竟其他企业可以提供资源。然而，对于那些业务已经广泛展开或者拥有足够资源进行扩张的企业而言，合作协议并不会有太大的吸引力。

4. 最小化风险敞口

企业担心政治或经济政策的变化会影响到其国外经营的资产和收益的安全。使国外政策变化所导致的损失最小化的方法就是，使在国外的资产最小化或是与其他企业共同出资。政府因担心遭到许多企业的反对而往往不会与多方共同出资的企业作对，尤其当这些企业来自不同国家并能够得到本国政府支持时。分散风险的另一种方法就是，当企业难以独自承担风险时，将经营业务放在多个国家。这一战略可以降低国外资产同时遭遇风险的可能性。

14.5　合作协议的种类

国外经营业务的形式随企业所投入的资源数量以及投入国外资源所占比例的不同而不同。例如，许可经营所投入的资本要少于国外合资经营的投入资本；出口所投入国外的资源也会少于对外直接投资所需的资源投入。

在这里的所有讨论中，必须清楚企业的这些决策都涉及取舍问题。例如，如果企业在国外生产中不拥有所有权，如许可经营，那么就可以降低所面临的政治风险。不过，此时企业就无法快速了解当地环境，从而也无法及时打造出利用国外生产和销售来获得全部利润的能力。

此外，如果企业拥有别人所渴望的、独特而难以复制的资源，那么它就有能力选择最希望采用的经营形式，而且有能力获得更多的回报；如果企业缺少这种讨价还价的能力，那么竞争或政府行为就可能迫使它们选择那些并非理想的经营方式。

另一约束因素就是企业难以找到理想的合作伙伴。例如，如果合作协议中包括技术转让，那么企业在转让该技术时，往往无法找到熟悉该技术或者具有足够多的相近价值观和重视程度的当地企业[45]。事实上，将技术转让给另一主体往往是有成本的，而这种成本包含那些为了确保合作伙伴可信并实现技术可行而需要的通力协作时间，以及取得合作伙伴对所执行的策略的目的和方法表示认同所需的时间[45]。

14.5.1　影响合作协议选择的因素

影响企业合作协议选择的因素包括：对国外经营控制权的期望、合作前的国外扩张情况以及对经营项目相对回报的期望。

1. 对国外经营控制权的期望

企业越依赖合作协议，就越有可能失去对决定权的控制，如质量、新产品方向、企业扩张等方面。毕竟各方关注的都是自己的业绩与目标，而这一切必然会有妥协方。

2. 合作前的国外扩张情况

如果企业在国外已经有了合适的经营企业（尤其是全资企业），那么合作的某些优势就不再显得重要。毕竟企业已经知道了应如何在该国开展运作，甚至拥有过剩的产能和人力资源可以用于新项目的生产或销售。

然而，这一切很大程度上取决于已有的国外经营企业与计划要创办的新企业之间的适合程度。如果存在相似性，如企业所要生产的新的办公设备已在当地生产，那么就会把新产品的经营放在企业内部；如果在产品、职能以及地理位置方面都不尽相同，那么选择与富有经验的企业合作显然更为有利。

3. 对经营项目相对回报的期望

合作意味着收入与知识的共享，而这总是当具有较高的潜在盈利时，企业需要考虑的因素。尽管合作需要共享所取得的收入，但如何分配收入并不明确，而且很多因素会影响最后的结果。当然，对于任何协议，合作伙伴的讨价还价能力很重要，但诸如政府规定、合作伙伴的风险感知以及竞争约束因素也很重要[46]。此外，合作模式还会影响企业的日常经营行为。在介绍不同合作模式的同时，也将介绍一些这方面的行为。

观点交锋

政府应该限制外资对重点产业的控制吗？

正方观点：

是的。我认为政府应该施加限制，毕竟重点产业凭借其规模以及对其他部门的影响力而会对整个国家的经济产生巨大的影响。当然，我这里所指的既不是小型项目中的外国投资，也不是大型项目中非控股的外资。如果一国需要外国企业的资源，如技术、资本、出口市场、品牌产品等，它们可以通过合作来获取资源，而不用把控股权出让给外国人；反过来，外资企业依然可以实现其目标，如进入市场。

当然，每个国家都应该而且必须确定哪些是本国的重点产业。墨西哥政府限制外资控制其石油产业，因为石油产业是墨西哥经济的主导产业。美国最为担心的是安全问题，所以美国政府会阻止任何会危害国家安全的外国投资。

美国政府也禁止外资控制其电视台和广播电台，因为这些可以作为对外宣传的工具。此外，美国政府还保护国内运输业，毕竟这也是影响国家安全的重要行业。为此，美国政府禁止外资控制其国内航空企业，同时也禁止外国航空企业和船舶直接在美国城市间运输乘客和货物。

对重点产业进行保护是有其历史依据的。从历史上看，本国政府一直通过强大的企业来影响其经营所在国的政策。在殖民时期，黎凡特（Levant）和英国东印度公司（British East India Company）等企业常常作为本国政府的重要政治力量。

最近，各国政府（尤其是美国政府）给一些企业施加压力，要求它们撤离某些地区，并禁止其子公司与某些国家（古巴与朝鲜）开展业务，即使这一禁令有违子公司所在国的利益[47]。

与此同时，有些企业如此强大，以至于可以影响其母国政府，促使其代表企业进行斡旋。这方面最为臭名昭著的例子就是联合果品公司（UFC），也就是所谓的"香蕉共和国"。该公司说服了美国政府通过推翻外国政府来保护其投资。诺贝尔文学奖得主米格尔·安赫尔·阿斯图里亚斯（Miguel Angel Asturias）称联合果品公司的老大为"绿色教皇"："他手指一动，船就会起动或停止。他说了一个字，一个共和国就被买走了。他打个喷嚏，总统就下台了。他在椅子上擦了擦背，一场革命就爆发了[48]。"

如果企业被国外资本所控制，那么其决策也可以在国外做出。这种控制意味着国外的企业管理层可以决定诸如人员配备、出口价格以及利润的保留与发放等因素。这些决定可能导致企业在不同国家有不同的扩张进展，也可能导致工厂倒闭，甚至后续就业的中断。

最后，通过扣留资源或允许罢工，跨国公司可能会对其他本地产业产生不利影响。从本质上讲，跨国公司寻求的是全球利益，而这种利益并不与其在特定国家的最好经营模式相一致。

反方观点：

不应该。对于那些反对外资控股重点行业的情绪化理由，本人实在无法信服。其实，外资控股下的企业决策与当地企业的决策并没有什么不同。同样，我也不相信对外资所有权的限制是符合东道国的最佳利益的。

当然，企业是由其总部做出全球战略决定的，但通常都会依据事先向当地企业所征求的大量意见。此外，跨国公司对国外子公司配置的人员通常是经营所在国的国民，而这些国民会做出最常规的决策。

不论决策者或企业的国籍如何，管理者的决定根据的是他们认为最适合企业的业务，而不是依据企业的母国或当地社会经济的议程。同时，管理者的决定必须遵守当地的法律，并考虑到当地利益相关者的想法。当然，跨国公司有时会做出一些不受当地欢迎的决定，但本地企业也会有不受欢迎的决定的。同时，政府可以而且的确会颁布适用于本地和国际企业的法律，而这些法律可以确保企业的行为符合所谓的当地利益。

虽然防止重点产业被外资控股可能是出于好心，但当地控股的结果完全有可能导致对无效业绩的保护。进一步说，对重点产业进行限制的观点虽符合情感需要，但缺乏逻辑判断。这就是为什么美国有关安全的理由仔细分析起来事实上毫无意义。虽然通过控股外国广播电台和电视台就能进行对外宣传的说法是实施所有权限制的理由，但美国政府并没有限制美国报纸或者互联网上材料的外国所有权。（难道是因为新闻读者都被认为不会被外国宣传所左右吗？）因为安全原因而对美国的国

内运输业进行保护显然不是真实的理由，而实际要保护的是造船业和海上员工。例如，美国的商船必须而且只能雇用美国公民为船员，而理由竟然是船舶在美国水域易受炸弹袭击。然而，国外的商船经常使用美国港口，而且外国人也可以参加美国海军。

"香蕉共和国"之类的理据显然已经过时，转而需要的是**依附理论**（Dependencia Theory）。按照依附理论，新兴经济体在与跨国公司的交易中几乎没有影响力[49]。按照**谈判学派理论**（Bargaining School Theory）的最近观点，外国投资者的经营条件取决于投资者与东道国彼此之间需求的大小[50]。事实上，企业需要国家的市场和资源，而国家需要跨国公司的技术、资本以及专业能力。通过讨价还价，双方就会达成协议或签订合同，规定哪些是跨国公司可以做的，哪些是不能做的。

我完全相信，国家或企业通过对外直接投资和通过合作协议不可能得到相同的东西。尽管通常来说合作协议更为可取，但企业和国家可以从外资控股的经营中得到好处。例如，完全控股的企业都不太关注竞争对手的发展情况，从而更愿意将必要的、有价值的技术转移到国外。

14.5.2　许可经营

在许可经营协议下，一家企业（许可方）授予另一家企业（被许可方）在特定地理区域、特定时期内使用其无形产权。作为交换，被许可方通常需要向许可方支付一定的特许费。这里的无形产权可以是独家许可（Exclusive License，即许可方在特定地理区域、特定时期内只将许可权交给一家企业），也可以是非独家许可。

美国国内税收总署（U. S. Internal Revenue Service）将无形财产分为以下五大类：

(1) 知识产权、发明、配方、工艺、设计和图案。

(2) 文学、音乐或艺术作品的著作权。

(3) 商标、商号与品牌名称。

(4) 特许、许可与委托管理。

(5) 方法、节目、程序、系统。

通常，许可方有责任提供充分的信息和帮助，而被许可方必须有效利用许可权并向许可方支付报酬。

1. 许可经营的主要动机

通常，新的产品或工艺只会在有限的时间内影响企业总产量的一部分。在这种情况下，企业可能会预见到，其产品的销售量不足以使企业在国外建立生产和销售实施。与此同时，企业可能会找到可在短时间内开业并以低成本开展生产和销售的被许可方。反过来说，比起自己开发新产品或工艺，许可经营使被许可方的成本得以降低。

对于技术变化频繁而且会影响到很多产品的行业，各国企业通常会选择交换技术或其他无形财产，而不会选择在每个市场上为每种产品展开竞争。这种协议称为**交叉许可经营**（Cross-licensing）。例如，柯达（美国）和 NEC 技术（日本）就达成了交叉许可经营协议，使得双方能够使用对方的专利组合[51]。

2. 对价因素

许可经营协议下的支付数量和类型不尽相同，毕竟每个协议各有特点。例如，如果潜在销售量高，那么许可协议对被许可方的价值就大。而潜在销售量取决于以下因素：销售区域的地理范围、资产具有市场价值的时间长短以及其他地方使用该资产的市场经验。

那么，如何估价无形资产呢？评估合作伙伴的贡献和回报是很复杂的，而且总是会有讨价还价的情况。企业通常会协商一个"前期费用"（Front-end）作为技术转让费。技术授权方这么做的原因在于技术转让并不只是那些明显的知识，如通过出版物和报告所传递的知识，

而是涉及很多内容。其中就要求转让那些隐性的知识，如通过工程设计、咨询和调试所转让的知识。被许可方通常需要承担所发生的转让费用。这样，许可方才会有动力来确保被许可方顺利地适应该项技术。当然，许可经营中的其他资产，如著作权和品牌名称，所需要的转让费会低得多。

企业授权的无形资产可能是新的或旧的、过时的或仍在使用的。许多企业会在早期甚至是在产品开发阶段就转让无形资产的权利，这样产品就可以同时推向各个市场。在将产品销售给不同国家的同行业客户时，以及当采用全球性广告活动很有效时，这一做法就很重要。一方面，被许可方可能愿意为新的无形资产支付更高的价格，毕竟新产品有了更长的使用寿命；但另一方面，被许可方可能仅仅愿意为新的无形资产支付较低的价格，特别是处于开发阶段的无形资产，毕竟此时无形资产的市场价值具有不确定性。

3. 出售给子公司

虽然我们把许可经营协议看作是非关联企业之间的合作协议，但许可经营的确常见于母公司与其外国子公司之间，而原因之一就在于国外经营企业采用的是子公司体制，即便母公司拥有100%的所有权，但法律上其依然是独立实体。如果母公司拥有的所有权小于100%，那么独立的许可经营协议可能就是补偿许可方除了资本和管理资源外出资的一种方法。

14.5.3 特许经营

特许经营属于许可经营的一种专门类型。在特许经营下，特许授权方不仅要授予特许加盟方使用无形财产（通常为商标）的权利，而且要在经营的过程中持续地协助特许加盟方的经营活动，如促销和培训。在很多情况下，特许授权方需要提供物资，如可口可乐需要将浓缩液出售给罐装企业。从某种意义上讲，双方的关系几乎就是纵向一体化的企业，毕竟双方相互依存，分别为那些最终出售给消费者的产品或服务创造了一部分价值。

如今，特许经营主要与美国的快餐经营业有关，尽管有许多国际特许授权方来自其他国家和许多其他行业，如案例14-1中讨论的美利亚酒店集团的特许经营业务。为了说明特许经营的多样性，这里以丹麦的国际冰冻公司（Cryos International）为例。国际冰冻公司在大约40个国家设有特许经营的精子库。国际冰冻公司最初只提供来自丹麦的捐赠者的冷冻精子（2012年，有500多名英国妇女在丹麦接受了人工授精），但现在它也使用当地捐助者的精子，如在印度[52]。

为了推进业务的扩张，特许授权方曾经依赖贸易展览和费用高昂的国外访问。虽然贸易展览会仍然很重要，但互联网为特许经营提供了另一种发送和接收信息的渠道，而这对于那些刚出道的特许授权方来说尤其重要。

1. 特许经营组织

特许授权方可以通过直接与各个特许加盟方打交道而进入其他国家，当然也可以通过设立特许经营区域授权（Master Franchise）方并赋予其在某个国家或地区独立开设门店或开发子加盟商的权利来实现扩张。在后一种情况下，子加盟商需要向总授权方支付特许费，总授权方再按预定的比例将部分特许费汇付给特许授权方。如果企业没有把握对潜在的各个特许加盟方做出评估，而且直接监督并控制这些加盟方的成本过于昂贵，那么多会倾向于选择特许经营区域授权的经营模式[53]。

如果特许授权方不为许多当地人所熟知，或者当地投资者对特许授权方的市场经营没有把握，那么就很难说服他们来进行投资。事实上，人们通常只愿意投资那些已成名的特许经营权，毕竟其名称也是一种质量保证，有助于吸引顾客。因此，如果特许授权方在国外市场没有名气但又希望进入国外市场（参见第12章关于汉堡王的案例12-1），那么可以先开设一些自营的门店，并以此作为宣传来吸引特许加盟方。

2. 业务方面的调整

对于食品特许授权方而言，寻找供货商也会导致经营难度和成本的增加。例如，麦当劳必须在英国建立工厂以生产汉堡包用面包，而在泰国必须帮助农民生产马铃薯[54]。

特许授权方的成功通常取决于三个方面的因素：产品和服务的标准化、通过促销获得市场的高度认同以及有效的成本控制。国外特许经营面临的困境就是产品和服务的标准化问题。例如，就食品类特许经营而言，标准化很重要，可以让消费者知道应该期待什么。但是，当企业进入国外市场时，消费者的口味偏好可能有所不同，甚至一些大国内部的不同地区也会有差异。例如，针对中国不同地区消费者的偏好差异，百胜餐饮（Yum! Brands）在不同地区的肯德基和必胜客门店就提供了不同的食物[55]。

与此同时，如果针对东道国消费者的不同偏好所做的调整越多，那么特许授权方所要提供给潜在特许加盟方的货物或服务就越少。美国食品类特许授权方在日本的成功主要就在于日本消费者对西方产品的积极同化。

即便如此，食品类特许授权方也得做一些调整。例如，必胜客在日本就以鱿鱼、牡蛎和鸭胸肉作为比萨的配料[56]。

14.5.4　管理合同

在国外管理合同下，企业因派出管理人员、提供管理诀窍以及协助国外企业开展经营而可以获得一笔费用。如果企业认为其他企业可以更为有效地管理自己的企业，那它有可能愿意花钱请对方来协助管理。这种管理能力具有明显的行业特性。例如，英国机场管理局（British Airport Administration）因为具有成功的机场管理技能，所以与美国、意大利和澳大利亚的一些机场都签有管理合同[57]。

国际管理合同不仅减少了外国企业的控股权，而且东道国企业可以获得外国的专业知识；反过来，管理合同的受托企业不必进行资本投资就能获得收入。管理合同模式在连锁酒店行业一直很重要。一方面，考虑到风险因素，这个行业的企业一直回避在国外拥有财产所有权；另一方面，一些东道国业主了解更多的是房地产行业，对酒店管理并不了解[58]。在本章的开篇案例中，美利亚酒店集团所具有的酒店管理技能吸引了众多业主并与美利亚签订了管理合同。与此同时，比起利用自有资本进行扩张，美利亚酒店集团利用这种模式能够更迅速地进行扩张，从而进入更多的国家。

14.5.5　总承包经营

在总承包经营协议下，一家企业（通常为工业设备制造企业、建筑企业或咨询企业）会与其他企业签订协议，负责为后者建造完整的并可以直接投入经营的设施。有时，如果制造商认为自己来投资不可行，那么它们也会提供总承包经营服务。总承包经营的客户方往往是政府机构。最近，很多大型项目来自发展中国家，毕竟这些国家正在加快基础设施建设和工业化的进程。

1. 承包规模

总承包经营不同于其他国际经营模式的一大特点就是合同规模较大，动辄数亿到数十亿美元。这就意味着，少量大型企业，如法国的芬奇（Vinci）、美国的柏克德（Bechtel）、德国的豪赫蒂夫（Hochtief）等，在国际市场上占有极大份额。近年来，这方面的最大变化就是来自中国的大型企业数显著增加。2003 年，中国企业没有企业进入世界前 10 强；但到 2012 年，中国企业就占据了其中 5 个席位[59]。通常情况下，规模较小的企业不是作为总承包经营商的分包商，就是专注于某一特定行业，如有害废物的处理。以巴拿马运河拓宽为例，作为大型总承包经营工程，其目标是使其能适应大型船只的通航，从而不用像现在这样，大西洋和太平洋之间的航线必须绕经南美洲。该项目由西班牙萨维地产（Sacyr Vallehermoso）牵头的总承包经营联盟负责实施。

2. 联系工作

这些合同的性质不仅强调必须雇用那些与国外政府高层有联系的高管，而且强调要举行各种典礼并建立良好的信誉，如在某个国家的独立日举行开业仪式，或邀请政府首脑参加开业典礼。虽然公共关系对能否赢得合同具有重要影响，但其他因素，如价格、出口融资、管理和技术质量、经验、信誉等，对于推销这种规模的合同也很重要。

3. 资源配置

许多总承包经营合同都是偏远地区的建造项目，因此需要大量的住房建设和人员入境。这些项目甚至要求在环境最恶劣的地方建造全套基础设施，如柏克德在安第斯山脉的埃斯孔迪达铜矿（Minera Escondida）的综合项目。因此，总承包经营商不仅要有能力雇用到愿意长时间在偏远地区工作的员工，而且要能在最恶劣的环境下保障运输和物品的供给。

如果企业拥有某些垄断性资产或资源，如最新的精炼技术，那么会因其他企业很难与之竞争而获得总承包经营合同。不过，一旦其他企业也掌握了生产工艺，那么参与这类合同竞争的对手数目就会增加。发达国家的企业大都争取的是涉及高科技的项目，而那些来自中国、印度、韩国、土耳其等国的企业可能更适合参与需要低劳动力成本的传统项目的竞争。事实上，中国建筑工程总公司和上海建工集团就承建了伊朗和沙特阿拉伯的地铁、尼日利亚的铁路、巴哈马的旅客综合大楼、苏丹的石油管道、美国的办公大楼等项目。

4. 付款安排

总承包经营通常按项目进程分阶段付款，一旦项目设施能按合同约定运行，才会支付尾款。鉴于从项目设计到完工期间货币价值会发生波动，所以合同中通常会规定价格自动增加条款或成本加成定价条款。

尾款通常只有在项目设施的运行令人满意时才进行支付，所以在如何界定"令人满意"方面经常会出现分歧。因此，许多总承包经营商会坚持把按可行性研究报告履行作为合同的构成内容，从而避免建造虽符合当地政府期望，但规模太大或效率低下的项目设施。

14.5.6 合资经营

跨国公司之间比较常见的一种共同经营方式就是合资经营（Joint Venture，JV）。虽然合资经营有时属于非股权协议，但合资经营企业通常涉及多家企业的股权所有。这里主要讨论股权形式的合资经营。虽然设立合资经营企业有特定的目标，但合资经营企业在目标被重新定义后可能会无限期运行下去。合资经营企业通常被认为是五五分成的企业，但事实上，合资经营企业可能涉及两家以上的企业，其中一家可能拥有超过 50% 的股权。全球氧化铝集团（Global Alumina）是一家在几内亚从事铝土矿开采和加工的合资经营企业。该企业涉及四家合作伙伴——两家来自迪拜，另两家分别来自澳大利亚和加拿大[60]。如果合资经营企业的参与企业有两家以上，那么这种合资经营企业有时也被称为**财团**（Consortium）。

那么，对于合资经营企业的参与者，有哪些可能的组合呢？国际合资经营企业的参与者可以是任意组合的，但至少有一个参与者为外国企业。例如：

（1）来自同一国家的两家企业在国外市场建立合资经营企业，如 NEC 和三菱（日本）在英国建立合资经营企业。

（2）外国企业与当地企业建立合资经营企业，如大湖化学（美国）和沙特阿拉伯的扎米尔集团（A. H. Al Zamil）在沙特阿拉伯建立合资经营企业。

（3）来自两个或两个以上国家的企业在第三国建立合资经营企业，如塔塔汽车（印度）与菲亚特（意大利）在阿根廷建立合资经营企业。

（4）私营企业与地方政府组建合资经营企业或混合经营企业，如俄罗斯天然气工业公司（俄罗斯）与保加利亚政府建立合资经营企业。

（5）私营企业与国有企业在第三国建立合资经营企业，如 BP 阿莫科（英美私营）和埃尼（意大利国有企业）在埃及建立合资经营企业。

合资经营企业中参与企业越多，其管理层就越复杂。对于姗姗来迟的波音 787 梦幻客机，其开发依赖于来自 8 个国家的众多企业的合作努力[61]。从本质上说，该项目的确很难控制，任何一家参与企业的延迟或履行不力都会耽误其他参与方的进程，并最终导致整个项目出现问题。如图 14-6 所示，随着合资经营企业中参与者数量的增加以及企业在合资经营企业中所占股权的减少，企业对合资经营企业的控制能力就会下降。

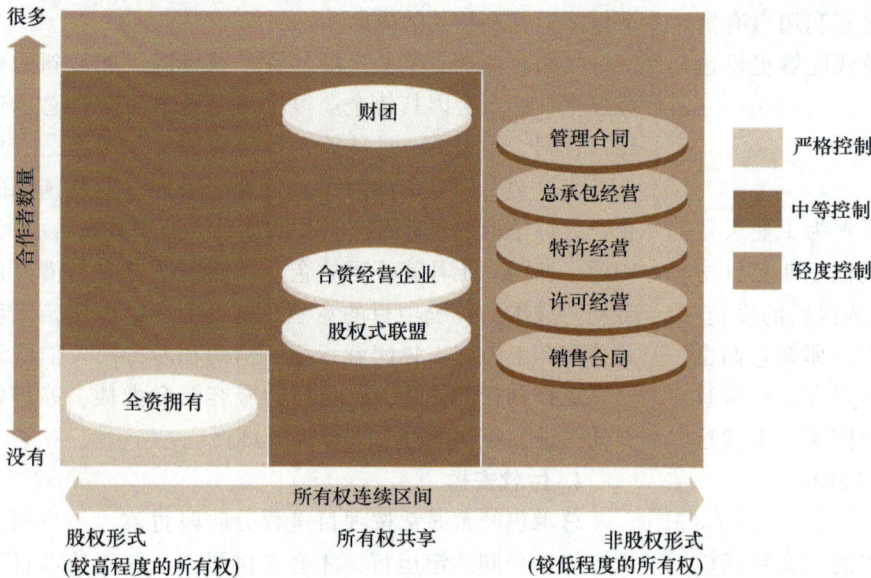

如果企业在合作协议中的权益越大，而且合作伙伴数量越少，那么企业对合作协议下国外经营企业的控制权就越大。需要注意的是，非股权形式的合作协议常常需要多个（至少一个）合作伙伴。

图 14-6 合作战略与控制程度

资料来源：Based on Shaker Zahra and Galal Elhagrasey, "Strategic Management of International Joint Ventures," European Management Journal 12：1 (March 1994)：83-93. Reprinted with permission of Elsevier.

相比其他经营模式，某些类型的企业更喜欢合资经营模式，例如那些初次开展国外经营业务的企业或者国内决策权较为分散的企业。由于这些企业习惯把决策权下放，所以在合资经营中也容易采取相同的做法。

14.5.7 股权式联盟

股权式联盟（Equity Alliance）是一种合作协议，而且其中至少有一家企业拥有其他企业的所有权（几乎总是少数股权）。例如，当比利时的安特卫普港（Port of Antwerp）与印度的爱莎港（Essar Ports）签订旨在共同提高产品质量和生产效率的长期联盟时，安特卫普港拥有爱莎港的少数权益[62]。有时，每一方都会有所有权，如通过购买对方的部分股份或者彼此交换部分股权。例如，巴拿马的巴拿马航空公司（Copa）与哥伦比亚的共和国航空公司（AeroRepublic）就都拥有对方的股权[63]。

如果拥有股权的目的在于巩固合作的合同，如供应商与买家之间的合同，那么合作关系就更难被打破，特别是当所拥有的股权足以在投资企业中获得一个董事席位时。

14.6 合作协议下的问题

如前所述，合作协议的所有合作方都必须对合作的业绩感到满意。否则，合作协议可能就会失败。其中产生的问题会导致合作伙伴对各方的责任、所有权或管理层结构进行重新谈判。即使建立了新的关系，许多合作协议依然会瓦解，或者在合同期尚未结束前就得更新，其原因往往就在于至少有一个合作伙伴对企业不满意。通常情况下，某个合伙人会买下企业的全部股权，从而使企业作为全资拥有的国外子公司而继续运作下去。对于其他合作终止的情况，企业会同意解除协议或重构其合作联盟。

如图 14-7 所示，合资经营企业的解散（以及其他合作协议的解散）可能是计划内或计划外的、友好的或不友好的、相互同意或相互不同意的。影响协议中各方关系的主要因素包括以下五个方面：合作伙伴的相对重要性、目标上的分歧、控制权问题、出资与收益分配的可比性问题、文化差异[64]。

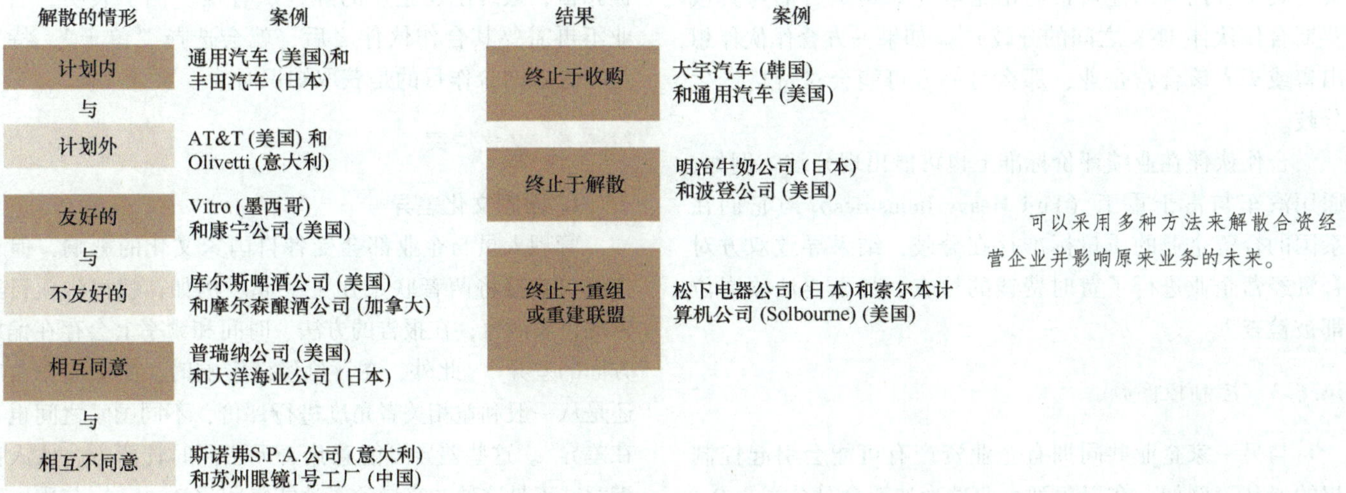

解散的情形	案例	结果	案例
计划内	通用汽车 (美国) 和丰田汽车 (日本)	终止于收购	大宇汽车 (韩国) 和通用汽车 (美国)
与			
计划外	AT&T (美国) 和 Olivetti (意大利)		
友好的	Vitro (墨西哥) 和康宁公司 (美国)	终止于解散	明治牛奶公司 (日本) 和波登公司 (美国)
与			
不友好的	库尔斯啤酒公司 (美国) 和摩尔森酿酒公司 (加拿大)		
相互同意	普瑞纳公司 (美国) 和大洋海业公司 (日本)	终止于重组或重建联盟	松下电器公司 (日本) 和索尔本计算机公司 (Solbourne) (美国)
与			
相互不同意	斯诺弗S.P.A.公司 (意大利) 和苏州眼镜1号工厂 (中国)		

可以采用多种方法来解散合资经营企业并影响原来业务的未来。

图 14-7 合资经营企业的解散

资料来源：Based on Manuel G. Serapio Jr. and Wayne F. Cascio, "End games in International Alliances," *Academy of Management Executive*（May 1996）：67.

虽然这里只关注这些问题，但这并不是说没有成功的案例。例如，英国 Rank 集团与美国施乐（Xerox）之间的合资经营企业就很成功。该合资经营企业不仅很长时期保持业绩优良，而且还与富士写真（Fuji Photo）在日本成立了业绩一直不错的合资经营企业。

14.6.1 相对重要性

对于合作协议，某个合伙人可能会比其他合伙人更关注其经营情况。如果经营出了问题，那么负责经营的合作伙伴就会指责其他合作伙伴疏于关心，同时后者也会指责前者做出错误的决定。经营关注方面的差异可能源于合作伙伴各自规模方面的差异。例如，对于大企业与小企业之间设立的合资经营企业，其经营业务占小企业业务的比重很大，而占大企业业务的比重则很小，所以小企业会更加关注合资企业的经营。

此外，如果必须走法律程序来解决分歧，那么小企业可能会处于不利的地位，毕竟它缺乏对抗庞大合作伙伴的资源。在一家名为 Igen 的美国小企业将其技术许可授权给德国宝灵曼公司（Boehringer Mannheim）之后，由于德国公司的销售额超过了 Igen 的 100 倍，所以两家公司就专利使用费发生了分歧。Igen 打了四年的官司，花了 4000 万美元的诉讼费（几乎为其一整年的销售收人），最终才赢得5亿美元的和解费[65]。然而，这样的结果并不常见，毕竟大多数小企业不会或无法与大企业较量，而且结果也不理想。

14.6.2 目标上的分歧

虽然企业之间会因为具有互补的目标和能力而开展合作经营，但这些目标和能力会随时间的推移而发生变化，毕竟竞争力和产品因素会使企业的目标和/或能力发生改变。这样，合作伙伴可能不再认为合作是符合自己利益的。例如，IBM与东芝一直在合作，直到IBM生产线的转变要求东芝提供某种类型的显示屏，但东芝在这方面几乎没有什么专业知识[66]。更进一步而言，一方合作伙伴可能希望将收益进行再投资以取得更多增长，而另一方可能希望直接获得股利。或者说，一方合作伙伴可能希望扩大生产线和销售区域，而另一方可能认为这会与其全资拥有的经营企业相竞争（如英国石油与其俄罗斯合作伙伴TNK之间的分歧）[67]。如果一方合作伙伴想出售或买入该合营企业，那么另一方可能会对价格产生分歧。

合作伙伴在业绩评价标准上也可能出现分歧。例如，通用汽车与富士重工（Fuji Heavy Industries）对它们在泰国的合资企业的质量标准存在分歧，结果导致双方对合资经营企业进行了费时费钱的检查，甚至连油漆岗位都被检查[68]。

14.6.3 控制权问题

与另一家企业共同拥有企业资产有可能会引起控制权的混乱。例如，在以色列企业瑞米迪亚食品公司（Remedia）与德国企业胡玛纳牛奶集团（Humana Milchunion）合作生产婴儿奶粉的过程中就发生过混乱。胡玛纳牛奶集团在没有告知其合作伙伴的情况下就取消了浓缩配方中的维生素B1，结果导致了三名婴儿的死亡[69]。此外，如果企业许可他人将其标识和商标用于并非被许可方所生产的产品上，那么企业就有可能缺乏辨别和控制质量的能力，从而对在各个国家所销售的使用该品牌名称和标识的全部产品带来不利的影响。皮尔·卡丹（Pierre Cardin）授权许可数百种产品使用其标签——从服装到钟表到坐便器——导致产生低质量的商品，从而影响了皮尔·卡丹高品质商品的形象[70]。

在合作协议中，即使将控制权转给其中一家合作伙伴，双方仍然要对发生的问题负责。此外，控制权问题总是包含许多灰色领域，而且很可能引起员工的不安。

在美林证券（Merrill Lynch）和日联金融集团（UFJ）拟建立合资经营企业时，一位日本高级经理就询问过："谁去管理合资企业，是日本方面，还是美国方面，或者两者共同管理[71]？"如果没有其中一家企业拥有合资企业的控制权，那么企业的经营就会缺失方向。与此同时，如果一方占主导地位，那么它仍然必须考虑另一方的利益。

14.6.4 出资与收益分配的可比性问题

合作伙伴在技术、资本或其他资产方面的出资能力可能随时间而改变。当合作伙伴的战略发生改变时，相关出资也可能改变。此外，合伙人A可能会怀疑合伙人B比自己从经营中获得更多利益（尤其是知识型资产），从而使合伙人B变成了竞争对手。（回想一下之前讨论的独占性问题。）在这种怀疑的态度下，有些信息可能被扣留，最终削弱企业的经营。有很多例子表明，当企业不再需要其合作伙伴之后，就会选择"单干"，特别是当企业的合作目的是获取知识时。

14.6.5 文化冲突

1. 国家文化差异

管理人员与企业都会受各自国家文化的影响，但合作协议直接将两者联系在了一起。例如，就报告项目经营的进展而言，在报告的方法、时间和频率上会存在偏好方面的差异[72]。此外，在评价经营影响时，是从股东角度还是从一般利益相关者角度进行评价，不同国家之间也存在差异[73]。这些差异可能意味着无法同时让两方合伙人都满意。正是这种冲突导致了达能集团（Danone）与中国国有企业之间合资经营企业的解散，毕竟后者更为看重的是就业最大化，而不是企业的效率和利润[74]。

最后，企业对外国合作伙伴的信赖也会受到本国市场的总体信赖程度的影响，有些企业就不喜欢与文化差别很大的企业合作[75]。然而，一旦合作伙伴学会了处理彼此的差异，那么文化差异巨大的国家之间的合资经营企业也能茁壮成长[76]。

2. 企业文化差异

相近的企业文化可以促进相互之间的沟通和知识交流，而文化不同的企业在合作时则可能会遇到问题[77]。一方合作伙伴可能习惯于从内部提升管理者，而其他企业可能习惯于从外部招募人才；一方合作伙伴可能信奉参与式的管理风格，而另一方可能信奉集权式的管理风格；一方合作伙伴可能敢于创业，而另一方可能喜欢回避风险。这就是为什么许多企业会延迟合作，直到双方建立起长期良好的共事基础，如先实施分销或许可协议。事实上，有证据表明，逐渐增加投入是提高业绩的好手段，如在收购对方企业之前先建立联盟[78]。当然，就像婚姻一样，合作前有良好的关系并不能保证合资企业能够顺利运作[79]。

14.7　国际合作的管理

随着合作协议的实施，合作伙伴需要对某些决定进行重新评估。例如，企业资源基础的变化可能使合作成为更有利或不太有利的经营方式。此外，一国的风险以及政府对所有权的要求也会发生改变。最后，合作伙伴之间的关系可能变得积极或消极。鉴于这些变化，企业需要不断地重新审视合作与其战略之间的契合程度。

本节主要讨论以下问题：国家吸引力与运作模式之间的契合度、运作模式转变中的问题、从经验中学习的重要性以及处理与合作伙伴关系的必要性。

14.7.1　国家吸引力与运作模式

图 14-8 用矩阵描述了国家吸引力与运作模式之间的关系。如果企业位于矩阵左上角的国家，即非常富有吸引力而且契合企业的能力，那么企业应当增加在该国的投入，如建立全资拥有的企业。

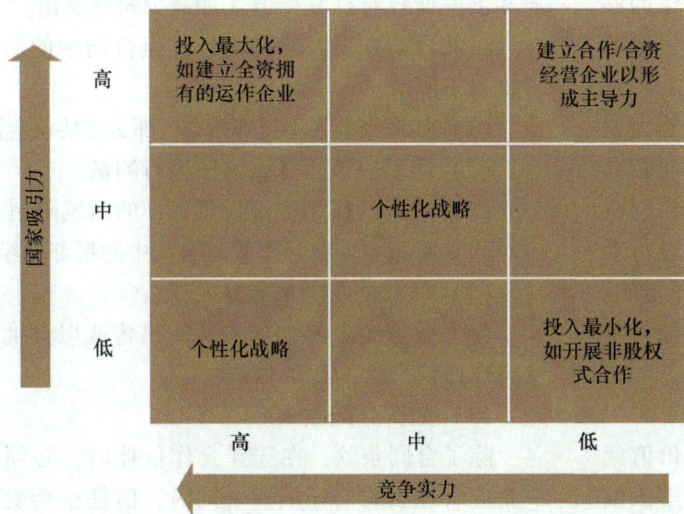

图 14-8　国家吸引力—企业实力矩阵

> 在给定的情况下，处在左上角的国家对于在当地运作可能最具有吸引力。为什么呢？因为该国市场完全契合企业的最大竞争实力，因此，企业会进行最大程度的投入（如建立全资所有的子公司）。处在右上角的国家也具有极大的吸引力，但问题在于企业的竞争实力无法匹配市场机遇（可能是因为缺乏在该市场的运作经验）。当然，企业不必放弃机会。不过，企业可能偏向于通过合资经营或其他形式的合作来开展经营。最后，必须清楚这里的一切都是动态可变的，包括企业能力以及一国的市场特征，所以必须动态考虑其潜在的运作模式。

处于矩阵右上角的国家也很有吸引力，但因企业缺乏在该国运作的知识，所以市场竞争力不强。如果经营成本不是太高，那么企业会设法通过与其他具有资产互补性的企业开展合作来谋求对市场的更大控制权。

企业可能会选择从处于矩阵右下角的国家中撤退，或者"收获"企业产生的所有现金，而不再进行折旧资产的重置。当然，企业也可以开展非股权式经营，从而在没有投资支出的情况下取得收入。在其他方面，企业必须结合具体情况来决定采取哪一种运作模式。这些来源具有边际性质，不适合这种明确的矩阵分析。

虽然这种矩阵分析方法可以用来指导企业的决策，但管理者必须谨慎使用。首先，要清楚区分一国的吸引力与其实力常常有难度，有些国家因为符合企业的需要而显得很有吸引力。其次，企业的一些建议措施似乎对竞争持失败主义的态度，毕竟许多企业在原先被竞争对手统治的市场上已经建立起了竞争力，或是在不成为竞争主导者的情况下取得了有利地位。

14.7.2　运作模式转变中的问题

随着企业从一种国际运作模式转变为另一种，有些企业的责任会增加，而有些企业的责任则会减少。例如，如果企业从出口转变为在国外生产，那么其国内营销和制造部门的规模就会缩小，从而不利于那些奖金和晋升依赖于所完成的销售或利润指标的人员，毕竟他们会失去做出口的机会。如果业绩降低的原因在于不受他们控制的决策，那么企业就需要重新制订业绩评价方案。

14.7.3　从经验中学习的重要性

一些证据表明，随着企业通过参与更多的合作协议而获得经验，企业运用合作协议的水平会不断提高。不过，提高的业绩多来自类似的合作协议，如在不同地方建立合资经营企业，也来自在各种联盟中采用的类似的管理方法[80]。从本质上讲，企业可以更好地选择合作伙伴，并掌握如何提高合作伙伴与自己的协同效应。同时，有效的联盟管理也会发生显著的变化。因此，企业不一定要复制过去取得成功的方法[81]。

14.7.4　处理与合作伙伴关系的必要性

1. 寻找并评估潜在的合作伙伴

无论是寻找合作伙伴还是响应建立合作关系的请求，企业都必须对潜在合作伙伴的资源、动机以及契合性进行评估。

管理者可以通过查阅期刊、参加技术会议以及建立与学术机构的联系，甚至可以通过熟悉的朋友等，来发现潜在的合作伙伴[82]。企业的知名度以及开展合作的潜力都可以通过展销会、宣传册、网站以及潜在合作地的联系人进行宣传。

如果企业开展过类似的合作，那么这种实际能力就是关键的专业资质。良好的业绩记录也反映了企业较高的可信度，而这也意味着企业不需要借助昂贵的控制机制来谋求利益。一旦进入合作，合作各方可以通过行动来建立彼此的信任[83]。不过，每家企业都是从头开始的。如果没有良好的业绩记录，企业在进行谈判时可能需要更加努力，甚至需要做出更多让步。

2. 协议谈判：保密问题

一旦被广泛采用或为人们所知，许多技术的价值就会下降。因此，合同中历来会包含接受方不得泄露该信息的条款。尽管这样，一些卖家还是紧紧控制特定组件的所有权与生产。这样，接受方就不会完全掌握产品的知识，从而没有能力生产出一模一样的复制品。通常，企业会出售尚未进行商业化应用的技术。虽然买家不愿意购买没有见过的技术，但如果卖家向潜在买家展示生产过程，那么就会面临技术泄露的风险。出于这样那样的原因，企业通常会预先在协议中列明保护各方利益的要求。

谈判中一项颇有争议的内容，就是有关协议中财务条款的保密协议。例如，在有些国家，许可合同必须获得政府机构的批准。为了提高自己的谈判地位，企业常常会向其他国家的同行了解类似协议的情况。许多跨国公司反对这种做法，坚持认为两家企业之间的合同条款属于具有重要竞争影响的专有信息，而且市场环境决定了不同国家的不同合同条款。

3. 来自合同和信任的控制

与其他企业签订合同会使企业失去对所转移资产或无形资产的部分控制权。这样就会形成两个方面并不一定相似的关注点：合作伙伴履行合同的能力以及合作伙伴不会采取机会主义行动的诚信[84]。当然，合作伙伴的选择也同样重要。此外，许多潜在的问题必须通过确定共同目标并在合同中阐明所有期望来解决。当然，合同不可能包括一切。合同各方需要培养足够的默契，毕竟共识在协议运作中起着重要作用[85]。如果能与那些重视声誉的企业合作，效果就会更好，因为这样的合作伙伴更愿意私下解决分歧而不愿意在新闻媒体曝光。坦率的沟通也有助于企业提前把握潜在合作伙伴的基本期望，不然这些期望一定会让企业感到惊讶。针对中国和俄罗斯当地企业的一项研究发现，相比于外国伙伴真正所做的，当地企业更希望其外国合作伙伴能更多地与中国政府和俄罗斯政府打好交道（如减少贿赂支出）[86]。

虽然合同有很大的局限性，但合同中的条款至少应解决以下问题：

（1）如果当事人不遵守指令，那么该协议会被终止吗？

（2）质量应该用什么方法进行测试？

（3）对资产使用应该设置怎样的地域限制？

（4）哪家企业将负责管理合约中的哪部分经营业务？

（5）每家企业未来会投入什么？

（6）每家企业将如何购买、出售或以其他方式使用由合作协议产生的无形资产？

（7）如何分配收入？

除了合同条款，在选择合作伙伴时，必须考虑对另一企业管理层的信任因素。同时，信任也会受到国家文化的影响，而这反过来又会影响合作伙伴对合同所涉内容多少的要求。因此，如果双方来自具有相同信任程度的国家文化，那么双方在合作时对于哪些必须在合同中进行具体规定，哪些又必须依赖相互信任，就更容易达成一致意见[87]。

4. 提高业绩

与有能力并能和谐相处的伙伴合作是确保合作成功的必要条件，但并不是充分条件。一项协议一旦进入执行，那么必须进行有效运作。管理层不仅应当估计潜在的销售量和成本并判断协议的实施是否达到了质量标准，而且应当通过评估服务要求来监督协议的目标是否达成以及各方是否尽力。

除了持续评估合作伙伴的业绩外，企业还必须定期评估是否需要调整合作的类型，如是否要用许可协议来替换合资经营。同时，随着合作次数的增多，企业应该考虑培养如何管理多个协议项目的能力，从而可以把在一种情形下学习到的经验运用到其他情形[88]。

未来展望

为什么创新能促进合作?

半个多世纪前,约翰·肯尼思·加尔布雷思(John Kenneth Galbraith)写道,便宜发明的时代已经结束,并指出:"由于开发成本高昂,所以只有那些具有庞大规模资源的企业才能进行创新[89]。"该声明似乎有先见之明,毕竟如今的创新动辄需要数十亿美元的投资。例如,新型商用飞机的上市、消除疾病带来的死亡、防御敌对国家和恐怖分子的袭击、防止网络空间遭到入侵、石油替代能源的商业化等,都需要数十亿美元的开发投资。然而,这样的判断似乎忽视了企业可以通过合作来集中资源的能力,而且这种合作可能会持续增长。

如果要补偿高昂的开发成本,那市场么必须真正实现全球性。为了解决主要的全球性问题,所需要的开发成本远远超出了单个企业所能承担的数量。即使企业可以通过内部增长或并购来做大,但政府出于反垄断考虑,也会设置限制。

而且,随着企业逐渐意识到整合被并购企业的成本非常高,合作协议在未来可能会变得更加重要,而且会涉及来自众多国家众多行业的企业之间的横向与纵向联系。然而,有些证据表明,因为内部化和经费方面的因素,合作会导致创新速度的减缓[90]。与此同时,虽然企业战略家一直建议企业应当专注于自己所擅长的业务,但有越来越多的证据表明,许多客户喜欢与一家而不是多家供应商打交道。结果自然是企业集团的重受欢迎,

这一点在新兴经济体中尤其明显[91]。因此,具有单干所需资源的大企业就比小企业享有优势。

虽然有些产品的开发需要巨额资金,但绝大多数产品的开发只要适度资金即可。尽管如此,企业缺乏在世界各地单干所需的特定产品与市场资源,尤其当国家之间的差异要求在不同国家采取不同的经营模式时。这种情况为企业联盟提供了机遇,毕竟企业联盟具有利用不同企业互补资源的优势。

随着跨国公司进入新的国家并同时与新的企业建立合作关系,合作协议既会带来机遇,也会产生一些问题。为此,跨国公司必须克服以下众多领域的差异:

(1)可能导致合作伙伴采用不同方式获取与评价信息的国家文化。

(2)制约企业采用所期望经营模式的政府政策、制度和产业结构方面的国家差异。

(3)制约双方关系的那些影响企业文化和行为的不同意识形态和价值观。

(4)致使目标和投入出现分歧的起因于合伙方不同利益诉求的战略方向差异。

(5)导致合作伙伴之间沟通无效率的管理风格和组织结构差异[92]。

如果参加联盟的合作伙伴越多,那么决策和控制过程就越烦琐。

案例14-2

寰宇一家航空联盟

随着美国和日本当局批准了反垄断豁免权,美国航空公司(AA)和日本航空公司(JAL)于2011年开始通过非股权式合资经营企业来共享连接北美大陆和东亚的航线[93]。该合作经营企业类似于美国航空公司、英国航空公司(BA)和伊比利亚之间建立的于2010年开始运作的跨大西洋旅行铁三角联盟。在这两个案例中,协议允许各家航空公司的代理来联合管理、销售和推广各家的空运能力,并负责收入的分配和航班的调度。这些企业的主要动力在于通过更好地控制运能来削减经营成

本、避免破坏性的价格竞争并提高调度效率,从而为乘客提供更多、更好的班次和换乘服务。

这些计划本质上只是历史上各种国际航空公司联盟的延伸而已。事实上,航空业的独特之处在于必须形成合作协议。而且,由于监管、成本和竞争等方面的原因,这种合作几乎从国际航空旅游产生以来就一直很重要。近年来,这种需要的重要性加倍增长,毕竟航空公司的盈利情况非常糟糕。

实际上,航空公司的利润空间一直遭到挤压。首

先，成本一直在上升，特别是由于油价的上涨以及"9·11"以来对安全性要求的提高。虽然起飞前的机场乘客安全检查已广为人知，但其他一些高成本的航空安全检查要求可能鲜为人知。例如，航空公司需要向政府机构提供预订乘客的信息，以及为了确保客机货物装运的安全，而需要与货运代理和供应链运营商进行合作。其次，价格竞争不断激烈的长期趋势使得航空公司无法将增加的成本转嫁给乘客，而且这种情况因折扣航线的出现以及客户可在互联网上搜索到更低的票价而不断恶化。再次，全球经济衰退导致乘客的需求削减，转而导致航空业剩余运输能力的增加。虽然乘客国际旅行的增长在很大程度上推进了全球化发展，但没有任何一家航空公司有足够的财力或飞机来服务整个世界。不过，周游世界的乘客感受到了换乘点预订的好处：不仅能够最小化飞行距离和换机次数，而且航空公司能更好地确保乘客在抵达目的地的同时可以及时取到其接受过安检的行李。

不过，这里的讨论并不意味着所有的成本削减都需要合作。例如，航空公司近年来实施了众多节约成本的变革，涉及从购票到抵达目的地的整个过程。在线购买电子机票在很大程度上使得航空公司不用再向旅行社支付高额佣金，同时也解决了储备纸质机票的高额成本问题。机场的自助登机服务减少了机场对工作人员的需求。在飞机上，尤其是短程航班，票价中所包括的东西也减少了，如食品、枕头和耳机。事实上，这种航班可能就是航空公司折扣子公司的一种形式。

1. 历史插曲：政府管制的变化

历史上，政府在航空公司的所有权中占据重要位置。许多国有航空公司是国内市场亏损的垄断企业，需要接受政府的补贴。不过，航空公司随后逐步走向私有化。

(1) 政府管制的是什么？虽然航空公司已走上私有化之路，但政府仍然会管制航线，但同时通过互惠协议来认可有关限制和权利。具体而言，政府管制的内容包括以下几个方面：

1) 哪些外国航空公司拥有着陆权。

2) 航空公司可以使用哪些机场和飞机。

3) 航班的频率。

4) 外国航空公司能否飞离国境（如西班牙航空公司从西班牙飞到美国后，可以再从美国飞往巴拿马）。

5) 飞越领空的特权。

6) 航空公司可以收取的票价。

近年来，美国的管制政策发生了显著的变化。首先，美国国内市场已经解除管制，这意味着任何经核准的美国航空公司都可以以任何频次飞美国国内的任何航线，只要市场能接受其收费。自管制放松实施以来，许多美国航空公司（如东方航空公司、泛美航空公司和环球航空公司）因竞争激烈而被迫歇业。在欧洲，类似的放松管制也导致了比利时航空公司（Sabena）的破产。其次，一些开放领空的协议允许协议签约国的任何航空公司的飞机从一个签约国的任何城市飞到另一签约国的任何城市。此外，这些航班也没有容量、频次或飞机机型方面的限制。例如，2010 年，美国与日本之间的开放领空协议促使美国航空公司开始为纽约和羽田国际机场服务，而羽田国际机场比成田机场更接近东京市区。再次，欧洲国家已经批准跨国并购，如法国航空公司（Air France）收购了荷兰皇家航空公司（KLM），德国汉莎航空公司（Lufthansa）收购了瑞士航空公司（Swissair）。

(2) 政府保护航空公司的原因。影响政府保护其航空公司的原因有四个：

1) 国家相信通过维持小型空军力量并在有特殊航空运输需求时依靠国内航空公司可以节省开支（例如，美国政府就使用美国的商业航空公司来协助将其军队送往伊拉克和阿富汗并运回美国）。

2) 大众观点倾向于消费"本国"产品或服务，尤其是政府付费的差旅。公众希望国家维持这些本国航空公司，而且要求政府雇员乘坐这些航班以节约外汇存款。

3) 航空公司是民族自豪感的源泉，而飞机（印着本国国旗）象征着一国的主权和技术能力。虽然这种民族身份现在已经不那么重要了，但在一些发展中国家仍然很重要。

4) 出于安全原因而保护的空域现如今已不再值得担忧，因为国外航空公司经常飞越一国领空到达其空港，如东京和芝加哥之间的日本航空公司的航班。此外，飞越领空条约现在已经相当常见，甚至是敌对国家之间（如古巴航空公司的飞机飞经美国到达加拿大、美国航空公司的飞机飞经古巴到达南美等）。

(3) 扩张面临的管制障碍。即使航空公司有财力进行全球扩张，各国的管制政策也会限制这种扩张。除了少数例外情况，航空公司在国外不能经营利润丰厚的国内航线。例如，日本航空公司无法经营纽约到洛杉矶的航线，美国航空公司也无法经营东京与名古屋之间的航线。此外，美国政府规定外资拥有任何美国航空公司的表决权股票最多不能超过 25%。

因此，航空公司无法轻易控制国外那些向国际航班输送乘客的航空网络。日本航空公司没有美国国内航班把乘客送到芝加哥再中转到东京，而美国航空就有这样的航班。不过，日本航空公司在日本则具有这样的优势。

最后，航空公司往往不能经营外国之间的航线。美国航空公司不能经营巴西与南非之间的航线，因为这些国家的政府只将这些航班的着陆权授予巴西和南非的航空公司。为了避免这些限制，航空公司必须与来自其他国家的航空公司建立联盟。

2. 与动机有关的合作案例

（1）成本因素。一些航空公司一直占据着某些国际机场，从而在那里积累了重要的能力，如行李处理机和飞机处理设备。如果与其他航空公司共享这些能力，那么就可以分摊成本。例如，英国航空公司（BA）一直在伦敦希思罗机场（Heathrow Airport）与其他航空公司共享办理旅客登机手续、行李装载和维修方面的服务能力。

维修和预订系统的高成本导致来自多个国家的多家航空公司开展合作经营，如共享阿波罗（Apollo）、伽利略（Galileo）等订座系统的所有权。实际上，共享预订系统并不只是出于节约成本的动机，也是因为集中资源可以为客户提供更好的服务。

（2）转机航班。鉴于政府只准本国航空公司经营国内或地区航线，所以航空公司之间很早就有了协议，乘客使用通票就可以从一条航班线至另一条航线。然而，人们往往选择出现在计算机屏幕上的直达航线，而那些需要转机的航线往往出现在直达航线的后面。此外，如果乘客发现他们必须进行转机，那么他们更担心的是在大型机场转机时离登机口的距离远近。为了避免乘客的这种担心，航空公司已同意代码共享，即同一班飞机在多家航空公司可能有一个指定的代码。例如，英国航空公司经营的从纽约肯尼迪机场（New York JFK）飞往伦敦希斯罗机场（London Heathrow）的同一航班分别被列示为美国航空 140（AA142）、英国航空 1507（BA1507）和西班牙航空 4240（Iberia 4240）。因此，对于从坦帕市（Tampa）

出发、在肯尼迪机场中转并在最后抵达希思罗机场的美国航空公司的乘客而言，他们对在肯尼迪机场中转的担忧就会减少，因为他们知道自己一直在乘坐同一家航空公司的航班。不过，乘客仍然需要换机，需要从一个候机楼转到另一个候机楼。在这种情况下，如果乘客持的是通票或转机机票，那么航空公司必须尽量使乘客所花费的转机时间最少。

（3）寰宇一家航空联盟。寰宇一家航空联盟（Oneworld Alliance）包括 12 家航空公司：柏林航空（Airberlin）、美国航空、英国航空、国泰航空（Cathay Pacific）、芬兰航空（Finnair）、西班牙航空、日本航空、智利航空（LAN）、马来西亚航空、澳大利亚航空（Qantas）、皇家约旦航空（Royal Jordanian）和西伯利亚航空（S7 Airlines）。寰宇一家主要与两家联盟进行竞争：星空联盟（Star）和天合联盟（SkyTeam）。参加这些联盟的航空公司的合作采用多种方案，如乘客获得的积分可以在任何一家公司免费乘坐飞机或享受升级旅行的体验。就寰宇一家联盟而言，飞到东京成田机场的所有成员方的飞机都可以进到二号航站楼，从而缩短了规定的中转时间。寰宇一家联盟也宣传其联盟成员：不难发现，飞机上不仅涂着航空公司的名称和徽标，还涂着寰宇一家联盟的名称。这些联盟会开展大量的合作，如代码共享；然而，反垄断规定，（除非获得豁免权）禁止成员对航线、日程安排和价格进行协调。

（4）跨大西洋合资经营企业。美国航空、英国航空和西班牙航空三家航空公司在全球 100 多个国家和地区共拥有超过 400 个目的地空港，日飞行超过 6000 班次。在其合资经营企业与反垄断豁免获得批准时，该企业共拥有 48 条欧洲与北美之间的航线，覆盖 22 个北美地区的城市和 13 个欧洲城市。在这 48 条航线中，三家航空公司之间直接竞争的只有 9 条航线。

在这三家航空公司组建合资企业后不久，该合资企业就可以通过完善航班的日程安排来为乘客提供方便。例如，美国航空和英国航空过去在纽约肯尼迪机场和伦敦希思罗机场之间每隔几分钟都需要有飞机起飞，但现在两个机场之间每天有 16 个航班，而且通过协调起飞时间，使得航班起飞间隔相差一小时。这样，乘客有更多的机会找到合适的出发时间，而且在来回两个方向上都有更多的转机选择。此外，在从国内中转点中转到该合资企业目的地时，参与合作的航空公司现在可以在国内中转点采用指定的航班号。例如，西班牙国家航空显示了一条由圣地亚哥飞往马德里的航线，虽然圣地亚哥飞往芝加哥和芝加哥飞往马德里的航班是美航经营的航线。

由于可以获得双重或多重推广而且可以共享收益，多家航空公司的销售人员会大力推销同一航线的机票。结果自然是促进了销售，使得合资经营企业的成员可以提供新的航线。例如，自组建合资企业以来，先后出现了芝加哥与赫尔辛基之间以及纽约与布达佩斯之间的直飞服务。

（5）美国航空与日本航空之间的合资经营企业。日本航空也是一家大型的航空公司，服务于全球20个国家和地区的85个城市。日本航空与美国航空的合资经营企业跨越了大洋彼岸，双方具有相同的优势和目标。当然，有些变化也很显著。通过改变每家公司在芝加哥奥黑尔（Chicago O' Hare）和东京成田机场（Tokyo Narita）的航班时间，以及调整飞往两个城市的航班中转调度，越来越多的乘客可以在两小时内转机。例如，从20多个城市出发的22个航班可以为奥黑尔机场到成田机场提供转机服务。

日本航空已经将到奥黑尔的航班从国际航站楼搬至毗邻美国航空的登机口。同时，美国航空已将其在日本的办事处搬入日本航空总部大楼，从而简化了两家航空公司之间的联络。双方都在帮助对方解决文化差异方面的问题，如日本航空援助美国航空用日语广播通告，而这对日本乘客更有意义。同时，两家航空公司正为大幅增加代码共享的计划做准备，特别是飞往非门户城市的航班，如东京到盐湖城（Salt Lake City）的日本航空航班和美国航空从东京以外的城市到日本航空服务城市（如河内）的航班。

在撰写本案例之时，日本航空和英国航空正在洽谈有关日本与英国之间航班的类似协议。如果谈判取得成果，那么就会形成一个有效的全球性协议。

3. 不采取并购形式的原因

首先，如所有权要求之类的政府管制政策会反对美国的航空公司与他国的航空公司进行合并或收购。即使政府不设限制，企业合并的困难也是非常巨大的，更何况是国内与国外企业之间的并购。在撰写本案例之时，美国航空公司和全美航空公司（US Airways）正在讨论合并事宜。双方的飞行员工会很强大，而且是在不同的经营和奖励系统下开展工作的。虽然全美航空公司没有跨太平洋的航线，但它的确有大西洋航线，而且这些航线与美航与英航和西班牙国家航空的航线存在交集。全美航空公司是星空联盟的成员之一，因此，全美航空公司必须断绝这种关系，并寻找到方法以便处理累积的旅客积分。

在合资经营中，除了跨洋航线的协调，每家公司都保留了自己的身份并独立开展运作。此外，参与合资经营的航空公司以及寰宇一家的成员航空公司已经形成了自己的文化和品牌去吸引各自国家的乘客。例如，英国航空吸引最多的是英国乘客，日本航空吸引最多的是日本乘客，等等。通过保持独立的身份，尽管共享航班，但成员航空公司可以利用这些差异。另外，可以通过加强合作来实现自然扩张，如世界各地都有登记柜台来接待寰宇一家的乘客，以及通过整合机场休息室来节省成本。可以很肯定地说，寰宇一家航空联盟成员之间未来的合作将不断加强而不是减弱。

思考题

1. 寰宇一家航空联盟、星空联盟和天合联盟内的成员企业还参与了重大的兼并和收购（并购）活动：星空联盟的边疆航空（Frontier）和全美航空（US Air）、天合联盟的达美航空（Delta）和西北航空（Northwest）以及星空联盟的美国大陆航空（Continental）和美国联合航空（United）。在这个行业中，企业并购相比非股权联盟有什么优点和缺点？

2. 一些航空公司，如西南航空，作为没有广泛国际联系的特殊公司而幸存了下来。这些航空公司能继续这种策略吗？

3. 为什么航空公司不能通过展示其遵守所在国劳工法和商业法的能力而在世界任何地方建立服务？

4. 按照美国颁布于1938年法律的规定，国外航空公司持有美国航空企业的表决权股份不得超过25%。是这一法律不合时代了呢，还是至今仍有存在的正当理由？

5. 如果一些大型航空公司或航空网络主宰了全球航空服务业，那么会有什么后果呢？

6. 许多航空公司近年来的获利已经非常微薄。你认为政府是否应该保护这个重要行业以确保其生存？如果要保护，那么应该如何保护？

7. 日本航空和美国航空可以用什么方法来分配代码，共享航线的收入和支出？

本章小结

1. 通过出口销售本国生产的产品并不一定有益，主要原因包括：国外的生产成本更低、高昂的运输、需要大幅调整产品、保护性贸易壁垒、缺乏在本国开展生产的能力以及消费者对特定国家产品的偏好。

2. 企业经常采用外国直接投资，尤其是设立全资企业，原因在于无法找到可接受的合作伙伴，或是在于外国直接投资可以降低运营成本、降低培养竞争对手的可能性并能自由实施全球战略。

3. 不管企业是在国内还是在国外运营，合作协议都具有一些优势。这些优势包括：分摊并降低成本；可以专注于企业的核心竞争力；避开某些竞争；建立横向与纵向联系；向其他企业学习。

4. 就开展国际化经营的合作协议而言，参与者的动机包括获得特定地区的资产、克服政府和法律限制、实现地理分散化以及最小化风险敞口。

5. 国外运作模式会随企业资源投入的数量和种类的不同而不同，也会随国内而非国外投入资源所占比例的不同而不同。合作协议可以减少此类投入。

6. 虽然企业所选择的合作协议模式需要与其战略目标相契合，但这种选择往往意味着目标之间的权衡。

7. 许可经营是把一些权利（如专利、版权或商标）授予另一企业使用，而且通常要收取许可费。作为在国外生产并在国外市场销售的经营模式，许可经营可以减少许可授权方的资本支出、防止其他企业随意使用这些资产、可以从其他企业获得资产回报以及在出口或投资不可行的情况下赚取市场收入。

8. 特许经营不同于许可经营之处在于，特许方不仅给予被特许方使用无形财产（通常是商标）的权利，而且需要持续地协助其开展经营。

9. 国际管理合同是在资本支出很少的情况下，通过管理外国企业而获得收入的一种方法。

10. 总承包经营是为另一企业建造经营设施的合同。这些设施项目历来投资大、种类多样，不仅需要专业技能，而且要具备与政府高层打交道的能力。

11. 合资经营企业是合作协议的一种特殊形式，其中两家或多家组织共同经营企业或项目，通常各方都拥有合资经营企业的股权。

12. 合资经营企业的参与方可以有多种组合，包括政府和私人企业以及两家或多家来自相同或不同国家的参与方。

13. 股权式联盟就是为了强化合作而与参与合作协议的某家企业拥有股权关系的合作协议。

14. 合作的基本动机就是利用不同企业的互补性资源。

15. 导致合作协议出问题的因素很多，包括：合作伙伴的重视程度不同；合作伙伴的目标不同；控制权问题；担心对方合作伙伴在经营中投入过少或得到过多；国家文化或企业文化不同而产生的误解。

16. 不管对方合作企业的履约情况如何，企业管理层都有责任制定目标并评估绩效。

17. 对于在不同国家的运营或不同产品的国外运营，企业可能会采用不同的合作协议模式。随着多样性的增加，国外运营业务的协调和管理会变得更加复杂。

关键术语

独占性理论	财团	依赖理论	内部化
谈判学派理论	交叉许可经营	股权式联盟	企业资源基础论

参考文献

1 *Sources include the following:* Fidel León-Darder is Associate Professor and Cristina Villar is Assistant Professor, both in the Department of Management, Universitat de València (Spain). They used information from the following sources: J. Pla-Barber, F. León-Darder, and C. Villar, "The Internationalization of Soft-Services: Entry Modes and Main Determinants in the Spanish Hotel Industry." *Service Business* 5:2 (2011): 139–154; M. M. Massot, L.M. Vegas, and M.A. García, (1997): "Sol Meliá: Un Nuevo Paradigma en la Gestión Hotelera". In J. J. Durán (ed.): *Multinacionales Españolas II: Nuevas Experiencias de Internacionalización* (Madrid: Pirámide, 1997): 73–110; www.meliahotelsinternational.com (retrieved April 19, 2013); "Sol Meliá Absorbe la Cadena TRYP en una Operación Valorada en 72,500 Millones," *Cinco Días* (August 22, 2001) at www.cincodías.com (retrieved January 5, 2013); "Sol Meliá Compra una Cadena en Alemania por 16.5 Millones," *Cinco Días* (November 9, 2007) at www.cincodias.com (retrieved February 7, 2013);

"La Cadena Sol Meliá Vende la Marca TRYP al Grupo Hotelero Americano Wyndham: La Operación, Cifrada en unos 32 Millones, No Implica la Transacción de Establecimientos," *Diario de Mallorca* (June 9, 2010) at www.diariodemallorca.es (retrieved March 21, 2013); F. Contractor and S. Kundu, "Modal Choice in a World of Alliances: Analyzing Organizational Forms in International Hotel Sector," *Journal of International Business Studies* 29:2 (1998): 325–57; F. León-Darder, C. Villar , and J. Pla-Barber, "Entry Mode Choice in the Internationalization of the Hotel Industry: A Holistic Approach," *Service Industries Journal* 31:1 (2011): 107–122; "La Primera Aventura Británica de Escarrer – Meliá White House, un Hotel en Londres 'Made in Spain'," *Actualidad Económica* (September 23, 2002) at www.actualidad-economica.com (retrieved February 7, 2013); "Sol Meliá Renueva su Portfolio en el Exterior con Siete Altas y Ocho Bajas," *Alimarket* (March 1, 2008) at www.alimarket.es (retrieved January 19, 2013); "Sol Meliá Controla Ya el 32% del Mercado Turístico Cubano," *El País* (May 16, 2005) at www.elpais.com (retrieved March 21, 2013); "Sol Meliá Busca una Alianza para Crecer en EE.UU," *La Vanguardia* (September 18, 1999) at www.lavanguardia.es (retrieved February 7, 2013); "Sol Meliá, Barceló y Blau Hotels Entrarán en China con la Gestión de Hoteles en Shanghai," *Cinco Días* (May 5, 1999) at www.cincodias.com (retrieved January 5, 2013); "Sol Meliá, Barceló y Riu Descartan Nuevas Inversiones en Asia a Corto Plazo por la 'Complejidad' del Mercado," *Europa Press* (February 6, 2006) at www.europapress.es (retrieved January 5, 2013); "Barceló Abandona la Gestión de su Primer Hotel en China," *Cinco Días* (January 5, 2001) at www.cincodias.com (retrieved January 5, 2013); "Sol Meliá Entra en China de la Mano de un Grupo Local y otro de Cuba," *Cinco Días* (July 10, 2010) at www.cincodias.com (retrieved January 5, 2013); "Meliá Apuesta por la Internacionalización en 2013 Para Reforzar su Liderazgo y Hacer Frente al Entorno," at www.meliahotelsinternational.com/es/sala-de-prensa/30012013/melia-apuesta-internacionalizacion-2013-reforzar-su-liderazgo-hacer-frente (retrieved April 19, 2013); "Meliá Hotels International Anuncia en Kenia su Interés de Expansión en África Subsahariana," at www.meliahotelsinternational.com/es/sala-de-prensa/26092012/melia-hotels-international-anuncia-kenia-su-interes-expansion-africa.

2 "Looking to the Future," *Business Europe* 50:18 (October 1, 2010): 7.

3 John Griffiths, "VW May Build Beetle in Europe to Meet Demand," *Financial Times* (November 11, 1998): 17.

4 Peter Marsh, "The World's Wash Day," *Financial Times* (April 29, 2002): 6.

5 "India-EU FTA to Include Tariff Reduction on Import of Vehicles," *Accord Fintech* [Mumbai] (May 20, 2011).

6 Jill Gabrielle Klein, "Us versus Them, or Us versus Everyone? Delineating Consumer Aversion to Foreign Goods," *Journal of International Business Studies* 33:2 (2002): 34563.

7 "'Made in Australia' Label Confuses Shoppers: Choice Survey," *Asia Pulse* (May 18, 2011).

8 John S. Hulland, "The Effects of Country-of-Brand and Brand Name on Product Evaluation and Consideration: A Cross-Country Comparison," *Journal of International Consumer Marketing* 11 (1999): 23–39; Ali Riza Apil and Erdener Kaynak, "Georgian Consumers' Evaluation of Products Sourced from European Union Member Countries," *International Journal of Commerce and Management* 20:2 (2010): 167–87.

9 An excellent overview of the literature is Jean-François Hennart, "Transaction Cost Theory and International Business," *Journal of Retailing* 86:3 (September 2010): 257–69.

10 *Internalization theory*, or holding a monopoly control over certain information or other proprietary assets, builds on earlier market-imperfections work by Ronald H. Coase, "The Nature of the Firm," *Economica* 4 (1937): 386–405. It has been noted by such writers as M. Casson, "The Theory of Foreign Direct Investment," Discussion Paper No. 50 (Reading, UK: University of Reading International Investment and Business Studies, November 1980); Alan M. Rugman, *Inside the Multinationals: The Economics of Internal Markets* (New York: Columbia University Press, 1981); David J. Teece, "Transactions Cost Economics and the Multinational Enterprise," Berkeley Business School International Business Working Paper Series No. IB-3 (1985); B. Kogut and U. Zander, "Knowledge of the Firm and the Evolutionary Theory of the Multinational Corporation," *Journal of International Business Studies* 24:4 (1993): 625–45; Peter W. Liesch and Gary A. Knight, "Information Internalization and Hurdle Rates in Small and Medium Enterprise Internationalization," *Journal of International Business Studies* 30:2 (1999): 383–96.

11 Eric M. Johnson, "Harnessing the Power of Partnerships," *Financial Times* (October 8, 2004): Mastering Innovation, Section 4.

12 Paul Marer and Vincent Mabert, "GE Acquires and Restructures Tungsram: The First Six Years (1990–1995)," *OECD, Trends and Policies in Privatization* III: 1 (Paris: OECD, 1996): 149–85; and their unpublished 1999 revision, "GE's Acquisition of Hungary's Tungsram."

13 James Mackintosh and Arkady Ostrovsky, "Partners Settle Lada Parts Dispute," *Financial Times* (February 21, 2006): 16.

14 Matthew Lynch, "Hilfiger Sues Former Sock Licensee," *WWD* 198:73 (October 7, 2009): 18.

15 Stephen Magee, "Information and the MNC: An Appropriability Theory of Direct Foreign Investment," in Jagdish N. Bhagwati (ed.), *The New International Economic Order* (Cambridge, MA: MIT Press, 1977): 317–40; C. W. Hill, L. P. Hwang, and W. C. Kim, "An Eclectic Theory of the Choice on International Entry Mode," *Strategic Management Journal* 11 (1990): 117–18; Ashish Arora and Andrea Fosfuri, "Wholly Owned Subsidiary versus Technology Licensing in the Worldwide Chemical Industry," *Journal of International Business Studies* 31:4 (2000): 555–72.

16 Jean-Paul Roy and Christine Oliver, "International Joint Venture Partner Selection: The Role of the Host-Country Legal Environment," *Journal of International Business Studies* 40:5 (2009): 779–801.

17 Anne-Wil Harzing, "Acquisitions versus Greenfield Investments: International Strategy and Management of Entry Modes," *Strategic Management Journal* 23:3 (2002): 211–27.

18 Jaideep Anand and Andrew Delios, "Absolute and Relative Resources as Determinants of International Acquisitions," *Strategic Management Journal* 23:2 (2002): 119–34.

19 Sergery Filippov, "Innovation and R&D in Emerging Russian Multiantionals," *Economics, Management and Financial Markets,* 6:1 (March 2011): 182–206.

20 Geoff Dyer, Francesco Guerrera, and Alexandra Harney, "Chinese Companies Make Plans to Join the Multinational Club," *Financial Times* (June 23, 2005): 19.

21 "Beefed Up – The World's Largest Meat Company is Brazilian, But Mostly Operates Abroad," *The Economist* (September 24, 2011): Special Report on the World Economy, 16.

22 Two such indications are from studies by Alan Gregory, which is cited in Kate Burgess, "Acquisitions in U.S. 'Disastrous' for British Companies," *Financial Times* (October 11, 2004): 18; and Ping Deng, "Absorptive Capacity and a Failed Cross Border M&A," *Management Research Review* 33:7 (2010): 673–82.

23 John Child, David Faulkner, and Robert Pitethly, *The Management of International Acquisitions* (Oxford: Oxford University Press, 2001); Peter Martin, "A Clash of Corporate Cultures," *Financial Times* (June 2–3, 2001): Weekend section, xxiv.

24 "From Guard Shack to Global Giant," *The Economist* (January 12, 2013): 55–56.

25 Vlatka Bilas and Vedran Baci, "Utjecaj Akvizicijskog Iskustva Na Uspjesnost Medunarodnih Spajanja I Preuzimanja U Farmaceutskoj Industriji 2001–2009," *Ekonomska Misao* 19:2 (2010): 187–209.

26 Rajesh Chakrabarti, Swasti Gupta-Mukherjee, and Narayanan Jayaraman, "Mars-Venus Marriages: Culture and Cross-Border

M&A," *Journal of International Business Studies* 40:2 (2009): 216–36; See also Mary Yoki Brannen and Mark F. Peterson, "Merging Without Alienating: Interventions Promoting Cross-Cultural Organization and Their Limitations," *Journal of International Business Studies* 40:3 (2009): 468–89.

27 Pierre Dussauge, Bernard Garrette, and Will Mitchell, "Asymmetric Performance: The Market Share Impact of Scale and Link Alliances in the Global Auto Industry," *Strategic Management Journal* 25 (2004): 701–11; and Candace E. Ybarra and Thomas A. Turk, "Strategic Alliances with Competing firms and Shareholder Value," *Journal of Management and Marketing Research* 6 (January 2011): 1–10.

28 Koen Dittrich and Geert Duysters, "Networking as a Means to Strategy Change: The Case of Open Innovation in Mobile Telephony," *Journal of Product Innovation Management* 24:6 (November 2007): 510–21.

29 Barry J. Dickinson, "Symbiotic Marketing: A Network Perspective," *Journal of Management and Marketing Research* 11 (September 2012): 1-27 offers many examples of horizontal alliances.

30 Gabriel Baffour Awuah, Amal Mohamed, "Impact of Globalization: The Ability of Less Developed Countries' (LDCs') Firms to Cope with Opportunities and Challenges," *European Business Review* 23:1 (2011): 120–32; Rodney C. Shrader, "Collaboration and Performance in Foreign Markets: The Case of Young High-Technology Manufacturing Firms," *Academy of Management Journal* 44:1 (2001): 45–60.

31 Rahul Jacob, "Hong Kong Banks on New Disney Park for Boost," *Financial Times* (August 31, 2001): 6.

32 Paavo Ritala, "Coopetition Strategy – When Is It Successful? Empirical Evidence on Innovation and Market Performance," *British Journal of Management* 23:3 (September 2012): 307–24.

33 Phred Dvorak and Scott Kilman, "BHP Roils Potash Cartel," *Wall Street Journal* (August 25, 2010): 1.

34 John M. Connor, "Global Antitrust Prosecutions of Modern International Cartels," *Journal of Industry, Competition and Trade* 4:3 (2004): 239.

35 Luiz F. Mesquita and Sergio G. Lazzarini, "Horizontal and Vertical Relationships in Developing Economies: Implications for SMEs' Access to Global Markets," *Academy of Management Journal* 51:2 (2008): 359–80.

36 Destan Kandemir and G. Tomas Hult, "A Conceptualization of an Organizational Learning Culture in International Joint Ventures," *Industrial Marketing Management* 34:5 (2005): 440.

37 Robert F. Howe, "The Fall of the House of Mondavi," *Business 2.0* 6:3 (2005): 98.

38 Yumiko Ono and Ann Zimmerman, "Wal-Mart Enters Japan with Seiyu Stake," *Wall Street Journal* (March 15, 2002): B5.

39 Yuping Zeng, Oded Shenkar, Seung-Hyun Lee, and Sangcheol Song, "Cultural Differences, MNE Learning Abilities, and the Effect of Experience on Subsidiary Mortality in a Dissimilar Culture: Evidence from Korean MNEs," *Journal of International Business Studies* 44 (2013): 42–65.

40 Peter Wonacott and Eric Bellman, "Foreign Firms Find Rough Passage to India," *Wall Street Journal* (February 1, 2007): A6; Neil Buckly, "Russia Sets New Rules for Investors in Key Sectors," *Financial Times* (May 6, 2009): 3; Amy Kazmin, "Ikea Ditches Plans for India after New Delhi Refuses to Change Law," *Financial Times* (June 12, 2009): 13.

41 Jia-Ruey Ou, "An Analytical Model for Innovating Localization Policy," *International Journal of Electronic Business Management* 8:2 (2010): 110–19.

42 Julie Bennett, "Road to Foreign Franchises Is Paved with New Problems," *Wall Street Journal* (May 14, 2001): B10.

43 "H&M Wins Back Name in Russia," *Managing Intellectual Property* (April 2007): 1; and Steven Seidenberg, "Trademark Squatting on the Rise in U.S." *Inside Counsel* (May 2010): n.p.

44 Peter J. Lane, Jane E. Salk, and Marjorie A. Lyles, "Absorptive Capacity, Learning, and Performance in International Joint Ventures," *Strategic Management Journal* 22 (2001): 1139–61.

45 Steven White and Steven Siu-Yun Lui, "Distinguishing Costs of Cooperation and Control in Alliances," *Strategic Management Journal* 26 (2005): 913–32.

46 For an extensive discussion of these variables, see Farok J. Contractor and James Woodley, "How Do Alliance Partners Share the Value They Create? Determinants of the Value Split in International Technology Transfer Alliances," *Proceedings of the 54th Annual Meeting of the Academy of International Business* (Washington: 2012): n.p.

47 Melissa Maleske, "OFAC's Global Reach," *Inside Counsel* (August 2012): n/a.

48 Miguel Angel Asturias, *Strong Wind*, trans. Gregory Rabassa (New York: Delacorte Press, 1968): 112.

49 For an extensive treatise on the theory, see Robert A. Packenham, *The Dependency Movement: Scholarship and Politics in Development Studies* (Cambridge, MA: Harvard University Press, 1992). For some different national views of its validity, see Ndiva Kofele-Kale, "The Political Economy of Foreign Direct Investment: A Framework for Analyzing Investment Laws and Regulations in Developing Countries," *Law & Policy in International Business* 23:2/3 (1992): 619–71; and Stanley K. Sheinbaum, "Very Recent History Has Absolved Socialism," *New Perspectives Quarterly* 13:1 (1996).

50 Ravi Ramamurti, "The Obsolescing 'Bargaining Model'? MNC-Host Developing Country Relations Revisited," *Journal of International Business Studies* 32 (2001): 23; Yadong Luo, "Toward a Cooperative View of MNC-Host Government Relations: Building Blocks and Performance Implication," *Journal of International Business Studies* 32 (2001): 401.

51 "Kodak Enters into Technology Cross-Licensing Agreement with NEC," *Asia Pulse* (December 28, 2010).

52 Lauren Collins, "Danish Postmodern," *New Yorker* (January 7, 2013): 22; Lizette Alvarez, "Spreading Scandinavian Genes, without Viking Boats," *New York Times* (September 30, 2004): A4; and "Cryos Sets Up Sperm Banks in Mumbai," *Businessline* (September 25, 2008).

53 Fred Burton, Adam R. Cross, and Mark Rhodes, "Foreign Market Servicing Strategies of UK Franchisors: An Empirical Enquiry from a Transactions Cost Perspective," *Management International Review* 40:4 (2000): 373–400.

54 John K. Ryans, Jr., Sherry Lotz, and Robert Krampf, "Do Master Franchisors Drive Global Franchising?" *Marketing Management* 8:2 (1999): 33–38.

55 Janet Adamy, "Chinese Food the KFC Way," *Wall Street Journal Asian Edition* (October 20–22, 2006): 14–15.

56 Julie Bennett, "Product Pitfalls Proliferate in a Global Cultural Maze," *Wall Street Journal* (May 14, 2001): B11; Jane Wooldridge, "Fast Food Universe," *Miami Herald* (November 28, 2004): J1.

57 British Airport Authority, "International Airports" (2007), retrieved July 6, 2007, from www.baa.com/portal/page/Corporate%5EAbout+BAA%5EWho+does+what%5EInternational+airports/b0ccadc5c5c72010VgnVCM100000147e120a__/448c6a4c7f1b0010VgnVCM200000357e120a__/.

58 "Four Seasons Signs Management Contract with Three C Universal Developers," *Mint* [New Delhi] (April 21, 2011).

59 "Great Wall Builders," *The Economist* (October 27, 2012): 66.

60 "Global Alumina Releases Third Quarter 2010 Results," *PR Newswire* (November 2010).

61 Peter Sanders, Daniel Michaels, and August Cole, "Boeing Delays New Jet Again," *Wall Street Journal* (June 24, 2009): A1+; Peter Sanders, "Boeing Settles In for a Bumpy Ride," *Wall Street Journal* (October 7, 2009): B1+.

62 "Essar Ports Announces Strategic Alliance With Port of Antwerp International," *PR Newswire* (May 31, 2012): n.p.

63 Luis Zalamea, "AeroRepublica, Copa Offer Details of New Alliance," *Aviation Daily* (March 11, 2005): 5.

64 There are many different ways of classifying the problems. Two useful ways are found in Manuel G. Serapio Jr. and Wayne F. Cascio, "End

Games in International Alliances," *Academy of Management Executive* 10:1 (1996): 62–73; and Joel Bleeke and David Ernst, "Is Your Strategic Alliance Really a Sale?" *Harvard Business Review* (January–February 1995): 97–105.

65 Terrence Chea, "No Perfect Partnership," *Washington Post* (June 3, 2002): E1.

66 Anna Shaojie Cui, Roger J. Calantone, and David A. Griffith, "Strategic Change and Termination of Interfirm Partnerships," *Strategic Management Journal* 32:4 (April 2011): 402–23.

67 Mikhail Fridman, "BP Has Been Treating Russians as Subjects," *Financial Times* (July 7, 2008): 9.

68 Gregory L. White, "In Asia, GM Pins Hope on a Delicate Web of Alliances," *Wall Street Journal* (October 23, 2002): A23.

69 Ramit Plushnick-Masti, "German Firm Faulted for Taking Vitamin out of Baby Formula," *Miami Herald* (November 12, 2003): 19A.

70 William H. Meyers, "Maxim's Name Is the Game," *New York Times Magazine* (May 3, 1987): 33–35; Cristina Passariello, "Pierre Cardin Ready to Sell His Overstretched Label," *Wall Street Journal* (May 3, 2011): 1.

71 David Ibison, "Culture Clashes Prove Biggest Hurdle to International Links," *Financial Times* (January 24, 2002): 17.

72 Diana Elena Ranf, "Cultural Differences in Project Management," *Annales Universitatis Apulensis Series Oeconomica* 12:2 (2010): 657–62.

73 Marshall Geiger and Joyce van der Laan Smith, "The Effect of Institutional and Cultural Factors on the Perceptions of Earnings Management," *Journal of International Accounting Research* 9:2 (2010): 21–43.

74 James T. Areddy, "Danone Pulls Out of Disputed China Venture," *Wall Street Journal* (October 1, 2009): B1.

75 Gokhun Ertug, Ilya R. P. Cuypers, Niels G. Noorderhaven, and Ben B. Bensaou, "Trust Between International Joint Venture Partners: Effects of Home Countries," *Journal of International Business Studies* 44 (2013): 263–82.

76 Seung Ho Park and Gerardo R. Ungson, "The Effect of National Culture, Organizational Complementarity, and Economic Motivation on Joint Venture Dissolution," *Academy of Management Journal* 40:2 (April 1997): 279–307; Harry G. Barkema, Oded Shenkar, Freek Vermeulen, and John H. J. Bell, "Working Abroad, Working with Others: How Firms Learn to Operate International Joint Ventures," *Academy of Management Journal* 40:2 (April 1997): 426–42, found survival differences only for differences in uncertainty avoidance.

77 Rikka M. Sarala and Eero Vaara, "Cultural Differences, Convergence, and Crossvergence as Explanations of Knowledge Transfer in International Acquisitions," *Journal of International Business Studies* 41:8 (October-November 2010): 1365–90.

78 Akbar Zaheer, Exequiel Hernandez, and Sanjay Banerjee, "Prior Alliances with Targets and Acquisition Performance in Knowledge-Intensive Industries," *Organization Science* 21:5 (September-October 2010): 1072–91+.

79 Mike W. Peng and Oded Shenkar, "Joint Venture Dissolution as Corporate Divorce," *Academy of Management Executive* 16:2 (May 2002): 92–105.

80 Bharat Anand and Tarun Khanna, "Do Firms Learn to Create Value? The Case of Alliances," *Strategic Management Journal* 21:3 (March 2000): 295–315; Anthony Goerzen and Paul W. Beamish, "The Effect of Alliance Network Diversity on Multinational Enterprise Performance," *Strategic Management Journal* 26 (2005): 333–54; and Maurizio Zollo and Jeffrey J. Reuer, "Experience Spillovers Across Corporate Development Activities," *Organization Science* 21:6 (November-December 2010): 1195–1212.

81 Rachelle C. Sampson, "Experience Effects and Collaborative Returns in R&D Alliances," *Strategic Management Journal* 26 (2005): 1009–31.

82 Doug Cameron, "U.S. Airline Merger to Affect Alliances," *Wall Street Journal (Online)* (February 14, 2013): n.p.; Adrian Schofield, "JAL, British Airways Code-Share Another Step Toward Joint Venture," *Aviation*

Daily 389:46 (September 5, 2012): n.p.; Anne Smith and Marie-Claude Reney, "The Mating Dance: A Case Study of Local Partnering Processes in Developing Countries," *European Management Journal* 15:2 (1997): 174–82.

83 Sanjiv Kumar and Anju Seth, "The Design of Coordination and Control Mechanisms for Managing Joint Venture–Parent Relationships," *Strategic Management Journal* 19:6 (June 1998): 579–99; T. K. Das and Bing-Sheng Teng, "Between Trust and Control: Developing Confidence in Partner Cooperation in Alliances," *Academy of Management Journal* 23:3 (July 1998): 491–512; Arvind Parkhe, "Building Trust in International Alliances," *Journal of World Business* 33:4 (1998): 417–37; Prashant Kale, Harbir Singh, and Howard Perlmutter, "Learning and Protection of Proprietary Assets in Strategic Alliances: Building Relational Capital," *Strategic Management Journal* 21:3 (March 2000): 217–37; and Dina Preston-Ortiz, "The Effects of Trust in Virtual Strategic-Alliance Performance Outcomes," unpublished doctoral dissertation (Phoenix: University of Phoenix, 2010).

84 Linda H.Y. Hsieh and Suzana B. Rodrigues, "Partner Trustworthiness and Ex Post Governance Choice in International Joint Ventures: The Role of Performance Satisfaction," AIB 2012 Proceedings of 54th Annual Meeting (Washington: June 30–July 3, 2012).

85 Africa Ariño and Jeffrey J. Reuer, "Designing and Renegotiating Strategic Alliance Contracts," *Academy of Management Executive* 18:3 (2004): 37–48.

86 Gary D. Burton, David Ahlstrom, Michael N. Young, and Yuri Rubanik, "In Emerging Markets, Know What Your Partners Expect," *Wall Street Journal* (December 15, 2008): R5.

87 Srilata Zaheer and Akbar Zaheer, "Trust across Borders," *Journal of International Business Studies* 37:1 (2006): 21.

88 Prashant Kale and Harbir Singh, "Managing Strategic Alliances: What Do We Know Now and Where Do We Go from Here?" *Academy of Management Perspectives* 23:3 (August 2009): 45–62.

89 John Kenneth Galbraith, *American Capitalism* (Boston: Houghton Mifflin, 1952): 91–92.

90 Eric H. Kessler, Paul E. Bierly, and Shanthi Gopalakrishnan, "Internal vs. External Learning in New Product Development: Effects of Speed, Costs and Competitive Advantage," *R & D Management* 30:3 (2000): 213–23.

91 Adrian Wooldridge, "Return of the Giants," *The Economist* (The World in 2013 edition): 25.

92 These are adapted from Arvind Parkhe, "Interfirm Diversity, Organizational Learning, and Longevity in Global Strategic Alliances," *Journal of International Business Studies* 22:4 (1991): 579–601.

93 ***Sources include the following:*** We wish to acknowledge the assistance of several American Airlines and oneworld executives, who, although wishing to remain anonymous, supplied useful information for and feedback on this case. Additional information came from "American Airlines to Operate Only Service between New York and Japan's Tokyo International Airport at Haneda After Historic Open Skies Agreement," *Entertainment Newsweekly* (March 4, 2011): 172; Andrea Ahles, "American Airlines, Japan Airlines Announce Joint Venture," *McClatchy–Tribune Business News* (January 12, 2011): n.p.; Julie Johnsson, "American Airlines Combining Pacific Flights with Japan Airlines," *McClatchy–Tribune Business News* (January 12, 2011): n.p.; "American to Move Its Asia-Pacific Regional Office to the Japan Airlines Building in Tokyo," *Journal of Transportation* (September 18, 2010): 26; "Japan Airlines and American Airlines Announce Joint Business Benefits for Trans-Pacific Consumers," *The Pak Banker* (January 11, 2011): n.p.; "Airline Profits to Tumble in 2011: IATA," *The Pak Banker* (June 8, 2011): n.p.; "Europe: Trans-Atlantic Alliances Are Set to Tighten," *Oxford Analytica Daily Brief Service* (January 3, 2008): 1; Alfred Kahn and Dorothy Robyn, "The Sky Must Be No Limit to Global Competition," *Financial Times* (February 15, 2006): 17; Bruce Bernard, "American Airlines Seeks OK for Trans-Atlantic Tie-up," *Journal of Commerce Online* (August 15, 2008); International Air Transport Association, *Annual Report* (2008).

第 15 章

国际商务组织

话无双飞翼，能行数千里。

——韩国谚语

本章目标

通过本章学习，应能：

1. 简述组织一家国际商务企业的发展过程。
2. 描述古典结构的特征。
3. 描述新古典结构的特征。
4. 比较层级概念与超层级概念的区别。
5. 讨论协调国际活动的系统。
6. 讨论控制国际活动的系统。
7. 简述组织文化的作用与特征。
8. 简述企业大学的作用与特征。

案例 15-1

在美国强生建立一个全球性的组织[1]

鉴于其高昂的产品开发成本和潜在的规模经济，典型的跨国医药企业要依赖全球一体化。同时，它必须对当地市场情况做出反应，在每个国家获得政府对每种产品的批准，还需要建立当地销售和配送系统。因此，总部及子公司共同实施企业战略。建立一个能符合这一目标的组织是艰难的，美国强生便是一个杰出的案例。

自 1886 年在美国开展业务以来，强生已经发展成全世界规模最大的保健公司。1919 年，强生公司成立加拿大强生公司，预示着其国际业务的开端。强生公司的总部位于新泽西州的新不伦瑞克（New Brunswick），

目前在全世界有 250 家子公司，其产品销往 175 个国家，员工总数大约 115000 人，其中大约 70000 人在美国以外的 57 个不同国家工作。这家公司的稳步成功闻名遐迩。2012 年，其销售额超过 670 亿美元，同时 51 年来其股利连续增加。强生有一系列优质的抗感染、心血管疾病、皮肤病学、免疫学和肿瘤学产品组合，而且还拥有超过 55000 个美国和外国专利。然而，一些人认为，公司组织结构的复杂性表现在其分散的结构、成熟的协调与控制系统以及基于信仰的文化，而这恰恰促成了公司的杰出表现。

1. 分权的魔力

分权管理是强生公司组织的核心，它允许最接近客户及行业竞争者的经理制定决策。正如公司所说，分权的目标是能够随时调整部门的大小，并通过多个小单位的整合来形成公司的全球市场拓展能力。根据设计，强生公司的 250 个子公司都拥有大量的自治权，要求公司管理层根据当地市场情况做出最好的决策。每一家公司都独立运营，管理方式各具特色，并能意识到企业成功取决于正确评估当地消费者的需求，然后给出解决方案。

公司前任 CEO 拉尔夫·拉森（Ralph Larsen）这样解释分权："它给人带来一种主人翁和可以掌控的感觉，并具有快速行动的自由[2]。"他的继任者威尔登·威廉（William Weldon）也赞成分权，并且认为减少官僚主义、激发创造力和回报企业——分权组织所具有的标志——也是"强生魔力"的源泉[3]。将决策权从总部分权给前线，有助于一个大型跨国公司从子公司中吸取优点。当然，自上而下的等级管理制度可以输送利益。但是，强生认为集权会减少创业驱动的魔力，关闭与客户进行接触的机会，从而影响决策制定的灵活性。在分权组织中，缩短控制链，增加责任跨度，消除界线，能给每个人强烈的行动自主感和结果责任感。

拉森表示，这些观念让经营强生 250 家公司的管理者们激烈竞争，包括集团内部的每家公司之间以及与外部公司之间。此外，他补充道，管理者直接塑造自己的未来，被激励着去创新，将想法或者见解在生产过程中转变成能给市场带来更高市场价值的新产品。在一个大型成功的跨国公司里，支撑管理者努力的是丰富的产品、复杂的步骤以及充足的人力资源。

强生成功的分权形式吸引了有天分、有才华并能自我驱动的人才。威尔登指出，给那些有才华又有抱负的人做决定的权力，鼓励他们去实现更大的梦想，勇于尝试新的想法来提升其技能，同时给他们成长的空间和实现更大事业的动力。然而，小公司中常见的那些管理理念和倾向在大型跨国公司中却很少见。例如，高层领导认为，企业具有能在保证当地效果的同时，实现全球效率，并由此实现其独一无二竞争力的能力。

2. 分权的困境

强生公司历来认为能够理解公司怎样创造价值的人，会更熟悉公司的核心竞争力，也会在文化与身体上更贴近业务运营的当地市场。所以，举个例子，意大利婴儿油的管理者可以自己决定包装瓶的大小，即便那个瓶子的大小不同于德国、日本或墨西哥的包装瓶，因为他们更熟悉当地市场。强生通过投资、联盟或并购的方式增加子公司，并借此进入新的市场。新的子公司并不害怕由总部派来的外方管理人员进行管理，因为，通常情况下，都是东道国公民管理当地子公司——事实上，他们都有一个普遍的观点："公司喜欢被强生收购，因为它不会干扰你的经营[4]。"诚然，总公司负责协调和控制系统并且讨论金融目标。可是，总公司却静候一边，在子公司需要时给予支持，耐心地等待更好的结果，不过也时刻准备在出现问题时及时介入管理。

这种高度自治给当地的管理造成了困境。一方面，集权—分权的天平严重倾斜，以至于强生外国子公司的领导者们在其子公司内像个国王一样。例如，1960 年，强生在美国开发的泰诺是一种缓解疼痛的非处方药。尽管当地子公司能够在药品开发后不久即可获得该产品，但是，日本子公司直到 2000 年才开始在当地销售[5]。现在，这种情况已经不存在了。的确，公司实行分权制度就是将权力授权给当地管理者。然而，为了支撑全球业绩，总部不得不越来越依赖协调和控制系统以确保子公司能够优化当地资源。

3. 协调和控制系统

毫无疑问，分权制度能够让强生公司对当地需求做出快速反应，但同时也减慢了产品和项目的全球化传播。在当地自治制度和全球整合制度的竞争中，要保留分权制度，总部就需要强化协调和控制系统。沟通渠道贯穿于整个组织，因此能够帮助偏远地区的子公司分享想法。为了研究、设计和管理等目的，自我组织的评议会定期召开以交流思想。总部负责对计划格式、日程报告和先前审查预算和中期业绩的定夺。高层管理者也会将全球观点融入到当地决策的制定中。同样，当地子公司的目标也会影响到全球化的决策。

由于市场趋势、竞争者的行动和技术的改变会给整合运营增加压力，这也在测试强生公司实行分权制度的决心。然而，压力会导致集权化，这并不完全受当地子公司的欢迎。一些子公司拒绝整合，认为全球化的标准很难适应他们当地的情况。高层管理者明白他们的担忧，并且重申他们实施分权决策的决心。但是，他们认为公司的战略必须执行，再加上全球市场标准的严格性，这就意味着当强生公司推出一种产品时，其他国家的子公司也要跟着推行。

更重要的是，强生公司开始从子公司回收权力。高层管理者为所有的子公司制定了统一的标准，如财政、科学和技术、政府事务和质量管理等方面。公司已经为核心商业功能设定了更加集权的报告程序，包括生产制造和质量控制。高级管理者认为，对一些共同的支持活动进行集权管理，能够将子公司从其日常工作中解放出来。强生设立了管理者委员会和小组运营委员会来证实推进这种改变。

4. 文化和信条

不连续的市场发展政策和重复的工作引发了总部与子公司之间的摩擦。虽然希望采取"士气不振、鼓励不止"的政策，但是强生引以为傲的传统却鼓励公司采取其他做法。要实现鼓励当地创新和确保全球敏感度

的目的，强生要依赖自身文化来加强员工之间的关系。从首席执行官到基础部门的员工，管理者一直坚信公司的员工及其价值观是公司最重要的资产。高级管理者能认识到员工在产品创新，管理创新和理解消费者方面做出的贡献。在公司内部对自己而言，类似的夸奖并不罕见。很多公司——甚至是一些你曾经工作过的公司——很有可能也发表过类似的观点。但是，强生公司与这些公司的不同之处在于根植于其"公司信条"中的组织文化。这一信条是 1943 年公司董事会主席约翰·伍德·罗伯特（1932—1963 年担任公司董事会主席）制定的，仅有一页道德行为准则阐述了强生公司如何完成自己的使命（见图 15-1）。前 CEO 拉森把它比作"将公司紧紧团结在一起的黏合剂[6]。"

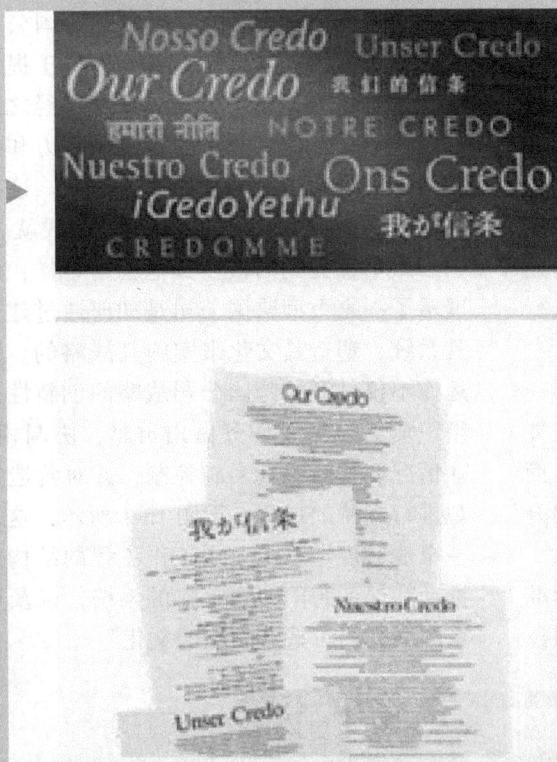

注：自 1943 年初创以来，强生公司定期更新该信条，从而提升公司的责任感。如今，在强生公司的全球企业中，这一信条有超过 36 种语言的表达方式。信条中所倡导的价值观要求每个员工把股东需要和福祉放在第一位。这一"道德誓约"把员工所持有的使命、愿景和信用与他们所服务的社区连接在一起。

图 15-1　强生公司的信条

资料来源：John&Johnson, "Our Company：Our Credo"（November 14, 2005), at http：// www.jhj. com.

这一信条规定了哪些人和哪些事需要关注，及其优先顺序。强生"首先要负责的就是那些使用其产品和服务的医生、护士、病人、母亲和父亲"。这说明了强生公司的经营范围，以及员工的角色和责任。很明显，股东对于强生公司来说是排在最后的，远在消费者、供应商和经销商之后。强生宣称，如果其他利益相关体被公平地对待，股东便会得到相当不错的回报。总之，"信

条强调了强生公司的责任是把其服务人群的需要放在第一位。同时，也为我们提供有价值的医疗创新注入了激情，巩固了决心[7]"。强生坚定维持的信条不仅是一种道德的指南针，也是公司长期成功的基础。管理者分析认为，证据是显而易见的：强生作为为数不多的大型跨国公司之一，在百年沉浮中苗壮成长。

在全球的强生公司中，这个信条采用不下 36 种语

言进行表述。尽管信条表述直接，但是，管理层担心不同市场的价值观不同，这有可能影响员工对其准确的理解。因此，强生公司会定期就是否有效践行信条的精神和责任对员工组织调研。哪里存在不足，高层就会介入。例如，鉴于社会对环境的关注度提升和工作家庭关系紧张的情况，公司更新了信条中的一些用语。尽管不断修订，但管理层认为，信条的最初精神将长存于世。

5. 组织的力量

强生相信，其连续成功的基石是建立一个足够灵活的组织来充分挖掘每个员工的才能。通过开发、调整、改进其结构、系统和文化，高层管理人员所取得的一系

列成就已经建立了一个能够灵活采用优秀建议的组织，无论这些建议是由全球的管理者所提出的，还是由当地子公司的领导所进言的。最终，分权的魔力、协调和控制系统的平衡以及信条对组织的正确指引使员工的创新得以实施，才能得以开发，视角得以扩展，并且甚至有可能改变整个市场。

思考题

1. 界定并解释强生公司实施分权决策的 3~5 个好处。讨论这些好处如何在战略和运营方面给企业带来挑战。

2. 你想在一个分权公司工作还是集权公司工作？在所选的公司中，什么价值观和能力可以让你成为一个优秀的管理者？

15.1 引言

能够对一家熟练参与全球活动的组织实施巧妙的管理是开展国际商务的崭新领域。实现组织的卓越表现有一个明确要求：在实施其他活动优化当地组织效益的同时，通过标准化某些活动达成全球效率最大化，从而为社会创造价值。如我们在第 11 章里所见，这一认识确定了企业的战略。一旦执行，管理者便将一个个要素构建成一个组织来实施他们的策略[8]。这一章将阐述其执行过程。

这样来思考一下：如果形成战略是万里长征的第一步，那么接下来便是保证每一步的顺利实施。确实，正如杰克·韦尔奇所言："在现实生活中，战略实际上非常简单，即你选择一个总方向，然后拼命执行[9]。"在运营提升的过程中，管理者开始将关注点转向国际业务的运营。

整个过程中都会有问题出现：如何平衡全球的标准化和地方的特殊性？如何在全球范围内应用新知识和技

能？如何帮助人们与全球范围内的同事进行交流？如何根据地区发展的变化来调整组织？强生公司向人们展示了一家大型、复杂、地理分散的跨国公司是如何有效整合这些业务的。其战略包括：为员工提供优质的医疗保障，这是建立分权子公司体系的必经之路；为协调和控制这些活动，提供定制的科技、人力和信息系统；依赖其信条来维系企业文化的重要作用。这些单一或综合的要素最终把强生公司的志向转变为成就。

跟本章提到的很多其他公司一样，强生公司向人们展示了一家大型跨国公司是如何通过建立其结构、完善其系统、塑造其文化来实施其战略的。因此，国际商务运作不仅是调整跨国公司战略的创新性这么简单，而是组织员工为完成任务做出贡献，协调相互依赖的活动，在情况变糟时对其实施控制，并对营造共同事业的价值观进行支持的过程。如图 15-2 所示，这个任务要求明确一个能够规定跨国公司工作流程的结构，建立一个能够推动和保证跨国公司运作的系统，以及形成一种能够维系跨国公司可持续发展的文化[10]。

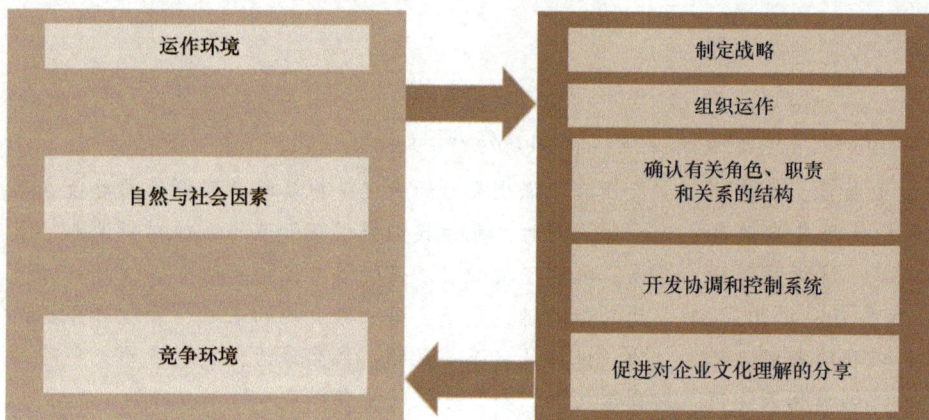

组织的概念是指管理者为了实施其战略而进行的构建企业结构、系统和文化的一系列活动。通过规定企业角色、责任和关系，组织发布命令并明确跨国公司的全球运作业务。

图 15-2 影响组织运作的因素

15.2 组织随环境而变

20 世纪早期，很多公司认为，铁路、电话和电报等新兴技术的出现都是荒诞不经的想法[11]。就组织结构而言，如今的全球巨头公司，如通用汽车公司、福特公司、杜邦公司、西尔斯公司，都实行了分层结构，并认为这种新型组织能够最好地推行其新型战略。继任的管理者们对这些设计做了进一步完善。运营规模和范围不断改变，这有助于他们更好地了解如何去建立一个职责明确的组织，规定谁做什么工作，谁能够做哪一项决定，谁在哪个公司工作，谁向谁报告，以及谁命令谁做什么事。以上分析的结论都正式写入了代表跨国公司正式结构的"规章制度"中，形成了指引发展方向的命令、控制、约束和合约系统，并保证了全球范围内员工的有效执行[12]。从那时起，这一观念成为跨国公司运作国际业务的惯例。从很多方面来看，它定义了当今企业的生命本质。

当今的环境趋势、行业状况以及市场机会都促使管理者重新思考这一方法。具体为：

1. 扩张国际业务

全球商务的发展和扩散改变了跨国公司的机会和效率前沿。一个市场一旦占据主导地位，如美国、日本和德国，就要向新的位置转移。曾经的边缘市场，如巴西、俄罗斯、中国和印度，也开始向舞台中心移动。确实，麦肯锡全球研究所提出了 400 个中等新兴市场城市，很多西方人都不熟悉，这些市场在接下来的 15 年中将占据全球增长的 40%[13]。跨国公司则主动或者被动地做出反应。它们实施的策略前所未有，这对组织的复杂程度的要求高于以往任何时候。例如，IBM 公司进入了三级组织阶段，正在建立一个全球整合公司，将世界范围内的投资、人员和工作都整合在一起。这一计划促使他们以"在适当的成本、娴熟的技能以及合适的商业环境的基础上，使工作向那些能最高效、最高质量完成任务的地方流动"的标准来做出决定[14]。因此，管理一个越来越复杂的战略就相当于管理一家同等复杂程度的组织。

2. 互联网成为标配

20 世纪早期，电话和电报的发明提升了全球沟通能力，重新定义了组织活动的标准。当时，企业以反映这些技术逻辑的模式做出了反应。如今，我们又看到了同样的程序。互联网作为一种组织象征，促使管理者去重新思考应该如何安排工作、设定角色和承担责任。互联

网是一种超级有效的知识、资源和人力的组织。但是，比较有意思的是，它没有正式的结构，没有领导者，也没有中心管理者。其自我组织和自我调整的能力促使人们去重新思考传统的设计、协调和控制理念。回想一下，20 年前，Facebook、Red Hat、Yandex、PayPal、Naver、百度和阿里巴巴根本就不存在。因此，正如 20 世纪初环境创新战略要求结构创新一样，21 世纪初期我们遇到了相似的情况。所以，管理新型工厂就相当于管理新的结构模式。

3. 管理标准

无论是在总部还是在最小的子公司，工作性质都不断演变，这也改变了员工的工作行为和背景。工作性质的改变也改变了管理的性质。以前，管理层级中，层次越高就掌握公司越多的工作能力。不过，那已经是老皇历了。同样，以前子公司的一线员工虽然不了解全球市场，却是当地市场的主人。这也不再适用了。实时获取信息，借助低价高效的电信交流，消除了知识差距，结果是高层管理者所能胜任的工作，那些子公司的管理者几乎都能胜任。另外，信息技术类的员工创造了多样性、问题解决和知识内容等惊人价值。想要控制那些从事研究和解决问题的员工是非常困难的，而且通常会适得其反；聪明、自我驱动、自我组织的员工，通常反对直接监管。无论被称为"知识员工"或是"创意人群"，这些个体的表现就像他们是 CEO 一样[15]。因此，执行新的工厂标准就要求管理新的协调和控制系统。

4. 社会契约

在高潜力的管理者和跨国公司之间，竞争力的改变和预期的表现都会改变社会契约。过去员工关心安全、薪资和福利，而今他们期望参与决策制定、设计解决独特问题的方法和完成有挑战的任务[16]。另外，社会契约越来越依赖于企业价值和个人期望的兼容性。例如，谷歌担心人才流向竞争对手，于是开始思考员工为什么会离职。随后发现，当管理者发现自己与企业的使命没有什么关系时，他们就会离职[17]。于是，跨国公司会建立一种组织文化，不仅让人们愿意为此工作，而且愿意成为这种文化的一部分。因此，管理新的期望要求对组织文化的社会变动进行管理。

● 建立一个"神奇"的组织

如果要建立强生所谓的"神奇"组织，上述趋势要求跨国公司在建立之初就得重新思考结构、系统和价值的最佳组合。这种做法的回报也很明显：有助于员工的

表现更加有创造力、有责任感和创新精神。一些公司，如瑞士的雀巢、墨西哥的西麦斯、日本的丰田汽车、印度的印孚瑟斯和美国的杜邦，都应用了改进的古典模式。这些企业通过调整组织形式和流程活动来明确工作环境，提升系统标准。它们进行改进的工具包括重新设计工作流程、应用信息技术、收缩计划程序和减少重复工作等。

其他一些公司，如瑞典的奥迪康、美国的思科、哥伦比亚的安提约基亚集团、日本的三井、中国香港的利丰等，都应用了前所未有的组织模式。为了培育新古典主义模式的环境，它们设计了灵活的模型来取代古典层级制的"指挥—控制"理念。跨职能员工组成的特别工作组、网络设计、基于网络的合作、虚拟模式和社交网络方法，都是这些企业实施改变的工具。

本章将对每一种方法的复杂程度和各种改进工具进行分析。一家跨国公司如何建立一个**组织**（Organization）有如下几个选项：①为安排工作场所而确定的结构；②为协调和控制公司活动所设立的系统；③为塑造和维持集体努力而力推的组织文化。我们将首先对此进行探讨。

15.3 组织结构

跨国公司的**组织结构**（Organization Structure）即跨国公司中关于角色、责任和关系的正式安排。通过各种要素配置，来确定企业的管理和沟通序列，分配企业的权力和责任，规定每个单位内部和各单位之间的工作衔接，以及明确企业如何使用其资源。对于一家企业或员工来讲，这正是其成功和失败的区别[18]。在关于强生的案例15-1中，管理者相信他们的分权结构是其"神奇"组织的基础。同样，第11章关于飒拉的案例11-1则强调了其CEO的观点，即企业结构在市场竞争中创造了巨大的优势。把垂直整合、高科技裁剪、按需生产、物流运转和前沿营销有机整合的战略给行业带来巨大挑战。飒拉按照以上战略的实施方式来安排工作、规定角色、制定规则并分配责任，该组织结构使得企业活动井然有序，否则将会杂乱无章。

建立组织的第一步就是确定一个能够促进个人和各部门实施该战略的理想结构。做出这个决定会受到很多因素的影响。前面讨论工作环境或场所的趋势重点强调了一般情况，可是，后面还会有不可避免的限制因素影响到跨国公司。为跨国公司运作设计一个理想结构远比为面向国内市场的企业设计理想结构复杂得多。如果为

后者设计一个结构，经济发展、文化导向和工作场所管理等都是常量；而对全球化组织而言，这些都是需要解读的变量。

各种情况都会影响到跨国公司的形势。有没有确定其价值链，如强调全球一体化或者本土化？或者，当地经济是否允许它在不同国家关注重要业务或者关注不同业务？这些问题以及与之相似的问题接受了一些形式的组织结构，同时也拒绝了其他结构。管理者通过处理两个基础结构事宜来解决这些问题：**垂直化差异**（**Vertical Differentiation**）的程度（管理者对分权和集权的平衡）和**水平化差异**（**Horizontal Differentiation**）的程度（明确什么人应该在什么单位做什么工作）。

15.3.1 垂直化差异

无论市场组合、产品类型或管理者的抱负多么特殊，跨国公司都面临着全球一体化和本土经营的要求。运营的整个过程存在以下问题：应该由谁来决定在瑞士关闭一家工厂，或是在马来西亚开设一家工厂？是否只有总部才可以决定在本土或是海外雇用谁或开除谁？外国子公司要多久和以何种形式向总部报告？企业的结构应该可以通过具体说明谁有权做什么决定来排解这些压力。管理者可以更正式地在决策**集权**（Centralization）（有多高）或决策**分权**（Decentralization）（有多低）方面来垂直区分企业结构。如表15-1所示，这些因素支持不同的原则，提倡不同的做法，强调不同的目标。

表15-1 集权与分权的原则和实践

集 权	分 权
前提	**前提**
决策应该由高层管理者来制定，因为他们具有制定最佳战略的经验和专业知识	距离业务最近且最熟悉业务的员工应该制定决策
价值链活动的有效配置与协调有赖于总部对活动所具有的权威性	价值链活动的有效配置与协调有赖于当地管理者根据本地情况对其进行调整
通过集权制定决策能确保当地行动支持全球目标	当地运作的成功促进国家目标的达成，继而提升全球业绩
优点	**优点**
促进价值链的协调	直接接触消费者、竞争者和市场的管理者制定决策
确保决策与战略目标一致	鼓励基层管理者践行企业创新精神
赋予高级管理者进行重要改变的权力	激励基层员工更加努力
预先制止子公司中的重复活动	确保更灵活地应对快速的市场变化
降低基层员工犯战略错误的风险	让子公司管理者为子公司业绩承担更大责任
促进利益相关者形成始终如一的关系	

（续）

集　权	分　权
缺点	**缺点**
抑制基层管理者的创新精神 基层员工士气低落，且只会简单被动地等待指令 信息自上而下传递，因此会阻碍自下而上的创新	企业处于低级员工持续做出错误决定的风险之中 单个国家的利益胜过全球目标会阻碍跨国合作 子公司往往会把本地利益放在首位，影响全球业绩
促进集权的因素	**促进分权的因素**
环境和工业情况推动世界范围内产品、方法和政策的同一化 子公司互相依存，具有共同的重要业务、类似的细分市场以及共同的竞争对手 企业需要有效地把资源从一项业务转到另一项 与高级管理者相比，基层管理者的决策经验较少 决策很重要，其风险会造成重大损失	环境和工业情况促使公司产品、方法和政策适应当地环境 国家生产催生规模经济 基层管理者具有制定决策的经验和能力 决策重要性相对较低，但必须快速做出 对于高层管理者来说，在本国以外的国外市场发展的必要性较低

通常，决策的制定超出子公司层面就被认为是集权；相反，如果在子公司内就可以制定决策就被认为是分权。一个集权结构会将决策制定的权力限制在最高管理者的水平；相反，一个分权的结构则会将决策制定的权力放到经营当地子公司的管理者。战略环境决定了自治程度的合适程度。例如，跨国公司实行一个国际或全球战略，会把集权化作为标准。总部作为"企业中心"制定决策，继而经营子公司的员工执行这些决策[19]。相反，当跨国公司实施多元本土战略时，就会将权力分权给当地子公司；并认为那些距离业务最近的管理者能比远在总部的高层更了解实际情况。

15.3.2　动态平衡

研究者经常将分权和集权的选择作为一个两难的命题。可以说在上个年代，如果重大决策出自特定的高级管理者或当地管理者，跨国公司可以高效运转；然而，如今再采取这种做法则不能保证企业运转，即使有也是极少数。国际市场固有的动态属性要求公司总部和子公司长期维持两者权力的平衡。就像钟摆的摇动，集权和分权也需要动态的平衡[20]。

更重要的是，网络改变了谁应该有权力做什么决定的公式。技术的进步使得总部和子公司的管理者更容易实时关注全球情况和本土业绩。不久前，每个人都依赖其他人为其提供的报告；而现在，电子邮件、网络 IP 电话、电话会议、社会网络及其他相关技术解决了这个难题。一些现成的低成本技术平台，如微软的 Skype、谷歌的 Hangout 或思科的 TelePresence 等都能轻而易举地进行影像制作。现在，鼠标一点就可以使一个人见到"世界"上任何地方的另外一个人。这些进步也给企业带来一些影响。例如，跨国公司必须调整权力的分布以适应全球性（Globality）状态。这里的全球性状态是指"经营业务来自各个方面，企业不存在业务中心，异域概念不再重要。商业世界变得眼花缭乱，市场主导力量出现了变迁[21]"。争夺的对象无所不及，竞争对手可能是任何人，可能来自任何地方，于是原来迟缓的决策不得不把该项活动集权化或者分权化处理。

活动的相互依赖性需要高层管理者在管理总部时要注意到子公司业务运作的细微之处。同样，那些经营子公司的管理人员也要考虑全球趋势。回想开篇对强生公司的介绍，总部认为子公司管理者日益提升的实时获取全球和当地信息的能力有助于分权决策的实施。除了关注本土发展外，子公司管理者还可以有效地监测全球趋势和状况。

15.4　水平化差异

垂直化差异解决跨国公司如何建立从上而下的指挥链问题。除了垂直管理，企业也需要根据不同的业务功能进行横向管理，如运作、营销和财务。水平化差异的任务就是将管理者的注意力转向如何将企业划分为一个个功能群组来负责具体业务，如市场部和生产部。

建立水平管理系统可以实现对大规模和大范围国际业务的管理。具体而言，跨国公司的水平化差异使其结构需要满足三点要求：①明确必须完成的任务；②在战略业务单位、不同科室、子公司、业务部门、委员会、团队、岗位和个人之间进行分工；③规定上下级关系。

通常，管理者对组织结构的水平化区分主要基于三个标准：业务职能、业务类型、地理位置，或者前述标准的组合。根据业务活动进行的分工称之为职能制结构；根据产品或地理位置进行的分工称之为事业部制结构或区域结构；根据几种组合标准进行的分工称之为矩阵制结构或混合结构。跨国公司对这些模式的长期使用使它们成为古典结构。但这并不意味着这些模式已经成为了老古董，相反，相当一部分跨国公司仍然沿用着它们50年前所使用的结构[22]。正如我们现在所见，由于这些结构经久不衰的魅力，在全世界的跨国公司中仍然得到了广泛使用。

15.4.1 职能制结构

如图 15-3a 所示，优化价值链实施国际化战略是行业结构要求，那么**职能制结构**（**Functional Structure**）就成为那些国际业务超过本土业务的跨国公司最理想的业务组织形式。通过高效地安排工作职责和关系，业务分工有助于管理者实现规模经济最大化。这一结构所形成的具体部门是根据业务功能来划分的。举例来说，生产人员与另一生产人员一起工作，销售人员与其他销售人员一起工作，财务人员与其他财务人员一起工作等。业务分工在产品比较单一的跨国公司中备受欢迎，特别是那些具有垂直规模经济优势的资本密集型企业。埃克森美孚（ExxonMobil）、巴西淡水河谷（Vale）、力拓（Rio Tinto）等能源及矿业跨国公司和空客、波音、庞巴迪等飞机制造商都普遍采用这种组织结构。

虽然在此以简单表格做说明，但是这些古典结构已经被许多跨国公司采用。从这些表述中可以得出一个结论，即这些组织结构，不管是什么类型，都要界定和明晰业务。许多人认为，把组织结构想象成组织的"骨架"有助于理解这个概念；不论组织结构是根据业务、产品、地区还是多者混合为基础来设定的，其特点都明确了企业对业务组合的倾向。

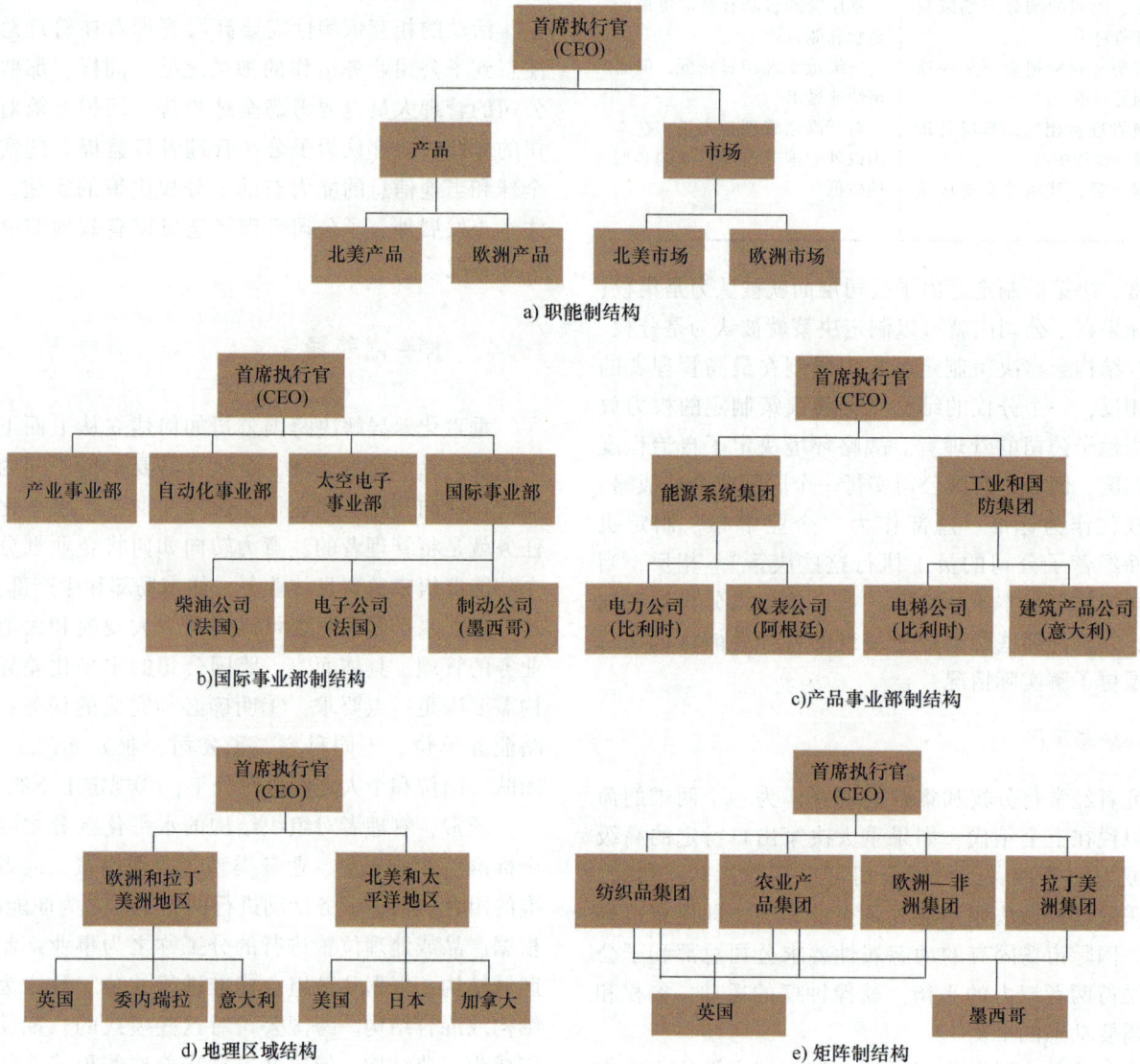

图 15-3 国际贸易的古典组织结构

职能制结构也有缺点。为了实现效率最大化的目标，跨国公司在全球范围推行标准化业务，从而可能会错失本土的一些机会。通过业务功能把员工和业务流程进行分工，进一步减缓了知识生产和决策制定关系的发展。结果是，部门之间的协调活动或者对环境和市场变化做出反应都变得比较困难。过于极端的垂直分工，表现为企业命令链过长、等级过多、人为增加了业务步骤。虽然信息量扩展速度远超过多级分层的企业，但信息传递速度也大大减慢。最后，古典结构，如业务分工模式，通常会在部门、群体和员工的控制方面推行零和竞争。业务分工让知识成为生产力。因此，业务部门等级中存在的过于频繁的命令会抑制创新精神。

15.4.2 事业部制结构

高层管理者通过业务分工结构就产出问题细化角色和关系（如能源企业把产品分成石油、天然气和煤），然而他们根据产品（如消费品公司有肥皂、牙膏和化妆品等）或市场（如北美、欧洲和亚洲）利用**部门分工（Divisional Structure）**来进一步细化。每个部门都要对本地的产品或市场负责。根据部门模式和战略需求的关系，跨国公司来决定是建立国际事业部、产品事业部还是地理（区域）事业部。

1. 国际事业部

这种模式会建立一个独立的运营小组来负责国际业务。国内企业会监管本土市场，让国际事业部去管理外国的不太具有战略性的部门（见图 15-3b）。当跨国公司以本土市场销售为主而国际销售为辅的时候，会选择这种模式。这种模式适用于采取国内、国外业务适度整合战略的企业。把国际业务人员集中在一个部门，有助于提升对国际业务的监控和管理。所有需要操作业务的员工都是部门同事，而不是分散地处于不同国内业务部门中。这一模式也减少了不同国家之间的重复业务。历史证明，由于国内业务远超出国际业务，美国的跨国公司普遍采用国际事业部结构。然而，欧洲和亚洲的跨国公司却较少使用这种结构。

将跨国公司分成具体的国内、国际部门，阻碍了部门之间的沟通关系，可能会引起"我们和他们"的紧张关系。对国内管理者的评价是基于其本土市场业绩，因此，他们可能会紧抓国内资源而不与国际部门分享，以此来增加他们的本土业绩。如果国内和国际部门对彼此的支持不能被认可，那么企业业绩就会受损。

2. 产品事业部

产品分工是在全世界跨国公司中应用最广泛的一种结构模式。很多此类企业的产品组合和销售面向多个市场，多个国家的事实证明了这一模式的有效性[23]。当然，产品市场的组合范围越宽，跨国公司就越可能按照产品部门进行组织结构布局。

酩悦轩尼诗（Moët Hennessy）和路易威登（Louis Vuitton）两家公司的合并，使之成为世界上最大的奢侈品公司，同时也创造了更多的品牌产品，其中包括迪奥（Christian Dior）香水、泰格豪雅（Tag Heuer）手表、路易威登（Louis Vuitton）手包和酩悦（Moët & Chandon）香槟。尽管每个产品的目标市场都是成为高端客户，但是香水、手表、手包和酒各不相同，管理者从而把LVMH 分成了五个产品部门：酒类产品、时尚与皮革产品、香水与化妆品、手表与珠宝以及精品零售。尽管在市场、分销渠道和供应链中有所重叠，但是每个产品部门都在全球市场独立经营自己的系列产品。

独立就意味着在同一个国家中不同产品部门的不同子公司要向总部的不同管理者汇报。例如，图 15-3c 表明了比利时电力和电梯子公司要向总部的不同部门汇报。除非受到保护，否则跨国公司会努力在许多产品部门中协调相同的公司项目。例如金融服务公司中，通常会有部门并不清楚一个客户购买了一项服务，已经自然成为其他部门所提供的另一服务的客户。同样，雀巢一度在近 90 个国家有超过 500 家工厂，同时批量生产 8000 个品牌。瑞士总部就很难决定子公司从供应商获取原材料的成本。一个极端例子是其在美国有超过 40 家工厂，每家雀巢工厂都会独立购买原材料。缺乏跨部门的协调，再加上雀巢当时使用五个不同的电子邮件系统，这就意味着美国工厂并不知道它们在以 20 多种不同的价格向同一家香草精供应商购买产品[24]。

3. 地理（区域）事业部

当跨国公司的国际销售量客观，而又不为一个国家或区域（包括本国）所控制时，就会采用如图 15-3d 所示的地理分工结构。这种结构是根据区域进行水平分工——部门 1 负责 x 国家或 a 区域，部门 2 负责国家 y 或区域 b，等等。历史证明，美国企业与欧洲企业相比较，地理部门结构更适用于后者。欧洲企业总部通常在小国家，也就不可避免地会扩展到全球市场。一些邻近的国外市场之间，如加拿大、美国和墨西哥组成的北美区域，也适合按地理进行业务划分。

快速增长的发展中国家市场促使跨国公司建立按地理划分部门的组织结构。例如，随着中国和东欧市场的战略地位越来越重要，耐克公司将其四个区重新设置为六个区：北美市场、西欧市场、东欧或中欧市场、日本市场、大中华市场和新兴市场。耐克也宣称中国和东欧市场将采取与其他部门不同的运营方式。公司的销售份额增长、相对快速的增长速度以及长期发展的潜力是耐克公司重新设置组织结构的依据。

地理分工结构普遍与多国本土战略有关，如耐克公司重设组织结构来更好地对东欧和中国市场的变化做出反应。通常，地理结构内在的分权特性——北美关注北美，欧洲关注欧洲——赋予地区经理更多根据本土状况采取重要措施的权力。耐克就其新的组织结构做了解释："我们很自信，这些改变都是为了未来的发展。这种模式使我们的全球不同部门能与本地消费者直接建立联系[25]。"

其他跨国公司的类似行动证明了一个趋势，由于规模更大、发展更快的市场开始出现，传统的以西方为中心的企业便重新考虑水平分工问题。例如，鉴于在新兴市场和发达市场上的销售趋势，日本松下公司对其组织结构做了调整。以前，松下仅有一种传统的地理分工模式，即区域分工——北美市场、欧洲市场和亚洲市场。现在，由于很多新兴经济体都临近赤道，它们便根据温度和热带气候带来进行部门分工——纬度比经度在建立结构中更加重要。另外，来自巴西的管理者过去只与南美同事交流，现在却能与马来西亚的管理者进行交流，而后者之前也仅与亚洲同事交流[26]。

因为要在几个地区从事相似的业务，所以地理事业部结构的主要弊端就是管理效率低下。实际上，每个地区都会仿照总部办公室建立自己的微型运作体系。复制业务不仅不方便，而且比较浪费。但是，这种低效率是一些跨国公司，如强生，愿意承担建立本土反应组织的成本。不是组织效率而是企业战略需要复制组织管理功能。

15.4.3 矩阵制结构

一些跨国公司会寻求一种能同时面对全球一体化的巨大压力和本土迅速反应要求的战略。这种选择通常会使得一些跨国公司来建立一种如图 15-3e 所示的**矩阵制结构（Matrix Structure）**，同时兼顾业务分工和部门分工的优势。通过水平分工，一个子公司需要同时向两个不同的管理者汇报。这种方法最适用于跨国公司协调来自整合和适应的不同压力。将地理分工叠加到传统商业的部门，便正式融合了具有竞争压力的部门——期望这样能提高制定正确决策的概率，以满足竞争双方的需求。

从运作方面来看，一家子公司有两个老板：一个代表生产业务；另一个代表销售业务。矩阵结构则需要两个业务单位建立联系、协调资源并分享成果[27]。当然，每个管理者都必须批准关键的商业计划。如此一来，矩阵结构就为奖励沟通和合作机制设立了激励机制。

矩阵制结构要求不同的群体争夺资源和成果，因此鼓励竞争。基层管理者之间的竞争通常可以使整个集体得到提升。除了延缓决定外，上层管理者的介入可能会欣赏一个部门，如生产部门及其标准化活动的提议，这让矩阵中的对应者相当烦恼，如改进产品以适应本土市场的亚洲销售小组。企业里的其他人观察这场竞争，很可能会得出真正的权力在胜利者一方的结论。不加限制的小花招会威胁合作，于是会损害知识生产和决策制定的关系，而这是矩阵最初建立的原因。

矩阵制结构允许双重层级管理，这与**统一指挥原则（Unity-of-command Principle）**是相悖的。统一指挥原则认为，连续的命令链应该贯穿于整个组织层次结构，从 CEO 开始，直到最基层员工。除了一个员工有两个上级的现象，矩阵制结构还使得责任界限模糊不清，也引发了指令和责任模糊的冲突[28]。陶氏化学公司（Dow Chemical）的 CEO 是最早采用矩阵制结构的管理者之一。他解释道："我们是一个矩阵化的组织，而且依赖团队合作，但是没有具体人员对此负责。当事情发展顺利时，我们不知道应该嘉奖谁；当事情变糟时，我们也不知道应该惩罚谁[29]。"协调责任和资源时层出不穷的问题是很多跨国公司对这种模式的实效性心存疑问的原因。

15.4.4 混合制结构

事实上，奇特的跨国公司有一种特殊的混合分工结构，即完美地把职能制结构、事业部制结构和矩阵制结构融合到一起。对很多企业来说，由于成长速度和市场情况各不相同，使用某种单一的组织结构来统筹所有业务不太现实。例如，耐克之前对不同区域的组织就遭遇了困境。因此，一些跨国公司将职能制结构、地理制结构和产品制结构的特点结合起来，形成一种**混合制结构（Mixed Structure）**。另外，耐克也证明了一个事实：它所建立的垂直化差异和水平化差异结构适合中国和东欧，而不适合北美、西欧和日本。其他如戴尔电脑根据业务功能对新加坡的亚洲总部实行了水平分工，其目的是提升本区的财政、运营和税收效率。哈里伯顿公司（Halliburton）是总部位于美国的一家跨国能源公司，为了更好地服务中东地区的客户，在迪拜建立了第二家总部。英国帝亚吉欧（Diageo）酒类饮品跨国公司，通过把战略决策权交给当地管理层，并把顾客关系处理转到国家层面，来应对欧洲增速缓慢的情况[30]。

混合制结构并不意味着犹豫不决，而是说明了没有哪种单一的方法可以使组织效率最优化。事实上，因为不同的跨国公司其产业状况，战略能力和公司理念各不相同，那么就没有哪个单一的组织结构能够适用于所有跨国公司。一些情况应该采用某种结构，但是却排斥其他结构。例如，IBM 公司重新组织欧洲业务时，为了使制定决策的员工更加贴近顾客，就必须把 EMEA（欧洲、中东和非洲）总部规模压缩到巴黎一地，也成为第二次世界大战后该公司的一个主要部门。公司的责任重心也转向马德里和苏黎世这样更小的中心城市[31]。同时，因为不同的机遇，IBM 的北美和亚洲业务实施了不同的项目，采取了不同的组织结构。尽管一家企业可能会更倾向在全球范围内采用统一的组织结构，但是为了迎合市场，往往会导致混合制结构的产生。

15.5 新古典结构

一些跨国公司发现，古典结构的等级层次越来越难实现它们日益复杂的战略[32]。起初设计的组织结构目的在于使命令、控制、约束和服从最优化，然而，在环境、组织和工作场所等方面出现的趋势影响了其有效性。相反，一些跨国公司就采用了不同的要素组织形式，即所谓的**新古典结构**（Neoclassical Structure）来管理它们的组织。当然，新古典结构与古典结构的功能一样，都是规定跨国公司如何组织生产、利用资源、管理沟通系统以及细化权力和责任。但是，新古典结构运用了不同的水平和垂直分工方法去解决那些限制古典结构效度的缺点，尤其是墨守成规、僵化教条和官僚主义。

越来越复杂的工作流程、社会网络动态和新兴的生产行为都在呼唤新的方法来进行协调、合作和控制。不断改进的电信能力，从 4G 到网络电话（VoIP）再到电子会议甚至更高，这让分处各地的管理者能够像一个世纪前坐在总部的管理者一样管理全球业务。因此，跨国公司越来越复杂的战略要求它们设计越来越宏大的结构；而这些设计采用了新古典标准，而非古典标准[33]。

15.5.1 时代在变，战略在变，结构在变

在上一个时代，技术、成本和技能意味着人们可以在一个特定国家，较为经济地给消费者提供服务。因此，企业可以采用多元本土战略和地理分工结构。市场的持续改变和技术的不断创新驱使跨国公司重新组织结构。IBM 向第三个组织阶段的转变说明上述推动力量在起作用。高层管理者关于市场情况及其对组织需求的解读促使他们建立一个"全球一体化的企业"，在成本、技能和环境最优组合的基础上，将全球范围内的投资、人力和工作融合一起。负责市场扩张的 IBM 全球战略副总裁解释说："不是把人力带到工作地，而是要把工作带到人力所在地[34]。"尽管只是一句普通的话，但是这种对工作流程的根本逆转，促使 IBM 公司重新考虑水平和垂直分工；这一思考，令其从古典结构迈向新古典结构。

重要的改变已经发生。例如，在 IBM 的 433000 多个员工中，超过 40% 的员工是流动的，意味着他们没有必要每天来公司报到[35]。IBM 上海分公司负责应收账款，马尼拉的专家来监管人力资源，吉隆坡的会计人员来保存账簿，深圳的采购人员来采购零部件，布里斯班（Brisbane）的客户专家来管理咨询服务。每个部门都会根据 IBM 公司的要求，把工作分配给能够最高效、最优质地完成工作的地点，从而毫不犹豫地管理好全球市场出现的每一个项目。

同时，顾客并不在意产品是在哪里生产的，只要能符合合同要求。在这个背景下，IBM 重新设置组织结构的决定反映了不断变化的工作流程，同时说明了市场和技术要求它建立全球一体化企业的事实。IBM 没有明确具体的层次结构，你可以把它理解成为提供 IT 服务的松散临时的联合公司。这一远见卓识的实施——再加上对手思爱普（Sap）、印孚瑟斯（Infosys）、威普罗（Wipro）、高知特（Cognizant）和其他类似公司的竞争——促使 IBM 要在协调、合作和控制等方面占据新古典结构的首要位置。为适应不断变化的工作流程，IBM 重新设计了组织结构，从而极大地提升了其管理策略、成本、人力和控制全球风险的能力[36]。

同样，回想一下思科公司做出的选择。市场的改变和竞争者的成长将它置于结构选择的十字路口。思科公司没有进行又一轮的古典等级结构改革，而是创立了一种功能交叉、市场交叉和业务交叉的委员会系统，有的委员会并没有一个正式的领导，而更像一个运动团体，从而形成了彼此合作的组织文化。确实，思科公司开除了一些所谓的"独行侠"，重用那些能够与别人通力合作的员工。当思科的 CEO 被问到他为什么选择这种全新的结构，他回复说自己别无选择。他需要建立一种结构，借此可以对新的机会做出快速反应，提出新的解决方案而不是单一的产品，并能帮助思科公司成为一个全球一体化的企业，让世界各地的管理者都能更加容易地参与进来[37]。他还补充道，随着技术让交流成本变得更加低廉，管理者就会继续从传统的命令和控制标准转向理想的以协调和培养为中心的新古典结构。

15.5.2 无边界的理想

从古典向新古典结构的转变，让跨国公司，如 IBM 和思科公司，思考边界的问题。实际上，边界是指：①按照等级将员工分为不同层次的垂直分工；②按照具体员工在具体单位从事具体工作的标准所做的水平分工[38]。当采用古典结构进行水平或者垂直分工来制定规则、分配责任和协调关系时，边界就出现了。想一下，如表 15-2 中显示的线框图表，每个标定边界把企业中从事不同工作、负责不同市场和业务的员工分离开来。边界在把人们分成不同的部门，阻碍了知识的交流，中断了彼此合作。

国际业务的扩张增加了市场、消费者和竞争者的多样性，这就要求减少组织边界。同理，越来越复杂的战略要求跨国公司加强部门之间的合作、分享和参与。由垂直和水平分工造成的边界妨碍了这些活动，不可避免地影响企业业绩。例如，索尼的 CEO 将不是将企业的不好表现归咎于错误战略，而是归咎于不同业务部门之间的分化、竞争与冲突削弱了企业的表现[39]。全球一体化企业通过重新设置组织结构来预防这些威胁。组织设置失败，如索尼公司，延长了其不好的表现[40]。

毫无疑问，全球业务扩张会让组织管理变得更加复杂和困难。边界在古典结构中使命令与控制发挥作用，如今这种优势将会变成劣势。如果听之任之，那么企业就会无奈地把一个市场的教训传到另一个市场。毫无异议，从诺基亚到索尼，有关跨国公司的记录都说明边界阻碍观点分享，减少交流与合作，加深组织决策僵化并增加企业繁冗程度。如果不予以重视，边界必定会拖累跨国公司的业绩，因为"在全新的电子商务、持续创新和全球竞争的时代，形成于第二次世界大战后的冷战经验并造就了我们领导组织的模型和框架已然落后了[41]"。

工具和技术。要设计现今复杂的企业，就要打破上下等级和角色的界限，打破不同业务、产品和区域的水平部门之间的界限，并打破企业与供应商、分销商、合作伙伴、联盟方和顾客之间的界限。

在前任 CEO 杰克·韦尔奇的领导下，通用电气公司的边界设计突出强调了过程。通过领导通用电气公司广泛的全球活动，韦尔奇试验了组织模式，影响了人们对此的理解。这在他担任 CEO 的 20 年中都有表现，他表示其目标就是建立一个可以消除那些横亘在企业、管理者、顾客、供应商和股东之间的垂直与水平界限。正如韦尔奇所言："关于我们想创造什么，我们的目标是什么的一个简单界定就是：一个无界限（**Boundaryless**）

公司。这样的公司消除了人为设置在彼此之间的地位、安全或防止改变的障碍和隔阂；每个人都能获得同样的信息，朝着同一方向努力，并在精神和物质方面共享成功的果实[42]。"如此彻底的变革，如今也为数不多，韦尔奇率先将组织中的人转化为网络中的人。

其他人则支持高尔（W. L. Core）的扁平网格结构和在实践中印证的人人平等劳动哲学。高尔认为，不分层次能够激发创造力和革新力，正式的工作头衔很少存在。事实上，该结构没有传统的组织方式，没有指挥链，也没有预置的沟通渠道。同时，该结构期望员工能够积极地分享信息，而不是因为妒贤嫉能而控制信息。事实上，协作乃是规模小、不断变化、多部门团队的标准运营策略。这样的团队不需要告诉成员去做什么，大家因为机遇相聚到一起，领导者则是慢慢地自动产生。CEO 泰瑞·凯利（Terri Kelly）说："在个人潜力最大化、持续重视产品整合以及培养有利于创新的环境方面，我们一直在努力。"她补充说："对公司员工及其能力的基本信任一直都是我们取得成功的关键因素，在全球扩张中也是如此[43]。"跨国公司采用新古典结构就会产生下述结果：倡导一种自我组织和自我管理的松散关系；建立相对灵活的结构模式，其标志就是规则、制度和流程更少，知识协调和关系营造效果更佳；让员工像企业的主人一样行事，而不是没有担当的寄生者，例如在高尔，每个员工在入职一年就会成为公司的股东。古典结构中，管理者的属性无比重要（如头衔、地位以及直接汇报者数量）；而新古典模式更注重管理者与其他人之间的关系，就像在高尔，团队成员可以评价他人。新古典结构直接鼓励人们与他人分享而不是控制信息，合作而不是竞争，促进而不是阻碍创新，培养而不是掌控关系，参与而不是拒绝改变。

新古典结构的典型例子包括网络结构和虚拟组织。

15.5.3 网络制结构

网络制结构（**Network Structure**）是管理独立活动的一种高效、动态模式。其过程融入多维视角，实现灵活和与一体化目标的统一；而且按照固定活动流程来配置要素，从而把人员与资源有效分配给分权项目[44]。图 15-4 为一个简化的网络制结构。

组织的核心部门是这种模式的根本，但核心部门把自己不擅长的业务外包给其他企业。正如谚语所说："做你最擅长的，把剩下的工作外包出去[45]。"例如，耐克、苹果、高通和思科等企业都专注于在研发、产品设计和市场方面提高核心竞争力。它们与其他精于制造的企业，如裕元、富士康、京瓷和伟创力，达成协议来加工其产品。网络中的关系不仅能提高交易效率，而且在长期共同利益的基础上，有利于企业形成特殊的决策关系。提升协调与合作，不仅提高了交易效率，而且能激发网络高效运行。

各不同部门是总部决策权力的代表。不论是当地营销部门、国际生产中心还是供应部门，都是网络系统的前线。它们有责任根据企业利益来获取、处理特殊和一般信息，并对此做出反应。

一个网络制结构把人、产品、流程融合为一个连贯而具有竞争性的系统。网络制结构的中心是核心部门，它"做自己最擅长的并把其他的外包"。同理，网络中的合作伙伴也只运用自己的核心能力。在系统中，网络制结构利用众多沟通渠道，实现各种合作的最大化。系统内各单位的总目标一致，但是分目标不同；然而，动态的合作和控制方法对系统成员之间的互动进行了设定、规制与整合。

沟通渠道可以协助并整合硬数据和软信息的数量、内容以及流向。这些联系方式规定了独立的不同业务、地域和产品部门之间的沟通、协作和整合路径，从而赋予了组织生命。

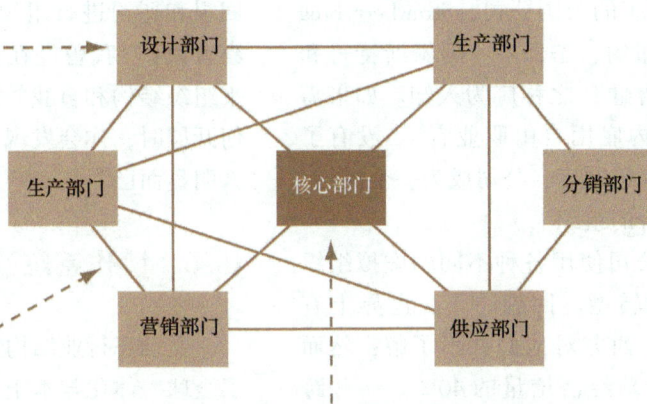

网络的正式中心协调并控制不同部门的战略目标和运营政策。中心部门确保资源、物料、部件和资金在系统内有效流动，通过有效收集、整理、传递系统积累的智慧、知识和经验，为企业创造价值。

图 15-4　一个简化的网络制结构

正如高通、耐克和思科公司的业务活动，实际上，每家企业都是跨国研发、营销企业，都运用外在供应商和独立生产商来组装其产品。在运营方面，每家企业都与其他企业共享生产、分销和技术开发设施。每家企业都与其他跨国公司签订了生产、分销产品或部件的协议。每家企业通过最新、最先进的通信技术把其他合作方组织起来，并利用互联网、电子邮件、文件共享、社会媒体和电子会议等联系合作伙伴。

网络不再是新事物。尽管对于某些企业这是一个新的模式，但是网络制结构并不是前所未有。日本跨国公司已经在长期使用所谓的经连会（Keiretsu）模式，即同类公司的集合模式，而且每家独立企业都拥有其他企业的股份[46]。经连会模式依赖企业管理者之间长期的个体合作关系。有时是垂直分工，如生产经连会（Seisan Keiretsu）———一种管理者联系产品要素的生产网络（比如说丰田及其零部件供应商）；或流通经连会（Ryutsu Keiretsu）———一种分销网络。或者是水平分工，如企业集团（Kigyo Shudan），实际上是一种把相关产业和不同产业联合在一起的多元企业集团。这类网络的中心是综合商社（Sogo Shosha），如日本三菱，或金融公司，如住友商事。在同时实施垂直和水平分工的经连会模式中，网络中心协调不同单位间的营销和融资事务。

在世界上，建立经连会模式的跨国公司包括维珍集团（Virgin Group）、思科和安提约基亚公司（Grupo Empresarial Antioqueno）。韩国的公司，如三星、LG 或是现代公司，它们会在韩国财阀模式中加入一些日本经连会模式的特征；10 个主要的韩国财阀拥有近 600 家附属公司[47]。德国公司，如德意志银行，也在其中。但是，没有正式的术语可以解释这种关系[48]。一方面，与日本同行一致，这些集团拥有广泛的、自我维持的联系；同时，又不同于日本，它们有明文规定的集权控制。

15.5.4　虚拟组织

虚拟组织（**Virtual Organization**）是独立公司、供应商、顾客甚至竞争对手之间的一种临时组织，"这种通过信息技术网络强化的联系跨越空间、时间和组织界限[49]"。不再强调组织中正式的规则、责任、程序和关系，而是抛开原有的等级促进非正式沟通。技术改进有助于不同地区的工作人员相互合作，同时也使建立关系、获得资源和发展战略能力变得更加容易[50]。

电影产业为虚拟组织提供了一个通用模型。"员工"可以在全球范围内从一个项目转移到另一个项目，从而发挥自己的才能（如导演、演员发掘、动画、服装以及布景）。临时的安排让他们随着项目的发展结合、解散又重新组织[51]。市场机制以合同的形式规定了合作关系，强者淘汰弱者。

从操作上看，一个虚拟组织是以全职员工为核心，并依赖外部专业人士把握商业机遇。国际广告公司 StrawberryFrog（意为"草莓蛙"）说明了这一结构。受到一种稀有的有着红色身子和蓝色腿的两栖动物的启发，公司有了这个独特的名字。正如 CEO 所做的说明，这种两栖动物很敏捷，它与当下存在的"成立于工业时代、极难适应当代环境的恐龙式巨无霸广告公司"完全相反[52]。相比其他拥有上千员工的跨国公司，StrawberryFrog 公司的员工数量较少，把纽约、圣保罗、阿姆斯特丹和孟买作为基地，他们以"青蛙"之称广为人知。如果需要，该公司会在世界范围内雇用自由职业者[53]。没有了杂项开支、限制和复杂的等级制度，公司成为一个灵活、高效、动力强劲而松散结合的组织[54]。

最后，我们看到跨国公司使用各种不同的虚拟组织从古典结构向新古典结构转型。回想一下，世界上有 400 个中型新兴市场城市，西方对他们并不了解；然而他们将占据了未来 15 年全球经济增量的 40%。一些跨国公司的反应是在远离本土市场的地方建立友善、开放并引人注目的公司，以便及时做出反应。公司历史、CEO 偏好或者法律限制，让人们倾向于温和的变革。为了在优势市场配置关键业务，跨国公司转而建立全球虚拟总部：金融和税收可以去新加坡，正如戴尔所做的；国际生产可以去深圳，正如 IBM 的选择[55]。尽管跨国公司设立子公司的距离越来越远、范围越来越广，但是它们仍旧保证本土总部对日益扩张的虚拟总部得控制。

15.5.5 新古典结构的陷阱

正如古典结构那样，新古典结构也有缺陷。首先，从定义上讲，很难对一个不断变化的事物进行模式化。网络在本质上是动态结构，因此进行配置调整、职责合作以及合理控制是具有挑战性的[56]。思科担心其众多管理委员会的内在工作可能会变得复杂，而且很枯燥。在不间断的兼并和并购中，他们也很难管理不同的团队。诺基亚的管理者谋求共识，在边界松散的部门间力推团队精神。只不过，此举并没有阻止公司逐渐衰落。

同样，网络模式的平均主义可以有效地组织小企业，但却不适合组织大企业。我们看到一些企业采取了一些方法来避免这些缺陷。例如，斯瑞珍（Srijan）是一家印度软件公司，它让员工互相监督。又如，苏美尔（Sum-All）是美国一家新建软件公司，它通过公司制度的形式正式确立了员工参与决策制定的权利。但是，对这种方法的有效性仍没有最终的裁决。一些人担心，在知识密集型企业中，打破边界引起的透明度可能会危害企业利益，如麦肯锡和谷歌，正在致力于衡量个体的生产效率[57]。

最后，有些管理者可以实现自我管理，但是更多的人并不能抵制对制定决策进行微观管理的诱惑。有压力

时，他们很快就会利用职权干涉员工创造的独立性和自我管理。政策和行为之间的差距导致动机问题的出现。另外，当员工看穿管理者的花言巧语，并依照其规则、回报和惩罚进行组织时，隐性的等级便会滋生[58]。有观察者说："我曾经在很多企业内部观察过，它们支持扁平组织结构和自我管理。但是，当真正开始观察工作如何开展时，你会发现等级实际上是存在的，只是没有那么明显而已[59]。"

15.6 协作系统

受动态行业结构和市场持续变化的驱使，企业产生了全球一体化与本土反馈的转向压力，这便促使跨国公司制定复杂的战略。由此产生的非常规计划，需要借助创造性的协调方法和控制措施来实现。跨国公司的真实生活证明了**协作**（Coordination）的重要性。在中国台湾设计产品，从澳大利亚进口材料，然后在中国大陆加工，最后将它们销售给全世界的顾客，这使得企业的不同部门之间相互依赖。协作系统把规则、责任和关系进行同步，因此这些部门——不管独立运营还是彼此互动，都能有效地利用资源，高效地做出决策。

无论多好的战略，如果没有这些协作方法，其竞争性都会逐渐消失。因此，设计一个组织，无论是古典模式还是新古典模式，都要求管理者制定协作方法。现今，通用的协作框架都强调标准化、计划和调整的概念。

15.6.1 标准化协作

跨国公司通过标准化的规则和程序使其运营具有持续性，从而强化企业的核心竞争力。通过明确员工的工作方式、彼此合作和与处理顾客关系，**标准化协作**（Coordination by Standardization）有助于达成这个目标。标准既涉及平常小事（例如员工守则中规定的着装与礼仪要求），也关乎战略大事（例如探索性决策法和市场准入协议）。有人问为什么星巴克要在全球市场上把产品、加工和程序标准化。星巴克的 CEO 认为，有必要把美国咖啡厅的美学、运营、氛围等理念在全球数千家咖啡店进行复制，这样一来，西雅图星巴克的运营与悉尼星巴克的运营就有了互换性。通过设定工厂的标准和制度，标准化协作实现了这一目标。

标准化协作特别适合实施国际或全球战略的跨国公司。每个战略的全球一致性目标促使企业选择一种通用方法。对于国际战略来说，转换、应用以及保护核心能

力有助于促进规则和制度的实施。在全球战略中，要管理好密切联系而又相互依赖的活动，不能有丝毫疏忽。明确的权力界限、集权式的决策以及编纂成册的知识手册明确描述了谁、什么时候、为什么以及如何执行其工作。例如，某个具体时段、某家具体工厂需要资源和材料。标准化协作方法——如处理信息和监督物流的方法——会率先取得优势，否则就会妨碍活动。

标准化活动减少了不同国家文化对运营的影响。一体化价值链的业绩依赖于能满足具体计划且相互关联的一些活动。在奉行单一时间取向的文化中，企业可能会将最后期限看作是严肃的承诺；而在奉行多元时间取向的文化中，其对口企业可能仅仅将最后期限当作一种指导方向。标准化协作则能实现两者在工作方面对时间认知的同步。同样，跨国公司可能在日本和墨西哥都拥有加工同一种产品的工厂，但是由于文化和地域经济的差

异，它们的生产理念可能会不同。由于当地劳动力廉价、交通设施不便和技术成本较高，墨西哥工厂会使用传统的安装生产线；相反，由于日本的劳动力能力强、制造专业性、物流高效和仓储费用高企，其工厂会使用精益加生产系统。通过同步各方活动，标准化协作能够协调不同的生产方式。

行业运营和当地政府态度的不同，使得标准化协作异常复杂。市场环境、战略目标和工作流程模式通常会阻碍通用规则和程序的实施。跨国公司，特别是那些实施多国战略的公司，会分权给子公司，以便于它们能够根据当地情况采取应对措施。几乎没有能适用于不同国家、不同企业、不同情况的标准规则和程序。对此类规则进行调整或改变这些步骤的呼声减缓了标准化的进程。因此，实施多国战略的跨国公司对实施标准化协作持有谨慎的态度。

观点交锋

层级制：是最好的结构吗？

正方观点：

是的。支持古典层级结构的正方认为这是跨国公司有效安排角色、责任和结构关系的坚实基础。层级制在指明规则、政策和程序的理想程度的同时，支持明确统一的指挥系统、根据业务幅度进行控制、有效配置权力以及准确分配任务。图 15-5 利用垂直和水平分工明确了组织结构中个体的身份。

尽管简单，不过本图清晰地展示了层级结构的组织逻辑——不同等级、不同层次的人从事不同的工作；同样，处在同一层次的人员探讨水平差分工问题，而上下级之间则强调垂直分工。

图 15-5　古典层级结构

把混乱的状况清晰化有效地支撑着复杂的计划、信息和控制系统。美国 ITT 公司的哈罗德·杰宁（Harold Geneen）是层级结构的极力倡导者之一，他认为该结构有助于"让员工像他们负责的资本一样可知、可控[60]"。

层级结构的优点使其成为 20 世纪早期以来专业管理模型中不可缺少的一部分。鉴于该结构在印度和中国的层级组织中所取得的出色业绩，我们衷心期望这种模式能在 21 世纪获得蓬勃发展。实际上，当新古典结构在西方出现后，东方仍有许多企业被远离工人的高级领导者掌控。

1. 持续改进

要组建一家企业，当代技术、管理和竞争趋势都具有重大意义。我们认识到当环境改变时，企业的战略和结构也会改变。然而，抛弃古典层次结构的呼吁就像是把婴儿扔出浴盆一样，是鲁莽的。而且，当层级出现空缺时，管理者只需要再设计一些如全面质量管理、平衡计分卡管理、六西格玛管理这样的程序来弥补。通过上述及一些类似的方法来调整工厂安排，应该足以适应市场变化的挑战[61]。

然后你可能会问，我们应该怎样认知作为新古典结构替代模式的层级结构呢？我们把组织国际运营日常活动的根本修复看作是一种勇气，而不是一种质疑。要避免损失惨重，就需要细心调整组织运营结构，而不只是渴望用新奇的社会网络工具来创造一个虚拟世界。

2. 领先指标

我们认为，谷歌提出了一个既尊重过去，又参与未来的古典层级结构的设计方法。具体而言，谷歌用业务分工的方法来组织高级管理人员和工作群组，设计、产品管理、市场营销是其最重要的业务。尽管谷歌创始人把谷歌界定为工程导向型企业，但还是通过设计来利用混乱所具有的优势。有次序的混乱、有目的的杂乱以及一定的不确定性标志着谷歌在可控的混乱边缘茁壮成长，这一点自始至终都确定了谷歌古典层次结构的业务秩序。

与杜邦、通用汽车公司等工程导向型公司回归传统的层级结构不同，谷歌将其层级结构最大化。谷歌联合创始人、CEO 兼非官方意见领袖拉里·佩奇（Larry Page）解释说："我想管理这样一家公司，员工行动迅速、任劳任怨；而不是战战兢兢、斤斤计较。如果我们没有犯过这些错误，说明我们没有承担足够的风险[62]。"

◀ 反方观点：

不是。18 世纪早期，新兴科技的出现是对当时被视为异端的层次结构的有力支撑。21 世纪的新兴科技为"异端"组织做了更好的背书。简单地说，随着数字设施的范围拓展，跨国公司能够用新的方式组织它们的活动。商业世界需要组织能够快速传播信息、有效融合工作流程，以便快速接触到新市场、新供应商和新合作伙伴。与当初一样，而今优秀的管理者能够打破传统结构的束缚，找到建立组织的新方法，从而优化组织内外部越来越多信息的有效流动。

1. 变革关键

毫无疑问，久经考验的古典结构有其优点。但是，市场趋势让其缺点暴露出来。很明显，这一结构在组织工厂活动和管理信息流动过程中阻碍了一体化的发展。甚至当组织通过矩阵模式和混合调整进行自我提升时，层级结构滞缓了合作关系，混淆了责任，并把各项活动复杂化了[63]。例如，麦肯锡公司报道称，依赖传统组织模式的跨国公司在全球化方面具有巨大缺陷。由于对员工自我驱动的束缚、对改革的扼杀和对创新精神的压制，会在以下方面给组织带来问题：建立共同远景，鼓励创新，以及与政府和商业合作伙伴之间建立有效的关系[64]。

2. 超层级结构

环顾四周，人们随处可见社会网络、虚拟组织、扁平层级以及其他同类模式的例子。这些新古典模式展现了超层级的总体特性，即大型自我管理的组织，虽然没有给予参与者明确直接的经济报酬，却可以高限度地解放精神，增加其参与度[65]。在网络的作用下，超层级结构就像参与者与关系的集合，主要源自技术、知识、社会关系、日常管理及法律关系的互动。图 15-6 简单地说明了这些特征。

超层级结构就是"规模无限扩张，永不平衡，永无最优，每个成员对此都有独一无二的观点[66]"。参与者通过直接和间接的渠道与他人进行联系。"信息在多条通路上流动，由此可以在信息分类和解读的环节形成不同观点。这使得大量信息的处理成为可能[67]。"通过纠正对形同虚设的边界的偏见，超层级结构提供了建立真正一体化组织的框架。

一个典型的超层级结构是一种开放的资源模型，其中的软件运作是通过把资源密码授权给志愿者，由他们进行修补漏洞和新特性设计，而不需要直接支付报酬。在运营方面，该结构运用最基本的原理来增加透明度、协调力度和控制效果。计划制订者可以监督对应职位生产过程的能力促进了物物交换和彼此合作。类似的情况体现了互相监督的生态系统，如苹果和安卓 App 的现象。另一个例子是 TED，一家致力于"传播有价值观

图 15-6　新古典超层级结构

这个超层级结构的描述同样十分简单，强调了其主要特征。与古典层级结构中的层次和部门不同，此处我们看到通过技术辅助和支持，人际关系实现了动态组合，从而描绘了"蓝领"管理者之间交流、协调与合作的界线。

点"的非营利组织，把承办的会议用视频方式在互联网上传播。尽管没有中心方向，但是超过 8000 个志愿者组成的非正式松散网络，将视频字幕翻译成 90 多种语言[68]。

3. 测试

毫无疑问，社会在见证组织理念的根本转变。我们认为，严格的垂直和水平分工，无疑正在缓慢地给结构松散、边界模糊的新古典模式让路[69]。另外，在我们看来，一个组织仅仅通过六西格玛或平衡计分卡等方式来对组织模式进行修修补补，从而更新越来越不合时宜的古典结构的命令和控制系统，这有一点儿痴心妄想。确实，一个分析家总结道："如今的大企业很少花力气增强自身的专业产品生产力。事实上，通过临时措施和矩阵模式对纵向组织结构的改进几乎总是让专业工作更加

复杂、低效[70]。"

曾多年担任英特尔公司 CEO 的安迪·格罗夫（Andy Grove）预言了超层级结构的"混乱"将如何重置层级的"秩序"。他分析道，一个结构必须鼓励和推动建设性的竞争，让工作者之间有分歧，但最后又能够达成共同目标。最大的挑战是开发一种结构可以"允许混乱来主导，又能在混乱中有效控制[71]"。在我们看来，快速变化的市场情况、前沿的技术和严格的工作流程，都说明只有新古典结构而非古典结构才能满足当下的使命。

思考题

请分别说出古典结构和新古典结构的三个典型特征。你更喜欢在采用哪种模式的企业中工作，为什么？

15.6.2　计划协作

为了最优化而不是最大化组织效率，跨国公司会采用**计划协作**（Coordination by Plan）。这种方法依托整体目标、众多指导方针和具体计划来协调活动。相应地，由此而来的计划也会界定成功的关键因素，明确期望，并设立严格的最后期限。管理者依赖他们的计划系统来管理企业如何接受、采用以及合法修正计划；他们也明确谁来参与和参与什么项目，设定时间节点和方式，并确定沟通方法。将目标最优化而不是最大化，让跨国公司使用计划协作。这与标准化协作的本质区别是：部门之间互相依赖，其管理者可以在一定范围内就目标和日程进行双向调整，同时保证仍旧能够在最后期限内达成目标。

不管计划有多完美，不速之事总会发生；正如人们所说的，"不管是人是鼠，即使最如意的安排设计，结局也往往会出其不意。"随便举几个例子，如市场破坏、政府管理和人事变动就会要求组织重新调整目标和计划。这种反常现象将计划协调复杂化。另外，对目标和计划的管理取决于不同国家、不同部门之间的广泛沟通。地理距离和文化差异增加了跨文化交流的时间、成本和误差。

技术改进会稳步提高计划协作的有效性。信息技术的突飞猛进使信息分析、整合和交换更加便捷。更快的传输速度、更多的语音选择以及效果更佳的视频会议克服了长期存在的跨国制订计划的障碍。例如，视频会议让那些喜欢通过面对面交流的人们仍然可以捕捉到肢体语言的微妙差别。事实上，一直以来从事国际商务令人

苦恼的是在准备不足的情况下，必须费尽心思、不计成本地去拜访远方的同事、合作伙伴和顾客。而现在视频会议使一个人具备了同时出现在不同地方的能力，因此也增强了计划协作的实用性。

创新的管理方法进一步加速了计划协作的进程。六西格玛是一种严格的计划程序，用资料和数据分析来协调运营系统。瑞士信贷、西门子、通用电气、韩国电信、维普罗、北电网络、加拿大航空和杜邦等企业都使用这种方法来改进它们的计划程序。类似程序的参数和数据，如平衡计分卡，也在全世界获得了广泛使用。

计划协作要求不同国家之间的人员和程序实现同步[72]。故而，文化差异会使协作复杂化。通常，员工根据自己对信任、交换与合作的不同取向而各不相同[73]。推崇个人主义文化的企业可能不会同意与集体主义企业分享信息或者共担责任，因为矛盾会影响合作。这些差异在标准化情况下破坏性有限，因为制度规范着各种关系；但是，会严重影响计划协作的有效性。

跨国公司运用不同的方法来加强计划协作。一些企业会把国际和国内员工安排在相邻位置，如把国际部与产品部安排在同一幢楼，从而形成有助于合作与交流的沟通网络。另外一些企业组建责任各不相同的跨国团队来明辨目标、解决问题和提升跨国计划[74]。

15.6.3 相互协作

一些跨国公司用非正规机制而非标准和计划来协调价值活动。它们倾向于人文关怀，对组织系统进行社会化设计来培养员工之间的关系，这相应地也有利于彼此协作。既不使用标准化语境中的规则和惯例，也不使用计划语境中的目标和计划，这些企业在相互协作的语境中依靠社会网络工具来完成使命。积极培养员工之间的合作，也就顺理成章地建立了支持复杂战略的系统。这种观点支持**相互协作**（Coordination by Mutual Adjustment）。

试想一下，3M 的技术专家遍布世界各地的 100 多个实验室。3M 认为，其成功依赖于这些员工不断发展这种知识生成和决策制定的活力关系，从而支持思想交流、项目协作和整合成果。研究进程的抽象性以及产品开发的复杂性妨碍了标准化非人际协调方法的使用；相反，聪明且有着独立思想的员工的有效沟通要求积极、频繁的人际互动，从而建立信任和促进合作。所以，3M 应用了相互协作的模式。

其关键形式包括技术委员会和技术论坛。委员会由主要实验室的领导者组成，委员们每月开一次会，每年有三天的年度聚会来互相交流想法；技术论坛由来自不同单位的科学家和技术专家代表组成，这是对社会网络的进一步扩展[75]。上述两种方法都培养了员工沟通个人想法的习惯，而这也是通过相互协作来协调活动的主要前提。

尽管 3M 的组织设计旨在建立一个直接的程序，但是，通过相互协作来协调工作给组织提出了更高的要求，即把协作范围拓展到全球范围。典型跨国公司的规模和范围通常会给物流造成障碍；新生的社会网络技术也只能提供部分解决方案。例如，一般的地理差距使得团队处在不同时区，而为了协调这个问题，就要求团队在清早和深夜之间选择开会时间。一天之内，美国的管理者会在不同时间开视频会议：凌晨 2 点跟亚洲管理者，上午 9 点与西欧的同事，下午 3 点与南美同事，而且这已然司空见惯。例如，思科公司平均一周有近 6000 场电子会议。高层管理者可能负责 3 ~ 5 个合作群组，或者更多，那么他们可能每时每刻都在开视频会议。

除去物流方面的问题，相互协作还会遇到行为上的障碍。随着理念的更新，决策制定也会一再拖延。管理者可能会因为讨厌不断变动的谈判而失去决心。通过相互协作，个性化动态合作给正式的角色、身份和权力设置带来困难。其进程模糊了上级、同事和下属之间的关系，然而，标准化协作和计划协作则强化了垂直的和水平分工。因此，相互协作对高层管理者的要求更高：在企业的全球网络中，创新应该可以在任何地方产生，而不只限于中心范围。总部的角色会发生根本改变[76]。打破边界的必然性要求把管理者的角色从命令下属做什么向帮助他们取得成功的方向转变。所以，从理念上和实践上来看，该系统与古典结构模式具有兼容性。

使用相互协作的模式要实行一系列相应的管理方法。通常，跨国公司通过建立跨国家、跨职能和跨行业的团队来评估机遇、检测威胁。通过合作聚集起来的团队能够互相交流想法、共同努力，从而在子公司之间建立联系，推动不同团体之间的一体化。同样，跨国公司安排管理者在企业的不同部门进行轮岗管理，这样可以增加彼此的熟悉度，培养并促进合作的内部关系。另外，在不同地理、业务和职能部门的轮岗管理可以弱化个体意识，加强思想分享。

这里来看一个颇能说明问题的例子。虽然相互协作的进程并不容易，但是可以有效推进跨国公司战略。例如，红帽软件（Red Hat）的全球支持服务为软件产品使用者解决了复杂的技术问题。来自 16 个不同国家的技术支持工程师、技术客户经理、软件维护工程师为分布在 28 个国家 65 个办公室的 3600 名员工提供支持，并且提供 9 种语言的全天候客户服务[77]。

由于红帽软件技术结构复杂，客户提出的很多问题都是独一无二的，因此需要提供个体咨询。管理者意识到要提高绩效，关键在于找到优化集体知识的方法。对于一个特殊技术问题而言，其解决方案通常是独一无二的，这就排除了标准化处理的可能性，也削弱了预案措施的效果。尽管许多回复对于顾客来说是独一无二的，但仍然有一些重复部分说明红帽软件的咨询师经常重新设计软件结构。为了提升其分布在全球的多元技术支持团队的能力，公司决定通过推行相互协作的模式来增加彼此合作。

红帽软件通过跨国团队来降低那些把员工隔离开来的结构、文化和程序的边界，这花费了大约一年时间。社会网络分析显示了交流频率和效率，因此明晰了人与人之间的信息流动方向。红帽软件的相互协作系统最终把不同功能角色、分布在 16 个国家、使用 9 种语言和十多种知识地域的人员聚合在一起。红帽软件还创造了知识中心型支持部门，通过建立智能集中模型，可以在不投入更多员工的情况下更快地解决复杂的问题，以应对与日俱增的咨询量。由此，公司服务在精确度、一致性和回应性方面都有所改善，从而提高了顾客满意度，稳定了顾客，也增加了收益[78]。

15.7　控制系统

跨国公司通过监控业绩来确保员工各司其职。如果工厂的收益很差，反应很慢，日程拖沓或资源浪费，那么管理者就会介入并强行改变。**控制系统**（Control System）是一种有力改变的方法，是高效组织的一部分[79]。这些方法界定了管理者如何将业绩与计划做对比、确认差距并找出那些环节存在差距，进而评估差距的基础然后强制改正。控制系统控制着管理者的职责、资源分配和个人利益。他们直接实施协作过程，参与结构设计。主要的控制系统包括行政控制、市场控制和家族控制。

15.7.1　行政控制

将复杂的规则和惯例强加给管理活动，就被称为**行政控制**（Bureaucratic Control）。这种控制系统依赖绝对规则和详细规定进行运营管理，更重要的是，通过规则来严格控制工厂人员行为。有些情况下，这种控制很有效，例如那些运用六西格玛和全面质量管理的企业通过严格的标准来管理活动。明确的控制也规定了权力和责任，因此改进了工人之间的沟通和协调。跨国公司并没有遭遇这种困难，而且几乎没有管理者认为他们的组织拥有模糊的规则和管理，行政控制也减少了这个问题出现的概率[80]。行政控制把组织原理与标准协作相结合，符合古典结构模式的原理。

15.7.2　市场控制

跨国公司利用外部市场机制，比如收益率或市场份额来设定业绩基准，这就是**市场控制**（Market Control）。管理业绩的是客观标准而不是主观解释。当一个部门脱离独立的基准时，控制系统的警觉性不断增强。通过市场标准建立的通用标准适用于所有国家，例如收益率和市场份额的测量内容在哪里都一样。

例如，跨国公司高尔、雀巢、印孚瑟斯和耐克均适当地分权给当地子公司，让本土员工来经营子公司。总部只需要支持子公司工作，然后静待结果就好了。如果公司经营不善，控制系统就会派遣高级管理者进行管理。如果缺乏市场份额等客观指标，高级管理者就很难评价子公司的表现。市场控制的原理与计划协作是重复的，符合古典和新古典结构的原理。

15.7.3　家族控制

依赖**家族控制**（Clan Control）的跨国公司，其目标是通过建立员工之间的共同价值来强化企业推崇的商业模式。这种控制推崇集体精神，并借此影响员工的工作表现。家族控制依靠价值、信仰和规范来管理员工的行为。运营目标是让员工尽可能与跨国公司战略完美结合，就如同他们的日常行为一样[81]。

只有在跨国公司的背景下，家族控制才有可能实行。地理分散文化多元的全球公司有着理想统一的企业愿景，这难免会与一些员工的价值和规范产生矛盾。当然，著名家族控制系统在社会领域方面取得了显著的成就，如强生公司的信条或丰田模式。家族控制与相互协作的原理相近，符合新古典结构的原理。

15.7.4　控制机制

在变量相同的情况下，有效的控制能够促进目标机制。在 21 世纪初，交通、数据交换和通信技术的成本相对较大，有些控制机制得以推行。由于通信和交通成本降低，经济效率提高，也使得监管更经济、快速和容易。这一过程降低了某些工具的效用，增强了另外一些工具的功能，同时使得新机制的出现成为可能。跨国公司总是用下述一些工具支持其控制系统：

1. 报告

国际商务的复杂性让报告成为一种至关重要的控制方法。管理者凭借频繁、精确和实时的报告来分配资源、监管业绩，从而获得成功。报告也是一种早期预警系统，提示管理者运营与计划的偏差。通常，跨国公司在外国运营时，会使用与本国类似的报告模式，并认为既然在这里管用，在别处也应该一样。思爱普（SAP）、甲骨文（Oracle）、IBM、微软和红帽软件等公司标准软件包的全球推广正是这种模式的证明。因为公司管理层较为熟悉这一报告模式，在全球范围内将报告模式标准化减少了对新的报告机制的需求。当然，报告模式相同，有利于对不同市场不同部门之间的表现进行比较。

2. 参观子公司

正式报告的作用是有限的。很多高层管理者，特别是跨国公司的高层管理者，都会采用相互协作和家族控制的方法，定期参观子公司。实时会议、正式预算报告和召开研讨会有效巩固了控制系统。以传统方式参观子公司可以促进总部和当地管理者之间直接、可靠的沟通[82]。视频会议等技术进一步开阔了管理者的视野。维基、社交网络和基于网络协议的服务有力地推动不断创新，从而有助于跨国公司减少出差频率、节省时间、提高生产力、强化控制力。回想一下，思科公司一周平均有大约 6000 场视频会议，不仅为其节省了一半多的差旅预算，而且增加了管理者面对面交流的机会[83]。

3. 评价标准

总部评价子公司和管理者有很多标准。财务评价占据了主导地位，在实施计划协作和官僚控制的跨国公司中更是如此。内在的主要标准有预算、生产力和收益率。当情况超出管理者或子公司控制时，为避免处罚或奖励管理者或子公司，跨国公司会调整评价标准。例如，如果这个国家的市场发展缓慢，总部可能会决定不再继续扩张。如果因为某个国家的市场情况不好就对管理者进行处罚而不考虑其具体表现，会降低员工的积极性。评价的标准要与当地情况和全球趋势相结合。

4. 信息系统

由于信息系统的快速发展，技术平台为企业提供了一种有效的控制工具。多数跨国公司通过企业资源计划来监控活动，如产品计划、零部件采购、库存维护、顾客服务以及目标实现[84]。考虑到获取信息成本与信息价值不对等，或者剔除庞杂和无关信息较为困难等因素，跨国公司在获取信息方面具有局限性。跨国公司会定期重新评估自己使用的资源，预防信息过量。其实，企业采用的协调与控制的方法决定了其发展方向。

15.7.5 选择控制系统

为了推进战略，跨国公司会调整自己的控制系统。实施全球战略的跨国公司可以用客观标准评价任何市场的表现，因此，实施全球战略的跨国公司会更倾向于市场控制。而跨国公司也发现了家族控制的价值。不同区域之间进行开放交流所释放出的气息可以舒缓人际关系，这与相同价值、信仰和规范有利于合作的理念不谋而合。

正如在国际商务中进行运营决策，几乎没有又准又快的规则可循。一体化和反应性带来的竞争压力，再加上产业结构变革，要求整合企业的动态价值链。同理，要实施越来越复杂的战略促使管理者采用友善、规则清晰、可以尝试而又充满希望的控制方法。事实上，很少有跨国公司只采用一种控制方法。例如，强生采用市场和家族控制来监管公司业绩。当然，每家企业都希望有单一且通用的方法。但是，其他一些敏锐的跨国公司的控制系统要与自身结构、协作方法以及即将探讨的组织文化相适应。

15.8 组织文化

上面讨论了在组建跨国公司时，结构和系统所扮演的角色，现在转向组织设计的最后一部分——**组织文化**（**Organization Culture**）。理论上，可以从实用的角度把这个概念描述为：在跨国公司中完成工作的一种方法，以及对如何通过规则、奖惩将员工组织到一起的评价[85]。可以根据第 2 章的建议，从哲学视角来评估作为嵌入式共同规范的组织文化如何在跨国公司内引导行动并制裁一些行为。

综合这些观点，我们将组织文化定义为一套连续的有关组织以及与员工共享的目标和规范的判定。共同的价值体系决定了什么重要，确定了世界运行的共同信仰，并规定了管理者如何制定决策、采取行动以及保持共同目标。

15.8.1 一个关键的绩效难题

企业业绩分析和数据表明，建立一个资源型组织要进行困难的平衡工作：既要鼓励世界范围的员工发展和运用新的理念，又要确保他们能牢记跨国公司的全球目标。很少有企业可以只通过其结构和系统就达到并保持这种平衡；相反，它们通过关注组织文化来达到目的。一方面，通用电气的杰克·韦尔奇提醒说："目标并不能让你成功，而文化可以[86]"；另一方面，印孚瑟斯的经验是"以智慧为动力，以价值为导向"，从而确立了其组织文化。案例 15-2 证明了文化是如何提升印孚瑟斯的业绩的。倡导、支撑和维持世界各地员工共同价值的重要性与复杂性，使人们关注跨国公司是如何发展、宣传并维持其组织文化的。

　　管理者一直认同组织文化的战略重要性。21 世纪初，他们采用一种先进的扩散性思维，并将它作为提升业绩的有力工具。这股热潮源于一系列研究证明跨国公司的组织文化与成功有着重要联系。组织文化的不同方面，如管理的价值和原则、工作的环境和氛围、传统与道德标准，一直无处不在地影响着企业的表现[87]。

　　研究表明，成功的跨国公司都会给员工灌输一种文化，即激励员工工作的不止有经济报酬，还有工作热情。报酬当然可以提升业绩，但是一种有效的组织文化更能够促使员工关注企业愿景，努力工作，并愿意与人合作，而不需要再用严密的结构和系统规制其行为。组织文化对员工的业绩提升能力要远超过金钱刺激，这就要求管理者建立一个使员工不仅愿意为之工作，更具有归属感的企业；在这里，员工不再需要被管理，而是以任务和原则为导向进行工作。

　　共同价值是组织文化一部分，影响着员工对世界的认知、解释和行为反应。例如，强生用其公司信条强化战略目的和价值创造的概念。这一道德宣言明确表达了公司对全球股东负责的价值观。当世界各地的员工遇到机会或威胁时，公司信条能够帮助他们以尊重强生文化和战略的方式来判断、分析和解决问题。

　　一种充满生机的组织文化能够加速跨国公司从"好"到"优"的转变过程。毫无疑问，产品开发、营销创新和金融管理延缓了这一进程。然而，研究表明，要获得成功，有赖于坚定的信仰和热情、严格的约束和控制、广为认同并有效执行的核心价值和不变的原则、强烈的职业道德以及发现和提升具有合适价值观的人[88]。为了让员工一直与自己的工作、同事、顾客、股东和商业伙伴保持联系，大型企业会有意建立一个涵盖价值、视角和实践的一体化总系统——就像强生的公司信条和丰田模式。也许最重要的是，组织文化让企业的任务在全世界员工的眼中合理化了。

15.8.2　文化重要性与日俱增

　　从历史来看，社会的动态发展具有不确定性，这让管理者采取一种温和的观点，即让文化自然地产生与发展。关于"此地事情如何运转"的信息和建议在工作和用餐期间口口相传。如今，跨国公司对文化的产生与发展实行前摄性管理[89]。组织全球一体化的企业需要员工之间广泛的协调与合作。文化价值趋同可以让人们之间的思想交流变得容易。

　　随着新兴市场的增长和西方市场的发展成熟，组织文化将会越来越重要，这也促使管理者重新思考组织战略和运营。例如，为顺应市场趋势，通用电气公司重新设置了其价值链。当然，这些改变要求公司根据新兴市场的加速发展，对过去的西部中心导向进行调整。当被问及通用电气的未来时，其 CEO 说："我们将市场全球化不是依靠廉价劳动力，以廉价劳动力为中心的全球化已经结束。今天，我们去巴西，去中国，去印度，因为那里有我们的消费者[90]。"在相关的竞争前线，来自新兴经济体的竞争者们制定的战略涵盖了市场全部：从金字塔底层到新富阶层。不管东方还是西方企业，都追求新的，通常是令人震惊的机遇。抓住这些机遇需要重新设计生产和分销系统，并试验新的商业模式。

　　日益复杂的价值链结构对跨国公司的结构和系统提出了更高的要求。如果没有组织文化的支持，这些要求成功的概率会大大降低。至少，竞争性的文化价值会设立边界，影响交流与合作，从而束缚协调与控制系统。当然，为了迫使员工面对挑战，跨国公司也可以选择精心设计一些限制条件、控制方法和协议任务。并且，人们都认为"士气不涨，鼓励不断"的理念可以在短期内鼓舞士气。但是，提升跨国公司文化和战略之间的兼容性已经被证明是获得更佳业绩的更有力驱动[91]。

15.8.3　建立组织文化

　　尽管组织文化的功能很重要，但是很少有跨国公司能够利用组织文化来持续提升业绩。通过对 1200 个国际管理者的调查研究发现，认为企业已经成功形成高效组织文化的不到 10%[92]。为了适应市场、企业和员工的理想，企业在创立、塑造和维系组织文化的过程中面临着巨大的挑战。谈到市场扩张，IBM 全球战略副总裁认为：

"改变组织结构图表，只需要点击几下鼠标；改变业务流程，要花费好几个月；而改变文化以及让员工适应新的工作方式，则要花费数年[93]"。尽管困难重重，但很少有人质疑其有用性：90% 的 CEO 都认为，"对于企业成功而言，企业文化与企业战略一样重要[94]"。在培养任务导向型和原则驱动型管理人员的道路上不断受挫，已经威胁到组织的健康发展。

技术和工具。事实上，管理者，特别是那些来自具有不同文化国家的管理者，其价值和观点通常千差万别[95]。另外，很多员工，尤其是那些在远离本国市场中工作的员工，几乎没有机会接触到高级管理者所持有的理想化价值。即便是战略标准这个更为客观的概念，跨国公司也很难有统一的解释。只有接近半数的管理者认为自己能够清晰地与全球员工沟通部门战略[96]。

管理者会使用一系列的技术来预先消除这些威胁。很多人倡导为不同国家的管理者安排更为密切的联络，从而统一价值观。跨国团队就是被广为采用的一种方法[97]。这种方法通过成员共同价值观的互动，而不是协调或控制的机械顺从来达成共识。

另外一部分人更喜欢人际交往的方式，借此让优秀的管理者在总部和全球不同的子公司之间进行轮岗工作。威普罗是一家印度科技公司，它在全球 35 个国家雇用了约 54000 名员工；超过 11000 名员工在印度以外的国家工作，其中 90% 多是印度人。公司的全球项目主管说："我们向新市场派遣印度人，有助于播种、建立和强化企业文化[98]。"有些人则使用其他更集中化的方法。例如，通用电气的领导力发展中心把来自不同业务和世界不同地区的管理者集中到一个教室里，然后就组织文化的原则进行交流和讨论。

美泰公司采用了这种方法的另一种形式。该公司在 36 个国家雇有 25000 多名员工，并向 150 个国家销售玩具。虽然你可能会认为，销售玩具的乐趣会让员工的文化理想统一起来，但是，超越不同价值理念还是困难重重。因此，美泰公司采取通过电子学习系统让员工和企业原则直接碰撞的形式来开展管理开发项目。增进总部和子公司管理者之间的理解，意味着"全球管理与公司战略和目标更加匹配；这反过来又能促进理念和产品创新、成本降低以及员工满意度的提高[99]"。

处在不同文化中的跨国公司共享类似的观点，共用相似的方法。丰田汽车凭借其科技技术学院，即设在东京的企业大学来强化组织文化，同时增强下一代管理者的领导力。一段时间教授工厂控制和装配步骤，其他时间开发管理能力，但不管教什么，都会灌输令人尊敬的"丰田模式"这一原则[100]。通过一些著名的管理秘诀来增进员工的社会交往，高层管理者认为，让员工的决策以"哲学的理念去长远思考，学会解决问题的过程，通过培训员工为组织增加价值，认识到不断解决根本问题能够推动组织学习[101]"。丰田汽车将其毕业生输送到全世界的办公室，像传教士一样传播丰田模式。作为企业的一个基本特征，丰田模式在组织发展过程中发挥着越来越大的作用。越来越多的国际运营活动，特别是新兴经济体中的运营，让高级管理层更加担忧组织文化的弱化[102]。现在，企业依赖丰田模式来协调其全球运营中的组织文化。

很多管理者并不是让文化简单地自然发展，而是尽力改变组织结构和系统：先期有目的地发展一种他们认同的价值体系会阻碍战略的成功。正如前述，他们利用很多方法让员工在共同事业的目标下进行社交活动。正如在"未来展望"中所示，一个有趣的现象是企业大学的兴起。

15.8.4 组织文化与战略

战略要求组织对特定的结构和系统进行有效配置。同样，组织文化的优先原则和实践也会根据跨国公司战略的不同而不同（见图 15-7）。尽管在边缘地带会有重复，但是每个战略设定的关键运营标准决定了组织的方向。另外，运营的连贯性要求组织文化进行社会化管理，从而促进员工对跨国公司战略标准的接受程度。

例如，实施全球战略的跨国公司会构建一种注重通用目标、优先等级与实践的强势文化。标准化价值活动要求将员工对任务规定、工作安排以及规则、报酬和惩罚的规定等看法标准化。竞争性解读并不是一种选择。一致性要求通过社会化方式构建组织文化，并能够促进全球员工接受跨国公司的战略标准；这反过来又支持利用标准化促进协调以及运用行政手段进行控制。

然而，实施多国战略的跨国公司对全球目标地方性解读的多样性持鼓励态度。根据当地标准来调整价值活动需要分权，反过来，为保持本地观念的活力就要求放宽价值观、提升容忍度。所以，不同部门的员工很少能够拥有共同的价值观。有人或许会问，倘若企业先前强调组织文化凝聚力的重要性，那么容忍差异是否意味着拒绝这个目标呢？简而言之，不会。原因是我们假设管理能有效调整组织形式，进而大力在员工之间促进一体化理念，不论他们在哪里或做什么。

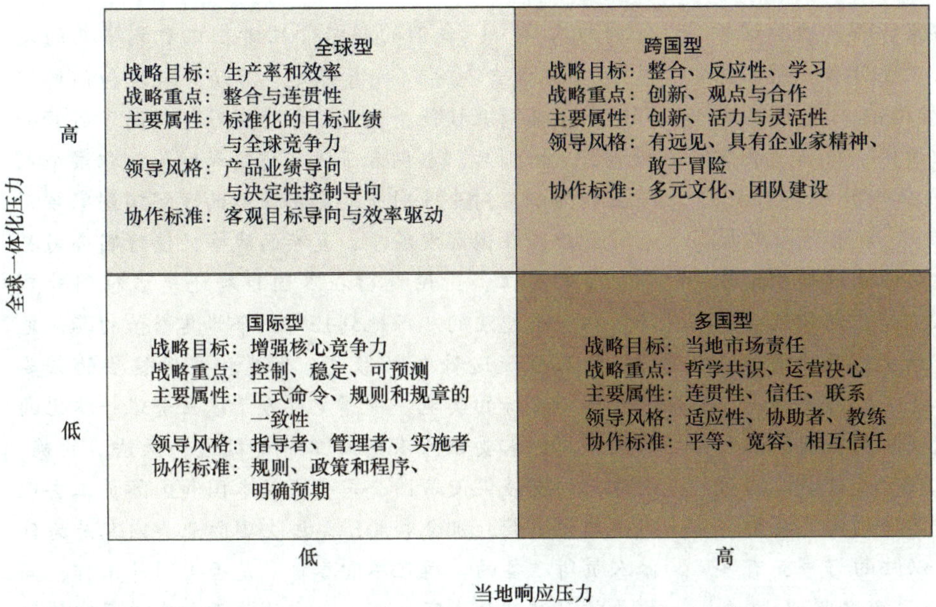

图 15-7 国际商务中的战略和组织文化

<table>
<tr><td colspan="2">

全球型

战略目标：生产率和效率
战略重点：整合与连贯性
主要属性：标准化的目标业绩
　　　　　与全球竞争力
领导风格：产品业绩导向
　　　　　与决定性控制导向
协作标准：客观目标导向与效率驱动

</td><td colspan="2">

跨国型

战略目标：整合、反应性、学习
战略重点：创新、观点与合作
主要属性：创新、活力与灵活性
领导风格：有远见、具有企业家精神、
　　　　　敢于冒险
协作标准：多元文化、团队建设

</td></tr>
<tr><td colspan="2">

国际型

战略目标：增强核心竞争力
战略重点：控制、稳定、可预测
主要属性：正式命令、规则和规章的
　　　　　一致性
领导风格：指导者、管理者、实施者
协作标准：规则、政策和程序、
　　　　　明确预期

</td><td colspan="2">

多国型

战略目标：当地市场责任
战略重点：哲学共识、运营决心
主要属性：连贯性、信任、联系
领导风格：适应性、协助者、教练
协作标准：平等、宽容、相互信任

</td></tr>
</table>

（左轴：全球一体化压力　高／低；下轴：当地响应压力　低／高）

这里列出的四个战略对应了第 10 章提出的四个战略原型，每一个都有特定的特征表象和公司组织形式。战略的成功取决于必要结构、系统和文化的建设。如果没有这些，跨国公司就很难把抱负变为成就。

如果跨国公司可以依赖共同观点来统一员工的看法，那么差异就不会对组织形成威胁。强生就是一个很好的例子。该公司的多国战略允许管理者组织一种分权结构，实施计划协作以及通过市场标准来控制业绩。然而，强生凭借其公司信条为员工提供价值和愿景，并在既相互依存又各自独立的当地子公司中传播这种混合文化。回想一下，公司信条明确了该关心谁、关心什么以及关注顺序。如果没有这一信条，强生公司可能会面临 250 家子公司各自为政的局面，而且彼此重合的业务越来越少；有了它，强生公司就增强了组织结构和系统，从而把表面上独立的业务单位统一成全球一体化公司。

未来展望

企业大学的兴起

一个有趣的现象是企业大学作为一种组织文化开始兴起。企业依靠实体和虚拟组织开展训练活动、促进学习、增强能力、支持哲学的观点，从而促进组织文化。

在过去 10 年中，全世界新成立了 1000 多家企业大学。从地区来看，企业大学在美国稳步扩张，在欧洲繁荣发展，在亚洲加速发展。美国企业大学的数量从 1993 年的 400 所发展到 2001 年的 2000 所，到今天，有将近 4000 所企业大学。很多世界 500 强企业，包括迪士尼、波音公司、摩托罗拉、通用电气、摩根集团和西南航空都设有企业大学[103]。

第一所规模较大的企业大学是设在伊利诺伊州埃尔克·格罗夫市的麦当劳汉堡大学，它于 1961 年以餐厅为场地开始招生。截至 2013 年，它已经在 119 个国家中用 28 种语言培养了 85000 名管理者和加盟商，形成了"汉堡文化"。2001 年，麦当劳在中国上海又建立了一所汉堡大学，为在中国建立 5000 家连锁店的目标保驾护航。其他地方，类似的改变也正在进行。印孚瑟斯占地 35 英亩（acre⊖）的大学是世界上最大的企业大学。学校有 250 个培训师，每年为印孚瑟斯的上千个新员工培训，同时也不断为数万个现任员工进行在职教育。

然而，有些企业将其企业大学作为总部的附属部分，有些则选择分开。例如，优利系统公司（Unisys）在关键市场上都设立了大学校区。一些企业则打破地理界限，建立虚拟网上大学，员工通过网络直播、网上交流小组、网络研讨会、视频会议以及互动学堂进行网上

⊖　1 acre = 4046.856m²。——译者注

学习。更进一步说，谁教什么和在哪里教都是检验这种前所未有的平台和教学方法的途径。大量开放式网上课程也被称为慕课（MOOCs），是一种潜在的破坏性创新，从而让我们对企业大学有了重新理解。现在，我们可以看到 Udacity、Coursera 和 edX 等在线教学的兴起，为学生、组织和越来越多的企业提供各种不同的服务[104]。卖家通过他们的网络平台给特定的企业提供定制课程。在线教育的惊人经济成就让人们越来越质疑企业大学的传统基础设施，如教室、宾馆和交通的实用性。

1. 一个扩张任务

最初，企业大学的目标就是传授实用的技能和工作系统。例如，麦当劳汉堡大学的创立宗旨是让员工为每一天的管理活动做好准备。而今，美国培训与开发协会报告指出："培训已经不仅是一件可以做的好事，有些企业已经开始考虑将培训作为一项战略要务[105]。"不断改变的全球市场所带来挑战要求管理者的能力不断提高。企业利用其企业大学来为新员工逐渐灌输全球运营的大蓝图，并且对现有员工进行再激励。有些企业放大了这一主题，宣称它们的企业大学"可以教育每一个人，从助理文员到高级管理者；在使组织独一无二的文化中，界定'让员工发扬组织价值观'的行为[106]"。

2. 变化的熔炉

企业大学会把一些关键问题设计成具体项目，然后让那些具有潜力的管理者参与运营。这些项目能帮助管理者提高洞察力、培养人际关系，从而组织全球一体化的企业。作为企业未来研讨会，企业大学的兴起使之成为企业战略的熔炉。一些人已经预见到企业大学将会成为跨国公司制定而不是执行战略的思想中心。

如果把管理课程的学习与企业的战略结合起来，那么就可以有效促进最近或未来企业大学的发展。优尼派特（Unipart）是一家英国汽车配件制造商，公司 CEO 认为，工作重心是"公司业务最核心的部分"，而且是"公司未来发展的重要保证[107]"。与其他 CEO 一样，他每月都会就优尼派特商业模式的哲学和原理组织一次课程。有可能是杰克·韦尔奇设立了这一做法的标准。在担任通用电气 CEO 长达 20 多年的时间内，他在哈德逊克劳顿的公司培训中心出现的次数多达 300 次。他在培训中心侃侃而谈，与 2 万名管理者就公司的经营模式进行交流[108]。

具有培训资格的高级管理者也可以获得巨大的收益。路易威登（LVMH）大学的校长认为，将优秀的人才放在这个环境下，"使他们有机会接触以前不可能接触到的人群……我们的高级管理者应该看到事物的发展[109]"。参训者也可以获得好处。活动、研讨和训练课程培养了其商业技能，促进了社会交往，提高了运营分析能力。培训后，参训者带着新想法和对如何积累个人专业能力以应对全球对手的更加深刻的理解回到家乡。

最后，在国际发展中，复杂的战略促使跨国公司招聘更多的员工，无论是留在本国市场还是远征国外市场。从一个想法的起源地到任何一个为其增值的其他地方，没人质疑这种全程形成、改进和采用想法的必要性。这个目标的实现，特别是致力于建立全球一体化的跨国公司，需要让所有的员工都遵循这一做法。的确，全球化的发展促使跨国公司去帮助本国和国际员工去理解全球化运营、机会和局限。过去国际业务内容是为外派人员所准备的，现在不管参训者是否去国外工作，同样要学习这部分内容。例如，宝洁关于全球化事宜的培训；美国本田提高文化意识的项目；以及美泰公司和印孚瑟斯的地区培训中心可以把来自不同国家的管理者召集在一起讨论具体议题。

3. 整合多样性

毫无疑问，企业大学的使命之一就是整合多元的人力资源。全球招聘增加了国籍和种族的混合程度。来自孟买或索菲亚的工程师与来自雷德蒙德的同事协调起来就会有困难。解决这个问题就像攻占巴别塔——这就要求增加混合雇员的社会交往，培养管理跨国团队的敏感度和技能。

如果只靠特殊事件来管理这个过程，那么善意的忽视会带来风险。于是，管理者投奔企业大学，并认为这是一个可以在风险可控且有目的的背景下对过程实施管理的强力平台。优利系统大学的副校长认为，让员工重返教室，不仅将他们的发展与企业战略相结合，而且增进了他们与组织文化之间的联系[110]。

在差异越来越大的新兴市场中扩展运营业务是对现有共同价值挑战。例如，丰田汽车意识到其业务全球化正逐渐弱化"丰田模式"的商业原则。当公司以日本为中心时，企业主要依赖工厂员工之间的自发交流与管理人员之间的非正式联系来维持组织文化。"以前，每个人都是日本人，我们不需要把这些事情说得很明白。"丰田汽车企业大学的校长说道，"现在我们必须把丰田模式形成书面文字而且要给员工教授[111]。"为此，企业依靠日本丰田工业城的企业大学以及泰国和美国的卫星培训中心来实现目标。

4. 弥合差距

尽管全球金融危机虽非善因，但确实促进了企业大学的发展。分析家和教育学家都在争论，传统大学形式培养出的商科学生是否进一步恶化了金融危机[112]。评论家认为，传统的 MBA 课程设计太过科学，与现实脱轨严重，而且没有考虑选择与结果的道德含义。有人认为，MBA 项目的正统性扭曲了学生关于道德、伦理和商务领导力社会考量的观点[113]。这些缺点导致学生不能为其企业和社会做出正确的决策。所以，越来越多的企业寄希望于通过自己的企业大学来培养员工的社会责任观念。

案例 15-2

印孚瑟斯：任务导向和原则驱动

每年，印度都会有超过 30 万个工程师毕业。这些毕业生聪明、勤奋、有志向，而且愿意只赚取西方同类职业伙伴收入的一少部分而从事工作[114]。以商务流程外包经济为先导，这些优势推动了印度 IT 业迅速占领了全球市场前沿阵地。其中，印孚瑟斯科技有限公司则是先头兵。

1. 印孚瑟斯简介

印孚瑟斯于 1981 年创立于印度浦那，总部位于班加罗尔，是印度商务流程外包（Business Process Outsourcing，BPO）产业的集群园区。它是一家全球技术服务公司，利用科技来界定、设计、提供 IT 服务及点对点商务解决方案。该公司能为金融业、制造业、电信业、零售业、能源业、物流业和其他产业提供 IT 基础设施和 BPO 服务。其全球产业包括 50 家海外公司，以及设在印度、中国、澳大利亚、捷克、波兰、英国、加拿大和日本的业务发展中心。

2. 全球交付模式

历史上，印度软件公司曾以高成本来为世界范围内顾客的设备提供点对点的开发软件程序。印孚瑟斯反其道而行之，认为如果这些工作用能在人才密集、成本低廉的印度完成，那么就能以更低的成本来为顾客提供相同的服务。公司将它的战略转化成先进的全球交付模式。它先将工作分解成一个个逻辑模块，再把每个模块分配到最佳地点来完成，最后重新整合起来形成最终产品。全球交付模式有效地将产品外包给下一级，为顾客提供了增加业绩的高效平台。

全球交付模式简单高效的经济性无可争议，因为在印度，程序开发的成本只是美国的一小部分。然而，这些创新方法的实施说起来容易做起来难。公司创始人纳拉亚那·默西（Narayana Murthy）解释说，这要求建立和维持一个组织，能够"将产品在价格最低的地方外包，在效率最高的地方生产，在最有利可图的地方销售，所有这些不能受到国界的限制[115]"。

3. 加快发展

1981 年，印孚瑟斯仅有资本 250 美元。最初 10 年，公司发展得很平稳，1991 年营收达到 389 万美元。印度经济在 1991 年的时候就开放了，自由市场的成长加速了公司的发展。管理者因为有复杂和廉价的交流技术的支持，开始将目光放在全球市场上。从 1998 年到 1999 年，公司收益增长到了 1.21 亿美元。2012 年，公司销售额达到 69.9 亿美元，净收益达到 17.2 亿美元。一路走来，公司员工从初始的 7 名创立者增长到现的来自 95 个国家的近 155000 名员工。

4. 确定任务，设置原则

尽管已经是全球巨擘之一，但是印孚瑟斯一开始只有谦逊的目标。默西和他的 6 位伙伴在他的小公寓中一起讨论公司的目标。最后得出结论是，公司目标不是成为最好的、最大的或收益最好的公司，而是要获得所有股东的尊敬。默西说道：

"我的观点是，如果我们想要得到尊敬，我们就会自觉去完成一件件正确的事。我们需要满足消费者，公平对待我们的员工，在尊重投资者的基础上遵循最优原则……我们不能违反法律，而最后我们也可以为社会做出贡献……你也会自然而然地获得收益、利润以及所有的一切。1981 年，企业初创时只有 7 个人和 250 美元，我们只有一个消费者，"他又补充说，"我们从来没想到我们能够发展到现在的规模[116]。"

虽然很多成功的企业有相似的目标，但是，印孚瑟斯的创立宗旨却是领导者要把工作热情带给公司。这在其宗旨陈述中便做了规定："对待顾客、员工、经销商和社会要公平、诚实、有礼貌，这才是我们实现目标的环境。"管理者已然将这些理念转化为组织文化的哲学核心：

（1）顾客满意度。一直超越顾客的期望程度。

（2）标杆领导。在商业和交易中建立标准，成为行业与自身的模范。

（3）完整性和透明度。在所有交易中，要保持合乎道德、真诚、开放。

（4）公平。保持客观和事务导向，继而获取信任和尊重。

（5）追求卓越。通过不断努力奋斗，不断提高自身、团队及公司的服务和产品，并尽力成为行业最佳。

5. 变聪明的科学

印孚瑟斯的高级管理者们通过观察、数据收集、分析和总结这样一个过程来建立严密的知识体系。他们认为，专业的管理能够将知识转化成先进的软件解决方案。然而，正如古语所说，细节决定成败。印孚瑟斯的突出表现——它花了23年成为一家市值10亿美元的公司，然而只花了23个月就再次实现产值翻番——就是因为公司对"最小"单位，也即为其工作的每个员工的高度关注。

对很多人来说，印孚瑟斯的成功源于其储备的大量有价值的知识，这些知识经过编码，以某种格式储存在其安全的服务器中。而公司管理层并不这么认为，他们表示与员工内在价值相比，"静态数据库"的价值没那么重要。默西解释道："我们对专业人士的尊敬可以概括为：我们下午5点下班后，印孚瑟斯的市值资本都会清零，而不管白天情况如何……因为，我们坚信公司的首要责任就是维护每个员工的尊重和尊严[117]。"

6. 招聘：寻找有学习能力的员工

公司快速发展，总是让公司与新员工之间有关公司核心价值的交流充满挑战。印孚瑟斯也不例外。但是，公司的方法是通过把员工的社会交往与公司哲学和实践相结合的方式建立了标准。2010年就是典型的一年，当年公司招聘了25000名员工。尽管起初年薪在1万美元以下，但还是有超过400万人来应聘。公司从中选出大约77000名应聘者，然后进行了严格的数学与逻辑问题测试来评估他们的学习能力（印孚瑟斯的说法是快速学习能力）。然后，大约61000名员工参加面试，最后26200名员工可以收到入职通知书。

这些成功地经受住严酷考验的员工都有相似的特征。首先，他们非常聪明；其次，他们都有快速学习的能力——鉴于公司产品和顾客需求不断变化，这成为一项关键能力。确实，学习能力在精确选择、促销和吸引回头客等方面是一项关键标准，因为IT行业的快速发展要求员工能够随着技术进步、新顾客的出现和市场的变化不断学习。除了天分，印孚瑟斯也很看重员工的态度，寻找那些在生活中拥有积极态度的员工。

要将企业的精神传递给新员工，不只要在第一天入职时陪他们到工作地点并让他们放松工作。企业的价值观和愿景对实践与业绩的重要性更加要求管理者与新员工就企业文化深入交流。印孚瑟斯的CEO南丹·尼勒卡尼（Nandan Nilekani）简单总结道："这样成长的企业并没有很多……很多企业在人力资源方面投入还不够。不给他们提供培训，而是让他们自由发展。人力资源就是我们的资本，我们在他们身上投入的越多，他们就会表现得越优秀[118]。"为此，印孚瑟斯会从每1000美元的收入中拿出65美元为公司培训项目和教育活动投资。没有任何竞争者达到这样的投资力度，大多数还差得很远。

7. 技术宣教师

"印孚瑟斯U."项目从一开始便组织人力资源培训和开发工作。尽管新员工在理论方面很优秀，也在选拔中生存下来，但是他们都要经历14周的脑力开发项目，然后参加一系列课程，学习如何成为——用印孚瑟斯的话来说——"技术宣教师"（Technical Evangelist）。课程强调分析思考能力和问题解决能力，还有数据库管理和信息网络原理。随着时间推移，当印孚瑟斯开始扩展海外市场时，它也为课程增加了社会交往以及团队建设、顾客服务、商务礼仪和谈判技巧指导等内容。

无论是什么课程，它都成功地传播了企业的价值、系统和业务流程。课程还特别涉及了印度人思维的一个有趣方面，尽管足智多谋，但也会影响个人业绩。正如默西所说，印孚瑟斯尽力"把印度年轻人的被动反应思维转变为主动解决问题的能力。总的来说，由于文化、家庭背景等原因，我们都是被动反应的。要改变这种情况，我们必须明白，解决问题就像是一门科学和艺术。我们必须懂得算法思维[119]"。

尽管每个学生的培训成本高达5000美元，但对于只做出一般努力、没有太大压力的学生而言，在训练项目中存活下来，并不能保证他能顺利毕业。完成培训项目获得一个职位还需要进行两三个小时的复杂考试。如果考试通过，那么他就从"新人"变成了一个真正的"印孚瑟斯人"。

8. 挖掘全球人力资源

印孚瑟斯客户的地理分布情况——在18个国家有超过90%的业务——促使公司招聘不同的人力资源并确保他们提供最好的服务。卡西克·萨曼（Karthik Sarman）是主管人力资源部的副总裁，他认为"日本籍员工在日本会做得更好。这表示与顾客之间的联系起着重要作用，而不只是技术水平[120]"。因此，印孚瑟斯公司开发了全球人才战略，在全球范围内招募应聘者。其目的是招聘那些能自然理解顾客文化取向的有才华的人才。

管理层往往担心人力资源多样化会威胁组织文化。新员工不熟悉印孚瑟斯公司的文化，因此，公司通过班加罗尔的企业大学来培训他们（见图15-8）。新的员工会去印度参加为期6个月的培训和社会交往项目，然后作为本土的印孚瑟斯员工返回他们的国家。这个项目的第一批团队包括来自中国、毛里求斯和美国的"印孚瑟斯人"。事实证明，只看才干不看国籍的用人政策非常成功——印孚瑟斯的员工来自95个国家。

在这张图片上，我们可以看到印孚瑟斯公司设在班加罗尔园区最先进的教室。屏幕上显示着极具吸引力的信息"人才是动力源，价值是驱动器"，这也确立了公司的组织文化。

图15-8 印孚瑟斯公司的企业大学

资料来源：Belinda Lawley/Alamy。

9. 没有过去，没有信条，只有优点

高级管理者认为，只要公司还在进行创新和改进组织结构，那么接受市场检验和竞争者的挑战就属于印孚瑟斯的工作领域。这些目标对印孚瑟斯的组织、系统和文化具有重要意义。

通过检视公司上下，管理者重新安排组织结构内不同的角色和关系，从而使员工能够更好地表现自己，做一个主动定义问题的人而不是被动解决问题的人。当然，通过等待消费者寻求支持的方式来改进流程也很有道理。然而，内行竞争对手越来越多，竞争也越来越激烈，从而促使印孚瑟斯预测消费者可能会遇到的问题，而不是耐心地等待消费者寻求帮助。同样，印孚瑟斯国际市场的不断扩张促使它逐渐提高自己的文化敏感度。至少，随着公司业务的分布越来越广泛，公司决策中需要加入新的观点。另外，要提高公司对现有及新兴市场变化的反应能力，就要增进公司对多元消费者的世界观和文化取向的理解。当然，印孚瑟斯认为，文化变化可以使公司重新焕发活力。然而，管理者认为，他们必须在不牺牲公司文化完整性的前提下，寻求一种方式来适应外国市场。

印孚瑟斯的领导者也在为如何在组织全球扩张的框架下保持有活力和企业精神的小组织的灵魂而苦恼不已。印孚瑟斯决定不跟随那些面临同样问题的跨国公司的模式，因为这些模式很少获得成功。印孚瑟斯相信，员工的活力、文化理念的指导作用以及持续测试角色和关系的决心使公司具有充分准备来平衡这一紧张关系。

高级管理者承认，这些任务并不是直接明了的。在保持国际业务运营秩序的同时管理好不断演进的多文化组织，是对管理者勇气的测验。虽然谦逊但是很自信，印孚瑟斯相信自己已经建立了能应对这些挑战的组织。注重企业价值和目标的同时，公司一直对组织、改进和创新的结构和系统进行检测，从而说明了公司达成业绩的原因。

思考题

1. 在不断地发展和全球化进程中，印孚瑟斯如何来维持其初始的价值观？

2. 你认为组织存在的哪些问题会给印孚瑟斯带来麻烦？你如何运用组织的现有优势来解决这些问题？

3. 回想一下，本章就结构设计、协调与控制、企业文化等所给出的选择。你认为这些因素在印孚瑟斯公司内的互动特点是什么？

4. 根据我们对古典和新古典结构的讨论，你认为2015年印孚瑟斯公司会采用哪一种结构？

5. 你认为印孚瑟斯的企业大学课程与传统商业管理本科教育或 MBA 项目有什么不同？

6. 你相信技术宣教能够使印孚瑟斯公司的员工更快地接受公司的文化理念吗？

7. 员工更应该懂得"算法思维"是印孚瑟斯公司的理念之一。要完成这一目标，你会如何管理员工、建立系统、促进企业文化？

本章小结

1. 跨国公司的组织功能包括：如何界定组织结构来明确工作框架；如何建立组织系统来协调和控制公司工作；如何培养员工的共同价值观。

2. 环境和工作场所的发展趋势，以及全球金融危机的扩散迫使管理者改进其传统的企业组织方法。管理者将古典的命令控制模式与新古典模式的协作培育方式进行比较。

3. 垂直化差异是企业决策时如何平衡集权和分权的重要方法；水平化差异是企业如何选择把自己细分为产品、业务或者地区单位的重要方法。

4. 能否有效平衡集权和分权之间的不对称需求，受到全球一体化压力和本土反应的影响，总部能力和子公司人力资源的影响，以及手中决策的重要性、简便性和期望质量的影响。

5. 古典结构，如职能制结构、产品制结构、区域制结构和矩阵制结构，依靠层级结构来安排角色、责任和关系。

6. 新古典结构，如网络制结构与虚拟制结构，在安排工作角色、责任和关系时，绕过了阻碍知识生产和决策制定关系的水平和垂直边界。

7. 协调可以通过标准化、计划和相互调整来实现。标准化协作依靠明确的运营程序；计划协作依赖于总体目标和细化目标；相互协作依赖于相互联系的团体之间频繁的互动。

8. 控制系统帮助管理者比较业绩与计划，识别二者的差距；如有差距，对其进行评估然后采取修正措施。

9. 企业通过市场、行政体制和家族机制进行控制。市场控制依赖外部市场机制；行政体制依赖众多的规则和程序；家族控制依赖员工之间的共同价值观念。

10. 组织文化是指员工共享的一系列共同价值观。企业鼓励新员工遵循的价值观是通过行为模式和组织类型来体现的。

11. 企业实施的战略不同，建立的组织也不同。采用国际战略、多国战略、全球战略和跨国战略的企业会根据战略需求调整组织的结构、系统和文化。

关键术语

边界	相互协作	水平化差异	组织
无边界	计划协作	市场控制	组织文化
行政控制	标准化协作	矩阵制结构	组织结构
集权	分权	混合制结构	统一指挥原则
家族控制	事业部制结构	新古典结构	垂直化差异
控制系统	职能制结构	网络制结构	虚拟组织
协作	全球性		

参考文献

1 *Sources include the following:* www.jnj.com; J&J's 2007, 2008, 2009, 2010, and 2011 Annual Reports; "J&J shares climb after upbeat update on its drugs" *Businessweek*, www.businessweek.com/ap/financial-news/D9NFV7U00.htm, (June 1, 2011); Avi Salzman, "J&J Now the 'Best Biotech Play' Says Goldman," Barrons.com, blogs.barrons.com/stockstowatchtoday/2011/05/27/jj-now-the-best-biotech-play-says-goldman/, (June 1, 2011); Margaret Cronin Fisk and Beth Hawkins, "Johnson & Johnson Hid Antibiotic Levaquin Risk, Lawyer Says - Bloomberg," www.bloomberg.com/news/2011-06-01/johnson-johnson-hid-risks-of-antibiotic-levaquin-lawyer-says-at-trial.html, (June 1, 2011). "Patients Versus Profits at Johnson & Johnson: Has the Company Lost Its Way?" View of Cowen & Co. analyst Ian Sanderson, Knowledge@Wharton, retrieved January 2, 2013 from knowledge.wharton.upenn.edu/article.cfm?articleid=2943.

2 "A Big Company That Works," *Businessweek*, retrieved February 25, 2013 from www.businessweek.com/

stories/1992-05-03/a-big-company-that-works.

3 "Johnson & Johnson CEO William Weldon: Leadership in a Decentralized Company," Knowledge@Wharton, retrieved February 25, 2013 from knowledge.wharton.upenn.edu/article.cfm?articleid=2003.

4 "Patients Versus Profits at Johnson & Johnson: Has the Company Lost Its Way?" View of Cowen & Co. analyst Ian Sanderson, Knowledge@ Wharton, retrieved January 2, 2013 from knowledge.wharton.upenn.edu/article.cfm?articleid=2943.

5 "Tylenol (Acetaminophen) To Be Available In Japan In Early Fall, 2000," retrieved June 15, 2011 from www.pslgroup.com/dg/1d9dfa.htm.

6 J&J's 2008 Annual Report.

7 J&J's 2007 Annual Report.

8 "The Organization Man, Dead at 76," *Journal of Business Strategy* 18 (1997): 6.

9 Jack Welch and Suzy Welch, *Winning*, HarperCollins Publishers (2005).

10　Lowell Bryan and Claudia Joyce, "Better Strategy through Organizational Design," *The McKinsey Quarterly* (May 2007).

11　Alfred P. Sloan, John McDonald, ed., *My Years with General Motors* (New York: Doubleday, 1964).

12　Chris Bartlett, "MNCs: Get Off the Reorganization Merry-Go-Round," *Harvard Business Review* (March–April 1983): 88–101.

13　Martin Dewhurst, Jonathan Harris, and Suzanne Heywood, "The Global Company's Challenge," *McKinsey Quarterly*, December 31, 2012, from www.mckinseyquarterly.com/The_global_companys_challenge_2979.

14　"Hungry Tiger, Dancing Elephant: How India Is Changing IBM's World," *The Economist* (April 4, 2007): 58–61; "A Survey of Globalisation: The Empire Strikes Back," *The Economist*, June 5, 2011, from www.economist.com/node/12080723: 72.

15　Peter Drucker, "Managing Oneself," *Harvard Business Review* (1999).

16　As some have suggested: Before: "Thanks for letting me work here." Today: "Improve my professional mobility or I will find a company that will."

17　Adam Bryant, "Google's 8-Point Plan to Help Managers Improve," NYTimes.com, retrieved March 12, 2011, from www.nytimes.com/2011/03/13/business/13hire.html?hp.

18　Craig W. Fontaine, "Organization Structure," Human Resource Management Knowledge Base, Northeastern University (August 2007).

19　"Identity Crisis: What Is the Corporate Center's Role in a Globalized Business?" BCG.perspectives, retrieved January 3, 2013 from www.bcgperspectives.com/content/articles/role_of_center_globalization_identity_crisis_corporate_centers_role_globalized_business/.

20　The Tao offers insight on this standard: The second principle of Taoism is that of Dynamic Balance. There are always two basic distinctions in nature, symbolized by the yin and yang (sun and moon, heaven and earth, dark and light, chaos and order, etc.), but Taoism sees balance as the basic characteristic underlying these distinctions.

21　Harold Sirkin, James Hemerling, Arindam Bhattacharya, *Globality: Competing with Everyone from Everywhere for Everything* (New York: Business Plus, 2008).

22　"Identity Crisis: What Is the Corporate Center's Role in a Globalized Business?" Bcg.perspectives.

23　Julian Birkinshaw, "The Structures behind Global Companies," *Financial Times* (December 4, 2000): 2–4.

24　"Nestlé Is Starting to Slim Down at Last," *Businessweek* (October 27, 2003): 56–58; "Daring, Defying, to Grow," *The Economist* (August 7, 2004): 55–57.

25　Andria Cheng, "Nike Reorganizes into Six Geographic Regions: Faster-Growing China, Eastern Europe regions to be Managed Separately," *MarketWatch* (March 20, 2009).

26　"Japanese Firms Push into Emerging Markets: The New Frontier for Corporate Japan," *The Economist*, April 19, 2011, from www.economist.com/node/16743435

27　John W. Hunt, "Is Matrix Management a Recipe for Chaos?" *Financial Times* (January 12, 1998): 10.

28　More precisely, Christopher Bartlett and Sumantra Ghoshal identified several key limitations of the matrix format, suggesting that: "Dual reporting led to conflict and confusion; the proliferation of channels created informational log-jams as a proliferation of committees and reports bogged down the organization; and overlapping responsibilities produced turf battles and a loss of accountability. Separated by barriers of distance, language, time, and culture, managers found it virtually impossible to clarify the confusion and resolve the conflicts." Many years after their article was published, many MNES are still trying to break free; C. Bartlett and S. Ghoshal, "Matrix Management: Not a Structure, a Frame of Mind," *Harvard Business Review*, July–August 1990.

29　Richard Hodgetts, "Dow Chemical CEO William Stavropoulos on Structure," *Academy of Management Executive* (May 30, 1999): 30.

30　"Companies and the Euro Crisis: Iron Enters the Soul," *The Economist* (October 6, 2012): 74.

31　"Axe to Fall Heavily at IBM, Unions Fear," *New York Times* (May 6, 2005): A1.

32　The *strategy-structure-systems model* was first adopted by General Motors, DuPont, Sears, and Standard Oil in the 1920s. Not until the post–World War II era did many companies begin to develop divisional structures that then led to the rapid adoption of diversification strategies. Some reason that the network structure and its variants will follow the same pattern, moving from the few in the early 2000s to the many over the ensuing decades.

33　Just as these demands trigger the emergence of the transnational strategy, they likewise spur what some broadly call the *transnational organization*.

34　"Hungry Tiger, Dancing Elephant: How India Is Changing IBM's World," *The Economist* (April 4, 2007): 58–61.

35　"The New Organisation," *The Economist*, retrieved January 3, 2013 from www.economist.com/node/5380483.

36　"Hungry Tiger, Dancing Elephant: How India Is Changing IBM's World," *The Economist* (April 4, 2007): 58–61.

37　"The World According to Chambers," *The Economist* (August 27, 2009): 81–84.

38　For example, in the case of the latter, people see that the more senior executives have specialized knowledge that gives them personal respect as well as positional power. Hence, the more power their knowledge gives them, the less incentive they have to share with others. This develops boundaries between different levels of hierarchy.

39　Hiroko Tabuchi and Brooks Barnes, "Sony Chief Is Still in Search of a Turnaround," *New York Times*, (May 26, 2011): A1.

40　Sony adds another angle of analysis. In Chapter 11, we described how Sony ran big losses as markets, weakened by the global crisis, exposed weaknesses in its system. Fighting to rescue the company, CEO Sir Howard Stringer felt the need to revitalize the company's culture in order to jump-start new relationships and trigger new ways of thinking. Reorganization began in spring 2009. Senior executives opposed to restructuring efforts were replaced by four young, loyal lieutenants—dubbed "the Four Musketeers"—to lead Sony's redesigned businesses. Ironically, explained Sir Howard, "When this crisis came along, for me it was a godsend, because I could reorganize the company without having to battle the forces of the status quo"; "Game on: Sir Howard Stringer Believes He Is Finally in a Position to Fix Sony," *The Economist* (March 5, 2009): 73.

41　"The New Organisation," *The Economist*, (February 24, 2013): 63

42　Statement from Jack Welch's Letter to Shareholders, "Boundarylessness Company in a Decade of Change," reported in GE's 1990 *Annual Report*.

43　"Gore: Our Culture" retrieved May 1, 2013 from www.gore.com/en_xx/aboutus/culture/; "W. L. Gore & Associates - Best Companies to Work For 2012," *Fortune*, retrieved May 1, 2013 from money.cnn.com/magazines/fortune/best-companies/2012/snapshots/38.html.

44　W. Baker, the Network Organization in Theory and Practice. In N. Nohria and R. Eccles (Eds.), *Networks and Organizations*, (Cambridge, MA: Harvard Business School Press, 1992), 327–429.

45　Yves Doz and Keeley Wilson, *Managing Global Innovation: Frameworks for Integrating Capabilities around the World*, Harvard Business Press Books, 2012.

46　The keiretsu appeared in Japan during the "economic miracle" following World War II. Before Japan's surrender, Japanese industry was controlled by large family-controlled vertical monopolies called zaibatsu.

47　"Presidential Politics in South Korea: Bashing the Big Guys," *The Economist* (October 13, 2012): 49.

48　"A Tangled Web," *Financial Times* (June 12, 2001): 7.

49　J. Lipnack and J. Stamps, *Virtual Teams: Researching across Space, Time, and Organizations with Technology* (New York: John Wiley and Sons,

1997); Sonny Ariss, Nick Nykodym, and Aimee Cole-Laramore, "Trust and Technology in the Virtual Organization," *SAM Advanced Management Journal* 67 (Autumn 2002): 22–26; William M. Fitzpatrick and Donald R. Burke, "Competitive Intelligence, Corporate Security and the Virtual Organization," *Advances in Competitiveness Research* 11 (2003): 20–46.

50 Manju Ahuja and Kathleen Carley "Network Structure in Virtual Organizations," June 10, 2011, from jcmc.indiana.edu/vol3/issue4/ahuja.html.

51 Alf Crossman and Liz Lee-Kelley, "Trust, Commitment and Team Working: The Paradox of Virtual Organizations," *Global Networks: A Journal of Transnational Affairs* 4 (October 2004): 375–91; Philip J. Holt and James E. Lodge, "Merging Collaboration and Technology: The Virtual Research Organization," *Applied Clinical Trials* 12 (October 2003): 38–42.

52 Scott Goodson, StrawberryFrog, "Special Report: Global Players," *Advertising Age* (January 26, 2004): S4; Juliana Koranteng, "Virtual Agency Goes Global via the Web," *AdAgeGlobal* 1 (2000): 46.

53 Theresa Howard, "StrawberryFrog Hops to a Different Drummer," *USA Today* (October 10, 2005): C1.

54 Similar trend are afoot in other industries. The legal field, for example, increasingly rewards efficiency. "Clearspire, a virtual origination, relies on some 20 or so lawyers who work mostly from home, collaborating on a multi-million-dollar platform that mimics a virtual office.

A lawyer checking in on a colleague automatically sees a picture of her on the phone when she is, in fact, on the phone. Clients use the platform too, commenting on and even changing their own documents as they are being drawn up. Conventional lawyers are far less open"; "Bargain Briefs," *The Economist* (August 13, 2011): 64.

55 Toby Gibbs, Suzanne Heywood, and Leigh Weiss, "Organizing for an Emerging World," *McKinsey Quarterly*, June 2012.

56 Dmitry Ivanov, Boris Sokolov, and Joachim Kaeschel, "Structure Dynamics Control-Based Framework for Adaptive Reconfiguration of Collaborative Enterprise Networks," *International Journal of Manufacturing Technology and Management* 17 (2009): 23.

57 "Schumpeter: Corporate Burlesque," *The Economist* (November 3, 2012): 68.

58 Nicolai J. Foss. "Selective Intervention and Internal Hybrids: Interpreting and Learning from the Rise and Decline of the Oticon Spaghetti Organization," *Organization Science* 14 (May–June 2003): 331–50.

59 Patrick Kiger, "Hidden Hierarchies," *Workforce Management* (February 27, 2006): 24.

60 Karen Beaman, "An Interview with Christopher Bartlett," *Boundaryless HR: Human Capital Management in the Global Economy* (San Francisco: IHRIM Press, June 2002).

61 Darrell Rigby, "Bain & Company's 2005 Management Tools & Trends," August 2, 2005, from www.bain.com/management_tools.

62 Adam Lashinsky, "Chaos by Design," *Fortune* (October 2, 2006); Geoffrey Colvin, "Managing in Chaos," *Fortune* (October 2, 2006).

63 Lowell Bryan and Claudia Joyce, "The 21st-Century Organization," *The McKinsey Quarterly* 3 (2005).

64 Martin Dewhurst, Jonathan Harris, and Suzanne Heywood, "The Global Company's Challenge," *McKinsey Quarterly*.

65 Loren Cary, "The Rise of Hyperarchies," *Harvard Business Review* (March 2004).

66 Karl-Heinrich Grote and Erik K. Antonsson (Eds.), *Springer Handbook of Mechanical Engineering* (New York: Springer, 2009): 1344.

67 The Boston Consulting Group, "Reorganized Information Processing Vital to Improving U.S. Intelligence Capabilities," *BCG Media Releases*, May 6, 2007, from www.bcg.com/news_media/news_media_releases.jsp?id=928.

68 "Lessons from TED: Corporate TEDucation," *The Economist* (November 3, 2012): 67.

69 In contrast, one could precisely design a structure that looks great on paper but struggles in the stress test of reality.

70 "The New Organisation," *The Economist*.

71 More specifically, Grove reasoned: "Let chaos reign, then rein in chaos. Does that mean that you shouldn't plan? Not at all. You need to plan the way a fire department plans. It cannot anticipate fires, so it has to shape a flexible organization that is capable of responding to unpredictable events"; Michael E. Rock, "Case Example: Intel's Andy Grove," *CanadaOne*, October 31, 2007, from www.canadaone.com/magazine/mr2060198.html.

72 Michel Domsch and Elena Hristozova, (Eds.), *Human Resource Management in Consulting* (New York: Springer, 2006).

73 Anoop Madhok, "Revisiting Multinational Firms' Tolerance for Joint Ventures: A Trust-Based Approach." *Journal of International Business Studies* (2006): 30–43.

74 Daniel Erasmus, "A Common Language for Strategy," *Financial Times* (April 5, 1999): 7–8.

75 Sumantra Ghoshal and Christopher Bartlett, "Changing the Role of Top Management: Beyond Structure to Process," *Harvard Business Review* 73 (January–February 1995): 93–94.

76 Jennifer Spencer, "Firms' Knowledge-Sharing Strategies in the Global Innovation System: Empirical Evidence from the Flat Panel Display Industry," *Strategic Management Journal* 23 (March 2003): 217–33.

77 "Red Hat Global Support Services: The Move to Relationship-based Customer Servicing and Knowledge-centered Support," *Harvard Business Review*, retrieved January 3, 2013 from hbr.org/product/red-hat-global-support-services-the-move-to-relati/an/W11543-PDF-ENG.

78 Sam Folk-Williams, "Designing Open Collaboration in Red Hat Global Support Services," Management Innovation eXchange, June 2, 2011, from www.managementexchange.com/story-36.

79 Ultimately, every MNE regulates what people do. If they don't, the consequences can be grave. Failure, as we saw in the global credit crisis, permits opportunistic managers to take actions that crash the MNE. Experiences at several companies, such as Citibank, UBS, Siemens, Merrill Lynch, Lehman, Royal Bank of Scotland, AIG, and Société Générale, dramatize how weak controls enable destructive opportunism.

80 Toby Gibbs, Suzanne Heywood, and Leigh Weiss, "Organizing for an Emerging World," *McKinsey Quarterly*, June 2012.

81 Clan control represents humanist values that contrast with the scientific norms of bureaucratic control.

82 If conducted poorly, visits fan tension. Experience suggests "rules" for optimizing such visits. If subsidiary managers overload social activities and underplay hard business reviews, corporate personnel will see the trip as wasteful. If corporate personnel visit warm-weather subsidiaries during their home's cold-weather seasons, locals may perceive the trips as diversions. Further, if visitors arrive only when upset about local performance, subsidiary folks may be defensive.

83 "The World According to Chambers."

84 For instance, the Japanese retailer Ito-Yokado, which owns and operates the 7-Eleven convenience store franchise in Japan, links stores' cash registers into an ERP system. It records sales and monitors inventory as well as scheduling daily and weekly tasks. It also benchmarks managers' use of analytical tools, graphs, and forecasts; N. Shirouzu and J. Bigness, "7-Eleven Operators Resist System to Monitor Managers," *Wall Street Journal* (June 16, 1997): B1.

85 In some companies, few matters are left untouched. For generations, managers of IBM wore only dark blue suits, white shirts and dark ties, symbols of their lifetime allegiance to Big Blue.

86 Sumantra Ghoshal, Gita Piramal, Christopher A. Bartlett, *Managing*

Radical Change (Penguin Books India, 2002): 318.

87 Eric Flamholtz and Rangapriya Kannan-Narasimhan, "Differential Impact of Cultural Elements in Financial Performance," *European Management Journal* (February 2005): 50–65; Ursula Fairbairn, "HR as a Strategic Partner: Culture Change as an American Express Case Study," *Human Resource Management* 44 (Spring 2005): 79–84.

88 Jim Collins, *Good to Great: Why Some Companies Make the Leap…and Others Don't* (New York: HarperCollins, 2001). For example, on the importance of technology, Collins reports "80 percent of the good-to-great executives—from more than 1400 companies over a 15 year span—we interviewed didn't even mention technology as one of the top five factors in the transition."

89 Dinker Raval and Bala Subramanian, "Effective Transfer of Best Practices across Cultures," *Competitiveness Review* (Summer–Fall 2000): 183.

90 David Wessel, "Big US Firms Shift Hiring Abroad," *Wall Street Journal* (April 19, 2011): B1.

91 H. Schwartz, "Matching Corporate Culture and Business Strategy," *Organizational Dynamics* (1981). Andrew Klein, "Corporate Culture: Its Value as a Resource for Competitive Advantage," *Journal of Business Strategy,* (2011): 21–28.

92 Bain & Company, "Executives Are Taking a Hard Look at Soft Issues" (March 27, 2007), October 31, 2007, from www.bain.com/bainweb/publications/printer_ready.asp?id=25728.

93 Toby Gibbs, Suzanne Heywood, and Leigh Weiss, "Organizing for an Emerging World," *McKinsey Quarterly,* June 2012.

94 Bain & Company, "Executives Are Taking a Hard Look at Soft Issues."

95 The severity of this problem is proportional to the importance of knowledge-generating and decision-making relationships to the MNE's organization; Alison Maitland, "Bridging the Culture Gap," *Financial Times* (January 28, 2002): 8.

96 Martin Dewhurst, Jonathan Harris, and Suzanne Heywood, "The Global Company's Challenge," *McKinsey Quarterly.*

97 Tatiana Kostova, "Transnational Transfer of Strategic Organizational Practices: A Contextual Perspective," *Academy of Management Review* 24 (1999): 308–24; Nitin Nohria and Sumantra Ghoshal, "Differentiated Fit and Shared Values: Alternatives for Managing Headquarters-Subsidiary Relations," *Strategic Management Journal* 15 (July 1994): 491–502. For a discussion of how capabilities improve with experience, see Andrew Delios and Paul Beamish, "Survival and Profitability: The Roles of Experience and Intangible Assets in Foreign Subsidiary Performance," *Academy of Management Journal* 44 (2001): 1028–38.

98 "Staffing Globalisation: Travelling More Lightly," *The Economist* (June 23, 2006): 55.

99 Leslie Gross Klaff, "Many People, One Mattel," *Workforce Management* (March 2004): 42–44.

100 Martin Fackler, "The 'Toyota Way' Is Translated for a New Generation of Foreign Managers," *New York Times,* retrieved August 5, 2010 from www.nytimes.com/2007/02/15/business/worldbusiness/15toyota.html.

101 *The Toyota Way,* May 25, 2011, from secure.wikimedia.org/wikipedia/en/wiki/The_Toyota_Way.

102 Martin Fackler, "The 'Toyota Way' Is Translated for a New Generation of Foreign Managers," *New York Times,* retrieved August 5, 2010 from www.nytimes.com/2007/02/15/business/worldbusiness/15toyota.html.

103 Rebecca Knight, "Corporate Universities: Move to a Collaborative Effort," *Financial Times* (March 19, 2007).

104 Melissa Korn and Jennifer Levitz, "Online Courses Look for a Business Model - WSJ.com." retrieved January 2, 2013 from online.

wsj.com/article/SB10001424127887324339204578173421673664106.html?mod=googl news_wsj.

105 Donna Fenn, "Corporate Universities for Small Companies," Inc.com, May 6, 2007, from www.inc.com/magazine/19990201/730.html.

106 Jeanne C. Meister, *Corporate Universities: Lessons in Building a World-Class Work Force* (New York: McGraw-Hill, 1998).

107 John Griffiths, "Unipart University," *Financial Times* (March 21, 2002).

108 The Pit is the well of a bright, multi-tier lecture hall.

109 Della Bradshaw, "LVMH," *Financial Times* (March 21, 2002).

110 Steve Trehern, "More Than Just Learning Process," *Financial Times* (March 21, 2002).

111 Martin Fackler, "The 'Toyota Way' Is Translated for a New Generation of Foreign Managers," *New York Times,* retrieved August 5, 2010 from www.nytimes.com/2007/02/15/business/worldbusiness/15toyota.html.

112 Kelley Holland, "Is It Time to Retrain B-Schools? *New York Times* (March 14, 2009): A1.

113 "MBA Programs Are Failing in Ethics." *Businessweek,* retrieved January 2, 2013 from www.businessweek.com/debateroom/archives/2011/11/mba_programs_are_failing_in_ethics.html; "Dose of Humility with a Harvard MBA," WSJ.com, retrieved January 2, 2013 from online.wsj.com/article/SB1000142405311190456390457658858389 3732362.html.

114 ***Sources include the following***: Edward Luce, *In Spite of the Gods: The Strange Rise of Modern India* (New York: Doubleday, 2007); "Virtual Champions," Survey: Business in India, *The Economist* (June 1, 2006); Anand Giridharadas, "India's Edge Goes Beyond Outsourcing," *New York Times* (April 4, 2007); Gautam Kumra and Jayant Sinha, "The Next Hurdle for Indian IT," *McKinsey Quarterly* (2003), Special edition: Global Directions; Life lessons from Narayana Murthy, *Rediff,* June 16, 2009, from www.rediff.com/money/2007/may/28bspec.htm; "The amazing Infosys story," *Rediff,* June 16, 2009, from specials.rediff.com/money/2006/jul/11sld1.htm; "Infosys Rejects 94% Job Applicants, also Gets Rejected by Many," *Economic Times,* May 24, 2011, from articles.economictimes.indiatimes.com/2010-05-31/news/27624027_1_net-addition-gross-addition-applicants; "Infosys Technologies Toughs Out Global Storm to Win Asia 200 in India," WSJ.com, May 19, 2011, from online.wsj.com/article/SB10001424052702304173704575577683613256 368.html.

115 "Business: Globalcorp, 2005," *The Economist,* retrieved February 24, 2013 from www.economist.com/node/3372172.

116 Steve Hamm, "Passing the Baton at Infosys," *Businessweek* (June 16, 2006).

117 "Infosys' Murthy: Sharing a Simple Yet Powerful Vision," Knowledge@ Wharton retrieved January 15, 2007, from knowledge.wharton.upenn.edu/article.cfm?articleid=364.

118 Julie Schlosser, "Harder than Harvard," *Fortune,* retrieved March 17, 2006 from money.cnn.com/2006/03/15/magazines/fortune/infosys_fortune_032006/.

119 "Infosys Builds a Realistic Dream," *Business Standard,* retrieved February 24, 2013 from www.business-standard.com/article/Technology/Infosys-builds-a-realistic-dream-105061501011_1.html.

120 "Infosys Technologies *Optimas Award* Winner for Global Outlook," *Workforce,* retrieved February 24, 2013 from www.workforce.com/apps/pbcs.dll/article?AID=/20070323/NEWS02/303239963&template=printarticle.

第 16 章

全 球 营 销

市场有惯例，社会有传统。

——越南谚语

本章目标

通过本章学习，应能：

1. 把握各种国际市场营销策略/政策及其适用情形。
2. 讨论在决定针对不同国家实施标准化或差异化营销计划时进行产品调整的利弊。
3. 领会在国外市场进行销售时定价的复杂性。
4. 清楚国家之间的差异，以便对促销活动进行必要的调整。
5. 了解企业在国际市场上可能采用的各种品牌策略。
6. 识别国际分销的有效做法与复杂之处。
7. 理解营销组合的侧重点因国而异的原因与方法。
8. 预测国际市场细分可能的演变形式。

案例 16-1

汤米·希尔费格

因为有了这个汤米，才有了那个汤米。

——《营房歌谣》，鲁德亚德·吉卜林
（Rudyard Kipling），《汤米》

马克·吐温曾说："最好的衣服是人的皮肤，然而，社会要求却比这一层更多[1]。"在竞争高度激烈的服装行业，作为国际知名品牌之一的汤米·希尔费格（Tommy Hilfiger）以其非凡的成功证明了企业必须通过积极开发来响应这些需求。2011 年，希尔费格在全球90 个国家和地区实现了 56 亿美元的零售收入。当然，希尔费格还增加了新的产品线，但这里要集中讨论的是

希尔费格这一服装品牌。在研究汤米·希尔费格的国际营销做法之前，先来了解一下汤米·希尔费格这家企业的介绍及其历史。

1. 发展简史

希尔费格品牌的早期成功大多源于两个人：美国设计师汤米·希尔费格和印度纺织大亨穆罕·梅真尼（Mohan Murjani）。当时，希尔费格为约达西（Jordache）设计了蓝色牛仔裤，但梅真尼在 1984 年找到希尔费格并请他担任梅真尼国际的设计师。作为掀起 20世纪 70 年代蓝色牛仔裤设计热潮的促进者之一，梅真

尼想要开发一个新的服装品牌，提供比拉夫·劳伦（Ralph Lauren）所供服装稍微朴实的、更便宜的衣服，以期吸引大量的年轻顾客。

希尔费格品牌很快就迎来了销售上的成功。然而，梅真尼国际遭遇了财务问题，而且很难把关注点从销售给同一个百货商店的各种品牌中分离出来。1988 年，希尔费格、梅真尼以及另外两位投资者买下了梅真尼国际的全部股份，并将公司名称改成了汤米·希尔费格。2009 年，服饰制造商菲力士泛优逊（Phillips – Van Heusen）（如今的 PVH）收购了这家企业。

希尔费格开始只有男装产品线，后来才渐渐有了女装和童装。汤米·希尔费格在美国之外的销售现在占其全球销售的一半以上。虽然欧洲占据了希尔费格国际销售的最大部分，但希尔费格在亚洲、南美洲以及中东地区都开设了商店。

2. 推广与品牌化

希尔费格的推广与品牌化活动一直联系非常紧密，以至于很难将它们分开。一开始，梅真尼就看到了两个最基本的需求要素：说服商店去库存一个新的品牌，以及使消费者相信他们需要这个品牌。虽然第一年（1985 年）的广告预算只有 140 万美元（对于在大众消费品市场销售这样一个不知名的品牌来说，这笔预算的确少得可怜），但希尔费格对广告目的进行了严格定位，那就是使汤米·希尔费格的名字家喻户晓。梅真尼在大型杂志和报纸上安排了两页的广告，并在纽约的时代广场放置广告牌，却没有展示任何的衣服或者模型。广告上包括希尔费格的脸、衣服的标志以及描述希尔费格与知名设计师拉夫·劳伦（Ralph Lauren）、派瑞·艾力斯（Perry Ellis）以及卡尔文·克莱恩（Calvin Klein）齐名的话。

这些别出心裁的广告获得了多家报纸媒体的热捧，这无疑为希尔费格的品牌做了免费的宣传。甚至连约翰尼·卡森（Johnny Carson）都在他广受欢迎的晚间电视秀节目中调侃希尔费格。在很短的时间内，对纽约的调查发现，人们认为希尔费格是美国著名的四大或五大设计师之一。那些喜欢该品牌标志的消费大众都抢着去购买这个牌子的衣服，同时，许多年轻的职业经理人也愿意在新潮的"休闲星期五"工作日穿上这种高档休闲服。

早期，希尔费格就获得了全球许多报纸和杂志专栏的宣传，而且会提到或展示穿着高品牌衣服的名人，包括比尔·克林顿（Bill Clinton）、威尔士亲王（Prince of Wales）、迈克尔·杰克逊（Michael Jackson）、艾尔顿·约翰（Elton John）以及史努比狗狗（Snoop Dogg）。这使大众产生了希尔费格品牌的服装很有声望的印象。这样，企业在扩张到国外之前就树立起了相当好的企业形象。

希尔费格也一直请名人来做广告，包括雪儿·克罗（Sheryl Crow）、朱厄尔（Jewel）、碧昂丝（Beyonce）以及夫妻艺人组合大卫·鲍伊（David Bowie）和超级模特伊曼（Iman）。电影女星蕾妮·齐薇格（Renée Zellweger）、克劳蒂娅·捷里尼（Claudia Gerini）以及法国第一夫人卡拉·布鲁尼（Carla Bruni）都帮助这家企业销售限量版的包包来支持国际乳房健康事业（Breast Health International）。宝莱坞（Bollywood）影星沙·茹克·罕（Shah Rukh Khan）也促进了其在印度的销售。这家企业甚至还用到"已故名人"（Delebs），如格蕾丝·凯丽（Grace Kelly）和詹姆斯·迪恩（James Dean）。为了帮助宣传其儿童服装，迪士尼的艺术家画出了布鲁托（Pluto）和其他迪士尼人物穿着希尔费格服装的画。然而，除了名人之外，希尔费格发现，在美国使用的能够成功销售很多商品的模特类型并不适合欧洲市场。例如，在欧洲，男性内衣的模特，包括那些现场展示的模特，相比那些在美国的模特，必须更瘦且肌肉不能太发达。不过，希尔费格通过在照片后面增加裸露性感的女性来凸显这些较瘦的男模。希尔费格也发现，德国消费者的平均年龄要高于美国消费者，于是它放弃了"汤米牛仔"这个名字，因为它听起来更像是青少年产品。

广告已经变成希尔费格成功的基石，主要是依靠包括刊登的以及室内外放置的多媒体的促销活动。希尔费格开始越来越多地依靠数字媒体和社交媒体的推广。2013 年，希尔费格推出了自己的第一部网络视频短片。

3. 产品与虽然

即使早期品牌名称的推广对希尔费格的成功有一定作用，但仅仅依靠标志和品牌形象是不够的。从一开始，希尔费格的服装就是以休闲、高质量以及在颜色和式样上的独特性著称，因此，人们可以区分它和其他竞争对手的服装（在商品上有明显的少许红色、白色和蓝色的标志）。然而，这是一个产品线必须与时俱进的产业。坚持"时尚品牌必须自我改造，就像麦当娜的服装那样"，希尔费格从校园风转向都市化，后来又转了回来。

希尔费格作为一个美国品牌的形象，最初在国外收到了一些消极的反馈。虽然一些美国的服装在国外被很好地接受（如牛仔裤），但是许多产品还是在欧洲遇到了问题。欧洲消费者倾向于把法国和意大利作为优质的时尚中心，这个观念是很多其他国家的服装品牌很难跨越的。然而，希尔费格一直主打美国精神，同时，其品牌和价格比那些纯粹的奢侈品低一个档次的感觉成功地帮助它在欧洲的销售中找到了一席之地。

此外，希尔费格还遇到了一些不同的国家偏好。举个例子，德国是其最大的欧洲市场，德国男人不会介意为衬衣比在美国的最高价格多付50美元，但他们要求衬衫是高质量棉料的。为了适应欧洲人的品位，希尔费格开始生产羊毛毛衣，同时加以调整，以适应欧洲人对显得苗条的牛仔裤和较小衬衣标志的偏好，并且形成了一条包括更多奢侈品的生产线，如为意大利市场生产皮夹克和羊绒毛衣。

为了做出这些改变并使产品外表适应欧洲消费者的需求，希尔费格在阿姆斯特丹成立了一个设计小组，这个小组包括了来自30个不同国家的设计人员。欧洲的成功促成了美国和欧洲产品供应的协调：在美国生产更高档的产品，同时更多地依靠欧洲的设计团队。

虽然希尔费格的产品线很容易辨认，但企业还是做出了一些调整来适应不同国家的消费者偏好：为意大利制作颜色更明亮的衣服；为日本制作花格和彩格图案的衣服；为智利设计更光鲜时髦的衣服。

4. 分销

在美国，希尔费格的销售传统上主要依靠批发给大约1800家百货商厦，其中许多都包含独立运营的希尔费格服装部。希尔费格远离那些被认为是低端的连锁店，如杰西潘尼（JCPenney）和西尔斯百货（Sears），即使希尔费格也的确销售过时的囤货给折扣店 T. J. Maxx 和马歇尔百货（Marshalls）。然而，在2007年，希尔费格给予梅西百货（Macy's）专卖权去销售它的运动衫。虽然梅西百货有大约800家零售店，但这个举动要求希尔费格从像迪拉（Dillard's）的百货公司撤走销货。

分销可能是希尔费格进入欧洲时遇到的最大不同。因为希尔费格是通过进入美国的百货商场而在美国大获成功的，所以，当希尔费格进入欧洲时也把此作为重点，进入了像法国的老佛爷百货公司（Galeries Lafayette）、西班牙的英国宫百货（El Corte Inglés）这样的大型连锁店。希尔费格的 CEO 曾称美国市场是集中化的（给各个百货商场供应商品），而欧洲市场是碎片化的（给有选择的小商店供应小数量的商品）。在欧洲经营的成本大约是在美国经营的3倍，就是因为欧洲市场零售与批发系统的碎片化特点。现在，希尔费格在欧洲有大约5000家批发商户——远远多于在美国的批发商。在这个基础上，希尔费格在欧洲最终消费层面的毛利比美国本土高出50%～100%。这样，希尔费格的商品在欧洲的价格要更高。

希尔费格通过许可经营协议也进入了绝大多数的亚洲国家；然而，随着中国和日本销量的大幅增长，希尔费格在这些市场转而采取自有所有权的经营。

近年来，希尔费格开始在市场上最好的地段建立大型旗舰店，如在纽约城、巴黎和东京。这些商店不仅销售产品，同时还展示希尔费格旗下不同的产品。国外商店的装潢强调美国形象，同时也强调美国与东道国的联系。在巴黎的商店，就装饰有封面为埃菲尔铁塔的美国杂志的海报。通过坐落在有威望的地区，希尔费格有着生产高端产品的光环，然而，希尔费格的目标是成为一个相比奢侈品而言低价格、高利润的品牌。

俗话说，人靠衣装。希尔费格在制作并且销售服装的同时，成功地使消费者相信其产品会帮助提升自己的定位。

思考题

1. 本章解释了国际营销的五个导向，请问哪一个导向最适合汤米·希尔费格？并阐述原因。

2. 本章解释了营销组合的五个要素（产品、定价、促销、品牌化以及分销）。在其中的哪些要素方面，汤米·希尔费格一直采取全球标准化的经营做法？为什么这样做是可行并值得的？

16.1 引言

正如案例16-1所指出的，市场营销原理适用于国内外市场。按照营销原理，企业不论在哪里经营，都必须有让人满意的产品与服务，都必须告诉人们产品与服务的信息，而且要制定客户可接受的价格，并在客户偏好的合适地点销售商品。然而，国家差异可能造成企业在国外采用不同的方式应用这些原理，如提供符合当地人偏好的差异化产品，就像希尔费格做的那样，给德国人提供高质量的棉质衬衫。希尔费格的经验也强调了企业必须在当地响应的利益与标准化的效益之间找到合适的平衡点。

无论企业在国外采用什么样的营销方法，这些方法都应该与企业的总目标和策略相适应。当然，这并不是说企业在每个国家或对每个产品必须实施相同的策略。有些因素，如成本领先战略或差异化战略，可能在一些市场比在其他市场更为重要。如果企业选择在全球各地遵循相同的策略，那么可能出现这样的情况，例如在一个国家实施的是大众化市场策略，而在另一个国家实施的是执行集中化策略。最后，相对于当地响应的全球标准化程度可能会在营销组合要素间有所差异，例如在尽可能维持产品标准化的同时在不同国家采用差异化的促销手段。

图 16-1 展示了市场营销在国际商务中的地位。这里主要讨论各种营销策略在国际商务中的应用，还将考察营销组合的各个要素，包括产品、定价、促销、品牌化与分销，而且要解释在国际运作中应用这些策略要素时需要考虑的因素。最后要讨论的是，营销组合要素的侧重点必须适应每个国家的具体情况。

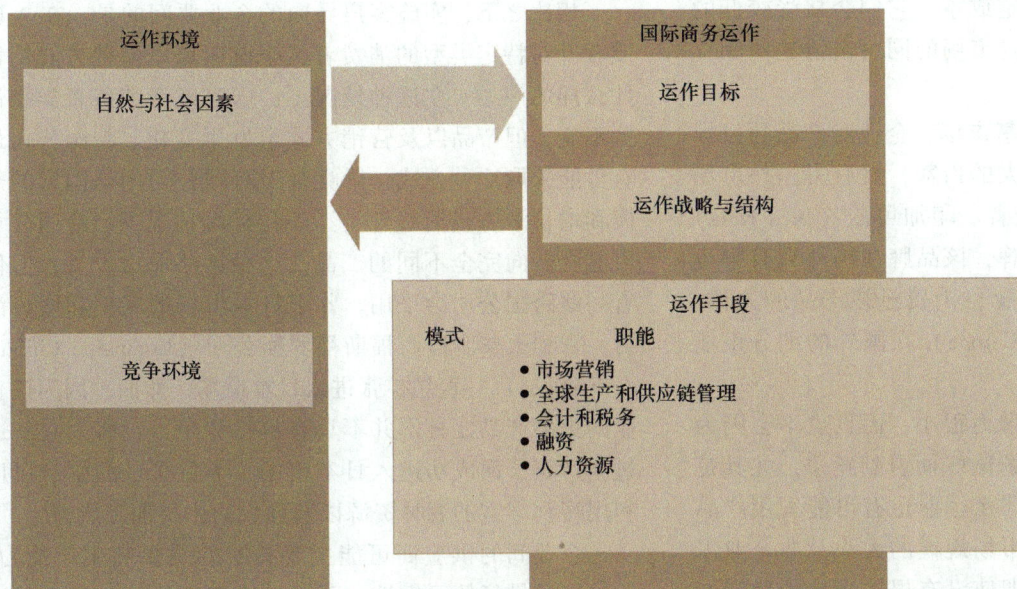

图 16-1 作为实施国际化战略手段的市场营销

第 14 章中的图 14-1 介绍了企业借以实现国际经营目标和策略的各种运作模式和手段。这里的运作手段就包括职能，而这里要重点介绍的是职能中最为重要的营销职能。

16.2 营销策略

这里首先讨论那些常常代表企业营销策略的营销导向在世界范围的应用情况。需要牢记的是，这些策略或导向并不是完全相互排斥的。随后将考察市场细分和定位，以及它们与营销导向和营销组合要素的关系。这里的讨论以产品策略为主，毕竟产品策略是企业营销策略的核心，而营销组合的其他策略起支持性作用[2]。

16.2.1 营销导向

应用于全球各地的营销导向常常有五个，分别是产品导向、销售导向、客户导向、战略营销导向和社会营销导向。下面逐一进行讨论。

1. 产品导向

企业可能会专注于产品，或是有效率或是高质量，而几乎不在意营销。管理者并不是去深度分析消费者的需求，而是认为消费者需求的只是较低的价格或较高的质量。虽然产品导向这种方法已经严重落后于时代了，但在某些情况下，仍然被应用于国际经营：

1) 大众商品销售（Commodity Sales），尤其是那些不存在差异化可能性或必要性的商品。

2) 被动出口（Passive Exports），特别是那些为了解决国内市场过剩的出口产品。

3) 类似于国内目标细分市场的国外细分市场或利基市场（Foreign-market Segments or Niches）。

（1）**大众商品销售**。企业按市场价格销售许多无差异的原材料和农产品，毕竟对这些产品的需求具有普遍性。然而，即使是大宗商品，许多企业有时也会通过营造有利的消费感知来获得更好的国际销售业绩，如金吉达（Chiquita）香蕉。

此外，石油生产商，如委内瑞拉国家石油公司（PDVSA）、俄罗斯卢克石油公司（LUKoil）和沙特阿拉伯阿美石油公司（Aramco），通过购买国外汽油分销经营品牌来帮助销售其本来就无差异的产品。大宗产品生产商同时也会致力于通过提供创新融资以及确保及时高质产品的供应，来开展企业之间的营销活动。

（2）被动出口。许多企业是通过履行国外主动提出的订单而被动开展出口业务的。这样，这些企业很少会根据外国消费者的偏好来调整产品，有时甚至根本不做任何调整。很多企业的确满足于这种方式，毕竟这些企业只是简单地把国外销售看作是处置在国内市场上无法按合理价格销售出去的过剩库存商品的渠道。事实上，如果国内销售收入能抵补固定成本，它们会接受较低的出口价格，从而在不影响国内市场的同时出清这些库存商品。

（3）**国外细分市场或利基市场**。企业对产品的目标可能是在国内市场上占有较大的份额，然后去国外市场发掘愿意购买此产品的消费者。印加可乐（Inca Kola）是一个主攻软饮料的秘鲁品牌，该品牌在国外只有很小的细分市场，主要是那些在秘鲁消费过该产品的人群。相反，墨西哥皇冠牌啤酒（Corona）在国外的细分市场则很大，已经成为大众市场。

如果销售所在国的市场潜力很小，而且也不会因为其他企业更好地响应当地市场偏好而遇到竞争，尤其是在规模很小的发展中国家，那么企业也有可能采用产品导向的营销策略。事实上，市场规模的大小并非企业需要调整产品的理由。例如，即使没有根据当地的插座情况来调整插头，当地的购买者也会调整插座。

2. 销售导向

就国际销售而言，销售导向意味着企业会设法将在国内销售的产品在国外进行销售，其假设理由就是消费者消费的全球相似性。希尔费格采用这种方法，成功地将其童装系列产品推向许多国家[3]。与此类似，除了大宗商品以外，许多产品也不需要进行国际调整，如剃须刀刀片、飞机、猫粮以及照相机。然而，对于其他产品，企业可能需要遵循销售导向策略才能获得成功，应该把产品销售到文化相似而且已经获得大量产品信息的国家，如在美国和加拿大之间进行的销售[4]。

销售导向不同于产品导向，毕竟销售导向强调主动促进销售而不是进行被动销售。然而，许多证据表明，国外营销的失败大多是由于管理者的认识与国外消费者可接受的现实不一致[5]，或是因为管理者相信可以通过大量的销售努力来克服国外消费者的消极态度。为了帮助缓解这些不一致的情况，企业可能会组建产品开发团队，而且要求团队成员来自不同国家以便分享各国的信息，从而创造出一开始就适合全球客户的解决方案[6]。此外，强化国外子公司与总部之间的信息交换也有助于开发产品，在实现足够标准化的同时能满足不同国家消费者的需求[7]。

3. 客户导向

在实施销售导向的企业中，管理层在进行经营决策时通常会问这样的问题：企业是否应该出口一些商品？在哪里可以销售更多的商品？换言之，企业的产品保持不变，但销售地点会不断变化。

相比之下，实施客户导向的企业要问的是：在 A 国或者针对特定类型的消费者，企业应该以何种方式销售什么样的产品？在这种情况下，国家或者消费者类型保持不变，但产品以及营销方式会发生变化。跨国公司最有可能采取这种方式，毕竟吸引跨国公司的是国家的规模和增长潜力或消费者类型。在极端情况下，跨国公司可能会转向完全不同的产品。这种策略非常少见，但仍有一些跨国公司会采用。鉴于日本市场的规模和增长潜力，智利火柴制造商福斯福罗斯公司（Compania Chilena de Fosforos）一直想扩张进入日本市场。然而，因为该企业的火柴产品在日本并不具有价格竞争力，所以它就通过生产筷子而成功进入日本市场，毕竟筷子的生产可以利用智利丰富的森林资源以及强大的木材加工能力[8]。

企业间的供应商可能主要关心的是提高生产能力、价格以及供货的可靠性，而不是决定在国外市场卖什么产品。相反，这些供应商要根据其他企业的采购代理所提供的产品规格来安排生产。例如，中国香港的裕元工业（Yue Yuen Industrial）是世界上最大的品牌鞋制造商，它会根据企业提供的产品规格来生产运动鞋，如耐克（Nike）、纽巴伦（New Balance）和阿迪达斯（Adidas）。

4. 战略营销导向

绝大多数企业致力于持续的而不是零散的国外销售。这些企业采用的策略往往结合考虑了产品导向、销售导向以及客户导向的策略。那些没有根据国外客户需求进行调整的企业可能会失去很多的销量，尤其当咄咄逼人的竞争对手愿意去适应这些需求时。同时，企业必须考虑其竞争能力，以免自己的经营严重偏离自身优势。因此，这些企业会采取产品多样化策略。以高档丝绸产品闻名的爱马仕（Hermès）在印度市场销售限量版丝绸纱丽，单价高达每条 6000 美元[9]。因此，爱马仕利用其高端服装设计领域的竞争力来生产并满足印度市场独特的产品需求。

5. 社会营销导向

对于实施社会营销导向策略的企业，它们密切关注的是在国外进行产品销售或生产时，可能出现的环境、健康、社会以及与工作有关的潜在问题。例如，乐购（Tesco）正在打造"绿色"商店，而且对其产品采用碳标签[10]。诸如消费者协会、政治党派、工会、非政府组织等团体的全球意识正在不断增强，而且其话语分量也越来越重。如果某种产品被认为违反了它们的社会责任理念，那么它们就会号召市场抵制对这种产品的消费。

如今，企业不仅应当更多地考虑产品是如何被购买的，而且要了解产品是如何被生产和处置的，同时要研究如何通过调整而使产品更符合社会的期望。正是这些思考促使可口可乐针对博茨瓦纳开发了富含维生素的饮料，在一些国家销售用包装箱装的补液盐，并在巴西和阿根廷内使用可回收的玻璃容器[11]。案例 16-2 讨论的就是一家以社会责任为竞争优势的合资企业。

16.2.2 细分市场和目标市场

事实上，几乎没有企业能说服全体消费者来消费其产品。因此，企业应当根据前面讨论的营销导向策略找出其产品与服务的细分市场，然后确定以哪一个细分市场为目标，并制定出实现目标的策略。进行市场细分的最常见手段就是运用人口统计要素，如收入、年龄、性别、种族、宗教或它们的某种组合（如由年龄在 20～30 岁、平均年薪在 30000～40000 美元的女性消费者组成的细分市场）。当然，企业可能会通过增加心理分析（如态度、价值观、生活风格等）来深化市场的细分。国际营销中基本的市场细分手段有三种[12]。

1. 按国家进行细分

出于对人口规模以及购买力的考虑，某企业目前决定只进入日本市场。那么，该企业必须决定：是集中于一个市场还是多个市场？是否应该对所有的市场采用相同的营销组合？是否应该针对各个市场调整其产品？是否应该根据各个市场的情况来实施不同的促销和分销策略？然而，即使这些方法在日本可能取得成功，但依然忽略了日本市场与其他国家细分市场之间可能的相似性，从而导致企业失去了通过向跨国界的细分市场提供标准化服务来取得规模经济效益的机会。

2. 按全球客户群体进行细分

跨国公司有可能在全球范围内找到其细分市场，如那些主要根据跨国界的人口统计因素或文化属性而确定的市场[13]。例如，红牛（Red Bull）的目标市场就是全球

具有运动理念的青少年与成年人市场[14]。法拉利（Ferrari）的目标市场是那些希望独家拥有需求大于供给的产品高净值客户[15]。因此，每个国家都可能有消费者属于同一个细分市场，但各国的细分市场规模大小不一。虽然这里涉及标准化的规模经济问题，但企业可能仍然需要考虑按国家进入的优先顺序，甚至需要延迟进入某些国家的较大市场，同时需要面对在进入目标细分市场较小的其他国家时出现巨额进入成本。

3. 按复合标准进行细分

跨国公司可以通过以下方法来结合考虑这些选择：把各国看作细分市场、在每个国家内确定细分市场并将这些细分市场与其他国家进行比较。之后，企业就可以通过找出相似性来确定最具前景的跨国细分市场，并通过标准化来提高效率。当然，企业仍然需要调整营销组合的其他要素——产品供应、促销、品牌化与分销——以契合各国市场的需求。

事实上，企业可能会将这些营销职能中一个或多个要素维持不变，同时对其他要素进行调整。例如，香奈儿（Chanel）的化妆品以跨国细分市场为目标市场，采用面向全球的品牌化、促销、定价以及分销策略，但其产品会根据当地的民族和气候标准进行调整[16]。

4. 大众市场与利基市场

同时，绝大多数的企业通过提供多种产品以及产品的差异化来吸引不同细分市场。因此，企业必须决定出口哪种产品，而且要决定是面向大众市场还是面向利基市场。例如，通用汽车的销售面向美国绝大多数的收入阶层，车型包括从雪佛兰索尼克（Chevrolet Sonic）到凯迪拉克凯雷德（Cadillac Escalade）的各个价位；但当通用汽车进入中国时，面向的仅仅是那些高收入的消费群体，先是推出别克，后来推出的是凯迪拉克。

因为各国消费群众在各个细分市场中所占的比例不同，所以一个国家的利基市场在另一个国家可能就是大众市场。跨国公司很乐意接受大众市场与利基市场的组合。不过，如果跨国公司希望吸引所有的大众市场，那么就必须改变营销项目中的要素。总部在美国的南方贝尔（Bell South）通过销售小额电话卡成功占据委内瑞拉较大的市场——它在销售 10 美元和 20 美元面值的电话卡之外又增加了 4 美元面值的电话卡[17]。

16.3 产品政策

虽然成本因素是企业尽可能将其营销组合的各个要

素进行全球标准化的有力理由，但其中的产品标准化通常是企业获得最大程度成本节约的关键[18]。尽管如此，产品调整也是十分普遍的做法。下面主要讨论企业针对国外市场开展产品调整的原因、调整的成本、产品线的延伸与组合以及产品生命周期因素。

16.3.1　企业进行产品调整的原因

企业会出于法律、文化以及经济方面的考虑而对产品进行调整，以适应不同国家顾客的需要。下面对这些原因逐一进行分析。

1. 法律因素

通常意味着保护消费者的明确的法律要求，是促使企业调整产品以适应海外市场的最明显的原因。如果产品不合法，那么该产品就不能销售。药物和食品尤其受到纯度、检验和标签等相关规定的限制，而汽车必须符合各种安全性、污染和节油等标准。

如果各国之间的标准（如安全性）存在差异，那么跨国公司要么遵循每个国家的最低标准，要么在各国制造和销售符合全球最高标准的产品。管理者必须考虑遵循某些国家较低标准可能产生的成本以及不良影响。例如，有分析人士就批评指出，有企业在国外——尤其是在发展中国家——销售不符合其他地方安全或质量标准的玩具、汽车、避孕套以及药物等产品。

（1）标签要求（Labeling Requirements）。对企业来说，产品调整中较为麻烦的事情就是针对标签的有关法律，如原产地、成分以及警告等法律。在众多有关食品标签的要求中，就要求列出生物工程方面的内容，并指出产品是否是有机的，以及是否采取了公平贸易等。各国对香烟盒上的警告有不同的要求（有些国家要求印上令人恐惧的图片），如澳大利亚要求所有企业采用单一的深棕色烟盒，并对它们的品牌名称使用标准字体[19]。

（2）环境保护规定（Environmental-Protection Regulations）。另一与法律相关的问题就是环境保护。例如，丹麦曾经对铝罐实施过禁令，但目前采取的是收取可退款押金的形式。有些国家限制打包材料的使用数量以节约资源和减少垃圾。各国对容器是否应该采用可再利用材料以及企业是否应该采用可回收、可焚烧或可堆肥的材料有不同的规定。

（3）间接的法律原因（Indirect Legal Considerations）。间接的法律要求也会影响产品的内容或需求。在一些国家，企业不能轻易进口某些原材料和组件，从而迫使企业必须利用当地的替代物来完成生产，从而导致最终产品出现实质性的变化。例如，对重型汽车征收高额税率的法律规定导致企业转向销售轻型汽车，从而间接地改变了对轮胎规格以及汽油等级的需求。

（4）标准化问题（Issues of Standardization）。企业面临的一个常见问题就是必须达到国际产品标准，而同时要消除各国对产品调整的浪费性要求。虽然各国政府已经就某些产品（如手机的技术标准以及识别产品的条形码）达成了协议，但其他产品（如铁道轨距、供电等）还是存在各国间的差异。全球标准的达成往往来自企业有计划地追随行业领先厂商，如生产刀片以适应吉列剃须刀的要求。

事实上，标准化通常会面临来自消费者和经济的双重阻碍，例如，美国就不愿意采用国际公制。从经济上讲，完全转为采用国际公制的成本远大于直接培训消费者与给产品加标签的花费。另外，包装容器要重新设计，产品生产工具要进行更换，如此才能做到尺寸规格的完全一致。（美式足球的第一次进攻难道要从 9.144m 处发起吗？）即便是对于新产品或那些仍然处于开发阶段的产品，企业与国家的想法也很难达成一致，毕竟企业想要保护自己已经做出的投资。因此，国际化标准也只能逐步采用。

◆ 观点交锋

本国政府是否应该管制其跨国公司在发展中国家的营销？

➡ 正方观点：

应该管制。跨国公司在发展中国家对其产品进行广告促销和销售，而这些产品在其本国是被禁止销售的。如果企业是因为产品的危险性或者出于道德因素考虑而决定不在本国销售这些产品，那么企业也有道德责任去阻止在国外进行销售。这种说法有点治外法权的味道，但的确需要我们认真面对，毕竟发展中国家有太多的消费者因缺乏教育以及可靠的信息而无法对产品做出明智的判断，而且他们国家的政治领导者可能根本不顾他们的利益。因此，我们必须确保他们把钱花在真正的所需上，而不是花在跨国公司通过高明的促销活动所创造的需求上。如果发达国家不加管制以保护发展中国家的消费者，那么谁来管制呢？

企业也会出口一些不符合本国质量标准或存在潜在危险的产品。以 DDT 为例，该产品对环境的危害很大，所有发达国家都禁止使用，但几年之后又被允许生产并出口。再以电池的回收为例，发达国家几乎已经禁止这种业务，主要是因为严格的防止铅中毒的污染治理要求，而铅中毒通常要经逐年缓慢的吸收和累积才会体现出来。因此，企业目前就将电池出口到那些污染法规薄弱或执行不力的发展中国家[20]。

随着世界卫生组织（WHO）估计烟草是导致世界上可预防死亡的首要因素，我们也尝试通过警告标志和广告、限制向未成年人销售以及在公共场所禁止吸烟等来限制烟草的使用。虽然发达国家的烟草使用量在不断减少，但发展中国家的使用量却在迅速增加，尤其是在非洲地区，而且烟草公司还加大了在当地的促销力度[21]。

此外，也有这样的产品案例，这些产品适合发达国家的大多数消费者，但并不适合较为贫困国家的消费者。最有名的案例涉及婴儿配方奶粉的销售。在发展中国家，当用奶粉喂养替代母乳喂养时，婴儿的死亡率出现了持续增长。由于低收入以及受教育水平低下，母亲们经常过度稀释配方奶粉，而且在不卫生的条件下喂养婴儿。同时，当地政府也没有阻止这些产品的销售。这种情况一经全球披露，世界卫生组织就迅速通过了限制在此类地区进行配方奶粉促销（而非销售）的自律准则。评论家对雀巢的批评最为厉害，不仅是因为雀巢在发展中国家的婴儿配方奶粉市场上占据最大的份额，也是因为带有雀巢的产品名称更容易遭到抵制。雀巢随后停止了可能阻止母乳喂养的广告，限制在医院免费供应的婴儿配方奶粉，并禁止向给健康机构人员赠送私人礼物[22]。

跨国公司也不关心发展中国家消费者的需求。相反，它们重点生产的是那些出得起钱的富裕消费者所需要的产品，而这些产品对于低收入消费者来说完全属于奢侈之物。然而，跨国公司在那里拼命向低收入消费者促销这些产品。结果，穷人就一直在购买这些产品，而实际上他们应该把钱花在有营养的、有利于健康的产品上。这方面的一个例子就是如雀巢、达能、可口可乐、百事可乐等企业销售的塑料瓶装的水。这样的水和自来水其实没有什么区别，但装瓶后按高价销售，而这些需要上千年才能降解的瓶子则被随意乱扔。

最后，跨国公司几乎不生产适合发展中国家需求的产品。事实上，在全球健康研究预算投资中，花在绝大多数全球性疾病上的支出几乎没有，因为这些疾病大多与发达国家无关[23]。这些投资不是用在那些危及生命的疾病上，如疟疾、南美锥虫病和昏睡症，而是花在与生活方式有关的治疗上，如阳痿和秃顶的治疗。美国食品药物监督管理局（FDA）的确在 2008 年制订了激励性计划，即快速批准潜在"畅销药"，以便激励医药企业去研究先前被忽略的疾病。然而，对于快速批准能否产生足够的激励，人们仍有所怀疑[24]。当然，我们会发现，管制措施的确可以迫使企业去满足发展中国家的真正需求，而不是专注于销售危险的以及并非实际需要的产品。

◀ 反方观点：

不应该管制。我们认为，问题的答案在于教育，而不是通过管制跨国公司来限制人们的选择。事实上，有许多事例表面，通过解释事实真相，许多消费者和政府的行为就会发生转变。例如，巴基斯坦采取多种措施来限制烟草的使用[25]。

对方关于国内禁止的产品不应该在国外出售的观点，其假设前提就是本国政府充分了解国外情况。事实上，这反映的是伦理差异而不是带来的生理危害问题。例如，有些国家出于道德理由而禁止销售事后避孕药 RU-286，但若在其他具有不同道德观的国家禁止销售，那么就有文化霸权主义之嫌。

富裕国家与贫穷国家的情况有时差异很大以至于需要有不同的管制规定。以 DDT 出口为例。发展中国家清楚 DDT 对环境的长期的不利影响，但短期内这些国家需要面对的是疟疾危机。经说服，南非同意禁用 DDT 并转向使用另一种农药。不过，四年间新的疟疾病例数增加了 2 倍；而重新喷洒 DDT 后，疟疾病例数转为下降[26]。在有更好的疟疾治疗方案之前，禁用 DDT 显然弊大于利。当然，如果政府发现某个产品很危险，那么它应当将信息告知其他政府；在 DDT 以及有毒材料出口方面，这一点早已实施。

当然，烟草企业确实在发展中国家进行大力宣传。但请记住，其宣传的部分产品是无烟烟草产品，不仅安全性要高于香烟，而且能帮助吸烟者戒烟[27]。不过，即使其他国家的政府限制其企业进行烟草销售或推销，其公民仍然会去购买。许多发展中国家都有本土烟草企业，有些甚至是国有企业，如中国烟草总公司。

婴儿配方奶粉这种情况就充分说明了这一问题的复杂性。其他因素同样也会影响奶粉喂养数量的增加，特别是随着在职母亲数量的不断增加以及家庭自制产品的逐渐减少。所有这一切使得母亲更倾向于喂给婴儿"自制奶粉"，但令人遗憾的是，这些奶粉常常严重不卫生。在宣传婴儿配方奶粉时，可能只是简单地劝说母亲们放弃自制奶粉，转而采用最有营养的母乳喂养。此外，那些好心的反对使用婴儿配方奶粉的团体成功地使得母乳喂养替代了奶粉喂养。然而，HIV 病毒是通过母乳传播的，而这种疾病一直困扰着南部非洲地区[28]。这一切充分表明，试图对那些有利于人类的事情进行立法限制是没有意义的。

在保护人类的道路上我们还能走多远呢？肥胖被认为是发达国家面临的不断严重的健康问题，而这正在通过教育来获得解决；显然，我们可以用同样的方法来解决发展中国家的问题。我无法想象对糖、脂肪和碳水化合物实施广泛的定量配给或禁止。当然，如软饮料以及瓶装水之类的产品显然有些奢侈了，毕竟那里有许多人存在营养不良或健康糟糕的问题。虽然缺少卫生干净的饮用水确实是全球面临的最大健康问题之一，但销售软饮料和瓶装水也只能在短时期内有所帮助。长期来看，可口可乐正在努力通过分发小型净化器来减轻缺水的压力[29]。此外，这里也没有明确的办法来弄清楚究竟谁能负担得起而谁又负担不起这些所谓的奢侈产品。

企业确实会通过调整其产品来适应贫穷百姓的需要，从减少昂贵的包装盒到提供低价的产品。那些被批评不去解决低收入人群健康需求的医药企业，正在努力寻找影响全人类健康的疾病的解决方案，如癌症和糖尿病。事实上，这些企业已经觉察到并期望，处方药在新兴市场将有巨大的成长空间[30]。然而，如果这些企业想要生存下去，那么必须要有收益来补偿所发生的费用，所以它们专注于可以获得收入的药物。政府的研究中心以及非营利基金会是解决发展中国家所面临健康问题的更好选择。一些研究中心和基金会正在通过与医药企业的联合来寻找到解决方案，而美国国立卫生研究院（National Institutes of Health，NIH）则一直在组织一个项目，试图治愈 6800 种疑难疾病中的一些，而这些工作急需要足够的收入来弥补全部研究费用[31]。

2. 文化因素

宗教差异明显会限制产品在全球范围内的标准化，如食品特许经营企业被禁止在伊斯兰国家销售猪肉产品。然而，文化差异对产品需求的影响通常很难被辨识。丰田最初在美国销售皮卡车做得很失败，直到它对车的内部进行了重新设计，使其有足够的空间以便驾驶员戴牛仔帽。在发现很难改变中国消费者喜欢雇用他人来做装修而不是自己动手进行装修的偏好后，家得宝（Home Depot）退出了中国市场[32]。那些国际食品生产商总是通过大量调整食品原料（尤其是脂肪、盐和糖）来适应当地消费者的口味和需求，如凯洛格（Kellogg）的麦夫条（All-Bran Bar）在墨西哥的用盐量是在美国的 3 倍以上。

3. 经济因素

（1）收入水平和分销（Income Level and Distribution）。如果一国普通消费者的收入较低，那么这些消费者几乎都不会去购买跨国公司在国内销售的产品。不过，企业可以向那些具有足够收入的消费者进行销售，也可以为那些低收入的消费者设计更便宜的替代品。在秘鲁，联合利华（Unilever）向较为富裕的消费者销售喷雾罐装的除臭剂，对低收入的消费者则销售小包装的除臭剂包。通常，消费者会小批量购买一些常用的私人物品，其原因既在于收入低，也在于大批量购买带来的运输和保存方面的困难。在另一个秘鲁的例子中，金佰利克拉克（Kimberley Clarke）销售盒装的哈吉斯纸尿裤（一次性尿布），同时也销售单片包装的纸尿裤[33]。帝亚吉欧饮料公司和南非米勒啤酒公司（SABMiller）在一些非洲国家使用当地的材料（如山药）进行酿造，同时以原料改变创造了农业岗位为由来说服政府部门免除消费税，这样啤酒的价格就得以降低[34]。如果按不同的经济水平进行销售，那么企业可能要使用不同的品牌名称来区分其产品。例如，宝洁在中国就同时拥有金霸王（Duracell）和南孚（Nanfu）两个电池品牌[35]。

（2）基础设施（Infrastructure）。基础设施落后也可能要求企业调整其产品，例如，企业的产品需要经得起在崎岖不平道路上运输的颠簸和停电的影响。惠尔普在印度偏远地区销售的洗衣机配有专门的防鼠装置以保护软管，有些部件的硬度极大以确保在坑坑洼洼道路上运输时能完好无损，甚至采用特别加固的电线以适应电压的时高时低[36]。虽然拥有出色的基础设施，但日本还有人口密度大、地价超高的特点。一些大型号的外国汽车不是因为车身太宽而无法进入把汽车送到高层停车场的电梯，就是因为街道太狭窄而无法拐弯。

16.3.2　产品调整的成本

企业通常可以通过产品标准化来削减生产成本和库

存成本。此外，正如前面刚讨论的，针对不同国家进行产品调整的理由可能也会非常充分。有些调整会比其他调整成本低得多，如包装标签调整显然比设计不同型号的汽车在成本上要低得多。另外，有些企业在促进销售方面会比其他企业更为努力，所以企业需要对潜在的成本节约与每一产品调整所产生的销售额进行评估[37]。然而，如果企业进行调整的目的是要向与本国具有不同特征的国外目标市场传递特定产品的感知，那么即使是包装的调整，也需要进行成本高昂的市场调查。例如，有证据表明，包装在一定程度上会影响消费者的购买决定，但为影响消费者购买意愿所需的产品形象又可能因目标市场的不同而不同[38]。

通过在调整某些组成要素的同时最大限度地标准化产品，跨国公司可以在一致性和多样性之间取得平衡。惠尔普做到了这一点，它的方法就是所有冰箱采用相同的基础部件，同时针对不同国家调整冰箱的某些特征，如冰箱的门和隔板[39]。

16.3.3 生产线的延伸与组合

当企业向国外推销其全系列产品时，企业各个产品所占的市场份额往往与它们在本国国内所占的市场份额有所不同。例如，轮胎制造商可能会在各地销售其各种规格的轮胎，但每种规格轮胎的市场份额取决于市场上的汽车型号。此外，文化因素也会起重要作用。例如，耐克的绝大多数专业运动鞋在中国的销路都很好，但跑步鞋的销路并不好，原因可能是跑步项目在学校不太受欢迎，只被当作嬉戏追逐而已[40]。

在很多其他情况下，当跨国公司的所有产品在向各个市场渗透时，很难保证各个产品所获得的收入能抵补其进入市场的成本。即使能抵补，企业也可能只会提供部分产品线，原因可能就是以此作为进入策略，也可能是因为缺乏经营宽泛产品线所需要的空间以及库存成本太过高昂。例如，沃尔玛在加拿大的门店所提供的产品种类只有其美国门店的20%[41]。

1. 销售收入与成本因素

在进行生产线决策时，管理者必须考虑拥有大系列产品或小系列产品可能对销量和成本产生的影响。有时，企业必须生产并销售多种产品以获得大型零售商的分销。进一步而言，如果针对国外单个客户的销售量很小，那么单位销售成本就会变得很高，毕竟单位销售成本与固定的分销成本相关。此时，企业就必须通过引入大系列产品或集聚若干制造商的销售量来拓宽所经营的产品线。

2. 产品生命周期因素

各国产品生命周期的形状或长度可能不同。因此，当某个产品在某个国家的销售额出现下降时，在另一国的销售额可能处于不断增长的阶段。例如，汽车在西欧、美国和日本属于成熟期产品，在韩国属于后成长期产品，在印度则属于前成长期产品。在成熟期，为鼓励消费者替换仍可行驶的旧车，汽车企业必须从生活方式、速度、附件等方面来强调汽车的特征。在初期成长阶段，汽车企业需要吸引的是那些关注成本的首次购买者，所以企业应当强调产品的耗油量和价格因素[42]。此外，企业也必须考虑来自其他产品的竞争。百思买集团（Best Buy）关闭了在中国的经营业务，主要原因就在于中国消费者不再购买百思买专业生产的电子产品，如录音机和大屏幕平板电视，转而去购买大家电，如洗衣机、冰箱等[43]。

16.4 定价策略

在营销组合中，产品价格应该足以低到能获得销量，同时也要足以高到能确保所实现的资金流可以抵补研发、生产和分销的费用。企业的竞争策略，如成本领先策略和产品差异化战略，也会影响企业的产品定价决定。合适的价格不仅要能确保短期利润，而且要能为企业实现长期竞争力提供必要的资源。

由于受下面介绍的多种因素的影响，国际定价相比国内定价更加复杂、困难。

下面介绍国际定价中的潜在障碍。

1. 政府干预

每个国家都有影响商品价格的法律，如价格管制。设立最低价格的目的通常是防止企业通过排斥其他竞争对手来获得垄断地位，或者只是为了维持某个行业的经营。设立最高价格的目的通常是使那些贫穷的消费者也能买到产品和服务。

按照反倾销条例，WTO允许成员对低于成本价的任何进口进行限制。那么，企业为什么愿意以低于成本的价格进行销售呢？首先，企业可能想吸引消费者去尝试其产品，如通过提供低价格甚至免费的产品。其次，企业可能要对市场进行测试。雀巢就是这么做的，以低于成本的价格从加拿大出口瘦身特餐到英国，然后按照在英国生产假定下企业的要价进行临时性销售。与所获信息的价值以及雀巢最终获得的收益相比，这点损失非常有限。不过，反倾销条例可能会阻止这些企业利用以临时低于成本价销售的优势。

2. 市场的多样性

即使企业可以细分国内市场并对各个细分市场采用不同的价格，但国家之间的差异会形成更多天然的细分市场。例如，海产品企业几乎不会在美国以任何价格销售海胆或金枪鱼的眼球，但可能会出口给日本，毕竟日本消费者视这些东西为美味佳肴。

定价策略（Pricing Tactics）。在有些地方，企业可能面临许多竞争对手，因此，在定价方面几乎没有什么决定权。但在别处，企业可能处于接近完全垄断的地位，从而可以通过以下策略来实施其极大的定价决定权：

（1）**撇脂定价策略**（**Skimming Strategy**），即针对那些愿意购买的消费者，企业把新产品的价格定得很高，然后逐步降低价格以卖给其他消费者。

（2）**市场渗透定价策略**（**Penetration Strategy**），即以极低的价格推出一款产品以吸引最大数量消费者的购买。

（3）**成本加成定价策略**（**Cost-plus Strategy**），即按成本加期望的利润率进行定价。

原产地（Country-of-origin）方面的成见也会限制定价的可能性。例如，一些发展中国家的出口商必须常常

通过低价来参与竞争，原因就在于消费者对其产品质量持有负面印象。但这样做的危险就是较低的价格可能会进一步削弱产品的形象。

信用消费的多样性同样会影响产品的销售，尤其会影响冲动购买（Impulse Buying）[44]。信用消费会增加成本，而且也会因负债而让人产生不安全感。此外，信用消费也可能让消费者出于节约而放弃购买。总的说来，某些国家（如日本）的消费者相比其他国家（如美国）的消费者更不愿意欠债。在日本，企业很难通过提供信贷来增加销售。

3. 出口价格升级

如果分销渠道采用标准加价，那么渠道延长或渠道系统中某个方面费用的增加就会进一步提高产品到达消费者时的价格，即出现所谓的出口价格升级（Export Price Escalation）。如果产品的利润率为 50%，生产成本为 1 美元，那么到达消费者的价格就是 1.5 美元。然而，如果渠道系统中存在费用，如额外的运输费，那么成本就会变为 1.2 美元；如果按照 50% 的利润率，那么价格就会变成 1.8 美元，而不是所预期的 1.7 美元。

图 16-2 描述了出口销售中的价格升级情况。导致价格升级的原因有两个：

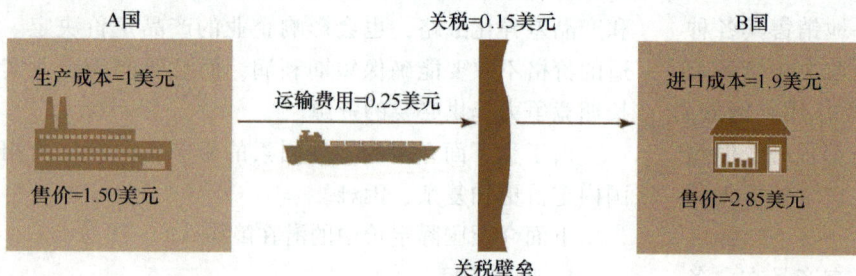

A国
生产成本=1美元
运输费用=0.25美元
关税=0.15美元
售价=1.50美元
关税壁垒
B国
进口成本=1.9美元
售价=2.85美元

某产品从 A 国出口并进口到 B 国以供当地消费者购买，假设生产商、出口商和进口商、分销商的利润率都是 50%。如果加上运输费用和关税，那么该产品在 B 国会比在 A 国贵得多，甚至会因太贵而失去竞争力。

图 16-2 成本加成定价会推升价格的原因

（1）分销渠道通常包括其他中间商，毕竟出口商需要与那些熟知国外市场销售的组织建立合同关系。

（2）关税和运输费用也可能导致成本增加，而这些成本会转嫁给消费者。

价格升级有两层含义。如果企业采用成本加成定价法——而许多企业事实上就是这样定价的——那么本来值得出口的产品在国外市场就会没有竞争力。为了提高出口方面的竞争力，企业可能要以较低的价格将产品出售给中间商，以减少价格升级的幅度。

4. 货币价值的波动

对于习惯使用（相对）稳定货币开展经营的企业而言，如果采用高度波动的货币来定价，那么企业可能会遇到麻烦。管理者对产品的定价必须确保企业有足够的

资金来补充库存，而且仍然能够盈利。否则，企业只能在破产清算时赚得"账面利润"，即企业在未对储存的货物按通货膨胀率进行调整的情况下所实现的账面盈利。

因通货膨胀而产生的另外两个定价问题是：

（1）企业的外币收入所能兑换到的本币会少于预期。

（2）必须经常性地调整价格以补偿持续增长的成本。

对于第一种情况，企业有时（取决于竞争因素和政府的规定）可以在销售合同中规定采用某种强势货币为计价货币。例如，美国企业在对委内瑞拉企业的销售中，可能会规定对方必须用美元来支付，或者按该美元在支付当天等价的玻利瓦尔进行支付。

对于第二种情况，频繁提价会影响企业通过信函或目录进行报价的能力，甚至会影响那些企业本来愿意分销的产品。例如，对于自动售货机的销售，频繁提价常常难以实施，毕竟需要重新校准机器设备，同时要提供与新价格相对应的硬币或代币。另一种方案就是改变产品的质量，但没有企业愿意这么做；当然也可以调整产品的规格，而这也是可口可乐在铝价上升期间在中国香港所做的，即调整软饮料罐的大小规格[45]。

对于任何在国外有潜在竞争力的产品，货币价值的变动同样影响其定价决策。例如，当美元强势时，企业可以更便宜地在美国市场上销售非美国产的商品，毕竟在以美元计价时，这些产品的单价下降了。此时，美国制造商不得不接受更低的利润率，才能使自己的产品变得有竞争力。然而，当美元疲软时，国外的制造商就不得不降低盈利率了。

如果企业在多个国家销售相似产品，那么各国的价格差异不能大幅超过将产品从低定价国家运输到高定价国家的成本，否则就会产生套利情况。例如，冰淇淋厂商可以在各国之间实施差异很大的定价，毕竟运输成本相比产品价格较高，导致大规模跨国运送冰淇淋并不现实。然而，如果运输成本与价格相比非常低，那么当各国之间的价格差异较大时，消费者就有可能在国外购买并进口。

灰色市场（**Gray Market**）也称**产品转移市场**（**Product Diversion**），就是通过非正规的经销商来销售和经营产品。这种未经许可的销售会逐步削弱分销系统的长期活力，导致同一企业在不同国家的经营业务相互竞争，使得企业无法按照各国市场的实际承受能力来对产品定价。假设由于市场环境不同，某个企业的产品在亚洲销售价格比在美国要低。如果某个未经许可的经销商在亚洲购买此产品，并以更低的价格在美国出售，那么美国的销售商要么损失销量，要么不能再按市场所能承受的价格销售。按照某咨询机构的估计，美国企业每年因灰色市场造成的损失达 630 亿美元[46]。传统上，出版商在不同国家出售课本的价格有很大不同，但根据美国一家最高法院的裁决，在国外购买低价课本然后在美国出售的行为是合法的。本质上，在各个国家保持价格不同变得极其困难，毕竟消费者可以通过如互联网之类的渠道获得更多的全球信息，以及由于如贸易壁垒的降低和出国旅游的增加等因素，消费者能够更方便地在国外购买商品。

5. 固定定价与可变定价

跨国公司经常会就出口价格与进口商谈判。小企业，尤其是发展中国家的小企业，常常太容易在价格方面做出让步，从而限制了它们就影响其成本的一系列营销因素进行谈判的能力。这些营销因素包括：数量折扣或再订货折扣；可能会增加生产成本或运输成本的截止期限；赊销与付款条件；服务；促销材料的提供；销售人员或客户的培训。

表 16-1 给出了出口商（或其他营销商）进行更为有效的价格谈判的方法。

表 16-1　进出口价格的谈判

出口商出口产品的目的是在国外市场销售其产品，而产品定价是影响产品销售能否盈利的一个关键因素。跨国公司以及其他有经验的出口商都知道有效的价格谈判，包括自己以及进口伙伴的，必须考虑影响定价决策的所有因素。

谈判的目标是要在讨论一篮子其他承诺的同时来推迟做出定价方面的承诺。

进口商对报价的反应	出口商的响应
1. 你方报价太贵	询问对方"太贵"为何意
	弄清楚对方的可接受价格以及原因
	给出合适理由作为回答
	在清楚对方的真实意图之前不要降低价格
	弄清楚对方的反对是因为我方出价太高还是出于其他原因
	不妨问自己：如果我方报价太高，那么为什么还来与我方谈判
2. 我方没有这方面的预算。	弄清楚对方的预算规模以及时间范围
	如果是包含若干子预算的总预算，那么不妨分析一下我方的报价是否在该总预算的范围内
	提出延期付款的时间安排
	确认订购，但交付要推迟至新的预算确定后
	将订单分成更小的单位或迷你订单以满足当前预算有限的情况
3. 这不是我们需要的	询问对方需要的是什么并要求提供具体细节
	如有疑问就继续询问，直到明白对方的真正需求
	根据所获得的新信息，更新整个报价
4. 你方报价缺乏竞争力	询问对方"缺乏竞争力"为何意
	查清楚竞争对手的报价是否与我方相当
	找出其他方报价的缺陷并强调我方的优势
	重新阐述我方的报价，但要避免与竞争对手的报价进行直接比较，应该强调我方产品或服务的独特优势

资料来源：Business Negotiations：Making the First Offer by Claude Cellich ©International Trade Centre, International Trade Forum, Issue 2/2000.

不管文化如何，有些人总会去避免价格谈判，即使他们清楚谈判会给他们带来经济利益，而其中的原因可能就是怕丢面子[47]。这种情况的确会发生，因为他们担心自己被认为太好强或太缺钱。当然，也有其他解释，如他们不想浪费时间以及希望发展长期合作关系，毕竟讨价还价会影响双方的关系。不管理由如何，消费者在谈判价格方面的差异很大，涉及是否进行价格谈判、在哪里进行价格谈判以及对什么产品进行价格谈判等问题。在美国，消费者通常会就汽车、不动产以及大单的工业用品进行价格谈判，但不会为了杂货店的商品而砍价。不过，有些汽车经销商只以固定价格销售。不过，小件商品购买中的砍价情况在持续增长，毕竟随着网络的发展，消费者可以很方便地找到分销商，而且很容易获得想要的价格。与之相反，发展中国家的消费者会对所有的商品进行砍价，不管是小件商品还是大件商品。不过，这种现象在传统市场比在零售市场更为常见[48]。

6. 供应商关系

具有影响力的主导企业可以迫使供应商提供较低的价格，从而能比其他竞争对手拥有成本优势。不过，这些主导企业在国外市场会失去这种影响力，毕竟在国外市场没有主宰能力。例如，沃尔玛、玛莎百货和家乐福在各自的国内市场（分别为美国、英国和法国）都有这种影响力，但在进入他国市场时就很难获得这种成本优势。

互联网的出现促使更多企业加入到同一行业的竞争中，尤其是那些销售基本上无差异的原料的行业。这样，许多工业产品采购商通过互联网采购并要求大幅度降价。然而，卖方可以通过价格谈判以及将互联网与面对面互动结合使用来改变其境遇[49]。

16.5 促销策略

促销（Promotion）就是通过展示信息来帮助销售企业的产品或服务。信息的种类和指向以及展示的方法可谓种类繁多，而具体情况取决于企业、企业的产品以及经营所在国。

16.5.1 推动策略与拉引策略

促销策略有**推动策略**（**Push Strategy**）与**拉引策略**（**Pull Strategy**）之分。推动策略采用的是直接销售技巧，而拉引策略依靠的是大众媒体。绝大多数企业会采用两者的组合。对于每个国家的每个产品，企业必须决

定其总的促销预算以及推动策略与拉引策略的组合。

那么，哪些因素会影响推动策略与拉引策略的组合呢？在决策各国实施怎样的推动策略与拉引策略的组合时，不妨考虑以下几个因素：①分销体系的类型；②在向目标市场进行促销时，媒体的可获得性及其成本；③潜在消费者对信息资源的态度；④产品价格相比于收入的情况。

一般情况下，如果企业对产品分销体系的控制越强，那么该企业就越有可能对分销商强调推动策略，毕竟企业需要更大力度地让分销商来经营其产品。毫无疑问，绝大多数分销商经营的品牌很有限，毕竟规模较小并且高度分散，所以企业必须集中精力使产品能被分销商所接受。

此外，销售人员与顾客之间的交流多少也会影响到企业对推动策略与拉引策略组合的选择。在自助服务的情形下，几乎没有售货员为消费者提供产品建议，所以企业有必要在大众媒体或在商场打广告，即采取拉引策略。

最后，产品的口碑也会对消费者产生影响，尤其是对那些不确定性回避意识很高的消费者[50]。因此，企业需要采用合适的方法来说服现有的客户，让他们清楚自己购买的产品质量高且价格公道，如通过提供售后支持服务。社会媒体平台如今也变得越来越重要，不仅可以传递各自对产品和服务的体验，而且用户可以相互交流，如评价自己最近入住酒店的情况、分享各自的经历等。

16.5.2 国际促销中的问题

鉴于各国之间环境的差异性，产品促销方面的问题不尽相同却也着实很麻烦。例如，中国超过 50% 的人口在农村，而且大部分很贫穷。他们很多接触不到传统媒体，当然也不会接触到广告了。因此，如联想、惠普等个人计算机制造商就通过提供各种各样的展览和电影来展示其产品。同时，它们还在农村的集市上展示其产品，毕竟消费者每月都会去几次[51]。在尼日利亚的农村，科威特的移动通信企业发现其广告牌总是被偷走并用于施工建筑，这样一来其直销商就面临很大的威胁。于是，这家企业转向小商铺店主，如裁缝店、零售商等，并成功地建立了迷你型特许经营系统[52]。

在很多国家，政府规定往往成为促销的更大障碍。例如，在斯堪的纳维亚地区，电视里禁止播放针对孩子的商业广告。在中国，广告不能打断电视剧，因此这些广告便集中在节目之间，而企业声称这会降低广告的效

果。其他一些国家可能对企业的广告语进行法律约束。例如，美国和新西兰允许医药企业直接对消费者做处方药的广告，但欧洲各国以及澳大利亚并非如此。因此，在前者（美国与新西兰），医药企业会在电视广告中描述生理症状，如勃起功能障碍，并告诉观众可以向他们的私人医生询问关于特定品牌的药品，如万艾可（Viagra）和西力士（Cialis）。然而，辉瑞制药（Pfizer）和礼来制药（Eli Lilly）的欧洲广告只是简单地告诉电视观众去咨询他们的私人医生关于勃起功能障碍，但是完全不提它们的品牌[53]。

最后，如果产品的价格相对于消费者收入很高，那么消费者在做出购买决策之前往往需要更多时间和信息。在这种情况下，信息传递的最好方式就是人员推销，毕竟这能促进双向交流。因此，在发展中国家，由于收入水平较低，跨国公司在促销时通常会对更多的产品采用推动策略。

那么，采用标准化的促销策略有什么利与弊呢？

如果企业在各国采用相同的广告促销活动，那么就可以实现成本的节约。此外，广告的标准化既可以提高地方层面广告的质量（毕竟当地的广告公司可能缺乏专业知识），也可以避免那些国际流动的消费者被不同的企业或产品形象所迷惑，还可以加快产品进入各个国家的速度。

不过，全球标准化广告活动一般是指各个市场开展相似的广告活动，而不是指一模一样的广告活动。以红牛（Red Bull）的广告运作为例，红牛在不同国家就专注于不同的运动项目[54]。标准化通常也指采用相同的广告代理。借助这样的方式，如 IBM、高露洁、塔姆布兰茨（Tambrands）等跨国公司就可以把一个市场的好创意迅速引用到其他市场，而且完全不用担心这种简单复制其他市场创意的行为会带来法律和道德麻烦。如宝洁等其他企业则倾向于请多家广告企业以促使它们永远处于竞争状态，并通过利用其他广告企业的点子来弥补采用单个广告企业的不足。

最后，广告中的标准化问题也会在其他方面——如翻译、合法性以及信息需求——引起一些问题。

1. 翻译

如果媒体的影响面波及多国受众，那么广告通常无法翻译，毕竟观众所见的是相同的信息。这里有一个额外的问题，那就是产品在广告实施之地可能并没有货源。

如果企业计划在不同语种的国家销售产品，那么翻译就是必要的环节，除非广告主是为了传达出某种外来

的氛围。商业翻译中最大的难题在于配音，毕竟音带的配音很难与嘴型变化相协调。为了避免这个问题，企业可以制作那种演员不说话的商业广告，再在后期用适当的语言进行配音或加上字幕。

另一种广告配音就是把产品插到书籍、电影和电台节目中，尤其当它们在国际得到广泛传播时。此外，产品可能不是在每个地方都能买到的。因此，现在的技术可以把产品在给定市场中转移走并进行替换。当《蜘蛛侠2》（Spider-Man 2）在美国上映时，吉百利的胡椒博士（Dr. Pepper）标志就出现在电影中的一个冰箱上；但在欧洲上映时，出现的则是百事可乐的美年达（Mirinda）标志[55]。

表面上看，信息的翻译似乎很简单。然而，有些信息，尤其是双关的文字，可以说无法翻译，即使是在使用同一种语言的两个国家之间。有时，在一个地方可以采用的直译或某个词语，在另一个地方可能就会含有无礼、误导乃至无谓之意。就苹果公司的广告而言，在描述非同寻常时，其美国版广告采用了"doozy"一词，而英国版广告采用的是"humdinger"。如果一国使用不止一种语言时，那么就会产生如何选择语言的问题。例如，企业在海地做广告时，对大部分人要使用克里奥尔语，但对上层社会需要使用法语。

2. 合法性

在一国合法的广告到了其他地方可能会非法。这样的差异主要起因于不同国家对消费者权益保护、竞争保护、公民权利促进、道德与行为标准以及民族主义持有不同的观点。例如，许多产品在一些国家被视为低级趣味，所以严禁对这些产品进行广告促销[56]。

在消费者权益保护方面，各国对欺诈的衡量以及针对儿童的广告都有不同的规定。例如，英国和美国允许企业与竞争对手的品牌进行直接比较，但菲律宾禁止这么做。只有极少数国家对广告中的性别歧视进行管制。在其他地方，政府会限制那些可能提示不正当行为或违法行为的广告（如宣传的汽车速度超过了限速）以及展示那些衣着暴露的女性的广告[57]。

3. 信息需求

广告的主题可能并不适合每个国家，毕竟每个国家在消费者的产品意识与感知、购买的决策者、最看重的卖点等方面具有差异性。过去，就意大利人的收入水平而言，他们所拥有的洗碗机数量显然偏低，而原因在于意大利的家庭主妇们觉得购买这样一种以便利为目的的洗碗机会降低清洁度。对此，一些洗碗机制造商就联合

打广告并声称，洗碗机洗碗更干净，毕竟洗碗机使用的是较热的水[58]。鉴于经济水平的差异，家得宝在美国的促销主要就是吸引业余爱好者，让他们到店里来购买商品；但在墨西哥，家得宝主要推广的是节约成本的"自己动手做"（DIY）理念[59]。

消费者对广告传递信息的反应也有很大不同。李奥贝纳广告公司（Leo Burnett Worldwide）制作了一个公众服务广告来推广乳腺检查，该广告展示了一位富有魅力的女性穿着低胸裙被众人羡慕的场景，伴随而来的话外音是"要是女人能像男人那样关注她的乳房该有多好啊！"日本观众认为，这是以幽默的方式来让大家关注乳腺癌；然而，法国观众则认为，这是无礼的行为，毕竟应当严肃地对待癌症[60]。随着电视传播面的扩大以及各国观众的不断增多，广告主必须找到某种共同的主题和信息，以便吸引世界各地所有看到广告的潜在消费者。

16.6 品牌化策略

品牌（Brand）是产品和服务的标志。一个合法注册的品牌就是一个商标。品牌使产品和服务可以立即得到识别，同时还可以减少推广成本。从消费者的立场来说，品牌传递着一种企业是否愿意履行其承诺的感知。然而，如果一国文化具有强烈的不确定性回避特征，那么品牌就显得特别重要[61]。

品牌的重要性可以通过比较两家企业进行说明。本章案例 16-1 中的汤米·希尔费格在消费者还不熟悉企业的产品时，就聚集了一批希尔费格品牌的追随者。相比之下，中国电器制造商海尔在美国的销售就遇到了麻烦，毕竟当时其品牌在美国并不知名[62]。

需要牢记的是，即使企业在全球市场上采用相同的品牌，但针对不同的市场，仍然可能采用不同的品牌形象。例如，相比集体主义文化，个人主义文化在创造创新形象上具有更大的优势；然而，相比个人主义文化，集体主义文化下的社会责任形象在品牌承诺方面的作用显然更大一些[63]。

鉴于过去这些年企业在品牌形象打造方面投入了很多，根据《营销周刊》（*Marketing Week*）的估计，全球有 79 个国际品牌的价值在 2012 年超过了 100 亿美元，而美国在前 100 个品牌中占了 39 个[64]。

● 全球品牌与本土品牌

除了每个生产者必须做出相同的品牌决策之外，国际经营企业还必须决定是采用全球品牌，还是在不同国家采用不同品牌。本节重点讨论国际环境影响对品牌决策的影响。

1. 采用全球品牌的优势

有些企业，如苹果公司，选择其绝大多数的产品在全球各个市场上采用相同的品牌名称和标志。全球品牌有助于企业打造国际形象，尤其是打造那些国际旅游客户中的品牌。此外，有证据表明，采用全球品牌也有助于企业的全球经营者定位。在美国，消费者（尤其是少数民族消费者）更看重国际性企业的产品[65]。如雀巢等其他企业则将所有的产品置于同一个群体或家族品牌（Family of Brands）之下，如采用"雀巢冰爽茶"和"雀巢咖啡"来共享"雀巢"这个名字的积极形象。

2. 采用全球品牌的某些问题

然而，在全球各个市场上采用统一品牌时，难免产生许多固有的问题。

（1）语言问题。语言问题在于同一品牌名称在不同的语言中可能会有不同的含义。通用汽车在将别克君越（Buick LaCrosse）销售到加拿大市场时，就将名称改为别克诱惑（Buick Allure），而原因就是它发现原来的名称在加拿大魁北克省的俚语中有手淫之意[66]。可口可乐力求在一切可能的市场上都使用全球统一的品牌，但发现其"健怡可乐"（Diet Coke）中的"diet"在德国和意大利意指疾病。因此，该品牌可口可乐在美国本土以外市场上的英文名称现已改为"Coca-Cola Light"。

发音也会引发一些其他问题，毕竟他国语言中可能会缺少品牌名称中的某几个音，或者赋予品牌不同的含义。马塞尔·比克（Marcel Bich）在命名"比克"（Bic）笔的品牌时，将其名字中的"h"去掉了，因为他担心消费者会弄错英文的发音。微软将其搜索引擎的中文名称改成了"必应"（Biying）而不再是"病"（Bing），这样听起来有"搜索必有结果"之意。宜家家居（IKEA）使用了斯堪的纳维亚语来命名其产品。在泰国销售时，该公司雇用了一批泰国的演说家来修改其目录的发音，从而避免该产品名在泰国因发音而被曲解[67]。不同的字母表同样也会带来麻烦。例如，消费者判断一个商标名称的标准常常是其发音是否吸引人；那些被翻译成中文的产品还必须具有视觉吸引力，毕竟汉字属于象形文字。跨国公司在翻译名称时的确需要多加注意，不仅要确保所译名称的读音与普通话或粤语大致一样，而且要使产品名称具有深层含义。可口可乐（Coca-Cola）的中文发音是"Ke-kou-ke-le"，中文含义就是"好喝"和"有趣";汰渍（Tide）的中文发音为"Tai-zi"，中文含义就是"让污渍消失"[68]。各企业会寻找有幸运含义的中文名称，如名称里有吉祥字眼并用红色而不是蓝色显示。同样，数字8也经常出现在产品价格中[69]。

（2）品牌收购。很多国际扩张都是通过收购那些拥有品牌产品的外国企业来达成的，如莎莉集团（Sara Lee）收购了巴西的许多咖啡烘焙机生产商。虽然这使得莎莉集团成为巴西咖啡市场的领先企业，但其针对许多品牌的促销预算显然无法得到满足[70]。总体而言，本土品牌对国际品牌的比例在不断下降。不过，仍然有许多强大的本土品牌是无法被轻易取代的[71]。类似地，企业如果拥有本土品牌和国际品牌的组合并能吸引不同的细分市场，那么这样的企业有时就会拥有优势，就像啤酒企业百威英博（Anheuser–Busch InBev）那样[72]。

（3）原产地形象。企业早就注意到了产品原产地会影响消费者对产品质量的观念。不过，这种影响非常复杂，取决于多种因素，如产品类型、消费者的民族文化特征（如个人主义与集体主义）、消费者的个人性格差异（是否崇尚物质）、经济发展水平、原产地的相似度等[73]。此外，消费者还会对特定国家持有不同的情感[74]。除了复杂性之外，企业可能会因其原产地形象而变得完全不同。例如，因为许多日本人认为国外生产的服装比日本国内生产的要好，于是巴宝莉（Burberry）为其在英国本土生产以及在美国生产的品牌做了几个不同的标签（巴宝莉伦敦品牌）。不过要知道，原产地和品牌都有积极的形象和消极的形象，两者会相互影响。有证据表明，积极的品牌形象可以弥补消极的原产地形象[75]。

然而，形象也并非一成不变的。考虑到多年来形形色色的韩国企业在国外用私人品牌或与知名企业签订合同来销售产品。一些像三星这样的企业现在很注重自己的商品名以及韩国产品的质量。同时，以金星品牌（Gold Star）出名的韩国乐喜金星集团（Lucky Goldstar, LG）新近开发的一系列高端家电就起了一个听起来特别欧化的名字——LG特珑（Tromm）[76]。然而，也有证据表明，消费者对于大多数品牌的原产地都不太了解，而且他们经常将产品的原产地搞混[77]。随着产品部件原产地的日益增多，这种混淆变得更容易发生。

目前面临的一个全球性法律争端就是与产地有关的产品名称问题。欧盟对许多以地点命名的欧洲产品名称进行保护，如洛克福羊乳干酪（Roquefort）和戈尔根朱勒干酪（Gorgonzola）、帕尔玛火腿（Parma Ham）、基安蒂红葡萄酒（Chianti Wine）等。当然，这同样推动了对在国外使用的与红酒有关名称的保护，如Clos、Chatau、Tawny、Noble、Ruby和Vintage[78]。

（4）通用名称和近似通用名称。企业希望其产品名称能够家喻户晓，但也不希望出名到有竞争对手会用商标来描述它们那些类似的产品。在美国，施乐（Xerox）和舒洁（Kleenex）这两个商标，一个是复印机的商标，另一个是纸类产品的商标，虽然它们在英文意思上基本没有什么区别，但仍然为不同企业的专属私有商标名称。还有一些名称曾经是私有商标，如玻璃纸、油布和康沃尔火腿，但如今它们已变得**通用**（**Generic**），而且所有人都可以使用。

很多企业在经营中会面临各国之间的巨大差异，而这些差异既可能促进也可能会限制企业的销售。例如，阿司匹林（Aspirin）和瑞士军刀（Swiss Army Knives）在欧洲属于专属名称，但在美国属于通用名称，而这显然会损害欧洲这些产品向美国的出口，毕竟美国企业也可生产这些产品。

16.7 分销策略

企业需要精确估计市场潜力、结合市场需求提供产品或服务、制定合适的价格，并向潜在的消费者推广产品。然而，如果企业的产品或服务不能有效地到达客户面前，那么就很难实现销售目标。因此，企业必须把产品放在有购买需求的地方。**产品分销**（**Distribution**）就是连接产品生产和消费的渠道，包括自然渠道或法律实体。在国际营销中，管理者必须决定在各国之间以及各国国内销售该产品的地区之间采用怎样的分销方法。

我们早就讨论了企业向国外市场渗透的运作形式。第13章讨论了分销渠道：在各国之间转移商品和权益。这里不对这些分销内容进行回顾，而是着重讨论国际经营者必须了解的分销差异以及外国的营销环境。

16.7.1 关于是否标准化的决定

在营销组合中，跨国公司发现分销是最难进行国际标准化的要素，其中的原因有好几个。每家企业都有各自的分销系统，而跨国公司很难对该分销系统进行改造，毕竟分销系统与一国的文化、经济以及法律环境紧密联系。事实上，批发商和零售商在进入国外市场方面要落后于制造商和服务企业，而原因就在于很难打破这些分销系统。不过最近，许多零售商已经成功地进入了国际市场。

影响特定国家产品分销的因素包括：公民对拥有他们自己商店的态度、支付零售员工的薪水、限制商店规模和营业时间的法律、法律对连锁店以及个体拥有零售店的不同影响、雇主对员工的信任度、送货体系的效率、基础设施系统的质量以及持有大量存货的财务能力。这里可以用一些例子来说明这些方面的广泛差异。拿中国香港和美国相比，中国香港的超市出售更高比例的新鲜货物，商店的规模更小，出售给每位顾客的数量更少，而且超级市场相互之间的距离较近。这就意味着出售罐装、盒装以及速冻食品的企业在中国香港将会比在美国遭遇更少的需求，于是这些企业必须减少运输量，而且要为取得超市的货架空间进行更艰难的竞争。在其他地方，芬兰的人均商店拥有数很少，这是由于百货零售商在芬兰占据了主导地位；然而，意大利的分销结构很分散，有众多零售商和批发商。在荷兰，消费者合作社直接与制造商打交道。日本有现购和自运批发商，这样零售商就不需要提供融资和运输服务。邮购销售在德国是非常重要的，但在运输系统不可靠的发展中国家情况并非如此。

地理的重要性

是需求孕育了发明吗？

你可能听说过这句俗语："卖冰箱给爱斯基摩人是无比困难的。"对许多产品来说，如服装、运动器械、雪地轮胎、空调以及防晒霜等，气候是影响需求的重要因素，而且也是进行市场细分的变量。在南北半球，季节变化发生的时间恰好相反，从而使得企业可以在全年内更为均衡地开展销售。例如，企业在瑞士可以从 11 月到来年 3 月专注于滑雪板的销售，而在智利则为从 6 月到 9 月。南北半球的这种气候差异可能会导致企业对经营安排做出调整。那些以年轻观众为目标的电影有时会在南北半球相隔数个月上映，以便年轻观众可以在学校放假期间（通常为暑假）观看电影。

自然环境，如山丘、水渠以及沙漠，既可能成为影响分销的障碍，也可能为分销创造便利。例如，国家可以更轻松地在没有障碍物的平原地区建造基础设施。因此，如果其他条件相同，那么平原地区可能拥有更好的分销条件。

因为人口喜欢迁移到其民族群体中有人之前去了的地方，所以移民总是大量聚集在一起，并因此而形成了亚文化。了解这些群体的位置，能帮助识别以民族细分市场为目标的潜在市场[79]。

如果产品的生产地与市场相距很远，那么运输成本就会变高，毕竟运输成本总是与距离有关。这些增加了的成本要么转嫁给了消费者，要么为销售企业所吸收。此外，如果各个市场相距太近，那么要在这些市场维持不同的价格就显得比较困难，因为促销信息可能会传达到每个市场。相应地，消费者也会从更便宜的地方购买产品。事实上，加拿大和美国边境的接近促使加拿大的零售商店只好延长营业时间，生怕加拿大的消费者越过边境去美国购买产品。

虽然地理因素的确会影响市场对产品的需求，但如今可支配收入的增加以及高科技的发展都有助于克服许多地理约束。一些生活在热带气候的人也会购买冬天的衣服和滑雪板，毕竟他们也会去下雪的地方游玩。迪拜人甚至养成了享受室内滑雪的度假情结，就连爱斯基摩人对冰箱也有了需求。

那么，这些差异性会如何影响企业的营销活动呢？举个例子，企业可以通过杂货店来创造其在欧洲的大部分销售，但在如何使产品进入那些商店方面采取多样化的思路。在英国，本土的经销商拥有充足的覆盖面和货架空间，这样企业就可以专注于营销组合的其他几个方面。在法国，单个经销商在大超市中就有极大的覆盖面，但在小的零售商那里却没有，所以企业必须在不与一级分销商搞僵关系的前提下拓展与二级分销商的业务。在挪威，地区分销商占有主导地位，于是企业发现，要开展具有全国性影响的分销活动相当困难。在比利时，企业可能找不到满意的经销商，于是只能自己行使分销职责。

同时，企业的分销系统可以使企业的战略优势不容易被竞争对手所复制，如雅芳（Avon）通过独立代理和在亚马逊上厂家的在线直销战略。这些企业甚至会为国家的细微差别做出调整。例如，因为分销体系普及，所以雅芳在日本开展了卓越的邮购业务；因为存在逐户销售的管制，所以雅芳在中国开设的是美容专柜；因为菲律宾的基础设施效率低下，所以雅芳在菲律宾开设的是特许经营中心；因为许多消费者在购买化妆品时希望获得化妆服务，所以雅芳在阿根廷开设的是美容中心。

16.7.2　关于是否自主分销的决定

企业是自主经销还是与其他企业签约并由对方代为分销呢？第 14 章已经讨论了影响企业开展内部化或合作的因素，而这些因素同样适用于分销决策。不过，这里只对成本因素进行详细阐述。

1. 销售量与成本

当销售量很低时，企业通常需要依靠外部分销商来实现更多的经济效益；随着销售量的增加，企业可能会自己分销以获得更多的控制权。然而，对缺乏必要资源的小企业来说，这样的自主分销还是很有难度的。

然而，企业如果在开展国际经营之前就能在本土进行销售，那么就可以控制早期的分销成本。许多产品和市场都是通过这种模式逐渐发展起来的。例如，许多国外企业在进入中国市场时，都是先到北京、上海、广州等地，接着到省会城市，然后再到一些大城市，最后才到小城市。通常，地理障碍和糟糕的国内运输系统会将国家分成明显不同的市场。实际上，在国际大都市范围之外，通常没有财富和潜在商机可言。

2. 支持开展自主分销的因素

有利于内部自主分销的因素既包括高销售量，也包括以下因素：

（1）如果产品具有高价格、高科技或者需要复杂售后服务（如飞机）的特征，那么企业可能需要直接与买家打交道。同时，企业也可能会与国外的分销商合作，以便获得销售线索。

（2）如果企业与国际客户做生意，特别是企业对企业的业务（如汽车零部件制造商向不同国家的同一汽车制造商销售原始设备），那么企业就会直接面向国际客户进行销售。

（3）如果企业的主要竞争优势在于其分销方法，那么企业就会控制国外的分销体系。例如，雅芳就是通过独立代理进行直接推销。另外，食物特许经营商通常会经营一些自己的餐厅作为旗舰店。

16.7.3　分销合作关系

如果企业计划与国外分销商合作，那么它通常会在国外寻找大量的潜在企业进行比较。在寻找最合适分销商的同时，企业需要让对方放心来经销其产品。

1. 最合适分销商的资质

企业可以运用以下这些普遍标准（也适用于国内分销商的选择）来做出更好的选择。

（1）分销商的资金实力。这有助于企业决定是否有建立长期合作关系的可能以及是否有资金持有足够的存货。

（2）与客户的良好关系。如果必须直接向特定的买家进行销售，如政府采购部门，或者当所处的社会把关系和相互忠诚看得比产品和销售价格更为重要时，那么这种良好关系就尤其重要[80]。

（3）在其他业务方面的投入程度。这一点可能预示着分销商是否有时间来经营企业的产品，以及该分销商目前是否也在经销竞争性或互补性产品。

（4）现有的人力资源以及设施设备方面的状况。这些信息反映了分销商在处理产品、快速开始业务以及维持经营方面的能力。

（5）作为诚信经营者的可靠性。这一点有助于企业证明能否运用信任来提高经营效果[81]。

2. 向潜在分销商进行宣传

企业必须对分销商进行评估，而分销商也会选择该代理或重点代理哪家企业及其产品。批发商和零售商都只有有限的储存设备、展示空间、存货资金以及有限的运输工具和人员来销售商品，因此，分销商只愿意接受那些能带来最大潜在利润的产品。

很多时候，分销商会与制造商签订独家经销协议以阻止新竞争者的进入。这一情况在日本很普遍，很多制造商会与上千家分销商签订独家经销协议，以确保对方只销售其商品。

如果企业是新进入国外市场，并且希望在那里销售竞争对手早已在销售的产品，那么往往很难找到愿意代理其品牌的分销商。对于新产品而言，即使是知名企业，也很难找到分销商来代理新产品，虽然这些企业具有双重优势——既有知名度，也有盈利的现有产品线，但毕竟新产品的市场前景尚不得而知。对于希望利用现有分销渠道的管理者而言，他们必须仔细分析竞争环境，提出有效的经营激励手段（更高水平的利润率、售后服务、促销支持等），或者针对分销商的问题提供援助以取得它们的忠诚。但最后，除非分销商认为该企业值得信赖而且其产品有销售潜力，否则激励措施就会毫无用处。

16.7.4　分销中的挑战与机遇

虽然国际分销可谓挑战与机遇并存，但接下来着重讨论三点内容：售后服务的必要性；经常被忽视的成本方面的优势和劣势；网络销售的运用。

1. 售后服务的必要性

消费者当然不乐意购买未来需要替换件和售后服务的商品，除非他们确信这些替换件和售后服务可以轻松获得，而且价格公道。消费者的这种不情愿倾向在进口产品上更加明显，毕竟在消费者看来，进口产品的替换件会因距离以及报关因素而无法准时获得。对于十分成熟的产品，市场上存在大量的服务企业以备消费者的不时之需。然而，对于包含新技术的产品，特别是那些复杂且昂贵的产品，生产商必须提供完备的售后服务。因此，企业可能需要投资建立针对分销商的服务中心，让服务中心来担当生产商与消费者之间的中介。销售零部件以及提供售后服务所获得的利润有时可能会超过销售原始产品的收入。

售后服务问题对于发展中国家的技术导向型企业来说十分重要，特别是那些来自金砖国家的企业，毕竟这些企业一直在不断增长。不过，这些企业的海外销售面临着大量问题，原因就在于经营刚起步，规模较小，缺乏市场知名度，易遭受原产地负面因素的影响，并且通常被认定为科技发展落后[82]。

2. 隐性的分销成本和利润

对于计划在国外销售其产品的企业，为了评估销售潜力，必须估算其产品最终的消费者价格。通常，导致不同国家间分销成本差异的因素有五个方面：基础设施条件（Infrastructure Conditions）、分销系统的层级数量（the Number of Levels in the Distribution System）、零售的低效率（Retail Inefficiencies）、规模与营业时间方面的限制（Size and Operating-hour Restrictions）以及存货不足情况（Inventory Stock-outs）。

许多国家的道路与仓储设施条件比较糟糕，使得货物无法快速并低成本地送达消费者，而且很难做到途中损失的最小化。例如，尼日利亚的港口不通火车，道路建设非常落后，而且大大小小的城市之间的交通也很糟糕[83]。

有些国家还存在多层级的批发商，在产品到零售商手上之前，要经过多个层级之间的销售：全国性批发商销售给区域批发商，区域批发商再销售给地方批发商，依此类推。尽管变化很迅速，但比起法国和美国，日本仍有较多层级的分销商。鉴于每个中间商都会加价，所以产品的价格会不断上涨。

在一些国家，尤其是在发展中国家，较低的人工成本以及所有者对非家族成员的根本不信任，使得许多零售商服务客户的行为完全缺乏效率，如采用柜台而非自助服务、强制客户付完款才能取到商品等。一方面，员工增加自然导致零售成本的增加，而消费者待在商店里时间的增加意味着单位店面所服务顾客人数的减少；另一方面，因为零售商规模趋小而且高度分散，所以消费者购物所花的时间、成本以及精力都出现下降[84]。相反，一些国家（主要是经济发达国家）的大多数零售商都配备了专门设备，用于提高处理客户事务与报告的效率。这些设备包括电子扫描器和付款系统，而且都与存货控制记录和信用卡公司相连接。

法国、德国、日本还有一些其他国家都通过立法来保护小型零售商的权益，从而有效地控制了大型零售商的数量，并保证了销售的效率。大多数国家存在各种各样的制度，或是出于宗教目的而限制营业的天数或时间，或是为了保护员工的利益，以免他们加班太晚或者周末上班。但同时，这些限制使得零售商无法通过增加工作时间来补偿固定成本，于是这些成本通常就会被转嫁到消费者身上。

如果零售设施的空间越小，那么存放物品的空间也越有限。这样，批发商就要承担多次运送货物至多家零售店的成本，有时因为库存短缺，还要频繁去零售商那里解释。不过，零售商的成本可以通过劳动成本和运输成本的节省而得到补偿，而这种节省来自因送货员采用自行车运送少量货物而产生的人工成本的降低。此外，因为存货持有成本占销售的比例很低，所以零售商自己承担的成本也降低了[85]。

16.7.5 电子商务与互联网

对于当前及未来网络用户的数量和电子商务的销售规模，人们的估计数有很大差异。不过，所有的估计都表明，它们将出现大幅度的增长。此外，未来人们可以通过公共设施来上网，即使自己家里没有网络或住在偏远地区。通过电子商务，消费者可以快速、便捷地比对不同分销商所提供的价格，而这必将促使（产品）价格的下降。随着社交媒体使用的不断增加，消费者能够获得更好的信息以便比较产品的质量和分销商的可靠程度。有证据表明，在线购物者普遍有一些相同的特征：注重便捷，大量使用电子邮件和网络，并且对直复营销和广告促销抱有积极的态度[86]。

1. 机遇

电子商务使企业有机会将其产品销往全球各地。然而，电子商务并没有免除企业开发本章所讨论的营销工具的必要性。对于某些产品和服务来说，如预订飞机票和酒店房间，网络能在很大程度上取代传统的销售方式。但即便这样，企业也要适应各国的差异性，如提供不同语言的访问渠道[87]。确实有很多取得成功的电子商务案例，其中之一就是新西兰的活动板房企业三式国际集团（Tristyle International）。目前，该企业的海外业务占比达95%，而且有40%的业务是通过网络达成的[88]。

网络也能使供应商更快速地响应顾客的需要。中国香港和孟加拉国合作的利鸿发制衣厂（Lee Hung Fat Garment Factory）为国外服装企业生产服装，并通过互联网传输服装样品的图片给对方。对方可以对样品进行修改，并将新样式传送过来。这样，利鸿发制衣厂就可按照服装企业的要求来开展生产。

2. 问题

全球范围的网络销售并非没有问题。想要进军全球市场的企业可能需要用其他方式的促销和分销来配合网络销售，而这样做的成本可能很高。当然，为了扩大网络销售，企业需要说服人们来浏览网页。进一步讲，网络销售的任何变化都可能对现有的分销商产生影响，如果不成功，那么未来的销售就会更加困难[89]。

在网络上，跨国公司无法简单地针对经营所在国制订不同的营销方案。虽然针对不同国家的不同需要制定不同的价格能给企业带来更多的销售量和利润，但企业无法在网上针对全球客户实施不同的广告促销和制定不同的价格。如果跨国公司通过网络进行国际营销，那么需要尽快将销售的产品发送出去，而这需要跨国公司在国外拥有仓库和服务设备。

最后，跨国公司的互联网广告和定价必须遵从每个国家的销售法律法规。因为全球网络无所不及，所以这也可能成为问题。很明显的是，虽然互联网给各大企业进行国际销售创造了机会，但它同样给企业带来了很大的挑战。

16.8 营销组合的管理

虽然营销组合中的每个要素——产品、定价、促销、品牌以及分销——都很重要，但它们之间的相对重要性会随时间和空间的变化而变化。因此，企业的管理层必须针对性地监控并调整营销方案。

● **差距分析**

一旦完成了对一国市场潜力的评估，企业就必须通过计算来判断自己现在做得如何以及应该如何做得更好。

这方面的一个有用工具就是**差距分析**（**Gap Analysis**），即通过找出企业可以更好地为之服务的潜在客户来评估企业销售潜力的方法[90]。针对特定类型的产品，如果实际销售量低于估计的市场潜力，那么企业应当存在提升销售量的可能。

全部市场潜力与企业实际销售量之间的差异主要是由以下几种差距所引起的：

1）用量差距：总体上，所有竞争对手的销售量都低于市场潜力。

2）产品线差距：企业缺乏某些类型的产品。

3）分销差距：企业的分销没有覆盖到某些地区或某些类型的经销商。

4）竞争差距：竞争对手的销售量不是由产品线差距和分销差距引起的。

图 16-3 中的条状图对这四种差距做了描述。在绘制此类条状图时，企业首先需要估计在一个国家一定时期内（如下一年或未来五年）所有竞争对手的潜在销量。这一数据给出了条状图的高度。其次，企业需要估计所有竞争对手现有的小量，对应条状图的 A 点。这样，A 点与条状图顶端间的距离就是用量差距（Usage Gap），表示所有竞争对手在该时期该市场上的增长潜力。再次，企业需要画出自己当前的销量情况，对应条状图的 B 点。

最后，企业将 A 点和 B 点之间的差距（竞争对手所占的销量）划分为不同类型的差距。其中，分销差距（Distribution Gap）表示竞争对手在企业不开展分销的地区进行分销而获得的销售量，如在其他地区或其他类型的经销商处进行销售；产品线差距（Product Line Gap）表示竞争对手因提供企业没有提供的各种产品而获得的销量；竞争差距（Competitive Gap）是指剩下的不是因产品线差距和分销差距引起的竞争对手的销量，如竞争对手可能拥有更好的市场形象或更低廉的产品价格。

1. 用量差距

企业在不同市场上可能具有不同大小的差距。例如，大型巧克力企业就是因为这个原因调整了它们在各国的营销计划。在一些市场上，这些企业发现存在巨大的用量差异，远低于根据人口和收入水平所预期的巧克力销售量。在印度的情况就是这样。2011 年，印度的人均巧克力消费量不到德国的 1%。通过宣传巧克力作为糖果产品所具有的更卫生、甜味更持久的特征，印度的巧克力消费量自2008 年以来增长了 75%，成为全球增长最快的市场[91]。按照业内专家的估计，许多国家的许多人从未品尝过巧克力，所以企业应该加强在这些地区的巧克力促销。

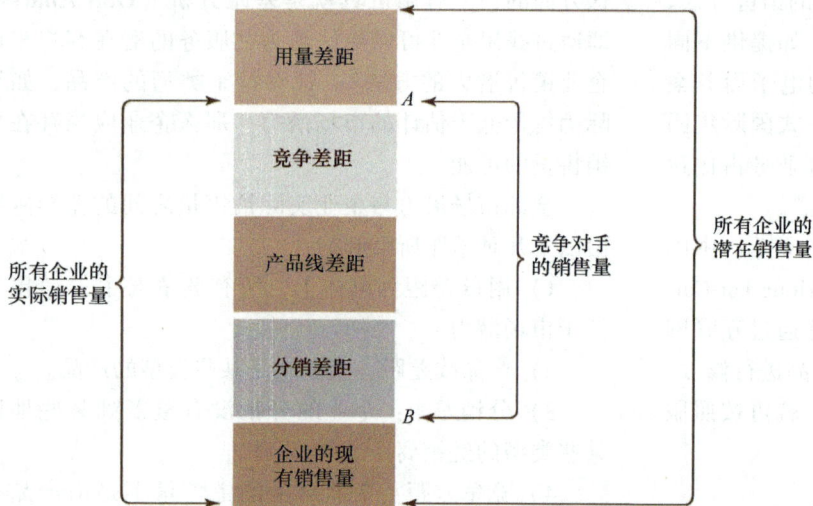

为什么销售量达不到该有的水平？这就是企业的管理者在进行差距分析时需要回答的问题。最上端箭头对应的是某个期间所有竞争者的潜在销售量。A点的箭头对应的是实际达成的销量。不难发现，产品的潜在销售量与实际销售量之间存在一个差距，即所谓的用量差距。不过，这里还有其他差距。例如，A点与B点之间的销售量差距表示企业的全部竞争对手所实现的销量。换言之，该差距表示企业实际达成的销售量与企业本来可以实现的销售量（假设没有被竞争对手所占）之间的差距。最后需要注意的是，实际中发生的差距大小是不断变化的。

图16-3　差距分析

美国市场存在另一种用量差距。几乎所有的美国消费者都品尝过绝大多数的巧克力产品。不过，由于人们日益担心体重问题，所以人均消费量出现了下降。为了促进巧克力的消费，雀巢公司曾在短期内宣传称巧克力是体育爱好者补充体能的源泉。然而，应该注意到，市场领先者最需要的是市场总体销售量的增加。鉴于在美国市场的销售量比不上玛氏（Mars）和好时（Hershey），从雀巢的短期促销活动中实际受益的是它的竞争对手。

2. 产品线差距

巧克力企业还发现存在产品线上的差距。有些企业缺少无糖巧克力产品，而这可能有助于促进竞争对手的销售。卡夫（其品牌包含吉百利牛奶巧克力和奥利奥饼干）追求的是公平贸易巧克力的全球销售。这种巧克力由零散的小生产者生产，面向的是规模很小的全球细分市场[92]。此外，卡夫还在面向中国销售的奥利奥饼干中添加了香料，如绿茶粉等[93]。高迪瓦（Godiva）在中国推出了特种产品，以便与销售中国生肖年和中秋节主题产品的当地企业进行竞争[94]。

3. 分销差距和竞争差距

企业的产品可能只在有限的地方进行销售，而这就

会形成分销差距。为了解决这个问题，费列罗（Ferrero Rocher）最近强调在更多的主流店铺陈列产品。此外，这里也可能存在竞争差距，即不是由产品线差距和分销差距引起的竞争对手的销售量。换言之，竞争对手依靠其价格、广告宣传、商誉或任何其他因素而实现了更多的销售量。对于人均巧克力消费量很高的市场，企业都会竭尽全力来争取销售，但这要以竞争对手的损失为代价。例如，瑞士是世界上人均巧克力消费量最高的国家。在那里，如米格罗（Migros）、瑞士莲（Lindt）、雀巢凯勒（Nestle Cailler）等竞争对手都在争相打造质量更好的竞争形象[95]。

4. 基于多个国家市场加总的差距分析

虽然差距分析主要是在给定国家内对营销组合中的各个要素进行优先排序的一种手段，但使用该方法时也可以加总各国的需求。假设在单一国家的产品线差距太小，以至于开发具体新产品并不划算，如耐热的巧克力块。然而，如果加总该产品在几个国家的销售潜力，那么开展该产品的开发和促销就值得了。因此，差距分析不仅可以帮助管理者提高国家层面的业绩，而且可以增进各国经营业务之间的协同效应。

未来展望

细分市场的挑战及其演变

回忆之前讨论过的市场细分的三种方式，它们都把一国的地理因素作为市场细分的核心变量之一。事实上，这种市场细分也涉及人口统计以及消费心理方面的因素。那么，这两个方面因素未来几年的演变自然会影

响到国际营销。当然，更多的全球化趋势也会影响国际营销，而且其程度远超我们所能关注到的，如人口老龄化、人类肥胖程度的不断提高、社交媒体使用的日益增多等。不过，下面只讨论人口统计与消费心理领域的一个问题。

1. 人口收入统计

根据很多方面的预测，无论是国家之间还是一国之内，贫富差距在可预见的未来将不断拉大。此外，因为有更多的机会接受更多的教育和使用互联网，富人更有可能在全球范围内找到价格更低的商品。因此，从全世界范围来看，富人相比其收入水平就会有更高的购买力。

随着可支配收入的增加，一些奢侈品将变得越来越普及（部分原因在于人们只要工作更少的时间就能买得起此类奢侈品），而且许多看起来不相似的产品和服务（如汽车、旅游、珠宝和家具）也在为争取这些可支配收入的开销而相互竞争。在20世纪整个80年代以及90年代初，日本是全球奢侈品的最大进口国，但之后，来自其他奢侈品与服务（如 SPA 水疗和高档餐饮）的竞争侵蚀了这些进口[96]。此外，许多日本消费者在全球经济危机期间开始转向中低端市场；而且有人推测称，他们可能再也不会在经济好转时返回高端消费品市场。然而，正是由于富人拥有更好的沟通途径和不断提升的学历水平，他们自然希望有更多的选择机会。不过，市场细分也许不会按照国家之间的界线自然而成。相反，企业必须确定跨国界的消费者细分市场。

作为另一个极端，随着没有可支配收入的穷人数量的不断增加，企业将因此而有机会开发低成本的标准化产品来满足他们的需要。正如本书第3章所讨论的，作为整体的低收入家庭实际上拥有相当大的购买力。他们的支出主要包括住房、食品、医疗、教育、通信、融资费用以及生活消费[97]。因此，企业将面临着相互冲突的商机：生产奢侈品来为富人服务和降低（产品）成本来为穷人服务。西班牙葡萄酒学院（Wine Academy of Spain）校长指出中国的葡萄酒销售就存在这样的市场分割情况。他表示，这里不存在中间市场；相反，这里只有高端市场和低端市场之分。在高端市场，人们可以花数千美元购买一瓶葡萄酒作为投资或是在餐馆享用；在低端市场，人们按数美元一瓶的价钱买上一大集装箱葡萄酒[98]。同样，一些生产商已经对这一市场的二分特征做出了回应。菲多利（Frito-Lay）称之为零食市场的"分歧"，强调的是走高端与低端路线的新产品，而非中端市场[99]。虽然富人和穷人的相对比例越来越大，但按照人口统计学家的观点，摆脱贫困并进入中等收入水平人群的实际数量将会增加。这主要是因为一些低收入国家人口和收入的增长，尤其是在亚洲。这种转变可能意味着企业在较贫穷国家的销售增长将主要来自工业化国家的成熟产品，如许多消费电子品和家用电器。

2. 按国家细分的市场会成为历史吗？

除了人口统计因素方面（尤其是收入方面）的差异，态度方面的差异也会影响一般性需求以及对特定类型产品和服务的需求。尽管全球通信服务已经遍及偏远地区的人口，但不同地区人们的反应并不相同。虽然并非完全相互之间独立，但至少有三种类型的人格特质交互影响着潜在消费者的反应[100]。这种情况几乎存在于所有的国家（因而形成了跨国界的细分市场），但各国内受各种特征影响的人口之间的比例在各国并不相同。因而这些因素如何演化可能会对国际营销的未来产生深远影响。

第一个特质是**物质享乐主义**（**Materialism**），指将获得财产的重要性看成一种喜悦和幸福以及成功的象征。有证据表明，全球物质享乐主义文化正在不断增长和蔓延。但也有一些证据表明，一直富足的人可能比那些暴富的人表现出较低的物质享乐行为。第二个特质是**世界大同主义**（**Cosmopolitanism**），指的是向世界开放。虽然对于这个特质是先天的还是后天习得的尚存在一些争议，但公认的一些特征包括拿个人与世界而非与本地情况进行比较。世界大同主义者的确可能会寻求国外的产品和服务。第三个特质是**消费者民族中心主义**（**Consumer Ethnocentrism**），指偏好本地的东西胜过全球的，如在购买商品和服务时喜欢寻找本地的替代品。

🏛 **案例 16-2**

孟加拉国的格莱珉达能食品公司

——约翰·荣格·莫恩教授（Jon Jungbien Moon）和约翰 D. 丹尼尔斯（Fohn D. Daniels）教授

1932年，当时的美国总统富兰克林·德拉诺·罗斯福（Franklin D. Roosevelt）称贫困者为"处于经济金字塔底层的被遗忘者"。后来，在2010年出版的《金字塔底层的财富》（*The Fortune at the Bottom of the Pyramid*）

一书中，这句话被简化为"BoP"并成为商界的术语。

孟加拉国的贫困人口可以说是全球最多的[101]。2012年，孟加拉国的人口为1.61亿人，按购买力平价计算的人均国内生产总值只有区区2002美元，多达31.5%的人口生活在贫困线以下，而处于最底层的10%的人口每天的生活开支不足1美元。因此，孟加拉国存在许多与贫困密切相关的因素：高达43%的成人文盲率；较高的传染病发病率；十分简陋的基础设施；较高的失业率；拥挤不堪的环境状况（不妨想象一下半数美国人都挤到爱荷华州的场景）；频繁发生的各种自然灾害，尤其是阻碍国家发展的经常暴发的洪水。面对这些不利的条件，两大企业——孟加拉国的格莱珉基金会（Grameen Foundation）和法国的达能集团（Groupe Danone）合资组建了一家社会企业，以服务孟加拉国的"金字塔底层"人口。

1. 什么是社会企业？

穆罕默德·尤努斯（Mohammad Yunus）于1974年创立了格莱珉银行，并在2006年获得了诺贝尔和平奖。他最先提出了社会企业的概念，旨在通过建立可持续的企业来为社会创造福利。作为社会企业的格莱珉达能食品（Grameen Danone Foods），其宗旨是要赚取利润，但并不支付股息。除了投资者需要收回初始资本投入之外，所有的利润都用来再投资。与非政府组织、慈善机构以及非营利组织不同，社会企业必须通过自身的收入来维持竞争力，而不是靠接受持续的新的出资来维持经营。

2. 格莱珉银行与格莱珉银行基金

格莱珉银行（Grameen Bank）的开设源于尤努斯贷款27美元给一群贫困的当地村民，而且没有向他们要抵押品。这只是一个小小的开始，而且其做法也完全不同于孟加拉国银行业的通行做法。不过，它可开了格莱珉银行小额信贷项目的先河。这一项目主要的竞争对手是那些每天贷款利息高达10%的高利贷债主。格莱珉银行一般20%的年利息率听起来似乎很高，但孟加拉国的年通货膨胀率几乎高达9%，而且格莱珉银行还提供许多无息贷款。一些孟加拉国国外的银行，如花旗集团和德意志银行，自那以来就一直以格莱珉银行为学习的典范。

在格莱珉银行出现之前，孟加拉国几乎没有获得贷款的女性，而尤努斯必须说服那些反对他的宗教人士，那就是先知穆罕默德会支持他这么做。今天，约有97%的女性去格莱珉银行贷款，而且统计数据表明，她们的借款偿还率高达98%。（为了得到新的贷款，借款人必须偿还旧的贷款。）格莱珉银行使用偿还款和相关利息来进行其他贷款以及支持格莱珉基金会（Grameen Foundations）的扶贫项目，其贷款总额在2011年达到15亿美元，包括主动地对街道小摊贩的经济支持和超过60万间房屋的建设融资。格莱珉基金会每年提供了超过20000名学生的助学贷款以及超过50000份奖学金。此外，格莱珉基金会向超过70000名乞丐提供无息贷款，使得他们可以在挨家挨户乞讨时出售饰品。格莱珉基金会的活动已经扩展到各种各样的行业，如电话服务、太阳能发电以及健康护理。

3. 达能集团

达能集团（Groupe Danone）是法国最大的食品公司（在美国的名称为Dannon），主要经营四个不同的产品部门：乳制品（全球最大，达能几乎成了酸奶的代名词）；瓶装水（全球排名第二，包括依云（Evian）和富维克（Volvic）品牌）；婴儿食品（全球第二，采用的是贝乐蒂（Blédine）品牌）；医疗营养品（欧洲最大）。达能在全球开展业务，2012年的全球销售额达210亿欧元（270亿美元）。在与格莱珉开展合资经营之前，达能在孟加拉国没有业务。事实上，达能的大多数产品，如Activia和Actimei牌酸奶，主要定位是高端消费者。

4. 为何投资于社会企业？

为什么达能或其他企业愿意对这样一个不能带来红利或资本利得的社会企业进行投资呢？按照尤努斯所称，人们的想法具有多面性，因此他们可能希望获得超越经济利益的东西，如帮助那些不幸的人。他指出，那些商界领袖（如卡内基、盖茨和洛克菲勒）在积累了大量财富之后，就把注意力首先放到慈善事业上。达能建立合资企业的这种行为无疑也契合了这一多面性的看法。事实上，达能有承担社会责任的历史，公司的使命就是"通过提供食品为尽可能多的消费者带来健康"。进一步而言，达能是世界上最大的食品公司，专门致力于生产和销售健康食品。然而，达能集团必须获得利润，其管理层必须对股东负责。达能在孟加拉国的合资企业恰好也能提供若干潜在的商机。

（1）传统市场趋向成熟。在相对富裕的国家，对达能产品线的需求已日渐成熟，业已成为达能的传统市场。因此，达能的管理层把经营重点更多地转向较为贫困的国家。在 1999—2010 年，达能在发展中国家的销售比重从 6% 上升到 49%。即使达能的销售定位指向富裕阶层，但正如达能集团主席弗兰克·李布（Frank Riboud）所说，"只考虑到金字塔的顶端显然是荒谬的"。这样，孟加拉国便成了达能可以用来了解处于金字塔底层的消费者以及如何针对他们开展经营的实验之地。

（2）促进最不发达国家的增长。按照批评人士的看法，跨国公司在发展中国家出售奢侈品不会带来经济的发展，毕竟贫穷的消费者缺乏资金来购买营养食物以维持健康和生产能力。达能的产品都是健康卫生食品。虽然公司成功推广这样的产品不会对发展产生重大影响，但可以成为潜在的催化剂，而且有可能产生良好的宣传效果。此外，随着金字塔底层消费者经济状况的改善，鉴于这些消费者早先的消费体验，他们可能愿意在其他达能产品上增加支出，购买更多的达能产品。李布说："当贫困趋势上升时，企业自己的增长前景也会缩水。（这）意味着与贫穷斗争对企业的前途是有好处的。"

（3）提升国外销售的规模与忠诚度。一旦被视为具有社会责任感的企业，如帮助需要援助的人，那么企业可以通过多种方式来提升业绩。然而，现在急需资金投入的社会事业项目数量众多，但可投入的资金是有限的。达能对合资企业的出资额为 50 万美元，对于这类规模的大企业来说只是一笔小额支出。而且，如果该项经营项目有足够的盈利，达能还可以要求收回本金。另外，达能是第一批进行社会事业投资的大型企业，而这一事实显然也能为它带来免费的正面宣传效应。回头来看，李布指出，达能在法国的员工感到他们是这项工程的一分子，所以这一小小的活动业已为达能的公司文化注入了新的活力。

5. 在组建孟加拉国的合资企业之前

在 2005 年巴黎的一次午餐时，李布曾问过尤努斯，达能可以做些什么来帮助贫困人群。在尤努斯解释了社会企业的概念后，李布直接说："那就这样干吧。"而且，双方在成立合资企业这件事上立刻达成了一致。虽然这家合资企业是第一批与大型跨国公司合作成立的社会企业之一，但罗斯福所指的那些"被遗忘者"在这里并没有被完全遗忘。许多企业已经将营销活动转向了金字塔底层的消费者（大多很明显发生在 20 世纪 70 年代适用技术运动发展的全盛时期），伴随而来的是如大型收银机、粪肥生化炉、人力驱动水泵等技术。当然，

这家合资企业也不是第一次去帮助贫困人群。例如，企业在中美洲推出的蛋白粉（廉价蛋白产品）已经取得了一定的成效。这种产品比牛奶更有营养，但价格更为便宜。

这些经验为那些希望发掘金字塔底层消费者市场的企业提供了以下典范，尤其是对那些经营营养食品的企业：

1）价格。低廉并稳定的价格有助于创造并维持销售量。为了获得优势，企业可以寻求新的方式来削减并稳定成本，并将这些节约转嫁给顾客。

2）产品的兼容性。只有高营养和低价格还不够，企业的产品必须与目标市场的风俗习惯相契合，而且要在视觉与风味上对购买者具有吸引力。因此，企业必须挑选合适的产品，并根据当地市场需求进行调整。

3）教育。一些国家的金字塔底层消费者多为文盲，很少使用大众媒体，而且很难用科学的因果关系进行说服。因此，对于这些消费群体，应该采取非传统手段让他们相信，营养食品带来的变化很重要，但需要时间。之后，再传递信息直到他们相信为止。这一点尤为关键。

4）促销。在销售之前先进行促销往往很重要，所以有必要利用意见领袖（为群体所接受者）来培养信誉度。

5）竞争。一旦致力于帮助贫困人口，就会面临来自政府项目、非营利组织和慈善机构的竞争。因此，企业需要在竞争中做得更好，或者积极寻求合作机会。

（1）战略推进与导向。于 2005 年在巴黎达成协议后，格莱珉与达能的合资企业不到两年就投产了。在此期间，双方完成了计划与前期工作。双方的合作从一家小型的乡村工厂开始，该工厂仅服务于周边的贫困地区。鉴于合资企业的社会事业性，合作双方一致认为，其产品与生产要尽可能做到环保。虽然这家工厂的规模只有达能在其他地区所设立标准规模工厂的 1/10，但采用了最新的设备，配有进出水处理系统，而且利用太阳能面板来生产可再生能源。

（2）产品政策。工厂开始时只制作酸奶，即一种对儿童有很高营养价值的产品。它依赖于高效的小规模生产，而主原料（牛奶）靠的是就近供给。通过市场测试，达能决定出售一种更甜、更细腻的酸奶，而且可以直接从容器内饮用（根据随后的市场反馈，合资企业也开始出售勺子）。此外，达能将酸奶中日常所需的

维生素 A、锌和碘的含量增加了 30%，而且利用可降解的生物技术，从而可以把容器完全转化为肥料。

（3）定价。为了维持低成本与低价格，工厂只采用当地原料，而且主要来自当地的小供应商，如养了 1~2 头奶牛的农民，用桶收集与配送牛奶（这样可以节省冷藏费用与交通运输费用）。为了降低固定销售成本，工厂只支付销售佣金（大约 20% 付给女销售员，80% 付给当地的小商店）。因为自工厂创办完成以来只聘用孟加拉国居民，所以人工成本得到了控制。虽然酸奶生产工厂缺少规模经济效应，但其单位成本与达能集团在任何其他地方的大型工厂相当。

不过，两个方面的因素会产生临时性的成本问题：第一，自最初开始计划到工厂开始生产运作以来，牛奶的价格上涨了大约 40%。为了更好地稳定价格，管理层随后与农民协商签订了长期供货合同。这样，合资企业有时支付的价格会高于市价价格，有时又会低于市价价格。第二，管理层与销售方预期的销售量高过实际达成的销售量。对此，合资企业的做法并不是提高佣金，而是成功地建议销售人员在挨家挨户拜访时销售其他产品。

（4）促销。绝大部分的促销采用的是口头形式。但是，有一次促销活动非常值得一提。李布安排了在孟加拉国家喻户晓的法国球星齐内丁·齐达内（Zinédine Zidane，齐祖）来参观工厂的开业，而这则新闻登上了全国报纸大头条。在孟加拉国期间，齐达内与年轻人在国家体育场竞技，并参与了这家工厂的奠基仪式，从而瞬间提升了这家新型合资企业及其酸奶产品在全国的知名度。

（5）品牌化。因为格莱珉较早就有了高知名度，所以合资企业名称中把格莱珉放在前面。酸奶的品牌叫作"Shokti Doi"，意思是"能量之酸奶"。酸奶的象征物是一头强壮的狮子，出现在产品和产品的广告中。穿着狮子服的吉祥物也会造访有年轻人的地方，向他们宣传喝酸奶的好处。

（6）分销。孟加拉国的失业率很高，所以企业吸引到足够多的妇女来兼职销售酸奶。这些妇女主要是来自合资企业目标销售地的贫穷母亲。然而，合资企业同样面临着当时格莱珉银行所面临的反对声，即妇女挨家挨户推销是否合适的问题。接下来的主要任务就是培训女售货员，而培训的重点包括两个方面：一是销售酸奶而非获得佣金的重要性；二是酸奶品质的重要性以及如

何储藏它们。

产品的营养价值是销售的关键原因。为此，企业请来医生解释儿童一周喝两杯酸奶可以使他们重新获得 9~10 个月中所丢失的营养。第二个原因就是对经济的提升作用，如帮助了供应商，而供应商又能雇用更多的人并在社会中消费（促进经济增长）。

保持酸奶的质量至关重要，毕竟当地几乎没有家庭拥有冰箱，而且吃坏掉的食品会导致疾病并引起未来的销售损失。企业给女销售员们展示了如何制作酸奶，给她们提供了隔离袋，并演示了正确的使用方法。另外，还强调她们（上门销售时）只能携带最少的存货，以降低变质的概率。

（7）评估。评估这家合资企业的财务业绩十分简单明了；不过，评估其社会效益却是十分具有挑战性的。合资企业为此专门聘请一家瑞士的营养组织来开发、测试并验证其业绩，而依据的标准是是否满足了当地贫困人口的需要。通过对食用了添加强化微量营养素酸奶的儿童与食用了未添加强化微量营养素酸奶的儿童的初步调查对比，结果发现，前者在身高上有更多的增长。另外，心理测试也显示，前者在重要的心理功能方面，如计划性、专注力、解决问题的能力与观念的灵活性，明显要更胜一筹。

6. 未来

格莱珉达能食品的销售量实现了平稳增长，从 2008 年的 15 万杯增加到 2011 年的 2250 万杯。截至 2011 年年末，格莱珉达能食品的女销售员数量已经达到 821 人。另外，达能集团还在孟加拉国学到了如何有效开展小规模生产的知识，而且已经把这些知识应用于帮助其在印度尼西亚和塞内加尔的一些企业。受这种新的合作方式的启发，其他大型跨国公司也正在与格莱珉基金会建立社会企业。格莱珉英特尔社会企业有限公司（Grameen Intel Social Business Ltd.）创立于 2011 年，旨在开发手提计算设备用软件应用方案，以便处理如农产品产量低、缺乏胎儿护理等问题。德国化工企业巴斯夫集团（BASF）创办了巴斯夫格莱珉有限公司（BASF Grameen），并于 2012 年开始生产作用效果更持久的灌注式杀虫剂以控制疟疾的扩散。尽管这些知名的合作企业被大量宣传而且前景不错，但达能集团有必要评估一下它们在金字塔低层消费者中的品牌认知度，毕竟企业在金字塔低层消费者中的声誉有助于企业向金字塔高层的销售（如果企业的目标是将销售推向较为富裕的细分市场）。

思考题

1. 达能通过创办格莱珉达能合资企业可以获得什么优势?

2. 你认为达能设立社会企业的决定在多大程度上是出于承担社会责任的目的,或是因为这样做有利于提高达能的业绩水平? 问题的答案有什么重要性?

3. 如果达能把它在孟加拉国的经验复制到为其他国家的金字塔底层消费者服务中,那么它可能会面临怎样的营销陷阱?

4. 假设诸如达能这样的企业最终的目的是服务于一国所有的收入阶层。如果首先服务于金字塔底层消费者,那么可能会遇到怎样的优势或劣势? 随后又应该如何对待劣势?

5. 如果达能计划增加面向金字塔底层消费者销售的产品,那么最好选择哪些类型的产品? 原因是什么?

6. 自格莱珉达能食品这一社会企业创办以来,全球社会企业的数量大幅增加,以至于如今已经有了在德国沃尔夫斯堡举行的一年一度的全球峰会。是否存在某些类型的企业可能不适合创办社会企业? 如果有的话,是哪些? 不适合的原因是什么?

7. 按照孟加拉国总理谢赫·哈西娜(Sheikh Hasina)的说法,格莱珉"在给人们提供贷款之后就吸取了他们的钱财。迄今为止,穷人的生活方式一直没有得到改善。他们只是把穷人作为获得更多援助的筹码"。对此,尤努斯辞去了银行的工作,说他不想因此而分心。请评价这位总理的话语。尤努斯的辞职会影响格莱珉达能食品公司这一合资经营企业的未来吗?

8. 你知道还有哪些跨国公司可以与格莱珉基金会进行成功的合作,以帮助解决孟加拉国的具体问题? 它们应该如何合作?

本章小结

1. 虽然在国外销售的原则与在国内销售的相同,但国际经营的管理者必须面对不太了解的国外经营环境。

2. 国际营销策略取决于企业的经营导向,而企业的经营导向可能是以产品、销售、客户、战略营销或社会营销为中心的。

3. 企业需要决定以哪些细分市场为目标市场,包括来自不同国家的相似或不同的群体;然后,企业需要确保其产品、品牌、促销、定价和分销决定与目标市场的需求相契合。

4. 营销中的标准化方法是指最大限度地统一各国的产品销售以及营销计划。虽然标准化可以实现费用的最小化,但绝大多数的企业仍然会结合各国的需要对营销组合要素进行调整以扩大销售。

5. 各种经济的、文化的和法律的因素可能会要求企业调整其产品以适应国外的需求,但必须仔细权衡调整带来的成本与可能带来的销售增加之间的得失。除了需要决定何时进行产品调整之外,企业同样要决定将哪些产品以及多少数量的产品销往国外。

6. 政府管制可能会直接或间接地影响企业的定价。货币价值的波动、客户对产品偏好的差异、出口价格的增加、定价方法的多样性(包括固定的变动的)等因素都会使国际定价变得更加复杂。

7. 针对每个国家的每种产品,企业不仅要决定产品的促销预算,而且要决定实施哪种组合的促销方面的推动策略和拉引策略。推动策略和拉引策略之间的关系取决于企业的分销体系、媒体的可获得性与成本、消费者的观念以及产品价格占收入的比例情况。

8. 各国间采用标准化广告的最大障碍包括翻译、合法性以及信息需求等问题。

9. 阻碍全球品牌战略实施的因素包括语言差异、收购扩张、国家形象以及关于通用名称的法律规定。此外,全球品牌有助于企业打造全球形象。

10. 各国间的分销渠道差异巨大。这种差异性不仅会影响相对的经营成本,而且会影响初始销售的难易程度。

11. 企业需要在考虑分销能力和可信任度的基础上谨慎选择分销商。同时,企业需要向分销商推销自己,从而赢得分销商来销售其产品和服务。

12. 虽然互联网为国际销售带来了机会,但企业仍然需要为其营销组合制订可靠的计划。

13. 差距分析这一工具不仅可以帮助企业分析为何在特定国家的销售没有达到预期的潜力,而且也能帮助企业明确应该强调营销组合哪方面的要素。

14. 未来的两大变化趋势可能会影响企业如何根据人口统计变量和消费心理变量来细分市场:富裕国家和贫困国家之间经济上的两极分化;消费者在物质享乐主义、世界大同主义或民族中心主义等观念构成方面的复杂性。

关键术语

世界大同主义	差距分析	物质享乐主义	拉引策略
成本加成定价策略	通用名称	市场渗透定价策略	推动策略
分销	灰色市场	产品转移市场	撇脂定价策略
消费者民族中心主义			

参考文献

1 *Sources include the following:* "Tommy Thriving Under PVH Ownership," *Women's Wear Daily* 203:82 (April 19, 2012): n/a.; "Tommy Hilfiger Announces Global Spring 2013 Ad Campaign," *Business Wire* [New York] (January 28, 2013): n.p.; Lisa Lockwood, "Tommy Hilfiger," *Women's Wear Daily* 200:94 (November 3, 2010): n.p.; Ray A. Smith, "A Designer Changes His Stripes," *Wall Street Journal* (June 2, 2011): D1+; Drew Fitzgerald, "Phillips Van Heusen Swings to Profit," *Wall Street Journal* (May 31, 2011): n.p.; Rachel Dodes, "Macy's Buying Clout Drives Supplier Consolidation," *Wall Street Journal* (March 22, 2010): n.p.; "Tommy Hilfiger Group," *Entertainment News Weekly* (October 2, 2009): 105; "Tommy Hilfiger to Assume Direct Control of Distribution in China," *PR Newswire* (March 31, 2010): n.p.; Joe Fernandez, "Fashion: Hilfiger to Use 'Delebs' for Silver Anniversary," *Marketing Week* (June 10, 2010): 4; Miles Socha and Joelle Diderich, "Hilfiger: American in Paris," *Women's Wear Daily*, 200:107 (November 18, 2010): n.p.; "Tommy Hilfiger," *Investment Weekly News* (April 23, 2011): 898; Neha Dewan, "We Will Expand in Smaller Cities," *The Economic Times*, October 12, 2010): n.p.; Michael Barbaro, "Macy's and Hilfiger Strike Exclusive Deal," *New York Times* (October 27, 2007): 1; Cathy Horyn, "Still Tommy after All These Years," *New York Times* (December 7, 2008): Sec. M3, 182; Teri Agins, "Costume Change," *Wall Street Journal* (February 2, 2007): A1+; Miles Socha, "Tommy Takes Paris," *DNR* (October 23, 2006): 26; Miles Socha, "Tommy's Latest Take," *WWD* (October 20, 2006): 1; Julie Naughton, "Hilfiger and Lauder Aim for Perfect 10," *WWD* (June 23, 2006): 4; Lisa Lockwood, "CEO Says Tommy to Now Trade Up," *WWD* (May 11, 2006): 3.

2 Stefan Schmid and Thomas Kotulla, "50 years of Research on International Standardization and Adaptation—From a Systematic Literature Analysis to a Theoretical Framework," *International Business Review* 20 (2011): 491–507.

3 "Tommy Hilfiger Thriving Under PVH Ownership," *WWD* (April 19, 2012): n.p.

4 Constantine S. Katsikeas, Saeed Damiee, and Marios Theodosiou, "Strategy Fit and Performance Consequences of International Marketing Standardization," *Strategic Management Journal* 27 (2006): 867–90.

5 Stefan Schmid and Thomas Kotulla, loc. cit.

6 Karina R. Jensen, "Creating Global Innovation Opportunities through Cross-cultural Collaboration," *The International Journal of Knowledge, Culture and Change Management* 10:10 (2011): 33–42.

7 Ruby P. Lee, Qimei Chen, Daekwan Kim, and Jean L. Johnson, "Knowledge Transfer between Multinational Corporations' Headquarters and Their Subsidiaries: Influences on and Implications for New Product Outcomes," *Journal of International Marketing* 16:2 (2008): 1–31.

8 Matt Moffett, "Learning to Adapt to a Tough Market, Chilean Firms Pry Open Door to Japan," *Wall Street Journal* (June 7, 1994): A10.

9 Margarita Stancati and Preetika Rana, "Hermès Goes Local with India Sari Launch," *Wall Street Journal* (October 12, 2011): n.p.

10 Andrea Felsted, "Tesco," *Financial Times* (December 3, 2009): 39.

11 Betsy McKay, "Drinks for Developing Countries," *Wall Street Journal* (November 27, 2001): B1+; McKay, "Coke's Heyer Finds Test in Latin America," *Wall Street Journal* (October 15, 2002): B4; and "Vitamin Angels," retrieved July 1, 2011, from www.vitaminangels.org/blogs/results/taxonomy%3A84?page=5.

12 Manoj K. Agarwal, "Developing Global Segments and Forecasting Market Shares: A Simultaneous Approach Using Survey Data," *Journal of International Marketing* 11:4 (2003): 56.

13 Rosalie L. Tung, "The Cross-Cultural Research Imperative: The Need to Balance Cross-National and Intra-National Diversity," *Journal of International Business Studies* 39:1 (2008): 41–46; James Agarwal, Naresh Malhotra, and Ruth N. Bolton, "A Cross-National and Cross-Cultural Approach to Global Market Segmentation: An Application Using Consumers' Perceived Service Quality," *Journal of International Marketing* 18:3 (2010): 18–40.

14 Ed Hammond, "Red Bull: Where marketing Goes into Overdrive," *Financial Times* (September 27, 2011): n.p.

15 "Ferrari Makes India Debut," *Wall Street Journal* (May 27, 2011): n.p.

16 Rebecca Rose, "Global Diversity Gets All Cosmetic," *Financial Times* (April 10–11, 2004): W11.

17 Allen L. Hammond and C. K. Prahalad, "Selling to the Poor," *Foreign Policy* (May–June 2004): 30–37.

18 Constantine S. Katsikeas, Saeed Damiee, and Marios Theodosiou, "Strategy Fit and Performance Consequences of International Marketing Standardization," *Strategic Management Journal* 27 (2006): 867–90.

19 "Look What They've Done to My Brands," *The Economist* (November 17, 2012): 60.

20 "CEC Finalizing Report on SLAB Exports," *Business Wire* [New York] (November 30, 2012): n.p.; Don Hopey, "Rachel Carson's Book Turned the Environmental World on Its Ear 50 Years Ago," *McClatchy - Tribune Business News* [Washington] (September 27, 2012): n.p.

21 Robert Kennedy, "Tobacco Firms Accused of Thwarting Controls," *McClatchy - Tribune Business News* [Washington] (May 30, 2012): n.p.

22 "Cause for Concern with Nestlé in the Spotlight Again over Its Advertising Tactics," *Marketing Week* (February 11, 1999): 28–31.

23 Andrew Jack, "Economic Reality Spurs Intervention: More Is Being Done to Tackle 'NTDs' as Research Reveals Their Impact on Countries' Growth," *Financial Times* (October 11, 2012): 2.

24 Andrew Jack, "FDA to Stimulate Tropical Disease Research," *Financial Times* (May 1, 2012): 6.

25 Muhammad Arsalan Khan, Tanvir A. Jafri, Asif Shahzad, and Riftat Abbas Rizvi, "Strategic Response of Cigarette Manufacturing Companies to the Implementation of Anti-smoke Measures in Pakistan, *Interdisciplinary Journal of Contemporary Research In Business* 3: 12 (April 2012): 69–82.

26 Michael Finkel, "Bedlam in the Blood: Malaria," *National Geographic* (July 2007): 63; and Richard Tren and Roger Bate, "Malaria and the DDT Story," *SSRN Working Paper Series* (April 2012).

27 Kevin Helliker, "Smokeless Tobacco to Get Push by Venture Overseas," *Wall Street Journal* (February 4, 2009): B1+.

28 Pierre M. Barker, Kedar Mate, "Eliminating Mother-To-Child HIV

Transmission Will Require Major Improvements In Maternal And Child Health Services," *Health Affairs* 31:7 (July 2012): 1489–97.

29 "Coca-Cola Releases 2011–2012 Global Sustainability Report," *Professional Services Close-Up* (November 11, 2012).

30 Avery Johnson, "Drug Firms See Poorer Nations as Sales Cure," *Wall Street Journal* (July 7, 2009): A1+.

31 Andrew Jack, "Anti-Malaria Drug to Sell at Cost Price," *Financial Times* (March 2, 2007): 3; Jennifer Corbett Dooren, "Research to Target Neglected Diseases," *Wall Street Journal* (May 21, 2009): 16.

32 Laurie Burkitt, op cit.

33 Louise Lucas, "Multinationals Try to Make the Most of their Local Credentials," *Financial Times* (September 22, 2010): Peru section, 10.

34 Paul Sonne, Devon Maylie, and Drew Hinshaw, "With West Flat, Big Brewers Peddle Cheap Beer in Africa," *Wall Street Journal* (March 20, 2013): A1+.

35 Orit Gadiesh and Till Vestring, "The Consequences of China's Rising Global Heavyweights," *MIT Sloan Management Review* 49:3 (Spring 2008): 10–11.

36 Keith Bradsher, "India Gains on China among Multinationals," *International Herald Tribune* (June 12–13, 2004): 13.

37 Stefan Schmid and Thomas Kotulla, "To What Degree Should Firms Standardize or Adapt Their Product Mix Across Countries? New Empirical Results Based on the Strategic-Fit Approach," Paper presented at the Academy of International Business annual meeting, Washington, DC (2012).

38 Yonca Limon, Lynn R. Kahle, and Ulrich R. Orth, "Package Design as a Communications Vehicle in Cross-Cultural Values Shopping," *Journal of International Marketing* 17:1 (2009): 30–57.

39 "The World's Wash Day," *Financial Times*, 6.

40 "Nike Faces Marketing Challenge in China: Make Running Cool," *Advertising Age* (October 20, 2011): n.p.

41 Ian Austen and Stephanie Clifford, "North of the Border," *New York Times* (November 15, 2012): B1+.

42 Arvind Sahay, "Finding the Right International Mix," *Financial Times* (November 16, 1998): Mastering Marketing section, 2–3.

43 Laurie Burkitt, loc. cit.

44 James A. Roberts and Chris Manolis, "Cooking Up a Recipe for Self-Control: The Three Ingredients of Self-Control and Its Impact on Impulse Buying," *Journal of Marketing Theory and Practice* 20:2 (Spring 2012): 173–88.

45 Jenny Wiggins and Chris Flood, "Coke to Shrink Size of Cans in Hong Kong," *Financial Times* (July 25, 2008): 18.

46 Carol Wolf, "Losing $63 Billion in Diverted U.S. Goods Is Sleuth Obsession," Bloomberg.com (accessed April 9, 2009), referring to a study by Deloitte & Touche.

47 Edward W. Miles, "The Role of Face in the Decision Not to Negotiate," *International Journal of Conflict Management* 21:4 (2010): 400–14.

48 C. Gopinath, "Fixed Price and Bargaining," *Business Line* (July 15, 2002): 1.

49 Claude Cellich, "FAQ…about Business Negotiations on the Internet," *International Trade Forum* 1 (2001): 10–11.

50 Jan H. Schumann, Florian V. Wagenheim, Anne Stringfellow, Zhilin Yang, Vera Blazevic, Sandra Praxmarer, G. Shainesh, Marcin Komor, Randall M. Shannon, and Fernando R. Jiménez, "Cross-Cultural Differences in the Effect of Received Word-of-Mouth Referral in Relational Service Exchange," *Journal of International Marketing* 18:3 (2010): 62–80.

51 Loretta Chao, "PC Makers Cultivate Buyers in Rural China," *Wall Street Journal* (September 23, 2009): B1.

52 Jamie Anderson, Martin Kupp, and Ronan Moaligou, "Lessons from the Developing World," *Wall Street Journal* (August 17, 2009): R6.

53 Owen M. Bradfield, Caroline Parker, and Leonie Goodwin, "Sustaining Performance: Learning from Buyers' Experience," *Journal of Medical Marketing* 9:4 (October 2009): 343–53.

54 Ed Hammond, loc cit.

55 Charles Goldsmith, "Dubbing in Product Plugs," *Wall Street Journal* (December 6, 2004): B1+.

56 Ouidade Sabri, Delphine Manceau, and Bernard Pras, "Taboo: An Underexplored Concept in Marketing: RAM," *Recherche et Applications en Marketing* 25:1 (2010): 59–85.

57 Gemma Charles, "Don't Be a Code Breaker," *Marketing* (March 17, 2010): 17; Ernest Cyril De Run, "Attitudes Towards Offensive Advertising: Malaysian Muslims' Views," *Journal of Islamic Marketing* 1:1 (2010): 25–36.

58 Deborah Ball, "Women in Italy Like to Clean but Shun the Quick and Easy," *Wall Street Journal* (April 25, 2006): A1+.

59 Andrew Ward, "Home Improvements Abroad," *Financial Times* (April 6, 2006): 8.

60 Sarah Ellison, "Sex-Themed Ads Often Don't Travel Well," *Wall Street Journal* (March 31, 2000): B7.

61 Tulin Erdem, Joffre Swait, and Ana Valenzuela, "Brands as Signals: A Cross-Country Validation Study," *Journal of Marketing* 70:1 (2006): 34; Desmond Lam, "Cultural Influence on Proneness to Brand Loyalty," *Journal of International Consumer Marketing* 19:3 (2006): 7.

62 Mei Fong, "Chinese Refrigerator Maker Finds U.S. Chilly," *Wall Street Journal* (March 18, 2008): B1+.

63 Andreas B. Eisingerich and Gale Rubera, "Drivers of Brand Commitment: A Cross-National Investigation," *Journal of International Marketing* 18:2 (2010): 64–79.

64 Jo Roberts, "The 100 Most Valuable Global Brands," *Marketing Week* (May 24, 2012):1+.

65 Claudiu V. Dimofte, Johny K. Johansson, and Richard P. Bagozzi, "Global Brands in the United States: How Consumer Ethnicity Mediates the Global Brand Effect," *Journal of International Marketing* 18:1 (2010): 81–106.

66 Andrews Adugudaa Akolaa, "Cultural Diagnosis and By Passing; The Effect on Successful Internationalizaton," *Review of Business & Finance Case Studies* 3:1 (2012): 69–84.

67 James Hookway, "IKEA's Products Make Shoppers Blush in Thailand," *Wall Street Journal* (June 5, 2012): n.p.

68 Michael Wines, "Picking the Pitch-Perfect Brand Name in China," *New York Times* (November 12, 2011): A4.

69 Lee Simmons and Robert M. Schindler, "Cultural Superstitions and the Price Endings Used in Chinese Advertising," *Journal of International Marketing* 11:2 (2003): 101.

70 Miriam Jordan, "Sara Lee Wants to Percolate through All of Brazil," *Wall Street Journal* (May 8, 2002): A14+; "Sara Lee Buys Brazilian Out-of-Home Player Expresso Coffee: Sara Lee Reinforces its Leadership in Fast-Growing Sao Paulo and Rio de Janeiro Markets," *PR Newswire* [New York] (April 10, 2012): n.p.

71 Isabelle Schuiling and Jean-Noël Kapferer, "Executive Insights: Real Differences between Local and International Brands: Strategic Implications for International Marketers," *Journal of International Marketing* 12:4 (2004): 197.

72 Jan-Benedict, E.M. Steenkamp, and Martijn G. de Jong, "A Global Investigation into the Constellation of Consumer Attitudes Toward Global and Local Products," *Journal of Marketing* 74 (November 2010): 18–40.

73 P. Sharma, "Country of Origin Effects in Developed and Emerging Markets: Exploring the Contrasting Roles of Materialism and Value Consciousness," *Journal of International Business Studies,* 42:2 (2012): 285-306; Terence Motsi and Ji Eun Park, "Consumer Evaluation of Developing Country Products: The Moderating Role of Product Ethnicity," Paper presented at the Academy of International Business annual meeting, Washington, DC (2012); Zhongqi Jin, Richard Lynch, Samaa Attia, Bal Chansarkar, Tanses Gulsoy, Paul Lapoule,

"Antecedents of Home and Foreign Product Country Images in Developed and Developing Countries: A Comparative Study," Paper presented at the Academy of International Business annual meeting, Washington, DC (2012); Stephen Gould, Mike Chen-Ho Chao, Andreas Grein, and Rania Semaan, "The Biasing Effects of Country-of-Origin: A Cross-Cultural Application of Preference Reversals," Paper presented at the Academy of International Business annual meeting, Washington, DC (2012).

74 Eva M. Oberecker and Adamantios Diamantopoulos, "Consumers' Emotional Bonds with Foreign Countries: Does Consumer Affinity Affect Behavioral Intentions?" *Journal of International Marketing* 19:2 (2011): 45–72.

75 Daniel Laufer, Kate Gillespie, and David H. Silvera, "The Role of Country of Manufacture in Consumers' Attributions of Blame in an Ambiguous Product-Harm Crisis," *Journal of International Consumer Marketing* 21 (2009): 189–201.

76 Seah Park, "LG's Kitchen Makeover," *Wall Street Journal* (September 22, 2004): A19.

77 Saeed Samiee, Terrence A. Shimp, and Subash Sharma, "Brand Origin Recognition Accuracy: Its Antecedents and Consumers' Cognitive Limitations," *Journal of International Business Studies* 36 (2005): 379–97; George Balabanis and Adamantios, "Gains and Losses from the Misperception of Brand Origin: The Role of Brand Strength and Country-of Origin Image," *Journal of International Marketing* 19:2 (2011): 95–116.

78 Kevin McCallum, "Grape Debate," *Miami Herald* (March 27, 2009): 1C+.

79 "Opportunities in Sub-Culture," *Business Line* (February 12, 2004): 1.

80 Gary F. Keller and Creig R. Kronstedt, "Connecting Confucianism, Communism, and the Chinese Culture of Commerce," *Journal of Language for International Business* 16:1 (2005): 60–75.

81 S. Tamer Cavusgil, Seyda Deligonul, and Chun Zhang, "Curbing Foreign Distributor Opportunism: An Examination of Trust, Contracts, and the Legal Environment in International Channel Relationships," *Journal of International Marketing* 12:2 (2004).

82 Susanna Khavul, Mark Peterson, Drake Mullens, and Abdul A. Rasheed, "Going Global with Innovations from Emerging Economies: Investment in Customer Support Capabilities Pays Off," *Journal of International Marketing* 18:4 (2010): 22–42.

83 Mobolaji Olaseni ND Wale Alade, "Vision 20:2020 and the Challenges of Infrastructural Development in Nigeria," *Journal of Sustainable Development* 5:2 (February 2012): 63–76.

84 Tomasz Lenartowicz and Sridhar Balasubramanian, "Practices and Performance of Small Retail Stores in Developing Economies," *Journal of International Marketing* 17:1 (2009): 58–90.

85 Ibid.

86 Thomas G. Brashear, Vishal Kashyap, Michael D. Musante, and Naveen Donthu, "A Profile of the Internet Shopper: Evidence from Six Countries," *Journal of Marketing Theory and Practice* 17:3 (Summer 2009): 267–81.

87 Rita Marcella and Sylvie Davies, "The Use of Customer Language in International Marketing Communication in the Scottish Food and Drink Industry," *European Journal of Marketing* 38:11/12 (2004): 1382.

88 *New Zealand Business* 18:11 (2004): 21–27.

89 Moen Øystein, Iver Endresen, and Morten Gavlen, "Executive Insights: Use of the Internet in International Marketing: A Case Study of Small Computer Software Firms," *Journal of International Marketing*

11:4 (2003): 129–44.

90 J. A. Weber, "Comparing Growth Opportunities in the International Marketplace," *Management International Review* 1 (1979): 47–54; Van R. Wood, John R. Darling, and Mark Siders, "Consumer Desire to Buy and Use Products in International Markets: How to Capture It, How to Sustain It," *International Marketing Review* 16:3 (1999): 231–42.

91 "Mintel: India's Craving for Chocolate to Create Business Opportunities for Manufacturers," *Entertainment Close - Up* (November 17, 2012): n.p.

92 Nina Kruschwitz, "Why Kraft Foods Cares About Fair Trade Chocolate," *MIT Sloan Management Review* 54:1 (Fall 2012): 1–4.

93 Colum Murphy and Laurie Burkitt, "Hershey Launches New Brand in China," *Wall Street Journal* (May 21, 2013): B8.

94 Dermot Doherty, "Godiva's Sweet on China," *Miami Herald* (June 12, 2012): 6B.

95 Haig Simonian, "Nestlé Enriches Its Choc Value," *Financial Times* (March 24, 2006): 9.

96 Michiyo Nakamoto, "Japanese Fall out of Love with Luxury," *Financial Times* (June 3, 2009): 15.

97 Allen L. Hammond and C. K. Prahalad, "Selling to the Poor," *Foreign Policy* (May/June 2004): 30–37.

98 Kelvin Chan, "Foreign Vineyards Keen to Tap China Wine Market," *Miami Herald* (November 7, 2011): n.p.

99 Stephanie Strom, "New Tack on Snacks," *New York Times* (June 13, 2012): B1+.

100 For an excellent discussion of these traits and their interactions, see Mark Cleveland, Michel Laroche, and Nicolas Papadopoulos, "Cosmopolitanism, Consumer Ethnocentrism, and Materialism: An Eight-Country Study of Antecedents and Outcomes," *Journal of International Marketing* 17:1 (2009): 116–46.

101 Information for the case was taken from Muhammad Yunus, *Creating a World Without Poverty* (New York: Public Affairs, 2007); C. K. Prahalad, *The Fortune at the Bottom of the Pyramid* (Upper Saddle River, NJ: Wharton School Publishing 2010); Grameen Danone Foods Ltd. PowerPoint (Jan. 2012) available at www.danonecommunities.com; www.grameen-intel.com (accessed on Jan. 16, 2013); Social Business: BASF Grameen Ltd. available at www.basf.com (accessed on Feb. 7, 2013); GAIN and Grameen Danone:a study about nutrition, available at www.youtube.com/watch?v=EQJ0Qco7JhE, (accessed on Feb. 8, 2013); Sheridan Prasso, "Saving the World With a Cup of Yogurt," *Fortune* 155:2 (March 15, 2007): 44; John F. Jones, "Social Finance: Commerce and Community in Developing Countries," *International Journal of Social Economics* 37:6 (2010): 415–28; Nevin S. Scrimshaw, "History and Early Development of INCAP1, 2," *The Journal of Nutrition* 140:2 (February 2010): 394–96; Sarah Murray, "Yogurt Maker's Recipe for funding Social Businesses," *Financial Times* (July 7, 2008): 16; Christina Passariello, "Danone Expands Its Pantry to Woo the World's Poor," *Wall Street Journal* (June 29, 2010): A1; Paul Bennet, "The Biggest Idea Might Be Learning to Think Small," *Financial Times* (December 31, 2009): 10; Michael Fitzgerald, "As the World Turns," 133 *Fast Company* (March 2009): 33–34; Scheherazade Daneshkhu, "The Off-the-Wall Executive," *Financial Times* (November 22, 2010): 12; "Top CEOs Talk on Global Social Business in Germany," *The Global Express* [Dhaka] (November 12, 2010): n.p.; and Dean Nelson, "Pioneer Bank in Turmoil," *The Sunday Telegraph* [London] (February 13, 2011): 3.

第17章

全球制造与供应链管理

便宜没好货，好货不便宜。

——阿富汗谚语

本章目标

通过本章学习，应能：

1. 描述全球制造策略的各个影响维度。
2. 分析影响全球供应链管理取得成功的关键因素。
3. 说明供应商网络的运作方式。
4. 解释质量如何影响全球供应以及有效的库存管理。
5. 讨论如何建立作为全球供应链一环的高效的运输网络。

案例 17-1

苹果公司的全球供应链

到底需要多少天才能拿到一部苹果手机呢[1]？作为全球最大的消费电子品公司和全美国市值最大的公司，苹果公司在2012年9月正式发布了作为畅销的iPhone 4S手机继承者的第六代苹果手机——iPhone 5。对新款手机的大肆宣传使苹果公司收到的预订单超过了苹果在中国工厂——位于华中华北交界地区的郑州市——的生产能力。那个时候，曼迪·萧（Mandy Xiao）生活在美国犹他州的普罗沃市（Provo），而且她想在2012年圣诞节前拥有一部苹果手机，所以她直接于12月5日在苹果官网上预订了手机。在郑州的工厂实际上是中国台湾的鸿海精密工业有限公司（Hon Hai Precision Industry Co. Ltd.）——富士康科技集团（Foxconn Technology Group）——所拥有的。鉴于圣诞节的抢购热潮以及郑州在大约6500mile之外，曼迪·萧不能确定究竟要过多久才能收到她的手机。不过，苹果公司的供应链运转得很快。曼迪可以在线追踪联合包裹服务公司（UPS）投送她所购买的手机的情况，从郑州到韩国仁川国际机场，再到阿拉斯加的安克雷奇（Anchorage），最后抵达她在美国犹他州普罗沃市的家。在预订了手机之后，只过了两天，曼迪·萧就拿到了手机。今天，如果企业要在市场上竞争，那么就要尽可能快地把产品交到消费者手上。苹果公司就很擅长，即便其产品远离消费者达6500mile。

1. 苹果公司的起源

苹果公司最初的供应链相当简单。1976年，在加利福尼亚的库比蒂诺市（Cupertino），史蒂芬·乔布斯

（Steve Jobs）和史蒂芬·沃兹尼亚克（Steve Wozniak）从乔布斯的家用车库里卖出了他们的第一件产品——第一代苹果计算机。在前途光明的微型计算机行业，沃兹尼亚克负责设计产品，而乔布斯负责经营生意。乔布斯和沃兹尼亚克需要设计产品、开发操作系统，以使产品工作、生产产品并开展营销。如福特汽车和通用汽车之类的大型企业也有相同的问题，但它们可以通过大规模投入资源并建立大型制造设施来供应市场。与这些汽车公司不同的是，新开办的苹果公司并不是一家主要的产品制造商，而是主要由其他公司提供组件再进行组装的企业。尽管计算机的成本很高（因为公司处于初创阶段），销售量也不是很多，竞争也不是那么激烈，但苹果公司这家新企业还是做得非常成功。

随着 IBM 进入这个市场，这场游戏才真正发生了改变。IBM 深知，如果要战胜苹果公司，就得尽可能地把成本压低。最初，IBM 是一家在美国国内生产大部分零配件的纵向一体化大公司。然而，在 20 世纪 80 年代初，IBM 意识到它需要利用供应商来提供核心组件，以便生产出比苹果二代计算机更便宜的替代品——苹果二代计算机是作为乔布斯和沃兹尼亚克成功推出的一代苹果计算机的继任产品。然后，IBM 把它的操作系统外包给了微软，又把它的微处理器外包给了英特尔。这样，竞争就开始了。如果仔细分析价值链，IBM 能够把它的产业模块化。以微软为例，IBM 使得微软可以把它的操作系统卖给任何想要使用它的企业，而英特尔也可以为各种企业开发满足许多产品的集成电路。这样，这些企业就可以取得更大的规模经济利益。

2. 苹果公司的调整

苹果公司在许多方面针对需求进行了调整，而整个消费类电子行业也是如此。苹果公司的优势在于设计消费者需要的新产品。然而，苹果公司意识到它要做的不应该局限于计算机。的确，苹果公司不是仅仅坚守于个人计算机领域，还开始延伸到各种移动通信和媒体设备、便携式音乐播放器、软件和云存储领域。苹果公司的产品包括 iPhone、iPad、Mac、iPod 和苹果电视，同时还设计和制造自己的产品。受如三星等市场新进入者的推动，苹果公司不断地推出酷炫的产品。但是，苹果仍然以新观念、新产品、史蒂芬·乔布斯的力量以及在他去世之前所创建的组织而闻名。

最大的挑战在于如何制造涉及范围如此之广的产品。苹果公司在加利福尼亚州的弗里蒙特（Freemont）、爱尔兰的科克郡（Cork）和新加坡建立了组装厂，使用的是由其他企业提供的组件。2012 年，苹果公司甚至宣布"回岸"（Reshoring）或者通过投资 1 亿美元建立新工厂，来把部分 Macs 计算机组装业务带回美国。尽管苹果不再自己制造计算机组件，但它从供应商处购买，即利用所谓的供应链。苹果公司决定让其部分生产业务"回岸"，部分原因在于能源成本的降低、如中国等国家工资的不断上涨、美元的贬值、质量控制问题以及靠近美国这个大市场。然而，这并不是苹果公司对其所有产品生产方式的主要转变。

3. 合同制造的兴起

苹果公司使用的大部分组件来源众多，但是有一些来源单一且有限，以致造成了一些供应问题。当苹果使用了一些并不广泛应用于这个行业但仅适用于它的产品的定制组件时，这个供应问题的确尤为突出。众所周知的富士康科技集团，即鸿海精密工业公司的出现正好与苹果公司寻找可靠供应商的时机相契合。富士康由郭台铭于 1976 年在中国台湾设立，而同年苹果公司也正式设立。郭台铭立志结合他的机电专长利用低成本的解决方案来增加电子产品的可购性。为此，郭台铭从母亲那里贷了 7500 美元来开办公司。起初，他给雅达利（Atari）提供部件，然后前往美国与美国企业建立关系。他取得订单的公司之一就是 IBM，那时恰好是 IBM 的供应链从垂直型变为了水平型、从单一的国内采购转向国际采购的时期。

当苹果公司在其新加坡的工厂进行产品组装时，采用了离岸外包的方式。换言之，苹果公司将工厂搬到美国海外的工厂进行产品组装。虽然工厂仍属于苹果公司，但它仍可能获得主要来自亚洲很多供应商的各种各样的零部件。苹果公司与富士康的关系是不同的。随着台湾工资水平的上涨，许多企业搬到了菲律宾和马来西亚。不过，富士康是在中国大陆投资的，最初是在深圳，随后又到了劳动力丰富且廉价的其他城市。有了国外更多的订单，富士康从台湾一家小小的公司变成了世界上最大的电子产品合同制造商，在中国的雇员超过了100 万人。

虽然富士康给世界各地各种各样的公司提供组件，但很明显，苹果公司是它的头号客户。事实上，当 2013 年头几个月苹果公司的第一季度业绩出现问题时，鸿海的股价也与其他类似的苹果供应商一样下降了14%。然而，当第一季度的业绩正式公布时，苹果公似乎做得很好，股票又涨回来了，并实现了盈利。这就是苹果公司与它的供应商之间的关系。

当史蒂夫·乔布斯的继任者、现任苹果首席执行官蒂姆·库克（Tim Cook）于 1997 年进入公司时，乔布斯请他负责厘清公司的制造过程。制造方面的问题以及过多的库存影响了苹果公司的利润和现金流，以至于公司没有足够的资金来投资新产品。库克致力于加强公司的制造能力，所以他与全亚洲的许多企业建立了稳固的供应商关系，其中就包括富士康。富士康作为苹果供应商的不同之处在于，苹果公司能够外包如上面提到的 iPhone 5 之类的整个产品，而不是仅仅采购组件再通过苹果公司自己的设备进行组装。苹果公司是把整个生产过程外包给作为合同制造商的富士康，而不是通过离岸方式在爱尔兰和新加坡制造产品。苹果公司设计了很高规格要求的产品，然后与富士康及其供应商进行合作，不断推出新产品。不过，富士康只负责苹果产品的生产和交付。现在，苹果几乎所有的硬件产品生产外包合作伙伴都在亚洲。大量的产品制造正在由少量的类似富士康一样的外包合作伙伴在一个个地方进行操作。其中的一些伙伴是组件的专门供应商，也是苹果公司许多产品的制造商。

虽然富士康成为一家非常值得信任的合同制造商，但苹果公司仍然努力工作以确保产品的质量，同时也确保那些组件就是它想要寻找的。苹果公司不仅要控制自己公司组装厂里的质量问题，还要确保在富士康生产的产品质量的过硬。苹果公司与富士康以及其他供应商之间稳固的关系也深受同行的美慕。然而，合同制造也存在问题。中国工厂的富士康员工问题就给苹果公司带来了公关方面的问题。富士康的工人们指责公司强迫他们在恶劣的条件下长时间工作，甚至有一些员工从富士康大楼跳楼自杀。因此，库克参观了中国的工厂，坚称富士康和其他供应商必须遵守中国的劳动法，甚至要求执行高于国际标准的员工安全保护。苹果公司是第一家加入公平劳工协会（Fair Labor Association）的科技公司，

而且它从 2007 年开始就发布员工工作条件的审计结果。2012 年，苹果公司列出了为其制造产品提供零部件和其他服务的 156 家公司的名称。任何把外包公司设在发展中国家的公司都会面临类似的挑战。对于苹果这样的公司来说，有必要确立更高的期望、加强遵循监督并做好对利益相关者的信息披露。

4. 供应链的最后环节

除了设计和制造高质量的产品之外，苹果公司还需要关注供应链的最后环节，即市场营销。曼迪·萧在决定购买 iPhone 时，她有很多的选择。苹果公司通过其零售商店、网上商店（曼迪·萧的选择）、直接的销售队伍、第三方手机网络运营商、批发商、零售商和增值零售商在全球各地销售它的产品。例如，2011 年，苹果公司在上海开设了零售商店，它也是当时苹果公司在中国开设的仅有的两家专卖店之一。截至 2013 年，苹果公司在中国开设了 8 家专卖店，其中有 3 家在上海。此外，苹果公司通过各种渠道来销售数字内容，包括 iTunes 商店。不管怎样，苹果公司要做的关键是要把产品从生产点最终交到消费者手中，而且超过 50% 以上的消费者是在美国本土之外的。显然，苹果公司生产的全球地理分布有助于维持其在消费电子产品行业的持续增长和领先地位。

思考题

1. 虽然苹果公司最初的采购物流（Inbound Logistics）与其自己控制的计算机装配有关，但后来又转变为让供应商购买原材料并与合同制造商一起负责大多数的生产以及最终产品的装配。苹果公司为什么要这样做？它会面临哪些主要挑战？

2. 苹果公司的主要合同制造商富士康是迄今为止全球最大的 ODM/EMS 企业（原始设计制造商/电子制造服务商）。相比之下，作为三星手机主要制造商和组装商的美国伟创力公司（Flextronics）显然相形见绌了。2013 年，富士康一度考虑要开拓美国市场。如果真的这样，那么会对苹果公司形成怎样的挑战？

17.1 引言

按照绝大多数企业的观点，有效的供应链管理是企业降低成本并提高收益的最重要工具之一[2]。本章开篇关于苹果公司的案例就介绍了这些将供应商、制造商与客户联系在一起的供应链网络的情况。本章将探讨各种供应链网

络，同时考察有效的全球供应链的各个环节。如图 17-1 所示，有效的全球供应链战略的核心在于运作。这里主要从以下视角来讨论全球供应链中的国际因素，涉及从资源投入到运作再到最终交付客户的全部流程：采购职能与供应商网络的上游流程；生产运作策略；信息技术在全球供应链管理中的作用；包括质量、全面质量管理与准时存货管理在内的运作管理；包括有效运输网络在内的下游流程。

这里需要注意的是，无论是服务业还是制造业，有效管理供应链都同样重要。关于苹果公司的案例 17-1 描述了传统厂商供应链战略的发展轨迹；而章末关于 Nok- ero 公司的案例 17-6 则涉及低成本产品的制造，集中关注的是如何在全球范围内提供既富有成本效益又体现环境友好的服务产品——照明灯。

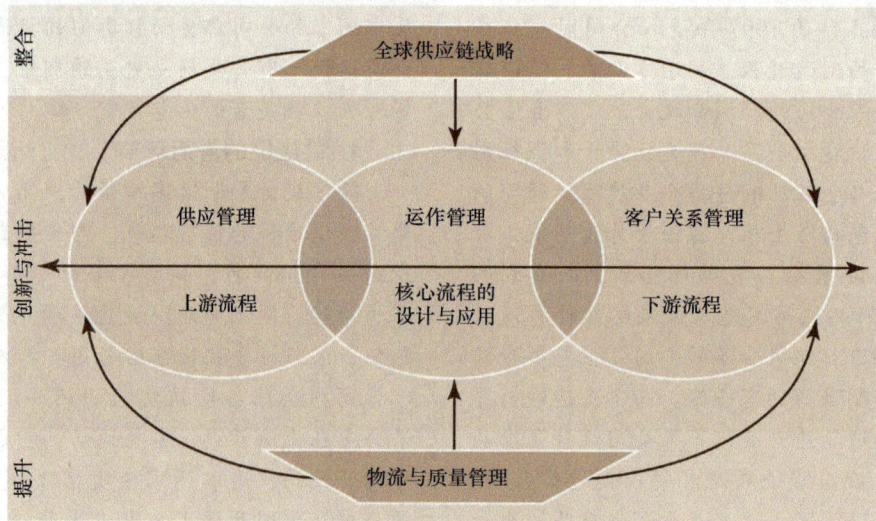

图 17-1 整合的供应链与运作模式

资料来源：Tom Foster, Jr.

● 什么是供应链管理？

供应链（**Supply Chain**）就是将价值链（参见第 11 章中的定义）的各个环节联系在一起，并对从最初的原材料供应商到最终消费者的整个流程中的材料、信息以及资金进行协调的网络[3]。按照供应链管理专业委员会（Council of Supply Chain Management Professionals）的定义：

供应链管理包括有关采购、生产和物流的一切活动的计划与管理。更为重要的是，供应链管理还包括与渠道合作伙伴的协调与合作，而这些渠道合作伙伴包括供应商、中间商、第三方服务提供商和客户。从本质上讲，供应链管理整合了企业内部及企业之间的供给和需求的管理[4]。

供应链管理（**Supply-chain Management**）是指发生在企业外部的价值链中的活动；而**运作管理**（**Operations Management**），也被称为**物流管理**（**Logistics Management**）通常是指企业内部的活动。例如，丰田汽车把零部件组装成汽车。这里的组装就是公司业务运作的一部分，供应链负责把零部件送到工厂，并将最终产品交付给世界各地的消费者。

供应商可以是企业组织结构的一部分，如纵向一体化企业中的供应商；当然，供应商也可以是独立的。事实上，直接供应商往往拥有自己的网络。例如，作为苹果公司的合同制造商，富士康就拥有自己的供应商网络，参与了富士康在中国境内工厂的苹果公司产品的制造。在全球化背景下，供应商可以位于生产或组装业务的所在国，也可以位于其他任何地方，再通过海运将材料运送到最终的组装工厂或中间存储点。制造环节的产出可以直接发送给客户或仓库网络，然后直接销售给最终客户，或是经由经销商、批发商或零售商再销售给最终客户。在供应商的网络之下，生产的产品既可以在国内出售也可以在国外出售。

绝大多数的跨国公司都拥有出色的供应链网络管理能力。这方面的案例在世界各地都存在，如苹果（美国）、乐购（英国）、三星（韩国）、诺基亚（芬兰）、丰田（日本）、H&M（瑞典）以及飒拉（西班牙）等公司。本章所研究的企业可以说都是将设计师、供应商、分包商、生产商和客户联系在一起的全球网络的一部分。供应链网络覆盖面相当广泛，主要是通过网络内企业之间的相互联系来进行协调的[5]。

17.2 全球供应链战略

在本章开篇的案例 17-1 中，苹果公司将制造厂设立在中国，主要考虑的是中国的区位优势（明显廉价的劳动力及相关成本）。另外，苹果选择通过与其未来的合同制造商富士康建立协议来进入中国市场。这样，苹果公司就可以专注于经营其特有资产（创新、产品开发及市场营销）；而且，通过把价值链上的更多的业务转移给富士康，苹果公司就避开了进行纵向整合的要求，从而提高了经营效率。

当然，苹果公司并不是将其制造业务进行外包的唯一企业。事实上，此类例子可谓比比皆是。例如，耐克将其制造业务进行了外包，仅仅保留了最基本的设计及营销业务；美泰（Mattel）并没有选择在中国设立自己的工厂来制作芭比娃娃，而是将制造业务外包给一家在中国内地有投资的美国企业；麦当劳快乐餐或者汉堡王的一些玩具也同样分包给了中国香港的一家制造商。正如第 18 章所介绍的，H&M 选择从欧洲和亚洲的外部供应商处采购其所有的时尚商品，而不是通过纵向整合来建立自己的工厂。

● 供应链战略的影响因素

供应链战略中唯一同时适用于制造与服务的环节就是**运作**（**Operations**），即把投入转化为产出的环节。全球经营战略的成功与否取决于四个方面的关键因素：相容性、布局、协调和控制[6]。

1. 相容性

这里的相容性是指企业的国外投资决策与其竞争战略之间的一致程度。例如，苹果公司清楚，虽然直接制造在最初很有必要，但公司的战略决定了它在创新及经销方面会有更高的效率。企业在考虑其整体战略与运作业务是否一致时，必须考虑以下几个因素：

1）成本效率——降低运营成本。

2）可靠性——企业在产品、交付以及价格承诺方面的可信任度。

3）质量——性能可靠、服务优质、交货及时以及维修有保障。

4）创新——开发新产品、提出新理念的能力。

5）灵活性——生产流程适合生产多种产品，并能进行产量调整[7]。

（1）成本效率策略。成本最小化策略（Cost-minimization Strategies）以及寻求全球效率的动机都会促使跨国公司常常通过在劳动力较低的地区布局生产来达到制造方面的规模经济。这也是许多跨国公司在成本较低的新兴市场开展生产运作的主要原因，而这样的对外直接投资常常被称为**离岸制造**（**Offshore Manufacturing**）或

"离岸经营"（这里同样包括服务业和制造业）。

（2）总成本分析。在运用成本最小化策略时，企业常常会忽视离岸经营中的一些重要因素以及增加的费用，如运输距离、额外库存、政治和安全风险以及受过教育的熟练工人的可获得性。换言之，在决定向国外采购时，企业应该考虑的是促成战略实施的总成本，而非只是购买成本。

总成本分析（Total Cost Analysis）考虑了如库存、运输及处置库存之类的拥有成本。有时，工资成本可能只占总成本的很小一部分，所以在国外雇用廉价劳动力并不能有效节约资金。例如，耐克决定雇请旧金山的一家小承包商来生产部分定制产品，尽管每小时 15 美元的工资是中国的 20 倍，但将产品从地球另一端运送到美国的管理成本以及缺货和持有高库存的风险就使得在中国制造的总成本就比较高了[8]。

（3）可靠性策略。除了成本因素外，其他许多因素也必须加以考虑。随着客户对产品可靠性（Dependability）和及时交付需求的日益增加，包括戴尔电脑公司（Dell Computer）在内的许多企业开始把工厂设在靠近客户的地方，而不是单纯地设在低工资地区。如果较长的供应链有延迟交付零部件或成品的风险，那么缩短距离就可以有效地提高可靠性。

（4）创新与质量策略。许多企业越来越注重创新及质量。创新方面的事例之一，就是被称为 3D 打印的新技术。与墨盒打印机不同，3D 打印机中填充的是如塑料和钛之类的材料。在计算机上创建好蓝图之后，只要按下打印键，打印机就会一层一层地生成需要打印的对象。此类打印机可以代替机器生产，不仅能减少浪费，而且有更多的机会来定制产品[9]。在第一次投资国外以利用廉价劳动力时，企业常常不太关注创新问题。不过，随着越来越多离岸研发设施的建立，企业的离岸经营逐渐走出了低端制造的模式。

质量问题很重要，后文将做更为详细的讨论。只要国外运作能够确保产品的高质量并能坚持创新，企业就会不断地增加在国外的运作。然而，离岸经营与外包需要与合作伙伴的密切配合以确保产品的高质量，这一点对任何行业而言都是真理。但正如案例 17-1 所揭示的，电子产品行业尤其如此。

（5）灵活性策略。企业必须对各国的市场差异做出响应或展现出灵活性，而这又会促使通过区域性制造来满足当地市场的需要。不过，企业不大可能在同一地点生产所有商品，然后销往世界各地。例如，联合利华旗

下的和路雪（Wall's of Unilever）在中国制作冰淇淋，从而能开发出符合中国市场独特需求的产品，同时还生产如梦龙（Magnum）和可爱多（Cornetto）这样的全球品牌。但根据和路雪的发现，当冬季市场需求下降时，它仍可以生产一些全球品牌并销往正处于夏季的南非和澳大利亚，这样就可以充分利用其剩余的产能，从而降低在中国市场之外市场的成本[10]。然而，撇开灵活性不谈，衡量体系、时区以及问题解决方法等方面的差异也会增加供应链不必要的复杂性。

（6）策略的调整。一旦企业的竞争战略发生调整，其制造策略也会随之调整。事实上，企业针对不同的产品线会采用不同的策略，具体取决于各自的竞争优势。例如，前几年为了降低产品的成本和复杂度，芬兰手机制造商诺基亚设计出了零部件较少的手机，而且各种型号的手机采用相同的组件。这些举措使得诺基亚维持了在低端手机市场17%的利润率以及高端手机市场19%的利润率，而这样的业绩对于竞争激烈的手机市场而言已经相当可观了[11]。在苹果公司意识到必须通过控制成本来保持市场竞争力后，就将其纵向一体化的经营模式逐渐转变为依赖合同制造商来管理材料流动和硬件制造的经营模式。

以高质量为骄傲的丰田公司一直依赖在日本丰田市的制造。这样，丰田就比较靠近其供应商，既能确保产品的高质量，又能秉承公司的制造策略。然而，针对新兴市场的需要，丰田运用统一的低成本平台，开发了系列家庭用汽车。为了保持足够低的价格以便在发展中国家取得竞争力，丰田放弃了从日本工厂采购关键零部件的传统做法，转而在如南美洲、非洲、东南亚等低工资地区设立生产这些零部件的工厂，从而使成本降低了20%~25%。诚然，丰田的管理者担心企业会失去对质量的控制。事实上，丰田由于重大问题而面临召回便是这方面的一个真实例子[12]。许多人认为，汽车制造商抢占全球市场份额的动机带来的是产品质量和安全方面的牺牲。

2. 生产布局

在制定全球性制造策略时，跨国公司必须考虑以下三种基本的生产布局方式：

（1）集中制造（Centralized Manufacturing）。从本质上讲，集中制造策略就是"生产并出口策略"（Manufacture-and-export Strategy），针对不同市场提供标准化的、低价格的产品选择。集中制造策略在新开始做出口业务的企业中非常普遍，而且通常是在母国进行制造的。就昂贵产品（如飞机）的生产项目而言，规模生产非常重要，而且各国市场因为没有消费需求也不存在当地化的

必要，所以在母国集中制造就很有必要了。例如，本章章末案例将详细介绍的Nokero公司是一家总部在美国的企业，该企业在中国的工厂生产太阳能灯泡，然后出口到世界各地。又如，苹果公司的每一台iPad以及大部分的iPhone都是由在中国的富士康集团统一制造并销往世界各地的。

（2）区域制造（Regional Manufacturing）。区域制造工厂面向的是该区域的客户。例如，新秀丽（Samsonite）起初在欧洲经营，其生产工厂设在比利时；丰田的主要业务面向发展中国家，其生产工厂设在发展中国家。戴尔在巴西组装计算机，然后出口到南美洲的各个国家；因为戴尔并不在每个销售所在国组装计算机，所以也属于区域制造的一个例子。

（3）多国制造（Multi-domestic Manufacturing）。如果各国的市场出现扩张，尤其当这些市场的需求明显夸张时，企业可能采用多国制造策略。这样，企业就可以就近为客户生产产品，可以通过利用特定国家的生产设施来满足当地的需求[13]。第二次世界大战之后，荷兰的电子产品生产企业飞利浦公司（Philips）就采用了这种方法。当时欧洲各国纷纷设置了市场进入壁垒，为了维持其原有的市场份额，飞利浦只得采取在各国开展生产的方式。随着贸易壁垒的减少，企业自己在各国设立工厂的必要性就随之下降。不过，一国的规模大小仍然会影响企业是否在该国布局生产以供应当地市场。除非跨国公司在各国都有自己经营的设施，否则必须把其出口与制造业务进行整合。事实上，跨国公司会选择根据其产品策略来综合运用这些方法。

离岸制造（Offshore Manufacturing）。一旦企业决定在母国之外的市场生产，那么就是在开展离岸制造，就像苹果公司在爱尔兰的科克郡和新加坡建立生产设施一样。随着远东地区，尤其是在中国台湾和新加坡，电子产品生产企业的陆续建立，20世纪60—70年代见证了离岸制造的快速发展。因为劳动力成本很低，廉价的材料和组件很容易获取，而且接近市场，所以这些地区极具吸引力，甚至连运动鞋市场也从美国转移到韩国及中国台湾。然而，随着韩国人工费用的上涨，生产流程逐渐转移到其他成本较低的国家，如印度尼西亚、马来西亚、泰国和越南。例如，比亚乔（Piaggio）本来可以在意大利生产黄蜂牌（Vespa）摩托车，然后出口到越南，但在越南制造似乎更为有利，毕竟在越南生产的成本更低，运输和关税更容易控制，而且产品的市场需求也更大。

中国尤其成为制造业的首选地点。作为世界工厂，

中国制造业不仅产量大，而且涉及的范围广泛，从而对全球如纺织品、电视机、家具、汽车配件、手机等产品形成了通货紧缩的压力。作为全球最大的制造国，中国占 2011 年全球制造业市场份额的 20%，位列美国、日本、德国和意大利之后。这是自 1991 年以来的首次大飞跃，当时中国的世界排名仅仅是第八[14]。20 世纪 80 年代，许多跨国公司开始在中国建立自己的业务，以便充分利用中国市场庞大的人口和不断增长的需求。

包括箱包制造商新秀丽在内的众多企业发现，在中国进行产品制造可以获得更高的成本效益，而且生产出的产品不仅可以针对中国市场，而且可以出口到世界上其他国家。近来，新秀丽已将大部分的制造业务转移到印度。正如章末案例 17-6 所介绍的那样，Nokero 公司把太阳能灯泡的生产业务布局在中国深圳，而其他企业，如惠普（Hewlett-Packard）、微软和摩托罗拉，已经不只是单纯地将制造业务外包到中国，而是直接在中国建立研发中心；IBM 和通用汽车甚至将中国作为其全球采购业务的中心[15]。

此外，有些国家常常会专业化生产某些零部件或最终产品，即所谓的经营合理化（Rationalization）。20 世纪 80 年代，当新秀丽在法国的海宁博蒙特（Hénin-Beau-mont）新开了一家工厂来制造豪华行李箱（Prestige Attaché）及其他部分产品时，就有能力将生产设施从比利时的奥德纳尔德（Qudenaarde）搬离，而该地继而可以集中于其新的牡蛎产品线。借助这种让特定工厂专业化生产特定产品的策略，新秀丽最终可以把所有产品集中出口到欧洲的仓库；然后，新秀丽就可从该仓库把整个产品线分销到欧洲各地的零售商。随着生产规模的扩大，企业的选择通常是让一家工厂负责某些产品的专业化生产，而不是让一家工厂生产全部的产品线。

3. 协调与控制

协调与控制可谓相得益彰。协调（Coordination）是指将不同的活动联系或整合到一个统一的系统中[16]。协调活动包括了沿着全球供应链的一切活动，从采购到仓储再到出货装运的所有环节。在安排制造布局时如果没有考虑到这些问题，那么协调供应商关系及物流活动就会比较难。

一旦企业决定了所要采用的生产布局策略，那么就必须采用某种控制系统来落实其生产布局策略。控制可以是对业绩的衡量，从而企业可以恰当地应对环境变化。控制结构的另一方面就是第 15 章中详细讨论的组织结构问题。

17.3　供应商网络

图 17-2 有助于人们更好地理解全球采购与生产策略。**采购（Sourcing）**是指为生产获得所需投入（原材料及零部件）的过程。图 17-2 按生产过程的各个阶段（原材料和零部件的采购、最终产品的生产和装配）给出了基本的经营环境选择（本国或国外）。全球采购是物料管理过程的第一步，包括采购、库存管理以及供应商、制造商和客户之间的运输。图 17-2 是图 17-1 的简化版，对采购、运作以及销售的国内与国际选择进行了专门的对比。从供应商网络的角度来看，汽车公司的例子最能说明问题。福特汽车的一些车型直接在墨西哥的埃莫西约（Hermosillo）组装，然后装船发送给美国的最终消费者。多年来，其中一些车型都是由日本的马自达汽车公司设计并部分采用了日本的零部件。美国生产的零部件被运往墨西哥进行最终组装，然后再销往美国和墨西哥。就墨西哥的组装而言，零部件部分来自美国，部分来自日本，还有一小部分来自墨西哥本土。不过，福特与马自达之间的联盟成了全球金融危机的牺牲品，而且两家公司基本上已经分道扬镳。

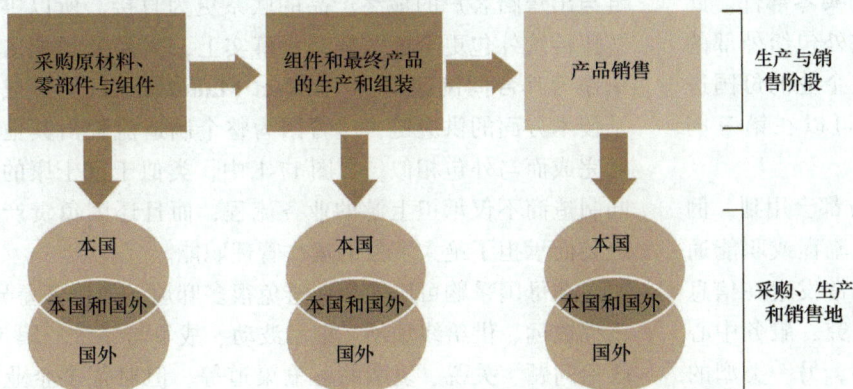

图 17-2　全球采购与生产策略

如果企业把采购原材料、零部件或组件作为其全球策略的一个职能，那么就需要做出某些关键性决定。例如，企业可能会选择从本国采购组件，再在国外进行组装，然后把最终产品出口到本国市场或国外市场，或同时出口到本国与国外市场。

案例 17-2

一条全麦白面包

虽然全球采购往往与高科技和复杂产品有关，但这个过程甚至会影响到我们每天使用及消耗的低成本产品。例如，美国的莎莉集团（Sara Lee）为了生产全麦白面包，需要从多家供应商处采购原料，而且接近1/3的供应商来自国外。其中，面包保湿所需的粉末状瓜胶（Guar Gum）来自生长在印度的瓜胶植物的心皮。丙酸钙（Calcium Propionate）是一种粉末状的防霉剂，虽然有好几个国家生产，但莎莉集团从荷兰采购。对于作为天然甜味剂的蜂蜜，莎莉集团从美国、中国、越南、巴西、乌拉圭、印度、加拿大、墨西哥和阿根廷采购。除了美国之外，莎莉集团也从其他几个国家采购产品，毕竟美国供应商常常会断货。营养强化面粉来自中国，主要用于补充加工过程中失去的维生素。由于行业的整合，营养强化面粉的供应商数量有限。β胡萝卜素是一

种人造色素，用于为面包和面包皮上色，尽管许多国家都生产这种色素，但莎莉集团只从瑞士采购。维生素D3则从中国采购。而麦麸的供应国家有好几个，包括法国、波兰、俄罗斯、荷兰和澳大利亚[17]。

莎莉集团的原料来自全球各地，因此企业必须仔细管理其供应链，确保原料的供应做到及时、安全和高品质。为此，莎莉集团将之前分散的原料采购业务整合为集中采购，归口集团总部被称为"神经中枢"的单一业务部门管理。而且，莎莉集团的专职采购人员需要随时关注气候状况、大宗商品的市场走势以及能源的价格。有时，他们也要与莎莉集团的众多基层供应商进行密切沟通与合作，甚至需要对供应商的业务进行投资，以确保其产品符合美国的食品安全标准[18]。

17.3.1 全球采购

在《世界是平的》（The World is Flat）一书中，作者提到了三个与本节讨论有关的平坦化趋势：外购的平坦化、离岸经营的平坦化以及供应链的平坦化。其中，离岸经营的平坦化在前面已经做了讨论，它与企业的制造布局相关，即企业可以借此决定如何在全球各地建立制造实施。一旦企业决定离开本国去国外生产，那么企业就在从事"外包"经营。例如，苹果公司将其部分制造业务转到爱尔兰科克郡一家工厂的做法就是外包。在图17-2中，在国外生产和组装组件和最终产品的决定就是外包的决定。

在采购方面，企业可能会在内部制造零部件。当然，企业也可以向外部（无关联的）制造商购买零部件。此外，企业还可以在内部组装自己的产品或外包给外部的企业；零部件制造和最终产品组装可以在企业的母国进行，也可以在产品的销售国进行，甚至可以在第三国进行[19]。

采购（Sourcing）这个术语在很多地方都会用到。例如，外包（Outsourcing）是指企业把某个流程或职能通过外部化转移到另一企业的情形。外包最常发生在信息技术部门，但也被应用于其他领域，如研究、服务中心甚至会计与税收部门。除了离岸制造以外，另一类型的外包是指企业将其一部分业务流程移出本国，但同时又

将该职能内部化，而不是外包给另一企业的情形。例如，有的企业会将自己的研发机构设立在另一个国家，如美国的会计师事务所将其从事税收事务的分支机构设立在印度。外包可以是国内也可以是海外的。有时，整个业务流程可以运往海外并通过聘用当地人才来完成，而国内从事该业务上工作的人并不一定要去海外。当然，他们可能会被企业重新安置或被辞退。

此外，可以从供应链的平坦化趋势来分析外包。换言之，企业决定将其零部件、组件或产品甚至生产外包给外面的企业。例如，沃尔玛从国内外多个外部供应商处采购产品。又如，丰田汽车公司从日本的零部件生产商电装（DENSO）等外部企业那里采购零部件。与传统外包稍有不同，供应链更着重于业务流程；但由于供应链与出售给客户的最终产品的联系更为直接，所以供应链比传统外包更全面、复杂。事实上，苹果公司把富士康作为其**合同制造商**（Contract Manufacturer）形成的是技术方面的供应链，尽管因为整个制造流程由其他企业完成而与外包相似。在图17-1中，类似于富士康的合同制造商不仅承担上游的业务流程，而且还因负责产品组装而承担了绝大多数的运作管理职能。

在母国采购可以使企业避免很多麻烦，如语言差异、路程遥远、供给线烦琐、汇率波动、战争与暴乱、罢工、政治问题、关税、复杂的运输渠道等。但对很多企业来说，国内采购无法实现，或者要比国外采购更贵。在日

本，国外采购很有必要，因为全国几乎全部的铝铝土矿、镍、原油、铁矿石、铜和炼焦煤以及大约 30% 的农产品都要靠进口。日本贸易公司是专门为了获取那些支援制造业所需的原材料而成立的。

宝洁发现，从国外多家供应商处采购化学品对于灵活应对全球环境下的能源价格波动很有必要。通过分散化其化学供应商，宝洁就可以根据不同地区能源价格的变动情况调整从不同供应商处的采购[20]。

1. 进行全球采购的原因

企业会基于以下原因而实施全球采购战略：

（1）降低成本（利用廉价劳动力、宽松的劳动规定以及较低的土地价格和设施费）。

（2）提高质量。

（3）了解全球技术发展情况。

（4）完善物料交付流程。

（5）用国外供应商来补充国内供应商，从而增强供应的可靠性。

（6）获取可能出于技术规格或产品功能等原因而只能从国外取得的物料。

（7）在外国市场取得立足之地。

（8）满足对冲方面的要求。

（9）对竞争对手的离岸采购行为进行响应[21]。

这些原因类似第 14 章中所讨论的外商直接投资的利益。无论供应商是企业所属的还是独立的实体，跨国公司都可以利用国外的区位优势。

但在有些方面，全球采购的成本会高于国内采购。例如，交通和通信成本会增加，而且企业可能还得支付中介费和代理费。鉴于供应链长度的增加，企业通常需要等待更多的时间才能从国外获得组件，这样交货期就会变得不太确定。这个问题也会导致库存持有成本的增加，转而增加了生产工厂准时获的组件的难度。如果收到的进口零组件存在问题，那么就需要返工，单位成本就会上升，而且有些组件可能还要运回供应商那里。

2. 对全球采购的担忧

对全球采购的担忧之一就是质量与安全问题。2013 年 4 月，孟加拉国的一家服装厂发生倒塌，导致 1000 多人遇难，而孟加拉国是全球仅次于中国的第二大服装出口国。该工厂的许多服装要供应给那些推动"快时尚"行业快速发展的企业，如西班牙的飒拉和芒果（Mango）等知名品牌。虽然工厂大楼的墙壁和地基已经出现了裂缝，但政府还是大开绿灯，同意工厂进行运营。现在，每家零售商在购买类似该倒塌工厂所生产的产品时，都

会先弄清楚如何更好地选择供应商，或者要求供应商披露其保护工人的情况。随着美国政府宣布因孟加拉国劳工保护不力而取消其优惠贸易待遇，一些美国企业，如沃尔玛和盖璞，准备设立一项 5000 万美元的基金，并计划在五年内改善孟加拉国服装厂工人的工作条件。然而，在孟加拉国，人们愤怒的是政府未能执行安全规定，而不是那些购买所生产服装的企业。

应对这些问题的一大挑战就是要确定问题的源头。鉴于供应链已经变得非常冗长且复杂，买家无法确定原始生产商是谁[22]。第 10 章介绍了宜家面临的问题，即因为在印度和巴基斯坦购买了那些雇用童工的供应商生产的地毯而被指控剥削童工。为此，宜家只好投入更多的努力去弄清楚供应商的所作所为，并要求它们提高雇用标准，以解决滥用童工问题。

此外，企业还必须关注那些可能影响其商品来源国的自然灾害。2011 年，日本遭遇了地震和海啸的袭击，从而严重影响了那些依赖受灾地区工厂所生产产品的企业。汽车行业所遭受的冲击尤其严重。包括通用汽车、标致雪铁龙和福特在内的很多汽车制造商都要使用日本日立生产的气流传感器，而日立在灾难中遭受了巨大的损失。其他零部件，如用于监测燃料的液晶芯片，也很难得到。据估计，"全球大约有 1/3 的汽车生产将出现停工"。汽车制造商很快意识到，因外力不可控因素，汽车生产的供应链会快速中断[23]。

17.3.2　主要采购业务的布局

1. 纵向一体化

纵向一体化（**Vertical Integration**）是指企业拥有完整的供应网络或者至少拥有大部分供应网络的情形。例如，苹果公司在把生产外包给供应商并使用合同制造之前实施的就是纵向一体化。企业可能需要向外部供应商购买原材料，但它自己会生产其中最昂贵的部分。通过纵向一体化，企业就可以把价值链的各个层面内部化，从而降低交易成本（寻找供应商、产出销售、合同谈判、合同履行的监控以及解决与无关企业的争端）[24]。

2. 产业集聚

基于**产业集聚**（**Industrial Clusters**）的外包也是降低运输和交易成本的方法之一。通过产业集聚，买家和供应商距离上的拉近有助于促进双方的业务往来。例如，戴尔电脑在马来西亚的多媒体超级走廊地区（Multimedia Supercorridor）设立了组装厂，其地理位置非常接近它的主要供应商。

3. 经连会

日本的经连会（Kiretsus）是由共同管理整个价值链的商品和服务流动的独立企业所组成的集团[25]。丰田建立的高度协调的供应商网络就是这方面的一个成功例子，当然也是产业集聚的一个成功的例子。经连会接近于纵向一体化，因为零部件供应商似乎都会在丰田装配厂附近开设店面，而丰田也会持有供应商的部分权益。集团内企业之间的信任关系使得这些企业从设计阶段开始就紧密合作，经常共享专利技术；而且在研发新技术时，允许集团企业享有优先取舍权。当法国雷诺购买经营艰难的日产之时，企业集团开始解散，而新老板也解散了日产企业集团，转而采用开放式投标。丰田在一定程度上做了跟进。鉴于钢铁成本走高以及日元走强所致的全球市场的变化以及价格压力，丰田被迫重新审视其精心建立的在日本的供应商网络，并要求这些供应商在成本上必须向中国供应商的便宜的标准看齐。如果供应商不能达到足够低的定价，那么丰田只得去日本境外寻求供应商了[26]。

17.3.3 自制或外购决策

就生产业务而言，跨国企业的管理者面临着许多很难抉择的自制或外购决策：哪些业务应该由企业内部来完成，而哪些业务又该分包给外部独立的企业？如果选择了分包经营，那么企业还要决定这些业务的经营是布局在国内还是国外？这些策略的制定就涉及三个方面的平坦化趋势：外包、离岸经营和供应链。

在制定自制或外购决策时，跨国公司专注于影响其产品的那些关键零部件的生产，而且跨国公司尤其擅长生产这些。如果供应商有明显的比较优势，如规模更大、成本结构更低或绩效动机更强，那么企业就会外包这些零部件。此外，跨国公司也可以把外包当作对表现不佳员工的威胁信号：要么改善业绩，不然工厂就要搬迁到其他地方[27]。跨国公司必须判断潜在供应商相比自己在设计和制造方面的能力。如果供应商有明显的优势，那么管理层需要决定与最好的供应商合作的成本以及是否值得这么做。

◆ 观点交锋

企业是否应该外包创新？

➤ 正方观点：

应该。如果企业能在波涛汹涌的高科技和电子行业中保持专注并做到定位准确，那么它就应该进行外包创新流程。越来越多的企业已经认识到这样做的好处。与此同时，供应商开始承担的责任主要包括：样品的设计和制造、将样品转换为可加工产品、对成熟产品升级、开展质量测试、制作用户手册以及选择零部件供应商。笔记本电脑 65% 的设计以及掌上电脑 70% 的设计都是外包的。如戴尔、摩托罗拉和飞利浦等许多企业从亚洲的开发商那里购买已完成的设计，甚至连波音公司也与印度的企业合作开发波音 787 梦幻客机的软件。

那些愿意将研发及技术设计外包出去的企业可以获得大量的成本节约。尽管创新是保持竞争力的关键，但越来越多的企业发现自己内设研发团队所取得的成果并不值得进行大规模投资。因此，在面对苛刻的客户以及让企业盈利受损的残酷竞争时，管理者必须找到降低成本或者提高研发效率的方法。

外包是一种可行的解决方案。相比自己内部开发，直接买入设计方案可以为企业节省成百上千万美元。例如，运用预先设计好的手机平台比起从零开始的开发——需要花费 1000 万美元并聘请 150 名工程师——可以使成本下降 70%。此外，零售商和客户的需求以及不确定的未来市场趋势要求企业开发昂贵的系列产品型号。第三方开发商更有能力来处理这些费用，不仅可以将成本分摊到更多的买家头上，而且有能力根据单个的基础设计来开发各种型号的产品。

外包也有助于更快地把产品推向市场，毕竟如何使产品在数个月内成为消费者乐意购买的对象对企业非常关键。惠普声称，通过与合作伙伴和供应商在设计方面的合作，如今将新的产品概念成为市场产品所需要的时间较过去减少了 60%。但也有批评者担心，企业将技术创新外包其实也是在将自己的竞争优势外包；不过，外包某些设计和开发流程可以让企业更加专注于自己真正的核心竞争力。事实上，只有极少数企业在计划完全撤销自己的研发力量，而大多数企业还是会继续坚持自己的研发工作。

任何企业都不可能靠其内部资源来经营全部业务事务。甚至连诺基亚（一家曾经以依靠自身力量开发一切为荣的企业）的首席技术官也指出："任何人都不可能掌控一切。"实际上，近期一项关于跨国公司的调查发现，几乎3/4的被调查者认为，可以通过与外部企业甚至竞争对手的合作来加快创新速度[28]。能够在未来生存下来的企业，必然是那些能够有效掌控全球合作伙伴及供应商网络的企业。

反方观点：

不应该。如果将研发、设计和开发工作外包，那么企业如何做到适可而止呢？如何确定什么是核心知识产权，什么是商品技术呢？事实是，外包可以使前者转化为后者，从而成为绝大多数人可获得的商品。例如，东芝通过与韩国芯片制造商的合作，开发了自己的DRAM内存芯片，使得组件背后的技术逐渐商品化。当然，东芝目前在努力保持自己的领先地位[29]。

竞争优势往往取决于能使自己区别于竞争对手的商业秘密。外包创新增加了将这些专有技术传递给供应商和合作伙伴，继而传递给竞争对手的风险。因为供应商很少只与一家客户合作，所以它们针对一家客户所做的研发很可能继续用于下一家客户。日本夏普公司面临的情况正是如此。夏普曾与供应商紧密合作，通过建立"第六代"工厂来生产更大的平板电视。不幸的是，其供应商同时也在与夏普的竞争对手合作。此后不久，这些竞争对手也相继建立了自己的"第六代"工厂。夏普现在采取了额外的预防措施，如为某些设备秘密重写软件，把机器的修理放在公司内进行而不是由供应商来修理等。然而，一切可能都太晚了，毕竟富士康在2012年购买了夏普10%的股份，而且还购买了夏普在日本的一家制造液晶显示器的工厂[30]。

供应商及合作伙伴也可能带走它们所分享的信息及技术，从而成为企业强有力的竞争对手。摩托罗拉雇请中国台湾的明基电脑（BenQ）来设计并制造手机。结果，明基开始在竞争高度激烈的中国大陆市场上以自己的品牌销售手机，导致摩托罗拉终止了合约。

与培养出新的竞争对手相比，更严重的后果是，企业会失去竞争优势和投资激励。虽然有人声称，将某些开发与设计工作外包可以使企业更加专注于新的创新技术，但更多的情况是，这样可能导致企业减少内部研发投资并懒于寻求未来的突破，而且会过于依赖供应商。波士顿咨询集团（Boston Consulting Group）的高级副总裁吉姆·安德鲁（Jim Andrew）就警告说："如果企业的创新靠的是供应商，那么企业自己的进步空间就没有多少了。"

对于高技术与电子行业的企业而言，如果将创新流程外包出去，那么就有丧失业务精华的危险，使自己成为别家企业的营销马前卒。此外，这样做也会给投资者传递不好的信息，使得投资者难以判断企业的内在价值——毕竟这种企业几乎没有真正的知识产权，而且其盈利所依赖的成功产品是通过支付许可费而获得的其他企业所开发的产品。

在过去几十年里，虽然制造外包带来许多好处，但外包创新给那些将外包视作成本节约捷径的高科技企业带来了巨大的潜在威胁。只关注眼前利益是目光短浅的表现。如果企业这样做，那么最终将丧失竞争地位以及在行业中的生存能力[31]。

思考题

既然苹果公司从富士康采购自己的手机及平板电脑，那么是否也应该让富士康来开发苹果产品的新技术，从而自身可以把更多的精力放在市场营销上？为什么？

17.3.4　供应商关系

供应商关系非常重要，但有时这种关系显得很复杂，尤其是那些试图进行全球供应商关系管理的跨国公司。正如约翰迪尔公司（John Deere）在其网站上所称的，迪尔的供应商来源广泛，代表着迪尔全球市场的多样性。为了与供应商维持良好的合作关系，约翰迪尔制定了供应商行为准则，并将该准则翻译成18种不同的语言。如果跨国公司在国外有着重要的供应商队伍，特别是在发展中国家，那么绝大多数的跨国公司似乎都会制定供应商行为准则。苹果公司2012年度的供应商责任报告重点关注的是对工人的赋权、劳工与人权、健康及安全、环境和责任。建立供应商行为准则是为了确保工人享有安全并符合伦理的工作环境。该报告讨论了包括审计程序在内的供应商责任，同时也披露了公司的17家最终产品组装厂，包括每家组装厂的供应商名单、组装的产品以及占其全球采购支出97%的前200家供应商。

当然，并非所有的供应商关系都像苹果与富士康那样合作顺利。有时，大客户会利用其强大的市场地位以及采购影响力，来对供应商提出额外的要求。多年以来，通用汽车一直要求美国的供应商每年使成本下降固定的百分比，然后将这些成本节约以更低的价格转移给通用汽车。随着通用汽车在中国产量的增加，有些美国的供应商迫于压力而选择在中国建厂以满足通用汽车的需要[32]。

跨国公司主要是根据各自的竞争策略、产品的性质、所面对的竞争环境、供应商的能力、与供应商的合作经历以及信任程度来建立供应商关系。在决定选择怎样的供应商关系最能满足其需要时，跨国公司必须考虑这些因素。

17.3.5　采购职能

采购代理是连接企业外包决策与其供应商关系的重要环节。正如企业开展全球化经营会经历不同阶段一样，采购代理的责任也会经历不同的阶段。通常情况下，企业达到全球采购阶段会经历以下四个阶段：

（1）仅有国内采购。

（2）根据需要开展国外采购。

（3）国外采购成为采购战略的一部分。

（4）全球采购战略的一体化[33]。

如果跨国公司从全球采购的整合和协调中取得了利益，那么就进入了全球采购战略一体化的第四阶段。这个阶段相比其他企业，如出口商而言，最适合跨国公司。

一旦采购成了全球化，跨国公司常常会面临采取集中化还是分散化采购的困境。跨国公司应该让各子公司来做出每个采购决策，还是由总部来集中做出全部或部分采购决策？分散化采购决策的主要利益包括：提高生产工厂对采购的控制力；更好地响应生产工厂的需要；更有效地利用当地供应商。集中化采购决策的主要利益包括：提高对供应商的影响力；获得更有利的价格；避免多头管理；有利于采购人员积累采购方面的专业知识；减少所需处理的订单数量；有助于通过采购来建立稳固的供应商关系[34]。

案例 17-3

伊莱克斯

瑞典的家电制造商伊莱克斯（Electrolux）实行的是全球采购战略。虽然 2009 年全球经济出现了衰退，但伊莱克斯主要通过削减成本而在当年的第二季度就取得了良好的业绩。其全球采购战略的一个方面就是在低成本国家开展离岸生产；另一个方面是降低人员成本支出；还有一个方面则是通过高效的全球采购来降低购买原材料和零部件的成本，从而降低采购成本和产品成本[35]。

如前所述，一旦企业的采购进入"国外采购成为采购战略的一部分"和"全球采购战略的一体化"阶段，那么企业会采取五种主要采购策略。按从简单到复杂（即国内与国外采购之间没有区别）排序，这些策略分别是：

（1）安排国内采购人员负责国际采购。

（2）利用国外子公司或业务代理进行国际采购。

（3）建立国际采购办公室。

（4）由专门的业务部门或单元负责全球采购。

（5）对全球采购进行整合和协调[36]。

17.4　信息技术和全球供应链管理

注重信息技术的综合型供应链策略是最为有效的，毕竟信息技术（IT）有助于快速高效的生产、熟练的库存管理、有效的供应商沟通以及客户满意度的提高。《世界是平的》一书中提到了流程软件的平坦化趋势[37]。这里的流程软件基本上涵盖了实现计算机相互合作的如 HTTP 之类的标准协议以及如 SAP 之类的业务流程软件，而流程软件总是供应链管理过程的关键。这里将讨论其中的一些协议及业务流程软件，同时也将考察基于技术平台的其他"平坦化趋势"在全球供应链管理中的重要性及其原因。

17.4.1　电子数据交换

全球信息系统得以运转的关键在于及时获得相关信息。例如，苹果公司建立了一个要求其所有供应商采用的企业间 B2B 门户，该门户完全允许供应商与苹果公司共享电子数据。许多企业运用**电子数据交换**（Electronic Data Interchange，EDI）把供应商、制造商、客户和中介机构连接起来，尤其是在食品生产和汽车制造行业，毕竟这些行业的供应商数量会大量增加。

在全球范围内，通过电子数据交换可以把出口商与海关连接在一起，以方便海关表格的快速处理，进而加快跨境交付。沃尔玛就是因为革命性地运用电子数据交换将其全球供应商与其库存订货系统相连接而闻名[38]。

17.4.2　企业资源规划与物资需求规划

影响全球供应链的下一波技术浪潮就是被称为**企业资源规划**（Enterprise Resource Planning，ERP）的信息技术软件包的应用。如甲骨文（Oracle）、Baan、仁科（PeopleSoft）以及德国软件巨头 SAP 等公司都推出可以进行后台整合（处理部分内部事务而不是应对客户的前台事务）的软件。虽然 ERP 软件在汇总企业内部信息与来自不同地区信息方面必不可少，但其问题在于无法配合客户以及无法开展电子商务。

物资需求规划（Material Requirements Planning，MRP）是对 ERP 软件的扩展。作为计算机化信息系统，MRP 用于应对复杂的库存情况，并能根据零部件用户的生产计划计算出对零部件的需求量。丰田汽车的零部件供应商电装公司就广泛运用 MRP 软件，并根据其供应丰田以外企业的生产进度来计算出对零部件的需求量。

17.4.3 无线射频识别

近年来，无线射频识别（Radio Frequency ID，RFID）浪潮可谓席卷技术领域。这种技术可以给产品贴上电子标签，从而存储和传输关于产品原产地、目的地以及数量方面的信息。当电子阅读器通过无线电波扫描该标签时，不仅可以重写或捕获这些数据，而且可以将它们传输到收集、组织、存储和转移数据的计算机网络数据库，而这些数据通常与 ERP 系统相连接。

通过这些实时信息，制造商、供应商和分销商就可以在产品的整个制造流程和运输网络内跟踪产品和零部件，从而大大提高整个供应链的效率和可见度。如果在拉斯维加斯机场使用 RFID 来追踪行李，那么就可以更精确地分拣和更好地跟踪行李，同时减少行李的丢失[39]。2003 年，沃尔玛规定，其顶级供应商必须在托盘层面采用 RFID 标签，而且预计可以通过提高供应链效率为整个零售业节省数十亿美元[40]。2010 年，沃尔玛宣布将尝试把可移动的"智能标签"贴在个人服装（如牛仔裤和内衣）上，这样员工就可以用手持扫描仪来确定货架上或仓库中的确切存货数量。虽然存在隐私方面的担忧，但放置在可移动标签或包装上的 RFID 标签并不像嵌入衣服中那样具有侵入性，而如果嵌入在衣服中，那么就有可能到处被跟踪了[41]。苹果公司甚至有一个 RFID 应用程序，它可以在 iTunes 上购买并下载到 iPhone 或 iPad 上，以便显示可标记项目的位置状态。

17.4.4 电子商务

另一波将全球供应链各部分连接在一起的技术浪潮就是**电子商务**（E-commerce）。例如，戴尔公司在爱尔兰的工厂为全欧洲提供定制个人计算机。通过服务中心或公司网站，客户可以向戴尔公司发送订单，随后公司就把对组件的需求转发给供应商；接着，货车就会把组件运送到工厂，并可在数小时之内运走组装好的计算机。当然，所有这些活动都可以通过互联网来完成。自沃尔玛将其基于 EDI 的基础设施从传统但昂贵的增值网络（VANs）转移到互联网上以来，这对全球数以千计的供应商来说都是一个好消息。现在，它们与沃尔玛的所有交易都是在网络上完成的，从而为跨国公司及其供应商节省了大量的成本[42]。

绝大多数的专家都认为，互联网已使全球供应链所有层面的通信发生了彻底的变化，尽管不同地区的速度并不相同。全球互联网用户数量已从 2000 年的 4.2 亿人升至 2013 年的超过 24 亿人，增长了 566%。亚洲地区的互联网用户多于世界上任何其他地区。但考虑到亚洲大量的人口基数以及互联网用户占总人口比例较小，未来亚洲地区的互联网用户数量应该还会显著增长[43]。

1. 外联网和内联网

戴尔公司为其供应商建立了一个**外联网**（Extranet），即可以通过互联网链接到其信息系统的链接（Linkage）。这样，供应商就可以组织生产和交付零件。只要链接到戴尔的客户数据库，供应商就可以跟踪需求变化；如果链接到订货流程系统，供应商就可以跟踪货物从工厂到客户门口的进程情况[44]。

互联网在全球供应链管理中的真正吸引力在于，它不仅有助于企业通过**内联网**（Intranet）实现内部流程的自动化和快速化，而且可以把效率利益扩散到其客户和供应商的业务系统[45]。这种新技术浪潮就是**私人技术交易所**（Private Technology Exchange，PTX），即通过互联网将制造商、分销商、增值转销商和客户聚集到一起进行买卖交易，并分享需求、生产、可获得性等更多信息的在线合作模式。

2. 数字鸿沟

全球供应链管理的挑战在于，虽然一些网络可以通过互联网进行管理，但其他的——尤其是在新兴市场——由于缺乏技术或网速太慢而无法管理。互联网的使用因地区和行业而异。北美地区要领先于欧洲一些国家，尤其是东欧地区至少五年，但却落后于亚洲地区，尤其是在某些关键性基础设施方面。北美地区在诸如计算与电子、航空航天与国防以及机动车辆等产业处于领先地位，但在工业设备、食品与农业、重工业和消费品等领域则相对滞后。

这种所谓的"数字鸿沟"（Digital Divide）也为如总

部在美国的纽蒙特矿业（Newmont）等企业带来了许多麻烦。纽蒙特一直试图对那些印度尼西亚的供应商实施订货和库存管理信息系统，但印度尼西亚的供应商需要在各个城镇通过租用计算机来上网，而且这些供应商的管理者常常是以前的农民，甚至有可能从未使用过电子邮件[46]。事实上，不无巧合的是，那些开展电子商务的领先者就是多年来在 IT——特别是在国防和机动车辆行业——进行了大量投资的投资者。

前面的讨论表明，信息技术有助于企业管理其全球供应链，但必须与其总体战略进行仔细的整合。因为信息技术具有高度技术性的特点，而且是企业业务线的支撑，所以往往很难以与企业战略保持一致。这一点在国际上尤其如此。毕竟在国际舞台上，来自不同国家的人员可能只习惯自己的 IT 系统，难以适应全球 IT 格式，但这种全球 IT 格式不仅可以让他们实现一定的规模经济，而且可以完全整合到总体战略中。

17.5 质量

对服务企业和制造商来说，全球供应链各个层面的一个重要方面就是质量管理。**质量（Quality）** 在这里可以定义为达到或超过客户的期望。更具体地说，质量就是指符合规格、有价值、适合使用、提供支持（由企业提供）和留下好的心理印象[47]。质量要求仔细设计产品或服务，并确保企业在制度上可以持续产生该设计[48]。例如，没有人愿意购买有很多漏洞的计算机软件，但获得软件并迅速进入市场的需要可能意味着必须尽力加快速度，待以后再来纠正错误。在航空产业，服务很关键。有些航空公司，如新加坡航空公司，已经开发出享誉世界的卓越服务——尤其是在努力吸引商务旅客时所具有的明显的竞争优势。

案例 17-4

汽车的品质

品质高低会对企业产生巨大影响。2001 年，福特汽车因其探险者的凡世通轮胎存在缺陷而损失了 10 亿美元。由于这样那样的品质问题，许多汽车制造商开始正视日本企业的生产方式，尤其是丰田，其生产的汽车具有更高的效率和更少的缺陷。在 21 世纪头十年的中期，丰田汽车突然加速造成的事故使得人们对其所谓的无缺陷声誉产生了怀疑。虽然没有发现问题的最终来源（包括可能的驾驶失误），但这也是诸多缺陷中丰田的首次承认。然而，丰田近乎完美的报告单掀起了品质的飞跃，所有汽车制造商都试图仿效其摆脱汽车缺陷方面的成功。2011 年，美国市场调研公司 J. D. Power&Associate 把该公司的缺陷和故障最少车型生产者大奖颁发给三家组装厂：在加拿大和日本生产雷克萨斯（Lexus）的两家丰田工厂以及在印第安纳格林斯堡生产本田思域（Civic）的本田工厂。虽然这三家工厂都是日资所有的，但有趣的是，三家中有两家都在日本以外的地区[49]。

每年，J. D. Power&Associate 都会发布汽车可靠性研究报告（VDS），对购买并使用了三年的汽车的质量进行了评价。在 2013 年的可靠性等级排序中，雷克萨斯获得车辆可靠性最高排名，其后分别是保时捷（Porsche）、林肯（Lincoln）、丰田（Toyota）和梅赛德斯—奔驰（Mercedes-Benz）。丰田汽车，包括旗下品牌雷克萨斯，领先所有的制造商，在若干不同车型上获得奖项。通用汽车公司获得了四个奖项，而本田赢得了三个。日本汽车制造商长期占据排行榜前列。虽然 2013 年的排名结果显示，美国汽车制造商的排名有了明显提升，但仍然落后于日系车型。鉴于美国汽车制造商在初始质量评级中稳步提升，所以，三年后应该可以获得更高的可靠性评分。因此，美国的汽车制造商正在通过关注品质来缩小与全球顶级汽车制造商的差距[50]。

17.5.1 零缺陷

如今，质量就是零缺陷（Zero Defects）。这个概念得到了那些不能容忍任何瑕疵的日本制造商的推崇。在如此大力强调无缺陷之前，许多企业根据**合格质量标准**（Acceptable Quality Level，AQL）开展经营，即一些有缺陷的产品可以通过修理和服务保证进行处理。这种类型的生产/经营环境需要建立缓冲库存、返修工作站以及加快发货，目的就是先尽快推向市场，随后再来处理可能的差错。然而，世界一流企业更推崇的是零缺陷，毕竞重视质量问题是战胜竞争对手的唯一途径[51]。

在 20 世纪 70 年代末，当日本企业在获得高质量的产品和流程方面开始超越美国时，人们将重点重新放在了主动管理影响质量的业务上。W. 爱德华兹·戴明（W. Edwards Deming）既是质量管理研究方面的卓越贡献者，也是在质量方面培训日本人的人物之一。在阐述管理者的政策和措施要为质量负责的观点时，戴明提出了关于企业如何改进质量的几点建议。他之所以注重质量，是因为想通过统计控制、设计和培训，并通过管理者的政策和措施，来降低制造过程中发生的偏差。在戴明看来，更高的质量会带来更低的成本和消费者更高的接受度。

注重质量管理历来是竞争优势的来源，而且对全球各地的企业都有重大影响。然而，正如不同国家拥有不同的文化、产品偏好和商业行为一样，世界各地对质量管理概念的理解和应用也存在多种多样的方式。日本人长期以来一直强调减少浪费和提升知名度的精益生产流程；美国人的做法是历来注重数据统计；而欧洲人的选择是更专注于质量标准[52]。这些对质量的态度差异导致了跨国公司全球经营的高度复杂性。但正如我们所看到的，很多关于质量的最佳做法已在日本得到完善，而且目前正在全球范围内应用。

17.5.2 精益生产和全面质量管理

导致企业在决定是否向外国供应商采购零部件时会思量再三的原因在于精益生产（Lean Manufacturing），即在供应链的所有环节减少浪费的生产流程[53]。精益生产思想得到了日本企业——尤其是丰田汽车——的推广，并且已经被世界各地所复制或效仿。因为精益生产依靠的是通过减少浪费和缺陷来获得效率，所以精益生产也与质量管理密切相关。

日本的方法被称为**全面质量管理**（**Total Quality Management，TQM**），而这个过程强调三个方面的原则：客户满意（Customer Satisfaction）、持续改进（Continuous Improvement）和员工参与（Employee Involvement）[54]。全面质量管理的目标是消除所有的缺陷。通常，全面质量管理强调作为基准的世界级标准、产品和服务的设计、工艺设计和采购[55]。然而，整个过程的中心在于客户满意，而实现客户满意可能会提高生产成本。在全面质量管理中，质量就意味着该产品是如此之好，以至于客户根本不会向别家购买。

全面质量管理强调每一组织层面的持续改进，从企业的收发室到董事会议室概不例外。这就意味着，企业在流程的每个阶段都应当尽一切所能去获得质量。例如，如果管理会计系统对成本十分关注，那么就会排斥可能带来更高质量的措施。这里的关键是要了解企业的总体战略。

全面质量管理不使用任何特定的生产理念，也不要求使用其他方法，如准时库存运输制等。这是一种积极的策略。尽管确定基准（即明确由最卓越的企业所采用的最佳方法）是全面质量管理的重要组成部分，但它并非全面质量管理的目标。从本质上讲，全面质量管理意味着企业会尽量做到更好而不是最好。

信奉全面质量管理零缺陷理念的管理者声称，随着缺陷的减少，长期生产成本也会下降。持续改进过程也被称为持续改善（Kaizen），即通过发现问题并争取各级员工的帮助来消除这些问题。这里的关键是要使持续改进成为每个员工日常工作的一部分。

精益生产的一个重要构成要素就是准时制（JIT）库存管理，它强调的是"减少生产过程中的低效和非生产性时间，从而持续完善生产进程以及产品或服务的质量[56]"。准时制要求把原材料、零部件和组件"准时"提供给买方使用，从而为企业节省存储大量存货的成本。

这就是戴尔公司期待其在爱尔兰的工厂所能实现的，即在正要进入生产过程时零部件与组件恰好运送到，然后计算机一旦组装完成就立即从工厂送到消费者手中。不过，采用准时制意味着零部件肯定很少有缺陷，而且必须能按时送达。这也就是为什么企业为了使准时制能运行而必须建立稳固的供应商关系以保证良好质量和交货次数的原因，同样也是为什么产业集聚是使供应商更紧密地联系在一起的常见方法。

1. 国外采购风险

国外采购会给实施精益生产和准时制经营的企业带来巨大风险，毕竟供应线中断会造成严重破坏。跨国公司在如何达到准时制经营的要求方面已经十分内行：需要两周跨越太平洋的班轮每小时就有一个抵港、工厂可以更容易地履行小额订单等。不过，仅仅因为距离方面的因素，供应链会遇到更多的问题和延误[57]。

正如本章之前所提到的，如丰田等已在海外建立了制造和装配厂以服务当地市场需要的企业，实际上一直要求其国内的零部件供应商也转移到海外，以配合这些企业继续实施准时制生产。这就是为什么有那么多的日本零部件供应商转移到美国和墨西哥，原因就是为了接近这些供应商的主要客户。

企业的库存管理策略——尤其是库存规模以及是否实施准时制策略——决定了出货需求的频次。出货频率越低，越有可能需要在他处设立库存。因为准时制要求在库存投入使用时出货，所以企业必须对来自国外供应商的存货做一些提前量。由于丰田的主要供应商之一电装公司非常靠近丰田在日本的组装厂，所以准时制下电装公司的零部件可在几分钟内运抵，离投入使用最多也不会超过几个小时。然而，美国的川崎汽车公司（Kawasaki Motors）至少需要准备三天的日本零部件库存，而平均库存期达到五天[58]。

总部位于犹他州的美国合成材料公司（U. S. Synthetics）过去通过海运从东非地区采购零部件。不过，当索马里海盗开始袭击运输船舶并以扣留货物来要求赎金时，这些货物就不再安全了。现在，该公司都在内部自己生产零配件，从而就不用担心货物何时抵达的问题了。

2. 看板管理

为促进准时制策略的实施，丰田公司率先推出了看板管理（Kanban System）。这里在名称上采用了日语中的"卡片"或"可视记录"一词。看板卡片通过工厂来控制生产流程。对于丰田使用的看板管理，组件只在需要投入生产之前才被运到工厂，而且组件送达后会被放入附有卡片的箱子中；组装流程开始后，生产指令卡会提示需要把箱子移至装配线；箱子清空后，就会被已送到存储区进行再次装货，而且要将看板卡片从空箱中拿走，用于向供应商订购替换件。

17.5.3 六西格玛

六西格玛（**Six Sigma**）是由摩托罗拉开发并获得通用电气推广的一种针对质量管理的统计方法。作为一种高度聚焦的质量控制系统，它主要负责监督企业的整个生产系统，旨在消除缺陷、削减产品循环的次数并全面削减成本。六西格玛利用数据及严谨的统计分析来确定流程或产品中的缺陷，减少变异性，并尽可能实现零缺陷[59]。通用电气以项目制的方法实现了六西格玛的可操作化，而采用的方法简称为 DMAIC 工具：定义（Define），尤其是客户及其优先事项的定义；衡量（Measure），即流程及业绩的衡量；分析（Analyze），即确定最可能导致缺陷的原因；改进（Improve），即确定如何改善缺陷；控制（Control），即维持改进的情况[60]。

自 20 世纪 80 年代摩托罗拉提出六西格玛以来，如通用电气、葛兰素史克、洛克希德·马丁等许多跨国公

司都已采用该方法。虽然有人批评这种方法不重视客户需要以及对创新的排斥，但美国百强公司中的大多数均采用了该方法[61]。六西格玛的主要目标是减少缺陷，而缺陷的减少既会带来收益的增加，也能提高客户满意度，进而带来收入的进一步增加。由于六西格玛是采用公制来衡量缺陷的指标，所以有人认为这一方法如果结合布德里奇卓越绩效标准（Baldrige Criteria for Excellence）或者欧洲质量奖（European Quality Award）一起使用是最为有效的[62]。

17.5.4 质量标准

质量标准有三个等级：一般标准、行业标准及企业标准。一般标准包括颁发给那些实现卓越品质之企业的戴明奖（Deming Award），也包括每年颁发给那些实施质量战略并取得成就之企业的马尔科姆·布德里奇国家质量奖（Malcolm Baldrige National Quality Award）。不过，比奖项更重要的是质量认证。

1. 一般质量标准

国际标准化组织（**International Organization for Standardization，ISO**）于 1947 年在日内瓦成立，其宗旨是促进工业标准的国际协调与统一。自成立之初，国际标准化组织就与全球技术标准的鼻祖国际电工委员会（International Electrotechnical Commission，IEC）开展了合作。除此之外，国际标准化组织还与国际电信联盟（International Telecommunications Union）及世界贸易组织进行合作。作为非政府组织，国际标准化组织代表了来自全球 162 个国家和地区的标准制定者，并先后制定了19500 个国际质量标准[63]。

ISO 9000 与 ISO 14000 质量标准体系。虽然国际标准化组织有 19000 多条不同的质量标准，但每年都会有新标准产生，如 2012 年就增加了大约 1300 条。国际标准化组织的两大标准体系分别是作为质量管理体系基础的 ISO 9000 质量标准体系以及关于企业如何提高环境绩效的 ISO 14000 质量标准体系。不过，许多不同的领域都有自己的 ISO 标准。

ISO 9000 质量标准体系是全球公认的一套质量保证体系。通过统一应用于任何行业任何规模的企业，它就可以促进每一组织层面的质量理念。最初，制定 ISO 9000 的目的是统一欧盟内的技术规范；现在，ISO 9000是在整个欧洲地区经营运作的重要组成部分。根据 ISO 9000 系列标准，企业必须记录下工人是如何执行每个会影响质量的职能的，并通过建立机制来确保工人能自始

至终遵循这些规定。该文档是通用的，适用于任何生产商品或提供服务的组织。ISO 9000 的主要优势在于其文档处理，不仅要求工人自己检查自己做了什么来提高质量，而且在工人岗位变动时确保工作的连续性。

ISO 认证不仅牵涉质量控制标准，而且涉及对管理体系和程序的复杂分析。与单纯评判特定商品的质量不同，ISO 需要根据其在 20 个领域内所制定的标准来评估生产或服务流程的管理，包括从采购到设计再到培训的整个过程。管理体系标准的运作原理为：计划、实施、检查以及执行（对计划进行改正与完善）。企业若想要通过 ISO 认证，那么必须填写一份报告，再由独立审计师团队提交认证[64]。认证过程不仅费用高、耗时长，而且企业的每个工厂必须单独认证。建立 ISO 14000 系列标准的目的是帮助企业制定针对空气、水以及土壤的高质量的环境标准，从而确保企业所开发的产品及服务是环境友好的。

虽然大多数跨国公司宣称自己通过了 ISO 认证，但 ISO 并不能解决所有的质量问题。根据有关估计，有些地区高达 40% 的 ISO 认证是伪造的[65]。但是，通过认证的确有助于供应商获得更多的业务，特别是在与欧洲企业的合作中。

在欧洲经营的美国企业正在努力寻求获得 ISO 认证，以便能够继续留在当地市场。在一家获得 ISO 认证的欧洲企业抢走了杜邦（DuPont）非常重要的欧洲合同后，杜邦就决定要通过 ISO 认证。这样一来，它不仅可以更好地巩固自己在欧洲的地位，而且也可以从认证过程中受益良多，当然也会更加注重质量。有些欧洲企业非常看重 ISO 认证，即使对方获得了 ISO 认证，但若其供应商没有通过认证，那么这些欧洲企业也不会与对方合作，其理由就是要确保质量标准体现在供应链的各个层面。

2. 行业标准

除了上述一般质量标准之外，还有行业质量标准，供应商尤其需要遵守。由于 ISO 质量标准属于相对通用的标准，所以如汽车等行业就开发了比较适合行业特点的行业标准。例如，QS 9000 质量体系要求最初就是福特和通用汽车公司针对其所有供应商所要求符合的标准。不过，该标准最终被 ISO/TS 16949：2009 所替代，毕竟后者更适合汽车行业。不过，此标准应当结合 ISO 9001 使用，对设计、开发、生产、安装及汽车相关产品的服务明确质量管理体系要求[66]。

3. 企业标准

具体企业同样也会制定属于自己的标准，要求其供应商必须符合，否则就会失去供货的资格。例如，苹果公司针对其供应商制定了安全和就业标准。2013 年，针对供应链上的各个环节，苹果公司做了 393 项审计，其中包括 40 项对专业化生产的安全评估，主要评估的是供应商的运作和业务措施[67]。在服务行业，如毕马威（KPMG）、普华永道（PWC）等国际会计师事务所都制定了很高的审计标准，要求其全球各地的分所都加以采用。因为会计师事务所是在同一名义下来自不同国家的个人合伙经营的组织，所以显得比较复杂。不过，对多国性客户的审计必须严格按照高标准执行。

17.6　对外贸易区

一旦产品制造完成并准备发运给客户，这些产品既可以直接发运出去，也可以储存在仓库中，待需要时再进行发运。存储产品的方法之一就是将产品存放在**对外贸易区**（Foreign Trade Zones, FTZs）以享受保税的好处。近年来，作为进口与最终使用之间的中间环节，对外贸易区变得越来越重要。对外贸易区是指可以在货物离开前不办理正式海关手续的情况下对国内及进口商品进行存储、检查与制造的地方。设立对外贸易区的目的是通过允许企业推迟缴纳关税、减少缴纳关税或者免除缴纳某些关税来鼓励企业留在国内发展。有时，存货会一直储存在对外贸易区，直到国内制造需要这些货品时才会运离对外贸易区。如前所述，如果企业依赖于全球采购，那么实施准时制的问题就在于供应链过长，从而要求购买方或供应商必须在某个地方储存货品，直到制造所需时为止。库存的目标地之一就是对外贸易区。

对外贸易区可以分为一般目的对外贸易区（General-purpose Zones）以及专门目的对外贸易区（Subzones）。

一般目的对外贸易区通常建在入境口岸附近，如航运港口、边境或机场，而且常常包括主要用于仓储和分销的物流工厂或工业园区。专门目的对外贸易区在地理位置上通常与一般目的对外贸易区相分离，但同属一个行政机构管理，而且该行政机构一般位于制造工厂内。自 1982 年以来，对外贸易区的增长主要来自专门目的对外贸易区而非一般目的对外贸易区，毕竟企业一直在寻求可以延迟缴纳，即从国外采购的零部件的关税直到生产所需时才进行缴纳。

阿拉伯联合酋长国的迪拜建立了 18 个不同的自由贸易区，其中包括杰贝阿里自由贸易区管理局（Jebel Ali Free Zone Authority）、迪拜健康城（Dubai Healthcare City）、迪拜国际金融中心（Dubai International Financial Center）、迪拜媒体城（Dubai Media City）以及迪拜互联网城（Dubai Internet City）等。这些自由贸易区的优势在于允许企业拥有 100% 的所有权、允许汇出资本和利润、无最低资本投资限制、无企业或个人所得税以及不要求其有当地合作伙伴。不同自由贸易区关注的行业不同。例如，各大银行、金融机构和律师事务所都在迪拜国际金融中心；CNN、BBC、CNBC 以及道琼斯汤森路透集团在迪拜媒体中心；考克斯互联网、休斯卫星与互联网、ATT 互联网等集中在迪拜互联网城。杰贝阿里自由贸易区拥有其他类似自由贸易区所拥有的标准装配厂。又如，联合利华在自由贸易区拥有一家大型制茶厂，也是世界上规模最大的制茶厂之一。该制茶厂从各个国家获得原材料，再在自由贸易区加工打包，最后运往世界各地[68]。

美国的专门目的的对外贸易区的增长主要来自汽车行业，尤其集中在中西部地区。专门目的的对外贸易区的业务范围逐渐扩大到其他行业，特别是船舶制造、医药以及家电行业，而且越来越强调制造业导向。在美国的对外贸易区内，企业可以进行产品的组装、展览、清洗、处理、制造、调配、加工、重贴标签、重新包装、修复、回收、取样、储存、检测、陈列并销毁[69]。

美国的 50 个州和波多黎各一共拥有大约 250 个一般目的的对外贸易区以及超过 500 个专门目的的对外贸易区。对外贸易区中每年商品方面的业务量超过 3000 亿美元的，其每年出口值达 190 亿美元[70]。美国把对外贸易区作为更为灵活地处理何时以及如何支付关税的重要手段。

不过，利用对外贸易区开展出口的作用正在不断扩大。

对外贸易区给入区用户带来的好处有：

（1）对于进口至自由贸易区再出口到他国的商品无关税或配额费用。

（2）进口商品的关税和联邦消费税可递延至在进口商品离开对外贸易区并进入国内市场时缴纳。

（3）如果进入对外贸易区的国外投入品的关税高于离开对外贸易区并进入国内市场的成品价格（所谓的倒置关税），那么企业就可以获得减税待遇。

（4）简化通关手续。

（5）如果货物储存在对外贸易区内待出口，那么免征联邦与地方仓储税[71]。

17.7 运输网络

就像开篇案例 17-1 中苹果公司要通过联合包裹服务公司（UPS）来为其客户曼迪·萧投送 iPhone 一样，企业必须制订出将货物从供应商运送到工厂，再从工厂运送到客户的最佳方案。对于企业而言，无论是单证准备、承运商的选择（空运或海运），还是有关是否建立内部运输部门或外包给第三方中介的决策，在国际范围内运送货物都是极其复杂的。运输是物流系统的重要构成要素，连接的一端是供应商和制造商，另一端则是制造商和最终消费者。而且，在整个流程中，企业必须做好其仓库的布局。例如，在向全球各地的特许经销商提供食物时，麦当劳在不同国家（地区）设立了仓库以服务其不同的需求。

案例 17-5

泛亚班拿

随着制造业及其他供应链职能外包越来越普遍，第三方中介对货物存储和运输而言变得必不可少，并成为运输网络中的重要维度。瑞士的泛亚班拿（Panalpina）是货运及物流服务的提供商，专注于洲际的空运和海运服务以及供应管理链的其他方面。通过设在卢森堡的主要物流中心，泛亚班拿与全球 80 个国家和地区的 500 家办事处以及来自另外 60 个国家和地区的合作伙伴保持联络。泛亚班拿力求简化其客户供应链的复杂性，主要为客户代理运输、配送、报关、仓储和库存管理方面的事务，同时也为客户提供门到门的运输保险以及实时

跟踪和追查系统服务（Real-time Track-and-trace Systems）[72]。

这里以泛亚班拿为 IBM 及其在南美地区的业务提供服务来加以说明。通过所选定的作为其空运服务提供商的 ASB-Air 航空公司并通过管理其各地的分支机构，泛亚班拿就可以调度车辆去欧洲工厂装运 IBM 产品并运至卢森堡。从卢森堡，货物被空运至位于迈阿密的物流中心，将最终发往南美洲各个地点的货物进行拆分并重新拼装到托盘中，再直接载入泛亚班拿控制的飞机货仓中，最后由自己的员工将货物送到公司自己的仓库。

借助海关部门的现场办公，仓库人员就可以完成所有通关手续，并利用最新的状态信息更新公司的信息系统。

一旦完成清关，在将货物运至 IBM 仓库的同时，泛亚班拿就会把一份电子数据发送给 IBM。在整个过程中，泛亚班拿始终维持对货物的控制权，采用电子文件和跟踪来获取实时数据并确保 IBM 知晓最新消息。在本例中，不难发现运输网络中的许多要素在国际物流中都起着至关重要的作用[73]。

显然，泛亚班拿等企业所从事的物流管理服务不仅非常注重细节，而且需要具有收集、跟踪及处理大量信息的能力。为了取得高效率，物流企业需要采用包括通信系统、卫星跟踪系统、条形码应用程序和自动材料处理系统在内的关键技术[74]。值得注意的是，在供应链网络的运输环节，"平坦化趋势"显现出其重要性，以及第三方物流在确保产品在全球的顺畅流动方面起着核心作用。

未来展望

不确定性与全球供应链

本章一直在强调两种相互竞争的思想：一方面，全球化促使企业在国外开展运作，或是将业务外包给外国供应商，以此来降低成本并更加贴近市场；另一方面，供应线越长，风险就越大。自 2011 年 9 月 11 日以来，较长的供应线所带来的风险急剧增大。不论什么时候，全球政治事件都可能导致原来组织良好的供应链遭到全面破坏，从而将企业推入风险之中。近在 2011 年发生的日本大地震和海啸也说明了这一点。

由于莎莉集团（Sara Lee）的部分供应商发生了合并，所以莎莉集团原料采购的选择变少了。如果因为政治事件或安全质量问题而没有供应商可以供货，那么情况会怎样呢？根据福特汽车的公告，经济增速放缓迫使福特裁减了 50% 的供应商，从而对整个汽车行业产生了连锁反应，毕竟供应商常常对众多企业有供应业务。

随着供应链的延伸以及不确定性的增加，企业必须更加善于把握未来，从而能更好地应对突发事件。这一切可能意味着企业必须寻求更加多国化的战略，使企业在不同国家的业务相互独立，并更好地适应当地消费者的需要。不过，因为发达国家的跨国公司需要应对降低成本的竞争压力，所以只得继续在国外进行采购，或是向公司所拥有的国外工厂采购，或是向第三方采购，除非任何企业都无法进行国外采购。

这一做法可能有点极端，但最重要的是，需要继续进行假设分析。如果没有可靠的空运或海运渠道来运送货物，那么结果会怎样？如果货物运输没有问题，但若时间上延误了，那么结果又会怎样？如果恐怖分子开始利用合法企业的全球供应链来污染产品或运输危险品，那么情况又会怎样？显然，与现在或者过去的情况相比，未来似乎要复杂得多。因此，企业的管理者必须加以注意。这些不确定性，外加高油价及其他运输成本，再加上作为世界制造工厂的中国成本的不断上涨，导致许多企业做出了在邻近地区或国内进行采购的决策。

案例 17-6

Nokero 公司：照亮世界的黑暗地带[75]

（本案例的作者为科罗拉多大学丹佛分校国际商务教育与研究中心主任、商学院国际商务项目主任曼努埃尔 G. 塞拉皮副教授。）

2013 年 6 月，Nokero 公司的创始人及 CEO 史蒂夫·卡察罗斯（Steve Katsaros）正在思考如何才能让他的公司取得更大的成功。Nokero 公司从事太阳能灯泡的经营。作为一家天生国际化的社会企业，Nokero 公司的经营非常成功。自 2010 年创建以来，Nokero 公司向全球 120 多个国家和地区总计销售了 60 多万个太阳能灯泡，并获得了许多媒体的关注。如美国有线电视新闻网（CNN）、《纽约时报》（The New York Times，在线）、《华盛顿邮报》（The Washington Post）、《快速公司》（Fast Company）、《大众机械》（Popular Mechanics）、

《大众科学》（*Popular Science*）、《丹佛邮报》（*The Denver Post*）、《瘾科技》（*Engadget*）等媒体都对 Nokero 公司为世界贫困人群提供环保型太阳能照明灯这一善举进行了报道。史蒂夫·卡察罗斯自己也因在人道主义方面的贡献而获得表彰：2013 年 4 月，他获得了美国专利局（US Patent Office）授予的人文专利奖（Patent for Humanity Award）。

虽然迄今为止史蒂夫·卡察罗斯对 Nokero 公司的整体业绩很满意，但他一直很担心三个基本问题。首先，Nokero 公司应当如何成长？具体而言，Nokero 公司该通过注重哪些细分市场来实现盈利的增长？自 2011 年以来，公司依靠数次机遇而实现了销售的增长。公司通过自己的网站，以小额订单和样品订单的形式向来自北美地区以及国外其他地区的数千名客户售卖了数万个小型太阳能灯泡。除此之外，Nokero 公司在数个国家签订了代理或经销协议。例如，Nokero 公司通过与尤里卡福布斯（Eureka Forbes）的合作，在印度销售太阳能灯。最后，各国政府、国际机构和非政府组织都来与 Nokero 公司合伙或接洽，共同就环境可持续性、可再生能源、减少贫困、救灾等社会项目开展合作。史蒂夫·卡察罗斯希望确保 Nokero 公司在社会企业领域和商业领域都能找到最佳增长路径。

其次，Nokero 公司应当在哪些领域寻求增长？目前，Nokero 公司寻求的是机会主义式销售方法。公司的主要客户具有多样性和地理分散的特点，而且主要来自肯尼亚、加纳、南非、斐济、墨西哥、印度、尼日利亚、海地等市场。虽然实用主义的经营理念也许决定了如 Nokero 这样的国际化新企业可以同时专注于若干市场，但史蒂夫·卡察罗斯仍在犹豫是否要采用此种方法，毕竟这违背了 Nokero 公司的社会使命，即尽可能面向更多能从 Nokero 公司的太阳能灯泡中受益的客户。

最后，Nokero 公司应该如何管理其供应链以支撑公司的发展？史蒂夫·卡察罗斯知道增长会带来许多新的挑战，要求 Nokero 公司有效解决关键性的全球供应链问题。Nokero 公司应该如何服务好不同市场以及分散于众多国家的客户群体？Nokero 公司应该如何降低采购、制造和分销成本，从而使其产品更具可购性呢？Nokero 公司又该怎么做，才能解决服务大部分偏远地区客户时的"最后一英里问题"呢？

1. Nokero 公司的故事

（1）确定机会。Nokero 公司（即"No Kerosene""不用煤油"的简称）由史蒂夫·卡察罗斯创建，其目标是开发安全且环境友好的太阳能产品。这些产品不仅可以减少世界各地对用于照明和供热的有害并会产生污染的燃料的需求，同时确保那些对此产品有需求的客户负担得起。史蒂夫·卡察罗斯看准了开发太阳能产品来替代煤油及柴油灯这一重要机会。史蒂夫·卡察罗斯对这一机会的描述是：

"在世界上许多地方，不通电的住宅及工作场所都是靠煤油或柴油灯、蜡烛或木头来照明的；即使可以采用电力照明设备，但在大多数情况下，不是非常昂贵，就是易破碎，或是不可更换或不能充电的。"

全球有超过 13 亿人用不上电，其中 7.4 亿人在南亚，5.5 亿人在撒哈拉以南的非洲地区，还有 2.25 亿人在东南亚。他们中的绝大多数生活在偏远地区，主要依靠以煤油与柴油为燃料的灯照明。如果用太阳能灯泡代替煤油灯，那么可以在 12 天到 2 个月之内收回购买成本；当然，具体情况取决于市场供求。此外，用太阳能灯泡替代煤油灯可以带来显著的环境和健康效益。作为煤油灯的替代品，每盏太阳能灯在其五年的使用寿命期内所排放的二氧化碳量可以减少 0.75t。据世界银行估计，煤油灯每天的排放量对人的影响相当于每天抽两包香烟。

（2）提出解决方案：N100 与 N200。史蒂夫·卡察罗斯于 2010 年 1 月 24 日在记事本上记下了初步想法，发明了第一个 Nokero 灯泡（Nlokero N100）。四天之后，他为 N1100 申请了美国专利，最终在 2011 年 2 月获得了批准。灯泡的生产自 2010 年 6 月正式开始，而新型号的 N200 灯泡于 2010 年 11 月推出。

Nokero 公司的太阳能灯泡体积小、重量轻、携带轻便，而且形状上很像普通灯泡，所以很容易辨认。白天充电时，灯泡可悬挂在太阳下，而夜间既可以悬挂，也可以侧放。其可转动的特征使得用户可以将太阳能板旋转指向太阳从而获得最大充电能力，夜间还可以把灯泡旋转至需要灯光的地方。LED 灯管被封闭在防碎灯泡中，即使整夜照明也不会变热，而且光线也很匀称。

N200 灯泡的最高亮度为 14 流明⊖，最低亮度为 8 流明。在设置为低光的情况下，充电一天可照明 6~8h，

⊖ 流明（lumen，符号 lm）是光通量的国际单位。——译者注

充电两天则可照明 12~16h；在设置为高光的情况下，充电一天可照明 2.5h，充电两天则可照明 5h。虽然亮度上与传统的 LED 照明不一样，但 N200 的亮度是煤油灯的 5 倍，而且 N200 具有防雨防摔特点，能够持续使用 5 年。

Nokero 公司对大批量订货（超过 1000 个灯泡）按 6 美元的价格（FOB 中国）销售；样品特卖价在 15~20 美元（取决于运输成本）。对于市场需求旺盛的低价格初级型 Nokero 太阳能灯泡，史蒂夫·卡察罗斯一直在开发更为基础型的产品，以使其售价只有 N200 型产品的一半。

（3）建立天生全球化公司。在开发出 N100 灯泡数周之后，史蒂夫·卡察罗斯就开始考虑 Nokero 公司的商业模式、包装设计、定价、生产以及分销流程。2010 年 4 月，史蒂夫·卡察罗斯成立了 Nokero 国际，负责 Nokero 公司的国际运作业务。

Nokero 公司开发制造 N100 产品以及组建经营实体的速度主要得益于史蒂夫·卡察罗斯作为发明家和企业家的经验。史蒂夫·卡察罗斯先前曾将自己的发明授权给体育企业，如迪纳斯特滑雪板（Dynastar Skis）、K2 和 HaberVision，而且创建了雷沃动力（RevoPower）牌电动自行车，时速为 20mile/h、每加仑可跑 200mile。作为普渡大学机械工程学士、科罗拉多大学丹佛分校巴德创业中心（Bard Center for Entrepreneurship）资格证书获得者以及大学生发明竞赛奖获得者，史蒂夫·卡察罗斯也是美国专利局和商标局注册的专利代理。当然，这些机构之前对史蒂夫·卡察罗斯的几项发明都授予了专利。

从一开始，Nokero 公司就是一家天生全球化企业，其客户遍及全球，并且在中国香港及中国内地拥有合作业主和供应商伙伴。史蒂夫·卡察罗斯与香港的三位企业家在香港合伙组建了 Nokero 国际公司。这些合伙人（也是史蒂夫·卡察罗斯之前企业的合伙人）提供了 Nokero 国际的启动资本，而且只占少数股权；他们还帮助史蒂夫·卡察罗斯在中国内地找到一家实力强大的、可靠的工厂供应商。Nokero 公司还利用香港合作伙伴与该工厂供应商的关系而获得了该供应商的贸易融资。香港合作伙伴负责 Nokero 公司的运作管理，包括监督中国内地的工厂供应商、直接从工厂交付大订单、维护在深圳的外包业务中心，以供应来自全球各地的小额特卖订单并管理公司的供应链。

Nokero 公司的中国供应商是一家在消费电子产品领域拥有丰富经验且规模较大的工厂。仅就太阳能供电的消费电子产品一项，该供应商每年的产量就超过 3000 万件，其客户包括好又多（Costco）、沃尔玛、家得宝、洛斯以及美国和欧洲的其他大零售客户。Nokero 公司保留了其在丹佛以及科罗拉多的总部，负责公司的海外销售、市场营销、业务开发、网络销售及整体业务的管理。

（4）营造广泛的支持。传统媒体和社交媒体覆盖范围广泛，已成为将 Nokero 公司的故事传播给尽可能多的受众的重要工具。美国有线电视新闻网频道曾经做过一个时长为 6min 的日间电视节目《远大眼光》（The Big Eye），当时主持人阿里·韦尔什（Ali Velshi）专门介绍了史蒂夫·卡察罗斯以及 Nokero 公司。在覆盖全球观众的同时，这个节目也帮助那些对 Nokero 公司太阳能照明及其产品感兴趣的人群对 Nokero 公司有了正式的了解。

Nokero 公司从传统印刷媒体和电视网络传播的数十篇报道以及新媒体及社交媒体所传播的数百个版本的报道中收益颇多，这些国外媒体包括巴西的《环球报》（O Globo）、澳大利亚的《悉尼时报》（Sydney Times）、法国航空、德国的广播电台 Sudwestrundfunk 等。在题为《太阳能灯照亮道路》的报道中，《纽约时报》写道："Nokero 公司太阳能灯泡的突破在于其设计；小巧易携带，自成一体，高度耐用，具有可更换电池的特点。"在另一篇标题为《光线力量》的报道中，《丹佛邮报》赞扬了 Nokero 公司产品带给环境、健康和安全的好处，以及公司经营模式的社会创业特征。得益于这些主要报道，Nokero 公司的网站变得无比热闹，样品订单及潜在经销商的询问持续不断。

社交媒体，特别是博客，已经成为公司创建社区获得广泛支持的一大有力工具。2010 年 7 月，一位颇有影响力的伦敦商人向公司提供支持。这样，就有了最受欢迎的足球明星迪迪埃·德罗巴（Didier Drogba）来代言 Nokero 公司的产品。在 Nokero 公司及其他合作伙伴倡导的社会活动中，社交媒体在倡导意识并动员社会各界参与方面起着重要作用。例如，Nokero 公司已经就"买—送计划"（Buy-give Program）与 C. U. R. E. 项目（紧急救济与设备委员会项目）。按照该"买—送计划"，从 Nokero 公司购买太阳能灯泡的客户可以将第二个灯泡送给 C. U. R. E. 项目，再由后者分发给全世界有需要的人。

同样，电影制片人库尔特·曼恩（Kurt Mann）的美国绿色组织（American Green）将灯泡带到海地，去帮助该国那些遭受地震的灾民。Nokero 公司及美国绿色组织联合制订了一个计划"光的礼物"（The Gift of Light），主要活动就是为海地捐赠灯泡。在他最近访问海地期间，库尔特·曼恩还拍摄了一段短视频，记录下了 Nokero 公司的产品是如何通过提供灯光来帮助海地人民及世界贫困者的。Nokero 公司与第三方一起充分利用此视频来讲述企业故事。此外，Nokero 公司对自然灾害也能快速做出应对，如日本地震以及美国东海岸的飓风桑迪（Hurricane Sandy）。其主要方式就是为受害者捐赠太阳能灯泡，并为 LED 太阳能灯泡的捐赠制订相应的计划。

2. 业务的扩大

（1）与政府和国际组织合作的机会。已经有一些国家的政府、国际非政府组织和国际机构就众多潜在的大规模伙伴合作及项目与史蒂夫·卡察罗斯和 Nokero 公司进行过接触。墨西哥及刚果政府计划向 Nokero 公司购买商品，发放给日均收入低于 2 美元且用不上电的人群。通过在菲律宾的合作伙伴，Nokero 公司正在探索如何更好地向那些依靠煤油灯生活的贫困家庭的孩子提供太阳能灯泡。

此外，Nokero 公司也与联合国、美国国际发展署（USAID）、各种国际基金会等国际组织发起了讨论。尽管对 Nokero 公司而言，面向政府和国际组织的销售是诱人的机会，但这也会对 Nokero 公司带来三个方面的大挑战。首先，面向这些组织的销售周期会相对较长，并且需要有专业技能和重要的业务发展资源。为了应对这一挑战，Nokero 公司给董事会雇用了一名知识渊博并且与此类实体有联系的顾问。

其次，公司必须扩大生产规模来满足来自政府的大额订单。这些与 Nokero 公司有业务往来的政府提到过要购买的灯泡数量不下百万个。此外，这些政府也有可能是在向 Nokero 公司施压，逼迫其降低价格。最后，将产品出售给这些政府预示着对生产及供应链的巨大挑战。此外，史蒂夫·卡察罗斯估计，那些向 Nokero 公司下大订单的政府会要求 Nokero 公司在当地生产或组装产品。

（2）来自社会企业部门的机会。如前所述，Nokero 公司已经与不少社会企业开展了一些合作项目，如 C. U. R. E.（Commission on Urgent Relief and Equipment）项目、大象能量（Elephant Energy）、地球火花国际（Earthspark International）、儿童避难所（Shelterbox）、儿童基金会（Child Fund）及世界力量（Power the World）。例如，早在 2010 年，Nokero 公司就与 C. U. R. E 项目合作开展了"照亮生命计划"，目的就是在 C. U. R. E 项目提供儿童用品（如鞋盒大小的日常保健用品包，包括绷带、抗生素软膏和驱虫药）的基础上，提供更多 Nokero 公司的太阳能灯泡，并且为父母提供平常生活中不常见的医药包。

不同于与各国政府和国际组织的合作，与社会企业进行合作对 Nokero 公司而言意味着一系列挑战。这些合作伙伴所倡导的项目差异很大，而且它们所服务的对象分布十分广泛；尽管采购次数非常频繁，但订单数量却变少了。上述所有因素都要求 Nokero 公司的供应链拥有各式各样的秩序及实现机制。虽然这些流程可能更加苛刻，但是此类企业的核心使命是为人民服务，所以史蒂夫·卡察罗斯致力于与小微企业和社会企业开展合作。

（3）来自商业渠道的机会。Nokero 公司主要通过两种商业渠道来提升销量：直接的网络销售以及特许经销商销售。客户直接在 Nokero 公司的官网（Nokero. com）上下订单，并使用信用卡或通过 PayPal 账户付款。一旦订单完成并且所付款项通过验证，该订单就会被添加到销售数据表中，并连夜发送到 Nokero 公司的订单处理中心。Nokero 公司使用香港邮政（Hong Kong Post）或新加坡邮政（Singapore Post）来完成订单。客户随后就可以登录 Nokero 公司网站来跟踪包裹的运送信息，并通过输入已下过订单的电子邮件来追踪订单历史。

2011 年以来，Nokero 公司通过网络已成功地将成千上万美元的灯泡销售到 120 多个国家和地区。因此，史蒂夫·卡察罗斯在商业渠道中探寻到的重大机会就是销售转换，将样品订单的客户转换为签约经销商。Nokero 公司希望能够将此种销售转换体现在战略或者流程中，而不是放在网上供他人来申请成为经销商的表格。

Nokero 公司的最大客户是经销商、协会及已订购了数千个灯泡的个人，其中就包括南部非洲替代能源协会（Anzocare）以及来自印度、肯尼亚、赞比亚、加纳及斐济的个人经销商。其他经销商来自阿富汗、澳大利亚、尼日利亚、中美洲地区、科特迪瓦、马里、布基纳法索和越南。大额商业订单将通过中国深圳的港口直接从 Nokero 公司在中国内地的工厂发货，而较小的订单则由 Nokero 公司在中国深圳的外包合作伙伴来完成。

3. 解决供应链问题

如前所述，史蒂夫·卡察罗斯清楚 Nokero 公司经营的成功取决于其解决关键供应链问题的能力。史蒂夫·卡察罗斯和他的香港合作伙伴必须保证 Nokero 公司不仅有能力完成来自政府及国际组织集中的大额订单，而且能有效处理来自成千上万个地理分散的客户的样品及小额订单。对此，Nokero 公司必须评估是否需要增加第二家甚至第三家供应商来协助其在中国的主要合作伙伴。并且，Nokero 公司还需要评估其订单履行中心的选址问题。

此外，史蒂夫·卡察罗斯需要解决以下这些与供应链管理相关的运作问题：

(1) 付款与运费定价。目前，通过网站订购的客户都是采用信用卡或 PayPal 付款的。然而，并不是所有国家都接受 PayPal 付款，尤其是那些对 Nokero 公司而言极具吸引力的亚洲及非洲的市场。此外，自从 Nokero 公司的订单履行中心不再实时发布国际运费定价以来，进行合适的运费定价已经成为一项挑战。总体而言，要有效估计将小订单货物运送到世界各地的运费变得尤其困难了。

(2) 订单跟踪。一旦包裹离开中国（中国内地的工厂所在地或深圳的订单履行中心），所跟踪的信息通常就会停止。这样一来，跟踪信息就会受限且作用不大。

(3) 及时交货。所有订单均在 Nokero 公司的工厂以及订单履行中心完成执行并及时运出。不过，交付流程在很大程度上取决于接收国邮政系统的及时性与可靠性。有时可能需要数月时间才能将样品或者小额订单的货物交付给客户。

(4) "最后一英里问题"。Nokero 公司的客户通常都在偏远地区，普通邮递到达不了。即使是那些与 Nokero 公司有合作的社会企业及政府组织，也发现难以联系到这些偏远地区用户。"最后一英里问题"的重要性并非只在于将产品送达受益的用户，也在于教会他们了解产品的属性及使用方法。正如史蒂夫·卡察罗斯所指出的："此项工作无法通过网站或者产品说明书来完成，最好是当地有人可以与用户联系并对他们进行演示。"为此，Nokero 公司正在肯尼亚对一种模式进行测试，即与宝洁公司那些与偏远地区客户经常联系并见面的经销商开展合作。此外，Nokero 公司还雇用当地员工来帮助开展面向肯尼亚客户的沟通与分销。如果这种模式能取得成功，那么 Nokero 公司希望将它复制到其他市场。

史蒂夫·卡察罗斯知道，Nokero 公司所要实施的增长战略对公司的供应链战略、流程以及可能的结果都会产生重要影响。相应地，公司必须在分销及供应链方面取得更高的效率，毕竟这对于 Nokero 公司通过降低价格来提高其产品的可购性是至关重要的。史蒂夫·卡察罗斯希望确保 Nokero 公司能有效解决与公司供应链管理相关的核心战略及战术问题，而这也有助于公司预测并利用未来几年内的快速发展机遇。

思考题

1. Nokero 公司应该实施怎样的制造战略？是否应该继续由其在中国的唯一工厂供应所有的灯泡订单？

2. 就分销网络而言，Nokero 公司是否应该在非洲、亚洲及拉丁美洲建立仓库？Nokero 公司应该如何解决大多数偏远地区面临的"最后一英里"问题？

3. Nokero 公司应该如何在国际市场上布局其分销职能？Nokero 公司应该关注哪些区域？

4. 许多潜在经销商向 Nokero 公司提出，希望得到一些重点区域市场的独家代理权。Nokero 公司是否应该授予独家经销权？Nokero 公司应该对这些经销商提出怎样的业绩标准或指标要求？

本章小结

1. 企业的供应链涉及对材料、信息及资金从最初的原材料供应商到最终客户的整个流程进行协调。

2. "运作"是指企业内部的流程，如制造、库存控制等。供应链及运作不仅将所有供应商的投入集聚在一起，而且要为消费者提供产品并确保及时交货。

3. 全球经营战略的成功取决于相容性、布局、协调和控制四个关键因素。

4. 成本最小化策略以及寻求全球效率的动机常常促使跨国公司把经营业务外包到制造成本较低的地区，特别是亚洲和东欧地区。

5. 制造工厂的布局包括集中布局、区域布局及多国布局。离岸经营是指将制造工厂由母国搬至另外一个国家。

6. 全球采购是指通过国内外采购来为企业提供原材料和零部件的过程。外包是指让另一家公司——无论是境内的还是境外的——来执行企业内部的少量智能，如工资发放。供应链是指由另一家企业生产产品的过程，如沃尔玛从供应商处采购其需要在商店出售的商品。供应商既可以是国内的，也可以是国外的。

7. 企业利用国内采购就可以避免与语言、文化、货币、关税等相关问题；企业利用国外采购则可以降低成本、提高质量等。

8. 在自制或外购决策下，企业必须决定是自己生产零部件还是向其他独立实体进行购买。

9. 随着全球采购投入程度的增加，企业会经历不同的采购阶段。

10. 如果企业从全球各地的供应商处采购零部件，那么距离、时间以及政治和经济环境的不确定性都可能导致企业更难精确管理其库存流动。

11. 影响全球供应链系统能否有效运行的关键在于信息。如今，企业越来越依赖互联网来把供应商与制造商以及最终用户联系起来。

12. 全面质量管理（TQM）是以零缺陷为目标，并强调客户满意、持续改进以及员工参与的过程。

13. 精益生产和准时制生产均强调通过减少生产中的低效率和非生产时间来持续改进产品或服务的流程和质量。

14. 质量被定义为满足或超过客户期望的一种状态。质量标准包括一般标准（ISO 9000）、行业标准和企业标准（零缺陷、全面质量管理及六西格玛）。

15. 运输系统将供应商与制造商、制造商与客户连接在一起。

关键术语

合格质量标准（AQL）	对外贸易区（FTZs）	运作	采购
合同制造商	产业集聚	运作管理	供应链
电子商务	国际标准化组织（ISO）	外包	全面质量管理（TQM）
电子数据交换（EDI）	内联网	私人技术交易所（PTX）	纵向一体化
企业资源规划（ERP）	物流（物料管理）	质量	零缺陷
外联网	离岸制造	六西格玛	

参考文献

1 Sources for the case: Philip Elmer-DeWitt, "What's Really Going on at Apple's iPhone 5 Factory in Zhengzhou, China," *Fortune* (October 7, 2012), http://tech.fortune.cnn.com/2012/10/07/whats-really-going-on-at-apples-iphone-5-factory-in-zhengzhou-china/ (accessed June 15, 2013); Kenneth L. Kraemer, Greg Linden, and Jason Dedrick, "Capturing Value in Global Networks: Apple's iPad and iPhone," pcic.merage.uci.edu/papers/2011/Value_iPad_iPhone.pdf; Dedrick, Kraemer, and Linden, "The Distribution of Value in the Mobile Phone Supply Chain," pcic.merage.uci.edu/papers/2010/CellPhoneProfitability_Oct2010.pdf; G. Froud, S. Johal, A. Leaver, & K. Williams, "Apple Business Model: Financialization Across the Pacific," University of Manchester, Centre for Research in Socio-cultural Change (CRESC), Working Paper no. 111 (2012); B. Ganges & A. Van Assche, "Product Modularity and the Rise of Global Value Chains: Insights from the Electronics Industry," CIRANO Scientific Series, Montreal, (2011): S64; Apple Inc., Form 10-K, September 29, 2012; Nick Wingfield, "Fixing Apple's Supply Lines," *The New York Times* (April 2, 2012): B1; Catherine Rampell and Nick Wingfield, "In Shift of Jobs, Apple Will Make Some Macs in U.S.," *The New York Times* (December 7, 2012): A1; "When the Jobs Inspector Calls," *The Economist* (March 31, 2012): 73.

2 "The Fourth Annual Global Survey of Supply Chain Progress," Computer Sciences Corporation (CSC) and *Supply Chain Management Review* (2006); Darrell Rigby, "Management Tools 2005," *Bain & Company* (2005): 58.

3 Deloitte & Touche, "Energizing the Supply Chain," *The Review* (January 17, 2000): 1.

4 Council of Supply Chain Management Professionals," cscmp.org/about-us/supply-chain-management-definitions (accessed June 1, 2013).

5 Homin Chen and Tain-Jy Chen, "Network Linkages and Location Choice in Foreign Direct Investment," *Journal of International Business Studies* 29:3 (1998): 447.

6 Stanley E. Fawcett and Anthony S. Roath, "The Viability of Mexican Production Sharing: Assessing the Four Cs of Strategic Fit," *Urbana* 3:1 (1996): 29.

7 See S. C. Wheelwright, "Reflecting Corporate Strategy in Manufacturing Decisions," *Business Horizons* (1978): 21; S. C. Wheelwright, "Manufacturing Strategy: Defining the Missing Link," *Strategic Management Journal* 5 (1984): 77–91; Frank DuBois, Brian Toyne, and Michael D. Oliff, "International Manufacturing Strategies of U.S. Multinationals: A Conceptual Framework Based on a Four-Industry Study," *Journal of International Business Studies* 24:2 (1993): 313–14; Robert H. Hayes, Steven C. Wheelwright, and Kim B. Clark, *Dynamic Manufacturing* (New York: Free Press, 1988): 10–11.

8 See James P. Womack and Daniel T. Jones, "Lean Consumption: Locating for Lean Provision," *Harvard Business Review* (March 2005): 66–67.

9 "Print Me a Stradivarius," *The Economist* (February 12, 2011): 11.

10 Interview by author of Wall's Unilever personnel in Beijing, China (June 2006).

11 Jack Ewing, "Why Nokia Is Leaving Moto in the Dust," *Businessweek* (July 19, 2007), at www.businessweek.com/globalbiz/content/jul2007/gb20070719_088898.htm (accessed November 9, 2007): 1.

12 Norihiko Shirouzu and Jathon Sapsford, "Heavy Load—For Toyota, a New Small Truck Carries Hopes for Topping GM," *Wall Street Journal* (May 12, 2005): A1.

13 Michael E. McGrath and Richard W. Hoole, "Manufacturing's New Economies of Scale," *Harvard Business Review* (May–June 1992): 94.

14 Daniel J. Meckstroth, "China is the World's Largest Manufacturer, and by an Increasing Margin," MAPI, February 7, 2013, www.mapi.net/research/publications/china-world%E2%80%99s-largest-manufacturer-and-increasing-margin (accessed June 10, 2013).

15 Jim Hemerling, "China: Ready for the Next Sourcing Wave?" *Businessweek* (April 4, 2007): 1.

16 Fawcett and Roath, "The Viability of Mexican Production Sharing," 29.

17 Amy Schoenfeld, "A Multinational Loaf," *New York Times* (June 20, 2007), at www.nytimes.com/imagepages/2007/06/15/business/20070616_FOOD_GRAPHIC.html (accessed November 9, 2007).

18 Alexei Barrionuevo, "Globalization in Every Loaf," *New York Times* (June 16, 2007), at www.nytimes.com/2007/06/16/business/worldbusiness/16food.html?partner=rssnyt&emc=rss (accessed November 9, 2007).

19 Masaaki Kotabe and Glen S. Omura, "Sourcing Strategies of European and Japanese Multinationals: A Comparison," *Journal of International Business Studies* (Spring 1989): 120–22.

20 David Hannon, "Procter & Gamble Puts a New Spin on Global Chemicals Sourcing," *Purchasing* (February 15, 2007), accessed on June 1, 2013 at http://www.highbeam.com/doc/1G1-159694856.html.

21 Robert M. Monczka and Robert J. Trent, "Global Sourcing: A Development Approach," *International Journal of Purchasing and Materials Management* (Spring 1991): 3.

22 Nicholas Zamiska and David Kesmodel, "Tainted Ginger's Long Trip from China to U.S. Stores," *Wall Street Journal* (November 19, 2007): A1.

23 Miek Ramsey and Sebastian Moffett, "Japan Parts Shortage Hits Auto Makers," *The Wall Street Journal* (March 24, 2011): B1; Andrew Pollack and Steve Lohr, "The Chip that Powers Cars," *The Walls Street Journal* (April 28, 2011): B1.

24 R. D'Aveni and D. Ravenscraft, "Economies of Integration versus Bureaucracy Costs: Does Vertical Integration Improve Performance?" *Academy of Management Journal* 37:5 (1994): 1167–206; O. Williamson, "Vertical Integration and Related Variations on a Transaction-Cost Theme," in J. Stiglitz and G. Mathewson (eds.), *New Developments in the Analysis of Market Structure* (Cambridge, MA: MIT Press, 1986): 149–95; O. Williamson, *The Economic Institutions of Capitalism* (New York: The Free Press, 1985): 85–130.

25 Russell Johnston and Paul R. Lawrence, "Beyond Vertical Integration—The Rise of the Value-Adding Partnership," *Harvard Business Review* (July–August 1988): 98.

26 Chester Dawson, "A 'China Price' for Toyota," *Businessweek* (February 21, 2005): 50–51.

27 John McMillan, "Managing Suppliers: Incentive Systems in Japanese and U.S. Industry," *California Management Review* (Summer 1990): 38.

28 Rigby, "Management Tools 2005."

29 "Still Made in Japan," Economist.com (April 7, 2004), at www.economist.com/printedition/displayStory. cfm?Story_ id=2571689 (accessed November 9, 2007).

30 "Still Made in Japan," Economist.com.

31 Adapted from Pete Engardio and Bruce Einhorn, "Outsourcing Innovation," *Businessweek* (March 21, 2005): 84–94.

32 Lee Hawkins Jr., "GM Is Pushing Its U.S. Suppliers to Reduce Prices," *Wall Street Journal* (April 7, 2005): A2.

33 Monczka and Trent, "Global Sourcing: A Development Approach," 4–5.

34 Stanley E. Fawcett, "The Globalization of the Supply Environment," *The Supply Environment 2* (Tempe, AZ: NAPM, 2000): 11.

35 "Electrolux Delivers Strong Results in a Very Tough Market," *National Post* (June 25, 2009): FP 9.

36 Monczka and Trent, "Worldwide Sourcing," 17–18.

37 Thomas L. Friedman, *The World is Flat: a Brief History of the Twenty-First Century*, Release 3.0 (New York, NY: Picador, 2007): 77.

38 Richard Karpinski, "Wal-Mart Mandates Secure, Internet-Based EDI for Suppliers," Internetweek.com (September 12, 2002), at www.internetweek.com/supplyChain/INW20020912S0011 (accessed October 1, 2002); R. Sridharan and Shamni Pande, "Surviving Wal-Mart," *Business Today* (July 29, 2007): 166.

39 Scott McCartney, "A New Way to Prevent Lost Luggage," *Wall Street Journal* (February 27, 2007): D1.

40 Vlad Krotov and Iris Junglas, "RFID as a Disruptive Innovation," *Journal of Theoretical and Applied Electronic Commerce Research* 3:2 (August 2008): 44.

41 Miguel Bustillo, "Wal-Mart Radio Tags to Track Clothing," *The Wall Street Journal* (July 22, 2010), www.wsj.com (accessed July 25, 2011).

42 Karpinski, "Wal-Mart Mandates Secure, Internet-Based EDI for Suppliers."

43 http://www.internetworldstats.com/stats.htm (accessed June 10, 2013).

44 Check the Dell *Annual Report* for 2002 at www.dell.com (accessed April 20, 2002) and as updated in subsequent *Reports*, (accessed October 15, 2009). Go to "About Dell" at the bottom of the Web page, select "Investors," and search under "Year" to access annual reports.

45 "You'll Never Walk Alone," 17.

46 Jeremy Wagstaff, "Digital Deliverance; Asia's Technology Conundrum," *Asian Wall Street Journal* (July 27, 2007): W8.

47 Lee J. Krajewski and Larry P. Ritzman, *Operations Management: Strategy and Analysis,* 4th ed. (Reading, MA: Addison-Wesley, 1996): 141–42.

48 Jacobs and Chase, 134.

49 J.S. Power, "2011 U.S. Initial Quality Study," www.jdpower.com/news/pressrelease.aspx?ID=2011089 (accessed July 25, 2011).

50 J.D. Power & Associates Press Releases, "2013 Vehicle Dependability Study Results," at autos.jdpower.com/ratings/2013-VDS-Study.htm (accessed June 10, 2013).

51 Hayes, Wheelwright, and Clark, *Dynamic Manufacturing,* 17.

52 Foster, *Managing Quality,* 70–90.

53 Foster, *Managing Quality,* 87.

54 Krajewski and Ritzman, *Operations Management,* 140.

55 Krajewski and Ritzman, *Operations Management,* 156.

56 Krajewski and Ritzman, *Operations Management,* 732.

57 Gabriel Kahn, Trish Saywell, and Quenna Sook Kim, "Backlog at West Coast Docks Keeps Christmas Toys at Sea," *Wall Street Journal* (October 21, 2002), www.wsj.com (accessed October 25, 2002).

58 Shawnee K. Vickery, "International Sourcing: Implications for Just-in-Time Manufacturing," *Production and Inventory Management Journal* (1989): 67.

59 "Six Sigma Definition," at www.sixsigmasurvival.com/SixSigmaDefinition.html (accessed November 9, 2007).

60 Jacobs and Chase, 142.

61 Brian Hindo and Brian Grow, "Six Sigma: So Yesterday?" *Businessweek* (June 11, 2007): 11.

62 Robert McClusky, "The Rise, Fall and Revival of Six Sigma Quality," *Quality Focus* 4:2 (2000): 6.

63 International Organization for Standardization, "ISO Standards," www.iso.org (accessed May 1, 2013).

64 See Jonathan B. Levine, "Want EC Business? You Have Two Choices," *Businessweek* (October 19, 1992): 58; International Organization for Standardization, "ISO 9000:2000" (2007), at www.iso.org/iso/catalogue_detail?csnumber=21823 (accessed November 9, 2007).

65 Foster, *Managing Quality.*

66 International Organization for Standardization, "ISO/TS 16949:2009," at www.iso.org/iso/catalogue_detail?csnumber=36155 (accessed July 30, 2009).

67 "Supplier Responsibility Progress Report," at www.apple.com/ supplierresponsibility/reports.html (accessed June 10, 2013).

68 Government of Dubai, "Free Zones" at www.dubai.ae (accessed June 1, 2013).

69 International Trade Administration, "What Activity Is Permitted in Zones?" at ia.ita.doc.gov/ (accessed July 26, 2011).

70 Foreign-Trade Zones Board, "How Many Zones Exist Now?" ia.ita.doc. gov/ftzpage/info/zonestats.html (accessed June 29, 2013).

71 Foreign-Trade Zones Board, "What Are the Benefits to a Zone User," under FAQ at ia.ita.doc.gov/ftzpage/info/ftzstart.html (accessed July 26, 2011).

72 Panalpina, www.panalpina.com, various pages (accessed June 29, 2013).

73 Panalpina, "Transporting IBM Products to Latin America" (2005), www.panalpina.com/press/casestudies (accessed June 15, 2007).

74 Fawcett, "The Globalization of the Supply Environment," 11.

75 The information on Nokero is from the author's personal interviews with Steve Katsaros, Founder and CEO of Nokero, and Tom Boyd, Director of Communications and Marketing, Nokero. Nokero's Steve Katsaros, Evan Husney, Tom Boyd, and Beth Polizzotto, University of Colorado Denver, provided research materials for the initial version of the case. Updates on the case were provided by Steve Katsaros. John Collins Rudolf, "A Solar Bulb May Light The Way," *The New York Times* (June 25, 2010), accessed on June 1, 2013 at http://green.blogs.nytimes. com/2010/06/25/a-solar-bulb-may-light-the-way/?_r=0. Jason Blevins, "The Power of Light," *The Denver Post*, (July 10, 2010): 1. Tom Boyd, "A Year after quake, Nokero and American Green light up orphanage, tent city in Haiti," Nokero.com (January 14, 2010), accessed June 1, 2013; "Solar Powered Lightbulb Invented for World's Powerless," Nokero Web site, January 8, 2013, accessed on June 1, 2013, at http://nokero.com/2013/01/08/ solar-powered-lightbulb-invented-for-worlds-powerless/.

This case was written by Manuel G. Serapio, Associate Professor and IB Program Director, Business School and Faculty Director of the University of Colorado Denver CIBER.

第 18 章

国际会计与财务问题

父子血脉亲，谈钱伤感情。

——日本谚语

本章目标

通过本章学习，应能：

1. 分析影响不同国家会计实践发展的主要因素。
2. 研究会计准则的国际融合现象。
3. 说明企业怎样处理外汇交易及其对外汇财务报表的解读。
4. 说明企业怎样把国际因素应用到资本预算的过程中。
5. 讨论跨国公司可获得的内部主要资金来源，并说明如何对这些资金进行全球化管理。
6. 描述企业如何防止通货膨胀和汇率波动的金融风险。

案例 18-1

帕玛拉特：欧洲版安然

2002年1月，欧洲一家杂志发表了一篇题为《安然事件：这里会发生吗？》的文章。面对这个问题，美国之外的人可能给出的回答是"不会"[1]。安然和世通公司重大欺诈事件浮出水面以后，美国之外都认为这种丑闻是其比较激进的商业环境和操作导致的"美国问题"。然而，意大利一家家族企业将向世界证实，重大的公司丑闻可以发生在任何地方。

1. 背景简介

1961年，22岁的卡里斯托·坦济（Calisto Tanzi）从他父亲手里继承了公司。随后，他领导该公司进入奶制品行业，并创建了帕玛拉特品牌。两年内，帕玛拉特成为意大利第一家品牌牛奶生产商。1966年，帕玛拉特采用利乐公司的包装技术创建了其招牌产品——超高温巴氏消毒牛奶，保质期长达6个月以上。超高温消毒牛奶使帕玛拉特具备了牛奶产业的技术竞争力，并使其领先于竞争对手。1970年，意大利法律撤销了全脂牛奶只能在牛奶专卖店出售的限制，允许在杂货店出售，于是，帕玛拉特迅速成为意大利的主导牛奶供应商。

（1）"冠军的牛奶"。20世纪70年代，通过赞助滑雪世界杯和一级方程式大奖赛车手尼基·劳达（Nicki Lauda），帕玛拉特开始以"冠军的牛奶"被人们所熟知。20世纪70年代末，公司凭借奶酪、黄油以及各种甜点进入新的市场。随着声望与日俱增，公司也通过在德国和法国的并购开始国际扩张，这标志着全球奶业帝国的肇始。

（2）虔诚的体育营销先锋。在意大利，卡里斯托·坦济几乎是一个传奇式人物，他就是企业飞速增长的缔造者。他发现了体育营销有着能使帕玛拉特成为著名品牌的力量。他有很多在政府部门身居要职的朋友，可以帮助他通过有利于帕玛拉特的法律。作为虔诚的天主教徒，他也是慷慨的捐助者：捐助重修帕尔马的17世纪长方形基督教堂，并为职业足球队提供资金。他似乎对自己取得的成功保持谦虚。他不抽烟，几乎不喝酒，驾驶自己的雷克萨斯。在帕玛拉特扩张过程中，坦济对公司业务维持其家族式的管理风格。

（3）上市并走向全球化。1989年，该公司被一家控股公司收购，更名为帕玛拉特集团公司（Parmalat Finanziaria SpA）。公司每年利润稳定，资产负债表变现良好，且手上持有大量现金。这使得帕玛拉特具有在意大利上市的资质，并可以通过发售股票和债券的形式在美国和其他国家筹集资金。该公司运用这些新资金向拉丁美洲扩张，并在巴西、阿根廷、委内瑞拉和其他几个国家的奶制品市场上占据主导地位。

到20世纪90年代初，帕玛拉特不仅是杂货店购物者喜爱的产品，而且被投资者和债权人也认为是一个有利可图的商业伙伴。大型跨国银行通过帮助该公司发行债券、运作股票国外上市以及为国际收购筹集资金，赚取了大量的费用。首席财务官阿尔贝托·法拉利斯（Alberto Farraris）说道："我的办公室外总是有一排银行家向我询问关于新业务的事。"不过，问题是，帕玛拉特报告的利润仅仅是一系列会计操作制造的假象。

2. 会计问题

帕玛拉特案例的一个最有趣的方面是其欺骗性账目的简单性。其欺诈行为的目的直截了当——掩盖经营损失，从而不让投资者和债权人失望。这个计划的核心是对意大利和其他零售商重复记账。在标准会计程序里，每次向客户出货，公司会记录一笔应收账款，以后以现金的形式收回。因为应收账款计为销售收入，帕玛拉特对客户的每次出货开两次账单，从而大大增加了销售收入。公司将这些虚高的收入作为确保自己从一些国际银行中获取贷款的手段。

（1）表外融资。到1995年，帕玛拉特仅在拉丁美洲每年的损失就超过3亿美元。这些持续不断的经营损失迫使公司管理人员利用更加复杂的方法来掩盖公司的真实业绩。利用"资产负债表外融资"的花招，管理层在加勒比地区建立了三个空壳公司，并假装出售帕玛拉特的产品。帕玛拉特发给它们伪造的发货单并且收取成本和费用，使得这些"销售"看起来是合法的。然后，帕玛拉特将开出一张信用收据，上面写明空壳子公司所欠款项，再把这些收据拿去银行筹集资金。

表外融资也用来掩盖负债。公司将其一半的债务转移到注册在开曼群岛这样的离岸税收天堂的子公司的账簿上。通过隐藏大量的债务和夸大销售收入，帕玛拉特向投资人和债权人展示出一张"健康的"资产负债表和高盈利的利润表。2002年，帕玛拉特在其合并资产负债表上报告称其负债接近80亿美元。而实际上，该公司的负债大约已有140亿美元。

（2）奶业帝国的成长艺术。帕玛拉特利用公司形象在美国和欧洲发行债券，而支撑这些债券的是伪造的资产数据，尤其是现金数额。阴谋被揭穿后，首席调查官说："这真是颠倒是非。"通常，公司要通过贷款来实现扩张。而在帕玛拉特一案中，"他们为了扩张而不得不隐瞒债务"。换句话说，公司需要获得贷款来归还以前的贷款（听起来有点像希腊的政府债务情况）。调查人员指出，如果不进行会计操纵，该公司在1990—2003年每年都应该报告经营损失。很明显，帕玛拉特的牛奶盒已经满是财务漏洞了。

通过不断增加借贷数额来掩盖经营损失的循环最终变得难以为继。为了继续欺骗，帕玛拉特需要继续借款，在没有现金的情况下偿还旧债的利息，并寻找新的方法创造虚假销售。2003年3月，阿尔贝托·法拉利斯被任命为首席财务官，他曾提到"自己不明白公司为什么支付如此多的钱来偿还债务，利息支付似乎远远高于账簿上54亿里拉贷款额度的利息支付"。

20世纪90年代末，阿根廷和巴西的审计员亮出红旗，直指帕玛拉特的会计问题。2003年12月初，公司没能兑现1.5亿里拉的债券。这使那些熟悉该公司的人感到疑惑，因为根据2002年的财务报告，帕玛拉特持有大量的现金。

2003年12月19日，当帕玛拉特的审计公司均富国际审计公司（Grant Thornton LLP）揭开这个触目惊心的秘密时，这一骗局得以浮出水面。当审计帕玛拉特在开曼群岛的全资子公司博拉特（Bonlat）时，审计员联系了美国银行以确认博拉特持有的一封信件内容是否属实，因为信件中美国银行证实博拉特公司有39.5亿里拉的现金存款。美国银行回应说这个账户并不存在。调查人员随后冲向帕玛拉特公司总部，查扣了其公文和计算机硬件，从而揭露了前面阐述的财务欺诈问题。在一个计算机硬盘里，公诉人发现了这个骗局的一些线索："999 号账本"记录了总额超过 80 亿里拉的秘密交易。

3. 后果

2003 年 12 月 24 日，帕玛拉特申请破产保护。首席执行官卡里斯托·坦济辞职，3 天后被意大利警方拘留并关进监狱，后来被软禁在家中一直到 2004 年 9 月 27 日。调查期间，担任首席财务官的法福斯托·托纳以及卡里斯托·坦济的弟弟乔瓦尼、儿子斯蒂法诺和女儿弗朗西丝卡都因为违法而受到起诉；其他关键职员也被认为与这起欺诈事件相关。

（1）定罪。最初，调查人员认为虚构财务报表只是为了隐瞒经营损失，但资料显示，坦济家族从这次欺诈行为中获得了好处。例如，卡里斯托承认从帕玛拉特转移了 6.38 亿美元到"家族旅游产业"。2008 年 12 月，卡里斯托最终因为市场诈骗在米兰法庭被判处 10 年徒刑。2010 年，他又因导致公司倒闭被帕尔马市的法官判处 18 年徒刑。2012 年，公诉人提出因为卡里斯托在公诉期间隐瞒几幅价值不菲的画作而申请对其进行起诉，后来这些画作被用来支付债权人的索赔。其他人也已经服刑或者正在服刑，而卡里斯托的儿子斯蒂法诺也因为诈骗和洗钱罪正在瑞士接受审判，获刑入狱 14 年。

恩里科·邦迪（Enrico Bondi）被政府任命为帕玛拉特的首席执行官，负责恢复工作。作为工作的一部分，邦迪向均富和德勤两大会计师事务所提起诉讼，控诉它们没有履行审慎审计的职责以及没有将其质疑报请企业管理层。2009 年，纽约的法官撤销了对均富的起诉；2011 年年初，重新提出诉讼，但是法庭不予受理。

（2）第一轮和第二轮审判。诉讼同时指控这些银行为赚取佣金而忽视帕玛拉特的欺诈行为。前面提到的这些银行在该公司为国际扩张筹集资金中起到重要作用。银行和审计公司都否认任何不道德行为，并声称它们也是这场阴谋的受害者。花旗银行、瑞士银行、德意志银行和摩根士丹利都将因为"没有采取措施阻止帕玛拉特的欺诈行为"而受到起诉。到 2007 年 6 月中旬，邦迪在意大利和美国赢得了几乎 9 亿美元的赔偿费用，但输掉了与花旗银行的官司，也就需要自行承担这部分损失了。

投资者、银行和其他机构轮流起诉帕玛拉特。2003

年 12 月 29 日，美国证券交易委员会对帕玛拉特提起诉讼，宣称该公司通过夸大资产并少报负债在美国欺诈性地通过债券筹集资金。帕玛拉特对此既不承认也不否认，只是于 2004 年 7 月 30 日同意与美国证券交易委员会和解。帕玛拉特并没有被罚款，但承诺在强化董事会作用和提高管理水平方面做出改变。

（3）公司重组。除了因欺诈行为导致的法律诉讼，邦迪的重组活动要求帕玛拉特的组织机构做出巨大变革。2004 年 3 月 29 日，公司宣布将把市场重点缩小到意大利、加拿大、澳大利亚、南非、西班牙、葡萄牙、俄罗斯和罗马尼亚，同时撤出其他地区。然而，在 2007 年 5 月，"帕玛拉特同意将其西班牙资产出售给 21 世纪乳业公司"。哥伦比亚、尼加拉瓜和委内瑞拉等"市场坚挺、有利可图"的拉美国家将会被保留。另外，帕玛拉特还将把员工数量从 32000 人削减到 17000 人以下，把品牌数量从 120 种缩减到 30 种，并聚焦"健康生活方式"产品。

截至 2010 年，帕玛拉特已经进驻博茨瓦纳、古巴、厄瓜多尔、莫桑比克、巴拉圭、斯威士兰以及赞比亚等国家。通过授权的方式，帕玛拉特也出现在另外一些国家。近年来，该公司已经聚焦到高附加值产品，并计划进行市场测试，以决定不同地理区域新产品的投放力度。

4. 底线是什么？

在欧洲，帕玛拉特丑闻在各个权力机构之间引起了强烈的关注。欧洲委员会建议通过让成员国引入与美国相似的会计监管委员会来增强审计标准。为防止这种重大的丑闻再次发生，很多机构纷纷提出改革建议。改革内容之一是考虑提高欧洲债券市场的透明度，换句话说，即披露债券价格。然而，"欧洲委员会表示，这将给予交易者权利来保护自己，而不是要求债券公布和股票一样多的数据"。

从会计角度上来讲，帕玛拉特通过采用国际财务报告准则跻身其他欧洲公司的行列；这一准则由会计准则委员会出版，欧洲委员会为强化财务报表管理也已经采用此准则。另外，帕玛拉特的独立审计机构现在是全球会计师事务所普华永道。通过这两个动作，希望能有助于投资者相信帕玛拉特在会计方面已经走向正途。在重组之后，帕玛拉特重燃生机，并且已经在米兰证券交易所上市，是意大利最大的上市食品公司。至少，它与安然的命运并不一样。

5. 企业治理失误

尽管为了帮助帕玛拉特重生已经做出了上述会计方面的努力，但还远远不够。欺诈行为是通过一系列财务手段实现的，但几个问题集中出现，为这种操作行为的发生提供了可能性。帕玛拉特最明显的缺陷之一是其公司管理体制。作为一个家族企业，该公司被内部人员紧紧控制，特别是卡里斯托·坦济，一人独占首席执行官和董事会主席两个要职。其他董事会成员大多是家族成员或是帕玛拉特的经理，这致使公司没有强大、独立的声音来阻止管理层采取的行动。而且，意大利法律允许帕玛拉特有两个审计机构。均富国际审计公司是主要的审计机构，但德勤也审计一些子公司，包括欺诈行为被揭露的博拉特。这一安排使得审计机构更难全面、清晰地把握帕玛拉特的财务状况。两家公司现在都已经不再为帕玛拉特提供审计服务。最后也可能最重要的是管理诚信失效。最后还要说明，即使管理体制非常完善，如果管理人员决意欺诈，也很可能会成功。

目前，帕玛拉特正在采取必要的措施来提升公司管理水平。经理们努力遵守意大利企业管理法规以及其他通用原则，公司也创立了自己的伦理准则、行为准则以及内部交易守则，所有雇员都必须遵守这些出台的规定和准则。2012 年的公司年度业绩报告由普华永道根据意大利证券委员会（意大利监管企业和证券交易的管理机构）制定的准则进行审计；财务报表根据意大利会计标准和欧盟采用的国际会计准则进行准备。报告起初用意大利语写成，由意大利合伙人马西莫·洛塔（Massimo Rota）签署，然后翻译成英文以方便国际读者阅读报告。

帕玛拉特诈骗案发生后，调查人员就几组会计数据为何能够骗过如此多的人陷入沉思。但是，有一件事是明确的——欧洲现在有了自己版本的安然。

思考题

1. 帕玛拉特的问题在多大程度上是由不良会计行为造成的，多大程度上是由公司个人因素造成的？

2. 本章讨论了美国会计标准和世界会计标准的差异性。你认为帕玛拉特采用国际会计标准而不是美国会计标准会有什么不同？

18.1　引言

第 9 章提到企业的首席财务官（CFO）主管会计长和财务长的工作。会计长负责会计方面的事务，而财务长则负责更为宽泛的财务问题。没有可靠的相关会计信息，跨国公司的国际商务管理人员便不能做出良好的决策。鉴于第 9 章探讨了资本市场对企业运作的资助，本章将聚焦首席财务官的角色、会计长职责的重要性以及财务长如何管理企业的资金流。

会计与财务的交叉点

会计（Accounting）和财务功能密切相关，彼此互相依赖方能完成各自的职责。任何企业的首席财务官都要负责筹集和管理企业的财务资源。作为企业高层管理团队的成员，首席财务官仰仗财务长或者首席会计师提供的正确信息来制定决策；而内部审计人员则确保企业政策和程序能够顺利有效地执行。内审员、财务长和首席财务官与外部审计员密切合作，设法保护企业的资产。案例 18-1 中的帕玛拉特丑闻说明，事情是可能出错的，尤其当高层管理人员想推卸信托责任且外部审计机构在公司资产中看到了某种特别价值的时候。

现实的和可能的跨境资产流动使得会计和财务功能变得复杂。因此，跨国公司必须学会应对不同的通货膨胀率、汇率变化、货币控制、征用风险、关税、税率和决定应税收入的方法、当地会计部门的复杂程度以及当地和本土的财务报告要求。

财务长控制什么？ 企业财务长在给管理人员和外部股东提供及时且有用的信息方面至关重要。图 18-1 显示了会计长作为企业财务团队成员的重要职责。

会计长的传统职能仅仅是支持企业的一般战略性活动，如管理供应链、评估潜在的国外并购、处理子公司或者分支机构问题、管理现金、规避货币和利率风险、税收规划、内部审计以及帮助制定企业战略；而现在，会计长的职责已经融入了传统会计和报告职能之外的许多活动。实际上，当今会计人员必须拥有更加广阔的商务视角——对我们来说，即国际商务观——而非原有"账房先生"的形象。

正如第 15 章提到且本章要详细阐述的，外国经理人员和子公司通常要接受公司总部的评估，而评估的依据是会计办公室建立和核实的公司报告系统所生成的数据。会计长编制财务报告时，不仅要处理不同货币和通货膨胀带来的影响，熟悉不同国家的会计系统，而且要考虑内部情况、当地政府需要以及债权人、员工、供应商、股东和潜在投资者的诉求。

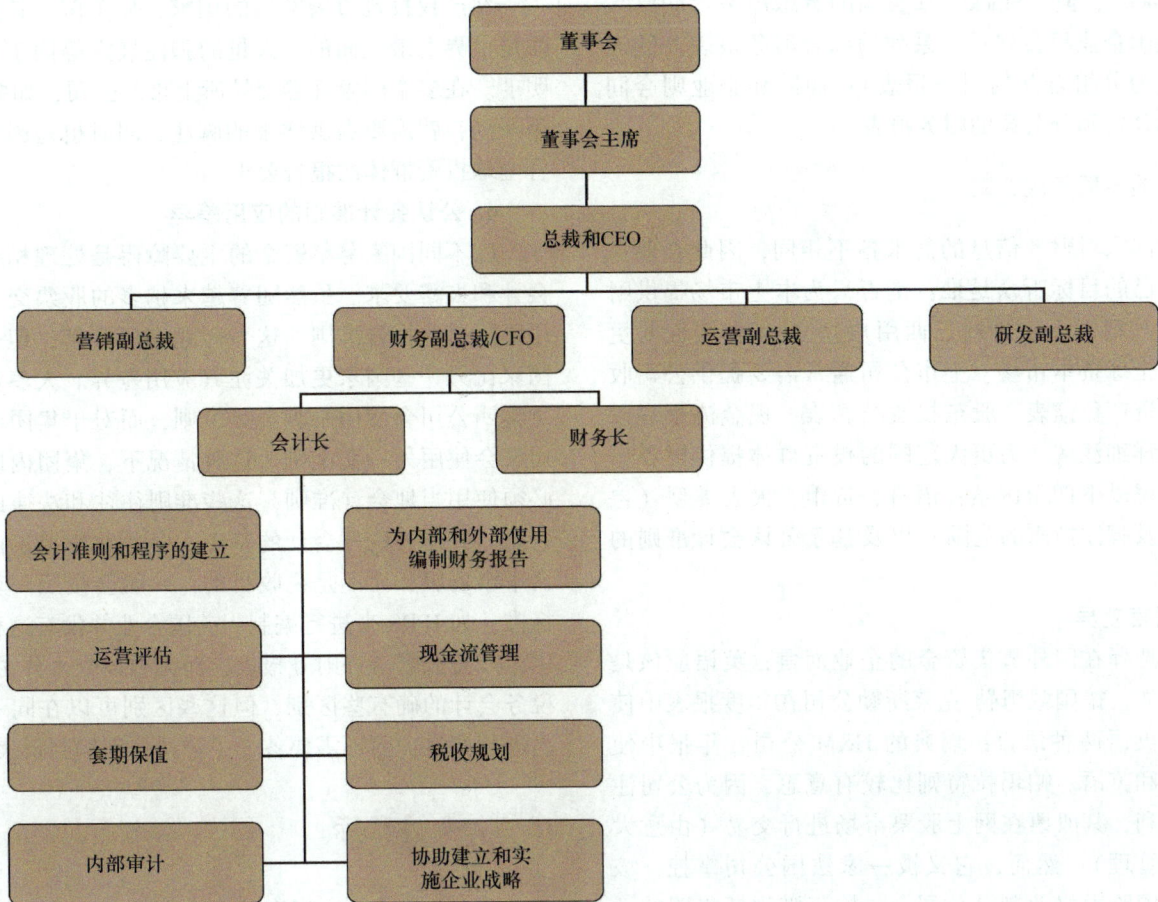

图 18-1　会计长的职责范围

有关跨国公司面临的一些关键会计问题的讨论，本章首先讨论世界各国会计操作存在的差异，以及全球资本市场怎样迫使许多国家考虑将其会计和财务报告标准融入世界认可的一套标准；然后，将分析跨国公司面临的一些特殊问题，如以外国货币交易的会计问题，外国货币财务报表的折算，向股东和潜在投资者报告国外经营状况，以及对国外经营和管理人员的绩效评估。

尽管焦点是跨国公司的有关问题，但此类问题会影响任何一家在海外经营的企业，甚至小型进出口商。外国货币交易，如以某一货币计算外国货币交易的销售收入或者购买，必须以母公司所在国的货币计值。这一点既适用于大企业也适用于小企业，同时也适用于服务业和制造业。

18.2　国际财务报表差异

跨国公司面临的一个问题是，世界各国的会计标准和惯例各不相同。不同国家的财务报表在形式（或者格式）上和内容（或者实质）上都不相同。例如，美国企业的资产负债表遵循的是平衡格式（Balance Format）

$$资产 = 负债 + 股东权益$$

资产负债表在账目流动性排序的表现上不一致。一些企业先列出流动性最差的资产（即最难在短期内变现的资产），再到流动性最强的资产；而其他一些企业，从则先列出流动性最强的资产（如现金），再到流动性最弱的资产（如财产、工厂和设备）。前一种做法在欧洲企业中很常见，而后一种方法则较多地运用于美国公司。例如，帕玛拉特就使用了下面格式

$$非流动性资产 + 流动性资产 = 股东权益 +$$
$$非流动性负债 + 流动性负债$$

英国零售公司玛莎百货则使用了既不同于美国传统格式又区别于帕玛拉特德的资产负债表格式

$$非流动性资产 + 流动资产 - 流动负债 -$$
$$非流动负债 = 权益总额$$

财务报表中所采用的一些术语在世界范围内也各不相同。美国把库存称为 "Inventory"，而其他英语国家则

称为"Stock"，但"Stock"在美国的意思却是"股票"。另外，美国企业只会列示一系列的综合财务报表（欧洲企业称之为分组合并的财务报表）；而欧洲企业则会同时列示母公司和分公司的财务报表。

财务信息的不同呈现方式

不同国家对财务信息的需求各不相同，因此企业也要考虑自己的目标听众是谁：是否只为本土市场提供财务信息（如巴西企业针对巴西用户）？或者需要面对更大范围的全球资本市场？上市公司通常需要提供公司收益报表、资产负债表、股东权益结算表、现金流量表以及年报的详细注解。为更大范围的投资群体提供财务信息，要考虑以下四个因素：语言、货币、报表类型（包括格式以及脚注披露的范围）以及基于公认会计准则的财务报表。

1. 语言差异

对于选择在国外募集资金的企业而言，英语应该是首选。例如，德国戴姆勒-克莱斯勒公司在年度报表中使用德语和英语两种语言；瑞典的H&M公司在年报中使用瑞典语和英语。帕玛拉特则比较有意思，因为公司注册在意大利，其股票在网上股票市场进行交易（由意大利证交所管理）；然而，它又被一家法国公司掌控，该公司是法国跨国奶业制品公司——拉克塔利斯集团的子公司。因此，尽管帕玛拉特的财务报表使用的是其主要报表币种——欧元，但是其年报使用的语言却是英语。

很多企业也在其网站主页上使用不同语言提供大量的信息。只需要点击所需语言的按钮，所有的信息就将会用这种语言显示出来。帕玛拉特的主页为世界各地的人们提供了大量信息。它还有一个链接 www. parmalat. com. br，为巴西客户提供葡萄牙语信息。

2. 货币不同

世界各地的企业用不同的货币来编制财务报表。例如，戴姆勒-克莱斯勒用欧元来编制报表，H&M用瑞典克朗编制报表；可口可乐采用美元编制报表；阿迪达斯在2012年年报中使用欧元提供财务信息并采用公司货币转换政策来披露信息，并给出了欧元、美元、英镑、日元、卢布和人民币之间的平均汇率[2]。

3. 报表类型不同

财务报表的格式不是大问题，但是，当管理人员习惯于看平衡形式的资产负债表时，让他看分析形式的资产负债表，他就会感到迷惑。差异的一个主要方面是脚注的使用。

在产权投资市场发达的国家，如美国，其披露的脚注是世界上最全面的。大量的脚注披露等同于更高的透明度。在多个国家证券交易所上市的公司，如戴姆勒-克莱斯勒，就需要提供详细的脚注，同时也是因为需要符合全球投资群体的报告要求。

4. 公认会计准则的应用差异

在不同国家募集资金的主要障碍是处理相差很大的会计和披露要求。虽然随着越来越多的股票交易允许使用国际财务报告准则，这一问题有所缓解，但是，一些国家比另一些国家更加关注其应用差异。大多数国家对于集团公司会使用一套会计准则，而对于集团内的子公司又会使用另一套准则。这种情况下，集团内的子公司必须使用当地会计准则，这些准则往往和法律的要求相联系，并作为税务会计的基础。合并财务报表由于是为资本市场服务而不是税收目的，一般会按照一套不同的标准，如IPRS来进行编制。美国企业并没有这种情况发生，只需披露合并财务报表，而无须各个子公司的报表。税务会计的确有些区别，但这些区别可以在同一张报表内进行调整，而不需要各个子公司分别编制报表。

18.3 会计目标

在会计程序中，识别、记录和诠释经济活动十分重要。每个国家都需要确定其所实行的会计系统的目标。根据建立美国会计标准的私立机构——**美国财务会计准则委员会（Financial Accounting Standards Board，FASB）**和位于伦敦、为更大范围确立会计准则的组织——**国际会计准则委员会（International Accounting Standards Board，IASB）**的界定，财务报告的一般目标应该能"提供关于报告实体的财务信息，这些信息将有助于潜在投资商、贷款方以及其他债权人做出投资报告实体的决定"。如图18-2所示，通用财务信息的使用者众多，但是其主要使用者为当下的和潜在的投资方、贷款方以及其他债权人。

确定主要使用者非常重要，因为关注的使用者不同，可能报告的财务信息也不同。例如，德国历来的主要使用者是银行，因此会计更多地集中在资产负债表，这种资产负债表包含对公司资产的描述。然而，在美国，主要的使用者是投资者，因此，会计主要集中在利润表。投资者把利润表看作企业未来成功的指示，从而会影响企业的股票价格（或者股份价格）和股利的分配。

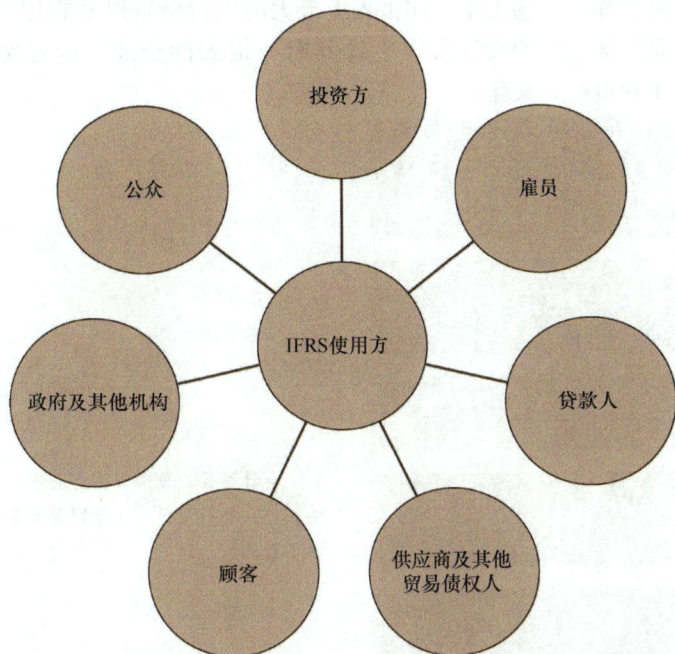

尽管图中显示会计信息的重要使用者有很多，但是美国财务会计准则委员会和国际会计准则委员会认为，其关键使用者为当下的和潜在的投资方、贷款方以及其他债权人。在某些国家，如美国，投资方要比贷款方更为重要；而在另一些国家，如德国，贷款方（主要是银行）历来都是企业最重要的资金来源。

图 18-2　谁会使用会计信息

资料来源：Based on Financial Accounting Standards Board, Conceptual Framework：Statement of Financial Accounting Concepts, No. 8, Chapter 1, The Objective of General Purpose Financial Reporting, paragraph OB2-OB11.

18.4　影响国际会计标准和实践的因素

图 18-3 确定了一些促使会计标准和实践向国际化发展的力量。虽然图中列出的所有因素都很重要，但是其重要性在各个国家并不相同。例如，投资者在美国和英国具有重要影响，但是债权人（主要是银行）在德国和瑞士历来都比其他因素更加重要。图 18-3 显示了全面的影响因素，因为图中关注了所有元素对会计程序的影响：国内外的影响、用户、管理方、审计方以及教育者。

后面还会详细论述，各国文化不同，并对会计发展具有重要影响。制度因素，如法律、税收体系也对全球大部分国家的会计标准和实践产生了很大影响。一些国际因素也至关重要，如殖民影响和外国投资。例如，现在或者以前是英联邦成员国的大多数国家拥有的会计系统和英国的会计系统相似，以前的法国殖民地则使用法国模式等。然而，后面将提到，国际会计准则委员会所主导的会计准则融合将最终减少这种差异。

国际公共会计师事务所，如毕马威、德勤、普华永道和安永，也是重要的影响因素，因为它们向世界传递高水平的会计和审计实践。从案例 18-1 帕玛拉特事件中可以看出，公共会计师事务所也有责任确保企业遵循恰当的会计准则，使公开的财务报表能准确反映企业的财务状况。

● 会计的文化差异

影响会计准则和会计实务的一个主要来源是文化。国际投资者特别关心各国之间衡量和披露财务信息的差异性。衡量是指企业如何对包括存货和固定资产在内的资产进行估值；而披露则是指企业在面向外部用户的年度和中期报告中提供和讨论什么信息以及通过什么方式提供。

第 2 章提到文化是以某个群体的价值观、态度和信仰为基础的习得性规范。有关文化与会计的很多论著最初都是基于霍夫斯泰德（Hofstede）对文化的结构因素的开拓性研究，特别是那些对在组织和机构工作的员工的行为产生强烈影响的因素[3]。霍夫斯泰德的研究后来被原联邦德国尼·格雷（Sidney J. Gray）引入会计领域，从而根据披露和衡量原则对不同国家进行划分，特别是保密度—透明度以及乐观—保守主义两个维度[4]。

（1）**保密度—透明度和乐观主义—保守主义矩阵**。图 18-4 描述了不同分组国家的会计实务在保密度—透明度和乐观主义—保守主义这一文化价值矩阵中的分布情况。就会计而言，保密度和透明度说明企业向公众披露信息的程度。相较美国和英国（英美两国在披露方面更加透明和开放），德国、瑞士和日本等国家倾向于披露更少的信息（说明保密的文化价值观）。图 18-4 中对国家的分类，只是假设不同国家的位置，而非其真实位置。

另外，这种分类代表了某个时间的情况，而每个国家都在不断变化，特别是那些努力在国内外上市的企业。案例 18-1 中，帕玛拉特丑闻说明，即使那些在国际证券市场上市、向世界上最大的银行借贷以及聘用世界上最好的会计公司审计其财务报表的企业，也有保密的企业文化。

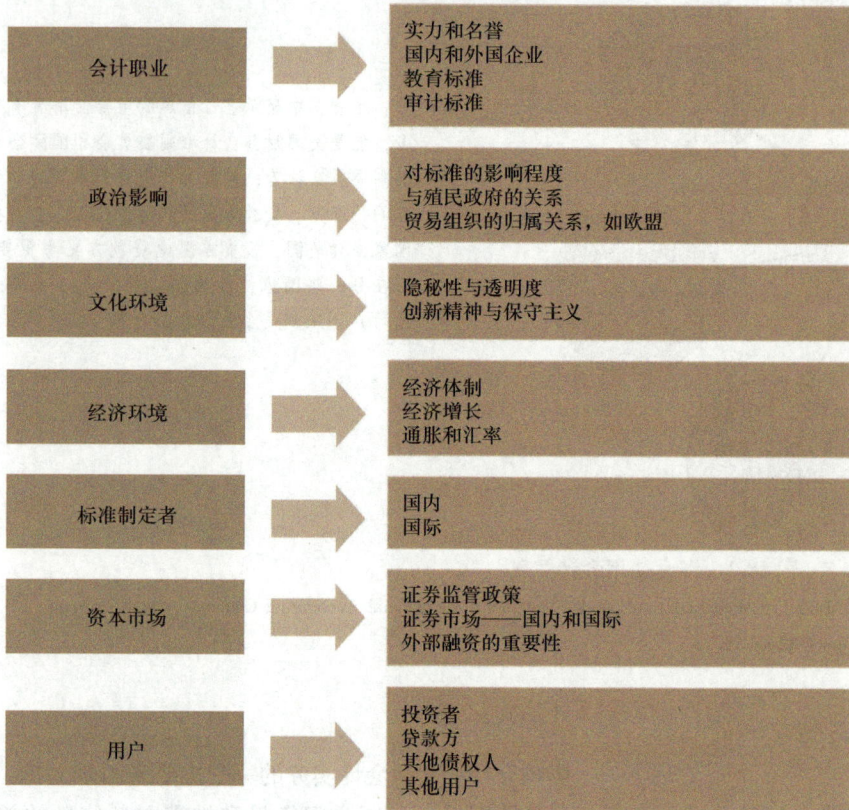

会计职业	➡	实力和名誉 国内和外国企业 教育标准 审计标准
政治影响	➡	对标准的影响程度 与殖民政府的关系 贸易组织的归属关系，如欧盟
文化环境	➡	隐秘性与透明度 创新精神与保守主义
经济环境	➡	经济体制 经济增长 通胀和汇率
标准制定者	➡	国内 国际
资本市场	➡	证券监管政策 证券市场——国内和国际 外部融资的重要性
用户	➡	投资者 贷款方 其他债权人 其他用户

会计过程的每个方面都受内外部因素的影响，并且都很重要。在不同国家其重要程度也各不相同。

图 18-3 影响会计的来源

资料来源：Based on The International Journal Accounting, Vol. 10, No. 3, Lee H. Radebaugh, Environmental Factors Influencing the Development of Accounting, Objectives, Standards and Practices, p. 41, 1975.

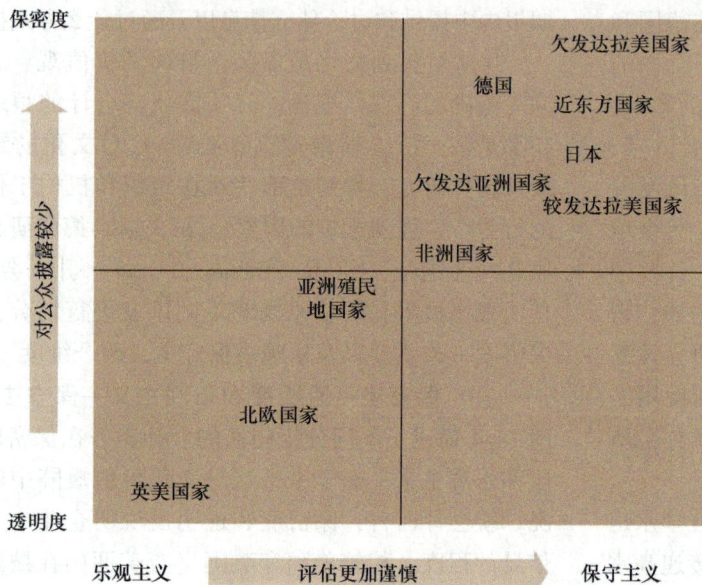

纵轴是按照保密度—透明度（一个国家的企业对外界披露信息的程度）对会计实务进行的排列；横轴是按照乐观主义—保守主义（企业评估和确认收入时的谨慎程度）对会计实务进行的排序。需要注意的是，透明度和乐观主义往往并肩而立；同样，保密度和保守主义也往往结合在一起。

图 18-4 国家会计体系的披露—评估矩阵

资料来源：Based on Lee H. Radebaugh, Sidney J. Gray and Ervin L. Black, International Accounting and Multinational Enterprises, 6th ed. (New York: John Wiley & Sons, 2002).

（2）**公认会计原则**。除此之外，位于保密度—保守主义右上角这个象限的企业更加广泛地与资本市场进行合作，它们更接近于英美国家的模式。对于德意志银行和戴姆勒-克莱斯勒而言，更是如此。因为报告需要它们先在德国法律允许下采用美国**公认会计准则**（Generally Accepted Accounting Principles，GAAP），随后又转向**国际会计准则**（International Financial Reporting Standards，IFRS）。**国际会计准则理事会**（International Accounting Standards Board，IASB）制定了国际会计准则，而美国财务会计准则委员会（FASB）则推行美国公认会计准则，两者都是需要被采纳遵守的。随着越来越多的欧洲企业和世界各地的企业采用国际会计准则委员会发布的国际会计准则，这些企业应该会变得更加透明和乐观。

乐观和保守（就会计而言，不具有政治意义）是企业在评估和确认收入时所表现出的谨慎程度——是对前述衡量问题的阐述。国家越保守，越倾向于低估资产和收入；而乐观的国家在确认收入时更加宽松。银行在法国主要为本国企业提供资金，德国和日本也是如此，而且银行关注资产流动性。因此，在记录税后利润和为了积累现金储备以满足银行贷款而宣布股利分配时，法国企业比较保守。然而，德国的跨国公司，特别是其所需资金超出银行的供给能力时，它们不得不采用更符合国际资本市场的会计和报告实践，从而变得更加透明。

相反，美国企业希望展示收入能力以打动和吸引投资者。在确认收入方面，英国企业比美国企业更加乐观，但是美国企业比欧洲以及日本企业要乐观得多。

18.5 国际标准和全球融合

18.5.1 互认与调整

在全球资本市场重要性还没有显现、会计标准尚未统一之前，大多数国家采取的常用办法是**互认**（Mutual Recognition）。这就意味着，一个管理机构，如德国证券交易所，将会接受一家希望在德国上市的美国企业采用公认会计准则编制的财务报告。在 2005 年的要求之前，欧盟国家的企业按照国际会计准则来编制财务报告。由于当时德国法律允许，一些德国的企业，如戴姆勒-克莱斯勒公司和德意志银行，按照美国的公认会计准则来提供报表，这使得它们很轻松地就在纽约证券交易所上市了。然而，德国企业在 2007 年放弃了这一做法，并转向

国际会计准则。在其 2010 年的年度报表中声称，"戴姆勒-克莱斯勒公司的集团财务报表和子公司财务报表是根据德国商法 315a 部分、国际会计准则委员会签署欧盟采纳的国际会计准则及其相关解释"而编制的。

美国使用了两种方法：采用美国会计准则或应用国际会计标准（最初版本）。如果一家外国企业倾向使用本国的公认会计准则而不是美国公认会计准则或者国际会计准则，则必须提供一份**调整**（Reconciliation）报表。在这种情况下，企业通常将美国存托凭证附在交易单上，然后在一份被称为"表 20-F"的特殊报表中就净收入和股东权益内容从本国的会计准则向美国的会计准则进行调整。戴姆勒-克莱斯勒公司在采用美国会计准则编制合并财务报表前就使用了这种方法。然而，2007 年后，美国证券交易委员会允许国外上市公司不需要出示调整后的报表，但前提是其报表完全按照国际会计准则进行编制。欧盟国家曾计划要求准备在欧洲证券交易所上市的美国公司提供按照国际会计准则编制的财务报告。然而，由于两者的进一步融合以及美国公认会计准则与国际会计准则几乎等同实施，欧盟于 2008 年宣布允许在欧洲交易所上市的美国公司继续使用美国公认会计准则。另外，美国证券交易委员会不再要求欧洲公司提供"表 20-F"调整报表，也为会计准则融合做出了贡献[5]。

虽然世界范围内的会计准则和实务有很多差异，但很多因素正在促使这些准则不断**融合**（Convergence）：

（1）提供和投资者需求一致的信息的活动。

（2）全球资本市场的整合，意味着投资者能够更快、更容易地获得全球投资机会，因此需要更加标准化的财务信息。

（3）跨国公司希望尽可能少的编制不同财务报表，同时满足在本国资本市场之外筹集资金的需要。

（4）区域政治和经济融合，如欧盟的成立既会影响会计行业，也会影响贸易及投资事宜。

（5）跨国公司希望在每个国家的一般报告中用更加统一的标准来获得更多方便和降低成本的压力。

18.5.2 融合的第一步

国际会计准则委员会（IASC）是国际会计准则理事会的前身，自 1973 年创建便着力制定一系列世界通用的国际会计准则以促进各种会计准则的一致化。其最初的准则具有较强的资本市场倾向，因而可在世界范围内促进资本的自由流动。在该目标驱动下，国际会计准则委员会更加倾向英美会计传统，而非德国和法国以法税制

为基础的会计体系，因为后者的融资渠道主要是银行而非广阔的资本市场。而其他一些国家国际会计准则和美国的准则过于相似，从而引发了某种程度的敌意。另外，这些准则常常缺乏深度，用户选择的余地过大，所以很难获得各方面的支持。

1995 年是国际会计准则发展的重要转折点，当时**国际证监会组织（International Organization of Securities Commissions，IOSCO）**公开宣布，如果国际会计准则委员会开发出能被国际证监会组织接受的一套核心准则，它将支持国际会计准则。国际证监会组织很有影响力，因为它是由包括美国证券交易委员会在内的世界上大多数股票市场监管机构组成的。2000 年 5 月，国际会计准则委员会制定出一系列国际证监会组织认可的会计准则，之后证券市场监管机构就开始说服准则制定者接受国际会计准则，即后来众所周知的国际财务报告准则（IFRS）。

18.5.3 国际会计准则理事会

2001 年 3 月，国际会计准则委员会（IASC）拆分为国际会计准则委员会基金会（现称为 IFRS 基金会）和国际会计准则理事会（IASB）。国际财务报告准则（IFRS）基金会是国际会计准则理事会（IASB）的母体，负责之前国际会计准则委员会（IASC）准则制定的主要功能[6]。

基金会理事招募并委任国际会计准则理事会成员。理事们来自世界各地，任期为三年，而且必须按以下配比：亚太地区 6 名，欧洲 6 名，北美 6 名，非洲 1 名，南美 1 名，其他地区 2 名[7]。

1. 国际财务报告准则（IFRS）

国际会计准则理事会成立后，悉数吸纳了国际会计准则委员会制定的国际会计准则，并仔细检查每个准则，对其进行更新。然后，理事会开始发布新的准则，称为国际财务报告准则（IFRS）。因此，在使用国际财务报告标准（IFRS）这个术语时，其范围包括新准则和旧准则。

国际财务报告准则基金会和国际会计准则理事会的目标是：

（1）通过国际会计准则理事会设计一套高质量、易理解、可实施并被全球接受的财务报告准则。

（2）促进准则的应用和严格实施。

（3）考虑新兴经济体和中小企业财务报告需求。

（4）通过融合国家会计准则和国际财务报告准则，促进并协助国际财务报告准则的实施[8]。

2013 年，欧盟及其他 100 多个国家要求或者允许使用国际财务报告准则。当然，要求和允许之间存在较大差异，这也是一个主要问题。国家会计准则理事会正在对不同国家进行详细研究，以确认其对国际财务报告准则的接受程度。首先对 20 国集团（G20）和其他 48 个国家展开研究，其目标是了解每个国家是已经采用了国际财务报告准则还是有意向采用。

2. 美国财务会计准则委员会和国际会计准则理事会的关系

美国财务会计准则委员会和国际会计准则理事会已经在通力合作以达成会计准则的融合。2002 年，两者达成了《诺沃克协议》（Norwalk Agreement），保证将尽全力实现以下目标：

（1）启动一个短期项目，旨在消除美国财务会计准则和国际财务报告准则（包括国际会计准则）之间的差异。

（2）通过后续工作项目的合作，进一步消除两者2005 年 1 月前后的其他差异，也即双方同时采取大量非关联性项目。

（3）继续推动目前正在合作的项目。

（4）鼓励双方解释机构就各自的活动进行协调[9]。

融合暗含着一个目标和一条路径。目标就是消除美国财务会计准则委员会和国际财务报告准则的差异。融合过程（或路径）有几种形式。首先，两个机构确定那些可以很容易融合的准则。目前，两者联合制定新标准，正在通过短期的融合计划来消除前面提到的差异，并且美国财务会计准则委员会正在分析国际财务报告准则对其制定的每一条准则的影响。一些复杂准则将成为长期融合进程中的一部分[10]。然而，两者正在尝试解决的问题非常困难，特别是收入确认、租金以及金融工具等方面的问题。

不过，美国准则的制定取决于美国证券交易委员会的合作，美国证券交易委员会的使命是"保护投资者，维持公平、有序和高效的市场，并促进资本的形成"[11]。尽管美国证券交易委员会自己不制定会计准则，但其赋予了美国财务会计准则委员会制定准则的权力，因为不管是国内还是外国企业想在美国融资，都必须遵循美国证券交易委员会的指导。当时，看似美国证券交易委员会就要批准美国公司根据国际财务报告准则发布公司财报，但是却一直推到了 2012 年。2012 年 7 月，证交会的一份员工报告得以发布，并指出了工作要点和关注重点。通常，即使员工发现国际财务报告准则越来越有影响力，官方也会有更多理由说明现在不是放弃美国财务会计准则采用国际财务报告准则的恰当时机。国际财务报告准则在跨国实施和兼容性方面尚不到位。准则的采用没有实现全球化时，没有理由为了转换准则而增加成本。另外，两者最终标准的设定上几乎没有差异。问题在于，国际财务报告准则将来如何设定是一个未知数，是否适合美国的环境也不得而知。

3. 欧洲对融合的反应

在欧盟内的有限责任公司，其会计报告主体部分要求符合由欧洲理事员会发布的两个指示。因此，理解一下内容非常重要，即国际财务报告准则及其解释要在欧盟获得法律地位，必须获得欧洲议会和欧盟理事会的批准，并且被欧委会纳入官方法规之列，方能实现[12]。这说明采用国际财务报告准则时政治过程的重要性。在国际会计标准理事会之前，欧盟正在协调财务报告与金融市场的关系。为推动进程，欧盟支持国际会计标准理事会的工作，并于 2002 年要求其成员国在 2005 年前采用国际财务报告准则。在这个案例中，7000 家上市公司在 2005 年开始采用国际财务报告准则发布其合并财务报表[13]。欧盟推行国际财务报告准则的主要原因有两个：一是影响国际会计准则理事会的准则；二是避免资助、发展竞争性标准制定机构[14]。通过与国际会计准则理事会的合作，欧盟在资本市场报告方面就不需要依赖美国制定的标准。

欧盟已经接受了绝大部分国际财务报告准则，但在金融工具的准则方面却一直驻足不前，其原因主要是法国银行为应对全球经济危机而向欧盟施加政治压力，同时，欧盟也强制银行写出金融衍生产品的价值从而反映其真实的市场价值。于是，令人担心的是，欧盟最后可能迫于政治压力而不是合理的会计核算，从而选择特别版本的国际财务报告准则。可是，欧盟规定任何准则在产生法律效率以前必须经过其批准，并根据自己的审批程序来审核准则，然后推荐准则是否可以被接受。于是，欧盟企业必须明确它们采用了"欧盟版本"的国际财务报告准则。这说明根据欧盟推荐，成员国的企业可以创

造一些准则，也就是说，它们最后执行的是特殊版本的国家财务报告准则。对一些欧洲国家而言，这个融合进程总是令人不安，因为它们感觉到两个机构的亲密合作将使新的国际财务报告准则更加倾向于美国财务会计准则委员会颁布的准则。

各方对 2005 年欧洲企业采用国际财务报告准则的初始反应颇有意思。实际上，各种不同解释和应用依然存在。有些企业在应用国际财务报告准则时多方求证，而其他则根据本国会计处理方法对国际财务报告准则进行改进或补充。另外，修正的国际财务报告准则已非欧盟完全版本的国际财务报告准则了。

4. 融合和互相认同

走向融合的努力给互相认同增加了一个有意思的转机。现在美国版本的互相认同规定：国外企业使用国际财务报告准则而无须进行美国公认会计准则调整就可以在美国上市；欧盟成员国的企业可以使用欧盟版本的国际财务报告准则，而且免去调整之需。然而，互相认同并没有扩展到那些采用本国公认会计准则编制财务报表的企业。这些企业依然需要编制"表 20-F"报表，并根据本国公认会计准则和美国公认会计准则对利润表和所有者权益进行调整。

2008 年以后，融合的形势发生了改变。全球经济危机把注意力从促进融合转移到解决信用危机和全球衰退上。2011 年，融合之路的变革扑朔迷离，因为欧洲和美国政府似乎更加关心金融监管和财政危机而非会计准则融合问题。然而，20 国集团强力建议全球采用国际财务报告准则，并大力支持国际会计准则理事会的工作。2010 年 12 月，美国证券交易委员会总会计师提出了所谓的"趋同认可"（Condorsement）概念，即融合（Convergence）与许可（Endorsement）相结合的做法，将来美国证交会有可能会按照这种方式处理问题。其中，融合部分是指《诺沃克协议》中达成的备忘录内容；而许可部分则是指美国财务会计准则委员会未来会把国际财务报告准则视为适合美国资本市场的准则[15]。

观点交锋

是否应该允许美国企业不再使用公认会计准则？

正方观点：

应该允许。对于世界上的投资者而言，一个重要事项就是为企业估值和横向比较获取可靠且具有可比性的

财务报告信息。全球背景下，投资者、债权人及其他使用者都需要这个信息来做出全面的决策。随着商业世界由国内经济扩展为全球经济，对同一财务报告准则的需

求也从来没有如此强烈。很多国家都要求上市公司采用国际财务报告准则，如欧盟所有成员国、加拿大、澳大利亚和新西兰。

美国公认会计准则和国际财务报告准则是目前认可度最高的两套准则，且两者越来越接近。国际会计准则理事会和美国财务会计准则委员会在其融合项目中所做的努力将两套准则之间的距离拉得比以往任何时候都近。美国证券交易委员会允许在美国上市的国外企业和美国企业使用国际财务报告准则进行财务信息披露。这不仅使得美国成为世界经济的一部分，也允许美国企业融到更多的资金，因为那些使用国际财务报告准则的国家的投资者更熟悉并能紧跟这套国际准则。

另外，这种做法也将使美国投资者受益。他们将更加熟悉国际准则，并更有信心去投资国际企业。随着国际财务报告准则和美国公认会计准则的差异逐渐缩小，国际财务报告准则下披露出来的财务信息质量将不会比美国公认会计准则下披露出来的信息质量差。

国际财务报告准则实施的"原则导向"方式实际上将增强财务信息披露的质量，并帮助经济避免那些由于操控"条文导向"系统的漏洞而产生的某些丑闻。原则导向的会计是指准则制定者在制定准则的概念框架内确定关键原则，然后制定简单而符合原则的条例。一个条文导向的系统常常墨守成规，有很多细节和难点。最后，如果美国不采用国际财务报告准则，就有可能失去加入制定新准则的争论机会。那么，世界其他国家将承担起发展新准则的责任。

◆ **反方观点：**

不应该允许。国际财务报告准则是否适合美国的经济环境还未可知。美国是世界上最大的经济体，拥有最大和最复杂的资本市场，因此需要具有世界上最严格、最透明的财务报告准则。世界上仍然有很多企业在采用

美国公认会计准则来披露财务信息，因为它一直都是世界上最可靠的准则，能够披露既相关又可靠的信息。国际财务报告准则远不如美国财务会计准则全面；尽管是针对资本市场而制定的，但它无法解决美国资本市场的具体问题。

允许美国企业使用国际财务报告准则将给美国经济带来巨大的成本。上市公司需要雇用熟悉国际财务报告准则的专业职员。美国的会计师事务所需要对其已有审计师进行国际财务报告准则的培训，雇用新员工并对其进行培训，或者雇用这个领域的专家。这些培训或招聘将在时间和金钱上给这些企业带来巨大的压力，而这些企业仍然需要满足上市公司监督委员会所有的严格准则以及 2002 年颁布的《萨班斯-奥克斯利法案》。美国境内很多合同都是基于美国财务会计准则而签订的，如果采用国际财务报告准则的话，就要对所有这些合同进行修改。

尽管两者的差异越来越不明显，但依然存在。这些准则并不能直接进行比较，这对投资者可能意味着麻烦，因为他们可能很难发现两套准则的差异。

另外，现实中似乎存在不止一种国际财务报告准则：①由国际会计准则理事会颁布的国际财务报告准则；②欧盟所采用的国际财务报告准则；③某一国家采用的国际财务报告准则。投资者如何分辨不同的企业所采用的是哪一种国际财务报告准则？这些信息又如何进行比较？

更进一步，当投资者更善于分析基于国际财务报告准则的财务报告时，异常珍贵的投资资金将会离开美国而投向甚至未在美国上市的外国企业。而且，当美国企业使用更"原则导向"的国际财务报告准则而不是更具"条文导向"的美国公认会计准则时，更多的会计丑闻将会出现，因为运用国际财务报告准则时会有更多的进行解释和自行决策空间。

18.6 外汇交易

当企业在本国市场之外经营时，必须关注以外汇度量或者结算的资产、负债、收入和费用等能够得到正确的记录和后续会计处理。货物和服务的买卖以及外国货币的借入和贷出都能促成这些交易。

18.6.1 交易记录

如果进口商每次必须以外汇支付设备或者商品，就

必须把自己的货币兑换成出口商的货币来支付。假如美国圣丹斯滑雪山庄公司（简称圣丹斯）在欧元对美元汇率是 1.45 时从法国供应商那里购买 5000 欧元的滑雪橇，圣丹斯将在其账簿上记录内容如下

借：购买　　　　　7250

　贷：应付账款　　　7250（5000 欧元@1.4500）

如果圣丹斯立刻支付，就没有任何问题。但是，如果出口商为圣丹斯提供 30 天的信用延期，将会发生什么？如果支付到期时汇率变成 1.50，圣丹斯就会这样记录最后的结算

借：应付账款 7250
　　外汇损失 250
　　　贷：现金 7500

商品的价值仍然是原始价值 7250 美元，但是对出口商应付账款的美元价值（7250 美元）与进口商必须拿出来购买支付给出口商的欧元的美元数量（7500 美元）之间有差额。两个账户之间的差额（250 美元）就是外汇损失，并且利润表中总是要确认这种差额。

使用外汇计量销售和购买的企业（上述案例中的进口商）必须在每个会计期末（通常是季度）确认外汇交易引起的收益和损失。在这个例子中，假如季末到了而圣丹斯还未支付给法国出口商。滑雪橇仍然价值 7250 美元，但是应付账款就要根据新的汇率 1.50 更新。会计分录是

借：外汇损失 250
　　　贷：应付账款 250

现在应付账款价值为 7500 美元。如果在本季度后的下一个月进行结算，并且汇率保持不变。会计分录是

借：应付账款 7500
　　　贷：现金 7500

如果美国企业是出口商，预期将收到外国货币，相应的分录（使用该案例中相同的信息）是

借：应收账款 7250
　　　贷：销售收入 7250
借：现金 7500
　　　贷：外汇利润 250
　　　　　应收账款 7250

在这个案例中产生了一项收益，因为企业比立刻收现获得更多的现金。

18.6.2　美国企业的恰当程序

美国企业处理外汇交易，必须遵循的程序可以在美国财务会计准则委员会第 52 号公告《外汇交易》中找到。公告要求企业在交易当天以有效的即期外汇汇率记录初始交易，以这些天的即期外汇汇率把应收账款和应付账款记录在随后的资产负债表里。外汇汇率变化时期持有应收账款或者应付账款引起的任何外汇收益和损失，直接记入利润表[16]。这与国际会计准则理事会以及国际会计准则（IAS21）的程序要求基本上是一样的。

18.7　外国货币财务报表的换算

即使是美国跨国公司收到的报告，最初也是使用各种不同的货币表示的，这些报告最终必须以一套美元计值的财务报表显示，这将有助于管理人员和投资者理解企业的全球活动。把外国货币财务报表用美元重新表示就是**换算**（**Translation**）；把所有换算好的财务报表并成一个称作**合并**（**Consolidation**）。其他国家也存在同样的概念，例如英国的跨国公司需要用英镑来编制一系列的财务报表。为了叙述简便，我们采用美国跨国公司的方法。

在美国，换算需要两个步骤：

（1）企业把外汇财务报表改为与美国公认会计准则一致的财务报表。例如，一家在巴西拥有子公司的美国企业，根据巴西的公认会计准则，必须在巴西境内记账和做报表。但是，为了实现合并，最后的财务报表必须根据美国公认会计准则对报表形式和内容做出调整。作为会计内容的一个例子，巴西可能要求存货以某种方式估价，但是对美国合并财务报表来说，存货必须根据美国而不是巴西的准则估计价值。

（2）企业把所有的外国货币数量换算成美元。美国财务会计准则委员会第 52 号公告描述了企业必须怎样将其外国货币财务报表换算成美元。所有的美国企业以及在美国证券交易所上市的企业都必须使用第 52 号公告。

● 换算方法

第 52 号公告与国际会计准则第 21 条是美国会计准则委员会和国际会计准则理事会分别制定的相关换算准则，两者在要求跨国公司将其外币财务报表换算为本国货币财务报表这一点上基本一致。简单起见，继续使用美国跨国公司的例子，它必须把外币财务报表转换为美元财务报表。美国的跨国公司将使用美国财务会计准则委员会第 52 号公告，而英国的跨国公司将使用国际会计准则第 21 条。这两个准则产生了同样的结果。

两种换算方法：现行汇率法和时态法。两种准则都允许企业在换算过程中使用以下两种方法的一种：**现行汇率法**（**Current-rate Method**，IASB 称之为期末汇率法）或者**时态法**（**Temporal Method**）。企业选用哪一种方法，由其国外企业运作中的功能货币决定。**功能货币**（**Functional Currency**）是指实体运营所在主要经济环境中运用的货币。不管企业选用什么换算方法，都要确定将国外货币形式的报表转换为美元时采用的恰当汇率。

例如，美国之外，可口可乐最大的子公司在日本。其主要的经济环境是日本，职能货币是日元。美国会计准则委员会确定了几种方法来帮助经理人员确定职能货

币：现金流、销售价格、销售市场数据、支出、融资和公司内部交易。因此，假如现金流和支出使用的货币主要是外国子公司货币，那么外国货币就是职能货币；如果现金流和支出使用母公司货币，本国货币是职能货币。

如果职能货币是当地经营环境的货币，企业必须使用现行汇率法。现行汇率法规定，企业以现行的汇率换算所有资产和负债，也就是完成资产负债表当日的即期汇率。所有的利润表项目都以平均汇率换算，所有者权益以企业发行股票资本以及累计保留盈余时的实际汇率换算。

如果职能货币是母公司的货币，跨国公司必须使用时态法。时态法规定，只有货币资产（现金、可转换债券以及应收账款）和负债才能采用现行汇率换算。企业换算存货和不动产、工厂以及设备按照历史汇率（用国

际会计准则理事会的术语说就是交易时的利率），即获得资产时的实际汇率。一般来说，企业按照平均汇率换算其大多数利润表账户，而按照适当的历史汇率换算已售货物的成本和折旧费用以及所有者权益。

在现行汇率或者临时汇率两种换算方法中，因为企业可以选择一种最适用某一特定的外国子公司的方法，所以不必为所有的子公司都选择同一种换算方法。可口可乐在200多个国家销售其产品，使用了70种不同的职能货币[17]。这种做法在很多跨国公司中很常见。

图18-5对职能货币选择和换算方法选择做了总结。如前所述，如果职能货币是国外子公司所在国货币，采用现行汇率法；如果职能货币是母公司的报告货币，采用时态法。

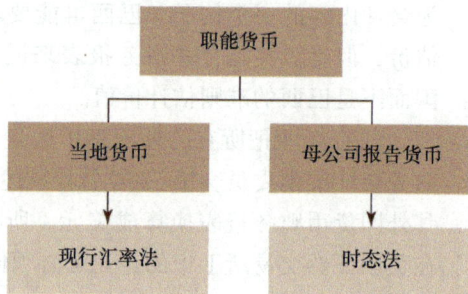

图18-5　换算方法的选择

当一个跨国公司接收不同国家的子公司或分支机构的报告时，会计部门会碰到用不同货币记述的财务数据。会计人员必须把这些外国货币数据转换为母公司所在国货币数据。职能货币要么是子公司或分支机构运作所在经济环境的货币，要么是母公司所在国的货币，对职能货币的选择也决定了企业将要采用的转换方法。

1. 换算过程

为了比较换算方法的差异，表18-1和表18-2给出了两种方法下形成的资产负债表和利润表。两种方法留存收益的初值都假设为40000美元。根据前面的说明，在表18-1和表18-2的换算过程中将使用下面汇率：

（1）1.5000美元：取得固定资产以及发行股本时的历史汇率。

（2）1.6980美元：2012年12月31日的现行汇率。

（3）1.5617美元：2013年的平均汇率。

（4）1.5606美元：获得期末存货时的汇率。

（5）1.5600美元：已售货物成本的历史汇率。

因为从发行股本（1.5000美元）到当年年末（1.6980美元）期间国外货币升值，所以在现行汇率法下资产负债表反映出正的累计换算调整。这与"使用坚挺货币计值净资产增值"的观点一致。

注意，在时态法下，表18-1中的期末留存收益余额68652美元是从总资产中减去转换之后的应付账款、长期负债和股本得到的。在表18-2中，净收益是用期末留存收益（68652美元）减去期初留存收益（40000美元）

得到的。然而，在表18-2中转换利润表账户的时候，在算上汇兑转换损失9633美元之后才能得到净收益28652美元。使用现行汇率时，表18-2中的净收益是用转换后的收入减去支出得到的。下面即将提到，利润表上不存在汇兑转换差额。在表18-1的资产负债表中，留存收益77841美元是用净收入（37481美元）加上期初留存收益（40000美元）得到的。然而，总资产必须等于总负债和留存收益，所以12507美元的累计换算调整数必须考虑进去，才能得到正确的余额合计数。

表18-1　换算外国货币：资产负债表

	外国货币	时态法		现行汇率法	
		汇率	美元	汇率	美元
现金	20000	1.6980	33960	1.6980	33960
应收账户	40000	1.6980	67920	1.6980	67920
存货	40000	1.5606	62424	1.6980	67920
固定资产	100000	1.5000	150000	1.6980	169800
累计折旧	(20000)	1.5000	(30000)	1.6980	(33960)
总资产	**180000**		**284304**		**305960**
应付账款	30000	1.6980	50940	1.6980	50940

（续）

	时态法			现行汇率法	
	外国货币	汇率	美元	汇率	美元
长期债务	44000	1.6980	74712	1.6980	74712
股本	60000	1.5000	90000	1.5000	90000
留存收益	46000		68652		77481
累计换算调整					12507
全部负债及所有者权益	**180000**		**284304**		**305640**

注：留存收益是以前一年度所获得的所有收入总额换算为美元和当年的收入。在把留存收益换算为美元时，不会使用唯一的汇率。

表18-2 换算外国货币：利润表

	时态法			现行汇率法	
	外国货币	汇率	美元	汇率	美元
销售收入	230000	1.5617	359191	1.5617	359191
支出					
已售货物成本	(110000)	1.5600	(171600)	1.5617	(171787)
折旧	(10000)	1.5000	(15000)	1.5617	(15617)
其他	(80000)	1.5617	(124936)	1.5617	(124936)
税收	(6000)	1.5617	(9370)	1.5617	(9370)
换算收益(损失)			(9633)		
净收入	**24000**		**28652**		**37481**

2. 披露汇兑差额

两种换算方法的主要差别在于确认外币汇兑损益。在现行汇率法下，收益或者损失称作累计换算调整，直接记录综合收益而不是净收益，因此，它会作为所有者权益中独立的项目。这很重要，因为累计换算调整不影响每股收益，这也是财务报表分析师监测的关键数值。从文化角度来看，因为美国企业把股票市场作为一个主要融资渠道，即说明净收入对于美国企业是何等重要。在时态法下，收益或者损失直接记入利润表，因此会影响每股收益。

18.8 国际财务问题

第9章从全球资本市场的角度分析了财务功能。本部分将探讨另外一些重要的财务功能，包括资本预算、现金流、全球现金管理以及外汇风险管理。

18.8.1 全球背景下的资本预算

资本预算是用来帮助跨国公司确定对哪些项目和国家进行投资的技术。母公司必须将某个潜在外国项目的净现值或内部回报率与全球的另外项目进行比较，从而最好地配置投资资源。

1. 资本预算方法

（1）回收期。资金预算的一种方法是决定项目的**回收期**（Payback Period），或者说是收回初始投资的年数。典型的做法是，估算投资的年税后自由现金流，决定将来每一年的现金流的现值，然后决定需要多少年收回初始投资。

（2）净现值。第二种方法是决定项目的**净现值**（Net Present Value，NPV）。定义如下

$$NPV = \sum_{n=1}^{n} \frac{FCF_t}{(1+k)t} - IO$$

式中 FCF_t——第 t 年的自由现金流量；

k——适当的折现率，即最低回报率或者资金成本；

IO——初始资金支出额；

n——项目预期寿命。

最低回报率是企业为了抵消筹集初始投资成本或者至少维持普通股价值而必须从项目获得的收益率。NPV为正，项目收益则为正；NPV为负，企业就不应该进入该项目。

（3）内部收益率。第三种方法是计算项目**内部收益率**（IRR），即未来现金流现值与初始投资现值之比，然后把它与最低收益率相比。如果IRR大于最低回报率，投资就被认为是可行的。但是，企业还需要在不同国家的竞争项目之间比较IRR。

对每种方法来说，很多东西是相同的。首先，企业需要确定自由现金流，这涉及预测现金流以及把这些现金流带入不同国家的不同税率的方程中；其次，计算NPV和IRR，企业都需要确定最低回报率。

2. 资本预算的复杂性

资金预算的几个方面是国外项目估值所特有的：

（1）必须区分母公司现金流与项目现金流。母公司现金流是指项目带给母公司的以母国货币计算的现金流，项目现金流是指销售货物和提供服务所获得的当地现金流。具体决策会基于母公司现金流、子公司现金流还是两者同时考虑？

（2）给母公司的资金汇款，如红利、版税以及公司内部应收账款和应付账款的支付，会受到不同税收方法、法律和政策对资金流动的限制、当地商业规范及金融市场和金融机构不同作用的影响。除此之外，不考虑汇款问题，税收系统也影响项目的自由现金流。

（3）因为随着时间的流逝，不同的通货膨胀率将导致现金流和竞争地位的改变，母公司和子公司都必须预

测不同的通货膨胀率。

（4）由于汇率变动直接影响现金流的价值，间接影响国外子公司的竞争地位，因此，母公司必须考虑难以预料的汇率变动的可能性。

（5）因政治风险可能会严重降低预期现金流价值或者有效性，所以母公司必须评估目标市场的政治风险。

（6）东道国、本国或者第三国的潜在购买者（私人或公共部门）可能对项目价值产生差异巨大的观点，因此，其最终价值（预算期结束时的项目价值）难以估计。最终价值在确定项目总现金流时至关重要。最终价值即母公司最终出售该项目或者子公司能够获得的现金额，而最终价值可以部分抵消项目总现金支出[18]。

由于上面所列的所有影响，对母公司和子公司而言，要估计未来现金流是困难的。有两种方法处理未来现金流的变化：一种是确定几种不同的情景，并确定项目回收期、净现值或者内部收益率；另一种非常规方法是调整止损利润率，也就是为获取资金项目应该取得的最低预期回报率。通常通过把止损利润率提高到最低水平线以上来实现调整。这比预测现金流要容易，也是摆脱困境的简单方法。

一旦预算完成，跨国公司必须分析以当地货币计值的利润和以美元计值的现金流给母公司的利润。分析以当地货币计值的利润使管理者有机会比较该国其他投资机会。不过，提供给母公司的现金流非常重要，因为这些现金流正是支付股东红利的来源。如果跨国公司不能

为母公司产生足够的以母国货币计值的利润，它将最终没有足够的能力支付股东红利和偿还公司债务。最后，做决策不仅要考虑财务环境，同时必须考虑投资战略环境。

18.8.2 内部资金来源

尽管资金通常是指"现金"，但在商业活动中其含义更加广泛，并且通常是指营运资本，也就是当前资产与当前负债的差额。通常来说，资金来源于普通的商业运营活动（出售商品或者提供服务）以及借贷、发行债券或者股票等融资活动。资金用来购买固定资产、支付雇员工资、购买原材料和补给用品以及投资有价证券和长期投资。

现金流与跨国公司。 跨国公司的现金流要比只在国内市场经营的公司复杂得多。跨国公司想要拓宽业务或需要额外资金，不仅可以在国内、国际债券和产权市场寻找，而且也可以从公司内部寻找。对跨国公司来说，因为其子公司的数量以及子公司所在的经营环境不同，将其内部来源的复杂性不断放大。

图 18-6 显示了一家拥有两家外国子公司的跨国公司。母公司以及两家子公司都可以通过正常经营活动（如借款）而使得可能用于整个公司的资金增加。母公司可以直接借款给一家子公司，或者为另一家子公司的外部贷款提供担保。来自母公司的股权资金是子公司的另一种资金来源。

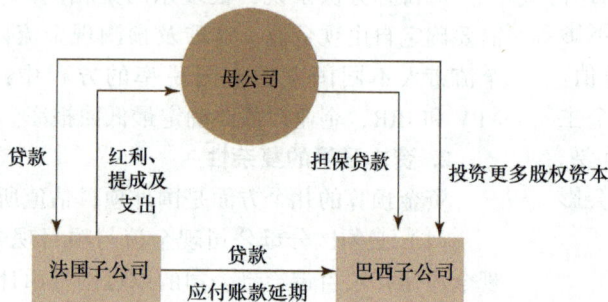

> 资金包括来自正常商业运营的运营资金以及用来购买资产和原材料、支付员工工资和进一步投资的资金。如果公司为跨国公司，资金可能来自母公司或者子公司的运作活动，或者两者都作为资金来源；母公司可以用这些资金来支持自身业务或者子公司业务。

图 18-6 跨国公司如何处理资金：内部资金

资金也可以从子公司到母公司。子公司可以宣布向母公司分红作为资本回报，或者直接借款给母公司。如果子公司宣布向母公司分红，母公司可以再把钱借给子公司。对子公司来说，红利并非税后资金，但是却被包含在母公司的收入中，母公司必须为红利支付税收。如果子公司借钱给母公司，对母公司而言，支付的利息为税后资金，但是对子公司而言则是应税收入。

货物、人员（服务企业）以及资金流可以在子公司

之间流动，增加应付账款和应收账款。通过快速支付，相关公司之间可以转移资金，或者推迟付款以积累资金。也可以根据市场价格灵活提高或者降低公司内部交易价格来调整支付规模，这就是**转移定价**（Transfer Pricing）策略。

18.8.3 全球现金管理

有效管理现金是首席财务官的重点关注对象，同时，

首席财务官必须回答以下三个问题：

（1）为什么当地子公司或者集团公司需要现金？

（2）怎样从子公司筹集现金并且集中起来？

（3）一旦现金集中起来，要用这些现金做些什么？

资金经理向会计长报告，必须在企业日常运作过程中处理好现金收支工作，同时要在筹集与投资过程中与金融机构对接，如商业银行和投资银行。资金经理向跨国公司控制中心汇出现金之前——无论是当地还是总部——都必须首先通过现金预算和预测评估当地现金需求。现金预测对企业的盈余现金进行规划，从而使资金经理可以知道有多少现金能用来投资以获取短期利润。

一旦当地现金需求得到满足，资金经理必须决定是允许当地管理者把多余的现金用于投资，还是将这些现金汇给母公司的中央资金库（Central Cash Pool）。如果现金集中起来，资金经理必须找到转移的办法。现金红利是最简单的现金分配方式，但是可能会受到政府政策的制约。例如，外汇控制可能会使企业不能汇出本来希望的红利数量。现金也可以通过版税、管理费以及偿还贷款本金和利息等方式汇出。

多边净额结算。现金流的国际净额**结算**（**Netting**）是一种重要的现金管理策略。例如，一家跨国公司在欧洲有四家子公司，可以通过贷款、出售货物、许可证协议等实现几种不同的公司间现金转移方式。例如，图 18-7 所示，该公司的四家子公司之间至少有 7 笔不同的现金转移。GPS 资本公司的特殊业务之一就是通过最小化外汇交易数量，帮助客户决定其外汇现金流，并帮助结算现金流。

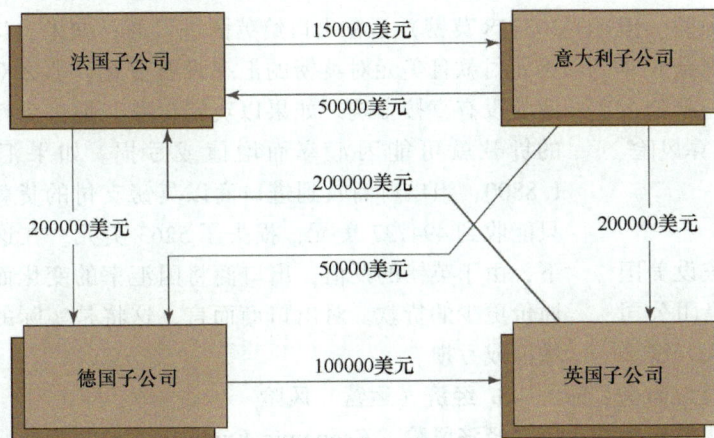

在开展业务时，跨国公司的各个子公司之间有各种理由进行现金转移（如贷款、销售产品）。当然，现金可以流向不同方向。如果跨国公司没有设立现金管理中心，那么各个子公司就需要独立结算（应收账款、应付账款等）。

图 18-7 跨国公司如何处理资金：多边现金流

表 18-3 说明了每个子公司总的应收账款、应付账款和净头寸。许国跨国公司并不是让每个子公司和其他国家的子公司独立处理账目，而是在某个城市（如布鲁塞尔）建立现金管理中心以协调几个国家子公司的现金流。

表 18-3 四个国家子公司的净值 （单位：美元）

假设这些数据来自如图 18-4 所示的同一家跨国公司。因为该公司没有现金管理中心，净头寸——总应收账款与总应付账款的差额——就必须根据每个子公司的情况进行判定。

子公司	总应收账款	总应付账款	净头寸
法国	250000	350000	（100000）
德国	250000	100000	150000
意大利	150000	300000	（150000）
英国	300000	200000	100000

图 18-8 说明拥有应付净头寸的子公司是怎样把现金转移到中心清算账户的。清算账户经理再把现金转移给应收净头寸的子公司。在这个例子中，只需要发生四次转移。清算账户经理接收交易信息并且至少每月计算各子公司的净头寸，然后安排结算程序。结算以支付方货币进行，外汇转换则在现金管理中心进行。为了冲抵顺利完成，公司需要把它的现金需求和能够跟踪并转移现金的软件以及支持公司内部转移资金的银行之间的关系匹配起来。

18.9 外汇风险管理

如前所述，为了特定经营目标，全球现金管理战略的关注点在现金流上。跨国公司财务战略的另一个重要目标是保护国外投资免遭外汇风险。跨国公司运用的战略来处理问题可能意味着资金的内部流通以及一种或者多种外汇工具的运用（参见第 7 章），如期货和远期合约。

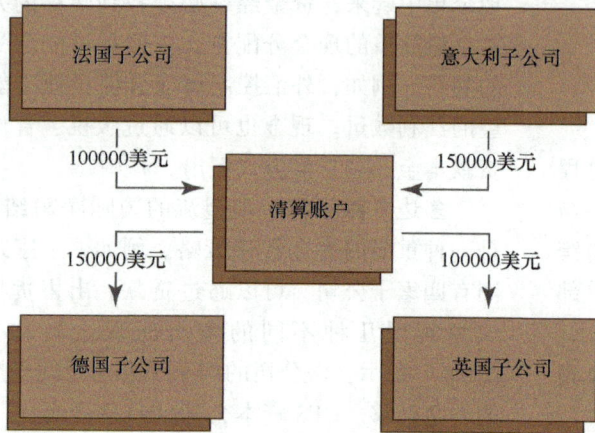

图 18-8　跨国公司如何处理资金：多边结算

鉴于对图 18-7 结算过程的不满，跨国公司建立了现金管理中心，即清算账户来接收各子公司的净现金。跨国公司自然会分配现金来支持子公司运作。

18.9.1　风险种类

如果所有的汇率固定，那么就不会有汇率风险。但汇率不是固定的，并且现金的价值频繁变动。现金并非少有的单方向变动，通常是上下频繁波动。对一家公司来说，汇率的变动能够导致三种不同的风险：换算风险、交易风险以及经济（运营）风险。

1. 换算风险

外汇财务报表换算为母公司的申报货币（假设美国公司使用美元申报），从而这些报表就可以和集团公司的其他子公司的财务报表合并形成合并财务报表。**换算风险**（Translation Exposure）之所以会发生是因为如果汇率发生变化，那些以资产负债表汇率或者当期汇率换算的风险账户可能会出现以美元计值的损益现象。

例如，一个在墨西哥有子公司的美国公司，其墨西哥子公司以比索记录账目，但账目必须被换算为以美元为单位的财务报表，以便母公司将墨西哥子公司的经营结果与全球其他公司相结合。假设墨西哥公司的银行账户上有 90 万比索。那么，汇率的变化对美元的兑换率有什么影响？如果之前汇率是 9.5 比索兑换 1 美元（总值为 94737 美元），之后汇率变为 10 比索兑换 1 美元（比索对美元走弱），那么资金总值就只有 90000 美元。子公司银行账户虽仍有等额比索，但与美元等值的比索下降了，从而导致亏损。这些增值或亏损并不影响实际的现金流，因为比索只是被换算，而不是真正折合成美元。另外，申报收益会因为对美元换算的影响而导致增加或者降低，这将影响每股收益和股票价值。

2. 交易风险

用外国货币表示一项交易增加了**交易风险**（Transaction Exposure）。因为公司最终必须处理的以外国货币表示的应收账款和应付账款。例如，一个美国出口商将价值 50 万美元的商品在 1.9000 汇率的情况下（相当 263158 英镑）运输出口给英国进口商。如果出口商接受美元付款且美元对英镑的汇率没有变化，那么对于出口商就没有直接影响。如果以英镑付款，那么出口商收到的货款就可能因汇率而增值或亏损。如果汇率降到 1.8800，当出口商收到进口商以英镑支付的货款时，就只能收到 494737 美元，损失了 5263 美元。在这种情况下，由于英镑的贬值，出口商将因汇率的变化而收到比原价更少的货款。对出口商而言，这将是实际的现金流增值或亏损。

3. 经济（运营）风险

经济风险（Economic Exposure），也就是所谓的**运营风险**（Operating Exposure），是指潜在的因产品的定价、采购和成本投入以及投资区位而引起的预期现金流量变化。定价战略不仅对现金流量有着短期影响，还会产生长期影响。如上述例子，如果出口商决定接受以美元为付款方式，那么外汇风险就转移到进口商的身上。那么，进口商在新的汇率下，就必须拿出更多的英镑（265957 英镑）来支付货款。如此一来，进口商要么可能以原来的价格销售商品而获得较少的利润，或者可能提高售价并期望消费者愿意消费。然而，出口商也有两种选择：可以以原价销售商品，或者降价销售。如果降价销售，出口商的利润变低；如果以原价销售，进口商需要为商品支付更多现金，然后再考虑如何销售。

另一个经济风险决策涉及如何做投资决定。2011 年，德国大众汽车决定利用欧元对抗美元走强的优势而在美国开设工厂。因为欧元非常稳健，公司在美国并没有很大的成本竞争。公司还意识到，如果在美国南部的田纳西州开设工厂，不仅可以利用欧元的优势，还可以减少劳动力成本。追随宝马 2005 年在美国投资的例子，大众公司期望不仅能在美国形成市场竞争力，更可以利用美国作为出口平台把汽车出口到其他国家。大众和宝马都发现出口至美国相当复杂，因为出口成本大部分都是以欧元计算（几乎所有大众和宝马的生产设备都在欧洲）的，而收入却是美元。因此，它们在软货币国家谋求收入而在硬货币国家产生成本，严重影响了收益。经济对策之一便是在美国扩张制造业务，以同一种货币平衡收入和支出[19]。

18.9.2　风险管理策略

为了充分地保护资产不受换算风险、交易风险以及汇率波动引起的经济风险的影响，管理必须做到以下几点：

1）确认和衡量风险。
2）组织和实施能够监控风险和汇率变动的报告系统。
3）采用分配责任制度来最小化或者避免风险。
4）制定对冲风险的策略。

1. 风险的确定与衡量

大多数跨国公司注意到所有的三种风险：换算风险、交易风险和经济风险。为了发展可行的对冲策略，跨国公司必须预测经营所在地的每一种主要货币的风险程度。由于风险的种类不同，对货币的实际风险必须分别监控。例如，企业应当分别进行巴西雷亚尔外币折算风险和交易风险的追踪，因为前者会影响实际的现金流而后者不会。因此，企业会为每种风险制作一份报告。企业也可能采用不同的对冲策略应对不同风险。回想第 9 章案例 9-1 中 GPS 公司研发的定制软件，即外汇专家软件（FX-pert）。这种软件不仅能处理具体的客户外汇交易现金流，而且提供有效的对冲策略。解决方案可能包含如远期、期权和期货合约之类的对冲工具。GPS 公司通过研发外汇专家软件来适应每个客户的特殊需求。

衡量风险的一个关键因素是预测汇率。评估风险的一个关键方面是预测汇率。通过发展监控汇率的内部能力或利用那些与银行合作以获得汇率变动情况的经济学家们的信息，企业应当在预测周期内预估，并使用其所期望的货币变化的范围来处理问题。它们关心的是预测方向、量级和汇率变化的时机。然而，如第 9 章所述，预测是不精确的。

2. 组织和实施报告系统

一旦企业决定了怎样确认和测量风险以及预估未来的汇率，就必须创建一个报告系统来帮助对抗风险。为了达到这个目标，大量国外经营活动必须与有效的公司总部控制相结合。国外公司的信息输入是预测所用信息有效的重要保障。

这里举戴尔在巴西投资的例子。因为汇率变化频繁，戴尔管理部门必须获得巴西的运营和财务人员的信息输入，因为他们更了解当地的经济状况。在保护资源方面，对风险实施中央控制要比让子公司和旗下品牌自主管理更有效。每个组织的小单位可能比较容易明确自己的风险，而整个公司会有总体风险。以独立实体为基础制定对冲策略可能不用考虑几个实体（分支机构、子公司、分公司等）的风险可以抵消的事实。

一旦每个基本报告单位确定了风险，这些数据应该送到上一级组织单位进行初步合并，从而使区域总部或者产品部门能够确定每个时间段的账户和现金风险。最终的报告应该是程序化的、定期的和标准的，这样才能保证制定策略时有可比性和及时性。最终报告应该在公司层面，这样高层管理人员能够知道外汇风险总额。具体的对冲策略可以在任何层面实施，但是，每一个管理层面必须知道风险的大小和对企业可能的影响。

3. 制定对冲策略

一旦企业确认了风险程度并且确定了关键风险，就能采取满足成本收益和运营需求的经营或金融策略来保护头寸。最安全的头寸是平衡头寸，即风险资产等于风险债务。

（1）**经营性对冲策略**。运用债务来平衡风险是一种有趣的策略。很多企业"在当地借钱"，尤其是软货币国家，因为这能够帮助它们借用外国货币来规避外汇风险，并且能够平衡其资产和收益的风险头寸。这种策略的一个缺点是软货币的利率通常较高，需要在借款成本和潜在汇率变动损失之间做出权衡。

免受交易风险的策略比较复杂。在与外国客户交易时，最安全的方式是使用本国货币进行交易，从而规避外汇交易风险。这样一来，风险就转移给必须使用公司本币的客户。或者企业可以用弱势货币买入并用强势货币卖出。如果被迫以强势货币购买商品，以弱势货币销售，企业可以借助合同措施，如期货合同、期权，或者尝试通过灵活销售和消费战略，来平衡资金的流入量和流出量。

（2）**提前支付和延期支付**。其他经营策略可以保护相关实体如母公司和子公司，之间的现金流。**提前支付策略（Lead Strategy）**是指在外币预期贬值之前提前收款即将到期的外币应收款，或者在外币预期升值之前提前付清应付款。运用**延期支付策略（Lag Strategy）**，即当外国货币预期变强时，企业推迟收取外国货币应收账款；或者当外国货币预期变弱时，推迟支付应付账款。也就是说，企业通常提前支付和推迟收取硬货币，或者提前收取和推迟支付软货币。

有时经营策略意味着利用货币变化向海外转移资产。如前所述，当欧元比美元强势时，宝马就把其制造工厂迁移到美国。

（3）**利用衍生品来对冲外汇风险**。除了刚刚提过的运用战略，企业还有可能通过衍生经济合同对冲风险，如期货合同和期权。最常用的是期货合同。

假设一个美国出口商卖给英国制造商价值100万英镑的货物，汇率为1.90。如果出口商能够马上收到货款且直接兑换成美元，他将收到190万美元。然而，如果出口商90天内收不到货款，他将面临着汇率变化的风险。一种使出口商免遭风险的方法是签订期货合同，即银行负责以事先约定的汇率将英镑转化为美元，如约定汇率为1.85。90天后，出口商可以以1.85的汇率兑换到185万美元。虽然比初始的即期汇率兑换的现金要少，但是，如果英镑贬值，出口商仍可以收到185万美元，也是一笔不错的交易。

相比于期货合约，外汇期权合约更加灵活，因为它赋予期权买入者在特定的时间可以按照固定的汇率买卖一定数量外币的权利，而且这一购买并非期权买入者的义务。如上所述，出口商可以与交易商签订期权合同，以一定的汇率将英镑兑换成美元。其代价是出口商付给商人保险费，类似保险。当出口商收到进口商的货款，他可以决定是否使用期权。如果使用期权可以比即期汇率获得更多，那么他就会使用；反之则不然。

未来展望

国际财务报告准则能否成为全球会计准则？

欧盟、澳大利亚、巴西及新西兰已经采用国际财务报告准则，六大洲的将近100个国家也将要求或者允许一些或所有国内上市公司使用该准则。标准应用过程积极稳健，关键还是要看美国对此如何回应。从会计的角度来看，关键问题是："什么将成为会计准则的'可口可乐'——美国公认会计准则还是国际财务报告准则？"换句话说，哪一个将成为最为公众认可的会计准则"品牌"？

国际财务报告准则拥有很多优势获得这一品牌，其支持者正在努力确保世界范围内都接受它。国际会计准则理事会正在通过其理事会成员和委员接触世界各个地区，以帮助它们接受或者认同国际财务报告准则。美国证券交易委员会仅仅设立了指导文件，并要求希望在美国上市的企业遵循这些指导文件和法规。

国际财务报告准则是由世界上主要的大国合力制定的，所以是众多协商、妥协和广泛参与的产物。它对欧洲国家很有吸引力，因为欧洲对其准则的发展产生了重大影响，并且国际财务报告准则也是免受美国证券交易委员会监管的。正如上面所讲，它也得到了欧盟的支持。虽然该准则得到了国际证监会组织、20国集团、世界银行和欧盟的大力支持，但美国依旧不会轻易把制定会计准则的权力拱手让给国际会计准则理事会。然而，比起毫不犹豫地全盘接受来说，国际财务报告准则在美国的融合过程反倒更具吸引力。

赞同美国公认会计准则的主要原因是世界上一半的股票资本市场都在美国，希望进入美国资本市场的企业必须按照美国的规则行事。美国一直认为自己的准则是世界上最好的，国际财务报告准则却不够严格、不够全面。因此，允许采用国际财务报告准则的外国企业在美国上市，对在美国市场上与之竞争资金的美国企业不公平。希望在国外市场上市的企业一般首先考虑美国，所以必须采用美国的申报要求。随着欧洲股票市场的重要性逐渐增加，越来越多的欧洲企业正选择在欧洲而非美国上市。

国际财务报告准则和美国通用会计准则合并或融合的另外一个难题就是2002年颁布的《萨班斯-奥克斯利法案》。该法案要求企业建立可靠的内部控制机制来监管财务报告，限制了主审计师除财务报表审计以外的各种工作，并要求上市公司的经理人评估其内控机制并对此进行报告，该评估还需要外部审计机构的审查。

所有这些要求都增加了那些已经采用美国公认会计准则的企业的成本。尽管长期看来或许对企业是有益的，但是要根据《萨班斯-奥克斯利法案》对企业财务报告建立有效的内控机制，其初始成本对于一些企业来说实在是太高了，以至于它们不再考虑在美国上市。另外，美国有严格的法规限制企业给经理人发行股票期权，并且，近期的重大会计丑闻也使得美国对业内不道德行为尤为敏感。

长期来看，美国财务会计准则委员会和国际会计准则理事会的融合项目可能会解决这个问题。值得称赞的是，国际会计准则理事会拓宽了关键领域的覆盖面，并且减少了企业可以采用的替代方法。国际会计准则的制定是基于原则而非规则，更精确地讲，该准则更加简单、覆盖面更小。有了一个准则，就应该对应有一条规则。美国公认会计准则的制定基于规则而且非常复杂，覆盖了更多问题和行业。但是，美国财务会计准则委员会和国际会计准则理事会正在缩小现存准则的差距，合作开发新的准则。现在，它们共同撰写新的准则，因此连措辞都一样。另外，会计师事务所和上市公司已经有了五年采用《萨班斯-奥克斯利法案》的经验。可能会计准则的未来就像可口可乐和百事的合并一样，当然，会计问题要比碳酸饮料复杂得多。

案例 18-2

H&M：全球扩张面临的挑战与采用国际财务报告标准的行动

人们熟知的 H&M 全称是海恩斯-莫里斯（Hennes & Mauritz），这家瑞典的跨国公司是最新时尚潮流的引领者，致力于"通过质优价廉的时尚产品为顾客提供无与伦比的价值"。H&M 没有一家自有工厂，产品生产全部外包给亚洲和欧洲的独立供应商。而且其店铺都是向国际或当地业主租用而非自己所有的[20]。

H&M 是服装零售业的巨头之一，在该行业，时尚至关重要，产品的更替也极为迅速。服装的主要买家是消费者，主要供应商是服装生产商和批发商，设计者是该产业的统治者，一条运作良好、组织有序的供应链极为关键。由于实施个体企业战略，服装零售业不属于资本密集型企业，但行业巨头们的国际化程度非常高，这一点在市场占有率和供应商两方面均有表现。该行业最大的三家公司为美国的盖璞、瑞典的 H&M 和西班牙的蒂则诺纺织工业公司（Industria de Desino Textil S. A.），其旗舰品牌飒拉（ZARA）则更为人熟知。这三家公司各自拥有许多不同的店铺品牌：盖璞公司有 GAP、Banana Republic、Old Navy 和 Athleta；H&M 有 COS、Monki、Weekday 和 Cheap Monday；蒂则诺有 ZARA、Bershka、Pull and bear、Massimo Dutti、Stradivarius、Oysho、Zara Home 和 Uterque。

1. 全球传播与策略

H&M 的两个竞争对手的国际化程度都非常高。H&M 在 49 个国家经营着大约 2800 家零售店；而盖璞拥有 3100 家直营店，并且有 300 家遍布世界各地的加盟店；蒂则诺的销售网络遍布世界 77 个国家，拥有 5000 多家店。飒拉是蒂则诺旗下传播范围最广的品牌，在全球 74 个国家均有零售店。

H&M 于 1974 年在瑞典起家，当时它只是一家女装店。如今，H&M 的业务范围已十分广阔，包括服装、配饰、鞋类、化妆品和家纺。虽然 H&M 是瑞典最佳跨国企业之一，但是其销售额的 21.5% 来自德国，8.9% 来自美国，7.4% 来自英国，而瑞典本土的销售额只占总销售额的 5.8%。

H&M 和飒拉有着极为不同的策略。飒拉每周向其零售店提供两次新品。由于飒拉的供应链非常完善高效，其产品由设计到出售仅需 10～15 天。虽然其货源来自世界各地，飒拉从汽车行业引入准时制生产，在西班牙建立了 14 家高效自动化运作的加工厂，厂内的机器人会剪染布料并将布料加工成半成品，这些半成品就是最终产品的基础。然后，将这些半成品外包给葡萄牙和西班牙的一些小商铺进行最终加工。借助商店经理不断发送一些关于顾客需求的最新信息，他们就能进入下一波潮流产品的生产了。去飒拉购物的原则是，如果你在商店看到了喜欢的产品，你最好买下它，因为产品一旦下架，你就再也找不到了。飒拉的老顾客会记录其新品的上市时间，好让自己买到最新潮的产品。H&M 意味着潮流，它将产品加工外包给 800 家供应商网络，其中 60% 在亚洲。它每年会推出春秋两季精选，同时根据市场潮流，也会有其他新品精选推出。其经典产品多在亚洲生产，流行时间不长的产品则在欧洲制造。

作为仅次于蒂则诺的世界第二大服装零售商，H&M 的年增 10%～15% 的目标已经达到，并且其增长趋势并没有减缓的迹象。虽然业务遍布全球，但是 H&M 选择仅在瑞典斯德哥尔摩证券交易中心上市，因此，其财务报表采用的是欧盟认可的国际财务报告准则，财务报表为英语和瑞典语，货币单位和功能货币都是瑞典克朗。飒拉也选择只在本国的一些证券交易所上市、西班牙，包括马德里、巴塞罗那、毕尔巴鄂、瓦伦西亚，以及自动报价系统。与前两者选择在国内上市一样，1969年成立于美国的盖璞也仅在纽约证券交易所上市。

选择仅在公司所在国上市的优势在于可以不必提交遵从多国会计准则的财务报表，从而简化了财务申报过程。另一家著名的瑞典跨国公司爱立信为了筹集更多资本，选择在瑞典证券交易所和美国纳斯达克证券交易所两家机构上市。因此，为了在国外证券市场融资，爱立信不得不去协调复杂繁多的会计主体，其财务报表也越来越透明。

盖璞、H&M和蒂则诺的会计和监管环境各不相同。H&M在2012年的年度报告里提到，其合并报表已经按照由国际会计准则理事会制定、国际财务报告准则解释委员会解释的国际财务报告准则进行编制。另外，其母公司采用的国际财务报告准则是为欧盟所认可的。除此之外，H&M还会按照瑞典财务报告董事会推荐的RFR1标准进行信息披露。母公司及合并资产负债表使用了以下格式

固定资产 + 流动资产 = 净资产 + 长期负债 + 流动负债

由于瑞典是欧盟成员国，2005年H&M就被要求采用国际财务报告准则，这也是其业务的一个转折点。在此之前，H&M采用的是瑞典财务标准理事会制定的准则，该准则大部分是以国际会计准则为基础的，因此，H&M的统计报表与国际会计准则的要求已十分接近。在准备从瑞典公认会计准则转向国际财务报告准则的过程中，H&M利用2003年和2004年进行过渡，并在2005年加快了转变进程。在2005年的年度报告中，H&M表示转变带来的最大影响来自金融工具和套期会计。当时，H&M决定申请关于金融工具的32号和39号国际会计准则。在采用这些准则之前，H&M持有现金套期保值的衍生产品，其盈利和损失也会随着套期保值的交易成功而生效，而且可以不计算在资产负债表中，但在39号国际会计准则下，所有衍生产品必须确认其合理价值，所以，H&M认为这种情况下的账面利润可能会比之前更容易变化，而这种反复无常正是欧洲，尤其是法国的各银行想要避免的，从而致使欧盟制定出针对衍生产品的处理措施。

2. 采用国际财务报告准则前

2006年，即采用国际财务报告准则以前，H&M按照瑞典通用财务报告准则和德国会计准则报告财务结果。

前者以资本市场为主导，有点像英美会计混合模式；后者则由银行融资和税收来驱动。瑞典会计模式的透明程度略高于德国，但是比英国和美国要低。

（1）透明度问题。瑞典会计透明度较低的一个原因是其对债权人、政府和税务部门的态度取向。另外，因为瑞典证券交易所已成为北欧上市公司的关注焦点，所以，有影响力的瑞典会计协会已经推动利用合并账户来满足股东需求，而且母公司账户已经考虑了瑞典的法律要求。考虑到税收对构建全面社会保障体系的重要性和瑞典政府利用税收政策影响重要政府产业和社会目标领域的投资倾向之需，瑞典的会计模式更倾向保守。

（2）瑞典与欧盟。自从瑞典加入欧盟，其会计模式已经包含欧盟的官方政策和哲学。瑞典政府于1976年成立了会计标准董事会（BFN）来推荐适应公司法框架的会计原则。瑞典金融会计协会（RR）成立于1991年，接管了会计协会在制定有关会计实践原则的角色，特别是关于如何根据年度决算法案准备年度报告。

会计委员会和会计标准董事会（BFN）的推荐是自发的、合乎公司法的，同时也得到了瑞典证券交易所的大力支持。然而，欧盟要求企业使用国际财务报告准则来编制合并财务报表的决定优先于其他任何标准。

（3）转换成本。有关2005年的转换成本，H&M没有给出太多信息，但瑞典另一家公司爱立信却提供了转换成本信息。爱立信提供更多的信息是因为它在瑞典和美国纳斯达克都上市了，因此，它必须给出一份瑞典和美国公认会计准则都认可的"表20-F"表格。根据披露信息，爱立信公司估算出2005年转向国际财务报告标准后，其净收入要与2004年相差15亿克朗；截至2005年1月，其净资产相差达57亿克朗。其净收入在瑞典公认会计准则下为190亿2400万克朗，而在国际财务报告准则下将为175亿3900万克朗。另外，国际财务报告准则和瑞典公认会计准则对财务报表上现金的认可也不一样，前者比后者少461亿克朗。不过从爱立信"表20-F"报表可看出，2004年年底的现金量在美国公认会计准则和国际财务报告准则下是一样的。

采用国际财务报告准则的成本是难以估算的。许多国家采用了根据国际财务报告准则修正的本国准则（如瑞典）。经过多年，对成本的认识或许已经传播开来，

因为企业都意识到国际财务报告准则时代就要来临。爱立信公司在 2014 年年度报表中写道：

"近年来，由于瑞典公认会计准则已经在很大程度上趋向国际财务报告标准，而且因为首次采用者可从追溯重编中获得一定免税额的规定，所以从瑞典通用会计标准向国际金融财务准则的转变预计对我们的财务报表影响甚微。此外，我们相信，向国际财务报告准则转变的过程将有利于我们更好地把美国公认会计准则融入我们的报告。"

思考题

1. 假如一位投资者想对比盖璞、H&M、蒂则诺三家公司的财务业绩，当每家公司采用不同的会计准则时，其财务报表会有什么不同？你有没有预计到盖璞采用美国公认会计准则、H&M 和蒂则诺采用国际财务报告准则所造成的巨大差异？

2. 哪些是影响 H&M 会计标准和实践的主要因素？

3. 2005 年，H&M 决定在其财务报表中使用哪一类国际财务报告准则？2012 年呢？

4. H&M 的会计方针里提到，其合并报表已经按照由国际会计准则理事会制定的国际财务报告准则进行编制；因为其母公司在欧盟范围内，所以母公司的财务报表使用欧盟审定的国际财务报告准则。采用完整的国际财务报告准则与采用欧盟审批的国际财务报告准则分别会产生什么不同结果？为什么欧盟要坚持对国际财务报告准则持否决权？

本章小结

1. 跨国公司必须学会应对不同的通货膨胀率、汇率变化、货币控制、征用风险、关税、税率和决定应税收入的方法、当地会计部门的复杂程度以及当地和本土的财务报告要求。

2. 企业的会计和财务人员负责为内部和外部用户收集、分析数据。

3. 文化对会计测量和披露两个维度具有重要影响。有关保密度与透明度的文化价值是指信息披露的程度。乐观主义与保守主义的文化价值是指对资产的评估和收入的确认。保守主义会低估其资产和收入。

4. 财务报表可能在语言、货币、报表类型（利润表、资产负债表等）、财务报表格式、脚注披露程度以及财务报表所依据的会计标准等方面存在不同。

5. 在决定使用什么会计标准时，要考虑重要的财务报表用户，包括投资者、雇员、贷款方、供应商和其他债权人、消费者、政府及其机构、公众。

6. 影响会计准则和实践发展的一些重要因素有文化、资本市场、区域与全球标准制定组织、管理层和会计人员。

7. 国际会计准则理事会负责制定一套高质量、易理解、能落地的全球会计标准。该标准要求企业通用财务报表提供透明且具有可比性的信息。

8. 通过与全球的国家准则制定者合作，尤其是美国财务会计准则委员会，国际会计准则理事会希望会计准则能够走向融合。

9. 不再要求在美国上市的外国企业在"表 F-20"中调整信息，以及采用国际会计报告准则的不同方法，是影响全球会计准则融合的主要问题。

10. 当以外汇定值的交易换算成美元时，所有账户都应以交易发生时的汇率进行记录。在后续每个结算日，记录的美元结存代表着由外币表示的公司负债或盈利，也反映了现行汇率。

11. 企业会把外汇交易期间产生的收益和损失记录在利润表中；把通过现行汇率换算外汇产生的损益作为所有者权益单独登记；把通过临时汇率换算产生的损益直接登记到利润表中。

关键术语

会计	功能货币	提前支付策略	时态法
合并	公认会计准则	互认	交易风险
融合	国际会计准则理事会（IASB）	净现值（NPV）	转移定价
现行汇率法	国际财务报告准则（IFRS）	净额结算	换算
经济风险（运营风险）	国际证券委员会组织（IOSCO）	回收期	换算风险
财务会计准则委员会（FASB）	延期支付策略	调整	

参考文献

1 *Sources include the following:* Vincent Boland, "The Saga of Parmalat's Collapse," FT.com (accessed April 1, 2009); Catherine Boyle, "Parmalat's Founder Is Sentenced to Ten Years' Jail for Market-Rigging," *The Times* (accessed April 1, 2009): 64; Judith Burns, "Parmalat to Settle SEC Charges of Fraud for U.S. Bond Offering," *Wall Street Journal* (Europe) (July 30, 2004): A6; "The Pause after Parmalat," *The Economist* (January 17, 2004): 13; Alessandra Galloni and Yaroslav Trofimov, "Tanzi's Power Games Helped Parmalat Rise, but Didn't Cushion Fall," *Wall Street Journal* (Europe) (March 8, 2004): A1; Mark Tran, "The Milk Sheikh Whose Dream Curdled," *The Guardian* (December 31, 2003), www.guardian.co.uk/business/2003/dec/31/italy.parmalat1 (accessed October 19, 2009); Peter Gumbel, "How It All Went So Sour," *Time* (Europe) (November 29, 2004): 44; Hoover's Online, "Parmalat," at www.hoovers.com (accessed April 19, 2005); Michelle Perry, "Enron: Could It Happen Here?" *Accountancy Age* (January 25, 2004), www.accountancyage.com/accountancyage/analysis/2040660/enron-happen-here (accessed October 19, 2009); David Reilly and Alessandra Galloni, "Spilling Over: Banks Come under Scrutiny for Role in Parmalat Scandal," *Wall Street Journal* (September 28, 2004): A1; David Reilly and Matt Moffett, "Parmalat Inquiry Is Joined by Brazil," *Wall Street Journal* (Europe) (January 7, 2004): A1; Susannah Rodgers and Kenneth Maxwell, "Parmalat Fallout Hits Farmers; Dairies Worry about Their Future as Milk Seller Misses Payments," *Wall Street Journal* (Europe) (January 15, 2004): B6; Securities and Exchange Commission (SEC): Complaint #18527 (December 29, 2003); "Parmalat to Trim Key Operations in 10 Countries," *Wall Street Journal* (Europe) (March 29, 2004): A4; "How Parmalat Differs from U.S. Scandals," Knowledge@Wharton (January 28, 2004), at http://knowledge.wharton.upenn.edu (accessed November 15, 2007); Adrian Michaels, "Parmalat Case Leads to First Jail Sentences," *Financial Times* (June 29, 2005): 28; Bruce Johnston and Caroline Muspratt, "Court Frees Daughter of Parmalat Founder," *The* [London] *Daily Telegraph* (March 9, 2004): 29; "Daughter of Founder of Parmalat Is Freed," *Wall Street Journal* (Eastern Edition) (March 9, 2004): 1; Eric Sylvers, "In First Trial, Parmalat's Founder Charges That Banks Led Him Astray," *International Herald Tribune* (March 9, 2006): 13; John Hooper, "Parmalat Fraudsters to Avoid Prison," *The Guardian* (June 29, 2005): 18; Giada Zampano and Sabrina Cohen, "Parmalat Trial to Focus on Banks," *Wall Street Journal* (Eastern Edition) (June 14, 2007): C3; "Parmalat Settles Suits with Three Financial Firms," *International Herald Tribune* (June 19, 2007): 16; "Parmalat SpA," *Wall Street Journal* (Europe) (May 18, 2007): 6; Steve Rothwell and Sebastian Boyd, "EU Backing Off Effort on Bond Transparency," *International Herald Tribune* (November 22, 2006): 13; Eric Sylvers, "Judge Clears Banks in Parmalat Case," *New York Times*, (April 18, 2011): dealbook.nytimes.com/2011/04/18/judge-clears-banks-in-parmalat-case/ (accessed July 5, 2011); Bob Van Voris, "Parmalats Suits Against Grant Thornton Revived by Court," *Bloomberg*, (January 18, 2011), www.bloomberg.com/news/2011-01-18/parmalat-claim-against-grant-thornton-revived-by-court-update1-.html (accessed July 6, 2011); Parmalat (2011), *Annual Report 2010,* (accessed July 6, 2011).

2 Adidas Group, *Annual Report 2010*, adidas-group.corporate-publications.com/2010/gb/files/pdf/en/ADS_GB_2010_En.pdf (accessed July 5, 2011).

3 Geert Hofstede, *Culture's Consequences: International Differences in Work-Related Values* (Beverly Hills: Sage, 1980): 327; Hofstede and Michael H. Bond, "The Confucius Connection: From Cultural Roots to Economic Growth," *Organizational Dynamics* 16:4 (1988): 4; Hofstede, Geert, Gert Jan Hofstede, and Michael Minkov, *Cultures and Organizations: Software of the Mind,* Third Edition (Maidenhead, England: McGraw-Hill, 2010): 561.

4 Sidney J. Gray, "Towards a Theory of Cultural Influence on the Development of Accounting Systems Internationally," *Abacus* (March 1988): 1.

5 European Union, "Third Countries/Convergence," ec.europa.eu/internal_market/accounting/third_countries/index_en.htm, (accessed June 12, 2013).

6 "IFRS: About the Organisation," www.ifrs.org/The+organisation/IASCF+and+IASB.htm (accessed July 11, 2011).

7 IFRS Foundation, The Organisation, Trustees, www.ifrs.org/The+organisation/Trustees/Trustees.htm (accessed June 12, 2013).

8 IFRS Foundation, "About the IFRS Foundation and the IASB," www.ifrs.org/The-organisation/Pages/IFRS-Foundation-and-the-IASB.aspx (accessed June 12, 2013).

9 Financial Accounting Standards Board, "Memorandum of Understanding, - The Norwalk Agreement," in International Convergence of Accounting Standards – Overview," www.fasb.org/jsp/FASB/Page/SectionPage&cid=1176156245663 (accessed July 11, 2011).

10 FASB, "Convergence with the International Accounting Standards Board."

11 Securities and Exchange Commission, "About the SEC: What We Do," www.sec.gov/about/whatwedo.shtml (accessed October 21, 2009).

12 European Union, "Regulations Adopting IAS," ec.europa .eu/internal_market/accounting/legal_framework/regulations_adopting_ias_en.htm (accessed June 12, 2013).

13 "Finance and Economics: Speaking in Tongues," *The Economist* (May 19, 2007): 77–78.

14 "Uniform Rules for International Accounting Standards from 2005 Onwards," *European Parliament Daily Notebook*, Report on the Proposal for a European Parliament and Council Regulation on the Application of International Accounting Standards, (COM 2001) 80-C5-0061/2001–2001/004 (COD), Doc.: A5-0070/2002, www.europarl.europa.eu/sides/getDoc.do?pubRef=-//EP//TEXT+PRESS+DN-20020312-1+0+DOC+XML+V0//EN&language=EN#SECTION5 (accessed October 21, 2009).

15 Paul A. Beswick, "Remarks Before the 2010 AICPA National Conference on Current SEC and PCAOB Developments," December 8, 2010, www.sec.gov/news/speech/eo10/spch120610pab.htm (accessed June 15, 2011).

16 FASB, "Foreign Currency Translation," Statement of Financial Accounting Standards No. 52 (Stamford, CT: FASB, December 1981): 6–7.

17 The Coca-Cola Company, 2010 Form 10-K (February 28, 2011): 34, 81.

18 Michael H. Moffett, Arthur I. Stonehill, and David K. Eiteman, *Fundamentals of Multinational Finance*, 4the edition (Pearson Prentice Hall: Upper Saddle Ridge, NJ:, 2012): Chapter 16.

19 Mike Ramsey, "VW Chops Labor Costs in U.S.," *The Wall Street Journal* (May 23, 2011): B1; Stephen Power, "BMW's Profit Softened in Quarter," *Wall Street Journal* (May 4, 2005): A12.

20 Various annual reports of The Gap, H&M, and Inditex; Greg Petro, "The Future of Fashion Retailing," a three-part series, *Forbes* http://www.forbes.com/sites/gregpetro/2012/10/23/the-future-of-fashion-retailing-part-1-uniqlo/, http://www.forbes.com/sites/gregpetro/2012/10/25/the-future-of-fashion-retailing-the-zara-approach-part-2-of-3/#I, http://www.forbes.com/sites/gregpetro/2012/11/05/the-future-of-fashion-retailing-the-hm-approach-part-3-of-3/) (accessed June 15, 2013); MarketLine Industry Profile, "Global Apparel Retail," February 2013.

第 19 章

国际人力资源管理

不去碰运气，运气自己来。

——土耳其谚语

本章目标

通过本章学习，应能：

1. 讨论人力资源管理的重要性。
2. 解释外派人员的种类。
3. 简介跨国公司的人事架构。
4. 评估跨国公司选择、储备、补偿和留住外派人员的方式。
5. 思考国际任务中语言所起的作用。

案例 19-1

职业全球化

几个世纪以来，企业促使人们在各国间流动，在正确的时间将恰当的人员安排在合适的工作岗位和工作地点，从而发挥其专长并给予合适的报酬。当代的市场趋势、战略需要和运营标准进一步强化了这个任务。因此，要取得职业上的成功，最好能在全球范围内丰富国际意识和世界所需的经验型知识。

全球化促进了贸易往来，加大了资金和投资的流动，扩大了现有的成百上千的分公司的经营范围。此外，我们看到成千上万的企业在新兴市场中涌现。每一家企业的建立和发展，都需要一个能够应对复杂的经济、文化差异以及政治挑战的具有经营管理能力人员，同时要极度重视跨国公司的效益并对优化地区的响应能力。美国通用电气公司的杰弗里·伊梅尔特（Jeffrey

Immelt）说："一家优秀的跨国公司应该做到以下三件事情：一是拥有一家全球性销售公司——这意味着不论坐落于芝加哥、巴黎或是东京，它所拥有的客户数量都是全球第一；其二是利用技术、工厂为全球而不只为某一个地区生产产品，成为全球性制造公司；最重要的是，它是一家人员雇用全球化公司，必须聚集全球市场和人力资源来获得持续发展[1]。"

任何情况下，一个人都不可能立即停止工作，说声再见，就去国外发展了。但是，有些人的确毫无畏惧，因为海外派遣计划会带来许多利益（见图 19-1）。此外，这也是一个公开的秘密：盖洛普世界民意调查报告称，现在有 11 亿人或者说全球 1/4 的成年人想要暂时去另一个国家寻找更高薪酬的工作，而另外 6.3 亿人想永久移民。即便你的职业规划是让自己留在国内市场发展，市场国际化也会刺激你去建立全球化思维模式。

从阿富汗到津巴布韦乃至其他各个国家，高效率的领导者都需要具备全球化思维模式。科尔尼公司的副总经理保罗·劳迪奇纳（Paul Laudicina）说："你必须具备一种直觉来洞悉这个世界如何运转以及人们如何行事[2]。"亿康先达国际咨询公司（Egon Zehender International）是一家猎头企业，该公司的丹尼尔·麦兰（Daniel Meiland）认为："世界变得越来越小，而市场变得越来越大。根据我在猎头行业超过 25 年的经验来看，我们过去总是讨论全球高管的重要性，但是现在越来越迫切的是能够找到一个在不同环境中保持高效的管理者。跨国公司需要的管理者除了具备聪明的大脑、娴熟的技能和独特的洞察力，还需要具有能在世界舞台上沉着应对的素质[3]。"

1. 外派人员

跨国公司经常外派人员去另一个国家经营国外业务。像联邦快递（FedEx）和强生公司（J&J）这样的跨国公司外派人员较少。其他一些公司，如荷兰皇家壳牌（Royal Dutch Shell）和印度威普罗技术（Wipro Technologies）这两家公司的**外派人员（Expatriate）**就比较多。然而，跨国公司就何种原因、何时和何地启用这些外派人员，并没有统一的标准。另外，直到他们完成了国外的工作，一些问题仍是模糊不清，如怎样选拔合适的外派人员、开发恰当的行前计划、设计合适的补偿计划、设定恰当的任务时长以及确定他们回国的合适方式等。

成功或失败所带来的结果促使跨国公司前瞻性地管理人力资源。像很多跨国公司一样，霍尼韦尔（Honeywell）开始培养潜在的若干年后可能会外派的人员，向这些人简要概述跨文化技巧，并制定应对文化冲突的训练方法。"我们逐渐地给他们一种国际视野和观念，并且告诉他们在国际道路上的巨大潜力[4]"，该公司的人力资源副主管说道，"我们希望他们具备跨文化理解能力，而这正是我们所说的战略思考和责任。"最后，霍尼韦尔会建议员工与有经验的外派人员合作，学习另一门外语，或者评估他们在国外生活期间可能会遇到的挑战。

全球化节奏不断加快，促使跨国公司，特别是印度、中国和巴西等新兴经济体中的跨国公司加速准备过程——实际上，一些管理者招聘的时候就从应聘人员中选择了外派候选人。印度威普罗（Wipro）科技公司的董事长桑杰·乔希（Sanjay Joshi）写道："我们招聘工作的一个重要部分就是告诉应聘者将来会有机会到国外工作。"他认为这种方法可以提高新员工的质量，同时也能增加公司优秀外派人员的储备[5]。

2. 新地点和新方法

图 19-1 列举了在国外工作的主要好处。圆满完成驻外工作的员工足以证明这类工作的优点，同时说明这段经历如何改变了他们对商业和自己的认识。许多人认为，国外的工作或缓或急地促使他们从不同角度分析问题、面对困难。普华永道俄罗斯公司的乌兰诺娃（Galina Naumenko）认为，国际工作能"激励员工进行全球合作，让他们理解不同的文化，并且能引导他们去思考发现问题、解决问题的新方法"。IBM 全球市场首席战略分析师迈克尔·坎农·布鲁克斯（Michael Cannon-Brookes）补充道："身在纽约时，你就会获得与你身处上海、圣保罗或是迪拜时不一样的想法[6]。"

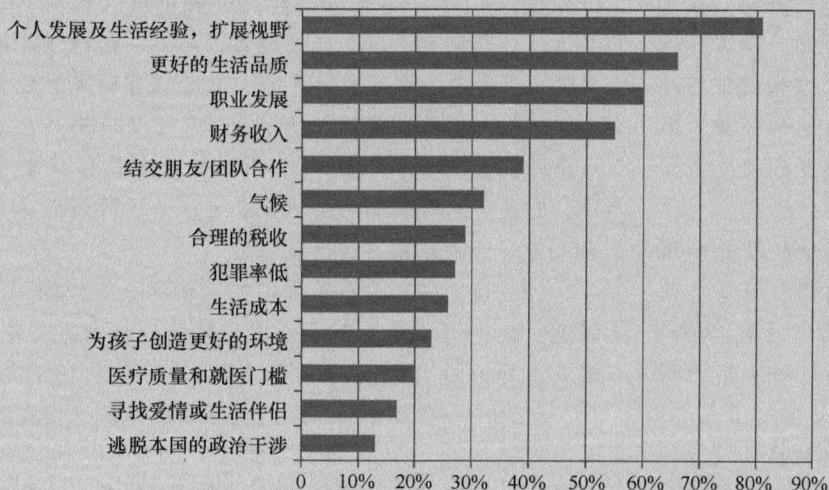

图 19-1　国外工作的主要好处

资料来源：HSBC EXPAT EXPLORER SURVEY 2010, p. 11 www.expatexplorer.hsbc.com/pdfs/overall-reports/2010/experience.pdf (accessed June 10, 2013).

国外的工作让员工具有更丰富的管理技能。琼·帕特尔（Joan Pattle）就是一个很好的例子。在接受调任去英国做产品经理前，她是微软西雅图总部的市场经理。琼在英国工作时需要承担更大的责任，正如她所说："在国内，我的工作范围有着严格的限制，我的主要工作是负责管理资料库。但是，去英国后，我还会负责直销以及媒体关系等工作。我需要获取更为广泛的工作经验[7]。"另外一个例子是英特尔公司的发言人劳拉·安德森（Laura Anderson）。她承认在中国香港工作期间，极大地提升了自己对公司业务范围的认知。实际上，几个亚洲媒体关系的业务工作扩展了她的眼界。她说："对我来说，这些经历极大地增长了我的见识[8]。"

3. 新问题和新压力

尽管新奇感和报酬具有诱惑，但外派人员的生活方式并不适合所有人。不管意愿有多强烈，不能适应外派的生活是导致近半数的外派人员国外工作失败的原因。简单地说，国外生活和工作是很困难的事情。文化冲突、语言困难、商业潜规则和艰苦的环境，让很多外派人员只能短期访问而不能完成驻外任务。当企业让管理人员搬到自己不喜欢的国家的一个二三线城市去工作时，另外一些困难也将会出现。

国内外之间的生活差异，通常会引起职业、家庭和个人等方面的各种问题。许多外派人员很难融入外国文化，而不能理解生活、精神和思维上的差异，也就无法尊重这些差异，这也经常会导致生意惨败。除此之外，国际商业旅行"或许是最危险的旅行方式。旅游者不会考虑飞到哥伦比亚战区旅游一周，但是，石油、计算机、药物、农业和电信等行业的外派人员却会定期到这些地方工作[9]"。一旦抵达这些地方，仅仅是和同事频繁地去高档酒店和餐馆谈生意，都会让他们身处战火之中。

4. 回国

在全球范围内流动工作也被称为"永久外派"。因为从一项工作转移到另一项，不论是在同一个或是不同的公司，他们都计划永不回国。然而，他们中的大多数人最后还是会打包行李，告别同事，登上返程飞机，回国接受英雄回归式的欢迎。看起来很容易，是吗？事实并不是这样。在很多情况下，任何事情都可以发生，就是没有英雄回归式的欢迎。

调回本国——回到自己本来的国家——也用不着失望。他们的国际经验使他们可以提前发现问题。同样，

回国后精心制定的职业规划会让他们与众不同。布莱恩·克鲁格（Bryan Krue）在东京工作了4年，回到本国并且升职为北巴克斯特·沃丰公司（Baxter Fenwal North）的主席。他动身去东京时，公司并不保证他回来时可以成功升职。然而，驻外期间他始终关注总部的信息变化；现在他可以顺利回国工作，还因为在东京期间，他每年都安排4~5次机会回公司看望同事。他自己解释说："我十分积极，因为如果不积极就是害自己。任何帮助过我的人，我都记住并且主动与他们保持联系，这也得到了回报[10]。"

当然，并不是所有的外派人员都会成功。一项针对成功完成国外工作、顺利调回本国的人员的调查显示：超过1/3的人回国后在临时职位上待了三个月。更糟糕的是，80%的人感觉和国外的任务相比，他们的新工作是一种降级。除此之外，超过60%的人认为他们没有机会把在国外学习到的专业知识应用于新工作。一部分人接受这样的结果，而另一些并不接受。2011年，大约40%的人回国后不到一年的时间就离开了公司，而另外的25%也在第一年和第二年之间离开公司[11]。

5. 风险和回报

我们可以看到，选择去国外工作具有明显的优势和劣势。为了平衡，前者经常占据上风。受国外工作的诱惑，长期外派人员的数量不断增加。而在海外，外派工作者是典型的高收入、高责任心和具有职业威望的人群。在国外生活这一冒险活动让很多人难以抵制国际职业的诱惑，于是造就了一批从一个国家到另一个国家工作的人群，他们被称为"国际牧民"。例如，一位摩根士丹利投资公司（Morgan Stanley）的外派人员曾在新加坡和伦敦工作，后来去了印度。他说："我依旧不愿意回美国。世界很大——我想去看看[12]。"

尽管职业转换的风险很大，跨国公司还是会经常宣传国外的工作经历意义非凡，是培养管理者具有更高责任意识的一段成长经历。因为国外的工作会提升人员的技能和专业知识，培养其文化意识，增加克服困难的自信，并且能够增强用新方式解决问题的创造力。然而，直到最近，事实都证明国外工作对职业发展产生积极效果的概率较低。正如德勤会计师事务所的汤姆·斯洛（Tom Schiro）所言："一些跨国公司仅把这些人送出国，但在这两年间对他们不闻不问[13]。"他们回国之后，这些公司并不能及时给这些具有成功海外经验的管理者升职。

6. 新兴标准

随着全球化规模和范围的不断扩大，富有才华的高管出现了供给短缺。跨国公司发现，发掘有技术能力的候选人很困难，需要花费更多的时间来面试和招聘高管，并且也更担心竞争对手来"挖墙脚"。尽管全球经济减速，但技术人才紧缺的情况越来越严重。一家跨国猎头公司发现，全球范围内34%的雇主想方设法地填补空缺职位。麦肯锡公司的猎头业务遍布全球，该公司分析认为：①主要市场中，只有43%的雇主能够找到足够多的技术人员，如巴西、德国、印度、墨西哥、沙特阿拉伯、土耳其和美国；②到2020年，世界将减少4000万名具有大学学历的工作者；③"具有高级技能的工作人员严重不足，因而难以实现高生产力的经济发展[14]。"人才短缺将进一步突出全球思维模式的价值。

全球化通过改变规则来改变业务标准。跨国公司渐渐地把在国外的工作经验作为高强度工作的基础。在富时指数100（FTSE 100）的公司中，大约33%的首席执行官是外国人，这其中70%具有驻外工作经验。在财富榜100强的公司中，这些数据分别为10%和33%[15]。宝洁公司的44名全球管理者中，39名有海外工作经验，并且其中22名的出生地并不在美国。宝洁公司人力资源总监说："从长远来看，如果你渴望成为全球参与者，就必须具备全球意识和海外经验这两大因素[16]。"宝洁公司希望他们的管理者能同时具备创造力和全球意识。如果没有外国市场运营经验和全球产品管理经验[17]，就不能成为高级管理者。德国汉高公司和它的竞争对手一样，要求管理者在升职之前至少在两个不同的国家生活工作过[18]。

猎头公司——博伊登公司注意到，在招聘高管和董事会成员时，7/10的客户要求应聘者具有国外工作的经历，其中大约一半的客户希望应聘者具有在不同国家工作数年的经验[19]。坦率地说，在培养高绩效的管理者方面，多国经历与多职位、多种产品管理的经历一样重要。因此，跨国公司将具有潜力的管理者派往国外，给他们锻炼机会，让他们克服困难，从而提升他们的技能，提升他们的全球思维。

总而言之，有志向的管理者更希望去国外工作。虽然有些言过其实，但是个人抱负、环境趋势、市场状况和工作场所标准，逐渐让我们意识到："那些在大公司担任高职位的人，包括在美国，都在多国生活过，并且至少会说两种语言。许多首席执行官具有真正的全球经历，并且他们的跨国公司将因此而更加强大[20]。"

思考题

1. 从案例中的正文和表格中，选取三个从事国际业务的必要原因。

2. 列出并且讨论三个你认为外派人员在国际市场工作的好处（这些好处要与职业抱负、个人目标或者广泛兴趣有关）。

19.1 引言

毫无疑问，成功的跨国公司拥有前瞻性的战略、庞大的供应链和灵活的市场机制等。尽管从根本上说，建立和维持一家企业的目的是取得最后的成功。不断扩大的全球商业网络需要管理者能够在各种不同的市场上管理错综复杂而又相互关联的业务，在总部办公室来经营全球业务已经成为历史。设计、制造和销售的工作岗位遍布全球，这就需要管理者拥有在不同地区处理各种问题的经验。例如，一个产品从硅谷的设计阶段到中国的最初制造阶段，再到将产品在巴西销售的阶段，都需要管理者进行一一审查[21]。

在正确的时间将恰当的人员安排在合适的工作岗位和工作地点，从而发挥其专长并给予合适的报酬，这是跨国公司面临的挑战。从国外市场到国内市场，跨国公司的员工有很多选择。但核心就是每个人都有机会把面对的挑战转变为机遇。在机会和挑战的博弈中，本章主要关注跨国公司中员工的职业精神。

19.2 人力资源管理

人力资源管理是对组织中最有价值的资产——企业员工的管理。创立和运营一项业务，不管是小规模的国内业务，还是大规模的多国业务，都需要寻找合适的人员来执行战略计划，激励他们努力工作，提升他们的工作技能，从而使他们完成更多具有挑战性的工作。最重要的是要能够留住这样的人才[22]。这就是人力资源管理的功能所在。

在第11章的基础上，本章就这一问题进行详细阐述，并将人力资源管理运用到具体业务和经营活动中。我们从这些角度去评价一个企业的人力资源管理：一家成功的跨国公司必须招募任务导向型和原则导向型的员工，优化公司的核心竞争力，同时协调全球化与不敌业务之间的压力。这种观点认为当企业管理人员能将这种观点与企业战略联系起来时（见图19-2），人力资源管理活动就能够得到充分的执行（例如包括企业价值链等具体活动）。

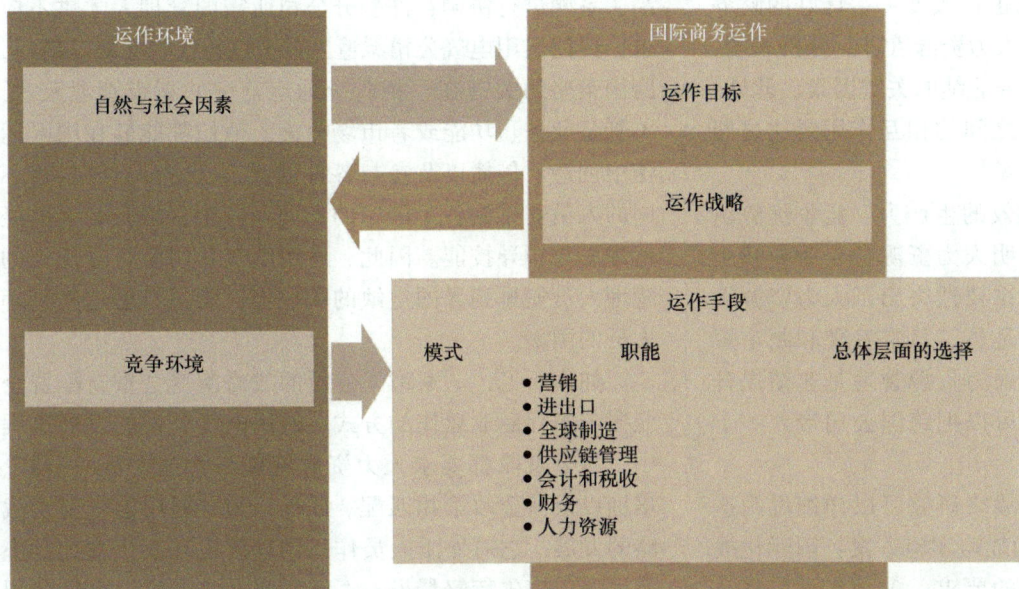

图 19-2　在跨国公司中影响人力资源管理的因素

成功的跨国公司证明，人力资源管理与财务、市场和供应链管理一样，都要以企业战略为前提。至于人力资源管理，其最为关键的任务是在正确的时间将恰当的人员安排在合适的工作岗位和工作地点，从而发挥其专长并给予合适的报酬——"合适"的标准是由跨国公司战略的具体规则所决定的。

人力资源管理和全球公司

与国内公司相比，跨国公司的人力资源管理要困难得多。除了处理国内市场的问题，跨国公司还必须根据国外市场不同的政治、文化、法律和经济情况来调整人力资源管理方式。例如，各国的领导风格和管理实践都不太相同，这给不同的地区的管理者带来了挑战——具体来说，就是总部和地方分公司之间的差异[23]。尽管他们努力调整自己来适应，但这些差异还是有可能使那些国内优秀的管理者成为国外的无效管理者，从而影响企业业绩。

同样，劳动力市场在雇员类别、人力成本、生产力及法律法规等方面的要求各不相同。至于后者，国家劳动法经常要求跨国公司重新制定当地的工作标准。例如，马来西亚就规定，国外的工程师不能参与建设项目，除非雇用他们的公司向马来西亚工程师委员会证明马来西亚本地工程师做不了这项工作[24]。而泰国的规定更加严苛——《外国人工作法案》（Alien Occupation Act）为泰国保留了许多建筑师和工程师岗位[25]。因为这些法规，跨国公司不得不调整其人力资源管理方法，这使得做决策变得更加复杂。因此，跨国公司不断评估雇用国际运营人才的方式，并不断调整招聘、培训、薪酬、调任和保留这些管理模块，以便成功说服员工并为他们去国外工作做好准备工作。

有人可能会问，为什么跨国公司和管理者能够接受这样的局面。简而言之，是全球化大趋势要求他们这样做的。解释的复杂一些就是面对全球化，充分利用挑战来增加竞争优势，并为企业创造利润。这两种回答都强调了人力资源管理的使命：利用各种方式建立、培训和保留那些领导企业的管理层[26]。现在我们来介绍人力资源管理是如何进行人力资源选拔、开发、薪酬管理以及保留这些国际化管理者的[27]。

19.3　人力资源管理战略

各种数据和研究表明，人力资源管理过程、生产力管理与战略执行之间有着十分紧密的联系[28]。例如，第11章提到通用电气总裁的观点，即全球化过程中想要获得成功，"确实与人才有关，而不是公司的地理位置。你需要进行人才开发，为他们从事领导工作做好铺垫，进而提升他们的职位。这就是促使公司进一步全球化最有效的方法[29]"。不管通用电气公司的国际经营规模和范围有多大，公司可以依靠优越的人力资源，维持高效的生产力、保持独特的竞争优势并创造出更大的价值。

亚洲、欧洲、美国等的2000多家跨国公司的综合人力资本指数显示，卓越的人力资源管理与企业的财务回报正相关。与此同时，人力资本指数也是股东价值增加的重要指标[30]。与人力资本指数一般的跨国公司相比，具有卓越人力资本指数的跨国公司通常能为股东创造更多的价值。随着对人力资源与企业业绩两者关系的理解不断加深，与之对应的观点也正在改变——良好的财务业绩促使跨国公司实施卓越的人力资源管理。分析表明，卓越的人力资源管理是企业财务业绩的关键因素。此外，企业战略与人力资源管理实务之间的相互作用要比这两者单独作用时产生的效果好得多[31]。

卓越的人力资源管理与高效的生产力、竞争优势以及价值创造之间的直接关系表明人力资源在企业业绩中所占的重要地位。这些关系的重要性突出了人力资源管理的作用。人力资源管理不再是员工日常管理和制定短期招聘政策的代名词。如今，人力资源管理是业绩提升的助推器，提升人才管理水平可以把跨国公司带入一个崭新的世界。

前面对跨国公司所遵循的战略研究可以详细说明这一观点。第10章描述了常见的战略实施方案：国际化战略及其对优化国外核心竞争力的要求；多元本土战略及其对优化地方反应能力的要求；全球战略及其对全球一体化的要求；过渡战略及其对优化上述三种战略的要求。每种战略都设置独特的标准，配置和协调有价值的活动。因此，每种战略都要求人力资源管理能挖掘、招聘、支付报酬以及保留具有高超技能和远见卓识的管理人员。不管战略多么优秀，如果不能很好地执行，企业的业绩依旧会下降。将战略与人力资源管理融为一体，制定恰当的策略，就能提高业绩。

一个恰当的例子：通用电气公司的发展演变

人力资源管理在通用电气公司的演变中所扮演的重要角色详细说明了上述观点。20世纪80年代初，通用电气公司通过向国外销售现有产品实现了市场全球化（国际战略）。20世纪80年代末，为获得质优价廉的进口商品以满足成本最低的要求，通用电气公司开始将其原料采购全球化（全球策略）。20世纪90年代中期，通用电气公司通过在运营中寻找、学习、转移思想实现了人才全球化（跨国策略）。

从通用电气公司每个阶段的战略演变可以看出，通用电气公司不断改变人力资源管理理念与实践以确保发展所需的人力资本。跨国战略的关键在于招聘的员工能够在国外市场运用通用电气公司的核心竞争力，建立具有竞争性的业务。当本地运营缺乏执行跨国策略所需的知识与技能时，通用电气公司会调遣外派人员来填补这个空缺。全球策略的关键在于培养高级管理人员，实现

对全球供应链的有效管理，优化地区经济。不同地区之间的运作联系日益增多，这就要求对逐步扩大的全球商品关系网进行协调；许多分公司所需的管理人才供不应求，促使通用电气公司派遣人员来填补这些空缺。最后，跨国策略的关键在于招聘全球运营中的高级管理人才，不管是业务、功能或者市场方面，他们都能够在国际运作中创造、传播以及参与各种创意。这个目标要求将不同的人员安排到各个国家的不同业务中，培养必要的经营理念与领导技能。因此，通用电气公司会将最优秀的管理人员安排到异国空缺的职位上，而不考虑这些管理人员的国籍。

如你所见，一家跨国公司的战略演变会重新配置企业参与国际商业运作的方式。通用电气公司的发展过程中，每个阶段都要求人力资源管理与管理人员的选择、培训以及薪金政策相匹配。此外，随着通用电气公司战略的发展，它对外派人员作用的理解也在发生变化。杰弗里·伊梅尔特解释说："我第一次加入通用电气公司时（1982年），全球化意味着将美国员工训练成全球思考者。因此，美国员工获得了外派任务。我们现在依旧有许多员工散布在全世界，这当然不错，但是，20世纪90年代末，我们将重点转移到为非美国员工提供海外外派任务。现在，你可以看到非美国员工正在不同国家的不同层级从事着大规模全新且极为重要的工作[32]。"今天，通用电气公司有一批具有专业知识的国际管理者，他们在建立和传递不同观点方面影响着通用电气公司的核心竞争力。

就像本章提到的许多跨国公司一样，通用电气公司在国际商业上的成功，进一步说明了人力资源管理的作用：寻找、招聘，弥补空缺并招募具有支撑和维持企业战略所需技能的管理人员。做好人力资源管理能为跨国公司实现更高效的生产力、更强大的竞争力和不断增长的利润提供支持。如果做得不好，人员问题会损害企业业绩，限制企业发展。

19.4 外派人员的角度

可以从许多角度来评价人力资源管理。有两个理由促使人们从管理人员的角度评价人力资源管理：首先，在跨国公司中，负责运作的是管理国际业务的管理人员。事实上，几乎所有成功的国际战略的核心部分都是一场管理大戏。管理人员推动着企业战略的关键任务是：他们启动风险投资，建立当地的管理团队，填补当地的技

术缺口，转移核心竞争力，组装技术平台，传播组织文化。其次，从管理人员的角度来看，能说明从事国际工作的兴趣。而且，学生通常会向老师询问关于国际企业为什么这么运作、如何运作、什么时候运作、在哪里运作以及运作什么内容等方面的问题。

本章会就这些问题和事项提供相关的指导、建议以及分析。从管理视角来看，需要关注的内容是人力资源管理进行选择、角色分配、责任、发展、薪酬和保留外派人员的原则和方法。

19.4.1 谁是谁

首先，解释一些定义，我们的讨论主要针对两类管理人员：本地员工与外派员工。跨国公司雇用本地员工去从事本地的运营活动；在劳动合同中没有特殊的条款。**外派人员**（Expatriate）则是暂时被派遣到他/她没有合法居住权的国家去工作的。外派人员有两种类型：一种是**本国国民**（Home-country National），即公司总部所在国的公民，如巴西人管理巴西企业在德国的业务；另一种是**第三国国民**（Third-country National），顾名思义，即其他国家的公民，如爱沙尼亚人管理澳大利亚企业在俄罗斯的分公司。

19.4.2 外派人员的派出趋势

外派人员在全球的需求量激增[33]。新兴经济体的快速增长诱使许多分公司纷纷成立。西方跨国公司除了运营其现有业务，还努力在新兴市场开辟新业务。新兴跨国公司同样会在国外市场建立业务。更为准确地说，新兴市场上有 22000 家跨国公司，而这些跨国公司十多年前是不存在的[34]。每个跨国公司的每个部门都需要管理人才。

全球化浪潮对员工的要求同样完善了外派人员的素质。毋庸置疑，派往国外工作人员的标准将会持续存在。此外，外派人员经常被派到国外去完成一个 3 年或 5 年的任务，任务结束后才能回国。如今，不同的环境特点重新设定了这些标准。例如，"几年"的概念逐渐转变为几天、几周或几个月。所谓的**通勤任务**（Commuter Assignments）迫使管理者在短期内到不同文化或不同国家中去工作；一个极端的例子是外派人员工作日在国外工作，周末回家团聚。人力资源主管说："通勤任务 10 年前才出现，但是如今已经非常普遍了[35]。"

短期任务除了比长期任务更经济外，还可以迅速将技能和资源转移到当地的分公司[36]。此外，研究表明，

独立工作能提高生产力，而相互合作能促进创新[37]。因此，到国外拜访外国同僚，不管时间有多短暂，都会促进社交联系、促进创新。常规性出差任务造就**"弹性外派人员"**（Flexpatriates），即高管们长期进行外派出差[38]。

1. 年轻人、有经验的人与大忙人

除了时间因素，巨大的变化将重新决定派谁去国外。传统上，外派人员通常是即将担负更大责任的中层管理者。实际上，国际任务是跨国公司的未来领导者职业生涯中期的跳板。许多企业一直遵循这种做法。例如，施乐轮流分配给新晋升的员工或领导者 2 ~ 4 年的外派任务。成功通过这个"测验"的员工即晋升为 C 级人员[39]。渐渐地，一些趋势和制约促使人力资源管理把搜索范围扩大到那些孩子已经长大且配偶对国际任务持积极态度的老员工，还有那些向往国外丰富多彩生活、移动方便的单身员工。

把年轻经理派到国外从事管理任务，说明跨国公司越来越关注员工的长期潜能而不再是历史业绩记录。例如，普华永道为年轻员工提供早期的普华永道国际挑战（EPIC）项目，促进了国际任务的分配。EPIC 项目可以挑选出那些对国外生活感兴趣而且具有完成既定业务记录的员工。具体而言，候选人可以通过完成在线测试或咨询普华永道职业咨询页面来加入该项目。EIPC 项目鼓励员工选择自己喜欢的地点，然后把这些员工派出国外工作，其目的是把他们培养成高级管理人才[40]。候选人所获得的优势包括：可以直接跨过职业生涯中一个或两个层级；或者不用在人才市场上慢慢升迁。与此同时，人力资源管理能识别出那些具有领导才能、企业家精神和接受不确定性的高效率员工，这对于人力资源管理是大有裨益的。

大学的专业对该趋势做出了越来越多的回应，同时也加速了这一趋势的形成。全球的学校都将使自己的课程更加国际化，增加去国外学习的机会，与国外院校联合办学授予双学位，以及招收不同国家的学生。同样，许多学生决定冒险一试，前往国外大学求学。例如，香港理工大学商学院 2001 年的生源来自 16 个不同的国家，其中绝大部分来自亚洲；到 2012 年，生源地国家扩展到 28 个不同的国家，其中一半来自亚洲以外的其他国家[41]。美国正在发生着类似的变化，前往海外攻读 MBA 的美国人越来越多。一名被西班牙巴塞罗那 ESADE 学院录取的学生说："如果从商业角度观察世界，你会发现沟通的桥梁不断形成，边界正在溃散。我期望通过关注全球商业来丰富我的知识与人际关系[42]。"这种自发地追求文

化、个人和国外职业发展经验的外派人员将加深人们对这一观点的理解[43]。

2. 女性角色的崛起

外派人员的性别层面也发生着类似的变化。从绝对数量来看，女性外派人员大约占了 20%[44]，相对增长非常迅速。自 2001 年起，全球跨国公司的国际任务中，亚太地区的女性比例增加了 16 倍，北美增加了 4 倍，欧洲增加了 2 倍。调查表明，超过一半的跨国公司希望增加女性员工数量；大约 1/3 的跨国公司认为，女性的数量将会保持稳定，少部分跨国公司认为，女性的数量会减少。观察家认为："加入外派人员行列是职业阶梯上的重要一步，而女性对这些任务的兴趣越来越浓厚[45]。"

3. 第三国员工与日俱增

跨国公司从事运营活动的国外市场差异越来越大——从美国到加拿大、英国，到印度、新加坡，再到中国、越南。全球化进程中，工作地点的变化凸显了第三国员工的作用，他们拥有独特视角和多种能力，能满足不同地区管理业务的需要[46]。从长期来看，技术娴熟的第三国员工的供给将会增加，特别是在高速增长的新兴经济体中。例如，2013 年，中国为大学基础设施建设增加投资 2500 亿元人民币；而在过去 10 年间，中国大学的数量已经翻了一番。到 2020 年，中国大学毕业生数量有望达到 1.95 亿人[47]。

短期任务极大地吸引了第三国员工的加入。例如，一位住在伦敦的美国跨国公司工作的高管可能周一到周五在瑞士苏黎世工作，然后周末回家团聚。由于该公司在斯德哥尔摩办事处的需要，他可以轻松地改变自己的通勤路线。员工的流动性使得跨国公司灵活地采用企业战略，并由相信自己拥有能胜任工作的高管去实施相关战略。越来越多的数据表明，跨国公司越来越倾向雇用第三国的员工。过去，大部分外派员工来自本国的运营管理人员。2011 年，重新回到总部或者从总部分派出去的国际外派人员达到历史新低，只占 50%[48]。

4. 逆向外派人员

新兴市场的重要性进一步改变了人们对外派人员的看法。过去，发达国家的跨国公司从大量管理人员中选择外派人员，并将他们派遣到发展中国家，安排相应的业务活动。如今，新兴经济体受过良好教育的外派人员——即所谓的**逆向外派人员（Reverse-expats）**——会被直接派到发达国家中的一个业务单位待上几周到一年的时间，从而加速他们的发展[49]。最终他们会返回自己的国家，替代传统意义上成本往往很高的外派人员。有

些企业进一步促进了这种观念的发展。高盛投资公司通过"增长市场机遇项目"（GMOP）来雇用那些从西方高校获得 MBA 学位而且潜力巨大的亚洲人和拉丁美洲人，随后将他们安排到伦敦或纽约办事处工作一年；接下来再将他们派往新加坡、中国、巴西、印度和其他新兴经济体的当地企业担任领导职位[50]。

19.4.3 成本因素

全球金融危机导致经济增长放缓，迫使跨国公司反思外派人员的成本。把员工派遣到国外的成本非常高，我们会在后面对此进行讨论。为此，跨国公司设计了短期跨国通勤任务来运营国际业务活动，从而替代了传统的长期外派任务。管理人员不再需要迁移到国外市场，而是更频繁地到国外出差，而这些地方通常离本国很远。例如，现在仅 35% 的外派人员在自己国家的居住时间超过了 5 年，而 2009 年该比例为 58%[51]。同样，成本也是加速派遣第三国员工而非本国人员的原因，后者往往要求更为丰厚的补贴和更高的安置费用。

对总成本的关注，促使跨国公司将外派任务本地化。**本地化（Localization）**是外派人员在同意以本地员工身份工作并接受相对较低的本地薪水的前提下获得国外任务的一个过程。实际上，一个人为了能在国外工作会接受较低的薪酬。IBM 公司的"项目匹配"中实施了一项有趣的反转措施来实现本地化：如果那些结束合同的美国长期雇员具有"令人满意地执行能力"且"愿意到当地工作"[52]，公司会为其提供前往印度、中国、巴西、尼日利亚、俄罗斯和其他发展中国家工作的权利。换句话说，员工有选择移居到国外的权利，也可以保留工作，但是员工的薪酬会按当地标准发放。当然，他们的薪资计划中会有一些额外的津贴。可是，毫无疑问，其总薪水不可能达到之前的标准。

19.4.4 不变的需求

随着市场机遇和成本压力对全球环境的改变，从事国际业务的想法也会发生改变，其结果就是外派人员的派出类型和机制也会发生变化。但是，有一点没变：管理全世界成百上千家子公司需要有天赋、有进取精神的当地、本国和第三国员工。因为有天赋的外派人员严重不足，因此，跨国公司越来越多地考虑启用那些富有进取精神的、在企业有一定资历的年轻员工[53]。

此外，虽然全球金融危机可能会减轻一些雇员压力，但是新兴市场的加速增长填补了这些空缺。不管成本有

多昂贵，过程有多复杂，跨国公司必须在合适的时间、合适的地点招募合适的员工从事合适的工作，并为其提供相当的薪水和发展机会。成功能保障企业战略实施和可持续发展；而失败则会毁坏事业、损害收益。

19.5 跨国公司的人事架构

跨国公司利用**人事架构**（**Staffing Framework**）——帮助人力资源管理解决复杂问题的基础概念结构——来指导决策制定工作。首先，人事架构可以确保本地工人、母国外派人员以及第三方国家员工的最佳组合；其次，它设置了选拔、培训、薪酬以及归国的指导原则。整合关键的人事架构可以引导我们回顾一下前面关于民族中心主义、多元中心主义和全球中心主义的探讨。

19.5.1 民族中心主义人事架构

民族中心主义是指一个群体在设想的层级结构中把自己排在其他群体前面，并认为其他群体都不如自己。因此，**民族中心主义人事架构**（**Ethnocentric Framework**）持有这样一种理念：公司总部采用的人力资源管理原则和惯例要优于其他国家。因此，他们认为，假如在本土市场上取得成功的用工制度，就没有必要为国外的市场做出改变[54]。同样，采用这种人事架构的跨国公司主张不管这些国外的职位在什么地方，他们都会派遣本国管理人员填补这些职位空缺。

1. 民族中心主义人事架构的优点

如果跨国公司意在向海外转移核心竞争力，它就会发现这个人事架构的价值。一家企业通过采取一些特殊措施在本国市场获得极大成功的能力，就是我们之前说的核心竞争力。这种成功让企业把自己的经营方式看作更为高级的价值创造方式。同样，企业认为，国际业务的成功取决于对转化的控制以及对核心竞争力的管理。按照这种思路，就不难理解总部会认为能够成功完成国内工作的管理者到海外一样会取得成功。

以印度威普罗科技公司（Wipro）为例，这是一家在35 个国家拥有 54000 名雇员的公司，其外派的 11000 人中90%是印度人。威普罗科技公司把印度管理人员派往世界各地进行业务拓展和当地人员培训，其目的是把"威普罗模式"推广到全世界。"我们把印度人派往新的市场，从而帮助当地建立企业文化，并不断进行强化。"该公司的全球项目首席执行官桑吉·乔希（Sanjay Joshi）说道[55]。

为海外经营配备本国人员，可以使跨国公司实现对核心竞争力转移的有效管理[56]。当有些能力的说明、解释以及规范存在困难时，例如，苹果公司的产品设计和媒体技术、沃尔玛的信息管理和产品分销系统以及本田汽车的引擎技术，那么这种方式尤其重要。安排一位在开发、应用和保护企业核心竞争力方面拥有直接经验的本国经理是值得信赖的。汇丰银行一直坚持这一观点。经历数代，大多数高层管理者一直都是外派人员中的精英，并在国外业务运营中不断散播"企业的 DNA"[57]。

本国管理者往往会发现，在某些国家并不缺少智力人才，只是缺少拥有理想的技术复合能力和商业运作经验，并能熟练运用企业特定运作方式的员工。保护产权的重要性与日俱增，从而促使跨国公司去保护其核心竞争力。得之，企业兴；失之，企业衰。残酷的现实使得企业总部加快把企业"至宝"的控制权交给那些能更好保护它的本国员工。之前提及的知识产权虽然能够防止但不能阻止剽窃。民族中心主义人事架构通过安排具有警觉意识的管理人员，加强对企业知识产权的防护。

2. 民族中心主义人事架构的缺陷

正如格言所说："缺点不过是优点走向了极端。"这一说法同样适用于民族中心主义人事架构。国际商务中一个永恒的主题是人员、地点和程序的差异。强制所有地方适应标准化的用工制度等同于试图把圆木栓强行钉入方槽，极具风险。当然，企业可以使其外国经营活动的方式与公司总部的方式如出一辙。虽然，前面提到跨国公司有充足的理由让本国员工来运营国外业务，但把总部管理人员派到外国进行管理并不会自动生成一个"迷你版总部"。事实证明，民族中心主义人事架构是有害的，它妨碍了跨国公司发现那些有可能更好的不同的商业模式。

例如，2001 年时，丰田汽车公司（Toyota）计划 10年内在中国的汽车年销量达到 100 万辆。到 2012 年，很多人认为这个世界最大的汽车制造商对世界上最大的市场有着很大的误读——他们出售的汽车价格昂贵，而且不够大气（中国消费者感觉开在路上不够气派）。针对中国市场问题，丰田的解决办法就是采用其传统的民族中心主义人事架构，这反而让问题变得更加复杂。丰田公司的高管说道："我们当时解决中国市场问题的方式是从日本派出更多管理人才。然而，我们真正需要做的是把业务本土化，提拔中国管理者，听取更多中国消费者的诉求。但是我们没这么做[58]。"

民族中心主义人事架构往往不会让本地人担任高管。这里暗含着一个假设：所有聪明的、有能力的人都生活在距离总部 25mile 的半径圈内。从而传递出的信息就是：总部根本不看重分公司人员。除非海外任务的目的是培养独特技能，否则当地员工可能会怨恨外派人员，因为他们会认为没有谁比自己更适合这个职位。虽然未经验证，但是怨恨无疑会降低生产率，加快本地员工的流失，因为他们觉得自己的职业生涯有一个玻璃天花板。

最后，民族中心主义人事政策并不实用。东道国政府关注本国劳动力市场的发展，更希望外国企业雇用当地员工。跨国公司提出由于运作方式独特所以本地人无法胜任的理由，当地政府通常不予理会。政府会通过一些移民法律或用工制度强制跨国公司雇用当地员工。再者，回顾一下前面泰国和马来西亚关于雇佣法律的例子，实际上其他地方的情况也大同小异，例如，印度、沙特阿拉伯、欧盟和美国都规定了本地关于国外公司外派人员的使用问题。

19.5.2 多元中心主义人事架构

多元中心主义人事架构（**Polycentric Framework**）是围绕不同的政治、社会或者经济中心进行人力资源组织活动的原则。不论是理论上还是实践上，该模式都认为国外市场业务与国内市场业务同等重要。总部与子公司存在差异，但是本质上没有谁优谁劣，跨国公司可以根据子公司所在国的当地政策进行调整。因此，多元中心主义原则鼓励公司总部和不同国家的子公司从当地挑选员工进行经营管理。也就是说，中国人经营中国的业务，墨西哥人经营墨西哥的业务，澳大利亚人经营澳大利亚的业务。总部管理人员很少被派往分公司任职，其理论假设是当地人管理当地业务效果更好。

1. 多元中心主义人事架构的优势

雇用当地居民进行国外经营活动具有经济、政治、社会等多方面的好处。强生公司就采用了多元中心主义人事架构。毫无例外，强生公司的每个国际子公司都是由东道国员工负责经营的。强生公司给予了每个子公司极大的自主权，使它们可以根据当地市场环境灵活操作。这种做法让每个部门都像一个独立的企业一样运作，不仅释放了创业精神，而且让公司意识到，要取得成功就得依靠管理人员超强的客户需求预测能力和问题解决能力。强生公司首席执行官就雇用当地员工管理本地业务做了较为正式的解释："这对于人才来说就像是一块巨大的磁铁，因为这种方式给他们充分的成长空间和发现新想法的空间，从而使他们的技能和职业得以发展[59]。"

实施多元中心主义人事架构的主要动因是节省配备从事国际业务员工的成本。雇用当地管理人员可以削减派遣员工到国外工作的过高花费。由于影响因素众多，很难确认外派人员完成外派任务的总成本。通常一项外派任务的全年花费至少相当于这名外派人员每年工资的 3 倍。非直接管理费用是导致成本上升的一个原因，例如与国内同等职员相比，外派人员会增加很多文书工作。因此，支持一名外派人员所需要人力资源的数量（37 名外派人员配 1 名人力资源专家）是支持本国管理人员所需人力资源数量（70 名经理配 1 名人力资源专家）的 2 倍[60]。

如果当地雇员能够达到标准，那么可以节省的成本还是很可观的。通常来说，考虑到薪水激励、安置费用、生活成本津贴以及当地税款差异等因素，一个外派人员的用工成本是本地员工的 3～5 倍。这就是企业越来越倾向在东道国招聘该国员工的原因。例如，十年前汇丰银行的 3.12 万名员工中有 1000 名外派人员。汇丰银行担心成本上浮，便开始雇用当地人，因此现在其外派人员大约有 380 人[61]。

鉴于本地员工会优先考虑国家利益而非国际目标，东道国政府通常把当地管理人员视为更好的公民。雇用当地管理人员也激发了员工的士气[62]。同样，这解决了雇用外派人员的难题，如外派会计和律师的职业资质问题，以及为限制外籍员工数量而面临签证问题。

最后，多元中心主义人事架构的支持者认为，由于当地管理人员能更好地理解当地客户、市场和组织，所以他们的业绩也会更加优秀。经过对全球 300 位公司高管的采访发现，认为自己能比当地竞争者更好地理解经营环境和客户需求的人不到 40%[63]。对丰田公司来说，解决中国市场问题已经促使它对人力资源的政策进行反思：不应该再强调传统的民族中心主义策略，而要转向本地化策略。丰田的一名发言人称："我们正在把越来越多的中国员工提升到管理层，并且会坚持下去[64]。"

微软的人力资源理念是对这种观点的具体体现。在美国之外经营企业时，微软主要雇用当地员工。微软首席运营官解释说："你需要了解当地形势、当地价值体系、工作方式、这个国家运用技术的方式以及关键竞争者……如果你从不同的地区或国家派遣没有经验的管理者，他们就不会知道这些事[65]。"比尔·盖茨从更理性的角度分析认为，多元中心主义的人事原则是国际商务的一项道德责任，并主张为国际办事处配备员工时，"如果要求外国人来经营业务，那肯定是发出了错误信息[66]。"

2. 多元中心主义人事架构的缺陷

多元中心主义人事政策要求跨国公司给当地公司管

理者分权，而这就会导致责任不清和忠诚度不佳等问题的出现。当本地公司发展到越来越不需要依赖公司总部的资源时，责任问题就会出现。此外，本地管理者在提升自己技能的同时，也将当地业务做得风生水起，那么当地公司的发展也就越来越少地依赖母公司。经营的成功把子公司变成准自治单位，而跨国公司则成了一个组织松散的跨国业务联盟。虽未经检验，但是这些子公司也越来越不服从总公司的管理。例如，强生公司于1960年在美国以非处方药形式推出了镇痛剂泰诺（Tylenol），随后该产品风靡全世界。然而，尽管总部一再催促，但是直到2000年，拥有准自主权的日本公司才开始销售该药品[67]。

而且，负责子公司的本地居民倾向首先效忠当地同事或所在国家，而非远方的公司总部。从理论上来讲，当地的经理不断平衡当地子公司和总部之间相互矛盾的需求。然而，事实上本国的诉求往往会得到优先考虑，因为当地市场的压力来得更为直接[68]。

这种情况使多元中心主义人事架构有一个难以言说的缺点，即跨国公司不允许当地的职员参与母公司业务。从定义和设计来看，多元中心主义人事架构没有创造什么到国外工作的机会，因此，本地员工没有什么机会到国外工作，从而严重限制了富有进取精神的本地员工的国际流动性。其结果就是，不能激励当地管理人员去学习国外市场的商业和文化习惯。更为严重的是，这会导致子公司仅关注本国业务、子公司之间互相孤立乃至有抱负的管理者纷纷离职。

19.5.3　全球中心主义人事架构

全球中心主义人事架构是以世界为导向的一套态度和价值观，认为人类是共享一种价值观和文化取向的整体。**全球中心主义人事架构**（Geocentric Framework）并不理会国家的边界，并认为把管理者分成来自母国、东道国或第三国的做法毫无意义。人力资源管理的任务是在整个组织内为关键职位寻找最合适的人选，而不去考虑他们来自哪个国家或市场。就这一问题，通用电气公司CEO说："更重要的是找到最合适的人选，而不是看他们来自哪个国家；然后培训他们从而使得他们能够领导大公司，而不去关心这些公司在哪儿[69]。"

1. 全球中心主义人事架构的优点

全球中心主义人事架构能够在不损害个人效率的前提下，使那些在不同国家和文化之间流动的管理者得到良好发展[70]。高层管理者的不同文化背景和不同的人生阅历有助于拓宽跨国公司的战略视野。借助全球中心主义人事架构，管理者就能更好地执行企业的全球化战略，特别是跨国经营战略。这两种战略都主张通过在全球范围内寻找机会来形成并提升企业的核心竞争力。通过调整人事架构，跳出传统的用人范围，从全球范围内寻找企业管理者，企业的目标就更易于达到。正如先灵葆雅（Schering-Plough）公司CEO所说："任何地方都能产生好的思想……你寻找的地方越多，就能得到越多的思想；你得到的思想越多，就能在更多的地方推销你的思想，从而你会更加具有竞争力。在多个地方从事管理工作要求具有接受优秀思想的意愿，无论这些思想从哪里来——这意味着要有全球化的态度[71]。"

业绩数据可以印证这些效果，跨国公司拥有多元化的高级管理团队能够取得更好地财务业绩，那些具有跨文化思维的全球战略公司更是如此[72]。同样，有人指出，在管理层中推广以全球为中心的观点有助于建立更高效的合作团队，更好地实施全球战略，适应更为多元的环境，以此缩减观点上的差异。

2. 全球中心主义人事架构的缺点

全球中心主义人事架构不仅难以开发，而且维护成本很高。世界导向这个概念包含了一系列的态度和价值观。高管团队由不同国家的人员组成可以防止文化上的短视行为，但是，困难在于管理者需要在维持自我身份的同时去了解各种各样的观点。例如，摩根大通的伦敦办事处聘用的员工来自50个不同国家，其原则是不论他们的国别，只要把最优秀的人聚在一起就行[73]。

但研究报告表明，与来自不同文化和与来自类似文化的团队一起工作是完全不同的[74]。通常，不同观点的组合会产生创造性突破；然而，弄清决策所承载的各种观点也十分必需。如果执行不到位，全球中心主义人事架构就会损害大家的共同事业。就像巴别塔（Tower of Babel）⊖一样，如果丧失了清晰的工作目标，就会在各种各样的差异中迷失。

同样，全球中心主义人事架构的维护成本十分昂贵，因为让职员在不同地方接触各种各样的理念是昂贵的。如果把高收入的管理者从一个国家调到另外一个国家，

⊖ 巴别塔，或称巴贝塔、巴比伦塔、通天塔。《圣经·旧约·创世记》第11章宣称，当时人类联合起来兴建希望能通往天堂的高塔；为了阻止人类的计划，上帝让人类说不同的语言，使人类相互之间不能沟通，计划因此失败，人类自此各散东西。此故事试图为世上出现不同语言和种族提供解释。——译者注

其补贴费用和搬迁成本就会迅速上升。而且，先期的外派人员具有较高的收入和良好的声望，这往往会招致怨恨。面对全球金融危机和当下敏感的成本意识，企业不得不更加经济的方法。为此，企业采用短期任命、通勤旅行和扩展的商务旅行来代替长期的国外工作。

19.5.4　什么时候选用哪种人事架构？

表 19-1 列举了三种人事架构下，不同人事架构的优缺点。我们不能说哪种人事架构更好，因为人力资源管理的

任务是基于企业战略使人事架构制度最优化。如前所述，外派人员往往担负着重要的任务，如运作新的业务、填补技能上的空白、转移技术、传播企业文化等。人力资源管理的任务就是设计出适合的人事架构，来帮助外派人员达到这些目标[75]。一份关于跨国公司的调查研究显示，将近 90% 的公司在计划全球扩张时，首先制定战略目标和需求，然后对人力资源库里的外派人员进行评估，寻找那些具有切合的观念、技能和补缺能力的人选[76]。

表 19-1　配备国际业务管理人员的人事架构：原则与惯例

人事架构	假　设	优　点	缺　点	战略适用
民族中心主义人事架构	企业领导层的理念、管理价值和职场规则要优于国外企业　总部制定关键决策，国外子公司执行命令	优化企业核心能力　传播管理层的国际观念　快速填补地方技术空缺　保护企业文化推崇的原则和惯例	增加了分公司之间的分歧和负向激励　阻碍文化导入　管理者忽视地方创新　调任的外派人员容易产生文化休克　疏远了有意出国发展的地方员工	国际战略要求充分优化和维护企业在国外市场的核心竞争力
多元中心主义人事架构	公司总部制定宽泛的决策，各地分公司根据自己的市场进行调整　针对现实或者想象的本国与东道国的差异进行调整　激烈的竞争要求企业了解当地市场的客户、市场和机构	尊重地方市场的独特性　当地管理人员对薪资要求较低　当地管理人员担任高管职位能够吸引、激励、保留当地职员　降低外派管理人员失败的概率　对喜欢当地人管理当地公司的当地政府而言是一种宽慰	使价值链的协调和控制变得复杂　孤立不同国家的业务　减少对参与国际业务的本地员工的奖励　外国企业的准自治导致出现困境　促使当地员工只关注本国业务	多国战略要求通过为当地选择合适的人员、产品和流程来实现外国业务最大程度的本地化
全球中心主义人事架构	所有国家都是平等的 其所拥有的不可分割的特征没有优劣之分　公司总部和子公司共同合作来辨识、转移和传播最好的工作方式　只要对真知灼见敞开心扉，思想和创新无处不在	国家不同、人员不同，其处理方法也不同　通过有效匹配业务和外派人员来简化流程　优化企业的战略级别和业务范围　提倡建立学习性组织，并在世界范围内发展、转移、优化地方性观念	开发困难、运营成本高、难以为继　要做好某一地方的业务可能与许多国家的市场发展计划相背　能从一个国家到另一个国家工作的符合资质的外派人员很难寻找，成本也很高　全球外派人员有很高的地位，这会打击那些基层服务员工	全球或跨国战略要求对世界一体化与当地响应进行优化

19.6　外派人员的管理

培养高绩效的外派人员要求跨国公司识别出那些对外工作感兴趣的员工，为他们的外派做好准备，设计激励方法，安排合适的职位，并在他们提升之前充分利用其娴熟的技能。经过多年的尝试，人力资源管理形成了一套应对这些问题的系统性方案，让我们逐一探讨。

19.6.1　外派人员选拔

通过筛选管理人员为国外任务找到最有意向和最具

潜能的人员就是**外派人员选拔（Expatria Selection）**的过程。这个过程历来都很难，而由于人才缺失、国际业务成本越来越高等原因，致使人才选拔更加困难[77]。

有些人很享受在国外居住和工作的兴奋感。在案例 19-1 中，我们描述了摩根士丹利的外派人员在英国、新加坡和印度工作，并且享受看遍"大千世界"的感觉。然而，也有一些人不喜欢在国外工作，特别是当他们意识到外派工作是长期的或者永久性的时候。当然，愿意从事外派业务的候选人还是很多的，特别是随着经济下滑、工作机会减少，会有更多的候选人。然而，问题并不在于是否有人愿意出国工作并为此做好了准备，而在

于他们是否有能力进行外派工作。这就暗含着选择外派人员的难题。人力资源高管即使尽其全力，也无法提出一系列相关专业技术性的问题，持续预测该外派人员的工作表现[78]。

做出一个选择还得看机会，尽管阻碍比较大。运营国际业务对机动性强、成本低、有经验的外派人员的稳定需求以及失败成本的持续攀升，促使企业建立一套系统化的选派流程。因此，人力资源部门会根据企业的人事架构，从职业、文化、心理等角度进行评估，从而选拔出合适的人选。这些措施利用客观评估和深入访谈的形式从多个维度来考察候选人，所有的要求和分析都强调了技术能力、适应性的重要性。

1. 技术能力

如果让人力资源总监为国际任务的目标重要性排序，填补技术上的空白被排在最重要的位置上。实施一套软件系统，精心设计营销活动或者组建一个新公司，可能都超出了子公司能力范围。公司总部认为，派遣业绩较

好的外派人员能够迅速地转移必要的专业技能。据估计，被派往国外的管理人员中将近 1/4 是为了填补技能上的差距，而不是运营国外分公司[79]。因此，为国际业务选择外派人员的一个永恒先决条件就是其专业技术能力，以及对如何在国外业务中运用这些技术知识的理解[80]。

专业知识的重要性意味着管理者在迁移到国外之前就有几年的工作经验。事实上，外派人员的选择通常会遵循上级管理者建议，根据外派人员的业务追踪记录做出的建议是对这一流程的强化。最后，不管正确与否，突出的技术能力往往被看作到国外自信地开展工作的重要条件。

总而言之，人力资源高管、外派人员以及当地员工都一致认为，技术能力通常可以通过过去的工作业绩得以体现，而这已经成为并将继续成为选择外派人员的重要标准[81]。但这种倾向正在改变。回想一下，一些企业开始选择更年轻的员工去国外工作，重新平衡业绩和潜力之间的取舍关系。图 19-3 描述了这种情景。

不断变化的选任国际职位的环境把注意力转移到年轻一些的员工身上，当然还没有年轻到图中所说的地步。

"你将是我们派往国际市场的绝佳人选，但是你还跟你老妈住在一起算怎么回事？"
图 19-3　承诺与潜质的问题

资料来源：Peter C. Vey/Cartoon Bank/www. cartonbank. com.

2. 适应性

虽然一个人在本国取得事业上的成功非常必要，但并不意味着他在国外也一定能成功。无论如何，高效率的外派人员必须能适应国外环境[82]。进入全新的特殊环境，他们要学习相关知识、技能，并塑造新观念，才能获得发展。面对模棱两可的情况，他们要能快速判断那些提供解释的因素，并迅速做出决策。一项艰巨的任务会给身体、心理、智力带来挑战，他们要能进行抉择并承担后果。适应能力的重要性促使跨国公司从以下几个方面来评价候选人员：

（1）自我管理。当事情没有按照计划进展时，一些个人特质，如勤奋、聪明、自立，会非常有用——在国

际商务领域中这是完全有可能发生的。例如，汇丰银行的选拔程序是应用一系列测试、面试和演练来评估候选人的自我管理能力，而且每个评估程序都能通过可靠的措施确保评估的客观性。汇丰银行还会通过一些内在的无形指标进行评估。公司 CEO 解释说："我们并不太看重候选人学了什么以及在哪里上的学；我们关注的是他们的驱动力、创新能力、文化敏感度以及舍我其谁的态度。无论他们学的是古典文学、经济学、历史还是语言都没关系，重要的是候选者是否具备在多元社会下高度国际化的企业里成长为优秀、全面发展的高层管理者所必需的技能和资格[83]。"

（2）认同。在不同的文化中生活需要理解和接受文化的多样性。这个观点不仅能增进外派人员与当地人的相互交流，而且更重要的是，可以理解为什么有些事能处理好，而有些事处理不好。文化认同有两个决定因素：一是有能力与外国人发展真挚、朴实的友谊；二是不管你能不能讲好，都要有使用东道国语言的意愿。成功外派人员的记录表明，面对文化差异，他们不但没有退缩，反而培养了交际、激励、自立、冒险以及对外沟通等必要技能。

（3）忍耐力。到国外旅游过的人能够理解，新环境下的新状况会考验一个人的价值观和看法。能够理解当地同事、顾客和竞争对手如何看待各种问题，而不是一味地去批评自己与他们之间的差异，有利于提升运营业绩。理解这些问题时，要摈弃墨守成规、先入为主和不切实际的方法，这样才能在国际业务中表现得更好[84]。

例如，快速增长的市场已经吸引了许多外国企业以及企业的外派人员。一部分企业来自践行法制的国家（法规直接管理商业活动），它们有可能会进入实施人治的国家（把法律看作灵活的指导原则）。西方的外派人员认为："一切都是透明的，如果你想要获得许可做某件事情，没有必要花大价钱贿赂官员或找中介——只要从网上下载表格，然后申请就可以了[85]。"从相对透明的国家转移到不是特别透明的国家，会使得那些习惯中规中矩的人备受打击。适应东道国生活方式的能力包括理解该国的文化、法律，或是简简单单到小镇里走走，这些都可以改善外派人员的工作效率。

（4）多面手。与总部细致的岗位说明相比，在国外子公司工作通常需要承担更多的责任。一般来说，外派人员会发现，作为国外子公司的高级管理人员，自己无法调动很多以前在公司总部可以获得的资源。同时完成多项工作，要求外派人员理解当地如何解决问题、接受不确定性、运用权力以及达成一致意见的方法。此外，外派人员将会面临完全不同的贸易规则、投资管理方式以及商业实践。

微软公司的乔·派特（Joan Pattle）发现，到国外工作面临着新的要求。在本国市场营销工作意味着她只需要在自己的部门工作，而对其他业务不需要承担太多的责任。但是，接受外派的国际任务就迫使她承担超出市场营销之外的一些责任。派遣工程师或金融学家这样的专业人士到国外，外派人员肯定会面对一系列的技术和行为问题，工作管理效率会大大降低。不同的环境可能需要外派人员从既定的管理方式转向更为创新的管理方法。人力资源管理认为，有效的解决办法有赖于外派人员的多方面能力。图19-4详细阐述了这个观点，强调了外派人员在外派岗位上获得成功所需的关键能力。

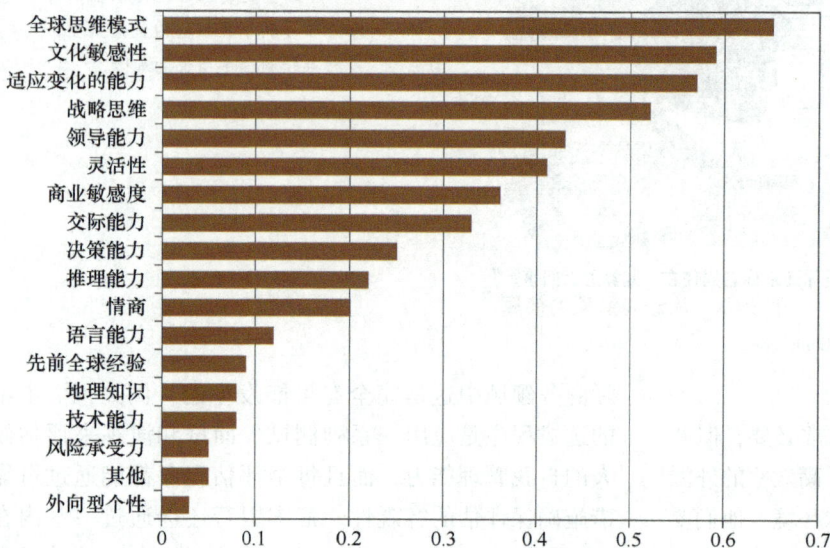

对外派人员必备的优先级能力调查显示，那些与管理者思维观念相关的因素至关重要。调查数据有效地证明了技术能力是国际任务的敲门砖，而领导艺术和思维模式才是顺利完成任务的必要保障。

图19-4 外派人员的关键能力

资料来源：Karen Beaman, 2010～2011Going Global Report, Jeitos International.

图19-4同样强调了适应能力和技术能力的重要性，并着重强调思维方式和文化敏感性的重要性。管理过程的弹性维度说明，在技术环境下，外派任务越来越普及；同时，也具有模糊性、不确定性以及冒险性。因此，选择外派人员是一项艺术，要平衡各种错综复杂的约束与需求。就这一点而言，麦肯锡公司认为，虽然现在的外派人员拥有技术能力，但是还需要拥有一种特殊的思维方式。具体来说："深入地研究了那些全球化人员的成

功事例以后,你会发现跨国公司已经具备了不同于其他企业的思维模式。他们用不同方式获得不同信息,得出不同结论,做出不同决策;其他人看到的是荒凉的风景,而他们看到的却是无限的机会[86]。"

19.6.2 外派人员的评定与准备

有时,失败是因为任务计划失策所致:在错误的时间和地点,把错误的人员安排在不恰当的工作岗位,并且予以他们过高的期望。有时候,失败来得太突然,因为个人素质会误导人们对很多事情的正确判断。上述各种状况会促使跨国公司持续改善其评估和行前准备工作。

对外派人员的评估通常会集中在外派人员的技术鉴定上,以及应对困难环境、解决个人或情感问题、调整家庭生活以适应国外环境的能力。人力资源管理的复杂

程度不断加深,这就降低了由于外派人员缺乏专业技术知识而导致失败的概率。事实上,很少因为人力资源管理对候选人技术资格的误判而导致失败,失败常常是由于管理人员准备不足引起的。

随着理解不断加深,人力资源管理的重点转移到了外派任务的优点与缺点上面。图 19-1 列出了优点;图 19-5 则列出了压力源。重建社交圈、孤独感及对亲友的思念占据了前几位。在东道国新的文化中,不但要与完全不熟悉的新同事建立工作关系,而且没有与国内同事交流的机会,这些挑战给进一步增加了他们的压力。人力资源管理从这些长期的诉求中得出了简单而又具有说服力的观点:提高文化敏感性和人际交往能力可以提升成功调适的概率,有利于圆满完成外派任务[87]。

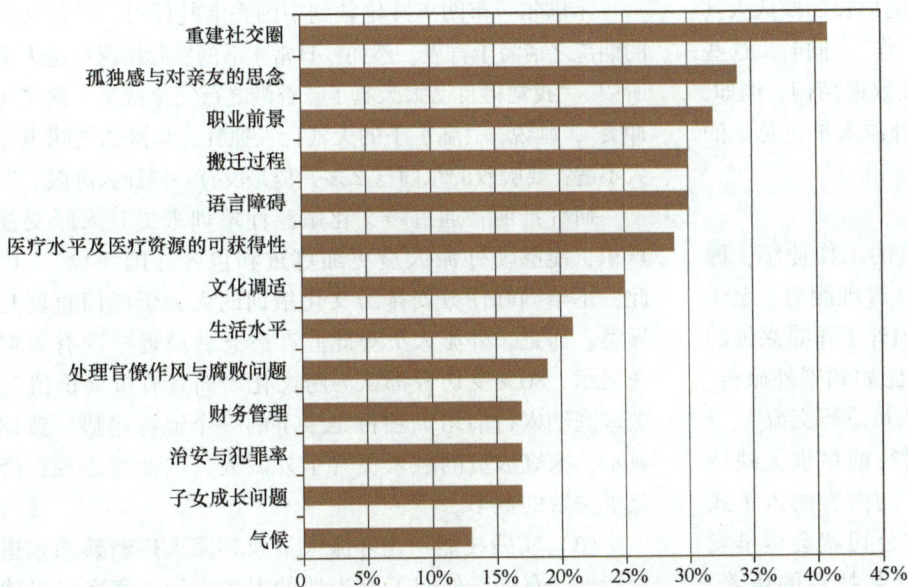

从事国外任务,一方面机会遍地,另一方面挑战不断。到国外赴任前,他们会担心很多事情。数据显示,他们所担心的事情五花八门。针对这些事宜的预测和调适有助于外派人员获得成功。

图 19-5 外派人员行前关注的事宜

资料来源: HSBC EXPAT EXPLORER SURVEY 2010, Page 8. Retrieved June 10, 2013 from http://www.expatexplorer.hsba.com/files/pdfs/overall-reports/210/experience.pdf

目前,大多数跨国公司会以跨文化训练、外派国家适应课程、语言课程等形式,为外派人员进行预先准备。运行的原则很明确:采用一切方法为外派人员做好准备,帮助他们在国外取得成功。人力资源管理希望每个人都能理解本国与东道国的文化,明白两国之间不同观点是如何形成的、如何相互影响以及如何对这些关系进行管理。跨国公司越来越多地开始利用视频或网络课程来进行便捷的外派准备。2010 年,35% 的跨国公司利用多媒体或网络进行了相关训练[88]——这是目前为止比例最高的。这种经济便捷的方式为外派人员提供了优质的行前培训,同时也是国内

强化训练的重要手段。

1. 家庭问题

通常,外派任务给家庭带来的压力比个人更大。事实上,一直以来导致外派失败的问题之一就是外派人员的配偶与子女无法适应新的环境[89]。具体问题包括孩子的教育问题、家庭对不同工作的调整问题、配偶不同意或后悔移居国外。如果外派人员的配偶之前有工作,就要面临在当地的就业问题,这就使得外派准备工作更加复杂,而且阻碍了调适速度。

外派人员担心变化会反复出现,与朋友、家庭和职业突然分离会使配偶和孩子陷入孤单。然后,许多人就

会从外派人员中寻找友谊与安慰，即这些外派人员的工作使得他们没有时间去提供足够的关心和支持。虽然有时慢有时快，但是随着压力的增大，家庭和谐关系总会受到影响。虽未验证，但是外派人员的工作表现很快也会下降，这是因为"如果家庭关系一开始崩溃，外派人员在某些时候也会崩溃[90]"。

这种令人沮丧而又可预测的循环，迫使人力资源管理采取积极主动的措施为外派人员及其配偶和家庭做好充分的准备。人力资源管理通常会关注外派家庭自我调整的过程。人力资源管理不断修正方法力求把外派任务对家庭的破坏降到最小。例如，近来短期外派任务或频繁往返的外派任务就不需要举家搬迁；又或是派遣年纪更小（如单身员工）或更年长（孩子已经长大）的员工去国外工作。较年轻的候选人单身的可能性更大，而且受冒险精神、职业前景、可观薪水的激励，不太抵触外派任务[91]；而年纪稍长的候选人其子女已经长大，配偶也更愿意支持外派工作[92]。同时，这些解决方案也正在改变外派人员的人口统计数据结构。例如，2010 年，18 岁及更小的子女随同出国的外派人员占总数的47%；而 2012 年，这一数据降到了 40%[93]。

2. 准备程序

由于资源管理越来越关注外派人员的工作业绩，因此，行前培训项目主要目的是提高技术和管理能力，至于适应能力则更多的留给个人去完善。对国外工作感兴趣的管理人员，大都会做出一些个人努力，比如到国外旅行、关注世界大事以及与不同民族和国籍的人员进行交流[94]。

外派人员能力表现的差异性以及对行前培训欠缺持续关注，促使跨国公司把技术能力之外的内容纳入正式的行前准备工作中来。例如，霍尼韦尔公司就会尽早发展潜在的外派人员并对其进行跨文化交际技巧的培养，其中包括一些解决文化震荡的必要措施。人力资源管理会定期对候选人的适应能力、国际思维与观念以及地理偏好或外语水平进行评估[95]。人力资源管理部门也会利用候选人的自我评价、人力资源开展的官方评价以及外部机构和公司部门评价等手段评估。最终获得的数据标志着一个外派人员对外派任务的理解程度，为项目进行文化意识和实际技巧培训提供了方向。重点强调的内容有：

（1）东道国的基本信息。最普遍的行前培训是关于东道国各种事情运作方式的信息简介。通过分享国外环境的有关信息，可以减少对未知的恐惧。典型的主题包括政治、法律、经济、工作场所规范、生活服务以及社会情况[96]。一些企业在其外派人员赴任几个月后，通过网络的方式对其再次进行培训。

（2）文化敏感性。文化培训有助于外派人员预判与东道国员工共事中存在的差异，同时显示了不同想法、态度和信念在工作中的重要角色。这些文化敏感性并不会自然生成，因此，为外派人员做行前准备时，要帮助他们认识到自身的盲点。分析认为，认同文化差异有助于预防**文化冲突**（**Culture Shock**），即初到国外时对该国文化的不满情绪；如果处理不当，会导致思乡、易怒、傲慢甚至蔑视等情绪的出现。

米歇尔·布朗离开伦敦到中国香港赴任时，对新文化的期待之情溢于言表。然而，日常生活的实际情况让她大失所望。"我觉得自己太天真了。香港之行完全就是一次文化冲突"，她说，"湿乎乎的天气让人抓狂，弥漫的气味也令人不适；要吸收的东西这么多，但是没有一样让人舒服[97]。"

研究证明，通过跨文化敏感性培训来提升人际交往意识，能够使外派人员更加尊重和包容外国环境[98]。因此，不给国际任务安排跨文化培训的人力资源简直就是异类。而且，外派人员对此心存感念，最近一项有关调查显示，80% 受访者都认为跨文化培训具有重要价值[99]。把家庭纳入行前培训项目是当下的一个流行趋势。数据显示，家庭成员的融入提升了外派人员的业绩表现，降低了失败的概率。

（3）实践技能。让外派人员及其家人逐渐熟悉东道国特点，有助于他们了解当地的现实生活。家庭越早建立有效的教育、社交以及购物模式（有人称之为 3S 成功调适法），就越能经受住文化震荡。然而，这件事说起来容易做起来难，很多国家都是如此。外派人员声称，在印度、巴西、卡塔尔、俄罗斯和沙特阿拉伯很难解决财务、医疗、住宿和水电问题，而在南非、加拿大、泰国和澳大利亚则相对容易[100]。向有驻外经验的员工请教以及与当社会的交往，有助于外派人员顺利实现过渡。

◆ **观点交锋**

英语：注定成为世界语言？

➡ **正方观点：**

是的。英语风靡全世界，这表明学习一种外国语言

是非常值得的，但最终是基本无用的。英语势不可挡地成为商业世界中的通用语言，为使用不同语言的人进行

交流提供了一种通用语言。目前，大约有 1/4 的世界人口使用英语沟通，其中 4 亿人以英语为母语，还有大约 4 亿人把英语作为第二语言；此外，这些人数还在不断增加[101]。最终，当你处理坚挺的美元经济时，英语是其支配语言。世界上，英语国家的经济产值占比远超过其人口占比。尽管世界上仅有 6% 的人口把英语作为第一语言，但是他们的产值却占到世界的 40%。

1. 优先选择

欧盟一半以上的人口会说英语，这表明了如今的趋势。对于第二次世界大战之前出生的欧洲人而言，英语、法语、德语的使用率几乎相差无几。但是 15～20 岁的年轻人中，把英语作为第二语言的人数是法语和德语人数的 5 倍。如果把以英语为母语的人计入所有讲英语的人当中，60% 的欧洲年轻人英语讲得"好或非常好"[102]。很多人都想提高自己的英语水平，对居住在欧盟的 1.6 万人的调查显示，超过 70% 的人认为"每个人都应该讲英语"。

我们在其他地方也看到了同样的趋势。现在，印度能讲流利英语的人口位居世界第二，仅次于美国。10 年内，印度有望成为世界上能流利讲英语的人口最多的国家。现在，宝莱坞电影、大部分的宣传板以及高等教育领域都讲英语。事实上，印度每一份收入较好的工作几乎都要求掌握英语。最重要的是，印度电影公司付给能讲流利英语工人的薪水要比那些无法讲流利英语的多 1/3[103]。在中国，要求 40 岁以下的雇员最少熟悉 1000 个英语词组。同样，在阿拉伯世界中，英语也非常流行，这让人们开始担心阿拉伯语的衰退问题。美国大学教育也是这样的普遍趋势。尽管，他们正积极推进课程国际化，但需要外语基础的课程比例很小——现在是占 37%，而 2001 年却有 53%[104]。

2. 默认选择

尽管英语在许多国家并不是官方语言，但是，英语是教授最多的第二语言。在欧洲，有 89% 的学龄前儿童学习英语，其次 32% 学习法语，18% 学习德语，8% 学习西班牙语[105]。在中国，超过 2 亿名学生学习英语，有些孩子从 2 岁就开始学习英语；但是，所有的孩子都会在幼儿园期间学习英语。同样，在日本，超过 1/5 的 5 岁儿童要学习英语对话。阿根廷要求，所有学生在四年级到高中期间，每周要学习两个小时的英语。智利则规定，公立学校在五年级开始教授英语。在许多非洲国家，英语是可选择的一种课堂语言。全世界的国家都期望在 10～20 年的时间内成为双语国家，因为它们认为英语是国际教学语言。英语教育接受来自世界上任何地方的学生，也有助于学生去任何地方学习[106]。总而言之，目前有 20 亿人讲英语或学习英语，我们正处在一个英语语言竞争力广泛传播的时期[107]。

3. 在线选择

英语在网络上的主导地位可看出英语的流行程度；很简单，我们可以使用自己喜欢的浏览器的英语界面开展贸易活动[108]。网络上超过 80% 的主页采用的语言是英语。例如《明镜》周刊（*Der Spiegal*）和《中国日报》（*China Daily*）等重量级周刊，它们所提供的英文网页上列出了翻译后的新闻和评论意见。在某些方面，对于那些在网络上更喜欢本地语言的人来说，越来越成熟的翻译软件使得外语能力毫无用武之地，离线的同步翻译设备几乎完美无瑕并且唾手可得。也许某一天技术会让学习外语的必要性不复存在[109]。

同样，网络选择可能会刷新人们对语言概念的理解。热门不再是学习德语、英语或普通话的语音学或词态学，而是掌握 Python、Java 或 Ruby 等语言的语义学和语法。学习前述高级程序语言可以为未来的网络世界做好准备。例如，Facebook 通过网络界面自动把内容翻译成 100 多种语言，从而为 150 多个国家的 10 多亿人提供服务[110]。利用把电子数据整合在一起的程序语言，而不是用本土语言进行沟通，足以证明这也是一条提升语言能力的途径。计算机研究协会的一位政府事务主管称："不管什么职业，要在当今社会获得成功，都要熟练使用计算机[111]。"

4. 唯一选择

许多跨国公司顺势而为。经济学家报道，只有不到 50% 的员工认为语言技能是重要的——这与掌握一种语言需要付出巨大的努力相关。在对外派人员的评估中，职业发展能力排序中，语言能力排在技术能力、领导能力和职业发展之后；语言从来都不是影响出国工作的重要因素[112]。很多公司，如空中客车、SAP、戴姆勒·克莱斯勒、迅销集团（Fast Retailing）、诺基亚、雷诺、三星、特艺集团（Technicolor）、微软等都把英语作为工作语言[113]。人们一直认为程序语言晦涩枯燥，但是随着对其兴趣的转变，有可能会改变一些标准。

最后，有人认为提高语言水平很容易，而这并不能代表外派人员的潜力。正如先灵葆雅公司的 CEO 所说："我遇到过那些会讲三四种语言的人，但是其世界观仍然非常狭隘。与此同时，我也会偶遇那些只会讲英语，但是却对世界真正充满激情与好奇的人，他们能在不同文化中如鱼得水[114]。"

⬅ **反方观点：**

不是。赞成提升外语能力的人认为，学习另外一种语言毫无疑问可以丰富人生经验。通过多维度下的语言学习，可以体现一个人的价值观与世界观。最终，国际合作与交流也要依靠那些能够熟练掌握外语的人。

1. 新网络

那些拒绝学习外语的外派人员，除了可能成为跨文化"文盲"以外，还会将他们自己排除在极具影响力的商业网络之外，影响与当地官员的关系以及与同事的正常交往[115]。国外工作本身就是一项挑战，而语言的限制使得外派人员进一步受到孤立[116]。微软的琼·帕特发现，由于不会讲土耳其语，她只好在伊斯坦布尔孤独地过了 7 个月，"你不能融入当地同事中去，不认识交通标志，也无法使用公共交通[117]。"

不管你讲当地语言的水平有多差，努力学习当地语言，就是在传递虽然微妙但是很重要的文化信息。能用当地语言讲几个单词会给人留下一个良好的印象，同样传递出一种潜意识的信息——我们是平等的[118]。此外，任何努力学习外语的人都可以证实，学习语言有很多好处，其中也包括收获谦逊的态度。

2. 思考新思路

学习外语可以改变你的思维方式，让你明白一个概念有多种表达方式，帮你解释一个抽象概念，并了解具体情况[119]。除了与供应商、买方、官方以及股东之间进行交流外，求异思维还可以提高商业技能，提升全球思维能力。当询问雇员关于外语的重要性时，许多人这样回应：学习外语可以增加职业与个人价值[120]。调查表示，学习一种或两种外语的管理者能够发现创新贡献的新方式。即使他们不能流利地讲外语，但是愿意用当地语言与同事交流，从而可以提高他们的工作效率。支持者指出，在持有不同文化以及企业期望的国家，只有通过当地语言才能解释。

更为直接的研究表明，学习外语可以使人更加聪明[121]。会说两种语言能够加强大脑的执行功能——基本上就是人们用于计划、解决问题以及管理困难任务的命令系统。能说两种语言的人表现出对环境的高度敏感性，具有强大的解决问题的能力。他们能够更好地集中注意力，也能把注意力从一个事物转移到另一个事物，并能有效地利用手中的信息[122]。

3. 文化要素

语言允许人们建立、理解和表达自己情感、价值、意图和目的。除了界定和维护文化，一种有生气的民族语言也会促进民族主义。语言消失现象的增加促使国家保护它们的民族语言。首先，语言消失的速度正在加快：平均每 14 天就有一种语言消失。到 2010 年，7000种语言中的一大半将会消失[123]。其次，把使用本土语言的团体融入另一种语言中，该团体先是讲双语，然后会慢慢地转向后一种语言，直到不再使用自己的语言。

语言消失的威胁迫使国家保护它们的语言，而不是推广英语。加拿大官方语言法令规定，促进和保护法语和英语的同等地位。法语依靠相关规定规范了法语的用法、词汇和语法的官方权威，从而阻止法语的英语化。在英语和阿拉伯语之间反复转换，使得整个中东地区都在关心阿拉伯语的振兴事宜。例如，沙特阿拉伯禁止使用英语来应答酒店、私人企业、政府部门的电话。一名观察员解释道："虽然使用英语作为共同语言进行交流的外派人员组成各种私人团体，富裕并受过教育的年轻人越来越多地使用英语进行交流，但还是能感觉到阿拉伯语正在迅速成为海湾地区的第二大语言[124]。"

对于某些国家来说，去英语化事关国家尊严。例如，印度人认为"Bombay"是"Mumbai"（孟买）的英语版本，这并不是他们想要的殖民地的遗留物。因此，我们现在使用"Mumbai"。其他一些词语也是如此。

4. 新要求

有人说，除了单纯的个人充电提高，学习一种外语很快会成为能力提升的必要途径。全球化世界中逐渐扩展的国际上和文化间联系，使得语言技能成为获得工作和加速职业提升的重要途径。由于全球金融危机导致的失业持续不断，任何一个能够把自己与他人区分开来的能力都能为你创造机会，例如，由语言技能所带来的能力。

毫无疑问，一些人认为英语在全世界的传播意味着会说英语的人就没什么好担心了。批评者反驳道，市场趋势会证明只会讲英语并不是优势，而是会成为市场的弃儿，并最终失去这种优势——这些优势曾经存在于那些用英语进行商业活动的小部分群体中。能讲双语或多语的人不仅能完成单一语种的任务，而且能提供新的世界观和广阔的国际视野。官员们已经开始制定政策来支持这项运动。例如，欧盟官方语言政策是"母语+2"，即鼓励公民在母语的基础上再学习两门语言。

5. 学习哪种语言

最终有人会问，我们应该学习哪种语言？正如我们在表19-2中看到的那样，一个人会根据一种语言当下的流行情况进行选择。图19-6体现了对于以英语为母语的人来说，"选择"包括了不同程度的难度。在商业世界里，市场倾向于为参与者提供清晰的选择。当地的企业家可能会选择人们能够迅速使用的语言，例如，西班牙语、汉语或者阿拉伯语。这些人放眼国外，很快意识到过去外派人员的职位主要来自西欧和北美，而现在已经转移到了新兴经济体。随着跨国公司把外派人员派遣到高速增长的市场，精通汉语、葡萄牙语或者印度语的人将会获得更多的机会。

表 19-2　世界语言

交流是通过不同的媒介、以不同的语言在不同的国家中进行的。我们根据说某种特定语言的国家数量、实际使用这种语言的人数和在整体环境中的占比绘制下表，表中列出了最为流行语言的形式和版本。

排名	语言	国家[1]/个	排名	常用语	使用人数/百万人	世界占比（%）	排名	国家	网络用户[2]/百万人	世界占比（%）
1	英语	53	1	汉语	845	12.1	1	英语	565	26.8
2	法语	29	2	西班牙语	328	4.7	2	汉语	509	24.2
3	阿拉伯语	25	3	英语	328	4.7	3	西班牙语	164	7.8
4	西班牙语	14	4	阿拉伯语	221	3.2	4	日语	99	4.8
5	葡萄牙语	8	5	北印度语	181	2.6	5	葡萄牙语	82	3.9
6	德语	7	6	孟加拉语	181	2.6	6	德语	75	3.6
7	阿尔巴尼亚语	4	7	葡萄牙语	177	2.5	7	阿尔巴尼亚语	65	3.3
8	意大利语	4	8	俄语	143	2	8	法语	59	3
9	俄语	4	9	日语	122	1.7	9	俄语	59	3
10	塞尔维亚语	4	10	德语	90	1.3	10	朝鲜语	39	2

注：1. 大多数国家的官方语言（独立国家，不包括海外领土和依赖关系）。
2. 比例是根据 2011 年全球 2071972363 名互联网用户的使用情况估算出的。
资料来源：Based on Ethnologue；www. internetworldstats.com.

母语为英语者对外语学习难度的认知
不困难 ←—————————→ 很困难

南非的公用荷兰语 丹麦语 荷兰语 法语 海地语 克里奥尔语 意大利语 挪威语 葡萄牙语 罗马语 西班牙语 斯瓦希里语 瑞典语	保加利亚语 达里语 波斯语 德语 希腊语(当代) 印度尼西亚语 马来语	阿姆哈拉语 孟加拉语 缅甸语 捷克语 芬兰语 希伯来语 印度斯坦语 匈牙利语 高棉语(柬埔寨语) 老挝语 尼泊尔语 菲律宾语 波兰语 旁遮普语 俄语 塞尔维亚-克罗地亚语 僧伽罗语 泰语 泰米尔语 土耳其语 乌兹别克语 越南语	阿拉伯语 汉语 日语 朝鲜语

虽然所有语言在法律上都是平等的，但不同的语言有着不同的难度。从下图可以看出以英语为母语的人在选择学习另一种语言时遇到的难度层次变化趋势。

图 19-6　学习一种外语

资料来源：Based on data compiled from the United States Foreign Service Institute of Language Studies and the United States Defense Language Institute for Language Center.

19.6.3 外派人员补偿

跨国公司必须采用不同方法为不同类型的外派人员解决补偿问题——长期的、短期的、通勤的、弹性的外派人员以及第三国员工——从而派遣他们到世界各去地处理各种任务。设定对世界各地工人有效的补偿系统，要求跨国公司处理不同薪水水平、利润、税务条款以及先决条件等一系列问题。例如，印度威普罗科技公司有54000 名员工来自 40 个国家；公司外派人员超过 1.1 万人，其中 90% 以上都是印度人[125]。管理这些人员需要威普罗人力资源管理采取一系列的补偿措施：是根据每个地方的不同标准支付不同的薪水？还是应该按照全球统一标准支付薪酬？应该提供哪些补贴？在补偿方面，如何减少不同税务政策带来的影响？

尽管变化范围很大，但是人力资源管理关注到一些基本原理。首先，一个有效的补偿项目必须"保持员工整体性"，使其融入国际任务环境中从事国外工作，不降低个人生活标准。其次，人力资源管理必须防止外派人员失去控制，因为他们的任务成本已经很高了。美国的跨国公司为了完成一个三年期的国外任务，为每个外派人员花费接近 130 万美元。如果不加遏制，补偿成本会逐步上升[126]。最后，一个有效的补偿项目付给外派人员的薪水，足以激励其本人以及家人移居国外。

所有的东西都是平等的，补偿可以决定外派任务能否取得成功。如果补偿较少，员工往往不愿意去；即便去了，他们也会后悔，从而影响业绩；如果给过多补偿，成本就会逐步上升，而且不平等的薪水会引发各种纠纷。薪水和业绩两者的关系无法准确把握，这使得基于业绩—薪水模式的考核更为复杂。通常，薪水越高，外派人员的任期就越长。有些经理人倾向长期的驻外生活，并不着急回国[127]。

人力资源管理面对的任务简单易懂：设计补偿计划激励管理人员到国外工作，设定维持其原有生活的标准，确定国外任务的责任，确保即使在国外工作，其税后收入也不会降低。人力资源管理设定的补偿政策要能够保障同行之间的薪水平衡，保持外派人员之间的平等性，确保自己的政策优于竞争对手，并且容易实施。

1. 补偿计划的类型

许多跨国公司，特别是美国的，运用**资产负债表方法（Balance Sheet Approach）**管理外派人员[128]。他们开发的这种薪水结构能保证他们的收入在不同国家的购买力一样，因此，不管将这些人派往哪里，他们都能够享受与国内一样的生活标准[129]。它的基本原理就是公平：外派人员既不会因此而发家，也不会因此而受累。这种方式的优点是利用财务补偿来抵消国内生活成本的差异。

实行资产负债表补偿计划有各种各样的方法，如本国基准法、总部基准法和东道国基准法。

（1）本国基准法。这种外派人员补偿方法是基于他们生活城市的相应薪水来支付薪酬的，从而保证了与本国同事的平等性，同时简化了最终的回调程序。全球化持续发展对本国基准法提出了挑战。最早设计的初衷是来补偿从西方总部的跨国公司前往世界各地工作的员工及家庭，主要是以本国生活成本为基准的。同时，为那些从发达国家（如英国或美国）转移到阿根廷或阿拉伯国家的员工提供津贴。

目前，全球环境的特点是许多不同国籍、不同母国与东道国组合、薪酬各异的外派人员在总部与子公司之间或者子公司之间来回调动的人数越来越多。当外派人员反向流动时，问题就会出现，也就是说，将一个外派人员从成本较低的圣地亚哥调到到成本高昂的旧金山。例如，中国的外派人员不趋向于享受高额的薪水和福利。在欧洲工作的中国联通管理主任，驻外时只接受很普通的中国薪水加上一定金额的生活津贴。总的来说，他们的收入总数只能达到当地公司普通员工收入的 30%[130]。因此，那些运用本国基准法的跨国公司要努力维持支付平等以及利益的持续化。随着外派人员的驻外地点不断增加，驻外人员的人口统计学特征正在发生变化。然而，本国基准法是目前最普遍的一种补偿计划。

（2）总部基准法。对本国基准法锦上添花的一种有用方法是根据跨国公司总部所在城市的相应工作的薪水水平来设定外派人员的薪水水平。例如，如果总部在波士顿的跨国公司派遣外派人员到伦敦、圣地亚哥、雅加达等城市的办公室，它将提供给外派人员一份在波士顿薪水水平的薪酬结构。这一方法承认驻外任务对工作有影响，并可以帮助外派人员维持国内的生活水平；如果从低标准向高标准国家派遣，则需要进行调整。

（3）东道国基准法。它有时称为目的地定价或地方化。这种方法根据国外地区的薪水标准来调整外派人员的补偿计划。人力资源管理开始给外派人员设定的薪水与承担相同责任的当地管理人员的薪水相当。然后，外派人员可以通过协商来获得额外的补偿：国外服务费、额外津贴、税收减免等。

与本国基准法和总部基准法相比，通常东道国基准法的补偿力度最小。这样做的最大的好处就是，能够缓和外派人员与低收入的东道国同事之间的紧张关系。因为给外派人员的补偿较低，还可以提高企业的投资回报率。目前，普华永道为 EPIC 项目采用的就是这种方法给外派人员制定薪水发放标准。考虑到当地薪水水平所带来的限制，普华永道采用搬迁资助、重新安置计划、语言学习以及跨文化训练来帮助外派人员。

2. 外派人员补偿的主要内容

上述三种方法利用不同的目标和指导原则为外派人员制订补贴计划。表 19-3 描述了一种典型的外派人员补贴计划。通常，外派人员针对基本工资、出国服务奖励、各种类型的补助、额外福利、税收差异以及福利等项目进行谈判，从而扩大自己的补偿计划。我们来具体看一下每项内容[131]。

表 19-3　补偿外派人员：薪水样本以及福利政策

情景如下：总部在亚特兰大的全球编程公司把一名高级管理人员派往墨西哥管理其全资子公司。在美国，该管理者每年有 25 万美元收入，配偶有工作，有两个孩子。下面利用资产负债表方法来说明人力资源如何设计外派人员的补助计划。（单位：美元）

直接补偿	美　　元
基本年薪	250000
国外服务津贴	25000
生活消费津贴	120000
住房	97000
美国税款	（38000）
教育（两个小孩上学）	30000
墨西哥收入税款（假设没有互惠政策）	115000
迁移成本	47000
各种福利（例如：托运与仓储；住房售卖或财产管理费用；文化、实践与语言培训；任前探路之旅以及当地补助）	85000
配偶津贴	75000
家庭度假（四名家庭成员的机票、酒店及餐饮）	15000
额外医疗保险、养老津贴、遣返费用	20000

（1）基本工资。外派人员的基本工资一般与国内相似工作的基本工资相当。支付工资要么用本国货币，要么用当地货币。

（2）国外服务津贴。它也称迁移奖励，是企业针对外派人员由于搬迁到国外所导致的生活不便、远离家人、处理文化、语言、工作规范等日常挑战，以及离任时对生活的再度影响而给出的现金补偿。长期的外派任务会配有出国服务奖励，短期的外派任务则很少包含这项。根据外派任务在地域内（加拿大、墨西哥）还是跨洋

（德国、日本），跨国公司会按照基本年薪的一定比例支付出国服务奖励。

（3）税务差异。税收政策差异要求跨国公司调整补贴，以确保外派人员不会因为缴纳国外税负而影响其税后收入。事实上，税收的平等化已经变成外派人员补助中最昂贵的部分。如果外派人员的母国和东道国之间没有互惠税收合约，那么从法律上来讲，就可能有义务向两个国家的政府支付所得税。在这种情况下，跨国公司通常为外派人员在东道国的税收买单。人力资源管理要监控税收政策变化，以使补贴符合规定。

不同的税收政策决定了长期任务的补贴计划，同样也影响着通勤外派和短期外派任务的交通补贴。例如，中国税务机关规定，在中国连续逗留时间少于 30 天或者离开中国累计 90 天的外派人员可视为本财年不在中国，不需要交纳税费。因此，企业的人力资源管理者要注意监督和记录其外派人员进入和离开中国的时间。

（4）额外福利。各种各样的福利补贴了外派人员的基本工资，包括医疗保险、意外险、教育补贴，儿童看护及帮助补偿等。国家医疗标准的差异是外派人员的一直以来担心的问题。他们在新兴市场的二线城市所能得到的医疗资源通常要比在自己本国的少。企业一般为外派人员提供与国内同等水准的医疗和退休福利，而不是东道国的医疗和退休福利。但是，大多数企业把这些福利扩展到处理当地的意外事件，如承担把生病的外派人员或者其家庭成员转移到具有适合的医疗设备的地区。

3. 津贴

将一名管理人员派遣到国外工作会产生高昂的搬迁费用和巨大的压力。企业通过调整补贴计划来帮助外派人员及其家庭解决将会面临的各种困难。

（1）生活津贴。生活津贴（有时称作货物和服务差价）能保证外派人员不会因为特定城市（伦敦或者东京）或者国家（瑞士）昂贵的开支而致使其生活标准下降[132]。随着时间的推移，一些公司开始逐渐减少生活费用差价，理由是随着外派人员适应当地环境，他们应该采用当地的购买习惯，例如，用附近市场的蔬菜来代替进口的包装好的产品[133]。

一个公平而持续的补偿计划反映了外派城市的生活成本。人力资源管理应该考虑当地主要产品和服务的成本，包括外派人员在当地生活所需的住房、交通、食物、衣服、生活用品和娱乐[134]。以纽约为基准，全世界有 214 个城市的生活水平对于外派人员来说是高消费的，其中东京最高，其次是罗安达、大阪、莫斯科以及日内瓦[135]。

对于外派人员来说，卡拉奇是生活消费最低的城市，不到东京的1/3；比卡拉奇稍高些的是突尼斯、孟买、德黑兰、新德里和吉达[136]。

（2）住房津贴。住房津贴确保外派人员保持其习惯的住房质量。从中等价位的盐湖城迁居到高价位的新加坡时，就很难打动潜在的外派人员。因为拥挤带来的土地价格上涨以及适合外派人员居住房产的短缺，住房成本越来越高[137]。西方人为了在亚洲一些地方租用带有西式风格卫生间和厨房的住处，往往会花费大量的补贴[138]。

（3）配偶津贴。通常，如果外派人员的配偶有工作，那么驻外期间很难再找到一份合适的工作。外派人员的配偶接受跨文化培训计划一点也不奇怪。某些情况下，跨国公司会帮助外派人员的配偶寻找合适的工作[139]。例如，2011年，60%的外派人员配偶在去国外之前是有工作的，但是仅有12%在国外被雇用[140]。经济状况、地点、语言以及文化差异都会带来问题。移民和签证的复杂化进一步阻碍了有潜力的员工出国工作。

（4）艰苦条件津贴。艰苦条件津贴（有时称作"战争津贴"）是给那些被选派到特别困难或者危险的地方工作的外派人员发放的货币补偿。这种津贴是对赎金、危机应对保障，威胁管理程序或保安系统等消费成本的补偿[141]。外派人员也接受一系列杂项补助，如让外派人员和家人定时回国旅行的补助，或者如果东道国的公立学校不适合，资助外派人员的孩子进入私立教育机构的教育补贴[142]。

4. 津贴的趋势

受成本压力和人才市场竞争的影响，跨国公司不得不削减补助。许多跨国公司正在逐步停止发放出国服务补助，而且通勤人员和灵活外派人员的增加改变了补贴计算方式[143]。通常短期外派任务不会导致工资和福利的变化。但是，除了正常的工资，外派人员还是可以获得相关花费的补贴。

全球化趋势促使很多员工通过国外任务来维系自己的职业。越来越多的个体把出国工作看作发展个人商业技能和领导能力的机会。即使物质奖励非常少，这些人也愿意出国工作。大多数人认为，国外任务的最大回报不是收入增加，而是开阔了眼界、增长了见识[144]。结果就是出国工作变得越来越普遍，已经是公司日常工作的一部分，而不再需要用金钱去吸引员工出国工作[145]。

成本降低技巧重新定义了国际任务的构成变量。跨国公司正越来越多地削减福利和补助。例如，在欧洲开展业务的跨国公司把整个大陆看作一个国家，并且对到

那些曾经艰苦但是现在不再落后的城市的外派人员削减艰苦环境补助，如布拉格、上海、里约热内卢。有意思的是，全球化的发展正在降低艰苦地区的数量。的确，受职业发展和个人能需求的激励，很多员工都愿意去任何外派地区开展工作。节省人力和培训成本的压力、新兴经济体中愿意到国外工作的合格员工的增加以及艰苦地区的减少，限制了外派人员的补贴额度。

5. 津贴的困难

当前后不一致的问题得以消除，并且能实施系统化的津贴与福利项目时，就能制定公平、平等的津贴政策了。过去10年已经取得了较大的进步；相似工作的薪水在不同国家之间的差距已经很小了。当然，由于法律、文化以及管理上的差异，仍需要根据国家和地区的业绩来调整津贴。

差异给那些采用全球中心主义人事架构的企业带来了挑战。全球与跨国战略的实施有赖于国际管理者，而他们来自不同国家。人力资源管理必须确保在不同地区从事同种工作管理者，都能获得相同的津贴。例如，对于中国移动来说，不管在哪里工作，该公司的外派人员都需要接受中国的薪水水平。如果中国移动选择的不是平等的报酬体系，将很可能导致报酬过低的外派人员怨恨那些报酬比他们要高的人。

考虑到国家之间的差异，人力资源管理试图避免给外派人员支付不必要的费用。除了减少企业的投资回报率，同等工作的管理人员之间薪水差异较大还会降低其工作的积极性。最后，实施民族中心主义或多元中心主义人事政策的跨国公司，目前可能外派人员的数量较少，但是，国际化扩张会使管理补偿政策复杂化。因此，即使外派人员数量不多，人力资源管理也要建立标准和系统。

6. CEO的补贴

通常，薪水报酬是整个企业设定的首要标准。一般来说，美国的CEO享受着最全面的薪水补贴政策，包括基本补贴和总体薪酬两个方面。在法国、德国、意大利、瑞士和英国，CEO所要求的薪水要高于其他国家的水平。这种模式引发了竞争：亚洲和北美的跨国公司已经开始制定相似的薪水政策，特别是按绩效设计薪酬。

中长期激励方式，如限制性股票在美国非常流行，但在德国却恰好相反。然而，德国管理人员经常会获得美国管理人员所没有的补贴，如住房津贴、国外薪水部分补贴，而且都是免税收入。同样，个人税率较高的国家更倾向于降低含税的基本薪水，增加免税的额外补贴。

最后，跨国公司在开拓业务时，会对管理人员进行能力培训。作为当地企业，也必须调整补贴以留住管理人员。因此，补贴政策的一致性才是当今的主题。

19.6.4 回归的外派人员

人力资源管理就是利用人事架构形成一个循环的用工程序：从外派人员选拔、行前准备、设计补贴计划，直到把他们完好地调回国内。后面的部分就是外派人员的**回归（Repatriation）**，即外派人员完成国外工作、返回母国的过程。循环中每个环节的成功都很重要，这将推动人事系统的自动运营。回归的外派人员分享知识、经验和热情，其他业绩优秀的同事看到国际任务的回报后也更容易接受外派任务。

回归系统对很多人都有助益。1/3 的外派人员认为，外派经历可以促进他们的职业发展。快速升职和获得新的职位是最常见的福利，几乎 1/4 外派人员在回到母国后的一年内被提升。

但是，对于另外一些人，回调过程远远不能令其满意。各个方面都有可能会出现问题：晋升的机会很少，职业发展支持缺位，运用新知识和技能的机会也不存在[146]。对已经成功完成海外任务顺利回国的管理人员的调查发现，1/3 以上的回归管理人员回国后 3 个月担任临时职位，差不多 80% 的人认为他们的新工作低于其国外职位，60% 以上的人认为他们没有机会把在国外获得的专门技术应用到新的工作中。2010 年，接近 40% 的外派人员在回国后一年离开公司，另外 25% 在第一年和第二年之间离开公司[147]。

这些反常现象说明了人力资源管理关心的是国外任务候选人的准备工作和薪酬问题，而不是对回归人员的关心与支持。相当一部分优秀的外派人员跳槽去了其他企业。预测、机遇以及出发前的准备工作都获得了外派人员的广泛关注。循环中，后半部分的工作不到位[148]。尽管绝大多跨国公司认为外派人员的回归非常重要，但是只有 20% 的公司承认对其进行了有效的管理[149]。因此，外派人员回归后也许会非常失望。

毫无疑问，工作安排是回归人员最为关心的，但同时也面临着重新适应国内公司的组织结构、个人财务状况变化以及重新适应国内生活等问题。下面我们近距离详细观察一下：

1. 重新适应本国组织

完成国外任务，回到自己以前的公司，可能存在以下几个方面的问题。"让经历了不同文化、不同市场，在外工作两年的外派人员回到原公司中的原岗位，他们是不开心的。"一位报告者称，"在这一转换期，很多人都会有些迷茫。但是，他们的职业经历在人才市场上显得越来越有价值[150]。"返回的外派人员常常发现以前相同级别的人已经提升到比自己更高的职位，他们作为回到"大池塘中的小鱼"，现在掌握着更少的自主权。同事们也会质疑他们在国外"度假"期间是否掌握了前沿的市场知识和技术。他们努力回归到内部网络，但是内部也不知道该如何对待他们。因为回归的管理人员一般觉得他们在海外任职期间已经成长为专业人员，努力工作，并且为企业牺牲了很多，因此他们希望获得荣誉和升迁。在这些情况下，回归管理人员的内心可能会滋生怨恨。

关系紧张的主要原因可能是回归人员担心"海外不见你人"的事实恶化成为"国内不入我心"。这种担心会使许多快速跟进的管理人员减少外派人员的业务。在他们眼里，在海外工作意味着远离权力中心。伴随着这些趋势的是一个令人悲哀的事实：对很多外派人员来说，跨国公司不关心他们回国的事。一位管理人员发现："公司把员工派到国外，然后就把他们给忘了。如果有什么区别的话，对这些外派人员而言，就是当他们回到国内时，已经错过了与高层管理人员沟通的机会，他们的提升甚至变得更加困难[151]。"这种情况在商业文化，特别是集体主义文化中起着破坏作用，因为在这些文化中与有权人面对面交流是赢取晋升机会的关键因素。

超过 50% 的外派人员称他们所在的公司没有明确说明回归程序、悬着的工作以及在公司内部的职业发展等问题。外派人员担心的是回国后的工作没有挑战，他们获得的国际经验和专业知识没有用武之地。许多跨国公司回应称，回归问题让它们处于进退两难的境地，并表示外派人员在国外这段时间，其职位不能一直空缺。而且，外派人员回国后，如果允许他们轻松地回到原来的职位，看似解决了一个问题，实际上又制造了新的问题。

如果公司能给他们机会展示自己辛苦获得的能力，外派人员还是希望可以留在公司[152]。公司总部会催促他们自己着手管理回国事宜，例如要求外派人员在完成国外工作前要回来总部参观，这样做是为了重建关系，重获存在感。

2. 个人财务变化

管理人员回国后，个人财务状况急剧变化。大多数外派人员在国外任职期间享受大量的福利。在国外时，很多人居住在高级小区，把孩子送到享有声望的学校上学，雇用家庭帮佣，与当地精英交往，同时增加了很多积蓄。回国后，他们要面对常规的薪酬计划和极少的回报与特权，难免会士气不振。

3. 个人调整

回归同样给外派人员重新适应国内生活提出了挑战[153]。当回国后的外派人员及其家属经受"反向文化冲突"时，问题就会出现。一位回到美国的外派人员说："我十分喜欢秘鲁文化。我的感觉已经与我的想法不匹配。这里是我的家，但是就是觉得有些奇怪[154]。"根据驻外时间长短，外派人员回国后常常发现需要重新学习很多曾经视为理所当然的事情。同时，孩子可能要努力适应当地的教学系统，而配偶可能感到孤单或者不能再接触到他们离开的事业或朋友。

19.6.5 管理回归人员

跨国公司并不是对外派人员回归问题视而不见，况且忽视他们并不是一个选择。回归外派人员面临的困难越大，说服其他高潜能管理人员承担国外任务就越困难。一些跨国公司制定了这样的书面保证书，即外派人员回来后的工作至少和他们离开时一样好，陶氏化学公司就是其中一例。其他公司把国外任务和职业计划结合起来，并且开展职业辅导计划关注外派人员的国内利益。调查表示，3/4 的跨国公司已经拟定了回归政策，95% 的公司已经为回归的外派人员在公司内部确定了新的工作岗位[155]。

普华永道的 EPIC 项目就为其外派人员提供一系列安全保障，承诺外派人员可以通过专门的支持机制来"保留他们的职业"[156]。在外派出国之前，EPIC 项目的参与者可以与国内的导师进行联系；而且当他回国时，国内的同事会等候他，并帮助他做好过渡工作。两者的职责就是为了支持外派人员的职业发展。同样，亚美亚公司（Avaya）要求最初照顾外派人员的经理在外派人员回国后协助对方落实工作。亚美亚公司关注外派人员职业计划的原因很简单："公司在外派人员身上做了投资。如果他们留在国外或去了其他公司，对亚美亚公司而言就是损失[157]。"

总之，根据有关研究，许多外派人员一旦回国，境遇并不顺利。自外派结束起，他们面临的困难就是无法找到合适的岗位。正如案例 19-1 中提到的布莱恩·克鲁格，在工作没有任何保障的情况下，接受了到东京工作 4 年的外派任务。但正如我们看到的那样，克鲁格是一个主动的人，他运用人际网络与总部随时保持联系，经常回到总部访问等。外派人员不能完全依赖公司来保护

他们的职业利益，被动的方法是非常有害的。要对回归实现控制，就要在行前、任中以及即将回国前夕都必须敏锐地意识到这件事情的积极面和消极面[158]。

19.6.6 外派失败

智者千虑，必有一失。同样，跨国公司也深受其扰：挑选公司最优秀、最聪明的管理者，做好任前准备，把他们派到国外市场，为他们提供高工资，然后眼睁睁地看着他们失败。**外派失败**（Expatriate Failure），狭义是指由于管理人员表现不佳而提前回国；广义是指跨国公司的外派人员选拔制度的失败。这两种情况一直都是跨国公司关注的对象。20 世纪 80 年代，研究指出，接近 1/3 被派到发达国家的美国职员提前回国，而派往新兴市场的职员提前回来的比率增加了一倍。最近的研究表明，5% ~ 10% 的外派人员不能完成外派任务。主要原因包括配偶的不满、家庭压力、被迫跳槽以及拒绝不能忍受的工作条件[159]。

1. 失败的代价

外派失败率的降低证实了跨国公司人力资源部门在选人、行前培训、把合适的人安排到合适的岗位等选拔程序方面的日趋完善。失败率降低固然值得庆祝，但是，这并不代表任务已经完成。外派人员失败的高昂财务和个人成本，无论多么少见，都是有害的。一些人甚至预测失败率将激增。公司在新兴经济体中开展业务，并将管理人员置于市场中，从而严格考验了他们处理基本商业情况、文化差异以及生活方式差异的能力。到目前为止，我们已经证实了这一难题。中国和印度是当今外派人员的职位温床，但失败比率也最高[160]。

每次失败的平均成本相当于外派人员 3 倍的国内年薪与安置成本的总和[161]。如果把人员选聘、前期考察、失败后丧失的生产力以及最后取消这一职位所花费的时间和金钱加在一起，失败的总成本通常让人目瞪口呆。最后，不可计算的成本是事业失败对以前表现优秀的管理人员的自信心和领导能力的无情打击。外派失败同样会影响外派人员的家庭，对其造成压力[162]。

2. 例外与异常

在其他条件不变的情况下，商界对时效性的要求意味着，跨国公司趋向于为外派人员提供稍微不足而不是过度的行前准备培训。在一些环境下，管理人员在飞往他们新家的航班上获得先期的准备培训——浏览报告和评审资源。通常，跨国公司将其归咎于情况紧急，这使得外派人员没有足够的时间前去东道国进行熟悉之旅，

更别提对当地历史、文化、政策、经济、地域和商业环境的理解。通常，总部最担心的是子公司业绩的快速恶化或机会的稍纵即逝。他们更注重速度与敏捷性，而不是审慎与准备。因此，跨国公司的快速派遣任务中，令其担心更多的是技术能力而不是文化智商。

3. 其他情况

最后需要注意的是，一些外派失败之所以棘手，只是因为有些人不适应国外工作。理论上，除了那些没有固定居所的人，理想的外派人员是可以承受孤独的、自信的、以四海为家的人[163]。但当一些人在面对适应社交、搬迁、新家的安全性等所带来的难题时，这种所谓的理想化都将成为空话。同样，当外派人员得知自己要从波士顿被派到曼谷时，他会认为对差异以及日常生活的适应能力很重要也很必要[164]。到国外任职会导致离乡之愁、文化冲突，甚至抑郁。尽管国外富有吸引力并有物质奖励，但国外的生活方式与外派人员所熟悉的舒适大不相同。因此，对于一些人而言，不管如何做准备，其主动寻求的冒险行动都会变成非常伤脑筋的决定。

⬤ 未来展望

我该去向何方？全球分配千变万化

二三十年前，外派人员总的来说大部分集聚在欧洲、北美、日本等繁荣市场的主要商业中心。当然，也有一些分散在非洲、亚洲、南美以及中东等地。一般来说，这些技术工人会被安排在那些重要的或者精细的职位上。例如被派往到沙特阿拉伯的石油工人，他们是去维持埃克森美孚国际公司的钻井业务的。

1. 不断变化的企业战略

外派人员前往的地方与之前有很大不同。首先，西方的跨国公司逐渐调整公司策略，以适应那些非常规的国家市场。新兴市场越来越重要，尤其是在快速扩张的亚洲和非洲，这使得西方跨国公司在这些地方重新投入巨大份额的业务。在欧洲，像汇丰银行、诺基亚以及大众这样的跨国公司缩减了它们在欧洲市场的投资，同时增加了在亚洲市场的操作。例如，在联合利华，新兴市场已经占据着商业的 56% 份额。在美国，通用电气、微软、沃尔玛以及卡特彼勒（Caterpillar）等公司将更多的业务转移到新兴市场。IBM 预期到 2015 年在新兴市场能赚取其收入的 30%，相比 2009 年的 17% 有所增长。

不断变化的公司结构也驱动着相关领域的变化。首先，我们来考虑一下关于非洲旅馆的问题。萧条已久的非洲旅馆如今已是快速增长市场，吸引着越来越多各行各业的外派人员，其中包括通勤人员、弹性外派人员以及长期外派人员。因此，连锁酒店正在整个非洲进行设施建设。美国的万豪酒店集团（Marriott）计划到 2020 年在非洲建设 50 家旅馆，其旅馆数量增加了 600%。法国的雅高集团（Accor）计划将其在整个非洲的 30 家旅馆的客房数量增加 5000 间。其他全球酒店品牌企业也一直在非洲资本市场寻找机会[165]。

随着跨国公司业务的调整，其劳动力也会相应地发生改变。例如，在 1990—2000 年，美国企业在本国增加了 440 万名工人，而在国外增加了 270 万名人；与之相反的是，在 2000—2010 年，美国削减了近 300 万名工人，然而在国外增加了 240 万名劳动力。在被问及这一变化时，通用电气的首席执行官回复说："如今我们去巴西，去中国，去印度，是因为我们的顾客在那里[166]。"相应地，跨国公司也重新组织其高管人员，把那些在西方市场工作的管理人员调配到东方商业中心。虽然变化不大，但其速度正在不断加快。特别是，17 家全球领先公司的管理人员称，他们公司的 200 个员工中，仅仅有 2% 在亚洲新兴市场上安定下来了，但在未来的岁月里，这一比例将会达到 1/3 以上[167]。

2. 不断变化的职业策略

新兴市场不单单对企业具有吸引力。面对西方成熟经济中增长缓慢且又饱和的管理执行市场，应届毕业生也毫无兴趣。与在纽约、东京、巴黎、伦敦的从业者相比，许多在圣保罗、上海、拉各斯以及孟买的工作者能获得更好的晋升机会，这里仅仅指的是工作晋升机会。一位来自美国主流商业学院的学生说："我的许多朋友都去亚洲和拉丁美洲实习，虽然那些地方的条件不是很好，但是他们认为学到的经验很有帮助，而且那里有许多工作机会[168]。"回过头来看，我们不能忽略出国工作对年轻人的吸引力，一项来自对 44 个不同国家的 4200 名应届毕业生的调查显示，80% 的毕业生都想去国外工作[169]。

毕业生们不再耐心、被动地等待机会，而是直接采取行动，直冲那些他们看起来很有活力的市场。这对于那些具有外国文化背景以及能讲流利外语的学生是可取的。激烈的竞争机会甚至吸引着那些文化经验与双语能力都不足的学生[170]。较大的经济发展空间、较低的生活成本、较高的税后补偿以及富有挑战性的工作机会证明了出国工作是充满诱惑的。

3. 全速前进

因此，随着销售的增长，劳动力以及管理机会从西方转移到快速增长的新兴经济市场，我们可以预见外派人员的工作任务和活动形式将发生根本改变。有数据已经表明，这种趋势还在流行：中国、巴西、印度、俄罗斯以及新加坡对于外派人员来说是主流目的地[171]，其次是泰国、马来西亚、肯尼亚以及尼日利亚。潮流并不是单向的。例如埃迪亚贝拉集团（Aditya Birla Group），它是位于印度的一个跨国公司集团，在40个国家都有业务，在印度之外的其他国家公司所赚取的利润占到公司总利润的一半以上。就像许多新兴市场的跨国公司一样，埃迪亚贝拉集团在国际业务方面的扩张，也会影响到其国内外派人员的外派模型。埃迪亚贝拉集团不仅派遣员工去中国、巴西或墨西哥，也派遣外派人员到西方市场去。

案例 19-2

TCT 印度公司的雇用策略[172]

2011年5月，马克·霍普金斯（Mark Hopkins）宣布退休。之前他就职于TCT印度公司——TCT是一家总部设置在美国的跨国公司。那时，他管理着TCT在印度的子公司。在任期中，霍普金斯见证了新兴市场的成长、市场份额的攀升以及印度业务部门盈利能力的持续增强。在他宣布退休之后，公司开始寻找一个可以替代他的人。

1. TCT 公司简介

TCT公司在12个国家生产大量的小型办公设备，在全世界分销出售主要产品有复印机、听力设备、激光打印机和切废纸机。最近据报道，公司在40多个国家销售产品。早在20世纪90年代，TCT就在印度成立了。最初，它缺少自己的国内经营，单纯地依靠当地的销售商来销售主要产品以及提供服务。销售量的不断增长促使TCT于1998年在新德里成立了子公司。从那以后，TCT的销量和印度的IT产业一起快速发展。预测家称IT产业将迅速发展，而这一发展得益于像印孚瑟斯、塔塔集团和维布洛这样的世界级跨国公司。TCT美国公司预测，印度将成为它们在亚洲业务的拓展中心。这些趋势促使TCT扩展其在印度的业务，增加当地设备制造业。

2. 一个新兴的商业巨头

（1）快速增长。一些人认为，印度正在发展成为下一个世界工业强国，因此，许多跨国公司增加了在印度当地的业务。例如，IBM作为TCT的一个长期客户，通过一系列收购和投资，将其在印度子公司员工的数量从1998年的几个人发展到2013年的近15万人。TCT希望印度的增长可以推动其总销售量在2020年超过美国。

（2）基础设施的完善。印度交通设施的发展影响着TCT在印度的拓展计划。高速公路、铁路和海港的完善可以提升产品在国内外运输的有效性。公司认为，当地子公司是TCT公司拓展其全球供应链的重要连接点。目前，TCT公司的供应链整合了美国和欧洲地区的供应商、生产和零售商。公司的长期计划是整合全亚洲的供应点，并以TCT印度子公司作为这个供应链的中心。

（3）政治经济学。印度在1947年独立，并追求透明、自由的民主制度。1947—1990年，该国以经济建设为中心。印度使用政府控制而不是自由的市场原则，由此中央计划经济导致了恶名昭著的"许可证为王"时代，即用不透明的、自私的官僚制度来管理规范的时代。1991年，一次严峻的支付平衡危机冲击了印度经济，于是政府开始放开经济：废弃繁重的管理制度，促进投资、贸易以及商业自由。印度开始由"许可证为王"时代逐步转向自由市场经济时代。这个转变是一个持续的过程，稳定了市场环境，并使印度成为对生产商具有吸引力的国家。对市场自由化的信心不断增加，使得TCT在2011年决定投资制造业。

3. 印度：法律和遗产

（1）劳动法。尽管其他方面有所进步，但自从1947年独立以来，印度的劳动法几乎没有任何改变。例如，其工业纠纷法规定，不管企业处在何种极端的环境下，解雇任何人之前都要求企业雇用100个或者更多的工人去获得政府授权[173]。政府批准经常需要进行大量的协商和安排工作。因此，印度英雄集团（Hero Group）的CEO表示："公司在雇用新员工前要考虑两遍甚至十遍[174]。"又如，印度的劳动法规定，禁止企业在任何 3 个月中让工人加班超过 54 个小时，即使工人自己愿意。

（2）产业管制。印度的许多法律限制一些行业中跨国公司与小型企业之间的竞争。这些法律旨在保护分散在一些村落中的小型企业。另一个挑战是高关税，之前实施高关税是想提高国内的生产力，但是现在 TCT 仍需要大量进口。这些高额的关税促使 TCT 的生产结构本地化。

（3）贪污。尽管印度是民主政治，但存在着广泛的腐败问题。例如，2012 年，透明国际对滥用国家公共权力谋取私人利益的情况进行排名，在 176 个国家中，印度排在第 94 名[175]。尽管印度的法律系统认可法治，但腐败的首要原因是这个国家的官僚作风，这无疑是中央计划经济以及"许可证为王"时代遗留的诟病。虽然监管透明度有所提高，但是任重而道远。另外，西方高科技跨国公司在印度会遇到知识产权受到侵害的问题，专利侵权和盗版非常普遍。

（4）爵士的鱼雷，全速前进。2013 年中期，TCT 开始在印度硅谷的中心班加罗尔建设其第一家工厂。2014 年 3 月开始第一次生产，它将生产一系列激光打印机，从初级到高级。由于当地缺乏合格物资，TCT 公司打算以其美国工厂生产的零件来供应该工厂。其中，许多零件进口要缴纳高关税。最终，TCT 计划将这些生产当地化。

TCT 印度公司最初计划雇用 75～90 个员工来运营生产线。它认为雇用有技巧的劳动力将不是一个问题，这给其他跨国公司一个很好的范例。例如，韩国商业巨头 LG 公司在印度建立的消费电子产品工厂雇用了 458 名生产线上的工人。公司要求申请者至少有 15 年的教育经历，包括高中和技术学院的认证。此外，公司要求招聘年轻的员工，要求有工作经验的员工要少于 1%。尽管这样，还是有 5.5 万名合格的申请者参加了面试。同样，在 2010 年，有 400 万名应聘者竞争印孚瑟斯中的 25000 个位置。印孚瑟斯是一家杰出的印度跨国公司[176]。

TCT 征募了一家韩国工程公司监管班加罗尔工厂的建设进度。建成后，加里·肯特（Gary Kent）将被任命为 TCT 在德克萨斯州工厂的产品总监。在翻译助手的帮助下，总监需要向 TCT 公司的美国总部报告关于产品和质量控制问题。他也会向新德里的总经理（霍普金退休后空缺）报告关于公司运营活动项目，如会计和劳动关系等。TCT 公司印度主管依次向位于新加坡的 TCT 公司亚洲地区总经理米歇尔·史蒂芬（Michael Stephens）报告。到工厂投入生产时，肯特计划回到美国。那时，TCT 印度公司的总经理将代替他的位置。

4. 选择总经理

TCT 公司使用本土、东道国以及第三国国民的组合来为国外管理职位配备员工。但它更喜欢从公司内部提拔职员来填补管理空缺位置。TCT 通常在国外和美国的不同地方轮换其管理人员。公司总部越来越意识到国际经验是领导能力的重要组成部分。TCT 拥有一个共同的认知：新上任的执行官必须在争取一个 C 级职位前成功地完成外派任务。

5. 候选人

亚洲地区办事处要求评选委员会为 TCT 公司在印度的新经营主管提名一位候选人。该评选委员会确定了六名候选人。

（1）**汤姆·华莱士**（Tom Wallace）。作为一名在 TCT 工作了 30 年的老员工，华莱士知识渊博，并且在技术和销售方面工作经验丰富。他在美国和肯特一起从事供应链项目。尽管他从来没有在国外工作过，但他定期巡视公司的国外策划执行部门。近期，华莱士想争取外派职位。他的上级常常评价他的工作表现是专家级的。

华莱士将在 7 年后退休，他和妻子只会说英语。他们有三个孩子，在美国都有自己家的家庭。现在华莱士掌管一个美国执行部门，规模比目前的 TCT 印度公司稍大一点。然而，6 个月后华莱士的部门将和 TCT 公司的另一个部门合并，这会撤销华莱士现在的职位。

（2）**布雷特·哈里森**（Brett Harrison）。哈里森 44 岁，在 TCT 公司工作了 15 年，在管理线上工作以及管理员工。上级认为他非常有能力，可以在未来几年内提升到更高的管理职位。过去 3 年，他在亚洲地区办事处工作，并且也经常视察南亚地区的执行部门。

他和妻子去印度旅行了很多次，对印度的地理、政治、风俗以及景点都很熟悉。哈里森本人认识很多在班加罗尔地区的美国外派人员。他们的孩子一个 14 岁，另一个 16 岁，和父母一起到印度旅游过很多次。哈里森夫人是一家跨国医药公司的中层管理人员，这家医药公司现在在印度没有经营机构。

（3）**安特斯·达斯**（Atasi Das）。达斯出生于美国，在新英格兰的一所大学获得 MBA 后就加入了 TCT 公司，并且一待就是 16 年。45 岁的她承担很多职责，处理人事部门和业务部门的事得心应手，并且在战略规划方面承担更大的管理职责。两年的时间里，她担任生产组织的助理，当时的生产组织规模接近公司的一半规模。她的表现通常得到很大的认可。当前，她正在处理来自 TCT 国内的供应链物流。

加入 TCT 之初，她就表明自己的目标是能够到世界各地工作，她把自己硕士所学的国际商务专业作为长期计划的证据。从她最近的表现可以看出，她重申了对国际职位的兴趣，并认为国际任职是她的职业发展中的关键一步。她更喜欢在 TCT 找到适合自己的机会，但并不是说她不乐意去其他地方。她会讲北印度语而且未婚。她的父母现在居住在美国，是印度首批移民。她有一些亲戚居住在印度北部的克什米尔和旁遮普。

（4）瑞威·德赛（Ravi Desai）。德赛现在是日本 TCT 公司的总经理助手，负责监督日本和韩国的制造部门。他是印度人，已经在东南亚为 TCT 工作了 15 年。39 岁的他拥有著名的印度管理学院的工商管理硕士学位。TCT 的一些人认为，他是最有可能负责印度经营管理的人选。他已婚，并且有 2 个孩子（一个 2 岁，一个 7 岁），能够讲一口流利的英语和北印度语。他的妻子也是印度人，既不外出工作也不会讲英语。

（5）嘉兰·巴克特·森（Jalan Bukit Seng）。森 52 岁，是 TCT 公司马来西亚组装部门的常务董事。森是新加坡人，他往返于新加坡和马来西亚两地工作。他经常在其他 TCT 工厂帮忙，主要帮助改善装配系统以及管理装配整修。他是新加坡国立大学的本科生并获得了 MBA 学位。他能够流利地讲新加坡的四种官方语言——马来语、英语、汉语和泰米尔语，并且认为可以根据需要学习其他语言。他的业绩评价一直都是正面的，表现一直非常卓越。森未婚，但是在新加坡和马来西亚都有家人。

（6）萨米特·卡可瑞波蒂（Saumitra Chakraborty）。卡可瑞波蒂 32 岁，是印度任常务董事的一名助理。自 8 年前从欧洲一所小型私立学校毕业加入 TCT 公司以来，他一直就任该职。他未婚，在生产运作和消费者关系管理方面的工作表现突出。他对增加 TCT 公司在印度的销售额有很大的贡献，这主要得益于他与印度名门望族和政府官员的私人关系以及他对印度经营环境的熟悉。除了能够熟练地讲印度主要语言英语和北印度语之外，卡可瑞波蒂是唯一能讲埃纳德语（班加罗尔当地语言）的候选人。但是，目前他缺乏线下经验。

思考题

1. 分别指出这六个候选人的两个关键优势和两个关键责任。将候选人从最高资格到最低资格进行排名，根据排名结果委任印度 TCT 公司总经理的职位。

2. 如果你所推荐的候选人被任命为管理主任，他会遇到什么业务问题和个人挑战？

3. 你会推荐你喜欢的候选人采取什么样的方法来解决这些难题？

4. 如果美国 TCT 公司选择一个短期而非长期的外派业务，补偿策略将会有什么不同？

5. 回到第 14 章介绍的知识，参考矩阵型组织的观点。假设 TCT 公司在印度业务采用这种结构，任命两个不同个体担任印度 TCT 公司总经理，会带来怎样的利益？其中一位候选人负责内部事务，另一位负责对外的事务，每个职位享有同样的权力，每个人都可能在另一个人的部门担任共同管理者。这些安排是否会存在利润问题？如果存在，会发生什么问题？

本章小结

1. 人力资源的任务是在正确的时间将恰当的人员安排在合适的工作岗位和工作地点，从而发挥其专长并给予合适的报酬。有效的人力资源管理明确了跨国公司的战略。

2. 市场发展、劳动力人口统计学、全球化和技术增加了对外派人员的需求。

3. 跨国公司利用外派人员传递技术能力和本国的商业经验，控制国外业务、提高其领导能力并传播企业文化。

4. 市场趋势以及来自竞争者的挑战鼓励跨国公司使用短期任命、跨国通勤任务、弹性外派人员以及扩展的商务旅行来代替传统的长期任务。

5. 正在变化的国际商业环境促使跨国公司在安置外派人员时考虑选择"年轻人、经验丰富的老员工和大忙人"。

6. 人力资源管理依托三种观点为其国际经营配置员工：民族中心主义人事架构、多元中心主义人事架构和全球中心主义人事架构。

7. 民族中心主义人事架构是使用本国国民担任管理职位；多元中心主义人事架构是使用东道国的员工管理当地子公司；全球中心主义人事架构是在组织内部寻求最适合的人选担任关键职位，而不考虑他们的国籍。

8. 跨国公司经常倾向于雇用当地人而不是外派人员，因为前者能更好地理解当地的经营并且需要较少的补助。另外，他们可以向同事证明，机会是给努力工作的人的。

9. 选择一个人担任驻外职位，很大程度上受到候选人的技术能力、适应性以及领导能力的影响。

10. 培训和行前准备通常包括一些国家介绍、文化敏感性以及实践培训。这通常能减少外派人员失败的可能性。准备的内容也越来越多地开始包括获得外派人员配偶和家人的支持。

11. 从狭义上来看，外派失败是指由于管理人员表现不佳而提前回国；广义上来讲，它是指跨国公司的外派人员选拔制度的失败。

12. 外派工作失败的主要原因是：适应新环境困难以及家人的反对。

13. 劳务津贴、生活消费差异、税收问题以及其他原因成为外派人员补偿计划中的主要因素。

14. 外派人员既不会因为补助太优厚而大富大贵，也不能因为补贴太少而影响其生活质量。总的来说，许多跨国公司使用资产负债表法来解决这个两难问题。新兴市场的跨国公司，其补偿措施通常是较低的工资以及复杂的应用。

15. 有效的管理外派人员回国问题对跨国公司来讲是一项很重要的挑战。

16. 一些外派人员在回国之后升职，但另一些却没有。这并不惊讶，前者自然会认为回国是一个积极的过程。

17. 回归就是从国外回到本国，这是一件难事。为回归外派人员寻找一个合适的职位一直都是一项挑战。

关键术语

资产负债表法	外派人员选拔	本国国民	回归
通勤任务	外派失败	人力资源管理	反向外派
文化冲突	弹性外派人员	本地化	人事架构
民族中心主义人事架构	全球中心主义人事架构	多元中心主义人事架构	第三国国民
外派人员			

参考文献

1 S. Green, F. Hassan, J. Immelt, M. Marks, & D. Meiland, "In Search of Global Leaders," *Harvard Business Review* 81(8) (2003): 44.

2 Mark Schoeff Jr., "P&G Places a Premium on International Experience, *Workforce*, www.workforce.com/apps/pbcs.dll/article?AID=/20060412/NEWS02/304129985&template=printarticle (accessed February 25, 2013).

3 Ibid, Green, Hassan, Immelt, Marks & Meiland.

4 Barbara Ettorre, "A Brave New World," *Management Review* 82, no. 4 (April 1993): 10–16.

5 "Staffing Globalisation: Travelling More Lightly," *The Economist* (June 23, 2006): 67

6 "Globalisation: The Empire Strikes Back," *The Economist* (September 18, 2008): 51.

7 Melinda Ligos, "The Foreign Assignment: An Incubator, or Exile?" *New York Times* (October 22, 2000).

8 Mark Larson, "More Employees Go Abroad as International Operations Grow," *Workforce Management* (June 1, 2006): 12.

9 Joe Sharkey, "Global Economy Is Leading To More Dangerous Places," *New York Times* (April 19, 2005): C3.

10 Sandra Jones, "Going Stateside: Once the Overseas Hitch is Over, Homeward-Bound Expats Hit Turbulence," *Crain's Chicago Business* (July 24, 2000): 23.

11 Global Relocation Trends, *GMAC Global Relocations Services 2012*, www.gmac.com (accessed December 23, 2012).

12 Newman, Barry, "Expat Archipelago," *Wall Street Journal* (December 12, 1995): A1.

13 Ibid. Ligos.

14 "The World at Work," McKinsey Global Institute, www.mckinsey.com/insights/ (accessed December 27, 2012).

15 "Routes to the Top: How CEOs embrace Global Mobility," Global Mobility Articles and Studies, www.articles.totallyexpat.com/routes-to-the-top-how-ceos-embrace-global-mobility (accessed June 6, 2011); "Routes to the Top - How CEOs Embrace Global Mobility," *Global Mobility*, www.articles.totallyexpat.com/routes-to-the-top-how-ceos-embrace-global-mobility/ (accessed April 18, 2013).

16 Ibid, Mark Schoeff Jr.

17 "Schumpeter: The Tussle for Talent," *The Economist* (January 6, 2011): 58.

18 "Schumpeter: Davos Man and His Defects," *The Economist* (January 26, 2013): 63.

19 Leslie Kwoh, "One Foreign Posting Isn't Enough for Managers Seeking Top Jobs," WSJ.com, online.wsj.com/article/SB10001424052702303630 40457739057334937978 2.html?mod=WSJ_Careers_CareerJournal_4 (accessed December 27, 2012).

20 S. Green, F. Hassan, J. Immelt, M. Marks, & D. Meiland, "In Search of Global Leaders," *Harvard Business Review* 81(8) (2003): 44.

21 Paula Caligiuri and Victoria Di Santo, "Global Competence: What Is it, and Can It Be Developed through Global Assignments?" *Human Resource Planning* (September 2001): 27–36; Mark Morgan, "Career-Building Strategies: It's Time to Do a Job Assessment: Are Your Skills Helping You up the Corporate Ladder?" *Strategic Finance* (June 2002): 38–44.

22 Hoon Park, "Global Human Resource Management: A Synthetic Approach." *The Journal of International Business and Economics* (2002): 28–51.

23 William Judge, "Is a Leader's Character Culture-Bound or Culture-Free? An Empirical Comparison of the Character Traits of American and Taiwanese CEOs," *Journal of Leadership Studies* 8 (Fall 2001): 63–79.

24 U.S. Trade Representative, 2010 National Trade Estimate Report on Foreign Trade Barriers, 2010; www.ustr.gov/about-us/press-office/reports-and-publications/2010 (accessed April 21, 2013).

25 U.S. Trade Representative, 2010 National Trade Estimate Report on Foreign Trade Barriers, 2010; www.ustr.gov/about-us/press-office/reports-and-publications/2010 (accessed April 21, 2013).

26 Keith Brouthers, "Institutional, Cultural and Transaction Cost Influences on Entry Mode Choice and Performance," *Journal of International Business Studies* 33 (Summer 2002): 203–22.

27 Ben Kedia, Richard Nordtvedt, and Liliana M. Perez, "International Business Strategies, Decision-Making Theories, and Leadership Styles: An Integrated Framework," *Competitiveness Review* 12 (Winter–Spring 2002): 38–53.

28 Sully Taylor, Schon Beechler, and Nancy Napier, "Toward an Integrative Model of Strategic International Resource Management," *Academy of Management Review* 21 (1996): 959–85.

29 S. Green, F. Hassan, J. Immelt, M. Marks, & D. Meiland, "In Search of Global Leaders," *Harvard Business Review* 81(8) (2003): 44.

30 Watson Wyatt Worldwide, "Human Capital Index: Human Capital as a Lead Indicator of Shareholder Value," www.watsonwyatt.com/research/resrender.asp?id=w-488&page=1 (accessed November 27, 2007); H. B. Gregersen, A. J. Morrison, & J. S. Black, "Developing Leaders for the Global Frontier," *MIT Sloan Management Review* 40(1) (1998): 22.

31 See, for example, N. Khatri, "Managing Human Resource for Competitive Advantage: A Study of MNEs in Singapore," *International Journal of Human Resource Management* 11:2 (2000): 336.

32 S. Green, F. Hassan, J. Immelt, M. Marks, & D. Meiland, "In Search of Global Leaders," *Harvard Business Review* 81(8) (2003): 44.

33 "Travelling More Lightly," *The Economist* (June 22, 2006): 67.

34 "A Special Report on Innovation in Emerging Markets: The World Turned Upside Down," *The Economist*, www.economist.com/node/15879369 (accessed December 21, 2011).

35 "Up or Out: Next Moves for the Modern Expatriate," *The Economist Intelligence Unit*, graphics.eiu.com/upload/eb/LON_PL_Regus_WEB2.pdf (accessed December 31, 2012); Leslie Klaff, "Thinning the Ranks of the Career Expats," *Workforce Management* (October 2004): 84–87.

36 Statement by Yvonne Sonsino, reported in "Travelling More Lightly," *The Economist* (June 22, 2006): 67.

37 Sven Hemli, Carl Allwood, and Ben Martin, "Creative Knowledge Environments," *Creativity Research Journal* (April-June 2008): 20; Claire Cain Miller and Catherine Rampell, "Yahoo Orders Home Workers Back to the Office, *The New York Times* (February 25, 2013): A1. David Wessel, "Chinese Firm Experiments With Telecommuting," *The Wall Street Journal* (December 19, 2012,): C3; "The Future

of Telecommuting: Corralling the Yahoos," *The Economist* (March 2, 2013): 61–62.

38 H. Mayerhofer, L. Hartmann, G. Michelitsch-Riedl, & I. Kollinger, "Flexpatriates Assignments: A Neglected Issue in Global Staffing," *International Journal of Human Resource Management* 15 (2004): 1371–89.

39 Leslie Kwoh, "One Foreign Posting Isn't Enough for Managers Seeking Top Jobs."

40 PwC International Challenge (EPIC), www.pwc.com/extweb/career.nsf/docid/9204374F898F3E5A8525748F00741E9D (accessed May 4, 2009).

41 Peter Saalfield and Rebecca Appel, "Business Schools: Looking Local for a Global Reach," *New York Times* (May 17, 2012): B3.

42 "Americans Look Overseas for Global MBA Courses and Diversity," *TOPMBA*, www.topmba.com/articles/north-america/americans-look-overseas-global-mba-courses-and-diversity (accessed December 27, 2012).

43 Margaret Shaffer, Maria Kraimer, Yu-Ping Chen, and Mark Bolino, "Choices, Challenges, and Career Consequences of Global Work Experiences: A Review and Future Agenda," *Journal of Management* 38 (2012): 1282–1327.

44 Global Relocation Trends, *GMAC Global Relocations Services 2012*, www.gmac.com (accessed April 21, 2013).

45 "More Females Sent on International Assignment than ever Before, Survey Finds," www.mercer.com/pressrelease/details.htm?idContent=1246090 (accessed April 25, 2009).

46 Calvin Reynolds, "Strategic Employment of Third Country Nationals: Keys to Sustaining the Transformation of HR Functions," *Human Resource Planning* 20 (March 1997): 33–50.

47 Keith Bradsher, "China's Ambitious Goal for Boom in College Graduates," *The New York Times* (March 21, 2013): A1.

48 *Global Relocation Trends: 2012 Survey Report*, Brookfield Global Relocation Services, knowledge.brookfieldgrs.com/content/insights_ideas-2012_GRTS (accessed December 23, 2012).

49 Jeffrey Joerres, "Beyond Expats: Better Managers for Emerging Markets," *McKinsey Quarterly* (May 2011): 5

50 "Financial Careers: Go East, Young Moneyman," *The Economist* (April 16, 2011): 79–80.

51 *Global Relocation Trends: 2011 Survey Report*, Brookfield Global Relocation Services, www.brookfieldgrs.com/insights_ideas/grts (accessed June 15, 2011).

52 Karina Frayter, "IBM to Laid-off: Want a Job in India?" money.cnn.com/2009/02/05/news/MNEs/ibm_jobs (accessed April 29, 2009).

53 Adrian Wooldridge, "The Battle for the Best," *The Economist: The World in 2007*: 48.

54 Chi-fai Chan and Neil Holbert, "Marketing Home and Away: Perceptions of Managers in Headquarters and Subsidiaries," *Journal of World Business* 36 (Summer 2001): 205.

55 "Staffing Globalisation: Travelling More Lightly," *The Economist* (June 23, 2006): 67.

56 Tsun-yan Hsieh, Johanne Lavoie, and Robert Samek, "Are You Taking Your Expatriate Talent Seriously?" *The McKinsey Quarterly* (Summer 1999): 71.

57 "Staffing Globalisation: Travelling More Lightly," *The Economist* (June 23, 2006): 67.

58 "Why Toyota Has Flopped In China," *Business Insider*, www.businessinsider.com/why-toyota-has-flopped-in-china-2012-10 (accessed January 6, 2013).

59 William C. Weldon, "Chairman's Letter: To Our Shareholders," *Annual Report 2006* (Johnson & Johnson, 2007), jnj.v1.papiervirtuel.com/report/2007030901 (accessed November 27, 2007).

60 PricewaterhouseCoopers LLP and Cranfield School of Management, "Measuring the Value of International Assignments" (November 9, 2006), www.som.cranfield.ac.uk/som/news/story.asp?id=329 (accessed May 15, 2008).

61 S. Green, F. Hassan, J. Immelt, M. Marks, & D. Meiland, "In Search of Global Leaders," *Harvard Business Review* 81(8) (2003): 44.

62 Vijay Pothukuchi, Fariborz Damanpour, Jaepil Choi, Chao Chen, and Seung Park, "National and Organizational Culture Differences and International Joint Venture Performance," *Journal of International Business Studies* 33 (Summer 2002): 243–66.

63 Martin Dewhurst, Jonathan Harris, and Suzanne Heywood, "The Global Company's Challenge," *McKinsey Quarterly*, www.mckinseyquarterly.com/The_global_companys_challenge_2979 (accessed December 31, 2012).

64 "Why Toyota Has Flopped In China," *Business Insider*, www.businessinsider.com/why-toyota-has-flopped-in-china-2012-10 (accessed January 6, 2013).

65 J. Kahn, "The World's Most Admired MNEs," *Fortune* (October 11, 1999): 267.

66 Kahn, "The World's Most Admired MNEs."

67 "Tylenol (Acetaminophen) to Be Available in Japan in Early Fall, 2000," *Doctor's Guide*, www.pslgroup.com/dg/1d9dfa.htm (accessed June 15, 2011).

68 David Ahlstrom, Garry Bruton, and Eunice S. Chan, "HRM of Foreign Firms in China: The Challenge of Managing Host Country Personnel," *Business Horizons* 44 (May 2001): 59.

69 S. Green, F. Hassan, J. Immelt, M. Marks, & D. Meiland, "In Search of Global Leaders," *Harvard Business Review* 81(8) (2003): 44.

70 "High-Tech Nomads: These Engineers Work as Temps on Wireless Projects All over the World," *Time* (November 26, 2001): B20; B. Kedia and A. Mukherji, "Global Managers: Developing a Mindset for Global Competitiveness," *Journal of World Business* 34 (Fall 1999): 30.

71 S. Green, F. Hassan, J. Immelt, M. Marks, & D. Meiland, "In Search of Global Leaders," *Harvard Business Review* 81(8) (2003): 44.

72 Thomas Barta, Markus Kleiner, and Tilo Neumann, "Is There a Payoff from Top-team Diversity? *McKinsey Quarterly*," www.mckinseyquarterly.com/Is_there_a_payoff_from_top_team_diversity_2954 (accessed December 27, 2012).

73 A. Wendlandt, "The Name Game Is a Puzzle for Expats at Work," *Financial Times* (August 15, 2000): 3.

74 Alex Pentland, "The New Science of Building Great Teams," *Harvard Business Review*," hbr.org/2012/04/the-new-science-of-building-great-teams (accessed December 27, 2012).

75 Margaret Schweer, Dimitris Assimakopoulos, Rob Cross, and Robert Thomas, "Building a Well-Networked Organization, *MIT Sloan Management Review*," sloanreview.mit.edu/the-magazine/2012-winter/53211/building-a-well-networked-organization (accessed December 27, 2012). For instance, the type of ownership of its foreign operations influences an MNE's staffing policy. Expatriates transferred abroad to a foreign joint venture, for example, may find themselves in ambiguous situations, unsure of whom they represent and uncertain of whether they report to both partners or to the partner that transferred them. Typically, MNEs insist on using their own executives when they're concerned that local personnel may make decisions in their own interest rather than that of the joint venture.

76 Global Relocation Trends, *GMAC Global Relocations Services*, www.gmac.com (accessed April 21, 2011).

77 Wooldridge, "The Battle for the Best."

78 Again, recall how Honeywell screens candidates years before they might go abroad in order to maximize the probability of success.

79 M. Tahvanainen, D. Welch, and V. Worm, "Implications of Short-Term International Assignments," *European Management Journal*, 2005 (23): 663–73.

80 Caligiuri and Di Santo, "Global Competence"; Hsieh et al., "Are You Taking Your Expatriate Talent Seriously?"

81 Susan Schneider and Rosalie Tung, "Introduction to the International Human Resource Management Special Issue," *Journal of World Business* 36 (Winter 2001): 341–46.

82 J. Ramsey, J. Leonel, G. Gomes, and P. Monteiro, "Cultural Intelligence's Influence on International Business Travelers' Stress," *Cross Cultural Management*, 2011 (18): 21–37.

83 "In Search of Global Leaders: View of Stephen Green, Group CEO, HSBC," *Harvard Business Review* (August 1, 2003): 44.

84 S. Jun, J. Gentry, and Y. Hyun, "Cultural Adaptation of Business Expatriates in the Host Marketplace," *Journal of International Business Studies* 32 (Summer 2001): 369.

85 "Business in China and the West: A Tale of Two Expats," *The Economist* (December 29, 2010).

86 Tsun-yan Hsieh, Johanne Lavoie, and Robert Samek, "Are You Taking Your Expatriate Talent Seriously?" *The McKinsey Quarterly* (Summer 1999): 71.

87 M. Shaffer, D. Harrison, M. Gilley, and D. Luk, "Struggling for Balance amid Turbulence on International Assignments: Work-Family Conflict, Support and Commitment," *Journal of Management* 27 (January–February 2001): 99; Chris Moss, "Expats: Thinking of Living and Working Abroad?" *The Guardian* (October 19, 2000): 4.

88 "In Search of Global Leaders: View of Stephen Green, Group CEO, HSBC," *Harvard Business Review* (August 1, 2003): 44.

89 *Global Relocation Trends: 2012 Survey Report*, www.reloroundtable.com/blog/trends-in-relocation/brookfield-reports-2012-relocation-trends/ (accessed April 21, 2012).

90 Diane E. Lewis, "Families Make, Break Overseas Moves," *Boston Globe* (October 4, 1998): 5D; "Expat Spouses: It Takes Two," *Financial Times* (March 1, 2002): C1.

91 J. Selmer and J. Lauring, "Self-initiated Academic Expatriates: Inherent Demographics and Reasons to Expatriate," *European Management Review* 7 (2010): 169–79.

92 "Expat Spouses: It Takes Two."

93 *Global Relocation Trends: 2011 Survey Report; The Expat Explorer Survey 2010*, HSBC Bank International, survey of 4,127 expatriates form more than 100 countries.

94 Lisa Littrell, Eduardo Salas, Kathleen Hess, Michael Paley and Sharon Riedel "Expatriate Preparation: A Critical Analysis of 25 Years of Cross-Cultural Training Research," *Human Resource Development Review* 5 (2006): 355–388; Margaret Shaffer, Maria Kraimer, Yu-Ping Chen, and Mark Bolino, "Choices, Challenges, and Career Consequences of Global Work Experiences: A Review and Future Agenda," *Journal of Management* 38 (2012): 1282–1327.

95 D. Ones and C. Viswesvaran, "Relative Importance of Personality Dimensions for Expatriate Selection: A Policy Capturing Study," *Human Performance* 12 (1999): 275–94.

96 Valerie Frazee, "Send Your Expats Prepared for Success," *Workforce* 78 (March 1999): S6.

97 Jessica Twentyman, "An Expat Job Can Be a Move Too Far," FT.com, www.ft.com/cms/s/0/c1d1b668-d22b-11df-8fbe-00144feabdc0.html (accessed February 25, 2013).

98 Margaret Shaffer, Maria Kraimer, Yu-Ping Chen, and Mark Bolino, "Choices, Challenges, and Career Consequences of Global Work Experiences: A Review and Future Agenda," *Journal of Management* 38 (2012): 1282–1327.

99 S. Larson, "More Employees Go Abroad as International Operations Grow," Workforce.com, www.workforce.com/index.html (accessed April 27, 2009);

100 *Global Relocation Trends: 2011 Survey Report*, www.relocatemagazine.com/relocation-news-blog-format/3-general-relocation-news/2212-brookfield-grs-2011-global-relocation-trends-survey-report (accessed March 31, 2011); *Global Relocation Trends: 2012 Survey Report*, www.reloroundtable.com/blog/trends-in-relocation/brookfield-reports-2012-relocation-trends/ (accessed April 21, 2012).

101 Suzy Harris, *The University in Translation: Internationalizing Higher Education* (New York: Continuum International Publishing Group, 2011).

102 "English Is Coming: The Adverse Side-Effects of the Growing Dominance of English," *The Economist* (February 14, 2009): 85.

103 M. Joseph, "India Faces a Linguistic Truth - English Spoken Here," *New York Times* (February 16, 2011): B1. "Schumpeter: New Rules for Schools," *The Economist* (March 26, 2013): 74.

104 "Language-teaching Firms: Linguists Online," *The Economist* (January 5, 2013): 52.

105 European Commission, "Languages of Europe," *Education and Training*, europa.eu. int/comm/education/policies/lang/languages/index_en.html (accessed July 18, 2007).

106 Doreen Carvajal, "In many Business Schools, the Bottom Line is in English," *The New York Times* (April 10, 2007), www. nytimes.com/2007/04/10/world/europe/10iht-engbiz.2.5212499. html?pagewanted=all (accessed June 12, 2007).

107 "Global Spread of English Poses Problems for UK," *People's Daily Online* (February 18, 2006): B3.

108 A. Sitze, "Language of Business: Can E-Learning Help International MNEs Speak a Common Language?" *Online Learning* (March 2002): 19–23.

109 "Machine Translation: Conquering Babel," *The Economist* (January 5, 2013): 63.

110 "Facebook Will Be Hiring Number of Employees by 2017," techblog. weblineindia.com/news/facebook-will-be-hiring-number-of-employees-by-2017 (accessed January 11, 2013).

111 Jenna Wortham, "A Surge in Learning the Language of the Internet," NYTimes.com, /www.nytimes.com/2012/03/28/technology/for-an-edge-on-the-internet-computer-code-gains-a-following.html?_r=1&hpw (accessed December 26, 2012).

112 PricewaterhouseCoopers, *International Assignments: European Policy and Practice* (1997), www.pwcglobal.com/extweb/ncsurvres.nsf (accessed April 3, 2000)

113 Tsedal Neely, "Global Business Speaks English," *Harvard Business Review*, hbr.org/2012/05/global-business-speaks-english/ar/1 (accessed December 27, 2012).

114 "In Search of Global Leaders: View of Fred Hassan, Chairman and CEO, Schering-Plough," *Harvard Business Review* (August 1, 2003).

115 S. Baker, "Catching the Continental Drift: These Days, English Will Suffice for Americans Working in Europe," *Businessweek* (August 14, 2001): 35.

116 C. Cole, "Bridging the Language Gap: Expatriates Find Learning Korean Key to Enjoying a More Satisfying Life," *The Korea Herald* (August 16, 2002): B1.

117 M. Ligos, "The Foreign Assignment: An Incubator, or Exile?" *New York Times* (October 22, 2000): A1.

118 View of the American Council on the Teaching of Foreign Languages, reported in Tanya Mohn, "All Aboard the Foreign Language Express," *New York Times* (October 11, 2000): A1.

119 "Lera Boroditsky, "How Language Shapes Thought," *The Long Now*, longnow.org/seminars/02010/oct/26/how-language-shapes-thought/ (accessed December 27, 2012).

120 C. Panella, "Meeting the Needs of International Business: A Customer Service-Oriented Business Language Course," *The Journal of Language for International Business* 9 (1998): 65–75; M. Inman, "How Foreign Language Study Can Enhance Career Possibilities" (Washington DC: ERIC Clearinghouse on Languages and Linguistics, 1987), www. ericdigests.org/pre-927/career.htm (accessed November 27, 2007); C. Randlesome and A. Myers, "Cultural Fluency: Results from a UK and Irish Survey," *Business Communication Quarterly* 60:3 (1997): 9–22.

121 Yudhijit Bhattacharjeethe, "Benefits of Bilingualism," NYTimes.com, www. nytimes.com/2012/03/18/opinion/sunday/the-benefits-of-bilingualism. html?_r=1&src=me&ref=general (accessed December 31, 2012).

122 "Learning a New Language Makes the Brain Grow," *Psych Central News*, psychcentral.com/news/2012/10/09/

learning-a-new-language-makes-the-brain-grow/45761.html (accessed December 27, 2012).

123 "Enduring Voices Project," *National Geographic*, travel.nationalgeo-graphic.com/travel/enduring-voices/ (accessed December 27, 2012).

124 D.D. Guttenplan, "Battling to Preserve Arabic from English's Onslaught" NYTimes.com, www.nytimes.com/2012/06/11/ world/middleeast/11iht-educlede11.html?src=rechp (accessed December 26, 2012).

125 "Staffing Globalisation: Travelling More Lightly," *The Economist* (June 23, 2006): 67.

126 Estimate reported in the second annual study of expatriate issues, conducted from January through March 2002, sponsored by CIGNA International Expatriate Benefits; the National Foreign Trade Council, an association of multinational MNEs that supports open international trade and investment; and WorldatWork, www.prnewswire.com/micro/ CI9 (accessed September 2, 2005).

127 "Measuring the Value of International Assignments, PricewaterhouseCoopers, www.pwc.fi/fi_FI/fi/palvelut/tiedostot/ pwc_measuring_the_value.pdf, (accessed March 12, 2013).

128 C. Gould, "What's the Latest in Global Compensation?" *Global Workforce* (July 1997): 28.

129 G. Latta, "Expatriate Policy and Practice: A Ten-Year Comparison of Trends," *Compensation and Benefits Review* 31:4 (1999): 35–39, quoting studies reported by Organization Resources Counselors.

130 "Business in China and the West: A Tale of Two Expats," *The Economist* (December 29, 2010): 65.

131 "Designing Competitive Expatriate Compensation Packages," Mercer, www.mercer.com/referencecontent.htm?idContent=1303865 (accessed May 3, 2009).

132 This practice, however, appears to be disappearing, especially for assignments in so-called world capitals like New York, London, and Tokyo, in which many executives are interested and where there is (relatively) little "deprivation." In addition, the number and nature of "hardships" resulting from foreign assignments are in decline, particularly as advances in transportation and communications enable expatriates to keep in closer contact with home countries; the openness of economies allows them to buy familiar goods and services; and the general level of housing, schooling, and medical services increasingly meets their needs.

133 A U.S. family based in China, for example, commonly spends more money to get the same goods than they would buy back home. Why? Because they prefer Western items that must be imported and have thus been subjected to high tariffs. Expatriates often obtain food and housing at rates higher than going local rates because they don't know the language well, where to buy, or how to bargain.

134 Towers Perrin and CIGNA, for example, specialize in international compensation. In addition, MNEs rely on estimates of cost-of-living differences—even if they are imperfect. MNEs commonly use such sources as the U.S. State Department's cost-of-living index, published yearly in *Labor Developments Abroad*, the UN *Monthly Bulletin of Statistics*, and surveys by the *Financial Times*, P-E International, Business International, and the Staff Papers of the International Monetary Fund.

135 "Cost of Living Survey 2012," *Mercer*, www.mercer.com/ costoflivingpr#City_rankings (accessed December 27, 2012).

136 "Worldwide Cost of Living June 2011," *Economist Intelligence Unit*, www.eiu.com/public/topical_report.aspx?campaignid=wcol_June2011 (accessed December 27, 2012).

137 "Home Away from Home: Expatriate Housing in Asia," *The Korea Herald* (May 2, 2002): B1.

138 "Tokyo Tops in H.K. Survey on Living Cost for Expatriates," *Japan Economic Newswire* (January 24, 2002).

139 A. Maitland, "A Hard Balancing Act: Management of Dual Careers," *Financial Times* (May 10, 1999): 11.

140 *Global Relocation Trends: 2012 Survey Report*, Brookfield Global Relocation Services, knowledge.brookfieldgrs.com/content/insights_ideas-2012_GRTS (accessed December 23, 2012).

141 Joe Sharkey, "Global Economy Is Leading to More Dangerous Places," NYTimes.com, query.nytimes.com/gst/fullpage.html?res=9C06E0DD1F3EF93AA25757C0A9639C8B63 (accessed December 26, 2012).

142 "Education: Move over, Dalton," *The Economist*, www.economist.com/node/21561896 (accessed December 28, 2012). Also, visit International School Services www.iss.edu, the U.S. Department of State www.state.gov/m/a/os/, or the European Council of International Schools www.ecis.org for a sense of the situation.

143 For those interested, please visit ERI's Relocation Assessor at www.erieri.com and head to Sample Sceenshots to get a sense of the going rates.

144 "The Expat Explorer Survey 2010," HSBC Bank International, www.expatexplorer.hsbc.com/files/pdfs/overall-reports/2010/experience.pdf (accessed April 4, 2011).

145 "International Assignments Increasing, Mercer Survey Finds," *Mercer*, www.mercerhr.com/summary.jhtml?idContent=1222700 (accessed May 6, 2006).

146 G. Stahl, C. Chua, P. Caligiuri, J. Cerdin, and M. Taniguchi, "Predictors Of Turnover Intentions In Learning-Driven And Demand-Driven International Assignments: The Role Of Repatriation Concerns, Satisfaction With Company Support, And Perceived Career Advancement Opportunities," *Human Resource Management*, 2009 (48): 89–109.

147 "In Search of Global Leaders: View of Stephen Green, Group CEO, HSBC," *Harvard Business Review* (August 1, 2003): 81.

148 Margaret Shaffer, Maria Kraimer, Yu-Ping Chen, and Mark Bolino, "Choices, Challenges, and Career Consequences of Global Work Experiences: A Review and Future Agenda," *Journal of Management* 38 (2012): 1282–1327.

149 PricewaterhouseCoopers LLP and Cranfield School of Management, "Understanding and Avoiding Barriers to International Mobility," *Geodesy* (October 2005), www.pwc.extweb/pwcpublications.nfs/docid/7ACA93FA424E80E88525121E006E82C/$file/geodesy.pdf (accessed November 27, 2007).

150 "Abroad but Not Forgotten: Improving the Career Management of Employees on International Assignments," *Human Resource Management International Digest* 15 (2007): 29–31.

151 "In Search of Global Leaders: View of Daniel Meiland, Executive Chairman, Egon Zehender International," *Harvard Business Review* (August 1, 2003): 81.

152 "Global Relocation Trends 2008," GMAC Global Relocations Services, www.gmac.com (accessed June 1, 2008).

153 M. Lazarova and P. Caligiuri, "Retaining Repatriates: The Role of Organizational Support Practices," *Journal of World Business* 36 (Winter 2001): 389–402.

154 Liz Bleacher, "Students Return from Study Abroad, Experience Reverse Culture Shock," *Delaware Review* (February 19, 2013): 8.

155 "In Search of Global Leaders: View of Stephen Green, Group CEO, HSBC," *Harvard Business Review* (August 1, 2003): 81.

156 PwC International Challenge, www.pwc.com/extweb/career.nsf/docid/9204374F898F3E5A8525748F00741E9D (accessed May 4, 2009).

157 Leslie Klaff, "Thinning the Ranks of the Career Expats," *Workforce Management* (October 2004): 84–87.

158 I. Varner and T. Palmer, "Successful Expatriation and Organizational Strategies," *Review of Business* 23 (Spring 2002): 8–12; J. Selmer, "Practice Makes Perfect? International Experience and Expatriate Adjustment,"

159 John Daniels and Gary Insch, "Why Are Early Departure Rates from Foreign Assignments Lower Than Historically Reported?" *Multinational Business Review* 6:1 (1998):13–23.

160 Global Relocation Trends 2010, *GMAC Global Relocations Services* www. reloroundtable.com/blog/trends-in-relocation/brookfield-reports-2012-relocation-trends/ (accessed April 21, 2011).

161 Data provided by National Foreign Trade Council; Maria L. Kraimer, Sandy Wayne, and Renata Jaworski, "Sources of Support and Expatriate Performance: The Mediating Role of Expatriate Adjustment," *Personnel Psychology* 54 (Spring 2001): 71.

162 *Global Relocation Trends*, GMAC Global Relocations Services, www.gmac.com (accessed April 21, 2011).

163 Susan J. Matt, *Homesickness: An American History: The Story of How We Became a Nation of Nostalgic Homebodies* (Oxford: Oxford University Press, 2011).

164 N. Doherty, M. Dickmann, M. and T. Mills, "Exploring the Motives of Company-Backed and Self-Initiated Expatriates," *International Journal of Human Resource Management* 22 (2011): 595–611.

165 "African Hospitality: No Vacancy," *The Economist*, www.economist.com/news/business/21566017-race-build-new-hotels-africa-no-vacancy (accessed December 31, 2012).

166 "Big US Firms Shift Hiring Abroad," *Wall Street Journal* (April 19, 2011): B1.

167 Martin Dewhurst, Jonathan Harris, and Suzanne Heywood, "The Global Company's Challenge," *McKinsey Quarterly*, www.mckinseyquarterly.com/The_global_companys_challenge_2979 (accessed December 31, 2012).

168 "Financial Careers: Go East, Young Moneyman," *The Economist* (April 16, 2011): 79–80.

169 "Up or Out: Next Moves for the Modern Expatriate," *The Economist Intelligence Unit*, graphics.eiu.com/upload/eb/LON_PL_Regus_WEB2.pdf (accessed December 31, 2012).

170 H. Seligson, "Shut Out at Home, Americans Seek Opportunity in China," NYTimes.com, www.nytimes.com/2009/08/11/business/economy/11expats.html (accessed May 4, 2011).

171 *Global Relocation Trends: 2011 Survey Report.*

172 ***Sources include the following:*** Central Intelligence Agency, "India"; *The World Factbook*, at www.cia.gov/cia/publications/factbook/geos/in.html (accessed May 22, 2013); Library of Congress, "A Country Study: India," *Country Studies*, memory.loc.gov/frd/cs/intoc.html (accessed May 22, 2013); "Hungry Tiger, Dancing Elephant," *The Economist* (April 4, 2007): 58–61; "Virtual Champions, Survey: Business in India," *The Economist* (June 1, 2006): 45; Manu Joseph, "India Faces a Linguistic Truth—English Spoken Here," *New York Times* (February 16, 2011) C1; "Economics Focus: The Himalayas of Hiring," *The Economist* (August 7, 2010): 76.

173 "Economics Focus: The Himalayas of Hiring."

174 K. Bradsher, "A Younger India Is Flexing Its Industrial Brawn," *New York Times* (September 1, 2006): A1.

175 Transparency International - Country Profiles," www.transparency.org/country#IND (accessed December 30, 2012).

176 "Infosys Rejects 94% Job Applicants, also gets Rejected by many," *Economic Times*, articles.economictimes.indiatimes.com/2010-05-31/news/27624027_1_net-addition-gross-addition-applicants (accessed May 24, 2011).